卷首语：

加强中华根脉文化探索和建设

战略国策定，文化高擎引。社稷灿万象，民富国强盛。党中央、习近平总书记及时制定文化引领经济等全面发展的战略国策，一再号召全党全国积极践行，努力加强文化战略建设，深刻指出："坚定文化自信"，"文化是一个国家、一个民族的灵魂。文化兴国运兴，文化强民族强。"要追溯文化根脉，理清脉络，"要深入挖掘……文化和历史遗存蕴含的哲学思想、人文精神、价值观念、道德规范等。"长期以来，中华文明深刻影响了世界文明进程，为人类命运共同体提供深沉持久的动力。"一定要重视历史文化保护传承，保护好中华民族精神生生不息的根脉"，加强互鉴，为"人类命运共同体"再作贡献。

习总书记强调指出：中华文明源泉文化和优秀传统文化是我们在世界文化激荡中站稳脚根的根基。要找回道德的约束和慎终追远的定力——基因。血脉遗传基因、文化基因、文明基因、精神基因是我们屹立世界强国之林的民族的支撑、命脉、魂魄、根基。

基因，是内在成因，是根脉，是命脉，是抗体。正如人长得像自己的父母是遗传基因，一个国家、一个民族有自己独特的基因，形成不同于他国、他民族的人文性格和文化传统。中华民族的血脉遗传基因、文化基因、文明基因、精神基因的根柢在哪里？从哪里来？

根柢之一，在"资阳人"的血脉遗传基因里，从40000年前人类智慧人里程碑来，从人类现代人血脉基因根柢、发端来，从文化基因根脉始祖来，从文明一源泉资阳来，从传统文化来。从40000年的"资阳人"至今，在中华文明开拓、创发、传承中凝聚、沉淀、总结出了很多思想精华，融汇到中华民族血脉之中，为一代代中华儿女所敬仰、认知、学习、承传，成为中华民族生生不息、发展壮大的丰富滋养，是人类命运共同体筑起世界大同"地球村"的根基。

"资阳人"血脉基因是民族的根基脉络、文化是民族的脊梁、文明是民族的血液、精神是民族的魂魄。中华传统文化能薪火相传、星火燎原，就因为活在我们民族的血脉基因里，挺立在我们民族的脊骨中，流淌在我们民族的血液中，激荡在我们民族的魂魄里，屹立世界文化之巅，共振在世界人民心灵中。

中华民族40000年以来，经历了从资阳濮族人发展到百濮、千濮，再壮大到万国族。然后在命运共同、仁爱诚信、相鉴互助、全心为人、利民天下、包容大同、和谐共赢等传统文化的影响下，逐渐化解矛盾，走向融合，形成七国，再经过消除对立的斗争，实现秦朝统一、大同。从此，九州八方的中华民族，结束纷争，又回归到一家，又成为一大家子胞脉亲人的共同体。约2400多年来，中华民族基本融合在一个共同体中，再也没出现过大分裂。这个历史是人类命运共同体建立世界大同地球村的榜样。

"资阳人"是人类智慧现代人一始祖。习总书记告诉我们，探索、修复、保护文化遗产，就是保护我们民族的血脉遗传基因，就是保护我们民族的优秀传统文化基因，就是保护我们民族的文明灵魂基因，就是保护我们民族的精神基因。因此我们要着力探索、修复、保护、宣传文化遗产。在新时代，更需要深刻把握人类命运共同体历史发展规律，在对历史的深入思考中汲取智慧，化解矛盾，向构建互鉴、和谐、共赢的人类命运共同体，不懈努力，奋勇迈进。

為《中華資陽人》点贊

追溯人類文化根脈
弘揚中華民族精神

遲浩田

邵华泽： 曾任《解放军报》副社长，解放军原总政治部宣传部部长，《人民日报》社原社长兼总编辑。现任中华全国新闻工作者协会主席，北京大学新闻与传播学院院长、博士生导师。著名书法家，中将军衔。

究根人类文化基因始祖 复原中华文明源泉

张柏
2015年4月26日

张柏：国家文物局原副局长、党组书记、考古专家，中国文物保护基金会原理事长。

顯先民精神厚德忠勇
探文明根柢悠久繁榮
資陽人一書著成囑題

李學勤

二〇一三年八月於清華

李学勤：著名历史学家、国务院学位委员会委员、历史学科评议组组长、国家文物鉴定委员会委员、中国社会科学院学部委员（院士）、中国社会科学院历史研究所所长、中国史学会副会长、中国先秦史学会原理事长、出土文献研究与保护中心主任、夏商周断代工程专家组组长、首席科学家、清华大学思想文化研究所所长、清华大学历史系教授、博士生导师、国际汉学研究所所长、国际欧亚科学院院士、美国东方学会荣誉会员。

探索资阳化石人在人类进化中的意义

吴新智

2015.6.18

吴新智：古人类学家，中国科学院院士，中国科学院古脊柱动物与古人类研究所原副所长，人类学专业委员会主任，中国解剖学会副理事长等。

究根智人文化基因始祖，追溯中华文明源泉

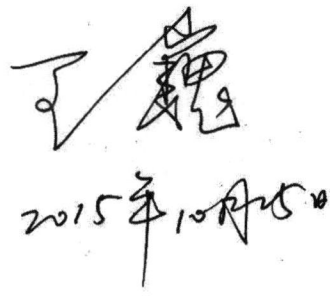

2015年10月5日

王 巍：全国人大代表、中国社会科学院学部委员（院士）、考古研究所所长、中国文明溯源工程负责人、中国考古学会理事长。美国考古学会终身外籍院士、《考古》杂志主编、国务院学位委员会委员。

高举人类"火炬"

——读《资阳人》感悟

中国最早"现代人"——"资阳人"和燧人氏举起人类"火炬",创新用火的方法,发展热食文化,地面建房群居住,转泥为陶,萌始农耕。女娲治洪补天。昆仑耸立沱江岸。"十三大文明"光辉灿烂。"鲤鱼桥文化"接替发展,40000年传递人类发展火炬从不间断,实属世界史上罕见。

资阳人更奋力承传人类发展火炬吧!让光亮更加耀眼中华大地和全世界。

北京 鞠德源

鞠德源:中国第一历史档案馆研究员

史传体报告文学
爱国主义教材
向中国共产党成立一百周年献礼!

资 阳 人
与智慧人类根脉

Track The Origin Down To The Early Morden
Humans With The People Of Zi Yang

主 编　刘胜俊

撰 写　刘胜俊　唐　群

　　　　刘　耿　聂淑丽

新华出版社

《资阳人与智慧人类根脉》编撰委员会

名誉主任：王　巍　宋镇豪　高　星

主　　任：刘胜俊　谭继和　宫长为

副 主 任：李治岁刂　卢继传　聂淑丽

编　　委：刘胜俊　李治岁刂　谭继和

　　　　　宫长为　卢继传　聂淑丽

　　　　　唐　群　刘　耿　李保均

　　　　　孙建军　赵　智

组织研究资阳人、编撰
《资阳人与智慧人类根脉》单位

组织研究资阳人、编撰《资阳人与智慧人类根脉》（以下简称《资阳人》）单位是：

中国先秦史学会

资阳九鲤文物保护工程有限责任公司

资阳人文化研究会

权威史学专家考研认定"资阳人"的伟大价值

　　智慧人类一始祖，拓创文明四万年，开发、互鉴大世界，血脉基因永承传。功勋长隐今方晓，颠覆认识莫心颤。为建大同地球村，"允执厥中"作贡献！

　　在毛泽东主席、周恩来总理的直接关心下，在时任中国科学院院长郭沫若的组织下，裴文中、吴汝康等大名鼎鼎的考古院士，运用先进科学手段花六年多时间研究"资阳人"头颅结构，尤其是跟克罗马农人、尼安德特人、爪哇猿人、蒙古人、北京猿人头颅结构进行对比研究、测试、分析后认定："'资阳人'的情形介于中国猿人与现代人之间"，"中国猿人经'资阳人'到现代人"，"资阳人""是最早现代人代表"，"资阳人是人类智慧人"。

　　刘胜俊带领的研究"资阳人"撰写《资阳人》团队在几位老专家30余年热心帮助和《资阳人》专家团队近10年的共同努力下，站在裴文中、吴汝康等几十位前人考古专家的肩膀上，运用上千本古籍和中外几千年来的出版物及三千多万字资料，经过长期用考古手段、方法，分析、研究，最先探索到"资阳人"的伟大价值，并得到专家们一再认定：

　　一是"'资阳人'为40000年时际智慧人。""'资阳人'是智慧人类血脉基因一根柢、文化基因根脉一始祖、现代人文明基因一孵化摇篮、精神基因一起源。""资阳是中华文明一源泉，世界文明一摇篮。"

　　二是"'资阳人'是人类知识、技能、经验和智慧生长的发端、智慧人元尊、是直立人具有现代人类大脑雏形的起点，它有力地支撑了中华文明满天星斗多地起源说。""'资阳人'是人类智慧人里程碑"。

　　三是"'资阳人'就是燧人氏，燧人氏就是'资阳人'"，"是川人祖先、是华夏一始祖。""女娲故国在资阳"，伏羲、炎帝、黄帝、青阳、昌意、帝喾、颛顼、尧、舜、禹、夏、商、周、春秋、战国七君等（含"三皇五帝"），都是"资阳人"血脉基因后裔，都属资阳人"鲤鱼桥文化"区域人血脉。"'资阳人'后代的百濮族群精英，开发、拓创亚、欧、非、美洲等世界古文明，是当之无愧的智慧人类一始祖。"

　　四是"'资阳人'代表着我们地球发展进化史上第二次重大的转折点。第一次是生命的进化，第二次是人的进化。人的进化从猿人、古人到新人。特别是'资阳人'作为新人时期的代表，是我们现代人的知识、经验、智慧、信息等获取方式和思维方式的孵化处，文化基因、文明基因、精神基因的根柢。""是当今人类命运共同体化解对立，建立平等和谐、开放互鉴、合作共赢、世界大同的'地球村'的基础。"

　　党中央、习近平总书记及时制订文化引领经济等全面发展的战略国策，一再号召全党全国加强文化战略建设，"追溯文化根脉，理清脉络，认知中华文明深刻影响了世界文明进程，为人类命运共同体提供深沉持久的动力。"

　　我们要深入研究、宣传"资阳人"和中华文化，为"资阳人"和中华文化屹立世界之巅，为建立和谐共赢的人类命运共同体世界大同"地球村""允执厥中"，努力贡献。

权威史学专家论定《资阳人》的特别价值

有这样一座碑石：它镌刻着远古史前时期资阳人出没前行的脚印，彰显着东方智慧人勇毅、睿智、奋进的身影，弘扬着远古人类和资阳人万古不息一至于今的共生文明和创造精神，承载着人类文明的苦难和光明，记录着资阳人文化的千古变迁，颠覆几千年来历史文化传统认知，还原中华甚至智慧人类古代文明史的本来真实面目，抒发着新时代资阳人的赞歌，展示着资阳人美好的未来。

它，就是《资阳人》，一本宣传资阳人文化的历史教科书，一本弘扬资阳人文化的历史记录，一本评析资阳人文明史的通鉴。

给《资阳人》的一个文化定位应该是：《资阳人》是资阳人和中国人的文化航母，是资阳人和中国人的精神家园。是的，《资阳人》的文化价值并不仅限于对资阳人的宣传和包装以及对资阳人文化的彰显与打造，更重要的是，它体现的是中国人和智慧人类共有的精神文明价值和生存哲学。它通过对"资阳人"这一特殊历史现象的记叙，再现和彰显的是一种历史观，一种民族性格和民族凝聚力，一种价值理念和价值导向，一种精神生活和思想道德规范。通过对资阳人的历史再现和通过对资阳人精神透视，展开的是中国人和人类创世纪的历史画卷，展示的是中国人和智慧人类不可遏止的前进步伐，它将给予当代"资阳人"的发展谋求以伟大的原动力，它是中华文化身份认同之象征，是一种原创文化。

《资阳人》"描写了'资阳人'的创造性生产活动……把'资阳人'文明置于整个中华人和全人类文明的观照之下……这些史实充分说明'资阳人'是资阳人文化的精粹概括，是资阳和中华文化的宝贵财富和精神遗产，是中华文化身份认同之象征，作为一种文化精神和文化符号，它是可以拷贝和复制的，它将流传久远，发扬光大。"

《资阳人》的特别价值还在于探明了"资阳人"是人类智慧人里程碑、是人类思维智慧的根柢和发端、是人类文化基因根脉一始祖、资阳是中华文明一源泉，理清了中华民族甚至人类40000年来血液遗传基因主体根脉、文化基因根脉、文明基因根脉、精神基因根脉。

《资阳人》为资阳、四川和中国的文化建设、为让世界充分认知"资阳人"、为"资阳人"文化和中华文化屹立世界文化之巅，作出了难得的贡献，立下了千秋功勋。

由于"资阳人"是人类血脉一根柢，因此，展示"资阳人"的《资阳人与智慧人类根脉》就成为建设、发展本土文化、中国文化、促进人类命运共同体消除对立，走向和谐，建成共赢地球村的基础力量。因此，《资阳人与智慧人类根脉》是特别的流芳万世的典藏佳作。

坚持"七条依据",实事求是撰写好《资阳人》

站在国家高度,杜绝家乡观念,坚持"七条依据",是实事求是研究、写好《资阳人》的关键。一是依据文物,二是依据考古挖掘报告,三是依据有关古史书的记载,四是依据史志,五是依据"传说就是历史"的传说,六是依据我们组织的专题考研专家小组的考察、研究结论,七是依据相关省市、国家考古界权威机构和专家运用现代科学手段检测结论、研究定论。这七条依据做到综合考虑,坚持始终。

——《资阳人》总编室

从"胡说"到颠覆历史传统认知的罕见佳作

我有幸为《资阳人与智慧人类根脉》内容进行校阅,在认真校阅过程中,查实一些历史相关史料,也是学习的过程,对《资阳人与智慧人类根脉》和资阳人的感应认识有曲折、大转折的过程。

我刚拿到样书看了 30 几页时,我觉得作者们都是在说酒话,因为他们撰写的资阳人 40000 年来的历史,颠覆了几千年来的传统认知,我从未听说过呀。

再往后校阅,我自己推翻了怀疑。在《资阳人与智慧人类根脉》这部书中,作者们对大量历史事实进行探究、考证的经过和所付出的心血,实事求是的态度,以及无私奉献和大无畏的精神感动了我的心,崇敬之心油然而生到不断加深。

《资阳人》讲的有理有据,全是历史事实,这才是真实的中华民族甚至人类基因主体根脉史。

《资阳人与智慧人类根脉》研究、撰写者和其专家团队,他们历经千辛艰难,顶住了重重压力,排除了各种干扰,确实是坚持按照"七条依据"来研究、撰写《资阳人》的,尤其是坚持按照历史文物、考古挖掘报告、众多古籍的记载、当今考古机构和专家的考定,来确定《资阳人与智慧人类根脉》的每一个人物、每一件史实的下笔,确实做到了实事求是。所以,探明了"资阳人"是人类智慧人里程碑、是人类思维智慧的根柢和发端、是人类文化基因根脉一始祖、资阳是中华文明一源泉,理清了中华民族甚至人类 40000 年来主体基因根脉和文明根脉。

这是一部史无前例的杰作,为中华文化传承和为中国文化立于世界之巅立下了汗马功劳,是人民的英雄、祖国的功臣、先辈们的骄傲!值得全中国人敬仰和赞赏。(中国科学技术出版社 副编审 境 佑)

国家和四川省权威史学机构主持召开的"资阳人与中华文明溯源研讨会"总结暨新闻发布关键词：

"资阳人"是人类文化基因根脉一始祖
资阳是中华文明一源泉

"资阳人"是人类文化基因根脉一始祖，资阳是中华文明多源中一个很重要的源泉。因为伴随"资阳人"出土的大批石器、骨器，特别是骨针、穿孔石珠、似盘子的薄石片、水鹿角等文物告诉我们，"资阳人"在40000年前始创出人工取火热食文化、制衣文化、妆饰文化、改进工具文化、集体采集文化、狩猎文化、组织指挥文化、结绳记事文化、观天象文化等，开创出人类最早的一块文明乐域。这些珍稀文物还告诉我们，"资阳人"40000年前"在发展大脑由知识变为智慧方面，起了筚路蓝缕、开拓创新的作用"，是人类始用智慧生息、斗争的智慧人里程碑，是远古人类文化先驱的杰出代表，确实占有远古人类始创文化、积累和传承文明基因的关键地位，是智慧人类文化基因根脉一起始祖，是现代人文明基因一孵化摇篮，是现代人知识、智验产生的一发端。"资阳人"奠定中华文化起源基因和文明基因根脉及活态传承的坚实基础，拓创出了远古文明摇篮较为丰富的内容，开创出远古文明的雏形。奋勇开拓的资阳人，一代又一代的坚持创新，打造出绵延灿烂40000年的辉煌文化，使资阳人成为中华民族的一个文化符号、一张文明品牌、一种伟大精神的代名词。

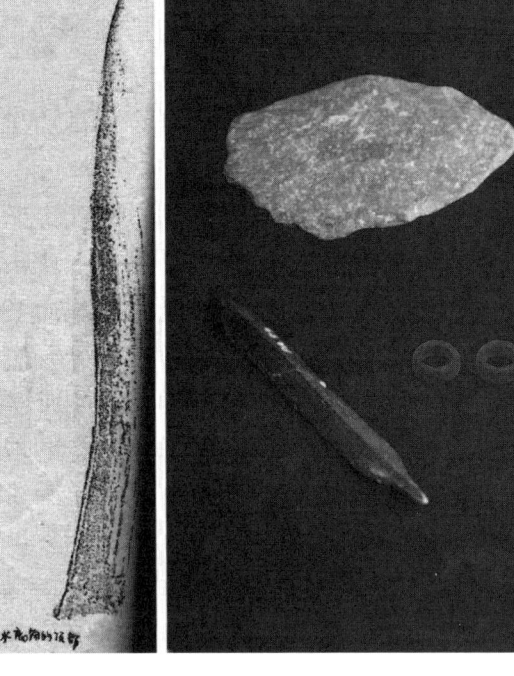

这是在资阳出土的"资阳人"在四万年前使用过的200余件文物中的骨针、热食片、穿孔石珠、鹿角。

资阳人与智慧人类一主体基因根柢、活态传承发展脉络告知：
"资阳人"是中华民族和智慧人类一祖先

"山川异族，根脉同天"。多年来世人认定现代人类祖先是60000年时际非洲东部的"老祖母"。前几年中国发掘出80000年的湖南"道县人"、100000年左右的河南"许昌人"等又佐证现代人类发源于中国。特别是据史载：距今约50000年前后的人类第四纪冰川时际，地球基本被冻成冰球，李四光指出，庐山也被冰川覆盖。沉痛的是在人类远古史上影响大的非洲东部的老祖母氏族、欧洲的克罗马农人、欧洲和西亚的尼安德特人、南亚的爪哇猿人、北亚的蒙古人、东亚的北京人和湖南道县人、河南许昌人等人类都被这次特大冰川冻灭，全球生灵几乎灭绝。在这次冰川中又发生特大震荡，造就四川盆地，后成西海。

四川盆地周围矗立的高山挡住塞流，西海水未结冰，吸收太阳热能，温暖气上升，西北风将暖气从盆海四周最低处的东南龙泉驿推向沱江中游，形成适宜生灵生存的较为温暖的地域。原住昆仑山即岷山上的燧人氏，集群迁移到沱江中游，与原住的"资阳人"同生息、相融，成为一体。正如《昆仑纪》等史书记载的："'资阳人'就是燧人氏，燧人氏就是'资阳人'"，是中华大地和地球上的人类生灵唯一幸存族群，成为"火种"，燃遍和延传世界。

国家文物局等政府部门、中国科学院等史学权威机构和众多考古专家运用科学手段研究"资阳人"几十年，一再认定："'资阳人'是40000年时际的智慧人"、"是人类智慧人里程碑"、"中国猿人经'资阳人'到现代人"、"'资阳人'是最早现代人代表"、"是人类智慧根柢、发端"、"是人类血脉遗传基因、文化基因、文明基因、精神基因根脉一始祖"，"资阳是中华文明一源泉"；资阳人新旧石器并存的"鲤鱼桥文化"，将中华40000年灿烂文明紧密延绵从未间断。

《三坟》、《符瑞上》等古籍载：太昊"伏羲氏，燧人子也，""其母乃燧人氏之女也"，"伏羲，燧人之世，……母曰华胥"，"生男子为伏羲，女子为女娲。"

燧人即"资阳人"氏族的后代伏羲，在资阳初创农业和工业，始作《易》太极八卦，建立功勋后带领部分资阳濮人向西海四周发展，形成羌人、雅人等多个部族。北上甘肃成纪一带开创，完善太极八卦。顺黄河而下拓创出"人类一代文明"。正如《学斋占毕》云："资州地(在蜀)掘得汉碑，有伏羲仓颉，初造工业，画卦结绳，以理海内"。"故国在资阳"的女娲率众打通巫峡治水补天，西海变为陆地，文明大发展。《历代通鉴辑览》、《山海经》等多本古籍载，伏羲、女娲氏族通新疆，穿中东，达北非、地中海、欧洲开拓，互鉴相融，共创文明。

《国语·晋语》记载："昔少典娶于有蟜氏，生黄帝、炎帝。"司马贞说："按《国语》炎帝、黄帝皆少典之子，其母又皆有娲氏之女。"《吕氏春秋》等史籍曰：祖籍在江水（沱江）岸上的炎帝，因善用火而得名，创农耕又号神农氏，全面推进中华文明。多本古书论定：出生、成长、创业、建都、立国都在沱江中上游的黄帝自蜀"入（主）中国"，建立华夏基业，开创中华文明新时代。

《山海经》等数本古籍对九丘，寓意是黄帝嫘祖生后代之九族记载总体一致个别差异，多数记载：降居沱江阳化河地域的黄帝长子青阳生蟜极，蟜极生高辛（帝喾），帝喾生弃（后稷周皇，周后春秋）、契（商皇）、尧（陶唐 放勋）、嫦娥、挚，挚裔资子为资国；黄帝次子昌意娶蜀山氏女生乾荒，乾荒生高阳（颛项）和蚕丛，颛顼生虞舜、鲧、驩兜（苗民），鲧生禹后为夏，鲧又生偁、老童。蚕丛为古蜀国始皇，蚕丛、柏灌、鱼凫、杜宇等为黄帝后裔。战国七国君中属帝喾后裔的是：韩、燕、魏，属颛顼后裔的是：齐、楚、赵、秦。

《蜀王本纪》等若干古籍记载：青阳故乡资阳濮人（《周书·王会解》：伊尹四方令，又作僰。《说文》："僰，犍为蛮夷也。" 即古时资阳所在犍为郡）先进文化发展形成百濮文化。接着，巴蜀资阳濮人向四面八方传播和互鉴文明。论"中国民族史"的几本书说：黄帝子孙昌意、颛顼等资阳人濮族向若水（雅砻江）、青衣江、茂汶、岷江、"今黔江、金沙江、大渡河流域"等川北和甘、陕等地区开拓。后来他们踏着先人伏羲、黄帝的步履入主中原、山东、东北和东南等地域，大创文明事业；青阳、帝喾等黄帝后裔顺江而下发展，与云南元谋人和西南各地民族融合，成为彝族、白族、景颇族等。百濮发展到豫、鄂、湘、川、滇、黔、鲁、荆、楚、西藏、新疆等数省，"濮族一梢能抟结之具有国家之规模者，为爨氏，至南诏则益进也。""獠本为百濮的一支。""席亦百濮也，然则微卢、彭诸国亦未必非濮也……盖皆濮地也"，并不断发展壮大。接着，帝喾后代俊帝等带些濮人到台岛、"琉球"、南海和亚、欧、非、美洲等海外创发，互鉴相融，建立伟业。可见，"资阳人"历代后裔濮人，与大江南北、长城内外数省民族和亚、欧、非、美洲等开发互鉴，经济、文化交流、通婚融合。资阳这块蜀国前缘之地，经共同的努力，成为古代民族和人类命运共同体大团结、世界民族大同的典范，使资阳成为华人原乡、人类原乡，在中华民族文化形成中、世界人文的发展中，青阳、昌意濮族人和后裔起到关键的重大的作用，建立起顶天立地亘古万世的伟大丰碑。

《山海经》开天辟地的提出："昆仑（即岷山和资阳等九丘）宜为上古文化核心"。泰斗级考古大师蒙文通指出：中华文明"是先出于蜀，而后才渐次影响于秦"。台湾省考古专家李济指出："中国西南及西部为人类文明开始的地方"。正如众多史学大师深刻指出的："'资阳人'是人类文化根脉一起源的始祖，资阳是中华文明一源泉"，"古蜀王国——中华文明的源泉"。中国科学院院士裴文中、吴汝康指出："'资阳人'是人类智慧人里程碑，是第一个现代人"。巴蜀文化学首席专家谭继和指出："'资阳人'是人类思维、智慧的发端、根柢"。

是的，史实告诉世人，中华远古民族智慧人主体遗传基因根柢和活态传承发展脉络是："资阳人"燧人氏、伏羲女娲、炎黄、青阳和昌意、蟜极和乾荒、帝喾和颛顼、尧、舜、禹、（虞）、夏、商、周、春秋、战国七国君皇等和古蜀国的蚕丛、柏灌、鱼凫、杜宇等皇、帝，这就包括了"三皇五帝"，都是"'资阳人'即燧人氏"的后裔，都是"资阳人'鲤鱼桥文化'地域人的后代"。称资阳人是中华民族的一祖先、世界大同一始祖，当之无愧，非资阳人莫属。

以上是若干古籍记载的"资阳人"到秦代的中华4万年血脉遗传基因、文化基因、文明基因、精神基因根脉史，拉页上2600多年前蜀帝开明时代雕刻制造的珍贵文物"图腾柱"记载的中华远古文化传承史和"关系图"、"根脉图"展示的中华民族和人类古文明简史，这四者一脉相承，是铁的佐证。

综合考古学、历史学、世界史学、人类学、古生物学、气象学、环境学、地理学、物理学等多门学科理论，用历史唯物主义和辩证唯物主义考证历史，告诉世人，**上述就是中华和智慧人类远古一文明史，就是中国和世界古代人文基因的一根柢和脉络，是人类命运共同体筑起世界大同"地球村"的一根基。**

考古专家、学者们郑重指出：

深入研究"资阳人"的意义重大

铸起中华文化的钢铁脊梁，中国文明屹立世界史巅峰的崇高地位，加强对"资阳人"的研究，真正认知"'资阳人'是人类智慧基因根脉一始祖"的如天价值，意义十分重大：

"人类文明起源到形成"有三件大变革事件，是文明时代到来的起点和标志：一是距今几万年前的文明起源。二是由洞穴、巢居走向定居。三是祭祀礼仪信仰中心的出现。"

"'资阳人'作为人产生的原始状态，应该放在上述人类思维产生史、人类文化形成史和人类文明根系史的广阔世界历史背景下，来衡量它的人类价值和历史作用。它是人类形成史必经的突变阶段，是人之所以成为"人"的质变性的结穴处，是人类思维与智慧灵性雏形发端的标志。没有资阳人向大自然初步谋取生存与生活手段的粗浅生存思维，便不会有现代人类创造文化与文明的精致发展思维。"

"加强对'资阳人'的研究，对于中华文明起源和文化根脉与基因的形成，有着下列三方面的重要现实作用：
一是有助于重新认识和探索中华文明的起源和文明标准问题，建立起中国文明自己的话语权，摆脱西方话语权的束缚。
二是有助于进一步推动中华文化根柢和脉络的研究，特别是推动巴蜀地域文化的深入研究。
三是有利于促进对人类知识、智慧的来源方式、获取模式的研究，增强对今人智慧的启迪作用，以及对今天人类文化精神活态基因的传承作用。"

"'资阳人'代表着地球发展进化史上第二次重大的转折点。第一次是生命的进化，第二次是人的进化。人的进化从猿人、古人到新人。特别是'资阳人'作为新人时期的代表，是我们现代人的知识、经验、智慧、信息等获取方式和思维方式的孵化处。对'资阳人'的研究越深入，对我们今天的帮助也就越大。"

"'资阳人'的学术文化价值甚高，既是中国的，也是世界的，是人类珍贵的历史文化遗产，因而是具有世界性意义的独特资源，对资阳市的知名度和发展，具有特别重要的意义和价值。"

"'资阳人'的发现具有国家乃至世界的意义。那么，研究、撰著"中华资阳人"的著作，追溯四万年前中华文明源泉，传播资阳人的文化文明，也应是具有国家乃至世界意义的，刘胜俊等撰著者们从事了一项伟大的事业。我们应当在这个高度上来审视《资阳人》这本著作的人类发展历史的理论与现实意义。"

"现代人类的智慧虽然大大超过了原始时代，但我们也逐步在失去很多人类最初的本真的东西。老实说，我们今天对于'资阳人'究竟保存了当时原始人多少的历史信息、历史记忆和历史思维，是我们这一代人还认识不透的。对资阳人留给我们的历史信息，要索解其奥秘，恐怕还不是我们这一代人能完全认识和解决的，因为现在的我们文化解读的智慧不够，还得留给我们后代去做。这就需要我们做好石器时代遗产的保护工作，对这些遗物的文化解读，应是我们以及后代取之不竭、用之不尽的创意智慧资源。"

"当今文化软实力的竞争，考验着中国人对中国历史和世界历史的解读能力和阐释能力。'资阳人'在资阳发现，是资阳市人的幸运，是资阳市最早最大的文化创意资源。刘胜俊先生的《资阳人》为'资阳人'的历史解读和文化解读，为'资阳人'文化的创意源泉和内涵的探索，作出了可贵的探索和重要的贡献。"

"《资阳人》书文笔优美，又是讲好中国故事，有利于海内外宣传的一本大中型文学性的史传著作性质的好书。这对当今资阳市文化软实力的建设是重要贡献，希望这本书接着写下去，并在经世致用上发挥它的重要作用。建议资阳市重视这套书的价值和现实意义，对它加以扶持和宣传。"

"我非常钦佩。《资阳人》这本书很有意义，像这样有文采、有文化、有历史的论述古代历史是很好的公共考古的作品。这本书是宣传、普及考古成果的一个作品，具有示范意义。"

"以《资阳人》书为契机，把资阳市和中国文化资源体系的梳理研究工作深入下去，通经致用，促进资阳市和中国经济与文化的进一步发展。'资阳人'既是资阳市和中国的文化品牌，更是祖先留下的原始创意的珍珠，是今人思维力和想象力的根源，绝不可轻忽过去。"

"《资阳人》的文化价值表现在对'资阳人'准确的文化定位上，是把'资阳人'作为资阳和中国文化的精髓进行建构的。'资阳人'是一个文化品牌，一个文化符号，是资阳和中国的文化航母，是华夏人的精神家园，显示着文化的共生和共有观念。浸透着中华文化精髓的具有现代文化观念的'文化产品'的《资阳人》，一定可以让更多的人了解资阳，认识中国。作者始终以它的科学论证所展示出的'资阳人'的精神品格，是资阳和中国文化的宝贵财富和精神财产。"

"对于今天的文化产业来说，'资阳人'应该是资阳市乃至中国最古老最大的创意资源。是我们为什么今天发展文化产业必须要研究'资阳人'的道理所在。"

总的讲"'资阳人'作为新人时期的代表，是我们现代人的知识、经验、智慧、信息等获取方式和思维方式的孵化处，文化基因、文明基因、精神基因的根柢。""是当今人类命运共同体化解对立，建立平等和谐、开放互鉴、合作共赢、世界大同的'地球村'的基础。"

"对于'资阳人'的研究越深入，则对于我们今天的帮助就越大。"

《资阳人》专家团队

李学勤 著名历史学家、中国社会科学院学部委员（院士）、国务院学位委员会委员、中国社会科学院历史研究所原所长、中国史学会副会长、中国先秦史学会理事长、夏商周断代工程专家组组长、首席科学家、清华大学历史系教授国际欧亚科学院院士。

宋镇豪 全国政协委员、中国社会科学院学部委员（院士）、历史研究所先秦史研究室主任、中国先秦史学会会长、中国社会科学院甲骨学殷商史研究中心主任。曾在北京大学文博学院、台湾、日本、美国任客座教授或特聘教授等。

王　巍 全国人大代表、中国社会科学院学部委员（院士）、考古研究所所长、中国文明溯源工程负责人、中国考古学会理事长。美国考古学会终身外籍院士、《考古》杂志主编、国务院学位委员会委员。

高星 中国科学院古脊椎动物与古人类研究所原副所长，现为该所古人类研究室主任，亚洲旧石器考古联合会主席，中国旧石器考古专业委员会主任，《人类学学报》副主编，《第四纪研究》副主编，博士、研究员。

宫长为 中国社会科学院历史研究所先秦史研究室副主任、研究员、博士后、中国先秦史学会常务副会长兼秘书长等。

鞠德源 中国国家第一历史档案馆研究员等。

 **谭继和** 四川省社会科学院研究员、重点科学《巴蜀文化学》首席专家、巴蜀文化研究中心主任、四川省历史学会会长等

 **卢继传** 中国管理科学研究院常务副院长兼学术委员会常务副主任、《人民日报》理论部原主任、著名生物进化论专家、中国科普作家

 **彭邦本** 中国先秦史学会副会长、四川大学历史文化学院教授等

 **胡昌钰** 四川省文物考古研究所原所长等

 **刘建中** 《四川党史》总编、高级编审,《当代电大》主编等

 **李保均** 四川大学教授、四川省写作协会原会长、中国写作协会原副会长等

《资阳人》顾问团队

周光荣 四川省军区原政委、中共四川省委原常委

苏泽林 全国人大法制委员会副主任、最高法院原副院长

罗平飞 全国政协提案委员会副主任、民政部原党组副书记、常务副部长

杨志文 四川省原副省长、四川省人大原副主任

曾清华 四川省政协原副主席

刘真学 西藏军区原副司令员、原成都军区后勤部副部长

《资阳人与智慧人类根脉》出版说明

《资阳人》2013年6月成书即交人民日报出版社，9月正式出版。2014年1月18日，国家、四川省等权威史学机构、学会在资阳主持召开"资阳人与中华文明溯源研讨会"后，将会议发言、参会文章等附录《资阳人》书后面，2014年5月第二版。

《资阳人》第二次出版印刷后，作者请专家们结合已知文物再度对《资阳人》书进行审定。同时，作者又再三对资阳人文物进行深入发掘、寻找、研究。功夫不负有心人，作者又获得专家们新的更深入的指导意见，同时又获得一些新的尤其是珍贵的"鲤鱼桥文化"发掘报告等，进行较大修改后，2016年6月人民日报出版社用新书号正式出第三版。

刘胜俊带领的研究"资阳人"撰写《资阳人》团队在几位老专家30余年热心帮助和《资阳人》专家团队近10年的共同努力下，站在裴文中、吴汝康等几十位前人的肩膀上，运用上千本古籍和中外近千年来的出版物及三千多万字资料，经过长期用考古手段、方法、分析、研究，探索到并得到专家们一再认定的资阳人的伟大价值后，由于对传统认知的颠覆太多太大，迟迟未敢装入第三版中。但他们并不死心，第三版后，他们对燧人氏、伏羲、炎帝、黄帝、青阳和昌意、帝喾和颛顼、资阳昆仑山等再深入研究，充分认识到"三皇五帝"都是资阳人，有充分的史实依据，有若干古籍作佐证，有无数资料作论据，有敢于担当的大无畏精神，理直气壮地将上述历史人物等装入书中。这就大大充实了"资阳人文化"内容，对成书后的全书反复进行修改达39次，对通篇内容和观点、理论进一步充实、深入论证，对原书结构进行大调整，进一步正本清源，颠覆三十几项历史文化传统认知，追溯到中华民族血脉遗传基因根柢、脉络，梳理清楚中华民族文化基因、文明基因、精神基因活态传承发展主干脉络，复原中国文化历史的本来面目，归真中国历史文化的理论和实践体系，进一步探明了人类文明的多源和血脉主体基因发展根系，使《资阳人》40000年的文化根脉基础更坚固，文明脊柱更牢靠，观点更挺矗，结构更紧密，论述更科学，内容更厚重，理论更深邃，体系更完善，使《资阳人》更加完美、经典。2019年6月初完成重大修改，更书名为《资阳人与智慧人类根脉》。又经过半年的精雕细刻，同年底将书稿送到出版社。出版社经过半年的审核，决定出版。2020年6月16日正式签订出版合同，接着正式出版《资阳人与智慧人类根脉》第一版。

作者 2020年9月

资阳人文化特质：博深绵远

（博大精深，新颖隽永，相鉴互助，厚重绵远）

资阳人精神特质：忠勇仁爱

（忠勇仁爱，勤俭求是，睿智开拓，团结承传）

　　资阳人文化和资阳人精神，有其自身的特质，独道的特点，鲜明的个性。开创并坚持了"仁爱、中庸、谦和、诚信"的人生观，"修身、齐家、为国、利天下"的精神价值观，"命运共体、相鉴互助、天下一家、世界大同"的世界观。这是在研究资阳人四万年前生息、斗争、攻坚克难中，萌生智慧、开创文化、创造文明源泉，继而在排险除障，坚持创新发展的四万年的历史长河中，涌现出来的若干伟大的英杰人物创发的辉煌文化、灿烂文明，闪耀出来的光辉精神基础上，总结出来的特有文化和特有精神。当然，这些文化和精神影响着华夏大地，成为弘大光灿中华文化和伟大神圣的中华民族精神的重要成分，是人类命运共同体构建世界大同地球村的文化和精神基础。

"资阳人"和古蜀文化为什么未入中国正史？

"'资阳人'是人类智慧文化基因根脉一始祖"，"资阳人'和燧人相融文化40000年"，"资阳是中华文明一源泉"……这样辉煌伟大的资阳人文化史实和中国西南各省的璀璨文明史都被中国国家正史长期拒之门外，被国人遗忘、埋没、颠覆几千年，这是为什么？主要是：

偏远国被忽略。 春秋时代华夏以鲁国和中原地域为中心，西南大国被视为蛮夷之邦的边远邦国，多被当作异族异类而忽略之。《史记》把资蜀与狄戎同列，这些氏族方国的地域，有的比中原的几国加起来还要大，可惜，几乎西南几省、区都不在中国正史上留下国名和历史。

未入中国版图之国不入正史。 春秋的历史是以北方鲁国为中心的历史，"化外之邦"的巴蜀等西南几省、区不为所记。

史书重中原，忽略西部。 王红旗说："孔子不知三星堆，屈原不提蜀王，司马迁不记蜀王世系列传，历代古籍对蜀王语焉不详。"所以存在40000年的资阳人和燧人相融文化、10000年的女娲伏羲文化、7000年的资阳昆仑山文化、2000多年的资国文化等等，没在正史中出现。燧人、伏羲、炎黄等文化反道在巴蜀外广泛而长久流传，误为起源地，却忘记了她们的真正根源发祥地资阳和蜀国。

政治需求，独尊儒术。 秦始皇统一中国后，为了维护其统治地位，实行"焚书坑儒"政策，特别是将早就比秦国文化发达的蜀国、资阳人文化废除，使得资国文化和蜀国文化被颠没。对此，考古泰斗指出：秦始皇将凡能影响秦国文化地位的文化、文物都毁灭掉，但保留医药、占卜、农作等书籍，抹杀不了的迁移至秦国原疆域内。其后，"汉武帝确立的'罢黜百家，独尊儒术'的国家意识形态，造就了以孔子为中心的儒家文化思想规范，导致长期忽略了中华文化史上最重要的一颗明珠，就是远古巴蜀文化。"

一元史观念驱使，一统天下执政策略。 接上文更深层剖析，秦统一中国后，为了一统天下政权的稳固，推行政治文化策略。偏执、误导了真实历史，将文明真正发源地资阳、蜀国和长江上游沱江文化中心，割据到中原，形成黄河文明中心的"正统"文化，并形成传统观念。为此，郭静云指出："我们所能看到的早期历史故事，应当更符合于殷商青铜礼器：龙首、虎身、牛角、鹰爪合为一体的形象。秦汉统天下后，更加需要以一元历史证明其统治政权的正当性，因此，《吕氏春秋》、《史记》的一元史便蕴含着天下帝国的意识形态。传世文献虽然不是凭空而来，佀它们有自己的内在意义，与史实颇有落差。……文献的历史不是表达客观的历史，而是表达编故事者的客观认同，以及国家政权等目的。"史实是"三皇五帝"都是资阳人或资阳籍，他们在长上游沱江流域开创了华夏文化中心，却把他们英勇形象和灿烂业绩"资冠黄戴"到黄河。在中原"正统"文化的长期排斥下，遮挡了太史公的双眼，他越不过至高皇权和险峻秦岭，看不到中华和世界文明的真正源头，他笔下生花出来的只能是黄河文明中心，禁锢、误导子孙两千多年。

考古和史学专家赞肯《资阳人》溯源中华和世界文明弘扬优秀传统文化的特殊贡献

追索到"'资阳人'是距今四万年时际的人类智慧人里程碑",探寻到"'资阳人'是人类思维、智慧一发端",问祖到"'资阳人'是人类文化基因根脉一始祖",寻根到"'资阳人'是人类最早现代人一代表",理清"'资阳人'是中华文化一起源基因和文明基因一根柢及活态传承的发展脉络",溯源到"资阳是中华文明一源泉",是"一带一路"上的灿烂明珠。

《资阳人》考史深刻、溯古精道、构思宏大、气势磅礴、结构奇妙、观点稳妥、描写精彩、论述科学,是一部史诗般的典藏杰作。其功绩主要是:

《资阳人》作者为了中国文化屹立世界之巅,为了让不承认中国五千年文明史的西方人和汉奸看清中华四万年厚重灿烂的文明史,以天大的敢于担当的胆识正本清源,以大无畏的实事求是态度覆复三十几项历史文化传统认知,以敢于对历史负责的气魄追溯到中华民族文化基因根柢、发端,以艰苦卓绝的执着毅力梳理清楚中华民族文化基因传承发展主干脉络,以攻坚克难的精神破险除障复原中国文化历史的本来面目,以顶黑风、战恶浪的大无畏英雄气概排除干扰坚忍不拔的归真中国历史文化的理论和实践体系,以为民族爱国家的忘我允公情怀研撰出这部史诗般的典藏杰作。这是一部覆复几千年历史认知、正本清源的辉煌佳作,是一部光灿横溢的气势恢宏的难得的真实历史画卷,值得中国人和世界有识之士庆贺。

《资阳人》探究出人类始祖是多个,人类文化起始基因是在多地的各自生存环境中发展起来的。

阐明"'资阳'人的基因进化起到由量变到质变的关键作用""在发展大脑由知识变为智慧方面,起了筚路蓝缕、开拓创新的作用","'资阳人'为代表的直立智慧人结绳而治的开创,为中国人的哲理思想的开悟和治理思想的提升,提供了最初的原始思维的养料和最初的思维模式的基础。""'资阳人'

的基因进化，尤其是文化进化，起着极其重要的由量变到质变的关键作用。'资阳人'这个时期是原始人已经开始出现原始思维、朴素思想和初级智慧的新人时期，是今天的现代人知识、智慧和经验产生的源泉和动力。"'资阳人'是人类文化基因和文化血脉产生的关键源头，是智慧人由文化自发阶段质变过渡到现代人文明自觉阶段的关键"，"是人类始用智慧生息、斗争的智慧人里程碑，是远古人类文化先驱的杰出代表。"

揭示出"'资阳人'作为人产生的原始状态，是人类形成史必经的突变阶段，是人之所以成为'人'的质变性的结穴处，是人类思维与智慧灵性雏形发端的标志。没有'资阳人'向大自然初步谋取生存与生活手段的粗浅生存思维，便不会有现代人类创造文化与文明的精致发展思维。'资阳人'确实占有远古人类始创文化、积累和传承文明基因的关键地位，是人类文化基因根脉的一始祖，是现代人文明基因一孵化摇篮，是现代人知识、智慧和经验产生的一发端。"

"革新判定人类文明的标准应是精神和物质。"这非常重要，"建立中国判定文明的标，突破西方话语权的束缚，西方才能承认中国文明史"。人类初孕始显精神、萌创元用物质就是人类文明的发端。文明具有多样性、多彩性、多元性。中华文明源泉多元、星罗棋布。资阳是中华文明一源泉。

深究出"'资阳人'身体的直立和双手使用打制石器工具，使得腰椎脊骨与双手进化，这是'基因进化'"。"'资阳人'是人类知识、技能、经验和智慧生长的起点，是直立人具有现代人类大脑雏形的起点，它有力地支撑了由中华文化进化到中华文明。""'资阳人'在40000年前始创了取火热食文化、制衣文化、妆饰文化、改进工具文化、集体采集文化、狩猎文化、组织指挥文化、结绳记事文化、观天象文化等，开创出人类最早的一块文明乐域。其中最重要的是人工取火文化、服饰文化、社会组织文化和结绳而治文化四种，在人类文化和文明进化史上起着奠基性的开拓者作用。"

阐清"'资阳人'奠定中华文化起源基因和文明基因根脉及活态传承的坚实基础，是现代人文明基因—孵化摇篮，拓创出了远古文明摇篮较为丰富的内容，开创出远古文明的一雏形。"

探清资阳是中华文明一渊源，中华文明远超五千年，实为40000年。

探明燧人氏、女娲氏是资阳人。伏羲、炎帝、黄帝、青阳和昌意、帝喾和颛顼及其后代的故土都在资阳，都"属于资阳人"鲤鱼桥文化"区域"，资阳昆仑山矗立沱江岸上6000多年,显著特点是纵目文化，睁大眼睛看世界。

论清"资阳人"是川人始祖。"'资阳人'确实占有巴蜀地区古人创造文化和积累文明基因的关键地位。这个时期是原始人已经开始出现思维、思想和初级智慧的新人时期，是我们现代人知识、智慧和经验产生的源泉，是活动在巴蜀区域的几万年前人类文化先驱的代表"，"有力地支撑了中华文明满天星斗多地起源说。"

彰显出"'资阳人'丰富的中华民族优秀文化内涵，具有稀缺性、独特性、不可取代性"，她"是一个文化符号、一张文明品牌，一种伟大精神的代名词。"

挖掘到中华民族精神核心源自资阳人的"碧血丹心"。
深掘出中华文明源泉和博大精深的优秀传统文化是我们屹立世界的根基、支柱和魂魄。

佐证人类文明起源之一在东方、在中国。否定世界文明起源西方中心论。中华先民持久向世界传播自己不断首创的无数灿烂文化，推动人类文明持续发展，建立起让世界"顶礼膜拜"的大功勋。

"至于旧石器时代，还无法构筑起我们巴蜀地区的考古文化系列链条，考古与历史的对接还仍属于探索和猜测。这样来看刘胜俊《中华资阳人》一书努力把资阳人同史前社会直立人生活场景与原史时代传说联系起来，以文化想象力寻找其文化基因的传承，这是寻找人类智慧如何发生的根柢的有研究范式意义的有益尝试。"

本书率先颠覆30多项文化传统认知

1. 颠覆人类文化基因根柢传统认知，复原以下史实：

人类第四纪冰川最冰冻的50000年时际，地球冻为冰球，尼安德特人、湖南道县人等人类先祖几乎全灭绝。由于西海上空暖气流到沱江中游，形成适宜生灵生息地域，"资阳人"成唯一幸存者，留下人类火种，燃遍世界，成为古蜀、华夏、人类血脉基因、文化基因、文明基因、精神基因的根源。所以，

"'资阳人'是人类基因根脉一始祖"、"现代人文明基因一孵化摇篮"

"'资阳人'是人类思维、智慧一根柢、一发端"，"是人类最早现代人"

"'资阳人'代表着地球发展进化史上第二次人的进化（第一次是生命的进化）的转折点"

"中国猿人经'资阳人'到现代人"，"'资阳人'是人类智慧人里程碑"

"资阳人"基因遗传世界，随地理、环境、天候的迁变，基因变异在长久中渐变肤色，形成地球人北部白色，中部黄色和棕色，南部黑色等三种基本肤色

2. 颠覆文明单一源泉认知，复原"资阳是人类文明一源泉"的史实
3. 颠覆对燧人单一传统认知，复原"'资阳人'与燧人相融和，'资阳人'就是燧人氏"的史实
4. 颠覆中华文明五千年传统认知，复原中国文明应是四万年的史实
5. "鲤鱼桥文化"颠覆十几种文化传统认知：复原对蚕丝、缝纫、食盐、弓箭、筏子、舟、制陶、雕刻、烧丕建房、树漆、甘蔗、水稻、象形文字等十几种文化始发地域，年代比传统认知提前几百年、几千年、万年以上的史实
6. 颠覆对"女娲补天"神话认知，复原"女娲治水补天"的历史史实
7. 颠覆对伏羲单一传统认知，复原伏羲是资阳人并造福世界的史实
8. 颠覆中华文明中原单一起源论，复原长江上游沱江中游起源中华远古文明、智慧人类文明、西蜀文明东渐中原等地域的史实
9. 颠覆对"昆仑山"认知，复原资阳昆仑山是中华远古文明中心的史实
10. 颠覆对母亲河的认知，复原沱江是华夏母亲河、智慧人类母亲河、华夏原乡、智慧人类原乡的史实
11. 颠覆"纵目"不知源头调侃，复原资阳"纵目"文化七千年旳史实
12. 颠覆炎黄出生地传统认知，复原炎黄是"资阳人文化"地域人史实
13. 颠覆对黄帝后代青阳、昌意、帝喾、颛顼认知，复原他们及其后裔尧舜禹夏商周至秦都是资阳人籍，开创辉煌的中国和世界远古史的史实。复原"三皇五帝"都是资阳人
14. 颠覆遗忘资国的史著、史论，复原资国存在两千余年的史实
15. 颠覆对苌弘的单纯认知，复原苌弘始创中华民族精神核心的史实
16. 颠覆并复原对资阳人、蜀国人与中华、世界文明史关系的史实
17. 颠覆华人基因外来论，复原华人是在自身土地上生发起来的史实
18. 颠覆中国文化落后论，复原中国人起源和推进人类文明的史实
19. 颠覆哥仑布发现美洲大陆的认知（郑和也比哥仑布早几百年），复原中国人万年前发现并持续建设美洲大陆的史实
20. 颠覆非洲是人类文明唯一起源认知，复原中国是文明起源史实
21. 颠覆文明起源"西方中心论"，复原文明起源东方的史实
22. 颠覆"西亚近东文明东渐说"，复原中国文明传播世界的史实
23. 颠覆西方判定文明标准，创造科学的"精神、物质四字标准"

专家解读《资阳人》摘录

《资阳人》一书的出版，可以说是资阳人研究的集大成之作，对于我们追索中华先祖足迹，探讨中华上古文明发展，都具有重大的历史意义和积极的现实意义。

显先民精神厚德忠勇，探文明根柢悠久繁荣。

——李学勤

资阳人类化石顶骨后下角外表面的角圆枕。这是资阳化石头骨在维护中国古人类连续进化学说上有其贡献的一个形态特征。

——吴新智

"资阳人"伴生的石器、骨器彰显中华文明一源泉雏形。

——高　星

我认为这部书充满了新意，有创造性，有开拓性，可以说，许多方面都是过去没有这么做过的。

这部书对资阳人头盖骨发现、研究的过程和结论，重新进行了调查和梳理……初步搭建起了该地区古文化发展演变的框架……初步勾画出了该地区的古史系统……不是通常认为的科学著作，甚至不是一般意义上的科普著作，而是用文学笔法写出的、作者自己称为史传体的一种新型著作，增加了趣味性、可读性……书的作者用浅显易懂的文学手法写出来，想让普通群众看懂，难道不值得提倡吗？

——李伯谦

刘胜俊总编用精彩的文采和科学态度研究、描述历史，我非常钦佩。《资阳人》这本书很有意义，像这样有文采、有文化、有历史的论述古代历史是很好的公共考古的作品……这本书是宣传、普及考古成果的一个作品，具有示范意义……《资阳人》提出追溯文明源泉的思路。要解决这个难题，要开创一个从文化研究向文明研究过渡的方法……《资阳人》一书对研究中华远古文化源流有重要作用，应高度评价和从中得到启示。

——王　巍

《资阳人》一书，展示了资阳先民数万年以来生生不息，攻坚克难，拓展探索，奋进奉献的绚丽画卷。

——宋镇豪

《资阳人》的复原文明，实际上远远没有停留在四万年前，而是以四万年前的资阳人为起点，追寻中华远古文明的足迹，从旧石器时代晚期走进新石器时代，直到战国时代。《资阳人》书稿以这样的大手笔、大气派回眸中华远古文明的历程，这是《资阳人》书稿的第三大亮点，我们称之为探讨文化。

资阳人的探讨文化，正是在这样大的历史背景之下，以资阳人为主线，上下考索四万年，探讨文化的真谛所在。《资阳人》书稿以这样的独特视角、独特眼界归纳和提升了资阳人的历史地位和深远影响，这是《资阳人》书稿的第四大亮点，我们称之为传承精神。

从发现历史到复原文明，再到探讨文化，再到传承精神，它们构成了《资阳人》书稿的四大亮点，也可以说是《资阳人》书稿的全部精华所在。《资阳人》厚重地展示出资阳人是一个文化符号，是一个文明品牌，是一种伟大精神的代名词。这是《资阳人》四大亮点的集中体现。《资阳人》厚重地展示出资阳人是一个文化符号，是一个文明品牌，是一种伟大精神的代名词。

《资阳人》用史传体报告文学体裁的史实性、探索性、报告文学性、思想启迪性、知识趣味性、科学性融会贯通，将中华文明40000年前的发祥地形象生动、生龙活现的复原出来，展示给我们当今的世人。用"文化考古学"复原了文明摇篮"资阳人"的生活、捕猎斗争等场景和精神风貌。《资阳人》依据现有的考古资料，结合各个方面的研究成果，撰写成为"文学的史学记述"、"史学的文学报告"，努力地、创造性地展示了以资阳人为代表的旧石器时代晚期早段智慧人的生产和生活，复原了文明情景。

《资阳人》这部书从选择题材到内容到结构都是一种创新，为文史写作开辟了新路。
——宫长为

《资阳人》科学研究"资阳人"和中华文明，又成为研究人类历史划时代的著作。《资阳人》"大胆探索与创新，它以独特的方式来重现40000年前的'资阳人'的风貌，歌颂古人类的优秀品德和中华民族传统文化，引领人们……触摸古人类的生活史实，历览人皇和燧人文化、鲤鱼桥文化、女娲文化、昆仑文化、苌弘'碧血丹心'忠勇效国、全心为民的中华民族核心精神渊源的动人史话。""充分证明资阳是中华文明的一个摇篮。"

《资阳人》这本著作，把报告文学应用于科学考古的描绘，这是大胆探索与创新，它以独特的方式来重现40000年前的"资阳人"的风貌，歌颂古人类的优秀品德和中华民族传统文化，引领人们回到40000年前的时空，来触摸古人类的生活史实，历览人皇和燧人文化、鲤鱼桥文化、女娲文化、昆仑文化、苌弘"碧血丹心"忠勇效国、全心为民的中华民族核心精神渊源的动人史话，生趣盎然。这是作者的一番苦心。他们以此弘扬我们这个时代最需要的中华民族文化，其意义是很深远的。

刘胜俊等撰著者们走了一条考古学家们没有走过的路，把研究与传播结合起来，把研究成果传播社会，深入人心；把历史考察资料、文学创作、知识普及、学术理论融为一体，收到科学性、思想性融于生动形象叙述之中的好效果，有效地提升和体现了资阳人研究的科学价值和社会价值。

没有撰著者们的创举与艰辛,也就不可能有"资阳人"的传承。研究成果予以传播,这才是知识就是力量、科学就是财富的真正含义。

《资阳人》以确凿丰富的考古史料揭示了"资阳人"发现所具有的历史文化价值……《资阳人》科学研究"资阳人"和中华文明,又成为研究人类历史划时代的著作……说它是划时代的文化品牌,还在于它宣传了时代精神。党的十八大号召建设中华民族优秀传统文化传承体系,弘扬中华民族文化。"资阳人"的丰富的文化内涵包含了中华民族文化基本元素。因而成为弘扬我们这时代最重要的中华民族文化教材……《中华资阳人》文化品牌是中华民族的文化财富和遗产,更是资阳人民的文化财富和遗产,用好这个财富和遗产首先应是资阳人民的历史责任……使"中华资阳人"文化品牌持之以恒传承,流传久远,发扬光大,为推动资阳文化立市,实现国家富强、民族振兴、人民幸福的中华民族伟大复兴的中国梦做出贡献。

——卢继传

"资阳人"在资阳发现,是资阳市人的幸运,是资阳市最早最大的文化创意资源。刘胜俊先生的《资阳人》一书为"资阳人"的历史解读和文化解读,为"资阳人"文化的创意源泉和内涵的探索,作出了可贵的探索和重要的贡献。

刘胜俊先生在这里提出的以"精神"和"物质"作为判定文明的新标准,是有道理的,也是富有创见性的。文明形成是一个"人文"化成的长过程,有物质的要素,有精神的要素。刘胜俊在《资阳人》一书中说:"当今通称的精神文明和物质文明这两个标准是科学的。精神文明和物质文明应是一种发展的概念,可分为初始文明、原始文明、远古文明、近代文明、现代文明、当代文明……这些本应是文明发展的阶段而已。否则,今天的文明用什么标准来概括呢?"。宫长伟先生认为"判定文明的标准应是'精神、物质'四个字"。根据这个标准"中华文明摇篮产生的时间远不止几千年,而是几万年"。我们要研究的重点正是这个"文明源态",资阳人是这个源态的萌生孵化点。由此可见,这是只有中国共识、中国话语权才能得出的结论,而根据西方标准和西方话语权是得不出这个结论的。根据西方话语权,"中国文明五千年"的结论是难于得到认同和证明的,为突破西方话语权的束缚,需要中国特色的判定文明的标准。用"精神、物质"四个字作为判定人类文明的新标准,突出了精神、智慧、悟性等人脑产物的根本性作用,突出了精神凝聚力和向心力在物质文明化进程中的核心灵魂作用,突出了以精神信仰为灵魂的主导力量在人类族群集体形成社会组织和社会管理(从原始群、氏族制直到国家)中的作用,这是十分有开创性的见解。

"资阳人"的研究,对于上述中华文明起源和巴蜀地方文化根脉与基因的形成,有着下列三方面重要的现实作用:一是"资阳人"研究,有助于重新认识和探索中华文明的起源和文明标准问题，建立起中国文明自己的话语权，摆脱西方话语权的束缚。二是"资阳人"研究，有助于进一步推动地域文化，特别是巴蜀地域文化的根系和来源的研究。三是"资阳人"研究，有利于促进对人类知识、智慧的来源方式、获取模式的研究，有利于促进对今人智慧的启迪作用，以及对今天人类文化精神活态基因的传承作用。其实质是协作，这对今天社会和谐发展与国家治理模式的改革，都是有益的启示。

当今文化软实力的竞争，考验着中国人对中国历史和世界历史的解读能力和阐释能力。"资阳人"在资阳发现，是资阳市人的幸运，是资阳市最早最大的文化创意资源。刘胜俊先生的《资阳人》一书为"资阳人"的历史解读和文化解读，为"资阳人"文化的创意源泉和内涵的探索，作出了可贵的探索和重要的贡献。以本书为契机，需要把资阳市和中国文化资源体系的梳理研究工作深入进行下去，通经致用，促进资阳和中国经济与文化的进一步发展。"资阳人"既是资阳市的文化品牌，更是祖先留下的原始创意的珍珠，是现代人思维力和想象力的根源，绝不可轻忽过去。

对于今天的文化产业来说，"资阳人"应该是资阳市最古老最大的创意资源。这也是我们资阳市为什么今天发展文化产业必须要研究"资阳人"的道理所在。

"'资阳人'还有一重要意义，它代表着我们地球发展进化史上第二次重大的转折点。第一次是生命的进化，第二次是人的进化。人的进化从猿人、古人到新人。特别是"资阳人"作为新人时期的代表，是我们现代人的知识、经验、智慧、信息等获取方式和思维方式的孵化处。对于"资阳人"的研究越深入，则对于我们今天的帮助也就越大。"

——谭继和

《资阳人》一书是宣传资阳历史，推介资阳，鼓励人心，凝聚力量，促使资阳快速发展的强力推手。资阳人文化是中华文化的重要组成部分……发扬资阳人创发的以'碧血丹心'、忠勇效国、全心为民为核心的中华民族精神，自强不息，坚信我们的祖国一定会更加繁荣富强。

该书是一本史传体报告文学性书籍，同时也是对"资阳人"的一曲颂歌……深入浅出地对历史进行追述和探索，不仅生动的描绘了"资阳人"战天斗地、顽强拼搏的生存情景，还对中华文明的起源提出了新的见解。这一段历史，是我们祖先战胜大自然，开发资阳、开发四川、开发中华的恢宏历史。对研究历史学、民族学和考古学的人来说，有一定的参考价值，对从事其他工作的人来说，扩大知识面，打开思路，无疑大有裨益。更重要的是从《资阳人》一书中我们可以学到祖先的优良传统和创业精神，这种精神财富将教育和激励一代又一代的炎黄子孙，驱动后人以更加饱满的热情投身于经济建设中。

——胡昌钰

《资阳人》的学术价值首先是它的史论结合所产生的的学术价值。第一个鲜明特点是它对考古发现"资阳人"学术价值的有力揭示和论列。郭沫若发给致张圣奘的电报中说："这是吾川有史以来的重要发现"；翦伯赞说："资阳人的发现，不仅对中国旧石器时代人类分布提出了新问题，对旧石器时代人类体质的研究也提出了新的问题。" "资阳人"的发现受到了史学界和考古学界的广泛重视。本书作者对"资阳人"这一考古发现的时间、地点、现场作了严谨科学的考订，对当年现场的考古专家作了跟踪报告，记述了郭沫若、张圣奘、翦伯赞、李四光、贾兰坡等学者对这一发现的意义的评估和肯定，还原了这一考古发现的真貌面实，有力反驳了对这一考古发现的"否定论"；而且作者还进行了大量的史学分析，作到了史论结合，以确凿丰富的史料揭示了"资阳人"考古发现所具有的重大历史价值。

　　本书的学术性还表现在对史前文化和传说历史的准确阐述和史学论据的运用等方面。但要做到这一点，并不容易。这首先就要面对传统的史学叙述惯例和成法。"资阳人"经历了自旧石器晚期至原始社会解体，见证了中国远古文化的存在和发展。但史前史只有传说历史和考古历史，而为"通史"所轻略。

　　本书作者对"资阳人"的远古史、史前史、先秦史进行了透彻的研究，从4万年以来的人类文明，直写到三皇五帝以后，认为上古史中的对于三皇五帝的文献记录和神话传说记载，对于建构一个国家和民族历史是不容忽视的，突破了认为史前文化和传说历史不是历史、不能入正史的成法和成见。这完全是科学的，在史学上也是站得住脚的，是有史学依据的。事实上，国内外许多著名史学家都认可这一点。郭沫若在《卜辞中的古代社会》中说："中国有史以前之传说，其可信者如帝王诞生之知有母而不知有父，而且均系野合，这是表明社会的初期是男女杂交或血族群婚。"认为有的史前传说历史是可信的，而且作了社会学的分析。范文澜说："古书籍里记载着不少有关远古的神话和传说……是值得珍重的。"

　　本书部分采用了这个观点。翦伯赞说："就史料的价值而论，正史不如正史以外的诸史；正史以外的诸史，又不如史部以外的群书。"这里所说的"群书"，主要指的就是传说和神话。徐中舒称扬雄所作《蜀王本纪》广泛采集了传说历史而成书。徐中舒认为《史记》认可了"这些传说的次第。"

　　徐中舒、蒙文通、缪钺等人对巴人来源各有自见，但他们同样采用了传说历史材料。对于传说时期的历史，徐中舒提出了"箭垛式人物堆积"的历史观，认为传说一般都以某个名人为箭垛中心，有关各种典章文物制度皆附会之。这些中国著名历史学家都认可历史传说对于历史的重要性，并把它们作为自己论证历史的论据。这一点，中西历史学家多有相合者，西方著名的历史学家柯林伍德说：神话"是已知事实的一种陈述"。"口头传说在很大程度上是最直接、最丰富和最真实的历史资料来源。"

本书作者在研究"资阳人"生存发展的年代文化时，不可避免地要与神话传说中的人物作出有机的联系和说明。凭据资阳人系列考古发现和其他考古成果及传说历史资料，研究资阳人在史前这段时期的生存生产活动，不仅是必需的，而且也是可能的和科学的，合世界史和中国史的一般研究方法。本书在这方面，谨慎而大胆地使用了史前文化的大量材料，并用文学笔法加以铺写和描绘，开拓了"资阳人"研究的学术视野，丰富了"资阳人"研究的历史内容；这从而使本书具有无可置疑的科学性、建设性和学术性。

本书的学术性还表现在注重史料的确凿性和严谨的论证上。本书的一个了不起的工作就是对这几方面的资料，尽可能多地搜集和掌握。历史研究的最重要的工作是资料的搜集和采用。本书作者深知学术研究的结论必须建立在占有大量材料的基础上。"实事求是地系统地考察出人类的文化从古以来所历进着的过程。这种学问是正确史观之母体或其褓母。"为了作到这一点，作者还不遗余力地调研本地区和四川其他地区的同期考古发现，以便更充分地了解和说明"资阳人"。如《资阳人》采信了龙垭遗址的发现，并使用了它的材料，与"资阳人"遗址发现相比较、相对应、相关照，这就对作者真实地反映史前资阳人在燧巢时代的生存状况，对作者记述此阶段史前资阳人起了支撑作用。

对于不同的见解，如对"资阳人"考古发现的否定意见，对"资国"是否存在的不同看法，对神话传说材料的使用的不同见解，本书作者也本着争鸣的态度，抱着对学术研究的敬畏心理，尊重不同意见，又能以史料发言，进行辩正，鲜明地阐述了自己的观点，表现出了一种可嘉的学术勇气和科学态度。

由于《资阳人》有严肃、认真、客观、科学的作学问态度，史料丰富了内容，阐发了新的学术观点，增强了知识性，也使这本书的学术质量得到了保证。

——李保均

《资阳人》构思宏大、气势磅礴、结构奇妙、观点稳妥、描写精彩、论述科学，是一部史诗般的典藏杰作。

《资阳人》探讨意境未穷尽，报告文学性思想性特质显耀，知识性趣味性浓厚，史实性科学性强烈。

这部书"是中华写作体裁的一个创新，开启了史传体写作"六性"合一的先河。将史实性、探索性、报告文学性、思想（启迪）性、知识趣味性、科学性融会贯通全书。这是一项难得的创造工程，是中华文学界、历史界、写作界的一座丰碑，是集体智慧的结晶，是一腔腔热血和一串串汗珠浇铸而成的。"

本书还有一个特别可贵价值，就是通过《资阳人》这部展示"资阳人"的历史通典，使世界知晓，"资阳人"作为新人时期的代表，是我们现代人的知识、经验、智慧、信息等获取方式和思维方式的孵化处，文化基因、文明基因、精神基因的根柢。""是当今人类命运共同体化解对立，建立平等和谐、开放互鉴、合作共赢、世界大同的"地球村"的基础。

——刘建中

《资阳人》不仅首创史传体报告文学的体裁，而且妙笔生花，对旧石器时代晚期的"资阳人"及其代表的资阳历史文化，起到了很好的宣传推广作用。

"资阳人"时代，"资阳人"的学术文化价值甚高，既是中国的，也是世界的，是人类珍贵的历史文化遗产，因而是具有世界性意义的独特资源，对资阳市的知名度和发展，具有特别重要的意义和价值。不仅如此，资阳悠久的历史进程中诞生和创造的文化遗产极为丰富灿烂。

当今时代，文化已经成为举世关注的焦点领域，是一个民族、国家综合发展的核心竞争力……文化一旦和我们经济社会发展有机结合起来，就可以产生非常好的社会效益和经济效益。资阳的历史文化，正是这样的优势资源，不仅悠久丰厚，而且充满永恒魅力。

——彭邦本

《资阳人》向世人展示出一幅至珍的人类文化历史画卷。"资阳人"是资阳的文化大品牌，是提升资阳经济建设的强大动力。要提高资阳的综合实力，就必须高高举起"资阳人"这面大旗。资阳市应该充分发掘"资阳人"这一优势并使其成为城市化发展的战略规划理念，来塑造城市的品牌。

——赵一农

《资阳人》因其独到的视角与手法，别具光彩。本人初阅后，便以为，编撰者不仅身体力行地进行了一次文化考古的历险，更是一次文明史的心灵溯源和民族魂的文化皈依。从文化溯源上看，《资阳人》的可贵之处在于，它不同于以往既成典范的考古报告、论文，二位编撰者以报告文学的笔法深入田野考古证据，又以田野考古实物佐证了文学化的历史猜想，给冰冷的文物赋予了人性的体温，因而遥远的历史变得更加鲜活，更加触手可及……他们通过这次文化考古历险，希望唤起的，正是中华民族生生不息的民族魂魄。党的十八大报告和十八届三中全会都提出了"建设中华优秀传统文化传承体系，弘扬中华优秀传统文化"的战略目标，从这个意义上看，《资阳人》作为一项文化工程，于持之以恒地弘扬中华优秀传统文化，通过专题研究学习践行，从而推动社会和谐，实现中国梦，是具有强烈的现实意义和深入远的历史意义的。

——孙建军

领导、知名人士赞肯《资阳人》选要

"资阳人与中华文明溯源研讨会"开得很成功、很圆满。这次会议邀请了全国的著名权威专家和省市的专家学者共同讨论"资阳人"。这次会议的方方面面都把握得很好。既把会议开得很成功，又贯彻了中央文化建设精神，这很好。

专家们做了对四个创新的肯定，又讲了对史传体报告文学"六性"的肯定，对《资阳人》这本书一再肯定，对这次会议肯定，对"资阳人"文化肯定，这就对提高资阳知名度产生了大影响。

——周光荣

《资阳人》这部巨著，弘扬了资阳人和中华民族 40000 年文化，承传了资阳人和中华民族 40000 年精神，使资阳人成为一个文化符号，一个文明品牌，一种伟大精神的代名词，把中华民族的文明史上推了三万五千年。刘胜俊和李治烈实现了资阳几百万人半个多世纪的夙愿，这是一项资利当代、惠及万世的浩大工程，实践了党中央的伟大号召，圆了资阳人的梦想。让我们为他们取得的成功，所付出的辛劳表示祝贺、致以问候，表示感谢、致以敬意！

这次研讨会，是中国文明建设的一件大事，是树立中华民族在国际文明史地位上的一件大事，是使中华民族在世界强国之林崛起的一件大事。

我们要借用这个契机，加强资阳、四川的精神文明和经济建设，通过开展"资阳人"的系列活动宣传资阳人，提高知名度和社会影响力，以期达到促进资阳、四川文化的大发展、大繁荣，在奋力推动美丽资阳的各项建设的实践进程中实现中国梦的资阳篇章。

这次研讨会，是进一步实践党中央和习近平总书记加强文化建设的重要指示，是探讨中华文化溯源中华文明的重要研讨会，是加强中华文化建设，擂响文明溯源进军战鼓的重要推动，对弘扬中华文化，承传中华民族精神，加速实现中国梦都具有重要的现实意义。

——曾清华

"资阳人与中华文明溯源研讨会"开得非常不错，今天的活动很成功。感谢军旅作家刘老潜心对先秦时期资阳人的文化研究，弘扬了资阳人文化，传承了资阳人精神，这很不容易。感谢李治烈老总和刘胜俊总编为发展资阳文化组织了这么一个高规格的研讨会，会议开得很成功，做到这一点非常不容易。

这次研讨会确实有成绩、有效果，《资阳人》一书确实有影响。下一步要把《资阳人》中和下继续写好，要为中华文明和四川、资阳的文化文明建设多做贡献。

——曹家贵

作为资阳人我很骄傲，刘胜俊总编和李治别老总为资阳文化建设呕心沥血，经过多年努力《资阳人》出版了，我很高兴。

今天能有这么多国家级高级专家出席这个会议，可见中央对"资阳人"的研究多么重视，我感受到中央专家对"资阳人"研究很关注很重视。对下一步"资阳人"研究寄予了很大希望。作为"资阳人"这样一个品牌，一个文化符号需要在下一步继续把他做好，任重道远。现在刚起步，专家们寄予厚望，要按照专家的希望去做。

——黄　俊

今天我很受震撼，很激动。刘总编和李总做了一件功德千秋、功德无量的大好事情，为今后研究资阳打下了一个坚实基础，我们非常钦佩二位。刘总和李总对研究"资阳人"付出了多少艰辛，一般人难以想象。

资阳人研究的定位是史传体报告文学，这就对历史的科学性和真实性引起高度重视。当然定位不要定得太死，就是要宣传好资阳人。我是资阳人，我感到非常骄傲。

——彭登怀

民间研究"资阳人"热情不减，但功底不够，视野不开阔，难以形成气候。可喜的是，两年前，我们资阳出生的刘胜俊老师占据德望优势，利用赋闲退休时机，毅然举起"资阳人"研究大旗，在宣传、文化部门的支持下，团结了一大批地方文化工作者，开始了"资阳人"史传巨著的编撰工作，得到了资阳籍优秀实业家李志别先生的坚强支持。短短两年时间，通过先期策划、大纲撰写、分工合作，已经完成了大部分文稿编写任务。特别值得一提的是，刘胜俊老师带领团队广泛网络学界朋友，提供可靠学术支撑；深入田间地头，开展实地调研；跑遍图书馆、博物馆获取实物图文资料，夜以继日的工作态度，深深的感染着我们地方文艺工作者。今天呈现在大家面前的先秦以上部分书稿大样，可谓博大精深，资料翔实，文笔优美、任意驰骋，图文并茂，可喜可贺。特别是文稿能得到到会的各位国家级专家的肯定，我感到，刘老师的功夫没有白费，"资阳人"文化深度挖掘有了希望。

——孟基林

人民日报、新华社、人民网、新华网等国内 60 多家媒体，英、美等世界多国媒体一再评赞、宣传"资阳人"和《资阳人》一书。

资阳市概况

地理位置 资阳市位于天府之国的腹心地带、四川盆地丘陵地区中西部的风光旖旎的沱江之滨。西北靠成都市和德阳市；西南连眉山市、内江市；东北邻遂宁市；东南接重庆市。居沱江、涪江流域之间，地跨东经104°12′～105°45′，北纬29°40′～30°39′。辖区面积7962.56平方公里。资阳是成都的东大门，为成都至重庆、川北到川南之要冲。成渝铁路、成渝高速公路和国道321线、319线、318线等重要交通干线贯通全境，是活力迸发的成渝之心。

四川省资阳市在中国的地理位置

资阳市处于四川沉降地带之川中褶带内，龙女寺半球环状构造和威远辐射构造之间，西高东低。按大的地貌形态，全市可分为低山、丘陵、河流冲击坝三种地貌类型。其中以丘陵为主，大约占总面积的90%以上。地形主要为龙女寺半球环状构造的影响带，其特点是：结构简单、地层平缓。出露岩层按其新老程序有：第四系全新统地层、侏罗系蓬莱镇组地层、侏罗系遂宁组地层、侏罗系沙溪庙组地层，土壤以棕紫泥土为主。一般海拔在300～550米，低山的最高点在龙泉山脉简阳境内的长松寺(海拔1059米)，河坝的最低点在安岳县夏家坝的琼江河出界处(海拔247米)。

建置沿革 在人类第四纪冰川时期，居住岷山北部的燧人氏寻迁到当时温和的沱江中游，与当地的资阳人同居下来。多种史书论定：燧人就是资阳人，"资阳人"就是燧人，共同开创了取火热食、骨针缝衣、石戒妆饰等人类文明起源。

"资阳人"即燧人氏开发资阳创建人类文明源泉后，传说人皇把华夏分为九州，由九个兄弟分管。人皇和分管沱江等地域的九弟都喜爱沱江地域，常在沱江居住。女娲治洪补天，发展资阳。接着，资阳人继续创造出旧、新石器共存的"鲤鱼桥文化"和龙垭文化、天鹅山蚕桑文化、制陶文化、雕刻文化、种植文化、象形文字文化、漆家村漆业和建房文化、昆仑文化、神农和黄帝文化、青阳和昌意文化、帝喾和颛顼文化、资国文化、纵目文化、尧舜禹文化、夏商周文化、春秋战国文化、玉器文化、汉墓文化等等。

汉武帝建元六年(公元前135年)，初置资中县，治所现今资阳市雁江区雁江镇，隶犍为郡。始建国元年至地皇四年(公元9~23年)改犍为郡，为西顺郡，县仍为资中，治所不变，隶西顺郡。建武十二年(公元36年)郡、县复旧名，隶犍为郡。成汉期间(公元306~347年)资中县荒废。永和三年(公元347年)恢复旧制，隶犍为郡。中兴二年(公元502年)资中县废。普通元间(公元520年)资中县改置普慈郡。承圣元年至恭帝三年(公元552~556年)，资中县戍无州郡治理。孝闵帝元年(公元557年)置资州(今简阳境内)，资中县始为资州辖地。武成二年(公元560年)置资中郡，州治迁于资中故城，资中县更名资阳县，隶资中郡；州、郡、县治所同在资阳县城。隋开皇三年(公元583年)罢郡存州，隶资州，州、县治所不变。开皇七年(公元587年)资州迁至磐石县(今资中县)，资阳县仍属资州。仁寿三年(公元603年)资阳与阳安、平泉合置简州。大业三年(公元607年)改资州为资阳郡，恢复资阳县，隶资阳郡。唐武德元年(公元618年)改资阳郡为资州。其后，州郡几经更名，资阳县隶属关系未变。淳祐三年(公元1243年)资阳因兵燹荒废。元二十二年(公元1362年)复置资州，废资阳县，地属简州。明洪武六年(公元1373年)复置资阳县，属成都府。正德八年(公元1513年)资阳县改属简州。清雍正五年(公元1727年)资阳县改属资州。嘉庆七年(公元1802年)，四川增设5道，资州及所辖各县归属川南永宁道，统于四川总督。

1912年，资阳县属下川南道。1914年，改属永宁道。1931年，废道，资阳县属四川省政府。1935年，设四川省第二行政督察区，治所资中县，辖资中、资阳、内江、荣县、仁寿、简阳、威远和井研8县。

1949年12月设资中专区，治所内江县(今内江市中区)，资阳县属川南行政公署资中专区。1952年2月资中专区更名为内江专区，资阳县属内江专区。1968年9月改内江专区为内江地区，1985年5月改内江地区为内江市，资阳县隶属未变。1993年1月撤销资阳县，设立县级资阳市，治所资阳县城。1998年2月26日，经国务院批准设立资阳地区，同年4月29日正式挂牌，与内江市分置，治所资阳县城，将内江市的安岳、乐至2个县和代管的简阳、资阳2个县级市划归资阳地区管辖。2000年6月14日，经国务院批准撤销资阳地区和县级资阳市，设立地级资阳市，同年12月29日正式挂牌，市人民政府驻新设立的雁江区(即原资阳市)。资阳市辖原资阳地区的安岳县、乐至县和新设立的雁江区，代管县级简阳市。(转引自《资阳年鉴》2011，本书作者有修改。)

  2014年1月18日,"资阳人与中华文明溯源研讨会"在四川资阳市隆重召开。参会人员有中国社会科学院历史研究所、考古研究所、中国先秦史学会等部门领导、高级专家和国家档案馆、北京大学、《人民日报》、中国管理科学院等单位高级专家、教授、学者10多人出席并发言,其中院士级专家有2人;四川省社科院、四川省历史研究会、四川省考古研究院、四川省作家协会、四川省写作学会、四川大学、西南财经大学等单位领导和专家10多人参会并发言。国家级和省级史学、考古专家与资阳、内江研究地方志等的几十位专家和200多位参会者汇聚一堂,300多人一起研究资阳人与中华文明溯源问题。四川省和资阳市的几位领导也参加了会议。

  会议开得圆满成功。全会和专题会相结合,争论激烈,研讨深刻,基本达成一致结论:"资阳人"是40000年的"智慧人类基因根脉,是人类思维、智慧的发端,是人类智慧人里程碑,是最早现代人"。

  大会总结暨新闻发布会标题是:"资阳人"是人类文化基因根脉一始祖,资阳是中华文明一源泉。"

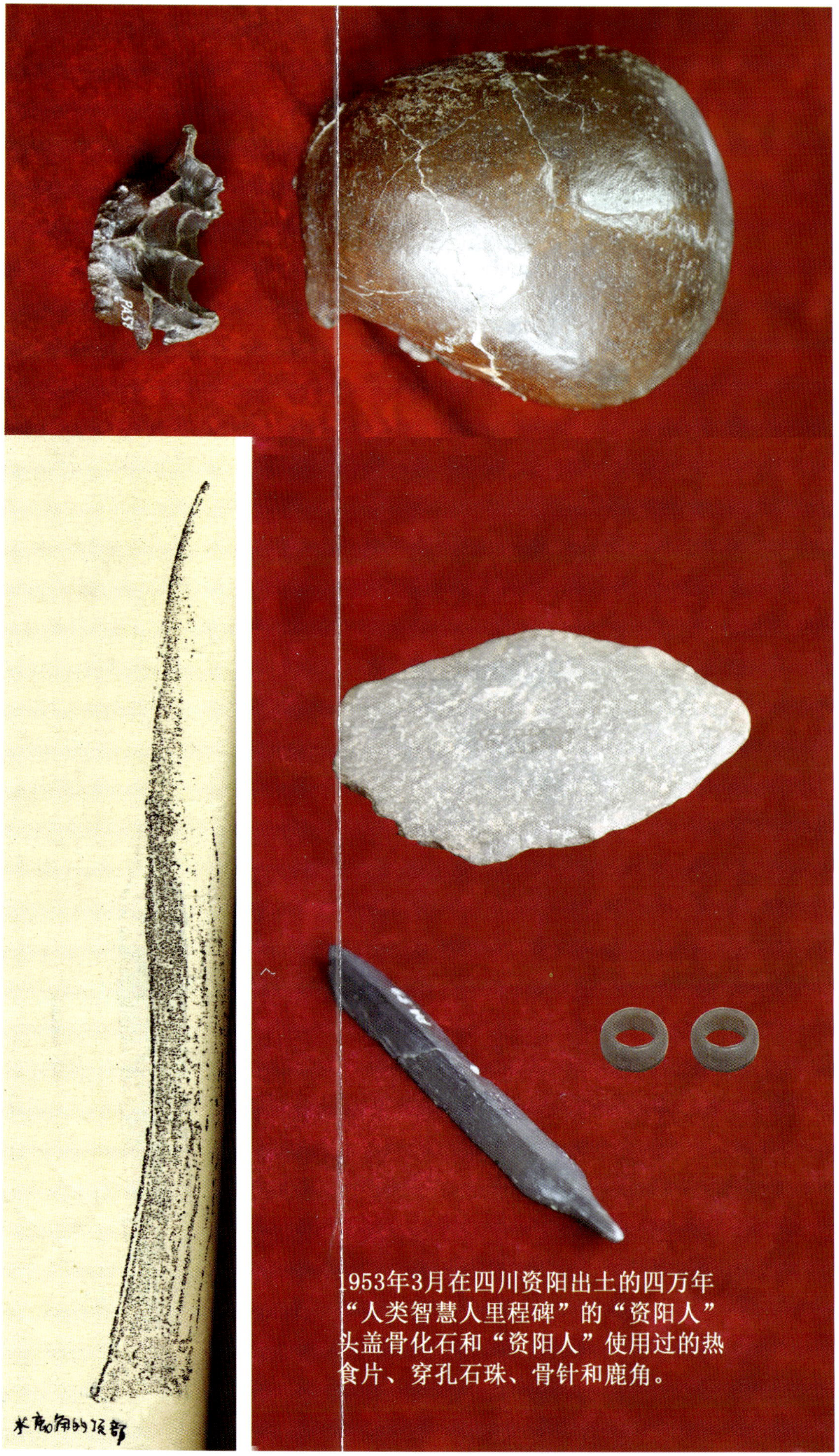

右边的古代"图腾柱"文物图，是2600多年前，蜀王开明时期打造的雕刻文物珍贵实体。图腾柱上雕刻记载的历史，是华夏和川人世代相传的史实。从"图腾柱"看出，蜀国的历代掌权者都把燧人、女娲和伏羲推崇为祖先，都用纵目看世界，都用玉璋祭祀先祖，都推崇阴阳理念，这都说明从燧人氏下来，都是一脉相承的。只能是一个先祖才可能这么一脉相承，一丝不差。所以说蜀人的先祖就是燧人氏。

多部史书和多项文物已记述清楚，"燧人氏就是资阳人"，"女娲故土在资阳""伏羲母曰华胥，燧人之世"。这些史实说明，"资阳人"就是蜀人始祖。

"图腾柱"上的"纵目"是记载资阳昆仑文化，"图腾柱"上的"蚕丛氏"记载的是黄帝和嫘祖的蚕丛文化。

三星堆文化的突出特点就是"纵目"。"纵目"文化在资阳有七八千年甚至万年以上的历史。"资阳人"的后裔开拓三星堆文明，使之形成早期先夏中央帝国的雏形。其实，夏商周就是蜀商周，更确切的讲就是资商周。

"图腾柱"将蜀国和中华思维、智慧、文化、文明的根柢发源、脉络传承关系，铁一般的明晰不过的雕刻记载、展示给世人。

"图腾柱"这件无价珍宝文物，锻刻的蜀国和中国史实的根脉关系，加上"资阳人"头骨化石和一起出土的骨针、穿孔石珠、薄石盘、鹿角、石斧、刮削器等200来件珍贵文物，及史书史志，史学考古大家的考研判定，这些断定历史真实的关键三要素，足以定清："资阳人"是中国人一始祖。

1953年3月在四川资阳出土的四万年"人类智慧人里程碑"的"资阳人"头盖骨化石和"资阳人"使用过的热食片、穿孔石珠、骨针和鹿角。

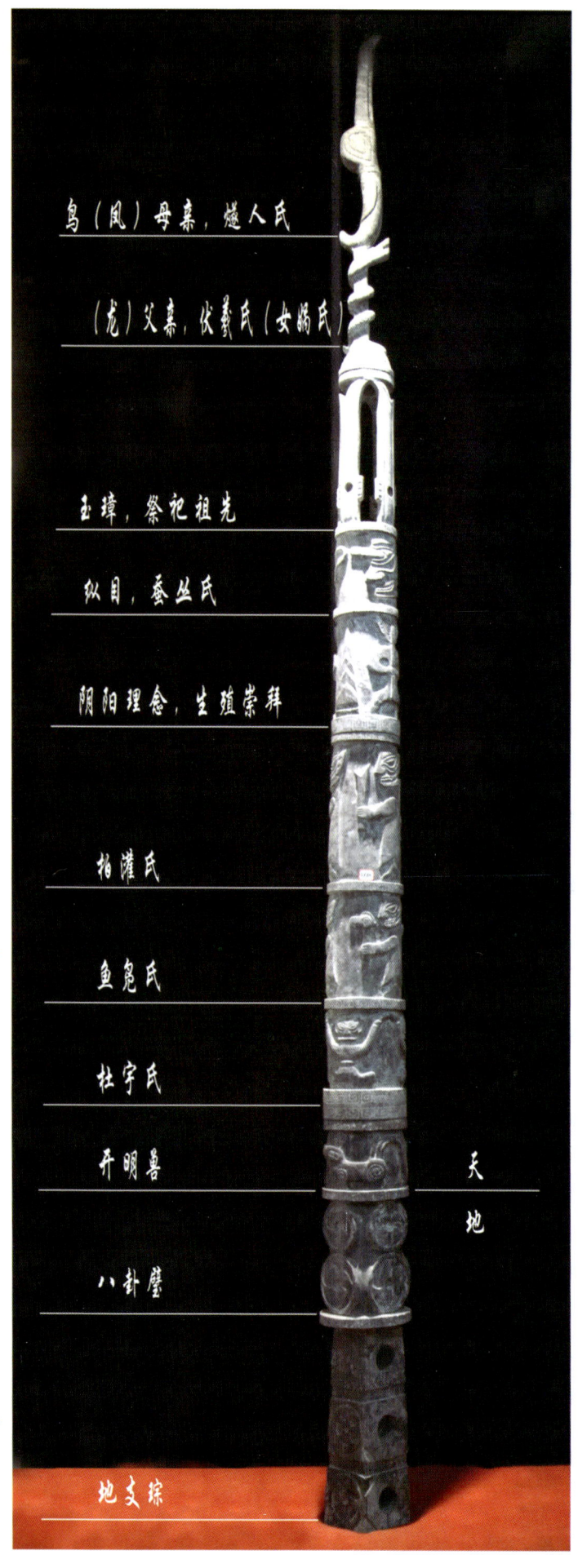

鸟（凤）母亲，燧人氏

（龙）父亲，伏羲氏（女娲氏）

玉璋，祭祀祖先

纵目，蚕丛氏

阴阳理念，生殖崇拜

柏灌氏

鱼凫氏

杜宇氏

开明兽

八卦垒

天地

地支珠

资阳人与智慧人类一主体基因根柢、活态传承发展脉络告知：

"资阳人"是中华民族和智慧人类一祖先

"山川异族，根脉同天"。多年来世人认定现代人类祖先是6万年时际非洲东部的"老祖母"。前几年中国发掘出8万年的湖南"道县人"、10万年左右的河南"许昌人"等又佐证现代人类发源于中国。特别是据史载：距今约5万年前后的人类第四纪冰川时际，地球基本被冻成冰球。李四光指出，庐山也被冰川覆盖。沉痛的是在人类远古史上影响大的非洲东部的老祖母氏族、欧洲的克罗马农人、欧洲和西亚的尼安德特人、南亚的爪哇猿人、北亚的蒙古人、东亚的北京人和湖南道县人、河南许昌人等人类都被这次特大冰川冻灭，全球生灵几乎灭绝。这次冰川中又发生特大震荡，造就四川盆地，不久形成海洋，古称"西海"。

四川盆地周围矗立的高山挡住塞流，西海水未结冰，吸收太阳热能，温暖气上升，西北风将温暖气从盆海四周最低处的东南龙泉驿推向沱江中游，形成适宜生灵生存的较为温暖的地域。原住昆仑山即岷山上的燧人氏，集群迁移到沱江中游，与原住的"资阳人"同生息、相融，成为一体。正如《昆仑纪》等史书记载的："'资阳人'就是燧人氏，燧人氏就是'资阳人'"，是中华大地和地球上的人类生灵唯一幸存族群，成为"火种"，燃遍和延传世界。

国家文物局等政府部门、中国科学院等史学权威机构和众多考古专家运用科学手段研究"资阳人"几十年，一再认定："'资阳人'是40000年时际的智慧人"、"是人类智慧人里程碑"、"中国猿人经'资阳人'到现代人"，"'资阳人'是最早现代人代表"、"是人类智慧根柢、发端"、"是人类血脉遗传基因、文化基因、文明基因、精神基因根脉一始祖"，"资阳是中华文明一源泉"；资阳人新旧石器并存的"鲤鱼桥文化"，将中华40000年文明紧密延锦从未间断。

《三坟》、《符瑞上》等古籍载：太昊"伏羲氏，燧人子也，""其母乃燧人氏之女也"，"伏羲，燧人之世，……母曰华胥"，"生男子为伏羲，女子为女娲。"

燧人即"资阳人"氏族的后代伏羲，在资阳初创农业和工业，始作《易》太极八卦，建立功勋后带领部分资阳濮人向西海四周发展，形成羌人、雅人等多个部族。北上甘肃成纪一带开创，完善太极八卦。顺黄河而下拓创出"人类一代文明"。正如《学斋占毕》云："资州地（在蜀）掘得汉碑，有伏羲仓颉，初造工业，画卦结绳，以理海内"。"故国在资阳"的女娲率众打通巫峡治水补天，西海变为陆地，文明大发展。《历代通鉴辑览》、《山海经》等多本古籍载，伏羲、女娲氏族通新疆，穿中东，达北非、地中海、欧洲开拓，互鉴相融，共创文明。

《国语·晋语》记载："昔少典娶于有蟜氏，生黄帝、炎帝。"司马贞说："按《国语》炎帝、黄帝皆少典之子，其母又皆有娲氏之女。"《吕氏春秋》等史籍曰：祖籍在江水（沱江）岸上的炎帝，因善用火而得名，创农耕又号神农氏，全面推进中华文明。多本古书论定：出生、成长、创业、建都、立国都在沱江中上游的黄帝自蜀"入（主）中国"，建立华夏基业，开创中华文明新时代。

《山海经》等数本古籍对九丘，寓意是黄帝嫘祖生后代之九族记载总体一致个别差异，多数记载：降居沱江阳化河地域的黄帝长子青阳生蟜极，蟜极生高辛（帝喾），帝喾生弃（后稷周皇，周后春秋）、契（商皇）、尧（陶唐放勋）、嫦娥、挚，挚裔资子为资国；黄帝次子昌意娶蜀山氏女生乾荒，乾荒生高阳（颛顼）和蚕丛，颛顼生虞舜、鲧、驩兜（苗民），鲧生禹后为夏，鲧又生偶、老童。蚕丛为古蜀国始皇，蚕丛、柏灌、鱼凫、杜宇、开明等为黄帝后裔。战国七国君中属帝喾后裔的是：韩、燕、魏，属颛顼后裔的是：齐、楚、赵、秦。

《蜀王本纪》等若干古籍记载：青阳故乡资阳濮人（《周书·王会解》：伊尹四方令，又作僰。《说文》："僰，犍为蛮夷也。" 即古时资阳所在犍为郡）先进文化发展形成百濮文化。接着，巴蜀资阳濮人向四面八方传播和互鉴文明。论"中国民族史"的几本书说：黄帝子孙昌意、颛顼等资阳人濮族向若水（雅砻江）、青衣江、茂汶、岷江、"今黔江、金沙江、大渡河流域"等川北和甘、陕等地区开拓。后来他们踏着先人伏羲、黄帝的步履入主中原、山东、东北和东南等地域，大创文明事业；青阳、帝喾等黄帝后裔顺江而下发展，与云南元谋人和西南各地民族融合，成为彝族、白族、景颇族等。百濮发展到豫、鄂、湘、川、滇、黔、鲁、荆、楚、西藏、新疆等数省，"濮族--棡能挂结之具有国家之规模者，为爨氏，至南诏则益进也。""獽本为百濮之一支。""席亦百濮也，然则微卢、彭诸国亦未必非濮也……盖皆濮地也"，并不断发展壮大。接着，帝喾后代俊帝等带些濮人到台岛、"琉球"、南海和亚、欧、非、美洲等海外创发，互鉴相融，建立伟业。可见，"资阳人"历代后裔濮人，与大江南北、长城内外数省民族和亚、欧、非、美洲等开发互鉴，经济、文化交流、通婚融合。资阳这块蜀国前缘之地，经共同的努力，成为古代民族和人类命运共同体大团结、世界民族大同的典范，使资阳成为华人原乡、人类原乡，在中华民族文化形成中、世界人文的发展中，青阳、昌意濮族人和后裔起到关键的重大的作用，建立起顶天立地亘古万世的伟大丰碑。

《山海经》开天辟地的提出："昆仑（即岷山和资阳等九丘）宜为上古文化核心"。泰斗级考古大师蒙文通指出：中华文明"是先出于蜀，而后才渐次影响于秦"。台湾省考古专家李济指出："中国西南及西部为人类文明开始的地方"。正如众多史学大师深刻指出的："'资阳人'是人类文化根脉一起源的始祖，资阳是中华文明一源泉"，"古蜀王国—中华文明的源泉"。中国科学院院士裴文中、吴汝康指出："'资阳人'是人类智慧人里程碑，是第一个现代人"。巴蜀文化学首席专家谭继和指出："'资阳人'是人类思维、智慧的发端、根柢"。

是的，史实告诉世人，中华远古民族智慧人主体遗传基因根柢和活态传承发展脉络是："资阳人"燧人氏、伏羲女娲、炎黄、青阳和昌意、蟜极和乾荒、帝喾和颛顼、尧、舜、禹、（虞）、夏、商、周、春秋、战国七国君皇等和古蜀国的蚕丛、柏灌、鱼凫、杜宇等皇、帝，这就包括了"三皇五帝"，都是"'资阳人'即燧人氏"的后裔，都是"资阳人'鲤鱼桥文化'地域人的后代"。称资阳人是中华民族的一祖先、世界大同一始祖，当之无愧，非资阳人莫属。

以上是若干古籍记载的"资阳人"到秦代的中华4万年血脉遗传基因、文化基因、文明基因、精神基因根脉史，2600多年前蜀帝开明时代雕刻制造的珍贵文物"图腾柱"记载的中华远古文化传承史和"关系图"、"根脉图"展示的中华民族和人类古文明简史，这四者一脉相承，是铁的佐证。

综合考古学、历史学、世界史学、人类学、古生物学、气象学、环境学、地理学、物理学等多门学科理论，用历史唯物主义和辩证唯物主义考证历史，告诉世人，上述就是中华和智慧人类远古一文明史，就是中国和世界古代人文基因的一根柢和脉络，是智慧人类命运共同体筑起世界大同"地球村"的一根基。

资阳、蜀国与中华、世界文明史关系略图

中华远古和古代文明史、古蜀国史（中国正史基本无记载）

- "资阳人"、天皇（燧人氏）、（母系氏族）（40000年时际）
- 资阳鲤鱼桥人 资阳、安岳、乐至 石虾子、沙嘴人、濛溪人，简阳龙垭人（旧石器时期）（40000-30000年）
- 资阳、安岳、乐至 濛溪人（旧、新石器并存）（25000年前后）
- 资阳天鹅山人（意蚕文化）（18000年-10000年）
- 女娲、伏羲氏（母系、父系并存）、化蚕、龙文化（10000年时开始）
- 简阳三溪人文化（新石器中期）
- 资阳昆仑山纵目文化（约7000年）
- 神农 黄帝（前4000年-前2600年）
- 青阳、昌意
- 蟜极、乾荒
- 帝喾、颛顼
- 资国人（前2560年，尧子资子建立资国）
- 资国归秦（前316年）

本书研撰团队和专家团队经多年考研率先溯源到：

人类第四纪冰川将地球冻成冰球，世界生灵几乎灭绝，特殊地理气象将"资阳人"幸存下来成为"火种"，燃遍世界。

- "资阳人"是四万年时际的智慧人
- "资阳人"是人类智慧人里程碑
- "资阳人"是人类思维、智慧根柢、发端
- "资阳人"是人类基因根脉一始祖
- "三皇五帝"祖籍都是四川资阳
- 资阳是中华和智慧人类文明一源泉
- 资阳昆仑山是华夏远古文明中心
- 资阳是华人原乡，是智慧人类原乡
- 中华文明西兴长江上游的沱江中游，东渐中原
- 世界文明是东兴西渐

古蜀国史

黄帝
- 蚕丛
- 柏灌
- 鱼凫（三星堆文化4500年前后）
- 杜宇（望帝）
- 开明（丛帝，约前600年）
- 卢帝（二世）
- 保子帝（三世）
- 蜀王开明尚（九世）
- 芦子霸王（十二世）

中华正史

黄帝（神农氏）
- 尧（前2600年-）
- 舜
- 禹（-前2034年）
- 虞 历经730年
- 夏（前2033年-1562年）
- 商（前1562年-前1066年）
- 周（前1100年-前403年）
- 春秋战国（前722年-前221年）
- 苌弘碧血丹心文化（前582年-）
- 秦惠文王灭蜀（前316年，张仪、司马错）
- 秦始皇（前221年建立秦朝）

中外传说、古迹、考古文献等记载、报刊登载、文物佐证，遗传基因鉴定溯源结论告知世界：资阳人、蜀人、华人文化传播、相融亚、非、欧、美、大洋洲

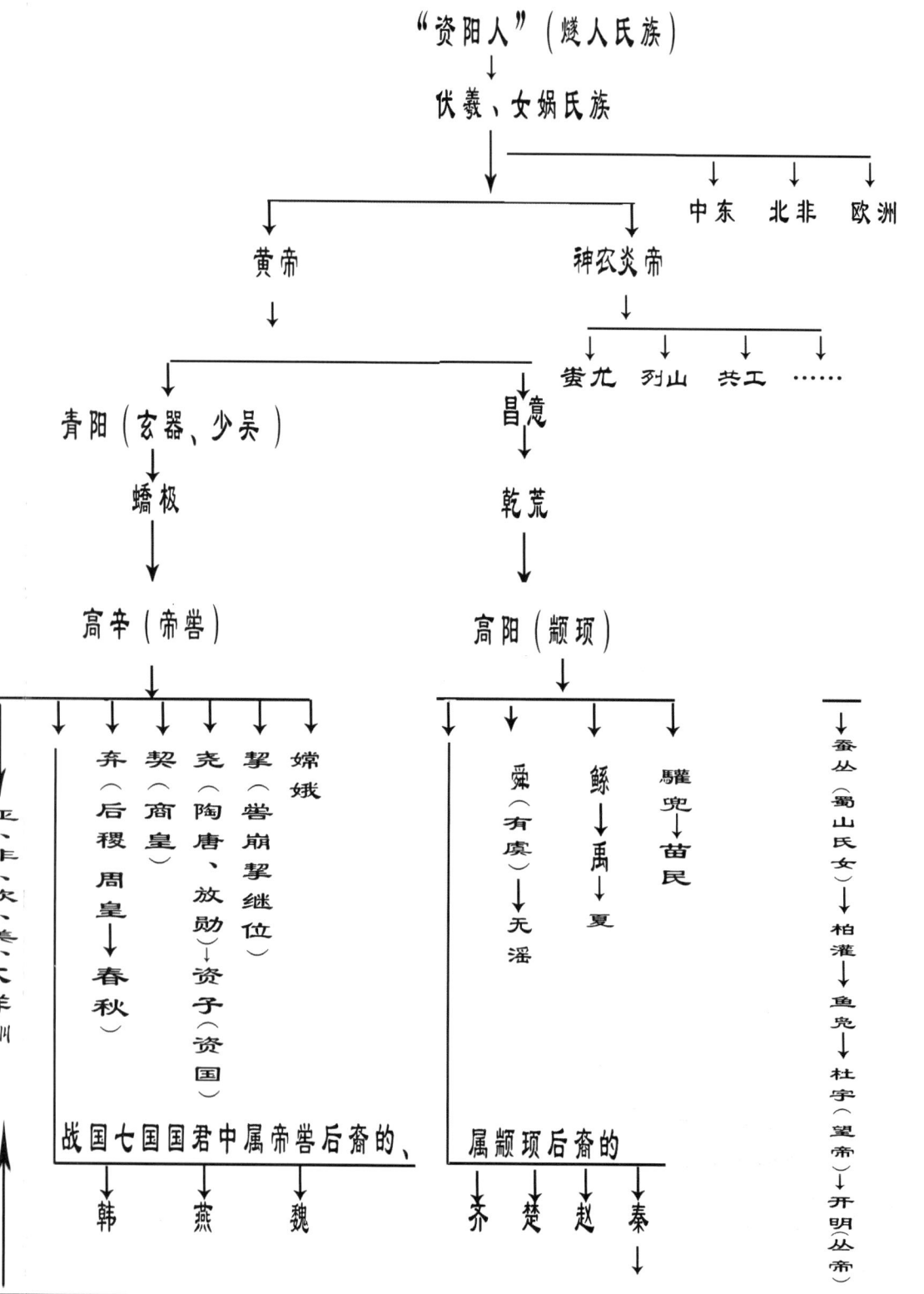

资阳人与智慧人类—主体基因活态传承根脉图

注：古籍所载帝喾、颛顼后裔脉络总体一致，个别支裔有不同，上为偏多记载。

目 录

卷首语　加强中华根脉文化探索和建设	-1-
迟浩田题词	-2-
邵华泽题词	-3-
张　柏题词	-4-
李学勤题词	-5-
吴新智题词	-6-
王　巍题词	-7-
鞠德源题词	-8-
《资阳人》编撰委员会	-10-
权威史学专家考研认定"资阳人"的伟大价值	-10-
权威史学专家论定《资阳人》的特别价值	-12-
坚持"七条依据"，实事求是撰写好《资阳人》	-13-
从"胡说"到颠覆历史传统认知的罕见佳作	-13-
关键词："资阳人"是人类文化基因根脉一始祖　资阳是中华文明一源泉	-14-
"资阳人"是中华民族和人类一祖先	-15-
深入研究"资阳人"的意义重大	-17-
《资阳人》专家团队	-20-
《资阳人》顾问团队	-22-
第三版说明	-23-
"资阳人"和古蜀文化为什么未入中国正史？	-25-
考古和史学专家赞肯《资阳人》溯源中华文明　弘扬优秀传统文化的特殊贡献	-26-
本书率先颠覆30项历史文化传统认知	-29-
专家解读《资阳人》摘录	-30-
领导、知名人士赞肯《资阳人》选要	-37-
资阳市概况	-39-

序 言　"资阳人"是人类文化基因根脉一始祖　资阳是中华远古文明一源泉 - 52 -

一、"资阳人"是人类文化基因根脉一起始祖	-53-
二、溯源并发现资阳是中华文明一源泉	-53-
三、复原资阳远古文明并展示给了世人	-54-
四、探讨了四万年的历史文化	-54-
五、研究了承传资阳人和中华民族伟大精神	-55-

"资阳人"伴生的石器、骨器　彰显中华文明一源泉雏形......- 57 -

前言：博大精深、繁荣绵远的文化　忠勇仁爱、厚德包容的精神......- 62 -
  一、编撰出版《资阳人》宗旨在挖掘资阳人文化、溯源中华文明、承传资阳人和中华民族精神，弘扬资阳和中华文明，发展当代资阳，实现中国梦......- 62 -
  二、资阳人文化特质：博深绵远......- 65 -
  三、资阳人精神特质：忠勇仁爱......- 69 -
  四、着力保护、修复资阳人历史文化遗产，大力弘扬中华民族精神......- 74 -

开卷篇　资阳人......- 76 -

序幕：王者风范的智源祖......- 80 -

第一卷　"资阳人"文化......- 84 -

第一章　东方智慧人树丰碑　四万年前勇创先......- 85 -

第一节　王者率众闯艰险　锐智开拓新纪元......- 86 -
  一、生存创新争先锋　采集新潮传八方......- 86 -
  二、吹奏鹿角讲战法　与兽战斗搏智商......- 92 -
  三、改具观天萌心计　结绳记事观天象......- 97 -
  四、推广熟食创妆饰　生息大展新风尚......- 100 -
  五、沱江、九曲河、昆仑山等河山孕育着资阳人......- 103 -

第二节　智源祖指挥战恶魔　杆栏房屋换新颜......- 106 -
  一、智源祖率众奋战恶魔，勇敢献身救苦难......- 106 -
  二、资阳人杆栏筑屋居住......- 108 -

第三节　考古界命"资阳人"　智源祖重现光辉......- 111 -
  一、智慧人化石艰难发现......- 112 -
  二、中国考古界正式命名"资阳人"......- 121 -
  三、世人关注、研究、宣传"资阳人"......- 121 -
  四、"资阳人"B地点和"鲤鱼桥文化"的发现......- 123 -

第四节　国家文物局和中国考古权威部门认定："资阳人"是四万年时际的智慧人- 127 -
  一、国家级省级多批权威考古专家经过10年考察、研究，确定："资阳人"为四万年时的智慧人......- 128 -
  二、第一次全国^{14}C会议认定："资阳人"为39300年......- 135 -
  三、国家文物部门宣布："资阳人"为旧石器时代晚期四万年时期的智慧人......- 139 -
  四、资阳人古迹相继发现......- 142 -
  五、复原"资阳人"像......- 144 -
  六、众星功绩刻金榜......- 148 -

第二章　智慧基因第一人　文化丰碑永世传......- 153 -

第一节　人类祖先四处有　文化基因多地生......- 154 -

一、"资阳人"等人类文化基因始祖，是在多地的各自生存环境中发展起来的.- 154 -
　　二、"资阳人"是人类文化根脉一亮点..- 156 -

　第二节　人类智慧人里程碑　文化基因始祖人..- 157 -
　　一、从分析人类发展史看出，资阳人是人类智慧人里程碑..........................- 158 -
　　二、从研究人体结构进化看出，"资阳人"是人类文化基因根脉一始祖............- 162 -
　　三、"资阳人"用智慧制作工具等物质，具备文化基因始祖标准的内容............- 169 -
　　四、"资阳人"创造的物质财富和精神财富的智慧，具备文化基因标准的内容.- 172 -
　　五、"资阳人"生成的文化智慧基因，孵化出人类文明基因摇篮.....................- 172 -
　　六、考古专家一项一项挖掘报告、一本一本考古论著向世界宣告："资阳人"是华夏文明基因一始祖...- 174 -
　　七、国家权威史学机构和专家认定："资阳人"是人类文明基因一始祖............- 175 -
　　八、中国和世界重大媒体认定："资阳人"是人类智慧人里程碑.....................- 179 -
　　九、党、国家领袖和中国科学院领导认定："资阳人"是人类智慧人里程碑......- 180 -
　　十、"资阳人"是四万年时际人类智慧人的发掘、考证重大历史回顾...............- 180 -

　第三章　人类文化一起源　华夏文明一摇篮...- 185 -
　第一节　源泉星罗五州出　文明标准科学定..- 186 -
　　一、重建中华上古文明的契机..- 186 -
　　二、判定文明的标准应该修正、革新成：精神文明和物质文明....................- 187 -
　　三、中华民族文明的发祥地应是多元的地域...- 191 -

　第二节　华夏文明一摇篮　土生土长一脉承..- 192 -
　　一、"资阳人"用智慧开创人类远古文明源泉的雏形.................................- 193 -
　　二、"资阳人"用智慧制作、使用骨器、石器的精神和创造出的这些物质财富具备文明源泉的标准内容..- 194 -
　　三、文明的连贯性、绵远性的史实,进一步证实资阳是人类和中华文明一源泉.- 196 -
　　四、从资阳、蜀国与中华远古文明史关系略图看出，资阳是中华文明一源泉...- 197 -
　　五、远古资阳人所处的地域气候优势，造就了资阳成为人类文明一源泉.........- 198 -
　　六、远古资阳人、蜀人走向川外播撒文明的史实，证明资阳是中华文明一源泉- 199 -
　　七、若干古书、史著论证，资阳是华夏文明一源泉..................................- 200 -
　　八、国家和政府史学机构、权威专家认定，资阳是华夏文明一摇篮..............- 201 -
　　九、中华文明远超五千年，应是四万年..- 206 -

　第四章　史实铁锤作定音　蜀都王国元祖先...- 208 -
　第一节　"资阳人"为蜀国祖，代代专家考证定..- 209 -
　　一、考古和史学专家确定"资阳人"是蜀国始祖.......................................- 209 -
　　二、地缘起源和发展史学说告知，"资阳人"是川人祖先...........................- 210 -

　第二节　蜀都王国元祖先　史实锤音做定论..- 211 -
　　一、精英多方发展，证明资阳人成为蜀人始祖..- 211 -
　　二、自然地理成就远古资阳人是蜀人始祖..- 212 -
　　三、"资阳人"远远早于羌人、雅人...- 215 -
　　四、"资阳人"后裔发展脉络告知，资阳人是蜀人始祖...............................- 215 -

五、从考古中看文物的演化、发展，证明资阳人是蜀人始祖............- 216 -

第五章　根脉史实做定论　华夏子孙一祖先..............................- 217 -

　第一节　"图腾柱"铭记的华人脉络传承史，告知"资阳人"是华夏一祖先........- 218-
　　一、"图腾柱"告知，文化人脉的传承关系证明："资阳人"是华夏一祖先......- 218 -
　　二、"图腾柱"告知，华夏人脉的基因传承脉络和族群延续佐证："资阳人"是华夏一祖先..- 219 -
　　三、中国考古界对"资阳人"一再定论，认证"资阳人"是华夏一祖先..........- 220 -

　第二节　根脉史实佐证，"资阳人"是华夏和智慧人类一祖先..................- 221 -
　　一、文物、古籍、"关系图"、"根脉图"中血脉基因根柢和脉络佐证："资阳人"是华夏和智慧人类血脉基因一祖先..- 221-
　　二、文物、古籍、"关系图"、"根脉图"中文化基因根柢和脉络佐证："资阳人"是华夏和智慧人类文化基因一发端..-225-
　　三、文物、古籍、"关系图"、"根脉图"中文明基因根柢和脉络佐证："资阳人"是华夏和智类人类文明一源泉创始人......................................-226-
　　四、文物、古籍、"关系图"、"根脉图"中"资阳人"精神基因根柢和脉络佐证："资阳人"是华夏和智慧人类精神基因一元尊，她激励着万代奋发图强..-230-
　　五、远古"资阳人"、华人基因遗传造就人类命运共同体基础..............**-230-**

　第三节　创发的十三大文明说明，"资阳人"是华人一始祖..................- 234 -
　　一、"资阳人"创发远古十三大文明..................................- 234 -
　　二、"资阳人"创发远古十三大文明同时传播华夏和世界..................- 235 -

第二卷　燧人氏与"资阳人"相融文化　距今40000年前..............- 240 -

　第一章　"燧人就是资阳人"..- 241 -

　第一节　"燧人氏就是资阳人"..242
　　一、宜人的资阳圣地..- 242 -
　　二、燧人氏部族热爱资阳，融入"资阳人"氏族..........................- 244 -

　第二节　人皇喜爱资阳..- 246 -
　　一、传说：人皇及其部族喜爱沱江....................................- 246 -
　　二、"资阳人"早于人皇..- 247 -

　第二章　燧人氏与"资阳人"　相融　共创人类文明一源泉..................- 248 -

　第一节　"资阳人"燧人氏共处沱江岸..................................- 249 -
　　一、史料说：燧人就是天皇..- 249 -
　　二、史料说：燧人氏首领主要活动地在资阳..............................- 249 -
　　三、"燧人氏就是资阳人"，是第四纪冰川强震后的地理、气象条件造就........- 250 -

　第二节　"资阳人"燧人氏共创人类远古灿烂文明..........................- 252 -
　　一、"资阳人"和燧人共创人类远古文化，文明传播世界..................- 252 -
　　二、母系氏族兴盛，出现简单分工....................................- 261 -

第三卷　鲤鱼桥文化 .... - 263 -

第一章　新旧石器连结紧　文明延久扬英名 .... - 264 -

第一节　"鲤鱼桥文化"的发掘与地理位置 .... - 265 -
　　一、"鲤鱼桥文化"的发掘 .... - 266 -
　　二、"鲤鱼桥文化"的地理位置和地貌 .... - 266 -
　　三、晚更新世鲤鱼桥一带的自然景观 .... - 270 -
　　四、"鲤鱼桥文化"的文物 .... - 272 -

第二节　"鲤鱼桥文化"的年代与成名 .... - 277 -
　　一、"鲤鱼桥文化"的年代 .... - 277 -
　　二、"鲤鱼桥文化"的成名 .... - 279 -

第二章　"鲤鱼遗迹范围广　文化价值是明星" .... - 281 -

第一节　老资阳县域内的"鲤鱼桥文化"概况 .... - 282 -
　　一、天鹅山人萌发蚕桑文化（40000～200000 年） .... - 282 -
　　二、花溪村和兰家坡人拓创石斧文化（35000 年） .... - 286 -
　　三、鲤鱼桥人创造旧石器石核、石片文化（30000～20000 年） ... - 287 -
　　四、龙垭遗址文化（25000 年） .... -287-
　　五、回龙桥、石虾子人萌始弓箭、筏子、舟船等文化（20000～15000 年） ... - 287 -
　　六、花溪村人萌霓缝纫文化（15000 年～12000 年） .... - 288 -
　　七、篮家坡人元始食盐文化（13000 年～10000 年） .... - 289 -
　　八、沙咀人萌烁制陶、雕刻文化（12000 年前后） .... - 289 -
　　九、漆家人烧瓦烤砖创新建房和树漆文化（11000 年前后） ...... - 291 -
　　十、濛溪人萌创种植甘蔗、水稻等农耕文化（10000 年前后） .... - 292 -
　　十一、字库山萌现象形文字文化（9000 年前后） .... - 294 -
　　十二、沱江中、上游"鲤鱼桥文化"中的古玉文化(8000～2500 年) ... - 298 -
　　十三、太阳神鸟从传说到人间腾飞（前 7000 年～） .... - 306 -
　　十四、三星堆文化 .... -311-
　　十五、资阳城郊大展汉墓文化（前 200 年～280 年） .... - 312 -
　　十六、南方丝绸之路要驿文化（前 403 年～） .... - 316 -
　　十七、《资阳县志》记载的遍布资阳县各地上百处文化 .... - 316 -

第二节　安岳、乐至、蓬溪等川内县域的"鲤鱼桥文化" .... - 326 -
　　一、鲤鱼桥旧石器时代晚期的石器与乌木共存 .... - 326 -
　　二、"一脚踏三县"和蓬溪等川内县域的"鲤鱼桥文化" .... - 326 -

第三节　"鲤鱼桥文化"的可贵价值 .... - 327 -
　　一、"鲤鱼桥文化"范围广大 .... - 327 -
　　二、"鲤鱼桥文化"与观音洞等文化的关系 .... - 327 -
　　三、"鲤鱼桥文化"早于川内等其他文化 .... - 329 -
　　四、"鲤鱼桥文化"延续四万年 .... - 329 -

第四卷　女娲、伏羲、炎黄、资阳昆仑山文化 .... - 331 -

第一章	女娲氏治水补天 伏羲文明惠世界	- 332 -
第一节	伏羲"女娲故国在资阳"	- 333 -
一、	文物、遗迹佐证女娲、伏羲祖籍在"资阳人文化"地域	- 334 -
二、	史书、史料记述伏羲、女娲祖籍在"资阳人文化"地域	- 336 -
第二节	女娲率众人治水补天	- 342 -
一、	洪水灭世	- 342 -
二、	女娲治洪补天	- 342 -
第三节	女娲、伏羲精神顶天立地，震撼世界	- 345 -
一、	女娲治水补天的技术和精神震撼世界	- 345 -
二、	"女娲治水补天"在我们儿时心里种上了为人民的精神种子	- 346 -
三、	伏羲、女娲对人类的伟大贡献	- 347 -
四、	中国和世界都在敬仰和纪念女娲和伏羲的伟绩和精神	- 349 -
第二章	昆仑幽远聚神明 炎帝农耕显雏形	- 352 -
第一节	资阳昆仑山矗立沱江岸7000多年	- 353 -
一、	传说中文化灿烂的远古资阳昆仑山	- 353 -
二、	《山海经》记载"昆吾之丘"在洛水岸上	- 355 -
三、	古老神奇的沱江	- 356 -
四、	沱江水映衬着资阳昆仑山的美丽、雄伟、神圣	- 359 -
五、	最早的资阳昆仑山被正史淡忘两千多年	- 361 -
六、	昆仑，曾是指睁大眼睛看世界	- 363 -
七、	史书史志在说资阳昆仑山是上古华夏文化中心	- 365 -
八、	资阳昆仑文化光辉灿烂	-368-
第二节	神农炎帝农耕社会现雏形	- 372 -
一、	神农炎帝因其善用火而得名	- 372 -
二、	神农炎帝世系应属于"资阳人文化"地域	- 373 -
三、	神农炎帝的伟大业绩	- 374 -
第三章	黄帝奠定华夏基 颛顼帝喾创伟业	- 378 -
第一节	黄帝奠定华夏基 嫘祖蚕桑里程碑	- 379 -
一、	黄帝是四川人	- 379 -
二、	黄帝正妃嫘祖创立桑蚕文明里程碑	- 383 -
三、	黄帝自沱江中游北上成都，大力开发成都平原	-384-
四、	黄帝自蜀"入（主）中国"，创发黄河、中原文明	- 384 -
五、	黄帝得九天玄女助阵战胜蚩尤	-386-
六、	黄帝奠定华夏基业	- 386 -
七、	黄帝及其儿孙掀起向世界传播文明的大高潮	-388-
第二节	黄帝儿孙大创人类辉煌文明	- 389 -
一、	黄帝长子青阳再创资阳和中华文明	- 389 -
二、	颛顼创建彪炳万古的业绩	-394-

三、帝喾顺江而下，大绘南国和海外彩图..- 396 -
四、资阳真人嫦娥"奔月"..- 406 -
五、资阳人抗击远裔人入侵..- 408 -

第四章 资阳恐龙且翘首 中华龙图腾久远..- 411 -

第一节 祥福的中国龙..- 412 -
一、神秘的华夏龙..- 412 -
二、中国龙文化与西方的区别..- 416 -

第二节 侏罗纪恐龙..- 417 -
一、恐龙是侏罗纪动物..- 417 -
二、资阳恐龙化石储量且翘首..- 417 -

第三节 祭祀文化兴旺..- 420 -
一、祭祀拜神成习俗..- 420 -
二、太阳神至上..- 420 -

第五章 尧、舜、禹（同蜀王蚕丛、柏灌、鱼凫）时期资阳人..- 422 -

第一节 资阳籍伟人尧、舜、禹（同蜀王蚕丛、柏灌、鱼凫）大力发展农耕、蚕桑、盐业、漆业..- 423 -
一、尧、舜、禹（同蜀王蚕丛、柏灌、鱼凫），都是"资阳人"即燧人氏子孙- 423 -
二、尧（同蜀王蚕丛）时期资阳地域蚕桑文明创先河..- 424 -
三、舜（同蜀王柏灌）时期资阳九河流域发展食盐业支援蜀国..- 425 -
四、禹（同蜀王鱼凫）时期创发中华和世界辉煌的文明时代..- 428 -

第二节 姬资治水功勋著 资国崛起两千三百年..- 433 -
一、资国的形成..- 433 -
二、历史记载着资国..- 436 -

第五卷 夏至战国和苌弘、孔子(同蜀帝杜宇、开明)时期文化..- 442 -

第一章 夏、商、周、春秋(同蜀帝杜宇、开明)时期资阳人..- 443 -

第一节 "资阳人"（燧人氏）子孙 建夏、商、周、春秋各朝代..- 444 -
一、夏、商、周、春秋各朝代(同蜀帝杜宇、开明)君王，都是"资阳人"......- 444 -
二、资阳地域蚕桑业兴盛..- 445 -

第二节 武王举兵讨伐纣..- 446 -
一、商纣王朝腐败势崩..- 446 -
二、资阳濮人勇助武王讨伐纣..- 446 -
三、春秋(同蜀帝开明)时期资阳地域蔗农业糖业发达..- 447 -

第二章 孔子虔诚拜尊师 苌弘沥血精神展..- 448 -

第一节 苌弘思想的形成..- 451 -
一、苌弘是先秦时期才华第一人..- 451 -
二、苌弘精神和文化的形成..- 452 -

第二节　苌弘对国家和人民　鞠躬尽瘁耿直忠烈 .... - 453 -
####　一、苌弘是怎样得到周王室重用的 .... - 453 -
####　二、苌弘鞠躬尽瘁周王室和人民 .... - 454 -
####　三、孔子虔诚拜苌弘为尊师　佳话传千古 .... - 456 -
####　四、苌弘耿直忠贞烈　"碧血丹心"激励万代人 .... - 460 -

第三节　史实　州官　乡亲认定苌弘是资阳人 .... - 465 -
####　一、苌弘精神铭刻乡心 .... - 465 -
####　二、史实和资州州官认定苌弘是资阳人 .... - 472 -
####　三、苌弘后人建设河南有功、寻根祭祖 .... - 475 -

第三章　战国时期资阳、巴蜀地域发展工商重农业　丝绸之路要驿坚 .... - 478 -
第一节　发达的资阳 .... - 479 -
####　一、李冰重视治理沱江 .... - 479 -
####　二、七国战乱时期，资阳工商、农业出现规模发展 .... - 479 -
####　三、资阳成为南方丝绸之路的要驿 .... - 480 -

第二节　本是同根胞血脉　分治、复统一家亲 .... - 481 -
####　一、胞弟纷争 .... - 481 -
####　二、资国的变故 .... - 481 -
####　三、归秦统辖，复原一家 .... - 482 -

第六卷　推动人类古文明的文化 .... - 483 -
第一章　资阳人文化、精神推动中华古文明 .... - 484 -
第一节　资阳人文化拓创、传播、互鉴的路线、重点、特点 .... - 485 -
####　一、资阳人文化拓创、传播、互鉴的路线 .... - 485 -
####　二、资阳人文化拓创、传播的重点 .... - 486 -
####　三、资阳人文化拓创、传播的特点是互鉴、融合 .... - 487 -

第二节　资阳人文化拓创、传播、互鉴、相融的地域广大 .... - 493 -
####　一、资阳人文化开发、互鉴、相融陕、晋、中原、东北 .... - 493 -
####　二、资阳人文化传播、互鉴、相融海岱（齐鲁） .... - 493 -
####　三、资阳人文化流注、互鉴、相融长江中下游 .... - 494 -
####　四、资阳人文化拓创、互鉴、相融华南和中国西部 .... - 495 -

第三节　资阳人文化拓创、传播、互鉴、相融受到川内外专家的赞肯 .... - 496 -
####　一、资阳拓创出灿烂的古文明 .... - 496 -
####　二、川内外专家学者赞肯资阳人文明对全中华的影响、开发与推进 ...... - 497 -

第二章　10000多年前以来资阳人、蜀人、华人推动亚、欧、非、美洲古文明 .... - 498 -
第一节　资阳人、蜀人、华人推动亚、非、欧洲古文明 .... - 499 -
####　一、推动东北亚古文明 .... - 500 -
####　二、推动东南亚、西亚、中东古文明 .... - 500 -

三、推动非洲古文明 ....- 502 -

  四、推动欧洲古文明 ....- 503 -

 第二节 资阳人、蜀人、华人推动美洲古文明 ....- 506 -

  一、远古资阳人、蜀人、华人如何到达美洲的 ....- 506 -

  二、远古资阳人、蜀人、华人对美洲古文明的重大影响 ....- 507 -

第三章 资阳人、蜀人、华人推动世界古文明 ....- 512 -

 第一节 资阳人、蜀人、华人对世界古文明影响的重点 ....- 513 -

  一、蚕桑文明对人类的重大影响 ....- 513 -

  二、科技文明对人类的重大影响 ....- 513 -

 第二节 资阳人、蜀人、华人全面推动世界古文明 ....- 515 -

  一、远古资阳人、蜀人、华人文明推出"人类文明黄金时代" ......- 515 -

  二、远古资阳人、蜀人、华人基因遗传造就人类命运共同体------516

  三、世人对远古资阳人、蜀人、华人文明影响世界的高度赞赏 .....- 516 -

第七卷 保护、承传人类的起源文化 ....- 518 -

第一章 文明起源有东方 土生土长一条藤 ....- 519 -

 第一节 世界文化起源东方 灿烂绵延四万年 ....- 520 -

  一、中华民族是在自身的土地上发展起来的 ....- 520 -

  二、资阳人证明人类文明起源地之一在东方 ....- 522 -

 第二节 铁的史实彻底打碎世界文明起源"西方中心论" ....- 524 -

  一、人类文明起源"西方中心论"早被打破 ....- 524 -

  二、十万年前中国现代人化石彻底砸碎"源自非洲论"的文明假说 ....- 526 -

  三、既然已出土十万年前现代人文物,为什么四万年的"资阳人"是中华和人类一祖先 ....-527-

  四、近代以来的西方造假文明被自己粉碎 ....-527-

第二章 认知"资阳人"如天价 文化精髓永传承 ....- 529 -

 第一节 "资阳人"文化灿烂四万年 ....- 530 -

  一、资阳人根源地现有可移动文物 6000 多件 ....- 530 -

  二、资阳人根源地文化遗存遍布老县域、县城和城郊,雄奇伟先 ....- 531 -

  三、资阳人根源地文明遗存地域广大,厚重绵远 ....- 532 -

 第二节 资阳人文化颠覆三十多项历史文化传统认知的文物、遗迹和史籍、史论- 534 -

  一、资阳人文化颠覆三十多项历史文化传统认知的文物 ....- 534 -

  二、资阳人文化颠覆三十多项历史文化传统认知的遗迹 ....- 539 -

  三、资阳人文化颠覆三十多项历史文化传统认知的史籍、史论 ....- 545 -

 第三节 充分认识"资阳人"的如天价值树立起中国文化的高度自信恢复中国在世界文化、文明史上的崇高地位 ....- 547 -

一、"'资阳人'是人类文化基因根脉一始祖" ———————————— - 548 -
二、"'资阳人'是人类思维、智慧的根柢、发端" ———————————— - 554 -
三、"从分析人类发展史看出,'资阳人'是人类智慧人里程碑" ———————————— - 555 -
四、"'资阳人'是人类现代人第一人" ———————————— - 559 -
五、"'资阳人'初创中华文明一源泉" ———————————— - 561 -
六、"'资阳人'开拓出博大精深,新颖隽永,互学相鉴,厚重绵远的文化" - 564 -
七、"'资阳人'首创忠勇仁爱的伟大的中华民族核心精神" ———————————— - 567 -
八、"资阳人"不断创新、继传、绵延璀璨文化四万年 ———————————— -568-
九、"'资阳人'受到各界的高度重视和赞扬" ———————————— - 587 -
十、"'资阳人'是美誉中外的文化航母、世界品牌" ———————————— - 590 -

第四节 从民族、国家、世界的高度认识保护资阳人文化的重要性 巩固"人类命运共同体"根基,为实现"世界大同""允执厥中" ———————————— - 592 -
一、深刻领会党中央加强文化根脉溯流穷源研究和保护文物的意义,永远承传中华民族的文化精髓和伟大精神 ———————————— -592-
二、中华四万年拓创艰险雄途,先秦资阳人文化功勋卓著 ———————————— - 592 -
三、抢救资阳历史文物,落实党中央加强文化战略建设决议迫在眉睫 ———————————— - 593 -
四、要切实抢救、保护、修复、建设资阳人历史文化遗产 ———————————— - 597 -
五、加强对"资阳人"的研究,真正认知"资阳人"的天价 ———————————— - 601 -
六、坚持承传资阳人和中华民族精神,努力实践我们伟大的历史使命 ———————————— - 605 -
七、捍卫中华悠久文化,让西方认清中国四万年绵延、厚重、灿烂的文明史 - 609 -
八、党政相关领导和部门要切实恪职尽责,忠诚敢担当使命 ———————————— - 611 -
九、地球村人民团结起来,"允执厥中",共建人类命运共同体 ———————————— -613-
十、资阳人是全球大福星 资阳人精神再火燎四万万年 ———————————— - 616 -

附录一:《资阳人》研究、参考的重点文献、书籍 ———————————— - 620-

附录二:《资阳人》专家题词、书评目录 ———————————— 632-
序:跨越时空的对话 ———————————— 宫长为- 637 -
序:"中华资阳人"的文化解读 ———————————— 谭继和- 640-
序:"惟有民魂是值得宝贵的" ———————————— 卢继传- 643 -
用发展史实,证明了资阳人的灿烂文明 ———————————— 胡昌钰- 649 -
用科学态度为资阳人文化树碑立传 ———————————— 李保均- 652-
"六性"融会贯通 完美统一的史著 ———————————— 刘建中-659-
文化考古的溯源心与民族魂 ———————————— 孙建军 -664-

附录三:学术论文 ———————————— -666-
资阳人文化基因与巴蜀文化根系 ———————————— 谭继和-666-
悠久的历史、永恒的魅力——从古代资国的历史传说谈起 ———————————— 彭邦本-683
判定文明的标准应是"精神、物质"四个字 ———————————— 宫长为-690-
远古气候环境造就资阳人与蜀人的文明传承关系 ———————————— 何 如 -692-

附录四： -694-
  资阳是中华文明一摇篮——"资阳人与中华文明溯源研讨会"纪实 -694-
  "资阳人与中华文明溯源研讨会"有着特殊的重要意义 宋镇豪 -696-
  欢 迎 词 曹家贵 -698-
  "资阳人"探讨的学术价值和现实价值 谭继和 -700-
  贺 信 李学勤 -702-
  灿烂的资阳文化 悠久的中华文明 刘胜俊 -703-
  编撰《资阳人》的初衷 李治冽 -721-
  让世界上更多的人认识资阳人 李伯谦 -722-
  《资阳人》是普及公共考古的典范 王 巍 -725-
  加强中华文化建设的重要推力 擂响文明溯源的进军战鼓 曾清华 -726-
  史学界给予《资阳人》很高评价 宋 娜 -728-
  四川省老领导和资阳市委领导会见刘胜俊、李治冽的重要谈话纪要 -732-
  "资阳人"与中华文明探源 谭继和 -737-
  一个资阳人的"资阳人"情结 孟基林 -743-
  资阳人是现代人大脑雏形的起点 谭继和 -747-
  用判定文明的新标准复原"资阳人"远古文明 刘建中 -749-
  "资阳人"是智慧人的里程碑 胡昌钰 -751-
  科学精神与"资阳人"的文化定位 李保均 753
  文化是城市最具特色的资源 彭邦本 -755-
  划时代的文化品牌 卢继传 -757-
  东周苌弘碧血丹心 张 麟 -760-
  文化溯源的战略价值 赵一农 -764-
  我们都要为文明建设贡献热血 李天行 -766-
  要把《资阳人》中和下继续写好 刘胜俊 -767-
  "资阳人与中华文明溯源研讨会"总结暨新闻发布 -768-

附录五："六性"融会贯通 文化、精神特质彰显——《资阳人》编撰后记 -769-

附录六： -822-
  《资阳人》主编撰刘胜俊简介 -822-
  封面故事和LOGO简介 -826-
  《资阳人》内容提要 -827-
  封面题字周开惠书法家简介 -831-

序 言

中国先秦史学会常务副会长兼秘书长、中国社会科学院先秦史研究室副主任、著名史学家宫长为博士，在"资阳人与中华文明溯源研讨会"上的总结暨新闻发布词：

"资阳人"是人类文化基因根脉一始祖
资阳是中华远古文明一源泉

——代 序

"资阳人与中华文明溯源研讨会"是一次盛会。参会人员有中国社会科学院历史研究所、考古研究所、中国先秦史学会、国家档案馆、北京大学、《人民日报》、中国管理科学院、四川省社科院、四川省历史研究会、四川省考古研究院、四川省作家协会、四川省写作学会、四川大学、西南财经大学等单位领导和高级专家近30人，其中院士级专家2人。与资阳、内江研究地方志的专家和200多位参会者汇聚一堂，300多人研究资阳人与中华文明溯源问题，四川省和资阳市的几位领导也参加了会议。

研讨会上，研讨形式活泼，大会与小会相融合，国家级、省市级、地方级与院校等各类专家相结合，专题采访与答记者问相结合，研讨多角度和多方面结合，发言热烈，百家争鸣，赞颂诗词与学术讨论的结合将研讨会推向一拨又一拨高潮。经过十余篇文章和《资阳人》这本书的较长时间的书面发言和会上一天的二十多位专家发言，大家各抒己见、热烈研讨，穿越了40000年的时空隧道，溯源了中华文明源泉，探讨了资阳和中华民族文化，研究了传承资阳和中华民族精神。

这次研讨会有**两个结合**：一是史学和文学的结合，创造了"六性"合一的史传体报告文学体裁，使枯燥的历史学术变成生动活泼的、可读性强的文学报告，是普及文明溯源的典范著作；二是企业与文化结合，共同打造了溯源文明工程。

这次研讨会有**两大创新**，一是理论创新，突破了溯源研究的局限，提出了文明溯源的新理论，如用"基因进化"与"文化进化"两个理论探讨文明起源和进化的关系，又如判定文明标准的新理论，即精神文明和物质文明；二是区域文化探源创新。

这次研讨会有**三高**，即高规格、高层次、高水平。省和国家级最高史学研究机构和权威专家，共同研讨中华文明溯源，取得了新的高水平成果。

这次研讨会有**四个亮点**，即发现文明史、复原了文明、探讨了文化、传承了精神。

一、"资阳人"是人类文化基因根脉一起始祖

经过十多个考古、史学研究部门的几十位专家，六十多年来依据多批文物的研究、考证的6次结论和今天一天的讨论，我们可以认定"资阳人"在40000年前具备了思维特征，初始了用智慧进行生息和斗争的史实，成为人类智慧人的杰出代表，树立起了人类智慧人的里程丰碑。

研讨会一致认为："资阳人"是人类文化基因根脉一起始祖，资阳是中华文明多源中一个很重要的源泉。因为伴随"资阳人"出土的大批石器、骨器，特别是骨针、穿孔石珠、似盘子的薄石片、水鹿角等文物告诉我们，"资阳人"在**40000**年前始创了人工取火热食文化、制衣文化、妆饰文化、改进工具文化、集体采集文化、狩猎文化、组织指挥文化、结绳记事文化、观天象文化等，开创出人类最早的一块文明乐域。这些珍稀文物还告诉我们，"资阳人"40000年前"在发展大脑由知识变为智慧方面，起了筚路蓝缕、开拓创新的作用"，是人类始用智慧生息、斗争的智慧人里程碑，是远古人类文化先驱的杰出代表，确实占有远古人类始创文化、积累和传承文明基因的关键地位，是人类文化基因根脉一起始祖，是现代人文明基因一孵化摇篮，是现代人知识、智慧和经验产生的一发端。"资阳人"奠定中华文化起源基因和文明基因根脉及活态传承的坚实基础，拓创出了远古文明摇篮较为丰富的内容，开创出远古文明的雏形。奋勇开拓的资阳人，一代又一代的坚持创新，打造出绵延灿烂40000年的辉煌文化，使资阳人成为中华民族的一个文化符号、一张文明品牌、一种伟大精神的代名词。

二、溯源并发现资阳是中华文明一源泉

前面说过，伴随"资阳人"出土的大批石器、骨器，特别是骨针、穿孔石珠、似盘子的薄石片、水鹿角等文物告诉我们，"资阳人"在40000年前始创了热食文化、制衣文化、妆饰文化、改进工具文化、集体采集文化、狩猎文化、组

织指挥文化、结绳记事文化、观天象文化等等,开创出人类最早的一块文明乐域。这就雄辩证明,资阳就是中华文明的一源泉、一发祥地和一摇篮!

说40000年前"资阳人"的开垦地是中华文明的源泉,是因为那时"资阳人"的生息和斗争已经产生了精神文明和物质文明,符合中华文明源泉星光灿烂的这个史实。

三、复原资阳远古文明并展示给了世人

大家在讨论中用生动的史实,形象的语言勾画出了远古"资阳人"文明生息斗争景象。专家们依据出土的40000年前的人头化石、骨针、石珠、水鹿角等文物合理的形象诉说,将"资阳人"萌发人类最初思维、初始用智慧生存和打猎等斗争活动等的情景,复原了出来。

《资阳人》用史传体报告文学体裁的史实性、探索性、报告文学性、思想启迪性、知识趣味性、科学性融会贯通,将中华文明40000年前的发祥地形象生动、生龙活现的复原出来,展示给我们当今的世人。用"文化考古学"复原了文明摇篮"资阳人"的生活、捕猎斗争等场景和精神风貌。《资阳人》依据现有的考古资料,结合各个方面的研究成果,撰写成为"文学的史学记述"、"史学的文学报告",努力地、创造性地展示了以资阳人为代表的旧石器时代晚期早段智慧人的生产和生活,复原了文明情景。

四、探讨了四万年的历史文化

40000年,一段漫长的时光,在这段漫长的岁月里,人类经过一代又一代的更替,创造出一阶段又一阶段的文化发展史。

研讨会上,专家们以40000年前的"资阳人"为起点,追寻中华远古文明的足迹,从旧石器时代前期走进新石器时代,从新石器时代晚期走进夏商周三代,讨论、研究了资阳人和中华民族的文化发展历程,大家一致的认为:《资阳人》这部著作和"资阳人与中华文明溯源研讨会"都探讨了"资阳人"与关系紧密的人皇和燧人氏一部族一起始创中华文明源泉文化的远古史。人类进入第四纪冰川,燧人氏寻找生机,从昆仑山(即岷山)迁到沱江中游,其一部留住与原居资阳人共同生息中融为一体,从而燧人氏一部成为资阳人。资阳人又继续开创了绵延的"鲤鱼桥文化"、辉煌的龙垭文化、梦幻的女娲"治水补天"文化、耀眼的蚕桑文化、神秘的昆仑文化、灿烂的资国文化、伟大的苌弘文化等等。

资阳的文明是连贯的、绵远的。"资阳人"之后简阳旧石器晚期龙垭遗址已经显露出村落的特征,散发着远古文化的光辉。资阳"鲤鱼桥文化"是国家史

学界正式命名的深蕴文化根底的远古文化宝地。考古界在鲤鱼桥及其周围的石虾子、沙嘴、濛溪河等地区挖掘出了旧石器晚期的大批文物，同时也挖掘出了新时期的大批文物。就"鲤鱼桥"这一个文化圣地来说，它就将资阳文化绵延了几万年以上，从没间断。它既有旧石器时期的石器、骨器等多类遗陈和女娲文化，也有10000多年前的陶纹瓷器、谷类遗陈和砖坯房屋遗迹，还有更具光彩的万年后的陶器、遗物等。资阳天鹅山古人始创的蚕桑文化光彩灿烂至今。神农时期资阳人，正在经历着农业发展的高潮期，农耕社会现雏形，陶麻文明也有很大发展。黄帝时期的资阳人继承并发展了巨大的历史遗产，发展的农、渔、驯养和陶器等各种文明，使中华文明达到新高度，成为华夏民族的奠基期，将文化传播到四川等广大地域，影响着华夏和世界。尧舜禹时期的资阳人更是在此基础上发展各类文化，祭祀之风开始发展起来。独树一帜的蜀文化成为夏商周时期中华文化百花园中的一朵奇葩。资国文化闪耀了两千年。资阳人睁大眼睛看世界的文化光辉照耀大地六七千年。资阳人在历史的发展中逐渐创立和形成了**博大精深、新颖隽永、睿智拓先、厚重绵延**的文化特征，是资阳人乃以传承的文化。古代资阳人确实占有巴蜀地区古人创造文化和积累文明基因的关键地位，也为人类文明发展做出了巨大贡献，在人类文明发展史上有着不可磨灭的意义！

五、研究了承传资阳人和中华民族伟大精神

专家们认定，资阳人40000年前就初始了集体采集、淳厚德仁等团结精神。人皇、燧人氏的厚德、自强、创新、团结奋斗精神，光辉千秋。女娲率众团结奋战的"治洪补天"精神，"其功烈，上际九天，下契黄垆"。

在距今2500多年前，东周副宰相苌弘为了国家，为了人民，忠勇献身，"碧血丹心"，这是中国正史所载之中华民族忠勇报国、无私为民精神的源头，铸就伟大的中华民族精神的核心，受到举国历代广泛的、热切的赞颂。应用"碧血丹心"典故的人何止千万。1964年12月毛泽东主席在修改胡乔木《沁园春·杭州感事》词时，将其中的"算繁华千载，长埋泪血，初试锋芒"句中的"泪血"改为"碧血"。

经过进一步锻造，资阳人将中华民族忠勇卫国、无私为民的精神铸造得更加辉煌伟大，锻造出完美的资阳人自己的精神特质，那就是**忠勇厚德、勤俭自强、求是创新、团结承传**，这是资阳人永恒不变的伟大精神。

资阳人精神，是史前资阳人、古代资阳人、近代资阳人、现代资阳人和当代资阳人所体现出的一种共生的资阳文明和资阳人文精神。

资阳人精神是华夏民族文化精神的集中体现。作为世界四大文明古国之一的中国，其文化在世界享有崇高的声誉，极大地影响和引领、推动着全世界万年以上的发展。中华民族精神是中华人民共和国国家综合国力的重要组成部分。中国之所以能够迅速发展，中华民族能自立于世界民族之林，不单是靠我们强大的物质力量，更重要的是靠我们强大的民族精神力量。

几万年来，资阳人精神逐渐发展、持续承传、发扬光大；同时，资阳人注重把特有的精神和创新的文化、技术等，及时传播到川内川外甚至国外，为人类的发展做出了积极贡献。这就不单证明资阳人、川人和中国人是自生自立在自己土地崛起的，也佐证了人类文明起源之一在东方、在中国，否定了"世界文明起源西方中心论"和"西亚近东文明东渐"说。这种卓越贡献和伟大的奉献精神光照人间。考古、史学专家们认为，"资阳人"是川人祖先，远古资阳人、蜀人文明对人类产生了积极的重大影响。"在世界古代文明史上，古蜀王国的蚕桑文明亦应该占据第一的地位。"就连美国史学专家也著书立说，说中华文明对世界产生了重大影响。在《几近褪色的汉录》中，美国专家详述了在美洲的实地考察后强调，中华民族对北美洲西部和中美洲文明起源的贡献，世人"只有低头顶礼"。

"资阳人与中华文明溯源研讨会"在大家的共同努力下，开得很圆满、很成功，我代表与会专家表示热烈祝贺。我代表主办方对大家表示衷心感谢，祝大家万事如意！

"资阳人与中华文明溯源"专题研讨会会场

"资阳人"伴生的石器、骨器彰显中华文明一源泉雏形

中国科学院古脊椎动物与古人类研究所原副所长，现该所古人类研究室主任
亚洲旧石器考古联合会主席
中国旧石器考古专业委员会主任
《人类学学报》副主编
《第四纪研究》副主编
博士、研究员

挖掘、追溯远古文明，旧石器时期的石器、骨器等文化遗存是最可靠的依据。

旧石器时代离我们太久远了，那时人类的生产生活情形怎样？这只有通过考古研究可以做一定的追溯和推测。从对发掘出土的与"资阳人"有共生关系的石器、骨器的分析中，我们可以得到一些有关当时人类生产生活的信息，据此可以寻觅远古文化乃至文明的踪影。刘胜俊先生在2013年出版的《中华资阳人》一书提出了文明的"精神和物质"内涵，指出文明在当今泛指人类所创造的精神和物质财富总和，并认为"资阳人"用智慧制作、使用骨器、石器的精神和创造出的这些物质财富具备人类文明源泉的雏形。

"资阳人"在物质文化上有什么样的表现呢？中国科学院古脊椎动物与古人类研究所的老一代学者裴文中、吴汝康等于1951年复查张圣奘发掘的"资阳人"地点时，在距原地点十米处挖掘出大批动物骨骼，其中明确的文化遗物为一根骨锥。这件骨椎是用三棱状骨片制成的，尖端短而钝，呈深褐色，与"资阳人"头骨化石颜色相同。1981年，中国科学院古脊椎动物与古人类研究所和重庆自然博物馆的张森水、李宣民等在距离"资阳人"化石出土地点西偏北100米处又发现一处新的地点，将其命名为"资阳人B地点"，并进行了考古发掘，从地层中得到几百件石制品和种类繁多的哺乳动物化石。经过详细研究报道的石制品共172件，根据研究者的描述，石制品多数形体粗大，主要采用石英岩作原料，还有一部分用燧石和火成岩等材料制作。从石制品的形态及表面保存的磨光自然面看，原料应采自当时的河滩。

"资阳人B地点"的石器技术及文化面貌具备这样一些特点：采用锤击法生产石器的毛坯，即手握石锤以一定的角度和力度打击握在另一只手中或放置在腿上的石核，从上面打下可以进一步加工成器的石片。偶尔用砸击法，即将石

核放置到石砧上，用手握的石锤垂直向下砸击，使其破碎，从中拣选出可进一步加工的石片；在打片前不对石核做预制修整，石核的利用率低，产生的石片多粗大，不规则，很少具有锋利的边缘；用石片制成的石器占55.5%，其他石器采用石核、石块和砾石作毛坯制成，显示毛坯选择上的多样性与随意性；石器均用锤击法加工而成，即手握石锤在毛坯的边缘或尖角上轻打细琢，制成可以砍劈、切割和穿刺的刃口或尖锋；工具以大、中型者为主，小型者甚少；类型简单，仅包括砍砸器、刮削器和尖状器三类，以砍砸器为主要类型，占68.1%；石器的刃口多厚钝，大多数刃角超过70°；修理工作多粗糙，刃缘曲折，形态变异大。总体上，这些石制品表现出中国南方"砾石石器工业"的鲜明特点。

这些石器看似简单、粗笨、原始，但其中隐含了古人类开发利用自然资源的技术与能力信息，反映出先民适应生存的智慧和方略。西方一些学者曾经认为东方的古人类的石器原始落后，技术发展缓慢，表明这里曾经是人类演化的边缘地带，文化上缺乏新的思想与因素的注入，在旧石器时代很长时期内成为一潭死水。高星曾以中国乃至东亚地区旧石器时代文化遗存的时空分布，工具制作技术，石器的类型、形态、演化趋势，区域文化特点和原料资源利用方式等文化要素为观察分析对象，提出中国乃至东亚古人类演化的"综合行为模式"，试图透过考古学现象揭示古人类的行为模式，并反过来从古人类行为模式的角度对本地区古人类迁徙和演化的过程、对特定环境的适应方式、对原料和资源的开发利用能力和取向、不同人群与文化的交流互动、现代人群的起源等诸多问题进行分析和阐释。"资阳人"的文化从属于中国尤其是华南旧石器时代文化体系的一部分，因而对该地区总体文化的归纳与阐释可以对"资阳人"的石器技术与文化特点及其意义的认识有一定的启示。

连续性与稳定性：中国旧石器时代文化在近2百万年间从早到晚发展与演变的脉络是清晰的，总体上呈现从简单到复杂，从原始到进步的趋势。但从大多数遗址和区域来看，石器生产技术、类型与形态等关键要素保持着基本的格局，未出现大的文化断层和飞跃；对石料和其他生存资源开发利用的方式也一脉相承；大的自然地理单元内考古学文化具有很大的趋同性。这些特点说明该地区古人类群体在行为方式上保持很大程度的惯性，形成稳定、渐变的文化传统，从而从行为与文化的角度验证了体质人类学业已提出的中国古人类从直立人、早期智慧人到晚期智慧人是连续演化的学说，不支持近来从分子生物学的角度提出的中国本土古人类在距今10万年～5万年间发生演化中断、现代中国人系20万年～10万年间从非洲诞生的新的人种后裔的假说。

继承性与融合性：中国古人类连续演化并保持行为上的雷同性和稳定性，说明这里的古人类的演化相对独立，文化自成体系。但这样的推论并不认同更新世时期这片广袤的土地上的人类完全与外界隔绝,文化上是一潭死水,未发生过人类的迁徙与文化交流。相反,在这漫长的历史长河中不同地区人类的迁徙移动是不可避免的,否则今天的人类就不会占据地球的各个角落。就已有的考古遗存来看,发现于百色盆地、洛南盆地和丹江流域的手斧及其相关组合与西方的阿舍利工业显示技术与类型上的趋同性,在中国旧石器文化传统中似乎找不到根源,用外来人群或文化的进入与影响加以解释似乎更合理;水洞沟的预制石核和系统剥制石叶技术在其北方和西北方可以找到源头,"外来"的路径更加清楚。但即使这样,这些外来因素并未对本土固有文化产生根本的改变,更未发生更新和替代。中国旧石器时代的主流人群及其文化有着强大的生命力,呈现前后承继的演化关系;当主流群体形成后这片土地上没有发生过大规模外来"移民"事件,间或少量的外来人群带来零散而短暂的文化遗存,但很快在主流文化的强势面前消弭于无形。这与中国古人类化石证据上总体表现为连续性特征、偶尔发现"外来"体征相一致,因而共同支持中国古人类"连续进化附带杂交"的假说。

因地制宜性和资源开发的节制性:中国旧石器时代遗址分布特点表明古人类对居住和生活地域的选择充分考虑到生态与资源因素,包括近水、向阳、易于获取石器原料和动植物食物资源,而这样的地方多在平原——山地过渡地带;对石器原料的获取方式为就地取材,很少刻意寻找优质材料并进行长期、深度开采;在石器类别组合中,属于深度资源攫取型的锋尖利刃工具不发达。在北方,主要用于切割、刮削等消费、加工作用的刮削器一直居于主体地位,南方的主体器型——砍砸器也主要用来从事加工、采集和肢解工作;除许家窑等少数遗址外,很少出现大量、过度捕杀猎物的场面。这与旧石器时代晚期欧洲、美洲和澳洲的情况有很大差别,在这些地方,人类的过度捕杀成为许多大型哺乳动物种类很快走向灭绝的重要因素。这些特点折射出中国远古人类的生存方略和行为方式主体特征是因地制宜,充分利用大自然给予的便利条件,对生存环境中赋存的自然资源做有节制性的开发利用,在客观上保持与生态环境的和谐友好。

高频迁徙性:与自然环境维系和谐,对资源做有节制性的开发,其前提是经常性的迁徙移动,即当一个地区的可供资源趋于贫瘠时即搬迁到新的领地,以寻找利用新的资源。对这种推论提供支持的证据包括:中国南、北区域文化圈内文化遗存的高度雷同性,导致这种现象的原因之一是古人类群体频繁的迁徙移动在不同地区留下相似的遗存,或因人群交往的频繁而导致不同群体间文化的学习与交流并产生趋同现象;大多遗址仅存单一的文化层位,而且文化层堆积薄,表明人类在一个遗址和区域连续占据的时间短。这种生存方式的寓意是多重的：它增强了古人类群体对波动多变的气候环境的适应能力，即总是迁移到最适宜的地方求得生存，而不必把一个地方的资源开发到极致从而导致生态灾难；人类群体不必强迫自己在技术和文化方面做重大适应性改进和调整以便开发利用难于得到的资源，这样一方面用变更环境、获取新的资源的手段来弥补技术的不足，另一方面也因此导致石器技术无法得到显著的进步和提高，变革和创新的压力或动力不足。维持这种不断迁徙的生存方式的一个重要前提是区域内人口少，人群之间很少发生地盘、资源之争。与此相应的推论是：在更新世很长的时期内，中国这片土地上的人口密度一直维系在一个较低的水平上。

务实性与灵活机动性：该地区古人类行为方式的一个重要特点是务实性和简便性，体现在就地取材，不刻意寻找优质材料，对工具只进行简单的加工，不追求规范化和美学效果，直接使用未经加工的石片等方面。与此相应的一个特质是机动灵活性，主要表现在因材施法，即根据原料特点的不同而采用不同的开发利用方式。例如北京猿人用砸击法开发脉石英，虽然这种方法效率低而浪费大，但对周口店地区质劣而量丰的脉石英材料，却有其合理性；而在三峡地区面对大量圆钝、扁平、锤击着力点不易寻找的河卵石，晚更新世人类则用摔碰法将其一分为二，从而为进一步剥片和加工奠定基础。这充分体现了古人灵活变通的聪明才智。如果诚如一些学者所断言，中国旧石器时代竹器为工具的主角，则因地制宜和机动灵活性得到进一步的诠释。

进取与创新性：虽然东亚地区旧石器时代文化在总体上发展缓慢，但仍有进取与创新的一面，表现在对劣质石器原料困难的克服、石器制作技术的日臻完善上。周口店第1地点和第15地点剥片技术的特点及演变就是很好的例证。第1地点的文化时代为距今70万年～30万年（中间有的层位没有人类遗存），最重要的石器技术特点是用砸击法从脉石英块体上剥离石片加工石器。据统计，在该遗址上部文化层位砸击制品占石核—石片类的74%左右，其他为锤击产品。第15地点距今约14万年，石器类型、形态和原料诸方面与第1地点一脉相承，显示很强的文化渊源和延续性。但在第15地点，砸击法不再是剥片的主要方法，砸击制品仅占石核—石片类的12%左右，而锤击产品却占88%。这种差别的意义必须从两种剥片方法的特点和脉石英的特性加以分析。脉石英材料多为小的团块状，多节理和裂隙，断裂不规则，难以形成贝壳状断口，用锤击法很难产生理想的石片。砸击法方法简单，将石块置于石砧上敲拍，产生大量断块碎片，从中选择可用的薄锐者作为工具的毛坯。用砸击法开发利用脉石英对北京猿人来说是不得已的选择，是以浪费大量原料为前提的。但生活在第15地点的人类面对同样的材料却大大减少了对砸击法的依赖，转而以锤击法为主要方法从脉石英块上剥离石片生产石器，而且所产生的石片不乏规范、精致者。能将锤击技术娴熟地运用到脉石英质材上，说明周口店第 15 地点人类的石器技术较之第 1 地点有了很大的进步，开发利用资源的能力有了显著的提高，而这样的发展与进步特性单纯从石器的类型和形态上是无法解读出来的。

一些学者力图在中国旧石器时代遗存中寻找能与西方同期文化相提并论的证据，以此改写中国乃至东亚的远古史，改变中国旧石器时代文化"保守"、"落后"的形象。这里涉及到对远古文化价值的判断和人类群体智能发展水平的认识问题。其实文化是一个综合体，是人类群体对特定环境的适应与生存行为集成，不能仅靠某些表象加以评判。单从石器文化来说，东亚古人类与西方同期人类相比在石器原料方面居于劣势，只能开发利用相对劣质的石材来施展技术、加工工具。虽然在表层上东方的石器不如西方的规范、精致，也缺失一些西方驾轻就熟的技术方法，但东方古人也成功的生存繁衍下来，生生不息而演化成现代人类，其中所要克服的困难更大，所要解决的难题更多，因而更需要聪明才智去寻找应对适应方略。从"综合行为模式"来看，东亚古人类群体与所处的生态环境有很好的耦合关系，发展出一套非常适合区域环境的行为模式。而这些应该是评判中国乃至东方远古人类技术与文化价值、比较东西方史前人类智能水平的更全面、更科学的指标。

对"资阳人"的文化特点和其在中华文明孕育与形成过程中的作用，应该放到这样一个大的文化背景与演化体系中加以分析和认识。

前 言：

博大精深、繁荣绵远的文化
忠勇仁爱、厚德包容的精神

《资阳人》总编室

资阳人文化特质：博深绵远（博大精深，新颖隽永，相鉴互助，厚重绵远）。
资阳人精神特质：忠勇仁爱（忠勇厚德，勤俭求是，睿智开拓，团结承传）。
资阳人文化和资阳人精神，有其自身的特质，独道的特点，鲜明的个性。开创并坚持了"仁爱、中庸、谦和、诚信"的人生观，"修身、齐家、为国、利天下"的精神价值观，"命运共体、互学相鉴、天下一家、世界大同"的世界观。这是在研究资阳人四万年前生息、斗争、攻坚克难中，萌生智慧、开创文化、创造文明源泉，继而在排险除障，坚持创新发展的四万年的历史长河中，涌现出来的若干伟大的英杰人物创发的辉煌文化、灿烂文明，闪耀出来的光辉精神基础上，总结出来的特有文化和特有精神。当然，这些文化和精神影响着华夏大地，成为弘大光灿中华文化和伟大神圣的中华民族精神的重要成分，是"人类命运共同体"筑起世界大同地球村的基础。

一、编撰出版《资阳人》宗旨在挖掘资阳人文化、溯源中华文明、承传资阳人和中华民族精神，弘扬资阳和中华文明，发展当代资阳，实现中国梦

显先民精神厚德忠勇，探文明根柢悠久繁荣。

——李学勤

资阳人是一个文化符号，是一个文明品牌，是一种伟大精神的代名词。

——李保均

资阳人精神是华夏民族文化精神的集中体现。作为世界四大文明古国之一的中国，其文化在世界享有崇高的声誉，极大地影响和引领、推动着全世界万年以上的发展。中华民族精神是中华人民共和国国家综合国力的重要组成部分。中国之所以能够迅速发展，中华民族能自立于世界民族之林，不单是靠我们强

大的物质力量，更重要的是靠我们强大的民族精神力量。

——宫长为

"《资阳人》著作的内容体系如同古资阳人的博物馆，这个博物馆是展示、宣传资阳人的历史文化品牌……资阳人的高尚心灵、绵远的文化、悠久的文明、伟大的精神，是一种感人心灵和激励人们奋发的兴国之魂、强国之魄。这些厚德忠勇、仁爱为民的伟大的民族文化和民族精神是后人的魂与根，是中华民族的源泉，最值得传承的中华民族文化财富，是中华民族文明精神的基本元素，是改革创新时代的精神核心，把它发扬光大，与社会发展有机结合，将产生巨大的无穷尽的社会效益和经济效益；是现代资阳人建设社会主义的精神动力和文化支撑，它将成为资阳这座城市综合实力和竞争力的最重要战略资源与重要因素。弘扬资阳人精神，是打造文化强市，实现中国梦的难得契机。"

——卢继传

资阳人的发现和研究，有助于重新认识、探索和界定中华文明的根系、起步、发生和发展的历史。它对于中华文明探源和巴蜀地方文化的根脉及民族活态文化基因的传承，有着重要的作用。

——谭继和

《资阳人》的问世，实现了几百万资阳人希望把老祖宗的历史书写出来的愿望。我相信用好她的这个辉煌、巨大的软实力成果来推动资阳，乃至川内外的经济和精神文明建设都将起到积极的作用。

在党中央加强文化战略建设的号召下，多年来全国不少地方掀起了古代文化建设的热潮，千方百计寻找文化古迹的由头大造声势，以此达到借用历史资源、古人力量提高其知名度，从而加快推动地方经济社会的发展。

众所周知，资阳不仅有40000年前的"资阳人"文化，还有燧人文化，女娲文化，鲤鱼桥新、旧石器时期文化，资安乐三县交界的濛溪河新、旧石器时期文化，简阳龙垭遗址旧石器时期文化，简阳三溪口新石器时期文化，昆仑文化，苌弘文化等等十几处古代遗址，哪一处都是辉煌的古代文化遗址，可以说这是推动资阳文化和经济建设的原动力，也是实现伟大中国梦和美丽繁荣和谐四川的助推力。

——曾清华

《中共中央关于深化文化体制改革推动社会主义文化大发展大繁荣若干重

大问题的决定》指出：当今世界正处在大发展大变革大调整时期，文化在综合国力竞争中的地位和作用更加凸显。当代中国进入了全面建设小康社会的关键时期和深化改革开放、加快转变经济发展方式的攻坚时期，文化越来越成为民族凝聚力和创造力的重要源泉，越来越成为综合国力竞争的重要因素，越来越成为经济社会发展的重要支撑，丰富文化生活越来越成为我国人民的美好愿望，提升文化对经济社会发展的推动力极为重要。

党中央强调：**要扎实推进社会主义文化强国建设，加强社会主义核心价值体系建设，全面提高公民道德素质，丰富人民精神文化生活，增强文化整体实力和竞争力。**

党的总书记习近平在 2013 年 8 月 19 日全国宣传思想工作会议的讲话中明确阐明历史传统文化建设的战略意义，他强调："宣传阐释中国特色，要讲清楚每个国家和民族的历史传统、文化积淀、基本国情不同，其发展道路必然有着自己的特色；讲清楚中华文化积淀着中华民族最深沉的精神追求，是中华民族生生不息、发展壮大的丰厚滋养；讲清楚中华优秀传统文化是中华民族的突出优势，是我们最深厚的文化软实力；讲清楚中国特色社会主义植根于中华文化沃土、反映中国人民意愿、适应中国和时代发展进步要求，有着深厚历史渊源和广泛现实基础。中华民族创造了源远流长的中华文化，中华民族也一定能够创造出中华文化新的辉煌。独特的文化传统，独特的历史命运，独特的基本国情，注定了我们必然要走适合自己特点的发展道路。"

党的十八届三中全会提出了全面深入改革的方针，强调深化文化体制改革，紧紧围绕建设社会主义核心价值体系、社会主义文化强国，加强文化建设，**繁荣中华文化。**

习近平总书记在党的十九大报告中又特别强调："坚定文化自信，推动社会主义文化**繁荣兴盛**"，指出："文化是一个国家、一个民族的灵魂。"要"加强文物保护利用和文化遗产保护传承"，"深入实施文化惠民工程，丰富群众性文化活动，加强文物保护利用和文化遗产保护传承，"建设社会主义文化强国，提高国家文化软实力，推动经济和社会等全面强盛步伐，实现中国梦。

《资阳人》的编撰是在党的十七届六中全会精神感召下应运而生，在党的十八大精神指引下乘兴展开，在习总书记号召下深入进行，从历史文化层面上具体地体现了习近平讲话中所阐明的"**坚持巩固壮大主流思想舆论，弘扬主旋律，传播正能量，激发全社会团结奋进的**"的精神。在十八大和十九大的感召下，《资阳人》加强了资阳人研究和探溯文明源泉的力度，加快了编撰进程。

编撰《资阳人》目的就是贯彻落实党中央关于加强文化建设的决定，挖掘中华资阳人文化、探索中华资阳人精神，打造一部具有中华资阳特色的文化精品，用以宣传资阳，推介资阳，叫响资阳，鼓舞人心，凝聚力量，力推幸福资阳快速发展。

《资阳人》的编撰是当代资阳社会经济发展凝聚力的迫切需要。《资阳人》承载着巨大的历史和现实文化意义，全面展现"资阳人"文化，展示和弘扬远古资阳人、史前资阳人、古代资阳人、近代资阳人、现代资阳人、当代资阳人共生文化的独特风貌，厚重的历史文化内涵，丰富多彩的传统文化、地域文化、人文景观、经济文化，鲜明地展示当代资阳高速发展的巨大成就。

《资阳人》的编撰是为了展示资阳人文精神的客观要求。资阳是中华民族几大猿人化石发现地之一，"资阳人"的考古发现在国内外有着重大影响。"资阳人"是人类智慧人文化的里程丰碑，"资阳人"是川人的一始祖，"资阳人"是中国新人的第一代表，是古人类"南方人"的典型代表。"资阳人"经过史证考古、科学分析，证明人类文明起源于东方，"资阳人"佐证世界文明起源于亚洲、起源于中国；"资阳人"否定了世界文明西方中心论和"西亚近东文明东渐说"，树立起东方民族的自信心和自豪感。

《资阳人》是一部展示资阳人民艰辛生息、奋勇克难、拼搏攻坚、拓展创新、探索求是、团结奉献的"史诗巨著"，是全面、客观地展示资阳人几万年来兴衰繁荣、曲折前进的"千古绝唱式"的绚丽画卷。

本书集考古文化、史传文化、方志文化、地域文化、现代经济史及广告文化于一体，是全面认知古今资阳、四川、中华和人类的大百科全书式的巨著，其本身就是资阳、四川、中华文明和精神的体现。我们党和政府强调加强各地的文化建设，这部书就是资阳、四川、中华文化建设的愉悦心弦的又一硕果。

二、资阳人文化特质：博深绵远
（博大精深，新颖隽永，相鉴互助，厚重绵远）

"资阳人"悠远40000年，"有40000年历史以上的'资阳人'文化根系"。

——李学勤

当今文化软实力的竞争，考验着中国人对中国历史和世界历史的解读能力和阐释能力。"资阳人"在资阳发现，是资阳市人的幸运，是资阳市最早最大的文化创意资源。刘胜俊先生的《资阳人》一书为"资阳人"的历史解读和文化解读，为"资阳人"文化的创意源泉和内涵的探索，做出了可贵的探索和重要的贡献。此书文笔优美，又是讲好中国故事，有利于海内外宣传的一本大中型文学性的史传著作性质的好书。这对当今资阳市文化软实力的建设是重要贡献，希望这本书接着写下去，并在经世致用上发挥它的重要作用。建议资阳市重视这套书的价值和现实意义，对它加以扶持和宣传。

——谭继和

"说到资阳市的历史文化，我脑海中油然而生的就是'悠久灿烂'、'底蕴丰厚'、'魅力永恒'等毫不夸张的词语。""资阳历来山清水秀，宜人宜居……是举世闻名的'资阳人'繁衍地区及其遗址。与其附近同期的九曲河遗址……鲤鱼桥遗址、石虾子遗址和沙嘴遗址构成了一个遗址群。这么多的旧石器时代遗址被发现于同一个县域范围内是很少有的……生息繁衍于这里的旧石器时代先民，已经有富有特色的较高文化，揭示了资阳地区历史文化的极为悠久。"

——彭邦本

《资阳人》这部巨著。弘扬了资阳人和中华民族40000年文化，承传了资阳人和中华民族40000年精神，使资阳人成为一个文化符号，一个文明品牌，一种伟大精神的代名词，把中华民族的文明史上推了三万五千年。刘胜俊和李治钊实现了资阳几百万人半个多世纪的夙愿，这是一项资利当代、惠及万世的浩大工程，实践了党中央的伟大号召，圆了资阳人的梦想。让我们为他们取得的成功，所付出的辛劳表示祝贺、致以问候，表示感谢、致以敬意！

——曾清华

"资阳人"是古人类的智慧人，具有中华民族文明的文化基因。"资阳人"发现及其丰富的中华民族优秀文化内涵，具有稀缺性、独特性、不可取代性。

上述事实表明，"资阳人"给人类发展史取得划时代的丰硕成果，从而出现了《资阳人》这部划时代的著作。

在此意义上说，我们有充分理由认为，《资阳人》是划时代的文化品牌。说它是划时代的文化品牌，还在于它宣传了时代精神。党的十八大号召建设中华民族优秀传统文化传承体系，弘扬中华民族文化。"资阳人"的丰富的文化内涵包含了中华民族文化基本元素。因而成为弘扬我们这时代最重要的中华民族文化教材。这正是刘胜俊等撰著者们刻意撰著内容的出发点，而传承和弘扬"资阳人"文化内涵成为他们的历史责任。

——卢继传

文化是人类历史发展到一定时期的产物，是人类所独有，随着人的出现而发生。

文化是人类征服自然、社会及人类自身的活动、过程、成果等多方面内容的总和，而文明则主要是指文化成果中的精华部分。

资阳人文化的特质是**博大精深、新颖隽永、互学相鉴、厚重绵远**。

资阳人在发展文化中，博学笃行、海纳百川；大学至真、智周万物；弘毅自强、勇于拓创；厚德济世、允公允能；锐智聪颖、丰盈繁荣；厚重绵远、道济天下。

在资阳挖掘出来的各种文物古迹，充分证明了资阳人从久远的40000年前创发文化开始就代代承传，从未间断，日益发展，愈加新颖隽永、博大精深、厚重绵远。

正如宫长为老师说：大家一致认为：《资阳人》这部著作和"资阳人与中华文明溯源研讨会"都探讨了"资阳人"与关系紧密的燧人氏一部族一起始创中华文明源泉文化和绵延的"鲤鱼桥文化"、辉煌的龙垭文化、女娲"治水补天"文化、耀眼的蚕桑文化、神秘的昆仑文化、灿烂的资国文化、伟大的苌弘文化等等。

资阳人文化就是这样有独到的特性，就是这样伟大！

四川省和国家级的史学专家认定，资阳人文化历史悠久，在"资阳人"与其他地区的智慧人同期创立人类智慧人文化之后的40000年来，在燧人氏、鲤鱼桥文化、女娲的慧益下，在神农、黄帝、尧、舜、禹创建中华文化的同时期，资阳人同大自然进行了艰苦卓绝的斗争，艰难开拓，奋力创新，书写出一部又一部辉煌的文化篇章。

40000年前"资阳人"冉冉成为人类的新星，骨针缝叶制衣衫，穿孔石珠美妆饰，捕猎采集萌智斗，用火热食创新法。接着，资阳人文化承传绵延发展，从不间断，持续开拓创新几万年，突出的文化史迹是：旧石器时代龙垭始建杆栏房、旧新石器共存的"鲤鱼"桥持续连绵创新篇、三溪镇新石器石斧辟荆棘、远古蚕桑文化始出天鹅山、远古漆业在漆家村始创发、"十三大文明"（陶器、驯养、饮食、农耕、工具、艺术、青铜、兵器、文字、科技等）耀斑斓、"昆仑"幽远聚神明、纵目人像几千年、苌弘故居史迹在、狮子山出土中国汉代第一铜车马、洞王沟石刻记历史约千年、"资阳河"川剧派明珠闪、东灌水利宏程功千秋、九曲河古城换新颜。

宫长为老师说：资阳的文明是连贯的、绵远的。"资阳人"之后简阳旧石器晚期龙垭遗址已经显露出村落的特征，散发着远古文化的光辉。资阳"鲤鱼桥文化"是国家史学界正式命名的深蕴文化根底的远古文化宝地。考古界在鲤鱼桥及其周围的石虾子、沙嘴、濛溪河等地区挖掘出了旧石器晚期的大批文物，同时也挖掘出了新石期的大批文物。就"鲤鱼桥"这一个文化圣地来说，它就将资阳文化绵延了几万年以上，从没间断。它既有旧石器时期的石器、骨器等多类遗陈和女娲文化，也有一万多年前的陶纹瓷器、谷类遗陈和砖坯房屋遗迹。还有更具光彩的万年后的陶器、遗物等。资阳天鹅山古人始创的蚕桑文化光彩灿烂至今。神农时期资阳人，正在经历着农业发展的高潮期，农耕社会现雏形，陶麻文明也有很大发展。黄帝时期的资阳人继承并发展了巨大的历史遗产，发展的农、渔、驯养和陶器等各种文明，使中华文明达到新高度，成为华夏民族的奠基期，将文化传播到四川等广大地域，影响着华夏和世界。尧舜禹时期的资阳人更是在此基础上发展各类文化，祭祀之风开始发展起来。独树一帜的蜀文化成为夏商周时期中华文化百花园中的一朵奇葩。资国文化闪耀了两千年。资阳人睁大眼睛看世界的文化光辉照耀大地六七千年。资阳人在历史的发展中逐渐创立和形成了博大精深、新颖隽永、睿智拓先、互学相鉴、厚重绵延的文化特征，是资阳人乃以传承的文化。古代资阳人确实占有巴蜀地区古人创造文化和积累文明基因的关键地位，也为人类文明发展做出了巨大贡献，在人类文明发展史上有着不可磨灭的意义！

李保均教授指出：《资阳人》这本书的文化价值表现在对"资阳人"的准确的文化定位上。本书是把"资阳人"作为资阳文化的精髓进行建构的，资阳文化本身就是千百年来社会历史生活长期积淀的产物，它集中地反映了资阳人、资阳地区的人文性格和地域特色，体现着现代人的价值观。"资阳人"已经是一个文化品牌，一个文化符号，显示着文化的共生和共有观念，可以相信，浸透着这种资阳文化精髓的具有现代文化观念的"文化产品""资阳人"，一定可以让更多的人了解资阳，认识资阳。作者自始至终，以它的科学论证所展示出的"资阳人"的精神品格，是资阳文化的宝贵财富和精神遗产。

浩瀚宇宙，神秘万端，庞然地球，奇迹彰显。四川省和国家级的史学专家认定，古今资阳人在 40000 年的悠长岁月中，涌现出许多彪炳历史的文化、科技、政界杰出人物，远古有燧人、女娲、伏羲、炎帝、黄帝、青阳、帝喾、颛顼、尧、舜、禹等多位举世传诵的伟杰和战国七君，周朝以后有孔子的老师苌弘、大文学家王褒、大经学家董钧、大教育家杜抚、"京师肃清枹鼓不鸣"的贤臣赵旅、高僧智方、制定天文学《麟德历》的李淳风、大科学家秦九韶、抗金状元张孝祥、水利专家汤绍恩、白话诗幕后笔祖秦昌成等资阳人杰；在资阳地区做过官或居住过，同资阳人一道，对资阳作出重要贡献的杰出人物众多，如薛涛、贾岛、吴道子、程咬金、玄应、智诜、陈抟、寇准等；在当代文化建设中涌现出了《白毛女》的作者邵子南、《许茂和他的女儿们》的作者周克芹、变脸大师彭登怀、《班主任》的作者刘心武、攻克当今科研尖端的"四院士"等人物；在政界中涌现出了曹狄秋、陈毅等著名人物。

资阳人在各个历史时期，都涌现出了超越发展的杰出人物，开拓出成效卓著的科学技术，创造了丰盈繁荣的优美风貌，积累了无数深蕴的瑰宝，绘制出了绚丽多彩的图画。在40000年的漫长历史征程中，资阳人创造出了**博大精深、新颖隽永、互学相鉴、厚重绵远**的灿烂文化和辉煌文明。

三、资阳人精神特质：忠勇仁爱

（一）资阳人精神特质
（忠勇仁爱，勤俭求是，睿智开拓，团结承传）

专家们认定，资阳人40000年前就初始了集体采集、淳厚德仁等的团结精神。燧人氏的厚德、自强、创新、团结奋斗精神，光辉千秋。

经过进一步锻造，资阳人将中华民族的忠勇卫国、无私为民的精神铸造得更加辉煌伟大，锻造出完美的资阳人自己的精神特质，那就是忠勇厚德、勤俭自强、求是创新、团结承传，这是资阳人永恒不变的伟大精神。

——宫长为

这次研讨会，是进一步实践党中央和习近平总书记加强文化建设的重要指示，是探讨中华文化溯源中华文明的重要研讨会，是加强中华文化建设，擂响文明溯源进军战鼓的重要推动，对弘扬中华文化，承传中华民族精神，加速实现中国梦都具有重要的现实意义。

——曾清华

精神，是指人脑对客观物质世界的反映而表现出来的活力，是人的意识、思维活动和心理状态的核心的、实质的内容。

资阳人精神的特性是**忠勇仁爱、勤俭求是、睿智创新、团结承传**。

资阳人在历史征途中坚毅睿智、勤淳仁勇；自强不息、知行合一；会泽百家、厚德泽人；蹈厉奋进、至公天下；求是创先、团结奋斗；继承发扬、传播奉献。

四川省和国家的众多史学专家考研认定，资阳人在久远的古代就敬老爱幼，淳厚德仁，"碧血丹心"，忠于国家、忠于人民，为了族群和人民，不惜牺牲个人利益，肝脑涂地，英勇献身。

资阳人40000年来勤垦奋斗，勤俭自强。到了当代，勤俭的精神发展成为干部勤政为国、勤劳为民；民众勤恳创业、勤俭自强。

资阳人40000年来艰苦拓先，求是创新、睿智奋发，书写出一部又一部灿烂辉煌的新篇章。

四川省和国家级的史学专家们认定，资阳人40000年前就初始了集体采集的团结精神，燧人氏的厚德、自强、创新、团结奋斗精神，光辉千秋。几万年来，集体战斗、团结奋斗、无私奉献等优良传统持续承传、发扬光大；同时，资阳人注重把忠勤创传的精神和创新的文化、技术等，及时传播到川内川外和国外，为世界大同，为人类的发展做出了积极贡献。这种伟大的奉献精神光照人间。

女娲率众团结奋斗，坚持战千险克万难的"治洪补天"精神，"其功烈，上际九天，下契黄垆"。

先在资州后展全中华的"伏羲仓颉，初造工业，画卦结绳，以理海内"，敢于创新，造福人类的宏志大业精神。

炎帝以火名官，心系天下，教民耕嫁，以熟腥臊，防治疾病，使民宜之。

黄帝坚韧不拔，勇敢拓创，"自蜀入主中国"，"北展宏图，逐鹿中原"，视死如归，战胜强敌，奠定华夏基业的伟大精神。

帝喾及其后代，心系全国和人类命运，走出资阳，闯千山雄关，涉万水险障，破齐天恶浪，创新中华，开发亚、欧、非、美洲，向全球传播文明的世界大同胸襟和精神。

颛顼及其后代，积极进取，拓展长城内外，创发大江南北，持续的抗争的自强不息精神。

大禹治水的三过家门而不入的公而忘私，生死度外，全心全意为人民服务的奉献精神。

毛泽东同志修改过的诗词手稿

毛主席1964年12月运用"碧血丹心"典故，把泪血改为碧血，见词稿倒数第三行。

在距今2500多年前，东周副宰相苌弘为了国家，为了人民，忠勇献身，"碧血丹心"精神。这是中国正史所载之中华民族忠勇报国、无私为民精神的源头，铸就伟大的中华民族精神的核心，受到举国历代广泛的、热切的赞颂。应用"碧血丹心"典故的人何止千万。1964年12月毛泽东主席在修改胡乔木《沁园春·杭州感事》词时，将其中的"算繁华千载，长埋泪血，初试锋芒"句中的"泪血"改为"碧血"。苌弘精神受到举国历代广泛的、热切的赞颂。上千政要、著名文人著诗、作词、撰文、立著赞颂苌弘，应用"碧血丹心"典故的人何止千万。1964年12月毛泽东主席在修改胡乔木《沁园春·杭州感事》词时，将其中的"算繁华千载，长埋泪血；工农此际，初试锋芒"句中的"泪血"改为"碧血"。在这之前毛泽东就一贯重视苌弘的忠孝仁义思想和精神，他在1939年春所写的《关于国民精神总动员的号召》中强调："要特别忠于大多数人民，孝于大多数人民，而不是忠孝于少数人。对大多数人有益处的，叫做仁；对大多数人利益有关的事情处理得当，叫做义。对农民的土地问题、工人的吃饭问题处理得当，就是真正的行仁义。"正是因为苌弘精神鼓舞着历代民众，所以苌弘之后，一批批精忠报国的资阳地域人英雄不断涌现，他们是奋勇治黄河洪泛的"光禄大夫"王延世、率众抗暴的贾龙、施德政的"昭德将军"简雍、民族团结的先驱王嗣、大将军窦炽、抗暴烈女赵媛姜、誓死抗击英国入侵的谢朝恩、谢继超；抗日卫国浴血奋战的徐鹤轩、廖震、曾德威、饶国华、曾烈、陈春霖、范子英、李清廷、黄永淮等；解放战争中英勇为国的英雄许岳、余国祯、邓俊、李公度、毛克生、李伯玉等；抗美援朝战争中的英雄陈良基等；中越自卫反击战中誓死保卫边关的滚雷英雄罗光燮等；忠诚为国、忍辱负重的大元帅陈毅等。这些英雄是资阳人精神的光辉体现，他们将中华民族的忠勇卫国、无私为民的精神铸造得更加辉煌伟大。

　　从复原的"资阳人"头像上可洞悉远古"资阳人"刚毅顽强、勤淳仁勇、睿智攻坚、求是创先、团结奉献的特别精神，钢铁般的性格和所流露出的生而俱来的王者风范。

　　资阳人勤淳仁勇、刚毅顽强、战天斗地、昂首阔步的浩然正气和披荆斩棘、团结奋进、艰苦卓绝绘新图，攻坚克难永创新的伟大精神，震撼天下。

　　资阳人几万年的艰苦努力，创造出悠久的历史、辈出的人杰、万象的地灵、丰富的物产、独特的风貌、繁荣的经济、目不暇接的景观、闻名遐迩的土特产、丰富诱人的美食佳肴。资阳不愧是富含文化底蕴的乐土圣地。资阳人文化和文明、资阳人精神是建设当代资阳宝贵的财富。

　　资阳人精神，是远古资阳人、史前资阳人、古代资阳人、近代资阳人、现代资阳人和当代资阳人所体现出的一种共生的资阳文明和资阳人文精神。

（二）资阳人精神是华夏民族精神的集中体现

资阳人精神，是远古资阳人、史前资阳人、先秦资阳人、古代资阳人、近代资阳人、现代资阳人和当代资阳人，体现出一种共生的"资阳文明"和资阳人文精神，它是华夏民族文化精神的集中体现。

资阳人几万年的艰苦努力，创造出悠久的历史、辈出的人杰、万象的地灵、丰富的物产、独特的风貌、繁荣的经济、目不暇接的景观、念念不忘的众多知名土特产、爱不离口的美味佳肴和富含文化底蕴的乐土圣地。

资阳人勤淳仁勇、刚毅顽强、战天斗地、昂首阔步的浩然正气和披荆斩棘、团结奋进，艰苦卓绝绘新图，攻坚克难永创新的伟大精神，震撼天下。

《资阳人》是一部展示资阳人民艰辛生息、奋勇探索、攻坚克难、拼搏创新、求是拓创、团结奉献的史诗，是客观展示资阳人兴衰繁荣曲折前进几万年的千古绝唱的全景式绚丽画卷。

可见，"资阳人"几万年来始终坚持提倡、弘扬、践行伟大的族群即民族精神。最核心的是：忠勇仁爱。集中表现在七个方面：

一是爱族爱国，忠勇卫国精神。曹植主张"捐躯赴国难，视死忽如归，"林则徐是"苟利国家生死以，岂因祸福避趋之"。毛泽东家族献身六口，自己精忠为国。

二是以民为本，服务天下精神。《尚书》倡导"民为邦本，本固邦宁"，周文王周武王认知"民之所欲，天必从之"，孔子主张实施"庶民教"，孟子倡导"民贵社稷次之君轻"。毛泽东以身示范，"全心全意为人民服务"。习近平是"我将无我，不负人民"。

三是毫不利己，专门利人精神。毛泽东号召"向雷锋同志学习"，一生助人为乐做善事，个人利益抛一边。

四是诚信厚德、严己宽人精神。古语曰"地势坤，君子以厚德载物"。道家倡导"太上有立德，其次有立功，其次有立言"，"厚德载物"是华夏民族立身的本源。

五是勤俭奋斗，攻坚克难精神。毛泽东一再榜样践行勤俭自立、艰苦奋斗、积极进取、百折不挠、排险破障，所向披靡。《易经乾卦》曰，"天行健，君子以自强不息"，道教说"我命在我不在天"。

六是团结协作，集体主义精神。个人服从集体，小局服从大局的集体主义大局观，团结协作，携手前进。

七是正义和谐，世界大同精神。我国老祖宗历来倡扬平等公道，命运共同，拓荒世界，互鉴相助。进而开拓丝绸之路，互通有无，和谐共融。毛泽东大树国际主义精神，团结全世界人民，打倒帝国主义，实现共荣。习近平再推一带一路政策，一再力宣化解矛盾，和谐共赢，建立大同地球村世界。

  历史告知世人，几万年来，中华民族都坚持践行上述七个精神。从复原的"资阳人"头像上可以洞悉古人类"资阳人"刚毅顽强、勤淳仁勇、殚睿攻坚、求是创先、团结奉献的特别精神、钢铁般的性格和所流露出的生而俱来的王者风范。

  资阳和中华文明、资阳人和中华民族精神是建设当代资阳和全中国宝贵的精神财富，是鼓舞资阳人和国人为当今资阳中国的发展而奋斗的强大精神力量。

  这种伟大精神已光照千秋，激励万代，她将光辉灿烂、承传亘恒同日月。

（三）资阳人精神和华夏民族精神引领、推动世界发展

  作为人类文化基因根脉始祖古国之一的中国，其文化在世界享有崇高的声誉，极大地影响和引领、推动着全世界几万年的发展。资阳人和各民族同胞一道在艰辛历程中，形成了以爱国主义为核心的团结统一、爱好和平、勤劳勇敢、自强不息的民族精神。中华民族凭借自己英勇顽强、不屈不挠、团结爱国、战艰险克万难的民族精神，夺取了无数个伟大的胜利。历史和现实都告诉我们，中华民族精神是中华人民共和国国家综合国力的重要组成部分。中国之所以能够迅速发展，中华民族能自立于世界民族之林，不单是靠我们强大的物质力量，更重要的是靠我们强大的民族精神力量。

  资阳人精神就这样有独到的特质，就这样顶天立地的伟大！这种伟大精神已光照千秋，激励万代，她将光辉灿烂、承传亘恒同日月。

  胡昌钰强调："在距'资阳人'四万多年后21世纪的今天，我们生活在现代高科技信息时代，当我们在新时代享受现代精神文明和物质文明的同时，应饮水思源，勿忘'资阳人'；更勿忘资阳人文化在当今社会中不可替代的文化地位。继续弘扬资阳人文化，继续发扬资阳人敢于拼搏，敢于创新，不断进取的创业精神和优良传统，为推动资阳的高速发展，为振兴中华民族而做出更大的贡献。"

  曾清华强调：我们要借用这个契机，加强资阳、四川的精神文明和经济建设，通过开展"资阳人"的系列活动宣传资阳人，提高知名度和社会影响力，以期达到促进资阳、四川文化的大发展、大繁荣，在奋力推动美丽资阳的各项建设的实践进程中实现中国梦的资阳篇章。

  李保均教授指出："作者自始至终，以它的宏构巨制、科学论证和生动描述所含纳、所展示出的资阳人的勤淳仁勇、毅睿攻坚、贵中尚和、厚德载物、求是创先、团结奉献的精神品格，是资阳文化的精粹概括，铸就碧血丹心、忠勇仁爱的中华民族精神，是资阳和中华文化的宝贵财富和精神遗产；作为一种

文化精神和文化符号，它是中华文化身份认同之象征，它是可以拷贝和复制的，它将流传久远，发扬光大。""资阳人"是资阳人的文化航母，是资阳人的精神家园。"资阳人"的文化价值并不仅限于对资阳的宣传和包装以及对资阳文化的彰现与打造；更重要的是，它体现的是人类共有的精神文明价值和生存哲学。它通过对"资阳人"这一特殊历史现象的记叙，再现和彰显的是一种历史观，一种民族性格和民族凝聚力；通过对"资阳人"的历史再现和通过对"资阳人"的精神透视，展开的是人类创世纪的历史画卷，展示的是人类不可遏止的前进步伐，它将给予当代资阳人和华夏的发展谋求，以敦厚的原动力。

四、着力保护、修复资阳人历史文化遗产，大力弘扬中华民族精神

"'资阳人'代表着我们地球发展进化史上第二次重大的转折点。第一次是生命的进化，第二次是人的进化。人的进化从猿人、古人到新人。特别是'资阳人'作为新人时期的代表，是我们现代人的知识、经验、智慧、信息等获取方式和思维方式的孵化处，文化基因、文明基因、精神基因的根柢。""是当今人类命运共同体化解对立，建立平等和谐、开放互鉴、合作共赢、世界大同的'地球村'的基础。"

习近平总书记 2013 年 "8·19" 和在主持中共十八大中央政治局第十三次集体学习时等多次讲话中强调指出：中华文明源泉文化和优秀传统文化是我们在世界文化宝库中站稳脚根的基石。要找回道德的约束和慎终追远的定力——基因。文化基因、文明基因、精神基因是我们屹立世界强国之林的民族的支撑、命脉、魂魄、根基。

基因，是内在成因，是根脉，是命脉，是抗体。正如人长得像自己的父母是有遗传基因，一个国家、一个民族也有自己独特的精神基因，从而形成不同于他国、他民族的人文性格和文化习惯。中华民族的血脉基因、文化基因、文明基因、精神基因的根在哪里，从哪里来？

根在"资阳人"，从文明源泉来，在传统文化里。四万年来，中华文明中凝聚、沉淀、总结出了很多思想精华，融入到中华民族血脉之中，为一代代中华儿女所敬仰、认知、学习、传承，成为中华民族生生不息、发展壮大的丰富滋养。血脉基因是民族的根脉，文化基因是民族的脊梁，文明基因是民族的血液，精神基因是民族的魂魄。中华传统文化能薪火相传，就因为活在我们的基因里，流淌在我们的血液中，激荡在我们的魂魄里。

这就是中华民族和智慧人类文化的根和脉。对此，我们要实事求是的认知历史，理直气壮的承认她，无限自豪的相信她。习近平总书记 2016 年 7 月 1 日

深刻指出："文化自信，是更基础、更广泛、更深厚的自信。"

保护和修复文化遗产就是保护和修复我们现代人的优秀传统文化基因，就是保护和修复我们的文明灵魂基因，就是保护和修复我们伟大的民族精神基因。因此我们要着力探索、修复和保护文化遗产。在新时代，更需要深刻把握人类发展历史规律，在对历史的深入思考中汲取智慧，保护资阳人和中国文物，宣传资阳人和中华文化，传承资阳人和中华民族伟大精神。"对于'资阳人'和中国的文物保护越好，文化研究越深入，精神传承得越铭刻民众心灵，世界了解越多，则对于我们建立和谐共赢的'人类命运共同体'，筑起世界大同'地球村'的帮助就越大"，就能建立起消除对立，和平美好的大同世界。

习近平总书记在中共中央政治局 2020 年 9 月 28 日第 23 次集体学习时再次强调：当今中国正经历广泛而深刻的社会变革，也正进行着坚持和发展中国特色社会主义的伟大实践创新。我们的实践创新必须建立在历史发展规律之上，必须行进在历史正确方向之上。历史文化遗产不仅生动述说着过去，也深刻影响着当下和未来；要高度重视考古溯源和文物保护工作，……更好认识源远流长、博大精深的中华文明，为弘扬中华优秀传统文化、增强文化自信提供坚强支撑。

习近平要求：要通过深入学习历史，加强考古成果和历史研究成果的传播，教育引导广大干部群众特别是青少年认识中华文明起源和发展的历史脉络，认识中华文明取得的灿烂成就，认识中华文明对人类文明的重大贡献，不断增强民族凝聚力、民族自豪感。要运用我国考古成果和历史研究成果，通过交流研讨等方式，向国际社会展示博大精深的中华文明，讲清楚中华文明的灿烂成就和对人类文明的重大贡献，让世界了解中国历史、了解中华民族精神，从而不断加深对当今中国的认知和理解，营造良好国际舆论氛围。

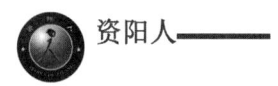

开卷篇

资阳人

绕日球飞千万圈
四万年前慧辰冉[1]
资阳智人树丰碑
人类开启新纪元

"三皇五帝"资阳籍[2]
燧氏、人皇惠沱岸[3]
骨针"穿孔"爱美颜[4]
"石盘"、"鹿角"文明源[5]

"鲤鱼"、"龙垭"创新篇[6]
蚕桑出壳天鹅山[7]
女娲、伏羲功日月[8]
炎、黄基业华夏天[9]

帝喾、颛顼功世界[10]
尧舜禹啊夏商周[11]
资子、"纵目"观世界[12]
昆仑幽远聚神仙[13]

苌弘、孔子双星耀[14]
王褒、董均辞赋萱[15]
"四英"德貌贞烈杰[16]
汉墓铜车世人赞[17]

关羽修桥亮祭坛[18]
窦炽将军智勇全[19]
清廉刺史程咬金[20]
淳风天文绩斐然[21]

薛涛三入简州县[22]
贾岛、道子遗风见[23]
奇迹石刻功玄应[24]
"洞王沟"刻记千年[25]

智诜、陈抟名师鉴[26]
九韶数学惊人寰[27]
"资阳河"派明珠闪[28]
寇准为民好县官[29]

"两谢"率众反鸦片[30]
国华威杀倭寇顽[31]
国祯丹心留千秋[32]
光燮滚雷卫边关[33]

陈帅斗恶"崭万杆"[34]
六大元帅沱江恋[35]
毛恋资水三称赞[36]
荻秋沪渝卓贡献[37]

子南唱出《白毛女》[38]
克芹、登怀文星闪[39]
心武深探《红楼梦》[40]
"六士"为国勇登攀[41]

东灌弘程功千秋[42]
九曲古貌换新颜[43]
成资宏图大利民[44]
实现美梦庶民欢

资人精神励万世
众志克难齐攻坚
人类命运共同体
世界大同永向前

注 解：

1. **"资阳人"** 中国科学院考古专家命名的"资阳人"，1951年3月出土的头骨化石，经权威专家最后鉴定，定论为四万年，是人类文化基因根脉的起始祖，现代人文明基因的孵化摇篮。

2. 经"资阳人"研究、撰写团队同老专家、考古专家团队一起，经过几十年研究、考证，"三皇五帝祖籍皆为资阳"。

3. **燧氏人皇** 传说在第四纪冰川时，燧人氏族寻暖迁到沱江中游定居下来，和"资阳人"一起开创人类取火、用火、结绳记事、初定虫鸟名等人类文化新起点。人皇和九弟都喜爱并常在沱江地域居住。

4. **骨针"穿孔"** "资阳人"出土地同期出土一枚精致的骨锥，又称骨针，这是服装文明的初始。"穿孔"指穿孔石珠，它标志着装饰爱美文明的发端。

5. **"石盘""鹿角"** "石盘"装热食的盘子，这是人类热食文化的起源。"鹿角"是人类从小群生息到大集群生息的"指挥棒"，它标志智慧人类有了组织指挥文化。骨针"穿孔""石盘""鹿角"等文物，佐证智慧人类文明源泉。

6. **鲤鱼"龙垭"** 鲤鱼指"鲤鱼桥文化"。四川省博物馆、北京大学历史系对资阳鲤鱼桥及四周进行多次考古挖掘，发现多批旧石器时代晚期和新石器时代的石器、骨器、陶器等文物。考古界将此定名为"鲤鱼桥文化"。龙垭指2010年7月资阳市简阳龙垭村出土旧石器时代村落遗址。

7. **蚕桑出壳天鹅山** 据传，资阳天鹅山是蚕桑的发源地之一。

8. **女娲伏羲** 资阳鬼头山出土墓中有女娲遗迹，资阳多地发现女娲史迹，《昆仑纪》等几种史书论定女娲故国在资阳，女娲带领资阳人等蜀人治洪补天、制乐、发展农耕、初始婚姻制度。伏羲是川人，属"鲤鱼桥文化"区域，建立大功。

9. **炎黄** 黄帝出生、成长、初建功业都在沱江源头，炎帝是四川人，炎黄都属燧人氏之子，开创奠定华夏基业。

10. **帝喾、颛顼** 是黄帝子孙，祖籍资阳。帝喾在资阳建业后带部分濮人开发长江两岸、大西南、台海、南海和美洲等世界多地。颛顼在川西北建业后，到黄河两岸和三北及东北亚地建立伟业。帝喾和颛顼奏响了中华和世界古文明的凯歌。

11. 都是黄帝后裔，也都是资阳文化地域的古代伟大君王。

12. **资子、纵目** 资子是尧的儿子，治水有功，公元前2240年建立资国，国都设在今资阳。**纵目** 在忠义镇东山崖画猴蛇图是用象形文字讲的一个故事，意为猴子兴高采烈地摘桃子，不知后面有一条大蟒蛇在跟随；苌弘溪西山荆棘丛生的崖腰上，遗存虽然风化但仍栩栩如生、竖目夸张的纵目女像，约六七千年，女子在画手心中威仪美好。孔子溪岸边有一纵目男像。两个纵目像和猴蛇图是"资阳人"文化发展的里程碑。

13. **昆仑** 昆仑原意幽远朦胧、神秘的、人们向往的神圣之地。《山海经》说昆仑是岷山，还有九丘即小昆仑。资阳早有昆仑山等地名存在，有史书论定包含在岷山昆仑范围内的资阳也有"昆吾山",现在人们习称的昆仑山是汉武帝误判御赐得名。

14. **苌弘孔子** 苌弘,东周贤臣、孔子之师,政治家、天文学家、音乐大师,官至内史大夫。苌弘为了国家,奋勇含冤献身,"碧血丹心",这是中华民族忠勇卫国精神的源头。孔子拜苌弘为师,苌弘是灿烂明星,孔子后来被称为圣人、明星。

15. **王褒、董均** 王褒,西汉大辞赋家、诗人、学者、音乐剧编导、地方志大师,官至谏大夫。董钧,经学家、教育家,官至太常博士、五官中郎将。他富有改革精神,为汉朝制定礼仪,作了不少创新。

16. **"四英"** 即普州太后许黄玉,一生致力于中韩友好交流。两个花蕊夫人,一是前蜀主王建之妃,二是后蜀皇帝孟昶之贵妃。前蜀花蕊一腔热血为西蜀霸业捐躯;后蜀花蕊,五代十国诗人,爱诗词,赐号花蕊夫人,有胆气。赵媛姜,夫妻抗暴事败被捕,赵媛姜替夫捐躯,丈夫做官不娶。

17. **汉墓铜车** 2005年12月,资阳挖掘出汉代铜车马,考古专家鉴定为中国大汉代铜车马,是"中国汉代第一车"。

18. **关公、亮** 三国时蜀将关羽征战南诏国途中在回龙乡漆家修建寺庙、建立拱桥。诸葛亮收复南诏国回成都途中在漆家寺拱桥拜祭神灵。

19. **窦炽** 陕西人,文武双全,有德行。周柱国大将军、隋太傅,食邑资阳县一千户,使资阳县第一次露脸正史。

20. **程咬金** 山东人,更名知节,唐朝开国名将,封卢国公,普州(安岳)刺史。小说中惯称程咬金,十八条好汉聚义瓦岗寨,抗暴。

21. **淳风** 李淳风,简阳人。唐太史令。天文学上成就卓著,制订《麟德历》。

22. **薛涛** 唐代女诗人。多次游居简州,留有许多诗作,文采清丽。

23. **贾岛** 唐代诗人,河北人。游居安岳作诗写词,墓在安岳县;吴道子,河南人,唐代画圣。唐玄宗内教博士。安史之乱时,756年逃亡资阳作画多年,墓在资阳李家沟。

24. **玄应** 唐高僧,任正字大德助玄奘译经。713年主持安岳石刻。安岳石刻建筑奇特,工程浩大,景观雄伟,均超大足石刻。

25. **洞王沟石刻群** 记录着洪灾、旱灾、水利、战乱、地震、生产、民俗等内容,记账字码比苏州字码早百余年,创造81个中国之最。

26. **智诜陈抟** 智诜,在莲花山凿池种白莲,向玄奘学习经藏与论藏,唐高宗、周武皇礼遇为国师;陈抟,五代宋初易学大师,墓在安岳。

27. **九韶** 南宋数学家秦九韶,安岳人。精诗词、星象、音律、弓剑、营造,《数书九章》等,对世界影响较大。

28. **川剧高腔"资阳河"** 是我国戏曲艺术宝库的一颗明珠,是川剧戏曲独特的一个流派,具有浓郁的地方特色,展露万年戏剧风姿。

29. **寇准** 北宋政治家、诗人,陕西人。乐至县做过县官,凿乐至池,兴水利农,官至宰相,有《寇莱公集》。

30. **"两谢"** 谢朝恩、谢继超祖籍资阳，是反抗英国鸦片入侵的英雄。谢朝恩任狼山镇总兵，驻防镇海，勇战英军，以身殉国。谢继超代表中国与英国侵华代表璞鼎查再三抗辩，坚决反抗鸦片侵入，后在上海遇难。

31. **国华** 饶国华，严治军，深爱民，国军一四五师师长，拱卫南京泣血杀敌，弹尽被围自杀，追赠上将，国共盛赞楷模。

32. **国祯** 余国祯，在第二次国内革命战争时期担任共青团四川省委书记，反抗国民政府血腥统治，被害，余国祯"虽死犹生，浩气永存"。

33. **光燮** 罗光燮，乐至人。中印边境自卫反击战以身滚雷，追认中共党员、一级战斗英雄、特等战斗功臣。

34. **陈毅** 乐至人，无产阶级革命家、政治家、军事家、外交家、诗人，解放军创建者和领导者，元帅，党和国家领导人。

35. **六大元帅** 朱德、刘伯承、彭德怀、陈毅、贺龙、聂荣臻等六大元帅，解放战争时期因进行革命、剿匪、解救百姓等多次进出资阳。新中国成立后多次到资阳视察、关心民众。

36. 毛泽东主席1957年三次赞颂"资阳人"。1958年3月，毛主席到资阳查看麦田，深入农家和铁路工人家，关心百姓，又赞资阳是个好地方。详见封二。

37. **荻秋** 曹荻秋祖籍资阳，曾任中共重庆市委第一书记，上海市市长。是中共八大代表、第一至三届全国人大代表。

38. **子南** 邵子南，作家。四川资阳市雁江区凉风乡人。现代戏剧史上的名著《白毛女》主要作者。

39. **克芹登怀** 周克芹，四川省作家协会副主席，小说《许茂和他的女儿们》获首届茅盾文学奖；彭登怀，世界著名川剧变脸大师，国家一级演员。

40. **心武** 刘心武，安岳人，中国当代著名作家，红学研究家，以《班主任》闻名文坛，长篇小说《钟鼓楼》获得茅盾文学奖，《人民文学》主编。

41. **"六士"** 当代资阳籍的唐明述、魏复盛、付小兵、何华武等六个院士。他们在不同的科研尖端领域，发明创新，成就卓著，为国强盛贡献毕生。

42. **东灌** 龙泉山灌区，位于成都市以东龙泉山东麓川中丘陵的简阳、资阳市境内，历时十年建成。控灌龙泉山以东，沱江以西，球溪河以北的简阳、雁江区、资中、仁寿等市、县120.25万亩耕地。

43. **九曲** 21世纪初期，资阳市政府率领民众对九曲河进行综合整治，工程艰巨，是浩大的民生、民心工程。但是，没把"资阳人"碑规划进去，是一大遗憾。

44. **成资宏图** 成资工业园区，成立于2008年，位于简阳市境内，成都、资阳两市共建。发展区规划控制面积约100平方公里，重点发展汽车和工程机械配套制造、电子电器、新型材料、节能环保、农副产品加工"一主四优"产业，是利国利民实现梦想的大工程。

序幕：王者风范的智源祖

——中华文明四万年前一原景

四川省和国家级权威史学专家解读《资阳人》相关专题论点综述（以下简称：史学专家论点综述）：公元前40000年时期，人类已初生思维，萌发智慧。蜀国文化这棵常青树，"至少也有40000年以上的'资阳人'的文化根系"。"放在这个历史链条上来看，'资阳人'确实占有巴蜀地区古人创造文化和积累文明基因的关键地位。这个时期是原始人已经开始出现思维。思维和初级智慧的新人时期，是我们现代人知识智慧和经验产生的源泉，也就是说'资阳人'是活动在巴蜀区域的几万年前人类文化先驱的代表"。"资阳人"是人类文化基因根脉的起始祖，是现代人文明基因的孵化摇篮，是现代人智慧和经验产生的发端。

根据这些专家们的判定，我们依据1951年出土的40000年前"资阳人"头骨化石、骨针、似盘子的薄石片、水鹿角和穿孔石珠等各种文物、古迹，后来出土的各种石器、骨器、陶器、工具、兵器等近6000多件各种石器、骨器等文物和古迹，上千本史书、史料，书写了"资阳人"用智慧进行生息斗争的先祖形象，编撰了《资阳人》。

这种追溯中华文明史，根据挖掘出来的文物分析、研究，描绘40000年前时际"资阳人"用智慧进行生息斗争的先祖群象和文化、文明状况，中国史学界权威机构的权威专家称之为发现了中华民族文化、文明的新源泉，并复原了当时的文明状况。因此说《资阳人》厚重地展示出来的资阳人是一个文化符号，是一种文明品牌，是一种伟大精神的代名词。敬请读者看看后面展示和复原中华远古文明的状况吧。

——主编辑手记

旧石器时代离我们太久远了，那时人类的生产生活情形怎样？这只有通过考古研究可以做一定的追溯和推测。从对发掘出土的与"资阳人"有共生关系的石器、骨器的分析中，我们可以得到一些有关当时人类生产生活的信息，据此可以寻觅远古文化乃至文明的踪影。刘胜俊先生在 2013 年出版的《中华资阳人》一书提出了文明的"精神和物质"内涵,指出文明在当今泛指人类所创造的精神和物质财富总和,并认为"资阳人"用智慧制作、使用骨器、石器的精神和创造出的这些物质财富具备人类文明源泉的雏形。

——高 星

"资阳人"在发展大脑由知识变为智慧方面,起了筚路蓝缕、开拓创新的作用。他们努力改造自己,成为大写的直立的"人"上,为我们留下了丰厚的历史遗产。

"资阳人"是现代人大脑智慧雏形的起点。

文明的形成,应该突破恩格斯的"起源论"。恩格斯是根据摩尔根的《古代社会》提供的有关中美洲、南美洲和澳洲原始土人的情况,认为父系制是国家和文明的起源。而根据我们巴蜀古代社会的情况看,母系氏族制同样能过渡到文明。这是我的导师徐中舒先生的观点,也有古文献可以证明。现在发现的资阳人化石正好是在 40000 年前的一位女性,这似乎可以把她作为祖母氏族开始出现的一个象征来加以解释。

——谭继和

"资阳人"头像复原图

40000 年前秋末的一天清晨,赤红色的太阳浮悬在东方天际,冉冉升起,渐渐地,赤色变成淡红色、白色。它的光芒照耀到沱江中游岸边的昆仑山上,轻纱似的白云缠绕着的昆仑山,显得挺拔、俊秀、雄伟、奇特,高顶上天。须臾,太阳的金光拨开了云彩,使昆仑山显得更加巍峨、壮观。

山上树林高耸,欲破云天,许多粗壮挺拔的大树,几人牵手才能合围;山的一边,果木林中挂着累累果实,有的如拳头大,有的如鸡蛋大,有的只有指头大小,色彩鲜艳,逗人嘴馋。昆仑山上还耸立着一尊似蛟龙腾云的峰石,峰石周围布满各种花草,花丛中凹陷出一块低洼水池,池中五颜六色,莲花亭亭玉立,水中的鱼儿自由自在,穿梭于莲花之间;池里池外百花斗妍，千姿万态，分不清谁是花冠。林中莺欢雀飞跃，歌声不断，蝶飞猴跳，鹿窜兔跑的原始森林，浓密高耸，直刺云天，呈现出一派生机勃勃的景象。昆仑山的美姿啊，真是目不暇接，叫人心旷神怡，流连忘返。

昆仑山腰，一个头戴冠帽、身披过膝虎皮衣、脖下胸前佩挂着穿孔石珠项链的壮硕妇女在眺望远方，看上去彪悍、健美。手臂和腿脚上长有稀疏的短毛，飘逸的头发披到腰间，厚德淳勤、仁善的神情布满脸庞，恰似天上的神女下凡，威严而慈祥。锐智毅睿的眼睛目光炯炯，刚毅英勇的光辉满身闪耀，拔山托天气贯长虹，雷霆之势力挽狂澜。她斜肩挎牛角，左手拿着水鹿角舞动着，时而吹响水鹿角号，时而张口大喊，用他们创造的人类最初的语言"氏族语言"，指挥着，率领三队身着五花八门衣服的人群，随着她指挥的号令往山上冲去，好一派王者风范。这位指挥者就是人类智慧人资阳人族人头领，叫什么名字呢，无从考证，她是人类思维、智慧的发端，人类智慧文化的根脉始祖，我们暂且称她智源祖吧。

这些戴着花冠或鹿皮帽，或佩戴着穿孔石珠链，或披着用骨针缝织的兽皮衣、或阔叶树衣，或穿着藤蔓编织衣服的人就是资阳智慧人。他们是在祖先历经1500多万年沧桑，坎坷艰难地向猿人发展，又艰难闯过近300万年以来猿人、直立人阶段之后，进入智慧人阶段的；早期智慧人已不见踪影，遗下40000年前的晚期智慧人资阳人。

"资阳人" 这群资阳人生息在地球东方的中国四川腹地、长江支流、沱江中游。侏罗纪时期印支板块将三叠纪时期塌陷湖海抬挤出地面，形成四川内陆。新生代喜马拉雅山运动，构造缓荡间歇，无强地震，地层倾角小，方山丘陵、森林产生，亚热带季风气候形成，江河连同较大支流沿岸有少量新生代第四纪地层。资阳人就生息在这地球地质第四纪的濒临原内海边缘的丘陵地带。

这儿最适宜动植物生存。在距今2亿多年前的三叠纪，就生存活动着庞然、威猛、凶狂的恐龙。恐龙生存的条件很苛刻，它必须在水量充足、温度适宜、物质充裕的环境中生存。资阳到处有恐龙生存遗迹，安岳几乎镇镇有恐龙生息影子。在几亿年前，这儿就是爬行动物的乐园。

到了新生代，这儿活跃着各种大型动物，亚洲象、犀牛、水鹿、野狼等各自观望着、追逐着。

这儿山峰林立、沟壑纵横、群山竞秀、林木繁荫、翠叶稚嫩、苍绿欲滴、野芳幽香、风光绚丽、美姿千态、灿烂入胜。

早在40000年前，资阳人就在昆仑山、碧华山、莲台山、宝台山、天台山、书台山、凤台山、东岳山、莲花山、花溪河山、罗汉山、老龙潭、龙首山、巍峰山、龙骨山、太阳山、罗盘山、七泉山、龙泉山、天柱山、三角水山、七星山、鸧雁山等山地，和资溪、沱江、青（清）水河、阳化河、龙鲤河、濛溪河、花溪、绛溪、孔子溪、白水河、岳阳河、蟠龙河等流域两岸繁衍生息。

　　昆仑山、宝台山下的沱江，书台山、凤台山下的九曲河等河流，波光粼粼，水清透底，鱼儿似在空中欢跳，青蛙像在镜中高歌，微风徐徐吹着细浪，轻轻荡漾，浪一浪推着一浪，永不停歇地徜徉。这些清香的江水，滋润着两岸的万物，惠养着无数生灵，哺育着勤劳的儿女。**打造出古人类知识、技能、经验和智慧的起始基础圣地，编织出现代人知识、经验、智慧、信息等获取方式、思维方式的孵化摇篮；激发并引领着中华民族文明起源和文化的根脉及活态文明基因的传承，拓创出博大精深、绵远厚重的灿烂文化，锻造出忠勇仁义、英勇创先的伟大的民族精神。**

梦幻花溪　孟基林　摄

第一卷

"资阳人"文化

史学专家论点综述：

40000年前的资阳人，已经开始有思维，初步形成用智慧生息、斗争的大脑智力机制，初生人类文化的基因。这种观点是符合实际的，可用出土的文物来证实。只有产生了相应的智商，才可能磨制出骨针,骨针是干什么用的呢？显然，是用于缝制兽皮衣等服装用的；同样，只有产生了相应的智商，才能凿制出穿孔石珠,穿孔石珠是干啥用呢？显然，是用于妆饰；同理,只有产生了相应的智商，才能打磨出似盘子的薄石片,薄石片是干什么用的呢？显然是用着装热食，或者用于小火烤制热食；同论，只有产生了相应的智商，才能凿制水鹿角，水鹿角是干什么的？用于组织指挥。

40000年时期的资阳人始创制衣文化、妆饰文化、取火热食文化,改进工具文化、集体采集文化、狩猎文化、组织指挥文化、结绳记事文化、观天象文化等，这确实是一项了不起的创新文明的风采。一项创新就开拓出一个新的里程碑。这一系列创新，使人类摆脱野蛮，走上文明道路，开创了人类文明的新纪元。

笔者追溯到这些原始文化和文明，也确实像专家们说的"已经超越中国早期文化和文明探索的范围"，"正在走进真正意义上的中国早期文明的探源工作"。

一些史学专家说得好，中华文化和文明应是多源的，资阳人的文化和文明也是中华文化的一个源泉，是中华文明的一个摇篮。这个文化源泉和文明摇篮的渊源久远，长达40000年。

第一章

东方智慧人树丰碑　四万年前勇创先

——旧石器时代晚期早段资阳人

旧石器时代大约从公元前 300 万年前开始，结束于距今 1.2 万年至 1 万年，资阳人所处时代为旧石器时代晚期早段，距今 40000 年。

"'资阳人'的情形介于中国猿人与现代人之间"，"中国猿人经'资阳人'到现代人"，"'资阳人'是中国最早的新人"。他们是中国最早萌发思维，最先用智慧勇闯艰险，始创熟食、妆饰、集体狩猎、采集诸文化，改进工具、结绳记事、观天察象，干栏式房屋雏形萌现，锐智开启人类文化新纪元。

——吴汝康等语

《资阳人》"是文学的史学记述，史学的文学报告，二者紧密地联系在一起。""在历史的真实性方面，作者是以对历史学者的要求自律的，严谨地使用已有田野考古、特别是资阳本地区田野考古的发现和各类出土文物，也使用了丰富的记录史前文化的历史学资料；在以文学的笔法复原'资阳人'……用了旧石器时代晚期资阳出土的水鹿角、资阳出土的锛形砍砸石器……使用了当时资阳人用过的出土骨锥和佩饰品石珠……一方面是文学的想象与描写，一方面又处处辅以具体考古材料和文献材料，使二者相辅相成，做到了文史结合，这就使本书的文学描写呈现出的是以真实性为核心的报告文学形式。"

——李保均

"按照恩格斯两种生产理论，重新界定人类文明的发生和发展的历史，是十分必要的，也是切实可行的。"《资阳人》"给我们提供了这样一个很好的契机，也给我们提供了这样一个全新的课题，它已经超越中国早期文化和文明的探源范围，相反，正在走进或者说接近真正意义上的中国早期文明的探源工作，这是一个浩大的工程，是一个繁重的工作，需要我们从一点一滴做起。"

——宫长为

第一节

王者率众闯艰险　锐智开拓新纪元

——中华文明一摇篮四万年前时际原貌

旧石器时代早段资阳人始展生息新风貌，承前启后，开拓向现代人进程的新纪元。

——主编辑手记

一、生存创新争先锋　采集新潮传八方

集体采集的思想是依据成堆成团的现象分析出来的。人类从单个行动到集体生息是一大文明进步。人类只有团结起来，运用集体的力量，才能战胜洪水猛兽，安全、安乐地生息。

狩猎、捕鱼，在人类发展史上是了不起的大事。40000年前，像明星照亮着人类。

（一）集体采集力无穷　驱恶造福硕果丰

天，刚亮，昆仑山腰，阵阵喊杀声震天，在空中久久回荡。

智源祖率领的三路族人，一边呐喊，挥舞着各自手中的石锛、竹箭、木剑、石镞、石钩、石刀、竿竿、棒棒、橇橇和简陋的类似藤篓、条筐、棕囊、背篼等东西，一边往昆仑山上冲。有的人捡起身边的石头往树林中打去……

十几条狗跑得最欢，冲得最快。

他们上山后，智源祖手一挥，简洁、洪亮地交代了几句，不知说的什么，人们就似乎按照分工，上树的上树，摘果的摘果，人群周围还有一些人拿着武器、火把带着狗在四周巡视。

那时，语言虽然简短，但这已是人类文明的一大进步。在这之前，人们只能使用简单的动作语言来传递信息。随着人类的生息发展，唤起新的思维形态，表现事物的动作记号已经满足不了需要，逐渐产生了音节语言。音节语言为资阳智慧人思维表现的一种主要形式。资阳智慧人音节语言的创建和逐步传播、发展，适应了人类生息繁衍的需要，对人类文明的发展做出了重大贡献，延续

资阳人

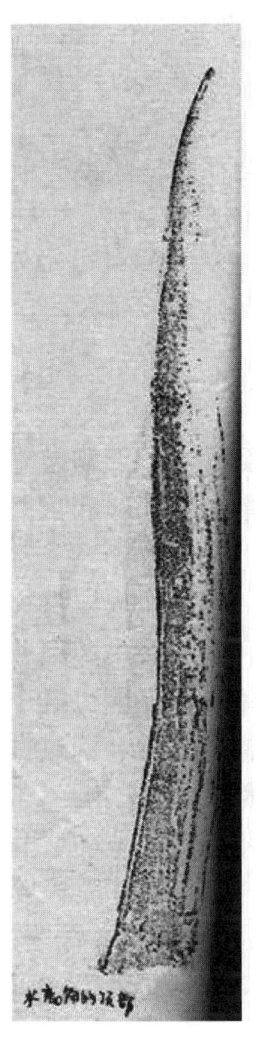  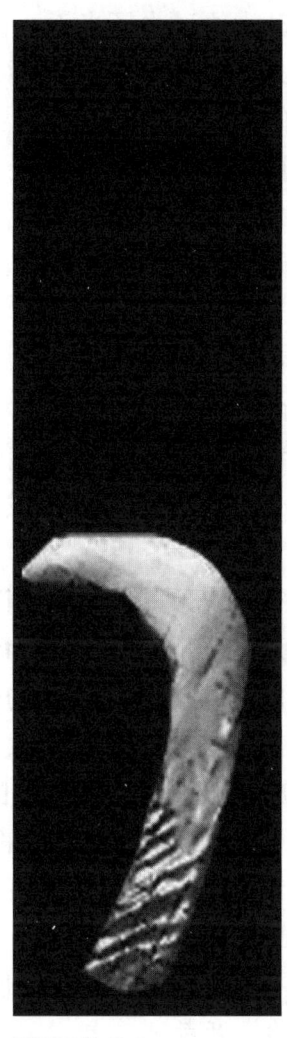

　　水鹿角顶部　　资阳出土四万年麂鹿右角　　水牛右角

　　图片转引自裴文中《四川资阳哺乳动物化石的研究》、《科学出版社》1957年出版的中国科学院古脊椎动物研究所甲种专刊第一号《资阳人》（以下简称：中科院甲种专刊一号）

千万代。

　　看吧，资阳智慧人树上摘果子的与树下接果子的都在进行着简单的语音表述和动作交流。树上的人将果子丢给树下的人，接到果子的人把果子传给收集的人，将果子堆成一堆。他们呼喊着，喜悦着，时而跳跃着，欢欣异常。不一会儿，智源祖吹响一声水鹿角号，人们拿着分得的果子美美地吃了起来。他们一边吃着，一边跳着原始舞步，手舞足蹈。

　　原来，智源祖手中的鹿角是号令器，他们在水鹿角尖上磨出了一个小孔，一吹就可发出声音。

　　智源祖拿着它，既可做防身武器，又可做指挥棒，发布命令。人群短暂休息后，智源祖再次吹响了水鹿角，人群又在智源祖的号令下开始采集果子活动。

　　可是，他们上山采果子为什么要那么气势高昂，以压倒一切的凛凛威风向山上冲呢？也许，他们是想造起一阵浩大的声势，使窥探的野兽惧怕而逃跑。

　　果真如此，他们上山后还能听见几声野兽的无奈嚎叫慢慢远去，这才使他们感到安全，放心地积极地抢摘着果子。

采摘果子的活动大约过去了半天，他们把果子装进简陋的藤篓等东西里面，有的人还脱下遮身之物装上果子。然后他们高高兴兴地唱着、喊着、打闹着下山，回到各自居住的洞中。

他们这种集体的声势浩大的采集果子的行动，是从无数鲜血悲惨的事件中总结、形成的。在这之前，"日与禽兽居，族与万物并"，凶兽张牙舞爪，"猛兽食颛民，蛰鸟攫老弱"，残暴势单力薄的人。

以前，采摘果子的活动都是各所喜好，少则各自为战，多则三三两两，一碰上猛兽就魂飞魄散，不是成了猛兽的美餐，就是伤臂断腿，无药可治，鲜血流尽后自然悲愤送命。

经过无数血的教训和悲惨遭遇的启示，资阳先祖们认识到了单枪匹马是难以生存的，必须集合、团结起来，形成集体的浩大力量，才能安全采集和繁衍生息。

单独一人只能得到悲观、绝望、痛苦，终究被凶兽吞噬。当把个人置身集体利益中，就变悲观为乐观，变绝望为希望，变痛苦为幸福，因为集体蕴藏着无穷的力量、万能的力量、战无不胜的强大力量，可以造就幸福的乐园。这个蒙昧的意识慢慢传出去，影响日益扩大，远近的三两人群慢慢地都向智源祖靠拢，天长日久，形成了以智源祖为核心的族领，她就成为当然的统帅人物。

智源祖领着的几群人能抵挡猛兽，采集果子的成效显著，不但在山上采吃果子，而且带回洞中给老人、病人、小孩吃，壮劳者还能吃上一两天。好放的果子可以存储半年。改变那种人群可以一事不做，只是"饥则求食、饱则弃余"，"施者不得，受者不让"，"冬日则不胜霜雪雾露，夏日则不胜时暑蛰垦缄"，弱者无食，病者呻吟，老者等死的愚昧时代，**一种新型的无意识的养老、爱幼、护病的仁爱的人际关系开始建立，这是资阳智慧人的一大人性进步，也是资阳智慧人文化精神的萌芽。**

个人的力量是渺小的，集体的力量大如天，能所向

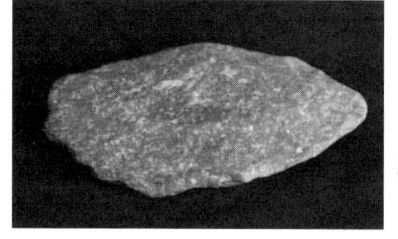 

四万年前"资阳人"使用过的石器
总编室 2012 年 7 月 12 日摄于重庆

披靡，战胜一切，成就卓著。智源祖领导的集体采摘人群在日渐扩大，智源祖的威风日渐显赫，智源祖的形象日渐高大，王者的风范日渐昭告天下。

相关传说一：

一到春天，智源祖就组织族人采集椿芽、榆钱、桑叶、瓜藤、花蕾、青蒿、葛根、灰灰菜、桤木芽、狗地芽、芦苇芽等。

采集嫩芽还可以用手去掐折，遇到较粗的枝丫，就得动用石片、刮削器或砍砸器等工具进行砍伐采摘。有的树大、枝硬、果高，简劣工具奈何不得，就在竹竿、木棒上绑扎上像刀的石片石刀双手高举去割摘，或者举杆敲打嫩枝枝、老果果。除采摘鲜水果食物而外，石钩扳断乌桕、油桐枝条，摘干果作燃料、助燃剂。

夏天采集野豆、野果、地衣、菌类等。

秋天丰收季节一过，采集就很困难，尤其到了冬天，囤积的食物几乎消耗光，就只能采摘部分秋天剩下的食物。

智源祖带着大伙采集根茎，取得较大收获扫除了人类智慧人资阳人前进道路上的困难。人们看着丰收的果实，喜笑颜开，山洞里不时传出欢乐声，和坝子上人们的嬉闹声、树上的鸟声交织在一起，高奏起一场震撼山岳的交响乐。

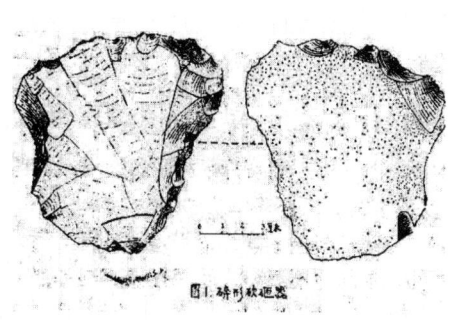

四万年前资阳人使用过的锛形砍砸器
（转引自中科院甲科专刊第一号）

相关传说二：

在采集实践中，资阳智慧人慢慢发现一些植物的根也能吃，有的植物下面土壤中还有果实，是口感很好的食品。可是用手是刨不出来的，于是他们就慢慢学会了用工具去挖，或者用长骨头或小象牙、大老虎牙、牛角，或把树枝压断，或把竹子砸断，用这些当橇撬工具，挖掘竹笋和一些粗嫩肥壮的植物根茎。

在挖根采集的同时，资阳智慧人还进行移栽种植的尝试。请听，凤凰山上传出了砍伐声伴随着喜笑的乐曲声，飘荡到山外，在空中久久回旋。山中的人们在干什么呢？原来是智源祖领着一群人在砍树枝、刨树根或挖野菜，他们不像以前那样是上山采摘果实，也不像以前那样砍伐很粗的枝条，这次他们是砍伐很粗的树根。用石斧斫、用石锄挖，折断树枝、刨出树根，有人砍有人收集。经过阵阵汗流浃背的劳作之后，他们扛着树枝、树墩、野菜根等分三路朝他们的洞群中走去。不一会儿，到达目的地，就开始在一排排洞前挖土、埋栽，哦，原来他们是在移栽果木、野菜。

他们移栽的认识是怎么得来的呢？或许是某一个炎热的夏天，山火烧毁了大片树林，群居洞中的人们在担忧与惊讶之余发现来年的春天，在烧毁的土地上竟然长出了嫩绿的新芽，或许是他们吃的果子剩下的籽，扔到洞前，来年竟长出新芽。这些新芽年复一年，又能再次开花结果；又或者是人们发现无意折断的枝桠落入土中，有的居然也能生根发芽。这真是一个神奇而伟大的发现。善于尝试的智慧人在认知这一现象后产生了一个大胆的想法：既然断枝枯木都能重新生长，为何不将平日里常吃的果树、野菜移栽到洞居附近呢？也省得每每群起外出打猎采集野果时还要担心会有野兽来袭击家园、霸占洞穴，也不用担心附近的食物不够吃，常常忍饥挨饿。

当然他们想不到这么多，也不可能认识到，但他们淳朴的生存意识支配着他们移栽的行动。于是智源祖就带着人们去实践这一意识的行动。她率领一众青壮年到不远的地方，胡乱地选取了一些平日里常摘的果树和一些山洞附近没有的看上去可食用的果树、野菜，将其全部扛回了家园，在洞居附近一排排种了起来。没有人能知道这是否是正确的行为，也没有人知道到底哪些能活，却依然满怀希望的观察着、期待着。

不到两三个月，终于有几棵断树残枝发出了新芽。当第一株绿芽破土而出，当第一片新叶重现生机，资阳智慧人的脸上浮现出了一种胜利的喜悦。更大的喜悦是在几年之后，他们看到这几棵树上挂出了果实。特别是他们摘着移栽树上的果实时，他们笑啊，乐啊，那种快乐的心情是无法形容的。移栽的果实带给他们笑声、乐声，他们蹦啊、跳啊，议论纷纷。人群聚集起来，智源祖站在一个大石头上，高声喧哗一阵，人们竟然拍起巴掌高声呼唤、雀跃，像是举行盛大的庆祝一样欢乐着。

大概是智源祖宣布了进行大规模移栽的决定，这一决定说到了大伙的心坎上，所以人们兴高采烈、欢快异常。

从此，资阳智慧人的移栽行动开始年年进行，规模越来越大。

这就是人类农耕的前奏曲，这些种植活动的实践，为人类农耕奠定了可行的基础。

（二）狩猎采集众人欢　时代造就新先锋

资阳人在 40000 年前捕鱼的水平已经发展到了相当先进的程度。看吧，智源祖领着一群人来到九曲河边，展开了大快人心的捕鱼活动。

几个拿着尖竹竿、骨制鱼叉的人，站在河中间，往水中叉来叉去，叉住几条鱼，举到空中，鱼儿不停地摇着尾巴，人们张着嘴笑，显现出乐融融的气氛。

几个妇女在河滩上用石头、石片往浅水滩中使劲砸去，不一会儿几条鱼翻着肚子，浮在水面，她们跳进水中，把鱼捉回岸上，相互抓着鱼去亲吻对方的嘴和脸，真是一派喜气洋洋的场面。

十多个半大小孩，有的搬石头，有的捧土，在一个浅水回水塘的狭窄处筑堤，把水流堵了起来。接着他们把双手合拢，或用大的薄石片等办法，把回水塘中的水排到堤外。个个半大小子浑身上下全是水，分不清是汗水还是河水。不久工夫，回水塘的水被排出一大半，塘中鱼儿惊慌失措，蹦上空中，又跌落下来，有的鱼在水中蹿过去，又跑回来，拼命挣扎。

几条狗儿汪汪地吼叫走来，一个小孩向狗挥了一下手势，狗儿们就乖乖地坐立着，伸着长长的舌头，观赏主人们劳动。

池塘的水排出许多，这时智源祖跑了过来，一个手势，小子们停下了排水，和智源祖一起，跑进鱼群中，手到擒来，把一条条挣扎的鱼儿装进了筐里。

十几个强壮的小伙子背着鱼网，在沱江岸边网鱼，忙碌了大半天，不见鱼影。也许是他们手中的鱼网太粗，孔太大。大鱼见到粗网早就逃跑了，小鱼进了网也漏掉了。他们忙啊，拖了一网又一网，他们累啊，快到天黑了，精疲力竭。这么身强力壮的人抓不到鱼，不好意思回去。也许是智源祖猜到了他们的难受心情，领着几个妇女，把他们劝回了家。一条条烧熟了的鱼送到了他们手上，香味扑鼻啊，这些壮汉饥饿地吃了起来。他们一边吃着鱼，一边盯着鱼网发愣。智源祖看出了他们的心思，就和他们一起说着，用手比划着，研究起改进鱼网的办法。

捕鱼，实际上是一项采集食物的好办法，但是冬天太冷不好办，只能在天气暖和时期进行，可狩猎一年四季都可进行。

烈日当空，火云如烧。六七头野牛站在一块空地上惊慌地东张西望，满身流着汗水，像是从水塘中出来一样。智源祖和二三十个壮年人也像刚从水中跳出一样，大汗淋漓，湿透全身，把野牛群紧紧地包围住，智源祖和几个人说了几句话后，就吹响了水鹿角。这几十个人，用手中的尖竹竿、尖木棒，像箭一样朝牛群投刺过去，接着一阵阵石块砸了过去。这时野牛群更慌乱了，有的野牛脖上扛着被刺上的几根竿竿棒棒，乱蹦乱跳，有的野牛头被石头砸得头破血流……

"呜呜！"智源祖一声水鹿角号令，人群带着狗冲进野牛群，两三个人对付一头野牛，把野牛群分隔治之，他们继续用备用的竹竿或木棒近距离地刺到野牛的关键部位。不多久，三头野牛被制服了，乖乖地成了资阳智慧人手下的猎物。两头未受伤的猛牛想夺路而逃，智源祖和几个壮年冲了过去，几条狗冲在前面，一头野牛被一棵横树绊了一下，野牛倒地了，几条狗死死咬住野牛的脖子。一条绳索缠到了野牛的脖子上，绳索的两头各有三四个小伙子拼命拉，硬把野牛憋死了。原来这是智源祖布下的猎牛阵，这头野牛又高又肥又壮，成了资阳智慧人的美味食物。

资阳智慧人猎野牛是尽量不损伤牛皮的，他们把牛皮视为珍物保护，因为

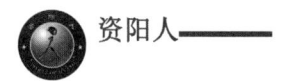

牛皮可做衣服，可铺垫睡觉。

猎野牛容易可是抬整头野牛就难了，于是，他们原地剥下野牛皮，用石片、石锛、石刮器把野牛分成几大块抬回洞中。

猎牛阵是资阳智慧人常用的狩猎办法，别看野牛大，猎起来倒不用费太大的劲。猎獾、猎鹿、猎羊、猎鸡等动物却比较难，不但不好猎住它，就是猎住了肉食也太少。所以资阳智慧人喜欢并擅长猎野牛。

资阳人捕鱼、狩猎的技术先进，闯练成捕猎先锋。族人食物丰富了，人们从内心欢喜，脸上总是露出乐融融的笑容。

（三）三项创先传八方　大江南北起新风

采集中尝试栽种，狩猎中尝试驯养，捕鱼从手抓鱼尝试结网捕鱼等新潮，可算是一种开拓，一种创先，是人类的一种造福创举。要不然为什么这些移栽活动、狩猎方法很快就传出去了。东方的人们所接受的新生事物，逐渐传到了大巴山，越过许多大山、多条激流，传到了喜马拉雅山下，大江南北许多地方都渐渐兴起了移栽、狩猎新潮。

二、吹奏鹿角讲战法　与兽战斗搏智商

在天台山下的一块平地上，聚集着一百多号青壮年，这些人从远近十几二十里路赶来，个个手持各式武器，牛角、象牙、棍棒、竹竿、石头在他们手中舞动。人群周围几十条狗坐蹲在那儿观看主人们的动静。

人群中央站着的智源祖在大声讲话，她似乎是在说：今天把大家召集过来，是为了要打败凶狠的恶狼群。

也许智源祖是在说：人类在发展的征途上，碰到了多少艰难险阻，可说是障碍千重，险象万端，大自然带来的破坏，给人们无数次沉重打击，凶狠猛兽造成的血腥惨难，时常发生。狮子、野狼经常侵犯、吞食人们的肉骨，真是血迹斑斑，前滩血迹未干，后面的鲜血又流淌、蔓延。

怎么对付洪水猛兽呢？这是大伙朝思暮想、日夜琢磨的事情。凭着人们多年的生死经验，战胜野狼、狮子是最不容易也是最为关键的。虽然大伙思考了几十年，但是也没有想出一条有效、成形的办法，只不过，人们信任智源祖。她吩咐怎么办，人们就怎么办罢了。

根据狗昨晚不安的叫唤声，智源祖判定恶狼在寒冬缺食，这两天要来袭击了，就要血战的对手是野狼。

他们知道，野狼是最可怕最不好战胜的万端险恶的猛兽。

是的，狼很凶狠，很狡猾，聪慧才智几乎过人，战略、战术高超，具有铁

资阳人

的纪律，团结攻坚，视死如归的作风。这是野狼经过500多万年来生活、战斗磨炼出来的高超本领。

在智源祖一阵慷慨激昂振振有词的话语后，人们分成了六七路人马，快步跑到天台山上西面山腰、两边山坳和近处，忙碌地寻找石头堆成一堆又一堆，到了中午他们开始歇息，猫着不动了，似乎在作伏击战的准备。这是一种高超的伏击战术。可是，当时资阳人还认识不到，只能是下意识的行动着。

智源祖站在靠近平坝的山腰突出部，在她身后站着六七个男男女女。靠近她身边一个年轻妇女很是显眼，

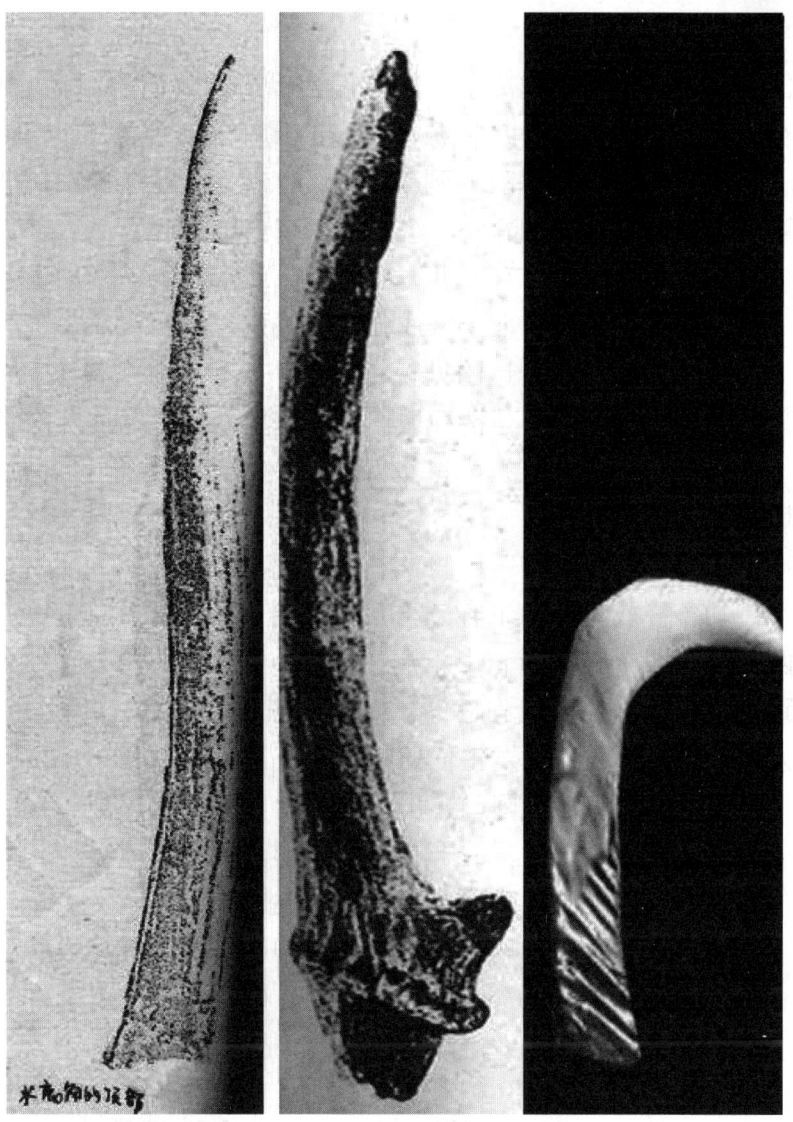

水鹿角顶部　资阳出土四万年前麂鹿左角　水牛左角

图片转引自裴文中《四川资阳哺乳动物化石的研究》和中科院甲种专刊一号

她的打扮与智源祖相差无几，身材壮硕健美，胸丰挺拔，只是她的脸上显露出年轻妇女的鲜嫩、红润、美妍，姿色夺人。她的手上也拿着水鹿角、肩挎牛角，显得活力迸出、英姿飒爽。几十条狗在它的主人带领下分三群趴着。

在这之前，山下洞中的老人、小孩已全部转移到了山东边的洞中。

等啊等啊，一天过去了，狼群并没有来，幸好他们身边带有备用的果实，

一边吃着一边等着。

天黑了，越来越冷了，月亮偏西以后，人们的眉毛、胡须上挂满了露珠，有的冷得发抖，但是在智源祖事先的嘱托和威令下谁也不敢轻易动弹，只是猫着猫着，静静等待恶敌的到来。有的人受先前恶狼袭击心里还忐忑不安，扑扑跳动。智源祖要大家静候、沉着，振奋精神。

"汪汪！汪汪！"

突然，不远处传来了警戒狗的叫喊声。

智源祖随即给身边的人说了几句，几个人便各奔东西，一一嘱托着等待的人们。顿时，各路人马精神振作，摩拳擦掌地进行战斗准备。

天上的月亮西沉了，星星躲进云中，似乎都很不愿看到地上就要爆发的这场血腥厮杀。

"嗖、嗖、嗖！"

几条警戒狗往山下奔来，后面跟随着几十条凶狠的恶狼。这几十条野狼分四路，从四个方向直朝山下洞中奔去，但是没跑多远，几路野狼戛然停止，都趴下观察动静。警戒狗也停了下来，在洞前晃悠。智源祖趴了下来，山腰上的人们屏住了呼吸，没发生任何响动。

观察、静等，太阳已露出了半个脸，冉冉向天空升起。

突然，四路恶狠狠的野狼展开队形，发疯似地猛冲。

"呜！"智源祖吹响了水鹿角，发出了号令。

"哦嗬！哈嗬！啊哦！"旷野中响起一阵阵雷鸣般的狂吼。

"哐、哐、哐！"人们敲着石头、砸着竹竿发出刺耳的声音。

"咻、咻、咻！"一阵阵石头像雨点砸向狼群。

四万年前"资阳人"使用过的砍砸石器

站在野狼群后面的一条大野狼见势不妙，觉得碰上了天兵神将，感到大难临头，就嚎叫两声。狼群立即一起往回狂奔，伺机逃脱危机。

休想！

当狼群冲到山下时，两边山坳的队伍已举着燃烧的火把把干柴也烧了起来，火光熊熊燃烧起一道火墙，瞬即把恶狼的后路截断。在野狼掉头欲逃的伊始，智源祖大声一吼，在山腰用石头砸狼群的几路人马，像天兵从天而降似的，拼命向狼群冲去。拿长竹竿、长木棍的小伙们，劈头盖脸地打向狼群。可是效果并不好，竹竿、木杆打断了好几根，石头砸了一大堆，恶狼们似乎若无其事，反而更加疯狂、凶狠。

　　偶尔，智源祖见石头、木棍、竹竿一砸到恶狼的腿上，恶狼就倒下了。智源祖从这里发现了恶狼的弱点，吹了一声水鹿角，又大声疾呼了几声，人们就用竹竿、棍棒、石头横扫、猛砸狼腿。不多工夫，已有十几头野狼被打断了腿，趴在地上嚎叫。这时野狼群乱成一团。战斗中，智源祖抓住野狼的弱点，攻其要害，吆喝身边的几十条狗，瞬即冲进野狼群，与野狼撕咬起来。长的棍棒和竹杆还真发挥不小作用，又有十几条野狼的腿被打断了。四面的吆喝声更加高涨，乱石头给野狼脸上、身上留下不少创伤。

　　战斗更加激烈，狗虽然勇敢，咬伤了一、二十条野狼，但抵不过狼的凶狠，十几条狗被咬死了，几个英勇顽强冲进狼群的小伙也被咬伤，但他们丝毫不惧怕险恶，坚持顽强与狼搏斗。

　　一条野狼咬住一个小伙子的大腿死死不放，这个小伙子双手抓住狼的耳朵，伏下身去，狠狠咬住狼的脖子。这一惨状被智源祖看在眼里，痛在心里，立即吹响了水鹿角，瞬即发出了"哈喔、哈喔！"的命令。跟随在智源祖身后的那位年轻妇女，也重复着同样的声音。

　　智源祖不愿自己的亲人再遭残害，高喊着发出改变战斗部署的新号令。立马，拦住狼群退路的两队人马给狼敞开一条退路，向狼群两边压去，有意让野狼逃跑。

　　智源祖这种像今天所说的"困兽犹斗，不利全歼"，在取得胜利的前提下，让其残部逃跑，减轻己方伤亡的战术是朦胧的，但充分体现出了一个富有智商的指挥者的谋略、才干。这也是资阳智慧人的显著特点。

　　野狼残部逃跑了。智

野狼（转自昵图网）

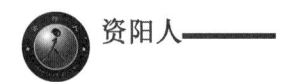

源祖简单地安抚了一下伤员，就跟随人群追击逃跑的恶狼去了。

智源祖这种和同伴怀有感情的举措是原始的、自发的，也是区别猿人，特别是区别智慧人和动物的分水岭。

不一会儿，智源祖指挥队伍把野狼追逼过河，逃进山林之后，还来不及享受胜利的喜悦，马上去安抚伤员去了。好在只有一人重伤，其余几人都是轻伤。智源祖抱住大腿断裂的重伤员大声哭喊着，也许是示意：你很勇敢、你很了不起，野狼只咬断了你的腿，可你把野狼咬死了。智源祖眼泪止不住地滚滚流淌。轻伤员们倒很轻松的，有的给智源祖吃的，有的去擦智源祖脸上的泪珠。不一会儿，人们都围聚到了智源祖和重伤员周围。不一会儿，重伤员闭上了双眼，再也没有睁开。大家跟着智源祖向这位流尽鲜血的年轻人举行祭拜。

野狼逃跑了，人们回到了昨天早上聚集的出发地。老人笑逐颜开，小孩天真烂漫蹦蹦跳跳，少妇都打扮起来，和参加战斗的人们一起，高兴着，似乎是在开一场盛大的庆功会，庆祝这场空前的伟大胜利。

庆祝会越开越热闹，一些人围在智源祖身边，簇拥着她，叫唤着什么。也许是让智源祖讲讲总结话吧。智源祖又登上一块石头，大声讲了起来。智源祖讲话过程中，周围的人群一阵热闹地吆喝着，表示着对智源祖的赞赏。

智源祖讲什么呢？也许智源祖在说：这次与狼搏战的胜利，靠的是严明纪律，齐心团结智勇决战；靠的是不畏险恶，雄赳赳气昂昂奋勇向前的意志；靠的是统一指挥，坚定必胜的信念；靠的是谋势造势的拼搏，威风凛凛破敌胆。

当然智源祖认识不会这么高，但他们与狼决战的实际表现出了这些高尚的可歌可泣的伟大精神。

古语说：在毒蛇猛兽面前，"禽兽蝮蛇无不匿其爪牙，藏其螯毒，无有攫噬之心"。"凡人之性，爪牙不足以自守卫，肌肤不足以捍寒暑，筋骨不足以从利避害，勇敢不足以却猛禁悍，然且犹裁万物，制禽兽，服狡虫，寒暑燥湿弗能害，不唯先有其备而以群聚耶？群之可聚也，相与利之也"。

只有群聚一起，团结奋战；纪律严明，抓住时机，巧施技略，才能形成强大力量，才能战胜恶狼。

只有统一指挥，步调一致，才不会打乱仗，才能持续爆发出强大的力量去压倒制服恶狼。

只有不畏险恶，毫无惧色，视死如归，以非常之胆识和技略勇往直前，才能压倒敌人，战胜艰险克服万难。

只有谋势造势做得好，谋略越高超，气势越浩大，才能压倒万恶的敌人。在集体采集和与兽战斗搏智商中智源祖都运用了谋势造势。这是人类最伟大的一项实践创举，只不过智源祖未感知罢了。其实谋势造势是一项复杂的指挥内容,是一种高级的智谋活动,是一场高超的指挥艺术。求之于势,是著名将帅的不战而屈人之兵的高超指挥才干的突出彰显。

实践告诉人们,巧用智慧,团结奋战,才能战胜毒蛇猛兽,足食安康。

40000年前能有如此震撼世界的实践,难道不是人类伟大的创举吗?不是人类文化基因形成的巨大威力吗?不是资阳人智慧闪烁的灿烂光辉吗?

三、改具观天萌心计　结绳记事观天象

"资阳人"自撰和使用工具这就具备了思维,具有了智慧,这就是文化的源头,文明的初始。正如专家所说:智慧人运用新工具、发展新思想、践行新的社会生活,由此形成一定的社会关系,这就产生了文化。文化又使人由自然选择进入基因突变,由经验和技能生出了对客观事物的概念和想象。在这个过程中,人由对客观事物的观察而得到经验和技能,仰观天时,俯察地理,中看万象万物,由此生发出抽象思维和原始想象,智识和智慧就在此时产生了。这个过程证明猿变成人,人自身基因的变化,不是取决于蛮力,而是取决于智力的发展。

(一)初制工具、萌发创新

李宣民、张森水等考古专家的关于"资阳人"挖掘报告指出,"资阳人"出土地先后出土了大批的骨器、石器。骨器中有骨针等,石器中有穿孔石珠、石片、石核和多种石器工具。如:"单刃刮削器,可分三型"、"两刃刮削器"、"复刃刮削器"、"端刃刮削器""正尖尖状器"、"角尖尖状器"、"两刃砍砸器"、"端刃砍砸器,可分三型"、"形砍砸器"、"铲形砍砸器"、"锛形砍砸器"、"尖刃砍砸器",还有"石片"、"石核"、"穿孔石珠"、"石锥"等。

上文展示的"资阳人"在制作、加工她们使用的种类繁多的石器过程中采用的办法多种、方法多样,难度较大。诸如:"端侧边和两斜边加工","将一斜边和台面后缘加工成刃,似不多见","复向加工为主,向背面加工","将一斜边和台面后缘加工成刃,似不多见","对向打片,另外还以工作面右侧做台面,向背面打片"。

智源祖在领着众人打败野狼袭击后,运用基本同样的打法,接连战胜了来袭的狮群和老虎、野熊的侵犯。但是他们发现自身的战斗工具太差,不适应抗击猛兽的需要。智源祖和众人经过多次碰头之后,展开了改革、创新工具的活动。

你看,凤台山下的平坝上,聚集着一群群族人,他们有的砸石取胚,有的在敲打,有的在修刃……噼里啪啦,各种声响,虽然刺耳,但大家挥着汗水,

专心致志地劳动着。

　　过了半天，智源祖来到他们中间，巡视、观看一遍之后，蹲下身去，给一堆又一群的改造工具的人说着什么、比划着什么。她在和每一群人交谈时，这些人都喜笑颜开，频频点头，似乎顿时豁然开窍，改变了制作的办法。很快，骨锥尖尖细了许多，刮削器刃口锋利了许多，小石片更薄了，有的小石片和蚌壳片还被钻出了孔，他们技艺真高。他们在指头大的石块上也能钻出孔。他们把野狼腿骨一头磨薄后，形成了叉叉，把木棍一头也削出了尖，变成了矛，使之更有杀伤力。

　　制造骨锥的几个人更是动尽了脑筋，他们不仅把骨锥改成耐用的短而锐利的锥尖，还使骨锥一改过去单一的圆形针体，新增加了三棱状，成为十分难得的骨质工具。

　　智源祖和他们谈论的是些什么呢？也许是在说：改造工具，不能蛮干，要用心计，要用巧方，要用妙法……

　　也许是吧，要不然劳作的人们怎么会显得轻松愉快了许多呢。石片、石核、砍砸器等这些工具的数量很快增多。

　　最悠闲的是狗，它蹲在旁边，伸着舌头，虔诚地看着主人。

　　天空飞过一群又一群小鸟，树上的一对对雀儿"叽叽喳喳"地歌唱着、欢跃着、追逐着、飞闹着，好不惬意。好像它们是在为改造工具的资阳人伴歌伴舞，祝贺他们取得改造、创新工具的新成绩。

（二）结绳记事、观天察象

　　事务缠身、忙碌非常的智源祖，常常感到头痛的一些事务时清时忘。她经常和几个资深的长者议事，一议就是半天或一天。一天傍晚，几个长者拿着几根打结的绳子，在智源祖面前费力地说着，两手忽而做包手的姿势，忽而做出扳手指数数的姿势，忽而做拉伸的姿势。智源祖听着听着豁然开朗地高兴地叫出声来，接着她拿起绳子，打起结结，带着几位长者走进洞中，把绳结挂在洞壁上。不几天，智源祖又在这条绳子上打上了两个结。她每打一个结，都和几个长者长谈一阵，大家都显得很兴奋。

　　这就是原始的"结绳记事"。他们发明了结绳记事、记数的法子，使生活、劳动、打猎、斗兽等都有了记录和表达的方法，该多高兴呵。

　　"结绳记事"是把绳索作为一种记事的符号载体，这是智慧人发展的一个标志。说明智慧人已经有意识地去认识和记录事实。在这之前，仅凭自己像动物一样本能的"生息地图"来记录事物。大雁为什么一到秋天就要迁徙，就是凭自身的"生息地图"来指挥自己的。资阳智慧人，他就是凭自己脑海中的"生息地图"指挥自己去寻找采摘的地域等等。

"结绳记事"的发明，提高了自身的生存能力，生命智力进一步发育生长，起到能够使用简洁信息达成期望的目的。这一进步，是经过多少年的生活积累和对大脑的锻炼深化出来的。

不过资阳智慧人记数还是原始的，数字只有1至9，而没有0，你看壁上挂的绳结，最多的只有九个结就换在另一个绳上打结了。不过时间没过多久，他们数数就能翻十过百了，这是一个了不起的飞跃。他们截取笆茅棍、黄麻秆做算筹，教育大伙成为识数人，摆脱迷离蒙昧状态。他们草昧勤劬，艰辛备尝，开启了最原初的人类文明意识。

日出月隐，洞壁上的绳结越挂越多，有的是大绳有的是小绳，有的是大结有的是小结。这是为什么呢？原来，智源祖要他们在办完重要事情后打大结，做完一件普通事后打小结，先发生的事打在前边，后发生的事依次打在后边。确保记忆不乱，常看常明。

过了一两年，挂在洞壁上的绳结出现了多种颜色，原来他们是为了能够记录更多的大事，几个长者用不同花草的水汁抹在绳结上，一种颜色的绳结分别记录一类事物，解决了天长日久事物太多，记不清楚的难题。

这几位长者真是聪慧，在智源祖的嘱托下，每天天还不亮就上山四处张望，天黑了仍在山上观察不止。每天他们都用不同颜色的花草结成区别于绳结的盘结在地上摆放成排，每个盘结中都有数十个不同色泽的小结，表示出不同的含义。

太阳、月亮使资阳智慧人感到神秘莫测，星星就像他们的眼睛，每到繁星灿烂的晚上他们与天上的星星相对眨眼，感到很奇怪。天上有多少星星，地上有多少人。天上的星星是宇宙的眼睛，把星星观察明白，把日出日落、月圆月缺记数清楚，是智慧人生命智力的又一次大的升华。

几年后，几个起早贪黑、观天察象的长者经过与智源祖多次商谈，对一年四季有了朦胧的记录。把春天叫长芽期，把夏天叫暖热期，把秋天叫果子期，把冬天叫刺皮期，把一年四季天时自然变化与主要自然生长、收藏的关系结合表达出来。秋天是果实成熟的采集期，所以叫果子期，就这样根据自然的规律而从事不同的生产劳作。

资阳智慧人在继续观望星空的过程中，在惊叹大自然的瑰丽神奇秀丽的过程中，总想弄明白太阳、月亮、星星是从哪里来的。当然这个问题在那时是无法弄清楚的。但继而又提出他们自己是从哪儿来的，虽然这些追问有些可笑，但并不荒唐。他们就在这一次次追问中，不断地发展智力，不断地创造新生活。

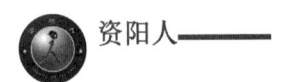

在上面的过程中，先人们还对动物有了归类的朦胧叫法，他们把过去统称的"虫"的动物分别改称为"禽"，指天上飞的动物；"兽"，指地上跑的动物；"虫"，指有脚的爬行动物；"豸"，指没脚的爬行动物。

结绳记事的初步实践，观天察象的萌发，创新了资阳人生息繁衍斗争的新篇章，迈上了征途的新台阶。

四、推广熟食创妆饰　生息大展新风尚

（一）用火取暖、热食的伟大创举

火的使用是猿进化到人的一个重要标志。资阳人初始熟练用火取暖，用火热食。

智源祖在领导大伙改制工具的时候，想起了先人发现火的故事。智源祖经常和她的族人讲保护火种的重要性，还讲他们发现火，利用火烤肉的一段传说。

智源祖似乎在说：我们同是燧人，我们的老祖先人大约在几十万年前就发现了火，就开始利用火。那时，我们的祖先在改造工具过程中，几个虎彪大汉举着头大的石头去砸一块偌大的磐石，突然几点火花迸射出来，落到旁边的干草上，不一会干草冒烟、起火了。

"啊！啊！"一人手指火堆，其他人顺手指方向看去，一阵惊讶。大家议论了一会儿，手还不停地朝山上比划着。

这火和山有什么关系吗？

有。他们似乎是在议论雷电起火燃烧山林的场景。

旁边的火势已经有点大了，他们感受到一阵温暖。这时他们又议论开来，比划着山上。

哦，他们是在说，山上的火和这儿的火都同样是一种温暖感觉。于是族人头领又和他们议论着，大概是决定保留火种吧。族人头领指挥几个人去找来一大堆枯木，丢在火中，让火继续燃烧，并让人守着。同时又把刚才砸石起火花的几块石头再次碰击，这几块石头仍然能击出火星起火。头领和他们都抿笑着，按照头领的意图他们把这几块石头搬回到洞门口。

这个击石起火、自然起火的现象，都被资阳人好好地保存着。如果时间可以定格，我们要把这个焦点集中在40000年前的这一天，资阳人创造了运用火的多种办法。

一个小伙因为出于对野狼的刻骨仇恨，怒目圆瞪，恶狠狠地把前几天打死的另一条野狼扔进火中，想把仇恨烧尽。这个小伙还在咬牙切齿地恨的时候，随着一缕轻风飘来一股香味，其他人也闻到了，扭头张望。

"资阳人"四万年前使用过的似盘子的热食片
（摄影大师袁学军2012年9月23日摄）

"哈哈！哈哈哈！"两个小伙将柴火中烧熟的狼扒出来，指点着让大家看，人们纷纷拿着似盘子的薄石片和石斧器围上去，去切割狼肉并放在石片上。

他们一边吃着一边比划着，不知为什么不吃了，哦，他们中有个小伙拿着一条狼腿，和大伙一起跑到洞边正在和妇女们一块忙碌的族人头领跟前。那个小伙撕下一块狼腿肉，欲塞到族人头领嘴里，头领用手接过咀嚼了起来，不时地点点头，脸上露出了微笑。随着资阳人取火烧煮食物和开始品尝滋味，饮食的种类也多了；香味儿四溢，美味佳肴的历史开始了。

有了用火创举，资阳人由小洞居住改为大洞群居。火，成了他们饮食、取暖的依赖。火在洞门口燃烧着、一年四季燃烧着，永不停息。

智源祖讲述了这段传说后，指挥两人把工场两边的火烧得更旺，同时告诉两人把前两天打死的野狼拖来烧着吃。

野狼肉在火中烧着，香味飘了出来，两个正在吃果子的小孩闻到香味把手中吃了一半的果子扔到了地上。智源祖看见后说了这两个小孩几句，并弯腰下去一手捡起果子吃了起来。

野狼肉烧好了，大家围在一起吃了起来，欢欢喜喜地美餐了一顿。

但火的使用又给人们带来一种祸害，那就是洞中生火多次发生熏死人的事件，按现在说法就是一氧化碳中毒。他们在实践中很快就采取了把火放在洞口将烟排在洞外等办法来解决中毒问题，继而把火的使用进一步发展光大。

智源祖还继续讲着资阳人祖先燧人在好久好久以前开始钻木取火。

《三坟》云："燧人氏教人炮食，钻木取火，有传教之台，有结绳之政。"《汉书》亦有"教民熟食，养人利性，避臭去毒"。

人类学会用火，在人类进化和社会发展两方面有重大意义。著名科学家、历史学家、诗人郭沫若在主编的《中国史稿》中说："人工取火的发明，对于远古人类的生活无疑起了极为重大的作用，引起后人极大的重视……这样的传说固然夹杂着后代的生活内容，蒙上了神秘的外衣，但它依然反映着朴素的远古人类生活的史实背景。"赵朴初先生曾作诗道，人类"取火非常业，世界从此日日新"。恩格斯说："就世界的解放作用而言，摩擦生火还是超过了蒸汽机。因为摩擦生火第一次使得人支配了一种自然力，从而最后与动物界分开。"（恩格斯：《劳动在从猿到人转变过程中的作用》，见《马克思恩格斯选集》第三卷，第508页。人民出版社1972年5月出版。）

（二）资阳人开创人类服装文化、妆饰文明

智源祖在讲火的故事的同时，洞口边的妇女们在忙着缝制皮衣、树叶衣服。她们有的在狼皮两边用骨锥穿几个洞，用藤条系起来；有的在用竹签，把大叶树的树叶两边穿上密密麻麻的孔，用细嫩长草缝制起来。他们用这些骨锥、鱼刺、竹针，缝纫补纳，先御寒，继遮羞。这一编织方法、技术的出现，使人们大展新容，尤其是妇女们，全身遮盖，不像过去那样袒胸露背，雅观多了。你看，智源祖穿的皮衣更合体，更便于行动和指挥了。

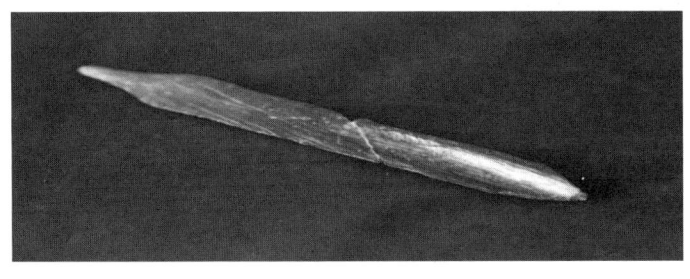

四万年前"资阳人"使用过的骨针
（摄影大师袁学军 2012 年 9 月 23 日摄）

更美观的是，智源祖跟她随身的年轻妇女脖子上挂上两片花瓣样的蚌壳。她又从另一位妇女手中接过带孔的薄石片，用藤条绑起来，挂在这个妇女胸前。

在智源祖侧后方的一个年轻妇女，胸前挂着一串小石珠。智源祖近旁的几位

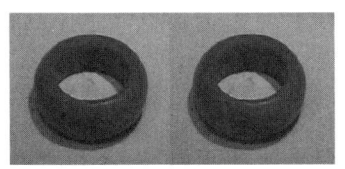

四万年前"资阳人"佩戴过的石珠

男子手指上都戴着石珠，像玉石戒指一样。这两种石珠石质较细腻，黑中稍透蓝，只觉有点重，不太圆滑，不很光洁。这时智源祖身边已聚集了一百多号人，大家乐呵呵地张着嘴，止不住满脸笑容。

"呵呵呵呵"，从东边洞里跑出一群妇女，最前面的一个双手托着一顶花冠，跑向智源祖，交给早已站在智源祖身后的两位德高望重的老人，她俩一起奉上花冠，给智源祖戴在头上。花冠是这群妇女在两位长者的指导下，经过好长时间用心制成的。花冠的主要材料是用从宝台山上水池中、莲台山下的水塘中采摘来的莲花制成的，呈莲花形，莲蕊象征太阳，花瓣即是阳光，上插四片长长的羽毛。既象征阳光远射，也象征四季昌盛、繁荣。

世代相传的神话里，莲花生于宇宙洪荒，花瓣沾水孕育出太阳神，他生于

莲花，形如婴儿，光辉照亮大地。圣婴大王出生不久，便完成了创造世界的伟业，人就是从他金光万道的竖眼眶眨出来的，太阳神成为万物之灵，特别尊贵。人们夜晚祈祷他，只需点燃九堆宝莲火，人心诚神有感应。太阳从东方升起，经过天穹，到西方降落；而莲花日出开放，辉煌圣湖洗月池，而到薄雾时分又合拢花瓣，在湖水中洗脸，莲蓬是太阳神的摇篮。莲花已灿耀一亿三千五百万年，受人尊爱，是人追求生命的象征。资阳人把莲花看作再生之神兆。死者会在东方复活，犹如太阳在西边落下又会从东方冒出一样。资阳人认定智源祖为太阳神的后裔，族中老人代表天帝奉上九莲冠，给智源祖戴上花冠，瞬间，天地人都洋溢出新的神气，人们的眼前一片灿烂辉煌的光芒。

资阳人用这几支创世骨锥，缝衣、制帽，第一次刺绣出资阳第一束服饰文明之花。

资阳人使用简单原始工具，制作出如此精美的圆孔石珠做妆饰品已经是独具匠心，技艺超群了。她们掌握钻孔技术，有了妆饰爱美意识。骨锥和石珠是资阳人惊世杰作，连城双璧，熠熠生辉。

资阳人初步掌握了钻孔和研磨的技术，有了妆饰爱美的意识，这正是旧石器时代晚期，人类生活进步发展的又一大亮点。

制作和使用工具，是人和一般哺乳动物的分界线，是劳动创造人的重要标志。这件骨锥的发现说明，远古时候的资阳人已经知道使用粗糙的石器来刮削制作骨锥等骨质工具，也知道用骨锥来缝制兽皮等做衣服，遮体御寒了。这是旧石器时代晚期远古人类生活的一个特征和一大进步。

五、沱江、九曲河、昆仑山等河山孕育着资阳人

沱江、九曲河、青水河、阳化河、花溪河、濛溪河和昆仑山等河山孕育着资阳人，资阳人在生息繁衍中大展新风尚，美化了人类生活，加快了人类精神文明进程，是智慧人类开启新纪元的起点和出发地点，已有40000年的悠久历史了。

九曲河流域是智慧人、古人、现代人类生息、开拓的一个重要地域，又名资溪，是华人的母亲河，也是人类的母亲河。华人和人类先祖智源祖40000年前就生息在这里。历史的秘底是"资阳人就是燧人氏"的"资阳人"就生息在九曲河岸上。"资阳人"的基因血脉：伏羲女娲、炎黄、青阳和昌意、帝喾和颛顼、尧、舜、禹等及其后代，开拓、创造了中华文明，开发、互鉴、发展了亚、欧、非、美洲和世界其他地方。所以，九曲河是华人的母亲河，也是人类的母亲河。

九曲河源于简阳望水寺、芦葭桥，全长近50公里，沿途众多沟溪水流入，特别是在汇入周家沟水、王编沟水、花椒沟水后，水流量递增，覆盖面积逐步

扩大，约300平方公里，加上沟溪两侧布满水稻田，冬季囤水田成片，九曲河不仅夏秋两季水流量丰沛，就是冬春枯水季节，也有较多的流水，下游10公里内，终年可行小木船，打渔小舟更是畅通无阻。

九曲河流入老资阳县境后，自西向东，直泻县城，及至城郊，为山势所阻，澜环波绕，蜿蜒曲折，如蟠龙行地，护抱城西，忽又折向城南，注入沱江。有不少诗歌咏其胜，状其形："源头来活水，如带绕城过。蜿转联巴字，迂回肖偃波。岸分桃浪阔，春荐鲤鱼多。从此瞻天际，中流发棹歌。"

在资阳古八景中，唯有资溪九曲河，还亘古不变、兢兢业业地流淌在资阳西北边这一片土地上，美化着一路的风景，滋养着两岸的儿女，河弯还是那么地弯，河水还是那般地流，流出清泉铺后，九曲河就一直或近远、若即若离地依偎在资阳城周围，进入城区则纯粹就成了资阳城的一条翡翠项链，从而被热爱大自然的资阳人亲切称为母亲河。政府投巨资治理九曲河污染，使资溪九曲河已初步再现了昔日的风采。

拍摄九曲河，难度最大之处是，我们不可能从空中俯视，而随着她的弯道追寻，总是被动地被她抛在身后，抓不住她的一个相对完全的画面，使我们始终难以揭开九曲河神秘的面纱。

九曲河的神韵吸引众多古今文人名士的想往。明代大学者、福建侯官人曹学佺，宦游四川任右参政时，对巴蜀大地的名胜古迹情有独钟，且十分喜欢蜀中掌故。他在《蜀中名胜记》书中描写了与历史、古迹、文物、诗文等有关的资阳山水名胜。他对九曲河记载道："城西二里资溪，萦纡九曲，合流雁江，近掘得宋张方《题资溪桥》诗，有'资水右旋江会合'之句也。"再引《图经》说，资阳城南五里，也就是九曲河南岸两三里外的书台山，曾经是西汉大辞赋家、邑人王褒读书写作的地方，有碑刻20余通，《圣主得贤臣颂》也在其间。

每逢节假日，不是三五成群，就是独自一人去河边玩味、欣赏和享受大自然的无私恩赐。沿河两岸常有垂钓渔翁，一边与相邻同伴闲聊，一边等待鱼儿吞钩，神态十分怡然安详；有时还有渔人驾一叶小舟；出没风波里，撒网或放鹰捕鱼。这一切都极富诗情画意，给人留下难以忘怀的深刻印象。

渔人的船儿在婆娑树枝和闪忽闪忽的阳光下悠然飘行，掠过高山坡前，穿过石拱桥，行走在盖草崖下，山与水完全融合在一起了。山牵着水，水依靠着山，水流淌在山的怀抱里，山则躺在水怀抱中，山水相依相偎，诸般景色交相辉映，令人陶醉，令人心旷神怡，更令人想起宋诗人赵怀的名诗句"农田雨后畦畦绿，渔笛风前曲曲清。"

九曲河带着美好的憧憬和幻想，带着放荡不羁、追求自由的野性，无拘无束毫不停顿地向前奔流，潺潺的流水声，像在呼喊，像在倾述，像在表白，像

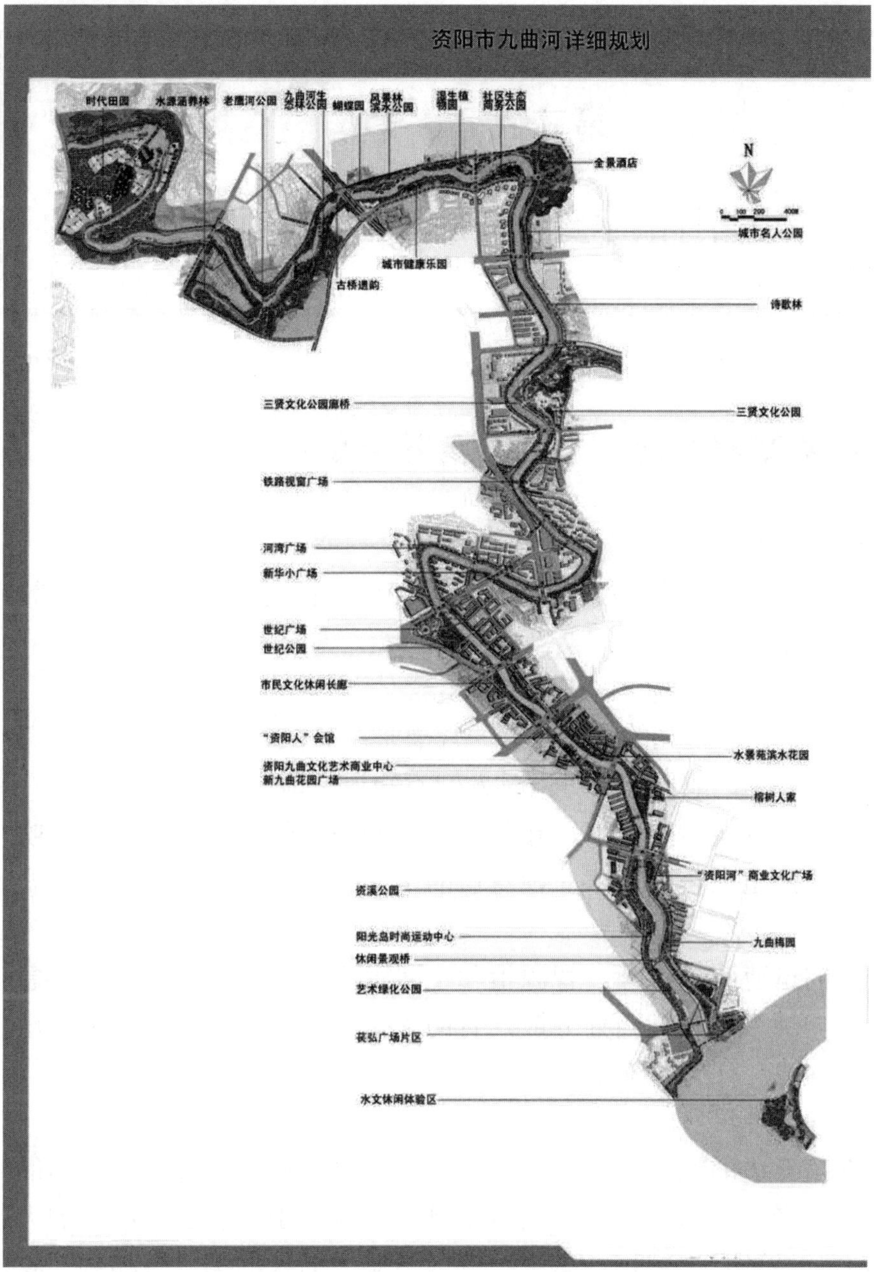

资阳人

资阳市九曲河详细规划

在告别。为它送行的有茂林修竹，香花野草，鸟语虫鸣。它毫不留恋舒适温馨的环境，毅然决然地靠自身的力量，迂回曲折地流向前方。它的向往，它的追求，它的稳重，它的气质，给丘陵、平坝带来了生机和活力，给九曲河长廊带来一道独特风景线；给资阳人，特别是资阳的年轻人，带来了聪明、睿智、不骄不躁，循序渐进的有益启示。

九曲河这一大片热土，那水、那山、那绿到处可见。广场，公园，河堤，街道两旁，居民小区、厂区内外都种有林木花草，有的气派大方，有的小家碧玉，但都很受欢迎。九曲河长廊已开始变得人时漂亮，也许还会成为荡舟娱乐的休闲河。那些离岸不远，又有幸能保留下来的山峦，将会变成一小片森林，给现代城市增加不少雅致。

我们深信未来的资阳城，一定是一座城内有水、有山、有森林的美丽中等城市，而九曲河则是美丽城市中最为靓丽的地上彩虹。（转引自刘玉伦《情系九曲河》，稍有编改）

第二节

智源祖指挥战恶魔　杆栏房屋换新颜

一、智源祖率众奋战恶魔，勇敢献身救苦难

遥远的传说：

一天，突然事变！"隆隆隆！隆隆隆！"

低沉、闷心、贯耳的声音从耳边一晃过，接着就是山摇、地动、河水翻腾。

"轰！轰！""哗！哗！"

山在裂开、垮塌，洞在崩裂、塌陷……

狗叫、鸟飞，本来已经发亮的天空变得一片黑暗。

"啊！啊！"地震了！地震了！可当时人们不知道是地震。

人们在吼叫，在哭喊。昆仑山下，智源祖跑到洞外，一边跑一边使劲地吹着水鹿角，响起十分急迫的声音。跟在她身后的妇女也拼命地跑着、吹着水鹿角。

听到号角，人们迅速跑出洞外。智源祖和一些跑出洞外的人聚集一起，急迫地说着、喊着几句话后，人们四处分散，有的去扒被埋的岩洞，有的去拉压在乱石下的妇女、小孩，有的抱着被夺去生命的亲人流着泪、哭天喊地。

"啊哦！啊哦！""啊哦！啊哦！"

智源祖和她常随身边的妇女都在吼叫、在奔跑。在她俩的指挥下，无伤的人、力壮的人，背着老人、牵着小孩、抬着伤员，朝凤台山、莲台山中间的大平坝的小丘上奔去。经过几次转移，莲台山等山下洞中的人们都已转移到了安全地带。

"哗啦啦！哗啦啦！"暴雨突然倾盆而下，正在查问各洞中人数的智源祖等人，浑身被淋个湿透，像刚从河里上岸一样，水淋淋的。

"啊！嗯！"

智源祖发现还有两个瘸腿老人和一个小孩儿不见人影。她"哦哦"地疾喊、疾跑、急找。她和几个人又返回了住地，找到了小孩儿和瘸腿老人。她急令几个人将他们带到安全地，她朝另一位老人常住的凤台山山洞跑去，四条狗一起

跟随上去，像要誓死保卫主人。

"哗啦！哗啦！"泥石流像洪水一样滚滚冲来，把跟在她身后的一条狗卷进泥石流中冲埋掉了。智源祖正欲去救狗，一股泥浆把她冲倒，差点将她掩埋。

"呀！"一块石头撞裂了她的一条小腿，撕心的疼痛，她不顾一切，拼命地爬将起来，继续朝前一瘸一拐地冲。

"轰！哗！""汪！"一棵大树被泥石流推倒，压在冲在前面的这条狗的头上，狗只"汪汪！"两声，便鲜血四溅，没命了。智源祖应声倒下，树干差一点砸到她，但小树枝和枝叶已经把她打蒙了。智源祖浑身泥浆，血迹斑斑，她晃晃头，手中的牛角和水鹿角也摔掉了。她摸摸脑袋，定了定神，以千山万岳崩于前也不在意、怒涛惊澜蓦然脚下而不改其容的浩大气势，又拼命向前冲闯起来。

"哗啦啦！轰！"莲台山崩塌了一大片，乱石横飞，冲在前面的两条狗被石头砸得粉身碎骨，伴随智源祖多年的几条好狗就这样殉难了。艰险千重，恶魔万障，智源祖"捐躯赴人难、视死忽如归"。她从飞石中间穿过、飞奔着，终于跑到了目的地，眼睛直愣愣地看着凤台山下的洞口，两手捂着胸口，来不及喘气，就喊着朝洞中跑去。她刚跑到洞门口的石板上，伸头朝里喊着欲进时，"轰"的一声，洞口上方的一块大石板垮了下来，重重地砸在她身上，只有头露在外面。

"哇哇！哇哇！"原来常随智源祖身后的妇女和几个壮年小伙一边追赶智源祖一边呼喊，但因为雨声、泥石流声、山崩声交织在一起，智源祖一声也没有听见。当看到智源祖被巨石砸着时，众人哇哇地哭喊了起来。

"汪！汪！"跟在后面的几条狗很懂人性似的声音沙哑、悲嚎地嘶叫着，也流着眼泪。

智源祖英勇闯险越障救人的可歌可泣行为，被后面的人看在眼里，痛在心里。

"轰隆隆、哗啦啦！"电闪雷鸣，雨势更大，似乎天公也在为智源祖奏哀乐、闪哀电、流悲泪，人的泪珠、天的泪水都在哗哗流下，大家真是**"慷慨为悲咤，泪如九河翻"**。

资阳智慧人懂得为受难者献身，知道为救人者悲伤，这是人类文明发展的一大进步，是智慧人的又一大标志。

多年前，猛兽抓老人，毒蛇缠小孩，野狼噬病人，野熊追弱妇，人们几乎都是视而不见，无能为力，或只顾自己逃生。人为弱者只能被欺凌、遭吞噬，没有其它选择。

到了资阳智慧人阶段，慢慢萌发出保护弱者、尊长爱幼的群居风尚。后来

发展到了视弱者为己族，见受害者为同类的程度。

智源祖把尊老爱幼、扶弱救危、勇斗猛兽、舍身济人的伟大风尚推向了高峰，树立起了灿烂数万载的文化旗帜，筑起了光耀亘古的精神丰碑。

智源祖英勇献身、壮烈罹难的壮举传到已到安全地带栖身的人们耳中后，大家嚎啕痛哭，撕裂心肝一样的悲痛，不顾一切地纷纷来到智源祖罹难地。大伙儿哭喊着，众人坚毅地守望着，几天几夜过去了，人们在智源祖身边搭台祭奠。

大家有流不完的眼泪、哭不完的悲声、说不完的情意。他们在一件件地讲着智源祖的恩情，一桩桩地说着智源祖的感人肺腑的事迹，一个个地数着智源祖感天动地的事情。他们似乎朦胧地感受到了智源祖光彩夺目的伟大精神。

智源祖的精神，就是助人为乐、全心为人奉献的精神。

智源祖的精神，就是艰辛拓创、实事求是，敢为天下先的精神。

智源祖的精神，就是勇敢、顽强、坚毅、坚定，排除一切障碍的精神。

智源祖的精神，就是信心百倍，以气冲九霄的气魄，力挽狂澜，战胜一切险阻的的精神。

智源祖的精神，就是敢于直面惨淡人生，勇于正视淋漓鲜血的一往无前的精神。

智源祖的精神，就是百折不挠、敢于牺牲、迎难而上、勇往直前、克难排险、崛起于危难的精神。

智源祖的精神，就是在灾难中带领大众，团结奋起，展开大互救，援助遭受更深重灾难的同胞一同渡过难关的团结奉献精神。

是啊，智源祖带领的资阳人历练出了厚德仁勇、勤淳俭朴，锐智拓创、毅睿攻坚，求是创先、团结奉献的精神。这种精神是光照千秋，激励万代的光辉灿烂的伟大精神。

资阳人啊具有最感人的心灵，最美的品德，最高尚的情操，最激励人们奋发向上的精神。

二、资阳人杆栏筑屋居住

经过几天的祭奠活动，大众推举常随智源祖身后的那位妇女为洞族的领头人。这个人是智源祖的邻洞家的大闺女，长得壮健、聪慧、伶俐，叫什么名字呢？无从考据，我们叫她二源祖吧。

二源祖带着悲哀、难忘智源祖的心情，和大家经过几天的商议后，决定踏着智源祖的道路，继承智源祖与自然奋斗、勇往直前的精神。

他们看到自己原来住的洞塌的塌，淹的淹，不敢再住洞，搬到山上住了起来。不几天觉得太潮湿，又容易遭野兽攻击，二源祖和大家商议后，决定砍树，建杆栏式房屋居住。

在二源祖率领指挥下，一队人马到稍远的地方砍伐小树，一队人马把这些树木运到昆仑山和莲台山上，两队人马分别在两座山上架木搭枝，另外还派出两队人马采集食物、捕鱼狩猎，维持生计。

虽然离开居住长久的岩洞到树上居住，但对岩洞还是很有感情的，他们还经常回去看看。这些岩洞是原始先人生命的共同体，一个个山洞、溶洞里空旷、宽阔，洞壁两边凹凸不平，奇形各异，景观美致，真是别有洞天。这些岩洞遍布今天资阳的各区、市、县。走进这些岩洞可以想像到我们祖先在40000年前艰辛的生活情景。

资阳智慧人在二源祖带领下以智源祖的精神，信心百倍、踏破艰险、坚毅顽强、握拳冲关、众志成城、团结奋进、重建家园、崛起危难。

几天功夫，房屋就在一片片树林下搭建起来，一幢幢杆栏屋立了起来，开创了资阳人杆栏居住的先河。

历史的相关记载反映了"资阳人"同期或之后，我国原始时代由穴居而进入巢居的情况。有巢氏"构木为巢"就是在树上建造巢穴，从"构"字的古体字形来看，构木为巢其实是在树上将木材交叠架构而成的住所。这在先秦古籍已有记载。庄周说："古者禽兽多而人少，于是民皆巢居以避之，昼拾橡栗，暮栖木上，故命之曰有巢氏之民。"（《庄子·盗跖》）所谓"有巢氏之民"，说明有巢氏是一个时代。有巢氏带领众人躲避兽害而在树上建造巢穴。故韩非说："上古之世，人民少而禽兽众，人民不胜禽兽虫蛇，有圣人作，构木为巢避群害，而民悦之，使王天下，号曰'有巢氏'。"（《韩非子·五蠹》）。《遁甲开山图》也有"石楼山在琅玡，昔有巢氏治此山南"（《艺文类聚》卷十一引）之说。项峻《始学编》说："上古皆穴处，有圣人出，教之巢居，今南方巢居，北方穴处，古之遗迹也。"这时候有巢氏出现了。传说他出生在九嶷山以南的苍梧，曾经游过仙山，得仙人指点而有了超人的智慧。他受鸟类在树上筑巢的启发，最先发明了"巢居"。他指导人们用树枝和藤条在高大的树干上建造房屋，房屋的四壁和屋顶都用树枝遮挡得严严实实，既挡风避雨，又可防止禽兽的攻击，人们从此不再过那种担惊受怕的日子。人们非常崇拜发明巢居的人，便推选他为当地的部落酋长，尊称他为有巢氏。有巢氏被推选为部落酋长后，为大家办了许多好事，名声很快传遍中华大地。各部落的人都认为他德高望重，有圣王的才能，一致推选他为总首领，尊称他为"巢皇"，也就是部落联盟总部的大酋长。后人更是把他视为圣人。

这些记载说明了：上古时人类少而禽兽多，人类居住在山洞，一出来就经

常遭受禽兽的攻击，每时每刻都存在着伤亡危险。

值得注意的是，有记载称有巢氏便是燧人时期的有巢氏，便是巴蜀资阳等地的古老部落。宋人罗泌的《路史》有过这样一条记载，说，有巢氏所居不是在西南夷昆明族所在，便是在一个叫弥牟镇的地方（见清人张澍《蜀典》）而弥牟镇就在今天的新都县。在周王朝的青铜器上，巢、蜀是连在一起的，显示有巢氏与巴蜀之地的密切联系，也说明资阳智慧人和有巢氏也有直接关系。构木筑巢树上居住或许在有巢氏之前，或许与有巢氏同期。因为最早的文字记载的历史大都记载中原的发展，而对西南的创先发展往往忽略。

其实，资阳人祖先便是燧人，便是有巢氏同期人，请看后面的专论。

苟利众人生死以，岂因祸福避趋之。资阳人持续地自救、自强，万险不可挡，他们是真正的猛士。自助者天助也。他们一步步踏进安然幸福的乐园。

资阳人的文化在闪光，在发展；资阳人伟大的精神在承继、在传扬。智源祖仍然活着，仍然生息战斗在沱江和九曲河岸上，仍然活在世人心中，她已经激励我们40000年。

第三节

考古界命"资阳人"　　智源祖重现光辉

——旧石器时代晚期早段"资阳人"的发现

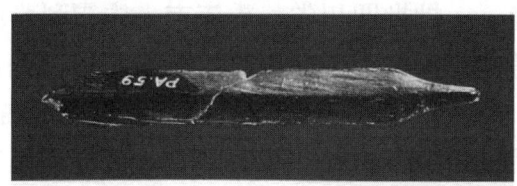

资阳人骨锥(105毫米)

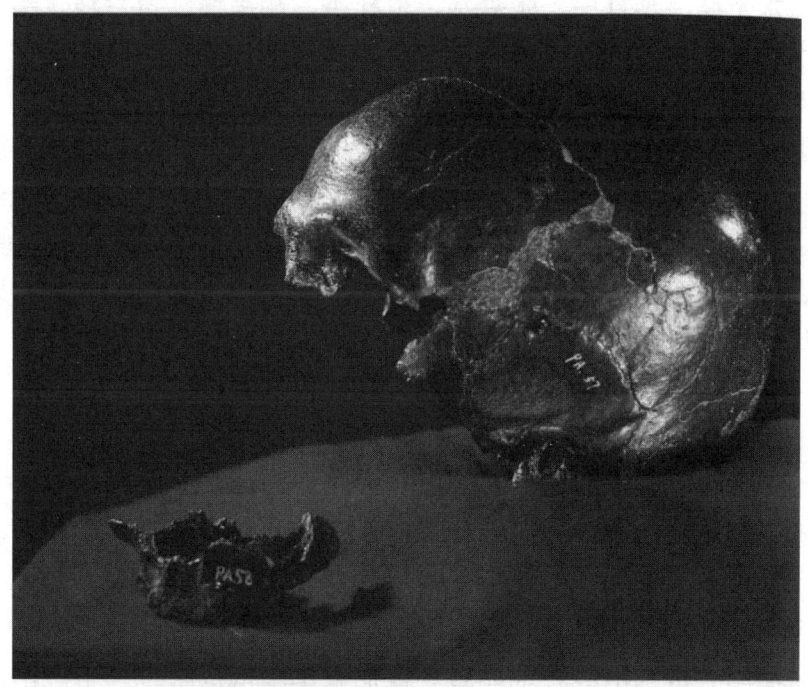

资阳人头骨化石(侧面观170毫米)

　　1951年在九曲河出土的"资阳人"头骨化石，考古界命名为"资阳人"。图片转自中国科学院古脊椎动物与古人类研究所主编的杂志。

史学专家论点综述：

"资阳人"为旧石器晚期早段的智慧人，是权威专家和国家文物权威部门的最终定论，无可争议。

"资阳人"在 1951 年 3 月中旬出土后，时任中国科学院院长的郭沫若亲自组织时任中国古脊椎动物研究所所长裴文中等国家级权威考古专家到资阳经过 33 天的实地挖掘。复查后，又经过长达 6 年的研究、测定，后宣布命名"资阳人"为 35000 年到 40000 年前的旧石器早段智慧人化石。

之后，川内有一位专家发出"不同声音"，主要有两点：一是"资阳人"只有七八千年；二是"资阳人"是漂移来的，等等。

为了把"资阳人"考察精确，一批批四川省、重庆市、中国科学院、北京大学等单位的国家级、省市级考古专家针对不同声音，带着问题，先后多次到资阳进行实地考察和考古研究。经过长达 10 年的艰辛努力，这些考古专家实事求是地、科学地考古挖掘、分析、研究，再经北京大学和中国科学院古脊椎动物研究所分别进行 ^{14}C 测定，最终将"资阳人"定论为 39399 年±2500 年的智慧人，这就完全否定了上述持不同声音人的错误论点。

接着，张圣奘、李宣民、张森水、范桂杰、胡昌钰、贾兰坡、秦学圣等国家级和省市级考古界的权威专家纷纷发表、出版他们各自考察研究成果，都认为"资阳人"是距今 4 万余年的旧石器晚期早段智慧人。

中国国家文物局主编的文物出版社出版的《中国考古 60 年》和《中国文物地图集》，四川省文物管理局主编的《四川文物志》、四川省地方志编撰委员会编撰的《四川省志文物志》都把"资阳人"头骨明确定论为旧石器时代人类头骨化石。这就是说四川省考古部门和国家政府文物部门都认为"资阳人"是旧石器时代晚期早段距今 40000 年的智慧人类头骨化石，这就铁锤定音了。

一、智慧人化石艰难发现

（一）张圣奘率队发掘资阳文物

在成渝铁路筑路中发现几批古代文物后，西南文教部李长路部长决定再派人员调查。他亲自选定张圣奘任组长，率人前往实地考察征集。

1951 年 2 月 28 日，征集小组四人沿成渝铁路工地经永川、荣昌、内江、资中、资阳、简阳到成都沿线各地调查。他们乘军车抵资阳时。千里沱江似潮，资阳工地热火。莲花山、天台山、王爷山开山炮响，架桥穿隧，军工当先；甘家坝、李家坝、墨池坝填方量大，民工继后。银锄挥舞路填平，挖机铲铲起深坑。

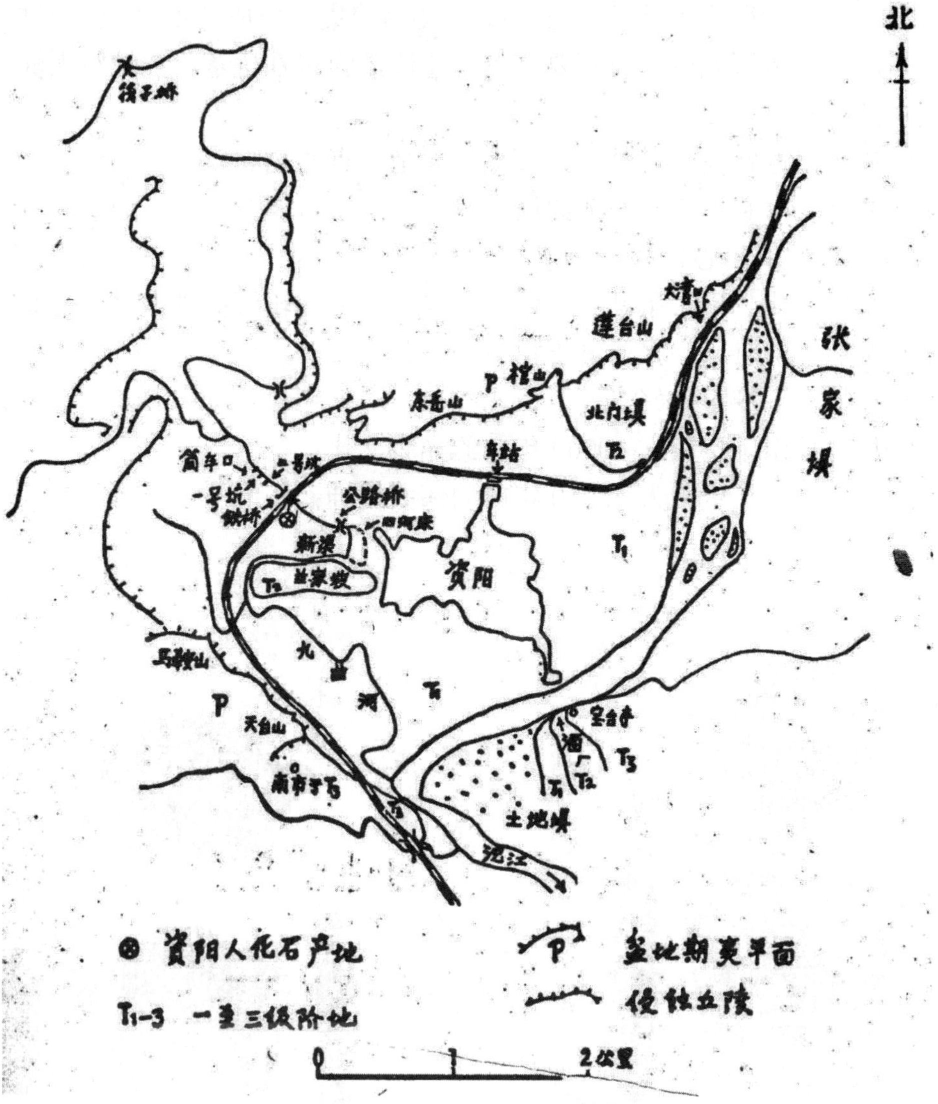

"资阳人"化石产地位置示意图由成都地质学院刘兴诗绘制
（转自古脊椎动物与人类1962年3月第6卷第1期）

张圣奘携组员王德云、诸俭、杨长熙连日走访，搜集九曲河桥基掘出龙骨化石，得知九曲河又发现了剑齿象、马、鱼化石，在城关三贤镇西南九曲河发现龟化石。他从地质土层仔细观察，觉得有继续挖掘的必要，遂召集民工继续挖掘。

几天过去了，未见实物。其时阴雨连绵不断，积水颇深，他便用农民水车抽水，昼夜工作，晚上用汽灯照明。积水抽干了，塘泥很厚，无法再抽，困难重重。

细雨绵绵,冷风刺骨,挖掘不到古物,文物搜集工作成效不显,张圣奘一行,疑问不断。筑路指挥人员提出不要再挖的建议,因路基桥基不能挖得太深,筑路工人也劲头不足了。

挖,还是不挖?找,还是不找?地下面是否有文物呢?

张圣奘几人内心矛盾,心情纠结。

3月17日定下决心!

"挖!继续找!"张圣奘在思索中,拳头一挥,斩钉截铁地喊。在组员心灰意冷归心似箭的时候,张圣奘支撑下来了。

一声"挖",挖得太好了。

这一挖,挖出了资阳人40000年前的光辉文化;

这一挖,挖出了资阳人40000年前的伟大精神;

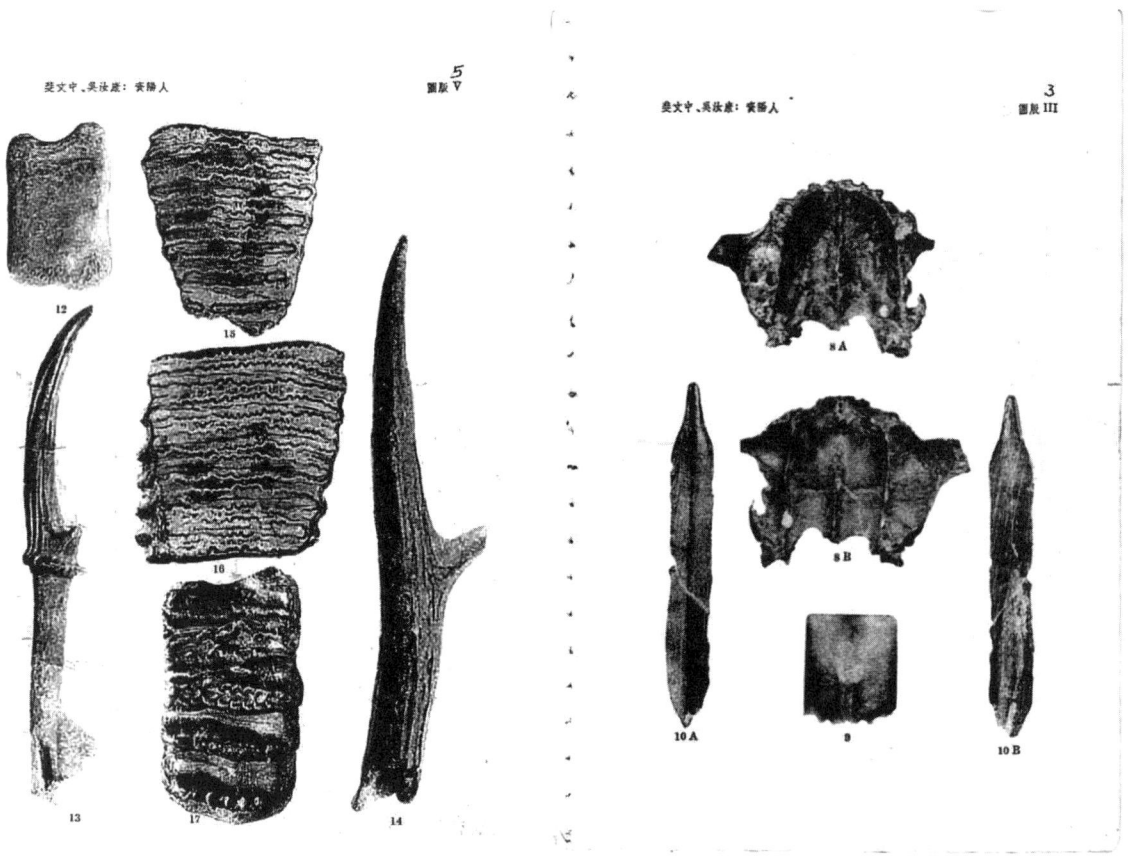

1951年3月在资阳九曲河"资阳人"旁边出土的四万年的化石和骨器。图片引自1957年中国科学院古脊椎动物研究所甲种专刊第一号《资阳人》。

这一挖,挖出了人类用智慧创造发展文明的先驱;

这一挖,挖出了人类文化基因根脉的起始祖;

这一挖，挖出了现代人文明基因的摇篮；

这一挖，挖出了中华文明的源泉；

这一挖，挖出了中华民族的荣耀；

这一挖，挖出了人类智慧人的里程碑；

这一挖，挖掉了世界文明起源西方中心论。

3月29日上午，发现黑色砂土夹小砾石层平卧着许多保存完好的大树，浅绿或微黄，还有少量骨化石。

张圣奘喜出望外，急了，脱掉袜子跳下坑，边看边移。哎哟！他感到脚边隐隐作痛，不由自主地喊出声来，像是碰到了什么。他提脚弯腰，不觉一怔，当即伸手去探。顺手捞起一块破了的头骨，又用手摸到几块碎片，又摸到顶盖骨，双手捧起一看，"啊，头顶骨！"他凝眸沉思，心想这不是人类化石又是什么呢？他轻拂头顶骨泥浆，只见头盖骨呈土黄色，眼眶下缘已经破裂，右侧颅底荡然无存，面骨大部缺损。为了国宝的安全，他抑制住内心的狂喜，没有声张。50岁左右的张圣奘端详着这块头骨，竟自忘却了被冻僵的脚还在浸出鲜红的血珠。他沉吟多时，认为这起码是几万年前的宝贵遗物，是中华人民共和国出土的第一块人类化石。这样重大的发现，平生能有几多回？自己千辛万苦，锲而不舍，多年走南闯北，不就是盼望着有朝一日为国家做出贡献吗？

资阳人头骨化石出土地点——城西铁路桥墩附近

（图片二）

张圣奘如获至宝，一边高兴地思索着，一边十分小心地把这头骨包裹起来，精心装箱。立刻请成渝铁路筑路资阳工务段谭其芳段长将之严密护送到重庆。

当中国科学院院长郭沫若得知老朋友张圣奘有重大发现时，非常激动，要求西南军政委员会派专人将古人类头骨化石送北京。

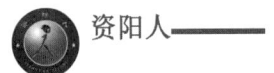

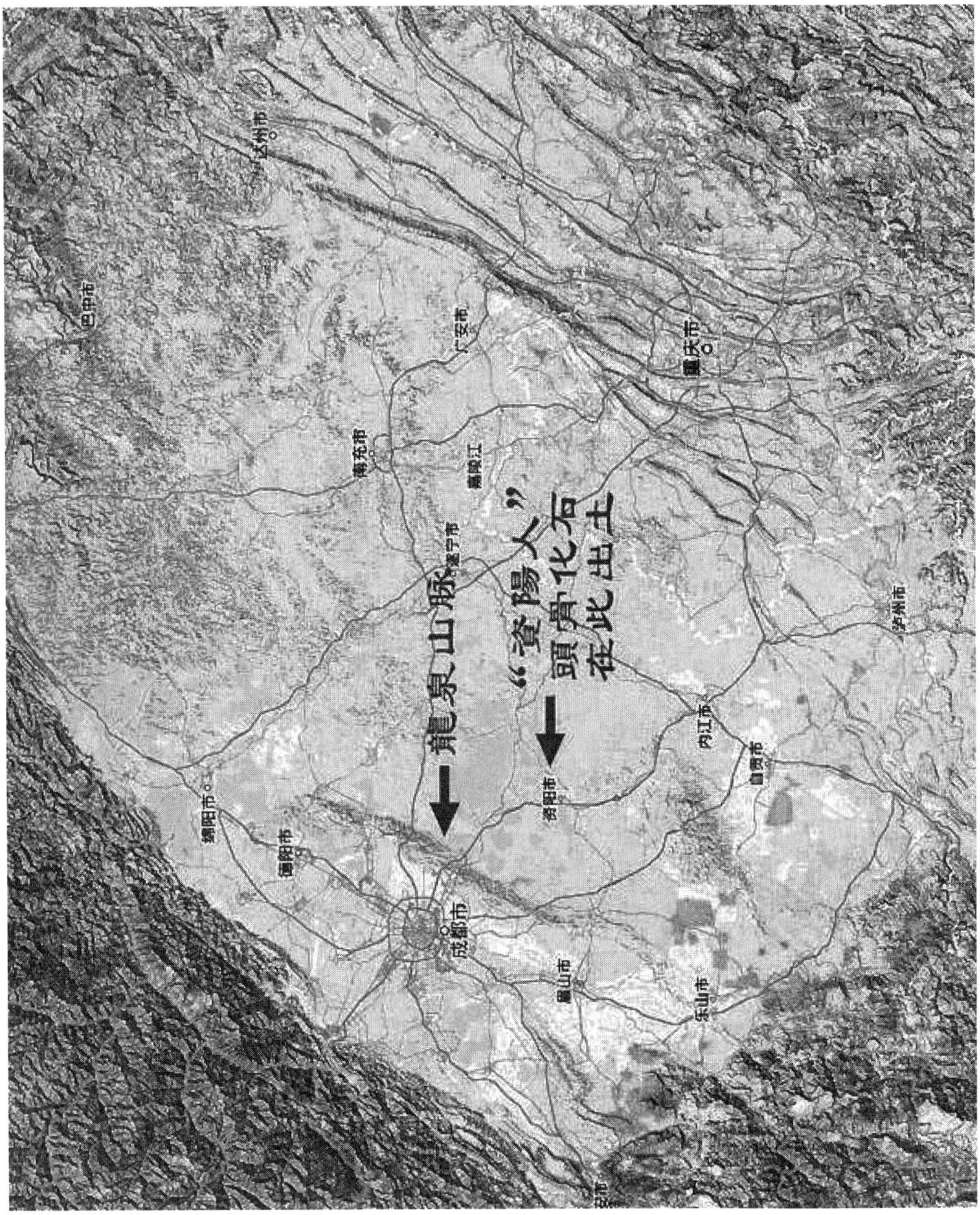

"资阳人"化石出土地点

（二）郭沫若派权威考古专家裴文中教授复察后，将"资阳人"鉴定为35000万年至40000年时的智慧人

张圣奘像　　　　裴文中塑像　　　　郭沫若像

古人类头骨化石送到北京后，郭沫若院长将鉴定和研究工作交给了考古学高级专家、古脊椎动物研究所所长裴文中教授主持。

1951年9月，由郭沫若组织，北京中国古脊椎动物研究所裴文中教授来到四川，由当时的中国地质工作指导委员会牵头，重庆大学张圣奘教授、任朝凤同学西南文教部晏学、蔡佑芬，西南地质调查所李柏皋，西南博物院徐鹏章，重庆市文化局何九思等人参加，组成9人考察组，在当地政府和有关部门的支持配合下，在"资阳人"出土地周围展开大规模地挖掘和考察。他们9人在考察、挖掘中，起早贪黑，顶风冒雨，风餐淡饭，艰苦细致、团结求是地工作了33天。

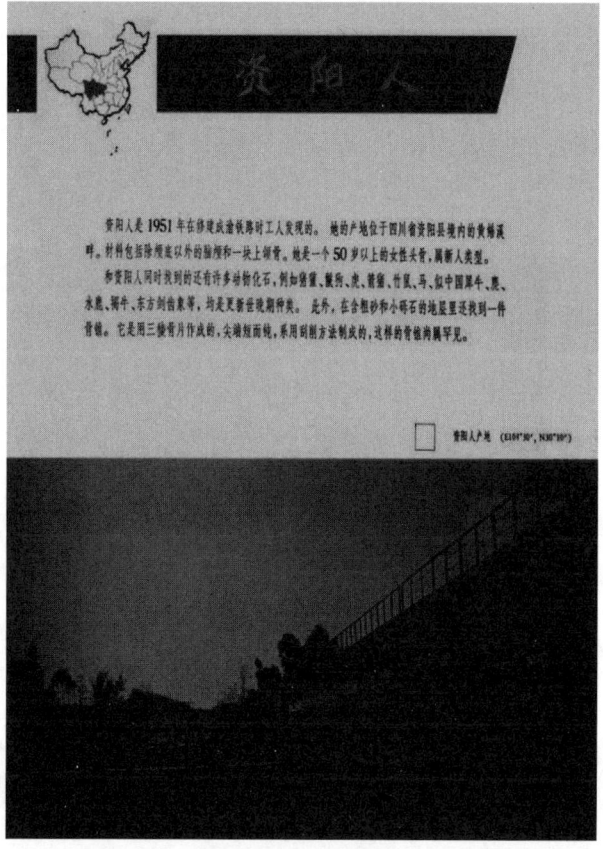

图为"资阳人"出土地——九曲河桥墩旁
（转自中国古脊椎动物与古人类研究所杂志）

1951年9月27日开始,在成渝铁路修筑中的资阳九曲河一号桥墩西挖掘了15米×7.1米,在桥东挖掘了13.7米×7.3米的两个长方形大坑。

资阳人复察小组挖掘的这两个大坑是"资阳人"出土地的两旁。张圣奘教授也认定,资阳人头骨化石就是在这两个坑之间出土的。

他们一边挖掘一边研究,将土层分为四层,第一层是黄色黏土,约6米厚;第二层为黏土和细砂混合层,约1米厚;第三层为小砾石层,1~1.5米厚;第四层为小砾石层和大砾石层混合物。第三层中有许多乌木化石、骨化石、石器等物,其中有水鹿右角。他们9人经研究,认定资阳人出土层次也是这一层。请参看下页图。

资阳人复察小组在这33天的时间中,对九曲河出土人头骨化石的地址作了全面的挖掘考察、研究和土层等技术鉴定,并续掘到了骨锥和东方剑齿象、中国犀牛、水鹿角等一大批远古动物化石,一大批远古资阳人使用过的石器、骨器,其中有一枚精致的骨锥。经过科学研究、测定,认定"资阳人"仍为35000年~40000年时的智慧人。

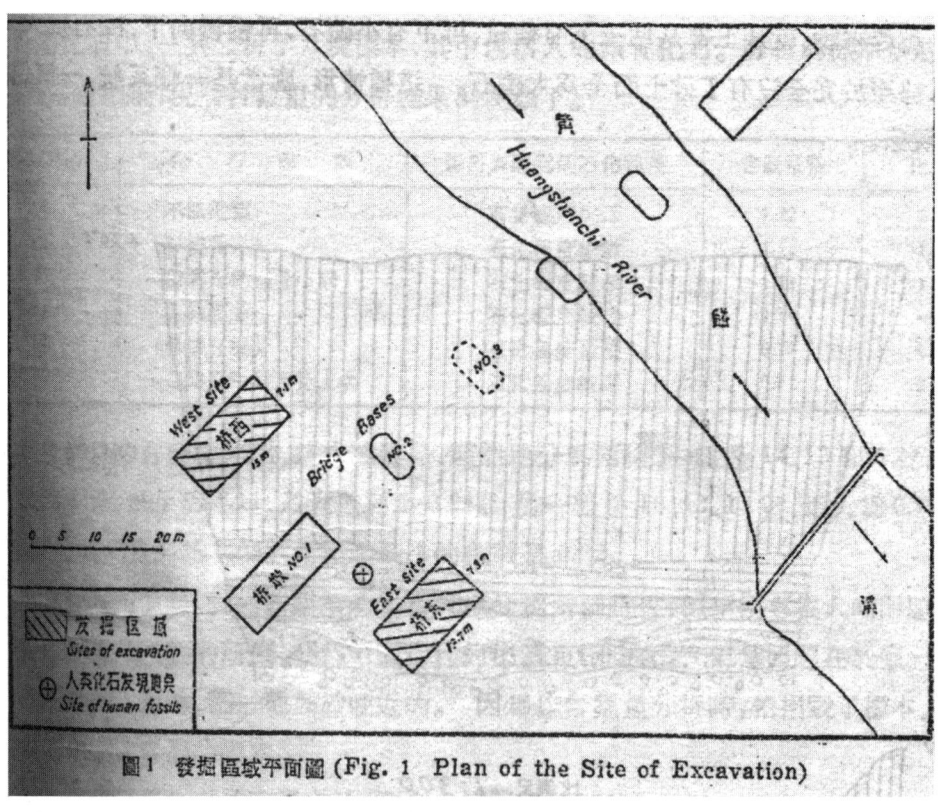

挖掘区域平面图(引自1957年中国科学院古脊椎动物研究所甲种专刊第一号《资阳人》。)

（三）中国科学院特别专号：资阳出土旧石器时代晚期早段"资阳人"

中国科学院古脊椎动物研究所甲种专刊第一号："资阳黄鳝溪桥基旁发现了化石人类头骨"，"同时发现的还有一个骨锥和许多动物和植物的化石"。"资阳人头骨化石""是属于更新世晚期"。

中国古脊椎动物研究所的高级考古专家吴汝康，在1957年中国科学院古脊椎动物研究所甲种专刊第一号《资阳人》报告中指出："资阳人头骨化石的时代根据在资阳发现的哺乳动物化石的研究，地层上的观察以及资阳人头骨化石本身的性质，可以确

吴汝康

定是属于更新世晚期。"

"资阳人头骨化石是在中华人民共和国成立7年多来发现的比较最完整的人类头骨化石，更重要的是过去在中国发现的人类化石如中国猿人、河套人和山顶洞人等都在北方，而资阳人则发现于南方的四川，然而资阳人头骨与山顶洞人和中国猿人都有某些相似的性质，三者可能具有一定的关系。因此，资阳人头骨化石的发现与研究对于中国人类的起源和中国旧石器时代人类的分布都提供了新的资料。"

张圣奘老先生1951年5月重新考查"资阳人"时自我将"黄鳝溪"纠正为"九曲河"。1986年2月张老又表示将当年误写"黄鳝溪"改为"九曲河"。他在1987年春同意把2月16

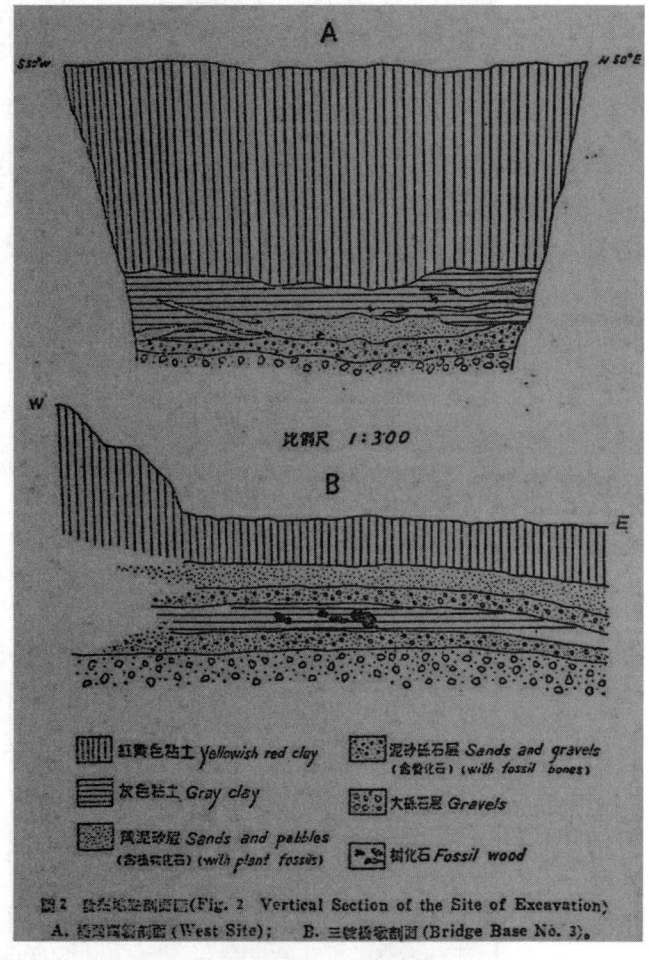

各种化石含氟量的分析和比重的测定。图片引自1957年中国科学院古脊椎动物研究所甲种专刊第一号《资阳人》

日写的《浪淘沙》词追改为"九曲忆幽溪",已明确把"资阳人"出土地写为"九曲河"。地质考古学家刘兴诗 1962 年 3 月,在《古脊椎动物与人类》杂志上发文指出,应将"资阳人"出土地"黄鳝溪"误称改为"九曲河"。李宣民等考古专家也提出了同样修正意见。以下"黄鳝溪"统称"九曲河"。

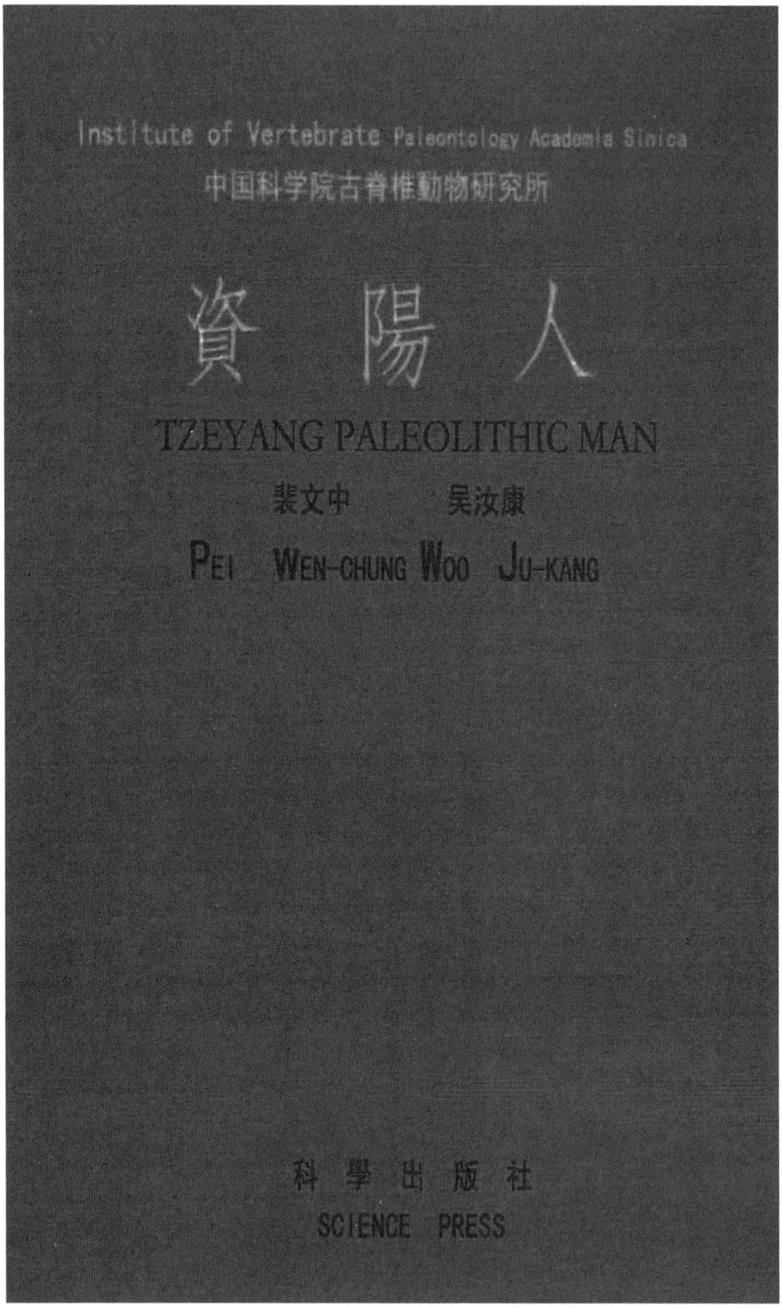

1957 年 12 月科学出版社出版的中英文对照版《资阳人》,书名下的英文书名为"旧石器时代资阳人"。

资阳人

《人民日报》报道：在修建成渝铁路中发现旧石器晚期资阳人类头骨化石。

《文物西南专号》1951年第二卷第十一期指出："在九曲河发现龙骨之地点"，"发现人类遗骨"，"同时挖掘出头盖骨"。

西南文教部文物调查征集工作小组报告：成渝铁路筑路当中"古生物化石和人类遗骨发现的重要区域集中于资阳，其次在内江"。

国内外各新闻纷纷发布，中国四川资阳发现旧石器晚期资阳人头骨。

智源祖重见光明了，全球震惊，人世间持续轰动。智源祖的王者风范，又威风凛凛于世界。"资阳人类头骨化石是1951年修建成渝铁路时，筑路工人在四川省资阳县九曲河桥基旁发现的。同时发现的还有一个骨锥和许多动物和植物的化石"，此新闻和报告一时传遍国内外。

二、中国考古界正式命名"资阳人"

1953年，郭沫若邀请张圣奘到北京，参加资阳出土人头骨化石发现讨论会。会上，张圣奘教授作为直接发现者身份发表了精辟的见解。他认为，从资阳人头骨化石的发现，可以证实四川中古时代是一片内海，成都地区是海的中心，资阳是海的边沿。在离剑齿象化石不远的地方发现这颗人头骨化石，在这片动植物繁盛的热带内海周围，曾经有四川最早的人类生存过。张圣奘还进一步推论，成都内海可能是在第四或第五次冰川结束后，内海海水被蒸发而干涸的。

中国科学院古脊椎动物研究所吴汝康，在科学出版社1957年12月出版的《四川资阳人类头骨化石的研究》中指出：

"资阳人头骨细小，表面平滑圆润，额部较为丰满，且有明显突起的顶结节和额结节，显示其为女性。因此可以确定资阳人是中年以上的女性个体，可能已在50岁以上……资阳人头骨具有某些原始的性质……由颅盖高指数、前囟位指数、前囟角和额角的数值，也可以确定资阳人是早期的新人类型，比欧洲的克罗马农人和中国的山顶洞人更原始，是中国至今已发现的最早的新人化石。"

经过进一步的考证、研究，专家们确定这一头骨化石为50岁左右的女性头骨，是早期的真人类型，属于旧石器晚期真人类化石，距今已有35000年以上至40000年的历史，是继北京周口店猿人后的又一重大发现。

国家考古界把成渝铁路九曲河大桥基坑出土的人头骨化石命名为"资阳人"。

三、世人关注、研究、宣传"资阳人"

中国科学院正式向全世界宣布了资阳人头骨化石是旧石器晚期人类化石这一震撼世界的消息，引起世界的极大关注。

《人民日报》等国内各报刊纷纷刊登消息震动了全世界，中国科学院古脊椎动物研究所特别推出裴文中、吴汝康、周明镇、黄为龙等国家级权威专家们研究撰写的《资阳人》甲种第一号专刊，科技出版社等出版《资阳人》专著，历史界泰斗、著名历史学家范文澜在人民出版社出版的《中国通史》第一册中就说到了资阳人。《辞海》将"资阳人"列入词条，国家大型权威辞书《汉语大辞典》将"资阳人"列入词条，并配刮削器图片。之后，专家们相继撰文、著书进行研究、论证和宣传。

美国、德国等世界各国的专家和报刊等新闻媒体对"资阳人"的发现纷纷宣传、介绍、评价、赞肯。英国《大英百科全书》将资阳人列入词条。

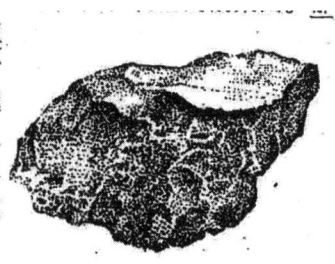

《汉语大词典》1988年3月出版
第2卷669页鲤鱼桥时期遗址刮削器

资阳人的发现，使中国惊喜，使世界瞩目，使生活在资阳这块热土上的人们深感自豪。

资阳人智源祖重见天日后，人们都在研究资阳人的文化和资阳人的精神，尤其是政府部门和科学家们十分重视。先后举办过多次学术报告，宣传发现资阳人的意义，大讲资阳人文化和资阳人精神。

1951年9月秋高气爽、阳光明媚的一天，裴文中教授亲自在资阳万寿宫县文化馆举办"资阳人"学术报告会，800个座位座无虚席。

1951年11月初和风拂熙的一天，在资阳万寿宫县文化馆大礼堂，举行了第二次学术报告会，到会人员有城区机关干部、职工和教师等一千人。将当时只有800多个座位的大礼堂挤得满满的，两侧过道都站满了听众。报告的主要内容：一是谈在资阳发掘出土人类头骨化石和多种动植物化石的简要情况和重大意义；二是谈从猿到人发展的基本过程，制造和使用工具的重要作用，劳动创造了人的道理。

1953年，中国科学院举办"资阳人"学术研讨会，郭沫若邀请张圣奘教授参会，张圣奘在人山人海的大会上大讲资阳人文化，强调资阳人文明的深远影响。他的精彩发言博得一阵阵热烈的掌声。

1957年，北京举办"资阳人"等文物展览会和学术讨论会，"资阳人"倍受关注。

1981年1月，北京大学历史系考古研究室吕遵谔教授在资阳举办"资阳人"学术报告会，宣扬资阳文明，资阳人踊跃参会。

2001年12月，省文史馆、省政协文史委、省社科联、省文物局等单位共同发起召开了纪念"资阳人"化石发现50周年座谈会，何郝炬、徐尚志、隗瀛涛等40多位老领导、专家参加了会议，专家们大讲发现"资阳人"的意义。

2011年4月，四川省、资阳市等众多考古学者、人文专家会聚成都，召开"资阳人"化石发现60周年座谈会。会上主要研究、畅谈了"资阳人"的文化意义、精神价值和资政当代、惠益子孙的伟大意义。

多年来，许多专家、作家、诗人、教授纷纷著文、写诗、作词，赞扬"资阳人"的文化、宣扬资阳人的精神。

四、"资阳人"B地点和"鲤鱼桥文化"的发现

智源祖重见光明后好是高兴，所见之处都是似曾相识的地方，好熟悉又觉得好陌生。智源祖首先见到的是她用过的骨锥，她兴奋极了，想起了往事，想起了制作和使用骨锥的过程，想起了当年的艰辛和快乐。

 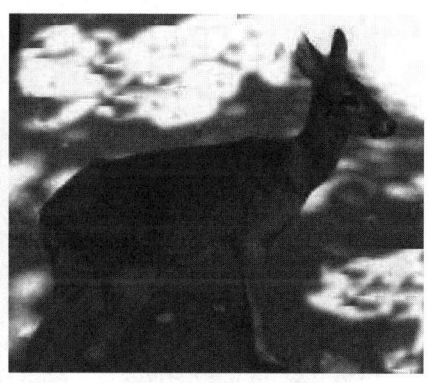

现代水牛　　　　　　　　　现代麂鹿

智源祖很想见到她当年的亲人，想破心肝无觅处，见到全不费功夫。一晃30年后的1981年春，意想不到的奇迹出现了，李宣民等在智源祖生息过的100米远的河对面，发现了172件她似乎曾经用过的打制石器工具。哦，对呀，这24件刮削器，5件尖状器，62件砍砸器，1件石锤，15件锤击石核、57片锤击石片、8片砸击石片。同时，在资阳九曲河发现资阳人头骨化石、骨锥的同一地点还发现了若干四万多年前的动物化石：食肉类有猪獾、鬣狗、虎，契齿类有箭猪、竹鼠，奇蹄类有马、犀牛，偶蹄类有猪，鹿属类有鹿、水鹿、麝、牛，长鼻类有东方剑齿象、亚洲象，龟类有龟、鳍刺。当时我们的祖先就是叉鱼虾、捕水鹿、猎猛兽，生活于这块古老的巴蜀土地上。

这些动物和石工具对智源祖而言好熟悉哦，这172件工具她都似曾见到过，也似曾见过亲人使用过。智源祖见物有一种犹如见到亲人一样的感觉。

"啊呀！"智源祖惊叫起来，石器旁的那支水鹿角不就是二源祖使用的吗？对，是她用的，你看，这是鹿的左角嘛，我当年用的是右角哦。

智源祖兴奋极了，她似乎紧紧搂着常随她身后的那位年轻二源祖。

智源祖又突然发现了石器中还有精致的妆饰品、穿孔石珠，突然想起，她戴莲花帽的时候，身旁的妇女们胸前不是也挂着石珠吗，对，是她们。她似乎又拉着亲人们的手舞动了起来。

智源祖还看到当年见过的小鹿、马、象、竹鼠，一切是那么的熟悉。

简阳县三溪口沱江边1950年新石器时代石斧2柄，一在城厢北面，一在三溪口沱江边崖洞旁，石质坚重，黑色带红斑，勾起了智源祖对远亲的回忆。那是一个寒冷的冬天，她的一个大哥拿着像石斧样的石头来帮她打过狼，好像大哥又站在她面前。

人逢喜事精神爽，都说好事总成双，可智源祖的好事却成堆成串。资阳各地又陆续发现智源祖亲朋好友及后人的大批遗存，使得她忙得不可开交。跟这个说说，跟那个回忆往事。

1973年后的几年中，四川省博物馆、四川省地理研究所、成都地质学院勘

资阳鲤鱼桥文化石器（总编室摄于重庆博物馆）

探教研室、北京大学历史系考古教研室、资阳县文化馆等对资阳四县进行了多次考察，发现、挖掘出了大批文物。在石虾子沙嘴挖掘出旧石器40件，在九曲河发现旧石器端刃砍伐器2件、多刃砍伐器1件、单刃砍伐器4件。这些重大发现，把远古人类生活的情景展现在眼前，把我们都带到了几万年前的四川。

资阳人

1980年12月到1981年1月上旬，北京大学历史系考古研究室、四川省博物馆、资阳县文化馆的吕遵谔、黄蕴平、范桂杰、胡昌钰、曾国柱联合考察，在资阳县小院区同心公社孙家坝鲤鱼桥挖掘出了63件石器，哺乳动物化石4种等，其中有大量的树叶、种子、果壳和树干标本，还有乌木，旧石器时代晚期石器有石核2件、石片6件、砍伐器1件、雕刻器1件、刮削器2件、尖状器8件和大批新石器时代文物。国家和四川省考古研究学者经过研究，将鲤鱼桥出土的文化遗存定为鲤鱼桥文化。

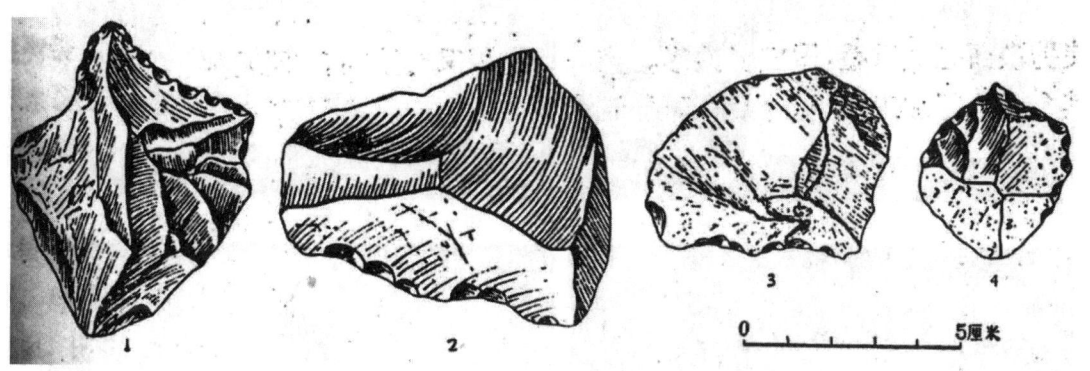

图片转引自四川文物管理委员会《四川资阳等县石器时代文化》

1981年，资阳县濛溪河发现旧石器。智源祖得知后去看一看，这些工具不就是她当年远邻的亲朋使用过的吗？亲朋们，你们快来和我相见哦。

刘胜俊总编第四次到重庆自然博物馆，又寻找到一批"资阳人"文物。

- 125 -

智源祖转身一看,这是她的亲朋的后生们使用过的工具。这一件件劳作过的工具,是多么的熟悉,多么的亲切,多么令人兴奋啊。

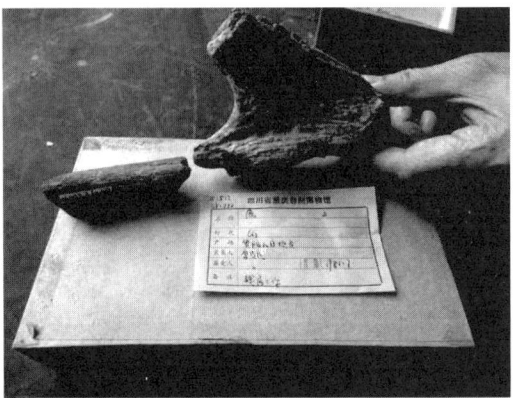
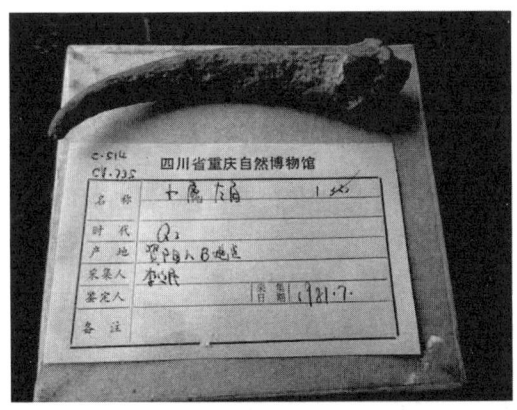
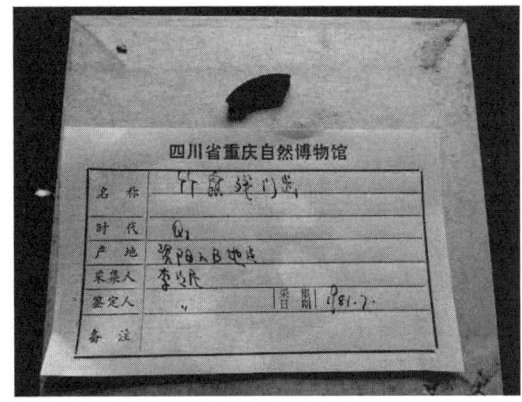
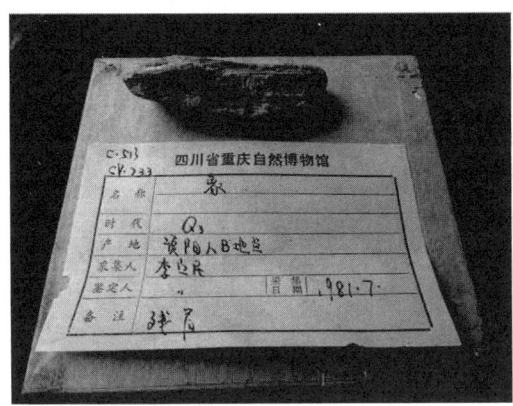

这是本书作者刘胜俊等第四次到重庆自然博物馆追寻到的"资阳人"B地点出土的动物化石(总编室摄于2015年5月19日)

资阳人

第四节

国家文物局和中国考古权威部门认定：

"资阳人"是四万年时际的智慧人

"资阳人"是40000年前后的旧石器时代晚期早段的智慧人，这是无可争辩的史实。这是四川省级、中国国家级众多权威专家和文物职权部门的再三定论。请看下面的摘录：

"资阳人"为35000年至40000年前的人类化石。
——中国科学院古脊椎动物研究所1957年甲种专刊第一号

"资阳人"的情形介于中国猿人与现代人之间。"资阳人"可以确定是属于更新统晚期。

——吴汝康

以"资阳人"头骨同层出土的乌木做样品，北京大学和中国科学院古脊椎动物研究所分别进行 ^{14}C 测定，小砾石层出土的文物结果分别为39300年±2500年和39399年±2500年。

——重庆自然博物馆、中国科学院著名考古专家李显民、张森水

"资阳人"是距今35000年至40000年余年的智慧人。
——这是四川省级和国家级著名考古专家张圣奘、李显民、张森水、范桂杰、胡昌钰、秦学圣等，在各自的文章中论定的。

"资阳人"的绝对年代为数万年至十余万年之间。
——贾兰坡

"资阳人……^{14}C 测定为 39300±2500 年"。
——李洪云、黎兴国、刘光联、许国英、王福林

"资阳人"和鲤鱼桥出土的石器等"与石器共存在的乌木 ^{14}C 年代为距今

40000 年至 20000 年之间"。
——中国国家文物局主编《中国文物地图册·四川分册》

在四川中部和东部既发现了"资阳人",也发现了旧石器时代遗址如资阳鲤鱼桥遗址……这些遗址都属旧石器时代晚期。
——中国国家文物局主编《中国考古 60 年》

"资阳人"为距今 35000 年~40000 年时的智慧人
——中国先秦史学会常务副会长兼秘书长宫长为

"资阳人"处于旧石器时代晚期早段,距今约 40000 年左右。
——四川省文物考古研究所原所长胡昌钰

"资阳人"有 40000 年以上的文化根系。
"如果再把'资阳人'放到这个传说与考古框架里,它应该是指距今 20 万年到 5 万年的早期智慧人和 5 万年到 1 万年的晚期智慧人的过渡交结点时期,应相当于传说上属于蚕丛、柏灌世,即原始群到氏族社会形成的时期。特别是骨针缝制的发现,是早期智慧人向晚期智慧人过渡的标志,正与柏灌、鱼凫的传说时代一致。"
——四川省历史学会会长、重点学科《巴蜀文化学》首席专家谭继和

"资阳人"经历了旧石器时代晚期。
——中国写作学会原副会长、四川大学教授李保均

"资阳历史文化悠久……上溯到 35000 年前古老的'资阳人'时代。"
——中国先秦史学会副会长、四川大学历史学教授彭邦本

资阳人出土后被中国科学院、中科院古脊椎动物研究所等国家最权威机构和中国考古界泰斗郭沫若亲自组织领导的这次资阳人考古鉴定,确定"资阳人"为 35000 年~40000 年前的人类化石。

一、国家级、省级多批权威考古专家经过 10 年考察、研究,确定:"资阳人"为四万年时的智慧人

一批批四川省、重庆、北京、吉林等多地的国家级、省市级考古机构的专

家，先后多次到资阳进行实地考察和考古研究。经过 10 年左右的艰辛努力，这些考古专家实事求是地科学地考古挖掘、分析、研究，再经北京大学 ^{14}C 测定，最终将"资阳人"论定为 39300 年±2500 年的智慧人。

四川省文物管理委员会范桂杰、胡昌钰等考古专家会同北京、四川权威考古部门的专家，用几年时间"曾先后到资阳、资中、安岳、乐至、遂宁、射洪等县进行了考古调查，并于 1973 年和 1980 年与北京联合在资阳同心公社鲤鱼桥旧石器地点进行了挖掘"。经过研究、检测，于 1983 年在第 3 期《考古学报》上发表了《四川资阳鲤鱼桥旧石器时代地点挖掘报告》，1984 年范桂杰、胡昌钰又在《四川史研究》第四期发表了《关于资阳人的时代问题》一文，针对不同意见，**从三个方面进一步认定"资阳人"的年代为旧石器时代晚期早段。**

他们确认"关于乌木的绝对年代，经 ^{14}C 测定，大多数在距今 4000～40000 年之间"。"乌木不都是埋藏于时代相当的一个层位里，而是分布于不同时代的层位之中……既有属于全新世的，也有属于更新世的。至于资阳九曲河采集的经 ^{14}C 测定为全新世的乌木，中国科学院古脊椎动物研究所考古专家张森水走访了采样的社员吴显江同志，他指出，其所采乌木样品和'资阳人'头骨化石不同层，而是来自其上层……所以，不能把这种乌木的年代和'资阳人'的年代相提并论。"

他们确认，"资阳及附近一级阶地的地质时代……我们认为鲤鱼桥附近的地层可分为上、下两个不同的时代，侵蚀面以上的地层代表全新世堆积，侵蚀面以下的堆积时代为更新世晚期。因而，产自第Ⅰ层底部的石器、石片和石料属于旧石器时代晚期的文化遗物。"

他们确认，"鲤鱼桥上旧石器地点的地层和资阳九曲河地层的关系……和鲤鱼桥Ⅰ～Ⅱ层时代相当的九曲河 4～6 层的时代亦应属于更新世晚期。从地层上看，资阳人化石就出在这一时期的堆积中。"

他们在结语中肯定地说：挖掘材料"证明了资阳人头骨化石原研究者的结论，它的时代为更新世晚期是难以否定的"。资阳人属于旧石器时代晚期是不可否认的。吴汝康先生认为，"可以确定是属于更新世晚期"。从田野考古学上有力地支持了贾兰坡先生明确的资阳人的"绝对年代……为数万年至十余万年之间"的结论。

接着，张圣奘、李宣民、张森水、范桂杰、胡昌钰、贾兰坡、秦学圣等专家著文发表他们各自的研究结果，都认为"资阳人"是距今 40000 年前后的智慧人。

重庆自然博物馆的李宣民与中国科学院古脊椎动物研究所的张森水合作，在资阳人头骨化石出土地九曲河北面挖掘出172件旧石器，其中有打磨精致的穿孔石珠，大批动、植物化石。尤其惊讶的是挖掘出麂鹿左角与原麂鹿右角相对，恰好是一头麂鹿的两只角。他们把资阳人石器出土点定为资阳人B地点。

第三次出土的"资阳人"石器，与"资阳人"头骨出土地隔河相距100米。考古学家们运用科学技术"依用同层出土的乌木做样品作^{14}C测定"，与"资阳人"头骨出土相同的小砾石层出土文物的结果为"39399年+2500"年（《人类学学报》1984年8月第3卷第3期《资阳人B地点发现的旧石器》）。中国科学院古脊椎动物研究所的^{14}C测定再次将"资阳人"定论为40000年时的智慧人。

须知，北京大学的^{14}C测定技术和中国科学院古脊椎动物研究所的^{14}C测定技术是得到世界考古界认可和信任的。

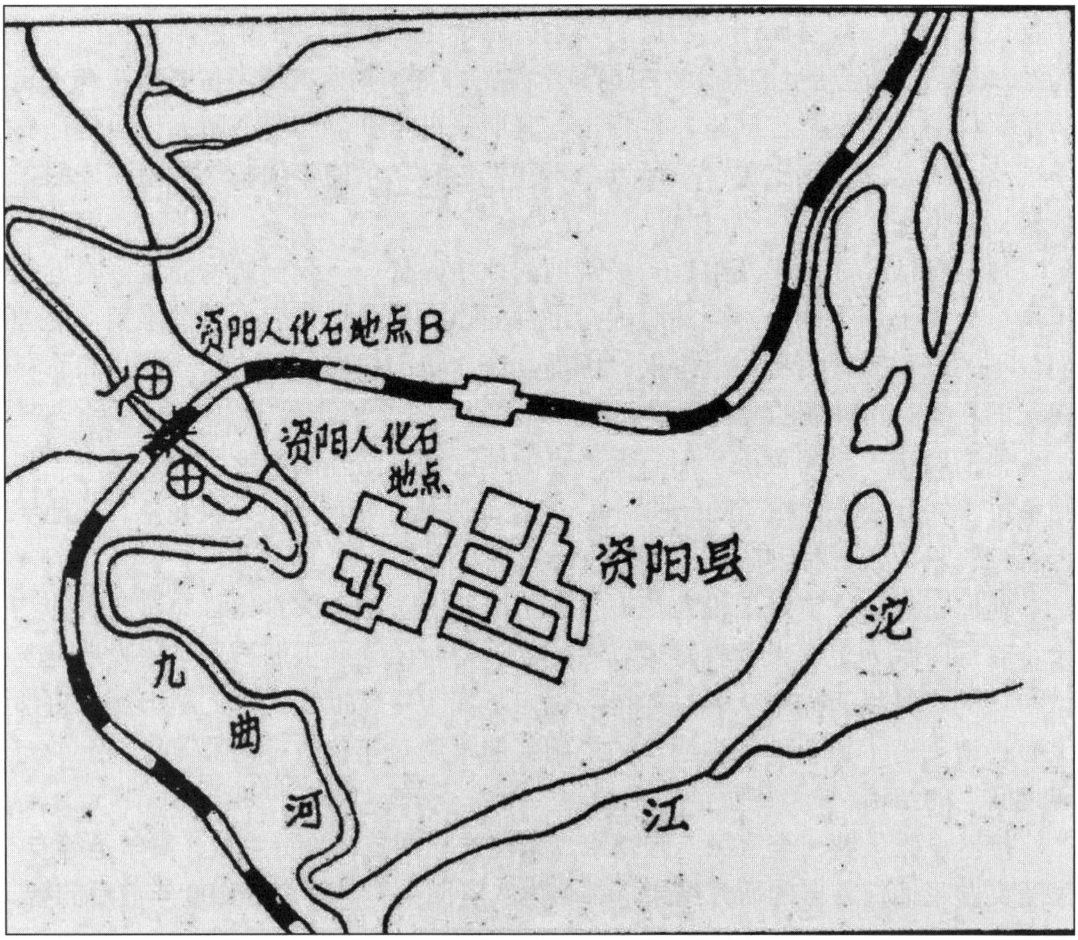

"资阳人"B地点地理位置（转自人类学学报1984年第3卷第3期）

九曲河穿越资阳市城区图

张圣奘先生的小儿子张元（右）在向总编讲述他父亲当年挖掘"资阳人"的情景，和他看到的许多现场照片，可惜这些照片文革时大部分被抄家抄走了。

李宣民等：资阳人B地点发现的旧石器　　　　　　　　　　　图版II

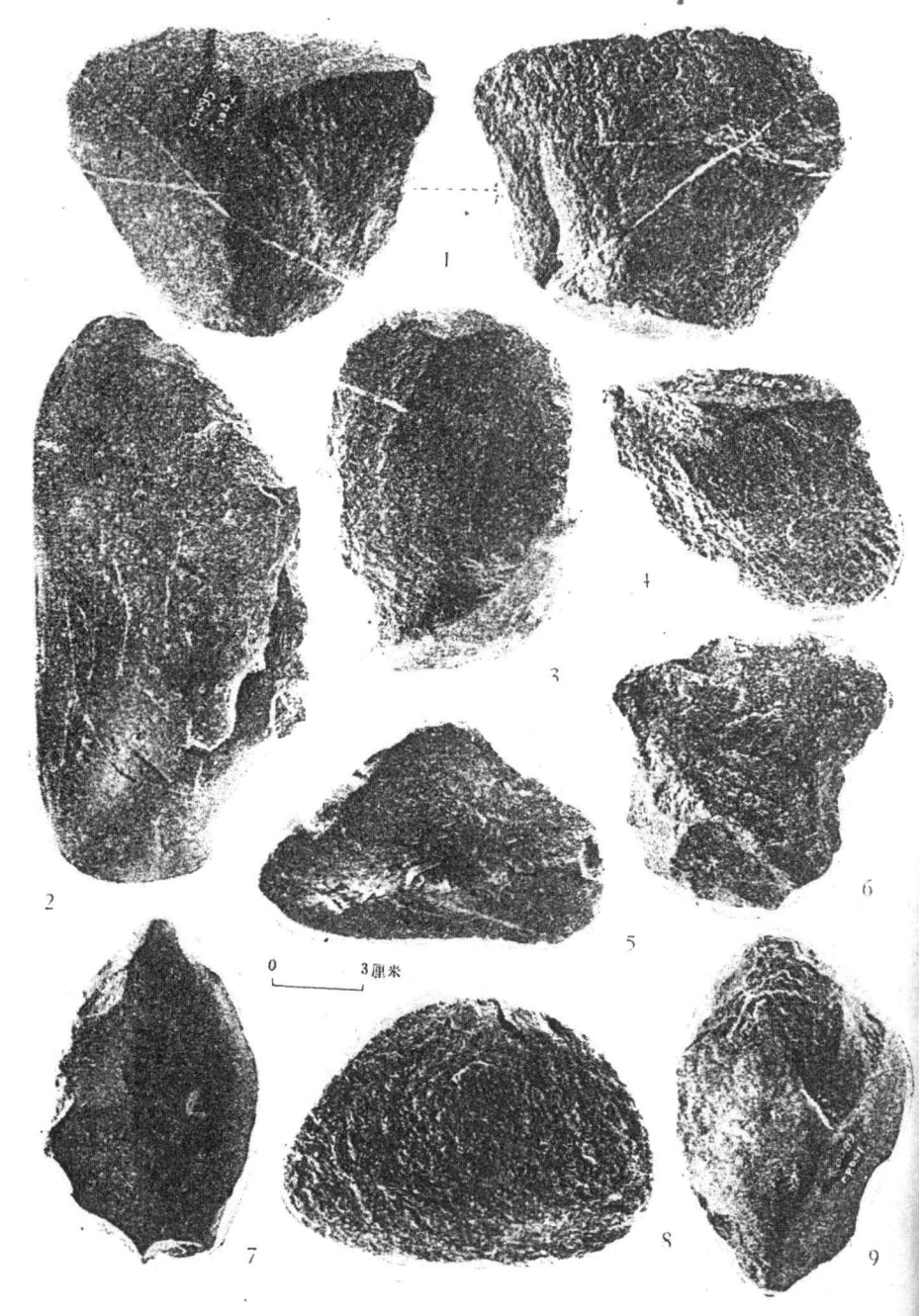

1. 锛形砍砸器（Adze-shaped chopper）(CP.095); 2. 单凸刃砍砸器（Single convex chopper）(CP.089); 3. 端刃砍砸器（End chopper）(CP.094); 4. 石片（flake）(CP.070); 5. 尖刃砍砸器（Chopper with a point）(CP.099); 6. 锛形砍砸器（Adze-shaped chopper）(CP.098); 7. 盘状刮削器（Disco scraper）(P.5782); 8. 石片（Flake）(CP.065)×2/3; 9. 单凸刃砍砸器（Single convex chopper）(CP.091)

（王哲夫 摄）

四万年前"资阳人"使用过的石器。图片引自1957年中国科学院古脊椎动物研究所刊物

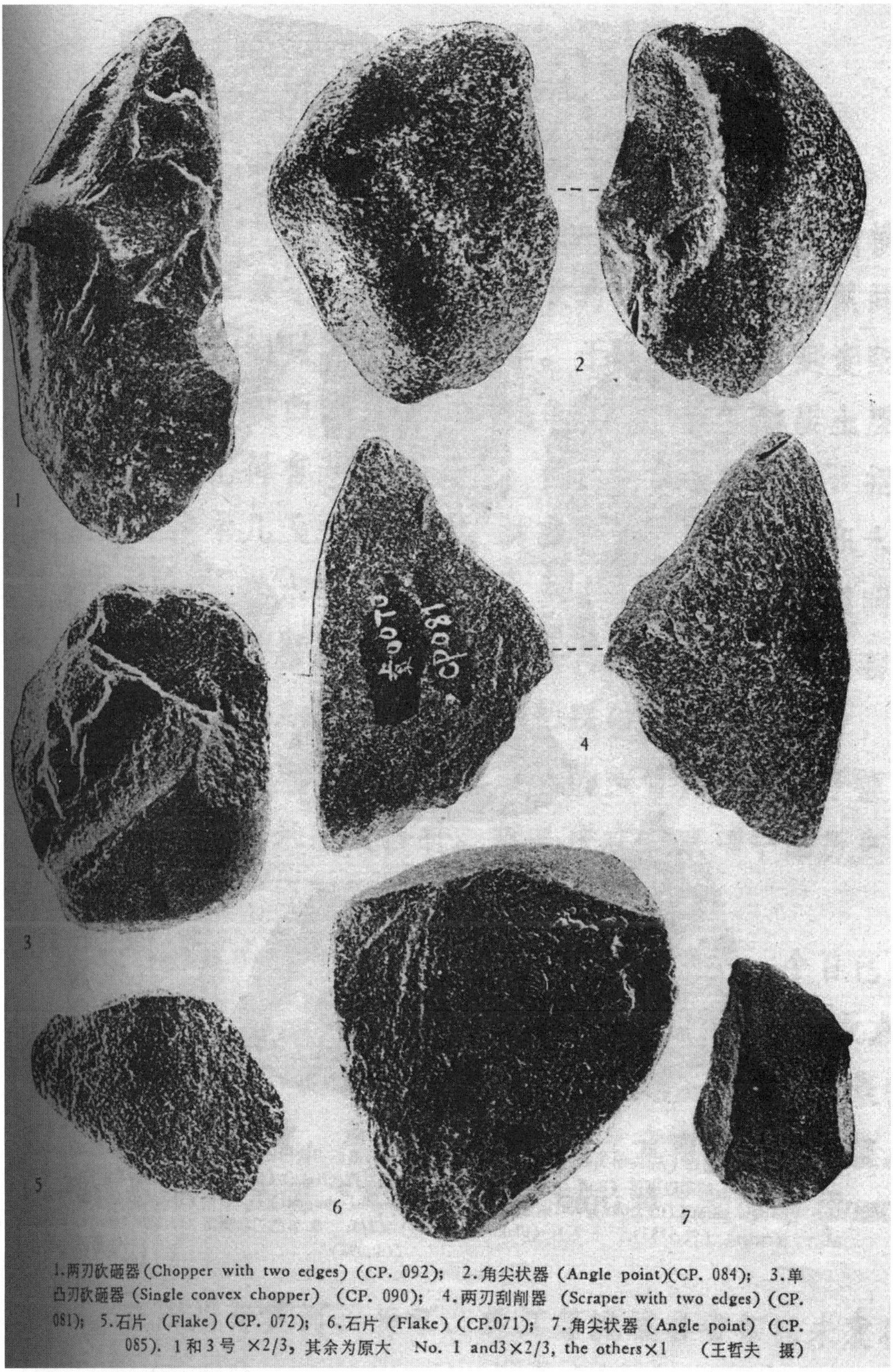

1. 两刃砍砸器 (Chopper with two edges) (CP. 092); 2. 角尖状器 (Angle point)(CP. 084); 3. 单凸刃砍砸器 (Single convex chopper) (CP. 090); 4. 两刃刮削器 (Scraper with two edges) (CP. 081); 5. 石片 (Flake) (CP. 072); 6. 石片 (Flake) (CP.071); 7. 角尖状器 (Angle point) (CP. 085). 1和3号 ×2/3, 其余为原大　No. 1 and 3 ×2/3, the others ×1　（王哲夫　摄）

四万年前"资阳人"使用过的石器。图片引自1957年中国科学院古脊椎动物研究所刊物

李宣民等：资阳人B地点发现的旧石器　　　　　　　　　　图版

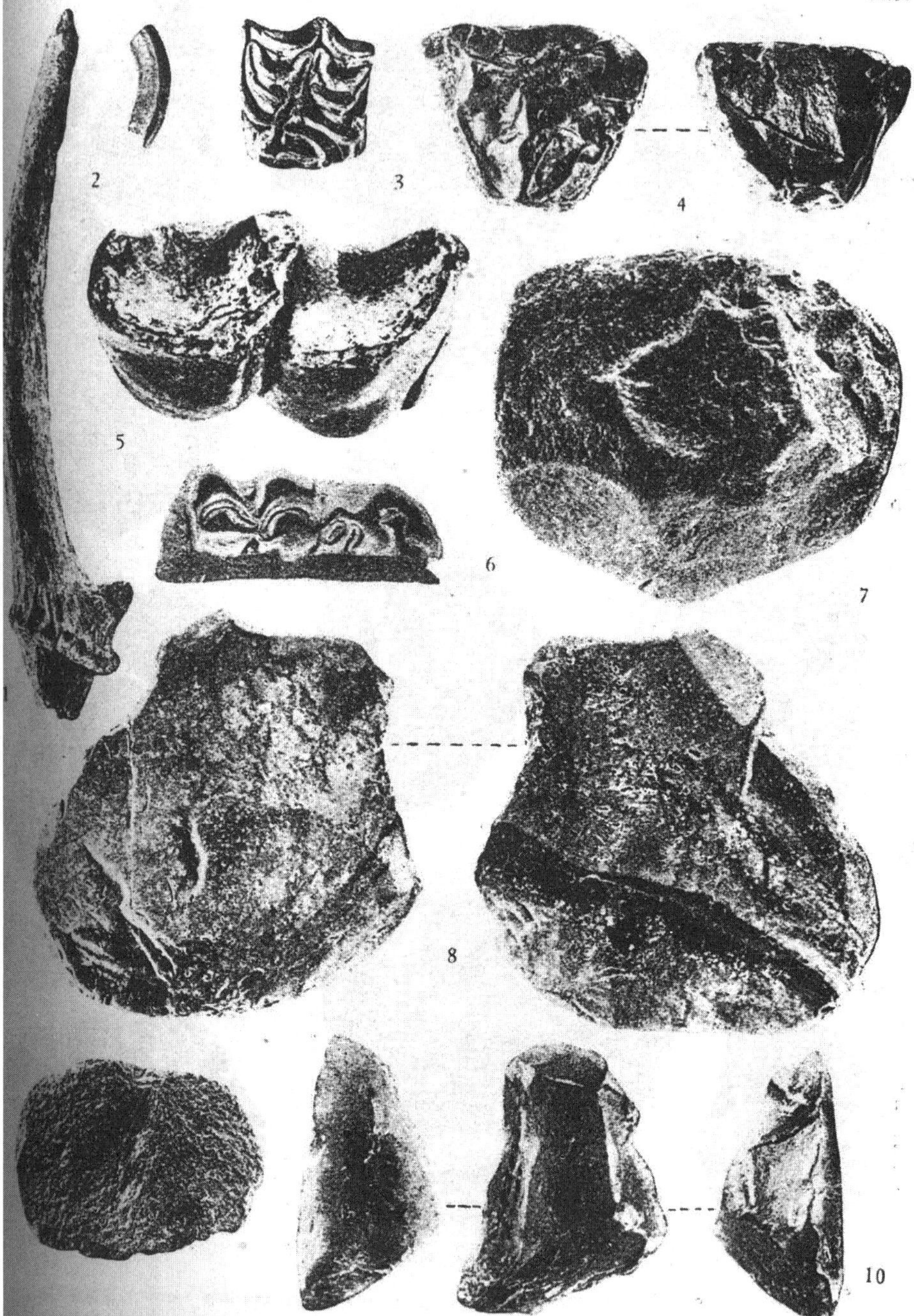

1. 小麂左角 (Muntiacus reevesi, left antler); 2. 竹鼠残门齿 (Rhizomys sp., incisor); 3. 马左上颊齿 (Equus sp., left upper P or M); 4. 石核 (Core) (CP. 059); 5. 中国犀右下第三臼齿 (Rhinoceros sinensis, right M_3); 6. 鹿残左下颌骨 (Cervus sp., left mandible); 7. 多台面石核 (Multiplatform core) (CP. 064); 8. 复刃刮削器 (Complex scraper) (CP. 082); 9. 锐棱砸击石片 (Flake by edge crushing method) (CP. 074); 10. 复刃刮削器 (Complex scraper) (CP. 101).　　9号 ×2/3, 其余均为原大
No. 9×2/3, the others×1
（王哲夫 摄）

"资阳人"四万年前使用过的石器，图片引自 1957 年中国科学院古脊椎动物研究所甲种专刊第一号《资阳人》。

二、第一次全国 ^{14}C 会议认定："资阳人"为 39300 年

接着，中国举行了第一次全国 ^{14}C 学术会议。四川省地质局航空地质队的李洪云和中国科学院古脊柱动物与古人类研究所的黎兴国、刘光联、许国英、王福林的 5 位专家向大会提交了他们合写的文章《资阳人化石产地地层时代新资料》。文中介绍了"资阳人"所处的地层位置，详细论述了各地层 ^{14}C 测定的数据所确定的年代。会上，根据一系列的、系统的 ^{14}C 测定数据，研究讨论，认定"资阳人"头骨化石为 39300 年 ± 2500 年。

资阳人化石产地地层时代新资料

李洪云
（四川省地质局航空地质队）

黎兴国　刘光联　许国英　王福林
（中国科学院古脊椎动物与古人类研究所）

"资阳人"是解放后在我国发现较早的古人类化石，根据头骨测量数据上呈现的原始性，当初被认为是我国最早的真人化石之一[4]。人头化石经裴文中教授研究，时代确定为更新世晚期。但近年来也发表了一些不同的看法和资料（安志敏，1972；成都地质学院第四纪科研组，1974），认为资阳人时代不一定早到晚更新世，或者认为九曲河岸的一级阶地，应为全新世早期[7],[8]。

1980 年 4 月我们在距资阳人化石地点以北约 50 米处的九曲河左岸，新公路桥基坑采集到多层乌木进行了 ^{14}C 年代测定，并作了一些地质调查和实测剖面。这些资料和数据可能会有助于资阳人年代问题更合乎科学的解释。

一、地质和地理概况

李洪云、黎兴国等提交第一次全国 ^{14}C 学术会议文章开头部分

《第一次全国 ^{14}C 学术会议文集》
编辑小组

第一次全国 ^{14}C 学术会议文集

科学出版社

二、地层对比与时代划分

　　资阳人化石地点（Ⅱ级阶地）及其与化石层有关的Ⅲ级阶地，无论地层结构，岩性特征和化学成分都比周围其它阶地表现的更为复杂，特别是人化石及其共生动物群化石的产出，就更有必要在地层对比和时代划分方面作进一步的讨论。

　　前已述及，资阳新公路桥基坑底部为2.2米厚之灰黄色含粘土砂砾石层，中夹有65×85厘米的含植物叶片小枝的泥质团块和含"乌木"、植物碎屑的泥质粉砂透镜体，下部和底部的粗-巨砾石状为NE20°∠7°，顶部为NW335°∠27°—NW340°∠23°，同兰家坡由下到上砾石层产状 NW342°∠11°，NW340°∠23°和顶部 NW332°∠18°的相对位置和高程比较，为距今40000年前。下部^{14}C测定为39300±2500年（PV-160），上部为37430±3000年（PV-221）左右，为资阳沱江湾沱底部和凸岸砂坝沉积提供了证据。

　　资阳Ⅱ级阶地底部砾石层代表高水位洪水的特征，结合上伏地层在时间和空间上的分布、结构、岩性、古生物特征的变化关系，进一步说明大约40000年前的高能洪水，不但刻蚀下切河床，造成古河床弯曲，而且随着河流曲度的增大，使原河道弯曲之处，裁弯取

·130·

李洪云、黎兴国等提交第一次全国^{14}C学术会议文章的
"地层对比与时代划分"前半部

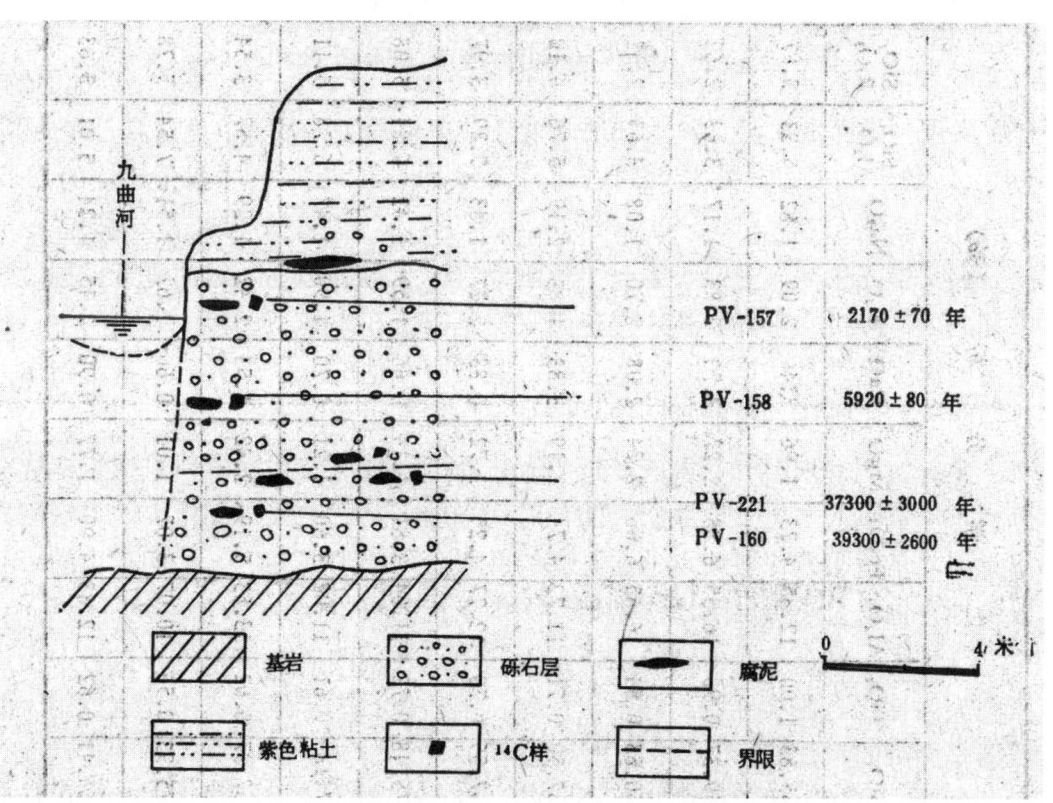

李洪云、黎兴国等提交第一次全国^{14}C学术会议文章的
"资阳人"出土地地层划分和^{14}C年代测定

读者注意，我们之所以把这一系列文和图展示在这里，是因为这里面说清了"资阳人"所处的地层和 ^{14}C 测定的年代。

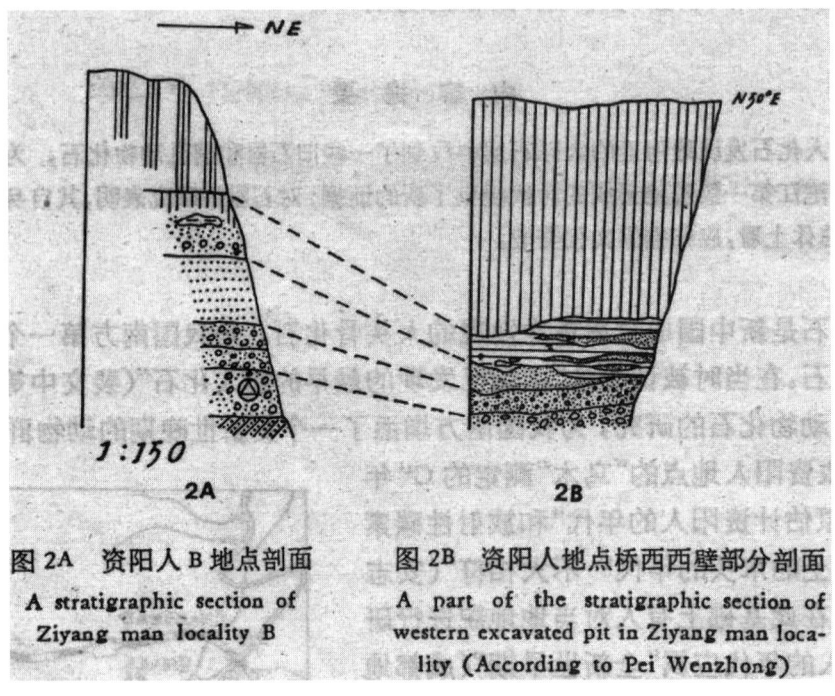

图2A 资阳人B地点剖面
A stratigraphic section of Ziyang man locality B

图2B 资阳人地点桥西西壁部分剖面
A part of the stratigraphic section of western excavated pit in Ziyang man locality (According to Pei Wenzhong)

引自李宣民、张森水在《资阳人B地点发现的旧石器》一文，转自人类学学报1984年第3卷第3期。

张圣奘在他发现"资阳人"的出土报告中说他是在发现挖掘到小砾层等混合物层之时，一筹莫展的心情烟消云散，喜形于色，立即跳下坑去寻找文物，不一会儿碰到了"资阳人"头骨化石。

须知，"资阳人"出土地层小砾层和大砾层等混合物层，离地面的深度在几篇考古报告中论证的都是8.8米左右。

裴文中先生9人考察小组在"资阳人"出土地旁边几米远的复查挖掘过程中和之后，分析、研究、认定"资阳人"是出土在小砾石层和大砾石层中。这一层的深度也就是在地下8.8米左右。裴文中在他的《资阳人》报告中指出："资阳人"头骨化石可能是在这一部分土层挖掘出来的。

李洪云、黎兴国等5人的《资阳人化石产地地层时代新资料》报告中详细分析了"资阳人"出土地地层对比与时代划分。文章结束语中指出："资阳人"出土地"是资阳人化石地点地层基底的Ⅱ级阶地的形成期"。他们指出的"Ⅱ级阶地"也就是小砾层阶地，是他们图中所指的最下层。

李宣民、张森水在他们的《资阳人B地点发现的旧石器》考古报告中指出：资阳人头骨化石在小砾层。并指出："资阳人化石的年代与资阳B地点出土的石器是同时的"，即：39399年±2500年。

到此，可将上述这段内容做个小结：这些几代的著名的考古专家都用他们的文字和图表论定"资阳人"的出土地层深度为8.8米上下。他们用对各种化石含氟量的分析和比重测定，多次用多种^{14}C测定的数据分析、研究“资阳人”应为39300年±2500年。

三、国家文物部门宣布：“资阳人”为旧石器时代晚期四万年时期的智慧人

重庆自然博物馆考古专家李宣民在与当年资阳县文管所所长周叔勋商谈“资阳人”时肯定地说：“有孔石珠出土的地点，距‘资阳人’化石出土的地点只有100米，两处都位于九曲河畔，关系十分紧密。因此，称此处为‘资阳人B地点’。这件石器是“资阳人”制作和使用的妆饰品。”

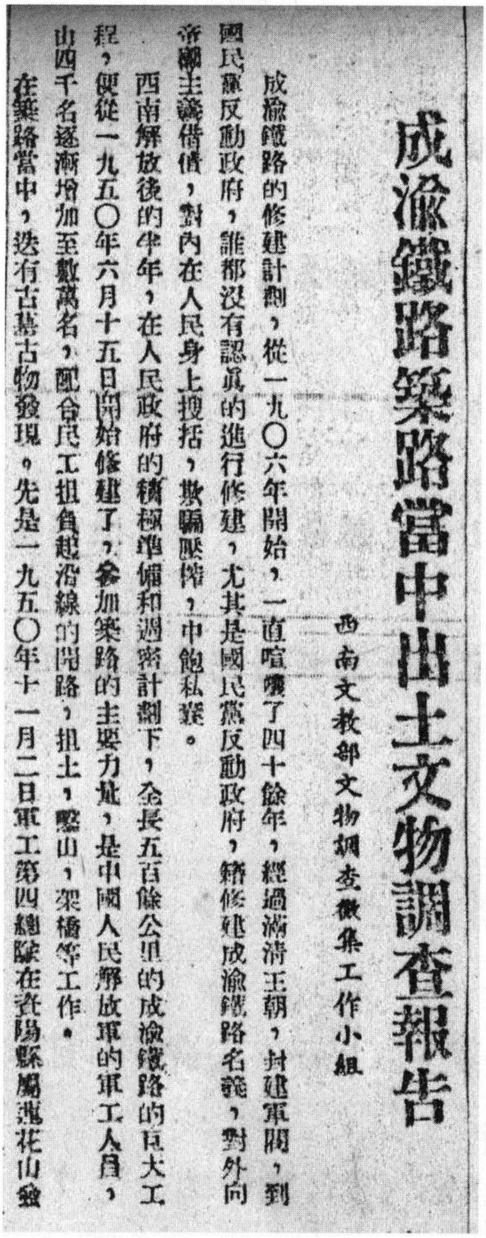

更有意思的是，两只鹿鹿角也在“资阳人”出土地附近和“资阳人”B地点挖掘找到。两只鹿鹿角各为左右角。

成渝鐵路築路當中出土文物調查報告

西南文教部文物調查徵集工作小組

成渝鐵路的修建計劃，從一九〇六年開始，一直喧嚷了四十餘年，經過滿清王朝，封建軍閥，到國民黨反動政府，誰都沒有認眞的進行修建，尤其是國民黨反動政府，藉修建成渝鐵路名義，對外向帝國主義借債，對內在人民身上搜括，欺騙壓榨，中飽私囊。

西南解放後的半年，在人民政府的積極準備和周密計劃下，全長五百餘公里的成渝鐵路的巨大工程，便從一九五〇年六月十五日開始修建了，參加築路的主要力量，是中國人民解放軍的軍工人員，由四千名逐漸增加至數萬名，配合民工担負起沿線的開路，扒土，鑿山，架橋等工作。

在築路當中，迭有古墓古物發現，先是一九五〇年十一月二日軍工第四總隊在資陽縣屬迎花山發

成渝铁路筑路当中出土文物调查报告首页

6. 簡陽的長松寺建築壯麗，有白菓樹圍徑五尺許，石經寺殿宇寬宏，普照寺與覺林寺雕塑佛像古樸雄偉。

一九五一年五月五日

—86—

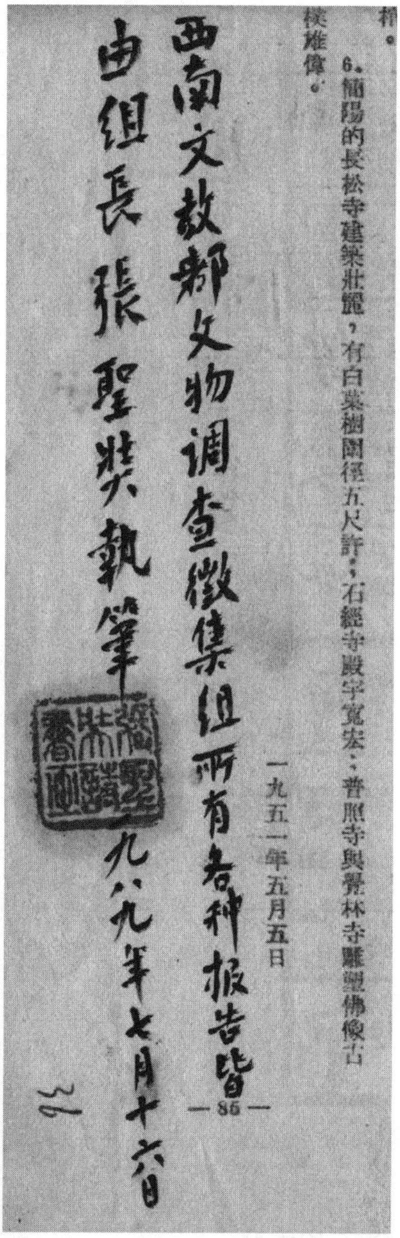

张圣奘在文物调查报告上的注解

资阳人

《中国文物地图集》在"四川省石器时代遗存"中说:"1951年在沱江流域的资阳市黄鳝溪在施工中发现人类头骨化石,命名为'资阳人',伴出骨锥和动物化石。其年代有不同意见,据头骨化石的形态,多数学者认为属旧石器时代晚期。1973年和1980年在'资阳人'出土地点附近的鲤鱼桥发掘旧石器时代遗址,出土石器有刮削器、尖状器,时代为旧石器时代晚期,与石器共存的乌木碳14年代为距今40000年~20000年之间。"

《四川省文物志》在"资阳市黄鳝溪旧石器时代人类化石点"中说:"四川首次发现的人类头骨化石。1951年修成渝铁路期间,在资阳市黄鳝溪挖掘大桥基坑时发现,故命名为'资阳人'。化石的发现,引起各方面的重视,有关单位即组织人员于同年9月下旬前往发掘。于大桥一号桥墩西部,除一些动、植物化石外,并发现一件骨锥。"

"'资阳人'头骨的颅顶保存完整,颅底侧仅存硬腭一块,头骨表面平滑圆润,额部较为丰满,且有明显突出的顶结节和额结节,显示为女性,年龄在50岁以上。"

《中国考古60年》在四川省考古60年的"一 旧石器时代"中说："旧石器时代遗存主要发现在四川中部地区和东部地区，既发现了人类头骨化石如资阳人的发现，也发现有旧石器时代遗址如资阳鲤鱼桥遗址……这些遗址都属旧石器时代晚期。"

《四川省志·文物志》在"资阳市黄鳝溪旧石器时代人类化石点"中说："四川首次发现的人类头骨化石，系1951年修成渝铁路期间，在资阳市黄鳝溪挖掘大桥基坑时发现的，故命名为'资阳人'。此化石的发现，引起各方面的重视，有关单位组织人员于同年9月下旬前往发掘。于大桥一号桥墩西部，除得一些动、植物化石外，并发现一件骨锥。"

这又充分地证明"资阳人"出土地点和年代都是与最初确定的相吻合,铁一般地证明最初确定的"资阳人"出土地和年代都是科学的、真实的、可靠的。

历史刚进入21世纪,北京大学考古学系教授博士王幼平在中国史学界资深的著名的史学专家集体编写的、由文物出版社出版的《20世纪中国文物考古发现与研究丛书》中的《旧石器时代考古》一书中,三次肯定了"资阳人"的年代。他在第176页中说:"资阳人"B地点的石器"显然与该地点的时代更早有关。与石器同层的木化石 ^{14}C 测定年代为距今40000年至37000万年,已处于旧石器时代中、晚期之交"。

上述事实充分有力地说明:**"资阳人"是四万年时的智慧人。**这是正确的论断。据此,由国家文物局主编,文物出版社2009年9月出版的《中国文物地图册·四川分册》;国家文物局主编,文物出版社2009年9月出版的《中国考古60年》;由四川省地方志编撰委员会编撰,四川人民出版社1999年2月出版的《四川省志·文物志》;由四川省文物管理局编,四川出版集团·巴蜀书社2005年11月出版的《四川文物志》均认同"资阳人"是旧石器时代。这就是说,中央政府部门和省级政府部门主编出版物一致肯定"资阳人"是旧石器时代出土的人头骨化石,距今40000年。这就大锤定了音,无可争议了。

2014年1月18日,国家考古权威部门在资阳召开"资阳人与中华文明溯源研讨会"上的总结暨新闻发布会宣布,"'资阳人'在40000年前就具备了思维特征……树立起了人类智慧人的里程丰碑。"

四、资阳人古迹相继发现

2010年7月至9月,四川省文物考古研究院对简阳市简城镇龙垭村遗址进行抢救性发掘,出土有哺乳动物骨骼、牙齿、角化石标本180余件,初步鉴定动物化石不少于6个属、15个种,主要有东方剑齿象、中国犀、鹿、牛、羊、猪、獾、竹鼠等,东方剑齿象个体至少有3头,数千计的动物骨骼化石碎块。遗址出土石制品700余件,主要有石核、石片、砍砸器、锛形器、刮削器、尖状器和石球等。制作技术以锤击法为主,另有少量砸击法。

遗址还出土三枚骨、牙钻孔坠饰。可见我们的祖先是何等的聪明,而且,有着与现代人一样的爱美观。

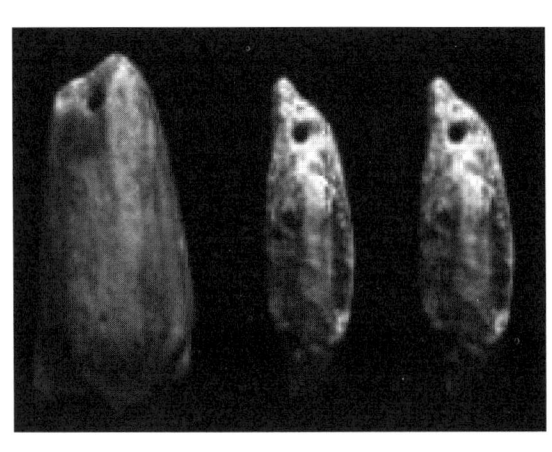

资阳钻孔骨坠(转自四川省文物管理委员会《四川资阳等县石器时代文化》)

资阳人

这一系列出土文物,智源祖看在眼里,喜在心头。她对资阳人的不断创新、开拓发展感到很欣慰。

"哦!新石器时代的东西也被挖掘出土了。"智源祖惊喜地看到一批又一批她后人的出土文物。这些文物好像就是她的后人们,对她敬重的静静地望着,欢迎她的接见。

1980年末,北京大学历史系考古教研室、四川省博物馆等考古单位的吕遵谔、黄蕴平、范桂杰、胡昌钰、曾国柱联合考察组,在资阳县小院区濛溪河、石沙子、沙嘴采集到7件新石器时代的石制工具,其中石斧5件,石锛1件,石锄1件。还有陶片、木炭和红烧土块,堆积厚达35厘米。陶片以夹砂灰陶为主,其次为灰砂红陶、泥质灰陶、泥质红陶。这些陶器中有碗、罐、尖底器,器物的口沿有侈口、直口、敛口三种。从中可以看到当时人们从事生产劳作的场面,似乎已经形成先进的族群生活了。

1985年在保和镇花溪村、资阳南门兰家坡出土新石器,为公元前18000年至前5000年的文物。

在资阳县、简阳县发现多处汉墓,出土大批文物,其中青铜汉马最为耀眼,工艺精湛,形象逼真。

2005年12月在雁江区雁江镇资溪村的建筑工地上,伴随着挖掘机、运土机发出的阵阵轰鸣,数座东汉初年的墓葬出露。经四川省文物考古研究院、雁江区文物管理所联合挖掘,一件深埋地下约2000年的震惊考古界的汉代青铜车马被挖掘出来,重见天日。我们可以从中看到两千多年前先人们出行的真实的场景,也可以看出当时的青铜冶炼、铸造的工艺是多么精湛啊。

西汉铜车马挖掘现场(孟基林供稿)

西汉铜车马挖掘现场(孟基林供稿)

智源祖整天很忙碌,因为资阳大地上旧石器、新石器不断被挖掘出来,她得去看看。2002年至2012年期间共清理了36座古墓,出土文物405件,资阳地区出土文物约2万多件。

智源祖的亲朋好友四处见,她屡会亲朋好友,既忙碌又好心欢。

五、复原"资阳人"像

"资阳人"的发现在中国乃至世界的考古界、人类史学界都有着重要的意义。"资阳人"的发掘是由新中国的专家独立完成的,是我国发现的为数极少的早期新人之一,是南方人类的代表。"应该把'资阳人'复原,打造成一张过硬的文化名片。"这是多年来资阳人的夙愿。

先是资阳中学生物教师李琮复原"资阳人"头像,继而孟基林和廖飞平复原了"资阳人"的像。

(一)李琮老师带领学生复原"资阳人"头像

资阳中学教生物老师李琮爱摄影,喜欢美术。

1986年春,四川省科委、科协通知举办青少年科技小发明奖活动,资阳中学按学科分组参与。在高八三级生物教研室师生会上有人提出,我们生物组的活动，应该具有专业特色和地域特色，可否复原"资阳人"。于是，让李琮老师负责指导高三学生一起完成，他组织11个同学开会，大家信心百倍，分工由组长、副组长负责搜集资料，组长吴国清同学到成都走访专家，在四川省博物馆、省图书馆查阅资料一周，人类学家秦学圣很支持，鼓励学生大胆放手去做这个前人没有做过的事情，把资阳人复原头像搞好。

与此同时，李琮在资阳文化馆借得裴文中、吴汝康撰写的《资阳人》书回学校仔细研究，精确测量资阳人头骨复制品各部位尺寸，又找来法医书参考人的面部特征、解剖结构，反复推算。这时，同学们找齐泥土，开始复原头像。李琮在第一阶段，放手让学生去做。毛坯出来了，同学们不好插手，怕有闪失，李琮花了四十几天时间，捏呀塑呀，期间广泛听取了学校历史、政治、生物老师的意见和建议，他一边修改，一边报省科委在人民南路科技大楼展出。本来通知提前交，可是泥塑未干，只好等开展前夕送展。

8月初，作品送展，接待者说："你这个人类复原头像，不是简单的东西，要专家才说得清楚。"于是，立刻请来省文物管理委员会秦学圣。秦先生带着仪器来测量，问学生在什么情况下考虑复原资阳人的，李琮回答是生物组决定参与省科委号召，组织学生搞科技小发明。又问是谁操作的，按规定学生参加省级以上竞赛获奖者，高考加10分。李琮为了学生获奖，强调是青少年作品，是自己指导小吴等学生完成的。秦学圣说：这个是首创，我所知道还没有复原的资阳人头像。科学的东西要科学对待，更要多个专家研究才可评价确定。科委坚持评一等奖，秦学圣认为："既然资阳人头像复原是首创，就该留有余地。如果评一等奖，作品应该交北京，全球专家可以研究。那样，万一闪失，有损国家科技声誉。建议评为二等，进退自如。"于是一锤定音，《四川日报》进行了报道，影响深广。

（二）孟基林、廖飞平合作复原"资阳人"像

为了对"资阳人"头骨有直观的感受，在区文化局副局长刘长青和区文管所所长周永东的支持下，孟基林和廖飞平到文管所，打开了管藏文物——"资阳人"头骨化石复制件，进行全方位拍照，测量数据。

经过几天的图文资料研究分析，画草图，"资阳人"复原工作开始了。现存的"资阳人"头骨化石只有眉骨以上的上脑部份和一颗牙。资料显示，"资阳人"为50岁左右的女性，在"资阳人"发掘地现场，有大量的亚洲象、犀牛、箭猪、水马、鱼等化石。

一个人类祖先复原像的形成，除了忠实于他的个体特征外，更应该考虑他的环境特征、区位特征和精神风貌。严格说来，人类始祖复原像应该是一种概

念性形象，他应该展示这类人的精神风貌、人文特征、社会学和美学意义

对于"资阳人"在人类史上的进程性特色，他们参考了"北京人"、"山顶洞人"复原像。"北京人"更具有古猿人特征，"山顶洞"人具有现代人特征，而"资阳人"介于两者之间，她更倾向于现代人，是旧石器时代晚期新

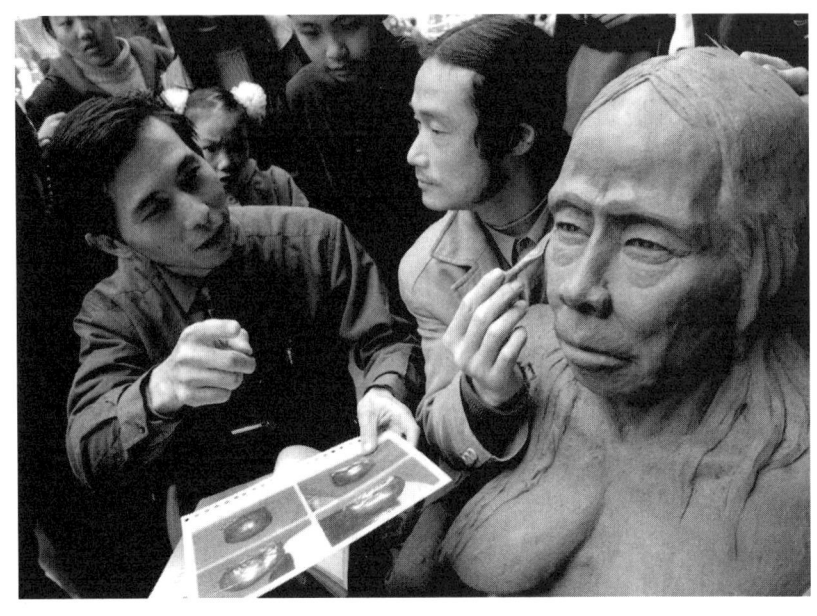

孟基林和廖飞平研究复原"资阳人"像（孟基林供稿）

人。个体特色是顶结带、额结节突出，眉嵴显著且相连，前额狭窄，鼻根部高而狭窄，是典型的南方人特征。

他们还多次访问了资阳中学生物老师李琮，了解在这之前复原"资阳人"像的构思和技巧。

他们认为，"资阳人"复原像应具有以下特征：一、男性化特征。在当时生存环境极为恶劣的情况下，男女体型特征应当是很小的。二、刚毅的特征。要同猛兽和大自然作斗争，没有刚毅的性格，仅存纤柔之躯绝不行。三、王者风范。可以设想，50岁的她应该是一位德高望重的部落首领，面对猛兽或异族的侵袭，她显得胸有成竹，指挥若定。四、年富力强的"资阳人"形象。五、母亲形象。50岁的远古女性，她应该是南方人类乃至中华民族共同的母亲。六、美感特征。刚毅、王者风范、年富力强且饱经沧桑，和她在古人类史上仅有的女性特征，最终体现在一个美字上，美是沟通世界的桥梁。对照图片，研究资料，大胆设想，小心求证，反复修改。

当润泽而散发着泥土芳香的"资阳人"复原像神灵活现地立于街头时，过往的市民们惊呆了，有直呼"猿人"的，有准确地叫出"资阳人"的，特别是大批中小学生，也许是真的老祖宗回来了，他们倍感亲近，审视中流出率真的表情。而许多一二年级的小学生，看见半身赤裸的"资阳人"复原像，来去都要高呼一声："您好，大奶奶！"显示出十分纯正的依恋之情。

孟基林和廖飞平复原的"资阳人"像
（孟基林供稿）

关于展示"资阳人"性别特征的丰满胸脯，人们无一不尊重他们的创作初衷。首先要尊重史实，远古"资阳人"夏天赤裸上身是自然的；其次，"资阳人"复原像既是史学复原，又是艺术创作，应当按照美的法度适当艺术加工；其三，丰满而略显下垂的双乳，可以准确完美地体现慈祥可亲的母性形象。

"资阳人"复原像泥塑小样完成后，首先引起了新闻媒体的广泛关注。《四川日报》、《资阳时报》、《雁江报》、资阳电视台等都作了报道。市区宣传文化部门的领导和同志也先后亲临现场，关心"资阳人"复原像的情况。市文化局局长吴秀英亲临工作室后，十分激动地说："资阳人"的复原，是资阳文化界一件大好事，应当以此为突破口，形成一套完整的方案，从复原像入手，完成群雕、组雕和资阳历史名人系列雕塑，作为博物馆、文化广场、"资阳人"主题公园的主体形象，力争三到五年时间打造出资阳文化品牌。

"资阳人"复原像泥塑小样的完成，只是"资阳人"系列创作过程的第一步，但这是关键的一步。它不仅让40000年前的远古资阳人有了概念性的形象，填补了"资阳人"研究史和历史教科书上无具体形象的空白，而且为提高资阳整体外宣形象，修建"资阳人"博物馆、建设城市雕塑、文化广场提供了实体形象。资阳人有了真正的属于自己的祖先造像，也是中国南方远古人的代表形象。

通过他们的共同努力，一旦"资阳人"全身像、"资阳人"战洪荒抗猛兽群雕像、资阳系列历史名人雕像都完成时，配合资阳市委、市政府提出的建设"文化生态"城市的总体目标，将之收入馆藏，立于街头和文化广场，或建成"资阳人"主题公园，资阳城市是何等气派而富历史悠久的文化气息！资阳市民是何等骄傲和自豪！一座文化底蕴深厚、特色鲜明的新兴资阳城将突现于全国城市之林。

人们期待这一天，并愿同有志之士一起为之不懈努力。

六、众星功绩刻金榜

（一）金榜上的众星

1951年3月，春寒未消，当张圣奘教授从刺骨的泥浆里捧出那具远古人类头骨化石之时，独具慧眼的张教授是何等激动，这一重大发现立刻引起当时的新中国高层领导人兴奋、自豪和重视。

1951年，郭沫若组织的北京中国古脊椎动物研究所裴文中和重庆大学张圣奘教授、任朝凤同学，西南文教部晏学、蔡佑芬，西南地质调查所李柏皋，西南博物院徐鹏章，重庆市文化局何九思等人赴资阳复察"资阳人"出土事，做出了重要的贡献。

1953年，中科院主持了人头骨化石学术讨论会，会上张圣奘教授和裴文中都做了重要发言。会后，张圣奘作为周恩来在天津南开中学的同学，北大时毛泽东友人，他在周恩来陪同下应邀到毛泽东家做客。

毛泽东详细地询问了资阳人头骨化石发现情况后说：这是国宝啊，你发现了迄今为止的中国第三颗人头骨化石，对中国、对世界都是很大贡献。今天，我和恩来请你吃一餐便饭，一为我们同学一场，二为你为国家做出的贡献。

张圣奘说：主席和总理对中国的贡献才是彪炳史册的。张圣奘告诉毛主席，他十分喜爱主席的诗词，并即席朗诵了毛泽东的词作《沁园春·雪》。

毛泽东说：谢谢老朋友对我诗词的厚爱。

张圣奘在北京被毛泽东、周恩来接见，给他留下难以忘记的印象。

从党和国家最高领导人到广大民众都关心、关注、关爱资阳人。众多科研工作者、考古学家、人类学家对资阳人付出了极大的心血。他们迎着寒风、不惧冰冷，他们冒着风雨，不顾衣服湿透，他们头顶烈日，不怕流汗，勤勤恳恳、任劳任怨、艰辛挖掘、潜心研究资阳文物，对资阳人做出了突出贡献，可谓劳苦功高、成就卓著，应该金榜题名，永铭功臣们的英名。

他们是发现资阳人的张圣奘、王德云、诸俭、杨长熙和筑路工人。

他们是中国科学院院长郭沫若组织的人类头盖骨小组成员：北京古脊椎动物研究所裴文中教授、张圣奘、任朝凤、晏学、蔡佑芬、李柏皋、徐鹏章、何九思等人。

他们是在科学出版社出版《资阳人》论著的裴文中、吴汝康。

他们是撰写《我发现"资阳人"始末》的张圣奘。

他们是在英国刊物发表《第四纪科学评论》论文，确定资阳人为40000年前旧石器人的魏光飚。

他们是挖掘、发现资阳人B地点石器、骨器的重庆自然博物馆李宣民等专家。他们还发现一只水鹿角与"资阳人"A发掘品成对，一件有孔的石珠填补了世界考古史上的空白，大量的打制石器弥补了张圣奘、裴文中教授在"资阳人"A发掘点的内容，丰富了"资阳人"已具高智商人类的物证。

他们是 ^{14}C 测定"资阳人"为40000年前和39300年±2500年的四川省地质局航空地质队的李洪云和中国科学院古脊柱动物与古人类研究所的黎兴国、刘光联、许国英、王福林等5位专家。

他们是在《人类学学报》上发表《资阳人B地点发现的旧石器》，考定资阳人为39399年±2500年前的新人的李宣民、张森水。

他们是历时十几年研究资阳地质底层，1974年在考古学报发文提出地学史上资阳期这一概念，被人引用、同意而确立的刘兴诗。

他们是发现、确定、命名鲤鱼桥文化的北京大学历史系考古教研室吕遵谔、黄蕴平，四川省博物馆秦学圣、胡昌钰、范桂杰，资阳县文化馆曾国柱。

他们是北京大学、清华大学、重庆自然博物馆、吉林大学、四川大学、四川省地质理论研究所、成都地质学院等单位的考古人员为"资阳人"研究做出了卓越贡献。

他是一直关心、研究"资阳人"并做出积极贡献的黄振富先生。

他们是一直关注、宣传资阳人的媒体《人民日报》、新华社、《解放军报》、《科学出版社》、《中国科学院古脊椎动物研究所甲种专刊》、《人类学学报》、《光明日报》、《四川日报》、《成都晚报》等传媒。

多年来，许多专家前来"资阳人"发掘地和鲤鱼桥做考古调查。

多年来，有大量的"资阳人"研究文章见诸报刊和出版书籍。诸如中国社会科学院考古研究所编著、文物出版社1984年6月出版的《新中国的考古发现和研究》；吴汝康、吴兴智主编，上海科技出版社1999年10月出版的《中国古人类遗址》；湖北省文物考古研究所李天元著，武汉大学出版社1990年7月出版的《古人类研究》等等，这些著作都介绍或重点推出了"'资阳人'及其相关文化"。

多年来，关心、研究"资阳人"的努力从来都没停止过。

挖掘、发现、考查、研究、关心、热爱"资阳人"的专家、领导和工作者对"资阳人"做出了重大贡献，对人类的发展史研究起到了重要作用。

他们的名字应该刻在金榜上。

（二）光灿明星张圣奘

刻在金榜上的光辉灿烂的明星，首推"万能教授"张圣奘。

可他的名字，现在已没有多少人记得——

张圣奘诞辰100余年了。这位闻名遐迩的学者，在四川生活了半个多世纪，对巴蜀文化建立了功勋，值得我们深深缅怀。

张老的一生，用几个数字可概括一二：

他是考中官费留学生的南北方两个状元之一。

他分别获得英国牛津、德国莱比锡、美国哈佛文学、医学、法学5个博士学位。

他1929年奉电召回国后在上海同时担任复旦、震旦、交大、圣约翰、持志5所大学教授。

他精通9国语言和文字，著书16部。

他能教28门课程，曾为蒋介石讲授《易经》。

他受西南文物局之托调查文物，在发现距今40000年前的"资阳人"头骨化石过程中历经艰辛、尽职尽责，建立了不可磨灭的功勋。

他在四川生活了半个多世纪，为巴蜀文化的发展、繁荣立下汗马功劳。

我们摘编徐伯荣老先生于2004年12月31日在《四川日报》发表的《"万能教授"——张圣奘》一文，以示对张圣奘、徐伯荣两位老先生的追思。

张圣奘生于1904年，是湖北蒲圻人，出身于名门望族；系明代名臣张居正第13代孙，父亲张绍欣是前清的蒙古都统，母亲是民族英雄林则徐的孙女。他自幼跟随叔父北洋政府总理张国淦长大。中学时就读于天津名校南开中学，与周恩来同班4年；进入北京大学后，又曾两次相助毛泽东，而与毛成为挚友。

1929年，在获得国外名校的5个博士头衔之后，张圣奘被电召回国，由国民党教育部聘为部聘教授，但爱才心切的张学良将军，执意将他聘去东北大学任教。

受刘湘之托办《新四川报》，1931年"九一八"事变后，日本军队侵略东北三省，张圣奘重返上海。四川总督刘湘派财政厅长刘航琛、建设厅长何北衡、

资阳人

四川驻沪办事处主任范崇实代他邀请张圣奘入川创办重庆大学,此三人都是张圣奘在北大时的同学,同学之间盛情难却,张圣奘于是接受刘湘邀请来到四川。

在刘湘为张圣奘接风洗尘的宴会上,有潘文华、王陵基、唐式遵、李公度等将领作陪。刘湘介绍说:张圣奘替他在重大总揽教务,目的是为四川培养人才。仲三(潘文华)提出的"川军知识化战略"很好,川军不能永远是"睁眼瞎"。何应钦骂川军是草寇,虽伤了我们的心,但对我们是一种激励。刘湘一番肺腑之言,感动了张圣奘,便在重大任教,担任商学院长。

"二刘"(刘湘与刘文辉)大战后,刘湘统一了四川,结束了军阀混战局面,做了总督。为了疏通政府与下属之间的矛盾,使政策法规在川内能够顺利施行,刘湘决定办报,张斯可力荐张圣奘。刘湘便将张圣奘由重大请到成都,住在刀子巷刘湘公馆。

当张圣奘明白要他筹办《新四川报》时,一再推辞,说他从未办过报纸,怕辜负甫公厚望。张斯可却认为他文笔好,又是湖北人,对全川事务旁观者清,能持公平态度,且又有朋友多、人缘广的优势,这些都是许多人望尘莫及的。张斯可还有个私心,就是他打听到蒋介石刚任命贺国光为南京政府驻川参谋团主任,张圣奘是贺国光的表弟,名望大,由张圣奘办报会减少许多南京政府对川人的纠缠。张圣奘不知其中奥秘,推辞不过也就应承下来了。有一天,张圣奘随同刘湘回公馆,走至街口,把藏在内心的话说了出来,认为刀子巷之名多有不祥,不如改称"多子巷"。刘湘立即应允,让手下换牌,至今蓉城仍有多子巷在。

贺国光明为南京政府参谋团主任,实为蒋介石钦差。入川上任后张圣奘也去见了表哥,向贺国光讲述了筹备《新四川报》的诸多困难。贺国光当场拍板,赠送表弟4台印刷机,立即从上海启运,解决了张圣奘最大的难题。贺国光入川行使监视权,一听张圣奘办报,慷慨捐赠,其实是想让蒋介石的影响通过这报纸渠道,打破刘湘一统四川的局面。贺国光是"双赢",张圣奘却蒙在鼓里。1933年《新四川报》问世,张圣奘以他的才华成为公众人物,军界政界为他提亲者纷至沓来。但事实上,张圣奘在杭州时已有婚约,其岳父喻常霖是清末最后一科榜眼,曾任日本公使,未婚妻喻灵隐即将在上海圣约翰大学毕业。频频的人做媒,张圣奘难以应付,于是1936年春,张圣奘向刘湘递交了辞呈,回到上海与喻女士结为秦晋之好。

张圣奘二次入川当"万能教授"。1937年"七七事变"之后,日本兵源源不断从杭州湾金山卫踏海登陆,切断南京至上海的通道,上海成为一座死城。张圣奘携妻流亡到了武汉。在武汉四川办事处找到范崇实。范告诉张圣奘:刘湘坚决抗击小日本,统率50万大军出川作战积劳成疾,正在武汉万国医院养病。

张圣奘偕妻拜访了刘湘。刘湘谈了时局后，请张圣奘回重大执教，待赶走小日本后，回川再作安排。张圣奘不曾想到，这次竟是和刘湘的永别。

张圣奘二次入川后一直在重大任教，抗战时期还在中央大学等12所大学兼职。他先后教过的有德语、法语、英语、俄语、阿拉伯语、日语、美学、法学、神学、比较学、经济学、商业管理、古代文学、现代文学、明史、清史、哲学、应用数学、内科学、妇科学等28门课程。中央大学校长罗家伦尊称他为"万能教授"，说中央大学缺学科教授时，只要给张圣奘讲一声，心中就笃定了。抗战胜利后，在内江学生的鼓动下，张圣奘接替了北大同学王恩洋，将佛学院改为雅风学院，下设三院一系：文学院有中文系、哲学系、历史系；商学院有工商管理、会计统计、银行系；工学院有盐业化工、岩盐工程、应用数学；此外还设了物理系。张圣奘根据地方需要培养人才，雅风的办学基金大部分来源于自贡商家。张圣奘说，我们要办的是一所实用性大学，他动员了重庆许多知名教授轮流到雅风学院传道授业。来内江授学的有何鲁、范时中、丁洪范、吴梅、邓孝如、张默生、梅运漠、钟子居等。钟子居教授本是内江人，他又邀请了数十名教授前往，支持雅风学院一直办到解放。

抗战期间，蒋介石迁都重庆，张圣奘和马寅初二人受命为蒋介石讲课。马寅初讲经济学，要求四大家族缴纳资本税，激怒了蒋介石，蒋竟把自己的老师秘密关押在贵州息烽。张圣奘为蒋介石讲《易经》，才幸免于难。马被关押，重大师生哗然，便筹备为马老60诞辰祝寿，但被教授部禁止。张圣奘义无反顾支持学生，在祝寿会上代表重大师生发表讲演，为马寅初辩护，颂扬马老以国家民族利益至上的气节。张老此举赢得社会好评如潮，这是他在抗日时期流光溢彩的一笔。

1954年，张圣奘出任四川省文物管理委员会主任。后来，主编了《四川文物提要》。再后任四川省政府参事，退休后任文史馆特约馆员。1976年粉碎"四人帮"后，张老心情愉悦，诗兴大发。张圣奘感其毛泽东珍惜同学情谊，效法苏东坡和诗陶渊明的榜样（在古代文坛，陶渊明一生写多少首诗，苏东坡便和了多少首诗，已传为佳话），也和毛泽东的诗词。毛泽东公开发表的诗词37首，张圣奘以5比1和之。共之和诗185首。张老喜诗，对巴山蜀水、人文轶事，都写有诗歌，并且常常怀古述怀，一生共著诗1700余首。当他得知资阳决定筹建"资阳人"博物馆后，应资阳方面的约请，欣然为发现资阳人头骨化石一事撰文，以释民众悬念。此时张老已病卧床榻数日，在视力十分模糊的情况下泼墨挥毫，字字珠玑，写完1000余字的《我发现"资阳人"头骨化石始末》一文。写罢此文，像完成了人生重负，一个多月后便与世长辞，时年90岁。

张老入川近60年，对巴蜀文化所做的贡献，令人感慨万千，敬佩不已。

第二章

智慧基因第一人 文化丰碑永世传

资阳人发现价如天

国家文物局、四川省文物局通过国家和四川省等史学权威研究机构和几代考古院士等众多考古专家，经过半个多世纪数次运用历史唯物论和辩证唯物论思想，自然科学的研究方法，考古学的研究法则，现代化的研究手段，高端的测试仪器对"资阳人"头颅结构进行了科学测试、分析、研究。尤其是跟克罗马农人、尼安德特人、爪哇猿人、蒙古人、北京猿人头颅结构进行对比研究、测试、分析后指出："资阳人"为40000年的智慧人。"'资阳人'的情形介于中国猿人与现代人之间"，"中国猿人经'资阳人'到现代人"，"资阳人"是最早现代人。

"资阳人"是人类智慧人的里程碑，"为蜀国始祖"（张圣奘 语），"是中国最早的现代人代表"（吴汝康 语），是华夏文明一摇篮；"资阳人"证明人类起源之一在东方，佐证世界文明起源之一在中国，华夏文明是人类文明一源泉，否定了世界文明起源于西方的"西方文明中心论"。

"资阳人"的价值之所以有如天之大，她不仅是智慧人类里程碑，把中华文明推进到40000年前，把世界智慧人类文明的起原和中心转移到东方的中国，而且，把人类遗迹追寻到几万年前。"资阳人"的祖根可追溯到十几万年、几十万年、几百万年，甚至千多万年前。尤其是"资阳人"与巴蜀人类史200多万年前的巫山猿人有千丝万缕的承传关系，与1500年前的中国西部古猿有说不清楚的关系。"资阳人"的问世，为研究智慧人类、为追溯远古人类根脉有不可估量的作用。

——主编撰手记

第一节

人类祖先四处有 文化基因多地生

主编撰手记：众多权威考古专家指出：人类祖先和人类文化基因始祖不只是一个，应是多个。好几万年前的远古人类在发展中因生存环境各异，对外交往被高山、海洋、沙漠等险峻障碍阻隔，相互间影响几乎全无，但是在进化中都在相差不太长久的时段中发展出相似的特征，并星点棋布地出现在适宜其生存的地球上。"资阳人"和尼安德特人等人类文化始祖基因根脉都是在各自的生存环境中发展起来的。异地相同性理论和实证佐证了这个史实。天时、地理、自然环境相同，哪怕相隔几万里之遥，也可能产生同样的生灵。

一、"资阳人"等人类文化基因始祖，是在多地的各自生存环境中发展起来的

（一）从人脑结构进化研究看，"资阳人"与尼安德特人相似，但几乎无相互影响

前面说过，著名的中国老一代权威考古学家吴汝康在研究"资阳人"头颅结构之后，跟欧洲的克罗马农人、欧洲和西亚的尼安德特人、南亚的爪哇猿人、北亚的蒙古人、东亚的北京人头颅结构进行对比分析后指出：

在"资阳人"、尼安德特人和大猩猩中，颧突的前面都稍微隆起。在现代的澳洲土人中，最普遍的是中国猿人相似的低而弯曲的形式，直的形式则罕见。

由颅盖高指数、前囟位指数、前囟角和额角的数值。也可以确定"资阳人"是早期的新人类型，比欧洲的克罗马农人和中国的山顶洞人原始，是中国至今已发现的最早的新人化石。

有人提出中国人的头脑结构跟尼安德特人相似。可相似不受尼安德特人影响。

（二）在四万多年前相互间被险恶的地理隔绝，难以相互影响

李四光等著名地理考古学家指出，当今的地球形态和表面结构，是第四纪冰川期间大震荡形成的。从现行的地球表面形态和结构看，正如前面说的，中

国北部、西部、南部不是鸟飞不过的数座大山脉，就是猴过不了的几个大沙漠，还有滔滔险恶的数条大江。这些都是远古西方文明难以或者不可逾越的大障碍。

四川盆地外围各类地势险恶，不是高山就是沙漠，诸如阿尔泰山山脉、天山山脉、阿尔金山、祁连山、昆仑山山脉、唐古拉山、冈底斯山、喜马拉雅山脉、横断山脉，还有古人越不过的塔克拉玛干沙漠、柴达木沙漠、腾格里沙漠、内蒙沙漠等大沙漠，不但如此，还有怒江、澜沧江、金沙江等多条大江阻隔。

在四川盆地西部国外的印度北面、巴基斯坦、阿富汗、塔吉克斯坦、吉尔吉斯斯坦等国家都是山高岭峻，地势险恶。再往西部是中东的几个大沙漠和红海、印度洋、中国南面的太平洋等阻隔。这些都是古人难以逾越的天然屏障。

爪哇人的头部结构跟"资阳人"相似，但晚于"资阳人"，这是不是"资阳人"的遗传基因呢？有可能是。因为"资阳人"可以顺江而下，趁第四纪冰期越过太平洋冰面到达爪哇。但爪哇人到资阳就难了。

前面说过，魏一平在《中华文明探源工程十年·寻找中国之始》的文中说："中国所处的大环境具有明显的内聚性。东部面临太平洋；南面和西南面同南亚地区有高山分隔；西部和北部边境有帕米尔高原、天山、阿尔泰山等山地，且多戈壁沙漠；北面为高寒地区。这使得中国与世界其它文明起源中心存在巨大的地理障碍，因此，古文化和文明的自成体系也就理所当然了。"

（三）异地相同性理论佐证，人类始祖是多个

人类始祖多个，人类文化起始基因是在多地的各自中发展起来的。

谭继和说：古巴蜀地区从旧石器时代开始就已具有文化形成和发展的多元性与多途径，这是巴蜀旧石器和新石器时代文化面貌最重要的特点。资阳人头骨化石是 50 岁以上的女性，是早期的真人类型，是继北京猿人之后重要的头盖骨发现，"比欧洲的克罗马农人和中国的山顶洞人更原始，是中国至今发现的最早的新人化石。"

异地相同性理论和实证佐证了这个史实。天时、地理、自然环境相同，哪怕相隔几万里之遥，也可能产生同样的生灵。不同地域出现的两人，极似同胞兄弟，查他们十八代都无血缘关系，可他俩人长得像一人。这就是异地相同性理论和史证证实的。

（四）中国古猿和古人八百万年来发展绵延不断，自身发展

前面说过，中国考古学家发现了上百处古人类化石地点以及 300 余处旧石器时代文化遗址。专家们认为从 800 万年前云南禄丰古猿，到 40000 年前的"资阳人"，使中国成为世界上古文化最绵延紧密不断的国家，也是最有希望找到更早的古人类化石的国家。

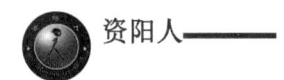

中国史学界等一些专家对中华民族是在自身土地上发展起来的，中华远古文化、文明是华夏民族自己所创的的观点有许多论述，综合起来可以概括为："资阳人"的发现，进一步佐证了中华民族是在自身的土地上起源、发展的。因为"资阳人"的发现把中国人的发现一代代地延续了下来，中间没有断代。特别是以北京人为代表的直立人到现代中国人，中间没有间断，是呈河网状不断推进，附带少量杂交而来的，因此中国的现代人类起源于本土的晚期早段智慧人。旧石器时代相当于更新世时期，时间距今约 300 万年至 1 万年，这就说明中国旧石器是在本地打造的。

二、"资阳人"是人类文化根脉一亮点

人类文化根脉不能只在一点，应是多元，始祖也应是多个。"资阳人"应是中华文明一始祖。

前面说过，国家和四川省权威史学机构召开的"资阳人与中华文明溯源研讨会"总结指出：经过 10 多个考古、史学研究部门的几十位专家，60 多年来依据多批文物的研究、考证的 6 次结论和今天一天的讨论，我们可以认定"资阳人"在 40000 年前具备了思维特征，初始了用智慧进行生息和斗争的史实，"在发展大脑由知识变为智慧方面，起了筚路蓝缕、开拓创新的作用"，是人类始用智慧生息、斗争的智慧人里程碑，是远古人类文化先驱的杰出代表，确实占有远古人类始创文化、积累和传承文明基因的关键地位，是人类文化基因根脉的起始祖，是现代人文明基因的孵化摇篮，是现代人知识、智慧和经验产生的发端。"资阳人"奠定中华文化起源基因和文明基因根脉及活态传承的坚实基础，拓创出了远古文明摇篮较为丰富的内容，开创出远古文明的雏形。成为人类智慧人的杰出代表，树立起了人类智慧人的里程丰碑。

伴随"资阳人"出土的大批石器、骨器，特别是骨针、穿孔石珠、鹿角等文物告诉我们，"资阳人"在 40000 年前始创了热食文化、制衣文化、妆饰文化、改进工具文化、集体采集文化、狩猎文化、组织指挥文化、结绳记事文化、观天象文化等，开创出人类最早的一块文明乐域。资阳就是中华文明的源泉、发祥地和摇篮！

说 40000 年前"资阳人"的开垦地是中华文明的源泉，是因为那时"资阳人"的生息和斗争已经产生了精神文明和物质文明，符合人类文明和中华文明源泉星光灿烂的这个史实。

资阳人

第二节

人类智慧人里程碑　文化基因始祖人

资阳人树立起人类智慧人里程碑，造就中国最早新人。

"'资阳人'的雏形介于中国猿人与现代人之间"，中国猿人经'资阳人'到现代人"，"资阳人""是最早的现代人代表。"

——吴汝康

资阳人类化石顶骨后下角外表面的角圆枕。这是资阳化石头骨在维护中国古人类连续进化学说上有其贡献的一个形态特征。

——吴新智

"资阳人"是人类文化基因根脉一始祖。

资阳人的发现历史，不仅是中国发现的唯一的早期真人类型，也是旧石器时代晚期早段的真人类化石，更是南方人类的代表，而且还是中国古人类发现中的唯一的女性。《资阳人》书稿依据现有的考古资料，结合各个方面的研究成果，努力地、创造地展示了以资阳人为代表的旧石器时代晚期早段智慧人的生产和生活，这是《资阳人》书稿的第二大亮点，我们称之为复原文明。

——宫长为

"资阳人"是人类进化史中智慧人的里程碑，是对"资阳人"头骨化石价值的肯定，是对"资阳人"在"从猿到人"的演化过程中，特别是在中华大地上最终完整地构建了"从猿到人"演化序列所处的重要位置的肯定。

——胡昌钰

史学专家论点综述：

"资阳人"之所以是人类智慧人的里程碑，是因为直立人发展到"资阳人"阶段开始产生思维，初始用智慧生息、斗争，是"我们现代人知识智慧和经验产生的源泉，也就是说'资阳人'是活动在巴蜀区域的几万年前人类文化先驱的代表。"

史学界权威专家们还认定"资阳人"是中国最早现代人。专家们在这里说的"现代人"是史学素语，也就是"新人"，又说是"真人"，"代表旧石器时代晚期早段智慧人生产和生活"等文明水平状况。这种结论不是凭空臆造的，而是中国科学院古脊椎动物研究所的权威专家吴汝康等用科学手段经过认真测试、分析"资阳人"头骨的各部分生理结构基本特征与现代相似之后得出的。况且，资阳人在40000年前使用过的骨针、穿孔石珠、薄石片和鹿角证明，资阳人那时已经用智慧制作较为实用的工具，用智慧生息斗争，始创了工具文化和文明、服装文化和文明、妆饰文化和文明、取火热食文化和文明、组织指挥文化和文明等。所以专家们一再肯定"资阳人"是最早的现代人代表，是我们现代人知识智慧和经验产生的源泉……几万年前人类文化先驱的代表。"'资阳人'确实占有巴蜀地区和人类先古创造文化和积累文明基因的关键地位"，确实建立起人类智慧人的历史丰碑。

一、从分析人类发展史看出，资阳人是人类智慧人里程碑

考古专家论点："资阳人"使人类进化序列图从模糊轮廓发展到清晰完整，基本上明确了中华大地上人类进化的序列。说它是继"北京猿人"之后，"从猿到人"进化史上的又一重大发现，说它是人类进化史上的智慧人里程碑，当之无愧。直立智人在"资阳人"前有思维萌动，但没形成思维，更没进化成经验。到"资阳人"时代形成思维和经验，萌发成智慧，开始用智慧进行生息。

"资阳人"的发现，轰动了神州大地，震动了世界。它不仅为"从猿到人"的伟大学说提供了强有力的证据，为人类进化史的研究高潮推波助澜，"资阳人"的发现，还为古老中华文明的形成找到了又一新的根源。

"资阳人"距今40000年，处于人类演化五个阶段中旧石器晚期早段，是我国最早发现的旧石器晚期早段中，时间距今最远、保存状况最完整的人类化石，是我国智慧人的里程碑，它代表了中国境内人类进化五个阶段的重要一环。

"资阳人"这些石器看似简单、粗笨、原始，但其中隐含了古人类开发利用自然资源的技术与能力信息，反映出先民适应生存的智慧和方略。

——高星

"资阳人"不愧为人类文化的先驱。就人类文明起源而言，"资阳人"亦不愧称为人类历史上的一座里程碑。

——胡昌钰

在成渝铁路修建中，逢山开路、遇水架桥的炮声，惊醒了在地下沉睡了数万年的"资阳人"，她破土而出，重见天日，焕发异彩，惊动全球。

资阳人的发现在人类学和考古学上有极重要的价值，"对于中国人类的起源和中国旧石器时代人类的分布，提供了新的史物资料"。

翻开人类发展史，从猿到人的进化过程长达数百万年，在浩渺的时空和广袤的大地上，树起了一个又一个里程碑。

按照人类学家的划分，人类发展过程分为三个阶段，即：猿人、古人和新人。猿人又称为直立人、尼人，新人又称为晚期智慧人、克罗马农人。后来又划分为直立人（猿人）阶段、早期智慧人阶段（古人）、晚期智慧人（新人）阶段。有的把晚期智慧人称为现代人。

智慧人的学名 Homosapiens 来自拉丁语，其中 Homo 的意思是"人"，sapiens 的意思是"智慧"。Homosapiens 的意思就是"智慧人"。

资阳人时期，树立起的是人类智慧人里程丰碑，确切地说是人类晚期智慧人也就是现代人的里程碑。"资阳人"代表了这样一个时期。在她之前的各个时期都各有代表。在距今 40000 年前，巴蜀地区人类发展的代表就是资阳人了。

更确切地说，人类在 40000 年前，开始了思维的智能萌发，资阳人就是最杰出的代表。《巴蜀文化学》首席专家、四川省历史学会会长谭继和在《"资阳人"的文化解读中》强调："'资阳人'确实占有巴蜀地区古人创造文化和积累文明基因的关键地位。这个时期是原始人已经开始出现思维。思维和初级智慧的新人时期，是我们现代人知识智慧和经验产生的源泉，也就是说'资阳人'是活动在巴蜀区域的几万年前人类文化先驱的代表。"

前面说到 40000 年前资阳人使用的骨针等工具，佩带的穿孔石珠等妆饰品，吹奏、挥舞的水鹿角等指挥用具，都是有相当智慧的人才能制作出来，也只有具备一定智慧的人才能使用、佩带它，这些都充分显示了物质文明的程度，同样也充分显示了精神文明的程度。

资阳县老文馆所所长周叔勋是研究"资阳人"的专家。他在庆祝"资阳人"出土五十周年的时候发表的《"资阳人"漫谈八题》中第二、第三段谈到：骨锥、穿孔石珠等文物的巧合中充分显示出"资阳人"时代初发思维，运用智慧制造工具，使用工具，开创人类文明先河的情景。不妨转录于下：

（一）难得的骨椎与石珠

1951 年秋，裴文中教授来资阳发掘时，获得一件难得的骨椎（有的称骨针），称为"资阳骨椎"。

这件骨椎有几个特点：第一，它是用三棱状骨片制成的；第二，是经人工用粗糙的石器刮削出来的，而不是磨制的；第三骨椎的尖端短而钝；第四，骨椎呈深褐色，与"资阳人"头骨化石颜色相同，是一件十分难得的骨质工具。

这件骨椎之所以难得，是因为从它制作所用的工具和方法，以及出土后的颜色看，是属于后石器晚期的产物。当时，这种骨椎在我国是第二次发现，全世界也比较罕见。

这件骨椎之所以难得，还因为在1951年春季和秋季，先后发掘中，都没有发现一件石器，这件骨椎的发现，是直接说明"资阳人"制作和使用工具的唯一物证。由于长期使用的结果，骨椎边缘和椎尖等部位已经被磨光。

制作和使用工具，是人和一般哺乳动物的分界线，是劳动创造人的重要标志。这件骨椎的发现说明，远古时候的"资阳人"已经知道使用粗糙的石器来刮削制作骨椎等骨质工具，也知道用骨椎来缝制兽皮等做衣服，遮体御寒了。这是旧石器时代晚期远古人类生活的一特征和一大进步。

1981年暮春，在距"资阳人"化石出土西北约100米的地方，正动工修建横跨九曲河的新公路桥时，重庆自然博物馆李宣民同志闻讯前来工地考察，时达一月多。即将结束时，曾国柱同志（文化馆专职干部）约笔者一道，去县委招待所会见了李宣民。

李向我们介绍了这次考察情况和收获，他从采集的大量石器中拿出一件与众不同的石珠来，他说："看，这是一件有孔石珠，很特别，很少见"。这件石珠形状扁圆，外圆直径有4厘米多，孔眼直径约2厘米。李一面介绍情况，一面用食指戴了一下石珠，我也用食指去试了一下，紧紧的恰好戴上，好象一个玉石戒指，石质较细，黑中带蓝。只是太厚重，不太圆，也不很光滑。不过，远古人类使用非常原始的工具，能制作出如此精美的装饰品，已是匠心独具、技世超群了。

有孔石珠出土的地点，距"资阳人"化石出土的地点只有100米，两处都位于九曲河畔，关系十分紧密。因此，后来李宣民称此处为"资阳人B地点"。这件石器很可能是"资阳人"制作和使用的装饰品，由此可见，当时的"资阳人"已经初步掌握了钻孔和研磨的技术，有了装饰爱美的意识。这也正是旧石器时代晚期，人类生活逐渐进步发展的又一大特征。

骨椎是劳动工具，石珠是装饰品，虽然两者的材质不同，用途各异，但是，两面三刀者却有一个共同的特点——都是经过精心打造而成的，是远古"资阳人"的两件杰作。

（二）三个十分有趣的巧合

第一个巧合是：大量打制石器出土恰好作补充。

1951年春，"资阳人"化石出土时，没有发现一件石器。裴文中教授赶来资阳，经过30多天的发掘，在头骨化石出土附近，挖掘出土了大量的土石，仍然只发现了一件石器。难道生活在旧石器时代晚期的资阳人不制作石器？不使用石头吗？绝不可能。当年，裴文中教授只好带着深深的遗憾离开了资阳。

"踏破铁鞋无觅处，得来全不费功夫"，时隔30年以后。即到1981年春，意想不到的奇迹出现了，在"'资阳人'B地点"，李宣民同志利用修新公路挖桥基的方便，在工地上经过一月多的精心采集，获得了数以百计的打制石器，经过研究分类，其中有刮削器24件，尖状器5件，砍砸器62件、石锤1件、锤击石核15件、锤击石片57片和砸击石片面8片，共计172件。

这一百多件石器的发现恰好是"资阳人"化石的补充，是十分有趣的巧合。

后来，经过仔细的研究，得出的结论是"有可能相信，资阳人化石的年代与资阳人化石B地点出土的石器是同时"，即同属于旧石器时代晚期。换一句话说，这些石器很可能是当时生活在九曲河这一地域的"资阳人"打制和使用的石器。由此可见，资阳人制作和使用的石器，不仅数量多、种类多，采用的石材多种，打制的方法多样。

第二个巧合是：两件麂鹿角，一右一左恰巧配成一对。

1951年，在资阳人头骨化石出土的时候，出土了许多哺乳动物的化石，其中有一支麂鹿的右角，比较引人注目。

1981年，在资阳人B地点，发现一大批石器的同时，也发现了一些哺乳动物化石，其中有一支麂鹿角，恰好是左角。

两支麂鹿角一右一左，恰好配成一对，这又是一个十分有趣的巧合。

第三个巧合是"资阳骨椎"和有孔石珠恰属于同一时期的典型器物。

如前所述，在"资阳人"化石出土时，发现了一件罕见的骨椎，时隔30年后，在"资阳人B地点"却发现了一件有孔石珠，前者是缝纫工具，后者是装饰品，似乎各不相干，但是，两者都属于旧石器时代晚期"新人"的杰作，是个有代表性的两种典型器物，这不也是又一个巧合吗？

上述三个巧合，不仅有趣，耐人寻味，而且看似偶然，却有必然，值得深思，值得探讨。

省历在《十万年前的人类化石——浅谈"资阳人"》一文中指出："说起旧石器时代的人类化石，在中国已经发现了好几处。早已闻名世界的'中国猿人'（北京周口店出土），是属于人类发展史上的第一个阶段，即是旧石器时代的初期。以后又发现了人类发展史上第二阶段的'河套人'（一在甘肃，一在内蒙谷出土），是属于旧石器时代中期的。至于人类发展史上第三阶段的'山顶洞人'（北京周口店出土），则是旧石器时代晚期的遗物。从'资阳人'化石所表现的特点来看，它比'山顶洞人'还为原始。当时，由于生产力的发展，人们的社会组织已经是原始氏族公社了。在氏族制度的社会里，首先是母系的氏族社会，后来再有父系氏族社会。'资阳人'时代的社会组织，正是处于母系氏族的这一个发展阶段之中"（《四川日报》1962年1月23日第3版）。

宫长为强调：经过十多个考古、史学研究部门的几十位专家，六十多年来依据多批文物的研究、考证的6次结论和今天一天的讨论，我们可以认定"资阳人"在40000年前具备了思维特征，初始了用智慧进行生息和斗争的史实，成为人类智慧人的杰出代表，树立起了人类智慧人的里程丰碑。

二、从研究人体结构进化看出，"资阳人"是人类文化基因根脉一始祖

（一）"资阳人"头骨结构生成了人类文化基因

"资阳人"是不是人类文化基因根脉一起始祖，首先要知晓什么是文化？什么是基因？什么是文化基因？

什么是文化呢？指人类在社会实践过程中所获得的特质、精神的生产能力和创造的物质、精神财富的总和。

什么是基因呢？简要的说是指生物体携带和传递遗传信息的基本单位。一个基因是一段核苷酸序列编码蛋白质，也就是说决定特定蛋白质一级结构的是结构基因。基因又是核基因和染色体基因的同义词。

什么是文化基因？是人脑结构中生存了具有文化特性的核苷酸序列编码蛋白质，或者说发育成了具有文化特性的核基因和染色体基因。

考古专家指出：瑰丽的"蜀文明"是巴蜀地区人民长期同大自然艰苦奋斗的文化结晶。追根溯源，距今已有40000年的"资阳人"，已处于旧石器时代晚期的早段，是我国最早发现的新人，即最早发现的解剖学上称的现代人，他们用新的思维在劳动中发育成了具有文化特性的核基因和染色体基因。"资阳人"所萌生的文化基因，所创造的文化财富，正是在这些生生不息的资阳人手中不断地沉淀并世代相传的。"资阳人"文化应该是汇成"蜀文化"极其重要的一源，"资阳人"的文化基因为4万多年来"蜀文明"的形成，为中华文化基因的传承和文明的形成做出了卓越的贡献。

谭继和深刻的论证道：资阳人身体的直立和双手使用打制石器工具，使得腰椎脊骨与双手进化，这是"基因进化"。这个基因变化与资阳人的文化进化

是同步演变的。"伴随资阳人出土的大批石器、骨器，特别是骨针、穿孔石珠、水鹿角等文物告诉我们，资阳人在40000年前始创了取火热食文化、制衣文化、妆饰文化、改进工具文化、集体采集文化、狩猎文化、组织指挥文化、结绳记事文化、观天象文化等，开创出人类最早的一块文明乐域。"把这些遗物和史实对比，说明身体（尤其是双手、双脚）、工具与文化三者同步进化、互衍促变的关系。这些众多文化因素是多元性的，其中最重要的是人工取火文化、服饰文化、社会组织文化和结绳而治文化四种，在人类文化和文明进化史上起着奠基性的开拓者作用。

人工取火文化，促进人类的热食和熟食，使人彻底与动物的本性告别，使采集狩猎经济生活发生质的变化，脱离了茹毛饮血的动物化阶段，而成为地球上人类一切文化赖以生存、进化和发展的基础。今天，地球人类智力已进化到探索太空，仍然脱离不了用火文化这个基础，资阳人及其后的山顶洞人在钻木取火上的智慧，为今天人类做出了不可磨灭的奠基性贡献。

服饰文化应该还很粗陋，但骨针骨锥的使用，说明人已懂得衣的连缀和裳的衔接，这为人类由简单的遮衣蔽体的生存需要的经验和知识，进化到高级的爱美审美的发展需要的智慧和灵性，提供了最初最原始的动力。

社会组织文化，实即社会治理文化，资阳人阶段已进入原始群时期。人的生存离不开集体组织，也就是最初的社会，这是从原始群的阶段就开始了的。人的发展离不开社会治理，这是由原始群进化到母系氏族，族内婚进化到族外对偶婚，形成彭那鲁亚亚血族，直至父系家族的各个阶段所证实了的。人与自然的关系是讲究天人合和，人与社会的关系则是讲究人与人的相偶。"资阳人"处在原始群向氏族社会进化的阶段，出现了父母辈与子女辈分开来的初步讲究人伦的关系。无疑地，它们在社会治理上最初最原始的朴素原则，为后代人类，特别是中国人的"天人合一"思想与"仁者二人也"的社会治理思想以及人伦思想，提供了最初最原始最原生态的智慧与思想的基因。

人类人体结构进化是研究人类发展时代的重要依据，是判定某个出土人骨化石处于何种年代的一个重要标准。"资阳人"出土后，人类考古专家从人体结构进化方面做了大量的深入细致的研究，最后做出结论："资阳人"头骨结构生成了人类文化基因。于是，宣布"资阳人"是"中国最早新人"。

（二）"中国猿人经'资阳人'到现代人"

中国科学院古脊椎动物研究所裴文中、吴汝康在科学出版社1957年12月出版的《四川资阳人类头骨化石的研究》中，详细论述了他的研究情况和结论：

著名考古学家吴汝康经过六年多把"资阳人"头颅结构跟欧洲的克罗马农人、欧洲和西亚的尼安德特人、南亚的爪哇猿人、北亚的蒙古人、东亚的北京人等人类头颅结构进行对比研究、分析后指出：

"'资阳人'"的地位是早期的新人类型"，"是中国至今发现的最早的新人化石""较一般现代人原始"，"'资阳人'的情形介于中国猿人与现代人之间"，"中国猿人经'资阳人'到现代人"。

工作中的裴文中

工作中的吴汝康

裴文中、吴汝康何许人也？两位都是新中国第一代大名鼎鼎的考古学家、中科院院士。

裴文中是中国古人类学家、古生物学家、旧石器考古学家、第四纪地质学家，中国古人类学的重要创始人，杰出的科普作家，博士，中国科学院古脊椎动物与古人类研究所研究员、研究室主任，中国科学院生物地学部首批学部委员、院士，北京自然博物馆馆长，联合国教科文组织所属史前学和原史学协会名誉常务理事，历史唯物论和辩证唯物论者。

1929 年 12 月 2 日在周口店发掘出北京猿人第一个头盖骨，轰动了中外学术界，成为中国古人类学发展史上重要的里程碑，中国科学社授予他金质奖章，他和吴汝康合著的《资阳人》轰动世界。

英国皇家人类学会授予他名誉会员称号，联合国教科文组织所属的史前和原史学协会名誉理事，国际第四纪研究联合会名誉委员。

资阳人

吴汝康是人类学家、古人类学家、考古学家。中国科学院古脊椎动物与古人类研究所研究员、副所长,中国科学院学部委员、院士,中国解剖学会理事长,1982年创办和主编《人类学学报》。国际古人类学协会执行委员会和常设委员会委员,世界考古大会执行委员会东亚地区高级代表。

裴文中在考察、研究"资阳人"过程中,他在分析"资阳人"所处的地层、各种化石和人头颅的含氟量和比重的测定,与欧洲等地人脑结构对比研究后指出,"由颅盖高指数、前囟位指数、前囟角和额角的数值,也可确定资阳人是早期的新人类型,比欧洲的克罗马农人和中国的山顶洞人原始"。

著名考古学家裴文中在研究、分析"资阳人"遗存的地层,人脑结构,人头颅含氟量和比重的测定等之后指出:"可确定'资阳人'是早期的新人类型,比欧洲的克罗马农人和中国的山顶洞人原始。"

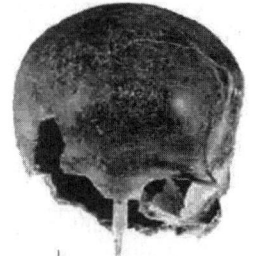

"资阳人"前面观、后面观X线图

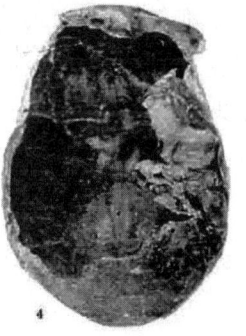

"资阳人"顶面观、底面观X线图
(图片转引自中国科学院1957年甲种专刊第一号)

吴汝康院士在对上述人种对比研究、分析中重点研究分析了上述人种中的顶面观、侧面观、后面观、前面观、底面观、颅内观、上颌骨和腭骨等,其中应运文字、数字、图案、表格等多种形式进行表述,至少36次以上论述了"资阳人"比中国猿人复杂,比现代人原始等情形。

吴汝康在对比研究和分析了资阳人头骨化石"顶面观"后指出,"在前囟点应该稍向左右延展而成十字形分叉,与中国猿人的有些相似……前囟点区域的冠状缝……与现代人相似。"

吴汝康在研究、分析"侧面观"后指出,"资阳人的颞鳞为属于现代人中较低的形式……颞骨颧突与其向后延伸的乳突上崤约与眼耳平面相平行……**资阳人的情形介于中国猿人与现代人之间**"。

他在分析"后面观"后指出,"资阳人较一般现代人原始"。

他在分析"前面观"后指出,"资阳人有相当发达的额窦"与现代人相似。

他在分析"底面观"后指出,"资阳人似较现代人为原始"。

他在分析"颅内观"后指出:

从枕鳞的枕平面和项平面两者在正中矢弧上的比例来说,由中国猿人经资阳而到现代人,枕平面相对地在增长,而项平面相对地在减小。同时随着在人类进化过程中脑的增大,大脑枕叶和小脑也随着相对地增大,但由于枕平面相对地增大,足以容纳增大的枕叶,所以现代人的枕骨大脑窝较小而浅。随着小脑的增大,枕骨小脑窝相对地减小了,因而小脑窝加大和加深,以容纳增大的小脑。

资阳人枕骨内面的十字隆起与现代人的情形相似,下臂(枕内峭)在接近枕骨大孔后缘时也分两叉,止于大孔后缘的两侧。分叉之间有一浅窝,为小脑蚓部小窝(fossulavermiana),此窝在现代人中较多,在类人猿中则罕有。在现代人中,十字隆起的右臂常较左臂的位置为高,在资阳人中则在同一水平。矢状沟约在正中线上,直接与右横沟相续,中国猿人也是如此。右横沟较左横沟为宽大,现代人也是如此。

枕骨大孔后缘有厚而圆的边缘,与现代人相似。

枕骨大脑窝的脑压迹和脑轭很不明显,小脑窝非常平光,与现代人无异。

枕平面部分的骨特别厚,……在现代人中,由于在进化过程中骨的厚度逐渐变薄,项肌的拉力也减小了,脑的扩大才可能对骨产生较大的影响,因而在外表反映出相当于窝的部分。

颞骨厚度无论在鳞部、鼓部或乳突部都较现代人为厚,但远较于中国猿人为薄。中国猿人乳突部有厚度在顶乳突缝前为15～18毫米,现代人为3.5～7毫米,而资阳人为8毫米,稍较现代人为厚。中国猿人乳突部在枕乳突缝前的厚度为6.5～8毫米,现代人为3～6毫米,而资阳人为7毫米,也是介于两者之间。

资阳人的乙状沟(sulcusmaxillaris)较现代人为狭而浅,但远较中国猿人为宽而深。

(三)资阳人颅内观与现代人无异,比她之前的其他直立人要发达得多

吴汝康院士在对比研究、分析上颌骨和腭骨中指出:

资阳人颅内观"与现代人无异,中国猿人也与此类似"。

在所有已知的尼安德特人头骨中,颧突的外侧缘或颧骨柱都是径直向上几成一直线或仅稍稍弯曲,而没有颧突低矮和颧骨柱末端向下弯的情形,因而有若干古人类学家认为高的上颌骨和直线的颧骨柱是原始性质……

在现代人中，特别是蒙古人种中，颧骨柱大多成低而急弯的弧，末端明显下弯，这似乎是由于颧突前面平扁而后缩的关系。在猩猩中也可见有颧突前面平扁或凹陷的情形。而在资阳人、尼安德特人和大猩猩及黑猩猩中，颧突的前面都稍微隆起。在现代的澳洲人中，最普遍的是中国猿人相似的低而弯曲的形式，直的形式则罕见。

他在结论中指出：

"1. 资阳人头骨化石是在新中国成立7年多来所发现的比较上最完整的人类头骨化石，更重要的是过去在中国发现的人类化石如中国猿人、河套人和山顶洞人等都在北方，而资阳人则发现于南方的四川。因此，资阳人头骨化石的发现对于中国人类的起源和中国旧石器时代人类的分布都提供了新的资料。

2. 资阳人头骨化石的时代，根据在资阳发现脊椎动物化石，特别是哺乳动物化石的研究，地层上的观察以及资阳人头骨化石本身的性质，可以确定是属于更新世晚期。

3. 就资阳人头骨的一般性质而论，如头骨的高度相当大，头骨最宽处在两侧顶结节部分等，可以判断资阳人属于新人类型(Homosapiens)。

4. 资阳人头骨外面的骨缝虽仍大部明显，但内面的骨缝几乎已全部愈合……这些性质都显了资阳人的年龄已在中年以上。

资阳人头骨细小，表面平滑圆润，额部较为丰满，且有明显突起的顶结节和额结节，显示其为女性。因此可以确定资阳人是中年以上的女性个体，可能已在50岁以上。

5. 资阳人头骨具有某些原始的性质，资阳人有显著的眉峭。前囟点的位置较现代人为后，大于头骨正中矢状弧的1/3。额骨和顶骨较一般现代人为平扁。颞骨和鳞部、鼓部和乳突部较现代人为厚；鳞部较小，颞骨颧突基部斜向上后的程度也较现代人为大。乳突部发达，乳突和乳突上峭粗厚。人字缝在中段和星点区较一般现代人为简单。颅顶有适中的矢状峭。下颌窝较深，关节结节也较一般现代人为发达，没有盂后突。围绕外耳孔边缘部分的鼓板较现代人为厚，蝶骨大翼的颞面和颞下面交接处仅有一线状的颞下峭相分隔。枕骨的枕平面粗厚，枕平面和正中矢状弧长度与项平面相比，枕平面较短，而现代人则枕平面较长。在枕骨内面，资阳人的大脑窝与现代人相反，远较小脑窝为大和深。额骨内面额峭的起点与鼻根点在同一水平，也就是较现代人为低。泪腺窝较现代人为浅而宽广。有极大而深的鼻前窝，没有明显的犬齿窝。上齿弓呈U字形，门齿孔和腭大孔较大。

由颅盖高指数、前囟位指数、前囟角和额角的数值。也可以确定资阳人是早期的新人类型，比欧洲的克罗马农人和中国的山顶洞人为原始，是中国至今已发现的最早的新人化石。

6. 资阳人头骨一方面与山顶洞人的第101号和103号头骨有某些相似的性质，如具有明显的鼻前窝，有类似矢状嵴的突起，矢状缝两侧的顶骨比较平扁，鼻较高而窄等；另一方面又与中国猿人有某些相似的性质，如具有矢状嵴、角圆枕和平扁和眶顶，有较发达的关结节而没有盂后突等，显示三者可能有一定的关系。

7. 资阳人上颌骨的齿槽突显其生前患有严重的慢性局限性的骨髓炎或慢性牙槽脓肿，为牙齿的历史提供了资料。

吴汝康在文中还指出，从人类"进化上看，颞骨鳞部的发展与脑的大小有关，在现代人中，由于脑之大，鳞部特别发达。资阳人的鳞部之小可能还表示其脑还较不发达"，但比她之前的其他直立人要发达得多。"颞骨的形状和比例，与中国猿人和现代人不同"。"颞鳞的三角形是类人猿的特点，而资阳人的颞鳞为属于现代人中较低的形式。"

张圣奘在1991年10月21日的《我发现"资阳人"头骨化石始末》中指出："资阳人为蜀国始祖，她是在人类学上最接近现代人的头骨，与北京山顶洞人及云南元谋人等猿人头骨不同，即所谓'真人（JMEMAN）'，拉丁文学名（HOMOSOTWM）"。

（四）"资阳人"是"中国最早的现代人代表"

资阳人化石材料有一个头盖骨和一块完整的硬腭，仍有些原始特征，如头骨后部枕骨内面的大脑窝远较小脑窝大而深等。其基本特征与现代人相似，但同时保留许多原始性质，认定为35000年～100000年的晚期智慧人，我国著名人类学家吴汝康先生称其为"中国最早的现代人代表"，这也充分说明资阳人是智慧人的代表。

从人类头骨结构的发展进化，从人脑的发展进化，从人智力的形成、发展进化等等综合的人类进化的因素分析，资阳人都代表了晚期智慧人或最早现代人的发展阶段。

（五）"资阳人"是现代人知识、智慧和经验产生的发端

资阳人与野兽战斗，改制工具，骨锥的制作，石珠戒指的妆饰等生息新貌，充满了智慧，闪烁出智慧的光芒。这是人类智慧人丰碑的集中彰显。

史实充分说明，"资阳人"是人类进化到晚期智慧人的里程丰碑。

从 1951 年到 2014 年的 63 年中，几代中国权威考古学家多少次对"资阳人"艰苦、细致的考察、测定、分析后得出的结论基本一致，都认为：

"'资阳人'的情形介于中国猿人与现代人之间"，"中国猿人经'资阳人'到现代人"。"资阳人"这个阶段是人类开始发生思维，初生智慧的阶段，"资阳人"40000 年前"在发展大脑由知识变为智慧方面，起了筚路蓝缕、开拓创新的作用"，是人类始用智慧生息、斗争的智慧人里程碑，是远古人类文化先驱的杰出代表，确实占有远古人类始创文化、积累和传承文明基因的关键地位，是人类文化基因根脉的起始祖，是现代人文明基因的孵化摇篮，是现代人知识、智慧和经验产生的发端。"资阳人"奠定中华文化起源基因和文明基因根脉及活态传承的坚实基础，拓创出了远古文明摇篮较为丰富的内容，开创出远古文明的雏形。

三、"资阳人"用智慧制作工具等物质，具备文化基因始祖标准的内容

"资阳人"用智慧制作骨器、石器这些物质，具备文化基因始祖标准内容。

下面我们把李宣民、张森水挖掘、考古报告石器一节的原文摘录（个别句稍加编辑）如下：

我们于 1981 年春赴资阳人地点考察，新发现的 172 件（这是指经过检测贴上标签的，未鉴定未贴标签的还有几百件，编者注）旧石器是在原"资阳人"出土地点西偏北 100 米处。石器和哺乳动物化石采集于新公路桥墩旁挖出的大砾石层中，该层在地表下 7.5~8.8 米。新发现的旧石器地点与原"资阳人"地点相距虽近，且又在同一级阶地内，可能原属同一地点。172 件石器可分为几大类：

未鉴定的几百件中的几件石器

1. 石片

数量多，形态多样。可推测当时人曾用三种方法打片。用锤击法生产的石片有 57 件标本，用锐棱砸击法生产的石片有四件，用砸击法生产的石片有四件，

2. 石核

有 15 件标本，体积变异大，最短者为 19 毫米，最长者为 145 毫米，大多数长度超过 60 毫米。可分为单台面和多台面两类。

(1) 单台面石核均短宽，长宽指数为 195。

(2) 多台面石核由于多方向打片，形态各异，CP.064 号是三台面石核，其上下两端系对向打片，另外还以工作面右侧做台面，向背面打片；CP.062 号是用转向打法的三台面石核，台面角锐，与砍砸器颇难区分；CP.063 号原是厚锤击片，继改作锐棱砸击石核，转而被当作锤击石核，但生产效果不佳。

多台面石核 CP.062 号　　多台面石核 CP.063 号

3. 工具

数量多，占石器总数的 52.6%。可分为刮削器、尖状器和砍砸器，各类工具尚可再分为若干型。

(1) 刮削器约占工具总数的 26.4%，主要是用石片做的，形态多样，大小悬殊，最长者为 115 毫米，最短者为 37 毫米，最重者为 158 克，最轻者仅 15 克。刮削器大体可分为四组。（出自资阳人 B 地点）

第一组为单刃刮削器，可分三型：

Ⅰ型单直刃刮削器，用石片做成，本型工具系用复向和向破裂面修理成刃。

Ⅱ型单凸刃刮削器，其修理方式和修理水平与前一型相仿。依其形态有缓弧形和深波形之别。CP.102 号。

Ⅲ型单凹刃刮削器，较小。

第二组为两刃刮削器，均较大，都是用石片做的，修理工作多较粗糙，每件标本均由直凸刃组成，有两长边、端侧边和两斜边加工成刃各一件，CP.081 号即为后者，系将一斜边和台面后缘加工成刃，似不多见。

第三组为复刃刮削器，其中有准盘状器和三刃刮削器各两件，系用复向和向破裂面修理方式加工成刃，修理工作均较好。CP.081 和 CP.101 是三刃刮削器；

第四组为端刃刮削器，其中有圆端刃二件，平端刃一件。

(2) 尖状器数量少，可分两组：

第一组为正尖尖状器，均呈不规则的五边形，主要修理前部相邻的两个短边，生成一个短尖。

第二组为角尖尖状器。CP.084 号系用小石块做成，顶侧作错向加工，在其左上角生成一个短尖刃；CP.085 号是件长仅 39 毫米的小尖状器，两侧经加工相交于右角。使成较锐的尖刃，尖刃角为 71°。

(3)砍砸器数量最多，占工具的 68.1%，多用砾石和石核制成。本类工具的修理方式以复向加工为主，向背面加工等偶被使应，交互打击者仅为一例。砍砸器尚可再分五组。

第一组为单刃砍砸器，可分三型：I 型单直刃刮削器，用复向和向破裂面修理成刃方式，将一侧边制成较平直的刃口中，可供砍砸之用；II 型单凸刃砍砸器，数量多；III 型单凹刃砍砸器，有缓凹刃和凹缺刃之别。

第二组为两刃砍砸器，

第三组为端刃砍砸器，可分三型：

I 型扇形砍砸器，宽大于长，刃宽，如 CP.093 号，是用大石片做的，无水磨痕迹，端刃宽而锐，加工细致，端刃角为 55°，其右侧遗有似使用痕迹，左侧经粗琢成刃；

II 型铲形砍砸器，器身较长，端刃宽约与器身宽度相等，呈缓弧形，侧边亦多作过加工，制成可供砍砸用的刃口，它们的修理工作均较好，优于其它两型，与其他砍砸器组对比亦略胜一筹，其中 CP.094 号可算是其代表，端刃系向破裂面修制而成，刃缘匀称，刃口较锐，刃角为 68°；

III 型三角形砍砸器，器体长，端刃宽，向下渐缩窄，尾部尖状，其端刃呈缓弧形。

第四组为锛形砍砸器，多数作过认真的加工，刃口平直，刃缘匀称，亦可分为三型，现举例说明之。

I 型呈梯形，器体短宽，其长度指数为 102，端刃宽，在台面相对的一端，修理得较好，如 CP.095 号；II 型呈锛形，是加工最好的，CP.098 号就是其中之一，它长稍大于宽，系用石核制成，其端刃是复向加工的，其余三个边均向破裂面加工，制成可用的刃口；III 型呈三角形

第五组为尖刃砍砸器 CP.099 号，系用短而厚的石片制成，采用复向加工修理成一个短而较钝的尖刃。

看看吧，上文展示的"资阳人"在制作、加工她们使用的种类繁多的石器过程中采用的办法多种、方法多样，难度较大。诸如："端侧边和两斜边加工"，"将一斜边和台面后缘加工成刃，似不多见"，"复向加工为主，向背面加工"，"将一斜边和台面后缘加工成刃，似不多见"，"对向打片，另外还以工作面右侧做台面，向背面打片"。

"资阳人"制作、加工出来使用的工具多种多样。有"单刃刮削器，可分三型"、"两刃刮削器"、"复刃刮削器"、"端刃刮削器""正尖尖状器"、"角尖尖状器"、"两刃砍砸器"、"端刃砍砸器，可分三型"、"形砍砸器"、"铲形砍砸器"、"锛形砍砸器"、"尖刃砍砸器"，还有"石片"、"石核"、"穿孔石珠"、"石锥"等等。

穿孔石珠在这几百件石器中出现，更展示出"资阳人"的智慧。也显示出"资阳人"在 40000 年前制作、加工工具的技术水平达到一定程度。重庆自然博物馆李宣民同志在发现穿孔石珠的当际，向资阳县老文馆所所长周叔勋介绍

说：只有掌握了钻孔和研磨的技术才能制作出穿孔石珠。这也展示出"资阳人"的智慧达到一定程度，标志着"资阳人"文化基因发展到一定程度，能够用智慧制作、使用多种工具，并且知道热食、保暖、爱美、装饰及组织集群生息、战斗的原始文明阶段。

四、"资阳人"创造的物质财富和精神财富的智慧，具备文化基因标准的内容

过去对文明时期的定论和标准多种多样，主要的说法是国家出现、工业出现等等才叫文明。当今一些专家认为这只能是一种观点，真正的文明鉴定标准应该是"智慧"二字。也就是说，人类出现思维，开始用智慧进行斗争和生息，文明就开始了。因为智慧本身是精神文明的内容，用智慧产生的物质就是物质文明的内容。用智慧进行活动，就与野蛮和蛮干大不一样了，它就从野蛮上升到了文明层次，从野蛮阶段迈进了文明阶段。

从著名考古专家重庆自然博物馆的李宣民、中国科学院古脊椎动物研究所的张森水，在科学出版社出版的《资阳人B地点发现的旧石器》一文，详细论述他们研究考证出"资阳人"石器的水平和状况中，就能清楚地看出和领略到"资阳人"制做、加工和使用这些石器的智慧程度，从而看出"资阳人"40000年前时际就孕育成人类文化基因。也可看出："资阳是中华文明多源中一个很重要的源泉。因为伴随'资阳人'出土的大批石器、骨器，特别是骨针、穿孔石珠、似盘子的薄石片、水鹿角等文物告诉我们，'资阳人'在40000年前始创出人工取火热食文化、制衣文化、妆饰文化、改进工具文化、集体采集文化、狩猎文化、组织指挥文化、结绳记事文化、观天象文化等等，开创出人类最早的一块文明乐域。这些珍稀文物还告诉我们，'资阳人'40000年前'在发展大脑由知识变为智慧方面，起了筚路蓝缕、开拓创新的作用'，是人类始用智慧生息、斗争的智慧人里程碑，是远古人类文化先驱的杰出代表，确实占有远古人类始创文化、积累和传承文明基因的关键地位，是人类文化基因根脉一起始祖，是现代人文明基因一孵化摇篮，是现代人知识、智慧和经验产生的发端。'资阳人'奠定中华文化起源基因和文明基因根脉及活态传承的坚实基础，拓创出了远古文明摇篮较为丰富的内容，开创出远古文明的雏形。"

五、"资阳人"生成的文化智慧基因，孵化出人类文明基因摇篮

"资阳人"头骨结构的发育变化发展出智力构造，与"资阳人"制造工具使用工具的智慧是相辅相成，在同一起跑线上的。"资阳人"头骨结构在40000年前已经具备智慧基因的雏形。

谭继和指出：六爻的天、人、地顺序，说明人是天与地之间的中心，故孔子说："天地之性人为贵"（《孝经》），正是这个阴阳八卦思维的核心。它是从原始人的思维中经过长期的积累和传承而得到思想养料的。资阳人为代表的

直立智慧人结绳而治的开创，为中国人的哲理思想的开悟和治理思想的提升，提供了最初的原始思维的养料和最初的思维模式的基础。由上述四方面观之，在人类由文化自发阶段进步到文明自觉阶段的过渡时期，资阳人的基因进化，尤其是文化进化，起着极其重要的由量变到质变的关键作用。资阳人这个时期是原始人已经开始出现原始思维、朴素思想和初级智慧的新人时期，是今天的现代人知识、智慧和经验产生的源泉和动力。也就是说，"资阳人"是曾经活动在巴蜀大地上的几万年前人类文化先驱的代表，是人类文化基因和文化血脉产生的关键源头，是智慧人由文化自发阶段质变过渡到现代人文明自觉阶段的关键，"是现代人文明基因—孵化摇篮"。

"资阳人"是最早的现代人，是人类智慧人的里程碑。"资阳人"时际已经生成了人类文化基因，孵化出了人类文明基因摇篮，这可由骨椎、穿孔石、似盘子的薄石片、水鹿角等具备精神文明和特质文明特征的物品上得到佐证。"资阳人"有了智慧，从制造工具、使用工具和装饰思想、组织技能等智慧上可得到充分印证。

骨椎之所以能得到"资阳人"生成智慧、文化基因的印证，是因为它难得，是智慧的代表作。从它制作所用的工具和方法，以及出土后的颜色看，是属于后石器晚期的产物。当时，这种骨椎在我国是第二次发现，全世界也比较罕见。由于长期使用，骨椎的边缘和椎尖等部位已经被磨光了。这说明，远古时候的"资阳人"已经知道使用粗糙的石器来刮削制作骨椎等骨质工具，也知道用骨椎来缝制兽皮等做衣服，遮体御寒了。这就展示出"资阳人"的大脑里生长成了智慧的基因、扎下了文化基因的根柢。

穿孔石珠之所以能得到"资阳人"生成智慧、文化基因的印证，是因为它是智慧的象征物。这件石珠形状扁圆，外圆直径有4公分多，孔眼直径约2公分。我用食指戴了一下石珠，紧紧的，恰好戴上，好像一个玉石戒指，石质较细，黑中带蓝。远古人类使用非常原始的工具，能制作出如此精美的装饰品，已是匠心独具、技世超群。其中的制作技术、使用能力和爱美的装饰思想都表现出了"资阳人"大脑结构中生长成了相当程度的文化基因、相当水平的智慧。

似盘子的薄石片之所以能得到"资阳人"生成智慧、文化基因的印证，是因它是发明用火、创造热食文化智慧的代表物品。薄石片超薄、光滑、精美，近似当代人饭桌上的菜盘子，这就是智慧的彰显。

麂鹿角之所以能得到"资阳人"生成智慧、文化基因的印证，是因它是智慧的标志品。1951年，在资阳人头骨化石出土的时候，出土了许多哺乳动物的化石，其中有一支麂鹿的右角。1981年，在资阳人B地点，发现一大批石器的同时，也发现了一些哺乳动物化石，其中有一支麂鹿角，恰好是左角。两支麂鹿角一右一左，恰好配成一对，是一支麂鹿头上长出的，这是一个十分有趣的巧合啦，还是本是必然。这里再次深刻地说明"资阳人"大脑结构中生长成了相当程度的文化基因，显示出相当水平的智慧。

制作和使用工具，是人和一般哺乳动物尤其是与猿人的的分界线，是劳动创造人的重要标志。更何况资阳人"具备了装饰、组织等智慧能力，如前所说："伴随'资阳人'出土的大批石器、骨器，特别是骨针、穿孔石珠、鹿角等文物告诉我们，'资阳人'在40000年前始创出人工取火热食文化、制衣文化、妆饰文化、改进工具文化、集体采集文化、狩猎文化、组织指挥文化、结绳记事文化、观天象文化等等，开创出人类最早的一块文明乐域。这些珍稀文物还告诉我们，'资阳人'40000年前'在发展大脑由知识变为智慧方面，起了筚路蓝缕、开拓创新的作用'，是人类始用智慧生息、斗争的智慧人里程碑，是远古人类文化先驱的杰出代表，确实占有远古人类始创文化、积累和传承文明基因的关键地位，是人类文化基因根脉一起始祖，是现代人文明基因一孵化摇篮，是现代人知识、智慧和经验产生的发端。'资阳人'奠定中华文化起源基因和文明基因根脉及活态传承的坚实基础，拓创出了远古文明摇篮较为丰富的内容，开创出远古文明的雏形。"

六、考古专家一项一项挖掘报告、一本一本考古论著向世界宣告："资阳人"是华夏文明基因一始祖

"回首西陲势渺茫，东迁种族几星霜？何当踏破双芒屐，却向昆仑望故乡。"
——国学大师王国维《读史二十首》

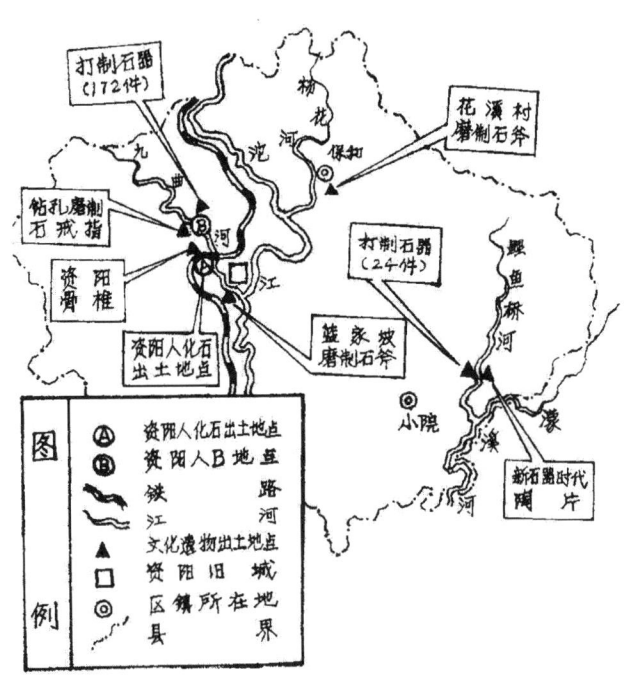

远古人类在资阳文化遗物分布示意图（转自周叔勋《"资阳人"漫谈十题》）

说资阳人是华夏文明一源泉，是因为考古专家的一项一项挖掘报告、考古论著向世界报告了这一点。

请看：

张圣奘报告，资阳人是35000年前的旧石器人类。

吴汝康报告，"资阳人"是中国至今发现最早的新人化石。

李宣民、张森水考古报告，考定资阳人九曲河石器，证明资阳人为37400±3000年~39399±2500年前。

吕遵谔1981年1月在资阳做学术报告，说资阳人在35000年前左右。

资阳人是华夏文明一源泉，是众多考古专家的定论。

冯汉骥1955年在《关于资阳人的几个问题》中引翦伯赞话语说："资阳人的发现，不仅对中国旧石器时代人类分布提出了新问题，对旧石器时代人类体质的研究也提出了新的问题。"

李四光1963年在《人类的出现》一文中说资阳人头骨化石显示新人黄种人的特征。

贾兰坡1964年在《中国猿人及其文化》中说：资阳人距今10000年至40000年之间。

童恩正1978年在《古代的巴蜀》中说：资阳人应属于新人类型，绝对年代距今数万年至十余万年之间。

方宗熙1999年在《古猿怎样变成人》书中说，资阳人属于新人类型，生活的年代距今大约50000年至100000年。

象牙专家魏光飚2007年在英国《第四纪科学评论》发表论文，论及到：伴随"资阳人"出土的猛犸象不确实，应是亚洲象。亚洲象化石的时间显然和40000年"资阳人"结论一致。这说明西方权威刊物也再次确认"资阳人"为40000年前人类智慧人。

周叔勋2008年在《资史留痕》中披露1981年李宣民出示九曲河石珠，可见美化生活体现了人类生活环境的优裕。

陈苇2010年考据龙垭遗址耳坠饰品，旁证了"资阳人"修饰打扮是可能的。

七、国家权威史学机构和专家认定："资阳人"是人类文明基因一始祖

国家文物局、四川省文物局通过国家和四川省等史学权威研究机构和几代考古院士等众多考古专家，经过半个多世纪数次运用现代考古手段、方法，科学测试、分析、研究，一再认定，"资阳人"为40000年时的智慧人。"人类从猿经'资阳人'到现代人"，"资阳人"是最早现代人"。

新中国第一代大名鼎鼎的考古学家、中国科学院院士裴文中、吴汝康运用科学手段在研究"资阳人"头颅结构六年后，尤其是跟克罗马农人、尼安德特人、爪哇猿人、蒙古人、北京猿人头颅结构进行对比研究、测试、分析后指出："'资阳人'的情形介于中国猿人与现代人之间"，"中国猿人经'资阳人'到现代人"，"资阳人"是最早现代人。

中国考古界的几代权威专家们在数次考证、研究、分析"资阳人"后一再

得出结论:"资阳人"是人类智慧的发端、智慧人里程碑、文化基因一始祖,是现代人文明基因一孵化摇篮。

李学勤说:"资阳人"显先民精神厚德忠勇,探文明根柢悠久繁荣。

吴新智指出:资阳人类化石顶骨后下角外表面的角圆枕。这是资阳化石头骨在维护中国古人类连续进化学说上有其贡献的一个形态特征。

卢继传说:《资阳人》"大胆探索与创新,它以独特的方式来重现40000年前的'资阳人'的风貌,歌颂古人类的优秀品德和中华民族传统文化,引领人们……触摸古人类的生活史实,历览人皇和燧人文化、鲤鱼桥文化、女娲文化、昆仑文化、苌弘'碧血丹心'忠勇效国、全心为民的中华民族核心精神渊源的动人史话。""充分证明资阳是中华文明的一个摇篮。""资阳人"是古人类的智慧人,具有中华民族文明的文化基因。因此,"资阳人"发现及其丰富的中华民族优秀文化内涵,具有稀缺性、独特性、不可取代性。

资阳是中华文明多点源泉中一个很重要的源泉。因为"资阳人"40000年前"在发展大脑由知识变为智慧方面,起了筚路蓝缕、开拓创新的作用",是人类始用智慧生息、斗争的智慧人里程碑,是远古人类文化先驱的杰出代表,确实占有远古人类始创文化、积累和传承文明基因的关键地位,是人类文化基因根脉的起始祖,是现代人文明基因的孵化摇篮,是现代人知识、智慧和经验产生的发端。"资阳人"奠定中华文化起源基因和文明基因根脉及活态传承的坚实基础,拓创出远古文明摇篮较为丰富的内容,开创出远古文明的雏形。奋勇开拓的资阳人,一代又一代的坚持创新,打造出绵延灿烂40000年的辉煌文化,使资阳人成为中华民族的一个文化符号、一张文明品牌、一种伟大精神的代名词。

资阳人树立起人类智慧人里程碑,造就中国最早新人,是人类文明基因一始祖,是国家权威史学大师和考古专家一再用现代化考古手段考察、检测、分析后认定的。

著名考古学家张圣奘在他的考古报告中一再报告说:资阳人是人类智慧人的里程碑,"为蜀国始祖"。

重庆自然博物馆、中国古脊椎动物研究所在20世纪70年代和80年代初,多次派出专家组到资阳深入实地考察"资阳人"。李宣民、张森水在考察、研究"资阳人"多年后,于1984年8月在《人类学学报》上发表专论,报告了"资阳人"B地点挖掘出的172件石器、骨器等状况。报告中指出:他们在用碳十四等多种手段测定后,认定"资阳人"为39399年±2500年,并对"资阳人"制作、使用石器、骨器等工具的水平进行了论述和高度评价,并指出,这是智慧人的智慧的结晶。

四川省博物馆组织考古专家秦学圣等专题研究"资阳人",在1962年3月第6卷第1期《"资阳人"古脊椎动物与古人类》刊物中专门论述《关于"资阳人"的年龄和性别问题》。

四川省文物管理委员会、四川省博物馆、四川省地理研究所、成都地质学院勘察教研室、北京大学历史系考古考研室、资阳县文化馆共同组成有秦学圣、

资阳人

吕遵谔、刘兴诗、陈显双、胡昌钰、范桂杰、黄蕴萍、刘恒一、徐宜保、曾国柱等十余人先后参加的专家考古小组专题研究"资阳人"。他们从1973年至1980年，经过近8年的实地考察时间，围绕"资阳人"，在资阳、资中、简阳、乐至、遂宁、蓬溪、安岳等县，以沱江、涪江的支流为重点进行了多次考察，共调查七县三十八处，在资阳沱江支流的濛溪河的石虾子、丁家堰、沙嘴、迥龙桥、鲤鱼桥等地方发现了多批旧石器和新石器的石器、骨器、土坯、种子等珍贵文物，对这些石器进行了详细的论证，写出了《四川资阳等县石器时代文化》的报告。专家们认为这批石器、骨器等文物囊括了3万年至几千年的资阳人的发展史迹，这种连绵不断的新旧石器文物都具备的地区还绝无仅有，所以北京大学考古研究院的专家提出将这些文物地点命名为"鲤鱼桥文化"，这个提议得到了中国考古界的共同赞赏和认同。

成都地质学院组织组成第四纪科研组专门研究"资阳人"化石地层时代问题，提出了著名的"资阳期"的创新论说。他们在1962年3月《古脊椎动物与古人类》上建议："将含化石的资阳一级阶地命名为资阳阶地，其生成的地文期称'资阳期'，相当于冰后期的初期。"他们这个"资阳期"的创新说得到了考古界的共同认可。

重庆自然博物馆的李宣民、中国科学院古脊椎动物与古人类研究所的张森水、吉林大学历史系的陈全家等三人于1980年初夏再次到资阳对"资阳人"进行深入研究，再次深入考察"资阳期"出土地的地层及哺乳动物化石、石器、工具等进行了深入考察研究，写出了《资阳九曲河地点旧石器研究简报》，详细论述了他们研究"资阳人"骨器、石器、工具的情况，断定"资阳人"为39300年±2500年。

四川省文物管理委员会的范桂杰、胡昌钰对"资阳人"再次进行考察，重点考察研究了"资阳人"出土地出土的乌木的年代、资阳及附近一级阶地的地质时代、"资阳期"头骨化石的年代等问题。他们在结论中指出："资阳人"头骨化石的"时代为更新世晚期是难以否定的"。

范桂杰、胡昌钰共同对鲤鱼桥文化进行了一再的多次的研究，写出了《鲤鱼桥与观音洞文化关系初探》的报告，指出："观音洞文化和鲤鱼桥文化不仅在打制石器上基本相同，而且石器的类型和形式也有许多是一致的。所以，我们认为四川资阳鲤鱼桥文化是贵州黔西观音洞文化向北发展的一支。

北京大学考古系历史研究室、四川省博物馆组织吕遵谔、黄蕴萍、范桂杰、胡昌钰对"鲤鱼桥文化"再次进行全面、系统、深入的研究，在《考古学报》1983年第3期发表题为《四川资阳鲤鱼桥旧石器地点发掘报告》，一再指出鲤鱼桥文化在旧石器时代晚期和新石器的多种文物证明我们的祖先在这里生息战斗，连绵不息，创造了远古文化和文明。

新中国第一代考古院士吴汝康在用现代化手段经过七年研究"资阳人"后，得出结论："'资阳人'的雏形介于中国猿人与现代人之间"，中国猿人经'资阳人'到现代人"，"资阳人""是最早的现代人代表。"

当今著名考古院士 87 岁高龄的吴新智老专家专门为"资阳人"撰文,他在文中说:"资阳人类化石顶骨后下角外表面的角圆枕。这是"资阳人"化石头骨在维护中国古人类连续进化学说上有其贡献的一个形态特征"。

中国先秦史学会副会长兼秘书长、考古学博士、著名考古专家宫长为在他的专论中指出:"资阳人"的发现历史,不仅是中国发现的唯一的早期真人类型,也是旧石器时代晚期早段的真人类化石,更是南方人类的代表,而且还是中国古人类发现中的唯一的女性。《资阳人》书稿依据现有的考古资料,结合各个方面的研究成果,努力地、创造地展示了以"资阳人"为代表的旧石器时代晚期早段智慧人的生产和生活,这是《资阳人》书稿的第二大亮点,我们称之为复原文明。

巴蜀重点学科首席专家、四川历史学会会长、中国著名考古学家谭继和在他的多篇专论中论述道:"资阳人"是人类智慧人的里程碑,"为蜀国始祖"(张圣奘语),"是中国最早的现代人代表"(吴汝康语),是华夏文明一摇篮;"资阳人"证明人类起源之一在东方,佐证世界文明起源之一在中国,华夏文明是人类文明一源泉,否定了世界文明起源于西方的"西方文明中心论"。"资阳人"确实占有巴蜀地区古人创造文化和积累文明基因的关键地位。这个时期是原始人已经开始出现思维。思维和初级智慧的新人时期,是我们现代人知识智慧和经验产生的源泉,也就是说"资阳人"是活动在巴蜀区域的几万年前人类文化先驱的代表。

谭继和又指出:"资阳人"确实占有巴蜀地区古人创造文化和积累文明基因的关键地位。这个时期是原始人已经开始出现思维。思维和初级智慧的新人时期,是我们现代人知识智慧和经验产生的源泉,也就是说"资阳人"是活动在巴蜀区域的几万年前人类文化先驱的代表。对于中华文明起源和巴蜀地方文化的根脉及活态文明基因的传承,有着重要的作用,处于关键的地位。"资阳人"在发展大脑由知识变为智慧方面,起了筚路蓝缕、开拓创新的作用。古蜀文明是中华文明的摇篮,资阳人的出现是巴蜀大地上人类知识、技能、经验和智慧生长的起点,是直立人具有现代人类大脑雏形的起点,它有力地支撑了中华文明满天星斗多地起源说。

四川省文物考古研究所原所长、著名考古专家胡昌钰在他的"资阳人"挖掘报告、考古论文中和相关的著作中对"资阳人"一再做出了深刻的论断,综合起来看,他的论断是:"资阳人"是人类进化史中智慧人的里程碑,是对"资阳人"头骨化石介质的肯定,是对"资阳人"在"从猿到人"的演化过程中,特别是在中华大地上最终完整地构建了"从猿到人"演化序列所处的重要位置的肯定。20 世纪 50 年代初出土的"资阳人"则使中华大地上人类进化序列图从模糊轮廓发展到清晰完整,基本上明确了中华大地上人类进化的序列。说它是继"北京猿人"之后,"从猿到人"进化史上的又一重大发现,说它是人类进化史上的里程碑,当之无愧。"资阳人"的发现,轰动了神州大地,震动了世界。它不仅为"从猿到人"的伟大学说提供了强有力的证据,为人类进化史的研究高潮推波助澜,"资阳人"的发现,还为古老中华文明的形成找到了又一新的根源。"资阳人"距今约40000年,处于人类演化三个阶段中旧石器晚期早段,是我国最早发现的旧石器晚期早段中、时间距今最远、保存状况最完整的人类化石,是我国智慧人的重要代表,它代表了中国境内人类进化三个阶段的重要一环。"资阳人"不愧为人类文化的先驱。就人类文明起源而言,"资阳人"亦不愧称为人类历史上的一座里程碑。

八、中国和世界重大媒体认定:"资阳人"是人类智慧人里程碑

若干报刊、出版社等也一直在宣传"资阳人"久远的文明发源。

中国科学院正式向全世界宣布了"资阳人"头骨化石是旧石器晚期人类化石这一震撼世界的消息,引起世界的极大关注。

《人民日报》等国内各报刊纷纷刊登消息,震动了全世界。中国科学院古脊椎动物研究所特别推出裴文中、吴汝康、周明镇、黄为龙等国家级权威专家们研究撰写的《资阳人》甲种第

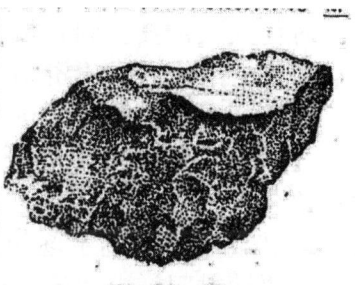

《汉语大词典》1988年3月出版
第2卷669页鲤鱼桥时期遗址刮削器

一号专刊,科技出版社等出版《资阳人》专著,历史界泰斗、著名历史学家范文澜在人民出版社出版的《中国通史》第一册中就说到了"资阳人"。《辞海》将"资阳人"列入词条,国家大型权威辞书《汉语大辞典》将"资阳人"列入词条,并配刮削器图片。之后,专家们相继撰文、著书进行研究、论证和宣传。

美国、德国等世界各国的专家和专业报刊等新闻媒体对"资阳人"的发现纷纷宣传、介绍、评价、赞肯。英国《大英百科全书》将"资阳人"列入词条。

还有在《人类学学报》上发表《资阳人B地点发现的旧石器》,考定资阳人为39399年±2500年前的新人的李宣民、张森水。

《人民日报》、新华社、《解放军报》、《科学出版社》、《中国科学院古脊椎动物研究所甲种专刊》、《人类学学报》、《光明日报》、《四川日报》、《成都晚报》等和中外上百种期刊、传媒一直关注、宣传"资阳人"。《辞海》、《中国通史》、《汉语大辞典》、《四川通史》、《四川文物志》、《四川省志·文物志》、《中国文物地图集》、《中国考古60年》、《大英百科全书》等载入"资阳人"。

多年来,许多专家前来"资阳人"发掘地和鲤鱼桥做考古调查。

多年来,有大量的"资阳人"研究文章见诸报刊和出版书籍。诸如中国社会科学院考古研究所编著、文物出版社1984年6月出版的《新中国的考古发现

和研究》；吴汝康、吴兴智主编，上海科技出版社 1999 年 10 月出版的《中国古人类遗址》；湖北省文物考古研究所李天元著，武汉大学出版社 1990 年 7 月出版的《古人类研究》等等，这些著作都介绍或重点推出了"'资阳人'及其相关文化"。

《人民日报》、新华社、人民网、新华网等国内 40 多家媒体，英、美等世界多国媒体一再发文评赞、宣传"资阳人"和《资阳人》一书。

九、党、国家领袖和中国科学院领导认定："资阳人"是人类智慧人里程碑

国务院原总理周恩来亲自指定中国科学院派出专家组考察、研究"资阳人"。

时任人大常委会副委员长、中国科学院院长、世界著名考古专家的郭沫若，亲自点将、组织考察"资阳人"的专家组，复查、考证"资阳人"的史迹。

当专家组认定"资阳人"是中国智慧人里程碑时，周总理立即报告了毛泽东主席。毛泽东得知"资阳人"是人类最早现代人消息时，喜出望外，高兴地说："资阳人为中华文化屹立世界立下大功啰！"接着，毛主席亲自参观"资阳人"文物展览，逐字逐句阅读文物和图片展览说明，有时几乎念出声来，还自言自语地赞叹道："原来，'资阳人'是人类智慧人里程碑，真了不起啊！"

毛泽东主席还亲自设家宴请挖掘"资阳人"的张圣奘，周恩来总理亲自陪同他到毛主席家赴宴，可见毛主席、周总理对"资阳人"多么重视。

张圣奘受到党和国家领导人亲切宴请后，对"资阳人"产生更深厚的感情，更加热爱"资阳人"，更深入地研究"资阳人"。他还亲笔写出了几十份关于在成渝铁路中挖掘"资阳人"的情况报告。之后的几十年，张圣奘又写出了多篇文章和多项批示。特别值得一提得是他为"资阳人"写了多首诗词。1986 年 2 月 16 日在成都写出浪淘沙诗两首：

九曲忆幽溪，绿草坪堤，深深抽水凿芳泥，考古难忘经匝月，一点灵犀。

头骨露端倪，众目睽睽，亿载象牙伴孤栖，文物千秋辉四化，气贯虹霓。

二

浩瀚绕沱江，佳丽资阳。峨眉桥影百花香，古意今情堪济美，奇趣添长。

胜迹几沧桑，历尽风霜，三贤祠宇慕仙乡，东岳莲花西北隅，无限风光。

十、"资阳人"是四万年时际人类智慧人的发掘、考证重大历史回顾

1951 年 3 月 21 日，考古专家张圣奘发掘"资阳人"头骨化石，经初步研究、考定"资阳人"为公元前 35000 年～40000 年时际的智慧人。

周恩来总理得知即令时任人大副委员长、中科院院长郭沫若组织复查。著名考古学家、院士吴汝康率十多名专家深入复查，又挖掘出土一批旧石器文物。初步研定"资阳人"是 35000 年至 40000 年的智慧人。紧接着开始将"资阳人"头颅跟克罗马人等头颅结构进行反复对比测验、分析、研究。

1951年，《人民日报》、新华通讯社、中央人民广播电台等各大媒体连续向世界宣传"资阳人"的消息，引起世界的震惊。美、英、法等西方大国和苏联等世界各国都宣传"资阳人"。

　　1953年，郭沫若邀请张圣奘到北京，参加资阳出土人头骨化石发现讨论会。会上，张圣奘教授作为直接发现者身份发表了精辟的见解。大会又宣布"资阳人"是35000年～40000年时的智慧人。毛泽东主席得知兴奋的说："资阳人"是国宝啊！晚上，周恩来总理陪同张圣奘赴毛主席宴请。

　　1957年的一天，周恩来总理请毛主席参观"资阳人"等文物展览，并向毛主席汇报：经过中国科学院六年多的研究，认定"资阳人"是最早的人类智慧人之一，也是最早的人类新人之一。主席打断周总理的话高兴地说：哈哈！那"资阳人"为中华民族文化屹立世界立下了大功啊！

　　毛主席亲自参观"资阳人"文物展览时，逐字逐句阅读展览文物、图片说明，有时几乎念出声来，还自言自语地赞叹道：原来，"资阳人"是人类智慧人，真了不起啊！

　　1957年底，著名考古学家、院士吴汝康、斐文中将"资阳人"头颅跟欧洲克罗马人、尼安德特人、南亚爪哇猿人、蒙古人、北京人头颅结构进行六年多反复对比研究、测验、分析后结论："'资阳人'的地位是早期的新人类型"、"是中国至今发现的最早的新人化石"、"较一般现代人原始"、"'资阳人'情形介于中国猿人与现代人之间"、"中国猿人经'资阳人'到现代人"、"'资阳人'是人类第一个现代人"、"是人类智慧人"。

　　1957年12月，中国科学院出版《资阳人》甲种专刊第一号，向全世界宣布这个结论，引起世界热赞。毛泽东主席听到周总理汇报，高兴地说："哈哈！那资阳人真了不起！"

　　1957年，《人民日报》、新华通讯社、中央人民广播电台等各大媒体连续向世界宣传"资阳人"，引起世界震惊。美、英、法等西方大国和苏联等世界各国都宣传"资阳人"。大英百科全书等世界重要出版物纷纷把"资阳人"写成词条宣传。中外上百种辞典、期刊、报纸等媒体一再宣传"资阳人"。

　　1957年，中华人民共和国考古界把成渝铁路九曲河大桥基坑出土的人头骨化石命名为"资阳人"。

　　1962年，个别有用心的发出朵音，什么"资阳人""是从上游漂浮至此"，只有"七八千年"等。

　　中国考古界针对这个断言展开了多批次的复查与考研。

　　吕遵谔、黄蕴平、范桂杰、胡昌钰、曾国柱等"为了在四川开展古人类和旧石器时代考古工作，并期望找到资阳人头骨化石问题新线索"，即时展开广泛的考察研究。范桂杰、胡昌钰很快就找到乌木是症结的问题，并发表了《关于资阳人的时代问题》的论文，论述清楚了如何科学运用乌木测定年代的问题。他们在文中指出："吴汝康认为根据资阳人发现的动物化石，特别是哺乳动物化石的研究，地层上的观察以及资阳人头骨化石本身的性质，属于更新统晚期。"

吴汝康先生强调，资阳人化石"可以确定是属于更新统晚期。"他俩最后结论道，资阳人"的时代为更新世晚期是难以否定的。"

紧接着，张森水等发现测量"资阳人"只七八千年的乌木等问题。幸好中国科学院的考古专家张森水以极端负责任的认真态度，专门去访问了当时采样的社员吴显江同志。得知，贵州专家是从吴显江同志土地表层拿走的乌木去测检年代的，杂音人又是从贵州专家那里抄来的数据。地下八米半深藏的"资阳人"能和地表层乌木的年代一样吗？这种极端不负责任的考古作风不就贻害国家？如是杂音者说"资阳人"头骨是飘移来的，轻轻骨器和特重石器能一起从"资阳人"出土地上游九曲河拐过九道湾，其中有三道90度角以上的死弯，头骨还能保持完整？连小碎片都能同飘，埋在地下八米深的同一地？杂音又说："资阳人""头骨……冲运的位置不会太远，基本上仍应在资阳及其附近境内。"那还是仍为"资阳人"嘛。据了解，杂音者从来没去实地考察研究，你的结论从哪来的？能凭空臆造吗？

一批批四川省、重庆、北京、吉林等多地的国家级、省市级考古机构的专家，针对个别人不加研究冒出的不同观点，带着问题，先后多次到资阳进行实地考察和考古研究。经过10年左右的艰辛努力，这些考古专家实事求是地科地考古挖掘、分析、研究，再经中国科学院古脊椎动物研究所、北京大学考古院等分别进行^{14}C测定，最终将"资阳人"论定为39300年±2500年前的智慧人，完全否定了个别人的错误观点。

1973年，李宣民等在"资阳人"出土地附近又发掘100多件石器和各类的动物化石，均为旧石器时代文物。

1973年发掘"鲤鱼桥文化"。1973年夏至1981年初，四川省博物馆、四川省地理研究所、成都地质学院、勘探教研室、资阳县文化馆、北京大学历史系的吕遵谔、黄蕴平、范桂杰、胡昌钰、曾国柱，以资阳县为中心，对七个县38处进行勘测、考察、挖掘、研究，在距离"资阳人"出土地约40公里的小院区同心公社孙家坝鲤鱼挢等多地发掘出多批资阳人2000年至40000年的新、旧时期并存文物。

1980年至1981年初，考古界再次考察"鲤鱼桥文化"，又发堀出多批新、旧时期文物。考古界命名"鲤鱼桥文化"。

1981年春，重庆自然博物馆的李宣民与中国科学院古脊椎动物与古人类研究所的张森水发现"资阳人"B地点。1984年《人类学学报》第3卷第3期发表他俩合作的《资阳人B地点发现的旧石器》）一文。宣布在"资阳人"出土地100米远的河对面又挖掘出172文物。"用同层出土的乌木做样品作^{14}C测定"，与"资阳人"头骨出土相同的小砾石层出土文物的结果为"39399年+2500"年。

1983年第3期《考古学报》发表吕遵谔、黄蕴平、范桂杰、胡昌钰合写的《四川资阳鲤鱼桥旧石器地点发掘报告》，向世界宣布"鲤鱼桥文化"基本内容，受到广泛赞肯。

1984年，中国举行了第一次全国^{14}C学术会议。四川省地质局航空地质队的李洪云和中国科学院古脊柱动物与古人类研究所的黎兴国、刘光联、许国英、

资阳人

王福林等 5 位专家向大会提交了他们合写的文章《"资阳人"化石产地地层时代新资料》。文中介绍了"资阳人"所处的地层位置，详细论述了各地层 ^{14}C 测定的数据所确定的年代。会上，根据一系列的、系统的 ^{14}C 测定数据，研究讨论，认定"资阳人"头骨化石为 39300 年±2500 年。

36 年前，张圣奘、李宣民、张森水、范桂杰、胡昌钰、贾兰坡、秦学圣、李洪云、黎兴国、刘光联等 20 几位专家先后著文发表他们各自的研究结果，都认为"资阳人"是距今 4 万年前后的智慧人。

经中国考古界国家和四川、重庆等权威机构和权威专家一再考定："'资阳人'是人类智慧的根柢、发端"，是距今"四万年时际的人类智慧人里程碑"，"是人类文化基因根脉一始祖"，"资阳是中华文明一源泉"。

1999 年，四川省文物管理局编撰，四川出版集团出版的《四川省志》、四川省地方志编纂委员会编纂的《四川省志·文物志》均宣布"资阳人"是"旧石器时代人类化石"。

2009 年，国家文物局主编，文物出版社出版的《中国文物地图集四川分册》、《中国考古 60 年》，论定"资阳人"和鲤鱼桥等一些遗址是"旧石器时代晚期""距今 40000 年—20000 年之间"。

历史刚进入 21 世纪，北京大学考古学系教授博士王幼平在中国史学界资深的著名的史学专家集体编写的，由文物出版社出版的《20 世纪中国文物考古发现与研究丛书》中的《旧石器时代考古》一书中，三次肯定了"资阳人"的年代。他在第 176 页中说："资阳人"B 地点的石器"显然与该地点的时代更早有关。与石器同层的木化石 ^{14}C 测定年代为距今 40000 年至 37000 年，已处于旧石器时代中、晚期之交"。

20 年前，资阳、四川省相关部门和领导举办多次座谈会、研讨会、报告会，肯定和宣传"资阳人"的史籍和重大价值。

2014 年 1 月 18 日，国家和四川省考古机构召开"资阳人与中华文明溯源研讨会"。北京、四川等地资深考古院士等专家 30 余人，省、市部分在职、退休领导和有关部门 300 多人参会，专家提交近 30 篇研究"资阳人"的论文。会末的大会总结暨新闻发布会的标题是："资阳人"是人类文化基因根脉始祖，资阳是中华文明源泉。

2011 年至 2020 年的十年中，刘胜俊及其研撰"资阳人"团队集中力量研溯到"资阳人"的齐天价值："'资阳人'是人类距今 40000 年时际的智慧人"、"'资阳人'是人类思维、智慧的根柢、发端"、"'资阳人'是人类智慧人里程碑"、"'资阳人'是中华和智慧人类血脉基因、文化基因、文明基因、精神基因一始祖"、"'资阳人'与中华和智慧人类基因脉络说明地球村是人类命运共同体"、"资阳是四万年前的远古文明一源泉"。

这个"资阳人"齐天价值的研溯，是《资阳人与智慧人类根脉》研撰团队依托"资阳人专家团队"，会同中国科学院、中国社会科学院、中国考古研究所、北京大学、清华大学、四川省考古研所、四川大学等 20 多位在职和退休考古专家、史学者，共同研撰取得的。专家们研撰出 30 多篇研究"资阳人"的论文和上百万字的相关资料。《资阳人》研撰团队中有的已研究"资阳人" 20 多年或 50 年，他们依据出土文物、历代古籍、70 年来相关机构专家、政府职能部门等研究"资阳人"的结论，和《资阳人》课题组专家的研究定论，撰写出《资阳人》。人民日报出版社出版并又再版。《资阳人》研撰团队在人民日报出版社第二版基础上进行精加工，深入理清"资阳人"与智慧人类关系，研究探索到资阳人的齐天价值，又出第三版。

这是项壮举，是践行习近平总书和党中央一再强调加强民族根脉文化研究和建设国策的可喜举措，是中华文化屹立世界之巅的大功臣，是传统文化的难得的灿烂卫星，是推进人类命运共同体实现和谐共靠赢的经典。

2018 年，经四川省中小学教材审定委员会审查通过，"资阳人"编入四川省义务教育地方课程数材《可爱的四川》第五课。之前，"资阳人"也列入教材。

2020 年，中国科学院考古专家对"资阳人"是早期现代人再次最新认定。中国科学院古脊椎动物与古人类研究所主办、科学出版社 2020 年 11 月出版的《人类学学报》论文首要位置，刊载《资阳人头骨化石的内部解剖结构》的一万多字重大文章中，向世界宣布，中国科学院古人类研究室主任、研究员吴秀杰、严毅等"利用高分辨率工业 CT（Computed tomography）扫描资阳人头骨，并对其内部解剖结构（包括骨壁结构、额窦、骨内耳迷路、颞骨乳突小房、颅内模)进行 3D 虚拟复员研究……CT 断层显示……支持以往研究认为的该头骨属于 50 岁以上个体的鉴定结果……资阳人头骨内部解剖结构保留有少量原始特征……这些特征不同于全新世人类，更类似于晚更新世早期现代人。"从颅内模形态上看，"资阳人大恼的形态特征绝大都分与现代人相似，少数特钲保留有原始性"。"资阳人的脑高明显增大，脑宽－脑高指数位于晚更新世早期现代人和全新世人类变异范围的中间位置"。"资阳人内耳迷路保存完整……与全新世人类和早期现代人相近。"这一系列结论都与中国科学院著名考古学家、院士吴汝康等在 1951 年至 1957 年年上半年中专题研究"资阳人"头颅结构得出的结论，及与六七十年前以来多批专家研究"资阳人"的结论完全一致。

70 多年中，各型会议和考古专家们考察、研究、测定确认"资阳人"为旧石器晚期早段 40000 年时际的智慧人的次数，约有 60 多次。省市和国家最高权威级的考古、文史专家，顶尖权威级的考古、史史研究会，顶尖权威级的考古、史学机构，最高权威级的中国科学院领导，最高权威级的国务院职能机构，最高权威级的党和国家最高领导，最高权威级的中外媒体和出版物，再三肯定的"资阳人"是 40000 年的人类基因根脉一始祖、人类智慧人里程碑等远古历史和重大价值都完全一致，这些定论坚如钢铸的昆仑山，谁也撼不动！

2021 年 3 月，新华出版社出版《资阳人与智慧人类根脉》（详见第 23 页出版说明）。

第三章

人类文化一起源　华夏文明一摇篮

"资阳人"是人类文化一起源，华夏文明一摇篮。

为什么中国人一再提中华文明五千年？
为什么至今西方不承认中国五千年文明史？
为什么中国文明远超五千年，考古界一直追溯不到？
为什么中华文明40000年的史实钢铁般地摆在世人面前，有人还视而不见？
为什么人类就不能同时存在几个始祖？
要把考古搞正确，必须改变考古的思路，进行考古传统观念、传统做法等全面反思和革新。

史学专家论点综述：
判定文明的科学标准是：精神、物质。人类初孕、始显精神，萌创、元用物质，就是文明的发源。人类文明具有多样性、多彩性、多元性。中华文明摇篮是多元的，资阳是中华文明一源泉。

中国泰斗级的史学大师、著名历史学家蒙文通先生，从《山海经》的考求中，"开天辟地地提出了'昆仑宜为上古一文化中心'的学术观点。"

中国还有一位泰斗级的史学大师台湾的李济先生指出："中国西南及西部为人类文明开始的地方。"

第一节

源泉星罗五州出　文明标准科学定

一、重建中华上古文明的契机

中国先秦史研究专家宫长为在《跨越时空的对话》中说:"从发现历史到复原文明,再到探讨文化,再到传承精神,它们构成了《资阳人》书稿的四大亮点,也可以说是《资阳人》书稿的全部精华所在。《资阳人》厚重地展示出资阳人是一个文化符号,是一个文明品牌,是一种伟大精神的代名词。这是《资阳人》四大亮点的集中体现。

大家知道,自20世纪90年代中、后期以来,随着国家夏商周断代工程的成功实施,极大地推动中国早期文明的探源工作,重现中华上古文明已经摆在我们面前。

现在,我们大家从夏商周三代社会研究,上溯到五帝时代研究,再由五帝时代研究,上溯到三皇时代研究,已经改变或正在改变中华上古文明的历史。《资阳人》上溯到燧人和人皇,也正是承续这样的工作,并且,已经取得了积极的、可喜的成果。

近些年来,我们有着这样一种看法。按照恩格斯两种生产理论,重新界定人类文明的发生和发展的历史,是十分必要的,也是切实可行的。"

宫长为强调:"从这一意义上来讲,"资阳人"的发现与研究,给我们提供了这样一个很好的契机,也给我们提供了这样一个全新的课题,它已经超越中国早期文化和文明的探源范围,相反,正在走进或者说接近真正意义上的中国早期文明的探源工作。这是一个浩大的工程,是一个繁重的工作,需要我们从一点一滴做起,从一个或几个案例做起。今后的路还很漫长,还有很长的路要走,真可谓路漫漫兮,吾将上下以求索。"

是的,中国史学界早就酝酿和筹备追溯中华远古文明渊源的这项伟大工程。中国古史的任务正式提到全国史学、考古学者面前,条件已经基本成熟。其主要标志是重建中国古史的构思、脉络已基本清楚。从宏观的角度、从世界的角度、从理论与实践结合的高度,把中国古史的框架、脉络可概括为:"超百万年的文化根系,上万年的文明积淀,五千年的古国,两千年的中华一统实体,这就是我国历史的基本国情。"

1990年，中国社科院考古研究所组建了一个文明起源研究小组，在传统的文明"三标准"之外，专门增加礼制标准。1996年至2000年，夏商周断代工程开展。2000年，文明探源工程提上日程。2001年启动预研究。2002年科技部正式立项"文明探源工程"，至今，这项浩大而艰巨的工程已进行了10年有余，成就初显。

史学界的知情者们认为，《资阳人》探索中华文明源泉这项浩大而艰巨的工程的启动一年多来初见成效，是中国考古界追根溯源中华远古文明的成果。特别是习近平总书记在中共中央政治局第十三次集体学习时指出：要追寻和弘扬中华民族的传统文化。中华文化是民族的根。中华文化是中华民族最深层的精神追求，是中华民族生生不息、发展壮大的丰富滋养。中华传统文化能薪火相传就是因为它活在我们的基因里。基因，是内在成因，是根是抗体。正如人长得像自己的父母是在遗传基因，一个国家、一个民族也有自己独特的精神基因，从而形成不同于他国、他民族的人文性格和文化习惯。中华民族的精神基因，文化根脉在哪里？

因此，追寻基因，激活基因是民族发展的需要。

乘借这股东风，把追根溯源中华远古文明的工作进一步展开，找到中国最古远的文明发祥地，寻找到中华民族基因的根，是中华民族实现中国梦的需要，是屹立于世界之林的需要。

二、判定文明的标准应该修正、革新成：精神文明和物质文明

主编撰手记：考古专家们指出：过去，西方提出的文明形成的标准一般公认有城市、文字、青铜冶金术等等，但这是西方文明概念定的标准，现在已引起不少争论。我国考古界一再指出这些标准在中国的考古溯源文明中怎么也对不上号，很不实用。我们认为，西方提出这些判定人类文明的标准之所以不适用，是因为它是人类文明发展阶段的标准，故不适用于远古，更不适用当今和以后。所以考古专家们在头痛之余提出修正、革新判定文明的标准。

我们经过再三研究，**慎重提出用精神、物质四个字作为判定人类文明的标准最为科学**。为什么判定人类文明的新标准**应该修正、革新成精神、物质四个字**？是因为世界上所有人都生存在精神和物质这两个范畴之中，离开了精神和物质就不成其为人。人离开其中任何一样都不可能生存下去，更说不上人类社会的发展了。也**只有精神、物质四个字才能概括人类文明标准的全部内容，而且不受历史时代的限制**。用其标准判定几万年前出现的人类原始文明很适用，用其标准判定百万年后人类发展到超高阶段的文明照样适用。

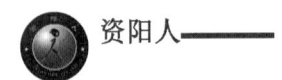

专家们指出：按照恩格斯两种生产理论观点，重新制定判定人类文明的标准，重新界定人类文明的发生和发展的历史，是十分必要的，也是切实可行的。

什么叫文明？文明的标准是什么？

人类初孕、始显精神，萌创、元用物质，就是文明的发源。文明的标准是精神、物质四个字。

当今通称文明是指人类所创造财富的总和称呼，特指精神文明和物质文明。

精神文明是人类在改造客观世界和主观世界的过程中所取得的精神成果的总和，是人类智慧、道德的进步状态，也是人类审美观念、文化现象的传承、发展、糅合和分化过程中所产生的生活方式、思维方式的总称。

物质文明是人类改造自然的物质成果，表现为人们物质生产的进步和物质生活的改善，是精神文明的物质基础，对精神文明特别是其中文化建设起决定性作用。物质文明的性质由生产方式所决定。

判定文明的标准是在不断变化发展的，是人类在认识世界和改造世界的过程中所逐步形成的思想观念以及不断进化的人类本性的具体体现。

过去西方人判定文明的标准是：城市的出现，文字的产生，国家制度的建立。其中最重要的前提条件是城市的出现，这就是说城市是文明的发源地。所以西方人认为最早的文…入文明阶段了。后来这些标准落实在考古学上。英国考古学家柴尔德提出了文明的10个标准，比如一定规模的遗址，人口要达到5000以上，有权力机构，有大规模公共建筑——它标志着建筑技术达到一定程度，社会动员能力达到一定程度等等。"

赵辉院长还说："文明可能有100多种解释。一方面可以说是文化的成就，另一个意义，就是社会发展程度。"

赵辉院长还指出："当我们套用这些标准对一些有关的考古发现进行是否是文明的性质判断时，就会发现这些文明的标准有的是不那么能对上号的。"

中华文明探源工程总负责人、中国社科院考古所所长王巍在他撰写的《以科学态度研究文明起源问题》一文中说："世界考古学界对文明的标准一般强调有三点：即冶金术、文字和城市。但是，大家对这个标准有一些争议……我认为，文明是人类文化与社会发展的高级阶段，之所以强调文化，是因为之前对文明的认识基本集中在社会层面，认为社会复杂化、等级制度特别是国家的出现是关键，但对物质文化重视不够。实际上，物质文化代表着人类改造自然能力的提高，是文明中不可或缺的一部分。"他在谈到负责中国文明探源工程的实践中说到，从中国文明探源的十多年实践中我深刻体会到，判定文明的标准应该修正、革新才行。

谭继和说：文明形成的标准一般公认有城市、文字、青铜冶金术等等，但这是西方文明概念定的标准，现在已引起不少争论。刘易斯·芒福德主张一定人群聚集的中心聚落，有威仪性信仰和祭祀中心，这是文明起源的标志，是城市起源的胚胎。根据我们中国人自己关于文明的理解，我想用《易经》的一句话来说明。在《易经》里面把文化和文明这两个概念是分得很清楚的。《易经》讲文化，认为是"以人文化成天下"，这是"文化"一词的最早来源。讲文明则是讲："见龙在田，天下文明。"它是以"龙"为标志，认为越过了萌芽孵甲的"潜龙勿用"和水润渊潜的"龙潜于渊"这两个阶段，到了种植收获的"见（现）龙在田"阶段，就是"天下文明"到来了。换句话说，人类由发现食物、采集食物阶段，发展到现龙在田的种植食物的农业阶段，文明就大现于天下了。文明就是这样起源的。

看来，历史发展到21世纪的今天，中国和世界都没有找到一个判定文明的科学标准。过去西方定的那些标准都不能真正包含和解释全文明的内容。所以以前那些判定文明的标准都不科学，应当革新。

中国先秦史学会副会长兼秘书长宫长为博士专门为修改判定文明的标准写专论。他的文章从始至终对《资阳人》"判定文明的标准应该修正、革新成：精神文明和物质文明"的观点进行了一再肯定和一再深刻阐述。他特别强调："既然西方定的那些判定文明标准不能包含和解释文明的内容，我们在考古中又对不上号、很不适用，那就应该对这个不科学的判定文明的标准进行修正。"

当今通称的精神文明和物质文明这两个标准是科学的。精神文明和物质文明应是一种发展的概念，可分为初始文明、原始文明、远古文明、古代文明、近代文明、现代文明、当代文明。否则，工业文明出现不就否定前面的文明了吗？电子出现不就又否定工业文明了吗？信息化时代不就又否定了电子文明吗？这些本应是文明发展的阶段而已。否则，今天的文明用什么标准来概括呢？

有的专家和媒体说："**研究发现，人类现代文明在40000年前就已出现。**"我们和一些史学专家经过反复讨论研究认为：人类初始思维，开始形成智慧，用智慧进行生活和生息斗争时际为原始文明的开始，也就是说在"资阳人"时际人类开始了原始文明较为符合人类历史发展的史实。

传统的中华文明古史是"上下五千年"，以黄帝为始祖。所以我们历来自称"黄帝子孙"或是"炎黄子孙"；以黄河流域为发祥地，故称黄河为"黄河母亲"。从近些年来发现的大量古代遗址看，中华民族文明的发祥地是多源的，绝不止黄河流域一处，即可归纳为六七个不同的区系类型。过去，中华文明一直被误认为单纯的农业文明，起源于西北黄土高原，是一种封闭保守、安土重迁、缺少进取精神的大陆文明。

从考古发现,在距今五六千年前的江浙一些古文化遗址中已有了丝织品的残片,距今7000年前的河姆渡古文化遗址中已经有了丝织工具与蚕的图像。这足证过去所写的古史不准确。考古发现与民俗调查的许多研究成果说明,中华大地上的农耕文明与海洋文明均先兴起于南方。

台湾省黄大受教授认为:"至于历代相传的'黄帝是我们的人文初祖'、'黄河是中华文明的母亲'等等说法,不必否定,可视之为民情风俗,长期保留。只不过应将真实的历史与民情风俗分清而已。"2001年,中宣部发出通知,以后不宜笼统称"炎黄子孙",因为不能涵盖中华民族大家庭中许多少数民族。

革新判定文明的标准,是文明溯源工程发展的必须。王巍所长在《以科学态度研究文明起源问题》文中强调"考古学是一项充满未知的学问,这也正是它的魅力所在,新发现的考古资料很可能推翻原有的认识。所以,我们所有的研究结论,都强调一点,都是根据目前已经掌握的资料得出的,将来如果有新的发现,难免会有进一步的修正。"既然过去判定文明的标准已经不适用了,修正和改革判定文明的标准就成了理所当然,就成了文明探源发展的必然。

宫长为指出:众多史学专家经过反复讨论研究认为:把精神和物质作为判定文明的标准是合理、科学的。人类初始思维,形成智慧,用智慧进行生活和生息斗争时际为原始文明的萌始。

刘建中指出:《资阳人》这部书的创作,为什么能达到这么高的造诣?是因为作者紧紧围绕着要以判定人类文明源泉的新标准,即精神文明和物质文明。所以书从开头到通篇至结尾,都丰腴地反映出资阳人的厚重、绵远的精神文化和灿烂的物质文明。

为什么作者提出来的判定人类文明的新标准有如此大的魅力呢?是因为世界上所有人都生存在精神和物质这两个范畴之中,离开了精神和物质就不成其为人。因为低等动物可以不要精神,只要有物质就行了,而人不但离不开物质,也离不开精神,离开其中任何一样都不可能生存下去,更说不上人类社会的发展了。

刘胜俊等提出的判定人类文明的新标准是一个大胆的创新,是值得考古界重视和研究的课题。要把溯源文明工程搞好,首先就要把判定文明源泉的标准制定好,没有这个标准溯源就没有依据,就不知道如何溯源。所以探索新的判定文明的标准十分重要。在没有人提出比刘胜俊提出的探索人类文明源泉的标准更适合、更科学之前,我认为就用刘胜俊提出的精神、物质,这两个词作为判定人类文明的新标准,最是适宜的。

三、中华民族文明的发祥地应是多元的地域

前面谈到赵辉院长论述中华文明探源工程的文章题目就叫《中国文明的形成：从满天星斗到多元一体》，他在文中多次提到中国文明是多元的，是满天星斗的，多元中的一体化趋势。他指出"20世纪80年代初，苏秉琦提出了'区系类型学说'。他认为中国古代文化是分区的，每个区有自己的传统，就是谱系，谱系下还分很多枝蔓。而文化演进不是一条线进行的，是多元的，或者是满天星斗式的"。

从新中国成立后考古发现的大量古代遗址看出，中华民族文明的摇篮是多元的，至少有六七个不同的区系类型，不止黄河流域一处。过去，对中华文明起源的判定是保守的、封闭的，缺少探索和进取精神，所以，一直被误认为单纯的农业文明，只起源于西北黄土高原。

考古发现，中华大地和海上都有多处文明摇篮，超过5000年的文化遗址就有仰韶文化、红山文化等多处。距今7000年前的河姆渡古文化遗址中已经有了丝织工具与蚕的图像。资阳人的"鲤鱼桥文化"已有2.5万年以上。资阳的"龙垭遗址"也有2.5万多年。这足证过去所写的古史不准确。

中华文明远超5000年。前面已阐明过去提中华文明5000年是司马迁的创举，这已很不错了，因为那时科学不发达，挖掘出的遗址不多。20世纪下半叶后，尤其是历史进入到21世纪，历史学、考古学、民俗学等诸多有关研究历史发展的科学大量涌现，把考古工作推向新的阶段。中华文明源泉的面纱不断揭开，中华文明源泉的本来面貌逐渐显露。现在已探明中华文明史应从原来的5000年提前35000年以上，当今考古探明的应是4万多年。这才是中华文明历史渊源的真谛。

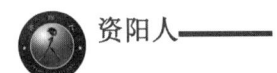

第二节

华夏文明一摇篮　土生土长一脉承

　　"回首西陲势渺茫,东迁种族几星霜？何当踏破双芒屐,却向昆仑望故乡。"
　　　　　　　　　　　　　　　　——国学大师王国维《读史二十首》

　　从对发掘出土的与"资阳人"有共生关系的石器、骨器的分析中,我们可以得到一些有关当时人类生产生活的信息,据此可以寻觅远古文化乃至文明的踪影。
　　"资阳人"用智慧制作、使用骨器、石器的精神和创造出的这些物质财富具备人类文明源泉的雏形。

　　　　　　　　　　　　　　　　　　　　　　　　　　　　——高　星

　　伴随"资阳人"出土的大批石器、骨器,特别是骨针、穿孔石珠、鹿角等文物告诉我们,"资阳人"在40000年前始创了热食文化、制衣文化、妆饰文化、改进工具文化、集体采集文化、狩猎文化、组织指挥文化、结绳记事文化、观天象文化等等,开创出人类最早的一块文明乐域。资阳就是中华文明的源泉、发祥地和摇篮！

　　　　　　　　　　　　　　　　　　　　　　　　　　　　——宫长为

　　史实是最好的佐证。资阳人萌生人类思维,率先用智慧与大自然斗争和生息,用骨针缝制皮衣,用穿孔石珠等妆饰,拓创发展燧人、鲤鱼桥、女娲、资国、昆吾、苌弘等40000年来一系列的灿烂文明史实,充分证明资阳是中华文明的一个摇篮。
　　从中国古人类时空判断,资阳人将中华文明史上推三万五千年,资阳人岂不是中华文明的摇篮吗？

　　　　　　　　　　　　　　　　　　　　　　　　　　　　——卢继传

人类创造文化是从旧石器时代人区别于动物的时候就开始了。文化因素积累到一定程度就产生文明。

"资阳人"研究，有助于重新认识和探索中华文明的起源和文明标准问题，建立起中国文明自己的话语权，不再受西方文明话语权的束缚。用恩格斯的"两种生产"（物质生产和人口生产）理论来探讨文明起源；用"基因进化"与"文化进化"两个进化的理论来探讨人的进化和文明进化的关系，都是这次研讨会上出现的理论亮点，具有原创性和创新性。还有母系社会同父系社会一样可以产生文明的新观点，有助于我们思考中华文明起源可以上溯三万年以上。

对于中华文明起源和巴蜀地方文化的根脉及活态文明基因的传承，有着重要的作用，处于关键的地位。

——谭继和

本书"记述的中心是资阳人。这些史实充分说明资阳是中华文明一摇篮。

——李保均

一、"资阳人"用智慧开创人类远古文明源泉的雏形

人类初孕、始显精神，萌创、元用物质，就是文明的发源。

资阳是不是人类文明一源泉？首先要知道什么是文明。前面说到，文明是人类所创造的物质财富和精神财富的总称，文明一般分为物质文明和精神文明。

过去对文明时期的定论和标准多种多样，主要的说法是国家出现、工业出现等等才叫文明。当今一些专家认为这只能是一种观点，真正的文明鉴定标准应该是"智慧"二字。也就是说，人类出现思维，开始用智慧进行斗争和生息，文明就开始了。因为智慧本身是精神文明的内容，用智慧产生的物质就是物质文明的内容。用智慧进行活动，就与野蛮和蛮干大不一样了，它就从野蛮上升到了文明层次，从野蛮阶段迈进了文明阶段。

"资阳人"创造的物质财富和精神财富具备文明源泉的标准内容。

从著名考古专家重庆自然博物馆的李宣民、中国科学院古脊椎动物研究所的张森水，在科学出版社出版的《资阳人 B 地点发现的旧石器》一文，详细论述他们研究考证出"资阳人"石器的水平和状况中，就能清楚的看出和领略到"资阳人"制作、加工和使用这些石器的智慧程度，从而看出"资阳人"40000年前时际就孕育成人类文化基因，创造出了人类文明源泉的雏形。也可看出："资阳是中华文明多源中一个很重要的源泉。因为伴随'资阳人'出土的大批石器、骨器，特别是骨针、穿孔石珠、鹿角等文物告诉我们，'资阳人'在 40000

年前始创出人工取火热食文化、制衣文化、妆饰文化、改进工具文化、集体采集文化、狩猎文化、组织指挥文化、结绳记事文化、观天象文化等等，开创出人类最早的一块文明乐域。这些珍稀文物还告诉我们，'资阳人'40000 年前'在发展大脑由知识变为智慧方面，起了筚路蓝缕、开拓创新的作用'，是人类始用智慧生息、斗争的智慧人里程碑，是远古人类文化先驱的杰出代表，确实占有远古人类始创文化、积累和传承文明基因的关键地位，是人类文化基因根脉一起始祖，是现代人文明基因一孵化摇篮，是现代人知识、智慧和经验产生的发端。'资阳人'奠定中华文化起源基因和文明基因根脉及活态传承的坚实基础，拓创出了远古文明摇篮较为丰富的内容，开创出远古文明的雏形。"

二、"资阳人"用智慧制作、使用骨器、石器的精神和创造出的这些物质财富具备文明源泉的标准内容

李宣民、张森水在原资阳人出土地点西偏北 100 米处，新公路桥墩基大砾石层地表下 7.5～8.8 米地点采集到的几百件旧石器和哺乳动物化石，可分为石片、石核、单台面石核、多台面石核和多种工具，如：刮削器、尖状器、砍砸器等。各类工具又再分为若干型，诸如：单刃刮削器、单直刃刮削器、单凸刃刮削器、单凹刃刮削器、两刃刮削器、复刃刮削器、三刃刮削器、端刃刮削器、尖状器、正尖尖状器、角尖尖状器、砍砸器数、单刃砍砸器、单凸刃砍砸器、单凹刃砍砸器、缓凹刃砍砸器、两刃砍砸器、端刃砍砸器、扇形砍砸器、铲形砍砸器、三角形砍砸器、锛形砍砸器、梯形砍砸器、尖刃砍砸器等等，种类繁多。

上述告诉我们"资阳人"在制作、加工她们使用的种类繁多的石器过程中采用的办法多种、方法多样，难度较大。这就是精神文明的内容。如果没有一定的艰苦精神和智慧水平能进行"端侧边和两斜边加工"吗？能"将一斜边和台面后缘加工成刃"吗？能采取"复向加工为主，向背面加工"的方法进行制作吗？能"将一斜边和台面后缘加工成刃"吗？能"对向打片，另外还以工作面右侧做台面，向背面打片"吗？不能！绝不可能。专家们论证说，只有精神文明达到一定程度，才能创发掌握这么多种技术、采取这么多种方法制作、创造出这么多物质财富。

在前述几百件石器、骨器等物质财富中，"资阳人"的骨针、穿孔石珠、鹿角尤能标志出"资阳人"在 40000 年前达到的精神文明和物质文明的水准，这就是人类远古文明的核心内容。

骨针是服装文明的标志物品。周叔勋老先生在他的《"资阳人"漫谈八题》中针对骨针说："这件骨椎有几个特点：第一，它是用三棱状骨片制成的；第二，是经人工用粗糙的石器刮削出来的，而不是磨制的；第三骨椎的尖端短而

钝；第四，骨椎呈深褐色，与'资阳人'头骨化石颜色相同，是一件十分难得的骨质工具。"骨针是干什么用的呢？当然是缝织衣物等用的。它清楚不过的告诉后人，"资阳人"在40000年前就开始用骨针缝织皮衣、阔叶等用以保暖、遮丑的衣物了，这里面既有物质文明的因素又有精神文明的因素，这就走出了野蛮的荒地。

穿孔石珠是装饰文明的彰显物品。周老先生说，考古专家李宣民同志来资阳调查、采集，转眼一月有余，临走以前，县文化馆的文物干部约笔者一起去县委招待所会见他一下。李同我们介绍他这次采集的收获时，便从床上堆积的大量石料中，选出一件有孔石器来，他说，"这是一件有孔石器，很特别，很少见，还可以戴。"一面说一面戴在手指上，让我们看，接着便取下石珠交给了我。我也用右手食指戴了一下，紧紧地，刚好戴上。这件"有孔石珠"，黑中透蓝，质地细腻，有光泽，高约2厘米，厚约1厘米，外圆直径约4厘米、内圆直径约2厘米，圆中稍扁，光滑中又有点粗，上下沿口规整圆滑。李宣民称为"有孔石珠"，我觉得改称为"石戒指"，更像一些。因为他的整体不是圆珠，而是圆圈。

可见，穿孔石珠似用初级玉石制成，比较精制，恰好戴在中指上，或串起来像串珠子挎在脖子上，这就彰显出装饰文明的标准内容，它在向地球宣布，远古"资阳人"开始热爱美、追求时尚、向往更丰富的多姿多彩的精神和物质生活。

鹿角为什么能展示"资阳人"的智慧和文明源泉的内容呢？因为鹿角有磨穿的孔，角中部有使用磨损的痕迹，说明它既是指挥棒，又是吹响声用的号令器。为什么人类发展很缓慢？据古史记载，猿人时期的猿单个或小集群生息较多，一碰到凶残的野兽，就成了牺牲品。猿发展到智慧人阶段，开始组织形成大集群、族群的生息群体遇到凶兽，哪怕是集群猛兽，也可进行有组织的集团抗击野兽的侵略，有效的打败野蛮强敌，切实保护自己的生命和生息环境。鹿角就是集群或族群头领用来进行组织的号令器和指挥棒。这些难道不足以说明"资阳人"用自己的智慧即精神文明制作出具有一定水平的丰富的物质财富、创造出物质文明从而创造出中华文明的一源泉吗？

中国科学院古脊椎动物与古人类研究所原副所长，现任该所古人类研究室主任，亚洲旧石器考古联合会主席，中国旧石器考古专业委员会主任高星博士说：我从伴随"资阳人"出土的石器、骨器中研究、分析出"资阳人"40000年时的石器骨器彰显中华文明一源泉雏形。

三、文明的连贯性、绵远性的史实,进一步证实资阳是人类和中华文明一源泉

赵一农指出:中华文明起源的问题,现在已成为国内国际学术界共同感兴趣的话题。原因一是中华文明具有独立起源,即原创性。二是中华文明具有继承性和连续性,一脉相承。世界其他的古代文明都先后中断了,唯独中华文明一直绵延传流至今。

从中国可查的史书史料和考古发现的史迹研究、分析看出,资阳不断出土的旧石器、新石器和秦汉以后的史迹,足可证明资阳是人类远古文明的一个源泉,更是华夏文明的一个源泉。

前面谈到的"资阳人"、燧人创立的取火用火、热食文明,女娲治洪补天、测绘地理和制作太阳历等等科技文明,是人类和华夏最早文明源泉的典型标志。

前面已经说过,顾颉刚先生认为"昆仑是一个有特殊地位的神话中心"。蒙文通先生说:"昆仑宜为上古一文化中心。"李济先生讲到:"中国西南及西部为人类文明开始的地方。"这三位史学泰斗认定的文化中心是昆仑。资阳昆仑是远古昆仑的"昆吾之丘"这个地方,应该说资阳应是华夏文化中心的一个地方。"《禹贡》上记载的梁州范围很大,相当于常璩所记的'华阳国'疆域,包括陕西汉中、河南西部、湖北西部、湖南西部以及云南、四川和重庆,今四川地区为梁州之中心区域。""在以岷山昆仑——都广之野为'天下中心'的《山海经》时代,无论黄河流域或长江流域,皆有由古蜀天府迁往的先民生息繁衍,并由此让天下都带有了共同的中华史前文明——昆仑纪文明的特征。"(引自《昆仑纪》)

而且,昆仑纪文明是连续不断,紧密绵延40000年。

前面说的鲤鱼桥文明和资阳人的十三大文明就是最好的佐证。

前面已简述鲤鱼桥文化既是旧石器文化又有新石器文化。在九曲河、鲤鱼桥周边，在龙垭遗址等几十处旧石器和新石器的文物形成文物链和文物圈，充分佐证了资阳人悠久文化、文明的连续性、紧密衔接性，时间绵延40000年。所以，解放军军事博物馆的老将军马树学看了此书后深有感触地说，在一个县域挖掘出这么多古代遗迹和文物，真是少见，可谓中华第一县。

文字文明是资阳成为华夏文化中心的一个有力佐证。资阳人发明最初的文字后，很快影响到川内川外，辐射到全中国，继而形成了中华民众的文字。

苌弘积当时天文、历法、音乐、兵法等科技于一身。苌弘的本事是哪儿来的？当然是他在资阳时期向他的父辈、老师等学来的。当时的资阳就已经是这些文明的中心，这对春秋战国及后来的影响是极其大的。

宋朝秦九韶，在数学、天文、星象、音律、历法、营造、骈俪、诗词、游戏、毬马、弓箭等方面有极高的创新，攻克了当时数学、天文、星象等多项科学的难题，对中国多项科学发展起着领军和极大的推动作用。所著《数书九章》达到中国古代数学的顶峰，在世界数学史上占有极其重要的地位。

可见资阳文明不仅是中华民族甚至是人类文明的一个发祥地，而且文明历史逐渐发展，从不间断，厚重绵远。

秦九韶纪念馆主殿 "资阳人"总编室2012年7月摄

四、从资阳、蜀国与中华远古文明史关系略图看出，资阳是中华文明一源泉

226、227页这两张图概括地表明了资阳的文化文明的久远性和源泉性，直到女娲氏后期蜀国文化才开始。女娲之后的神农氏时期，尤其是黄帝时期，中国正史文化才开始。史实说明，资阳是中华文明的源泉，正如考古专家指出的那样："资阳是中华文明的源泉是当之无愧的。"

"资阳人"之所以成为人类智慧人一始祖，资阳之所以成为中华文明一源

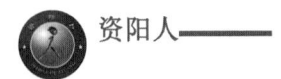

泉是历史、地理、气候、自然条件的变化造就。正如《资阳、蜀国与中华文明史关系略图》所展示的那样。

后面关系图标明的，《山海经·海内经》、《世本·帝系》、《史记·五帝本纪》、《遗拾记》、《蜀王本纪》等若干古籍记载的：资阳人燧人氏、伏羲女娲、炎帝、黄帝、尧、舜、禹、夏、商、周等和古蜀国的蚕丛、柏灌、鱼凫、杜宇等皇、帝，都是资阳人后裔。他们都是各个时代创造文明的杰出代表。资阳濮人是古代民族创造文明的一代代英雄典范，在中华民族文明发展中，起到关键的重大的作用。

五、远古资阳人所处的地域气候优势，造就了资阳成为人类文明一源泉

魏一平在《文明起源的环境因素》一文中说："地球自诞生以来，一直是冷暖交替。尤其是人类出现以来的这段历史（第四纪）由若干个冰期与间冰期组成，大概每隔 7 万～10 万年就会经历一次大的冷暖变化。最后一次冰期发生在距今 7 万年至 1 万年前。"

资阳智慧人所处的地域成为华夏文明的发源地之一，与其优良的气候是有直接关系的。从大量发掘的考古材料中，我们可以了解到，早在旧石器时代，这一地区的气候温暖湿润，就有人类狩猎采集，劳动生息，至今留下了许多丰富的文化遗存。前面说到，20 世纪 50 年代初，著名"资阳人"的头骨化石的发现，足以证明远在数万年至 10 万年前，这里就是人类起源与发展的重要地区。而 20 世纪 70 年代中期，汉源、铜梁、资阳等地又相继发现了大量属于旧石器时期的文化遗存，并出土了一些打制石器。进入新石器时代后，考古发现的文化遗存分布更为广泛，到 21 世纪初，以川西成都平原为中心的长江上游地区已发现和发掘的新石器时代遗址达 200 余处。可以看出，新石器时代遗存数量的增多，规模的扩大，人口的急剧增加，无疑标志着资阳智慧人等文化水平的发展和提高，进而为长江上游成为文明起源的核心地区提供了可能。

资阳智慧人所处的地域成为华夏文明一起源的原因还与资阳和四川所处的地理位置的独具特点相关。其北有古老的黄河流域文明，东邻发达的长江中下游文明，南有云南早期元谋猿人的发现，如此良好的文化氛围，极大地促进了长江上游文明的形成和走向成熟。（注：详见姜世碧：《长江上游文明的起源、形成与发展——兼论成都平原先秦文化的发现》）

古蜀玉器陶瓷文化研究院院长何如在《远古气候环境造就资阳人与蜀人的文明传承关系》一文中说：

5 万年时际前后，地球发生了第四纪冰川震动，地球上的生灵几乎灭绝。在

这次冰川中，四川周围高山峻岭隆起，中部形成盆地海洋，古时称西海。西海吸收太阳热能，热气上升，盆海周围山崖、岸上较温暖。西北风一吹，将盆地上空的温空气吹向东南，通过盆地最低处的龙泉驿山脉流向沱江中游，形成较为适宜生灵生息的地域。但西海的水气在上空容易凝结成水，像天破了一样下大雨，造成四处洪灾。

伟大的女娲为了保护生灵，发展文化，勇敢的率众奔赴巫山山梁，艰苦挖凿巫山山岭不止。女娲氏经过上千年的持续挖通巫山，四川盆地的海洋慢慢干了，形成内陆，有了生灵生息。后因巫山常堵，四川盆地又成湖沼，而下游的两湖平原渐渐由湖变成沼泽再变成陆地。这样的周而复始的过程发生过上百次，造就了"天府之国"，两湖平原丰沃富饶的冲积土壤厚达上千米就是远古的明证。

当巫山形成壅江，四川盆地即是一个大湖，当壅江达到800米时，连壅水都将改道通过背面的汉水东出。古代四川盆地是一个内陆古海大泽是明确无误的，《易经》里的八卦兑泽（方位西），指的就是西方四川盆地这个大泽。这个大泽千百年的沧海桑田变化，成就了四川盆地的富饶和璀璨文化。

在这种周而复始的过程里，四川盆地这块土地上，资阳燧人氏后代、女娲氏后人随这种反复的过程从山上至河谷平原间反复迁徙，从而在这块土地孕育了成都平原万年以上的悠久古蜀文明史和厚重的华夏文明史。

中华人民共和国初期，由于成渝铁路的修建，在四川资阳出土发现旧石器时代"资阳人头盖骨化石"，经相关专家研究确定，"资阳人"是40000年前后的旧石器时代晚期早段的智慧人。

"资阳人头盖骨化石"的发现，让我们必须正视这一史实，"三皇五帝"的传说有一定的依据。而我们对这些史实的研究不够。有幸的是本土的企业家李治判先生，文化名人刘胜俊先生以及一群有识之士，投入资金和精力，于2013年撰写《资阳人》一书，重申一些证据及研究的观点，把中华文明史上推至40000年前，功德莫大也！

六、远古资阳人、蜀人走向川外播撒文明的史实，证明资阳是中华文明一源泉

中国泰斗级的史学大师顾颉刚经过毕生的精力研究出昆仑的影子。他晚年指出：资阳"昆仑是一个有特殊地位的神话中心。""认为'昆仑的神话'是由当时的西疆（即四川、云南诸地）流传到中原的。"

"都广之野"这个人间乐园的开辟经历了无数个世纪。从雅人的辛勤耕种到燧皇的高度发达的技术文明，四川盆地的人类祖先不断地进入与流出，将四川盆地内的文明带往四面八方。笔者这一观点与比较文化人类学家王大有先生

认为的"古代文化传播是由人类的迁徙形成的",可谓不谋而合。四川盆地内的雅人大规模地流出四川盆地主要有两次:第一次是在冰期顶峰期过后,气温逐渐转暖之际;第二次是在燧皇时代,文明大现的时候。

向四外播撒文明主要是由几条路径。一是鸟道,

二是"横道",就是顺着山间的断谷,溯河谷而徙。三是金牛道、石牛道、南方丝绸之路、茶马古道等。

资阳人对全中华的开发与融合主要是黄帝和他的子孙青阳、昌意、帝喾、颛顼等黄帝后裔资阳濮人,对全中华和世界都进行了全面开发与融合。

《蜀王本纪》等若干古籍记载:青阳故乡资阳濮人(《周书·王会解》:伊尹四方令,又作僰。《说文》:"僰,犍为蛮夷也。" 即古时资阳所在犍为郡)先进文化发展形成百濮文化,接着向四面八方传播。论"中国民族史"的几本书说:黄帝子孙昌意、颛顼等资阳人濮族向若水(雅砻江)、青衣江、茂汶、岷江、"今黔江、金沙江、大渡河流域"等川北和甘、陕等地区开拓。后来他们踏着先人伏羲、黄帝的步履入主中原、山东、东北和东南等地域,大创文明事业;青阳、帝喾等黄帝后裔顺江而下发展,与云南元谋人和西南各地民族融合,成为彝族、白族、景颇族等。百濮发展到豫、鄂、湘、川、滇、黔、鲁、荆、楚、西藏、新疆等数省,"濮族——梢能抟结之具有国家之规模者,为爨氏,至南诏则益进也。""獽本为百濮的一支。""席亦百濮也,然则微卢、彭诸国亦未必非濮也……盖皆濮地也",并不断发展壮大。接着,俊帝(帝喾)等带些濮人到台岛、南海、海外创发,建立伟业。可见,"资阳人"历代后裔濮人,与大江南北、长城内外数省民族和亚、欧、美、非开发与互鉴,经济、文化交流、通婚融合,资阳这块蜀国前缘之地,经共同的努力,成为古代民族大团结、世界民族大同的典范,在中华民族形成中、世界人文的发展中,青阳、昌意濮族人和后裔起到关键的重大的作用,建立起顶天立地亘古万世的伟大丰碑。

七、若干古书、史著论证,资阳是华夏文明一源泉

中学历史教材 1957 年版介绍"资阳人"距今大约 10 万年。

《中国古代史》中说:"资阳人"属于晚期智慧人,距今四五万年。

《中国古代史常识》说:人类发展到距今四五万年的时候,新人代表有资阳人。

《辞海》2000 年再版中再次专列词条介绍"资阳人"。

资阳人的文明发展不仅对四川有重大影响,而且对华夏文明也有重大影响。

著名历史学家蒙文通在《巴蜀古史论述》中引用《五藏三经》说:"洛水、江水、崃山、崛山,正是表示古代这一区域可能是蜀文化的发祥之地,和《禹

贡》说蔡、蒙是一致的。"这里把洛水摆在发祥地的首位。蒙文通先生在这本书中还多次论述了中国的文明中心在巴蜀,而巴蜀地区的广元郡、犍为郡、蜀郡这"三蜀"是有变化的。"所以从形势方面来看,有许多区域在古代很重要,但后来却不为人所注意,也有许多地方在宋明以后渐次重要起来,但在古代就不那么重要。这种转变,前后是很大的"。远古"成都不是州中",而犍为郡中的沱江中游的资阳地区在远古时期是很发达的,后来,虽然绵延发展,但因种种原因,资阳的发展地位渐渐被蜀郡代替。这就是说,资阳在远古时期就是蜀国的文明发祥地。

八、国家和政府史学机构、权威专家认定,资阳是华夏文明一摇篮

史学专家论点综述:

国家文物局、四川省文物局通过国家和四川省等史学权威研究机构和几代考古院士等众多考古专家,经过半个多世纪数次运用现代考古手段、方法,科学测试、分析、研究,一再认定,资阳是华夏文明摇篮,这是因为:

第一,"资阳人"是中国智慧人的第一代表、最杰出代表。按常理说,人类只有智慧人出现,并发展到一定阶段,人类大脑思维的产生和智力的发展,才能创造文化和文明。前面说到,文明是人类创造的物质财富和精神财富的总和。"资阳人"在40000年前智慧用火、狩猎等生息实践中就开始拓展了人类文化,创造了人类文明。

第二,"资阳人"是40000年前后的智慧人代表,他们创发用火进行热身和热食,初始用智慧进行斗争、用骨锥缝制皮衣、用穿孔石珠进行妆饰等等。这就创造出了用火文明、智慧狩猎文明、服装文明、妆饰文明等等。这些都是人类文明摇篮的重要标志性内容;

第三,远古资阳人向川外播撒农耕文明。资阳人文化与川外各地文化的融合及与中华民族文化的生成发展,对人类文明发展产生重大影响;

第四,"资阳人"开创人类文明源泉,是人类文明的先驱,在久远的古代就将资阳打造成文明的圣地;

第五,华夏和人类文明应是多元的,资阳是华夏和人类文明摇篮的一个神圣之地;

第六,资阳的文明是连贯的、绵远的。

(一)资阳是《天问》的一个开头

悠悠苍天，一直是远古人类探索奥秘的主题。天象瞬息万变、扑朔迷离，天所体现出的无所不在的主宰力量和神威，尤其是天地的开辟、形成和发展历史，是人类从未间断过的追索，产生无数大胆和丰富的遐思，一直没有结论。2300年前，楚国大诗人屈原唱出一首代表人们的震烁千古的《天问》：

请问，关于远古的开头，谁个能够讲授？

那时天地未分，凭什么来考究？

那时是混混沌沌，谁个能够弄清？

有什么在回旋浮动，如何得以分明？

无底的黑暗生出光明，为了什么目的？

阴阳二气，渗合而生，它们又来自何处？

穹窿的天盖共有九层，谁来动手经营？

这样一个工程，何等伟大，谁个是最初的工人？

（引自郭沫若：《屈原赋今译》）

其实，现在无需天问，因为中华民族的文化和文明源泉已经找到，请看下面吧：

"资阳人"是中华人民共和国出土的第一块40000年以前的人类化石，是地地道道第一次完全由中国工人、中国学者自主发现、自行研究的旧石器时代人类及其文化，郭沫若拍电报给张圣奘："这是吾川有史以来的重要发现。"

1954年5月，毛主席参观北京中国基本建设出土文物展览，逐字逐句念过资阳人解说词。

发现资阳人的价值何在呢？她不仅是智慧人的里程碑，巴人蜀人一祖先，还是华夏文明的一个重要源泉。

说资阳人是华夏文明一源泉，是因为四川人发展史上40000年时期的人头化石、石器、骨器证明了她是四川发现最早的文物，她彰显出中国西南和四川早期的文化、文明的光芒。

谭继和说：古蜀文明是中华文明的摇篮，资阳人的出现是巴蜀大地上人类知识、技能、经验和智慧生长的起点，是直立人具有现代人类大脑雏形的起点，它有力地支撑了中华文明满天星斗多地起源说。

说资阳人是华夏文明一源泉，是因为从一系列考古挖掘出的文物看，资阳人是西南特别是四川文明发展的中心。40000年前，资阳人的文化、文明向北发展极大地影响着成都平原，尤其是成都、德阳、绵阳以及更远地区的文明发展；向南发展影响到内江、自贡、宜宾、泸州以及更远地区的文明发展；向西发展影响到眉山、乐山、雅安、康定以及更远地区的文明发展；向东发展影响到遂宁、南充、广安、大足、达州以及更远地区的文明发展。

（二）专家考证、分析认定，资阳是人类文明一源泉

资阳人 40000 年前用穿孔石珠进行妆饰、美化，这就大大彰显出了人类物质文明的景象，精神文明的内容。"资阳人"在 40000 年前就用鹿角组织指挥捕猎等战斗，突显出组织智慧文化艺术。这些史实说明，"资阳人"在 40000 年前物质文明和精神文明就具有这样的高度。难怪一些权威专家论定资阳人是人类文明的先驱。

国学大师王国维在《读史二十首》中说："回首西陲势渺茫，东迁种族几星霜？何当踏破双芒屐，却向昆仑望故乡。"

宫长为说：伴随"资阳人"出土的大批石器、骨器，特别是骨针、穿孔石珠、鹿角等文物告诉我们，"资阳人"在 40000 年前始创了热食文化、制衣文化、妆饰文化、改进工具文化、集体采集文化、狩猎文化、组织指挥文化、结绳记事文化、观天象文化等等，开创出人类最早的一块文明乐域。资阳就是中华文明的源泉、发祥地和摇篮！

卢继传指出：史实是最好的佐证。"资阳人"人萌生人类思维，率先用智慧与大自然斗争和生息，用骨针缝制皮衣，用穿孔石珠等妆饰，拓创发展人皇、燧人、鲤鱼桥、女娲、资国、昆吾、苌弘等 40000 年来一系列的灿烂文明史实，充分证明资阳是中华文明的一个摇篮。从中国古人类时空判断，"资阳人"将中华文明史上推三万五千年，资阳人岂不是中华文明的摇篮吗？

谭继和指出：人类创造文化是从旧石器时代人区别于动物的时候就开始了。文化因素积累到一定程度就产生文明。"资阳人"研究，有助于重新认识和探索中华文明的起源和文明标准问题，建立起中国文明自己的话语权，不再受西方文明话语权的束缚。用恩格斯的"两种生产"（物质生产和人口生产）理论来探讨文明起源；用"基因进化"与"文化进化"两个进化的理论来探讨人的进化和文明进化的关系，都是这次研讨会上出现的理论亮点，具有原创性和创新性。还有母系社会同父系社会一样可以产生文明的新观点，有助于我们思考中华文明起源可以上溯三万年以上。对于中华文明起源和巴蜀地方文化的根脉及活态文明基因的传承，有着重要的作用，处于关键的地位。

李保均指出：《资阳人》一书"记述的中心是资阳人。这些史实充分说明资阳是中华文明一摇篮。

吴新智说："资阳人"类化石顶骨后下角外表面的角圆枕。这是资阳化石头骨在维护中国古人类连续进化学说上有其贡献的一个形态特征。

宫长为说："资阳人"的发现历史，不仅是中国发现的唯一的早期真人类型，也是旧石器时代晚期早段的真人类化石，更是南方人类的代表，而且还是

中国古人类发现中的唯一的女性。《资阳人》书稿依据现有的考古资料，结合各个方面的研究成果，努力地、创造地展示了以资阳人为代表的旧石器时代晚期早段智慧人的生产和生活，这是《资阳人》书稿的第二大亮点，我们称之为复原文明。

胡昌钰在他的多篇考古报告中指出："资阳人"是人类进化史中智慧人的里程碑，是对"资阳人"头骨化石价质的肯定，是对"资阳人"在"从猿到人"的演化过程中，特别是在中华大地上最终完整地构建了"从猿到人"演化序列所处的重要位置的肯定。

20世纪50年代初出土的"资阳人"则使中华大地上人类进化序列图从模糊轮廓发展到清晰完整，基本上明确了中华大地上人类进化的序列。说它是继"北京猿人"之后，"从猿到人"进化史上的又一重大发现，说它是人类进化史上的里程碑，当之无愧。

"资阳人"的发现，轰动了神州大地，震动了世界。它不仅为"从猿到人"的伟大学说提供了强有力的证据，为人类进化史的研究高潮推波助澜，"资阳人"的发现，还为古老中华文明的形成找到了又一新的根源。

"资阳人"距今约40000年，处于人类演化五个阶段中旧石器晚期早段，是我国最早发现的旧石器晚期早段中，时间距今最远、保存状况最完整的人类化石，是我国智慧人的重要代表，它代表了中国境内人类进化五个阶段的重要一环。

"资阳人"不愧为人类文化的先驱。就人类文明起源而言，"资阳人"亦不愧称为人类历史上的一座里程碑。

《人民日报》理论部原主编、著名生物进化论专家卢继传在研究"资阳人"的专论中一再认定资阳是中华文明源泉，他论述道：史实是最好的佐证。资阳人萌生人类思维，率先用智慧与大自然斗争和生息，用骨针缝制皮衣，用穿孔石珠等妆饰，拓创发展人皇、燧人、鲤鱼桥、女娲、资国、昆吾、苌弘等40000年来一系列的灿烂文明史实，充分证明资阳是中华文明的一个摇篮。从中国古人类时空判断，"资阳人"将中华文明史上推三万五千年，资阳岂不是中华文明的摇篮吗？

谭继和指出：人类创造文化是从旧石器时代人区别于动物的时候就开始了。文化因素积累到一定程度就产生文明。"资阳人"研究，有助于重新认识和探索中华文明的起源和文明标准问题，建立起中国文明自己的话语权，不再受西方文明话语权的束缚。用恩格斯的"两种生产"（物质生产和人口生产）理论来探讨文明起源；用"基因进化"与"文化进化"两个进化的理论来探讨人的进化和文明进化的关系，都是这次研讨会上出现的理论亮点，具有原创性和创新性。还有母系社会同父系社会一样可以产生文明的新观点，有助于我们思考中华文明起源可以上溯三万年以上。对于中华文明起源和巴蜀地方文化的根脉及活态文明基因的传承，有着重要的作用，处于关键的地位。

李保均在研究"资阳人"的专论中认定，资阳是中华文明一源泉。他指出：本书"记述的中心是资阳人。这些史实充分说明资阳是中华文明一摇篮。作者自始至终，以它的宏构巨制、科学论证和生动描述所含纳、所展示出的资阳人的勤淳仁勇、毅睿攻坚、贵中尚和、厚德载物、求是创先、团结奉献的精神品格，是资阳文化的精粹概括，铸就碧血丹心、忠勇仁爱的中华民族精神，是资阳和中华文化的宝贵财富和精神遗产；作为一种文化精神和文化符号，它是中华文化身份认同之象征，它是可以拷贝和复制的，它将流传久远，发扬光大。"

中国探源工程负责人、中国社会科学院学部委员（院士）、考古研究所所长王巍在"中国探源工程"总结中写到：对东亚地区的早期人类文化演进有了深刻的认识。四川资阳九曲河"资阳人"文化和"鲤鱼桥文化"、河南郑州老奶奶庙、新郑李家沟、赵庄、江西万年仙人洞、北京东胡林等遗址的考古新发现，从地层堆积、工具组合、栖居形态到生计方式等多角度提供了距今5万年至距今1万年以来，东亚地区旧、新石器时代过渡进程的重要信息，较清楚地揭示了东亚大陆史前居民从流动性较强、以狩猎大型食草类动物为主要对象的旧石器时代，逐渐过渡到具有相对稳定的栖居形态、以植物性食物与狩猎并重的新石器时代的演化历史，展示了本地区这一阶段历史发展的特殊性，填补了旧石器时代晚期文化和新石器时代文化之间的缺环与空白。

国家和四川省权威史学机构主持召开的"资阳人与中华文明溯源研讨会"总结暨新闻发布关键词认定："资阳人"是人类文化基因根脉一起始祖，资阳是中华文明多源中一个很重要的源泉。

（三）国家政府部门、考古权威机构一再组织专家研究认定：资阳是中华文明一源泉

中国科学院古脊椎动物与古人类研究所派出强大的专家组前往资阳进行了三个多月的考察，认定"资阳人"是旧石器晚期智慧人，并向全世界宣布这一消息。接着，组织专家组对"资阳人"进一步进行深入的考察，与世界其他挖掘出来的旧石器人类进行对比研究。经过历时七年的艰苦、细致、深入的研究和检测，再次认定"资阳人"是旧石器晚期智慧人，并于1957年12月出版《甲种专刊第一号·"资阳人"》，再次向全世界宣布"资阳人"是旧石器晚期智慧人。

1951年9月，裴文中教授亲自在资阳万寿宫县文化馆举办"资阳人"学术报告会，800个坐位座无虚席。

1953年郭沫若指令中国科学院举办"资阳人"学术研讨会，郭沫若亲自邀请张圣奘教授做了精彩发言。

1981年1月，北京大学历史系考古研究室吕遵谔教授在资阳举办"资阳人"学术报告会，150多人参会。

2001年12月，省文史馆、省政协文史委、省社科联、省文物局等单位共同发起召开了纪念"资阳人"化石发现50周年座谈会，何郝炬，徐尚志，隗瀛涛等40多位老领导，专家们参加了会议。

2011年4月16日，四川省历史学会主办，巴蜀艺术中心承办纪念"资阳人"头骨化石发现60周年座谈会在巴蜀艺术中心成功召开。参加会议的有中国史学会理事、四川省历史学会会长谭继和先生，成都理工大学地质学教授、史前考古学研究员刘兴诗先生，四川大学历史系教授、中国先秦史学会副会长彭邦本先生，四川省社会科学院历史学研究员王炎先生，四川省邓小平理论研究中心副秘书长、教授吴启权先生，中国作协会员、资阳县地方志办王阔渊先生，"资阳人"资料民间研究员黄振富先生等专家、学者。

2014年1月18日，中国先秦史学会、四川省历史学会、"资阳人"编辑部在资阳组织召开"'资阳人'与中华文明溯源研讨会"。国家和省市的考古职能部门、权威专家300多人参加了大会。

九、中华文明远超五千年，应是四万年

史式先生在《五千年还是一万年》中指出："在新史书中，除了用不多的篇幅简述'超百万年的文化根系'，介绍元谋人、巫山人、蓝田人、北京人时代的自然与早期人类的生活情况之外，从一万年前开始，就进入了中华文明史的范围，中华民族史的范围。距今一万年、五千年、两千年是三个重要的里程碑。

因为大家听惯了'上下五千年'或'五千年文明古国'的说法，猛然听到我们说：'中华文明一万年'或'中华万年史'，可能会认为两说不能并存。其实'一万年'和'五千年'只不过是我国历史上两个不同的阶段而已。一万年是文明史，是中华文明从起步（开始）到逐渐形成的历史。五千年是国家史，是从许多方国逐渐合并成为统一的封建国家的历史。"

上面这一段话说得何等清楚啊！史式先生还在文中感叹道："由于传统史书的误导，我们每每会自认为是黄土高原的儿女，安土重迁，不思进取，所以事事落后于人，缺少足够的自信力、自尊心与自豪感。如果读了一部新史书，就会知道中原仰韶文化遗址距今已超过5000年,就会知东北红山文化遗址距今也在5000年以上。就会知道在六七千年以前我们的先民已经在东南沿海各地陆续

出海航行于太平洋上，就会知道在八九千年以前，我们的先民已经在江汉平原上开辟了富庶的鱼米之乡，就会知道在一万年前资阳鲤鱼桥的先民就抟泥为陶，就会知道在2万5千年前资阳就出现了龙垭遗址文明，就会知道40000年前九曲河的资阳先祖就开始了妆饰文明、就初始用智慧生息、斗争。"

40000年前的资阳人用思维观察世界，用智慧打造工具，用骨针缝制出服装文明，用穿孔石珠妆扮出服饰文明，用火创立热食文明，用互敬、互爱、互帮、互救拓创出精神文明。可见资阳人在40000年前既创立了物质文明也创立了精神文明，这是地地道道的文明源泉。所以资阳人把中华文明前推了35000年，推到了40000年前的时期。

为什么过去传统提中华文明五千年？

这是由于古文明的遗产挖掘工作滞后的缘故造成。首提中华文明5000年，是司马迁的创举。伟大的史学家司马迁在《史记》一书中所提出的这一见解，已很不错了。他冲破神话的局限，塑造一位人文初祖黄帝作为古史的开端。台湾省教授黄大受说："至于以黄河流域作为古史的中心，则限于他所掌握的史料与所见所闻。他连商代的甲骨文也无缘得见，更远的古史，自然难以确知。"

20世纪下半叶以来，由于历史学、考古学、民俗学等学科的研究成果不断出现，古代历史的面纱已经逐渐揭开，中华文明史的本来面目已显现出来。原来，中华文明史不仅只有5000年，远比这个数字久远35000多年许多许多呵，应是40000年。

第四章

史实铁锤作定音 蜀都王国元祖先

史学专家论点综述：

"给'资阳人'戴上'四川人的始祖'桂冠，应该当之无愧。"为什么呢？

第一，"'资阳人'处于旧石器时代晚期的早段，距今约 40000 年左右。'资阳人'是迄今为止在四川境内最早的新人化石"，还没发现第二处有这么久远的历史。

第二，"资阳人""代表着旧石器时代晚期早段在蜀土地上活动着创造着文化的人群"，还没发现第二处创造这么悠久文化的人群。

第三，新旧石器并存的"鲤鱼桥文化"将"资阳人"文化连续 40000 年不间断，且文明波及川内外多个地区的广大范围，世界上哪还有这样神奇的地方。

第四，"资阳人"创发的"十三大文明"，光辉灿烂，至今在川内还没发现在新石器早期及其之前就创发了这么多项、这么光耀世界的文明的人群。

第五，"资阳人"精英走出资阳多方发展，造就资阳成为铜梁文化、富林文化、羊子山文化等川内文化的中心地域。而且，"鲤鱼桥文化"等资阳文化都早于川内这几大与资阳文化有密切联系的文化区域的文化。

第六，"资阳人"文化从 40000 年前至今始终绵远持续，逐步发展，从未断代，而其他地区基本上是前无古人后无来者。所以"资阳人"是蜀人始祖，是有文化、文明连续性的。

第七，女娲、伏羲、炎帝、黄帝、蚕丛、鱼凫、杜宇、开明这些传说中的圣皇，都是川人，他们的生长地域也均属于资阳人"鲤鱼桥文化"地域范围。所以，他们也离不开"资阳人"，因为他们晚于"资阳人"太多年了。

女娲、伏羲距今 10000 年左右，炎帝、黄帝约前 4000 年前后，蚕丛起始于公元前 2000 年之后，鱼凫时期处在公元前 1000 多年，杜宇时期处于公元前 770 年之后，开明时期处于公元前 600 年左右。这几位过去被称为蜀人祖先，都处在新石器中后期。可见，蜀人祖先首推"资阳人"。

第八，四川及其周边的自然地理告诉人们，川人文化不可能是外来人种创发的，古远时代外人无法入川，只有"资阳人"才可能传递、发展巴蜀人文化。

资阳人

第一节

"资阳人"为蜀国祖，代代专家考证定

一、考古和史学专家确定"资阳人"是蜀国始祖

众多考古和史学专家经过长期考察研究，确定"资阳人"是蜀人祖先。

张圣奘教授在《我发现"资阳人"头骨化石始末》一文中指出："'资阳人'为蜀国始祖"。

卢继传这位生物进化论专家指出："资阳人"是蜀人祖先

谭继和这位巴蜀史学首席专家强调：考古上命名的"资阳人"是以首先发现地命名的，代表着旧石器时代晚期早段在巴蜀大地上活动着创造着文化的人群，如果用文化学观点看，它在巴蜀文化史上应该占有特殊重要的地位。

资阳人的出现，是巴蜀大地上人类知识、技能、经验和智慧生长的起点，是直立人具有现代人类大脑雏形的起点，它有力地支撑了由中华文化进化到中华文明……它对巴蜀文化基因的积累和传承所作的贡献，换句话说，就是对巴蜀"人皇"文明的渊源和起步，应有不可忽视的作用。

再用文化学的观点看，资阳人代表了旧石器时代晚期巴蜀大地上活动着创造着文化的人群，它在巴蜀文化史上占有初始文化的特殊地位。

"资阳人"确实占有巴蜀地区古人创造文化和积累文明基因的关键地位。这个时期是原始人已经开始出现思维、思想和初级智慧的新人时期，是我们现代人知识、智慧和经验产生的源泉，也就是说"资阳人"是活动在巴蜀区域的几万年前人类文化先驱的代表。

著名的考古专家胡昌钰认定："资阳人"处于旧石器时代晚期的早段，距今约 40000 年左右。"资阳人"是迄今为止在四川境内发现最早的新人化石，给"资阳人"戴上"四川人的始祖"桂冠，应该当之无愧。"资阳人"早已名闻天下，被列入了历史学和考古学的史册，"资阳人"魅力永恒。作为今天的资阳人，应该感到无尚荣耀。

著名学者向灵在《最早的四川人——"资阳人"》中论定："最早的四川人当推'资阳人'。大概远在五万年以前，'资阳人'就已在富饶的沱江流域，用粗糙的工具与大自然斗争，繁衍着人类的生命和文化"。

二、地缘起源和发展史学说告知,"资阳人"是川人祖先

"资阳人"的发现,把中华民族的历史从炎帝黄帝的年代向前推进了几万年,冲破了巴蜀神话传说的历史界定。

从岷江上游发展起来的氐羌体系文明,处于高原,系蜀地域范围之内,资阳人文明早于氐羌体系文明,也早于铜梁文化、富林文化、羊子山土台基文化、三星堆文化、金沙文化等两三万年以上,并处于这些文化的中心地域。

资阳人沿沱江而上,进入成都平原,同时资阳人翻越龙泉山也进入成都平原,创建成都平原的人类文化,发展成都平原的人类文明。人类社会的地缘起源文明学说和资阳人率先发展的十三大人类文明及"鲤鱼桥文化"等都说明资阳人是蜀人祖先。

李白《蜀道难》曰:"噫吁嚱,危乎高哉!蜀道之难,难于上青天!蚕丛及鱼凫,开国何茫然。"这里也有蜀外之人无法超过四川盆地周围的高山进入四川盆地,只有蜀人自己才能发展四川。

卢继传说:"资阳人"发掘工作为我国乃至世界人类发展史取得划时代的丰硕成果。除了对中国旧石器古人类分布有了新发现之外,更惊人发现是"资阳人"生存于"古蜀王国",是"蜀人"之祖先。

传说从蚕丛到开明,"积三万四千岁"(《蜀王本纪》)。传说中的蜀王蚕丛、鱼凫、杜宇等都活了好几百岁,且皆神化不死。还传说杜宇是从天而降,其妻从井中而来。传说蚕丛教人养蚕,鱼凫教人捕鱼,杜宇(望帝)教人种地,开明(丛帝)为蜀人一祖。

传说也是史料,史实更为力据。从科学角度、运用辩证唯物法分析,可以从下面几个方面来考虑。

第二节

蜀都王国元祖先　史实锤音做定论

一、精英多方发展，证明资阳人成为蜀人始祖

"资阳人"研究，进一步推动了地域文化，特别是巴蜀地域文化的根系和来源的研究。巴蜀文化有40000年以上的以"资阳人"为代表的文明孕孵根系，……对多源一脉的中华文明起源，巴蜀文明作出了"文明的一个摇篮"的重要贡献。

——谭继和

在本书第二卷谈到的氏族分裂历史，已告诉读者资阳氏族分裂的原因。那么分裂出的这些氏族又到哪儿去了呢？一部分族人在资阳地域附近发展，众多分裂出的氏族人走出资阳地域，向四方发展，把资阳人的蚕桑文明、渔业文明、农业文明等各种各样文明传播到四面八方。走出资阳地域的这些资阳人中一些创造者成为新的地域的精英，甚至成为当地的首领。

多本论中华民族史的典籍记载："资阳人"后代黄帝后裔青阳、帝喾、昌意、颛顼等在向黄河、长江南北两岸、长城内外的山东、河南、河北、两广、两湖、云贵、西藏、新疆、甘肃、陕西、蒙古、东北、东海、台海、南海等数省地域发展的过程中，就建起几十个氏族国，成为这些氏族即民族国的首领。

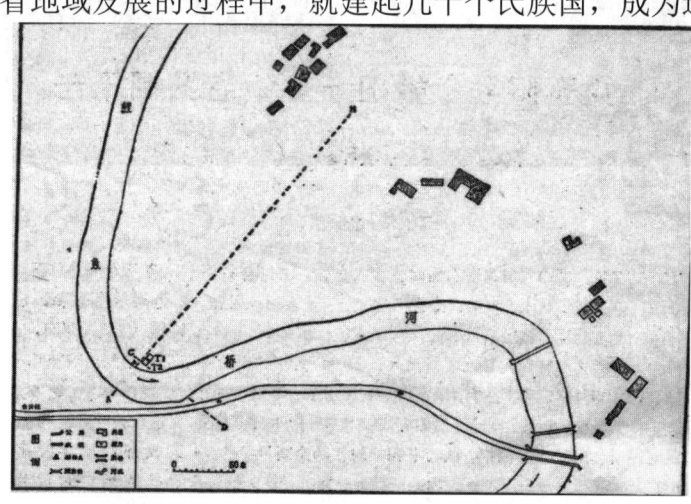

鲤鱼桥附近平面图（图片转引自国家考古学报1983年第3期）

据专家们研究，四川地区旧石器时代晚期文化按其文化特点的异同，可以初步分4个区域：沱江流域溪河沿岸的鲤鱼桥文化，沱江流域的铜梁文化，大渡河流域的富林文化，岷江流域的成都羊子山土台基址下层文化。从旧石器时代晚期四川地区就已初步形成的若干区域性文化来看，资阳处于中心地带。因为资阳文化比这些地带都早。正如吕遵谔、胡昌钰等专家在《四川资

阳鲤鱼桥旧石器地点发掘报告》中说的:"富林石器较少,而且有大量的似石叶的石片,看来其时代要比鲤鱼桥晚些。"这里说的资阳文化要早于蜀国其他地方文化,是指旧石器时期文化,如果拿新石器文化来比较,资阳就比这些地方早3万年以上。

两三万年前旧石器时代晚期,以采集为主、狩猎为辅的原始经济在盆地发展更快,由东而西,扇形辐射。从龙垭、鲤鱼桥文化遗存来看,生产水平在不断进步和提高。以弓箭的发明为标志,狩猎经济又获得进一步的发展。资阳西肩挑起富林文化,东肩扛着铜梁文化,头顶成都羊子山土台文化层,脚蹬筠连人、古蔺人,使得旧石器晚期蜀中龙垭、鲤鱼桥和川西富林镇、西羊子山,川东铜梁县与川南古蔺、筠连县形成拉网式采集狩猎经济文化圈。

川内出土的文物大都与资阳地区出土的文物有密切的连带关系,从文物遗存的连续性来看,资阳人除了有40000年前的人头骨和大批石器、骨器外,还陆续发现了距今25000年～30000年前的龙垭村遗址,25000多年前的鲤鱼桥文化,10000年前后的保和镇新石器,7000多年前后的濛溪河北岸的石器,2000年～3000多年前的雁江和简阳铜车马等多件文物。川人的祖先除了追溯到资阳人外,还能找出第二个可寻溯的发源人吗?

鲤鱼桥附近的濛溪河

难怪,张圣奘等众多考古专家的考古分析、推断,认定"'资阳人'为蜀人始祖"。

走出资阳地域的资阳人在与巴地、楚地等远方族群的接触中,观察学习到他族的优点,丰富自己的文化。在回到娘家的交流中,又丰富了资阳本地文化。这就使资阳人文化越来越充满活力,越来越兴盛,又反过去对四面八方各族传播文化产生更大影响。

二、自然地理成就远古资阳人是蜀人始祖

四川位于长江上游,长江、岷江、沱江、嘉陵江这四条江铸就了四川的地理文化。它气候温暖湿润,冬暖夏热,水量充足,土地肥沃,是中国最富饶的

地区之一，素有"天府之国"的美誉。

四川盆地位于我国大陆地势三大阶梯的第一级阶梯和第二级阶梯，就是位于第一级青藏高原和第二级长江中下游平原的过渡带，地势西高东低。

成都平原地处龙泉山、龙门山、邛崃山之间，北起江油，南抵乐山五通桥，由三个冲积平原组成，即：北部绵阳、江油、安县间的涪江冲积平原，中部岷江、沱江冲积平原，南部青衣江、大渡河冲积平原。

四川盆地地势微向南倾斜，岷江、沱江、嘉陵江从北部山地向南流入长江。

四川盆地四周为成都正东2000多米高的大巴山脉，东北2500多米高的光雾山，东北2000多米高的大巴山，东北面2500多米高的秦岭山脉，北面5580多米高的雪宝顶山，北面5000多米高的岷山，西北6000多米高的四姑娘山，西部5000米左右的横断山脉，西部5300多米高的西岭雪山，西南7500多米高的贡嘎山，西南邛崃山脉5551米高的霸王山，5072米高的巴朗山，5338米高的夹金山，南面3800多米高的峨嵋山，这些高山险地，峻岭山脉环绕，重峦叠嶂，把四川盆地一层又一层的包围得像是一个笼子，鸟飞不过，猴爬不进，成都平原周围以外的猿人是难以进入成都平原的。

李白《蜀道难》有云："连峰去天不盈尺，枯枝倒挂倚绝壁。飞湍瀑流争喧豗，砯崖转石万壑雷。"

阻挡其他民族进入成都平原的不仅是高山峻岭，还有滔滔的江水。成都平原的西部、北部、东部、南部的高山峻岭中，穿流着岷江、嘉陵江、沱江、涪江、金沙江、渠江和安宁河等上千条汹涌的河流，像网状一样将四川盆地层层隔离开来，成为飞不过的天然障碍。

在成都平原周围的险峻高山、澎湃河流组成的天然障碍中，只有成都东偏南有一座千米高的龙泉山，但这座山主峰两旁也只有三五百米的海拔高度，这个缺口便于古人进入成都平原。

资阳地处成都东偏南的地势低洼缺口的四川盆海边缘，沱江上游直通四川盆地，下游入长江，资阳与四川盆地仅龙泉山这座不高的土山相距。

而天然屏障之一的沱江却成为资阳人进入成都平原的天然通道，便于资阳人顺江而上，进入成都平原，传播资阳文化。

在人类和中国的远古历史上，都出现过几次特大的冰川、水灾、旱灾，给人类造成毁灭性的打击。成都平原在几次特大的洪灾中几乎被淹没。因此从历史考古发现看，出现了几次断代的现象。盆地中部在若干亿年前是海洋，后来在地球大变动中，演变为内陆。内陆边缘的资阳地区，由于地理和气候条件十分优越，因此在人类的几次特大的自然灾害中，资阳地区受灾较小，原始人类发展较快，资阳人几万年来，一直延续不断地发展，从未断代。而成都平原中部就出现了断代。可信的分析应是大洪灾将成都平原全部淹没。距今5千年以前，资阳人又北上，到达成都平原，再次开发、发展。

天然的地理条件便于资阳人几次从水路顺沱江而上或从陆路翻越龙泉山进入盆地，建设四川盆地等地方；资阳人还便于顺沱江入长江沿岸开发、发展。这种天然的优沃的地理条件，造就了资阳人成为川人始祖和华夏文明的发祥者。

四川出土的文物、古迹的关联性从发展轨迹上又证明资阳人是川人元始先祖。成都市区的青羊宫、方池街，北郊的羊子山，彭州市的竹瓦街，新都县新繁的水观音，都发现过新石器时期或铜石并用时期的文化遗存。这些遗存，都比资阳人晚相当一段时期。

成都周围九座古城遗址中的文物，都与资阳市各地出土的文物相似，这就证明川人文明起源沱江等流域。

资阳市各区市县都发现有旧石器和新石器时代石器，鲤鱼桥文化发掘出一万年前后的绳纹陶片和六千年前后的陶器、石器等，这个地方是四川最早的生活遗存。从几万年到几千年都有人类生活的痕迹。历史进入到约四五千年时，资阳人溯沱江北上传播文明，西进岷江建立四千年前宝墩文化、三千多年前的三星堆文化和金沙文化、二千多年前的十二桥文化。成都市、鱼凫城、古城、芒城、下芒城遗址发掘，从遗物对比看，都与资阳人关系密切。用泯江宝墩遗址、都江堰市芒城村、崇州市双河村和紫竹村、郫县古城村、温江区鱼凫村六座史前城址群的文物与资阳出土文物进行比较研究，看出这些遗存都应该与资阳人的文明有关系。

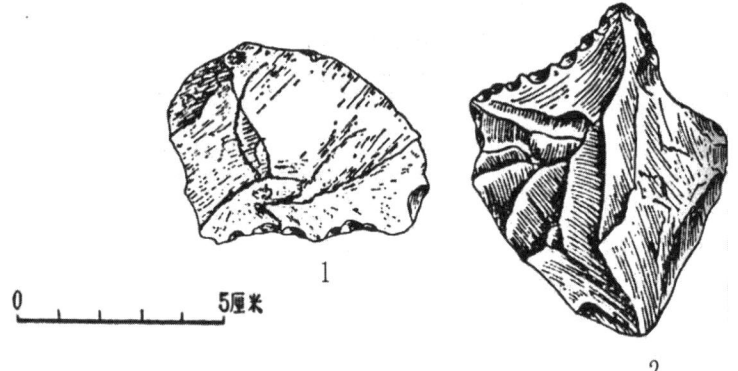

鲤鱼桥旧石器时代石器
1. 刮削器　2. 尖状器

图片转引自四川省文物管理委员会《四川资阳等县石器时代文化》

资阳人鲤鱼桥文化的发现，可以把蜀人的时间隧道拉近到今天。吕遵谔、胡昌钰等专家在《四川资阳鲤鱼桥旧石器地点发掘报告》中生动地描写道："根据动、植物化石和地层剖面，可以恢复更新世晚期鲤鱼桥一带的自然景观。当时的地貌和今天相似，但气候稍偏温凉湿润。周围的丘陵山坡生长着茂密的落叶常绿阔叶混交林，尤以水青枫属植物繁多，它们分布的高度可从高丘陵到山谷、湖边，而以丘陵山地的东南坡的西北坡的覆盖度为密而形成纯林。丘陵间的谷地因气候较高而潮湿，适应川桂生长，在较高的向阳坡地落叶小乔木木姜子丛生。山野河谷、半阳坡的林中及湖边榆树成荫。总之，当时鲤鱼桥周围森林繁茂，气候温暖而潮湿，适合各类动植物以及人类的生存。

丘陵谷地中，河水蜿蜒而流，山间沟谷细水涓涓。河流边缘丘陵凹地则湖泊罗列。各种动物出没于林间岸边。当时人类就生活在这气候适宜的环境中，用简单的石制工具向自然界索取生活资料，过着采集、狩猎的生活。"

优越的资阳地域，富饶的资阳土地，智能发达的资阳人，成为蜀国历史延续不断的发展支撑力量。资阳人是蜀人的一始祖，当之无愧。

三、"资阳人"远远早于羌人、雅人

《昆仑纪》说："有学者认为，四川盆地的祖先并非'资阳人'（燧人），而是大大晚于'资阳人'的羌人、雅人。笔者认为，这一说法是对文献的片面认识。首先，羌人、氐人进入四川盆地并非一种大规模集体行为，所以走进四川盆地的羌人、雅人，只能是小规模的，断断续续的……不可能……造成根本性的影响。其二……征服者被征服。"

从出土的文物看，"资阳人"有40000年的历史，大渡河流域的雅安市汉源县富林文化也才约20000年前，成都羊子山土台基地下层文化也就13000年前左右，沱江流域的铜梁文化是25000年前，比25000年前以上的资阳鲤鱼桥文化和25000年前的龙垭遗址还是要晚好多，更不能与40000年前的"资阳人"相比了。广汉三星堆文化4800年，汶川布瓦遗址4800年前，茂县营盘山遗址才5500年，成都金沙3300年，至于遂宁起郪口、安岳龙台、攀枝花回龙湾、重庆九龙坡、丰都烟墩堡等文化也晚于"资阳人"许多年。四川地域再也没有赶上更没有超过"资阳人"遗址久远的文化和文明史，这足以说明"资阳人"远远早于羌人、雅人。况且，上述遗迹文化都属于"鲤鱼桥文化"域内，都是"资阳人"后裔。

本来嘛，羌人、雅人等族群就是伏羲、昌意、颛顼等"资阳人"后裔发展的，很显然，老祖宗怎么也早于后代啊！

李后强在《三星堆毁于雷击》中说："资阳人"化石距今40000年，属于旧石器晚期真人类化石。"资阳人"是蜀人祖先。

四、"资阳人"后裔发展脉络告知，资阳人是蜀人始祖

历史已述，"资阳人就是燧人氏"、"伏羲燧人之世"、矣炎帝黄帝为"资阳人文化"地域。

"资阳人"（燧人氏）本是蜀国祖先，还需多论吗？非也！

《三代世系》载：乾荒后代"先称王者为蚕丛。"

《蜀王本纪》说："蜀之先，名蚕丛，后代名曰柏濩，后者名曰鱼凫，此三代各数百岁，皆神化而不死，其民亦颇随王化去。"四川大学教授蒙文通指出：蚕丛、柏灌、鱼凫，各是"一代之名，而非一人之名"，不是三个蜀王的名称，而是三代蜀王的称呼。

蚕丛、柏灌、鱼凫三代之后是望帝。《蜀王本纪》还说："时蜀民稀少，后有一男子名曰杜宇，从天堕，止朱提；一女子名利，从江源井中出，为杜宇妻。

乃自立为蜀王，号曰望帝，治汶山下邑曰郫。"

蚕丛、柏灌、鱼凫、杜宇四位蜀国国君都是黄帝子昌意后裔，至于从湖北来的开明因创业有功，杜宇让他当上末代蜀帝，他是谁的子孙，还未查明。这不碍大局，总的历史是，蜀国是"资阳人"（燧人氏）后裔的蜀国。

《山海经·海内经》、《世本·帝系》、《史记·五帝本纪》、《遗拾记》、《蜀王本纪》等若干古籍记载：燧人氏、伏羲女娲、炎帝、黄帝、尧、舜、禹、夏、商、周等和古蜀国的蚕丛、柏灌、鱼凫、杜宇等皇、帝，都是资阳人后裔。上述史实告诉我们蜀人和中华民族清晰不过的发展脉络。资阳濮人是古代民族大团结的典范，在中华民族形成中，起到关键的重大的作用，具有深远而极其伟大的意义。称资阳人是蜀国和中华民族的祖先当之无愧，非资阳人莫属！

五、从考古中看文物的演化、发展，证明资阳人是蜀人始祖

文物的演化、发展很能说明资阳人是蜀人一始祖。仅就啄木鸟的演化、发展就能证明这个历史。

前面已说道，燧人发现取火用火的方法之一就是从啄木鸟啄木起火开始的。从此燧人十分崇拜鸟，把鸟奉为神。人类历史发展的车轮转到7000多年前的时候，鸟图腾已经被人们普遍崇拜，其图像在多种工艺品中出现。尤其是专门制作的被称为"太阳神鸟"的金饰品集中反映了中华民族对鸟的崇拜程度和深蕴的哲理意境。

远古时代的鸟图腾，右为圆雕双凤的阴阳凤，上为阳、下为阴。
总编室摄于2013年11月6日

第五章

根脉史实做定论 华夏、智慧人类一祖先

总编撰手记：

"资阳人"是华夏子孙一祖先的结论可从四川省等多省、市、多所大学、国家级先秦史学、考古权威部门和权威专家一再考定和赞肯的下面定论得出：

"'资阳人'是距今40000年时际的人类智慧人里程碑"

"'资阳人'是智慧人类文化基因根脉一始祖"

"'资阳人'是人类思维、智慧的发端、根柢"

"'资阳人'是人类现代第一人"

"'资阳人'是中国人基因活态传承脉络的基根"

"'资阳人'初创中华文明一源泉"

"'资阳人'开拓出创发博精，新颖隽永，雄奇伟先，厚重绵远的文化"

"资阳人首创忠勇求是的伟大的中华民族核心精神"

"资阳人不断创新继传、绵延璀璨文化40000年"

"'资阳人'受到毛泽东主席等党和国家领导人的高度重视和再三赞扬"

"'资阳人'是美誉中外的文化航母、世界品牌"。

上面定论再深刻不过的告知世界：

"资阳人"是华夏和智慧人类一祖先

"资阳人"的高贵价值如日月齐天

第一节
"图腾柱"铭记的华人脉络传承史，告知"资阳人"是华夏一祖先

一、"图腾柱"告知，文化人脉的传承关系证明："资阳人"是华夏一祖先

右边的古代"图腾柱"文物图，是 2600 多年前，蜀王开明时期打造的雕刻文物珍贵实体。图腾柱上雕刻记载的历史，是华夏和川人世代相传的史实。从"图腾柱"看出，蜀国的历代掌权者都把燧人、女娲和伏羲推崇为祖先，都用纵目看世界，都用玉璋祭祀先祖，都推崇阴阳理念，这都说明从燧人氏下来，都是一脉相承的。只能是一个先祖才可能这么一脉相承，一丝不差。所以说蜀人的先祖就是燧人氏。

多部史书和多项文物已记述清楚，"燧人氏就是资阳人"，"女娲故土在资阳""伏羲母曰华胥，燧人之世"。这些史实说明，"资阳人"就是蜀人始祖。

"图腾柱"上的"纵目"是记载资阳昆仑文化，"图腾柱"上的"蚕丛氏"记载的是黄帝和嫘祖的蚕丛文化。

三星堆文化的突出特点就是"纵目"。"纵目"文化在资阳有七八千年甚至万年以上的历史。"资阳人"的后裔开拓三星堆文明，使之形成早期先夏中央帝国的雏形。其实，夏商周就是蜀商周，更确切的讲就是资商周。

"图腾柱"将蜀国和中华思维、智慧、文化、文明的根柢发源、脉络传承关系，铁一的明晰不过的雕刻记载、展示给世人。

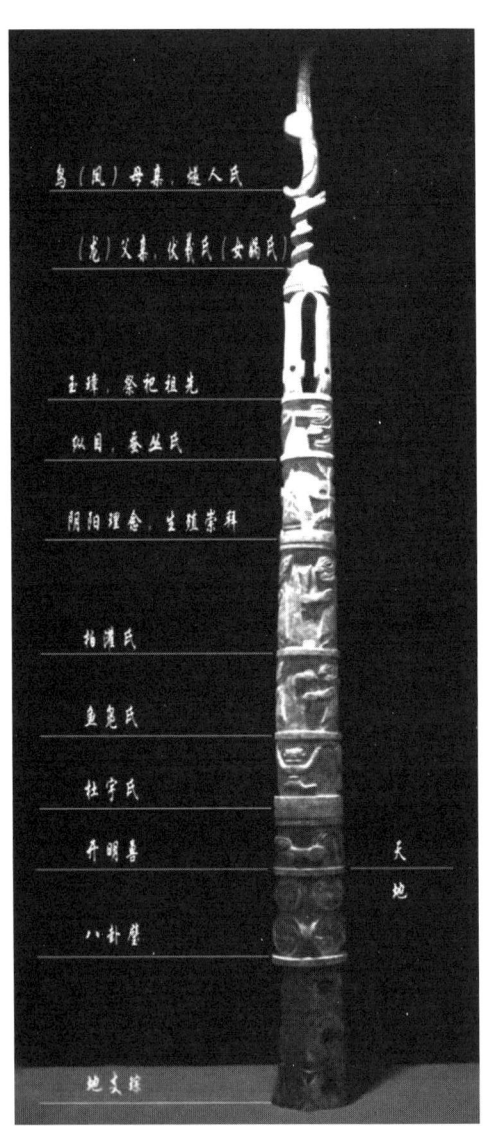

图腾柱 总编室摄于 2013 年 11 月 16 日

"图腾柱"这件无价珍宝文物，锻刻的蜀国和中国史实的根脉关系，加上"资阳人"头骨化石和一起出土的骨针、穿孔石珠、薄石盘、鹿角、石斧、刮削器等 200 来件珍贵文物，及史书史志，史学考古大家的考研判定，这些断定历史真实的关钻三要素，足以定清："资阳人"是中国人一始祖。

二、"图腾柱"告知，华夏人脉的基因传承脉络和族群延续佐证："资阳人"是华夏一祖先

"图腾柱"记载的根脉传承关系的核心是基因传承关系，这就说明，"资阳人"是华夏一祖先。从与基因传承关系紧密的族群延续，进一步说明，"资阳人"是华复一祖先。

考古资料表明，早在 40000 年前，"资阳人"就在四川省资阳地区的昆仑山、碧华山、莲台山、宝台山、天台山、书台山、凤台山、威风山、罗盘山、七泉山、龙泉山、天柱山等山地和九曲河、沱江、资水、濛溪河、花溪、绛溪、白水河、岳阳河、蟠龙河等九河流域繁衍生息。这为我国古人类研究与考古挖掘工作做出了重大贡献。

卢继传认为："资阳人"是生存于 40000 年时的智慧人，创造了生产活动与独特生存方式，开创了中国远古人类文明。有人撰著"古蜀王国"是中华民族文明之开创人，认为"资阳人"文化是中华民族优秀传统文化的组成部分。"华夏文明只有黄河流域这一个摇篮吗？近年来，一些学者、专家提出了异议，他们著书说，用出土文物史料论证古蜀王国同样是华夏文明的一个摇篮。资阳人是蜀人的始祖。"这个见解对重新审议我国古人类研究结论提供一个重要史实。

自从 1951 年发现"资阳人"后，资阳地区不断出现的文物史迹证明资阳人几万年来连绵不断，为影响和发展蜀人文化创造了延续的条件。

挖掘出 4 万年的资阳人后，在蜀国地域又挖掘出了 3 万年左右的旧石器和新石器共同存在地的资阳"鲤鱼桥文化"人、2.5 万年以上的资阳市简阳龙垭遗址人、1.8 万年前的资阳保和镇人、1.3 万多年前后的资阳丁家村人、1 万年前后的资阳回龙桥人、7 千年前后的资阳濛溪河人，5 千年前后的资阳石沙子人、3~4 千年之间的三星堆人、2~3 千年之间的金沙人和十二桥人、3.2 千年的彭县竹瓦街人和羊子山人、3 千年前后的沙嘴人、2 千多年的资阳狮子山人和新都正因村人。

从蜀国地域出土的这些历史文化发生、发展的状况看，他们是"资阳人"文化的延续，说明资阳人是蜀国和中国人的祖先。正如《昆仑纪》指出的："昆

仑纪文明在四川盆地内的发展是连续的，未曾间断的，直到扩展到整个中华大地以及全世界。"

三、中国考古界对"资阳人"一再定论、认证"资阳人"是华夏一祖先

"资阳人"头骨化石已出土 70 多年了。

从 70 年前的 1951 年，到 2018 年考古专家和权威考古机构无数次考定"资阳人"为 40000 年时际的智慧人。

20 世纪 70 年代伊始到 80 年代初，一批批四川省、重庆、北京、吉林等多地的国家级、省市级考古机构的专家，针对个别人不加研究冒出的不同观点，带着问题，先后多次到资阳进行实地考察和考古研究。经过 10 年左右的艰辛努力，这些考古专家实事求是地科学地考古挖掘、分析、研究，再经中国科学院古脊椎动物与古人类研究所、北京大学考古院等分别进行 ^{14}C 测定，最终将"资阳人"论定为 39300 年±2500 年前的智慧人。

1984 年《人类学学报》第 3 卷第 3 期发表重庆自然博物馆的李宣民与中国科学院古脊椎动物研究所的张森水合作宣布，考古学家们运用科学技术"依用同层出土的乌木做样品作 ^{14}C 测定"，"资阳人"头骨为"39399 年±2500"年（中国科学院古脊椎动物与古人类研究所的 ^{14}C 测定再次将"资阳人"定论为 40000 年时的智慧人。

1984 年，中国第一次全国 ^{14}C 学术会议上，黎兴国、刘光联、许国英、王福林等 5 位专家向大会提交了他们合写的文章《资阳人化石产地地层时代新资料》。根据一系列的、系统的 ^{14}C 测定数据，研究讨论，认定"资阳人"头骨化石为 39300 年±2500 年。

34 年前，张圣奘、李宣民、张森水、范桂杰、胡昌钰、贾兰坡、秦学圣、李洪云、黎兴国、刘光联等 20 几位专家先后著文发表他们各自的研究结果，都认为"资阳人"是距今 4 万余年前后的智慧人。

2014 年 1 月 18 日，四川省、中国社会科学院等考古、史学部门在资阳举办的"资阳人与中华文明溯源研讨会"上，经几十位权威专家和参加 300 多各界人士大小会研讨，形成共识后，会议主持人在大会总结暨新闻发布词宣布：**"资阳人"是人类文化基因根脉一始祖，资阳是中华远古文明一源泉**。70 多年中，中、小型会议和考古专家们考察、研究、测定确认"资阳人"为旧石器晚期 40000 年时际的智慧人的次数，有 60 多次了。"资阳人"是公元前 40000 年时际的人类智慧人的定论坚如钢铸的昆仑山，谁也撼不动。

第二节
基因根脉史实佐证："资阳人"是华夏和智慧人类一始祖

一、文物、古籍、"关系图"、"根脉图"中血脉基因根柢和脉络佐证："资阳人"是华夏和智慧人类血脉基因一祖先

文物、古籍、"资阳与蜀国、中华、世界文明史关系图"（以下简称"关系图"）、"资阳人与智慧人类一主体基因活态传承根脉图"（以下简称"根脉图"），概括地表明了资阳人的文化、文明的久远性和源泉性，直到伏羲、女娲氏族后期，蜀国文明才开始。伏羲、女娲之后的神农氏时期，尤其是黄帝时期，中国正史文明才开始。而国外世界的最早文明也只不过5000年左右，还是中华传播去的。史实说明，"'资阳人'是中国人和智慧人类一祖先，是当之无愧的。"

文物、古籍，资阳人与蜀国、中华、世界文明史关系略图说明：

史载：距今约50000年时际前后，地球发生第四纪冰川大震荡。李四光指出，这次冰川形成西海，庐山也被冰川覆盖。全球生灵几乎灭绝。四川盆地周围矗立高山，挡住寒流，西海吸收太阳热能，温暖气上升，高空的西北风将热气从盆海四周最低处的东南龙泉驿方向推向沱江中游，形成适宜生灵生存的较为温暖的地域。原住昆仑山即岷山上的燧人氏，集群迁移到沱江中游，与"资阳人"同生息、相融，成为一体。正如古书记载的："'资阳人'就是燧人氏，燧人氏就是'资阳人'"，使中华大地和地球生灵得以保存和延续。

1951年到1957年，中国科学院古脊椎动物与古人类研究所的裴文中、吴汝康两位院士，带领"资阳人"课题组，把"资阳人"头颅结构跟欧洲的克罗马农人、欧洲和西亚的尼安德特人、南亚的爪哇猿人、北亚的蒙古人、东亚的北京人头颅结构经过六年多的对比研究、考察、测检，得出"资阳人是现代第一人"的结论。继而，中国科学院采用"特号"的隆重形式，向全世界庄严宣告："'资阳人'"的地位是早期的新人类型"，"是中国至今发现的最早的新人化石"，"较一般现代人原始"，"'资阳人'的情形介于中国猿人与现代人之间"，"中国猿人经'资阳人'到现代人"。"资阳人是第一现代人"。

既然"资阳人是第一现代人"，那"资阳人"就稳稳载着华夏和智慧人类一祖先的桂冠。《山海经·海内经》等多本古籍记载："资阳人"即燧人氏后裔生伏羲、女娲。伏羲、女娲后代炎黄二帝。黄帝后裔脉络：长子青阳—蟜极—高辛（帝喾）—挚—陶尧—契是为商，生后稷为周（尧生资子是为资国）；次子昌意—颛顼和蚕丛，颛顼—虞舜和鲧，鲧生禹是为夏，鲧又生偁，生老童—蜀黎—昆吾—陆终，是为楚。蚕丛为蜀王是为古之蜀国。黄帝另一后裔生鱼凫，发展都广，与禹共同建都三星堆。当是天经地义的了。

《三代世系》载：蜀之先昌意娶蜀山氏女，生帝喾，立，封其支庶于蜀，历虞、夏、商、周，周衰，先称王者为蚕丛，国破，子孙居姚寓等处。《世本》曰：蜀无姓，相承云，黄帝后世子孙也。

资阳人

资阳、蜀国与中华、世界文明史关系略图

本书研撰团队和专家团队经多年考研率先溯源到：
人类第四纪冰川将地球冻成冰球，世界生灵几乎灭绝，特殊地理气象将"资阳人"幸存下来成为"火种"，燃遍世界。
"资阳人"是四万年时际的智慧人
"资阳人"是人类智慧人里程碑
"资阳人"是人类思维、智慧根柢、发端
"资阳人"是人类基因根脉一始祖
"三皇五帝"祖籍都是四川资阳
资阳是中华和智慧人类文明一源泉
资阳昆仑山是华夏远古文明中心
资阳是华人原乡，是智慧人类原乡
中华文明西兴长江上游的沱江中游，东渐中原
世界文明是东兴西渐

中华远古和古代文明史、古蜀国史（中国正史基本无记载）

"资阳人"、天皇（燧人氏）、（母系氏族）（40000年时际）
↓
资阳鲤鱼桥人 资阳、安岳、乐至 石虾子、沙嘴人、濛溪人，简阳龙垭人（旧石器时期）（40000-30000年）
↓
资阳、安岳、乐至 濛溪人（旧、新石器并存）（25000年前后）
↓
资阳天鹅山人（意蚕文化）（18000年-10000年）
↓
女娲、伏羲氏（母系、父系并存）、化蚕、龙文化（10000年时开始）
↓
简阳三溪人文化（新石器中期）
↓
资阳昆仑山纵目文化（约7000年）
↓
神农
黄帝（前4000年-前2600年）
↓
青阳、昌意
↓
蟜极、乾荒
↓
帝喾、颛顼
↓
资国人（前2560年，尧子资子建立资国）
↓
资国归秦（前316年）

古蜀国史 黄帝

蚕丛
↓
柏灌
↓
鱼凫（三星堆文化4500年前后）
↓
杜宇（望帝）
↓
开明（丛帝，约前600年）
↓
卢帝（二世）
↓
保子帝（三世）
↓
蜀王开明尚（九世）
↓
芦子霸王（十二世）

中华正史

黄帝（神农氏）
↓
尧（前2600年-）
↓
舜
↓
禹（-前2034年）
↓
（虞 历经730年）
↓
夏（前2033年-1562年）
↓
商（前1562年-前1066年）
↓
周（前1100年-前403年）
↓
春秋战国（前722年-前221年）
↓
苌弘碧血丹心文化（前582年-）
↓
秦
↓
秦惠文王灭蜀（前316年，张仪、司马错）
↓
秦始皇（前221年建立秦朝）

中外传说、古迹、考古文献等记载、报刊登载、文物佐证、遗传基因鉴定溯源结论告知世界：资阳人、蜀人、华人文化传播 相融亚、非、欧、美、大洋洲

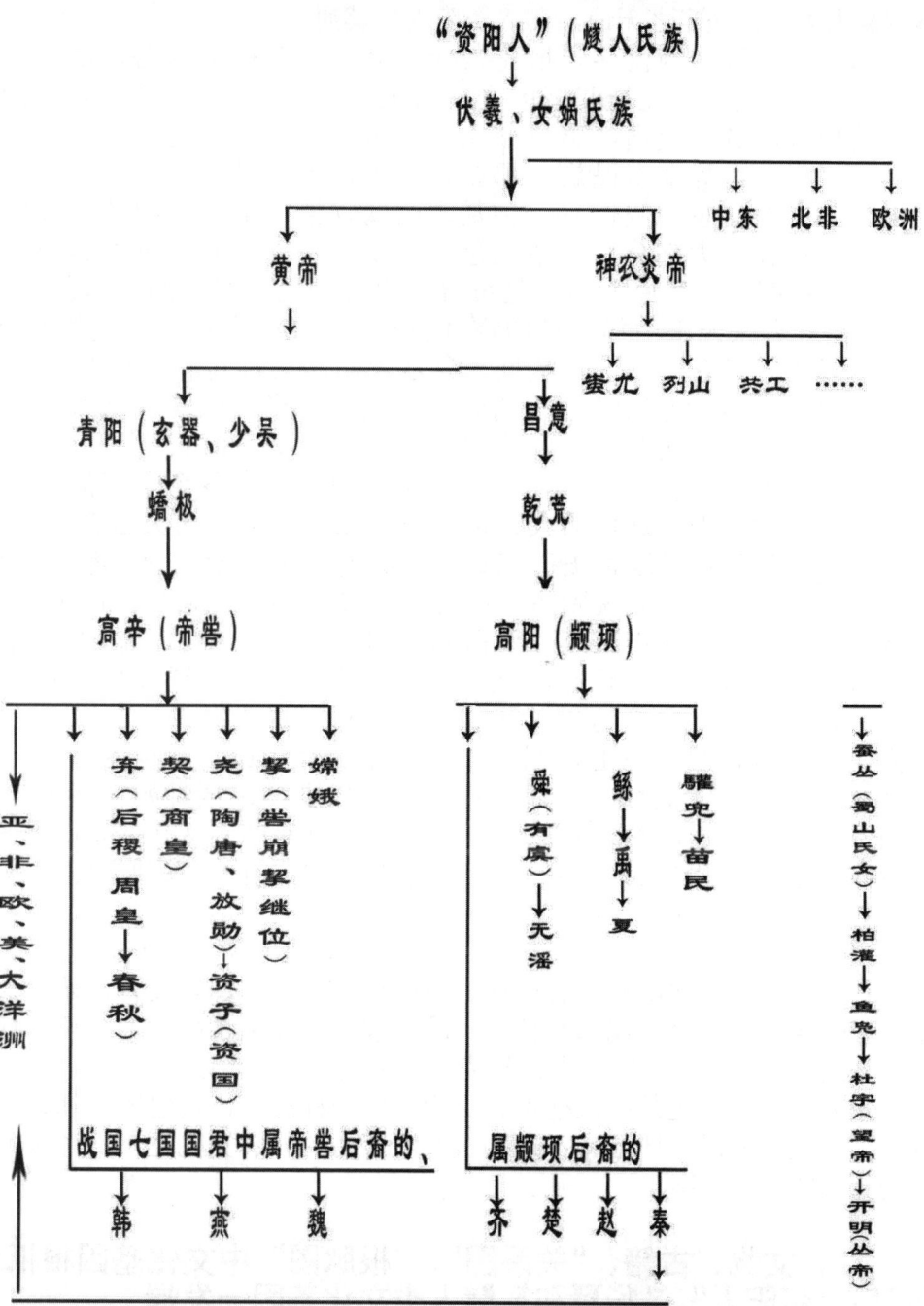

清晰不过的"资阳人"本源基因根系即中华民族远古主体基因发展脉络是：资阳人（燧人氏）、伏羲女娲、炎帝黄帝、青阳昌意、帝喾颛顼、尧舜禹（虞）、俊帝、夏商周（和古蜀国的蚕丛、柏灌、鱼凫、杜宇、开明等皇、帝）、战国七君等都是"资阳人"基因血脉世代传袭的根系、脉络。称资阳人是中华民族和智慧人类一祖先当之无愧，非"资阳人"莫属。

那么，中国人为世界一祖先为什么会产生多种肤色呢？众多专家科学考证后认定，这是大迁徙和基因变异所至。流波先生经过20年的研究认为，长江流域糯民分化成夷，夷再分化为百越百濮，又在此基础上分支细化产生后来中华并世界众多民族。那么，白种、黑种又是怎样从中华黄种衍生出来的呢？在这里，我们有一种基本的动物繁衍常识，如黑色母猪一胎生下几头猪崽仔，大部分与母猪同色，但由于基因的变化可能其中有一条白色的猪仔；同样，草原上的常色黄母马也可能生下黑色的或白色的马驹来。白种、黑种人来源于中华黄种的道理也与此类似。中华史料记载的白种（白民）、黑种（昆仑人）十分常见，只是我们后来将其解读有误而已。

贾银忠等多个专家经过长期研考认定，中华大地从几十万年以来，就一直世居着白种基因族群，时光进入到伏羲、炎黄时代中华大地的土著白种人更是唱着历史大戏。之后，中华土著白种人在各个不同的历史时期，不断向世界大迁徙，这样的大迁徙促成了血脉与文脉的大融合。

余太山先生在《塞种史研究》、《说大夏的迁徙——兼考允姓之戎》、《有虞氏的迁徙——兼说陶唐氏的若干问题》等文中指出：白种（印欧人）是从大中华文明区迁徙至境外繁衍起来的。允姓为少昊之裔，原居若水（长江之金沙江流域），后迁往鲁北穷桑。少昊氏之裔有迁往瓜州者，除若干内徙外，余种西走，抵达伊犁河、楚河流域，成为塞种（Sakā）之一种。余先生还认为，公元前七世纪末以前西迁的有虞氏，其祖为颛顼，始居若水（长江之金沙江流域），后迁穷桑，取代少昊，至舜始率所部自鲁北迁晋南。后一支北迁，发展为月氏；另一支经河西亦到达伊犁河、楚河流域。中亚史上著名的贵霜帝国也是由西迁有虞氏建立的。塞种为印度欧罗巴人在我国古史中均可归入黄帝系统。

《左传·定公十年》曰："中国有礼仪之大，故称夏；有章服之美，谓之华。"礼仪在个人体现为知廉耻、有诚信、厚品德、忠孝仁、礼义善、乐助人、为和平、献终身；在社会表现为有秩序、顾论理、讲民主、严法治、负责任、敢担当、扶弱小、爱和平、反称霸、勿凌弱、不优先、多奉献。

华夏者，礼仪之邦的象征也、文明之国的标志乎，是包容、和谐、诚信、互助、为人、奉献、团佶、奋进、极具凝聚力的光辉文化之国，彰善瘅恶的璀璨而伟大的文明之国。

二、文物、古籍、"关系图"、"根脉图"中文化基因根柢和脉络佐证："资阳人"是华夏和智慧人类文化基因一发端

语言、文字是佐证文化起源的两项重要标志。远古时期，"资阳人"就创造出智慧人类最初的语言和文字，雅言、洛书就是人类最原始的语言和象形意音文字，籀文（大篆）就是初始的洛书，始源于沱江，即：洛江。正如《世本》

说："龟书出洛，赤文篆字"。"资阳人"后代逐渐发展洛文。三星堆大批的文物上面展现出了惊世的语言图案和雕刻的文字。可见，这又证明资阳人创建的蜀语和文字是华夏和智慧人类语言和文字的重要源头。正如汪启明主编的《中上古蜀语考论》所说："综合多个相关学科研究，证明蜀文化是中华文明的重要源头，蜀语是汉语的源头之一。蒙文通先生就这方面指出：文字"是先出于蜀，而后来才渐次影响于秦"，司马迁著《凡将篇》，扬雄著《训纂》和《方言》，都得益于巴蜀本来的深厚文化底蕴，而不是由秦带来的。晋朝《抱朴子·道意》将上古川语称为蜀语，曰："有一人，姓李名宽，到吴而蜀语。"宋陆游诗叹："蜀语初闻喜复惊，依然如有故乡情。"

文字起源在书后面的字库山文字一节将简述，这里只是提出而已，不过将其综论提前到此以飨读者：总括各位专家的论断，籀书就是洛书，创始于古蜀资阳洛水一带。盛行于夏，殷商时避缩于四川盆地，秦灭巴蜀后，籀文作为战利品再次输入秦国，即为大篆，后改为小篆。史实说明，《洛书》产生于沱江流域的资阳一带。

智慧人类同根的关建之一是语言和文字都同源。考古专家们的研究发现，汉语最初的文字排组形式就是当今的英语组合方式。这种语言传播到了世界各地，西方人将这继传发展。华夏人觉得这种文字内涵少，不科学，向着当今的汉语方向发展，继而形成世界最美最科学的汉语语言和文字。英语和汉语的最初母悟就是雅言。研究结果证实，雅言，就是先夏的官方语言，从《左传》称公子雅，《孔子诗论》大雅、大夏等几十部古籍的称呼中都可找到证明。

文物、古籍、"关系图"和"根脉图"展示的古文明和2600年前蜀帝开明时期制造的"图腾柱"记载的"资阳人"到秦代的中华4万年文化根柢一脉相承。《山海经》开天辟地的提出："昆仑（岷山、资阳昆仑）宜为上古文化核心"。众多史学大师深刻指出："'资阳人'是人类文化根脉一起源的始祖，资阳是中华文明一源泉"。中国科学院考古院士裴文中、吴汝康指出："'资阳人'是人类第一个现代人"。巴蜀文化学首席专家谭继和指出："'资阳人'是人类思维、智慧的发端、根柢"。著名考古专家胡昌钰指出："'资阳人'是人类智慧人里程碑"。

文物、古籍、"关系图"和"根脉图"说明，中国古代正史不但没有记载资阳人的历史，也没有记载蜀国的历史，连西南多省的历史也未记载。这就是秦始皇焚书坑儒和中国历来的史书重中原忽略西部、政治需求独尊儒术的写照。是秦汉一元历史观维护一统天下正当性的策略。史实是"三皇五帝"都是资阳人或资阳籍人，他们在沱江流域开创了华夏文化中心，却把他们英形象和灿烂业绩"资冠黄戴"到黄河。在中原"正统"文化的长期排斥下，遮挡了太史公的双眼，他越不过至高皇权和险峻秦岭，看不到中华和世界文明的真正源头，他笔下生花出来的只能是黄河文明中心，禁锢、误导子孙两千多年。这就是本书为什么能够颠覆部分中华文明史的原因。

三、文物、古籍、"关系图"、"根脉图"中文明基因根柢和脉络佐证："资阳人"是华夏和智慧人类文明一源泉创始人

（一）文物、古籍、"关系图"、"根脉图"佐证："资阳人"、蜀国人始创华夏和智慧人类文化、文明

文物、古籍、"关系图"、"根脉图"最清楚的展示证明、中国考古界一再认定："资阳人"是拓创华夏和智慧人类文化、文明一先祖。

"燧人之世"的伏羲，在资阳初创农业和工业，始作《易》太极八卦后带领部分资阳濮人向西海四周等蜀国拓展，与原住民众通婚，形成羌人、雅人等多个部族。北上甘肃成纪一带开创，完善太极八卦。顺黄河而下拓创出"人类一代文明"。"故国在资阳"的女娲率众打通巫峡治水补天，西海变为陆地。伏羲女娲氏族资阳人朝东南顺江而下发展中华文明和东北亚文明，同时西出新疆开发中东文明、北非文明、欧洲文明。

伏羲女娲氏族后代，特别是黄帝后裔帝喾和其一部分后裔，踏着先人的足迹，跨白令海峡、越太平洋，开拓美洲文明。这些举世惊奇的史实告知世界，资阳人是创发华夏和智慧人类文明一先祖！这些铁的史实后面将专章论述。

《吕氏春秋》等史籍曰：祖籍在江水岸上的炎帝，因善用火而得名，创农耕又号神农氏，全面推进中华文明。

《世本·帝系》、《史记·五帝本纪》、《山海经·海内经》、《遗拾记》、《蜀王本纪》等若干古籍记载：黄帝儿子青阳故乡资阳濮人先进文化发展形成百濮文化，接着向四面八方传播。吕思勉先生在《中国民族史》中说：濮族向"今黔江、金沙江、大渡河流域"发展而成彝族。濮与云南元谋人融合又与西南民族走廊中，南下的颛顼族余部融合，成为白族、景颇族。百濮发展到豫、鄂、湘、川、滇、黔、鲁、荆、楚等数省，"濮族一梢能抟结之具有国家之规模者，为爨氏，至南诏则益进也。""獽本为百濮之一支。""席亦百濮也，然则微卢、彭诸国亦未必非濮也。楚封丹阳，熊绎迁荆山，武王迁逞，其所启，盖皆濮地也"。可见，资阳百濮人，与数省民族经济文化交流、通婚融合，形成南方各族，并不断发展壮大成千濮万濮。"资阳人"历代后裔濮人，与大江南北、长城内外数省民族和亚、欧、美、非开发与互鉴，经济、文化交流、通婚融合、共同发展。所以资阳这块蜀国前缘之封地，经共同的努力，成为古代民族大团结的典范；与青阳同期，昌意及其子孙在若水（雅砻江）、青衣江、岷江等地区开拓。后来他们踏着先人黄帝的步履入主中原，大创文明事业。在中华民族和世界文明形成中，青阳和昌意起到关键的重大的作用，具有深远而伟大的意义。

《山海经》开天辟地提出："昆仑（岷山、资阳昆仑）宜为上古文化核心"。

考古大师蒙文通指出：中华文明"是先出于蜀，而后才渐次影响于秦"。

台湾省考古专家李济指出："中国西南及西部为人类文明开始的地方"。

史学专家鞠德源指出："古蜀王国——中华文明的源泉"。

鞠德源老师还指出，"古蜀王国长江江源文明，处处事事都凸显出古蜀王国地域是华夏文明最本源的发祥地，与夏商周三代所形成的黄河流域中原文明，形成同根同源之亲缘关系。"（《古蜀王国》）

李济确认：昆仑即"中国西南及西部为人类文明开始的地方。"

多本古书论定：出生、成长、创业、建都、立国都在沱江中上游的黄帝，"自蜀入（主）中国"，建立华夏基业，开创中华文明新时代。

（二）文物、古籍、"关系图"、"根脉图"佐证："资阳人"、蜀国人拓创的华夏和智慧人类文化、文明，早于中原和他国几千至几万年

中国先秦史学会副会长兼秘书长、考古专家宫长为在国家和四川省权威史

资阳人

学机构主持召开的"资阳人与中华文明溯源研讨会"上总结暨新闻发布关键词是:"'资阳人'是人类文化基因根脉一始祖,资阳是中华文明一源泉"。他指出:"'资阳人'是人类文化基因根脉一始祖,资阳是中华文明多源中一个很重要的源泉。因为伴随'资阳人'出土的大批石器、骨器,特别是骨针、穿孔石珠、似盘子的薄石片、水鹿角等文物告诉我们,'资阳人'在40000年前始创出人工取火热食文化、制衣文化、妆饰文化、改进工具文化、集体采集文化、狩猎文化、组织指挥文化、结绳记事文化、观天象文化等,开创出人类最早的一块文明乐域。这些珍稀文物还告诉我们,'资阳人'40000年前在发展大脑由知识变为智慧方面,起了筚路蓝缕、开拓创新的作用,是人类始用智慧生息、斗争的智慧人里程碑,是远古人类文化先驱的杰出代表,确实占有远古人类始创文化、积累和传承文明基因的关键地位,是智慧人类文化基因根脉一起始祖,是现代人文明基因一孵化摇篮"。文物和文化遗址更证明华夏文明是西兴东渐,前已讲的资阳文物和后来的宝墩、三星堆文物等都应比中原久远得多。奋勇开拓的资阳人向全中华和全世界播种、相鉴、创发文明。

地理的形成历史,决定资阳文明和蜀国文明早于中原等黄河文明和世界上的他国文明几千年至几万年。因为世界和华夏地理在距今50000年前形成,而中原等华北平原是冲积而成,仅仅10000年左右的历史,中原怎么能开拓出早于您几万年的文明史呢?

单说地名吧,好些中原的地名就复制资阳、蜀国的,如"洛水"、"洛河"这个沱江的别称,在距今4000多年前的《山海经》等古籍中就记载是资阳沱江了,而中原的"洛水"在2000年时际才复制出现。

是的,"资阳人"在资阳拓创出智慧人类第一文明乐源后,"资阳人"后代接着在都广即成都平原始创出智慧人类第一农耕乐源、三星堆等多处文明和中东、非洲、欧洲、美洲等文明。上述"资阳人"文明、智慧人类第一农耕乐源、三星堆等多处文明源泉都比华夏中原、国外文明早几千年至几万年。是资阳人携带文明开创的中原文明和世界文明,这是钢铁般的定律。

是的,中华文化体系是资阳人文化、蜀国文化传播到中原之后,逐渐形成和建立的。李炳海明确指出:古蜀文化早于中原,夏文化一源头便是古蜀文化。鞠德源先生强调:蜀国的蚕桑文明制度"先于中原夏商周王朝的制度","使巴蜀地域及其周边邻国地域的蚕桑业和纺织业有序地进入了相当成熟的发展阶段,中国最早的由成都为起点的通往身毒(印度)的丝绸之路,是由古蜀国商人开辟的。可以断言,在华夏古代蚕桑发展史上,堪称古蜀王国居于全国的领先地位,在世界古代文明史上,古蜀王国的蚕桑文明亦应该占据第一的地位。

还有多个史学家指出,中国文化的源头在沱江,在古蜀,是黄帝、颛顼、帝喾、尧、舜、禹等"资阳人"后裔所创造。

(三)文物、古籍、"关系图"、"根脉图"佐证:中华远古真正的初始文化中心是资阳人早期拓展地域的资阳、蜀地

这个真实历史被颠倒两千多年,应恢复、还原她本来真相。

"秦统一中国后,为了一统天下政权的稳固,更加需要以一元历史证明其统治政权的正当性,故在**一元史观念驱使,一统天下政权的策略下**,推行一元政治文化策略。偏执、误导了真实历史,将文明真正发源地资阳、蜀国和长江上游沱江文化中心，割据到中原，形成'正统'文化，并形成传统观念。因此，《吕氏春秋》、《史记》的一元史便蕴含着天下帝国的意识形态。传世文献虽然不是凭空而来，但它们有自己的内在意义，与史实颇有落差。……文献的历史不是表达客观的历史，而是表达编故事者的客观认同，以及国家政权等目的。"

前面已述： 史实是"三皇五帝"都是资阳人或资阳籍，他们在长江上游沱江流域开创了华夏文化中心，却把他们英形象和灿烂业绩"资冠黄戴"到黄河。

资阳和蜀国是不是中华远古文化中心，要史实证实，要有彰显标志：

一是文化源头经典标志。"资阳人"40000年前就始创文化和文明源泉，她有骨针、穿孔石珠、热食盘、鹿角等一百多件40000年的珍贵文物佐证。资阳昆仑山就是中华远古文明中心的标志。当代人类学权威之一的李学勤在《略论巴蜀考古新发现及其学术地位—三星堆考古研究序》中深刻指出："可以断言，如果没有对巴蜀文化的深入研究，便不能构成中国文明起源和发展的完整图景……中国文明研究中的不少问题，恐怕必须由巴蜀文化求得解决。"

二是文化中心经典标志。顾颉刚指出："昆仑是一个有特殊地位的文化中心"，昆仑神话是由西疆（四川、云南）流传到中原、楚地区。众所周知，中国神话尤其是远古神话传说，大都以天神即蜀国昆仑岷山山系为核心。

远古传倪中的昆仑山（实指岷山）神奇、雄伟、威风、迷幻。传说：昆仑山方园800多里，高万仞，大开九个天门，黄帝等众仙居住其中，由开明兽守护着。这里的树木长青不枯，树叶当肉吃，吃一片长一片，永无穷尽。这仙地景象万千，灿烂悠然。

显然，这座神山是指岷山昆仑，要不蜀帝开明在这里威风凛凛当守门大将。可多代史学家硬说是汉武帝御指的昆仑山。

蒙文通在分析《山海经》中的关于发达中心的论述后指出："从以上分析来看，可知《山海经》全书三部分所说的'天下之中'，都以中原文化所说的'天下之中'迥然不同。它所指的是巴、蜀、荆楚地区或者只是巴蜀地区。"蒙文通还强调："富饶的巴蜀，未受到战争的影响，社会繁荣，依然如故。"当时资阳也是富饶繁荣，与成都不相上下。当时的蜀地称为"三蜀"，即广汉郡、犍为郡、蜀郡。资阳、简阳等地域为犍为郡。蒙先生还指出：《中山经》、《五藏山经》不仅把巴蜀列在天下之中，把巴蜀荆楚列为天下中心，更祥细记载岷江、沱江中上游，这些都应注目。"黄河之南之昆仑，自非岷山莫属"。"昆仑既为蜀山，亦与蜀王有关。《大传》、《淮南》皆以昆仑为中央，与《禹本征》、《山海经》说昆仑、都广为中央之义合。""盖都广在成都平原，而岷山却矗立在成都平原侧也"。蒙先生断定，《山海经》就是巴蜀地域所流传的代表巴蜀传统文化的典籍。蒙文通先生的成名之作《古史甄微》，提出了中华上古民族可分为"江汉""海岱""河洛"三系，其氏族、姓氏、居住地域皆各不同，其经济文化也各具特征的学说。蒙先生晚年又致力于民族史和地方史的研究，提出"昆仑宜为上古——文化中心"说，认为"巴蜀文化自西渐东"、"楚文化也颇受巴蜀文化影响"、"《山海经》就是巴蜀楚上古文化产品"。这等别具眼光的观点受到考古界的赞同。

专家们进一步指出，在《山海经》时代，岷山昆仑—都广之野是为"天下之中"。但究其"天下"决不只涉及巴蜀楚地区，应已囊括了"九州"以及海外的区域，并共同组成了一个辉煌的中华史前文明，江汉、海岱、河洛三个上古文明区域，已经连为一体，显现出共同的资阳人、蜀国文明的特征。

三是文化传播者经典标志。《史记·天官书》记载："**过去传播天术的人……是羲和……是昆吾……是苌弘……**"。燧人、伏羲、女娲创发的科技文明影响到了整个世界。"十月太阳历"又称"伏羲历"、"颛顼历"，是以地球绕太阳一周为一年的历法。这个历法在中国、在美洲，几乎在大半个地球都采用。外国人用的"十月太阳历"是源于"伏羲历"的。

著名史学家谭继和在《禹文化西兴东渐简论》中提出了"夏禹文化西兴东渐"学说，这是"中华文化西兴东渐"的代表学说，一语道清了"中国文化西兴东渐"的历史实质。段渝在《三星堆文化与夏文化》中认为，长江三峡地区，陕南汉中地区的文化是古蜀文化扩张导致，中华文化是同源异流。蒙先生更直接指出："巴蜀文化当系自西东渐，楚文化也颇受巴蜀文化影响，《山海经》就是巴蜀楚上古文化产品"。"昆仑宜为上古一文化中心"。

中国祖先让我们骄傲，让世界惊奇。中华文明对人类影响是全方位的，热情的将30多项世界发明之最的文化传播给世界，对世界文明生极大的推动。

其实，回眸地名的袭用历史可看出"资阳人"和蜀文化广泛传播的强势。《山海经》等古籍所书海内远古地域、古地名主要在长江上游的蜀地，这些地名传袭中华大地和世界。如：资、昆、天吴、天台、虹、开明、朝云、会稽、洛、渭、雒、龙、凤、泰、商、九州等等，中华大地到处可见，世界多地有迹可寻。江汉、海岱、河洛等上古文明次中心就是资、蜀文化新兴的印记；然而世界文明却是东兴西渐。《山海经》所书海外远古地域、地名：埃及、苏美尔、米诺斯、赫梯、巴比伦、印度、希腊、伊朗、罗马、叙利亚、阿拉伯、扶桑（美国墨、西哥地域）玛雅（中美洲）、安弟斯（南美洲）；天竺、朝鲜、韩国、日本、拜占庭、俄罗斯、育加丹，等；几个中途夭折消失的文明地（国）：玻里尼西亚、爱斯基摩、游牧、斯巴达、奥斯曼、大洋岛等，上述不是资、蜀、中华文化传播文明的"满天星"印迹吗！由于"资阳人"世世代的迁徙、传播、融合，中华文明源头的记忆湮灭远去，资阳昆仑文化中心和都广古蜀的中华文明源头辉煌的地名转移到当今居地，成为《山海经》中所记录的几近退掉记忆的影子。

四是最早古籍记载的经典标志。中国最早最振撼世界的古籍就只有《山海经》。四川大学刘复生先生指出：《山海经》是一部集神话传说之大成的地理书。据蒙先生研考《中山经》等古籍，认为古代巴、蜀、荆楚之地作为"天下之中"，《山海经》所载属于古代西南地区的巴蜀文化，与中原文化系统所说中心指中原地区是全然不同的两个概念。

蒙文通在《略论山海经的写作时代及其产生地域》中指出：《山海经》不是中原传统文化的产物，而是另一个文化传统产物的代表。

五是神话传源的经典标志。上古神话传说故事最多的是关于燧人氏（即"资阳人"）、伏羲、女娲、神农、黄帝、颛顼、帝喾、嫦娥、尧、舜、禹等神秘人物。君可知，这些神秘人物都是资阳籍人啊！上古神话传说故事还有一个特点，就是围绕天神讲不完的故事。君可知天神故事的中心就是资阳昆仑山吗！为此，郭静云指出："我们所能看到的早期历史故事，应当更符合于殷商青铜礼器：龙首、虎身、牛角、鹰爪合为一体的形象。史实告诉世人，这些形象源显于蜀地。

六是文化基因远古世袭传承根脉地域、名称的经典标志。"山可崩，地可裂，沧海可变桑田。大自然可以凭借着它的力量随意涂改地形地貌，却不能涂改人类给一山一水的命名。这就是文化印记的不可磨灭性。海岱与四川盆地有诸多地名相似乃至相同，考察古籍，可知昆仑文化为源而海岱文化为流。地质勘察表明，距今6500年至5500年，海岱地质活动剧烈，海岸线抵达今日太行山之下，《山海经》如实记录了那个年代齐鲁海岸线变迁的历史。大汶口——龙山文化遗址出土的文物，带着鲜明的昆仑纪文明特征，因其晚于陶器文化，因此更晚于昆仑纪文明"。"最终的结论是：早于仰韶文化的昆仑纪文明乃是海岱文明的源头"。"昆仑纪文化是大度的。随着'鸟道'与'横道'的开辟，中华大地广泛吸纳了昆仑的文明成果，仰韶、吴越、海岱，无不体现出接受了昆仑文明的特征。"（以上引自《昆仑纪》）。"资阳人"远古文化海内世袭传承根脉的经典标志是：九典河"资阳人"发掘地文化，资阳"鲤鱼桥文化"，铭刻伏羲功迹的"汉碑"资阳出土地、女娲补天柱石的资阳龙首山、伏羲女娲墓地文化，沱江中、上游黄帝初建功勋地域文化，资阳字库山文化，岷山和资阳昆仑山文化，颛顼始建功业的荣县文化，帝喾始建功业的资阳阳化河、花溪文化，广仅三星堆文化，洛阳偃师市二里头文化，西安灞桥半坡文化，河南渑池县仰韶文化，山东泰安大汶口文化，济南章丘龙山镇城子崖文化，山西襄汾县陶寺文化，湖北天门市石河镇石家河文化，甘肃广河县齐家坪文化，辽宁朝阳市凌源牛河梁文化，成都新津宝墩文化，浙江省余杭良渚文化，安微含山铜闸镇凌家滩文化，河南三门峡庙底沟文化，成都金沙文化，河南安阳小屯村殷墟文化，资阳苌弘山文化，山东孔庙文化，陕西秦皇陵文化，等；古埃及苏美尔文化，远古两河文化，古罗马文化，古印度文化，古美洲扶桑文化，等。

虚假不可终远，真史当会归原。被颠倒的资阳人、蜀国人文化历史，如今不就被许多考古大师在纠正吗！文物、古籍、"关系图"和"根脉图"是试金石，"照'是'镜"。你是否真金，是否真是中华和智慧人类远古文化中心、文明源泉，一试、一照，全目了然！

四、文物、古籍、"关系图"、"根脉图"中"资阳人"精神基因根脉佐证："资阳人"是智慧人类精神基因一元尊，她激励着万代奋发图强

历史告诉我们："资阳人"始创人类智慧、文朋源泉、用火、热食、法历……"资阳人"后裔传承发扬"资阳人"精神，美画华夏和世界四万年。《学斋咕哗》载："资州掘地得汉碑，有'伏羲仓颉，初造工业画卦结绳，以理海内'"。女娲补天之精神高尚顶天立地，功劳之伟大震撼世界。《淮南子·览冥训》曰："苍天补，四极正，淫水涸，冀州平，狡虫死，颛民生，背方州，抱圆天，和春阳夏，杀秋约冬，枕方寝绳……考其功烈，上际九天，下契黄垆，名声扬后世，光辉照万物。"炎黄建立华夏基业，颛顼、帝喾、尧、舜、禹等一代代英雄率领子孙接力不断创新华夏、开拓世界，发展亚洲文明、美洲文明，同时西出新疆开发中东文明、非洲文明、欧州文明，将中华文化屹立世界之巅！

综合考古学、历史学、气象学、环境学、地理学、人类学、古生物学、物理学等多门学科理论用历史唯物主义和辩证唯物主义考证历史，告诉世人，这就是中华精神创造的远古文明史。

五、远古"资阳人"、华人基因遗传造就人类命运共同体基础

基因遗传科学的铁律告诉世人：虽然人种同源，但人体基因遗传是一个复杂变异过程，时空、地理、环境、气候等因素对人的基因遗传肤色等变异有较大影响。古代始，地球北回归线北和东方一带黄色人、棕色人等居多，地球西方白色人居多，地球赤道附近和南半球黑色人等居多，在信仰、智慧、世界观等方面也有各地域的规律。

杜钢建先生在《文明源头与大同世界》一书中深刻指出："古代中国白人多的历史真相已经被学术界、政界和其他社会各界所普遍忘记。可以说古代中国在先夏以前，白人占绝大多数。夏朝时期白人依然占大多数。随着夏朝灭亡，大量白人移居西方，到商朝与西周时期白人与黄人大致各占一半。春秋战国时期，随着对白狄赤狄等白人民族的追杀，白人急剧减少，且大规模移民西方。汉代以后黄人才开始占绝大多数。汉代以后中国白种人的政权依然还有许多。"

"古苏美尔和古埃及文明源于东方的中国。古希腊和罗马文明是由中国的姜戎族移民创造的。法国人和德国人主要由中国的狄和白狄演化而来。"亚洲人、美洲印第安人来自中国。

科学（DNA）测试中华大地早有白种土著人生存发展。西南民族大学教授贾银忠指出："我们认为，早期的古夷系人、古羌系人在上古时期即有可能将本地的族群文化带到中亚，包括印度和伊朗等区域。山东龙山文化遗址中的古人骨骸具有明显的欧洲人的特点，中国北京大学的测试人员把2500年前的山东临淄人的DNA作了测试，其结果与欧洲人极为接近，甚至有的欧洲人认为就是雅利安人。山东博物馆的考古学家和中国古生物分子遗传学研究所，通过对山东新石器时代大汶口文化时期的墓葬，和春秋战国时期的山东临淄古墓群中古人类遗骨中提取的DNA样本所做的检测，研究表明，从新石器时代一直到春秋战国晚期，当地人的人种特征都是明显的古雅利安人（白种人）。到了隋唐时期，当地具有古雅利安人特征的白人种才逐步与蒙古尼亚人种混合。"

贾银忠教授认定出：蜀国在远古时期就居住着土著白人族群，与黄种人族群相邻为友，并用DNA测试得到证实。在万年前后，中国土著白人扣黄种人开始向非洲、欧洲等世界各地大迁徙，传播中华文化。

正是中国人的基因，遗传全世界，开发了全球古文明，建立起人类同祖同宗共同体。黄石教授指出：现代智慧人源自东亚，已经现代分子基因学和考古学双重论证佐证。中国西南起源的现代人几万年前时带着父亲Y-DNA和母亲mtDNA扩散全世界。

罗灵杰指出：一批源于中国西部的现代农耕人逐渐迁徙全世界，同化改造了全球人种，形成全世界人脉基因同源。罗灵杰还说：智慧人是在发展出种荞植基本农业技术才扩迁的。人类文明随着掌握农业技术东亚人传播到世界各地，这个扩展过程和现代考古学一致。

古斯塔夫在《世界通史》中叙道:"最早的美索不达米亚文明的伟大建设者—苏美尔人……他们的语言与汉语相似,这说明他们的原籍可能是东方某地。"欧洲的历史考证认为:20000年前开始来自中东的农民逐渐通过土尔其进入欧洲,改变欧洲文明,甚至逐渐改变欧洲人种。有文字历史记载的哥特人、日尔曼人等欧洲人的祖先也都来自东方。古埃及人塑像有明显的东方人特征,而古埃及考古明确指明古埃及统治阶层来自东方。美洲人来自亚洲成为共识。

前面说过,"资阳人"及其后裔进行过四次大迁徙,在迁徙中传播文化、遗传基因、发展智慧人、拓创文明。第一次是"资阳人"即燧人氏最先进行过迁徙向外发展,时间漫长两万多年,但范围大都在西海东、西部地域。随着气候渐暖,"资阳人"迁徙发展步伐加快。第二次是伏羲、女娲氏时期通过将濮族大迁徙向华夏传播资阳人文化和向世界传播资阳人文化、中华文化,拓展世界文明。第三次是,黄帝及其子孙颛顼、帝喾和后裔将濮族大迁徙向华夏传播资阳人文化和向世界传播资阳人文化、中华文化,拓创世界文明的大爆炸时期。第四次资阳人大迁徙传播文明发生在大禹时代及其前后时期,余波延至明代。

伏羲女娲在距今万年前后,走出西海陆盆,一部分北上甘肃,东下中原;一部分西出新疆,穿过中东,发展北非和欧洲,传播文明,相融通婚,种下资阳人基因,遗传发展。

黄帝、颛顼、帝喾及其后裔,靠着自身娴熟的农业技术和初创的工业知识、强大的族群团队、周全的组织指挥系统,一支大族群走出西海陆盆,沿着候鸟道,发展长江中下游、云贵高原、南亚次大陆、南海等地域;另一支大族群再分几支族群有的沿山川西进,有的北上、东进、南下,翻山越岷山过秦岭踏上西北、华北、东北路程,开创红山文明、中原文明、海岱文明等;东北的一支资阳人族群开创东北亚文明,继而涉过北令海峡,有的吃着海鱼踏过阿留申群岛跨过太平洋到达美洲,开拓美洲文明;西进和西北的两支资阳人族群携手团结开创中华西部文明,继而走出国门,开创西亚、非洲、欧洲、澳洲文明。上面几支资阳人族群开发到哪里就在那里相融互鉴,播洒智慧文明基因种子,遗传开去,构筑起人类命运共同体宝贵的基础。

大禹时代及其前后时期直至古代末期,先民们踏着前辈的足迹,向世界迁徙,播洒人种,发展文明。

潇洒如风2020年4日7日发文指出:基因遗传学表明,黄种人是人类祖先。1993年,美国道格拉·华莱士根据其研究成果指出,现在的印第安人部分DNA与亚洲人是相同的。2013年1月,美国科学家通过一份DNA的研究报告指出:现今亚洲人与美洲原住民源于共同的祖先,他们来自于1万年前的中国。这项研究成果来之不易,2003年时美国科学家从北京周口店一个4万年前的原始人腿骨中提取了细胞核和线粒体DNA,经过与美洲原住民的基因对比,发现了其与美洲原住民的基因非常接近。经过10年的研究发现,美国科学家得出了亚洲人与美洲人的共同祖先来自1万年前的中国的结论。

从上个世纪90年代开始,欧洲的遗传学家、人种学家经过研究认为,白人和黑人其实是皮肤基因突变的结果,主要是色素细胞发生了改变。德国科学家曾提取白种人的皮肤细胞,他们发现在每1平方毫米内,白种人的色素细胞约在1000个以下,黄种人则在1300个左右,而黑种人则超过了1400个。

资阳人

这个研究意味着什么？意味着色素与人种具有差异性。欧洲科学家还发现了一个奇怪的现象，在过去6000多年的时间里，有一种被命名为"SLC24A5"的褪色基因席卷了整个欧洲，使得欧洲土著人的肤色发白。

2010年左右，美国加利福尼亚大学布朗博士对线粒体进行了解析，他发现不论是黑人、白人还是黄种人，只要追溯到18万年或者36万年前，就可以发现他们都有一个共同的祖先，因为他们都有一个相似的基因。布朗的研究是从13个白人（来自欧洲、美洲、澳大利亚）、4名中国人、4个黑人，共21个人的细胞里提取的线粒体基因分析的结果。布朗提取出线粒体DNA后，用18种酶将线粒体DNA切碎，然后分成组进行比较。研究结果显示，无论是白人、黑人还是黄种人，每组基因的片段组成要素，都出现了非常相似的黄种人基因型。由此可以认为，他们都起源于同一个地方，都起源于亚洲的黄种人。

在考古学和古人类学领域，中国是迄今为止世界上发现古人类化石最成系统的国家，是最久远又绵延紧衔无间断的，古人类化石文化。请看：湖南衡东德氏猴头骨化石5500万年，江苏"中华曙猿"4500万年，山西垣曲"世纪曙猿"头骨化石4000万年，云南开远"腊玛古猿"头骨化石1500万年，云南禄丰古猿头骨化石800万年，云南昭通古猿头骨化石610万年，云南蝴蝶古猿头骨化石400万年；

中华大地迄今考古发现已进化发展到直立人阶段的有：东方人250万年，巫山人200万年，元谋人175万年，蓝田人133万年，郧县人100万年，陈家窝人60万年，北京人50万年，南京汤山人35万年；

中华大地进化发展到早期智人阶段有：金牛山人28万年，安徽和县人25万年，桐梓人24万年，大荔人20万年，长阳人15万年，重庆奉节人14万年，广东马坝人13万年，丁村人12万年，许家窑人（另有丽江人）10万年，许昌人10万年，道县人8万年；

中华大地进化至晚期智人阶段有：广西柳江人（另有：内蒙古河套人）7万年，西畴人（另有：昆明人）5万年，资阳人（智慧人里程碑）4万年，左镇人3~2万年，龙垭人2.5万年，北京山顶洞人1.8万年，兴义人1.2万年，东胡林人1万年，三星堆人约近5千年……

从远古至今的4万年，中国发掘出成系统、成体系、成年代递进发展的各种人类化石等文物，这是世界上绝无仅有的，中国大地上的黄种人和土著白人，应该是最先出现的人种，是非洲人、欧洲人和世界的祖先人。

前面简述过，在20世纪不但出现一大批揭露西方假文明的勇敢求是之士，还站出一批论定人类文明源于东方的正义之师。如美国后殖民主义理论创始人爱德华•萨依德的《东方主义》，英国谢菲尔德大学政治与国际关系学约翰•霍布斯的《西方文明的东方起源》等。

美国的亨利在《几近退色的记录》中认定：秘鲁和墨西哥的"胎痣"及"双眼皮"也归功于中国的探险家。为什么基因同根同源的东、西方人的文明差异很大哩？还是环境气候，特别是传统文化所致。虽然东西方处世观念差异很大，但血脉基因几乎同根同源，这就有了逐步消除异念，建立人类命运共同体的天道基础，实现世界大同的宝贵条件。允执厥中，定能实砚！**（本节提及的要点，后面将分专题简述）**

第三节
创发的十三大文明说明,"资阳人"是华人一始祖

一、"资阳人"创发远古十三大文明

（一）工具（兵器）文明

指石器等各种工具和兵器的创发和使用。

先说石器。资阳人出土的40000年前的石器、资阳龙垭遗址出土的近3万年石器、资阳鲤鱼桥出土的2.5万年前的石器、资阳保和镇出土的1.3万年前后的石器，以及后来回龙桥等地出土的多种石器，都早于四川其它地方出土的石器，而且其它许多地方石器制作工艺几乎都有继承资阳人工艺之痕迹。

吕遵谔、胡昌钰等专家在《四川资阳鲤鱼桥旧石器地点发掘报告》中说："鲤鱼桥的石制品属于旧石器时代晚期的文化遗物，其主要特征是：①制作石器的原料都是砾石，岩性有铁质石英岩、石英岩和燧石，其中以铁质石英岩为主。②多用砾石的自然面作为台面打制石片，打制的台面数量极少。③用石锤直接打击法打制石片，打片的方法有两种，即第一种打片方法和第二种打片法。④石器的加工方法的一面修理和两面修理两种，均用石锤直接打击。单刃器多于复刃器。器形较简单，有尖状器、刮削器、砍斫器和雕刻器等，其中以尖状器为主，并且具有特色。厚体尖状器可作为鲤鱼桥石器的典型器物。"

再说工具文明。

资阳人打猎的竹叉、树杈及捕鱼的鱼叉、鱼网，水上用的木筏、舟、船，交通用的车、马等等工具，此时期有了原始的发展；随着生产、生活和斗争的需要，交通工具发展较快。春秋战国时期的车和船的发展初具规模。在汉代，交通工具发展更快，铜车马等工具方面已经发展到相当高的水平。这时期的生产工具也有较大发展。

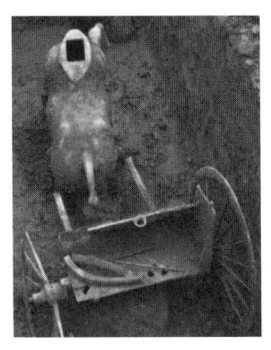
资阳出土铜车马

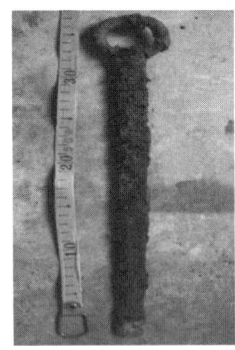
资阳环手刀

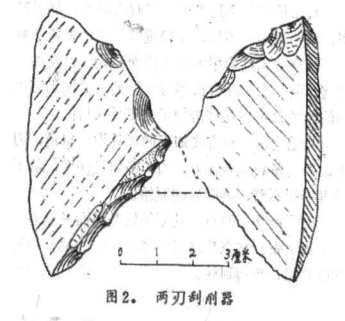
资阳出土四万年前双刃砍砸器

资阳在骨器文明上发展很早，拥有4万多年历史。资阳人使用过的骨锥在40000年前的工艺非常先进。骨锥近108.2毫米长，不到一公分宽，而且是三棱

形的。尖部细小，便于缝纫。

这件骨锥有四个特点：第一，它是用三棱状骨片制成的；第二，是经人工用粗糙的石器刮削出来的，而不是磨制的；第三，骨锥的尖端短而钝；第四，骨锥呈深褐色，与"资阳人"头骨化石颜色相同，是一件十分难得的骨质工具。这件骨锥的发现，是直接说明"资阳人"制作和使用工具的唯一物证。由于长期使用的结果，骨锥的边缘和椎尖等部位已经被磨光了。这件骨锥被称为"资阳人骨锥"，有的专家把这件骨锥称为"骨针"。继而，资阳人的骨针就越朝小、圆、尖及带针眼的接近现代技术的程度发展了。

第三说兵器文明。

自从三四万年前族群与族群之间发生斗殴时使用石器、木棍、土弹弓等时

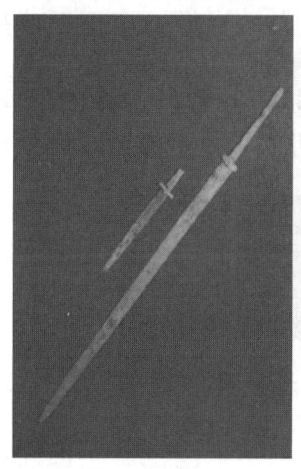  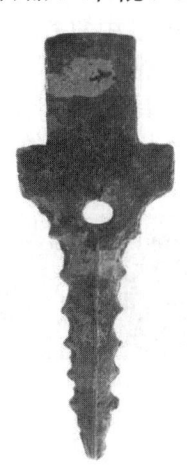

资阳出土铜剑　　　资阳龙垭铜戈　　　三星堆出土铜戈

起，资阳的兵器开始了快步发展。公元前1000多年，资阳人助武王伐纣时，使用了比较先进的弓箭、长矛、大刀等兵器。在春秋战国时期，资阳人没有参与七国争雄，一心发展生产，专注创新和发展兵器，成为七国兵器加工场。当时七国都纷纷与资阳人大做兵器买卖交易，这就促进了资阳兵器的发展，使资阳成为兵器创新和发展的先行者。

（二）采集文明

指狩猎采集、捕鱼采集。

资阳人狩猎文明在40000年前就开始了。在狩猎的艰苦实践中，打造出了许许多多的狩猎工具，创造了石头远投、山上滚石、长杆刺杀、集群围攻、隐蔽待杀、直击野兽要害等可行的战法狩猎文明的光辉闪烁了几万年。到距今五六千年时，资阳人的狩猎工具和方法已经发展到相当先进的水平了。

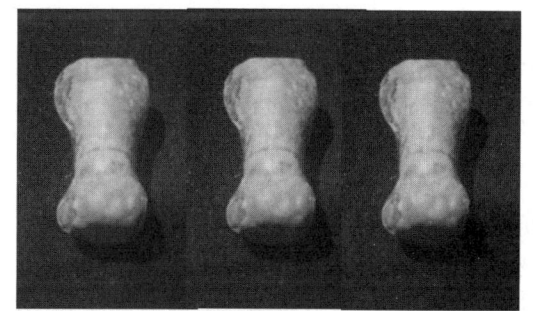

陶网坠

资阳人在几万年的捕鱼实践中，摸索、研究、打制出了一些捕鱼的石片、兽骨等打制工具，并发明了鱼叉、鱼网、骨制鱼钩和网坠等多种工具，创发了

捕鱼的方式方法，熟练运用捕鱼技巧进行捕鱼。捕鱼文明在绚丽光耀中不断发展。到距今五六千年时，资阳人在捕鱼文明中创发出了竹篾编的拖扒、网罩等先进工具，而且捕鱼的方法已经发展得十分先进了。

（三）妆饰文明

资阳人出土的骨器种类较多，文明程度先进，对四川各地的影响较大，一直推动着骨器的文明发展。

资阳人从40000年前开始佩戴石玉戒指初始妆饰文明起，引领了华夏妆饰文明的发展步伐。当年资阳县文化馆长周叔勋回忆李宣民向他介绍发现的石珠时说："'看，这是一件有孔石珠，很特别，很少见'。这件石珠形状扁圆，外圆直径有4厘米多，孔眼直径约2厘米。李一面介绍情况，一面用食指戴了一下石珠，我也用食指去试了一下，紧紧的恰好戴上，好像一个玉石戒指，石质较细，黑中带蓝，只是太厚重，不太圆，也不很光滑。不过，远古人类使用非常原始的工具，能制作出如此精美的妆饰品，已是匠心独具，技艺超群了。"

下两图同为石玉妆饰，资阳人要早3万多年。到2.5万年前，龙垭遗址出现

 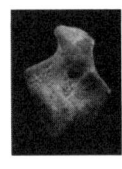  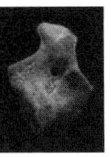

四万年前资阳人戴过的石玉戒指　　　龙垭遗址穿孔骨坠饰

的穿孔骨坠妆饰品，使资阳人的妆饰文明前进了一大步。继而，玉器妆饰品、青铜妆饰品、服饰妆饰品一路发展，一路创新。

使人们惊奇的是资阳人在40000年前就出现了这样高质量的石玉妆饰。中国大地上，从自今出土的文物看，最早的玉器莫过于距今七八千年的沈阳新乐文化遗址蛇纹石凿了。其他地方的玉器则在距今六七千年之后了。

妆饰文明尤其是玉器文明是社会发展的一个重要标志，也是社会形态的重要标志，是人类文明发展的一个重要证物。当人类生产水平发展到一定阶段，生活物质水平提高到一定程度，精神需求达到一定高度，才能出现妆饰文明。在生产水平、生活水平、精神需求水平不断提高的过程中，人类的妆饰文明也相应不断发展，不断提高。

（四）饮食文明

任乃强先生在《四川上古史新探》中指出："人类文化总是从产盐地方首先发展起来的，并随着食盐的生产和运销，扩展其文化领域。文化领域扩展的速度，与地理条件和社会条件是否有利于食盐运销程度成正比例。起码，在十七世纪以前，整个世界历史，都不能摆脱这三条基本规律。"

成都平原在遥远的过去是内海，虽然是淡水海，但是含有一定程度的盐分。当内海变成陆地之后的初期，地面上还有很多盐分，原始人靠着地面的盐分维持身体健康。当一年又一年的雨水洗礼和多次大洪涝冲击之后，四川盆地的盐分几乎消蚀光了，很需要外部的盐来支持。恰好离四川盆地最近的，陆路、水路距离最短的，当时的简阳、雁江、乐至、资中、自贡等地域蕴藏盐分十分丰

资阳人

富。走出资阳地域到成都平原发展的资阳人，深知老家富有藏盐，所以经常回老家，换盐到盆地内。久而久之，食盐运销行业发展起来了。

资阳人在 40000 年前就开始了熟食的尝试，继而饮食文明逐渐发展，创新了多种饮食文化。资阳的蔗糖发展很早。伍隍场干酒被《辞海》收录，临江市豆瓣、赖汤圆、安岳柠檬、坛子肉、羊肉汤等美食全国闻名。

（五）艺术文明

资阳人舞蹈造型多么优美，跳得多么欢快，舞得多么优雅、健美。他们一边舞蹈还一边欢唱，形成了最早的音乐。资阳人正式的音乐文明发端于公元前七八百年间，人民熟知的孔子拜苌弘为师，之一就是向苌弘学习音律。

资阳出土工艺艺术造型

（六）科技文明

前面说的燧人末期、女娲初期，创造了测绘地图的科学技术、女娲凿通巫峡的"息壤"技术、"鳖足"作测量水位的技术和发明水泥等科学技术，可以

资阳出土的西汉舞
俑与舞蹈造型

说是人类最早的科技文明。

孔子的老师苌弘还在天文科学、管理科学等方面都是当时中国的佼佼者。《川史通讲》中说："《周语》、《左传》、《史记》、《汉书》等，都载有关于苌弘的历史事实。故苌弘实有其人，也确是川人。他的学问广博，知识丰富。《淮南子·氾论训》说：'昔者苌弘，周室之执教者也。天地之气，日月之行，风雨之变，律历之数，无所不通'。连博学多才的孔子，也向苌弘请教天文、音乐方面的学问，苌弘以百日为期，向孔子传授这些知识。"

李淳风公元七世纪初创立《麟德历》，开辟天文学的新篇。

公元 11 世纪初始，李云书、僧澄、居清等人刻录洞王沟石刻群，记录洪灾、旱灾、水利、地震等，创造 81 个中国之最。

公元 13 世纪初，宋朝资阳人秦九韶，在数学、天文、星象、音律、历法、营造、骈俪、诗词、游戏、毬马、弓箭等方面有高深造诣，所著《数学九章》达到中国古代数学的顶峰，在世界数学史上占有极其重要的地位。

秦九韶之后，资阳籍科学家创新了中国和世界的多项科学，推动着中国和世界的众多领域的发展。

（七）祭祀文明

中国人的祭祀活动发祥很早，资阳人的祭祀活动在三四万年前就风行了。后来到了夏商周时代，王都形成了各种祭祀活动和制度，民间形成了祭祀的传统，一直延续至今。

（八）陶器文明

陶器中的尖底器的技术，两者一脉相承。吕遵谔、胡昌钰等专家说："在四川出尖底器的主要遗址有新繁水观音，广汉三星堆月亮湾，忠县冷井沟等处。前两个遗址属于商、周时期。鲤鱼桥虽然也出尖底器，但从它的陶质、器形、纹饰以及陶器的原始性看，比水观音、三星堆出土的陶器要早，当为新石器时代的文化遗物。"这就说明资阳人在制陶技术方面是川人的始祖。

资阳西汉陶俑

在陶器文明上，资阳的纹陶出现最早。在距今六七千年前，绳纹陶器里外就有彩色出现。鲤鱼桥文化新石器陶器中就有红陶出现。可见，资阳人在陶器文明上一路领先，是文物告知人们的事实。

新都博物馆展出的东汉女陶俑与资阳狮子山出土的女陶舞俑从工艺制作上看，何其相似。显然，很可能新都展出的女俑是资阳出土的女俑传人制作的，或是从资阳人制作技术上学过来的；资阳女俑的出土时间要比新都女俑的出土时间早两百年左右。

（九）驯养文明

资阳人在六七千年前，就开始了驯养鸡鸭、牛羊，驯养业已经红红火火了，驯养文明已经走上了蓬勃发展的道路。而成都平原等地还没有驯养文明的迹象。在资阳人的影响或传授下，后来成都平原地区才出现驯养文明。

（十）蚕桑文明

　　　　　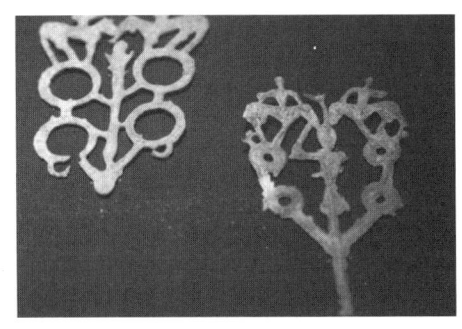

资阳树枝形器局部　　　　　　　　金沙枝形器局部

据考古研究，蚕桑文明是资阳远古文明的一个起源。早在燧巢时期后期，资阳人就发现了野蚕，开始了桑树的种植，促使了最原始的桑蚕事业。前面两幅图就是当时桑树形象的复制品。几千年后，资阳的桑蚕事业传到了蜀国各地，开启了蜀国蚕丛养蚕事业的辉煌时期，创立了古蜀都王国的灿烂文明。继而，华夏大地蚕桑文明发达起来，开启古丝绸之路的辉煌文明。

（十一）农耕和农业文明

资阳人在 3 万年前就开始了采集、移栽、打猎、捕鱼、缝制等文明。农耕文明发端于 1 万年前，那时就开始了水稻和甘蔗种植。接着萌发桑树种植，继而初始养蚕。而种植文明发端于六七千年前，农业文明，即广义的农业包括种植业、林业、渔业、畜牧业、副业五大产业萌芽、发展，形成综合性的农业，是在公元前四五百年时期。那时，资阳的种植业已经相当发达了。开始了种植树林；捕鱼的工具改进到相当水平，方式方法日臻发展；畜养的家禽在房后山前遍地可见；竹编工艺、炼盐水平、制漆技术等副业发展到一定水平，出现了一派欣欣向荣的农业文明景象。

（十二）青铜文明

青铜制品在资阳出现和使用较早，春秋战国时代就有原始的兵器、铜镜等出现。资阳出土的汉代铜车马在四川省文物考古研究院举办的"2006 年考古科普活动日"上，被誉为"中国汉代第一车"，也是考古界有史以来发现的最大的汉代青铜车马。考古专家认为，汉代青铜车马够得上国家一级文物，引领着

的汉代青铜车马。考古专家认为，汉代青铜车马够得上国家一级文物，引领着当时四川境内铜器文明的发展。

（十三）文字文明

在前面的"语音表意初始现创造文字出象形"、"洛书"等文中已经清楚表明，资阳人创造了文字文明。下面的猴蛇图就是刻在东山岩上的象形文图案。前面是猴子摘桃子，不知后面有蛇。因蛇离猴子有一米远，我们只好把一幅图分成两幅摆在这里。

除上述文明外，"资阳人"还创建了婚嫁文明、礼法文明等等。

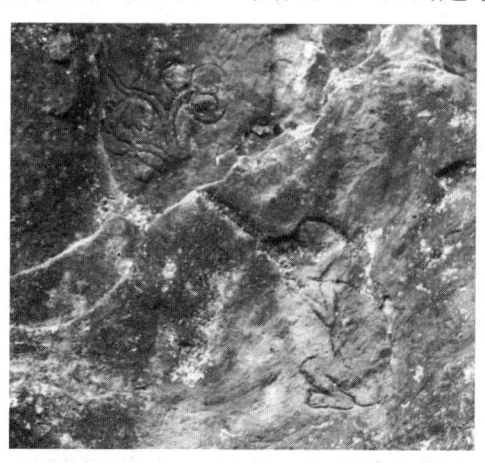

猴蛇图

二、"资阳人"创发远古文明同时传播华夏和世界

文明是人类创造的物质财富和精神财富的总和。远古资阳人在工具（兵器）文明、采集文明、妆饰文明、饮食文明、艺术文明、科技文明、祭祀文明等多方面拓展创先；新石器时代资阳人在陶器文明、驯养文明、桑蚕文明、农耕和农业文明、青铜文明、文字文明等多方面拓展创先。同时，传扬并影响着华夏等广大地域和世界。

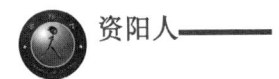

第二卷

燧人氏与"资阳人"相融文化

——"三皇五帝"首皇时期资阳人

距今 40000 年前

史学专家论点综述:

"三皇五帝"是中国在夏朝以前出现在传说中的"帝王"。秦始皇为表示其地位之崇高无比,曾采用三皇之"皇"、五帝之"帝"构成"皇帝"的称号。但是不同史家对"三皇五帝"有不同的说法与定义。《资治通鉴·外纪》博采众家之说,记载有"天皇"、"地皇"、"人皇"。历史上,三皇有八说,五帝有六说。无论是按照史书的记载,还是神话传说,都认为三皇时代距今久远,在数万年乃至更为久远至七八千年以前,时间跨度很大。有史书说:远古文献证实,天皇、地皇、人皇的"三皇"之说,必由天府之国传出,都来自四川盆地。正如《尚书大传》、《史记·五帝本纪》载:三皇:燧人、伏羲、神农,五帝:黄帝、颛顼、帝喾、尧、舜。历史史实证实,"三皇五帝"都是资阳人。

人类第四纪冰川大震中,形成的西海岸上的资阳一带,比较温暖,适应生灵生存。原住岷山北部的燧人氏,为了寻找温暖生存的地域,集群迁移到沱江中游资阳等一带地域,与原居住的和先到资阳地域的燧人氏,即"资阳人"同生息,相融,成为一体。正如《昆仑纪》等史书记载:"'资阳人'就是'燧人氏','燧人氏'就是'资阳人'"。这种地球震荡和特殊的气象条件,造就了"资阳人"就是"燧人氏"族特定远古历史,使中华大地和地球生灵得以保存和延续。

第一章

"燧人氏"就是"资阳人"

史学专家论点综述：

资阳人在旧石器时代和新石器时代改善熟食，初始医术、驯养、集群居住、食盐、制陶、蚕桑、象形文字等人类文明。萌发农耕社会雏形，对人类文明做出重大贡献。

《太平御览》记载：

"遂明国有大树名遂，屈盘万顷。后有圣人游日月之处，至于其国，息此树下，有鸟啄树，粲然火出。圣人感焉，因用小枝钻火，号燧人氏。"

《佛祖历代通载》卷第二记载：

"《古今记》曰：'燧人氏以木德王。治八万年。"

李保均指：

出本书作者对"资阳人"的远古史、史前史、先秦史进行了透彻的研究，从40000年以来的人类文明，直写到三皇五帝以后，认为上古史中的对于三皇五帝的文献记录和神话传说记载，对于建构一个国家和民族历史是不容忽视的，突破了认为史前文化和传说历史不是历史、不能入正史的成法和成见。这完全是科学的，在史学上也是站得住脚的，是有史学依据的。

《昆仑纪》载：

"'资阳人'便是传说中的'燧人氏'。"

"'资阳人'是第四纪冰川时期因避难进入四川盆地的，即上古文献中记载的'燧人'。"他们与原住的和先到资阳地域的"燧人"即"资阳人"同生息、相融，"'资阳人'便是传说中的'燧人氏'"。

"'资阳人'是现今发现的生存在'海内昆仑——都广之野'的最早的人类。他们被后来的文献称为'牙人'、'雅人'、'夏人'"和濮人。

第一节
"'燧人氏'就是'资阳人'"
——燧巢时期资阳人

资阳人所处的燧巢时期约公元前4万多年～前8000年。燧巢时期的农业出现的准备期历经约1万年（前18000年～前8000年），处于更新世晚期到全新世早期，由旧石器时代到新石器时代，是华夏民族形成的准备时期，是智慧人进入原始社会的母系氏族出现阶段。关于文化起源尽管有多种传说，但人类文化发展史都是把用火作为人类文明的开端。在古希腊神话中就有普罗米修斯从阿波罗太阳车偷取天火赠于人类的故事。

清代著名才子钟云舫在他的临江楼对联中明确指出，沱江、嘉陵江流域是有巢氏、燧人氏、盘古王的地盘，而且提到了巴蜀英雄苌弘。

——主编辑手记

根据中国的古史传说，人皇及其一部族喜爱沱江。传说人皇有九个弟弟，都神通广大，法术高强。人皇的使命是把天下分为九个州，命他的弟弟们各当一州的州长。他自己则住在九州的中央……人皇在生活和巡游中华九州大地过程中，发现沱江两岸气候宜人、山丘绿幽、江水青涞、风光秀丽、环境怡人，因此，爱上了沱江两岸，长住沱江中游地域。经过三皇的辛勤努力，中华大地有了很大的进步，但人们的生活依然艰难。此时，时代造英雄，伟大的各种神祇人物应运而生……燧皇继承人皇遗志，繁衍后代，将氏族派往九州各地。燧皇在管理各氏族过程中像人皇一样爱上了美丽宜居的沱江中游地域。管辖沱江流域的这部分燧人氏族也十分喜爱沱江流域，就在沱江流域或沱江中游地域常住下来，为开发沱江流域和后来的资阳地域献出了心血，令人对其功德永志不忘。所以，后人广泛传颂。

——卢继传

一、宜人的资阳圣地
（一）优良的地理环境

资阳地处四川盆地东南丘陵地，与成都平原一起形成优越的自然环境和地理条件，自古以来就十分适合我们的祖先生存繁衍。盆地东部，周围高山环绕，岷江、沱江、嘉陵江、涪江和与从南向北流入长江的乌江、赤水河等大小支流纵贯四川全境，构成一个水网密布、幅员宽阔的流域之地。同时，长江干流及其支流沿岸冲集成了众多地势低缓的河谷台地和平坝地带。这里土质肥沃、水水源充足，发展农业的条件良好，有着理想的农业起源的地理环境，是原始农业生产的有利地区。尤其是岷江，古代被当作长江正流，发源于岷山南麓。主要由岷江和沱江自上游挟带的大量泥沙流出山口冲积的扇形地连接而形成的成都平原，土层深厚，富含铁、钾、磷等养料物质，土质疏松柔软，易于农业盆地内有连绵起伏的丘陵和成都平原。长江干流横亘四川南部，其自北而南的耕作，特别是水稻粮食作物的栽种。东部丘陵地带土壤肥沃，旱地水田分布甚广，适于多种农作物生长，如水稻、小麦等。受地形影响，四川盆地北部有高耸入云的秦岭、大巴山作天然屏障，冬季北方的寒冷气流不易长驱直入，气候温暖；夏季因太平洋、印度洋暖湿气流的影响，降水形成这里温暖湿润的亚热带季风气候。这种地理条件和气候特点宜于农业耕种，具有发展农业的有利条件，同时动植物资源相当丰富，是我们先民栖息生存，农业定居的理想场所。这为资阳文明迅速传播到蜀国各地创造了良好的自然条件，对形成与发展资阳文明提供了得天独厚的条件和客观的物质基础，所以资阳的水稻、甘蔗、桑树的种植和纺织工艺迅速传遍各地。这是资阳人对人类发展的又一项重大贡献。

（二）赏不够的老资阳30多处圣景

在那悠远古代，先民们喜欢爬上天台山，看朝阳冉冉上升时的万丈霞光斑斓变换、色彩、图画天成的迷景；先民们喜欢爬上上书台山上观看盛开的百花、聆听和鸣的鸟声、厚重的读书声；先民们喜欢爬上宝台山上宝台寺里传出晨钟

适宜人类生存发展的良好的资阳自然环境

暮鼓，领悟梵音佛境的空灵奥妙；先民喜欢爬上凤台上早看云霞紫翠、午观蓝天白云、晚眺落霞余辉；暮当月出时先民们喜欢上到莲花山莲台寺的莲池旁边，欣赏池中月色，弘扬先辈精法。

先民们望见到雁城周边的山岳多为平台山顶，城西远处却有两座突兀的尖顶山锋，并与大片沃野平畴，组成了一幅风景画。先民们常到沱江边观看渡口上下的众多渔舟，常到"五台"高处，眺望蜿蜒蛇行的九曲河、北来南去的滚滚沱江水、吸人眼球的"五台八景"乐神。

"五台"就是宝台山、天台山、书台山、凤台山、莲台山。"八景"就是：宝台晨钟、天台夕照、书台春晓、凤岭晴云、莲池月夜、沃野双峰、雁江古渡

和资溪九曲。

雁城外更多美景吸引先人们去生息、观赏。请看：伏羲女娲常眠天上的鬼头山、黄帝喜爱捕鱼的沱江、蒙珑纵目的西王母娘炼丹的伟大昆仑山、黄帝为大儿子青阳取名的迷人的青水河和阳化河、黄帝大孙子蟜极生息地花溪、72峰48湖的罗汉山寨、嫦娥出生在沱江上的月亮岛、"五帝"之一的帝喾生息地九龙朝拜的资阳最高峰威峰山、姑嫂比赛一夜造起的丹山白塔和简阳白塔、二郎担山追太阳的丹山、神秘的鲤鱼古寨、梦幻般的蒙溪河、名扬四方的鲤鱼桥、水景美不胜收的小院区三角山村、神仙往来的迎仙桥、"碧血丹心"的苌弘寨、孔龙翘首的殉记镇送人山、蚕桑发祥地天鹅山……

华人和人类故土资阳人生息地这些数不的动人眼目的美景，是资阳先民创造文化的审美精华凝聚，是资阳先民拓展文明的精神彰耀，是万千年农耕社会的缩影。自然山水、天然景色、庙宇、古渡，随着光阴的流变，各展千秋。

(三) 资阳是第四纪冰川时期生灵生息的天堂

在第四纪冰川时期，地处沱江中游的资阳，就更成为生灵想往的神圣宝地。因为后面要说道的原因就是，在第四纪冰川中当整个地球冻成冰球的时期，四面环山的西海仍没结冰，海水吸收太阳热能热气上升，被西北风刮到资阳一带，使资阳成为较为温和的适于生灵生存的罕见地域，所以，寻找温暖的燧人氏族一到资阳就觉得到了天堂，就倾心爱上了资阳。

（四）燧人氏和"资阳人"都是同时代人

《中国历史大系表》记载：燧人氏生息在旧石器时代中晚期。而史学界也认定"资阳人"生息在旧石器时代中晚期，是最早现代人代表。这就是说，"资阳人"代表燧人氏。这当然也是"'资阳人'就是'燧人氏'，'燧人氏'就是'资阳人'"定论的一个考据。

二、燧人氏部族热爱资阳，融入"资阳人"

史学专家论点综述：

燧人氏迁住沱江等地域的部族爱上了沱江，总是在沱江一带生息、斗争。所以说有的史书明确论定："'资阳人'便是传说中的燧人氏。""资阳人"和燧人氏发现火的功能，拓创用火取暖、热食等人类的文明开端。同时，教人以渔、智商捕猎、集体采集、观天象、定虫鸟兽之名、结绳而治，初始异族婚嫁等等，开创出人类最早的一块文明乐域，书写出人类最原始的一首动人的文明诗篇，演奏出人类文明源泉的光辉灿烂的一个活剧。

《三皇五帝时代》

《史记·秦始皇本纪》载秦博士议曰："天皇、地皇、泰皇（指人皇）"；徐整《三五历纪》、皇甫谧《帝王世纪》也论三皇以来之事，盖"三皇"称谓仅是一种传说，都是远古时期为人类做过特别重大贡献的部落群体和首领。人皇诞生在刑马山（中国远古神话中的仙山）。

一些史书记载：有巢氏是通姓氏之子、燧人氏之父，又称大巢氏，简称巢皇，是中国古代神话人物、上古部落联盟首领、五氏之一。

第四纪冰川是使燧人南迁，十分喜爱沱江流域，与"资阳人"同生息的重要因素。第四纪冰川发生在距今5万年前后，对世界造成的灾害尤为重大。亚洲遭受的灾害比欧洲、美洲要小一些。著名地质学家李四光先生一直坚持第四纪冰期的观点，他认为，像庐山这样的高山也成为冰川。他在《中国地势变迁小史》中认为：四川盆地是冰川作用的结果。

在这次冰川中，四川盆地形成后变成内陆海，即古代称谓的西海。汪洋的西海吸收太阳热能、热气上升，四面环绕的高山力挡外界刮来的冷空气，从而使西海边缘岸上地域保持着较温暖的温度。西北风一刮，从高空将西海中上升的热气从盆地周围最低的东南龙泉山方向推向沱江中游，使当今的资阳一带形成温暖地域，因此，在岷山北部高峰山脉居住的燧人氏集体迁到沱江中游居住。

上面是用历史学、考古学、气象学、地理学、环境学、人类生存学等学科理论从科学角度进行分析后得出的结论。无独有偶，成都商报2013年10月28日刊登的《四川盆地生物的诺亚方舟》一文说：在一次"冰盛期，欧洲和中国东南地区的野猪群体大小急剧下降。四川盆地由于四面环山，成了冰期时代野猪和藏猪的"诺亚方舟"，这是首次从哺乳动物基因组水平证明，素有"天府之国"美誉的四川盆地作为冰期生物的避难所"。应该说在四川盆地濒海周围岸上，是动物生存的诺亚方舟，当然也是生物和人类生存的诺亚方舟。

在第四纪冰川顶峰期到达前，岷山北部地域比南部地域受灾更为严重，森林被冰雪掩盖，寒冷刺骨，无法居住。于是居住在岷山山脉上的燧人族群一起南迁到沱江中游地区长期居住，长期开拓，长期发展。

论史的著述和史料说："'资阳人'便是传说中的燧人氏。他们被后来的文献称为'牙人'、'雅人'、'夏人'。""燧人

↘商周金文遂人氏遂古文字

在四川盆地最终完成了由原始人类向现代人类的转变。燧人的发展，正是昆仑纪文明开始的标志。""'资阳人'是现今发现的生存在'海内昆仑——都广之野'的最早的人类。"王大为在《三皇五帝时代》中引用商周金文燧人氏燧古文字"　"。意即冰川活动形成的谷地称为"　"。《昆仑纪》说："'燧人氏'就是'资阳人'"。"第四纪冰川很可能就是由原始人类迈向现代人类（资阳人）的界碑。"所以后人传说：燧人氏就是"资阳人"。燧人氏和"资阳人"都是开创文明的始祖。燧人氏一部和"资阳人"都是拓展世界人类文明的元老。正如西汉扬雄《蜀王本纪》所载："蜀之为国，肇于人皇，与巴同囿。"

第二节
人皇喜爱资阳

一、传说：人皇及其部族喜爱沱江

《资治通鉴·外纪》：人皇氏，"九头，兄弟九人，生于刑马山，出于堤地之国，依山川土地之势，财度为九州谓之九囿，各层其一而为之长。人皇居中州以制八辅，驾六羽，乘云车，使风雨，兄弟各三百岁，或云各一百岁，一百五十六代，合四万五千六百年。"

唐司马贞《补史记·三皇本纪》："人皇九头，乘云车，驾六羽，出谷口，兄弟九人，分长九州，各立城邑，凡一百五十世，合四万五千六百年。"按《汉唐地理书钞》辑《荣氏遁甲开山图》云："人皇兄弟九人，生于刑马山，身有九色。"史书上说，人皇氏兄弟九人共同出生于仙家圣地刑马山，他们拜仙人为师，后来共同出山治理中国。当时地皇氏已经衰败，天灾人祸横行，地裂山崩，洪水泛滥，人类再次面临灭顶之灾。人皇氏兄弟九人分大地为九区，每人各居一方，带领人类抗灾自救。经过多年奋战，终于战胜自然灾害，使人类得以生存下来。于是他们在各自居住的地区建都立国，共称人皇。

前面提到的人皇出生于刑马山，这种说法只是一种传说，没有依据，这些传说才几百年到一千多年，而对人皇的真正出生地的历史早已遗忘，是当地人为了本地的荣耀而传说的。罗苹在南宋罗泌《路史·后记》注引中道出了一句真话，说：刑马山是指仙山，位置不详。其实人皇出生地用科学态度分析，应出生在岷山山脉地域，因为，远古时代的人把仙地、仙境、神秘的地方称为昆仑，山海经把岷山称为昆仑，所以刑马山应该是岷山山脉，人皇住的仙山就是岷山。多种史书记载他的后人燧人氏就是在岷山一带生长、发展的。

传说，长兄人皇主要管理岷山北部以北、以西和西南地域（大致是当今的甘肃，内蒙西部，新疆，西藏等地域），九弟人皇管理巴蜀及其以南地域。在第四季冰川顶峰期到达前，岷山一带林森草茂，适宜人群和动物居住。长兄人皇在生活和巡游中华九州大地过程中，发现岷山南面的沱江两岸气候更加宜人、山丘绿幽、江水清淙、风光秀丽、环境怡人，因此，爱上了沱江两岸，长住沱江中游地域。其分管巴蜀流域等地方的九弟更是喜爱沱江地域，长兄人皇和九弟人皇同住沱江中游地域。人皇氏中九弟这一部族繁衍出来的后代，便成了"资阳人"的先祖，或者其中就有"资阳人"部族。

经过人皇的辛勤努力，世界有了很大的进步，但人们的生活依然艰难。这时，伟大的各种神祇人物，应运而生。就在人皇之后，又经过漫长的若干年代，出现了下列五氏：有巢氏、燧人氏、伏羲氏、女娲氏、神农氏。五氏的任务是教日益增多的人们如何生存繁衍。

资阳人

当代一些史学专家也认同上述观点，四川省历史学会会长、著名史学家谭继和指出：李学勤先生认为探讨中华文明的起源，一定要联系到巴蜀，而巴蜀文明起源甚至肇于人皇时代，也殊未可知。我们根据他这个观点，正在研究巴蜀人皇时期文化与文明的关系。也就是说，旧石器时代晚期到新石器时代早期，正是一万年前"人皇"文明起步的时期。这同苏秉琦先生的观点也是一致的。

二、"资阳人"早于人皇

谭继和等专家们考证说：有关"蜀之为国，肇于人皇，与巴同囿"的"人皇之一囿"，是巴蜀地区的远古口述传说。巴蜀人秦宓、谯周关于三皇、五帝，有自己特殊的不同于中原文化的解读。在中原文化中，"五帝"之前的"三皇"是指燧人氏、伏羲氏、神农氏，相当于旧石器时代巢居、用火、采集、鱼猎、原始农业种植，到新石器时代耜耕农业出现的时代，其后则为"五帝"文明产生的时代。在巴蜀地域文化中，巴蜀人看法不同，认为五帝之前的"三皇"是指天皇、地皇和人皇。天皇、地皇则被推到天地开辟的时代。唯独人皇有九囿九兄弟的传说，这应该说已是万年以上旧石器时代到新石器时代众多邦族、邦国等部族联盟状况的反映和体现，是巴蜀人对"人皇"作为巴蜀文明起源和起步标志的特殊解读、特殊历史记忆。"人皇"时代就是巴蜀人眼中的巴蜀文明的源头。李学勤先生说，从宝墩文化上溯到巴蜀文明的起源5000年前，"甚至肇于人皇，殊未可知"，这正是万年前旧石器过渡到新石器时代文明起步的时期。**资阳人出现在这个时期的前夜，它对巴蜀文化基因的积累和传承所做的贡献，换句话说，就是对巴蜀"人皇"文明的渊源和起步，应有不可忽视的作用。**

谭继和等专家们还认为：可以说旧石器时代同我们蚕丛、柏灌传说时代有一定的关系。因为从这些蜀王名称的含义可以看出，蚕丛之义为野蚕，最初是食虫部族的食物，后来发现它的丝织作用。"蚕丛"一名，应该是初级采集渔猎经济生活，相当于打制石器时期，也就是旧石器时代食虫部族的标志。至于是旧石器时代早期、中期还是晚期？这说不清楚。也许这不过是整个旧石器时代蜀地人群一种朦胧的记忆。历史学家一般喜欢把蚕丛放到新石器时代晚期以后来说，其实它更多地反映了人类童年旧石器采集经济时代。从有关蚕丛、柏灌的传说的内容来看，其社会组织似乎又已经是原始氏族制的邦国、邦君时期。柏灌王我们还说不清楚，可能就是采集经济向渔猎经济过渡的时期。到鱼凫世，应该说是新石器时代晚期，甚至更后。其社会组织也许是邦国联盟的氏族社会向文明过渡的时期。不过，鱼凫名称含有捕鱼用的渔老鸹即鱼鹰的本义，因而也可以是渔猎时代的象征。如果再把"资阳人"放到这个传说与考古框架里，它应该是指距今20万年到5万年的早期智慧人和5万年到1万年的晚期智慧人的过渡交结点时期，应相当于传说上属于蚕丛、柏灌世，即原始群到氏族社会形成的时期。特别是骨针缝制的发现，是早期智慧人向晚期智慧人过渡的标志，正与柏灌、鱼凫的传说时代一致。

史实和文物证明四万年的"资阳人"，的确早于传说中一万年左右的人皇。

第二章

燧人氏与"资阳人"相融　共创人类文明一源泉

中国最早"现代人"——"资阳人"和燧人氏举起人类"火炬",创新用火的方法,发展热食文化,地面建房群居。

——鞠德源

《蜀都赋》、《华阳国志·蜀志》等古书记载,燧人氏不仅是"钻燧取火",而是钻井取火,获取天然气。也就是说"燧"就是"火井",就是用熊熊燃烧的天然大火,用以"煮盐""烧合流支铁"。这种"钻井取火"的情况遍布川内。左思在《蜀都赋》中写道:"火井沉荧于幽泉,飞焰高煽于天垂。"难怪,《山海经》记载道:昆仑之丘、都广之野燃烧起"炎火之山","其光熊熊,其气魂魂"景象神奇,天地灿灿。

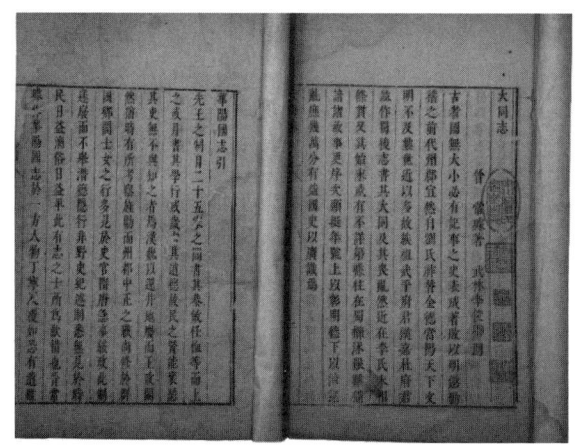

华阳国志

《世本》记载:"燧人出火,蚩尤以金作兵器,巫咸作铜鼓,垂作钟,垂作铫,颛顼命飞龙氏铸洪钟。"这段话告诉人们,燧人不是生火、取火,而是出火,用火供蚩尤、巫咸、垂、颛顼制作兵器和各种金属器具。

上述这些记载是真的吗?太使人难以想象了。难怪四川境内天然气蕴藏量丰富,使用历史悠久,用途广泛。

如果在一万多年前就能凿井煮盐,"初造工业"、制造兵器、铸造洪钟,那是太神奇了,那是真正的震撼人类之举。

第一节

"资阳人"燧人氏共处沱江岸

一、史料说：燧人就是天皇

《尚书大传》等古书中说：燧人为燧皇，燧人以为火而名标青史。火，象征太阳，太阳的地位尊贵，因此尊燧皇为天皇。《尚书序正义》中说："书起轩辕，同以燧人为皇。"上古之世确有"燧皇"之说，都以燧皇为首皇。

后来的史书和史学家还说："燧人氏就是'资阳人'"。也可以说"资阳人"是燧人氏一部族。

二、史料说：燧人氏首领主要活动地在资阳

《资治通鉴·外纪》："天皇氏，天地初立，元气肇始，岁起摄提，有神人一身十二头，号曰天灵，或云一姓十二人……被迹于西北柱州，昆仑山下，一作括州，治一万八千岁。地皇氏、代天皇，一姓十一头，兴于熊耳龙门山，定星辰，分昼夜，以三十日为月，十一月为冬至，治一千年，或云八千年，或云一万一千年。"

这段话中有一个重点需强调：天皇氏，天帝最初创立，活动在昆仑山下。

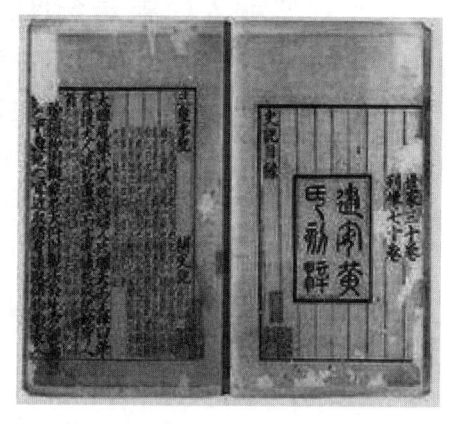

《河图括地象》

史书记载燧人最初主要活动在资阳昆仑山一带。《河图括地象》记载的《资治通鉴·外纪》所说的"被迹"，是天皇生平主要活动地域，其中有座山叫天柱山，就在昆仑山东南。天柱山在资阳一带，岷山东南、中江地域也有。这说明，《资治通鉴·外纪》中记载的"天皇"活动地域之一在资阳昆仑山一带。

多本史书记载洛水岸上的燧人就是"资阳人"。《山海经·西山经》记载："西南四百里，曰昆仑之丘，是实惟帝之下都，神陆吾司之。其神状虎身而九尾，人面而虎爪，是神也。司天之九部及帝之囿时。"上文是说：往西南四百里，有座名山叫昆仑之丘，这里确实是天帝在下界的都邑，天神陆吾主管此地。这位天神的形貌像老虎，身子却长着九条尾巴，一副人的面孔，长着老虎的爪子；这个神，主管天上的九部和天帝苑囿的时节。远古所说的洛水即是现在的

沱江。洛水所经之处，就是史前文明的昌盛之地。历代学者皆以为这些地方都是"神奥之地"。并说燧皇及天皇的活动地域就是圣地，就是他的故地。

其实，燧人氏一部族居住沱江流域，在清末著名才子钟云舫的临江城楼对联中也可得到旁证。对联中写到：

环珮铿锵之日，盈廷济济伊周，忽喇喇掀转鸿沟，溪谷淋漓膏液。蚩氓则咆哮虓虎，公卿则谨视幺豚，熊黑鹅鹳韬钤，件件恃苍羲定策。

沱潜澎湃之余，依旧荒荒巢燧，硬苦苦追踪盘古，弹丸摭拓封疆。累赘了将军断头，凄怆了苌弘葬碧，礼乐兵农治谱，纷纷把尧舜效尤。

从钟云舫的对联中看出，他指出沱江、嘉陵江流域是有巢氏、燧人氏、盘古王的地盘，而且提到了巴蜀英雄苌弘、巴蔓子将军。

燧人氏族刚到沱江中游时与原生息的"资阳人"氏族矛盾不断。时间长了，双方增进了解，矛盾逐渐减少，相互融洽一起，燧人氏族成为"资阳人"氏族，共同为开发沱江流域献出了心血。这就是"资阳人"就是燧人氏，燧人氏就是"资阳人"的历史源由。

三、"燧人氏就是资阳人"，是第四纪冰川强震后的地理、气象条件造就

请先阅《西海诞生与"资阳人"文明传播世界》：

山崩地陷九天翻
冰球大闹西海诞
海周高山严侍卫
暖气升空飘沱岸
地球生灵几灭绝
"资人"天佑唯幸免
文化星火如辰日
文明传播全世界

第四世纪冰川一角

就在地球上的人类欢天喜地快乐生息、生灵悠然之际，突然，遭难冰川气候袭击。这时际地球已经转动 46 亿年，距今约十万年。冰川恶魔漫长的摧毁一切，横扫地球上的生灵，凶恶到 1 万年前。科学家把这称为第四纪冰川(1 万至 10 万年)，1839 年英国的莱伊尔称这为更新世。

史载，距今约 50000 年时际前后，地球发生第四纪冰川大震荡。中国著名的地质学家李四光在他的谈第四纪冰川文章中指出，这次冰川形成西海，庐山

也被冰川覆盖，全球上的生灵几乎灭绝。

是的，这次冰川使地球若干表面被厚厚的冰层严严实实地覆盖着，所以几乎冻绝地球上的生灵。

沉痛的是在人类远古史上影响大的非洲东部的老祖母氏族、欧洲的克罗马农人、欧洲和西亚的尼安德特人、南亚的爪哇猿人、北亚的蒙古人、东亚的北京人和湖南道县人、河南许昌人等人类都被这次特大冰川冻绝。冰川的发生是因为极地或高山地区沿地面运动的巨大冰体，由降落在雪线以上的大量积雪，在重力和巨大压力下形成。

冰川期间，由于地球板块的大震荡，震荡出若大的盆地，不太长的时间盆地被水淹没，形成盆海，古人称其为西海。盆海周围耸立高山，挡住了西北风，从而西海海水并未冻结，仍微波荡漾。西海水吸收太阳热能，热气上升，高空的西北风将热气从盆海四周最低处的东南龙泉驿方向推向沱江中游，形成地球上不多的适宜生灵生存的较为温暖的地域。

原住岷山北部的燧人氏，为了寻找温暖生存的地方，集群迁移到沱江中游资阳等一带地域，与原居住的"资阳人"同生息，相融，成为一体。正如《昆仑纪》等史书记载："'资阳人'就是'燧人氏'，'燧人氏'就是'资阳人'"。这种地球震荡和特殊的气象条件，造就了"资阳人"就是"燧人氏"族特定远古历史，使中华大地和地球生灵得以保存和延续。

《中国历史大系表》和多本史书记载：燧人氏生息时期为旧石器中晚期，这就肯定了燧人氏与"资阳人"同时期。

燧人氏是迁入"资阳人"原住地域的，与"资阳人"相融为一整体。"资阳人"是已经发掘出来的早期智慧人代表，并一并出土约200件40000年的文物，所以，"资阳人"理所当然代表燧人氏。这就是权威考古专家考定的"'资阳人'就是'燧人氏'"的史实。

综合考古学、历史学、气象学、环境学、地理学、人类学、古生物学、物理学等多门学科理论用历史唯物主义和辩证唯物主义考证历史，告诉世人，这就是"燧人氏就是资阳人""'资阳人'就是'燧人氏'"形成的文明史。

远古啄木鸟 总编室摄于2013年11月6日

第二节
"资阳人"燧人氏共创人类远古灿烂文明

一、"资阳人"和燧人共创人类远古文化，文明传播世界
（一）开创运用火的伟大文化

文明，是人类所创造的物质财富和精神财富的总和，一般分为物质文明和精神文明，此外还有把文明三分法、四分法、六分法和其它标准的分法。

在分析的同时还应结合在一起理解，其两者间是相辅相成的。

本书前说过，人类创造的最先的文明，应该是发现火和运用火，以及创发的运用火的各种方法。这里面既包含了物质财富，也包含了精神财富。

"资阳人"和燧人，是从雷电劈树、啄木鸟啄树和击燧起火引起森林大火发现了取火的方法。对鸟啄树取火产生了崇拜心理，认为鸟很伟大。从此，远古人类十分崇拜鸟。从七八千年前的一些文物、器具可以看出，燧人就把鸟奉为神，称之为凤凰。

"资阳人"和燧人发现火并保护着火种，发明'钻木取火'和'击燧取火'。这是智慧人类迈向文明的第一座里程丰碑。《尚书大传》说，"'燧皇'即为天皇"，并说燧皇即天皇，是中华文明的最初开创者。

东汉应劭认为，"燧皇应居三皇之首"。"资阳人"和燧人氏首先发明了钻木取火，以备火熟食，并为人类带来了光明和温暖。燧人氏时代，即蒙昧中期的社会阶段，是旧石器时代中期。在这个历史时期中，人类有几个显著的特征，即骨器的出现、凿孔技术的发明、特别是人工取火的应用。由于劳动生产的发展与火的应用，发达了人类自身的肉体机构，因而提高了人类对自然环境的适应性，从而扩大了他们对自然界的占领。随着采集向狩猎开始转化，这就出现了男猎女采的原始分工，所以我们说燧人氏时代是中华文明的起始。

人类学会用火，在人类进化和社会发展两方面有重大意义。清末著名学者尚秉和说："火自无而有者也，其发明至为难能。燧皇感森林自焚，知木实藏火，不知几经攻治，几经试验，始钻木得之。其功又进于有巢，而即以是为帝号，可见当时之诧为神圣，而利赖之深矣。"

关于用火的发明，研究北京周口店古人类遗址可知，从最初用自然火到学会控制火，又到学会"钻木取火"，大约经历了几十万年甚至百万年的历史。

用火的创始人为"燧人氏"。战国著作《尸子》云："燧人上观辰星，下察五木，以为火也。"《拾遗记》云："遂明国有大树名燧，屈盘万顷。后世有圣人游日月之外，至于其国，息此树下，有鸟啄树，粲然火出，圣人感焉，因以小枝钻火，号燧人氏。"

"燧人氏"是属于旧石器时代，即蒙昧时期的中晚期。当时的原始先民还

是以采集和狩猎为生，农耕还未出现，因此，火的使用范围是很狭小的。如古籍中所记载的"以化'腥臊"，(《韩非子》)"教民熟食，养人利性，避臭去毒"。

"钻木取火"的发明，是人类文明起始的高矗、巍峨，已光耀四万代的伟大里程碑。恩格斯在《反杜林论》中深刻指出:火的利用"第一次使人支配了一种自然力，从而最终把人同动物区分开来"。 恩格斯还在《自然辩证法》中强调： "钻木取火"的发明，"甚至可以把这种发明看作人类历史的开端"。

"资阳人"和燧人发明火的确是对人类发展的一大贡献。《尸子》记载："燧人上观星辰，下察五木，以口（古字迹不清）为火。燧人之世，天下多水，故教民以渔。"这段话是说：燧人上观星辰，下察万物，钻木取火，向世人传授捕鱼方法等等。东汉应劭在文中指出：燧人的功绩重于祝融、女娲。

燧巢时期有两个代表人物(氏族或氏族首领)，一是燧人氏，一是有巢氏。《韩非子》："有圣人作钻燧取火……而民说之，使王天下，号曰燧人氏。"

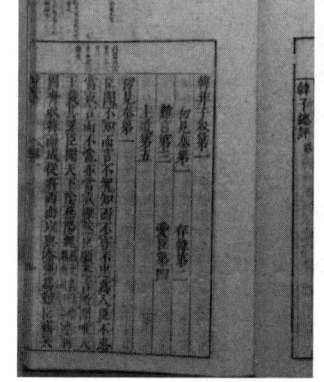

《尸子》封面

(二)开创热食文化

《汉书》记载："教民热食，养人利性，避臭去毒"。《韩非子》载："民食果瓜蚌蛤，腥臊恶臭，伤害腹胃而多疫病，有圣人作钻燧取火，以化腥臊而民说之，使王天下号曰燧人氏。"

《韩非子》

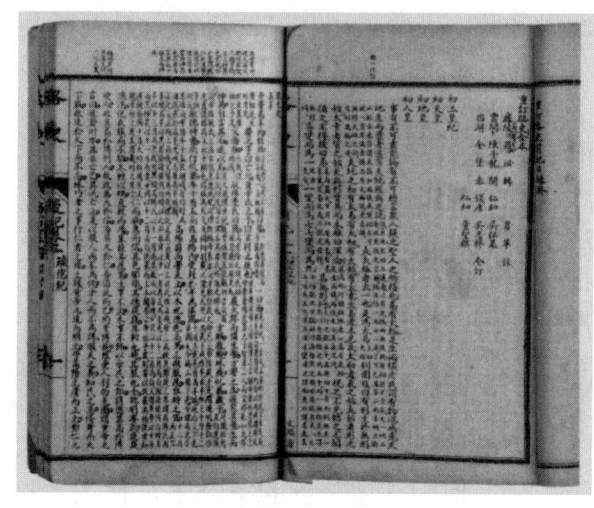

《路史》

距今40000年前，"资阳人"萌发热食文明，开创智慧人类热食先河。请看在蜀国智慧人类母亲河沱江支流九曲河岸上的几块石板上，放着一头偌大的动物躯体，哦，这是一头大象。先人们围着大象正用刮削器、尖状器、薄石片剥大象的皮、割大象的肉。旁边燃着几堆火，人们正在用火烤割下的大象肉。他们割着肉、烤着肉、吃着肉，乐呵呵的，有的竟蹦跳着打闹着。

资阳人的熟食文化发展较快，他们不仅将捕来的动物肉进行熟食，而且也用薄石片装上粮食和野菜在火上烧烤。这种熟食方法使人的胃感到舒服，这种吃法越来越形成时尚，从而提高了人体吸收营养的机能，增强了人的体质。几万年前的这种熟食方法，由偶然而成习惯，终于形成熟食文化，而永传后世。熟食饮食文化流传了几万年，她对人类的贡献值得大书特书。

早在先秦的古籍中已有取火熟食的记载。《韩非子·五蠹》记载："上古之世，人民少而禽兽众，人民不胜禽兽虫蛇；……民食果蓏蚌蛤，腥臊恶臭而伤害腹胃，民多疾病。有圣人作，钻燧取火，以化腥臊，而民说（悦）之，使王天下，号之曰燧人氏。"《古史考》云："太古之初，人吮露精，食草木实，山居则食鸟兽，衣其羽皮，近水则食鱼鳖蚌蛤，未有火化，腥臊多，害肠胃。于使（是）有圣人出，以火德王，造作钻燧出火，教人熟食，铸金作刃，民人大悦，号曰燧人。"说明燧人氏取火所做的首要工作是"火化"食物，去其"腥臊"，免害肠胃。而且以此广化其民，传教用火。

"资阳人"和燧人发现火并取火熟食，功劳大焉，造福万世，广受称颂。智慧人类迈入文明的第二座里程丰碑。宋罗泌《路史》记载："上古之人，茹毛而啖血食，果蔬虫鱼，膻腐馊漫，内伤荣卫，殒其天年。乃教民取火，以灼以炳，以熟臊胜，以燔黍捭豚，然后人无腥臊之疾。人民益伙，羽皮之茹有不给于寒，乃诲之苏冬而炀之，使人得遂其性，号燧人氏，或曰燧人。顺而不一，于是穷火之用，而为之政，春季以出樵，终以纳，异其时也，以济时疾。郁攸之司，九变七化，火为之纪。谓木器液，于是范金合土为釜，重作炱高瓯瓯，成物化物，而火之功用洽矣。

《古史考》

当是时也，天下多水，教人以渔。洛出四佐，以代天理物，乃大臣职，命明由政乎升级，毕旒辨乎方色，成博受乎古诸，陨蕳录乎延嬉，四后职而天道平人事理。龙图呈瑞，龟字效灵，于是占建而正方，握几矩表计寰，指天以布躔，而齐七政。始注物虫鸟兽之名。通国之轻重，以转民之贷。人滋反醇，情欲蠢动，好嗜外，迫则冒礼而忘形，以贱其神。乃制男子三十而娶，女子二十而归。以息其民，为之进退，以耻其凡。是故父老而慈，子寿而孝，著之世姓。而法自是作，礼由此显矣。治律嵩高之石室，以火着记。"

史前资阳人由于生存的需要和食物的改变，他们的大脑越来越发达，越来越聪明。他们在族首领的率领下，使用各种石器猎杀和驱赶各种大型凶猛动物，连熊、豹、虎、狼也能常常狩猎到手。

从出土的石器中可能看出，先人们拿大型砍砸石器攻击动物，然后用平直锋利的石刃切割猎物。这些石器多是猎取兽物的利器和从事稼穑的工具。而且，有少量石器的把握部位经过修整，以利于把握，这其实已是刀、斧的雏形。

完整出土的龙垭东方剑齿象下颌骨和象牙化石，经四川省文物考古研究院专家鉴定，确认其为四川地区极为罕见的东方剑齿象牙化石，长分别为3.15米和2.2米；遗址中出土的动物骨骼化石，包括6个属15个物种的哺乳动物；

其中至少有3头东方剑齿象，1头幼象、2头成年象，更是首次出土了完整的东方剑齿象下颌骨。通过观察东方剑齿象下颌骨的牙齿发现，该头东方剑齿象年约六十岁，相当于人类的18岁。这头正处青壮年的东方剑齿象，肯定是非正常死亡，显然是被古人类捕杀的。我们可以想象，史前资阳人在族领的一声号令之下，人们手持各种石制利器，呐喊着向硕大无朋的东方剑齿象围去的景象。在遗存中，包括东方剑齿象在内的个体部分骨骼表面有大小不一的凹痕，可能为砸击、刮削所致的痕迹，就说明了这一点。从这里我们可以看出先民在与自然斗争中的勇敢和生存的艰辛。使我们充分了解到资阳人与大自然的搏斗和勇于创造的不屈不挠的生存竞争精神。

（三）开创农耕文化

前面说过，中国科学院、中国社会科学院、国家文物局等考古权威机构和专家一再考证："资阳人是40000年的人类智慧人历程碑"，"资阳人是40000年的人类思维、智慧的发端"，"资阳人是人类文化基因根脉一始祖""资阳是中华文明一源泉"，这是拓创农耕文明的最好基础。

"资阳人"即燧人氏处于旧石器晚期早段。旧石器时代主要是用石矛、石燧、石球等狩猎，是狩猎采集时代。而进入旧石器晚期早段和新石器时代早期，石斧、石锄、石铲等工具就开始用于砍伐树木、耕种土地，开启了农耕文明初始时代。

"资阳人"40000年时期的种植还是不自觉的，是最初的农种文化。因为"资阳人"族群创发组织指挥文化从小集群过度到大集群生息、斗争后，守猎难以维生，探寻新路，初期农业文明应运萌发，把人类文明向前推进了一大步，旧石器晚期早段和新石器时代早期的初始农耕是人类文明的又一座里程丰碑。

《山海经·海内经》载："西南黑水之间，有都广之野，后稷葬焉。其城方三百里，盖天下之中，素女所出也。爰有膏菽、膏稻、膏黍、膏稷，百谷自生，冬夏播琴。鸾鸟自歌，凤鸟自舞，灵寿实华，草木所聚。爰有百兽，相群爰处。此草也，冬夏不死。"

上面这段文字的意思是：西南方有一条唤黑水的大江，流贯一片宽广的沃原。这片沃原的名字便叫作'都广之野'。农神后稷、黄帝孙子帝喾的儿子后稷葬所都在这里。这块土地长宽有三百里，是天下的中心。美丽娇好的神女们便栖居于此。这里的土地十分肥沃，气候湿润，冬天和夏天都可以播种，只要将种子撒入土中，无论豆子、稻谷、高粱、小麦都能自生自熟，获得丰收。在这片沃原上，还有茂密的森林，碧绿的草地，鸾鸟摇曳着长长的尾翎婉转鸣唱，五彩的凤凰在空中回翔起舞，百鸟都自由自在，欢乐无比。而那称为不死之树的灵寿木，就是那结蜜桃的果树，早已盛开桃花，预示着果满枝头。这种蜜桃便是吃上一颗就能增寿千年的蟠桃。到了秋天，素女们齐聚灵寿树下，载歌载舞，以果代食，所以这里的姑娘长得十分美丽，而且长生不老，成为神女。在都广之野，还生活着各种各样的野生动物，但都和睦相处，享受生命的喜悦。就连地上的青草，也从不枯萎，无论冬夏，都郁郁葱葱，蓬发着生机。太史公

《史记》载：帝喾的儿子自幼好种植，"及为成人，遂好农耕，相地之宜，宜谷者稼墙焉，民皆法之"。舜帝大赞其"封于邰，号曰后创农耕的"业绩。

人类从早期守猎到40000年时际"资阳人"即燧人氏创发用火、热食文明是人类垮进真正远古文明的第一座里程碑。创立这座丰碑的就是"资阳人"。而人类从守猎、热食文明迈进农耕文明是第二座里程碑。而这个过渡期是漫长、痛苦、艰险探索得来的，其代代领军统帅都是"资阳人"即燧人氏后裔。说这个进化过程漫长，是其经历了20000多年。说这个进化过程痛苦，是因为食物成份、类别的改变，导至身体内细胞生物能量结构的异化，造成身体感受的许多不适。说这个进化过程艰险，是因为要经过许许多多的探索，不断攻尖克难的摸索过程。在资阳人的顽强奋斗下，终于开启了农耕文明，农业、牧业、兽业、陶业、工具业等多项创拓出新，成就了真正的人类第一块农业文明的四川盆地都广原野。

上述四川盆地这个人类农耕文明源泉是建立在天候、地理、环境和资阳人与天奋斗等条件基础上的。在人类第四纪冰川时代中期，四川盆地还是若大的盆海，古称西海。由于海洋气候，天似破了，大雨不断，洪水常灾。女娲氏族截断巫山，治水"补天"后，盆地水蒸汽正常了，天不破漏了，基本消除洪灾，形成农耕文明好条件。伏羲八卦圣理兴农，女娲母义耕种，建立起人类农耕文明源泉。李冰治理都江堰、沱江等后，把盆地农耕文明推上新台阶，成为举世无双的农耕文明绝好地方：绝佳地理，环境天然；自由灌溉，水滋沃原；广播盈丰，年年庆典；民富国强，农盛万年。四川盆地这人类农耕文明源泉莺歌燕舞延绵万载，大放光彩繁荣永远。

农耕文明是一切文明的基石。中华文明就是建立在农耕文明这个坚固厚实基础上的。农耕文明最核心价值就是顺应自然，按照星晨日月的运转规律行事。而作为人，就是实事求是，纯真厚道，忠勇仁爱，奉献为人。因儿，资阳人创立的以热食和农耕为起点的文化、文明形成了传统，历经40000年从不间断，从不衰落，而且还日益强盛。而由资阳人等华人将中华文明传播到世界各地后，兴旺过一段长时期，但由于历史的变迁，没有牢固继承中华文化和文明的核心基础真经，所以迟到的异国文明是短暂的。古埃及、古巴比伦、古印度、古波斯、古希腊、古玛雅等，都不长久，或中断了，或灭绝了，或异化了。尤其是近二三百年来，西方神学文化和文明演变为丛林哲学、强权政治、军事打压、欺骗手段、自私利己、虚伪面孔为核心的"三观"文化，这注定是短命的。

龙垭遗址考古挖掘现场 四川省考古研究院供稿

(四)开创智慧人类第一座"伊甸园"

上面叙述的正是智慧人类开创的传自当今的人类第一座"伊甸园"。西方《圣经》中讲的"伊甸园",关于人类起源的故事才多少年。而权威考古机构发布的"猿人经资阳人到现代人"论断,不就说明 40000 年前"资阳人"繁殖出了现代人类吗!是的,似乎美国人也这么认定。

1991 年,美国《国家地理》杂志载文,描绘成都平原及周边的自然风光,誉之为"东方伊甸园"。巧合的是,这里正是现代人类起源地以及人类史前文明的发祥地。在距今 40000 年时际往后,原始人类逐渐由狩猎转为农耕,靠此抵抗住了严寒和猛兽,最终完成了原始人类向现代人类的过渡。昆仑纪早期的黄金时代——"东方伊甸园",正是在这样的环境下由雅人创造出来的。

除《山海经·海内经》、《圣经》描绘"东方伊甸园"外,印度的秘籍中讲的"国母",柏拉图追寻的"亚特兰提斯"等诸多史载都有类似描绘。

东方伊甸园是个什么样子呢?下面就是几段"震撼人类的神奇"。

(五)开创装饰、组织指挥、工具等多种文化

"资阳人"在 40000 年前始创出人工取火热食文化的同时发展出制衣文化、妆饰文化、集体采集文化、狩猎文化、组织指挥文化、结绳记事文化、观天象文化、改进工具文化等,开创出人类最早的一块文明乐域。

龙垭人在宽裕的生活状况下,追求美观时尚的思想有了发展。

龙垭遗址中出土的精美小巧的三块经过钻孔的骨质饰品,看上去很像现在项链的吊坠。这三件妆饰品中,一件选用动物骨骼,两件选用哺乳动物臼齿。穿孔技术为双向对钻的方式,两端孔径略大于中间部位,孔径约 1.5~2 毫米,说明当时人类已有一定闲暇打制妆饰品而且只有在树下共居生活和庆祝毫米钻孔前对牙齿修整、打薄,以利于钻孔。这样的妆饰品在四川省内还是首次发。动物骨骼的挂饰钻孔位于骨骼中部偏薄位置,牙齿挂饰钻孔位于齿根,狩猎胜利活动时才佩戴这些饰物,以耀其美。

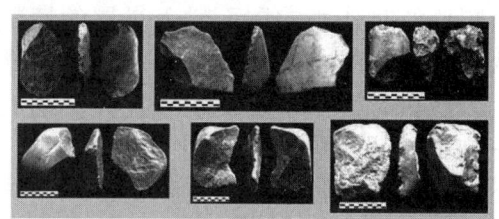

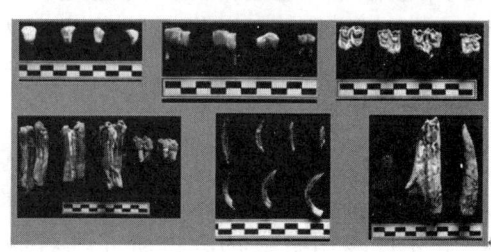

简阳市龙垭旧石器时代遗址出土的部分石器和化石

龙垭人在地上群居后,生活方便多了,加快了制造工具、追求更好的生活方式等方面的发展步伐。

为了在残酷的大自然中生存,他们充分发挥了自己的聪明才智,继承了前人制作石器的技艺和经验。他们有的是能工巧匠,打磨制造了各种石器,使得那时的制造工具的技术向前跨进了一大步,工具的精致程度比凤台山时代提高

多了。石核、砍砸器更精致，石片更薄，镣形器、刮削器、尖状器更尖锐，石球更圆滑，钻石器和骨器的技术更高明。

其选材多以具有一定厚度的砾石进行打片，石制品形体较大，大者长度近30厘米，绝大部分砍砸器长宽值介于10厘米～20厘米之间，刮削器及部分使用石片长度界于4厘米～8厘米。石制品台面部分多为砾石自然面，着力点位于台面中间，台面略有倾斜，较厚钝；也有部分为经过修整的台面。大部分石片劈裂面近端半椎体及放射线清晰，远端薄锐，多平直。石器多为弧刃和直刃，刃缘多为从劈裂面向背面单向加工。

砍砸器、镣形器、刮削器、尖状器等都是打制石器的工具，十分坚硬，大部分选用材质较好的石英砂岩、花岗岩。这时的史前资阳人已在发展自己的石器制造工艺。使用工具，是人类自身发展中向更高级阶梯进步的一重要标志。

（六）开创地面建房群居住文化

《韩非子》："上古穴居，人民不胜禽兽虫蛇。有圣人教之构木为巢，以避群害。而民说之，使王天下，号曰有巢氏……"韩非子在这里说的是：上古人们住在洞穴里，不能忍受禽兽虫蛇的攻击。有位圣人教大家建造木头房子，避免危害。人们拥戴他为族领，叫有巢氏。人们吃生食，伤害肠胃，瘟疫流行，有位圣人教民钻燧取火，化解腥膻，人们拥戴他领导天下，叫燧人氏。

有巢氏是传说远古发明巢居的人，也称"大巢氏"。历史的相关记载反映了我国原始时代由穴居而进入巢居的情况。巢氏"构木为巢"就在树上造巢穴，从"构"字的古体字形来看，构木为巢是在树上将木材交叠架构而成的住所。

燧巢时期是华夏文明和世界文明的第一座丰碑，初始了人类的辉煌历程。在这个时期，燧巢人开创了多项壮举，拓创出星光灿烂的文明，为人类创立了不可磨灭的功勋。主要贡献是：1.教民取火（熟食）；2.苏冬而炀之（暖居）；3.穷火之用而为之政；4.火为之纪；5.范金合土为釜；6.教人以渔；7.四佐理政；8.占建而正方；9.指天以布躔；10.定物虫鸟兽之名；11.以物互市；12.制婚嫁年龄；13.始定礼法；14.结绳而治。这些发明和创造打造出了地球东方的第一个乐园。

2010年7月，简阳市简城镇龙垭村发现25000年以前旧石器时代晚期遗址。龙垭遗址位于沱江二级支流康家河西岸的一级阶地上，距"资阳人"仅40公里。7月至9月四川省文物考古研究院对该遗址进行抢救性发掘，出土石制品700余件，主要有石核、石片、砍砸器、镣形器、刮削器、尖状器和石球等。制作方法以锤击法为主，另有少量砸击法。大部分石制品选用材质较好的石英砂岩的砾石打制，体现南方砾石工艺传统特征。出土三枚骨、牙钻孔坠饰，哺乳动物骨骼、牙齿、角化石标本近180余件，另有数千计的动物骨骼化石碎块等。动物化石不少于6个属、15个种。这为资阳新人在这里生活提供了充分的依据。

从龙垭遗址出土的大量旧石器实物看出，资阳人在族首领的带领下，经常外出狩猎。东方剑齿象、中国犀、鹿、牛、羊、猪、獾、竹鼠等动物，都为原始族群提供了食物、武器、工具甚至妆饰品等，满足资阳人多种生活需求。上述文物也说明，资阳先人把巢从树上搬到地面，在平坦之处搭建住屋，构木以居。你看，他们正在扩建房屋，砍树的砍树，搬树的搬树，搭建房屋的人把砍来的树一根根立在潮湿的地上，然后再用一些木头做成梁，再铺出地基，盖上房顶。这样的房屋里，人住上面，驯养的牛、马、羊、猪就喂养在下面，很像现在傣族人居住的竹楼。

考古文献说，这种造房子的办法是有巢氏发明的。科学家们管这种类型的房子称为"杆栏式建筑"。有巢氏的后代已经逐渐从树上搬到地上"构木而居"了。周去非说："深广之民，结栅以居，上设茅屋，下蓄牛豕。其所以然者，盖地多虎狼，不如是，人畜皆不得安，乃上古巢居之意欤！"（《岭外代答》卷四）说明当时人们已经在回到地上居住，颇似现今西南地区少数民族的居住形式。

这与《岭外代答》卷四所记完全相同，与在龙垭考古中发现的先民村居形式相当接近，说明龙垭人在有巢氏时代已经建屋而居了。

现代田野考古的重要发现，使我们能够真实地把握燧巢时代的史前资阳人生存活动的历史脉搏。

人类在树上居住容易遭受雷电等伤害，所以在燧巢时期中前期资阳人已经发展到从树上搬到地上实行集群居住。集群、村落居住本来是燧巢时代的文化，由于资阳人在燧巢中前期从树上搬到地面居住，资阳人是这种文化的一先行者，是华夏先祖从蒙昧走向文明社会转折点的象征。

北京大学考古系历史研究室专家吕遵谔、黄蕴平，四川省博物馆范桂杰、胡昌钰在《考古学报》1983年第3期发表的《四川资阳鲤鱼桥旧石器地点发掘报告》（以下简称《鲤鱼桥报告》）中谈到文化遗物时，讲了旧石器时代晚期的文化遗物后，还谈到了他们同时挖掘出了"新石器时代的文化遗物"。他们在报告中还指出："在T1和T2的第四层上部揭露出一条南北向的冲沟，沟内填充有密集的陶片、木炭和红烧土块。沟内的堆积最厚约35厘米"。

从上述报告中看出，资阳人在新石器时期不仅砍木建房，而且还用火烧制土砖块作为建筑材料用。在远古时代，什么建筑物是用烧制的土砖块来奠基、来砌墙、来筑壁呢？从出土的古代遗迹特别是从三星堆、金沙等遗迹中看出，重大建筑、豪华建筑、宫殿式建筑一般离不开红烧土砖块奠基筑墙。从上述报告中可以想象，当时资阳人已经在当地用红烧土砖块构建重要的建筑物了。这是中国乃至世界建筑史上的创先，是建筑史上的一大文明。

（七）开创结绳记事、观天象、历法文化

前面已简述"资阳人"开创结记事、观天象、历法文化，燧人氏融入"资阳人"氏族后，加速了这些文化的发展，尤其是历法。《太平御览》转引《尺子》曰："燧人上观辰星，下察五木，以为火也。"远古的火含义广泛，这里指以火发明的历法，是智慧人类最早时的农耕历法，这是"资阳人"开创农耕文明的标志。《左传·昭公十七年》等古籍还记载，古人在军事等多方面运用火历指导践行的事业。

（八）开创驯养走上发展轨道文化

资阳多地新石器时代出土的象、牛、鹿、猪、羊等大型哺乳动物骨骼化石告诉我们，当时该地区是一片茂密的树林。这些繁茂的树林为史前资阳人提供了"构木而居"之所；他们可以自由地在森林里与大形动物角逐，在森林中为所欲为地进行狩猎。就像古猿人那样快乐地在大自然中劳动、战斗和生活在这片森林之中，茂密的树木为各类动物提供生息之地，因此这里也是人兽共处的家园。此时，人们开始圈养牛、羊、猪等牲畜。

据传，远古时代有位女人叫"每"。一天，她看见一只刚出生的小猪崽很可怜，这位人母就双手把它抱了起来，进行喂养。这位女人便成为驯养猪的先人，这只小猪就是后来的家猪的祖先。饲养家禽就这样开始了。《四川通志》中讲的"每母山"就是出自这儿。

看吧，一群群牛儿在先人们的放牧下，自由地吃着鲜草；听吧，一群群山羊在咩咩地叫唤，它们似乎在告诉人们，它们吃饱了肚子，该欢乐欢乐了。也许是吧，你看看，一头头羊羔儿蹦跳得多欢呀。

"咯咯咯、哦……"一只只母鸡叫个不停，它们有的高兴自己下了蛋，有的兴冲冲地好像在说着我马上就要下蛋。只有几只公鸡特别捣乱，一会儿亲吻这只母鸡，一会儿又相互打起架来，撕咬得你死我活，争夺霸主地位……

哦，猪也跑出来了，吓得鸡惊慌的到处乱窜。放猪的先人赶快冲上前去把猪赶到另外一方，这时惊恐的鸡们还没有定下神来，伸着长长的脖子睁着大大的眼睛，望着远去的猪群，咯咯咯……

《春秋公羊传》

资阳人的牧业发展，是建立在林业、草原等基础上的。资阳地区原来是草原与森林交汇的地带，气候潮湿温暖。岷江上游地区为一丘低谷浅平大草原，北连陇西，接于河套。西连大渡河上游与雅砻江上游之康北大草原相邻，接于析支、洮湟。如此连成一片之大草原，兼有浅谷河原，是天然牧场，是为我国牧畜时代民族活动的重要地区之一。其后中原农业与巴蜀吴楚农垦田地次第开辟，蔚起为新的经济中心。显然，资阳地区这个农牧渔中心与西蜀地区牧业中心有频繁而深厚的经济联系。

人类从狩猎文明转为豢养文明是一大进步。开创人类获得稳定可靠的食源的先河，建立起了人类战胜饥饿和严寒，与大自然逐渐安闲共处的辉煌新局面。

历史进入新石器时代，资阳人在天然牧场上放牧的同时，大种粮食，大养鸡、猪、羊等家禽，使农业、畜牧业、渔猎业等同时协调发展，是资阳人发展过程中形成的最早的社会生产特征，是比较早的人文演进。

比较稳定的农业、畜牧业、渔猎业行为，是以相对稳定的居留地做支撑的，但有较大活动范围，既便于农耕、蓄养，又便于狩猎、捕鱼。这样营造出了以人类的居留为中心的大自然发展形态，一改过去的人畏惧于凶兽和到处寻食的来往迁徙的游居生活。正如卢梭所说，"农业只能在社会中才能产生"。有了人类社会生活方式，定然产生农业。

这是资阳人对人类发展的重大的文化创新，由狩猎时代转变为农耕时代，是原始人类向现代人类转变的重要过程。这个过程应该说最先是在资阳完成的，继而在四川完成，然后影响到中原。

以族群为中心的相对稳定的居住生活，极大地方便人类用火，便于生产和生活资料的存放，启发和激励了人类的生产积极性，为文化交流提供了基础，为人类生产经验交流和生活信息传递提供了条件。资阳人这一作为，是人类的物质文明转化为精神文明的破天荒的重大开创。

中国传统史说羲娲时代我国农业文明的特征，可简短概括为：一是，采集渔猎的活动得到全面发展；二是，逐水草而居的畜牧生产，实质上不自觉地皈依了仿生学的科学认识，使放牧畜牧业取代采集渔猎业，上升为农事活动的主要生产事项。历史上首次建立了草地－家畜－人群之间运转有序的生态系统，在人与自然和谐相处的前提下，把畜牧生产提高到新的水平；三是，人类开始了在放牧过程中通过不断对新生幼畜的驯养来加强对畜群的驯化程度，使之逐渐具备家畜的属性。由于对畜群的调控程度空前增大，生产规模和生产效率大幅度提高，把社会文明进步的物质基础提高到新水平。

资阳人这一时期开创的地面群居生活、畜牧驯养业、稻谷和甘蔗种植业、制陶业等四方面的创造，按照中国传统史说，应在此千年以后的羲娲时期。可从上述的大量出土文物看出，上述四方面的创造足以说明资阳人的这些发展早于中国传统史说千年以上。不仅如此，资阳人的畜牧生活用不着像北方人那样游牧生活，因为资阳地区气候温和、土地肥沃、草木四季葱翠、环境优越，在居住地既可放牧又可耕种，农时活动样样皆宜，华夏农业发轫于此时，所以资阳人文化早于中国的其他同时期地区。这就是资阳人为华夏创立的农业萌芽期，这就是资阳人为实现华夏文明的大爆发演奏的序幕，这就是资阳人为华夏先祖创世纪伟大业绩做出的贡献，这就是资阳人为远古人类文明进程树起的又一个重大里程碑，这就是资阳人的文化创先，这就是资阳人的厚重文化彰显之处。

二、母系氏族兴盛，出现简单分工

40000年前，智源祖时期，是母系氏族社会时期。在这之前，从血缘家族公社向母系氏族公社发展，已经经历了若干万年。从大批出土文物考证看出，资阳人母系氏族社会已达到鼎盛期。

族群是原始人类在恶劣的自然界环境中谋求生存的靠山。在几万年前的原始社会时期，资阳人生产力水平极其低下，面临严峻而险恶的环境，人类生活要向自然灾害和猛兽做斗争，需要依靠团体力量来维持生存。所以当时自然而然地形成了氏族的团体，又在氏族团体生存的实践中，无意识地形成了氏族宗旨：共同劳动，共同战斗，共享成果，平均分配，财产一切公有，还没有产生私有财产观念。当时是共生共乐，十分快活的生活状态。

资阳人当时的婚姻处在群婚或对偶婚时期，群婚即一氏族的一群男子和另一氏族的一群女子互婚，也叫族外婚。对偶婚是男女双族互育同居，结合松散，所以其子女是"知其母，不知其父"。在母系制下，通婚双方属于不同的氏族，子女属母方氏族。女性世系继承权力，子孙都在老祖母的带领和管辖下生存。这就自然形成了母系氏族和母系社会。因为女性的活动都是直接为全族服务的，具有比较重要的经济意义和社会性质，对维系氏族生存和繁衍都起到重要的作用。所以，女性享有崇高的氏族地位，氏族大权都掌握在妇女手中。《公羊传》说："圣人皆无父，感天而生"。《史记·殷本纪》说："三人行路，见玄鸟堕其卵，简狄取吞之，因孕生契。"这个传说，正是当时母系社会观念的反映。

随着生产力的发展，资阳人母系氏族进入繁盛时期，氏族社会结构和制度日趋成熟。母权制深入到氏族生产和生活的各个领域，形成至高无上的妇女氏族地位，使母系社会走向鼎盛。

资阳人在母系时期，较早地实现了劳动按性别和年龄区别的简单分工。从出土石器的粗细轻重，可以分析出，狩猎、捕鱼大多由青壮年男子去干。采集果实，看守住所，加工食物，管理杂务，缝制衣服，养护老幼大多由妇女去做。这种简单的分工，是提高生产力的一项重大发明，也是社会的一大进步。

资阳人氏族组织是由母系血统维系的。经过若干年的种族繁衍，氏族内部矛盾重重，不得不产生分裂。

氏族人口不断增加、膨胀，氏族管理受到影响，族群中有人看不惯管理中的弊病，想自由，望独立，这是氏族分裂的一大原因。

生产和生活矛盾突出，生产资料缺乏，"大锅饭"弊端多，不得不分离。

物产来源受到影响，族群附近的猎物逐渐稀少，土地资料渐渐紧张，也是产生氏族分裂的原因。资阳人族群的不断分裂，产生新的多个氏族，有的氏族慢慢地脱离了原来氏族的同一性，产生了新的氏族。

族群的分裂和新的族群的产生，给族外婚姻提供了条件。随着生产力的发展，男性社会地位的不断提高，打破了群婚的婚姻形态。旧石器时代早期的婚姻状态，初时为乱婚，晚时为辈婚。在早期智慧人时已开始族外婚，并向母系制过渡。为后来的男权社会的形成奠定了基础，造就了社会性质变革的基本条件。它增加了人们的健康因素，减少了氏族内婚姻的若干弊端，提高了人们的智力因素，为提高生产力创造了条件。正如《左传》所言："男女同姓，其生不蕃"。用科学的发展眼光看，原始人类智力和生产力发展极为缓慢的根本原因，是内婚制延续造成的。这种婚姻制度的变革，符合自然界事物演化的物竞天择、优胜劣汰的规律，开启了人类婚姻关系史上的新纪元，迈开了人类社会发展的新步伐。

资阳人

第三卷

鲤鱼桥文化

考古专家论点选摘：

"鲤鱼桥文化"旧石器部分为距今40000年～12000年，新石器部分为距今18000年～1000年。

"鲤鱼桥旧石器地点的发掘，说明在旧石器时代晚期，我们的祖先是在这里生息劳动，留下了大量的文化遗物。不但为我们了解当时人类生活情况，丰富旧石器的文化内容奠定了基础，而且为今后在这一地区寻找更早的人类化石和文化遗物也提供了重要的线索。"

鲤鱼桥新石器地点发掘出的大批石器、骨器、玉器等珍贵文物，把新旧两个石器时期的文化紧密联系起来，将距今40000年～1000年文明延续发展的脉胳清晰地展现在世人面前。

沱江中、上游和川中部分地区出土文物中的玉器是"鲤鱼桥文化"新石器中的璀璨精品。

第一章

新旧石器连结紧　文明延久扬英名

考古专家论点选摘：

著名的老一代考古学家吕遵谔、黄蕴平、范桂杰、胡昌钰在《四川资阳鲤鱼桥旧石器地点发掘报告》（以下简称《报告》）说：沱江中、上游和川中地区"这一带以及邻近地区还发现了很多和它相关的石器地点。经考古专家们研究后认为，这些地点的石器都属于同一文化范畴。基于鲤鱼桥是首先正式发掘的地点，并且又和富林文化、铜梁文化有很大和差异。因此，我们建议把这一地区许多地点发现的打制石器可以鲤鱼桥为代表，称为鲤鱼桥文化。"

就"鲤鱼桥"这一个文化圣地来说，它就将资阳文化和中华文化绵延了35000年以上，达40000年，从没间断。它既有35000年前的石器、骨器等多类遗陈，也有10000多年前的陶纹瓷器，还有10000年前的谷类遗陈和砖坯房屋遗迹。万年后的陶器遗物等就更显光彩了。尤其是9000年至1000年前后各历史时期的文物更加精美异彩，遗迹更是到处可见。

"鲤鱼桥文化"充分而钢铁般的证实，资阳人文化从40000年到当今，绵延40000年从未断代，是全世界绝无仅有紧密连接的中国独有的灿烂辉煌的文化。

第一节

"鲤鱼桥文化"的发掘与地理位置

我站在鲤鱼桥上,耳边响起了传说的声音,据说,4000多年前,蜀王鱼凫捕鱼到这儿捕到一条奇怪的鲤鱼,鱼儿叫声不断,他疑惑之中看到几个负重的老农过河艰难,就动员力量架了木桥,后来修起了现在这座桥,所以取名叫鲤鱼桥。我站在桥上望着眼前的濛溪河水,清澈草绿,镜子一样的河面倒映着几个农家姑娘洗衣的倩影,回响着嘹亮的鸟儿嘻唱的歌声,横跨在这条河的鲤鱼桥下淙淙的水声伴着河水流向远方。

鲤鱼桥 总编室摄

濛溪河属沱江中游左岸一级支流,由大、小濛溪河汇集而成。主干流大濛溪河发源于乐至县孔雀乡高龙庙,向南流经安岳县、资阳雁江区,在资中两河口与小濛溪河相汇后称濛溪河,于苏家湾镇濛溪口注入沱江。全长115.3公里,濛溪河资中段约76公里,其中孟塘镇三江口至两河口长45公里,两河口至濛溪口长31公里。濛溪河主要支流小濛溪河发源于安岳县镇子,在资中县龙江镇

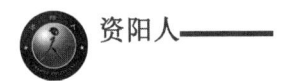

月山乡入境，经龙江、马鞍两镇，在马鞍镇的两河口汇入大濛溪河，在资中县境内 34.5 公里。

著名的新旧石器共存的、绵延资阳人文化 40000 年从不间断的"鲤鱼桥文化"中心，就在鲤鱼桥一带。

一、"鲤鱼桥文化"的发掘

《考古学报》1983 年第 3 期刊载的北京大学、四川省博物院的考古专家吕遵谔、黄蕴平、范桂杰、胡昌钰合作的《四川资阳鲤鱼桥旧石器地点发掘报告》（以下简称《报告》）开头说："为了在四川开展古人类和旧石器时代考古工作，并期望找到解决资阳人头骨化石问题的新线索，1973 年夏天，四川省博物馆、四川省地理研究所和成都地质学院勘探教研室，以资阳县为中心，在资阳、资中、简阳、乐至、蓬溪、遂宁等县进行考古调查。在调查期间，于沱江流域获得不少实物资料，如在濛溪河及其支流鲤鱼桥河的干涸河床上采集到一些哺乳动化石、打制石器和石料等。为了弄清出产动物化石和石器的原生层位，在鲤鱼桥河呈斜坡状的岸边清理了一个剖面，于底部发现打制石器、石料和哺乳动物物化石及乌木、树叶等。为了进一步确定鲤鱼桥石器地点地层的时代和堆积情况，并为探讨资阳人地层的时代提供对比资料，1980 年 12 月至 1981 年 1 月上旬，四川省博物馆、资阳县文化馆和北京大学历史系考古教研室进行联合发掘。参加工作的人员有吕遵谔、黄蕴平、范桂杰、胡昌钰、曾国柱。这次工作在距 1973 年试掘点的东北约 3 米处开 5 米×5 米探方两个(80ZTLT1、2)。方位为 42 度。地名称孙家坝，属同心公社四大队一小队。发掘工作于 1980 年 12 月 13 日开始，到 1981 年 1 月 8 日结束，历时 26 天，获得哺乳动物化石、打制石器和大量乌木、树叶和种子标本，同时取得了完整的地层资料。"

二、"鲤鱼桥文化"的地理位置和地貌

《报告》说："鲤鱼桥位于同心公社所在地东约 2 千米处，地理坐标为东经 104°58，北纬 29°59。这一地区属于起伏和缓的丘陵地带，海拔 420～450 米。岩层属上侏罗系，重庆统遂宁，由红色泥岩和青灰色、紫红色砂岩互层组成。泥岩中有钙质结核和灰绿色的斑点及条带，产状为 NE20°～35°，倾角 50°。由于岩层产状平缓；岩性软硬相间，在长期风化过程中，抗蚀能力较强的砂岩形成丘陵的顶盖，泥岩风化后形成斜坡，构成方山形的丘陵地貌，四周环境为一半封闭的丘陵谷地。从高度上看有两个剥蚀台地，远处的较高，向谷

二、资阳市鲤鱼桥旧石器时代遗址发掘点

资阳市鲤鱼桥旧石器时代遗址发掘点,位于同心乡孙家坝。1973年和1980年两次清理发掘,均获得石制品和乌木、树叶及动物化石。第二次发掘还取得完整的地层资料和种子标本。

其地层,由下而上可分5层。第4层为棕黄色亚粘土,内含木炭屑和密集的陶片。从陶质、器形和纹饰看,应为新石器时代遗物。第1层为黑灰色粉砂质粘土,内含大量乌木、少许动物化石和石制品,动物化石中有犀牛、东方剑齿象等。乌木经碳14测定,距今25100±400年,故此层之时代,应不晚于旧石器晚期。

石制品除石核、石片外,有砍砸器、刮削器、尖状器和雕刻器4种12件,以尖状器为主,计8件,其中6件为厚体尖状器。石器原料,均乐砾石,以铁质石英岩为主。其主要特征:①多用自然面作台面打制石片;②用石锤直接打击法打制石片,并以顺着砾石的横轴打片法为主;③加工方法有两种,即一面修理和两面修理,以一面修理为主,均以石锤直接打击。④单刃器多于复刃器;器形较简单,以厚体尖状器为典型器物。鉴于邻近地区均发现这一种独特的旧石器文化,可称为"鲤鱼桥文化"。

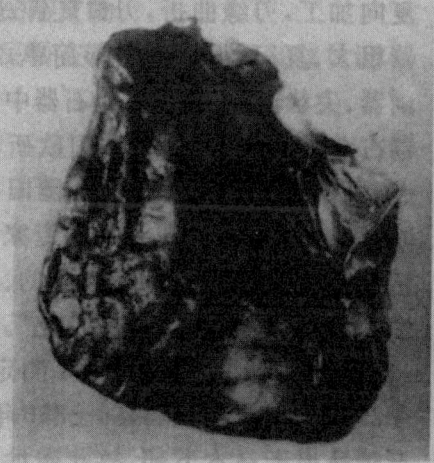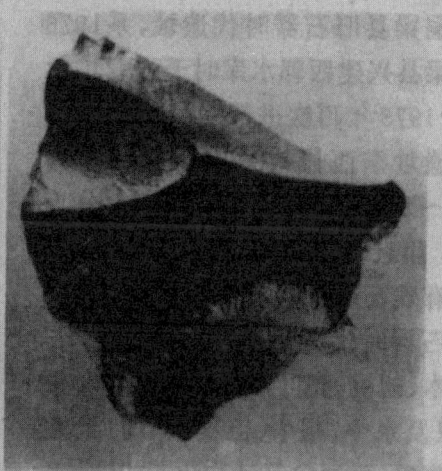

资阳市鲤鱼桥遗址出土之尖状器

鉴于鲤鱼桥发掘点底部乌木层分布广泛,并与石器共存的情况,进一步证实:川中地区凡有更新世晚期乌木层的地点,即有发现旧石器时代晚期文化遗物的可能性。

三、汉源县富林镇旧石器时代遗址

《四川省志·文物志》中介绍的"鲤鱼桥文化"内容

地中心的较低，相对高差不超过 100 米。现在村落一般位于低的小丘前缘。鲤鱼桥河就在这种起伏平缓的红色丘陵谷地间蜿蜒而流，于三江口处汇入濛溪河，然后在资中县银山镇以北处流入沱江。鲤鱼桥河水流不急，河面宽 20～30 米，河床呈 u 形。在发掘地点为紫红色砂岩构成河床的底部，较平缓，不见成层的砾石，水深为 3.45 米左右。河曲很发育，在向东流经葫芦坝处，因前面为北东—南西走向的丘陵所阻而折向南并转向西流，到葫芦坝西头和原河形成宽仅 28.1 米的曲流颈。只要河水上涨 20 厘米，即可沟通而取直。因此，河曲发育和地形及岩层有密切关系，并不能全视为老年期的表现。

鲤鱼桥旧石器文化地点地层的剖面以第 II 层为界，分为上、下两组，代表两个不同的地质时代。上部代表全新世堆积，下部的时代属更新世晚期。第 1

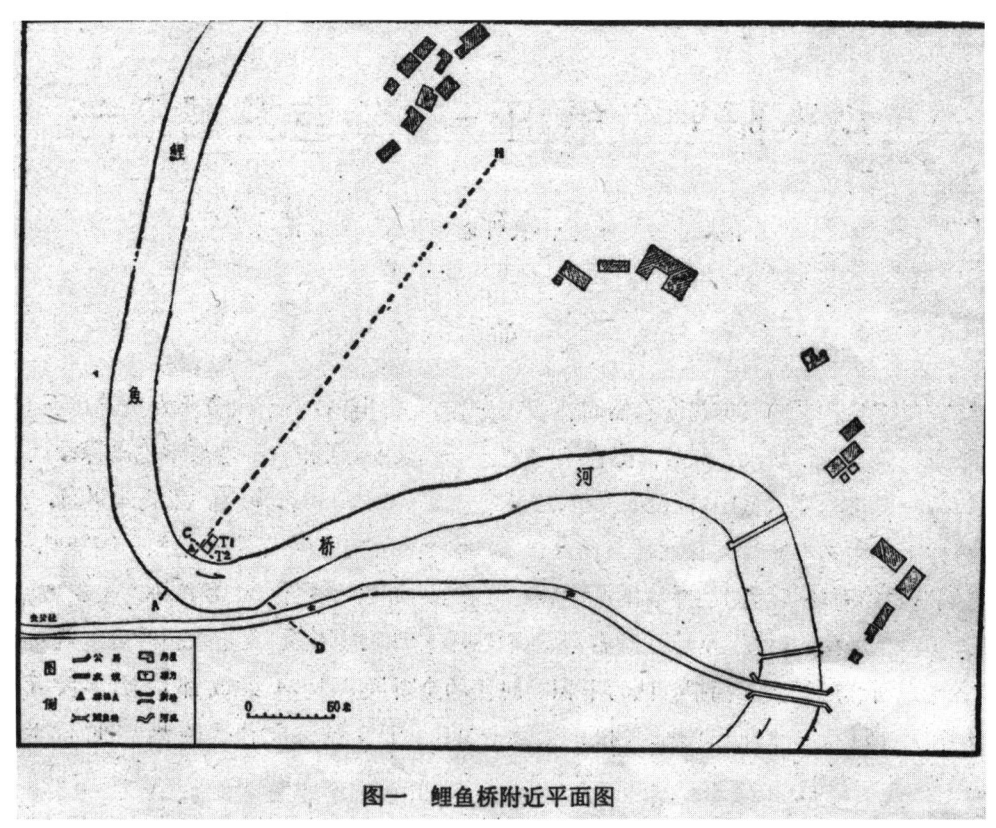

图一　鲤鱼桥附近平面图

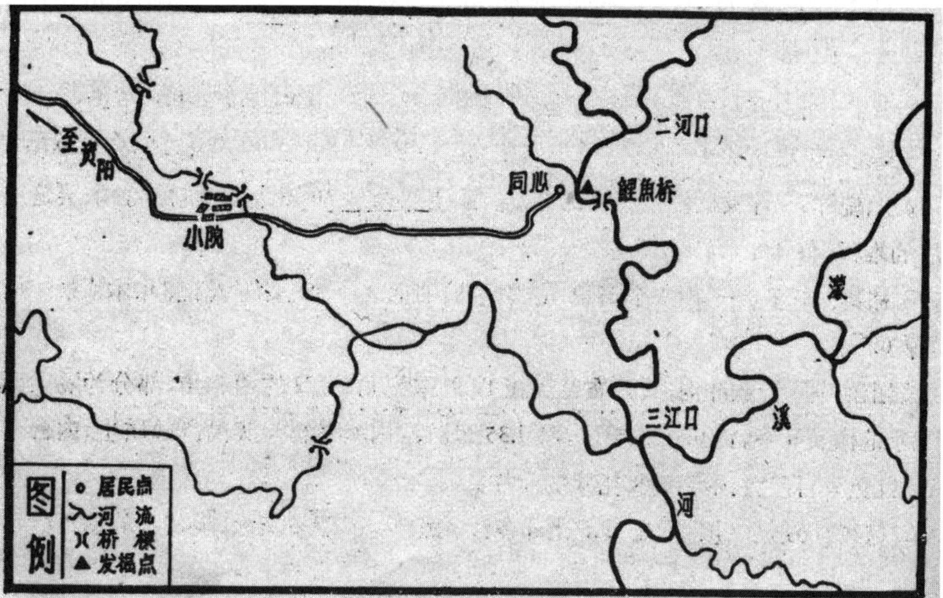

图二 鲤鱼桥发掘地点位置示意图

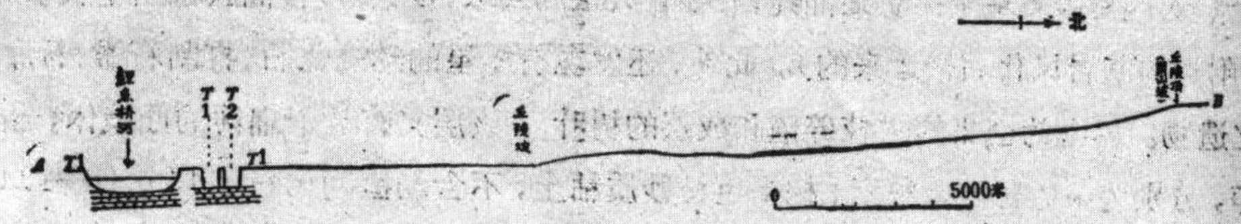

图三 鲤鱼桥附近纵剖面图

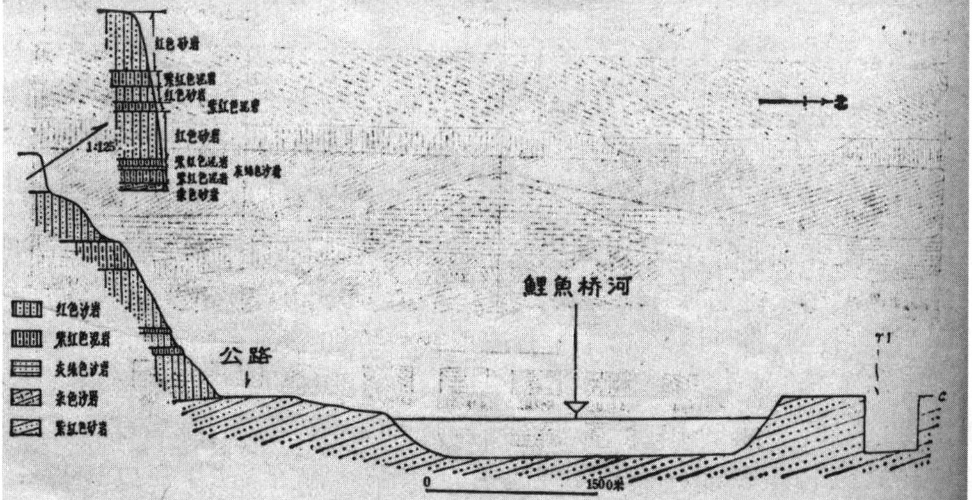

图四 鲤鱼桥附近横剖面图

层出土的石器为旧石器时代晚期的文化遗物，它是已发掘的四川旧石器时代的第三个地点。

出土的树叶、种子经鉴定，证明当时资阳一带的植被和今天的植被有一定的差异，气候也有变化。水青冈纯林，夹生樟、榆等混交林代表典型的亚热带气候。当时的气候比现在温凉湿润。"

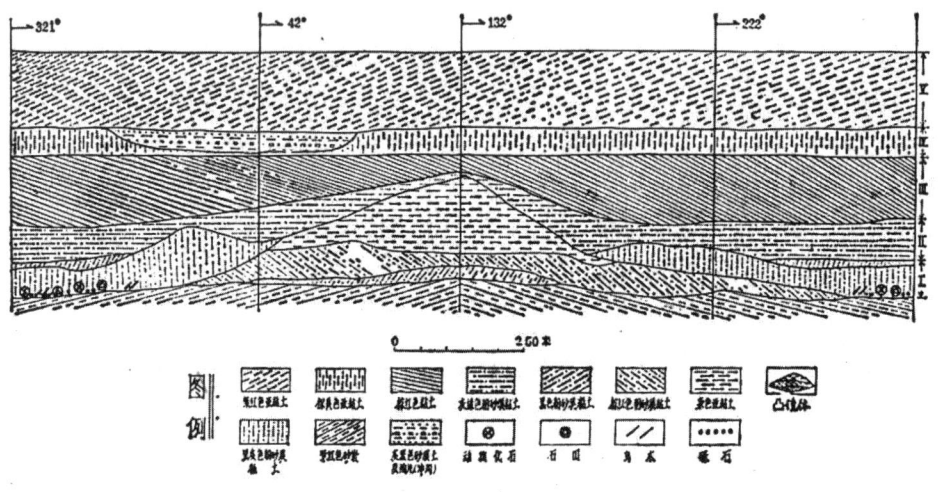

图五 80ZTLT2 地层剖面图

三、晚更新世鲤鱼桥一带的自然景观

(一)气候

《报告》中指出：在鲤鱼桥发现的树叶、果壳和种子标本有榆科、胡桃科、樟科的壳斗科，都是阔叶林种。其中以壳斗科数量最多，占全部标本的81%（水青冈属71%，栎属10%），榆科占16%，樟科和胡桃科占3%。根据四川现生的野生植物生态环境看，这些植物需要的生长条件有两个方面：一是生长在海拔1000米以上的中山丘陵山坡河谷地带；二是需要气温较高的潮湿环境。如樟属中的川桂皮（又称桂皮或银叶樟）喜生于海拔1500～2500米气温较高而湿润的山谷；木姜子属多生于海拔1200～1800米的山地阳坡、河谷的两岸及阴湿和疏林中，在海拔2450～2700米的山地长势也很茂盛；青周（又名槠栎、苦槠、青栲、细叶青栎)生长在海拔1000米左右阳光充足的山地；水青冈喜生于海拔1000～2100米的山地。榆属和胡桃属除人工栽培于丘陵、平原以外，前者的野生种如蜀属榆多生于海拔1600米以上的山地；后者的野胡桃喜生于400～1600米的丘陵。

水青冈是这次发掘所得数量最多且具有代表性的标本。该属在我国有八个种和一个变种。在四川有四个种。值得注意的是在鲤鱼桥发现的水青冈种壳上具有多而密集的细刺，而现在水青冈的种壳上细刺很不明显。据中国科学院植物研究所的同志初步研究，认为可能是新种，也可能是现代亮叶水青冈的祖先。要进一步确定，需要详细研究。

综上所述，可知在鲤鱼桥发现的各种植物都是喜潮湿温暖气候的，并生于海拔 1000～2500 米的丘陵山地。但是，今天四川盆地除成都平原以外，盆地边缘高丘陵海拔变化于 500～600 米到 700～800 米；其下面的低丘陵变化于 300～400 米到 500～600 米。鲤鱼桥一带的低丘陵为海拔 420～450 米。从地史上看，更新世晚期的地貌和现在基本相同，变化不会很大。这样，鲤鱼桥的植物标本和现生同属植物在垂直带分布上所表现的差异；只能归因于气候的变化。"

(二) 环境

《报告》介绍说：1973 年试掘时发现一些哺乳动物化石。1980 年发掘时，在底部的黑灰色粉砂黏土层即第 I 层又发现大量乌木、树叶、果壳和种子标本。这些动植物化石的沉积情况是，它们在最底部，直接覆盖于基岩之上。树干径 30～35 厘米，在探方内出露的长度为 2.8～3.4 米，呈东—西或东南—西北方向排列；乌木层之上为树枝、树皮渣、乌木碎块，它们杂乱的堆积在一起；树渣之上是平铺叠压的树叶层。树叶保存较完好，其间有淤泥充填，微层理明显。全层厚 1 米，内夹有扁薄的凸镜体，凸镜体纯净，不含树叶、树渣等杂物。

第 II 层为灰绿色砂质黏土，上部有一个侵蚀面。其上的第 III 层为棕红色黏土。这两层质地上倒塌的树木被河水冲到这里而沉积在基岩上。红色砂岩上的一薄层棕红色砂质黏土层就是这时缓流的沉积。由于地形的原因，河曲越来越发育，经过切割，曲流颈被裁弯取直，而形成生轭湖。树枝、树渣或乌木碎块以及树叶就是这时的沉积。大量的树叶在浅的静水中沉积下来为黏土填充和覆盖，保存于地层内。这就是第 I 层形成的过程。

后来可能是气候变化，雨量增多，河涌又漫进这里，重新形成湖泊，灰绿色粉砂质黏土即剖面第 II 层就是深水沉积的产物。到更新世晚期的后一阶段，可能是由于某处出现缺口，或其它原因，湖水流尽，灰绿色粉砂质黏土受到侵蚀出现了第 II 层上部的蚀面。到全新世时在侵蚀面之上又堆积了棕红色黏土和棕黄色亚黏土，即剖面的第 III 层和第 IV 层。至于第 V 层则是周围红色丘陵风化后的近代堆积。

根据动、植物化石和地层剖面，可以恢复更新世晚期鲤鱼桥一带的自然景观。当时的地貌和今天相似，但气候稍偏温凉湿润。周围的丘陵山坡生长着茂密的落叶常绿阔叶混交林，尤以水青冈属植物繁多，它们分布的高度可从高丘陵到山谷、湖边，而以丘陵山地的东南坡的西北坡的盖度为密而形成纯林。丘陵间的谷地因气候较高而潮湿，适应川桂生长，在较高的向阳坡地落叶小乔木木姜子丛生。山野河谷、半阳坡的林中及湖边榆树成荫。总之，当时鲤鱼桥周围森林繁茂，气候温暖而潮湿。

丘陵谷地中，河水蜿蜒而流，山间沟谷细水涓涓。河流边缘丘陵凹地则湖泊罗列，有的地方尚有小片沼泽。各种动物出没于林间岸边。当时人类就生活在这气候适宜的环境中，用简单的石制工具向自然界索取生活资料，过着采集、狩猎的生活。

资阳鲤鱼桥出土新石器时期石器　　　正因村石器

四、"鲤鱼桥文化"的文物

(一)旧石器时代晚期的文化遗物

《报告》说：文化遗物主要是当时人类制作石器用的原料、打击的石片和石器。它们均产自第Ⅰ层底部的基岩面上。其表面虽被水冲磨过，但看来搬运的距离不会很远，是当时人类在附近生活时留下的遗物。石制品的原料都是砾石。砾石呈方柱形或棱柱状，表面有圆棱不光滑，磨圆度较差。岩性为石英砉、铁质石英岩和燧石，其中以铁质石英岩为主。石制品的数量不多，比较典型的石核、石片和石器共二十件。

石核二件。80ZTLT2Ⅰ：Ⅰ，长128毫米、宽99毫米，厚76毫米。岩性为铁质石英岩。长柱形，横断面似三角形。系利用砾石的自然面作为台面，在砾石的一端顺着横轴打击产生石片，保留有三个互相叠压的阴面疤迹。

石片六件。岩性多为铁质石英岩。与石片制成的石器一起观察，所反映的打片方法十分清楚。石片的台面绝大多数是砾石的自然面，只有个别的是打击的台面。打击点和半专椎体的清晰程度因岩性而异。燧石的打击点和半锥体都清楚，石英岩和铁质石英岩则不集中，但隐约可见。石片角90～100度，是用石锤直接打击的。从形状上看可分为长石片和宽厚石片两种。前者一般长51毫米、宽30毫米、厚13毫米；后者一般长51毫米、宽54毫米、厚24毫米。这两种形式不同的石片，显然是和打片方法有关。前者是在砾石的一端先打出一个台面，然后顺着砾石的长轴打片(称第一种打片法)，产生的石片多薄长；后者是以砾石的自然面作为台面顺着砾石的横轴打片(称第二种打片法)，产生的石片厚而短，甚至呈块状。从石片的形状来看，以后一种打片方法为多。这种方法产生的石片，其特征是劈裂面平齐，背面是自然面或者是先打下石片后所留下的阴面。台面及其相邻两侧的边缘也是砾石的自然面。大部分石器是用第二种打片法产生的石片加工制成的。因此，由砾石的横轴在一端连续打下厚短的石片，再加工为石器，是鲤鱼桥石器工艺的特征。

石器十二件。除一件砍伐器和一件雕刻器以外，其余都是用石片制成的。修理的方法可分为一面加工和两面加工两种。从修理的疤痕深、短来看都是用石锤直接修理的。按加工的方法和用途可分为砍伐器、刮削器、尖状器、雕刻器等。

砍伐器一件。岩性为铁质石英岩，长82毫米、宽57毫米、厚34毫米。用长砾石直接加工制成。先将砾石一端打掉，并沿周围边缘将断面修理平齐。刃部加工方法是在砾石的一长边连续打击两次，使砾石的这一部分变成倾斜的刃缘，刃口锋利，有明显的使用痕迹。

刮削器二件。用石英岩厚石片制成，长39毫米、宽55毫米、厚23毫米。通体经水冲磨，加工痕迹尚清晰。加工方法是在与台面相对的一边，由劈裂面向背面打击；修理成圆弧形刃部。台面的两侧也使用同样方法稍加修理。73ZTLTI 1∶1，岩性为燧石，长19.5毫米、宽50.5毫米、厚15.5毫米。在砾石的一端打出一个台面，再从台面上打下一个长石片，然后以石片的背面（即砾石的自然面）为台面顺长轴在距第一打出的台面2厘米处去掉石片的下半段，使之成为宽、短而厚的石片，形成石器的雏形。最后由第一次打片产生的劈裂面向

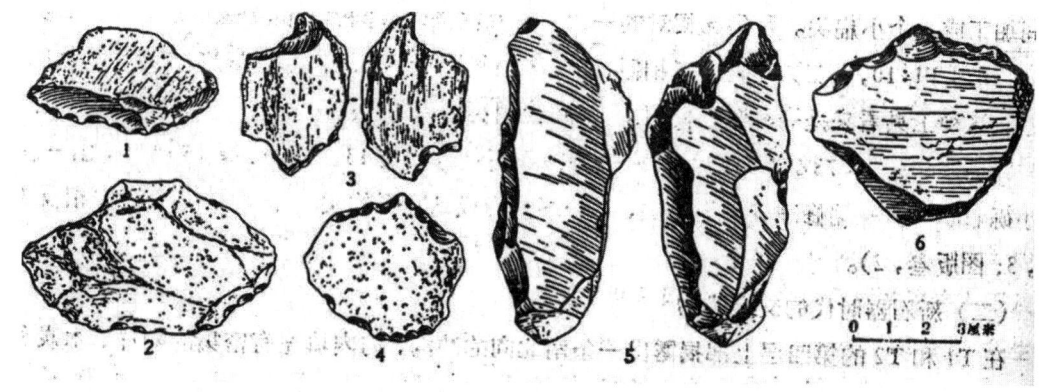

资阳鲤鱼桥石器：1、2刮削器，3雕刻器，4Ⅱ型B式尖状器，5Ⅰ型尖状器，6Ⅱ型A式尖状器

图片转引自国家考古学报1983年第3期

第二次打出的劈裂面进行一面修理，使之成为弧形的刃部，在一端则修理成尖。加工疤痕浅、平，制件十分精致。形状很像莫斯特文化中的半月型刮削器（图六，1；图版叁，3）。

尖状器八件。这是一类具有特色的工具，从尖的形状和加工方法看，可以分为两种类型。

I型：长尖状器，二件（其中一件是废品）。73ZTLT1:3，用燧石片制成，石片的背面近一侧的边缘处有一顺长轴的棱脊，故石片横断面呈三角形。长：79毫米、宽38毫米、厚22毫米。石通身光滑，棱脊圆钝，经过水流冲磨。值得注意的是台面一端呈圆锥形，从围绕锥尖有同心圆、辐射线以及锥尖附近有小疤痕分析，这个圆锥体是由于在打下这个石片以前曾进行过打击（但未剥落下石片）所形成的。这种现象在打片时很少出现。所以这个圆锥体是打片时偶然形成的，不是特意制作的。在石片的一侧边缘从背面向劈裂面直接敲击，修理成一个较直的刃。从保存有重叠的石片疤来看，这个边经过多次修理。在远端的两侧边缘则曲劈裂面向背面加工。修理成一个斜尖。石片的另一侧边缘和脊棱用直接修理的方法，垂直敲击，使之变得平齐，便于手握。

II型：尖状器根据加正的方法可分为A、B两式。它们的共同特征是都用厚石片制成，都有一个小短尖，手握部分很厚。也可称"厚体尖状器"。它们的区别是：A式为小锥尖，与尖相对的厚边稍修理便于手握。B式是小扁尖，其对边修理成可供刮削使用的利刃。

A式，呈三角形，共四件。均由宽厚的块状石片制成。73ZTLT1：6，用宽厚燧石石片制成，长51毫米、宽54毫米、厚24毫米。加工集中于台面和与台面相邻的一侧边缘。在台面与劈裂面相交以及台面与背面相交的边缘用直接加工的方法连续垂直修理成一个平面，在紧靠台面一侧的缘处，修理出一个尖部。修理疤痕浅平，互相叠压。与台面相邻的一侧边缘则由劈裂面向背面修理，在与台面相交处修理出一个锥状的尖，尖部有使用痕迹。其余两侧边缘是砾石的自然面，在相交处有稍微修理的痕迹，是为了便于手握而进行加工的。

B式，呈圆形，共二件。是用从砾石一端打下的圆厚石片制成的，因而背面均为砾石自然面。73ZTLT1:11,岩性为燧石。在石片劈裂面的两侧边缘，由两侧向中间一面打击修理，在中间加工成一个小扁尖。和尖部相对的一边用交互法修理成圆弧形的刃缘。73ZTLT1：10，加工方法与前者相似，和尖部相邻的刃缘修理得不很规整，但有明显的使用痕迹。这种工具看来是一种既可使用尖，又可使用刃的两用器。

雕刻器一件(73ZTLT1：11。)。岩性为铁质石英岩。长４３毫米、宽３０毫米、厚15毫米，由一扁平的小砾石制成。一端修理成横刃的尖，另一端修理成鸟嘴形的尖。两端加工的方向相反。

(二)新石器时代的文化遗物

鲤鱼桥文化新石器时代的文化遗物较多，遍布整个资阳县。不仅如此，在川内多个县市都有鲤鱼桥文化新旧石器时期文物。

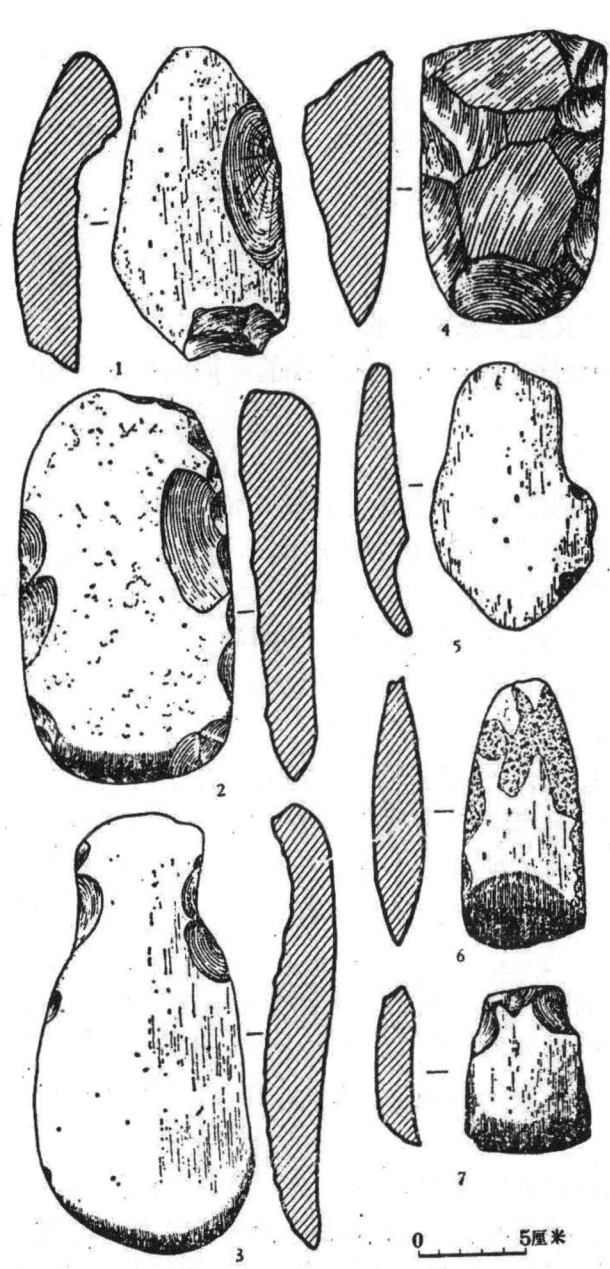

新石器时代的石制工具（采集品）

1.斧(迴龙桥) 2.斧(沙嘴) 3.锄(沙嘴) 4.斧(石虾子) 5.斧(沙嘴) 6.斧(迴龙桥) 7.锛(沙嘴)

图片转引自四川省文物管理委员会《四川资阳等县石器时代文化》

《报告》说：在T1和T2的第四层上部揭露出一条南北向的冲沟，沟内填充有密集的陶片、木炭和红烧土块。沟内的堆积最厚约35厘米。

陶片以夹砂灰陶为主，其次为灰砂红陶，泥质灰陶，泥质红陶。陶质粗糙，火候较低。全为手制。这些陶片以素面为主，有少量绳纹和篮纹，饰于器物的肩部和腹部。

出土的陶片可以看出的器形有碗、罐、尖底器。器物的口沿有侈口、直口、敛口三种，其中侈口最多。侈口的有方唇和圆唇；直口的只有尖唇；敛口的仅见圆唇。腹分鼓腹和直腹两种，前者居多。底以平底为主，假圈足较多，尖足较少。可以复原的器物仅有一件陶器，系夹砂灰陶，素面，直腹，圆唇。手制．器形不规整。口径11厘米、底径6.4厘米、高4.5厘米。"

(三) 与鲤鱼桥新、旧石器时代文化关系紧密的文物

资阳人遗址、富林遗址、龙垭遗址，此三遗址是并提的：如四川日报2010年9月3日《资阳人、富林遗址、龙垭遗址：三处"旧石器"揭秘3万年前的四川》

据专家们研究，四川地区旧石器时代晚期文化按其文化特点的异同，可以初步分4个区域：大渡河流域的富林文化，岷江流域的成都羊子山土台基址下层文化，沱江流域溪河沿岸的鲤鱼桥文化和沱江流域的铜梁文化。所以，早在旧石器时代晚期，四川地区就已初步形成了若干区域性文化中心。

龙垭遗址与"资阳人"同位于沱江流域，时间比"资阳人"晚，却比富林遗址早。

富林文化中国旧石器时代晚期文化，是这一时期文化在南方的代表。

1960年发现于四川省汉源县富林镇，除发现少量哺乳动物牙齿及骨骼外，尚有双壳类化石及植物叶化石。富林遗址有很丰富的石器。石器多以燧石为原料，但燧石质地较差，其他尚有石英、水晶、砂岩、花岗岩、角页岩、安山岩等。

石器中以石片石器为主，有刮削器、尖状器、端刮器等。打片主要用锤击法，间或用砸击法。富林石器的特点为器形较小，有小石核、小石片和小石器，另有少数似石叶。其地质时代约为晚更新世晚期，距今约2万年在大渡河与流沙河交汇处。

与鲤鱼桥新石器时代文化关系紧密的文物较多，三星堆、金沙等川内新石器文物等与鲤鱼桥新石器时代文化关系紧密。资阳县境内新石器文物与鲤鱼桥新石器时代文化关系就更紧密了。"鲤鱼桥文化"中，新、旧石器时代文化关系紧密的文物还有沱江中、上游及四川境内其它地区出土的玉器。这些沱江玉把"鲤鱼桥文化"中新、旧石器紧密地融汇在一起。

资阳人

第二节

"鲤鱼桥文化"的年代与成名

一、"鲤鱼桥文化"的年代

考古专家们认定,"鲤鱼桥文化"旧石器部分为距今40000年~12000年,新石器部分为距今18000年~1200年。

《报告》说:"(一)在第Ⅱ层的上部有一明显的侵蚀面,它代表了一个沉积间断时期。侵蚀面以下的堆积物为灰绿色粉砂质黏土,质细而纯净,颜色由灰绿色逐渐变为黑灰色,是湖相沉积物。另外基岩表面被水冲磨过,凹凸不平;底部堆积中夹有少量紫红色和绿色砂岩砾石;粉砂的含量由多到少。这些现象都说明了当时的水流是由缓慢流动到完全静止的状态。侵蚀面以上的地层主要为黏土和亚黏土颜色呈棕红、棕黄和紫红色,代表一种还原环境下的沉积物应为鲤鱼桥河的产物。侵蚀面的存在以及侵蚀面上下堆积物的成因不同,表明整个堆积有大的时代差异。

(二)动、植物化石都产在第Ⅰ层。动物化石数量极少。化石呈黑褐色或灰褐色,石化程度较深。主要为残破的牙齿和骨骼残片。能鉴定的动物有竹鼠、犀牛、牛和东方剑齿象。其中具有鉴定时代意义的动物化石有犀牛和东方剑齿象。犀牛的标本仅有一枚残破的左下第一前白齿,只保留牙齿前半部。代表东方剑齿象的标本是一破残的齿板,尚能辨认出三组齿突。这两种动物化石是华南大熊猫——剑齿象动物群中主要的成员。因此,底部堆积的时代不会晚于更新世晚期。

(三)植物标本非常丰富,包括大量的树叶、种子、果壳和树干标本。我们整理了部分树叶和种子标本;经鉴定包括下列属种(图版伍,2—9;图版陆)。

壳斗科、水青冈属、水青冈、栎属、青桐、樟科、樟属、川桂皮(银叶樟)、木姜子属、胡桃属、野胡桃、榆科、榆属。其中水青冈占71%,榆属占16%,其它各属共占13%。根据植物标本提供的资料可知当时的植物群落是水青冈纯林,夹生有樟、榆等乔木。资阳现生的水青冈很少,而且不见水青冈纯林,因而当时的植被和今天的植被有一定的区别。植被的变化与气候有密切关系,从而也说明时代有差异。

(四)第一层底部的乌木,经 ^{14}C 测定为距今 25100±400 年,和动物化石的时代一致，应为更新世晚期。

侵蚀面以上各层中不见动物化石，在第IV+层中上部有一冲沟，沟内聚集了大量的陶片和少量的木炭块。陶片排列不规则，有的互相叠压，有的倾斜，有的竖立插入，显然是经水搬运后再次堆积的结果。从陶片的陶质、纹饰的器形等特征看，应为新石器时代的遗物。木炭经测定为距今1800±80年。除冲沟以外，第IV层的中下部也含有零星的陶片碎屑和炭屑，显然冲沟和第IV层属于同一个时期，应为全新世。"

《报告》指出："鲤鱼桥的石制品属于旧石器时代晚期的文化遗物，其主要特征是：①制作石器的原料都是砾石，岩性有铁质石英岩、石英岩和燧石，其中以铁质石英岩为主。②多用砾石的自然面作为台面打制石片，打制的台面数量极少。③用石锤直接打击法打制石片，打片的方法有两种：即第一种打片方法和第二种打片法。从石片的数量看以第二种打片方法为主，它是鲤鱼桥石器工艺中打片方法的显著特征。④石器的加工方法的一面修理和两面修理两种，均用石锤直接打击。单刃器多于复刃器。器形较简单，有尖状器、刮削器、砍斫器和雕刻器等，其中以尖状器为主，并且具有特色。厚体尖状器可作为鲤鱼桥石器的典型器物。"

"综上所述，我们认为鲤鱼桥附近的地层可分为两个不同的时代。侵蚀面以下的地层时代为更新世晚期；侵蚀面以上的地层代表全新世的堆积。因而产自第I层底部的石器、石片和石料属于旧石器时代晚期的文化遗物。"

"鲤鱼桥旧石器地点的发掘，说明在旧石器时代晚期，我们的祖先是在这里生息劳动，留下了大量的文化遗物。不但为我们了解当时人类生活情况，丰富旧石器的文化内容奠定了基础，而且为今后在这一地区寻找更早的人类化石和文化遗物也提供了重要的线索。"

"鲤鱼桥的发掘，使我们对远在25000年前生活在这里的远古人类有了一定的了解。他们用十分简单的生产工具，依靠集体的力量同自然界进行长期的斗争，过着艰苦的生活，他们从哪里来，又到哪里去？和这一地区新石器时代文化有什么关系？这一系列重要问题都有待解决的。我们相信，只要在这个地区加强考古调查和发掘，一定会有更多的古代文化遗物被发现，将为研究四川地区旧石器文化的发展和分布提供重要的资料。"

……

"许多乌木标本经碳14测定，其绝对年代都在距今20000~40000年之间。……据已知资料，在川中地区不仅分布有更新世晚期的乌木层，而且还有全新世不同时期的乌木层，较早的为距今6740±1200年，较晚的是资阳黄鳝溪第II层的乌木，其时代为距今2000±80年。"

二、"鲤鱼桥文化"的成名

《报告》指出："鲤鱼桥出土和石制品的打片法和加工方法、类型、形体大小，与富林文化、铜梁文化相比，差异很大，不属同一类型。与濛溪河石虾子、沙咀、安岳等处采集和石制品相比，却非常一致，说明它们应是同一性质和文化，故以鲤鱼桥为代表，把它们统称为鲤鱼桥文化。"

"四川发现的旧石器时代晚期的文化只有两处，即富林的石核除一件较大些外，绝大多数石核都是小型的，其平均长度为17.3毫米、宽25.6毫米、厚17.8毫米。石核类型以单台面为主，还有双台面和多台面等。而鲤鱼桥双台面的石核很少，不见多台面石核。富林石核的台面不仅有自然台面和打击台面，而且还有修理的台面和修理的石核。鲤鱼桥石核台面却以自然台面为主，打击台面很少，不见修理的台面，更无修理的石核。石片的大水取决于石核。因为富林的石核很少，所以石片也小、短、宽而薄，平均长14.9毫米、宽13毫米、厚3.6毫米。另外，似石叶的石片形态上很像细石器中的石叶，而且数量也很多，占石片总数的10%。这种情况和鲤鱼桥和石片显著不同。富林的石片背面无自然面的比例很大，占石片总数的76.1%，全部都是自然面的只占1.25%，而鲤鱼桥的石片背面多数都有自然面，占总数的88.8%。在打片方法上，鲤鱼桥没有富林的砸击法，而富林也没有鲤鱼桥的第二种打片法。"

"总而言之，鲤鱼桥石器的制作技术以及形体大小都和富林不同，很明显不属于同一文化系统。富林石器较少，而且有大量的似石叶的石片，看来其时代要比鲤鱼桥晚些。

与铜梁文化的关系。铜梁文化石核的形式有三种即单台面、双台面和多台面。除用砾石的自然面作台面外，还有打制的台面和修理过的台面。鲤鱼桥则以单台面为主，双台面极少，不见多台面，同时主要用砾石的自然面作为台面打击石片。个别为打击台面，不见修理过的台面。

在打片方法上，两者也有区别。铜梁文化除用锤击法外还辅以碰砧法。鲤鱼桥则用锤击法打制石片，第二种打片法是铜梁文化没有的。

对石片的修整，铜梁文化采用单向、复向、错向三种方法加工修理。其中以错向加工为主，差不多没有完全一面加工的石器。鲤鱼桥的石片是一面和两面加工，一面加工为主位。铜梁复刃器多于单刃器，而鲤鱼桥则单刃器多于复刃器。

从石器形体的大小看，铜梁文化大型石器多，厚而重，有的砾石径超过150毫米，小型石器较少，工具组合以大型石器为主体，鲤鱼桥中小型石器多，工具组合以中型石器为主。"

"综上所述，无论在石器的大小，制作方法（包括第一和第二步工作）还是在类型以及使用技术方面，铜梁和鲤鱼桥的石器都有较大的差异。这种区别也说明了经济生活有所不同。因此，尽管它们的时代相近，但却不属于同一文化类型。就目前掌握的资料看，在涪江与沱江流域之间可能存在着两种或者更多的、时代相近而内不同的文化。"

3．与邻近地区旧石器的关系。四川博物馆等单位在濛溪河的石虾子、沙嘴的安岳县等地调查时，曾采集到许多石制品和动物化石。经研究，这些采集品和鲤鱼桥的旧石器属于同一个时代。在以上地点采集的石制品，其岩性、打片和加工方法、形体的大小的类型等主要方面都和鲤鱼桥和石制品基本一致，尤其是代表鲤鱼桥石器特征的II型尖状器在以上地区也有发现。因此，我们认为濛溪河一带的打制石器的鲤鱼桥的石器同属于一个文化系统。

尽管在鲤鱼桥发现的石制品不多，对了解文化全貌尚有一定困难，但在这一带以及邻近地区还发现了很多和它相关的石器地点。经研究后认为这些地点的石器是在九曲河采集的打制石器。

这是在九曲河出土的文物。

基于鲤鱼桥是首先正式发掘的地点，并且又和富林文化、铜梁文化有很大和差异。因此，我们建议把这一地区许多地点发现的打制石器可以鲤鱼桥为代表，称为鲤鱼桥文化。"

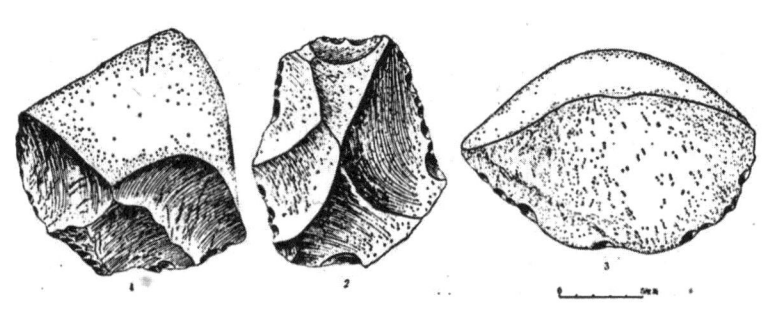

左：端刃砍伐器，中：多刃砍伐器，右：单刃砍伐器
转自四川省文物管理委员会《四川资阳等县石器时代文化》

（注：以上"鲤鱼桥文化"第一章中的内容,几乎绝大部分转引自著名的老一代考古学家吕遵谔、黄蕴平、范桂杰、胡昌钰的《四川资阳鲤鱼桥旧石器地点发掘报告》。）

资阳人

第二章

"鲤鱼遗迹范围广 文化价值是明星"

考古专家论点选摘：

"鲤鱼桥文化"的范围很广，沱江两岸 100 多公里远的地域都是她的范围。

"鲤鱼桥堆积底部和乌木层分布十分广泛。在川中部分地区，如蓬溪县的郪口大桥，乐至县的劳动公社，安岳县，资阳县濛溪河的石虾子、沙咀等地都可以见到。鲤鱼桥发掘的结果，为今后在上述地区寻找旧石器时代晚期文化遗址提供了新的实物资料和地层依据。"

资阳"鲤鱼桥文化"是国家史学界正式命名的深蕴文化根柢的远古文化宝地。考古界在鲤鱼桥及其周围的石虾子、沙嘴、濛溪河等地区挖掘出了旧石器晚期的大批文物，同时也挖掘出了新时期的大批文物。

沱江中、上游川内地区出土文物中的玉器是"鲤鱼桥文化"新石器时期中的璀璨精品。

第一节

老资阳县域内的"鲤鱼桥文化"概况

《报告》指出:"鲤鱼桥旧石器时代晚期的石器与乌木共存。乌木层在四川分布很广,据目前所知在东经104°～108°,北纬29.5°～30.5°范围内都曾发现过乌木层。层中的乌木有的根须、枝杈皆在,保存十分完好,有的胸径达1米以上,并且在层中排列成一定方向,显然是被水冲来堆积而成的。……除鲤鱼桥外,在其附近的濛溪河流域和铜梁西廊水库及资阳黄鳝溪的乌木层中都发现有旧石器和其它文化遗物。黄鳝溪的乌木层中还发现有人类化石。可以说,在川中地区凡是有更新世晚期乌木层的地方就有可能发现哺乳动物化石,甚至可望找到旧石器时代晚期的人类化石和文化遗物。另外,据已知资料,在川中地区不仅分布有更新世晚期的乌木层,而且还有全新世不同时期的乌木层"。

鲤鱼桥堆积底部和乌木层分布十分广泛。在老资阳县濛溪河的石虾子、沙咀等和县域中的广大地区都可以找到。

一、天鹅山人萌发蚕桑文化(40000～200000年)

资阳是中华蚕桑事业的发源地之一,是有记载的。须知,古史书讲的"朝云之国"就是沱江中游的资阳,也是闻一多先生长期考证后得出的结论。《路史后记》、《山海经》等史书记载,"朝云之国"是蚕桑业的起源地。《昆仑纪》综合了多种史书的记载之后,论定"朝云之国和司彘之国亦是蚕桑业的起源地"。

蚕桑文化的突出特点就纵目,就是睁大眼睛远望世界,就是睿智开拓、大胆创新、艰苦奋力改造世界。蚕桑纵目文化是远古文化中心资阳昆仑山文化、古蜀国蚕丛开国文化、三星堆文化的源头,上述文化的共同特点就是纵目远望,运筹发展。

——主编撰手记

考古、史学专家们认为,"资阳人"是川人祖先,远古资阳人、蜀人文明对人类产生了积极的重大影响。"在世界古代文明史上,古蜀王国的蚕桑文明亦应该占居第一的地位。"

——宫长为

"资阳人与中华文明溯源研讨会"总结暨新闻发布的关键词中也指出:资阳人初始了蚕桑文化。

(一)天鹅为小孩缠绕蚕丝的传说

甘蔗林旁出现了几棵挂着一节节小指头大小的红彤彤的果子,吃起来酸甜酸甜的,甚为可口,并且使人精神清爽,后来人们把这种树叫桑树,把这种果子叫作桑葚。资阳先人很青睐这种小果子,因此更加独钟这种树木,掀起了广种桑树的热潮。不多年工夫,一片片桑树成林。

又过了若干年,资阳智慧人发现桑树叶上爬着许多幼虫,而且这种幼虫还

天　鹅

能吐出白色的丝来。这个现象在很长一段时间里都没有引起资阳智慧人的重视。一个偶然的现象引起了资阳智慧人的思索。

据传,一天,一只天鹅飞来落在九曲河西面的一个长满桑树山坡下的水塘边,围着几个玩耍的小孩转着圈跳着舞,还发出天籁般的歌唱声。几个小孩看入迷了,就和天鹅一起玩耍起来。天鹅飞到池边的桑树上,用嘴夹着蚕虫吐出来的丝在一个小孩的头上绕来缠去。接着,几个小女孩将蚕虫吐出的这种丝玩耍地缠在手上,比赛看谁缠得多。不多工夫,她们都缠上了厚厚的一层,想把它扯掉还比较困难,她们就去找大人。几个大人看见后,嘀咕几句,就把这些白丝慢慢扯下,缠在一个大人的帽子上。他们一边缠着,一边观赏着,一边交流着,似乎是在研究它。后来,她们发现缠在帽子上的白丝很结实,起着挡风保暖的作用。

大人根据天鹅的故事,把这个山取名为天鹅山。

天鹅山　总编室摄于 2013 年 11 月 8 日

2013 年 11 月 8 日，我们《资阳人》编撰队伍中的刘胜俊等人到天鹅山考察。刘胜俊询问了四个老乡，一位 80 多岁的老太太和一位姓谢的乡亲给我们指点了天鹅山的位置和解释它的构成形状。举目看去，有头，有长长的脖子，有壮实的背脊，尾巴后面还下了两个"蛋"，还真像一只天鹅。但对这是蚕桑的发源地人们知道不多，只有 80 多岁老太太能讲出一二。她说：听老祖宗说，在很早很早很早以前，这儿桑树长满山，家家户户都养蚕。听说，天鹅是给一个女孩头上绕蚕丝后，人们敬奉天鹅，就把这山叫成了天鹅山了。

为了把天鹅山考察清楚，我们几人朝天鹅的背脊攀登而去。爬这座山远看平常，但爬到山腰才知道，刺笆遍山，荆棘遍野，每走一步都要付出艰辛和代价。每个人的手和脚都刺划破了，满身挂满刺，一不小心就会掉下深坑，攀岩不实就可能掉下岩去。几身大汗淋漓之后，终于攀上了天鹅山的背上。在背上一看，天鹅确实很雄伟，背脊十分状硕宽大。它的右翅膀还挺长，也很完整，可惜的是左翅膀的山石已被砖瓦厂全部挖掘下去做砖了。

这个时期的蚕桑还属于野蚕时期。任乃强《蚕丛考》一文中说："野蚕，今四川有桑之处皆有之。桑林岁久，即自繁生。其蛾与蚕蛾无异，产卵于桑之枝干，不甚密集。春暖自己孵出，就叶芽。恒分数，鲜共叶者。蜕变四化而后成茧。"

这种现象又不知过了多少年，资阳智慧人的族领组织几个有智慧的年长者进行长时间地琢磨。他们从蜘蛛网的编织、飞鸟的筑窝、蜜蜂的筑巢中得到启示，总想照着这些方式编织衣服，但很长时间都未成功。经过长时间的摸索之后，终于用这种丝线缠绕在原来的帽子上，编织成了一顶崭新的帽子，开启了蚕桑文明的先河。后来人们把这种白丝叫作蚕丝，把种桑、养蚕、织丝的事业叫蚕桑。资阳人把这位号召种桑养蚕的族领敬称作蚕神娘娘。这蚕神娘娘就是中华蚕桑事业的始祖。

（二）史载：资阳是中华蚕桑事业的发源地

据记载：《路史后记》、《山海经》等史书记载，"朝云之国"是蚕桑业的起源地。《昆仑纪》综合了多种史书的记载之后，论定"朝云之国和司彘之国亦是蚕桑业的起源地"。

何为朝云之国呢？就是资阳，就是资阳的资国。详情请看后面论述。

当然，那时期的蚕桑事业十分简陋、十分粗鄙。若干年之后，蚕桑的经验传播开来，开启了真正的蚕桑事业。《蜀王本纪》载："蜀王之先名蚕丛、柏灌（又名柏濩）、鱼凫、蒲泽、开明，是时人萌椎髻，左言，不晓文字，未知礼乐。从开明上到蚕丛，积三万四千岁。"

后来，公元前90年出生的资阳大文人王褒，在几千年来一直被视为我国文学宝库里的一颗丽珠的《僮约》中，三处谈到了蚕桑事业的发展状况。王褒说："植种桃李，梨柿柘桑。""**落桑皮棕：修剪桑树枯枝冗条，割取棕榈皮可搓绳索。**""**编菰织箔：编菰席织蚕箔。**"（王褒集考译，巴蜀书社1998年出版）

"近世，有西人传教士著书，谓中国蚕丝业始于山东。其人不知蜀地有蚕丛，有原蚕，但缘山东有柞蚕，有黄丝（较原始的丝色），遂言之。夫若先无天然自生之野蚕以启发远古劳动人民，即不可能有养蚕的创造。四川自岷江河谷入四川盆地，今犹多有野蚕，亦其证也。"（任乃强《蚕丛考》）殊不知，资阳的蚕桑文明影响着巴蜀，造就了巴蜀蚕桑事业的辉煌。正如胡昌钰在《用发展史实，证明了资阳人的灿烂文明》一文中指出的：资阳人"驯养野蚕到家蚕的过程中不可避免地会被重重地打上'资'的烙印。因此，说是'资'人发明了养蚕，是有一定道理的。养蚕织帛最早由蜀地传播到中原，进而推广到中华大地，并传遍世界。因此，资阳人的贡献不可磨灭。"

（三）蚕桑文化历史可追溯到距今20万年

谭继和这位巴蜀文史首席专家指出："我们古蜀历史上关于蚕丛、柏灌、鱼凫三王和杜宇、开明二帝这些传说是很茫昧的——它包含着真实历史进程的内核——可以说旧石器时代同我们蚕丛、柏灌传说时代有一定的关系。因为从这些蜀王名称的含义可以看出，蚕丛之义为野蚕，最初是食虫部族的食物，后来发现它的丝织作用。'蚕丛'一名，应该是初级采集渔猎经济生活，相当于打制石器时期，也就是旧石器时代食虫部族的标志——历史学家一般喜欢把蚕丛放到新石器时代晚期以后来说，其实它更多地反映了人类童年旧石器采集经济时代。从有关蚕丛、柏灌的传说的内容来看，其社会组织似乎又已经是原始氏族制的邦国、邦君时期——鱼凫名称含有捕鱼用的渔老鸹即鱼鹰的本义，因而也可以是渔猎时代的象征。像这样一些传说与考古的对接方法，我们还只能作初步的尝试。**如果再把'资阳人'放到这个传说与考古框架里，它应该是指距今20万年到5万年的早期智慧人和5万年到1万年的晚期智慧人的过渡交结点时期，应相当于传说上属于蚕丛、柏灌世，即原始群到氏族社会形成的时期。特别是骨针缝制的发现，是早期智慧人向晚期智慧人过渡的标志，正与柏灌、鱼凫的传说时代一致。**"

又据考证，蚕丛时期几乎与黄帝时期一致，或者说，蚕丛时期就是**黄帝"自**

蜀入帝中国"前的时期。因为黄帝初期就是蚕桑时期，而蚕丛王时期就是蚕桑发达初期。

今据任乃强先生《蚕丛考》一文："论蜀之为字，盖即原蚕之本称也——故蜀字系古人专为原蚕制造。象巨目之蠢。又加虫为识者，是象形末期字；更加虫，以明其非他种巨目动物。"据任乃强先生推计，蜀字之制成，即在黄帝之世。其字，亦即为当时之蚕字，后世乃以蜀为原蚕。故《淮南子》云："蚕与蜀似，而爱憎异。"其所云"蜀"，即原蚕，今云野蚕者是也。

谭继和深刻指出："综合历史传说与考古文化，考研分析，**蚕丛氏或许能相当于晚期智慧人（即资阳人）阶段**——杜宇和开明，从名称的含义看，已是以杜鹃和开明兽为特征的文明古国时期，应该是同三星堆文化、金沙遗址相联系起来了。甚至晚到战国早期的商业街船棺葬时期，已经可能确定其为开明王早期时代。"

二、花溪村和兰家坡人拓创石斧文化（35000 年）

在花溪村和兰家坡发掘的石斧既厚重又较锋利。制作比较精细，使用比较方便，外观比较美好。

石斧，是远古资阳人和后继者"鲤鱼桥文化"人生息战斗艰险创造文明的重要工具，用石斧，打造出中华文明一摇篮。人杰地秀的花溪，在远古时期，她甘甜的乳汁，哺育了勤劳善良的人民，创造了四万年悠久的资阳人灿烂文明史，蕴藏着新旧石器共存而辉煌的"鲤鱼桥文化"，流传着说不尽的动人心弦的故事。在当今，在这奔流不息的花溪上，人杰，山秀，水清，花香，菜美，一年四季，航运不停，渔舟竞发；石桥飞架，船闸、大坝、电站有如明珠，一派繁荣兴旺景象，她穿过无数丘陵平坝，自北向南流入沱江，美味风韵满华夏，飘过四大洋。

花溪是资阳市最早见诸记载的小河，汉晋得名環溪，唐宋写作环溪，元明别称杨花溪，晚清讹为阳化河，流经保和、中和、老君镇和丹山镇西部。

花溪不是人工造成，而是天然形成的。据史料记载，距今五万年前后的第四纪冰川时期，地球发生了一次大震荡，在这次大地震中，天斧神功的形成了这群人间仙景。

花溪以令人向往的古迹和山光水色而闻名。当你由北河岛公园乘船北上，那一群群白鹭、水鸟追云戏水；那农家庭院、新村和集镇，绿树环绕，倒映山乡；那一座座石跨拱桥，一处处船闸、大坝和电站争相媲美；那一帘帘瀑布从悬河泻下，水花飞溅，怒吼声在山谷回荡；花溪谷龙颈湾大瀑布和白龙湖、响水潭美不胜收，其乐无穷；擦船而过的怪石、峭壁，舟楫难行的险滩、涡流，人迹稀少、幽深荫蔽的峡谷，其乐其惊其寒，不断变幻你的情态，调整你的心距。古树名木，红叶绿柳，长廊竹林，交植的阔叶树和常绿树从谷边到山峰郁郁葱葱，使你感到人在诗意里，船在画图中，心旷神怡：啊，秀丽的花溪，幽深的沟壑，融进自然，我们相见恨晚。

幽谷内重岩叠嶂，隐天蔽日，激流翻滚，回环曲折，而在那峡谷开阔地带，与小溪交汇处又有着富饶的村庄，翠绿的田野，大片的果园，把古老的花溪装点得生机盎然，抛撒出一条绚烂多彩的天然画廊。有诗为证：

花溪再灿四万年 河绕群山溪串林/虹映桥上塔入云/岛、栈、潭、湖星罗布/瀑跃龟、龙船驰骋/四万年前创文明/初孕人文基因根/"鲤鱼桥"人再辉煌/智慧子孙书文明/继承先辈忠勇志/文化自信屹天庭/花溪再灿四万年/世界文化大明星

三、鲤鱼桥人创造旧石器石核、石片文化（30000～20000 年）

《报告》说：比较典型的鲤鱼桥旧石器工具主要有石核、石片。有长 12 毫米 8、宽 99 毫米，厚 76 毫米的长柱形，横断面似三角形石核。有石片角 90～100 度的一般长 51 毫米、宽 30 毫米、厚 13 毫米的长石片和一般长 51 毫米、宽 54 毫米、厚 24 毫米的宽厚石片。

鲤鱼桥人制造的旧石器时期的石质工具还有尖状打击工具、圆形砸碎工具、长扁形刀式工具等等。

四、龙垭遗址文化（30000～20000 年）

简阳简城镇龙垭村遗址出土有哺乳动物骨骼、牙齿、角化石标本 180 余件，初步鉴定动物化石不少于 6 个属、15 个种，彰显着华夏远古文化的灿烂光辉。

五、回龙桥、石虾子人萌始弓箭、筏子、舟船等文化（20000～15000 年）

1981 年出土公元前 25000 年前的石斧、弓箭、长矛等大量工具。前 25000 年使用的刮削器纳入《汉语大词典》插图。

资阳智慧人在长期的捕鱼、劳动的过程中，很需要舟船之类的工具，但又没有。这种思想也还没有正式产生。他们在劳动中发现树叶浮在水上，干木飘在河中，久而久之，制造飘浮工具的念头产生了，这就是观落叶因以为筏，见

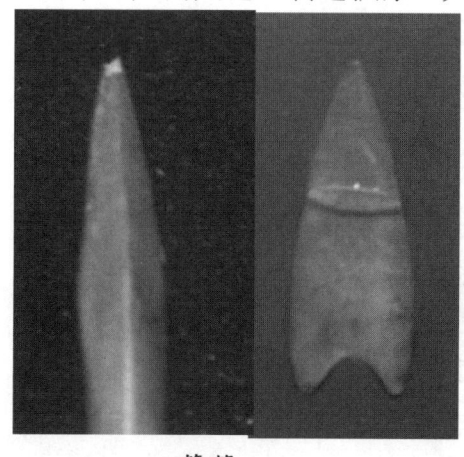

箭簇

窾木浮而知为舟，创造了最早的水上交通工具——筏子，又称为桴、泭。慢慢地，在筏的基础上，又有了刳木为舟、剡木为楫的发展。

到了商代，古人不再受木材形状和体积大小的限制，而是可以根据材料加工了，这样，木板船就出现了。宋元时期"黄田港北水如天，万里风樯看贾船"，是宋元时期水上交通与水上贸易繁盛的真实写照，无论是内河船还是航海船，都有了一定的制式。

资阳人在猎物中用磨尖的竹竿和小树干效果较好。但鉴于这种工具只适用于短距离猎杀动物的局限性，资阳人就想制造一种能更远距离猎物的工具。这种工具当时不知取的什么名，但后来人们在此基础上经过改进，取名为长矛。这种思想萌发多年后，他们用干牛筋拴在竹片或树枝两头，将小石子磨尖用手抓在牛筋当中，使劲一拉将尖石子抛出去，打在鸟或兔子或鸡等体型小的动物身上，效果挺好。一个尖石子就可以把这些动物打倒。在这种简陋工具的基础上，慢慢发展成了弓箭。弓由弹性的弓臂和有韧性的弓弦构成；箭包括箭头、箭杆和箭羽。

近万年前，资阳人发明了一种利用弓发射的带有尖刃的远射器，经过改良后运用到了作战实践之中。再后来，箭头改为铜或铁制，杆为竹或木质，羽为雕或鹰的羽毛。这是中国古代军队使用的重要武器之一。

弓箭的发明是人类技术的一大进步，当人们拉弦使弓的时候，说明了人们已经懂得利用机械存储起来的能量进行生产和狩猎等斗争。

中国古人对弓箭有独特的论述："弓生于弹"（《吴越春秋·勾践阴谋外传》）。弹指弹弓。在甲骨文中，弹字写作B，为一张弓，弦中部有一小囊，用以盛放弹丸。这种形状的弹弓，自古至今，一直广为流行。

在冷兵器时代，弓箭是最可怕的致命武器。弓箭出现的时间，也许可以上溯到遥远的神话时代。后羿射九曜的传说，向来脍炙人口，这也是关于弓箭威力的最有效的广告——一个半人半神的英雄，居然将天上的十个太阳射掉九个！

恩格斯在《家庭、私有制和国家的起源》中所说："弓箭对于蒙昧时代，正如铁器对于野蛮时代和火器对于文明时代一样，乃是决定性的武器。"就其相对价值来看，无异于从冷兵器到火器和从常规火器到导弹的差距。在生产上它若干倍地扩大了效益。

六、花溪村人萌霓缝纫文化（15000年～12000年）

花溪谷人拓创石斧文化后，又继续创新。

其实从1985年保和镇花溪村等地出土的大批旧石器及新石器中，我们就已经看到了资阳人的发展足迹。

穿椎引绳缝衣置服，是人类文明的一大进步。从40000年前智源祖用骨锥简单地连接兽皮、阔叶制成原始的衣服始，逐渐发展缝纫制衣技术。距今一万年前，缝纫衣服的工具得到较大发展，骨锥更细了，骨针、竹签相继出现，缝制的兽皮衣、阔叶衣，走进了服饰较发达的文明历程。

万年的中华民族文明史中，缝纫（纺织）和艳丽夺目的服饰奇葩，绽放至今。

世界各个地区开始纺织生产的时候早晚不一。大约公元前 20000 年至公元前 5000 年，世界各文明发祥地区都已就地取材开始了纺织生产。中国黄河、长江流域居民利用葛、麻纺织；北非尼罗河流域居民利用亚麻纺织；南亚印度河流域居民和南美印加帝国人民均已利用棉花纺织；小亚细亚地区已有羊毛纺织。

据考古资料，中国纺织生产习俗，大约在旧石器时代晚期已见萌芽，距今约 2 万年左右的北京山顶洞人已学会利用骨针来缝制苇、皮衣服。这种原始的缝纫术虽不是严格的纺织，但却可以说是原始纺织的发轫。而真正纺织技术和习俗的诞生流行当在新石器文化时期。前面说的资阳人用那颗骨锥穿洞连接兽皮或阔叶制成衣服，这应该算是缝纫或者纺织的原始萌芽。

这时期已经初步具备原始纺织技术，初步奠定了蚕桑业的发展雏形，为后来蜀国等发展蚕桑业和丝织业奠定了较好的基础。西汉扬雄在《蜀都赋》里讲："尔来其人自造奇锦"。资阳人的蚕桑业使人类在生活中进一步关注服饰等文化事业的发展，促使人类不断地开拓新的文明。九河流域在人类文明的曙光中，再次显现华夏民族的身影。

七、蓝家坡人元始食盐文化（13000 年～10000 年）

资阳人在缝纫纺织技术发展的同时，发展饮食文明。将植物果实加以播种，把野生动物驯服以供食用，人类食物来源变得稳定，人类饮食质量进一步提高。

有意识地使用盐是饮食文明的重要标志。开初，资阳人只是无意识的食盐。那是一次偶然的机会，一个年轻妇女拿着烧熟的鸡腿，边吃边跑到水池边喝水。不小心，把吃了一半的鸡腿掉到了池边，她顺手抓起来又吃，咀嚼着，定下神细细地品味起来。她突然哇哇地叫起来，并指着池边白色的东西喊着、说着。人们纷纷地围了上来，把手中烧熟的鸡肉、牛肉沾着白粉末状（一会儿就化了）的东西吃，越吃越香，露出高兴的神态。

原来，池边的那一层白色的东西就是盐渍。从此，资阳人认识了盐，开始了有意识地用盐来调味，使盐文化、饮食文化更上一层。

八、沙咀人萌烁制陶、雕刻文化（12000 年前后）

历史进入旧石器时代末期，新石器时代中期，资阳人就开始抟泥为陶、寓拙于巧制陶、雕刻文化。

北京大学历史系、四川博物馆联合考古小组在资阳鲤鱼桥旧石器地点挖掘过程中，挖掘出新石器时代的陶片和陶器，这说明资阳人在 13000 万年前就已经能成规模地制作陶器了。这是人类陶器史上的创先，是人类最早的一项伟大的文明成果，是人类社会发展史上划时代的标志。

陶器是先人用泥与火的完美结合制造出来的器具，是人类第一次蒙昧地认识如何控制和利用水与泥加上火烧产生新物质、新器具。虽然那时还不懂得这是化学作用产生的物质，但这是区别旧石器时代和新石器时代的一个分界线。

陶器的发明是资阳先民随着农牧经济的发展，从树上搬到地上居住以后，在劳动实践中抟泥为陶，发明了陶器，成为人们必备的生活用品。继而，陶器较快发展，资阳先民在一万年前就较熟练地掌握了制陶工艺。

从上看出，资阳人制作陶器的技术较高。先人们把黏土加水混合揉搓，制成需要的各种器物，阴凉干燥后，再用火焙烧，使泥土器皿产生质的变化，形成质坚耐用的陶器。陶器文化的产生和发展为资阳人文化又添了一道光彩。

陶器的发明是经过漫长历史的实践后出现的。应该说资阳人发明陶器最先还是在新石器时代初期。也就是说自从燧人氏能控制火以后，在用火的实践中，

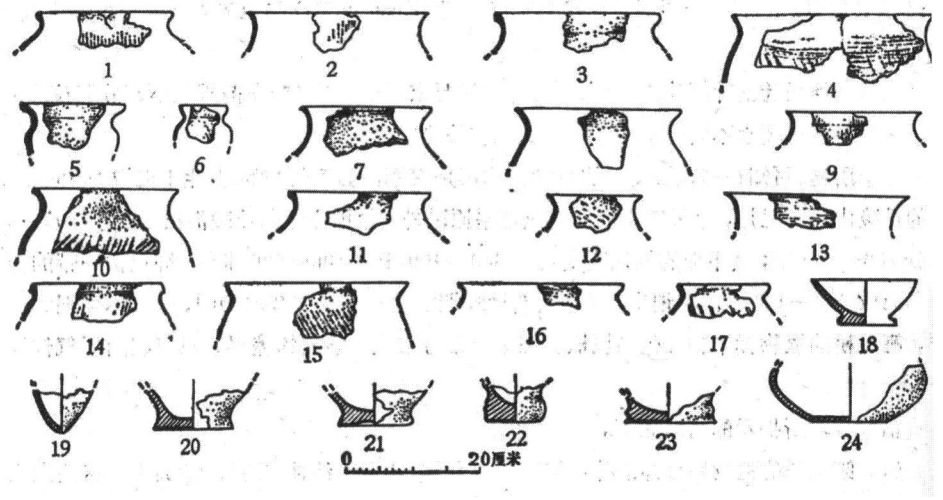

新石器时代陶片
引自《考古学报》1983年第3期《四川资阳鲤鱼桥旧石器地点发掘报告》

把黏土烧成了硬块，这是创发陶器的最早认识。有了这个认识，才进而用火把水黏成的各种形状的黏土烧成器具，甚至工具。

最初的陶器是黏土为主，继而发展成以"夹砂灰陶为主，其次为灰砂红陶，泥质灰陶，泥质红陶。陶质粗糙，火候较低。全为手制。这些陶片以素面为主，有少量绳纹和篮纹，饰于器物的肩部和腹部。出土的陶片可以看出的器形有碗、罐、尖底器。器物的口沿有侈口、直口、敛口三种，其中侈口最多。侈口的有方唇和圆唇；直口的只有尖唇；敛口的仅见圆唇。腹分鼓腹和直腹两种，前者居多。底以平底为主，假圈足较多，尖足较少。可以复原的器物仅有一件陶器，

系夹砂灰陶，素面，直腹，圆唇。手制。器形不规整。口径 11、底径 6.4、高 4.5 厘米"。（引自《鲤鱼桥报告》）

从这段报告中可看出，那么久远时代的资阳先民就在陶制品上妆饰纹饰了。饰陶艺术是资阳鲤鱼桥文化的一项光辉卓越的成就，是陶器发展史上的又一个灿烂的里程碑。

资阳先民凭借自己的智慧在新石器时代就制出了碗、罐等多种陶器用具，而且还在陶器上装饰，这就形成了资阳濛溪先民陶器新貌，构成了一个极为丰富的陶器世界。这是资阳濛溪先民实用性与艺术性兼容而制造出来的一些创新的产品。这不仅仅是几种陶器，而是凝结着远古资阳濛溪先民的精神风采，展示出了资阳濛溪先民创新的神韵。

陶器的产生，巩固了人类地上定居的基础，加速了地上定居的发展。自从陶器出现之后，人类再没有离开它，一直越来越依赖它，与它朝夕相处。

陶器的发明是人类文明的重要里程碑，是人类学会利用自然物，按照自己的意图创造出来的脱离自然的一种崭新的东西。这就揭开了人类利用自然、改造自然的秘密，书写出开拓创新的全新篇章，具有重大的划时代的意义。资阳人陶器的出现，标志着资阳人新石器时代的开端。资阳人陶器的开创发明，极大地改善了人类的生活条件，在人类发展史上书写出崭新的篇章。

资阳的陶器文化很快传到成都平原，传到大江南北。当她发展成为瓷器以后，还作为文化使者将中华陶器文化传向了世界，展示了中华文明的辉煌。英文的 china 就是汉字瓷器，成为中国在国际上的象征和代名词。

九、漆家人烧瓦烤砖创新建房和树漆文化（11000 年前后）

《报告》说：在 T1 和 T2 的第四层上有密集的陶片、木炭和红烧土块。

《报告》说：在 T1 和 T2 的第五层上有密集的瓦片等。还说多处密集乌木。当时的红烧土块就是砖的前身即土砖，瓦片就是破碎的瓦。

土砖是用来干什么呢？显然，一是用于制陶垒窑，二是用于建房砌墙。

所以说，建房文化就在这时兴盛起来了。因为建房文化在"资阳人"时期就萌发了杆栏住房群居住文化。到龙垭时期，进一步发展了地面建房文化。本节讲的建房文化已经发展到土砖砌墙，屋顶用瓦盖的萌发期了。

《史记》等史书记载，旧石器时代末期，漆文化就兴盛起来了。《报告》间接告知，濛溪河流域的先民用漆树流出的汁制成涂料给陶器上装饰，形成陶器新貌。

这就是资阳回龙乡漆家寺的树漆文化将资阳陶器文化推上新台阶，使资阳陶器文化跃进一大步。

乌木是历史的佐证。1958 年刘家大院人在漆家寺三国时张飞下令修筑的栱桥遗址西边水田里发掘出多根两人手围大的乌木。可见与濛溪河相距几里远的漆家寺村同样遗存着新、旧石器时期文化遗迹。

树漆文化在后面第三卷第四章还将较详叙述。

十、濛溪人萌创种植甘蔗、水稻等农耕文化（10000年前后）

（一）考古专家确认：10000年前后资阳种植稻谷

初种蔗桑、水稻，农耕始显朝霓。

《报告》说：在发掘中，"获得大量乌木、树叶和种子标本"《报告》告诉我们在10000年前后，濛溪河地区就产生了种植水稻等农作物文化。请看，当时，一丛丛一片片似竹非竹的植物和水稻类谷物，长在资阳坝上，沱江两岸。

你看它，接近小竹竿粗的身子，红彤彤的有一人多高，上面长着几片亭亭玉立的叶子笑傲长空。那时不知道它叫什么名字，后来人们叫它甘蔗。甘蔗虽然不能长期保存，但甘蔗的鲜甜滋味是先人们最喜欢的东西或食物。所以资阳人种甘蔗的兴趣很浓，甘蔗发展也很快。不多年工夫，也形成了一定的规模。

前面已述农耕文化，这里只提及。

（二）布谷滴血的传说

你再看，资阳坝上、九河两岸一片连一片的金灿灿、黄澄澄的景象。稻谷头垂，迎风慢摆，一群群资阳智慧人穿梭在稻田中间。他们背着背篓、提着竹篮，一只手使劲地揪下稻穗，不停地装进篮中。在这些摘稻谷的人中男的基本都是赤背裸身，女的大都只是腰间围一个简陋的裙子，有的干脆就是挂几片阔叶在肚前。他们汗流浃背，长长的头发滴着汗珠。

天气实在太热，快到中午，他们跑到了树下乘凉。有的用手搓着稻谷，有的用小石片磨稻谷，弄去稻谷粗皮，用手指头捡起揉烂的谷芯，尝起米鲜来了。

资阳人种稻谷的历史已有多年了。在新石器时代初期，他们把稻谷种撒在水浅的地中或干土地上，任其生长。那时的田和地都是自然的，种的谷子用手连根拔太费劲，所以他们采取刀耕火种的办法，把谷穗摘去后就一把火把稻谷草烧掉，来年再种。

资阳人种植稻谷是从认识野稻谷开始的。由于资阳地理、气候条件得天独厚，有许多湿地河流，水源丰富，最适合植物

布谷鸟

生长，这些野生植物中已经长出了野水稻。资阳智慧人在采集野菜、野果时就已经发现了野水稻，并将野水稻摘下来吃，由于刺口，就不吃了。过了好长时间，有人把野稻谷放在手中搓，由于刺手，后来他们用两块薄石片搓磨后吹去皮再把米放进嘴中吃，觉得好吃。从此，资阳人开始对野稻谷产生了兴趣。

他们发现野稻谷掉在地上，来年又发出新芽，又结出稻子，于是资阳人有意识把野稻谷收集起来，到第二年暖和时期把它撒在地上，自然又长出稻苗，结出了稻谷。从此，资阳人开始了水稻的种植活动，并将这种种植活动逐年扩展开来。

在多年的刀耕火种中先人们又发现撒在地面的种子有的能发芽有的不能，能发芽的都是被雨水冲埋的。在这种启发下，先人们开始运用自己发明的石锄刨地，进行种植，这就推进了农业的发展。石锄刨地、耕种水稻等农作物的文化首先从鲤鱼桥显现生机，继而传播开来。从鲤鱼桥出土的石锄等文物可以证明这一点。

"喀咕喀咕！""布谷布谷！""快快播谷！快快播谷！"

每到春天中后期，这种名叫布谷鸟的叫声，宛如歌声一般，缭绕在大地上空，催促人们早点播撒谷种育秧苗。从此它的声音叫个不停，从白天到黑夜，从黑夜到白天。当秧苗长出一手卡长之后，这种鸟又似乎叫起来了："包蛋打头，包着插手！"这似乎是在催促人们用手抓着几根秧苗插在田里，进行繁忙地插秧农活。

这种鸟，人们叫它布谷鸟，又叫它大杜鹃鸟、报时鸟，还叫它滴血鸟。它高声叫着，昼夜不停地催促人们抢农时，干农活。叫啊叫啊，嗓子和嘴都叫出血了，滴在树上，人们身上。人们对它的殷勤催促十分感动，十分敬佩，把它奉为神鸟。

传说这是蜀帝杜宇逝后变为鹃鸟在叫。蜀帝杜宇一生为民，重视农耕，在他离开民众后还关心农时，每年春耕时都学鹃鸟不停地叫喊"布谷布谷！"叫到嘴角流鲜血，声音凄厉，催民播种、插秧。《四川通志》曰："望帝自逃之后，欲复位不得，死化为杜鹃"。师旷《禽经》曰："杜鹃出蜀中，春暮即鸣，田家候之，以兴农事。"

还有种传说，滴血鸟是智源祖一千代的儿媳变成的。一千代智源祖生了三个儿子，她叫大儿子负责种田掌管农业，叫二儿子负责捕鱼掌管渔业，叫三儿子负责种桑掌管桑蚕业。

大儿子好玩，领着一帮种地的兄弟姐妹嬉笑打闹，歌舞不停，到该播撒谷种的季节他也照样领着大伙玩耍。结果错过了播种季节，秧苗几乎没长出来，稻谷只有稀稀拉拉的几片。恰好这年又逢旱灾，水中的鱼儿极少，林中的野兽也少，人们缺食饥饿，千代智源祖就严惩了她的大儿子。第二年春季，大儿媳为了抓住农时，播撒好谷种，她就天天喊着："播谷播谷！"喊到嗓子出血，她也全然不顾，仍在喊："播谷播谷！"她喊着喊着，身体飘然起来，站到了

树上，还在喊："播谷播谷！"由于她站得高，声音传得远，催促、鼓动性更大，人们播种插秧的劲头鼓动起来了，这一年农业取得好收成。在欢庆好收成的喜悦日子里，千代智源祖看不到大儿媳，就问大伙她人到哪儿去了。她的大儿子领着大伙跪拜在千代智源祖面前，哭泣着说："她天天喊'播谷播谷'，喊着喊着她飘到了树上，羽化成神鸟，后来不知什么时候又飞到了天上，像鸟一样四处飞翔，八方呼喊'播谷播谷'。从此再没回来，不知她到哪儿去了。"

千代智源祖听后，泪如雨下，向天长拜，嘴里喊着："神啊，神啊，她是神啊！"这时天空飞来一只大鸟，站在近旁的大树上，叫着"收获！收获！"千代智源祖领着大伙向她拜个不停，从此，滴血鸟就这样传了下来。资阳的稻谷种植业也就更兴盛了。

虽然大米没有肉好吃，但它比猎动物安全，也有一定的鲜味，有定期收益，保存时间长，所以先人们爱种稻谷，慢慢地种稻谷形成了初步规模。平坝地、河流两岸凡是有水份的土地先人们都种上了稻谷，连沟边、谷岸都种上了。农业的雏形就这样萌发出来了。

十一、字库山萌现象形文字文化（9000 年前后）

（一）象形文字的出现

资阳人在结绳记事的基础上，受到鸟兽足迹和水生动物龟类甲壳纹理的启示，用雕刻器在刮削器刮制平整的器皿上或在平板石头上或树干上雕刻一些图形，用以代表记忆，萌发、产生了象形文字，创造了文字雏形。从此，人类思维的具相化初露曙光，打开了人类通向文明的重要通道。如：

目前，只有在秘鲁还有存留的"打结字"（Quippus）。用一条横绳，挂上许多直绳，拉来拉去的结起来，网不像网，可以表现较多的意思。恐怕结绳记事的逻辑思维，加上各种形象比附，就具备了发生文字雏形的基础。

原始社会象形文字是指纯粹利用图形来作文字使用，这些文字与所代表的东西，在形状上很相像。一般而言，象形文字是最早产生的文字。

资阳人

扬雄《方言》:"一,蜀也。南楚谓之獨。蓋蜀人古语读一为蜀,其字作🐛,象蚕之形,亦即古代之蚕字。我国古代传养蚕法者,初亦只呼为'蜀'。更造为蜀字。是故'蜀山氏',即古人加于蚕丛氏之称也。其义皆谓最先创造养蚕法之氏族。"

对象形文字"蜀"的形成来源与"蚕虫"的关系,任乃强先生在《蚕丛考》中说:"论蜀之为字,蓋即原蚕之本称也……蚕字,从虫虫、簪声。其非原始之蚕字甚明。较蚕字者早出者,有蜀字;古文作蠋,去掉虫,后加虫字,象形兼会意。所表者为蛾类之幼蟲。蛾类幼蟲与人类生活最关切者莫

沱江岸边资阳市区字库山上的字库塔　摄影　谢天祥

　　蜀字在早期甲骨文中是眼和虫的组合,罗,即眼睛盯着虫,或虫长着大眼睛,这个"虫",就是《方言》中说的"象蚕之形",晚期甲骨文在虫上加了一个人,成"蜀",即人瞪大眼睛盯着虫。金文延续甲骨文的象形,成"蜀"形,《说文解字》的篆文简明写成"蜀",把"虫"之形写成"🐛",人写成"ク"和"ク"。隶书和楷书把"🐛"写成虫,把ク写成了ク,字形更美观,更好写,同时保留了原字的象形特点。

如蚕。故蜀字系古人专为原蚕制造。象巨目之蟲。又加虫为蠋者,是象形末期字;更加虫,以明其非他种巨目动物。"

鞠德源在《古蜀王国——中华文明的摇篮》（以下简称《古蜀王国》）一书中说："'据任乃强先生估计，蜀字之制成，即在黄帝之世。其字，亦即为当时之蚕字，后世乃以蜀为原蚕。'故《淮南子》云：'蚕与蜀似，而爱憎异。'其所云'蜀'，即原蚕，今云野蚕者是也。"

资阳地区蚕虫文字图像的遗迹，画的图像就像一条蚕虫。有比较模糊的蚕虫文字图像。周围还有文字图画的刻画线条，但看不清图像。资阳丰裕镇菜子沟河边石头上有远古时期刻的清晰的猴、蛇文字图像。这幅图是一个故事，表达的意思是：猴子在前面摘桃子，不知蟒蛇在后面跟随。从丰裕镇往西翻过上山坪这道小山梁的忠义镇敲钟村九谷龙洞里面岩石上也有远古时期刻画痕迹，是象形文字，但由于时间久远，风化严重已看不清楚了。这些事实告诉我们，资阳人最初的文字有些是记录在石头上、崖壁上、树木上或者竹子上，后来才逐渐形成书面文字。

现今最广为人知的象形文字，是古埃及象形文字，圣书体。虽然如此，但更精确地说，圣书体应属于一种意音文字。此外，现时中国西南部纳西族所采用的东巴文和水族的水书是现存世上唯一仍在使用的象形文字系统。还有可能存在的第三种仍在使用的象形文字系统是达巴文。

汉字虽然还保留象形文字的特征但由于汉字除了象形以外，

孔子溪打卦石猴蛇象形文字图（图中字为编者注，总编室摄于2013年4月1日）

还有其他构成文字的方式，而且亦在某种程度上表示语音；而汉字经过数千年的演变，已跟原来的形象相去甚远，所以不纯属于象形文字，而属于表意文字。然而，甲骨文和金文亦算是象形文字。此外，玛雅文字的"头字体"和"几何体"亦是。

（二）最初的文字形成于女娲时期的洛书

其实，最初的文字形成于女娲时期，而且绘制地图也是在这个时候开始。《易讳·通卦验》："遂皇始出，握机矩、表计宜，其刻曰：苍耳能灵，昌之成，孔演命，明道经。"这句话的基本意思是说：只要按照规范操作，就能明晰地理，绘制出地图。《山海经·海外东经》记载："帝命竖亥（竖亥，是上古时代的地理学家。编者注）步，自东极至于西极，五亿十选九千八百步。竖亥右手把草头弄，左手指青丘北。"这就是测量地形的记载，步数可能是计量距离的单位。从这里看出，在那么遥远的古代，我们的祖先就干出了不敢想象的创世的事实，先人们是多么聪慧能干啊！

著名考古专家董作宾先生认为："殷墟甲骨文并非最早文字。"据考证，"河图绿字"即"河图洛书"。据说苍颉先是看到"河图洛书"，受到启发，研究其字形，经常在指掌中描画，最终创造了文字。所以说苍颉创造的文字并非最早的中华文字，而是所本的"河图洛书"。《管子·小匡》说"河出图，洛出书"。"洛书"出自岷山昆仑的"洛水"。

专家考证，籀书就是洛书，产生于古蜀洛水一带。后来盛行于夏，殷商时避缩于四川盆地，秦灭巴蜀后，籀文作为战利品再次输入秦国，即为大篆，始皇时期修正为小篆。

这些史实进一步证明，最早的文字是从洛水即沱江地域的先民创发的，时间约在女娲后期。

  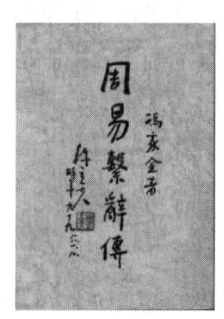 

应该说创造文字在先，发明地图在后。那么，文字出于何时呢？前面讲了，文字始出于燧皇末期，女娲初期。文字最早出现的标志是洛书。《论语·子罕》篇记载："子曰：凤鸟不至，河不出图，雒不出书，吾已矣夫。"是说：雒不出书，哪来文字。紧接着《管子·小匡》记载："河出图，洛出书。"就是说：洛地已出现文字。《易系辞》记载："天生神物，圣人则之，天地变化，圣人效之，天垂象，见吉凶。河出图，洛出书，圣人则之。"就是说，天生的神物，圣人看到它；天地的变化，圣人要仿效它；天象变化，昭示吉凶，河出图，洛出书，圣人看到它。到了汉代，《淮南子·俶真训》记载："洛出丹书，河出绿图。"

请注意，上面这一段中4本史书记载的"洛"、"雒"是指地名，是指这个地方出的文字。"洛"、"雒"是在什么地方呢？"洛"、"雒"都是沱江的古称，由此推断，最早的文字出现在当今的沱江流域。

是的。《世本》记载："《龟书》出洛，赤文篆字"。国学大师王国维考证，小篆出于秦大篆，大篆即为籀文，籀文为上古使用的文字。《洛书》的文字是籀文。籀文的源头是蜀地。蒙文通先生就这方面说，文字"是先出于蜀，而后来才渐次影响于秦"。蒙文通还认为，司马迁著《凡将篇》，扬雄著《训篆》和《方言》，都得益于巴蜀本来的深厚文化底蕴，而不是由秦带来的。"辞赋、黄老、天文、灾异之学，在两汉时巴蜀颇以此见称，这不可能得之于秦"，况且，古蜀的"语言文字……短短百年之间，是不能消失得无痕的"。

总括各位专家的论断，籀书就是洛书，创始于古蜀资阳洛水一带。盛行于夏，殷商时避缩于四川盆地，秦灭巴蜀后，籀文作为战利品再次输入秦国，即为大篆，后改为小篆。史实说明，《洛书》产生于沱江流域的资阳一带。

印度女学者米尔卡丹尼经过多年考查后认为：华夏的汉字是人类历史上最早最优美最深刻最伟大的文字。汉字的全息性表明汉字是人类历史最具有信息稳定性和表达能力的文字。汉字的多层次内容性，极其简洁的文字构成性，文字语言表达的悠远性，跨越几万年的含义超稳定性，使得汉字成为人类历史上唯一具有强大文化生命稳定性的文字！

十二、沱江中、上游"鲤鱼桥文化"中的古玉文化（8000～2500年）

右图沱江玉器又是一个佐证,古蜀文化早期的"龟负神人寿"玉器,通高：142厘米,直径：30厘米。神龟在底，中部为尊，尊身镌刻大山纹及回旋纹饰，中空，尊上立神人手为握物状，此器为神人拥有的权利是苍天授予高于一切"河图洛书"之义蕴含其中。

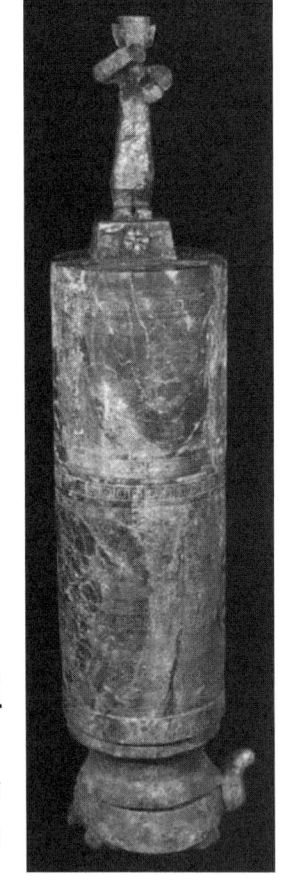

龟负神人尊

沱江中、上游川内部分地区出土文物中的玉器，是"鲤鱼桥文化"新石器时期中的璀璨精品。

1951年,成渝铁路修筑中在沱江中上游岸上挖掘出大批玉器,现存1480件。这是资阳人"鲤鱼桥文化"的一部分。它的名字可叫"鲤鱼桥文化玉石",也可称资阳人玉石,亦可称沱江玉,还可称蜀玉。

可惜,这之前的若干年中,由于秦始皇"焚书坑儒"迁移和抹杀资阳人和蜀国文化历史的原因,造成主流学派对远古资阳人文化和古蜀文化的认知不够,使得这些珍贵古玉流浪散落荒野,流向四方,有的被人发现以为是铜器就敲碎拿去当铜卖,损坏了不少国家珍贵的历史文物。又由于个别所谓的历史学家对资阳人和古蜀玉器的质疑,造成了大量古蜀玉器的外流,甚而流失到了国外。好在有胆识的民间收藏家以他们敏锐的眼光和胆识,用心收藏到一部分古玉器。在不同的历史时期的各种运动形势下,竭尽他们的全能冒极大风险将收藏到的玉器保存了下来,值得庆幸,应向他们致敬和衷心的感谢。

正是这批民间收藏家的坚守,使得这批古蜀重器留在川蜀的大地上,在当前大好形势下保存完好的让世人观赏。而他们自身仍甘于过着淡泊寂寞的生活,坚持着对古蜀文化孜孜不倦的研究与探索。

当这些器物展现在人们的视野中,蜀玉那种璀璨的美质,那种独具匠心的艺术表现形态,是那么的震撼人心和强烈的穿透力,这都是毋庸置疑的。

这批沱江玉经故宫博物院文物鉴定专家周南泉等同志鉴定为真品。

周南泉同志是故宫博物院文物鉴定研究员,是鉴定玉最权威的专家之一,是中国收藏家协会鉴定委员会常委,中国宝玉石协会常委,东方收藏家协会珠宝玉器鉴定组组长,中央电视台《艺术品投资》栏目玉器类首席专家,是业界公认的"玉界泰斗",由他率队的珠玉鉴定组经过遂件研究分析鉴定后,确定1480件沱江玉为真品。

专家指出,几十年中川部分地区出土的古玉也属鲤鱼桥文化古玉文化范围。

知名羌学泰斗,世界自然联盟委员、羌学研究院院长张善云教授数次观摩研究后赋诗云:

古蜀文化,博大精深;古玉藏品,璀璨辉煌。

会馆集民间收藏精品,玉器显蜀地古史绝唱。

这些沱江玉的崇高价值表现在哪些方面呢。

(一)沱江古玉的历史价值

步入玉馆,"宁为玉碎"的民族气节,腾入脑海;"化为玉帛"的和谐风尚,油然而生;"润泽以温"的奉献情怀,潜心无语;"瑕不掩瑜"的严洁品格,陶冶心田;"锐廉不技"的开拓进取,催人出彩。

君不闻，八千年古玉历史，辉耀华夏，光彩夺目。时为王者圣权，令百姓膜拜，试看蚕丛玉尊崔嵬，谁不肃然起敬；时为神者天威，叫民生畏，仰望昆仑玉殿雄姿，怎不虔诚施礼。

更可贵，馆中玉器皆出类，器上蜀字藏古迷。试问诸君谁能破，古蜀历史谱新辞。

据史料记载，古蜀国是在战国时期的公元前316年被秦灭亡。秦取得了蜀地的丰富战略资源，进而在公元前221年统一了全中国后，秦始皇立即推行"焚书坑儒"政策，尤其是将资阳和古蜀的文物几乎全都迁移至中原等地方，以便巩固他的政权。随着历史长河的东逝水，资阳人古文化和古蜀国文化在人们的记忆中湮灭了。这是一段被人们遗忘了的历史！

1929年，广汉月亮湾附近燕家院子农民燕道诚，挖水沟时发现一坑玉石器400余件，掀开了古蜀文化的面纱。

1951年，成渝铁路修筑中在沱江中上游岸上挖掘出大批玉器。同年，四川省博物馆王家佑、江甸潮发现"横梁子遗址"和"三星堆遗址"，后又挖掘出金沙遗址，都发现一批玉器。

几十年来，国家考古部门在四川各地发掘出大量古文化遗址，如："资阳人文化"遗址、"鲤鱼桥文化"遗址、汶川布瓦遗址、茂县营盘山遗址、都江堰芒城遗址、新津宝墩遗址、温江鱼凫城遗址、郫县古城遗址、汉源麦坪遗址、绵阳边堆山遗址等。经综合分析，其历史在10000年至40000年时期是"资阳人文化"开创、发展和初步繁荣时期，在3000年～5000年时际应为"资阳人文化"和古蜀文化繁荣的阶段。

洪荒之际，在这个地区生活一个古老的"资阳人"氏族。这个地区即是岷山最南的昆吾山和沱江中游地域。

"资阳人"氏族后代是华夏最早以睁大眼睛看世界作为这个氏族的图腾，至今已有六七千年的历史，本书第三卷第二章中将论述。在"资阳人文化"和古蜀文化遗留下来的文物中，对眼睛和耳朵是刻意的进行了描绘。那么的夸张，抽象而又传神。他们总结出人一降生，即是从视觉上、听觉上认知宇宙，认知自然万物，敬畏生命，从而总结出了人要与天、地、万物和谐相处之道。历数千年，为后人留下了他们的思想理念、宗教哲学、天文地理、生产生活等多个领域的宝贵经验。

神首，古蜀文化早期文物。通高：48厘米，直径：22厘米。

此神人首一经转动为四面神像，眼睛凸出睁大，头顶双凸帽冠，凸出部镌刻，三角纹，帽似轩辕状。

随着几千年历史的发展，沧海桑田，繁衍了几个伟大的时代，成就了一方乐土—天府之国。

这几个跨越时空几千年的时代，就是古蜀国：蚕丛、柏灌、鱼凫、杜宇、开明时代。

从我们所收集的古蜀文字，也能悟出这个时代的历史变迁。唐代大诗人李白诗曰："蚕虫与鱼凫，开国何茫然，迩来四万八千岁，不与秦塞通人烟……"这不奇怪，因为在中国正史中，没有"资阳人文化"和古蜀的记载，传说中的古蜀国让这位乡思很浓的四川人发出了这样的感慨，所以说"资阳人"是蜀人的始祖。

神　首

在本书前面已论述的"资阳人"为蜀人始祖一章的"图腾柱发出惊天语：资阳人就是蜀人始祖"一节中，所展示的"图腾柱"这件精美的国家罕见的唯一仅存的无价珍宝玉器，把中华文化历史的启承关系匠心塑制得多么清晰。这件宝玉所展示的"资阳、蜀国与中华远古文明史关系史"，如本书前拉页中《资阳、蜀国与中华远古文明史关系图》所示是一致的。

(二)沱江古玉的文化艺术价值

数代人赏玉伦理：仁、义、智、勇、洁。君比玉于德，儒推玉为尊。玉比尊华"白玉为床金作马"、"玉当富贵"、"黄金有价玉无价"。

玉馆新颖独特，观玉品茶、欣赏音乐、舞文弄墨、笔染丹青；令人乐以忘忧心身爽，畅舒情怀去又来，这是沱江古玉的崇高文化艺术价值的魅力的作用彰显所至。

让我们先看看"龟负美人鱼"这件玉器的造型、意境等所达到的造诣极深的高超艺术性吧。

"龟负美人鱼",沱江古玉即古蜀文化中期文物,长30cm,高25厘米。

龟负美人鱼寓意深蕴,印证了山海经书中记述的一些史实。

这是一件古蜀国中期的圆雕器物,青白玉质,整体圆润,手感舒适。器形是:龟背上躺一美人鱼,美人鱼雕工精细,神采奕奕,龟的头部上伸顶住美人鱼头部,龟的尾部是一条神蛇,龟甲两侧纹凤鸟展翅飞翔状,龟甲前后各纹图腾符号纹。龟甲边缘有回形纹饰。整件器物结构紧密,构思玄妙,呈现出一种让人驻足观看不忍离去、流连忘返的艺术美感和冲撞力。

美人鱼　总编室摄于 2013 年 11 月 6 日

据考证,美人鱼这一艺术表现手法,是欧洲文艺复兴时期,在丹麦有所表现,丹麦的美人鱼雕塑,曾让全世界的人民和艺术家倾慕和迷恋,成为世界不朽的文化传说。古蜀国这件器物所表现的美人鱼,从艺术形态和表现手法相对来说,应该是比丹麦的美人鱼更有艺术美感及文化上深厚的内涵。

从时间上来分析，它早于丹麦若干年，是古蜀国中期的产物，也就是距今约4000年古蜀的鱼凫时代唐代大诗人李白曾在诗中描述蚕虫及鱼凫尔来48000岁。汉时杨雄的蜀落及晋时常胥在《华阳国志》中讲到："蜀之为国，肇于人皇"；"从开明以上至蚕丛历4000岁，与夏、商、周并存。这也证实了古蜀国经历的时空至少在4000年以上，而距今足足有6000年以上的历史。

沱江古玉即古蜀文化早期的C形龙通高：85厘米，厚度：6厘米，龙身浮雕C形纹，独角从头部延伸至背部，昂首张嘴立于玉琮之上，气势恢宏，独具艺术性，为沱江古玉即古蜀文化早期的龙图腾。

沱江古玉即古蜀文化早期的"卧虎"通长：118厘米，宽：8厘米，高：10厘米。该虎为抽象形，极具艺术美感，简洁的线条勾勒出玉虎匍匐欲扑的瞬间神态，欲动于静，形象逼真，是具有非凡艺术感染力的极品。一扑惊天下，三吼百兽惊。

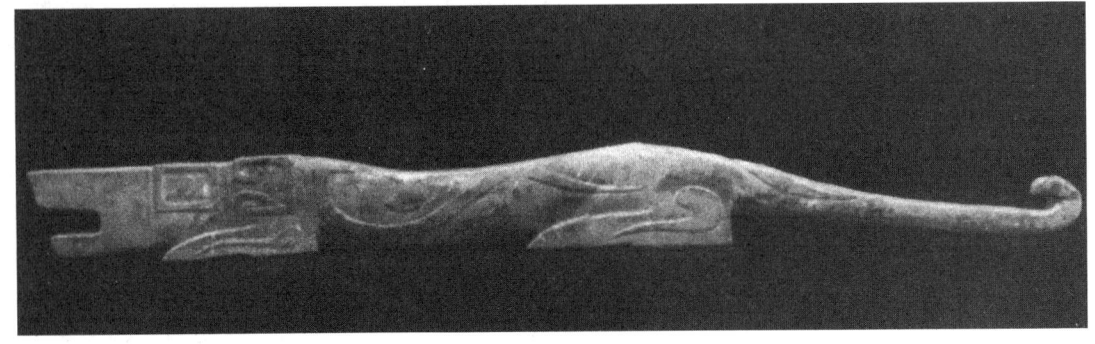

(三)沱江古玉的科学价值

沱江古玉蕴藏着丰富的科学内容和重要的科学价值,仅从具有 6000 年至 8000 年历史的"天干地支"这对玉器中就可窥见一般。

天干地支简称干支,"辞源"里说,"干支"取义于树木的"干支"。

十天干是:甲、乙、丙、丁、戊、己、庚、辛、壬、癸;十二地支是:子、丑、寅、卯、辰、巳、午、未、申、酉、戌、亥。

十干和十二支依次相配,组成六十个基本单位,为一个甲子。古人以此作为年、月、日、时的序号,叫"干支纪法"。

据《五行大义》中记载,干支是大挠创制的,大挠"采五行之情,占斗机所建,始作甲乙以明日,谓之干,作子丑以明月,谓之枝,有事于天则用日,有事于地则用月。阴阳之别,故有枝干名也"。

天干地支,是古人建历法时,为了方便做六十进位而设出的符号。到后来更把这些符号运用到时间和空间上,因而天干地支被赋予的意思就越来越多了。以一个天干和地支相配,排列起来,天干在前,地支在后,天干由甲起,地支由子起,阳干对阳支,阴干对阴支,得到六十年一周期的甲子回圈,称为"六十甲子"或"花甲子"。

天干地支这二十二个符号错综有序,充满圆融性与规律性。它显示了大自然运行的规律,及时空的互动,和"阴"与"阳"的相互作用结果。中国历法包含了阴阳五行的思想和自然回圈运化的规律。

我国的学者为驳斥干支外来说,从上古的夏武帝王世系以下所有帝王的名字中,十天干中的字已被用于名号。陈遵妫在《中国天文学史》中指出:"在四千年前的夏代,可能已有干支产生了"。郑文光在所著《中国天文学源流》一书中认为:"十天干起源于我国古代伏羲和'生十日'的神话传说,是十进位法概念在纪实中的反映和实际中的运用,应当产生于渔猎时代的原始社会;'十二地支'则由常羲'生月十有二'的神话传说演变而来,产生于殷商之前,后逐渐演变为十二辰。所以郑文光推断:'十二支宜乎是夏人的创作'"。

值得指出的是,"天干地支"这对沱江玉器把早期阴阳、先天八卦用玉石形象化地塑造出了"天干地支"的完整内容。更为奇特的是表示"天干"的竟然是八只璧,而"地支"却是十二只玉琮,所表现出的竟然是八天干十二地支。是否可以认为古蜀国的记历方法是早于十天干十二地支的,是迄今发现的更早的记历方法呢?用十二生肖很形象的方式从远古传承至今。每一个华夏人都能准确无误的用某种动物来表示自己的生年、生月、生日、生时。天干地支是"资阳人"后代的伟大纪年发明,其功用仍将永远传承。

整组器物,反映出在古蜀和华夏早期对天象的认知,既有了龙凤文化,阴阳文化及天干地支记历的方法。

在上古,璧和琮是用以祀天地而用。这一组玉器用八只璧和十二只琮,表示天干地支;另卧一龙一凤,活脱脱的显现出阴阳八卦,天干地支。

右边龙形器通高123厘米,左边凤形器通高114厘米,它们展示的内容是:

左龙右凤:表示阴阳关系。

璧:表示天。八个璧表示天为八卦。

琮:表示地。十二个琮为天干地支关系的纪历法。

此器物惟妙惟肖,精美绝伦!此器物的龙凤造型,透出了是女娲伏羲时代的信息。这件器物的凸现,也佐证了上古时期,天干地支确实为华夏先人所创立的。而创造雕塑这组玉器就标示了华夏纪年的起始。

这件器物表面次生矿物,可以想象出它深埋地下所经历的沧桑。

如若按六十一个甲子推断,假设该器物经历了100多个以上的花甲,那么它距今就有6000年至8000年的历史。而这个时代是"黄帝"之前的女娲伏羲时代。

(注:"八、沱江中上游古玉文化(8000年~2500年)"这部分内容由何如、刘胜俊合写)

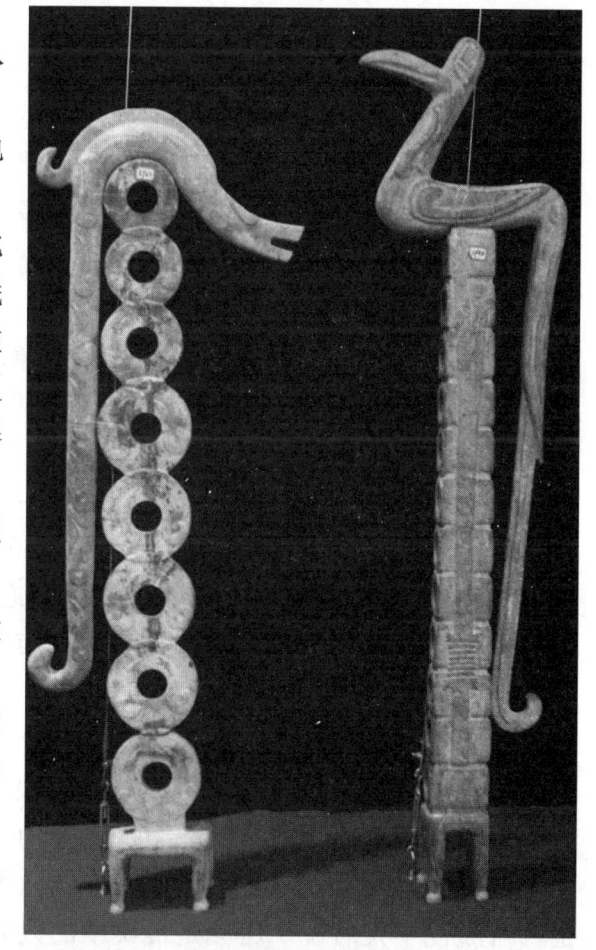

龙凤·璧·琮　总编室摄于2013年11月6日

（在下面记载的：女娲文化，伏羲文化，炎帝文化，黄帝文化，资阳昆仑山文化，资国文化，睁大眼睛看世界的纵目文化等，均属"鲤鱼桥文化"的范围。因后面要展开论述，这里就免述了。）

十三、太阳神鸟从传说到人间腾飞（前7000年～）

（一）太阳神鸟传说已有几千年

"金乌负日"传说已有数千年。不知何时起传说四只神鸟负载着太阳旋转。太阳是赐给人们和万物阳光、温暖、健乐、生长的天神，四只鸟生怕太阳神出现意外，鞠躬尽瘁死而后已地负载着太阳给人们和万物带来福音，是太阳神鸟。从此，太阳神和太阳神鸟成为普天下大众爱戴、敬仰、记惦的至高无上的伟神。

继而，有关太阳神和太阳神鸟的传说众多。八大神鸟的传说风声四起。其中，传说尤多的首属三足神鸟。

传说，西王母所使之神鸟。有三，即青鸟。《河图括地图》："昆仑在若水中，非乘龙不能至。有三足神鸟，为西王母取食。"

神话传说，太阳里有金黄色的三足乌鸦，古代人们就把"金乌"作为太阳的别名，也称为"赤乌"、"三足乌"。如唐朝韩愈诗："金乌海底初飞来"（太阳刚从海底冲出来）；白居易诗："白兔赤乌相趁走"（月亮和太阳互相追赶）。古人还有以"乌飞兔走"比喻日子过得快。传古代人看见太阳黑子，认为是会飞的黑色的鸟——乌鸦，又因为不同于自然中的乌鸦，加一脚以辨别，又因与太阳有关，为金色，故为三足金乌。

传说，三足金乌亦称"踆乌"、"阳乌"。神话传说中神鸟名。居于日中，有三足。其说始见于汉。《玄中记》："蓬莱之东，岱舆之山，上有扶桑之树，树高万丈。树颠有天鸡，为巢于上。每夜至子时则天鸡鸣，而日中阳乌应之；阳乌鸣则天下之鸡皆鸣。"传说此鸟为日之精，居日中。汉代画像砖上常有三足乌，居于西王母座旁，为其取食之鸟，或说即青鸟。

（二）太神鸟从传说到现身资阳

1951年，金色十月的一天，沱江河浪花飞溅，高歌欢唱。沱江岸上机器声隆隆，人们欢歌笑语，修筑成渝铁路干劲十足。偶然，在沱江中游岸上发掘出一件金光闪烁的器物，是用金箔制作的精美的四鸟绕日金饰图器。年长的筑路指挥者凝视半天后说，这就是传说中的太阳神鸟。从此，人们传说、思念已久的太阳神鸟从天上来到人间，真真实实的现身在人们眼前，随时准备展翅飞翔。

资阳出土的太阳神鸟金箔（四鸟绕日金饰）完美图案精美传神。金器上的这个图案分为内外两圈，最里面的一圈，是一个顺时针旋转的火球，显示红火的太阳，外圈是四只逆时针飞翔的鸟，似为传说金乌负日。整个图案显得十分融洽、传神。

工艺高超莫测。据考研，太阳神鸟一共是十二只，在一家收藏馆里现有几只。我们拍照的这两只太阳神鸟，用尺子测量，大的这只金饰外径10.07厘米，内径4.63厘米，厚度0.02厘米，重量17克。小的这只金饰外径7.07厘米，内径3.8厘米，厚度0.02厘米，重量11克。两只都是器身薄，呈圆形，采用镂空方式分内外两层表现。线条简练流畅，极富韵律，动感强烈，象征意义极强，想象空间极大。内圆圈周围等距有十二条旋转的齿状光芒，意为十二月；外围绕在内层图案周围，由四只相同的逆时针飞行鸟组成，意为四季。四只鸟首足前后相接，朝同一方向飞行，与内层漩涡旋转方向相反。

太阳神鸟金箔（四鸟绕日金饰）构图凝练，是古蜀人丰富的哲学思想、宗教思想，非凡的艺术创造力与想象力和精湛工艺水平的完美结合，也是古蜀国黄金工艺辉煌成就的代表。整个图案似一幅现代剪纸作品，线条简练流畅，极富韵律，充满强烈的动感，富有极强的象征意义和极大的想象空间，生动的再现了远古人类"金乌负日"的神话传说故事。四只神鸟围绕着旋转的太阳飞翔，代表四鸟负曰，春夏秋冬四季轮回周而复始，循环往复，生生不息。内层12道芒纹代表一年十二个月周而复始。这是古代资阳人和蜀人崇拜太阳的物证，也许当时古蜀人已经掌握了岁、时、月的概念以及形成的原因。全图体现了远古人类对太阳及鸟的强烈崇拜，表达了古资阳人和蜀人对生命和运动的讴歌。

沱江岸上出土的"太阳神鸟"金箔（四鸟绕日金饰），动感视觉效果强烈，无论是外层的4只飞鸟，还是内层旋转的太阳。特别是在红色背景衬托下，里面的旋涡就如同一轮旋转的火球，周围飞鸟图案分明就是红色的火鸟。外层飞行的神鸟和内层旋转着的太阳，表现的正是古资阳人和蜀人对太阳神鸟和太阳神的崇拜和颂扬。

不久，资阳一些地方把太阳神鸟的图像张贴出来，或者雕刻塑造出来。1976年通车的资阳沱江一桥两边护栏上，全是太阳神鸟的雕刻图像。

其实，太阳神鸟图案在资阳一些建筑物上展现已有两千多年的历史。据老资阳中学几位老教师说，老资阳中学围墙边的资阳老城墙上，刻满了太阳神鸟的图案。这些图案是何时刻上的呢？那是建筑城墙时际刻上的。汉武帝建元六年（公元前135年）初置资中县，治所现今资阳市雁江区雁江镇，隶犍为郡。建县后就开始建筑城墙，至今已有两千一百多年历史。

1976年，资阳沱江一桥通车的两边护栏上装饰着无数个太阳神鸟图像。陈祥书 摄影

（三）金沙遗址立下汗马功劳

2001年，发掘金沙遗址时，发现一只太阳神鸟，开馆时公开展出来。金沙遗址博物馆在其编著的《金沙遗址》中说：太阳神鸟"构图凝练，是古蜀人丰富的哲学思想、宗教思想，非凡的艺术创造力与想象力和精湛工艺水平的完美结合，也是古蜀国黄金工艺辉煌成就的代表。""生动地再现了远古人类'金乌负日'的神话传说故事，表达了古蜀人对生命和运动的讴歌"。

国家相关部门在选定中国文化遗产标志时，从1600余件候选图案中选定"太阳神鸟"，从此，"太阳神鸟"金饰图案脱颖而出，一举成名。2005年8月16日，"太阳神鸟"金饰正式成为中国文化遗产标志。

国家文物局认为，太阳神鸟图案表达着追求光明、团结奋进、和谐包容的精神寓意，而且构图严谨、线条流畅、极富美感，是古代人民"天人合一"的哲学思想、丰富的想象力、非凡的艺术创造力和精湛的工艺水平的完美结合。

它的造型精练、简洁，具有较好的徽识特征。启用后的"中国文化遗产"标志，将在文物保护、研究、收藏等领域使用，也可按照管理规定用于商业领域。

2005年10月12日至10月17日，"太阳神鸟"金饰的蜀绣制品搭载神舟六号飞船在太空中遨游后返回地球。

"太阳神鸟"威名远扬，世人仰望。

(四) 众多史书、文献记载着"太阳神鸟"

中国众多古籍文献记载着八大神鸟，其中记载太阳神和太阳神鸟的尤为突出。

《山海经》中曾有多处关于帝俊之裔"使四鸟"的记述。《大荒东经》中说"有葛国，黍食，使四鸟：虎、豹、熊、罴"；"帝俊生中容，中容人食兽、木实，使四鸟：虎、豹、熊、罴"；"帝俊生晏龙……食黍，食兽，是使四鸟"；"帝俊生帝鸿，帝鸿生白民，白民销姓，黍食，使四鸟：虎、豹、熊、罴"；"帝俊生黑齿，姜姓，黍食，使四鸟"。《大荒南经》中说"帝俊妻娥皇，生此三身之国，姚姓，黍食，使四鸟"等等。据袁珂先生考证，使是役使之意。"使四鸟"或"使四鸟：虎、豹、熊、罴"可能是说役使的既有四鸟，也有四兽。而只有帝俊的后裔，才有这种役使四鸟与四兽的能力。在这些神话色彩很浓的不厌其烦的传说记述中，除了十日神话与崇鸟观念，似乎还反映了一种驱使和驾驭太阳神鸟的想象，太阳神鸟金箔饰上刻画的四只驮日飞翔的神鸟，与"使四鸟"的记述显然并非是简单的巧合，可能就包括了多重含义。

《淮南子·精神篇》中说的"日中有踆乌"，即为三足乌，又称为阳乌或金乌，被认为是日之精魂。

《洞冥记》中则又说三足乌是羲和役使的日驭。这实际上都是太阳神鸟，属于十日神话与太阳崇拜观念母题范围内的不同传说。这里附带要提到西王母神话传说的起源传播，其中浓郁的巫术色彩、复杂的精神内涵(如魂归天门观念、升天成仙思想、龙虎座透露的图腾崇拜意识和信仰习俗，以及三足青鸟的特殊象征含义等等)，都与古蜀文化有着密切的关系。

《论衡·说日》说"儒者曰：日中有三足乌，月中有兔、蟾蜍……审日不能见乌之形，通而能见其足有三乎?此已非实"。实际上在商周以降的图像纹饰中还有另外一种表现方式，常常将三足乌描绘成绕日飞翔的三只神鸟。例如战国时期和秦代一些铜镜上的三鸟环日图，三鸟均为一足，有学者认为"可能为三足乌传说的演变"，还有汉代瓦当上绕日飞行的三鸟纹，表现的也是同一个主题。

三足金乌传说中西王母所使之神鸟。在中国古代神话里，红日中央有一只黑色的三足乌鸦，黑乌鸦蹲居在红日中央周围是金光闪烁的"红光"，故称"金乌"金乌形象原是二足，西汉后期演变为三足，详见马王堆汉墓一号墓T型帛画右上角太阳中的二足金乌

《洞冥记》卷四："（汉武帝）曰：'朕所好甚者不老，其可得乎？'朔曰：'东北有地曰之草，西南有春生之草。'帝曰：'何以知之？'朔曰：'三足乌数下地食此草，羲和欲驭，以手掩乌目，不听下也。食草能不老，他鸟兽食此草则美闷不能动矣。'"

《艺文类聚》卷一百引《黄帝占书》："日中三足乌见者，大旱赤地。"后因以指日。

《河图括地图》："昆仑在若水中，非乘龙不能至。有三足神鸟，为西王母取食。"

汉代王充《论衡·说日》："日中有三足乌，月中有兔、蟾蜍。"

《淮南子·精神训》"日中有踆乌。"汉高诱注："踆，犹蹲也。谓三足乌。"

《春秋元命苞》："日中有三足乌。"故太阳也叫作三足乌或金乌。又西王母有三足乌，是替西王母取食的青鸟。

《史记·司马相如列传》："[西王母]戴胜而穴处兮，亦幸有三足乌为之使。"

张守节正义引张揖曰："三足乌，青鸟也，主为西王母取食。"后亦因以借指日。

唐代杜甫《岳麓山道林二寺行》诗："莲花交以响共命鸟，金榜双回三足乌。"仇兆鳌注引黄生曰："三足乌，即日也。"

宋陆游《月夜短歌》："明星虽高未须喜，三足阳乌生海底。"

（五）"太阳神鸟"是中华图腾的象征

"太阳神鸟"中的4只逆向飞行的鸟，也与"使四鸟"和"金乌负日"的神话传说以及太阳神鸟和太阳神的崇拜关联密切。在《山海经·大荒东经》中的"金乌负日"的神话传说："汤谷上有扶木，一日方至，一日方出，皆载于乌"，"有葛国，黍食，使四鸟：虎、豹、熊、罴"；"帝俊生中容，中容人食兽、木实，使四鸟：虎、豹、熊、罴"；"帝俊生晏龙……食黍，食兽，是使四鸟"；"帝俊生帝鸿，帝鸿生白民，白民销姓，黍食，使四鸟：虎、豹、熊、罴"；"帝俊生黑齿，姜姓，黍食，使四鸟"。《大荒南经》中说"帝俊妻娥皇，生此三身之国，姚姓，黍食，使四鸟"等等。这也进一步说明这个时代的古蜀人是"崇鸟崇日"的。

三星堆遗址出土的考古材料中的众多"青铜鸟"、"圆日形器"和有着10只鸟的"青铜神树"，以及《山海经》等文献记载中的"十日神话"的传说等，这和华夏文化中的"崇鸟崇日"习俗是一脉相承的。

我国南方各省出土的铜鼓、玉器、服饰上的太阳神鸟，亦是古文化深渊的

无声表达，形真意切。

太阳神鸟金箔饰内层的12道旋涡状光芒，既像一道道火苗，又像一轮轮弯月，表示一年十二个月周而复始。

这里的4和12并是巧合吗？绝对不是，而是历史发展的必然。它特定的含义是：外层4只逆向飞行的鸟代表春、夏、秋、冬的四季轮回，内层圆圈周围的12道等距离分布的月牙状的弧形旋转芒纹，代表一年十二个月周而复始。

"太阳神鸟"还具有远古资阳人和古蜀人赋予的新的科学色彩。五代蜀王时期的蚕丛、伯灌、鱼凫、杜宇、开明王朝，都把所能够理解并掌握的自然现象和自然规律，总结为科学知识，如天文历法知识等；而把不理解的自然现象就归之于神秘的宗教崇拜和神话传说。因此，神话传说除去想象与夸张的外衣，都具有其科学性。

在靠"天"吃饭的时代，"天"威不可测，风、云、雷、电肆虐，雨、雪、冰、霜侵袭，旱、涝之灾的破坏，使古人就有了各种期盼的传说。这些期盼的传说又几乎都是与"日"、"神"有关。因此，"太阳神"和"太阳神"就成为各地先民崇拜的对象，祭"日"就成为必然。以鸟为图腾的古蜀人在崇拜太阳的同时，很自然地把太阳和鸟联系在一起。

宇宙大地因为有了太阳的普照，世间万物才呈现出无限生机。对太阳和太阳神的崇拜是世界上许多民族历史上所共有的。十二道太阳光芒与四鸟的'十二'与'四'是中国文化经常使用的数字，诸如十二个月、十二生肖、四季、四方等等，表达了先民们对自然规律的深刻认识。环绕太阳飞翔的四只神鸟，反映了先民们对美好生活的向往，体现了自由、美好、团结向上的寓意。而整体完美的圆形图案则寓意民族团结、和谐包容，圆形的围合也体现了保护的概念。

远古资阳人和古蜀人首先又利用历法为农业生产服务。尤以四鸟代表四季。因此，崇拜太阳和鸟的古蜀人在总结历法的过程中，是离不开太阳和鸟的。于是，太阳神鸟就成了远古资阳人和古蜀人及华夏人图腾的一个象征。

十四、三星堆文化（约前近3000年～）

樊一先生《三星堆寻梦》中介绍说：三星堆大宗精品文物洋洋洒洒地横空出世，成为举世轰动的重大新闻，三星堆从此名扬四海。在这批古蜀秘宝中，有许多光怪陆离奇异诡谲的青铜造型，有高达2.62米的青铜大立人，有宽近1.4米的青铜面具，更有高约4米的青铜神树，堪称独一无二的旷世神品。而以流光溢采的金杖为代表的金器，以满饰图案的边璋为代表的玉石器，亦多属前所未见的稀世之珍。尤令万众瞩目的是阵势雄浑威赫森严的青铜雕像群——一大批受人顶礼膜拜的众神群巫偶像，生动地反映出古蜀先民的泛神观念及原始宗教意识，形象地说明了三星堆古蜀国的政权结构及社会形态。一个所谓天人感应、人神相通，由神、巫、王构成统治集团核心的古蜀王朝仿佛重现在人们面前。透过三星堆文物，人们看到了所谓万物有灵时代古蜀先民的精神世界，看到了人类早期共曾有过的一段经历。

"沉睡数千年，一醒惊天下"。这菁华荟萃的文物宝库，这神秘梦幻的艺术殿堂，充溢着中华古代文明的无穷魅力，闪烁着人类文化遗产的璀璨光采。

十五、资阳城郊大展汉墓文化（前 200 年～280 年）

汉墓文化，中国汉代第一铜车马文化。

2005 年 12 月在资阳县发现多处汉墓，出土大批文物，其中青铜汉马最为耀眼，工艺精湛，形象逼真。

（一）星罗棋布的资阳汉墓

汉代有厚葬之风，"以为死人有知，与生人无以异"。这种情况在当时经济发展居于全国前列的巴蜀地区特别突出。在这种厚葬之风中，四川的汉墓中有大量的画像砖和画像石出土。资阳汉墓情况可见一斑。

在资阳城郊四周究竟有多少汉墓？至今是个未知数，谁也说不清楚。很早以前发现的，没有记载，难以查考；埋藏在地下尚未发现的，无法估算；现在仅以新中国成立后几十年内陆续出土的，就有 44 处之多，其中绝大多数是墓群，汉墓总数达 200 多座。

东郊有宝台山崖墓群、天生村崖墓群、宝台砖厂崖墓群、半山村崖墓群、毛家堰山嘴崖墓群、土地坝长坡崖墓群、拱宸铺桥西崖墓群和桥东岩石墓群等。

南郊有天台山崖墓群、天台西坡崖墓群、南门坝汉墓和蓝家坡汉墓群等。

西郊有黄泥巴山砖墓群、黄泥东坡砖墓群、黄泥西坡砖墓群、马鞍山崖墓群、徐家坝崖墓群、滚子坳崖墓群、431 厂配气站汉墓、松树坪砖墓群、周祠坝崖墓群、肉联厂砖墓、药材公司西汉墓群和新水厂后山崖墓群等。

西北郊有东岳山汉墓群、东岳西坡崖墓群、公园路口崖墓群、狮子坳下崖墓群、狮子坳上砖墓群、火车站汉墓、长岭埂砖墓群、公园前坡砖墓群、公园游乐场砖墓群、人工湖崖墓群和公园后坡汉墓等。

北郊有莲台山顶砖墓群、莲台东坡崖墓群、莲台西坡崖墓群、莲台后山崖墓群、莲台前坡崖墓群、磷肥厂汉墓、城北砖厂东侧汉墓群和砖厂西侧汉墓群等。

在这 44 处汉墓中。有 38 处是墓群，每一处墓群少则三五座墓，多则七八座墓，最多的达 10 余座墓，如黄泥巴山西坡和新水厂后山等墓群。每一处各有汉墓 10 座以上。因此，资阳城郊四周已知汉墓的总数，至少有 200 多座，真是汉代坟茔藏郊野，星罗棋布墓群多。在一古县城近郊，汉墓如此集中，比较少见。（见《汉墓分布图》）

墓葬种类多样化

资阳城郊汉墓的墓葬方式较多，坟墓方式分几种，棺材有多样，规格大小不一，各有不同。

首先，坟墓类别可分为土坑墓、砖室墓、岩石墓和崖墓四种。

土坑墓：先掘深坑，坑内埋木质棺椁，垒上泥土成为土坑木椁墓。城北砖厂和药材公司西侧出土的，就是比较典型的西汉土坑木椁墓。

砖室墓：一般底部铺一层大砖，墓墙用大砖砌成，券墓拱用楔形砖，然后盖上泥土而成。在松树坪、长岭埂至公园游乐场一带出土的汉墓群中，多是这一类砖室墓。

岩石墓：就地取材，利用坚硬的岩石雕凿为墓穴而成。1977年在拱宸铺桥东发现的，就是一处岩石墓群。

崖墓：也是就地取材，利用红砂石骨山崖比较好挖，又不易垮塌的特点，掘凿而成。在宝台山、天台山、周祠坝和东岳西坡等，都有这一类崖墓群出土。

其次，墓葬的棺材又可分为木棺、石棺、陶馆、砖棺和墓室等多种。

木棺：有的木棺外面套椁，棺放椁中，四周为椁厢，随葬品放于椁厢内，在城北砖厂和公园后坡等地出土的，就是这种木棺椁。

石棺：一种是棺和棺盖全部用石材制成。1973年，在天台山出土的两具石棺就是。至今存于崖墓内。另一种是石棺砖盖，即用长弓形砖作棺盖。在拱宸铺岩石墓中，就有一具石棺砖盖出现。

陶棺：棺材和棺盖均是土陶烧制而成，有大小两种。大的，比一般木棺稍小。小的，长度只有1米左右，小陶棺可能是葬小孩或装精骨移葬用的。在宝台山和莲台山等地的汉墓中，有多具陶棺出土。

砖棺：一般用条形砖砌棺材，用长弓形砖作棺盖。这不仅在砖室墓中出土较多，在崖墓中，也有发现。

墓室：在崖墓中，绝大多数无棺而有墓室，个别的既有棺又有墓室。在一崖墓中，一般少的二三室，多的四五室，在天台山就有一墓四室的，分为正室、前室、后室和侧室（又称耳室）。2002年，在马鞍山出土的崖墓群中，有一座墓7个墓室，一副砖棺，另外还有3个厅堂，是墓室最多的一处。

从上述各种不同的坟墓、棺椁、墓室等情况，说明在两汉时期，资阳的墓葬方式多种多样，反映了当时的墓葬文化丰富多彩，并在逐渐地发展变化中。

资阳汉墓砖艺探奇

砖室墓，铺墓底，砌墓墙、券墓拱、砌棺壁和盖棺材等，全都用砖。

一座砖室墓的用砖量，少的数十匹，多的数百匹，仅黄泥巴山第一次出土的墓砖，就运了四大卡车。在凤台山长岭埂至公园游乐场一带。先后掘出砖室墓群很多处，每处出土的墓砖，数以百计。在莲台山顶、凤台山顶和松树坪等处，都有不少汉墓砖出土。这些汉砖造型奇特，规格各异，纹饰多样，各具特色。

(二)从汉墓看社会发展

在资阳城郊,近数十年来,先后出土的汉墓总数多达200余座,绝大多数早已被盗,但是仍然出土了数量上千的铜钱,数百件陶器,数十件铜器,20多件石雕和木器,难得的铁器、漆器、铜印以及珍贵的棋盘砖等。种类多,数量大,珍品不少,其中不乏国之瑰宝。

资阳汉墓出土的丰富器物,溢彩泛光,是经济文化发展直观体现。

在资阳城郊汉墓中出土的陶器、铜器、铁器、石雕、和木雕等器物,制作精巧,珍品颇多。说明在两汉时期,资阳制陶工艺、冶炼铸造和石木雕刻等技术,都已相当发达,有些工艺已很高超,从而反映了当时当地社会生产的发展水平和经济的繁荣情况。

各种各样的出土器物所表现和包含的丰富内容,从不同的侧面,生动地反映了汉代资阳社会生活的诸多方面的真实景况,例如:从吹笙俑、吹箫俑、抚琴俑、扶耳听琴俑、女舞俑、扶鸟俑和棋盘砖的出土,反映了当时喜爱音乐、舞蹈、养鸟、下棋等文化娱乐的情况;从多种侍俑、武俑、喂奶俑和手提双罐俑和握铲持箕俑的出土,反映了当时官家富户使用仆妇、侍从、佣工的情况;从石马、石羊、陶猪、陶狗、陶鸭、陶鸡和子母鸡的出土,反映了当时饲养家畜家禽的情况;从铜釜、铜甑、铁锅、石灶、陶碗、陶盘和陶碟的出土,反映了当时厨房器物的使用情况;从铜镜、铜盆、铜靴、铜扣、铜耳杯、铜顶针、木梳和缕花铜牌的出土,反映了当时家庭生活日用品的情况;从马刀、铁剑、铜剑、头盔和弩机的出土,反映了当时习武、健体、防身和部分战争用物的情况;从大量钱币、多种摇钱树座和摇钱树枝的出土。反映了当时货币流通的情况,也反映了人们已很重视货币的作用,因此,不惜直接用大量钱币随葬,甚至配上摇钱树作为随葬品,期望辞世的亲人在阴间也能生活富裕,有用不完的金钱;从多种陶水塘的出土,有的水塘且不仅有青蛙与田螺,还有鱼、鸭和莲花,反映当时很重视蓄水灌溉和利用水塘养鱼、养鸭、种藕等的情况;从陶水塘模型的出土,反映了当时当地已经重视修渠引水灌溉,或许该墓的主人生前就是一位修渠引水灌溉的带头人。

(三)中国汉代第一马(前20年~)

深埋地下约 2000 年的青铜车马文物轰动全国。在四川省文物考古研究院举办的"2006 年考古科普活动日"上，它被誉为"中国汉代第一车"，是继贵州兴

中国汉代第一铜车马　孟基林摄影

义、甘肃武威之后发现的第三辆汉代青铜车马。也是考古界有史以来发现的最大的汉代青铜车马，考古专家认为，汉代青铜车马够得上国家一级文物。

汉代青铜车马给人们带来的不仅是惊叹，更多的是一串串考古谜团。人们禁不住问：这是谁的墓葬？2000 年前的资阳出了什么高官？为什么汉砖墓与土坑墓紧挨着？它们又是什么关系？

1 号墓出土的器物首推大型铜车马，由铜车、铜马和驭手铜俑大件组成，是仿制的冥器。铜车高约 1 米许，长约 0.9 米；铜马高约 1 米，长约 1 米多，雄健昂首，奋蹄奔驰，动态如生，十分传神。车和马连在一起共长 2 米余。驭手铜俑高约 0.3 米，双手能活动，铸造精巧，出土时已流失，后经查询追回。此铜车马为四川罕见，异常珍贵，堪称国之瑰宝。因出土时已散架受损，稍有残破，已交请省文物考古研究院进行修复，待修好后送还资阳。其次，还有铜镜、铜泡、铜钱和铜摇钱树残枝等出土。

据专家初步研究认为：一号墓的时代，大致是东汉初期；二号墓只出土一

种"货泉"铜钱,其年代应不早于新莽时期的天凤元年(即公元14年),不晚于东汉初期。

四川省文物考古研究院机械考古勘探办公室主任王鲁茂说:"这么骠厚肥实的马很少见,此马车属于汉代马车,以前在绵阳出土了一只,只有马而没有车,马也没有这么大。雁江汉代马车的出土是四川文物界的又一重大发现,全国也是很少见的。青铜马是特有的文物,有马有车,这说明墓主身份不一般。"经四川省文物考古研究院的专家学者对青铜马的进一步考古鉴定,他们认为这是我国出土的第一例西汉青铜马车。以前在我国出土过几匹青铜马,但没有车,马和车同时出土的情况在我国尚属首次。

十六、南方丝绸之路要驿文化(前403年~)

早在战国初期,就有"栈道千里,通于蜀汉"(《战国策·秦策》);西汉初年,更是"栈道千里,无所不通"(《史记·货殖列传》)。巴蜀栈道分布最密集的是北边的秦蜀古道,而且使用时间特别长。

秦修"五尺道"。秦始皇统一中国后,下令修建由首都咸阳通往全国各地的弛道,是连接四川盆地与云贵高原的重要通道,有利于使节往来、商旅通行。

早在张骞通西域以前,西南的先民们就已开发了一条自四川成都经资阳、宜宾、昭通、滇池、大理、保山、腾冲进入缅甸,远达印度的"蜀身毒道"(身毒是印度的古称)。由于它始于丝织业发达的成都平原,并以沿途的丝绸商贸著称,因此也被历史学家称为"南方丝绸之路"。专家认为,这是中国最早的对外陆路交通线,是我国西南与西欧、非洲、南亚诸国交通线中最重要的一条线路。

它有独特的地域性。奇险的山川是古道地域性特点之一,独特的交通工具是古道的另一特点。面对西南江河横溢,山峦叠嶂的特点,各族先民创造了独具特色的交通工具:筏桥、栈道、马帮,蕴藏着无穷无尽的民族文化财富和绚丽多彩民俗风情。是一条文化传播的纽带,它联结中原,沟通中印,它为中原、西南、印缅文化互相交流,互相融合创造了条件,楚文化、巴蜀文化、青铜文化、佛教文化在交流中沉淀、积存,形成丰富、独特的共融性茶马古道文化。

十七、《资阳县志》记载的遍布资阳县各地上百处文化

巴蜀书社1993年9月出版的资阳县志编纂委员会编纂的《资阳县志》记载:"资阳古城历史悠久,从1941年至1985年,在九曲河铁路桥、同心乡鲤鱼桥、城郊莲花山、天台山、东岳山、宝台山、城关镇、文明乡崖墓、松涛乡黄泥巴山等50处,出土文物上万件,至今保存不足三分之一。其中有古化石17件,石器165件,骨器3件,木器15件,陶器338件,瓷器66件,铜器127件,铁器22件,玉器25件,金银器1件,银器90件,钱币2096件,乌木、地层、树叶

堆积标本11件。"加上前面简介的2005年发掘出的44处汉墓文化，就有上百处新石器末期文化。

（一）出土文物

资阳古城历史悠久，地下文物极丰。从1941年至1985年，在九曲河铁路桥、同心乡鲤鱼桥、城郊莲花山、天台山、东岳山、宝台山、城关镇、文明乡崖墓、松涛乡黄泥巴山等50处，出土文物上万件，至今保存不足三分之一。其中有古化石17件，石器165件，骨器3件，木器15件，陶器338件，瓷器66件，铜器127件，铁器22件，玉器25件，金银器1件，银器90件，钱币2096件，乌木、地层、树叶堆积标本11件。送交北京、四川省、重庆博物馆文物200余件，主要是资阳人头骨、东方剑齿象、中国犀牛、猛犸象、箭猪、獐牛、竹鼠、鹿、龟、鱼等动物化石和旧石器时代各类石器，东汉陶楼房、水渠、喂奶俑、扶耳听琴俑、铜印、瓦棺、铭文砖等，六朝陶女俑、男俑、虎头、持铲人、屋、灶、鼎、钵、罐、猪、狗、鸡、鸽、三脚水盏、三乳脚盘、瓷无脚香炉、铜钱、唐开元通宝和宋陶碗等。

县文化馆存2000余件，主要是中生代恐龙和鱼化石，新生代象牙、龟、硅化石，旧石器时代乌木、地层、树叶堆积标本和锤核石，新石器时代陶碗和石斧，两汉、六朝、宋、明、清陶平房、水塘、女舞俑、侍俑、扶耳听琴俑、抚琴俑、吹笙俑、持鸟俑、有孔砖、棺、罐、钵、杯、盘、碗、碟、猪、狗、鸡、烟灯、烟枪等，东汉、宋、明青花瓷杯、豆青瓷碗、白瓷碗、瓷盘、青花瓷罐及瓶等，两汉、宋、明铜鼎、瓢、剑、釜、镜、盆、勺、筷、印、六边形架等，明铁碓窝、锄、釜、铲、耙、锯镰、铡刀、水担钩等，明墨玉圈、玉珠、雕、片、烟嘴、金银发夹及银耳环、银块、银碗、盘等，秦、两汉和新、唐、宋、元、明、清、民国钱币半两钱、货泉、大泉五十铜币、五铢钱、开元通宝、崇宁通宝、铁钱、咸平通宝、元祐通宝、天圣圆宝、皇宋通宝、元丰通宝、正龙圆宝、八卦钱及顺治、康熙、雍正、乾隆、嘉庆、道光、咸丰、同治、光绪、宣统通宝圆宝和民国镍币等。以上鉴定为二级文物2件，三级文物9件。

主要文物出土情况：

资阳人化石 1951年3月29日出土于资阳城西九曲河铁路桥一号墩东侧，为西南文教部文物调查征集工作组张圣奘教授所发现，系中年以上女性头骨化石。从其上颌骨齿槽突出，可知她患有严重的慢性局限性骨髓炎或慢性牙槽脓肿。其地质年代，属更新世晚期较早阶段，距今35000年以上。为早期新人类型，比欧洲克罗马农人和北京山顶洞人原始，是中国迄今最早的新人化石。

古脊椎动物化石 1951年，西南铁路工程总局资阳工务段深挖九曲河桥基，3月17日~21日在一号桥墩海拔352米处发现古生物化石58件，22日~29日掘出牙骨、角骨、脊骨较大的不明的骨类化石，还有碎骨片659件。9月27日至10月30日，北京大学教授裴文中和张圣奘等人，在一号墩东、西两地掘得东方剑齿象、中国犀牛、猛犸象、猪、獾、鬣狗、箭猪、羯牛、竹鼠、小鹿、猪、牛、马、虎、麂、龟、鱼等动物化石和一件骨椎。1973年夏，四川省博物馆秦学圣等在鲤鱼桥掘得牛、犀牛、竹鼠、东方剑齿象等动物化石。1981年春，松涛桥工地也发现马、鹿、象、小鹿、竹鼠、中国犀动物化石。资阳哺乳动物属于江南动物群，更新世中期有水鹿、剑齿象和中国犀牛；更新世晚期有麂和猛犸象；其余动物群更新世中、晚两个时期都有。资阳动物化石的研究为中国第四纪动物区划提供了新资料。

鲤鱼桥文化 1973年6月，省博物馆在同心公社鲤鱼桥河床试掘，采集到哺乳动物化石、打制石器和石料。1980年12月13日至1981年1月8日，北京大学教授吕遵谔、四川省博物馆范挂杰等在距当年试掘点东北3米处开5米×5米探方两个，获得哺乳动物、打制石器和大量乌木、树叶和种子标本。其石器多为2.5万年前生产工具，也有新石器。

临江窑遗址 清代民国时期，资阳多处发现西汉砖，新中国成立后掘得更多汉魏六朝陶器，又有石器时代大量陶片出土。表明资阳制陶业代代相沿不绝。而大面积作坊今只发现昆仑、七里公社临江窑两处。1979年秋和1980年夏，调查沱江西岸二级台地瓦子坡古陶窑群，断续延长一里多，成渝铁路穿过窑区，遗物堆积厚数米，有大量垫圈、支钉等辅烧工具。烧制器物以缸、钵、罐等大型瓦器为主，全部罐类均属扁平直系，当为宋代产物。器多紫红色胎和灰胎，质地比较疏松，有明显的气泡。器表施植物灰制成的釉料，大致有橙黄、黄褐、紫褐、赭色4种，火候800摄氏度，隔江窑坪山延伸4个生产队，窑群北背丘陵，南临沱江。在大量堆积物中发现垫圈、垫柄和碎瓦片，农民要用钉耙才能翻动泥土，耕地时也常发现比较完整的缸、钵、罐等器物。器物内壁弦纹清晰可见，器体厚重、古朴。还有一种小盏，内壁形成刺面，便于磨姜蒜一类食物，这是四川宋代窑址常见品。

临江支段古物 1950年12月24日，墨池坝掘地1米发现坛中首饰，有戒指状金半环及挖耳状金器，计对成金13件，八成和九二成金各5件，共计78克，入库验收时为41克；银条5根，寸长银人1个，共计806.4克；碗3个，剪子2把，多系明代器用。一银碗有字："鲁复源置伍两记"。碑牌坝出土铁钱5枚，字多模糊，或系宋元货币。凉水井墓有牙状骨1件，盘骨2件，砖5方，两方刻有铜钱花纹。临江寺崖墓5座，得宋钱62枚，藕粉色玉圈1只，六朝陶俑6个，又出土紫皮松树化石，树心白色夹黄丝细纹，年轮清晰。

莲花山古物 中华民国三十年十一月南溪罗伯希在莲花山掘得"资中城墼"汉砖。1950年7月，军工第四总队五支队在山腰四个洞窟获得花瓶、铜盆、碗罐等14件；11月2日和12月8日又得陶器等古物79件。1951年初，开山出土灰色陶炷、残锈铜锅及其耳环，都是六朝遗物，非常罕见。岩洞探得大泉五十铜钱、开元通宝、瓦棺、红陶男女俑和陶质猪狗鸡鸭鸽，多为汉魏六朝陶器，制造精巧，很能表达这些动物的生动姿态。崖墓出土陶屋，缺盖，有浮雕圆柱与宽大斗拱柱头，富于犍陀罗式建筑风格，另有两件灰陶屋，缺盖缺门，其一有窗，陶屋与六朝钱币一处；又发现灰陶屋盖、屋背和屋角盖，认定为六朝器。还出土红陶羽觞、钵、鼎、敞口三脚水盐、陶门臼、三乳脚盘及陶版残片，杂有铁砂子。张圣奘鉴定，所有陶器，每一时代自成系统，为研究四川陶器演变奠定了基础。莲花山崖墓最高的离地8丈，有铁剑，双刃瘦薄，锈蚀弯曲，汉意未销。东西城门口各置铁炮，亦为罕见的旧式大炮。

天台山古物 1951年东麓出土陶虎头、红陶方冠男俑和灰陶方冠男俑、灰陶圆冠男俑、灰陶女俑，造型精巧别致，其中执箕帚女俑评为一级文物。1973年3月，北麓改土爆破墓穴，掘汉墓5座，清理陶器铜器百余件，内有铜印2枚，铜瓶1个，五铢钱10余个。有陶房，分楼房、平房和碾房，共8座，5座较完整。其中一座陶楼为白底朱红彩绘，门上有人像，全国少见；陶俑分舞、乐、侍、武4种，计97件，造型精美。尤其是一组舞俑乐俑，生活气息浓郁，人物八面玲珑；陶摇钱树座、陶水塘和陶案等8件，以曲形陶水渠为贵，构造别致，制作巧妙，全国少有。铜印长6厘米，宽5.8厘米，上刻6行字。第一行是大秦二字，大字是重写，秦字中间用一星隔开，与下文连读即"大秦天国米厚庆曲"。第四行是豕犬二字，第六行末是印字的反写，应作印。余待考。另一枚较小，刻八叠文"樊侯远裔"4字，经测前为隋人制作，后为宋人制作。汉墓存隋宋印，系被盗后重新封葬时的标志。还有几十件猪狗鸡马和钵罐等陶器，以及两副整块石棺，壁有朱雀玄武浮雕。

东岳山古物 1941年冬破崖墓一穴，出铁锅、宝剑、汉五铢、铜摇钱树。次年3月，赖家坡土地庙有80多块龙凤钱砖。1944年春，东麓犁出古墓，显露宝剑一把，锅一口，均不知去向。

宝台寺古物 1985年4月，资阳酒厂，发现4座崖墓，清理一座，拾得陶俑、汉五铢、摇钱树枝，陶罐残片几乎无墓不有。靠江三崖墓已垮塌，为安全计，不便再挖。原封不动的汉墓，尚未发现。

城关镇古物 清乾隆三十年(1765),当地农民犁得汉瓦,长6寸,宽4寸,厚7分,正面琢曲凹以受水,凹下圆平以受墨。凹上刻隶字铭文:"茅茨风息,土木侵兴,工垂职旷。公输伎胜,阿房随烬。未央继零,基迹荒芜。甄陶遗精,贞坚害朽,隐显相承,龙壁结邻。端石避清,奢靡避殆,朴素德馨。贻厥孙谋,鉴今劝惩。沂翁书"。下正书两排十二字:"伴当成友,楮生依燕,正助文明。"左篆: ▨▨▨▨▨▨▨▨ 右篆: ,背 ▨▨▨▨▨▨▨▨ 凡三行,中刻未央宫东阁瓦,字径7分,前刻大汉十年,后刻酂侯萧何监造,字径3分。民国三十一年,城西圣禅寺掘出汉砖7种;1954年资阳中学将寺侧土丘平为操场,挖出大量铭文汉砖,内有"元康元年蜀郡作"、"资中城墼"砖。火车站、磷肥厂也有汉砖、瓷罐发现。1951年,火车站蜈公岭出土铜镜,篆书:"日光青天",尚有帅魁、剑、四个铜扣、两副棺材。1965年,县政府左侧临街修楼,挖地1.5米得数尊石观音。1958年,百货公司大门挖地2.5米获猪圈、古井、罐、王莽天凤货贝、小方孔铜钱多枚。1964年和平路二普挖地1.5米有碎瓦渣一层,为古城北门主街遗址。1984年,建设南路乡镇企业局300平方米工地破土9座明代石墓。南门坝、东门外、外东街也有明清墓群。

(二) 地面文物

1.金石题刻

石像铁钟 1951年5月17日,张圣奘参观罗汉沱圣禅寺,有17尊罗汉雕像,石质坚韧,形态诡异,面像雄壮庄严,装饰壮丽繁富,带犍陀罗作风,可与通江佛崖、巴中南龛、广元千佛崖、乐山龙泓寺和大足宝顶山几处唐雕相互印证,是代表四川唐代雕刻系统。另一清初石佛雕刻不及唐雕活泼。又有明天顺四年(1460)所造铁钟,重千余斤。1951年底,裴文中教授带走3个罗汉头,余仅照片存渝;钟在1958年被毁来炼钢铁。

铜像铁树 县东秦家寺释迦牟尼铜像,高2.8尺。韦陀像4.5尺;堪嘉弥陀寺铜佛,高2.9尺,均为明朝器,今无存。城西土主庙有唐朝铁树2株,宋朝钟炉1套;又2铁树系明景泰二年(1451)制,枝叶花蕊妙似天然;县东回龙寺明天启初(约1621)制,铁树极为工巧,解放后被毁。

丹山砖塔 位于县东丹山镇1公里处,唐贞观四年(630)建。砖砌四方七级密檐式建筑,高20米,每层每方真窗1,假窗2,装饰形斗拱4。塔内有实心柱,循踏道绕柱盘旋而上可至塔顶。直下三层中心设有佛龛,佛像已毁。塔的五层嵌一古碑,碑文剥蚀,无从辨认。塔顶已毁多年,两株女贞树斜生其上。塔身现存6层,高17米。县人民政府1982年5月29日公布为县级文物保护单位。

碑碣坊岩旧志有记或至今尚存的69处。

从东汉到唐宋明清的资阳县北、城关镇、昆仑乡、城西县南、县东等发现弘农郡守神道碑、中丞宋浑撰碑勒石等47处。

唐宋明清资阳县境内，吴道子刻于石鹿洞、大佛像等摩岩题刻22处之多。

2. 摩崖造像

资阳大佛 在县南大佛乡场后，唐名福胜山，明改中峰山。唐贞观十七年(643)动上凿石，贞元九年(793)八月初成弥勒佛坐像，几经变乱，工施未周。至宋绍兴元年(1131)正月汝南梅修始开巨佛眉目。佛高22.24米，肩宽7米，螺髻，长脸，眼鼻较小，项有环形纹，着双领，下垂袈裟，腰间束带，为善跏趺座。手指用瓦和石灰砌成，足为条石镶就。1982年5月29日公布为县文物保护单位。

古佛寺大佛 在丹山镇，为唐宋石刻，共十龛。中镌释氏座像，连佛台高4米，披发戴冠，袒胸，外披袈裟，腰间束带，下衣密褶，左手置膝，右手早毁。两旁立菩萨各一。余龛刻千手观音等，面部已毁坏。题记有乾元元年(758)、咸通十四年(873)六月、天圣四年(1026)六月，续有同治年间所刻观音大士一尊。寺址早废为民居，佛像也在"文化大革命"中受损，残部烟熏火燎，已失观瞻。

骑龙坳大佛 在县南河东乡南，下临沱江有深潭名大佛沱，上有骑龙坳。佛像凿于唐文明元年(684)，宋淳熙元年(1174)，乡人钱葵等捐资架设跨度16米的条石拱，以避风雨，数十人题名刻记犹存。清咸丰七年(1857)四月培修，并凿罗汉。大佛像龛为敞口长方形，龛内作平顶，佛高7.35米，肩宽5.4米，高肉髻，着双领下垂袈裟，结跏趺座，手施无畏印，两侧为菩萨二力士，造像均系高浮雕。1958年有好事者枪击石佛头手，今手掌不存，余尚完好。

佛儿岩佛龛 在县西清泉乡丁家村北，凿于唐代。佛龛分布于岩东西长30米，高6米壁上，共6龛，造像56尊。第三龛保存较完好，其余已部分风化损坏。造像为高浮雕，题材为讲经说法图。

福尔岩造像 在县西古井乡龙滩村东，造像两处，始凿于唐代。一有10龛，造像100余尊，主龛毁坏，其他较完好。一有28龛，造像千尊，分布于南北长60米、高7米的岩壁上，严重毁坏溶蚀，仅第六龛基本完整。

半边寺造像 在县东南金带铺两邑村西，始凿于唐末，3龛9尊，造像精美。分布于长宽各15米岩壁上，像龛距地10米，保存完好。

千佛岩群像 在县东南堪嘉乡糖坊村，凿于宋代。造像分布在长40米宽4米的岩壁上，共9龛，呈横向排列。其中6号龛高1.5米、宽1.1米、深0.8米，造像8尊，均系高浮雕，佛高0.7米，两尊分别作高肉髻，着双领，下垂袈裟，结跏趺座，两侧为二弟子、二力士、二供养。龛外左右各一力士，上方刻有云彩。丰水季节，大部分造像淹没在双桥水库里，出水部分基本完好。一侧尚有中华民国七年造像，与宋代石刻记龛相望。

菩萨岩造像　在祥符镇二湾村东北，凿于宋代，共5龛，造像300余尊。分布于东西长30米，高10米岩壁上，毁坏较严重，主要造像头无存。第二龛西方净土变，造像240尊，颇有艺术价值。

小岩寺造像在方朝乡青和村东北，凿于明弘治和清嘉庆年间，共14龛68尊，多数完好。一号龛造像12尊，其中佛像3尊，均高1.2米，肩宽0.6米，座高与通宽均1米余。

盘陀庙造像　在堪嘉乡东王庙村北，凿于清光绪年间，造像3尊1龛。分布于长5米、宽3米岩壁上。较完好，富于生活气息。

3.祠宇墓葬

三贤祠战国以后，蜀资人民筑祠祭祀周大夫苌弘，青泥坊苌弘祠，宋时尊称苌大夫祠。另有二贤堂祭祀王褒、董钧、后荒废。南宋绍兴十九年(1149)，资阳北门重修二贤堂，房屋10间，进门循庑，登降有堂，瞻拜有像。宋末，二贤堂与苌弘祠被蒙古兵毁。明嘉靖三十年(1551)复建赞圣祠于城南天台山顶，祀苌弘和老子。三贤祠于清道光末始修，咸丰九年(1859)落成于凤台山下大道旁。

文庙三国时候，县文庙塑孔子站像。唐贞观四年(630)诏州县学立孔子庙，至宋景祐元年(1034)始有资阳孔庙。嘉定元年(1208)重建。明成化二年(1466)在庙基建明伦堂。四年后大修，建成东西斋10间、馔房3间、大成殿3间、东西10庑、朝门7间、棂星门7座、公廨2处、住宅12间、厨房2间、门楼2座。成化十九年(1483)竣工后，到清咸丰九年(1859)共11次修葺。文庙地处城南宣化街，占地10余亩。1950年起为县公安局驻地。万仞宫墙尚存。

城隍庙西魏时资阳有州城隍，北周时有郡城隍，隋唐五代有县城隍，宋元以后乡间也建庙供城隍神，高龙乡即有城隍祠。明成化二年(1466)，资阳城隍很小。嘉靖十六年(1537)改建于轮藏寺故址，规模渐大。清乾隆二十九年(1764)，知县张德源撰《祈雨祝城隍文》、《塔成祭告城隍文》，祠多神秘。三十八年，书家杨周冕题"可以观"万年戏台，五十三年增建娘娘殿。旧时新官上任必拜城隍，与鬼誓约，共治县政。嘉庆五年(1800)，资阳城隍敕封显佑伯爵，七年晋号显忠大王。光绪四年(1878)川督丁宝桢巡县遇旱，入庙祈雨而雨降，上奏朝廷，赐书"祈年大有"，十七年又建宸翰楼，习称御书楼。资阳城隍于是驰名全川，在国内也有影响。它以城隍大殿和阎王殿为主，占地4290平方米，建造别具匠心。城隍大殿位于中轴上，为全庙第四进，自面南山门进庙，经戏台戏坝过宸翰楼，沿弧脊穿厅即到。殿堂被众多奇形怪状的泥塑神像占去大半，使人产生窄逼紧压的感觉；采光由较暗至暗再较暗三度转换，更显得幽冥阴森。前殿与过厅、大殿相连，光线不足，正中悬"天道分明"贴金匾；其下为过道，两旁塑判官小鬼、牛头马面、无常阴差等30余尊，面目狰狞，鸡脚神披发黑面，血口獠牙，怒目张臂，势欲扑人。正殿龛为城隍木雕坐像，王冠红袍，神态庄严，前列香案，神灯烛火，火焰荧荧，两旁列班隶役各四，高如常人。殿外光天化日，殿中阴冥如晦，人影憧憧，难辨面目。进出过道窄小，各有两道大门槛，设三级石梯，每逢盛会，摩肩接踵，十分拥挤。进入后殿，又和前殿一样明亮，处处香坛，磬声悠扬，木鱼声声，香烛高烧，使紧张心情渐趋平静，虔诚皈依。阎罗殿在城隍大殿东西两厢，是泥塑群像最精粹部分。东厢为阴司马厩并秦广、楚江、宋帝、伍官、阎罗五殿，各殿之间竖半堵隔墙，外护栏杆，五殿通联；第一殿以阴阳界和聊斋故事考城隍，突出其"有心为善，虽善不赏，无心为恶，虽恶不罚"的说教。还有岳母刺字、雷打张继保、活捉王魁等戏文故事。西厢仍有阴司马厩并卞成、泰三、平等、都市、转轮五殿，以阴间赏罚轮回为主题，景象惨怖，塑像为卖迷魂汤，登望乡台，过奈何桥，刀山剑林。油锅锯磨，剜目拔舌等，使一切恶人肤裂肢断，泪血淋漓，直至十殿转轮王发往六畜投生。塑像造型各具特色，布置明快，格调合体，最能引人驻足，催息警顽，令人悔悟。民国二十八年，住持杨宗富呈诉：十四补训处一团毁城隍匾200余方，阴司马厩全除，拆八殿神龛。两年后二十五补训处三团驻庙，戏台大部被拆，唯娘娘殿、木柱过厅、大过厅孕城隍正殿房廊残存。新中国成立后改作县医院，渐为憧憧楼房所替代。

此外，县城还有文昌宫、禹王宫、万寿宫、武庙、牛王庙、土主庙、轮藏寺、延寿寺、罗汉寺、火神祠、龙神祠、三官堂、厉坛等；县城附近有东岳庙、川主庙、镇江庙、莲台寺、宝台寺、雷音寺、风云雷雨山川坛、社稷坛、先农坛等。离城以远，东有文明寺、观音寺、三圣寺、大明寺、高坪寺、秦家寺、东峰寺、石佛寺、上乘寺、兴福寺、红莲寺、九龙寺、小院寺、枕头寺、成仙寺、齐家寺、广积寺、弥陀寺、回龙寺、天池寺、巍峰寺、圆觉寺、金马寺、白云寺、至圣庙、伍隍庙、高庙、玉皇观等；南有南峰寺、朝天寺、黑水寺、五圣寺、普济寺、普慈寺、慈祥寺、观音寺、东津寺、廖家庙、三圣庙、玉皇观等；西有小高寺、大高寺、临江寺、党林寺、祥符寺、中峰寺等；北有新阁寺、回龙寺、明水寺、东庵寺、崇善寺、宝顶寺、宝积寺、高庙、老君庙、梵业院、七圣宫、吉扬观等。

这些寺庙，多为区别地点的标志，几十年来各种地图已采作地名。以上所列，只是少数。1949年版资阳县志有"南朝四百八十寺，尚非其比"之说。庙址及其建造年代，详载清咸丰版资阳县志。

王褒墓 汉宣帝时，王褒奉命到益州祭神，病逝途中，归葬资中驷马里。《元和郡县志》载，王褒墓在资阳县北20里。可知今资中王褒墓为明人伪造，人请订真伪，杨升庵不能决。成化二十三年(1487)，四川督学潘璋书"汉谏大夫王褒之墓"，刻碑于墓前。清末墓基倾塌。解放后，明残碑存县文化馆。1978年农民种橘树于坟头。圆冢高5米，径20米，碑高2米，宽1米。离墓地一公里处有大、小墨池，相传为王褒幼年读书时洗砚之处。王褒墓及大小墨池，1982年作为县文物保护单位。

董钧墓 五官中郎将董钧贬谪还乡，不久病死。墓在县北20里蓝家塆，唐人因名其地为东汉坝，宋张方有记。明昆仑渡《李氏族谱》也有记载。成化八年(1471)立"汉中郎将董钧之墓"碑，与王褒墓并称"两汉贤陵"，后碑残。1982年复立，作为县级文物保护单位。

吴道子墓 唐代画圣吴道子，东京阳翟人，安史乱中浪迹西川。相传行至资阳县北15里瓦砖沟，里中缙绅王播求他画鹿。画成，白鹿逸去。吴道子逐鹿入穴不返，乡民砌石封穴，人称真人墓，又称神仙洞。明洪武二年(1369)湖广新化移民来瓦砖沟定居，更名李家沟。万历进士李庭甲碑称："左有吴道子之墓，百步足于焉。"县志载吴道子绘至圣画像刻于鹿洞，画存学宫。1969年夷为菜园，尚馀石棺一副，传为吴道子棺材，又说是装灯油的。

花蕊夫人墓 后蜀孟昶妃花蕊夫人徐氏，世传为资阳汪家坝女，宋乾德三年(965)在开封殉节返葬莲花山。又说是前蜀王建妃。清学者王树楠读县志后，登山访墓，建章园于东岳山，立花蕊祠，其诗文亦不能指实。民国罗绍文有专文详考。1951年，西南文教部文物调查组去墓地观察，墓城尚存。今徐家坝有花蕊田，可资存想。另据民国20年调查，观音坝雷鸣坡也有花蕊夫人墓，有石碑屹立，岩上镌"丁山癸向"四字。

袁家坟 在忠义镇敲钟村瓦窑湾，为族葬阴墓，地面无坟堆。1969年开渠挖出大量石砌古墓，一亩地下层层排列数百穴，整齐简易，规模之大，全川少见。墓内无他物，有龙纹衣禄罐，鉴定为六朝器。这些墓葬，渠未过处尚未发掘。

饶国华墓 民国二十六年十二月一日饶将军抗日殉国，灵柩自汉溯渝，沿途致祭，万民争睹，陪都重庆降半旗致哀。次年一月二十三日在城东甘溪沟南坡举行国葬。1984年1月培修。

宋元明清在资阳县境内，宋史列传表彰其孝行感化乡人甚众，元丰中赐其粟帛，并建孝子坊等15处以上。

4.章园

清知县王树楠春日登莲花山访花蕊墓，迤逦西行，寻得东岳山上宛如凤尾的一片空地。1892年4月12日开辟为园，占地5亩，8月12日竣工。按《尔雅》释丘释山"上正章"之义，取名章园，章是正，指丘形平正，园门楹联："江城如画里，梅柳认村前"内有望云步月台，右船房名野航，左茅轩名秋燕堂，正中为跨凤山房，后边是憩亭，西端为花蕊祠，塑夫人像，立顺圣太后碑，碑文极富古意。迎神那天，云开日霁，龙旗连蜷，箫鼓齐鸣，满屋光芒，奄忽升降。县人作诗歌颂花蕊芳烈："灵之来兮缤纷'美要眇兮降临。愁煞人兮奈何？思夫君兮涕沱。折瑶蕚兮焉陈？表独立兮山阿。"王树楠为哀悼夫人节高志亮，又感于国家兴废无常，作章园碑和六咏诗。抒发自己"十年稷契经纶志"，"秋雨秋风梦一场"的情怀。井研举人龚煦春奉命作《章园记》，说白居易、苏东坡所任州郡，盛治园亭，荒崖穷谷留有游踪，王先生亦将流芳后世；唯县中拔贡严正相却题花蕊祠联讽其劳民。1910年和1926年培修章园，1927年在后侧建望云步月台，移憩亭于园门右，并广植花卉。1941年章园颓废，王树楠章园碑移建于孔子庙左侧，后录入1949年《资阳县志》。碑已无存。

5.阳明洞

在县南忠义镇敲钟村任家湾，旧名木鱼洞，1916年阳明洞主王进元按道家建筑风格修建。拔贡毛光璨作《阳明洞记》和五言长律，收入1949年《资阳县志》。归云亭和迎曦阁楼上藏经史、云笈甚富。还有杨周冕字贴，长尺许，宽六寸，有一厚本。环壁悬挂名人字画，其中1920年内江张大千画达摩像，作半躺卧状，面目癯癯，洞柱麓梢，顶圆如盖，有平地数亩，峰回路转，洞居其中，深广数寻，高拱穹隆，了无潮汐。正堂挂一巨幅彩画，供奉三清尊神。左供进元之父王槐仁墨画像。屏风有乾隆知县杨周冕联语"乾坤永泰，日月常辉"；屏风后布石床，安石鼎，设石几，置石案，用以静习修炼。入洞者多不知屏风后尚别有洞天。洞前基址建归云亭，左为招鹤亭，右凿唤鲤池，中植仙桃一株，与诸蟠桃相向。清泉顺崖流下，池水叮咚。围墙内外桑柘成林，柳榆夹道。自1924年王进元去世至1950年，洞内设私塾，附近学校组织春游，阳明洞和苌弘寨，是学生流连忘返的地方。1958年，砍伐碗口大的桃树和罗汉松；六七十年代，亭阁拆尽，洞室居人，碑石取作猪圈和粪池。基址存残石刻："洞门开处风云變，鹤驾到时物眠空。"崖上"阳明洞"三大字，常年漫泉而未磨灭，旁有"山人王进元作，邑西毛光璨书"等字。高大的洞柱上有楹联："祖庙别宗支，修建春秋，亦犹是兰亭风范；先灵同享祀，荐陈俎豆，何莫非槐第云礽？"洞中央浮雕巨莲，旁有慈云、性花字样。现存阳明洞记和玄言诗碑等。

（以上"出土文物"和"地面文物"均转引自四川省资阳县志编纂委员会编纂、巴蜀书社1993年9月出版的《资阳县志》中"文化志"第三章文物，本书对其中的表格作了综合概括。）

第二节

安岳、乐至、蓬溪等川内县域的"鲤鱼桥文化"

一、鲤鱼桥旧石器时代晚期的石器与乌木共存

在川东南，乌木遍布地下，几乎随处挖掘下去都可找到乌木。凡有乌木的地域，基本上就可挖掘出文物。

《报告》说，"鲤鱼桥旧石器时代晚期的石器与乌木共存。乌木层在四川分布很广，据目前所知在东经104度～108度，北纬29.5度～30.5度范围内都曾发现过乌木层。层中的乌木有的根须、枝叉皆在，保存十分完好，有的胸径达1米以上，并且在层中排列成一定方向，显然是被水冲来堆积而成的。许多乌木标本妈经 ^{14}C 测定，其绝对年代都在距今20000年～40000年之间。除鲤鱼桥外，在其附近的濛溪河流域和铜梁西廊水库及资阳黄鳝溪的乌木层中都发现有旧石器和其它文化遗物。黄鳝溪的乌木层中还发现有人类化石。可以说，在川中地区凡是有更新世晚期乌木层的地方就有可能发现哺乳动物化石，甚至可望找到旧石器时代晚期的人类化石和文化遗物。另外，据已知资料，在川中地区不仅分布有更新世晚期的乌木层，而且还有全新世不同时期的乌木层，较早的为距今6740+1200年，较晚的是资阳黄鳝溪第II层的乌木，其时代为距今2000+80年。这些乌木的成因是怎样？目前还不能解答。"

《报告》说，"总之，川中地区的乌木层分布范围很广，时代早晚有别，在更新世晚期的乌木层中还有大量的哺乳动物和打制石器共存。这些乌木层对研究植物群的分布，第四纪地层的划分，气候的变化及人类文化的分布都有重要意义，希望能引起各方面的重视。"

二、"一脚踏三县"和蓬溪、遂宁等川内县域的"鲤鱼桥文化"

濛溪河黄沙坎地域，是资阳、安岳、乐至三县交界处，有一脚踏三县之称。这些地域埋藏着旧石器时代文物和新石器时代文物。

此外，川内还有些县域蕴藏着"鲤鱼桥文化"遗物。

正如《报告》说："鲤鱼桥堆积底部和乌木层分布十分广泛。在川中部分地区，如蓬溪县的郪口大桥，乐至县的劳动公社，安岳县，资阳县濛溪河的石虾子、沙咀等地都可以见到。鲤鱼桥发掘的结果，为今后在上述地区寻找旧石器时代晚期文化遗址提供了新的实物资料和地层依据。"

资阳人

第三节

"鲤鱼桥文化"的可贵价值

鲤鱼桥新石器地点发掘出的大批石器、骨器、玉器等珍贵文物，把新旧两个时期的文化紧密联系起来，将距今 30000 年至 2000 年文明延续发展的脉络清晰的展现在世人面前。

一、"鲤鱼桥文化"范围广大

前面说过，鲤鱼桥新石器时代文化范围广泛，波及的地域多。不仅资阳、安岳、乐至，连蓬溪、遂宁等沱江中、上游 100 多公里远的地域及相邻的川内广大地区都可找到鲤鱼桥新石器时代文化的兄弟姊妹。不仅如此，在川外其他省市也有类似"鲤鱼桥文化"的文化遗存。

黄帝在沱江源头初建的功勋当属"鲤鱼桥文化"范围。如果黄帝在川外建立的文化也属于"鲤鱼桥文化"范围，那么，"鲤鱼桥文化"范围就更广大了。

二、"鲤鱼桥文化"与观音洞等文化的关系

鲤鱼桥旧石器时代晚期文化的新发现，不但丰富了四川旧石器时代文化的内容，而且，鲤鱼桥文化与铜梁文化和富林文化之间存在着一定的类似之处。

著名考古专家范桂杰、胡昌钰在《鲤鱼桥与观音洞文化关系初探》中说：

"观音洞遗址位于贵州省黔西县沙窝区沙井公社井山大队，东南距贵阳市约 152 公里。从 1964 年至 1973 年先后进行了四次发掘，共获得石器 3000 多件，哺乳动物化石 20 多件。"

"观音洞文化石器多采用单面加工，其中以向背面加工为主。部分石器采用错向、交互或对面加工方法。"

"鲤鱼桥文化的主要特征，在打片技术上多用砾石自然面作为台面打制石片，修整过的台面数量较少。"

"总观上述两文化主要特征，我们不难看出它们之间仅是大同小异。下面我们对两文化再进一步比较。"

"观音洞文化石器用料以燧石为主，还有硅质灰岩、细沙岩、火成岩等。鲤鱼桥文化石器用料是以铁质石英岩为主，另外有石英岩和燧石。用料不同可能与就地取材有关。"

"在石器的分类上，观音洞文化以刮削器为主，而鲤鱼桥文化从现有的为

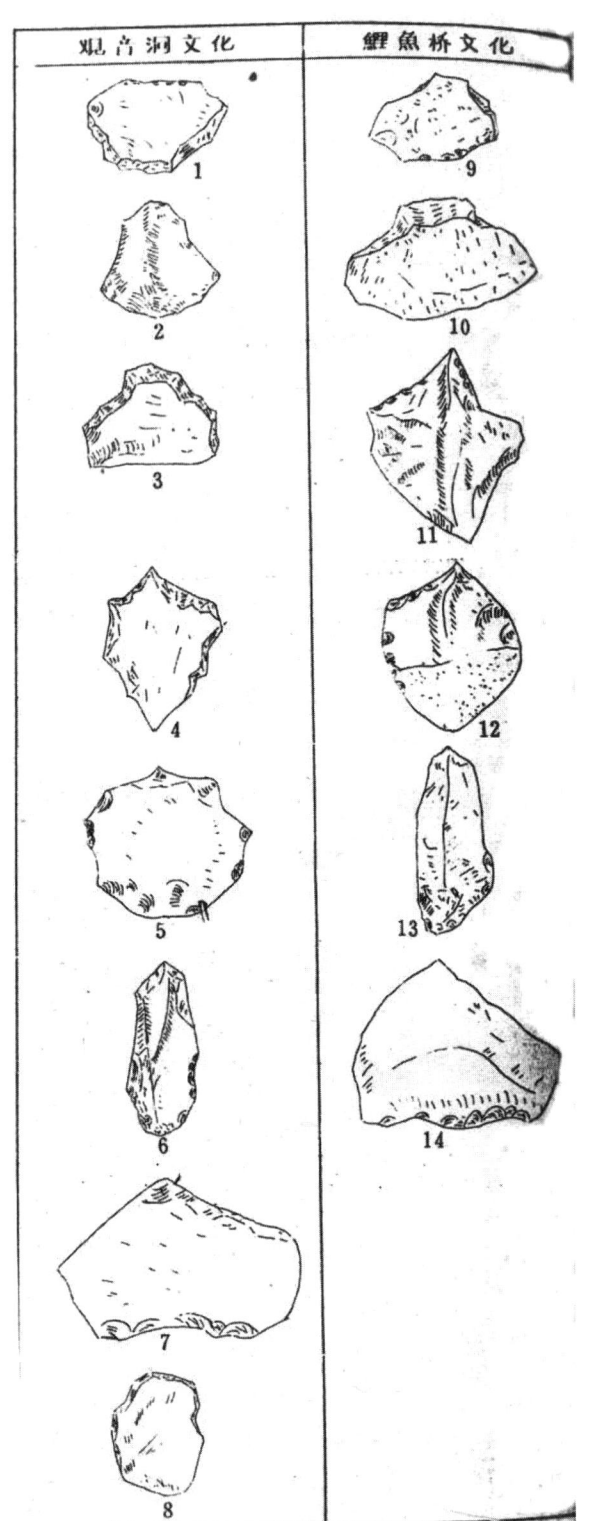

观音洞文化石器与鲤鱼桥文化石器比较图

1—3、7、三刃刮削器 4、错向尖状器 5、盘状刮削器 6、长条刮削器 8、端刮削器 9、11、12尖状器 10、14刮削器 13、长条尖状器（4、12为原大、8为2/3、13为1/4、余为1/3）

图片转引自范桂杰、胡昌钰《鲤鱼桥与观音洞文化关系初探》

数不多的石器看，则以尖状器为主。观音洞文化除了包含有鲤鱼桥文化的几种石器类型外，还有端刮器和凹缺刮器等，仅从表面看，似乎两文化之间的差异较大，其实不然。因为旧石器的分类目前在我国还没有一个较清楚的标准。所以同一类型的石器，甚至同一件石器，不同的作者对它们的称呼都可能不一样，观音洞文化同鲤鱼桥文化的石器分类同样存在这个问题。例如鲤鱼桥文化中标本73.2，T\L\T1：1称为刮削器；标本26，称为尖状器。而在观音洞文化中却统称上述两类石器为三刃刮削器。有的同志又把上述石器称为四边刮削器。再如鲤鱼桥文化中的尖状器II类b式在观音洞文化中却被称为盘状刮削器。鲤鱼桥文化中的长条形刮削器，在观音洞文化中又称为长条刮削器，在鲤鱼桥文化中称为尖状器，这种现象屡见不鲜，就不一一列举了。所以，我们不难看出，两文化实质上是以同一类型石器为主。"

"两文化除以同一类型石器为主外，鲤鱼桥文化中的刮削器与观音洞文化中的三刃刮削器相同，前者的尖状器II类C式还与后者的错向尖状器类同。"

"通过上述两文化的对比，我们发现一个比较重要的现象，就是两文化中部分石器有"肩"。例如观音洞文化中的三刃刮削器、端刮器；贵州省博物馆发掘的四边刮削器；鲤鱼桥文化中的部分刮削器、尖状器。这种有肩石器是观音洞旧石器时代文化和鲤鱼桥旧石器时代文化石器中的又一个共同特点。"

"综上所述，我们可以清楚地看到观音洞文化和鲤鱼桥文化不仅在打制石器技术上基本相同，而且石器的类型和形式也有许多是一致的。"

三、"鲤鱼桥文化"早于川内等其他文化

《报告》指出：鲤鱼桥新石器时代的文化遗物都早于川内铜梁、富林、三星堆等其他文物。

是的，川内已发掘的简阳龙垭、汉源富林、铜梁、广汉三星堆、成都金沙、成都羊子山、遂宁起郧口、安岳龙台、攀枝花回龙、重庆九龙坡、巫山大溪、西昌礼州、忠县冷井沟、丰都烟墩堡等地古文化遗址，都晚于"鲤鱼桥文化"一万多到几万年。

《报告》指出："在IV层埋藏的冲沟内发现的大量陶片，除常见的碗、罐以外，还有尖底器。在四川出尖底器的主要遗址有新凡水观音、广汉三星堆、月亮湾、忠县冷井沟等处。前两个遗址属于商、周时期。鲤鱼桥虽然也出尖底器，但从它的陶质、器形、纹饰以及陶器的原始性看，比水观音、三星堆出土的陶器要早，当为新石器时代的文化遗物。虽然陶片是和较晚的木炭同出于一冲沟内，显然是经水搬运再堆积的结果。这些新石器的陶片和巫山大溪、西昌礼州、忠县冷井沟出土的新石器时代陶器的器形、纹饰等均不一致，与它们都不属于同一类型的文化。似可能为这一地区新的文化类型。"

四、"鲤鱼桥文化"延续四万年

资阳的文明是连贯的、绵远的，从"资阳人"起达40000年之久。

简阳旧石器晚期龙垭遗址已经显露出村落的特征，散发着远古文化的光辉。资阳"鲤鱼桥文化"是国家史学界正式命名的具有深蕴文化根柢的远古文化宝地。考古界在鲤鱼桥及其周围的石虾子、沙嘴、濛溪河等地区挖掘出了旧石器晚期的大批文物，同时也挖掘出了新时期的大批文物。就"鲤鱼桥"这一个文化圣地来说，它就将资阳文化和中华文化绵延了35000年以上，达40000年，从没间断过。它既有35000年前的石器、骨器等多类遗陈，也有一万多年前的陶纹瓷器，还有一万年前的谷类遗陈和砖坯房屋遗迹。万年后的陶器遗物等就更显光彩了。

在公元前6000多年到公元前4000年的神农时期资阳人，正在经历着农业发展的高潮期，农耕社会现雏形，陶麻文明也有很大发展。这一时期的发展又促进了人类生活、生产文明的发展。在这个时期，《山海经》记载的昆仑山，即岷山山脉中的九个小丘，第四丘即昆吾之丘就是资阳的昆仑山。昆仑文化是资阳文明的辉煌发达时期。

黄帝时期的资阳人继承并发展了巨大的历史遗产，发展的农、渔、驯养和陶器等各种文明，使中华文明达到新高度，成为华夏民族的奠基期，将文化传播到四川等广大地域，影响着华夏和世界。

尧舜禹时期的资阳人更是在此基础上发展各类文化，祭祀之风开始发展起来。

独树一帜的蜀文化成为夏商周时期中华文化百花园中的一朵奇葩，夏王朝尧的第九子治水有功，在资阳建立资国。资国文化闪耀了2000年。而"资国文化"在蜀文化这一华丽的诗篇中有着极其重要的一页。

资阳天鹅山的古人始创蚕桑文化，它的光彩灿烂至今。

资阳人睁大眼睛看世界的文化光辉照耀大地六七千年，资阳忠义镇苌弘溪西山的"纵目女像"和孔子溪上游山上的"纵目男像"等就是最好的佐证。

资阳人在历史的发展中逐渐创立和形成了博大精深、新颖隽永、雄奇伟先、厚重绵延的文化特征，是资阳人乃以传承的文化。古代资阳人确实占有巴蜀地区古人创造文化和积累文明基因的关键地位，也为人类文明发展做出了巨大贡献，在人类文明发展史上有着不可磨灭的意义！

第四卷

女娲、伏羲、炎黄、资阳昆仑山文化

传说中的女娲是公元前7000年左右的神人。女娲氏经历的年代长远，约2000年。之后，到黄帝末期，女娲氏又历经了几百年。所以，女娲氏族在中国大地上留有多处遗迹。

——总编手记

司马贞在《补史记三皇本纪》中记载："伏羲母曰华胥。燧人之世。大迹出雷泽，华胥覆之，生宓羲（牺）"。

史学专家论点综述：

女娲和伏羲都是"资阳人"燧人氏后代。她们都是史前的文化英雄。她们崇尚创造发明，打造出一个"文明大现的时代"。

昆仑山文化久远。

综合四川省和国家级权威专家的论述和史书、史料的记载：资阳远古时期是个神秘的仙源之地。《山海经》所说古昆仑不仅指岷山西北区域，也包括它的东南余脉的九丘中的"昆吾之丘"的资阳昆仑山。资阳历来是神秘朦胧、山独瑰奇、仙翁之多占的圣地。资阳的仙气就是受昆仑神山学说的熏染发展起来的。

第一章

女娲氏治水补天 伏羲文明惠世界

——羲娲时期资阳人 前 8000 多年～前 6000 年

传说资阳人在羲娲时期，历经约 2000 多年（前 8000 多年～前 6000 年），女娲补天、抟土造人，表明了华夏民族进入自己的创世纪阶段，展示了众多值得关注的文化、文明发展特征。

《学斋呫哔》载："资州掘地得汉碑，有'伏羲仓颉，初造工业画卦结绳，以理海内'"。

女娲是古时代神女、古人类的先祖。传说中的"女娲补天"，女娲是"资阳人"。由于"蜀国"和蜀地遭遇洪水灭顶之灾，女娲率众治洪，凿石开山，凿通巫峡山脉，终于泄去洪水，把天的"缺口"堵住了、补好了，保住了"蜀国"。女娲还带领资阳等蜀人制乐、发展农耕，创造了初始婚姻制度等。后人在神话传说中形象写下"女娲补天"感人的故事，广泛流传。

——卢继传

女娲治水补天。

——鞠德源

女娲的古迹在资阳有多处，好些史料记述女娲率资阳人等凿通巫峡，泄洪补天，这足以说明女娲惠益资阳。

——刘建中

第一节

伏羲"女娲故国在资阳"

——些古迹史料证实和专家论断伏羲女娲都是资阳人

史学专家论点综述：

综合国家、省级史学权威专家的论述和史书、史料的记载：女娲与伏羲是兄妹，同是燧人氏的后裔。"'资阳人'的发现地，很可能是帝俊女娲时代的古国——资国"。著名诗人、考古学家闻一多先生经过长期艰苦的考证之后得出结论：上古之世的"朝云之国"就是蜀国的资州，就是女娲的故国。

女娲率众凿通巫峡，泄掉四川盆地的洪水，补住天漏。

女娲氏族在治洪中整治沱江，使沱江成为蜀地的母亲河，惠益两岸民生。

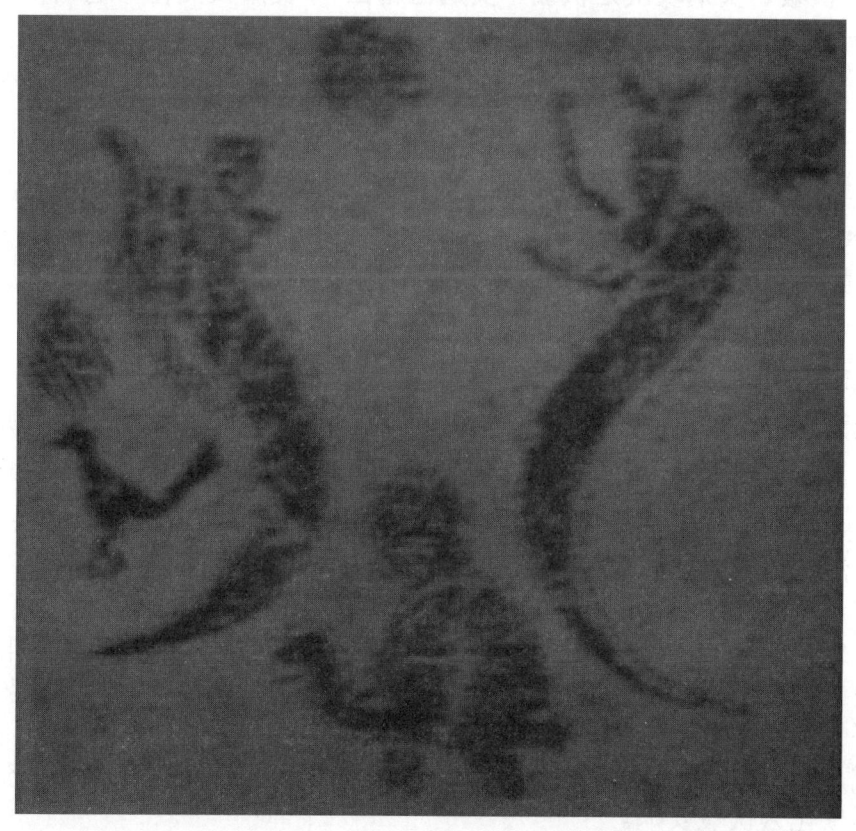

资阳市鬼头山伏羲、女娲墓中像　王阔渊摄

女娲氏族还推行农耕文明、发展婚姻制度、制乐、制地图等功绩很多、很大，"上际九天，下契黄垆，名声扬后世，光辉熏万物"。女娲文化源源流长、博大精深，是中华文明的传统文化。

女娲氏族一部的古迹在简阳、资阳各地都有存迹，这证明女娲氏族一部确实惠益过资阳。

"资阳人与中华文明溯源研讨会"总结暨新闻发布的关键词中也指出资阳人创立了女娲"治水补天"文化。

文物和史实、史籍等佐证**女娲、伏羲故乡在"资阳人文化"地域**。"**资阳人文化**"地域是由"'**资阳人文化**'和'**鲤鱼桥文化**'地域构成"范围广阔。

伏羲是我国第一个伟大的哲学家、生态学家、发明家、政治家、音乐教化者。他以西方五行历、东夷阴阳历，整合而成先天八卦太极哲学框架。

伏羲又称宓羲、庖牺、包牺、牺皇、皇羲、太昊、苍牙，等。

伏羲生地在吴西，在四川，在资阳，似否不在古时的成纪当今的甘肃天水呢？也不在其他地方，而是在四川省资阳市。我们考证的史实如下：

一、文物、遗迹佐证女娲、伏羲祖籍在"资阳人文化"地域

（一）伏羲、女娲坟决定伏羲、女娲祖籍在"资阳人文化"地域

1989年四川资阳发现榜题画像石棺，学界才首次由汉代材料明确指认人首蛇躯像确为伏羲女娲。四川资阳鬼头山东汉崖墓石棺像三号棺后档刻两个人首蛇躯像，上有"伏※、女娃"题字。有证据证明※即羲，娃是娲的借体字。（顾森《渴望生命的图式——汉代西王母画像研究之一》，载《汉画研究：中国汉画学会第十届年会论文集》，湖北人民出版社2006年出版）由此贯通，中国众多的人首蛇躯像进一步确定为伏羲女娲像。

四川资阳鬼头山伏羲女娲像，两个圆圈里是文字，但分辨不清。

鬼头山石棺的榜题上有伏希、女娃、兹武、九的字样。兹武为玄武，九为鸠，女娃为女娃，即女娲。汉王褒《九怀·昭世》："闻素女兮微歌，听王后兮吹竽。"清风传来仙女轻柔的歌声，又听见宓妃在伴奏吹竽。东汉王逸《楚辞章句》"神仙呕吟声依违也，宓妃作乐百虫至也"。宓妃就是伏羲的妻子女娲娘娘，沱江各地有女娲庙、娘娘庙。

《淮南子·精神》所描述的宇宙创生过程与《楚帛书甲篇》颇为相似："古未有天地之时二神混生,经天营地。于是为阴阳,离为八极,刚柔相成,万物乃形。"这里的阴阳二神"当指伏羲、女娲。从哲学角度上为阴阳两仪;从神话角度上是伏羲、女娲二神。在墓中壁画、画像砖石中,伏羲手捧太阳或日规,代表阳;女娲手捧月亮或月矩,代表阴。伏羲、女娲结婚生子,化育万物。至此,中国传统道家哲学思想具象化为伏羲女娲。

（二）安岳石刻等文物决定伏羲、女娲祖籍在"资阳人文化"地域

安岳石刻里面刻的伏羲、女娲："伏羲神农轩辕主,画卦尝味制衣裳。"四川盆地字库林立,内江县字库上面的读书人民间俗信有大量结绳而治、伏羲画卦、仓颉造字的提法,资阳市高速公路旁边也有好些字库。

王褒《洞箫赋》"夒襄准法"一作"夒妃准法"也是伏妃,可见在四川市民阶层,女娲娘娘健美神秘的身影无处不在。这些大量的史实说明,资阳地区有女娲遗迹的存在。

(三)"汉碑"决定伏羲、女娲祖籍在"资阳人文化"地域

《学斋占毕》云:"资州地(在蜀)掘得汉碑,有伏羲仓精,初造工业,画卦结绳,以理海内",等语。《学斋占毕》明确了六点:

一是"资州地(在蜀)掘得汉碑"。肯定了"汉碑"在"资州地",也就是资阳,因为当时"资州"府设在资阳。

二是"初造工业。"是指伏羲在资阳初始发展工业。当然这是在农业较为发展的基础上"初造工业"业的。

三是"画卦"。意即伏羲在资州作《易》八卦,完成了太极八卦的工程。

四是"结绳"。指结束打绳节记事的历史,发明了最初的文字。记录最初文字的书叫《洛书》。

五是"仓精"。亦作"仓颉",是说我国最早创造文字的人伏羲。伏羲时代沱江称洛水,伏羲以洛水定名《洛书》。

六是"以理海内"。这是指伏羲走出资阳,理顺全华夏的发展大业。史书记载,伏羲在资阳阳建功立业后,又发展川北,再到甘肃成纪完善八卦,然后顺黄河而下到中原等地"理海内"。

上述道出了资阳和巴蜀文明起源比中原早,和后人对伏羲创造发明的崇敬。《皇图要览》云:"伏羲化蚕,西陵氏始蚕"。化者化育、化生也,即孕育之意。伏羲在"远取诸物"中,发现了桑上野蚕。在创造人类文明过程中,女娲承担了化育的工作。

(四)图腾柱雕刻记载的古蜀、中华人脉史传承关系,决定伏羲、女娲祖籍在 "资阳人文化"地域

本书在后面引载的"图腾柱"这件珍贵文物图案中雕刻记载的内容,最确切的证实,女娲和伏羲都是资阳人。

"图腾柱"应该是在距今2900多年前雕塑刻造的文物。因为她记载的是蜀国人脉史,也就是蜀国从遥远的远古祖先到蜀王开明时代的世袭传承血脉关系史。开明后的历史没有记载,所以,这件文物应该产生在蜀王开明时代。前面说了,2900多年前产生的文物"图腾柱"上面雕刻记载的蜀国人脉关系传承史说明:伏羲、女娲就是"资阳人"、燧人氏的后代,这是不容质疑的。

(五)"龙凤·璧·琮"等文物决定伏羲女娲祖籍在"资阳人文化"地域

前面论述的代表天干地支文物的龙凤·璧·琮等文物证实女娲和伏羲都是资阳人。因为，这件文物的龙凤造型，彰显出了女娲伏羲时代的内容，标示了华夏纪年从女娲伏羲时代起始。

表示阴阳关系的左龙右凤，表示天为八卦的璧，表示地的十二个琮，完整的载述了天干地支关系的纪历法。

这件器物的凸现，也佐证了上古时期，天干地支确实为华夏先人所创立的。它距今有6000年至8000年的历史。而这个时代是女娲伏羲时代的先期阶段。

二、史书、史料记述伏羲、女娲祖籍在"资阳人文化"地域

（一）"燧人之世"确定伏羲、女娲祖籍在"资阳人文化"地域

《补史记三皇本纪》："伏羲母曰华胥。燧人之世，大迹出雷泽，华胥履之，生宓羲（牺）。"司马贞在这里讲的是伏羲的母亲华胥，在"燧人之世"生活，有"大迹"出现在雷泽，华胥踩在雷泽上，不久，生下了"宓羲（伏羲）"。

《诗含神雾》中记载："燧人之世，大迹出雷泽，华胥履之生宓牺。"

《古三坟》记载："伏羲氏，燧人子也，因风而生，故风姓。""以谓伏牺氏、燧人子，因风而生，故名。"是说伏羲是燧人子。

《通志》卷一三《皇纪》第一引《春秋世谱》云："华胥生男子为伏羲，女子为女娲。"

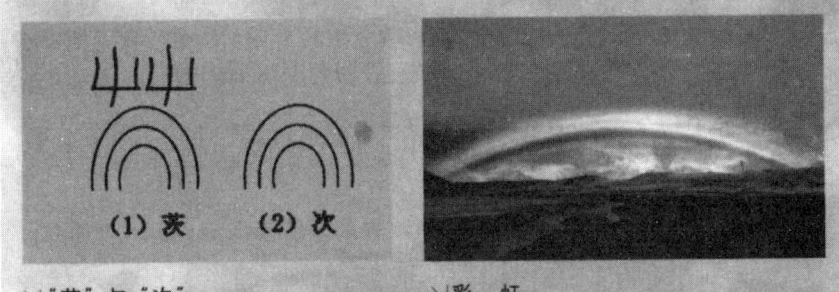

《昆仑纪》书中记载"资"与"朝云"的关系

《开辟衍绎》记载："太昊伏羲氏，其母乃燧人氏之女也，名诸英。"

《宋书》卷二十七《符瑞上》载："燧人之世，有大迹出雷泽，华胥履之，

而生太昊帝宓牺氏，母曰华胥。"

《尚书大传》曰：伏羲女娲为燧人之子女。

《孔子集语．遗谶十三》记载："《易纬通卦验》：孔子曰：燧人之皇没。虙戏生。是说，燧人皇没，伏羲皇出，燧人氏之后是伏羲氏。

徐中舒《巴蜀文化论》："伏羲龙身，这属于水滨低地之濮族，伏羲是艮挚的对音。"众所周知濮族在巴蜀资阳。东夷体系的亲水族自然就在东南，不会生于无水泽而离东夷很远之甘肃成纪。故伏羲生地在长江上游的沱江，"是巴蜀资阳濮人"。正如《华阳国志·巴志》云："其属有濮、见嫘书2、苴、共（龚）、奴（卢）穰、夷、蜑之蛮"。"濮族当在巴地，而不在甘肃成纪。"

上述几本古史书记载的事情基本吻合。

多种史书还记载，"'燧人之世'的华胥在雷泽生下了伏羲。"女娲和伏羲是兄妹，后结为夫妻。他俩的史实大多连在一起，不易分割。女娲是资阳人，故土在资阳沱江流域一带。传说中的"女娲补天"，实际上是女娲治洪"补天"。

为什么女娲伏羲总连在一起，这是世人知晓的原因，伏羲、女娲既是兄妹，也是夫妻。女娲是资阳人前面已述，伏羲也应是资阳人。司马贞在《补史记三皇本纪》中记载："伏羲母曰华胥。燧人之世。大迹出雷泽，华胥覆之，生宓羲（牺）"。古书《诗含神雾》记载："燧人之世，大迹出雷泽，华胥履之生宓牺。"

特别应指出的是，"燧人之世"，就是指燧人的后代。前面已论述清楚"资阳人就是燧人氏"，"燧人氏就是资阳人"，那么，"燧人之世"就是"资阳人之世"。所以，伏羲是"资阳人"之子孙，这是铁的定律，毫无疑问。

《古三坟》这部古史书记载："以谓伏牺氏、燧人子，因风而生，故名，"意思是，伏羲氏之所以是燧人子，是因为他是由"风"而生的。可见，燧人与伏羲的世袭关系有必然的共同点，就是"火"与"光"。对此，《礼记·月令》这部古史书注疏道："伏羲，曰，黄熊氏。原注云：皇雄黄熊亦同者，皆光著炽盛之壮。即'火势焜耀'，也就是《山海经》所记昆仑之丘的'其光熊熊，其气魂魂'的景象。"《山海经》所记昆仑之丘，指的就是资阳的昆仑山。也就是说，伏羲因风而生的关系，与资阳昆仑山的关是血肉不可分割的关系。

上述古史书都告诉我们：伏羲是"资阳人"、燧人氏的后代。

伏羲在四川资阳出生长大，与同母所生的资阳人女娲结婚。这些历史记载说明，伏羲、女娲都在资阳人"鲤鱼桥文化"区域内，都应是"资阳人"、燧人氏后代。

（二）"雷泽"决定伏羲、女娲祖籍在"资阳人文化"地域

上述一系列古籍所载中多数都重点讲伏羲出生"雷泽"。"雷泽"在何处，在"资阳人文化"地域。《山海经·海内经》说："雷泽中有雷神，龙身而人头，鼓其腹则雷。在吴西。"《周礼》注："雷泽在成阳"。《史记》曰：**舜耕历山，渔雷泽。**"还曰，帝尧都成阳。《水经注·瓠子河》云："瓠河又左经雷泽北，其泽蔽在大成阳县故城西北十余里，昔华胥履大迹处。其陂东西二

十余里，南北十五里，既舜所渔也，泽之东南即成阳县。"从前述三方面分析：一是"雷泽在成阳"，阳，指东南向太阳，成即城南，成都南。二是帝尧都成阳，即三星堆南。三是"鼓其腹则雷。在吴西。"吴西古时指江水西，即沱江流域。前述三方面的共同点。都指向了沱江中游、资阳一带。雷泽向世人招告，它在蜀地，在盆地成都南边，沱江中游。伏羲就出生这里。

（三）"朝云之国"确定女娲、伏羲祖籍在 "资阳人文化"地域

《昆仑纪》说："'资阳人'的发现地，很可能是帝俊女娲时代的古国—资国！""女娲氏的带领下，'资国'（即《山海经》中的'朝云之国'）出现在九丘之一的'昆吾之丘'上，其故地就在今日四川省资阳市一带。"

《礼记》

《礼记》等古书认为，"朝云"是对女娲时代杰出女性的美称。还将女性称为"帝俊"。"妻"是为"尚女"之义，"羲"、"霓"、"次"、"资"为通音、同义，故女娲又称"娲羲"。

著名诗人、考古学家闻一多先生在考证"资"与"虹霓"、"朝云"之关系的过程中，历经千辛万苦。他认为《周礼》中以"资"代"霓"，古文献中的"朝云"都是神话中的女子。

闻一多先生在考证"朝云"的由来时涉及两个关键地名，一是"涂山"，一是"高唐"。最终考证到这两个地点原来都在四川。

《高唐赋》：昔者楚襄王与宋玉游于云梦之台，望高唐之观，其上独有云气，崪兮直上，忽兮改容，须臾之间，变化无"何谓云"？玉曰："昔者先王尝游高唐，怠而昼寝，梦见一妇人曰：'妾，巫山之女也。为高唐之客。闻君游高唐，愿荐枕席。'王因幸之去而辞曰：'妾在巫山之阳，高丘之阻，旦为朝云，暮为行雨。朝朝暮暮，阳台之下。'旦朝视之，如言。故为立庙，号曰朝云。"

《高唐赋》中这段文字清楚不过地说清楚了"巫山之阳"是指巫山之南，南者，一年四季见阳光多的方向。须知这里和"妾在巫山之阳"的巫山是都江堰依着的巫山，这就指向了沱江中游。又清楚不过地说明白了"朝云"与"神女"的关系，文中所指的"高唐"与"涂山"同在长江之侧。

闻一多先生在考证"涂山"、"高唐"和上古时代的神女、简狄等女性后，确定他们的先祖都是女娲，再次确认上古之世的"朝云之国"就在四川境内的资州，就是女娲的故国。

《昆仑纪》载:"闻一多先生将这位'古代各民族的'共同的先妣的居住地点最终锁定在《山海经》记录的'朝云之国',这个出'美人红霓'的古代方国就在'都广之野',这即是说,黄帝时期的故国——资国,也就是今天的四川资中、资阳一带。请读者注意,此地也正式被李济先生称为'荷谟有辨'的'资阳人'化石出土之处,这恐怕就不应仍被归为一种巧合了。"

女娲不只是一个人,而是一个氏族,在全中国多地都有传说的影子,在资阳的女娲至少应为女娲氏族中的主体部分。

(四)"吴之西"河决定伏羲、女娲祖籍在"资阳人文化"地域

前面已提到吴之西,这里在深入一说。《淮南子》等古籍曰:"东方木也,其帝太暤",伏羲生地在吴之西。吴之西主要是长江流域中部及四川的长江流域,都应该是东夷鸟族活动之泽地。也就是古时共指的"江水"。这些水泽之域多鱼,有鱼必有鸟,鱼鸟形成自然生态食物链。鸟多依鱼而存,鱼又与蛇(龙)相通。这些水乡中正统的河流应是长江上游的沱江,而不是其他江流,因为沱江是四川的母亲河。这是说明伏羲出生地应在沱江岸上(关于"江水"在下面"青阳"一节中将详述)。

(五)"龙身而人头"的伏羲决定伏羲、女娲祖籍在"资阳人文化"地域

《昆仑纪》第五章标题和导言

《山海经·海内经》云:"西南有巴国,太暤生咸鸟,咸鸟生乘厘,乘厘生后照,后照是始为巴人。"《吕氏春秋·立春纪》云:"其帝太暤"。高琇注:"太暤,伏羲氏。"《饼史记·三皇本纪》云:"太暤庖羲氏母曰华胥,履大人迹于雷泽而生庖羲。"《山海经》云:"雷泽中有雷神,龙身而人头"。《补史记·三皇本纪》称:"伏羲为蛇身人首,有圣德。"司马贞《补史记·三皇本纪》:"宓牺,蛇身人首",故世称伏羲为龙族。古代龙、蛇不分,巴字像蛇,巴人以蛇为图腾,故巴人皆为龙族。资阳是恐龙的故乡,老资阳县恐龙化石储藏量可震惊世界,所以说伏羲祖籍地在资阳。

(六)"昆仑山之遗风"决定伏羲、女娲祖籍在"资阳人文化"地域

多本古书曰：伏羲之父华胥之夫(大人)乃东夷亲水族，华胥为亲西王母之女系部族，有住昆仑山之遗风。这个遗风就是《山海经·海内经》所云："南海之内，黑水青水之间有九丘，以水络之：名曰陶唐之丘、叔得之丘、孟盈之丘，昆吾之丘，黑白之丘，赤望之丘，参卫之丘，武夫之丘，神民之丘"。于是，大人，这个东夷族寻求西泽而发展。最终于四川昆仑山与华胥相亲。世人应知，古时称岷山为昆仑山，昆仑山之南有九个小山，即：九丘，这就是昆仑山之遗风。第四个丘为昆吾之丘，就是资阳昆仑山。因而，伏羲祖籍地在资阳。

(七)"建木"(神树)、都广决定伏羲、女娲祖籍在"资阳人文化"地域

《山海经·海内经》云：海内九丘之地"有木，状如牛……名曰建木。""百仞无枝，有九欘，下有九枸，其实如麻，其叶如芒。大皞，爰过，黄帝所为。"《淮南子·地形篇》载："建木在都广，众帝所自上下，日中无景(影)，呼而无应，盖天地之中也"。郭璞注道："建木，青叶紫茎，黑华，黄实，其下声无响，立无声也"。古籍载：建木参天，是中华文化的神圣标志。三星堆出的"神树"就是古籍上讲的"建木"。

都广即四川盆地。《山海经补注》云："黑水都广，今之成都也"。《山海经》、《大传》、《淮南》、《禹本纪》等多部古籍载，"都广为中央之合……在成都平原而岷山即矗立成都平原侧也。"多本古籍指出昆仑(即岷山)都广为华夏的中央地域。因为远古时代这里最为发达、富有，高端名门大都出自或生息在这些地域。

远古的成都平原还是西海，还在女娲治水补天的末期。有的史学专家认为建木是桑，因桑生于中央众帝之丘，美其名曰建木。《皇图要览》曰："伏羲化蚕，西陵氏始蚕。"与龙(蛇)有因的伏羲族认为桑上之蚕类为龙蛇，故崇拜亲近桑树，将这种社树视为神树。伏羲及众帝之精神崇拜与社树合一，故曰："伏羲化蚕"。《大戴礼·帝系篇》等古籍也有类似记载。

(八)"濮族之地"决定伏羲、女娲祖籍在"资阳人文化"地域

徐中舒《巴蜀文化论》："伏羲龙身，这属于水滨低地之濮族，伏羲是艮挚的对音。"众所周知濮族在东南，巴蜀资阳。东夷体系的亲水族自然就在东南，不会生于无水泽而离东夷很远之甘肃成纪。故伏羲生地在长江上游的沱江。正如《华阳国志·巴志》云："其属有濮、賨、苴、共(龚)、奴(卢)、穰、夷、蜑之蛮"。"濮族当在巴地，而不在甘肃成纪。"《帝王世纪》曰："帝疱牺氏继天而王，为百王先，"为我国三皇之首。伏羲为我国濮族，以渔猎畜牧为主，农耕初期人物。

(九)"华胥之渚"决定伏羲、女娲祖籍在"资阳人文化"地域

传说：西王母与东夷俊男相恋，生下了华胥。

《列子·黄帝》曰："华胥氏之国在弇州之西台州之北"，即今浙江临海一带。华胥西向昆仑山寻找母系，由东夷迁至"华胥之渚"，与不知名的"大人"

结合，生下伏羲兄妹。

"华胥之渚"在何地呢？"向昆仑山寻找"。如何寻找呢？唯一一条道就是顺"江水"而上。长江上游沱江既是长江上游的主干河流，又是四川的母亲河，顺沱江寻"华胥之渚"是顺理成章的事。

须知，远古昆仑山是当今的岷山。岷山南面的"九丘"基本都属沱江岸上的"华胥之渚"地。"渚"者水中的小块陆地也。距今九千年前后"九丘"中第四丘的"昆吾之丘"被沱江水四面包围，恰好符合"华胥之渚"地形条件。不过几千年中"昆吾之丘"北面山地多次滑坡填水为陆形成今日地形。可见，"昆吾之丘"也许就是"华胥之渚"。果真如此，伏羲、女娲兄妹出生地就应该是"昆吾之丘"。至少也离不开"九丘"范围，也就离不开"资阳人文化"地域。在沱江资阳段，青阳河（阳化河）口对面的文龙村、忠义镇、迎仙镇、临江镇等多地，至今都有"渚"地。

在母系社会向父系社会转化初期的时际，母系还是世系之根，因而伏羲、女娲之祖根就应该在沱江岸上。

（十）为什么多地在争伏羲出生地？

为什么四川阆中、甘肃成纪等地区都在分别争抢伏羲出生地或祖籍在其地呢，甘肃尤其努力。因为，"地随人名"之故。

《帝王世纪》不解"地随人名"之因，故曰："疱牺生于成纪"。南宋郑樵在《路史》也随声合音。有的文人为了迎合统治者的正统思想观点，中国帝王都生于黄河流域，所从，就将伏羲记为黄河岸上的龙族。《补史记·三皇本纪》就有如此之说。

伏羲在资阳领导濮人广种农粮，大造工业，创立八卦等取得辉煌成就。正如《学斋咕哔》载："资州掘地得汉碑，有'伏羲仓颉，初造工业画卦结绳，以理海内'"等文字。

"理海内"，首先"理"的是蜀国，伏羲带领部分资阳濮人向沱江上下游、岷山东西、西海四周传授濮人先进文化。部分濮人与茂县、汶川、北川、雅安等地原住民众相融通婚，形成羌人、雅人等多个部族。

伏羲带领另一部分资阳濮人沿昆仑山即岷山北上甘肃成纪一带后，将濮人文化与当地文化结合，将东夷阴阳历与西姜五行历融合，完善阴阳五行太极八卦，同时大力发展生产，使民众享受到福禄，得到万民爱戴，故都于成纪。后来，四川的一些伏羲建设有成就的"渚"地等名都按到了甘肃。这就是"地随人名"之故。

伏羲带资阳濮人在甘肃做出业绩后，又顺黄河而下，展开全方位的拓创，他的儿孙还向海外发展，建立"人类一代文明"。

第二节

女娲率众人治水补天

一、洪水灭世

综合《水经注》、《本蜀论》、《三皇五帝时代》、《圣经·创世纪》、《淮南子·览冥训》、《十三州志》、《郫县蜀丛帝新庙碑记》、《巫山县志》、《山海经》等30多本古史的一些记载,在第四纪冰川末期的距今9000年前,又发生了一次世界性的地球振荡。随之而来的是一连串火山喷发,风灾遍地,火山喷出的灰尘和颗粒滚滚蔓延,挡住了阳光对地球的照射,地球气温瞬即下降,这就形成了第四纪冰川。随着时间的推移,火山喷出的尘幔消散,阳光又重新照射到了地球,世界开始回暖。但多灾的地球又遭受天破雨倾,洪水泛滥全球,淹没世界。四川盆地也没能幸免。盆地中洪水滔滔,资阳一带的"昆吾之丘"也被洪水淹没大部,只剩下一些丘顶了。不但中国许多史记和传说都绘声绘色地描绘了这场大洪水,而且西方世界也对这场洪水叙述很多。就连《圣经》也作了详细的记述。《圣经创世纪》就详细记述了这场洪灾暴发的凶猛之势,说:"天上的水闸都开放了;大雨下了四十天四十夜,洪水在地上泛滥了四十天。水不断增长,浮起了方舟,方舟遂由地面上升起来。洪水汹涌,在地上猛涨,方舟漂浮在水面上。洪水在地上一再猛涨,天下所有的高山也都没了顶;洪水高出淹没的群山十有五肘。凡地上行动而有血肉的人全灭亡了;凡在旱地以上鼻呼吸的生灵都死了,只剩下诺亚同他在方舟内的人物。洪水在地上泛滥了一百五十天。""距今九千年前暴发的大洪水对四川盆地几乎造成灭顶之灾。'东方伊甸园'亦在劫难逃。"

二、女娲治洪补天

在天破雨倾,洪水殃及人类的灾难面前,女娲奋勇补天治洪。当时四川洪水排不出去的关键在盆海四周没有河流出口。今天的巫山河流当时是重重山脉相接,挡住了川内的洪水外泄。

况且,由于西海汪洋瀚水,在太阳热火的照射下,热气持续上升,形成积雨云,因而大雨下个不停,就象天破了几个特大的窟窿,倾盆大雨,滔泄连连。使本来的洪水灾害更加泛滥。

古史记载，洪水灭世之时，龙在巫山等地方争斗，造成山体崩塌阻断江水，江水回溯到丘陵，淹没了蜀地。燧王命令开辟巫山，决裂岷江、沱江，将绵水、

> 然而，距今万年左右，灭世的洪水滚滚而来，淹没了几乎整个世界。留在四川盆地中的雅人，在女娲氏的领导下，殚精竭虑发现了息壤，烧裂群山，疏导洪水，最终化解了危机。

《昆仑纪》中的一段结语

洛水打通，汇合汉水、沔水，把洪水排放到大江大海去。

看啊！在距今9000年前的巫山山岭上，一个身高腿长，胸丰膀壮，眼明声高的伟大女性正在指挥掘凿巫山的战斗。她就是千载传诵、形象高尚的女娲。虽然女娲和伏羲已结为夫妻，但当时正处母系社会和父系社会并存初期，女娲仍然是族领，她率领资阳人和蜀人凿巫山。凿巫山山岭的众人在女娲的号令下，竭力战斗，女娲指到哪里，他们就战斗在那里。北边的人们在凿山，有的在挖，有的在搬石块。南边的人们在加柴烧山，然后用水冲后，一层山体开裂、松碎了，他们又开始凿山、挖山、搬运石块。北边的人们把烧松、烧碎的一层石块搬运走后又开始烧山了。他们这样反复的拼命干着，一代接着一代，干了上千年，把巫山等打通了，汪洋西海的水向外泄流，浪涛千丈，西海变成盆地。

西海没水了，水蒸气正常了，上天窟窿被女娲补上了，倾盆大雨从此没有了，灭世的洪水被女娲治理了，天下太平了，万民安居乐业了。

后来，有史书把这段历史功绩误记于望帝和鳖灵身上，这是不公的。也许是记事的人不了解久远的历史罢了。因为女娲治水比鳖灵治水要早5千多年。

传说中的"女娲补天"其实记录的是巴蜀涂山女娲氏率众凿石开山，凿通巫山。这项工程十分浩大，劳动非常艰巨，时间尤其漫长。女娲补天的神话不是指上古名叫女娲的神人独力治洪，而是展现了涂山女娲氏这一族群在悠悠历史中率领四川盆地先民坚持不懈与洪水抗争并取得成功的艰辛历程。

是的，女娲率领资阳等蜀国众人凿通巫山山脉，泄去洪水，把原来四川盆地中的汪洋大海的水排泄出去了，水蒸气大大减少，在高空受冷形成雨水的条件减少了，天下雨少了，就把天的缺口堵住了，补好了。其艰辛程度很难想象。你听，女娲等资阳人开凿巫山山岭的敲砸战斗场面，似乎还展现在眼前，团结奋战的号子声，似乎还振荡在天上，回旋在耳边。

女娲在凿通巫山的过程中和凿通巫山后，对沱江流域进行了整治，尤其对沱江进行了多次疏通和改造，使沱江成为蜀地的一条母亲河，奠定了厚实基础。

传说女娲补天用的擎天石　李朋能摄于资阳龙首山

资阳人

第三节
女娲、伏羲精神顶天立地，震撼世界
——女娲、伏羲精神高尚顶天立地，功劳之伟大震撼世界

一、女娲治水补天的技术和精神震撼世界

女娲在率众凿通巫山时，采用了一项关键的技术，就是指挥众人用大量的木材和芦草销炼岩石，也就是焚烧堵塞河道的巨石。正如前面所说，《华阳国志·蜀志》记载道："有神作大滩江中。其崖崭峻不可凿，乃积薪烧之，故其处悬崖有赤白五色。"巨石在烈火的高温下剧烈膨胀，再用冷水浇淋，使其剧烈收缩，岩石就猛然破碎。接着，女娲又指挥众人将破碎的岩石搬掉，然后再用烈火焚烧，再搬出碎石，这样循环地凿岩辟山，疏导江河。经过一代又一代的艰辛努力，三道山峡终于被凿通。川内的洪水从此疏导出去了。

女娲治洪的功绩古籍上说有五项：一是，"杀黑龙以济冀州"，就是将川内的水引向汉水等，到了河北，为中原提供了水源；二是，"断鳌足以立四极"，就是创发了四方立柱测量水位的方法，观测水势降落的技术，尤其是当年利用高于涪陵城北江中的"鳌足"测量水位技术的发明是前无古人的；三是，"炼五色石以补苍天"；四是，"积芦灰以止淫水"；五是，将息壤成石灰，是人类最早使用的水泥。三、四项均为女娲销炼息壤治水的功绩。

古史记载，女娲还在古梁山及秦岭两侧的峡谷开辟了多条古道，将四川盆地与中原地区一山之隔的河洛地区沟通，使蜀国与中原有了联结的渠道。女娲将这条渠道沟通后，留下一些后人驻扎在此。正如《山海经·大荒西经》里记载的女娲的后裔在"栗广之野"生息。

女娲治洪的功绩远不止古人总结的五项。而她最大的功绩是"治洪补天"的精神。

女娲补天之精神高尚顶天立地，功劳之伟大震撼世界，受世人无限敬仰，她补天的可歌可泣的动人故事传诵至今。《淮南子·览冥训》说："往古之时，四极废，九州裂，天不兼覆，地不周载，火炎焱而不灭，水浩洋而不息，猛兽食颛民，鸷鸟攫老弱。于是女娲炼五色石以补苍天，断鳌足以立四极，杀黑龙以济冀州。积芦灰以止淫水。苍天补，四极正，淫水涸，冀州平，狡虫死，颛民生，背方州，抱圆天，和春阳夏，杀秋约冬，枕方寝绳……考其功烈，上际九天，下契黄垆，名声扬后世，光辉照万物。"蒙文通在《巴蜀古史论述》中指出："女娲是西南民族所传初造人类的创始者……王逸《章句》在这里说：'传言女娲人头蛇身，一日七十化。'蛮、闽字都丛虫，是蛇，巴也是大蛇，女娲蛇身，正是南方民族的传说。许慎《说文》说：'（女）娲古之神圣女，化万物者也。'这是说万物都是她所造的。"可见，资阳、蜀地等西南人对女

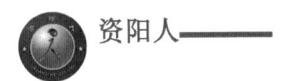

娲的传说都是敬重女娲的表现。

女娲在治洪补天的同时,大力推进农耕文明,发展婚姻制度,在制乐等方面开启新的篇章。

《楚辞·天问》、《礼记》、《史记》、《山海经·大荒西经》、《淮南子·览冥训》、清朝嘉庆年间的一些志等史料都有关于女娲的记载。历来的史书一再肯定,女娲是中华民族的共同人文始祖,是中华民族伟大的母亲。女娲文化源远流长、博大精深,内容丰富,是史前文明和中华民族优秀的传统文化。

二、"女娲治水补天"在我们儿时心里种上了为人民的精神种子

儿时常听妈妈说女娲补天救世的故事。

儿童时代的一年六月,雨水连连,多天的滂沱大雨还在倾盆而下。在屋前街阳上,我依偎在妈妈怀里。突然她指着眼前雨中几人才能牵手围过的大黄理树,似乎在对我说,大黄理树再长高把破漏的天补上就好了。

天还能补?我好奇地问妈妈。

能呀!她说起了女娲补天的故事:

那是在很久很远的时代,天破了,雨水比现在下的还大。洪水泛滥成灾,庄稼淹了,房屋塌了,猪鸭牛羊被冲走了……

怎么没声音了,我立马坐了起来,看到妈妈在拭泪水。她接着讲:

听说,有个神女,叫女娲,是天老爷派下来的大神。她用锄头挖出黄泥巴土,用脚踩,用手把泥巴揉成一团,抱起来,一个跃身,骑在一条大龙的脖子上,飞上了天。女娲把泥团塞在洞口上,把破漏的天洞堵住了,补好了。

从此,普天下的老百姓过上了好日子。

可是,好景不长。不到两年的一天,火神祝融和水神共工打起仗来。共工把撑天的柱子不周山撞倒了,天塌下半边来,砸了很多窟窿,把地也砸裂了,地上的洪水及天河的水不停地漏下来,造成大地上的水患。天破之后,不断地有陨石和天火从破开的天洞中落下,大地上的人类不是被陨石砸死就是被大火烧燋,面临着巨大的生存危机。

女娲看到人类东躲西藏,无处容身的惨象,心中十分痛惜。她便遍历乾坤,为了解救生灵,决定采石补天,用五色石把天补起来,再用东海神龟的四只脚顶住苍天。女娲找来五色石块炼出五彩晶石,把已碎的象渔网似的天一点点的补了起来,眼看着补天的大功就要告成,但想不到五色晶石用完时,却发现五色石不够用,破碎的苍天还没补好。天上还有一个大大的窟窿,如不补好,天就会继续崩裂,天底下的人就不能得救。女娲很痛苦的想好后,用自己的身体,填补好了天上最后的大洞,终于补好了天,天地间恢复了祥和,还出现了五彩的云霞和彩虹,天下又太平了。

过了一会儿,妈妈补充道:还听老人说,女娲是在西蜀之地耗尽气血,力竭而亡。还有的说,女娲是在补天中,劳累而死。还有的说女娲是以身补天。因为女娲是补天救世,恩惠劳苦大众,功德齐天,所以,老天要她化为日、月,

永远造福天下。

尽管如此,女娲从来不标榜炫耀自己的功绩,从来不张扬彰显自己的名声,隐藏起真人之道,以遵从天地自然。女娲道德上通九天,震慑牛鬼蛇魔,天下长久太平。

女娲真是神啊!妈妈感叹的称赞,女娲是救大众,造福天下的大神佛!

妈妈感叹过后对我说:么娃儿,你一定要学好人,要学女娲全心为民、舍身救人。

这是我人生第一次,在心、血管里种上为人民的精神种子。

三、伏羲、女娲对人类的伟大贡献

(一)以建木立社到化蚕

伏羲为母系向父系社会软传转移初期大族群的首领。刘歆《世经》曰:"庖牺继天而王,为百王先,首德始于木,故帝为太昊"。古代建国君民必先立社。伏羲建国以建木立社。《淮南子·地形篇》载:"建木在都广,众帝所自上下,日中无景(影),呼而无应,盖天地之中也"。都广应在当今四川盆地周边,因为当际的成都平原还是西海,还在女娲治水补天的末期。有的史学专家认为建木是桑,因桑生于中央众帝之丘,美其名曰建木。《皇图要览》曰:"伏羲化蚕,西陵氏始蚕。"与龙(蛇)有因的伏羲族认为桑上之蚕类为龙蛇,故崇拜亲近桑树,将这种社树视为神树。伏羲及众帝之精神崇拜与社树合一,故曰:"伏羲化蚕"。

(二)伏羲制嫁娶,推行由血缘婚到族外婚的固定婚姻制度

《楚辞·大招》等古书记载:"女娲阴帝","坚持母系社会"。则伏羲又坚持父系社会。女娲"佐伏羲治者也","女娲做笙簧","伏羲氏作瑟,造《驾辨》之曲"。提倡男系女系并重,实行血缘之外的族外固定婚配,改变群婚习俗,禁止群婚制,走向人伦化。

(三)创造按生命发展规律而进行管理的规律习俗

《淮南子·天文篇》说:太皞是"东方木也,其帝太皞,其佐句芒,执规而治春"。是说太皞按木之发生生衣发展规律,管理春天的气候、植物、动物、人之生命,一切生命按生命发展规律而进行管理。

(四)"伏羲仓颉"

《抱朴子》:"太昊师蜘蛛,而结网"(仿蜘蛛而织渔网)。伏羲在资阳领导濮人广种农粮,大造工业,创立八卦等取得辉煌成就。正如《学斋咭哔》载:"资州掘地得汉碑,有'伏羲仓颉,初造工业画卦结绳,以理海内'"等文字。《世本作篇》:"句芒作罗"(用神木以网罗鸟兽)。"结绳记事",等等,人类进入渔猎时期的创造时代。

(五)创立太极先天八卦哲学

《尚书·禹贡》:"岷嶓既艺"。指岷山东南的经济发达时代经济基础产生了智者哲人伏羲的太极八卦文化。《帝王世纪》曰:"伏羲为百王先"。《易·系辞》:"古者庖牺氏之王天下也,仰则观象于天、俯则观法与地,观鸟兽之文,与地

之宜，近取诸身，远取诸物，于是始作八卦，以通神明之德，以类万物之情"。

伏羲父系善于总结思辨，如风之多变，通神明之德，类万物之情。伏羲继承父志，既亲水又多智，既亲山又富仁，形成古代长江流域的哲学体系。

（六）伏羲、女娲还创造了众多的福及世界的文明成就

除前述五大方面外，伏羲、女娲及其俊帝等后人，还创造出一系列造福全人类的，应永远铭记在心的伟大的文明成就：

一是，"始作下民百巧"，《山海经·海内经》此语是指发展工具。

二是，"始作牛耕"。

三是，"始布土，均定九州"。

四是，"初始工业"，如果《学斋咕哔》这部古史书记载真实，就说明资阳人创造了史前工业文明的人类奇迹。

五是，"始为国"。

六是，发明了舟楫和车辆。

七是，伏羲、女娲时代绘制出地图。《玉函山房辑佚书·春秋神契》中记载到："伏牺氏画地之制，凡天下山五千三百七十，居地五十六万四千五十六里，出水者八千里，受水者八千里，出钢之山四百五十七，出铁之山三千六百九十。"可见，女娲、伏羲时期文字、地图、科技水平达到了何等先进的地步。

八是，发明太阳历，又称"伏羲历"、"夏历"、"阳历"。是以太阳绕地球一周为一年的历法。

九是，发明文字、节气。

十是，发现、开发、建设、发展美州，这几乎是美国和西方考古界公认的。

十一是，建造金字塔。中外考古专家认为，史前世界著名的三处金字塔遗迹均与伏羲氏后代关系紧密。亚洲中国三星堆遗址金字塔，美洲奥尔梅克金字塔遗址，非洲埃及金字塔遗址，都在北纬30度，年代都在4600年前后。《山海经》、《昆仑纪》等史书说及"各种金字塔的建造原型，很可能源于昆仑之丘"，意即蜀国文化。2002年南美洲发掘出金字塔中11个布袋5个棺椁中都有人遗体，经鉴定为4000多年前的中国人遗体。这都说明伏羲后人统一建金字塔。

十二是，伏羲、女娲化蚕，开创养蚕育蚕的事业。

十三是，伏羲、女娲创造音乐，发明了多种乐器。

伏羲及其俊帝等后人的一系列伟大的文明创造，给全人类的发展给予了极大的、长久的福音。

（七）伏羲、女娲向非洲、欧洲地区传播中华文化

伏羲、女娲氏时期通过将濮族大迁徙向华夏传播资阳人文化和向世界传播资阳人文化、中华文化，拓创世界文明，这还是第二次。在这之前"资阳人"即燧人氏最先进行过迁徙向外发展，时很漫长两万多年，但范围大都在西海东、西部地域。随着气候渐暖，"资阳人"迁徙发展步伐加快。第三次是，黄帝及其子孙颛顼、帝喾和后裔将濮族大迁徙向华夏传播资阳人文化和向世界传播资阳人文化、中华文化，拓创世界文明的大爆炸时期。第四次资阳人大迁徙传播文明发生在大禹时代及其前后时期。

四次资阳人大迁徙、传播文明的原由和动因，主要有四：

一是寒冷，寻求更温暖地域。由于人类弟四紀冰川极度冰冻时期地球上的生灵几乎冻绝，万幸的生息在较温和地域的"资阳人"即燧人氏族，不知外界的危险，还寻求更温暖的地域，于是开始近距离的缓慢迁徙，开拓新的发展。

二是人口爆炸，被逼迁徙，形成迁徙中传播文明。由于时际气温关系，拥挤在沱江中游的"资阳人"即燧人氏族人口爆炸，分化出若干小族群，尤其是颛顼、帝喾和后裔时期，资阳濮人分化出成百上千的的族群，形势逼迫迁徙发展。这方面的历史当今几本民族史箸都有祥论。

三是洪涝灾害泛滥被逼迁徙。女娲第一次治水补天后，西海变为陆地，但是盆地和江何水涝、洪流时有泛滥，迫使人迁徙求索更安祥之地。

四是资阳人是"纵目人"，根脉中就有举目远望，创发新的世界的基因。故向全世界迁徙，去融合、去传播、去开拓创新。

第三次、第四次资阳人大迁徙传播文明内容待后续。伏羲、女娲氏时期资阳人大迁徙传播文明是有Ｎ多古籍记载和国外报道的。

《外金丹》、《历代通鉴辑览》等多本古籍记载：距今万年前，女娲氏炼五石以补天的巨大文化就直接传到波斯地区，后又传到埃及。此以古籍记载为证：《道教大辞典》曰："太阳：红铅"，"外丹用药。《外金丹》卷四《三元秘范》：'太阳红铅，乃丹中第二品丹材也。太古时，有女娲氏炼石以补天，所炼之余气结为五彩之霞光，落于波斯国内，化为倭铅，一名倭玉，为五金之领袖，八石之翠帏……以手摸之，却平而不突，化开倾成薄片，用铁敲之，严若琵琶，清亮出群，铿然可听，必令其绝命，方成白金。'"。

在伊朗神话中广为流传的女娲、伏羲的故事说明，女娲、伏羲氏族确实有与波斯人互鉴、相助、共同发展的历史。

其间，伏羲氏、女娲氏后裔族中部分到达埃及直接传播伏羲、女娲文化。在伏羲后裔的诸多族国中，都以伏羲为号。埃及的最早开拓者应该是源于伏羲(宓牺)以后的十五个帝王氏族。据《历代通鉴辑览》卷一记载："太昊伏羲氏、女娲氏、柏皇氏、中央氏(亦日中皇)、大庭氏(亦日朱颜氏)、粟陆氏、骊连氏(亦日昆连)、浑沌氏(亦日混敦)、赫胥氏、尊卢氏、吴英氏、有巢氏、朱襄氏(亦日子襄)、葛天氏、阴康氏、无怀氏等十六氏，皆袭伏羲氏之号。"中西方多种史书指出，埃及法老其实是伏羲氏、女娲氏后裔。

四、中国和世界都在敬仰和纪念女娲和伏羲的伟绩和精神

由于女娲舍命补天救世，造福广大民众，深受广大民众爱戴和敬仰，各地民众纷纷举办各种形式的纪念活动，逐渐形成记念节日。较有代表性的纪念节是天穿节，也是古人们期盼风调雨顺、万物欣荣、农业丰收和安乐和平的节日。

"天穿节"节期为正月二十日、为该节起源于女娲补天的神话传说。

不但民间记念女娲，历代官方和历代古书都纪念和记载女娲。《淮南子·览

冥训》、《列子·汤问》等上古奇书中都记载着女娲补天的相关传说。

早期的女娲补天,与共工触山并无交集,先秦远古时期"女娲炼石补苍天"和"共工怒触不周山"是完全独立的两个故事,由东汉学者王充把共工触山与女娲补天焊接到一块。王充在《论衡·谈天篇》利用"共工怒触不周山"为背景原因,完善了其情节,解释了"女娲炼石补苍天"中缘何天塌地陷、发生灭世灾难的理由,至此,女娲补天与共工触山,融合成了一则救世神话。

伏羲氏、女娲造福人类,受到世界敬仰。甘肃省主要领导年年组织召开高规格纪奠伏羲的盛大规模活动,还正筹拍70集的电视剧。河南省周口店淮阳县3000年前就建起"太昊伏羲氏陵",新中国成立后多次维护修建。占地875亩,几十座建筑以伏羲先天八卦数理修建,贯穿南北750米的中轴线上。规模宏大,肃穆庄严,仅伏羲氏陵就高26米长182米。历代52位皇帝拜谒,祭祖的人络绎不绝,仅2008年就多达82万人次。四川阆中也年年举行纪奠伏羲和其母亲的活动。可谁人又知晓伏羲是资阳人啊!伏羲在资阳领导濮人广种农粮,大造工业,创立八卦等取得辉煌成就后,再开发川北、上甘肃成纪完善八卦、顺黄河而下发展中原。正如《学斋咕哔》载:"资州掘地得汉碑,有'伏羲仓颉,初造工业画卦结绳,以理海内'"。

《山海经·西山经》记述了水神共工氏和火神祝融氏在不周山之战的故事。《史记·补三皇本纪》、《淮南子·天文训》、《淮南子·原道》、《雕玉集·壮力》、《路史·太昊纪》等史书都有相关论述。《红楼梦》的第一回也引用这个故事。

不仅如此,民众还纷纷修筑起纪念塑像。

在深圳市南山区蛇口海上世界,矗立着一座女娲补天的雕像。她是中央美术学院教授傅天仇先生创作的,建于1986年。

这座雕像宏伟壮观,全身用乳白色的石头雕刻而成。高约12米,宽约7米。女娲上身为人,下身是缠绕一团的蛇尾。她带着严肃的表情,用双手托起补天巨石—五彩石,以象征中华民族的创造精神,同时也激励蛇口人

太阳神石

位于山西省长治市的女娲补天雕塑

继续发扬敢为天下先民的创新精神。

日照天台山关于女娲补天的传说被联合国教科文组织下属的民间艺术国际组织 IOV 中国网站收录在其"传统民俗"栏目里面。天台山位于日照市涛雒镇滨海处，自古是日神祭祀之地，黄老成仙之乡。主峰留有巨石形成的女娲补天台，补天台下有巨石形成的神鳌。太阳神石位于补天台的北侧山头上，山下是《山海经》中羲和浴日的汤谷。天台山主峰上还有 3000 多年前商代开始建造并延续使用了 1500 多年的太阳神祭坛以及羲和部落遗址、太阳神庙遗址、祭祀女娲羲和的老母庙遗址、大羿陵、嫦娥墓等诸多远古遗迹和众多传说。有史料记载帝尧和商王都曾经到过这里祭祀太阳神。

维也纳联合国中心女娲补天雕塑

世界一些地方也在纪念女娲。日照市与新加坡合资在涛雒镇打造的国际海洋城就位于天台山下，女娲补天传说为国际海洋城的建设增光添色。

为纪念保护臭氧层的《蒙特利尔议定书》25 周年和联合国工业发展组织参与"补天行动"纪念活动。2012 年 11 月 21 日，中国艺术家袁熙坤创作并捐赠的"女娲补天"雕塑正式进驻维也纳联合国中心。"女娲补天"雕塑的创意来自中国古代神话故事《女娲补天》，雕塑家借助"女娲补天"的精神来呼吁国际社会保护臭氧层，积极应对全球气候变化。中国驻奥地利大使赵彬、国际组织代表、各国常驻联合国使节等近 200 人出席了当天的雕像揭幕仪式。

纪念、祭祀伏羲的活动在各地都有，宝鸡、阆中等地每年都在举办不同特色的各种活动。记奠伏羲的塑像矗立在多地。伏羲的精神永远激励着广大民众的奋斗精神。

第二章

昆仑幽远聚神明 炎帝农耕显雏形

——神农时期资阳人 约前近 6000 年～前 4000 年

资阳人在神农时期，农业发展的高潮期，大约经历了约 2000 年（前近 6000 年～前 4000 年），处于全新世末次冰川后的暖湿期。

《帝王世纪》载："炎帝母女登游华阳，感神而生炎帝于姜水，是其地。"这是说，炎帝母年轻时游华阳怀上炎帝，在姜水生下炎帝，姓姜。后来，炎帝长大，在母亲的叮嘱下又回到了天府四川。

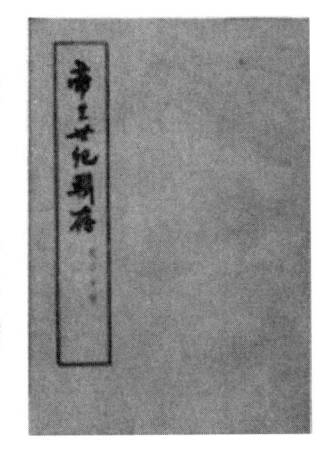

《帝王世纪》

炎帝母亲怀孕他的地方华阳正是资阳人"鲤鱼桥文化"区域内。显然，炎帝应属于资阳人。

《山海经》等史书载："昆仑，当然就舍岷山莫属了"。九丘中的"昆吾之丘"在资阳。昆仑则是指幽远朦胧的神秘地方。

"日穷次而月穷纪"，"次"是太阳运行时的止宿之所。日"至蒙谷"，是指太阳止宿于岷山即昆仑山之上。太阳止宿于昆仑山已为世人所共识。在明白了"次"实为"资"的关系后，再回过头来看资阳有昆仑之称或谓昆仑在资阳，就不足为奇了。昆仑山是蜀人心目中的圣山，从中我们可以清晰地看到"资国"在蜀的邦国中具有不可撼动的重要位置。如果说"'昆仑'，这是沿着记忆的碎片能够寻找到的中华文明的源头"，那"资国"文明则应是中华文明源头中的一股重要源泉。

——胡昌钰

第一节

资阳昆仑山矗立沱江岸 7000 多年

昆仑幽远聚神明　资阳也有"昆吾"山

"昆吾之丘在洛水岸上"。（编者译：昆仑山在沱江岸上）

——《山海经》

"昆仑"的本意是混沌、神秘、幽远、朦胧的神地。资阳历史上就是个"山独瑰奇、释子、仙翁之多占"的地方。

——宋·祝穆《方舆胜览》资州条

资阳"昆仑是一个有特殊地位的神话中心。"是当时的西疆（即四川、云南诸地）。——中国泰斗级的史学大师　顾颉刚

昆仑山在（资阳）县北十五里，中江所经，高耸特出。

《四川通志》

昆仑矗立沱江岸。

——国家第一历史档案馆研究员　鞠德源

一、传说中文化灿烂的远古资阳昆仑山

史学专家论点综述：

综合四川省和国家级权威专家的论述和史书、史料的记载：资阳远古时期是个神秘的仙源之地。《山海经》所说海内昆仑不仅指岷山山脉西北区域，还包括峨眉山、青城山、瓮华山，当然也包括它的东南余脉的九丘中的"昆吾之丘"的资阳昆仑山。资阳历来是神秘朦胧、山独瑰奇、仙翁之多占的圣地。资阳的仙气就是受昆仑神山学说的熏染发展起来的。岷山雪宝顶是长江黄河分水岭。也是三江即岷江、沱江、涪江发源地。

昆仑的称呼有个文化次第开发的转移过程，随山林文化的逐步开发，昆仑一词就逐渐转移，但历史的印记还会在当地沉淀下来。所以资阳自古就留下了昆仑山的名称，同时还有昆仑乡、昆仑渡等地名。著名考古专家谭继和老师指出："这就是岷山为何留下'小昆仑'之称，而资州又会自比为'昆仑山'的文化原因。我们甚至可以认为，从岷山到成都平原到资水、中江水，这都是昆

仑仙源发生发展的区域，是仙源文化的故乡。"而仙源资州则在资阳，确为昆仑山提供了渊源的依据。

昆仑山，上古时代指岷山山脉。蒙文通大师在《古地甄微》中说："雅砻江上源之东，黄河西南之昆仑非岷山莫属。"

上古时论昆仑，是指幽远朦胧的、未拓荒开发的、神秘的"神奥之区"，是人们向往的神圣之地。因为，它是上古时代十分重要的地方，许多著名传说都与其密切相关。

据传，远古时期的资阳文化灿烂，影响甚远，吸引着来自各地的探访、朝圣的人们。尤其对沱江岸上的一座山脉更感到幽远朦胧。一天，一阵雷雨过后，天上五光十色，云滚雾蔼，形成了一座巍峨挺拔、耸立云天、壮横蛮奇、嶙峋怪异的凛凛雄山，笼罩、坐立在一座无名山上。由于这种壮观雄伟的景象正好符合人们对昆仑的意向和想象，因此就把这座山命名为昆仑山。从此昆仑山等地名在资阳流传、存在7000年。昆仑山原本名声赫赫，辉煌过数千年，后来不知何故，却又沉寂下来，渐渐被人们所淡忘。

被历史淡忘了四五千年的今天，我们站在金山前面的江岸上看去，一座悠远朦胧、神秘的神山矗立眼前。她，挺拔高耸，白云缠绕，飘浮在她身腰；她，壮观显赫、雄姿万端；她，青蓝翡翠、绿色欲滴；她，树林密布、深邃莫测；她，雀舞鸟歌，一片和谐欢乐景象；她，红花漫艳、黄花紧耀、千花争丽、万花夺冠，天上美景何处寻，地上佳景在此间。登上昆仑渡船走近她，山崖边涌出一股股亮晶晶的水珠泡，一串串汇成泉流，明净碧绿，潺潺放歌，永无止境；有的泉水像细小的瀑布从岩缝中飞落而下，好像是天神洒向人间银白的花串，顿生王维的"明月松间照，清泉石上流"的空灵感，这一条条泉水，似一条条银带流向沱江。泉水清可啜，美景秀可餐，山中看景心悦畅，怡人景色观不尽。真是神秘莫测、悠远朦胧，美不胜收。

远古时期，山中探神、追仙、观景的贤士时而相碰。这些追溯神秘的人们来自四面八方，总想把神秘昆仑探个究竟。

"山不在高，有仙则名，水不在深，有龙则灵"。

神者昆仑美如画，智者沱江水无涯。神山奇江构画成人间美好的梦幻般的丽境。

《韩诗外传》曰："夫仁者，何以乐於山也？曰：夫山者，万民之所瞻仰也，草木生焉，万物植焉，飞鸟集焉，走兽休焉，四方益取与焉"。昆仑山，在那里默默伫立，以其博大的胸怀拥抱亿万年的沧桑。

为得神山之趣与心境的契合，远古贤者以昆仑山为伴，以昆仑山作赋，抒发情思，追溯文明，愉悦放歌，排解郁闷，放松疲惫；在丛林里仰望天空，目极飞鸟，神清气爽，心生愉悦；在密林中寻溪探谷，听山泉响，嗅幽谷香；放眼沱江，顿生激情豪怀，给你一种豁达、浩旷、豪情奔腾的心境；在昆仑山中，人们可以回归本心，平静情绪，开阔思维，释放心力，悠游自在的放眼文明的美好未来。

有这样一座神山，它山江一色，风光旖旎、幽幻独特，自古便被誉为"悠远朦胧的圣地"。难怪昆仑山那么神秘，那么受人敬仰！

二、《山海经》记载"昆吾之丘"在洛水岸上

数典论祖，首推《山海经》最早记载有关"昆仑"指岷山山脉，同时《山海经》中还描述到，昆仑还有九丘。也就是说，在未拓荒开发的幽远朦胧的神秘地方，也有小昆仑。资阳昆仑山就是《山海经》中所指的未拓荒开发的幽远朦胧的小昆仑山。

《四川通志》记载：昆仑山在（资阳）县北十五里，中江所经，高耸特出。《四川通志》中还说：昆仑不在它外形雄伟，而在于它是人们向往的最伟大的地方。

《昆仑纪》中说道："尽管'九丘'实指现今何处，已杳远不可寻，但笔者却发现了一条重要的线索，就在现代人类'资阳人'的发现地资阳市，有一与'昆仑'同名的山丘，极有可能乃是'九丘'之一的'昆吾之丘'。"

何为"昆吾之丘"？

丘，在古代指小山或人们聚集的地方或巨大高大的地方。昆仑丘在神话中为三重山。

九丘是哪九丘呢？《山海经·海内经》明确记载："有九丘，以水络之，名曰：陶唐之丘、有叔得之丘、孟盈之丘、昆吾之丘、黑白之丘、赤望之丘、参卫之丘、武夫之丘、神民之丘。"《山海经》还对九丘四周的环境和九丘之上的植被都做了记载，说：九丘，四周被水环绕，九丘之上的花草树木、果子、藤、根都应有尽有。

《山海经》不仅说"昆吾之丘"就是资阳的昆仑山，还重点记载着"昆吾之丘"在洛水岸上。《山海经·中次九经》说："岷山之首，曰女几之山……洛水出焉，东注于江。""洛水"，亦记作"雒水"、"渝水"、"资水"、"知水"、"汦水"、前江、石亭江、妥江、沉犀江、绵远河、牛水、资江、雁江、金川江等，均指沱江。《荣县志》："汦水即渝水，今沱江。"《史记》记

载:"江水泛指长江,古人泛指沱江。"《水经注》曰:"湖北江门以上之长江称江水"。

可见,江水就指沱江。沱江的称谓是从清代开始的。蒙文通先生在《巴蜀古史论述》中说:"《汉志》绵虒有'湔水,东南至江阳入江'。是清代叫的沱江。"沱江是《山海经》中开始称谓的,洛水是《禹贡》中开始称谓的。这些书都把沱江和洛水称为"神奥之壤"。也就是说"昆吾之丘"在沱江岸上。所以,悠远神秘的昆仑在洛水岸上就不奇怪了。

三、古老神奇的沱江

沱江是蜀国、华夏和世界智慧人类的母亲河。我们今天看看昆仑山下的沱江,心里有一种神奇的感觉。江水潾光闪烁、清波荡漾,河边滩上被冲刷的龇牙咧嘴,凶煞怪样的岩石记录着沱江汹涌咆哮的历史痕迹。

沱江是四川一条与众不同的大河。沱江的发源地是四川盆地西北缘的九顶山,又名茶坪山南麓,绵竹市断岩头大黑湾,还可延伸到雪宝顶。这座山里的东、中、西三处分别流出许多溪流,逐渐汇成三条较大的支流:西边一条湔江,长139公里;中间一条石亭江,长141公里,东边一条绵远河,长180公里;它们汇合在金堂赵镇附近,才正式成为沱江干流。因为绵远河最长,所以现在把它定为沱江的正源,另外两条就算旁系支流。

南流到金堂县赵镇,接纳沱江支流——毗河、清白江、湔江及石亭江等四条上游支流后,穿龙泉山金堂峡,经简阳市、资阳市、资中县、内江市等至泸州市汇入长江。全长712千米。流域面积3.29万平方。从源头至金堂赵镇为上游,长127千米,称绵远河。从赵镇起至河口称沱江,长522千米。流域多年平均降水量1200毫米,年径流量351亿立方米,其中岷江补给约占33.4%。水力资源蕴藏量约186.7万千瓦。干流长年可通木船、机动船,中下游支流多已渠化。沱江流域森林覆被率仅6.1%,为四川各河中最低者。

沱江流域内有成都、德阳、内江、自贡、资阳、绵阳、遂宁、泸州、重庆等10地市的35个县(区),支流濑溪河、大清流河流经重庆市荣昌县和大足县部分地区。流域大,据2005年统计,总人口1936.82万人,人口密度之高冠于其他各河,耕地面积1771.65万亩,粮食产量807.38万吨,是四川最大棉、蔗产地。中型工厂多达千余座,是四川省工业集中之地。是四川省国民经济基础条件最好,工农业生产最发达的中心地区,地区生产总值1746.5亿元,在全省国民经济中占有极为重要的战略地位。

沱江流域属亚热带温湿天气,全流域多年平均空气温度为17.1℃。多年平均年降水量在上游山区约为1200~1700毫米,上游广大土地整平区900~1500毫米，中下游连绵小山区约870～1100毫米。降水量集中于6～9月，约占全年70%。

截至2005年末，沱江流域共建成各类水利基础设施14万多处,设计供水能力约42亿立方米（不含地下水源），地表水开发利用率达34.2%；流域有效灌溉面积942.2万亩，占沱江流域耕地面积的53.2%。流域四川省境内已建防洪堤314.16公里，完成21座小型水库除险加固；流域干、支流已建小型电站共41座，总装机容量298.9兆瓦。

沱江巫峡第一峡金堂峡全长13千米，像个大"S"，右岸是炮台山，左岸是云顶山，江宽100米左右。南宋末年，四川人为抗击元军入侵，在长江支流险要处筑城。现在云顶山上就有个当时修的云顶石城。第二峡月亮峡，从资中县登瀛岩到归德乡，全长21公里。这里山陡但不高，气势比不上金堂峡。这里岩石易风化，所以形成很多洞穴，江中也有一些坍塌的巨石。洪水泛滥时，江宽不过200米。巫峡青山峡，在富顺县安溪镇境内，全长只有2千米，两岸的金钱山和青山岭原本连接为同一山脉,被沱江硬生生的切断，所以江宽不到120米。

沱江，历史悠远、古老、神奇，在《山海经》中所说的"东别为沱"之前若干干年就已自然形成。《禹贡》载："岷山导江，东别为沱"。可见，岷山和沱江的几万年兄妹血缘关系。世人知晓，"沱江"的本函是从山、溪、江分流入沱江的水，又回流到山谷、原野、江河、大海中去。看啊！女娲、大禹先后凿开、凿断巫山即玉垒山，女娲将西海水放出，大禹将岷江水导入成都平原和四川盆地，浇灌沃野后，一部分水分流入长江中下游入海并暗流到南海，另一部分水与第四纪冰川融化形成的源于青藏高原东龙门山脉岷山东南的八江相汇的水通过四川盆地西南部流入元江即红河入南海。正如《禹贡》载："桓水，出蜀山西南，行羌中，入南海"。《山海经》载："岷三江，首大江，出汶山，北江出曼山，南江出高山，高山在城（成都）西，入海在长州南"。《水经》载："桓水，出蜀郡岷山，西南行羌中，入南海"。《汉书·地理志》等古籍都有上述记载。沱江两股水流入南海，在南海亲密融汇。

史告诉我们，资阳人在沱江中和沱江岸上书写出了一个个神秘功听振撼心弦的故事，美画出了一幅幅惊天动地美轮美奂的画卷，唱响了一曲曲优美动听的豪迈壮歌，你看！你听：

"资阳人"燧人氏在沱江岸上首创人类用火热食文明，从此使人类从野兽群中冲出来，成为有智慧的上等动物，成为人类智慧的先祖、人类文明基因的元首。进而拓创出人类的第一块文明乐域，筑起人类的文明摇篮。

女娲治水补天、治理沱江，在沱江岸上创立伟业。伏羲在沱江岸上创立"人类的文明时代"。正如《学斋占毕》云："资州地(在蜀)掘得汉碑，有伏羲仓精，初造工业，画卦结绳，以理海内"。

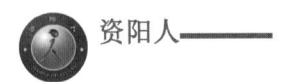

炎帝创造用火农耕、为人救治，成为神农。

黄帝治理沱江，拓创沱江两岸文明，"入主中国"建立起中国基业。

《山海经·海内经》等多本古籍记载：九丘，寓意是黄帝元妃嫘祖生青阳和昌意之九族：青阳生蟜极，蟜极生帝喾，帝喾生挚，挚生陶尧，陶尧生契是为商，生后稷是为周。昌意娶蜀山氏女生颛顼和蚕丛，颛顼生虞舜和鲧，鲧生禹是为夏，鲧又生偶，生老童，老童生重黎，蜀黎生昆吾，昆吾生陆终，是为楚。蚕丛生蜀王是为古之蜀国。黄帝另一后裔生鱼凫，建都三星堆。

《三代世系》曰：蜀之先昌意娶蜀山氏女，生帝喾，立，封其支庶于蜀，历虞、夏、商、周，周衰，先称王者为蚕丛，国破，子孙居姚寯等处。《世本·帝系》、《史记·五帝本纪》、《山海经·海内经》、《遗拾记》、《蜀王本纪》等若干古籍记载：黄帝儿子青阳故乡资阳濮人先进文化发展形成百濮文化，在沱江支流阳化河一带擂响向文明大举前进的战鼓。接着向四面八方传播。吕思勉先生在《中国民族史》中说：濮族向"今黔江、金沙江、大渡河流域"发展而成彝族。濮与云南元谋人融合又与西南民族走廊中，南下的颛顼族余部融合，成为白族、景颇族。百濮发展到豫、鄂、湘、川、滇、黔六省，"濮族一梢能抟结之具有国家之规模者，为爨氏，至南诏则益进也。""獽本为百濮的一支。""席亦百濮也，然则微卢、彭诸国亦未必非濮也。楚封丹阳，熊绎迁荆山，武王迁鄀，其所启，盖皆濮地也"。可见，资阳百濮人，与滇黔荆楚等数省民族经济文化交流、通婚融合，成为南方各族，并不断发展壮大。

据传，明朝时建文帝曾流落到这里，并在金钱寺出家为僧。

沱江岸上的鲤鱼桥文化、资国文化、昆仑山文化、石刻文化、三国文化等无数金灿文化正闪闪发光，照耀着世界。

沱江岸上的创立中华民族精神核心忠勇仁爱的苌弘、大文人王褒、大经济学家教育家董钧、治理蜀国的刘关张和孔明、大画家吴道子、曾任安岳刺史的程咬金、大数学家秦九韶、在乐至任过知县的寇准、抗英鸦片英雄谢朝恩谢继超、抗日上将饶国华、元帅陈毅、战斗英雄罗光燮、曾任重庆和上海市长曹荻秋、嫁作《高玉宝》的郭永江、号角诗人《白毛女》原作者邵子南、农民作家周克芹等等，无数明星的不朽功业和伟大精神震撼、激励着世界。

沱江历经燧人、女娲、姬资、李冰等圣人治理，使沱江几万年来滋润哺育着两岸生灵，惠益万代。史实证实，"资阳人"及其后代在沱江流域发展开发，拓展华夏和世界文明，成为蜀国、华夏和世界人民的母亲河。

回头望一望啊！似乎沱江岸上的资阳人燧人氏、伏羲女娲、炎帝、黄帝、尧、舜、禹、夏、商、周等和古蜀国的蚕丛、柏灌、鱼凫、杜宇等皇、帝，都正在为中华民族的兴旺，还在为人类文明发达，挥舞着画笔，擂振着战鼓，唱着英勇豪放的壮歌，前进！前进！再前进！

四、沱江水映衬着资阳昆仑山的美丽、雄伟、神圣

（一）沱江水映衬着昆仑山

站在资阳昆仑山上远望，沱江曲里拐弯，时而轻歌清唱，时而高歌激昂，时而凶猛咆哮。不过它在绝大多数时间里还是微笑多情地给两岸民众送来温馨的福音，尽情的滋润，尽心地哺育着两岸民生和万事万物。

沱江水啊，水！

您映衬着昆仑山的高大、雄伟、美丽，您装点着昆仑山的秘蕴、朦胧、神圣，您激励着昆仑山人、蜀国人和中华民族勤劳、坚韧、奋勇前进的精神。

水啊，水！

您是人们魂魄，您是万物的命根，您是世界的神灵。

望着远荡的沱江水，我纵情写下

（二）水之魂

青阳后裔老子，在黄帝为长子于成都修建的青阳宫（后演变成现今的青羊宫）中撰写出名垂千古的《道德经》，其第八章中说："上善若水，水善利万物而不争，处众人之所恶，故几于道。居善地，心善渊，与善仁，言善信，政善治，事善能，动善时。夫惟不争，故无尤。"

老子说的是水的品质，实际上说的是做人的崇尚精神和德行，他倡导做人应如水，水如人生！

水，居善地：择居吉地守土尽责，平等待人以善治恶。眼观天地，心系人类，处事公道，不徇私情，清正廉洁，章法严明，明察秋毫，无孔不入，执法如天，除恶务尽；不与己外为恶（它的破坏性是外力造成的），但不惧外恶，人不犯我，我不犯人，人若犯我，我必犯人，抵抗外魔，气壮山河，势不可挡，严惩邪恶。**似人生一高境界，严惩邪恶，天道公正。**

水，心善渊：心平宽敞，胸怀无垠。温雅和谐，不记仇恨，容纳百川，浩大无限；"常善救物，故无弃物，"净化万物不嫌不烦，乐于接纳从不怠慢；"常善救人，故无弃人，"竭力助人恩德齐天，厚德载物天地宽。**似人生一高境界，包容海纳，宽善厚垠。**

水，与善仁：善奉仁爱，无私为人。哺育、滋润万物，周济天下，全身奉献，从不索取；为人造血、救命、养生、解渴、出力、载舟、托舰、灌溉、洗涤，乐善施舍；能歌善舞，供人观赏，潺声、波语、涛歌、千声悦耳，涓流舞、浪花舞、瀑布飞舞三千丈，悦人歌舞总不停；无私做万事，全心奉万能，从不需要报答。**似人生一高境界，无私奉献，专门利人。**

水，言善信：说到做到，守信诚恳。声到流到，求是不虚；映射天地，无色透明；心怀坦荡，光磊一生；"成全而归之"，天下属诚信。**似人生一高境界，透明人生，赤诚守信。**

水，政善治：志向远大，执政为民。流顺向，不逆成形，或方或长，循规从理，安放平整；遵纪守法，听号尊令，不轻举妄动，不麻木不仁，长流不息，力践初心；恪守职责，清廉勤政，"公乃全，""道乃久，"睿智谋大局，科学定决策，艰苦奋斗，求是创新，敢闯敢干，攻坚克难，"圣人无常心，以百姓之心为心，"一心为公满心为民，坦坦荡荡忠孝厚德，依靠众力团结传承。**似人生一高境界，一心奉公，全心为民。**

水，事善能：志坚力毅，竭尽全能。看似柔软无力，但柔可持久，流淌中遇阻挡之物，耐力无限湍击，若遇菱角磐石，把其磨圆，亦可水滴石穿；"天下莫柔弱于水，而攻坚强者，莫之能胜，其无以易之，弱之胜强，柔之胜刚，天下莫不知"；流几千丈深谷勇而不惧，毅然冲锋陷阵，一往无前；遇到险阻，刚强不阿，英勇无畏，百折不挠，攻坚克难，万峰莫挡；为冰时，却比磐石强硬，越在寒冷恶劣环境下，越彰显坚如钢铁的特性，脊梁坚挺。**似人生一高境界，以柔克刚，英勇陷阵。**

水，动善时：能上能下，屈伸坦然。上化为云雾，高至穹宇，气虽无形，若在一定范围聚力，力大无穷，动力无比；下化作雨露，汇涓涓细流，融入大海，波澜壮阔，弘涛掀天。**似人生一高境界，聚气生财，合力奋进。**

水，惟不争：自知自明，不攀不争。"果而勿矜"荣不自夸，"果而勿强"功高不傲，"果而勿骄"谦卑虚静，不求功名舍利弃禄，笑看风云淡泊安然；躬身隐匿，自由不稽，飘渺于无影无踪，隐藏不露无形物。**似人生一高境界，淡泊名利，功成身隐。**

水，就是这样：总为万丈飞瀑，烘托高山的雄伟。总为细流，涓泌低谷的心脾。总为云雾，缭绕彰显大的博宏。总为分子，让渺小占有一席之地。总为彩霞，装点长虹的灿烂。总为油彩，把丑装饰为美。总为光芒，闪耀好人的大德。总为正义之师，严惩邪恶坏蛋。总为菩萨，仁爱弱儒。总是一心为天地，始终尽瘁躬身万物。

水的这些品德，最接近于道，水之魂魄，最似人生真谛，水的精神，最能诠释中华民族崇高伟大的精神。

我将此文献给在艰险中攻坚克难，尽非常之责，做超常贡献的人们，献给全中国人和全人类，诚望全世界的人们像水一样从善尽能，团结齐力建设人类命运共同体，和谐共赢，全球乐福安宁，万象更新。

（上文中引号中的词句均引自老子《道德经》）

五、最早的资阳昆仑山被正史淡忘两千多年

《禹贡》中说："岷山导江，东别为沱。"水流从岷江分流，经广汉、金堂、资阳、内江抵泸州，合入长江。这条河为两岸带来了繁荣，正如《华阳国志》中说："又有绵水，出紫岩山，经绵竹过洛。合流过资中，会江阳。皆溉灌稻田，膏润稼穑。是以蜀人称郫、繁曰膏腴，绵、洛为浸沃也。"对此，蒙文通先生排云拨雾地指出，"都广之野"即成都平原，"昆仑"即岷山，岷山即"海内昆仑"。"昆仑"并非实指，而是昆仑三山的统称，"三山"即现在的峨眉山、青城山、瓦屋山"。中国最早存文的权威典籍《山海经》一再推崇的昆仑山也是指上述三山。

一提到昆仑山，在人脑子里立刻呈现出来的就是耸立在中国新疆与青海、西藏间的帕米尔高原、西藏高原、塔里木盆地之上的巍峨山脉。它的最高峰为新青峰——布格达板峰，海拔6860米，为青海省的最高点，是青藏高原地貌的基本骨架。

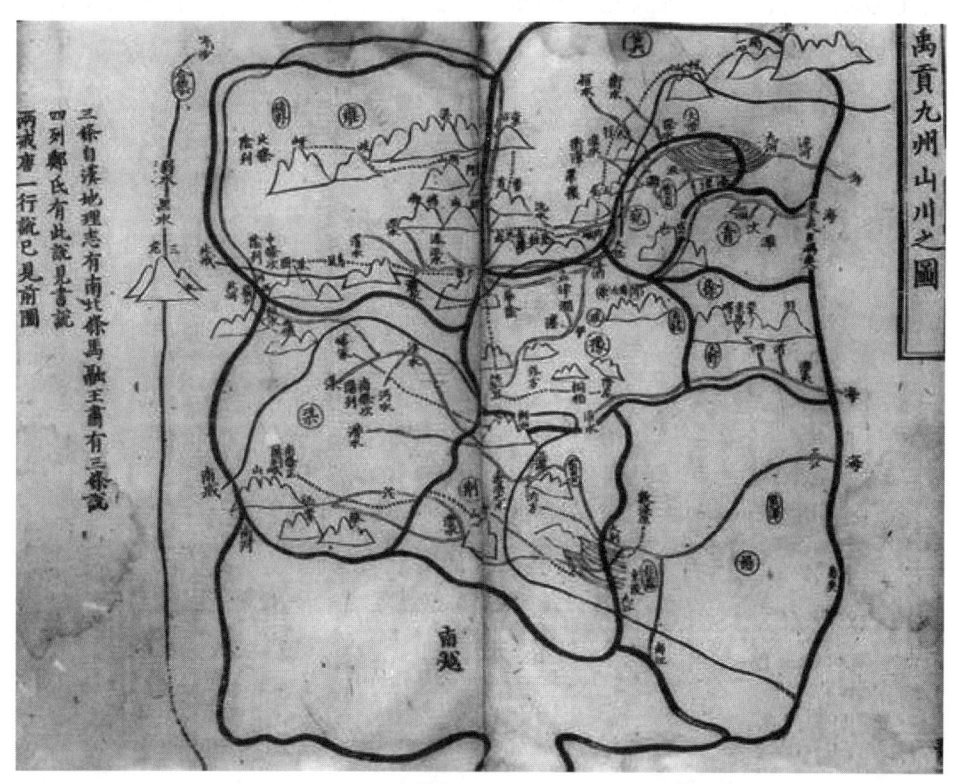

《禹贡九州山川之图》

这是今天地理学上的昆仑山脉，而并不是上古典籍中的神山"昆仑"。

所以，"《禹本纪》中说'河'发源自昆仑。昆仑山高有二千五百多里，连日月的光辉都被它遮蔽，在山顶上有盛满甜酒的瑶池。"

在"罢黜百家,独尊儒术"汉武帝的一言九鼎下,将司马迁和张骞都不敢认定名称的山脉定为"昆仑",导致后来中国及世界地图上将横亘于新疆和西藏边界,延伸至青海的无名山脉定为"昆仑山"。司马迁对汉武帝的这一误判的非昆仑为真昆仑是心知肚明的。但慑于皇权,他只好说"我不敢说什么啊!"本来,张骞出使西域时司马迁请其帮寻黄河源头昆仑,结果汉武帝随意张冠李戴,司马迁在《史记·大宛列传》中说出了揭的实情:"而汉使穷河源,河源出于阗,其山多玉石,采来,天子案古图书,名河所出山曰昆仑云。"《昆仑纪》对这番话解释道:"汉朝使者追溯黄河的源头,发现其源头在于阗的一座山中。这座山彩色玉石丰富,天子按照古书对'昆仑'方位的描述,将'河'的源头的那座山命名为'昆仑'。"文中所载"天子"即为汉武帝。

"这是说,今天地理图册中的昆仑山脉的得名是汉武帝的御赐,是距今两千多年前的事。《禹本纪》和《山海经》所记载的却是六千多年前的历史,这即是说汉武帝将《山海经》上的'昆仑'张冠李戴,并误传两千多年!"

"六千年前的上古神山—昆仑,《山海经》指的是岷山山脉。其实一直存在,只是被后人淡忘了;而汉武帝所命名的昆仑山脉,却经皇权的文化传承,

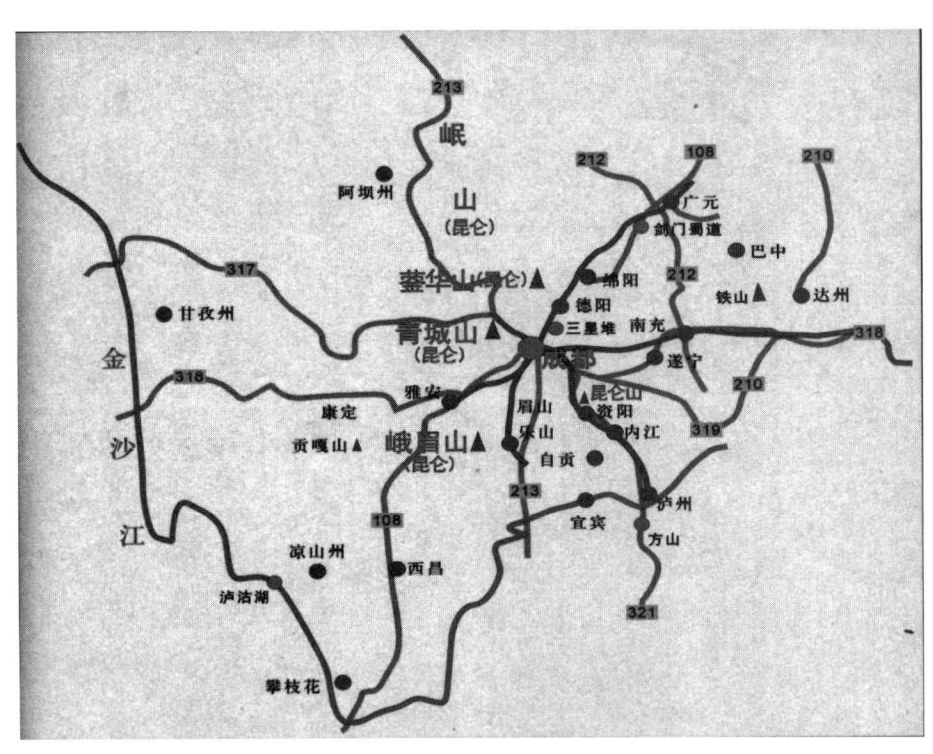

《昆仑纪》中绘制的《山海经》"昆仑"位置示意图

反而得到学术界更广泛地认可,赫然取代了原本的那一座'昆仑'。"

"必须注意的是,五六千年前古籍中的'昆仑'和两千年前汉武帝命名的'昆仑',中间存在着长达三千年的断裂。这三千年里,'昆仑'遭到淡忘,遭到误解。"

那么被淡忘、被误解的昆仑在哪里呢？前面说了，昆仑山是指岷山山脉，昆吾之丘是岷山山脉大范围中的昆仑，它在资阳，在资阳城区北。正如四川省重点学科《巴蜀文化学》首席专家、四川省历史研究会会长谭继和在《"资阳人"的文化解读》一文中所论述的："古昆仑不仅是指岷山的西北区域，也包括它东南的余脉。蒙文通先生曾论证古昆仑指岷山。而由资阳'昆仑山'的记载，我们可以知道这个传说透露出古昆仑指岷山，还会有更大的范围，甚至古人概念里包括都广之野，也殊未可知……资阳历史上就是个'山独瑰奇，释子、仙翁之多占'（宋·祝穆《方舆胜览》"资州"条）的地方，资阳的仙气就是受昆仑神仙说的熏染发展起来的……'昆仑'一名有个北移的过程，但历史的印记还会在当地沉淀下来，这就是岷山为何会留下"小昆仑"之称，而资州又会自比为"昆仑山"的文化原因。我们甚至可以认为，从岷山到成都平原到资水、中江水，这都是昆仑仙原发生发展的区域，是仙源文化的故乡。"

六、昆仑，曾是指睁大眼睛看世界

在资阳昆仑山命名前，昆仑山还有一种说法是指大地中心、创发中心、文明中心、繁荣之地、昌盛之地、神奥之区、影响甚大的地方。其实昆仑曾经叫过一段时间为 睚眦 其旨意是睁大眼睛观看世界。"易·古者包牺氏之王天下也，

纵目女像（总编室摄于2013年4月1日）

东山纵目男像（总编室摄于2013年4月1日）

仰则观象于天，俯则观法于地，观鸟兽之文，与地之宜，近取诸身，远取诸物，于是始作八卦，以通神明之德，以类万物之情。"可见， 睚眦 就是"纵目"，就是睁大眼睛去发现世界的奥秘。是的，这是先民对自身认识的一种反映。大眼纵目、宽额大鼻、大耳大口，是眼观六路耳听八方，是口吃四方鼻嗅五味，尤其宽额纵目是显示高瞻远瞩、思想敏锐、心灵通天，聪明威严的形象代表上天的意志与号令，是神圣威风天下的气魄。

古史称：**第一代蜀王蚕丛，其目纵，始称王**。怪不得一些古书说：上古蜀地乃是一个崇尚发现的地方。这种重发现、睁大眼睛看世界，最好的佐证就是三星堆遗址出土的面具。其中的面具可说绝大部分都是"纵目而视"。在三星堆、金沙遗址之前一万至两三万年前的蜀地资阳，便是古籍中所称的"盛世"。便是一个重大发现的地方和盛世，是一个崇尚探索、创造的地方和盛世。

是的，资阳人纵目看世界由来已久。虽然至今还没出土类似三星堆纵目面具的地下文物，但是，地上的纵目看世界的雕刻人像却是多处存在。

2013年初，我们攀越苌弘溪上游的西山，荆棘丛生，乱石林立，人迹罕至，十分艰难地攀爬。在村民的导引下，终于看到了早已遗存在刀削似的陡壁崖上刻画的纵目侧面女像。这幅女像刻画在合意洞宋绍兴泉东十余米岩洞脚，离地一米多，头像拳头大小，栩栩如生，

为寻找纵目人古迹，本书作者在艰难地攀越荆棘丛林

形貌俏丽，纵目夸张，十分惹眼。据老祖先代代传说，这面山崖上满是纵目人像，但是因为几千年过去了，风化严重，只剩下这样一个不太清楚的纵目女人像了。据考古专家研究考定，画面和原生环境，疑为新石器时代中期所制，距今约7000年。

我们从山上下来，转到东山的另一面，在孔子溪上段，耸立在溪边上应是大地震时东山塌下来的几块大岩石。在打卦石《猴蛇图》附近岩石上刻画着纵目男人像，面目轮廓不及纵目女人侧像精致，雕刻粗犷，纵目怒视，表现的似是六千年前后人类即将进入父系氏族的焦躁情绪。

这两处纵目刻人像，反映了资阳人放眼未来的视界，也表现了昆仑的特殊地位，因为昆仑离这两处纵目人像只有二十几公里远。

蜀国柏灌时期纵目人玉像

沱江玉器馆中至今收藏的纵目人像玉器就有上十件。其中用玉石雕塑的蚕丛、柏灌、杜宇、鱼凫、开明等各时代的纵目人像玉器，都雕塑得栩栩如生，活灵活现。请看蚕丛、柏灌这两个时代的纵目人像玉器吧。

《华阳国志．蜀志》载："周失纪纲，蜀先称王。有蜀侯蚕丛，其目纵，始称王。"众多史书告诉我们，纵目文化在蚕丛前期或初期就有了，而且是蚕丛时期人们面目的重要标志。这些史实告诉我们，纵目文化在几万年前就有了。正如前面所说，"资阳人"天娥山蚕桑文化是资阳昆仑山文化、蚕丛开国文化、三星堆文化等的源头，他们的共同特点就是纵目高瞻远瞩、睿智运筹开拓世界。

七、史书、史志在说资阳昆仑山是上古华夏文化中心

资阳不仅有昆仑山，还有昆仑渡，而且还有昆仑乡、昆仑村、昆仑汽车站。沱江岸上的这些带有"昆仑"的地名由来已久。它们与昆仑山互相印证，这也证明昆仑山的久远至今的历史存在。

但是知道原本昆仑的人太少了，直到今天，我们才开始扫除历史对它的淡忘和误解为它正名。我们向世界高呼，真正的"昆吾之丘"的昆仑山在资阳，在资阳人的资阳！

由于昆仑的神奇，几万年来，特别是有文字记载的历史以来，挖掘出来的著名古迹著名的官员和文人遗迹，著名的建筑物都在昆仑山四周密集出现，诸如：昆仑山东面有捏颈子山孔子洞，金子山、金安寺、东安寺、

在资阳昆仑渡船上的公交车

丹山白塔，大教育**家董钧墓，大数学家秦九韶及其纪念馆，著名的安岳石刻，大元帅、大诗人陈毅故居纪念馆**，在乐至做过州官和县官的大名人寇准和普州**刺史程咬金**，现代文豪邵子南，抗日名将饶国华等等；昆仑山南面的苌弘村、苌弘寨、苌弘洞、苌弘祠、苌弘溪、苌弘桥、苌弘故居，吴道子墓，明御史李裕中墓，花蕊夫人墓、花蕊园，"资阳人"出土地，濛溪河旧石器出土地，西山纵目女像，孔子溪东山纵目男像，资阳大佛，骑龙坳摩岩造像，新、旧石器连绵不断的鲤鱼桥文化所在地等等；昆仑山西面，蚕桑发源的天鹅山所在地等等；昆仑山北面，大辞赋家王褒洗墨池和王褒墓，龙垭旧石器遗址，沱江边简阳旧石器时期石斧出土地，现代文豪周克芹故居等等。

而更多更有影响力的"三皇五帝"及后代都创造出了数不清的伟业，这些伟人几乎都是承继昆仑文化去中华和世界传播、创新、发扬光大的。

 资阳人

資陽

——资阳人

中国另一位泰斗级的史学大师、著名历史学家蒙文通先生，则从《山海经》的考求中，"开天辟地地提出了'昆仑宜为上古一文化中心'的学术观点。"

中国还有一位泰斗级的史学大师台湾的李济先生指出："中国西南及西部为人类文明开始的地方。"

"这三位泰斗都将探寻史前文化的目光投射到了昆仑所在的地域。耐人寻味的是，他们都是在生命的晚年，积数十年的学养，方才探幽析微，有此洞见。"

"大师们无论从神话的起源、古籍的破解或考古人类学的视角，都将中华乃至人类文明的起源之地，指向了'昆仑'，——今日的四川地区。"（本节中以上带引号的内容均引自《昆仑纪》）

 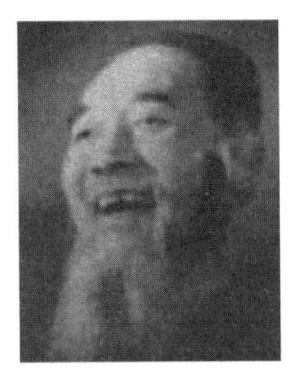 

顾颉刚　　　　　　　蒙文通　　　　　　　李济

蒙文通深入指出："巴蜀文化当系自西东渐，楚文化也颇受巴蜀文化影响，《山海经》就是巴蜀楚上文化产品"。蒙文通断定："《山海经》极可能就是巴蜀地域所流传的代表巴蜀文化的典籍"。《山海经》是中国第一部全面记述古文化的古籍，可见巴蜀文化领先中原多少年。而中原的古神话大都源自资阳昆仑和巴蜀。许多古籍都指出，资阳昆仑山是远古文化中心。众说纷纭的远古神话传说故事都是关于燧人氏（即"资阳人"）、伏羲、女娲、神农、黄帝、颛顼、帝喾、嫦娥、尧、舜、禹等神秘人物。君可知，这些神秘人物都与资阳昆仑山紧密相联。远古神话传说故事还有一个特点，就是围绕天神而讲不完。史实告知，天神故事的中心就是资阳昆仑山！正如顾颉刚指出："'昆仑的神话'是由当时的西疆（即四川、云南诸地）流传到中原、楚地区的，并将之提到极高的学术位置上。"中国泰斗级的史学大师顾颉刚经过毕生的精力研究出昆仑的影子。他晚年指出：资阳"昆仑是一个有特殊地位的神话中心。"

八、资阳昆仑文化光辉灿烂

古蜀玉器陶瓷文化研究院院长、中国国际艺术品收藏家协会理事、古蜀玉文化研究中心副主任何如先生为浙江义乌人，可他父子及子女十分热爱蜀国文化。他父亲在20世纪50年代初期的成渝铁路筑路中发现很多文物遭到破坏或遗失，便和他拼命抢救文物。他们历尽艰辛，从沱江岸上离九曲河几百米远的一家农民手中收到"文化昆仑"，使这尊神奇的文物得以保留，放射灿烂光辉。

何如先生对昆仑和"文化昆仑"是怎么认识的呢？在他家里我们商讨此事时他把写好的《寻觅昆仑》文稿递给我，现摘录其中几段看看吧：

在我国传说中，具有故事性和系统性的传说，当首推昆仑神话。随着历史的发展，神话失去了存在的根基，很多神话枯萎了。在这种情况下，昆仑神话却以一种新的成分，充实着自己的内容，保持着旺盛的生命力，在漫长的封建社会，仍然闪耀着光彩夺目的文化光芒。

昆仑的原型到底是什么？它肯定是物有所指。由于历史时间久远，自秦统一中国，焚书坑儒，缺失了明确的历史记载，至今仍是一个备受争议的问题。

自古以来，或言为祁连山，或言于阗南山，或言为巴颜喀拉山，或言为天山，或言为今天的昆仑山等等。说法颇多，实为史所罕见。纵观这些说法，虽然不无合理因素，但从根本上都未道出昆仑原型的真面目。原因是选错了研究的角度，迷惑于自然界的群山之中，忽视了昆仑神话的文化性。

关于昆仑神话的传说，早期主要见于《山海经》、《楚辞》等书。这些材料有一点很明显，即昆仑在其初期，其名与山无关，而是以丘、虚谓。尤其是在《山海经》中，不是称昆仑丘，就是称昆仑虚。直到汉代，昆仑才与山联起来，被称作昆仑山。昆仑山之名，是出于汉武帝的钦定。

我国名山名峰众多，在现实中，包括古代历史，无一山一峰被称作丘或虚。这种极为特殊的现象，不能不产生一个想法，昆仑丘或昆仑虚，原本就不是山，它是一种独特的文化称谓，它的根是远古的丘虚文化。而昆仑是它的主要原型。

昆仑丘在神话中为三重山。《尔雅·释丘》："丘一成为敦丘，再成为陶丘，再成锐上融丘，三成为昆仑丘"。成优重也。

《淮南子·地形训》："昆仑之丘，或上倍之，是谓之山，登之而不死；或上倍之，是谓悬圃，登之乃灵，能使风雨；或上倍之，乃维上天，登之乃神，是谓太帝之居。"

《水经·河水注》："昆仑之山三级，下曰樊桐，一名板桐；二曰玄圃，一名阆风；三曰层城，一名天庭。"……

三重为固定模式，无疑是三生万物观念在昆仑文化中的反应。

昆仑原型究竟是什么模样呢？数千年来人们都在苦苦追寻。在四川民间古蜀文化收藏中，我非常有幸得以一窥其真实原貌。

这件玉石器物，制作之精良，让人震撼，其表达出的文化内涵，让人会联想到《山海经》中对昆仑的描绘，眼中会浮现出当时华夏先民祭祀的壮观情景。

国之大事，唯祀与戎。这件器物应是数千年前古蜀人在垒成的三重丘台上祭祀的昆仑。大约在公元前若干年以前的某一个时期，由于天灾人祸的历史原因，被掩埋在古蜀神奇沱江岸上苍茫的泥土中，沉睡数千年。

……

沱江中游出土的文化昆仑 总编室摄于 2013 年 11 月 16 日

上面,'文化昆仑'这尊神奇的玉器总高3.2米,雄伟壮观,进一步展现昆仑文化的辉煌。整座雕像所表现的形式及内涵极具研究价值。从底层依次向上看,南北为开明兽,中间浮雕有神蛇、神人、神人面具、花瓣、众神相,上四方有四凤围绕神人高捧五行轮(见上图)。玉雕呈黄色,器形巨大,内涵丰富,世所罕见,是上古文明的实物重器。

两旁守候的神人为古蜀宗祖神。立于各种纹饰之基座上,通体浅浮雕纹饰,双手作握物状,头戴回纹王冠。冠上立一人面神鸟圆雕,庄重肃穆。"

事实上,历来就有史书记载过资阳昆仑山。1860年《资阳县志•山川考》中介绍昆仑山:山自简州龙泉分来,在县西北境曰鸭红岩,濒中江,崖半为大道,下为临江寺,向于此开厂取石,知县鲁遫泐碑封禁,盖谓县脉所系也。折南而东十余里曰大高山……县北十五里曰昆仑山。《四川通志》云:中江所经,高耸特出,士人谓之昆仑。山后中江西来,三石当之,触舟辄损,俗名三牛滚澡石,下有吴道子墓。1940年资阳中学由城区迁昆仑渡,校歌改唱为:"三贤故里水清清,月照昆仑分外明。"1989年1月资阳一位县志专家专访李家沟吴道子墓、李家坝、昆仑渡、昆仑山后作《七律•吊真人墓》:"真人墓冢接昆仑,流誉千秋画圣尊。"7月16日原四川省文物管理委员会主任、四川省政府参事张圣奘博士作《七律•吊吴道子墓》:"钟灵石冢溯昆仑,画圣传流百代尊。"12月20日学者刘克生《七律•吊真人墓七律》:"地名高雅袭昆仑,古墓依稀艺苑尊。"

这些诗文皆是资阳昆仑文化的记载。

资阳昆仑文化之所以光辉灿烂!是因为《山海经》、《史山经》、《五藏山经》、《大传》、《淮南子》、《尔雅释秋》、《通志》、《周礼》等几十本古籍记载着资阳昆仑山的辉煌,是因为资阳昆仑山40000年来的无数文物放射着灿烂金光,是因为"三皇五帝"等资阳人拓创出一代又一代华夏和智慧人类璀璨文化,书写出一章又一章华夏和智慧人类恒天地齐日月的文明诗篇。

第二节

神农炎帝农耕社会现雏形

《国语·晋语》曰:"昔少典氏娶有娇氏——生炎帝。"《史记·补三皇本纪》载:"炎帝神农氏,姜姓,母曰女登,有娲氏之女,为少典妃。感神龙而生炎帝。人身牛首"。因以火德王,以火名官,故曰炎帝。

神农炎帝是华夏上古部落联盟首领。作为五氏中的神农,他的部落被称神农部落,教民耕种以农业为主,还豢养家畜,结束了一个饥荒的时代,开拓出农业的兴旺时期,建立起中国汉族农业社会的基本结构。

神农氏还重医药,亲尝百草,以辨别药物作用,积累经验撰写了人类最早的《神农本草》这部医典。

一、炎帝因其善用火而得名

《吕氏春秋·孟夏纪》说:"孟夏之月……其日丙丁。其帝炎帝。"高诱注:"炎帝,少典之子,姓姜氏,以火德王天下,是为炎帝。"

神农炎帝前有魁隗、炎居、节并、戏器、祝融、共工六氏,后有临魁、姜承、姜明、姜宜、姜来、姜克、榆罔,后裔有蚩尤、烈(厉)山、共土、四岳等。神农炎帝是上述20余名祖的代表,因神农炎帝成就最大最有影响力,故这里只简述神农炎帝。

《吕氏春秋》、《庄子》、《史记五帝本纪》多部古籍记载:炎帝是炎帝族传八世,合为520岁,或"八世"至"十七世"之中的杰出首领。《史记五帝本纪》载的"欲侵陵诸侯"炎帝,已绝非原来的"第一代"炎帝。晋人郭象在《庄子》注中说,炎帝"之后第八帝曰榆罔,蚩尤氏强,与榆罔争王逐榆罔,榆罔与黄帝合谋击杀蚩尤"。因而说,与黄帝同时期的榆罔,才是"欲侵陵诸侯"的炎帝。

神农是代表伏羲之后、黄帝之前的一个进入原始农耕的历史时代。吕振羽先生在其《中国历史讲稿》中说:"神农氏开始知道农耕"。《左传·昭公十七年》曰:炎帝氏以火纪,故为火师而火名。《左传·哀公九年》曰:炎帝为火师,姜姓其后也。《管子轻重戊》说:炎帝作,钻燧生火,以熟腥臊,民食之无兹胃之病,而天下化之。《路史·后纪三》载:炎帝是修火之利,范金排货,以利国用,因时变焊,以抑时疾,以炮以焊,以为醴酪。史载告诉我们炎帝因其善用火而得名。

二、炎帝世系应属于"资阳人文化"地域

(一)炎帝故乡在"资阳人文化"地域

《帝王世纪》载:"炎帝母女登游华阳,感神而生炎帝于姜水,是其地。"这是说,炎帝母年轻时游华阳怀上炎帝,在姜水生下炎帝,姓姜。后来,炎帝长大,在母亲的叮嘱下又回到了都广四川。

据传,古时年轻女子有远游的爱好和习惯,炎帝母亲登游成都南面的华阳时期,怀上了炎帝,在姜水生下炎帝,姓姜。后来,炎帝长大,在母亲的叮嘱下又回到了天府四川创业。

这个传说就是历史,古书有记载。《帝王世纪》就如是清楚的记载道:"炎帝母女登游华阳,感神,生炎帝于姜水,是其地。"

根据著名的老一代考古学家吕遵谔、黄蕴平、范桂杰、胡昌钰在《四川资阳鲤鱼桥旧石器地点发掘报告》考证的"鲤鱼桥文化"范围,就包括了炎帝母亲怀孕他的地方华阳。这个地域史实证明,炎帝也应属资阳人。

(二)炎帝离不开人类第四纪冰川后保仔仅有的四川生灵的后代

许多古籍和本书前面清楚的阐述了人类第四纪冰川给地球上先民造成的毁灭性灾难。就说中国吧,除了"资阳人"和燧人氏幸存下来外,其他何地在四万时际的冰川中保存下了生灵,至今并没发现文字记载。

幸存下来的"资阳人"燧人氏,在沿江上下,翻山越岭,四方拓创发展的过程中,繁衍了一代又一代后裔。如上史实,伏羲都是"燧人之世",炎帝呢?

炎帝是伏羲氏族世裔。《国语·晋语》云:"昔少典氏娶有蟜氏生黄帝、炎帝。"炎帝姓姜,与伏羲带领资阳濮人在汶川、北川等地发展形成的姜人。少典氏是燧人氏即资阳人的后代,炎帝当然为资阳人的后代啰。他只不过是带着部分资阳濮人在都广之野的北部开拓新事业吧了。

(三)炎帝世系都出生在"江水"之沱江

《山海经·海内经》云:"炎帝之妻,赤水之子听生炎居,炎居生节并,节并生戏器,戏器生祝融,祝融降处于江水,生共工,共工生术器,术器方首颠,是复土壤,以处江水。术器生后土,后土生噎鸣,噎鸣生岁十有二。""炎帝之孙伯陵,伯陵同吴权之妻阿女缘妇。缘妇孕三年,是生鼓、延、殳。"《北山经》云:"发鸠之山,其上多柘木。有鸟焉,其状如乌,文首、白喙、赤足,名曰精卫,其名自饺。是炎帝之少女名曰女娃……"《大荒西经》云:"有氐人之国。炎帝之孙名曰灵恝,灵恝生氐人。是能上下于天。"上述内容重要点在炎帝世系几手都出生"江水"。

古籍中的"江水"泛指长江、沱江。《水经注》言：湖北江门以上之长江称"江水"。多本古籍记载：江水是大概念，就资阳而言资读赀（zī）音。知水就是资（支）水。炎黄世系中有的出生地称"泜水"。古书中的"泜"又可读帝，音与沱通，"泜水"又可读成"沱水"。沱水是江水重要支流，是司马迁大概念中的江水。因而讲"江水"就是沱水、资水。可见，炎帝世系都出生在"资阳人文化"地域是历史事实。

（四）"图腾柱"证实，炎帝也应属资阳人

前论及过，"图腾柱"刻记的"玉漳"，记载的就是炎帝前后的历史。根据"图腾柱"刻载的蜀国人脉关系史，说明，炎帝应归系资阳人世袭脉络系统。

三、炎帝的伟大业绩

（一）炎帝农耕社会显雏形

炎帝因其善用火造福先民的首先要功绩表现在教民农耕。刀耕火种，制作耒耜。《汉书律历志下》说：炎帝教民农耕，故天下号为神农氏。《史记补三皇本纪》曰：炎帝，以火名官，始教耕稼，故号神农氏。《白虎通义》载：古之人皆食禽兽肉，至于神农，人民众多，禽兽不足，于是神农因天之时，分地之利，制耒耜，教民耕作，神而化之，使民宜之，故谓之神农也。《世本·帝系篇》说：炎帝即神农氏。炎帝身号，神农代号也。

（二）盐业大发展

自从资阳人有意识地使用盐调味，改善生活之后，经过上千年的雨淋、水冲和人们的食用，地面上的盐几乎见不到踪迹。资阳人开始了从地下找盐的斗争。他们在大坝上、平坦地掘出一块块像水田似的水池，从水池边缘取盐，或饮用浅水池中的带咸味的水。这就解决了食盐的问题。从此，资阳人又不愁盐的来源了，并开启了采集食盐的新方法。

方法之一是"池盐"。前面提到，祖先们把水池里的水泼洒在水池周围的地上取盐。这种盐叫池盐，是经过多年实践后形成的取盐方法。又经过多年后在中国多地兴起。王廙（yì）在《洛都赋》中说："东有盐池，玉洁冰鲜，不劳煮，成之自然。"刘桢《鲁都赋》："又有盐池漭沆，煎炙阳春，焦暴喷沫，疏盐自殷，挹之不损，取之不勤。"其实，真正在中国兴起大规模地池盐取盐法是从汉代开始的。

方法之二是"种盐"，就是从含有盐分的水中引水至旁边的土地，微风一吹，一两天地中就长满了盐花，人们把这层盐花当食盐。

方法之三是"蒸盐"。祖先们用较大的陶罐从浅水池中盛满水，把罐运到居住的旁边，让罐中的水慢慢蒸发，而后吃罐底的盐。这法子很灵，也使这个

时期的陶器发展很快。这种方法的延续就是"煮盐"了。把水放进架在石块上的陶罐，罐下用柴火烧，水烧干后，盐成块状结罐底。这样资阳人就不愁食盐的来源了。食盐问题得到了解决。

远古时期的人们对盐的兴趣很浓，总是渴望找到盐，吃上盐。为什么啦？因为盐具有消毒、调味、增进食欲、促进消化、爽身、强体、维持人体血液浓度平衡等特殊功能，是保证人体健康的重要物质。如果缺盐，人体就会缺钾，缺多种维生素，导致各种病症出现，影响人体健康，甚至生命。

当然，那时的人们不懂这些科学，但他们总觉得吃了盐以后身感舒服，所以总是在寻找盐。这就促进了当时的盐业发展、繁荣。

（三）蚕桑业兴盛

乐至等地广种桑树　罗海燕　摄

蚕虫　罗海燕　摄

有的远古资阳人穿着由蚕丝搓成细绳制成的衣服。在蚕桑文明发展的生活斗争中，发现一种现在叫汉麻的植物可以把皮剥下来，晒干后搓成细绳，编制成一块一块的布样的东西披在身上，不多久，将几块布缝制起来，搭在背上胸上成了衣服。这就是开初创立的织麻为布，制作衣裳和被服。这种织制文化的出现，改变了族群主要以树叶、兽皮遮身的生存条件。当时，蚕桑发展也较好，但是蚕丝不像汉麻树皮那么好操作。虽然汉麻衣服穿起来不如蚕丝制成的衣被舒服，但是汉麻织制成衣被，操作方便，所以它与蚕桑发展并肩而行，争相媲美，对蜀国对世界都有较大的影响。《汉书·张骞传》记载，张骞通西域时，曾在大夏（今天的阿富汗北部）见到蜀布。大夏国人曰：这些蜀布来源是当地的"贾人往市之身毒国（即印度半岛）"。这就是说蜀布在很久以前就销往西方。

(四)炎帝教民以熟腥臊,防治疾病

《管子·轻重戊》:"炎帝作,钻燧取火,以熟腥臊,民食之,无兹胃之病,而天下化之。"《帝王世纪》:炎帝"尝味草木,宣荣疗疾,救夭伤人命"。西晋张华《博物志》:"神农始究息脉,辨药性,制针灸,作巫方。"历史告诉我们,生食化熟,特别有益于身体健康。这就大大提高了先民的生活质量,是禽兽不可能做到的,这就是人智慧的伟大之处。

资阳人在长期的生活实践中,用自己的好奇心或偶感性认识了一些动物和植物的特性,掌握了一些带有毒素的动物和植物,也认识了一些防止和治疗伤害的植物,慢慢地总结出了一些防止食物中毒的办法。伤风感冒、食物中毒后也有了一些医治的方法。由于资阳人的好奇心和创造欲使医疗文化开始萌发,给人们生活带来了福音。

衣食文明、医疗文明的发展,加强了资阳人对自己生存环境的调控能力,扩大了聚居和活动范围,拓展了居住和活动空间。尤其是种植业,利用其良好的气候条件,获得空前发展。种植业空前发展超过畜牧业,农耕社会雏形出现,村落也开始显现,农业社会的各种文化萌生、发展。这一时期继承和发扬了与羲娲同时期资阳文化和其他地区文化大爆炸的光和热,将华夏农业文明推向新高潮。

(五)饰陶文化绘新图

炎帝重要功绩还表现在教民制作陶器。《路史·外纪》)云:炎帝"神农耕而作陶"。《老子》曰:炎帝"埏埴以为器""修火之利,范金、合土"等等。可见,炎帝用火烧陶器是制陶技术的再发展。

吕遵谔、黄蕴平、范桂杰、胡昌钰在《考古学报》上发表的《四川资阳鲤鱼桥旧石器地点发掘报告》中描述"新石器时代的文化遗物"中说:"在T1和T2的第四层上部揭露出一条南北向的冲沟,沟内填充有密集的陶片、木炭和红烧土块。沟内的堆积最厚约35厘米。

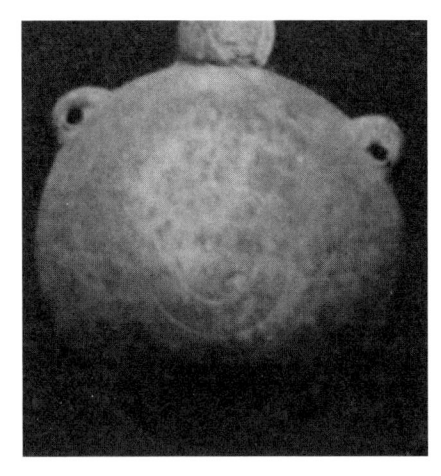

陶罐

陶片以夹砂灰陶为主,其次为灰砂红陶,泥质灰陶,泥质红陶。陶质粗糙,火候较低。全为手制。这些陶片以素面为主,有少量绳纹和篮纹,拍打于器物的肩部和腹部。

出土的陶片可以看出的器形有碗、罐、尖底器。器物的口沿有侈口、直口、敛口三种,其中侈口最多。侈口的有方唇和圆唇;直口的只有尖唇;敛口的仅

见圆唇。腹分鼓腹和直腹两种，前者居多。底以平底为主，假圈足较多，尖足较少。可以复原的器物仅有一件陶器，系夹砂灰陶，素面，直腹，圆唇。手制，器形不规整。口径 11cm、底径 6.4cm、高 4.5cm。"

资阳先民在沱江、资溪、濛溪、花溪、绛溪和涪江流域活动中，为了满足生活需求，大力发展制陶文化，碗、罐、尖底器等品种多样，红、灰、素等花色各异，绳纹、篮纹美化精致，光彩夺目的陶器文化把人类社会生活装点得美轮美奂。这里繁荣的陶器文化比新津宝墩、广汉三星堆绳纹陶、金沙陶器等要早几百年至千年以上。

资阳人陶器文化的传播和影响，促进人类社会发生三大变革：

第一，用大陶罐装水取盐，提高了饮食文化水平；

第二，用陶器烹饪、酿酒、装食品，使人们对熟食文化的认识和对温度的调控有了质的飞跃；

第三，人们开始用陶器贮藏粮食等物资，使人们的生活手段得到进一步发展，从而提高了发展生产的积极性。

由于人类生活对陶器用品的需求，大大促进了陶器文明的发展，使制陶技术迅速提高。陶器文明的发展又促进了人类生活、生产文明的发展。这种相互影响、相互推动、相互促进的良性循环，成为人类发展的滚动推进机。

第三章

黄帝奠定华夏基 颛顼帝喾创伟业

——黄帝时期资阳人 前4000年～前2600年

《国语·晋语》记载，司空季子曰："昔少典娶于有蟜氏，生黄帝、炎帝。黄帝以姬水成，炎帝以姜水成，成而异德，故黄帝为姬，炎帝为姜。二帝用师以相济也，异德之故也。"

司马贞说："按《国语》，炎帝、黄帝皆少典之子，其母又皆有娲氏之女。"

《史记》记载："嫘祖为黄帝正妃，生二子，其后皆有天下：其一曰玄嚣，是为青阳，青阳降居江水。其二曰昌意，降居若水。"

史学专家论点综述：

多位资深考古专家论定：黄帝是在四川出生，黄帝是四川人，黄帝出生、成长在四川沱江源头，属于资阳人"鲤鱼桥文化"范围内，黄帝及其后人与资阳人共建资阳，等等。

资阳人在黄帝时期——华夏民族的奠基期，大约经历了1400年（约前4000多年～前2600年），是全新世中期从暖湿期转变为小冰期的特异历史阶段。

黄帝时期，长江、黄河流域等华夏民族，在继承先人历代经历的大约15000年的资阳人燧巢时代，30000多年的鲤鱼桥文化时代，2000年的羲娲时代，2000年的神农时代，1400年的黄帝时代，跋涉了40000多年艰苦而光辉的历程中积累的丰富生活、生产、管理经验和文化传统基础上，再接再厉，奠定了华夏民族文明的基期。

第一节

黄帝奠定华夏基 嫘祖蚕桑里程碑

黄帝是华夏基业的奠定者,是华人敬崇的中央之神。《晋书·天文志上》云:"黄帝坐在太微中,含枢纽之神也。"道崇敬为"中央黄帝玄灵黄老一炁天君"。《史记·五帝本纪》云:黄帝"坐而神灵,弱而能言,幼而徇齐,长而敦敏,成而聪明。轩辕之时,神农氏世衰。诸侯相侵伐,暴虐百姓,而神农氏弗能征。於是轩辕乃习用干戈,以征不享,诸侯咸来宾从。而蚩尤最为暴,莫能伐。炎帝欲侵陵诸侯,诸侯归轩辕。轩辕乃修德振兵,治五气,蓺五种,抚万民,度四方,教熊罴貔貅䝙虎,以与炎帝战于阪泉之野,然后得其志。"

涿鹿阪泉之战,是人类历史上第一次大规模的兵戈相杀的战争。是黄帝自蜀入主黄河下游,打败炎帝后裔蚩尤,开创华夏基业的第一个壮举。

一、黄帝是四川人

(一)黄帝出生、成长在四川

《国语·晋语》记载,司空季子曰:"昔少典娶于有蟜氏,生黄帝、炎帝。"少典是资阳人即燧人氏后裔,少典之子也为资阳人后代。

《尚书大传》记载:炎帝黄帝都是伏羲女娲后代。

《昆仑纪》说:"黄帝、颛顼、鲧、禹等上古帝皇,出生或成长于都广之野——岷山昆仑地区"。

李学勤老师认为:"'从昌意到颛顼这一系(禹为颛顼之后)出生于今四川。并不是蜀人独有的说法,而是古代公认的传说。'"

多本古代史志和资深专家们都论定:黄帝是在四川出生,黄帝是四川人,黄帝成长在四川沱江中上游,属于资阳人"鲤鱼桥文化"范围内,等等。

《山海经·海内经》、《通典·州郡》:"或曰:蜀之先,帝喾封其支庶于蜀,其后称王,长曰蚕丛,次曰伯濩,次曰鱼凫。"

《华阳国志·蜀志》:"帝喾封其支庶于蜀,世为侯伯。"也清楚说明,帝喾与蜀有关,蜀为黄帝后。

《史记·六国年表集解》:"皇甫谧曰:孟子称禹生石纽,西夷人也。传曰:禹生自西羌是也。"

《大戴礼记——帝系篇》、《史记·王代世表·正义》、《太平御览·皇王部》引《蜀王本纪》等也有上述记载。

(二)黄帝出生、成长在四川沱江中、上游

荣获联合国2015年11月在北京人民大会堂颁发的"文化遗产发掘保护重大贡献奖"的中华上古文化专家,浙江籍何如先生,在《发现古蜀玉雕塑像——黄帝》一文的"雒水筑城,婚盟兴蜀"一段中深刻论述道:绵延数千年的洪水消退了,世界一片生机盎然。居住在岷山区域避水的华夏先民们纷纷走出岷山,逐水草而奔向平原。黄帝也不例外,为寻求更好的生存空间,携部族沿岷江,从黄龙、九寨一线,过松潘、茂汶,翻越九顶山来到雒水上游一带,即现沱江上游一带及其附近的广汉鸭子河等地域。江河两岸,沃野千里,草木茂盛,真是建都立国之域。黄帝率众在此筑城建都,垦荒拓野,发展农业,开创了华夏文明的新纪元。

雒水南岸,一座巍峨的城池耸立,这就是大约距今五千年时黄帝所筑华夏第一城。在这里,黄帝与蜀山氏族群之西陵氏首领嫘祖婚盟,黄帝立嫘祖为正妃,进一步巩固了黄帝的势力。他们生育的长子青阳,被派往沱江中游资伯地区驻守,开发建设;次子昌意被派往若水驻守(即现雅安地区荥经县)巩固疆土,向南发展。

这个时期是黄帝和嫘祖经济、文化大发展和大繁荣的时期,发明了文字、音乐、车船、丝绸等等。黄帝之城也成为当时万国朝圣之城。

(三)"都广之野"和"资国"都佐证黄帝祖籍在在四川沱江中游的资阳

前面说过,都广之野在成都南。《昆仑纪》载:"闻一多先生将《山海经》记录的——古代方国就在'都广之野',这即是说,黄帝时期的故国——资国,也就是今天的四川资中、资阳一带。请读者注意,此地也正式被李济先生称为'荷谟有辨'的'资阳人'化石出土之处,这恐怕就不应仍被归为一种巧合了。"

还有多部史书记载,黄帝的故国在资阳。著名考古大师蒙文通先生在《巴蜀古史论述》中说:"《陈留风俗传》:'资姓,黄帝之后,食采益州资中,因此为氏。'《玉篇》也说:'资,故国,黄帝后。'"

《路史·国名记》、《潜夫论》等多部考古文献认为,资国为黄帝及其儿子的故土。

历史告诉世人,资国存在2000多年的历史,其首都在资阳。

这些史料明确说明,黄帝和后人与资国本地人同建资国和蜀国,资阳人文化和蜀国文化对后来黄帝建中原文化有着多么密不可分的关系。李绍明在《巴蜀历史·民族·考古》指出:这些珍贵史料不仅为旁证,而且说明了它的源流;证明《潜夫论》等所言资国为黄帝后的记载,史出有据。无论惯有的表述方式和史实材料都说明《潜夫论》、《路史》等所记资国人与黄帝后人同在资国。

（四）"朝云之国"决定黄帝祖籍在"资阳人文化"地域

《山海经·海内经》云："流沙之东，黑水之西，有朝云之国、司彘之国，黄帝妻雷祖，生昌意。昌意降处若水，取淖子曰阿女，生帝颛顼。"郭璞《世本》、《大戴礼·帝系》、《水经注》等古书都如是说。

《海内经》云："西南有巴国。大皞生咸鸟，咸鸟生乘厘，乘厘生后照，后照是始为巴人。"大皞即伏羲，所以巴人亦是黄帝的子孙。

闻一多先生一再引用《山海经》中朝云之国来证实并锁定朝云之国就在资阳一带，黄帝故乡朝云之国就是今天的四川资中、资阳一带，就是李济先生称谓过的与"资阳人"化石出土之处相巧合的资阳。

（五）"图腾柱"证实，黄帝祖籍在"资阳人文化"地域

前面指出，"图腾柱"刻记的"蚕丛氏"，记载的就是黄帝和其妻嫘姐的蚕文化。根据"图腾柱"刻载的蜀国人脉关系史，说明，黄帝应归系资阳人世袭脉络系统。

黄帝生生和成长的地域在沱江源头。根据国家考古界为资阳人"鲤鱼桥文化"划定的范围，沱江两岸100多公里内外均属"鲤鱼桥文化"地域，黄帝当属资阳人。况且，黄帝带长子清阳在沱江中游生息多年，也是在资阳地域。

既然考古界几乎一致认定黄帝是四川人，考古界也几乎一致认定"资阳人"是蜀的祖先，既然"图腾柱"刻记的"蚕丛氏"系属"资阳人"系统，既然"鲤鱼桥文化"地域s又包括了黄帝出生和成长地，那么，黄帝当属"资阳人"的子孙应该是历史事实。

（六）"昆吾之丘"决定黄帝祖籍在 "资阳人文化"地域

《山海经·海内经》云：海内之地"有九丘，以水络之：名曰陶唐之丘、叔得之丘，孟盈之丘，昆吾之丘，黑白之丘，赤望之丘，参卫之丘，武夫之丘，神民之丘"。《大戴礼·帝系篇》云"陆终产六子，其一曰樊，是为昆吾"。《史记·楚世家》云：楚之先祖出自帝颛顼高阳，其裔吴回生陆终，陆终生子六人，其一曰昆吾，昆吾氏，夏时曾为诸侯伯，桀之时汤灭之"。

"神民"，即神人黄帝也。史实告诉世人，古时称岷山为昆仑山，昆仑山之南有九个小山，即：九丘。第四个丘为昆吾之丘，就是资阳昆仑山。黄帝和他的后人都在这儿大有作为，所以，昆吾之丘的资阳就是黄帝和他的后人的故乡。

（七）"建木"（神树）决定黄帝祖籍在"资阳人文化"地域

前面刚述，《山海经·海内经》云：九丘之上"有木，青叶紫茎，玄华黄实，名曰建木，百仞无枝，有九欘，下有九枸，其实如麻，其叶如芒。大皞，爰过，黄帝所为。"

《淮南子·地形篇》载："建木在都广，众帝所自上下，日中无景（影），呼而无应，盖天地之中也"。

"都广"，应在当今四川盆地。前面已引古籍曰：都广指成都。神民：神人黄帝也。建木：建木乃生于九丘之上，有九属树枝弯曲。枸：树根盘错。"大皞，爰过"，是说大皞通过建木上下天庭。"黄帝所为"，即黄帝所建。

这条经文以"九丘"为背景，对黄帝及其后裔在古蜀都广之野的活动情况记载得十分清楚。

众上古典所载的共同点就是建木在九丘之上，集中点是"黄帝所为"。这一切说的都是黄帝祖籍地在资阳。

（八）"轩辕之国，江山之南"决定黄帝祖籍在"资阳人文化"地域

《炎黄汇典·史籍卷》引用《山海经·大荒西经》记载："有轩辕之国，江山之南，栖为吉，不寿者乃八百岁。"晋代郭璞曰："其国在山南边也，岷山之南"。鲧所被"阻"之"穷山"，就是"岷山"。清郝懿行说："轩辕之国，江山之南，此云岷山者，以大江出岷山故也。"显然，岷山之南，就是成都南。

战国时期屈原在"天问"中对《山海经》记载黄帝诞生地轩辕之丘的方位在古蜀岷山山脉表示认同。

（九）黄帝后代青阳、昌意之九族地决定黄帝祖籍在"资阳人文化"地域

《山海经·海内经》等多本古籍记载：九丘，寓意是黄帝元妃嫘祖生青阳和昌意之九族：青阳生乔极，乔极生帝喾，帝喾生挚，挚生陶尧，陶尧生契是为商，生后稷是为周。昌意娶蜀山氏女生颛顼和蚕丛，颛顼生虞舜和鲧，鲧生禹是为夏，鲧又生偶，生老童，老童生蜀黎，蜀黎生昆吾，昆吾生陆终，是为楚。蚕丛生蜀王是为古之蜀国。黄帝另一后裔生鱼凫，建都三星堆。

《三代世系》曰：蜀之先昌意娶蜀山氏女，生帝喾，立，封其支庶于蜀，历虞、夏、商、周，周衰，先称王者为蚕丛，国破，子孙居姚寯等处。《世本》曰：蜀无姓，相承云，黄帝后世子孙等。

《世本·帝系》、《史记·五帝本纪》、《山海经·海内经》、《遗拾记》、《蜀王本纪》等若干古籍记载：黄帝儿子青阳故乡资阳濮人先进文化发展形成百濮文化，接着向四面八方传播。吕思勉先生在《中国民族史》中说：濮族向"今黔江、金沙江、大渡河流域"发展而成彝族。濮与云南元谋人融合又与西南民族走廊中，南下的颛顼族余部融合，成为白族、景颇族。百濮发展到豫、鄂、湘、川、滇、黔六省，"濮族一梢能抟结之具有国家之规模者，为爨氏，至南诏则益进也。""獠本为百濮的一支。""僰亦百濮也，然则微卢、彭诸国亦未必非濮也。楚封丹阳，熊绎迁荆山，武王迁逞，其所启，盖皆濮地也"。可见，资阳百濮人，与滇黔荆楚等数省民族经济文化交流、通婚融合，成为南方各族，并

—— 资阳人

不断发展壮大。所以资阳这块蜀国前缘之封地，经共同的努力，成为古代民族大团结的典范，在中华民族形成中，起到关键的重大的深远的意义。称资阳人是中华民族的祖先当之无愧，非资阳人莫属！

上述演绎告诉我们中华民族清晰不过的发展脉络。

青铜神树与建木相同的特证证实上述之史。三星堆出土的大型青铜神树与《山海经·海内经》：神民之丘建木有着极为相同的特证。三星堆青铜神树三丈多高，分三层九枝，各铸造一只生动造型的青铜凤鸟，凤鸟是黄帝元妃嫘祖的子孙以凤鸟为图腾。嫘祖长子青阳名少昊金天氏都于曲阜为诸侯，其享也，凤鸟适至，故以鸟纪，为鸟师而鸟名，遂有凤鸟氏、玄鸟氏、有鸟氏、丹鸟氏、祝鸠氏等，象征为这个氏族的崇拜。三星堆青铜神树之九枝明显寓意为黄帝亲属九族之支系。

（十）"天府，原曰华阳"决定黄帝祖籍在"资阳人文化"地域

《蜀王本纪》云：蜀之为国，肇於人皇，与巴同囿，至黄帝，为其子昌意，娶蜀山氏女，生高阳，是为帝颛顼，封其支庶于蜀，世为侯伯，历夏、商、周，武王伐纣，蜀与焉，其地东接于巴，南接于越，北与秦分（秦岭），西奄峨嶓（陇南）地称天府，原曰华阳。《华阳国志·蜀志》也如是之意。

上文的关键词是"天府，原曰华阳"。华阳在成都南，属资阳人"鲤鱼桥文化"地域。这就告诉世人，黄帝及其后裔故乡都在资阳人文化地域。

二、黄帝正妃嫘祖创立桑蚕文明里程碑

黄帝与嫘祖是同时期人。当时黄帝农作兴盛，嫘祖蚕桑文明。在母系向父系氏族过度的末期，两性氏族通婚已成风俗。嫘祖派族人岐伯带上丝帛去献给黄帝，并助黄帝族灭瘟疫。

岐伯深感黄帝的伟大风范，说服黄帝迎娶嫘祖。《史记》对此记载道："黄帝娶于西陵之女是为嫘祖"。

嫘祖在黄帝的支持下，进一步发展蚕桑业。"将野蚕家养，由'桑—社—蚕'精神内涵转化为'丝—帛—衣'经济价值，是价值观的飞跃。嫘祖将'桑—蚕—鸟'自然生态链，转变为'丝—帛—衣'人工加工环生态链，是质的飞跃。"嫘祖的"'桑—蚕—丝—帛—衣'是将农业、工业合起来的创造发明，"形成了丝绸文化。将中华的蚕桑文化推向新的发展阶段，成为蚕桑文明里程碑。

嫘祖是伏羲之后的华夏发展蚕桑业的杰出代表，嫘祖蚕桑业主要在盐亭一带。与之同期的还有多个地域，如资阳县、安岳县等地的蚕桑业硬是悠久。双流县的桑蚕历史也相当久远。双流胜利镇"蚕丛故里"的古建筑群巍峨挺立已经历了多少沧桑年代。

盐亭——嫘祖故里祭祖大典

成都市双流县蚕丛故里　钟珍慧摄影

三、黄帝自沱江中游北上成都，大力开发成都平原

　　黄帝时代初期，成都还没问世，但成都平原在女娲治水补天后形成农耕圣地，尤其是进一步治水后，成都平原成为世界独一无二的农耕宝域。据多本古籍载，黄帝从沱江中游率多个族群迁徙平原，展开大规模的开发建设，很快就取得种植农业的成效，成都平原多地出现金色荡漾的景象。黄帝还在成都为大儿子青阳建起青阳宫。郭沫若曾说：所谓宫不过是建有石室辅以木料而成。青阳

在此发展羊市，青阳宫又成了青羊市。后来青阳后代老子常住青阳宫，写出流传千古的《道德经》。

黄帝自蜀入主中国，他肘后裔尧舜禹和蚕丛柏灌鱼凫等联合开发成都平原，开启三星堆建设，建起成都的前身"阳城"。

四、黄帝自蜀"入（主）中国"，创发黄河、中原文明

国学大师章炳麟在其《訄书·序种姓》说，从古蜀王国与中原十分密切之关系，**看黄帝"自蜀入(主)中国"**（注：出川到黄河流域等地区)建立中华基业的史实佐证，黄帝是资阳人，是蜀国人。

众史书论定，蜀与尧、舜、禹的历史几乎同期，早于商。蜀与商之关系，最早发生在武丁时期，《卜辞》有："王敦击于蜀……蜀其受年。"

据《华阳国志·蜀志》载："有周之世，限以秦巴，虽奉王职，不得与春秋盟会，君长莫同书轨。周失纪纲，蜀先称王。有蜀侯蚕丛，其目纵，始称王。"

资阳人和蜀国参加了周武王伐纣战争，有功于华夏的统一。直到楚汉相争之际，巴人"板楯蛮"参加了刘邦的统一中国的战争，功劳显著。

古书曰：黄帝嫘祖长子封于蜀之东南，次子昌意封蜀之西，是为了捍卫嫘祖丝绸文化之蜀地，促进农桑经济发展，使得颛顼与高辛（帝喾）带着先进生产文化进入中原。

为了证明黄帝是蜀国人和资阳人，追溯古蜀王国和资国与中原地区之历史渊源关系，特节录国学大师章炳麟著《訄书·序种姓》一文(古典文学出版社，1958年版)，有关黄帝及其后裔与古蜀王国之关系，以及与中原各地域族属关系的论说，藉以揭示古蜀王国和资阳人与中原地域之亲缘关系。章先生说："文明之民，战胜之国，大氐起自海滨(注：指西海岸上)，为其交通易也。独中夏王迹，基陇坻，非自殊方东度无繇(即无由，没有途径)。《(史记)五帝本纪》曰：'嫘祖为黄帝正妃，生二子，其后皆有天下。一曰玄嚣，是为青阳，青阳降居江水；次曰昌意，降居若水。(《索引》曰：江水、若水皆在蜀)。《水经》曰：水出旄牛徼外，东南至故关，为若水。昌意娶蜀山氏女曰昌僕，生高阳。高阳是为帝颛顼。帝喾高辛者，'父曰蛟极，蛟极父曰玄嚣。……自黄帝入(主)中国(即，出川到黄河流域)，与土箸君长蚩尤，战于阪泉，夷其宗。"

这些历史记载充分证明，黄帝及其两个儿子等后代都出生在资阳人"鲤鱼桥文化"区域的沱江范围之中。黄帝率族人在沱江岸上建立起强盛的发展力量后，才"自蜀入主中国"，开发黄河流域等区域，势力强大后"与土箸君长蚩尤，战于阪泉，夷其宗。"

接着，黄帝建立起相当广大的国土地域。北起辽宁，南至今越南北部，西到新疆西部白沙堆一带，东临海上种子岛。

黄帝"自蜀入主中国"后，蜀国在黄帝建设蜀国的基础上发展很快，"巴赤化其教而力务农"，国力昌盛，影响极大，蜀外各地纷纷效仿，有识之士蜂涌投奔而来。荆人鳖灵就是一位突出代表。他投奔蜀国后，表现突出，受到蜀帝杜

宇重用，任其为宰相后又立鳖灵为帝，即开明帝。

蜀国与资国早早和谐同进，相融与共，突飞发展，强盛扩外。蜀国的地域除巴蜀外"还囊括了汉中平原以及贵州、云南的大部分地区。"

章先生所揭载的黄帝"自蜀入主中国"，及其后裔与尧、舜、禹的历史事实，充分证明古蜀王国地域宽广，人杰地灵，为创建中华文明奠定了最坚实的人材集杰、物质文明、精神文明等基础条件，发挥了极其重要的导引作用。所有这一切确实是有文字可考的历史事迹，都与黄帝嫘祖及其后裔大兴蜀、汉的历史紧密相连，很值得当今的国人三思。

蜀国先后有蚕丛、柏濩、鱼凫称王，杜宇、开明称帝等数代，从公元前4000年到前316年。

据考证，蚕丛时期几乎与黄帝时期一致，或者说，蚕丛时期就是黄帝"自蜀入主中国"前的时期。因为黄帝初期就是蚕桑时期，而蚕丛时期就是蚕桑业发达初期。

五、黄帝得九天玄女助阵战胜蚩尤

中华上古文化专家何如先生，在《发现古蜀玉雕塑像——黄帝》一文的"北展宏图，逐鹿中原"一段中指出：黄帝治理古蜀时，其势力范围大致以秦岭之南皆为治下。为求得更大的发展，他将青阳、高阳、蚕丛都召回都城留守，自己率众北上拓疆。

在阪泉，黄帝融合了炎帝部族，扩大了势力。但是在逐鹿却遭遇了九黎部族蚩尤的顽强抵抗，在同蚩尤的争战中九战皆不捷。

《山海经大荒西经》曰："有人衣青衣，名曰皇帝女魃。蚩尤作兵北伐黄帝，黄帝乃令应龙攻之冀州之野。应龙蓄水。蚩尤请风伯、雨师纵大风雨。黄帝乃下天女魃，雨止。遂杀蚩尤。"这个天女魃是黄帝请下来专门对付蚩尤所请的风伯和雨师。天女魃即玄女，也是以人首鸟身之像现身助黄帝战胜蚩尤的九天玄女。九天玄女是由天女魃衍化而来。

逐鹿战争之后，华夏民族进入到一个新的历史时期。黄帝挟战胜蚩尤之余威，继续对四方大事征讨，对周围部族的影响扩大，久而久之，周围许多氏族不是

九天玄女塑像

归顺华夏族就是被华夏族同化，黄帝终于定鼎九州。从而使生产力获得了前所未有的大发展，黄帝从此成为中华民族的共同祖先。

这里展示的是一尊在沱江中上游发现的高近3米的古蜀玉石雕塑：

仔细观察，黄帝身着华丽的服饰，站立在祭台之上，九天玄女站立在黄帝的王冠上俯视天下。这座组合雕塑庄严肃穆，傲然挺立，令人生畏！透过这尊在沱江中上游发现的雕塑，印证了以下几点史实：

一是把九天玄女塑在黄帝王冠之上，表现了黄帝战胜蚩尤的离不开九天玄女的助战，证实了逐鹿之战的真实性，因而九天玄女受到顶礼膜拜的尊崇！

二是九天玄女和黄帝的组合塑造，证实了这尊塑像就是黄帝的形象。

三是这尊古蜀玉石黄帝塑像在沱江中上游发现，印证了黄帝与蜀地的血缘关系，证实了黄帝诞生于沱江上游，青壮年时期在蜀地的生活史实。古蜀时期的这尊宏伟塑像是让蜀人永远铭记和缅怀黄帝的丰功伟绩。

四是蜀地发现古蜀时期玉石黄帝塑像，证实了雒水南岸的古城，最早兴建者就是华夏始祖黄帝，时间在距今五千年左右。其后离开蜀地入主中原后，此城陆续有古蜀时期的蚕丛、柏灌、鱼凫、杜宇、开明延续维护扩建。

六、黄帝奠定华夏基业

黄帝文化的一个突出特点是放大眼睛看世界，放大眼睛展望未来，即纵目文化。从古玉雕塑的人像中看到，神农、九天玄女、黄帝等都是纵目而视。可见，稍晚于昆仑文化初期的黄帝文化，几乎与昆仑文化同步发展，或者两者相融发展。

"资阳人"子孙的黄帝时期长江、黄河流域等华夏民族，在经历大约10000年的燧巢时代，20000年的鲤鱼桥文化时代，2000年的羲娲时代，1500年的神农时代，跋涉了33500年艰苦而光辉的历程中，积累了丰富的生活、生产、管理的经验和文化传统。

黄帝嫘祖时期是在公元前4000年～前2600年。这个时期是黄河流域等华夏民族的奠基期，经历了暖湿期的优美环境和小冰期的严酷锻炼。在克服生产和生活众多难题中，激发了族群的凝聚力和创造力。农业区域分布的格局，至此基本形成。融合各个族群的文化精华，集以往各个历史时期的大成，生成了

九天玄女和黄帝塑像

龙凤图腾，完善了历法，创制了文字，形成邦国雏形。农业的诸多元素，已经规模宛然。

黄帝继承了伏羲、女娲这两个炎黄祖先的大成，为中国人华夏农业文明的整体构建奠定了基础。黄帝时期，处于全新世初期，历时约5个世纪。初始于黄帝，历经颛顼、帝喾、尧、舜、禹，直到夏朝建立。这是中国史前时代的最后阶段，也是我国从史前时期到出现文字记载历史时期的过渡期。这一时期，在本民族和周围族群长久多次的融合中发展壮大，黄帝族群与炎帝族群融合，发展为炎黄族群。另一次大融合是原处华北地带的炎黄族群和长江流域的荆楚族群融合为华夏民族，形成广义上的华夏民族。在巩固其核心生存空间的同时，版图不断扩展，生产与文化水平都达到了新高峰，成为当时黄河流域和江淮地区领袖群伦的大邦国雏形，为中华民族的未来奠定了牢固的基础。

多少年来，中国史学界和历代社会都共同认为炎黄是中华民族的祖先，黄河流域是中华文明的摇篮。但随着考古研究的新发现，增添了新的内容。中华民族的祖先增添了"资阳人"，中华文明的摇篮增添了资阳，中华文明史从5000年上溯到40000年。

七、黄帝及其儿孙掀起向世界传播文明的大高潮

黄帝继承祖先"资阳人"、伏羲女娲的遗志，第三次向国内外传播文明。黄帝和子孙颛顼、帝喾及其后裔掀起向华夏、向世界迁徙传播文明的持久大爆炸的浪潮。黄帝和他的子子孙孙靠着自身娴熟的农业技术和初创的工业知识、强大的族群团队、周全的组织指挥系统，派出众多支族群，向华夏和全世界大迁徙，与当地人互鉴相融、传播文明。一支大族群走出西海陆盆，沿着候鸟道，发展长江中下流、云贵高原、南亚次大陆、南海等地域；另一支大族群再分几支族群有的沿山川西进，有的北上、东进、南下，翻山越岷山过秦岭踏上西北、华北、东北路程，开创红山文明、中原文明、海岱文明等；东北的一支资阳人族群开创东北亚文明，继而涉过北令海峡，有的吃着海鱼踏过阿留申群岛跨过太平洋到达美洲，开拓美洲文明；西进和西北的两支资阳人族群携手团结开创中华西部文明，继而走出国门，开创西亚、非洲、欧洲、澳洲文明。

第二节
黄帝儿孙大创人类辉煌文明

《史记》载：“黄帝、嫘祖血缘世系，大同小异。世系分两支长子青阳封江水”。（《水经注》言：湖北江门以上之长江称江水)。《大戴礼》载：“青阳降泜水”。《荣县志》："泜水即涐水，今沱江。"

《路史·黄帝纪》载：“(轩辕黄帝)立后、三妃，……元妃西陵氏，曰嫘祖，生昌意、玄嚣、龙苗。……玄嚣姬姓，降居泜水。"

《汉书·古今人表》载：“方雷氏，黄帝妃，生玄嚣，是为青阳。”宋衷云："玄嚣青阳是为少昊，继黄帝立者，而史不叙，盖少昊金德王，非五运之次，故叙五帝不数之也"。

《路史·后纪五·疏仡纪·黄帝纪》载：“……儽租，生昌意、玄嚣、龙苗。昌意就德，逊居若水，有子三人，长曰乾荒，次安，季悃。乾荒生帝颛顼，是为高阳氏。……玄嚣姬姓，降居泜水，生帝喾，是为高辛氏。”

一、黄帝长子青阳再创资阳和中华文明

天刚亮，我们爬上花溪山，举目远望，如蟒蛇似恐龙的阳化河从远远的山丛间蜿蜒曲折而来。时而翻滚，时而微波，时而高歌，时而低唱，在灿烂旳朝阳映照下，阳化河泛起花纹般的金波。一群群鱼儿翻腾奔跳，一群群鸟儿顺江飞翔，几只白鸾在江边昂首放歌。翠绿的树林婆娑的枝叶被红日倒映在清水中，随着微风涟漪荡漾，宛如天真烂漫的姑娘，在嘻笑、在舞蹈、在欢迎亲的到来。

是的，快看啊！陡峭雄伟的山岗上，一个呼风唤雨的大汉，领着一群壮汉，朝阳化河奔来。

这不就是青阳，这就是黄帝的长子，这就是几千年前的资阳濮人啊！

是的，青阳是黄帝依资阳青水河、阳化河的名，为长子取名青阳。

青水河、阳化河、花溪河等资阳地域是40000年前"资阳人"族群一部分智人生息战斗、开创远古文明的仙地，也是伏羲、女娲开拓创新、战天斗地的圣地。

青阳在青水河、阳化河、花溪河等资阳地域长大、生子、建业，然后向四面八方扩展、拓创。

（一）青阳在故乡资阳大展才华

青阳约为公元前2297年至前2232年。《史记·五帝本纪》载:"嫘祖为黄帝

正妃，生二子，其后皆有天下:一曰玄嚣，是为青阳，青阳降居江水；其二曰昌意，降居若水……昌意娶蜀山氏女……生高阳……黄帝崩……其孙昌意之子高阳立，是为帝颛……颛顼崩而玄嚣（即青阳）之孙高辛立，是为帝喾。"《世本·帝系》曰："少昊，黄帝之子，名契字青阳。"《中文大辞典》说："少昊，古帝，亦作少皞，黄帝嫘祖所生，名挚（契）；修太皞（伏羲）之法，故曰少昊"，《考德》载："少昊曰清。清者，黄帝之子清阳也……黄帝土生金，故为金德，天下号曰金天氏。"多本古籍记载的都是青阳，黄帝长子，生于江水。江水也，长江上游沱江也。

可见，青阳出生地在资阳。是以青（清）水河阳化河取名青阳。黄帝嫘祖为长子在成都建宫取名青阳宫，以资纪念。郭沫若曾说：所谓宫不过是建有石室辅以木料而成。青阳在此发展羊市，青阳宫又成了青羊市。后来老子到此写出流传千古的《道德经》，青羊市成为会聚神仙的青阳宫，后为青羊宫，沿名至今。

老子是青阳后裔。《史记·老子韩非列传》："老子者，楚苦县(今河南鹿邑)厉曲乡人，姓李氏名耳字子聃。周守藏之吏也，"其家在江淮水乡，青阳是老子始祖。《三皇五帝追踪》载："李耳时周室衰微，社会无序，想到其始祖青阳(即少皞)之故里在成都青羊宫；故西出函谷关，被关尹喜留下讲道，写出了《道德经》五千言。"

青阳封于资阳的历史，蔡正邦、胡斌、张毅在《嫘祖文化与古巴蜀文化源流》书中阐述得很清楚，现剪贴于下：

> 上述青阳封于江水。江水泛指长江，其水尾古人认为是岷江，故岷江也称江水。《水经注》：言湖北江门以上之长江称江水，因此青阳所封江水之域必在蜀地，而不会在长江下游也不会在岷江之西，因之西；为昌意的封地；也不在成都平原，因那时的成都平原尚处洼地；更不在巴地，因巴地为巴人所居之域。……
>
> 我们将《大戴礼》之"青阳降居泜水"，与《史记》"青阳降居江水"比较；两书同出于汉代，《史记》不仅注重求是，以事理服人，还注重抒情，以感性动人；他力求"欲以究天人之际，通古今之变，成一家

阳化河　陈祥书摄

之言。"但司马迁是道家，只掌握了大的发展规律；与儒家的八十五篇《大戴礼》比较，《大戴礼》篇幅多，是部儒学杂篇，包含儒家史料相当丰富，记载了许多生活中实用性较大的细微史料末节，所以在二水比较上，泜水较为可靠。江水是大概念，水是细节史料，故本文取"泜水"。《说文》《辞海》均言"泜"为支韵。《辞海》新版言"泜"读"迟"，读"帝"。就资阳而言资读赀（zi）音。从上述读音，知水就是资（支）水。但湖南有资水，青阳之蜀的封国，当然不会在湖南（湖南大约是另一小支）；可是泜又可读帝，音与沱通，泜水又可读成沱水。沱水是江水重要支流，是司马迁大概念中的江水。具体言之青阳封地就在沱水、资水。资和青之音相通（此为古代异体通假字），故青阳就是资阳，古之青阳氏就演化为今之资阳市。一般认为阳属南，阴属北，资阳却在资水之北，不符合阴阳方位概念，所以资阳的阳不是方位之阳，就是青阳之阳，故资阳就是青阳。资阳东北有青水河及阳化河，合起来就是青阳河，两河间可能就是青阳所居之地。资之名最古老，据《陈留风俗传》："资姓，黄帝之后，食采益州于资，因以为氏。"此条被蒙文通先生之《古地甄微》采用。《玉篇》："资，故国，黄帝后"；青阳，食采于资，充分证明资阳为青阳之封地。《四川历史词典》载："西汉置资中，治所在今资阳县"，"北周置资州，治所在今资阳县"，西魏"资州治所在阳安县（今简阳），北周迁资阳。"经考古代资中、荣县一带均属资阳。青阳为丝绸之母嫘祖后代，青阳封地必有蚕丝历史。古资州为蚕桑发展之域，唐时资、荣之绸皆为贡品。《荣县志》物、产第六曰："蚕以蜀为盛…蜀亦蚕也。诗申：蜎蜎者蠋，蒸在桑野。时榛榛狉狉，绿山遍野。"可知青阳封地蚕业之盛。《国语·晋语》云："黄帝之子二十五宗，其同姓者二人而已，唯青阳与夷鼓皆为己姓。"今荣县一带尚有青阳复姓，"青阳洞在城南二里"，"唐以来世有青阳族居，今裔尤繁。"（见《巴蜀史志》2002年二期杨德全《古蜀寻根重沱江》一文）综上所述，青阳封地就在资阳，资阳之真实名称就是青阳。

青阳在资阳大展才华，将资阳的文明推向新阶段，成为推动华夏文明的动力源。于是青阳带领资阳人下长江，上黄河，入中原，进海滨，掀起中华文明大发展的热潮。

（二）青阳继承黄帝位大展宏图，着力教化颛顼称帝

青阳在进一步大展才华，描绘华夏彩图。期间，着力教化培养侄儿颛顼。先带着颛顼在阳化河、青水何、沱江流域历练，后指点颛顼驰骋大江南北、黄河两岸等广袤天地拓创。好钢再加上重锤练，颛顼渐进成帝王之才，颛顼称帝后，如鲲鹏展翅，翱翔中华，建立伟业。

（三）川内外专家学者赞肯资阳人文明对全中华的影响、开发与推进

青阳在资阳大展才华，将资阳的文明推向新阶段，成为推动华夏文明的一

动力源。青阳带领资阳人下长江，上黄河，入中原，进海滨，掀起中华文明大发展的热潮。

资阳文明对全中华重大影响，川内外有识之士论述很多，下文就是一例，现将上文的下半节剪贴于下：

《世本·帝系》："少昊，黄帝之子，名契字青阳……，以金德王，号金天氏。"《考德》："少昊曰清，清阳者黄帝之子青阳也……土（象征黄帝）生金，故为金德，天下号曰金天氏。"《历代帝王年表》："少昊金天氏，黄帝子，初居江水，（生于西海即成都陆海之穷桑，因名从主人东迁）迁于（山东）之穷桑，已姓，以金德王，都（山东）曲阜。凤鸟至，以鸟纪官"。《中文大辞典》："少昊，古帝，亦作少皞，黄帝子，嫘祖所生，名挚。修太皞（伏羲）之法，故曰少皞。因东夷有太皞（伏羲），青阳东迁后，按太皞规矩办事，故史称，少皞"修太皞之法"。

中华民族是由多民族形成。首先是以黄河流域的黄帝政治部族，和长江流域炎帝经济部族为主体，团结中国南北各民族，形成大联盟整体，即以龙图腾为标志的大联盟集团。龙图腾的形成是以炎帝嫘祖之蚕身为龙身，以黄帝有熊氏之熊为龙头；蚕有九对气门，龙分九节；团结鱼鳞、鹿角、马尾、禽足等部族，构成中华民族大团结的龙图腾。龙的含意以生态言，兴云、致雨、生泉形成农桑经济。从哲理言，大则游于天下，上则凌于云气，下则入于渊海。从政治社会角度言，仁爱、和谐、团结诸族，刚柔有节，一往无前，成为炎黄子孙的凝聚力。

就在青阳封地的资阳，有更新世时期的资阳人，史称濮人。先进文化的氐羌青阳龙族，与（正处昆仑文化即纵目文化时际的最先进文化）资阳人通婚而融合，或因生活、文化、生产力水平高，慕龙族之农桑文化，成为与青阳结盟之泛龙族，形成南方之泛龙族体系。古代濮族中之泛龙族代表人物，就是西周资阳之天文学家、军事家、音乐家、方术家苌弘。苌弘的故里就在青阳封地的资阳苌弘村。"资阳人"

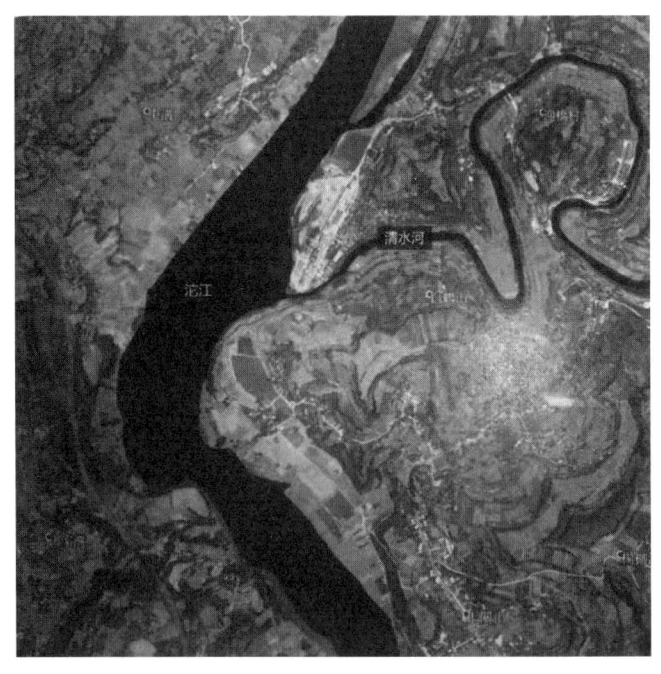

清水河一段　陈祥书提供

头盖骨出土于1951年资阳市黄鳝溪（注：应为九曲河），相应出土了犀牛、剑齿象等热带动植物化石大约在距今一万年（注：应为四万年）左右，成都平原还是内海，资阳处内海南沿是濮人活动之域。青阳氏封此，氐羌龙文化水平高于濮族，进入了农桑文化发展期，已经有了黄帝十月历（即西羌五行历）；青阳氏族与濮族的融合势在必然，形成百濮。吕思勉先生在《中国民族史》中说："百濮中缘近蜀，故得成先进"青阳就处于民族融合的前缘。濮族接受先进文化后，向"今黔江、金沙江、大渡河流域"发展而成彝族。濮与云南元谋人融合又与西南民族走廊中，南下的颛顼族余部融合，成为白族、景颇族。百濮发展到豫、鄂、湘、川、滇、黔六省，"大多以农耕为业，散为诸小邑聚，无大部落，濮族自古离散为小邑，无大君长，此其文化程度虽高，而不能强盛之因也。梢能持结之具有国家之规模者，为爨氏，至南诏则益进也。""玁本为百濮的一支。""席亦百濮也，然则微卢、彭诸国亦未必非濮也。楚封丹阳，熊绎迁荆山，武王迁逞，其所启，盖皆濮地也"。综上可知，具有泛龙文化的资阳人—百濮，与滇黔荆楚诸渠帅、小王之间，首先，是经济文化交流，然后通婚融合，成为南方各族。这种融合与青阳的交流、团结、通婚、发展壮大有关。所以资阳这块蜀国前缘之封地，经青阳的努力，成为古代民族大团结的典范，与中华民族形成，意义重大深远。老省委书记杨超在《中华文化论坛、中国上古政治再认识》中曰："黄帝嫘祖垂衣裳而天下治。所谓治是按共同遵守的习惯来建立社会秩序和规范道德标准，根本不是个人统治，更谈不上什么专制主义……中国上古国家学说中最重要的一条就是强调民本，强调多民族融合，而不突出镇压职能……西方是进化，是阶级斗争；中国是转化，是和平过渡。"青阳以资阳为基点，先与濮族（资阳人）融合，再通过泛龙族文化融合了南方各族。至今南方各族传说的老祖先"盘古—炎帝—黄帝"故事，都是龙文化为主体的文化基因，这与青阳的影响有很大的原因。

少昊离开资阳与泛龙族东迁与东夷杂居，受太皞文化影响，是和谐共处，但有其独立性，"邑于穷桑"（山东曲阜，因名从主人将西之穷桑，带到山东）。范文澜《中国通史》："少昊是黄帝族向东发展的一支，与濮族杂居，接受了太皞文化，故称少皞，成为东夷文化继承者。""少皞挚之立也，凤鸟适至故纪官于鸟。"因少昊生时母嫘祖命名凤鸟氏，至东夷与崇鸟图腾之太杂处。"之立也"时又见凤鸟，于是以鸟名来任命官：鸟官分为历正（天文）、司分（四时）、司启（日出）、司闭（日入）、司徒（国土）司马（军队）、司空（工程）、司寇（刑罚）、司事（内务），工正、农正，按事之需而设官。可见少昊时政务社会工作的分工，十分完善，可知他是个有见识的管理者。其弟之子"颛顼生十年而佐少昊，二十而登帝位"（见《帝王世纪》）。"少昊之国，少昊孺帝颛顼于此"（见

《大荒东经》)。侄儿颛顼向伯父青阳学治国共十年，才回中原继黄帝之位。颛顼去世后，少昊之孙高辛氏继颛顼为帝，是为帝喾（高辛）。《荆楚岁时记》："正月十五…其夕迎紫姑以卜将来蚕事按《洞览》云，"帝喾女将死，自云平生好乐，至正月十五可以见迎。"荆人卜蚕事，证明青阳蚕丝文化已向长江流域下游发展。至于少昊称金天氏者，按黄帝五行，西方属金，故少昊自称金天氏，乃不忘根在蜀之资阳故地也。

二、颛顼创建彪炳万古的业绩

黄帝重孙颛顼仍是资阳人后代，但他出生在"清风雅雨间"。清风指汉源青溪关之风，雅雨指雅安的雨，"清风雅雨间"是荥经县。《中国历代帝王》载："黄帝之子昌意，降居若水，生帝颛顼，号高阳氏"。《吕氏春秋·古乐篇》载："帝颛顼生自若水。"历代古书记载的若水均指四川省荥经县。荥经是颛顼出生地，但祖籍当然是资阳。

颛顼约为公元前2259年至2181年。颛顼是位文治武攻的帅才，是华夏"五帝之一"。《史记·五帝本纪》曰："静渊以有谋，疏通而知事，养材以任地。载时以象天，依鬼神以制义，治气以教化，絜诚以祭祀……动静之物，大小之神（大小头领），日月所照，莫不砥属"。

颛顼成长过程中到沱江中游阳化何一带在玄器指导下历练。正如古籍载："东海之外大壑，少昊之国。""少昊孺帝颛顼于此，弃其琴瑟"。成人不久继少昊之位主政号高阳氏，励励精图治，建工立业，率众打败阪泉之战后入蜀欲称王的共工。颛顼建都穷桑（资阳昆仑山），后迁都商丘（成都龙泉山），继而居帝丘（广汉三星堆）。蜀地帝业雄起后，率其子孙沿黄河两岸发展，继而上三北、东北亚等地创立伟业。

颛顼是位伟大的帝王，业绩辉煌，主要是：

继承并创新发展黄帝开创的事业。《国语·鲁语》曰："黄帝能成名百物，以明民共财，颛顼能修之"。是说，颛顼在黄帝开发自然资源启发人民发展经济基础上，"养材以任地"，按所有之地域，发展生态资源，以富人民；"依鬼神以制义，治气以教化"，订出公共行为准则，来教化人民；"载时以象天"，按星象之表现，订出农耕时节，按节气种植，力保丰裕；"絜诚以祭祀"，提高祭祀标准，顺应人民愿望，安慰天下。

推进母系社会向父系社会的转化。处于母系社会向父系社会时代过渡末期的颛顼，大力推进转化政策，使"男女在生产所处社会地位的变化"，"按男系，确定血统和父系的继承权"，这就推进了社会发展，土农业出现新气。正如郭沫若《中国史稿》所说："父系氏族公社的生产水平……主要表现在农业和畜牧业的发展，以轮制陶器手工业等为主要标志的整个工艺技术水平的提高和冶铜业的出现，农业、畜牧业和手工业之间的社会分工的扩大以及交换关系的发展"。

创立九州建制，达到真正统一。《文献通考》、《乾隆御批纲鉴》载：颛顼竭力改制政区，推行国九州建制，这就扩大了领地，实现了华夏部族与南方滇黔苗族、九黎、蚩尤后裔的团结统一。《文献通考》载："帝始建九州，兖、冀、青、徐、豫、荆、扬、雍、梁。统领万国……日月所照，莫不砥属。四远皆平，而来服属。"这就彰显出颛顼时代的地域广大，社会繁荣，气象万千的美丽景象。

开辟南丝之路、茶马古道。 南丝南夷路和南丝西夷路合为南方丝绸之路。茶马古道是实行以茶易马，充实边防、盐铁安民，团结西南各民族的政策。茶马古道的重要关隘就是荥经严道。严道是西南各族文化交汇点，政治、经济、文化交融重镇。促进了民族商贸，文化大交流，政治文化大融合。

创作《承云》之曲，以音乐团结人民。 颛顼命乐官飞龙氏将"条风"、"明展风"、"清明风"、"景风"、"凉风"、"阊阖风"、"不周风"、"广莫风"八大区域流行音乐融汇起来，创作成"圭水之曲"，成为中国九州的第一首"国歌"。在"万国诸侯"到帝丘举行盛大活动时演奏，以此来融合统一情志，加强各民族团结。

建立中华民族大家族和大同的古代世界。 论"中国民族史"的几本书说：黄帝子孙昌意、颛顼等资阳人濮族向若水（雅砻江）、青衣江、茂汶、岷江、"今黔江、金沙江、大渡河流域"等川北和甘、陕等地区开拓。后来他们踏着先人伏羲、黄帝的步履入主中原、山东、东北和东南等地域，大创文明事业；青阳、帝喾等黄帝后裔顺江而下发展，开拓大江南北、长城内外，青阳、昌意濮族人和后裔建立起中华民族大家族和大同的古代世界。

文治武攻治国理政。 颛顼统一九州的妙招就是，文治武攻。文治，就是就是建主整套共同遵守的法规和道德标准，规范社会秩序和人人必须遵守的德行。上层不搞专治，坚持人民为本，民众以规践行；武攻，就是严打暴乱邪恶，但强调各部落融合而，对不听劝告者才实行镇压。所以，颛顼时代天下太平，百上兴旺。

教子有方，育民有节，家规、国风美名远场。《史记·三代世表》记载："黄帝生昌意，昌意生颛顼，颛顼生穷蝉，穷蝉生敬康，敬康生句望，句望生蟜牛，蟜牛生瞽叟、瞽叟生舜"。"黄帝生昌意，昌意生颛顼，颛顼生鲧，鲧生禹"。《帝王世纪》说：大禹时执玉帛者有万国，商汤时剩下了3000国，西周时剩下1700多国，春秋时尚有1200国，至战国只剩下十余国。**战国七雄的国君，韩、燕、魏是帝喾的后裔，齐、楚、赵、秦是颛顼后裔。**

颛顼后裔在他的家规、国风的严教常育下，个个是英雄好汉。大禹就是一个典范。大禹治水，艰苦亲临第一范围，严格科学治水，按地势高低，河流走向之自然规律进行。《禹贡》载：大禹治水，多在九河上源，进疏水、导水、分水。特别是对岷山导江，进行分水，形成"东别为沱"、"岷蟠既艺"、"沱潜既导"。"梦旅既平"，这是巴蜀经济持续发展，经久繁荣的重要因素。

大禹为了治水，因公忘私精神显著，在长江，"三过其门而不入"。百折不挠为氏族，成为中华民族的脊梁。

颛顼功业和精神激励万世后人，民众敬仰他的神话传说纷云。古传"颛顼死而复苏",修福万户。华夏多地都建记念颛顼的牌楼等。四川荥经县六合乡严道古城遗址西面的星星村村口,木质古牌楼上匾上的"颛顼帝故里"五个大字多耀众人眼啊!可惜的是这座牌楼被前些年修公路的拆除了。造孽哦,有的地方今人不如古人懂得保护文物的重要性。

三、帝喾顺江而下,大绘南国和海外彩图

(一)帝喾出生在资阳巍峰山

巍峰矗挺万古扬,

黄帝重孙喾天降。

九龙回首彰宏图,

旭日东升展辉煌。

刘胜俊总编一行在资阳巍峰山考察

我们一行众人经过爬涉攀登,大汗淋漓,登上巍峰山顶,举目远眺,九条山脉像九条长龙缓缓朝山峰跪拜而来,气势宏大,场面巍峨,大有九龙朝拜巍峰山之雄势。

巍峰山位于距回龙场镇二公里,海拔544.6米,是资阳最高峰。

站在巍峰山寺庙前,耳边响起了激动人心的传说。据传,40000年时际以后,著名的人类文化基因一始祖"资阳人"氏族中的一部分智人,为了躲避虎豹豺狼的野蛮攻击,就常年生活在这个山寨上。女娲时际前后的远古资阳人中一部分,也常年生息在这个山寨上。远古的一天,常佳花溪的黄帝孙子蟜极携部族从花溪来到这座山上祭天过程中,生下了中国历史上对人类贡献最大的"三王五帝"中的帝喾。帝喾出生那时际,红日突然从天际升起,满天红花,霞光万道,一个仙人降生在巍峰山上,九条巨龙蜂拥朝拜。从此,巍峰山景色格外秀丽。帝喾长大后德才出众,十分关心民众,领导濮人改天换地,深受老百姓爱戴。帝喾在资阳创立丰功后,带领濮人四方创业,拓展长江上下、大江南北,开发亚、欧、非、美洲,创造出举世瞩目的辉煌,被后人颂为"五帝"之一。

人们为了纪念帝喾等伟大仙人,三国时期就纷纷筹建寺庙。唐初始建,唐贞观时已具规模(迄今1380余年)唐朝时名为古刹寺,南宋时期名为普照寺,明末为巍峰山寺,经历朝增建培修,寺庙中宫殿楼阁,雄伟壮观,大雄宝殿、

观音殿、接引殿、天王殿、三清殿、文武殿、城隍殿、戏楼、观赏台、知客堂、办公楼等古典建筑，占地 35000 平方米，气势不凡，各种神像相当精美。相伴古寺的磬子石水观音、黑岩洞、崭龙垭等十余处名胜景点，各种迷人的神话传说闻名于世。

（二）帝喾成长在资阳花溪

帝喾约为公元前 2211 年至前 2141 年。他继承颛顼之位为帝王。

黄帝孙子蟜极生下帝喾、祭天结束后，抱着帝喾从巍峰山回到花溪。花溪是青阳生蟜极的地方，是蟜极成长、建业起步的地方。也是帝喾成长、建业起步成为华夏"五帝"之一，创立世界古文明的源泉地方！啊！花溪是个美丽、神圣、梦幻、伟大的地方啊！

踏火桥倒影 宋泽阳 摄

河绕群山溪串林

虹映桥上塔入云

岛、栈、潭、湖星罗布

瀑跃龟、龙船弛骋

保和水荡波粼粼

中和景幽百鸟鸣

老君文雅寺、碑立
保台地秀民丰盈

四万年前"资阳人"
初孕人文基因根
元生思维智慧柢
首创华夏一文明

"鲤鱼桥"人再辉煌
"纵目""大同"理想定
开发拓荒遍全球
"三王五帝"世界惊

1. 梦幻花溪的形成

花溪河主流穿梭在群山密林间，网状支流绕游在幽雅深谷中。河水时而波澜浩荡，时而潺潺幽深，时而击水瀑布，时而洞天幽涧。以溪汇于河，以河汇于阳化河，再汇于沱江。润泽一方流芳万古闻名世界的胜景，名曰花溪（谷）河。由于她的碧水游鱼争流，万花丛中群鸟歌、舞，多姿多彩，景色烂漫，所以人们称她梦幻花溪。

梦幻花溪远古文化一大特色是石斧文化。石斧，是40000年前远古"资阳人"和后继者"鲤鱼桥文化"人生息战斗艰险创造文明的重要工具。"资阳人"用石斧，打造出中华文明一摇篮。人杰地秀的花溪，在远古时期，她甘甜的乳汁，哺育了勤劳善良的人民，创造了四万年悠久的资阳人灿烂文明史，蕴藏着新旧石器共存而辉煌的"鲤鱼桥文化"，流传着说不尽的动人心弦的故事。在当今，在这奔流不息的梦幻花溪上，人杰，山秀，水清，花香，菜美，一年四季，航运不停，渔舟竞发；石桥飞架，船闸、大坝、电站有如明珠，一派繁荣兴旺景象，她穿过无数丘陵平坝，自北向南流入沱江，美味风韵满华夏，飘洋过海五大洲。

传说梦幻花溪是天上九个神仙女要下界游泳、涉水、登山、赏花、娱乐、

花溪响水滩 宋泽阳 摄

玩耍，所以，九个仙女在天门前一人撒下十个迷人景观，组成了花溪的无数梦幻景致，这样就造出了远古的梦幻花溪。后来，人们叫它花溪谷。

其实，梦幻花溪不是天上神仙或地上人工造成，而是天然形成的。据史料记载，距今五万年前后的第四纪冰川时期，地球发生了一次大震荡，在这次大地震中，天斧神功的造成了这群人间仙景。

梦幻花溪以令人向往的古迹和山光水色而闻名。当你由北河岛公园乘船北上，那一群群白鹭、水鸟追云戏水；那农家庭院、新村和集镇，绿树环绕，倒影山乡；那一座座石跨拱桥，一处处船闸、大坝和电站争相媲美；那一帘帘瀑布从悬河泻下，水花飞溅，怒吼声在山谷回荡；花溪谷龙颈湾大瀑布和白龙湖、响水潭美不胜收，其乐无穷；擦船而过的怪石、峭壁，舟楫难行的险滩、涡流，人迹稀少、幽深荫蔽的峡谷，其乐其惊其寒，不断变幻你的情态，调整你的心距。古树名木，红叶绿柳，长廊竹林，交植的阔叶树和常绿树从谷边到山峰郁郁葱葱，使你感到人在诗意里，船在画图中，心旷神怡：啊，秀丽的花溪，幽深的沟壑，融进自然，我们相见恨晚。

幽谷内重岩叠嶂，隐天蔽日，激流翻滚，回环曲折，而在那峡谷开阔地带，与小溪交汇处又有着富饶的村庄，翠绿的田野，大片的果园，把古老的花溪装点得生机盎然，抛撒出一条绚烂多彩的天然画廊。

梦幻花溪是资阳市最早见诸记载的小河，汉晋得名寰溪，唐宋写作环溪，元明别称杨花溪，晚清讹为阳化河，流经保和、中和、老君镇和丹山镇西部。

梦幻花溪谷　苏永生　摄

梦幻花溪源出中江县、乐至县，主干由北向南穿流金堂县、简阳市，穿绕老君镇、保和镇、中和镇，擦边丹山镇，然后在资阳市保和镇雁家坝两河口入沱江，全长136.54公里，资阳干道34.4公里；支流四面织网，枝杈纵横，随地标点。

秦代归资中县，北周划资阳县，隋跨两县，资阳县三江镇、赖琬镇和丹山县义合乡，宋属资阳县三江镇、赖琬镇跟磐石县义合乡丹山镇，明朝回归资阳县。

从资阳市区乘车跨过沱江，驰骋十几公里就到花溪。沿途都是四万年来资阳人生息的圣地。

梦幻花溪距资阳东十几公里，乘车过遂资眉高速路13分钟到达全国示范小城镇之一，四川省重点镇之一，资阳市雁江区工业园区的中和镇。向北改行资丹公路不到两分钟即到山脚下。资阳市东区工业集聚区，河东片区重镇。

梦幻花溪交通水陆空四面八达。花溪是中川著名的一条大溪，船舶直入沱江，沱江直入长江。资丹公路从山脚下穿过，不超两分钟就到遂资眉高速路，中和镇入口，中和镇入口到资阳北站，成渝高速铁路站不足半小时车程。即将开工的区级板永路也将到花溪山下。成都新机场高速路到此只有十几公里。

2. 梦幻花溪美景的闻名

花溪人杰，山秀，水清，花香，菜美，风味满华夏，飘过四大洋。

梦幻花溪不是人工造成，而是天然形成的。据史料记载，距今五万年前后的第四纪冰川时期，地球发生了一次大震荡，在这次大地震中，天斧神功的造成了这群人间仙景。

秀丽的梦幻花溪，以两岸林茂花香而得名。在远古时期，她甘甜的乳汁，哺育了勤劳善良的人民，创造了四万年悠久的资阳人灿烂历史，蕴藏着新旧石器共存的辉煌的的"鲤鱼桥文化"，流传着说不尽的动人心弦的故事。在当今，在这奔流不息的花溪上，一年四季，航运不停，渔舟竞发；石桥飞架，船闸、大坝、电站有如明珠，一派繁荣兴旺景象。

梦幻花溪以令人向往的古迹和山光水色而闻名。当你由北河岛公园乘船北上，那一群群白鹭、水鸟追云戏水；那农家庭院、新村和集镇，绿树环绕，倒影山乡；那一座座石跨拱桥，一处处船闸、大坝和电站争相媲美；那一帘帘瀑布从悬河泻下，水花飞溅，怒吼声在山谷回荡；花溪谷龙颈湾大瀑布和白龙湖、响水潭美不胜收，其乐无穷；擦船而过的怪石、峭壁，舟楫难行的险滩、涡流，人迹稀少、幽深荫蔽的峡谷，其乐其惊其寒，不断变幻你的情态，调整你的心距。古树名木，红叶绿柳，长廊竹林，交植的阔叶树和常绿树从谷边到山峰郁郁葱葱，使你感到人在诗意里，船在画图中，心旷神怡：啊，秀丽的花溪，幽深的沟壑，融进自然，我们相见恨晚。

资阳城北27公里到和平桥，花溪和平桥至白龙湖段2公里风景幽雅，景点相对集中，流域面积199.4平方公里，深谷狭窄，重岩叠嶂，奇山异峰，动植物品种多，天然植被好，人文景点星罗，自然景观棋布，夏天激流翻滚响水滩，春秋冬溪水明澈，小鱼成群，鸟类啼鸣深谷，沿岸奇坡异石，峭壁似画，湖面平静，独特的地理环境铺排了秀丽景观。

老君镇双河桥到保和镇两河口，是花溪下游，宽阔平静，绿树成荫，翠竹掩映，清澈的溪水倒映着两岸，形成山在水中、舟在山上的奇特景观。

保和镇钓鱼村踏水桥经和平桥溯中和镇罗家村三河口，这是花溪的精华，绿水青山，翠微锦绣。两岸连山，是通过国家林业部验收的长江上游防护林，秋染红黄绿叶，交相辉映，五彩斑斓，幻化九寨秋色，而不乏人气。过了三河口，河床陡然狭窄，阔十几米，深不可测，三四十米长、十多米宽的巨石随处提神，横卧在河道两侧，犬牙交错，小舟难行。山势险峻，林木茂密，谷高两三百米，帷幔四千多米长的花溪怪异景观。

3. 梦幻花溪美景星罗棋布

梦幻花溪穿过无数丘陵平坝，自北向南流入沱江。一条大支流源、

出乐至县孔雀乡，经筒车坝流入资阳，汇合花溪干道老君场双河口，全长70.4公里，积雨面积大，流水终年。溪流柏木桥、响水滩，河床陡下，河水在高山深谷中自东向西穿过。花溪犹如一把利斧，开山劈岭，横切山脉，在峭壁怪石的丛山中，在郁郁葱葱的森林里奔流而下，形成幽深的河谷，花溪谷由此得名。

幽谷内重岩叠嶂，隐天蔽日，激流翻滚，回环曲折，而在那峡谷开阔地带，与小溪交汇处又有着富饶的村庄，翠绿的田野，大片的果园，把古老的花溪装点得生机盎然，抛撒出一条绚烂多彩的天然画廊。

杨花河流经四个镇，观景数花溪谷佳，不到20公里的河谷，发现自然景观51处、人文景点24处，多姿多彩，各具特色，有着奇妙动人的传说，令人无限神往。游览花溪谷，饱尝奇光异景，享受美妙风光。

4. 梦幻花溪拥有四万年璀灿文化史

山水是地脉的佩带，人是地球的主宰，景为形，人是魂，缺一不可壮旅行。

历史悠久是花溪的辉煌，先民在花溪渔猎、农耕，石锄遗存花溪村。著名的人类文化基因一始祖"资阳人"氏族中的一部分智人就常年生活在这里。中华远古文明一源泉也包含着花溪。

鲤鱼桥文化人，女娲、伏羲、神农、黄帝、青阳、昌意、蟜极、帝喾、颛顼、尧舜禹等，或在这里出生，或在这里成长，或在这里居住过，或在这里晋拜族领，都曾在这遍山水中生息战斗过，为花溪和资阳书写出一章又一章壮丽的史诗。

10000年前，资阳人在花溪两岸平坝河谷地区种稻耘麦，1985年花溪村发现他们从事农耕的石锄。

约公元前770年 春秋初年，开明氏蜀国凿通玉垒山引岷江水补给沱江后，资国也疏浚花溪，增大通航能力，使沿岸物资流通更畅，加速了地方经济的发展，带来了文化的兴旺。

公元伊始后，历代官臣到花溪观赏、倡文、促农等活动不断，促进了资阳和广泛的繁荣。

5. 梦幻花溪深受历代众人的爱赞

梦幻花溪美逗得唐代画圣吴道子技痒难禁，激发杜锡等三仙游兴倍增。慧眼识花溪，美如圆环，北周《郡国志》觉得它"溪流如環，池深百丈"，这是数理眼光。1202年秋，太常博士张方乘船到阳安郡文学掾出任简州教授，假日寻芳览胜，泛舟环溪简州段；1215年春节，张方见三江镇封村龙潭（今保和镇金山寺村龙潭沟）"崖谷砑然以幽，竹柏蓊然而泽"。从施家坝环溪村进人故乡资阳段，船行三十余里，两岸杨树参天，繁花迷眼，易称杨花溪，这是文学观点。杨花场米市坝小河拱桥门楣镶嵌明朝青花瓷砖，有阳文"古杨花溪"四大字。

晚明进士曹学佺，号石仓，四川右参政，他游遍全省，著《蜀中广记》，1618年单行《蜀中名胜记》辑录《郡国志》虽未妄赞一词，毕竟归类旅游资料了。杨花场石仓子、石仓溪疑与他有关，民初误作石窗。

新中国成立后，络绎不绝的人士踏访、船行考察花溪，发现自然景观、人文景观多处，刻录《花溪谷》光碟，撰写旅游开发资料。

众多文人撰写了考察、游览花溪的诗词、散文、杂谈、对联、题词、写生作画，等等，尽情抒发自内心的感叹。

（三）帝喾叱咤中华和世界

前面诗曰"三皇五帝"世界惊"，是的，五帝之一的帝喾，就叫世界大震惊。巍峰山神秘，花溪梦幻神圣，出生巍峰山成长在梦幻花溪的黄帝长子青阳的孙子帝喾（高辛），神灵抚万民，大书南国彩图，天工全世界，大绘全球彩图，功勋齐天卓著，是一位古代治理中国和开发美洲等海外显赫功绩的帝君。《史记·三代世表》记载："黄帝生玄嚣，玄嚣生蟜极，蟜极生帝喾，帝喾生后稷，是为周祖"。《三代世系》还曰："蜀之先昌意娶蜀山氏女，生帝喾，立，封其支庶于蜀，历虞、夏、商、周，周衰，先称王者为蚕丛，国破，子孙居姚嶲等处。"

《山海经》曰：帝俊即帝喾，他的子族有：中容之国、司幽之国、自民之国、黑齿之国、三身之国、季厘之国、羲和之国、西周之国等。

《大戴礼记·五帝德》记载："宰我曰：'请问帝喾。'孔子曰：'元嚣之孙，蟜极之子也，曰高辛。生而神灵，自言其名；博施利物，不于其身；聪以知远，明以察微；顺天之义，知民之急；仁而威，惠而信，修身而天下服。取地之财而节用之，抚教万民而利诲之，历日而迎送之，明鬼神而敬事之。其色郁郁，其德嶷嶷，其动也时，其服也士。春夏乘龙，秋冬乘马，黄黼黻衣，执中而获天下；日月所照，风雨所至，莫不从顺。"孔子将帝喾建国功勋描述得活灵生现，深蕴周道。

的确，史实告知世人，帝喾是一位古代治理中国显赫功绩的帝君。要不然历代众多古籍都将帝喾列为"三皇五帝"之中呢。《尚书大传》、《史记·五帝本纪》载：三皇：燧人、伏羲、神农，五帝：黄帝、颛顼、帝喾、尧、舜。

帝喾的显赫功绩在发展中华多民族和世界民族大同方面。《蜀王本纪》等若干古籍记载：青阳故乡资阳濮人（《周书·王会解》：伊尹四方令，又作僰。《说文》："僰，犍为蛮夷也。"即古时资阳所在犍为郡）先进文化发展形成百濮文化，接着向四面八方传播。论"中国民族史"的几本书说：在黄帝子孙昌意、颛顼等资阳人濮族在向川北和甘、陕、中原、山东、东北和东南等地域开创的同期；青阳、帝喾等黄帝后裔顺江而下发展，与云南元谋人和西南各地民族融合，成为彝族、白族、景颇族等。濮族发展到豫、鄂、湘、川、滇、黔、鲁、荆、楚、西藏、新疆等数省，"濮族一梢能抟结之具有国家之规模者，为爨氏，至南诏则益进也。""獽本为百濮的一支。""席亦百濮也，然则微卢、彭诸国亦未必非濮也……盖皆濮地也"，并不断发展壮大。接着，俊帝（帝喾）等带些濮人到台岛、南海、海外创发，建立伟业。可见，"资阳人"历代后裔濮人，与大江南北、长城内外数省民族和亚、欧、美、非开发与互鉴，经济、文化交流、通婚融合。资阳这块蜀国前缘之地，经共同的努力，成为古代民族大团结、世界民族大同的典范。在中华民族形成中、世界人文的发展中，青阳、昌意濮族人和后裔起到关键的重大的作用，建立起顶天立地亘古万世的伟大丰碑。

帝喾除患安民卫国，竭智尽忠。《山海经·海内北经》云："有人曰大行伯，把戈。其东有犬封国。犬封国曰犬戎，因状如犬。"此谓帝喾所封之国。史记》、《后汉书》记载：犬戎鬼方氏戎族不肯臣服颛顼天下，而发动叛乱。帝汤喾则命火正吴回统率火师去到湖南征伐犬戎族。吴回却因剿灭不利，被帝汤喾严惩。接着，帝汤喾又命女婿盘瓠讨平犬戎族叛乱，封其为南王，统领犬戎部族。但因叛族力雄，仍未收复。《后汉书》曰："昔高辛氏有犬戎之寇，帝患其侵暴，而征伐不克"成患。帝喾再令严除患安民卫国竭智尽忠。

帝喾及其后裔到台湾、流球、南海开拓发展的史实，历代多本古籍都有记载。《后汉书》、《三国志》、《临海水土志》载古代称东方少数民族为"夷洲"，称高山族为"夷"，称"山夷"人为台湾人。

《隋书》称台湾为"流求"，沿用至宋代。后来帝喾裔开发琉球群岛，也为"流求"。

帝喾裔丹朱开发台海和南海是尧帝所逼。帝尧年老见儿子丹朱不顺，就把帝位传给女婿虞舜，丹朱为此反叛，在颛顼之子三苗的支持下反舜，不成，兵败南海，乘舟逃入夷洲。丹朱和三苗及其后裔大力开发台岛和海洋，生活安居乐业。《博物志·外国》云："骧兜国，其民尽似仙人，帝尧司徒骧兜，民常鱼捕海中，去南海一万六千里"。这个史实告知全世界，在 4000 多年前，南海就成为中国开发的属地。

帝喾开发美州是西方世界考古界首肯的历史事实。美国考古界资深专家亨利艾特.默兹，考察、挖掘、研究拉丁美洲几十年后，撰写出惊世的佳著，书名叫《几近褪色的记录》，他在书中断言：**4000多年前，华人就开拓美洲了！**中国人在4000多年前就开发、建设出一个文明的美洲，至今，从北到南都有中国人开发创建美洲的文物和遗迹。他坦言：对古老的华人开发美洲播种的闪光文化和留下的众多文明遗物、遗迹，我们很震撼。对那些"4000多年前就为白雪皑皑的峻峭山峰绘制地图的刚毅无畏的中国人，我们顶礼膜拜"。

美国依阿华大学人类学教授、美国考古学家协会常务监事、国际美洲学会詹姆斯·库克博士在其《上帝之城》著作中说：中国人在古代横渡太平洋，"在海上大规模扩张。""将来的研究究工作"会使美洲"古代部落文化转变成接近旧世界文明的文化。"

美国俄克拉玛中央州立大学教授许辉等西方学者大加赞肯中华民族对推动美洲和世界文明的伟大贡献。

美联社、法新社、路透社、《每日邮报》等世界大媒体公开宣扬中国对开创美洲文明做出的不可替代的卓绝贡献。

帝喾及其后裔开发美洲，是中国国家第一档案馆高级研究员、考古专家鞠德源揭开的迷底。他经过几十年考察、研究后，撰写出《中国先民海外大探险之谜》这部杰作。

在书中，他以36万字的篇幅，用文物、用史实、用图片、用力据、用中美习俗等各项对比，把帝喾及其后裔开发美洲历史刻画得深入浅出，活灵活现。

鞠先生写道，在特大洪水泛滥世界的非常时期，帝喾令后裔一部分人西出今日亚洲，去开发北非和欧洲，他带众多濮人等多个族群，顺沱江而下，越过大洋，到达美洲岸上的秘鲁、玻利维亚、厄瓜多尔等地域。他在"华夏蜀王纵目人移徙南美洲秘鲁地域的历史遗迹与实证"等十一章中，若干地方都讲到濮人等族众在开发美洲建立"殷夏文明"的业绩所留存下来的遗迹，最耀眼的是秘鲁至今遗存着几千年前华人建筑的金字塔群。尤其是"帝尧台、帝喾台、帝丹朱台、帝舜台"等。这些名字统统都是用黄帝显赫后裔的名字取的名。

前面说过的美国考古学家表示：对那些"4000多年前就为白雪皑皑的峻峭山峰绘制地图的刚毅无畏的中国人，我们顶礼膜拜"的华人开发美洲的历史确实撼人。

《昆仑纪》说：帝喾，即"'帝俊妻羲和'奉命来到美洲，司日月之行次，从事天文观察，制定历法。这之后，他们留在美洲繁衍生息。竖亥这一批测量大地的工作人员，也随同首领留了下来，并在'墨齿'国的南面建立起了一个'竖亥国'。他们可能担负的不只是地理测量，同时还要在美洲继续着羲和、少昊的'世济穷桑'的事业。这些人或许就是玛雅人的始祖。"

《昆仑纪》说："20世纪留下了诸多由专家学者提出的未解之谜。其中之一，

资阳人

便是有专家认为：整个世界早在 4 千年前便被一个发达的文明科学地测量过了。经过对典籍的考证发现，这个文明也许正是昆仑纪文明。燧皇时代的少昊羲和测量世界，据称后来移居美洲，建立了少昊羲和国，创立了'十月太阳历'，衍生了后来的玛雅历法。传说中的神王维拉科查很可能说正是竖亥。在美洲已发现的古代遗迹上 昆日仑 的纹与玛雅金字塔也证实其源头是昆仑纪文明。各种'金字塔'的建造原型，很可能源于'昆仑之丘（台）'……。"

2014 年，美联社、法新社等五大媒体报道 13000 年前华人开发美洲的历史：

科学家早年在墨西哥一个水底深洞，发现一名生于 1.3 万年前、年约 15 至 16 岁少女近乎完整的遗骸。科学家分析其骨骼和脱氧核糖核酸（DNA）后相信，最早的美洲人来自中国。

2015 年英国《每日邮报》说：美国发现甲骨文，佐证印第安人是华人后裔。

一些印第安人就承认，他们是"殷人"，他们的祖上就一直传说他们的祖先是中国人。

人的长相是遗传基因决定的，印第安人的长相就很接近中国人。

世界众多的考古专家和学者早在 400 多年前以来就纷纷认为，美洲大陆的玛雅文明与中国文明有许多相似性。

看看，帝喾和他的后裔们绘制的中国和世界彩图，几千年来熠熠生辉，至今还高悬在世界古老文明之巅！

三、资阳真人嫦娥"奔月"

人们熟知的每年都在记惦的神仙嫦娥，可知否她是"资阳人文化"地域的真实人籍呢？她是黄帝后代，是华夏"五帝"之一，创立世界古文明的伟大圣人帝喾的女儿，又名姮娥她又为何奔月成仙呢？还得从传说开起。

相传，在远古时候，天上有十个太阳，晒得大地冒火，庄稼烧焦，百姓无法生活。

力大无比的英雄大羿，决心为百姓解除苦难。他登上昆仑山顶，运足气力，拉满神弓，"嗖——嗖——嗖——"一口气射下九个太阳。他对天上最后一个太阳说："从今以后，你每天必须按时升起，按时落下，为民造福！"

昆仑山上的西王母见大羿射太阳立下救民之大功，就送给大羿一丸仙药。据说，人吃了这种药，不但能长生不老，还可以升天成仙。可是，大羿不愿意离开嫦娥,就让她将仙药藏在百宝匣里。

大羿的妻子嫦娥,原名:姮娥,又称蟾蜍,而为月精,是个美丽善良的女子。她经常接济生活贫苦的乡亲,乡亲们都非常喜欢她。

大羿为百姓除害,受人敬重。一些人拜他为师学习武艺。徒弟中有个叫逢蒙的人,为人奸诈贪婪,逢蒙知道仙丹后,就一心想把大羿的仙药弄到手。八月十五这天清晨,大羿带弟子出门去了,逢蒙假装生病,留了下来。到了晚上,逢蒙手提宝剑,迫不及待地闯进大羿家里,威逼嫦娥把仙药交出来。嫦娥心里想,让这样的人吃了长生不老药,不是要害更多的人吗?于是,她便机智地与逢蒙周旋。逢蒙见嫦娥不肯交出仙药,就翻箱倒柜,四处搜寻。眼看就要搜到百宝匣了,嫦娥疾步向前,取出仙药,含在口里,在逢蒙的争斗中,不慎口中的仙丹滑溜进肚。

嫦娥咽下仙药,突然飘飘悠悠地飞了起来。她飞出了窗子,飞过了洒满银辉的郊野,越飞越高。碧蓝碧蓝的夜空挂着一轮明月,嫦娥一直朝着月亮飞去。

传说中的嫦娥降生地沱江中游月亮岛　杨宏途摄影

大羿外出回来,不见了妻子嫦娥。他焦急地冲出门外,只见皓月当空,圆圆的月亮上树影婆娑,一只玉兔在树下跳来跳去。啊!妻子正站在一棵桂树旁深情地凝望着自己呢。"嫦娥!嫦娥!"大羿连声呼唤,不顾一切地朝着月亮追去。

可是他向前追三步，月亮就向后退三步，怎么也追不上。当日正是八月十五，月亮又大又亮，因不舍后羿，嫦娥就停在了离地球最近的月亮，从此长居广寒宫。后羿回家后心痛不止，于是，摆下宴席对着月亮与嫦娥团聚。乡亲们很想念好心的嫦娥，在院子里摆上嫦娥平日爱吃的食品，遥遥塲地为她祝福。后羿和乡亲们每年八月十五都摆设各样的纪念物品，其中月饼最多。久而久知，八月十五中秋节就这样流传至今。

其实，嫦娥是一个历史人物，她是黄帝的后代，是帝喾的女儿。《淮南子·览冥训》记载：嫦娥是帝喾的女儿，也称姬娥，乃后羿的妻子。后羿是尧帝手下的神射手。《淮南子·览冥训》曰："河九折注于海，而不绝者，昆仑之输也，潦水不泄，潢漾极望，旬月不雨则涸而枯泽，受瀵而无源者。譬若羿请不死之药于西王母，妲娥窃以奔月，怅然有丧，无以续之。何则？不知不死之药所由生也。是故乞火不若取燧，寄汲不若凿井。"唐代诗人李商隐的《嫦娥》诗云："云母屏风烛影深，长河渐落晓星沉。嫦娥应悔偷灵药，碧海青天夜夜心。"在尧帝时期不仅后羿得见西王母，而且尧帝也派周国的先祖后稷见过西王母。汉焦延寿的《易林》卷一载："稷为尧使，西见王母。拜请百福，赐我善子。引船牵头，虽物无忧。王母善祷，祸不成灾。"

南朝梁国刘昭编写的《后汉书·天文志上》补注引东汉张衡所著《灵宪》，唐朝的李善在注释《周易》、《归藏》中，唐代《初学记》引用古本的《淮南子》等古籍都有上述记载。好些古籍记述嫦娥爱护乡邻如亲人，资助穷人如兄妹，关心长辈似父母，勇斗恶如英雄的动人泪下的妙趣故事。

可见，人们怀念嫦娥，是因为她爱戴人民，吴刚欢迎嫦娥，是因为她护贫敬老。让我们摆上满卓的月饼，斟上吴刚的桂花酒吧，天下民众和月宫仙人，共庆嫦娥与后羿月夜喜相逢啊！

如今，嫦娥又新有了好几个伙伴，航天中的几个嫦娥经去月宫拜会她们的老前辈。新老嫦娥在月宫谈天论地，展望未来，欢快歌声从月宫传到九州大地。国人们举杯捧月，天上地下，明月共此时，全球同中秋，"但愿人长久，千里共婵娟"，共庆国盛民安，共盼世界大同。

五、资阳人抗击远裔人入侵

大约公元前三千年的一个夏天，今四川省资阳县域沱江东岸支流的龙鲤河水翻起滚滚波浪，似乎像一群壮年男子在怒吼。

龙鲤河西岸上漆家寺一带，一群群身披长发的男男女女，有的腰围着树叶，有的挂着树皮，有的穿着粗布衣服，多数人手持着石斧，或石刀，或石镞，或拿着鹅卵石，少数人拿着弓箭……喊着、叫着，朝着河对面呐喊。

河东面，一排排长相和穿着几乎和西面相似的人，手里拿着弓箭或木棒，少数人手里拿着石斧或石刀，大喊大叫着，想冲过河去……这两个小部落已是打打停停、停停打打一两个年头了。

河东面的战斗人群是从沱江最下游的远裔人跑上来的，他们觉得资阳坝这个地方气候适宜，风调雨顺，土地肥沃，物产丰富，因此想迁居到这儿来居住。但是资阳坝上的资阳人却不甘心他族来侵占，因此决心守卫，赶走来犯的敌人。战初，两方都集中全力拼斗，资阳人奋力将来犯者撵出五十多公里后，转入常年防守。防守任务交给资阳、眉山一线的资阳族人防守。由于沱江最下游的族

龙鲤河 总编室摄于 2013 年 4 月 1 日

人路途遥远，进攻困难，所以战斗时紧时松，拖了一两年，几乎力不从心了。而资阳族人驻地防守，优势很多，战斗信心很足，气势轩昂，再没让沱江下游的外族人前进一步，把他们阻挡在龙鲤河对岸。

在他们战斗的各自后方，都有一些人在紧张地忙碌着，有的在制作石斧、石刀，有的在砍制木棒，有的在建造弓、箭，有的抱着箭或抱着石刀等从后面

拼命地跑向作战地域，把这些工具交给作战人员……

这些在作战后方制作工具和运送工具的人就是现在称呼的后勤人员。

这是原始社会接近末期的情形。这时，战争基本上是有组织地进行。但是，当时并没有真正的军队。当时进行战争，几乎所有部落能跑得动的人都是"军队"成员，都要参加作战。

古战场一角的龙骨山今貌 总编室摄于2013年4月1日

第四章

资阳恐龙且翘首 中华龙图腾久远

前 8000 多年前初始

史学专家论点综述：

龙，是吉祥瑞福的象征，显贵的装饰，图腾的形象，中国传统文化之一。

龙的传说起源距今至少有一万多年。从有文字记载的史料看，最早起始于伏羲、女娲时代。《竹书纪年》载：伏羲氏各氏族中有飞龙、潜龙等各龙氏。有一种传说，女娲补天是骑在龙脖上，飞腾九万里，到达天漏水的口子处，把天补好的。

龙图腾产生的社会基础是早期社会初始的低下生产力。人们生息的自然环境严酷，不明自身来源，憧憬超自然力量的恩惠和保护。由于人们的想求不同，各种各样龙的形象就传说开来。

第一节

祥福的中国龙

一、神秘的华夏龙

中国龙

（一）龙的形象和种类

中国等古代神话传说中的龙是神异动物，为鳞虫之长。

龙的形象是"九似"，《说文解字》载："龙，鳞虫之长，能幽能明，能细能巨，能短能长，春分而登天，秋分而潜渊。"呼风唤雨。

《张果星经》云："又有辅翼，则为真龙"，认为有翼方是真龙。龙在中国传统的十二生肖中排第五。《尔雅翼》中，却有"释龙"："角似鹿、头似驼、眼似兔、项似蛇、腹似蜃、鳞似鱼、爪似鹰、掌似虎、耳似牛"。在《礼记·礼运第九》中与凤、龟、麟一起并称"四灵"。它的作用祛邪、避灾、祈福。

传说，龙生九子不是人，是神。龙的种类有：

青龙：为"四圣"、"四象"（青龙、白虎、朱雀、玄武）与"天之四灵"之一，又称为苍龙，代表东方，青色，因此称为"东方青龙"。

应龙：又名飞龙，亦作黄龙。背生双翼的龙，据《述异记》记载："蛟千年化为龙，龙五百年为角龙、又千年为应龙。"据说当年轩辕帝有名大将就是应龙，主要功绩有斩杀蚩尤、夸父。

火龙：《清史稿》载："浮山有龙飞入民间楼舍，须臾烟起，楼尽焚"、"二十六年五月二十七日，葭州赤龙见于张体两川围中。六月初七日，高平火龙见于石末村"、"五十六年六月，莒州赤龙见于龙王峪，先大后小，长数丈，所过草木如焚"。

蟠龙：指蛰伏在地而未升天之龙，龙的形状作盘曲环绕。在中国古代建筑中，一般把盘绕在柱上的龙和装饰庄梁上、天花板上的龙均习惯地称为蟠龙。在《太平御览》中，对蟠龙又有另一番解释："蟠龙，身长四丈，青黑色，赤带如锦文，常随水而下，入于海。有毒"。把蟠龙和蛟、蛇之类混为一起。

还有虺（huǐ）龙、虬（qiú）龙、螭（chī）、龙蛟（jiāo）、角龙、云龙、望龙、行龙、鱼化龙、蜃龙……

（二）龙文化的起源

龙图腾产生的社会基础是早期社会初始的低下生产力。人们生息的自然环境严酷，严重的受大自然力的支配，不明自身来源，对自然界充满幻想、憧憬乃至畏惧。对太阳、月亮、星辰憧憬，崇拜各种比人类更强大的自然或超自然力量。这就产生了寄希望于祥福的力量的恩惠和保护。由于人们的想求不同，各种各样龙的形象就传说开来。

龙的传说起源很久远，距今至少有一万多年。从有文字记载的史料看，最早起始于伏羲、女娲时代。《竹书纪年》载：伏羲氏各氏族中有飞龙氏、潜龙氏、居龙氏、降龙氏、土龙氏、水龙氏、青龙氏、赤龙氏、白龙氏、黑龙氏、黄龙氏。有一种传说，女娲补天是骑在龙脖上，飞腾九万里，到达天漏水的口子处，把天补好了。

还有记载，龙图腾形成于黄帝的釜山合符。《史记·五帝本纪》记载：黄帝在打败炎帝和蚩尤后，巡阅四方，"合符釜山"。这次"合符"，不仅统一了各部军令的符信，确立了政治上的结盟，还从原来各部落的图腾身上各取一部分元素组合起来，创造了新的动物形象——龙。从此，"龙的传人"的文化发扬光大开来。

（三）龙文化的人文性精神

龙凤呈祥，吉祥如意，是中国龙文化人文性的核心。在传统理念里，龙和凤代表着吉祥如意。

龙凤呈祥典故出自《孔丛子·记问》："天子布德，将致太平，则麟凤龟龙先为之呈祥。"传说中秦穆公的女儿弄玉和驸马萧史在华山隐居修炼，得道乘龙凤而去，后来人们为纪念弄玉和萧史的动人故事，就用"龙凤呈祥"来形容夫妻间比翼双飞、恩爱相随、相濡以沫、怡合百年的忠贞爱情。

远古神话最早的神不是人，而是动物——图腾。龙图腾突出地反映了中华民族伟大民族精神的相合思想。原始人分不清人与动物的界限，认为某种动物是自己的祖先和保护神，这就是图腾。

乞求和亲，远离弱肉强食，是龙图腾的突出人性追求理念。在远古，人类就产生了为了反抗猛兽的强暴，艰难的养成团结、亲近那些被吞并了个人和氏族、部落。所以龙的形象就是一种和合团结的象征，表现了中华民族远古祖先的一种宝贵的和合精神，是中华民族精神的一个源头。

龙文化人文性的人文精神是龙文化人文性的关键。多姿多彩的龙文化中彰显出古代中国人文精神。

从龙文化的不断发展看到了中华民族创新精神；从龙文化综合走兽、飞禽、爬行动物的优长而不断吸收外来的优秀艺术元素使其形象更为完美的过程，看到了中华民族凝聚综合精神；从龙文化的包容与改造印度等龙王信仰的冲击，形成中国化的龙王，丰富了中国龙文化的内涵，看到了中华民族学习和包涵精神；从龙文化的朝气蓬勃、奋发向上、威武不屈、势不可挡内容，看到了中华民族英勇进取精神；从龙文化的自成一体、独具一格表象，看到了中华民族独立自主精神。

中国龙的人文性经历了四个较大的发展阶段：图腾崇拜阶段、神灵崇拜阶段、龙神崇拜与帝王崇拜相结合的阶段、佛教娜迦龙崇拜与中国龙崇拜相结合的阶段。

在图腾崇拜阶段，中国远古的某些部落把龙视为图腾，作为自己部落的祖先和标志。根据历史文献资料和有关传说，龙（原形为蛇）原为伏羲氏族的图腾，后来成为太暤（太昊）部落的图腾。太暤部落是龙图腾崇拜最为重要的起源地之一。

在神灵崇拜阶段，农牧业逐渐形成，宗教信仰也得到发展，从较为单一的图腾崇拜过渡到多神崇拜。龙图腾崇拜也发展为龙神崇拜。人们把龙神化，奉龙为水神、虹神。

龙被神化后，又与帝王崇拜结合在一起。秦汉时期，中国大统一，要求有一个与之相适应的大神，以整合各地、各民族的信仰，龙崇拜便与帝王崇拜结合在一起。中国古代帝王把自己说成是龙神的化身或龙神之子，或把自己说成是受龙神保护的人，借助龙树立权威，获得人们普遍的信任和支持。这样，龙获得了更为显赫的地位，对中国龙文化的发展起到十分重要的作用。

隋唐时代，龙王、龙宫、龙女崇拜等也得到迅速流传。

龙文化人文性的人文精神是龙文化人文性的关键。多姿多彩的龙文化中彰显出古代中国人文精神。

精神，是指人脑对客观物质世界的反映而表现出来的活力，是人的意识、思维活动和心理状态的核心的、实质的内容。

资阳人精神的特性是**忠勇厚德、勤俭求是、睿智创新、团结承传**。

资阳人在历史征途中坚毅睿智、勤淳仁勇；自强不息、知行合一；会泽百家、厚德泽人；蹈厉奋进、至公天下；求是创先、团结奋斗；继承发扬、传播奉献。

资阳人在久远的古代就敬老爱幼，淳厚德仁，"碧血丹心"，忠于国家、忠于人民，为了国家和人民，不惜牺牲个人利益，肝脑涂地，英勇献身。

资阳人40000年来勤垦奋斗，勤俭自强。到了当代，勤俭的精神发展成为干部勤政为国、勤劳为民；民众勤恳创业、勤俭自强。

资阳人40000年来艰苦拓先，求是创新、睿智奋发，书写出一部又一部灿烂辉煌的新篇章。

四川省和国家级的史学专家认定，资阳人40000年前就初始了集体采集的团结精神，资阳人即燧人氏的厚德、自强、创新、团结奋斗精神，光辉千秋。几万年来，集体战斗、团结奋斗、无私奉献等优良传统持续承传、发扬光大；同时，资阳人注重把忠勤创传的精神和创新的文化、技术等，及时传播到川内川外甚至国外，为人类的发展做出了积极贡献。这种伟大的奉献精神光照人间。

女娲率众团结奋斗，坚持战千险克万难的"治洪补天"精神，"其功烈，上际九天，下契黄垆"。

先在资州后展全中华的"伏羲仓颉，初造工业，画卦结绳，以理海内"，敢于创新，造福人类的宏志大业精神。

黄帝坚韧不拔，勇敢拓创，"自蜀入帝中国"，"北展宏图，逐鹿中原"，视死如归，战胜强敌，奠定华夏基业的伟大精神。

帝喾及其后代，心系全国和人类命运，走出资阳，闯千山雄关，涉万水险障，破齐天恶浪，创新中华，开发亚、欧、非、美洲，向全球传播文明的世界大同胸襟和精神。

颛顼及其后代，积极进取，拓展长城内外，创发大江南北，持续的抗争的自强不息精神。

大禹治水的三过家门而不入的公而忘私，生死度外，全心全意为人民服务的奉献精神。

距今2500多年前，东周副宰相苌弘为了国家，为了人民，忠勇献身，"碧血丹心"精神。这是中国正史所载之中华民族忠勇报国、无私为民精神的源头，铸就伟大的中华民族精神的核心，受到举国历代广泛的、热切的赞颂。应用"碧血丹心"典故的人何止千万。1964年12月毛泽东主席在修改胡乔木《沁园春·杭州感事》词时，将其中的"算繁华千载，长埋泪血，初试锋芒"句中的"泪血"改为"碧血"。苌弘之后，一批批精忠报国的资阳地域人英雄不断涌现这些英雄是资阳人精神的光辉体现，他们将中华民族的忠勇卫国、无私为民的精神铸造得更加辉煌伟大。

从复原的"资阳人"头像上可洞悉远古"资阳人"刚毅顽强、勤淳仁勇、睿智攻坚、求是创先、团结奉献的特别精神，钢铁般的性格和所流露出的生而俱来的王者风范。

资阳人勤淳仁勇、刚毅顽强、战天斗地、昂首阔步的浩然正气和披荆斩棘、团结奋进、艰苦卓绝绘新图。攻坚克难永创新的伟大精神，震撼天下。

（四）龙俗文化传承发达

龙是正义化身，民众赋予龙诸多美好善良之心性。崇拜龙，纪念龙的活动逐渐形成风俗。

元宵节舞龙每逢喜庆节日都会舞龙，以祈求平安和丰收。

二月二，龙抬头俗称青龙节，传说是龙抬头的日子。据易经中的说法，这一天之前，虽然已属春天，但还蛰伏着，称之为"潜龙在渊"。这一天之后，阳气上升，春意隐约可见，故曰"见龙在田"。一切都开始崭露头角。人们开展纪念活动，以沾染"龙"气，迎取吉利。

端午节赛龙舟最早起源于原始社会末期，人们乞求风调雨顺的活动。到战国时楚国大夫屈原于农历五月五日含恨投江自杀后，楚国人民因舍不得贤臣屈原死去，于是许多人划船追赶拯救。民间赛龙舟是端午节的一项重要活动。

历史上宗教性和政治性的龙崇拜，如祭龙求雨、祭龙求子、祭龙求平安。艺术性和民间性的龙文化具有很强的生命力，舞龙灯、赛龙舟等与龙有关的民俗活动传承至今。

在历史上，无论朝代怎样更迭，龙文化的传承始终如一。海内外华人均以"龙"为中华民族的象征。因此，在宣传和弘扬龙文化的过程中，应充分发挥其具有的凝聚力和向心力作用。（中国龙这一段是大量改编他人资料而就的，但不知资料原出处，请知晓者与我们联系。）

二、中国龙文化与西方的区别

"龙"虽然在英文中一般翻译为"dragon"，随着基督教势力的壮大，龙和蛇的负面影响被放大，其在《新约全书》的启示录中被描绘为邪恶的"古蛇"、"魔鬼"、"撒旦"，从此西方龙就常与邪恶画上等号。

东方龙却是正义的象征。

资阳人

第二节

侏罗纪恐龙

一、恐龙是侏罗纪动物

恐龙是实实在在生活在侏罗纪晚期的大型动物。

侏罗纪晚期是个地质年代。地质年代是指地球上各种地质事件发生的时代。地质学家和古生物学家根据地层自然形成的先后顺序,将地层分为了5代12纪。即早期的太古代和元古代,以后的古生代、中生代和新生代。古生代又分为寒武纪、奥陶纪、志留纪、泥盆纪、石炭纪和二叠纪,一共6个纪;中生代又分为三叠纪、侏罗纪和白垩纪,一共3个纪;新生代只有第三纪、第四纪两个纪。在各个不同时期的地层里,大都保存有古代动、植物的标准化石。各类动、植物化石出现的早晚有一定的顺序,越是低等的动植物出现得越早,越是高等的动植物出现得越晚。侏罗纪地质年代距今约19960万年到14550万年。它的名称来自德国、法国、瑞士边界的侏罗山。这时候,地球上的超级陆块——盘古大陆开始分裂,大陆地壳上的缝隙生成了大西洋,非洲也开始从南美洲分裂开来,而印度洋则移向亚洲。

二、资阳恐龙化石储量且翘首

资阳恐龙化石储量居世界之首

恐龙在资阳四处可挖掘到,安岳马门溪龙(Mamenchisaurus)是蜥脚类恐龙大家族中的著名成员,有"亚洲第一龙"之称。老资阳县碑记镇恐龙化石储量且居世界之首。

碑记镇原社会事务办的罗建平,"一直在调查、保护恐龙化石。"他站在送人山上用手画了一个圈,说"送人山是中心","以送人山为中心的方圆3公里内,都不同程度地发现过恐龙化石。"

原来此处在侏罗纪时期是湖泊,末期为陆地,新生代时期才形成今日方山浅丘地貌,出露于地表的为中生代侏罗纪系地层。沟谷切割深,切割密度大;山坡呈多级台坎式坡面,坡度陡,相对高差大……"后来有地质专家来考察后也得出结论:碑记以前处于湖泊的边缘,气候温和,水草丰茂,适宜恐龙生长。"

记者说,虽然"储量居世界之首",但要在茫茫山丘里找到恐龙化石,于常人来说并非易事。而罗建平就不同了,他轻车熟路地带着记者一行钻岩窝、爬山坡,饶有兴致地指点道,"看,这就是化石,应该是恐龙的肋骨。""看,这也是化石,应该是恐龙的腿骨……"说实话,记者对化石不甚了了,但经他一指点,顿觉确实神秘:一整块的大石包,看似完好无损,却偏偏有拇指那么

安岳马门溪恐龙

大的一个地方似乎"朽"了,露出与整块石头完全不一样质地、不一样颜色的东西来,而那"东西"不是孤立的,总是若隐若现地与其他地方有些牵连。

罗建平抠下一丁点,放进嘴里,"你看,化石有黏性,黏在舌头上不会掉下来。"

"毁坏严重,令人痛心"

送人山以前叫象鼻嘴。临到解放分土地时,因是石包山,上面的土地十分贫瘠,谁都不愿意要,只好送给人去种,也就是谁愿意种就谁去种,那座山故而得名"送人山。"

就是在这座山的山脚下,当地人第一次听说了他们开采出来的"烂石头"原来是化石,况且是稀罕的恐龙化石。

1986年的一天,送人山脚下石灰沟里(现同意村11组),石匠罗在鑫、牟建彬等人在为村民罗在燃凿石建屋。他们见开采出来的石头里有些是"朽烂"的,不能用,就随意丢弃在路边的一条小沟里。恰逢当年在搞文物普查,又恰

逢文物普查员张德胜和原资阳县文化馆馆长卓润民一行从这里经过，他们一眼就辨认出了那些宝贝。一听说他们随处乱丢的"烂石头"竟然是恐龙化石，村民们大惊，并立即把普查员们往山顶东侧的一处岩脚领，"那里还有一块大的！"结果在那里发现了一具长约10米、外口高约2米的完整恐龙化石，且当时还能清清楚楚地分辨出，那恐龙是肚子朝外侧卧着的。

碑记送人山发现恐龙化石的消息，引起了原资阳县委、县政府的高度重视。领导们纷纷前往考查，并对那具完整的恐龙化石采取了特别的保护措施，责成当地社长牟理华昼夜看管、保护。

可是，如今那具完整的恐龙化石已经不复存在，只剩下空空的一个岩窝。"完全是被人为毁坏的……"在那"遗址"前，罗建平摇头悲叹，痛心疾首。原来，那个叫牟理华的社长在尽心尽力看管了两个月后，由于工资不能及时兑现，就撒手没管了。又因化石具有较强的止血功能，一些乡村医生便支使一些人去开采化石卖给他们用作止血药，一时哄抢成风。不光那具完整的恐龙化石完全被野蛮毁坏，附近凡显露在外的化石也均没逃脱厄运。

"现在，不断有新的化石显露出来。"

但罗建平口气里更多的是无奈，"我们要么就近指定一户人家义务看管，要么刨些土来就地掩埋，别无他法。"这个教过书、当过文化站长的碑记恐龙化石"土专家"甚至苦笑道，"在文物保护宣传方面，我们啥办法都用上了，甚至包括'用化石止血要产生辐射'、'敲挖化石肚子要痛'，等等。"

"这些化石，'苏醒'有日"

沉睡中的碑记恐龙化石，虽屡经噩梦惊扰，但毕竟还没真正醒来。

据罗建平介绍，当年碑记送人山发现恐龙化石的消息，惊动了重庆自然博物馆和成都地质学院，都派出专家前来考查，证明确是恐龙化石。专家们还从当地群众了解到，在送人山上，（20世纪）60、70年代改梯土时，放炮炸出的石头中有很多类似的化石；以送人山为中心的方圆3公里内，所有石厂在开采的石头中，都不同程度地发现过恐龙化石；很多老百姓屋后的岩边上也有。专家们得出考查论证结果："以送人山为中心，有一个庞大的恐龙化石群，储藏量居世界之首。"

在中国社会主义新时代，党中央十分重视文化建设，沉睡中的碑记恐龙化石，苏醒的时日就会到来。

（资阳碑记镇恐龙一段引用唐俊高专文）

第三节

祭祀文化兴旺

一、祭祀拜神成习俗

霹雳炸雷、滔天洪水、拔树大风、酷暑严寒、漫坡山火、惊世骇俗。原始人感受到大自然的无穷魔力,十分恐惧,觉得万物有灵,惹不起,顿生敬畏。

40000年前,资阳人已有朦胧的自然神崇拜,祈福消灾。30000年前形成原始宗教,膜拜日月星辰山川大地树草等自然神,旧石器时期加入鬼神迷信、祖先崇拜、英雄崇拜和首领崇拜,是一种泛神信仰。

他们在大路边、江河湾、山头、屋角到处淫祀,见神就拜,希望得到天神、地神、人神、鬼神法力的庇佑。一旦虔诚拜过,心里获得积极暗示,好像诸事顺遂多了,做事更加尽力,还真做成了平素根本无法完成的活计,于是越发相信有来自身外的神力助佑。

二、太阳神至上

资阳人祭神,最重视的是祭拜太阳神和太阳神鸟,同时也重视雨神、水神、树神、盐神。

先人认为太阳给人温暖和光明,这个神最值得祭拜。鸟儿能在天空飞翔,能给人们带来福音,这也值得祭拜。

传说,鸟中之王的太阳神鸟,一年四季都以不同光热和福声造福天下万民。所以,万民一年四孝都不间断的祭拜太阳神鸟。

雨神、水神是滋润万物生长所必需,人们和庄稼、树草都离不开它,必须祭拜。树神是树、鸟、人等相通的象征,是有通天之功能。资阳人认为,树神永远立于宇宙间,是天赋予它的神灵,人和树结合,人的生命就长久。因此,神树、神山、鸟和人相融一起,就说明人能通神。再加上有钱有物,人就无比快乐和幸福了。所以人死后,在墓葬中总是以神树、摇钱树作陪葬品。盐神更要祭拜,因为不祭拜它,它一怪罪下来,人就没劲儿。老人死了当诸神祭,土地神是管土地的,故每个族落附近都有一个小小的土地庙,断不了要祭祭它。

资阳人

  有时，他们忘记了祭拜鬼神，一旦想起，就觉得不安，或者祭祀后也觉得自己不够心诚，做起事情来很不得心应手，就感到真有厉鬼、凶神、恶煞、瘟神在捣蛋。所以，下一次祭祀活动就得全心毕力地投入，获得诸神的庇佑。这样，久而久之，祭祀的风俗就形成了。

  祭祀风形成之后，祭坛就得到大发展。走到哪儿都有巍然挺立的祭坛，祭祀之风也就越来越发展了。

资阳狮子山西汉墓葬出土摇钱树局部

第五章

尧、舜、禹时期资阳人

(同蜀王蚕丛、柏灌、鱼凫时期)

——农耕、桑蚕、陶器、食等盐齐发展 资国崛起大西南

前 2600 年～前 2034 年

史学专家论点综述：

尧、舜、禹时期与蜀国蚕丛、柏灌、鱼凫三王时期相仿，农耕、桑蚕、陶器、食盐、漆业等齐发展。

尧第九子建立资国，崛起大西南。

《山海经》曰：载民之国不绩不经而有衣服穿，不稼不穑而有百谷吃，就因为这里盛产食盐和丹砂。有盐和丹砂这两种宝物，国民才能凭此交换粮食布帛，才能丰衣足食，娱乐升平，呈现出极乐世界般的繁荣景象。

资阳人在陶器发展的道路上，发明了将漆涂在食器里外，以此提高陶器的耐用质量和美观度，把陶器文化又向前推进了一步。

四川省文物考古研究院院长高大伦在《三星堆遗址古文明的长度、宽度与高度》中确认，距今 4100 年－4800 年属于三星堆一期文化，即五帝时期，距今 3600 年－4100 年属于三星堆第二、三期文化，大致在夏至商代早期。我们对成都周边这些遗址的考古文物与古籍对接研判，4100 年－4800 年当属于蚕丛、柏灌、鱼凫三王时期，4100 年后属于杜宇、开明二帝时期。

———— 资阳人

> # 第一节
>
> ## 资阳籍伟人尧、舜、禹大力发展农耕、蚕桑、盐业、漆业
>
> ### （同蜀王蚕丛、柏灌、鱼凫时期）

一、尧、舜、禹（同蜀王蚕丛、柏灌、鱼凫），都是"资阳人"即燧人氏的子孙

历史的真实告诉世人：尧、舜、禹（同蜀王蚕丛、柏灌、鱼凫），都是黄帝后裔。也都是"资阳人"即燧人氏的后裔。

《史记·三代世表》记载："黄帝生玄嚣，玄嚣生蟜极，蟜极生帝佶，帝佶生尧"。"黄帝生昌意，昌意生颛顼，颛顼生穷蝉，穷蝉生敬康，敬康生句望，句望生蠕牛、蠕牛生瞽叟、瞽叟生舜"。"黄帝生昌意，昌意生颛顼，颛顼生鲧，鲧生禹"。《三代世系》还曰："蜀之先昌意娶蜀山氏女，生帝嚳，立，封其支庶于蜀，历虞、夏、商、周，周衰，先称王者为蚕丛，国破，子孙居姚嶲等处。"

《路史·国名纪己》记载："陈丰，一作锋，邦也。侨极取陈丰氏生帝嚳，嚳复取陈氏（女）生帝尧，齐之丰丘，陈氏邑也。"帝嚳的母亲原来是陈丰氏之女。帝嚳之妻即尧帝之母，也是陈丰氏之女。侨极和帝嚳父子二人都在陈丰氏族中娶妻。（上两段中：佶、嚳、蟜、侨，原文如此，为古代异体通假字）

《礼记·檀弓上》孔颖达疏引："案《大戴礼记·帝系篇》云：'帝嚳卜四妃之子，皆有天下。长妃有邰氏之女，曰姜嫄，生弃。次妃有娀氏之女，曰简狄，生契。次妃陈丰氏之女，曰庆都，生尧。次妃陬氏之女，曰常宜，生帝挚。帝嚳崩，帝挚即位。挚崩而尧立。"

《史记·五帝本纪》正义记载："帝嚳娶陈锋氏女，生放勋。娶娵訾氏女，生挚。帝嚳崩，而挚代立。帝挚立，不善，而弟放勋立，是为帝尧。"

《汉书·律历志》引《世经》："唐帝《帝系》曰：帝嚳四妃，陈丰生帝尧，封于唐。盖高辛氏衰，天下归之。木生火，故为火德，天下号曰陶唐氏。让天下于虞，使子朱处于丹渊为诸侯。即位七十载。"唐侯放勋自知有天命，乃受帝禅，封挚于高辛。帝嚳娶陈锋氏女生放勋即尧帝。

《帝王世纪》曰："尧伊祁姓也。母曰庆都"。"帝尧，陶唐氏，祁姓也。名曰放勋"，或从母姓伊祁氏。神农炎帝朝有烈山氏，一作列山氏，又号伊耆氏，一作伊祁氏。故知帝尧母是炎帝的后裔。

《大戴礼》、《史记》载：帝嚳生尧。昌意娶蜀山氏生颛顼，顼生鲧，鲧于西羌生禹。禹兴西羌，受命于舜，治全国水患，娶重庆涂山氏女。舜为昌意裔。

以上八部古籍所载史实告知：尧、舜、禹，都是黄帝后裔。身为"资阳人"

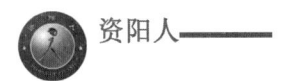

即燧人氏后裔的黄帝，黄帝的后裔，当然也是"资阳人"即燧人氏后裔。

汉扬雄《蜀王本纪》记载："蜀王之先名蚕丛、柏灌、鱼凫、蒲泽、开明。是时，人萌椎髻、左言，不晓文字，未知礼乐。从开明以上到蚕丛，积三万四千岁。"屈小强在《三星伴月》中说："我们大致已明白，进入历史时期的三星堆文化遗存(即二三期文化遗存)，应是古羌-蜀族团发展史上鱼凫王蜀期的遗存"。大约距今 3200 年，当然，蚕丛的历史就比鱼凫更早了。而杜宇是古代传说中的继蚕丛、柏灌、鱼凫之后的蜀帝。杜宇之后的蜀帝为开明。

二、尧（同蜀王蚕丛）时期资阳地域蚕桑文明创先河

《三代世系》曰：尧母庆都生尧于蜀国丹陵，童年在双流牧马山牧马，壮年登帝都平阳（三星堆）。时际万国争雄，尧联合友邦，征伐四夷，统一华夏，推广农耕，发展桑蚕，令鲧治水，整饬百官，富养百姓，国家兴旺。太史令称尧为"最理想的君主。"尧称帝 28 年病逝于雷泽。

尧时期中华正史且不论，这儿只提及资阳地域的重点。

近几年，一些学者、专家对中华正史提出了异议，他们著书立说，用出土的文物史料论证古蜀王国同样是华夏文明的一个摇篮。

炎黄的祖先是谁呢？传说是伏羲和女娲。传说他俩都是人首蛇身。看来，他们都是神而不是人。还有一说，炎黄的祖先是蚕丛、鱼凫。

蚕丛继资阳人一万年前创发蚕桑文明之后，继承了蚕桑文明，推进发展了蚕桑文明，成为蜀王国的第一首领。正如**前面所引《三代世系》曰："蜀之先昌意娶蜀山氏女，生帝喾，立，封其支庶于蜀，历虞、夏、商、周，周衰，先称王者为蚕丛。"**

从史料分析说明，中国最原始的蚕桑文明发源者就是天鹅山之的蚕丛。

《史记·五帝本纪》、《世本》、《大戴礼·帝系姓·五帝德》之书曰："黄帝居轩辕之丘，而娶于西陵之女，是为嫘祖。嫘祖为黄帝正妃，生二子，其后皆有天下：其一曰玄嚣，是为青阳，青阳降居江水；其二曰昌意，降居若水。"《索隐》曰："江水、若水皆在蜀。"后来，黄帝之子昌意娶蜀山氏女昌僕，生高阳（《索隐》）。史料记载，黄帝之正妃嫘祖是蚕神，教民养蚕。这说明蜀人与黄帝族的亲缘关系，并进一步说明，蜀人的蚕桑文明与黄帝族的蚕桑文明的内在关系。

古史称：第一代蜀王蚕丛，其目纵，始称王。

有几种古籍载：黄帝授命昌意称蜀王，为第一代蜀王。《华阳国志·蜀志》说："蜀之为国，肇于人皇，与巴同囿。至黄帝，为其子昌意聚蜀山氏之女，生子高阳，是为帝颛顼；封其支庶于蜀，世为侯伯"。"……蜀先称王。有蜀侯蚕丛，其目纵，始称王"。显然，前述中的"支庶"、"侯伯"，应是专指昌意。昌意称王期间，以宏大的胆识和高超的谋略治国安邦，"衣青衣，劝农桑，创石棺"，书写出智慧人类资阳第一文明源泉后的远古文明摇篮光辉篇章。

早在一万年前后，资阳人就已经种桑养蚕了。后来，"之所以能够被古蜀国人最早最先地掌握并传到中原地区，必然有着优越于其他地区的人文地理和文化底蕴。早在帝喾高辛氏时代（约当公元前2412～2343年），在古蜀国民间即流传着'马首龙身'之神蚕、'马女变蚕'的神话故事……这些传说与历史实物都是古蜀王国蚕桑文明最悠久最集中最典型的历史标志。""左（思）太冲所描写的古蜀王国……不仅处处显现着古蜀文明与中原文明血肉相连，同根同源，而且还远超过中原地区。'即流传着'马首龙身'之神蚕、'马女变蚕'的神话故事……这些传说与历史实物都是古蜀王国蚕桑文明最悠久最集中最典型的历史标志。""左（思）太冲所描写的古蜀王国……不仅处处显现着古蜀文明与中原文明血肉相连，同根同源，而且还远超过中原地区。"

鞠德源先生还强调：蜀国的蚕桑文明制度"先于中原夏商周王朝的制度"，"使巴蜀地域及其周边邻国地域的蚕桑业和纺织业有序地进入了相当成熟的发展阶段，中国最早的由成都为起点的通往身毒（印度）的丝绸之路，是由古蜀国商人开辟的。因此，可以断言，在华夏古代蚕桑发展史上，堪称古蜀王国居于全国的领先地位，在世界古代文明史上，古蜀王国的蚕桑文明亦应该占据第一的地位。据学者研究西南丝绸之路史称'蜀身毒道'，是我国通往南亚、西亚以及欧洲最古老的道路。此道早在两千多年前的西汉时期就已开发，始于四川成都，北与中原相联，南分东西两道：西道沿'牦牛道'而行，经雅安、汉源、越西、西昌、会理、攀枝花、大姚而到至大理；东道经乐山、犍为、宜宾、盐津、大关、昭道、赫章、曲靖、昆明、楚雄而抵大理。两道汇合后经保山、腾冲、德宏至缅甸、印度。人们在习惯上把蜀身毒道在中国境内出大理后最西边一段称为永昌道，而又将其中从漾濞少至保山的路段称为'博南古道'（因途经大理州永平县的博南山而得名）。"（《古蜀王国》）

这些考古研究和历史事实充分说明，蜀都文明是华夏文明最本源的发祥地，也是世界文明的发祥地之一。那么，蚕丛、柏灌、鱼凫的祖先又是谁呢？当然应该是"资阳人"。

三、舜（同蜀王柏灌）时期资阳九河流域发展农耕、食盐业支援蜀国

舜是昌意的后代，颛顼的儿子。

舜时期中华正史且不论,这儿只提及资阳地域的重点。

元前 2500 年前后,沱江已经有名了。沱江及其支流资溪、珠溪、濛溪、花

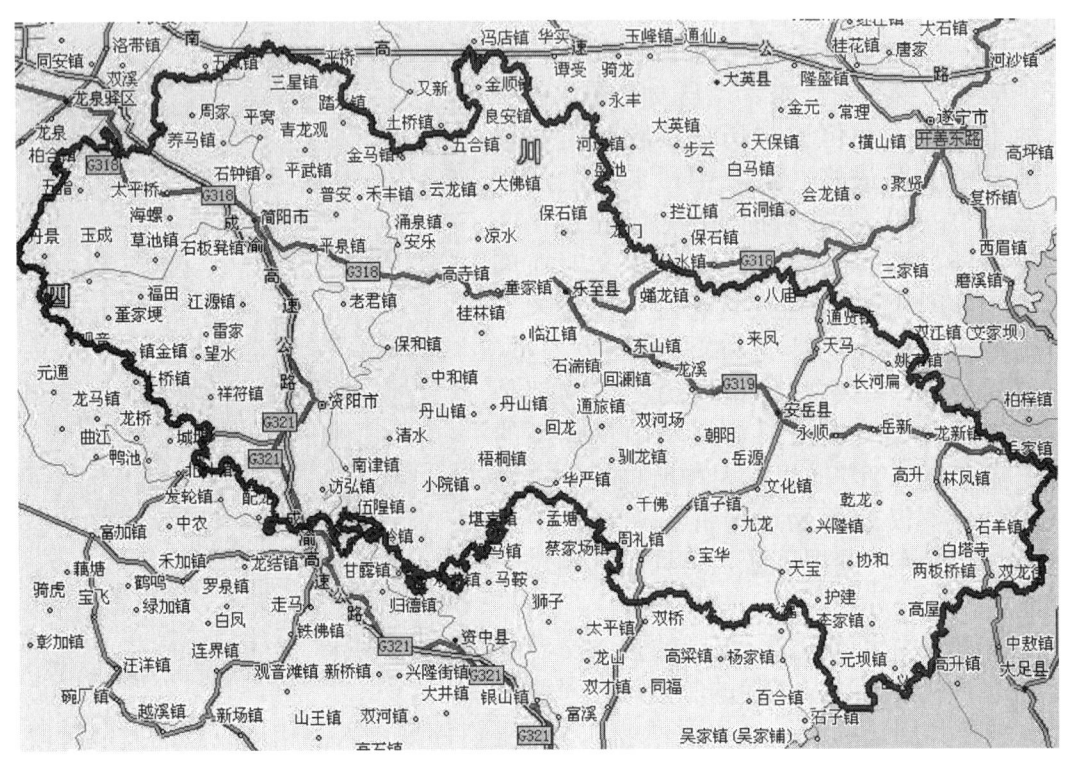

九河流域

溪、绛溪、越溪、清溪、九曲河并嘉陵江支流涪江支流琼江及其细支白水河、蟠龙河,都是长江北岸支流。三江九河流域的水,在远古时代天天渗出盐泉。定居在两岸的百姓每当喝了水后,都感到清咸清咸的,后带微甜味,所以喝水后大伙儿都嘻嘻哈哈,蹦蹦跳跳,欢快异常。就是这一带的水滋味儿吸引着原始人不管怎么游猎采集,都固守而不弃之。

甘蔗还没成熟,或者成熟甘蔗被烧烤剥食,食用者都会说这根甘蔗清甜清甜的,就是甜度不够,烧糊了碳化,感觉还比不上沱涪琼三江水味。

为什么资阳人在资阳坝大本营生活几万年,只在北门坝有莲花原一个资邑,而辐射出去就走马灯一样晃悠,百年易都,等同商朝迁都频率?大概是沱江中游方山丘陵局限,雁江河谷 24 个冲积平坝只有资阳坝二水环流、五台拱秀容易修筑城池防御体系,安全奠都土石方工程量最小。

在凿井取水、汲井煮盐技术发明前,资阳坝有天然甜盐泉,所以整个史前,还不知道资阳人大本营改变过宿营地。

前头刚述,舜是昌意的后代,颛顼的儿子。那么柏灌又是谁之后呢,虽然《山海经》、《竹书纪年》、《陈书·后主纪》等史论众多,但史实上柏灌仍然离不开是昌意颛顼的后裔。舜和昌意在携手发展农耕同时,又大力开发盐业。

前面说过，四川盆地是侏罗纪内海，盐质大量沉积，上覆岩层也含食盐，地下水溶解流出盐泉，可成都等地发展起来之后，人口众多，盆地的盐满足不了人们的需要，所以需要盆地周边的产盐地区支援。

资阳离成都平原最近，舜和昌意又是血脉亲，因此资阳人根据成都平原人们对盐的大量需要，大力发展盐业，不断更新取盐技术和方法，很早就创立凿井取盐的方法。《华阳国志》曰：犍为产盐，牛鞞县凿井取盐。

综合司马相如《蜀本纪》、扬雄《蜀王本纪》、常璩《华阳国志》、李吉甫《元和郡县志》、刘昫《唐书》、乐史《太平寰宇记》、欧阳修《新唐书》、王存《元丰九域志》和天启《成都府志》、元明清《一统志》等史料，我们得知，汉朝时，资阳坝南北分出2个县，简阳西汉牛鞞县，内江东汉安县，都是因为盛产井盐之故。蜀郡资中县北端阳明盐井周秦即有。公元前112年因此设牛鞞县。资中县南端有三元盐井，公元76年犍为郡因此分割资中县设汉安县。遂宁府大英县，资州资阳县、龙水县，普州乐至县、安岳县，荣州、富顺盛产井盐，荣、富析置自贡市，盐业素来发达。

考古发现，成都、德阳、广汉出土汉朝画像砖有盐业图，可见蜀国政治经济文化的中心四川盆地腹部一贯重视盐业生产，所以绘制砖纹陪葬。

成都平原人取盐，大都从资阳、盐亭等一带购买。因为，牛鞞盐逆沱江、大英盐逆涪江可达广汉县，水运只有百多公里；盐亭县距离广汉县三星堆很近。所以，他们拒绝了有人提出的远求巫山食盐的提议。因为到沱江中游、涪江一带采盐现场，要比巫山采盐缩短四分之三的路程，何乐而不为呢。

巫载国涵盖巫山县和巫溪县，巫溪启程—开县—宣汉县—达县—渠县—南充县—蓬溪县—射洪县—三台县—中江县—德阳县—到岸广汉县，东西遥距千里盐道要横穿巫溪、达川、嘉陵江、渠江、涪江、沱江6条江河以及百十条溪沟山涧，关键是盐道东西遥远运输。那7条江河都是自北向南流啊，要利用水运这一最便捷的运输方式才能廉价大规模贩运。由于江河溪涧走向南北，东西千里运距岂不是运距倍增，何等麻烦，耗时费力。而过水次数越多越危险，须知盐篓、盐袋一旦破裂或者落水，盐粒岂不化为乌有。

李冰、文翁时期在蜀国凿了不少盐井，汉宣帝时接着凿盐井。《蜀王本纪》："宣帝地节（公元前69年至公元前66年）中始穿盐井数十所。"后来成都平原也大力发展盐业，就不需要到远地采盐了。

《山海经》载民之国不绩不经而有衣服穿，不稼不穑而有百谷吃，就因为这里盛产食盐和丹砂。有盐和丹砂这两种宝物，国民才能凭此交换粮食布帛，才能丰衣足食，娱乐升平，呈现出极乐世界般的繁荣景象。然而，巫载国的盐利主要来至嘉陵江以东，巫载国自己、巴国、楚国、随国和广元市的苴国、盐亭县的西陵国这些川东、川北、湖南、湖北，因长江顺流、嘉陵江一次逆流、汉江一次逆流运输，原始社会、奴隶社会的生产力条件下，交通那么原始，盐包怎么经得起上百次起旱、下船的磨损和折腾，破漏损失贩运的苦力赔得起么？

直到明清川盐济楚，尤其是太平天国起义阻断海盐，自贡盐顺釜溪入沱江，顺沱江进长江，千里迢迢顺风顺水到湖北、湖南，那是一次都不需要短途搬运起岸，原班人马一运到底，换船、换人、换包装都免除，便利而快捷。反观几千年前巫盐济蜀，和几百年前川盐济楚，运向不仅恰恰相反，更不能一次装卸直达，守着家门外资中县、大英县近盐不吃是不可能的，所以成都平原盐官主要聚集到巫载国采盐是最不划算的，不可能舍近求远，舍利耗益去做无偿之事。

四、禹（同蜀王鱼凫）时期创发中华和世界辉煌的文明新时代
（一）治降洪魔，造福民众

大禹治水是禹接替父亲鲧，受尧帝之命进行防洪治害，拓展出一番伟大事业的。《尚书·尧典》曰："汤汤洪水方割，荡荡怀山襄陵，浩浩滔天"。《孟子·滕文公》载："当尧时天下犹未平。洪水横流，泛滥于天下，水逆行，泛滥于中国。蛇龙居之，民无所定，天下为巢，上者为营穴"。

大禹治水治的何域，众籍各说不一。有的说是治海浸，即海水大潮倒灌后的大陆淤泥，这与孔子说的"尽力乎沟洫"相符；有的说是治共工，即河南辉县的浲水这条何，它地处黄河转折处北岸，多条支流汇集于此，因而洪水特大，成为灾难。治水时期约在二里头文化出现前的4000前的大禹时期;《华阳国志·巴志》曰："圣禹嗣兴，导江疏河，百川蠲修，封殖天下，因古九囿，以置九州"。这里讲的"导江疏河"，与"禹娶涂山，导江为沱"一致。《华阳国志》等多数古籍记载大禹治水范围之广遍及九州。看吧，古籍载"开九州，通九道，陂九泽，度九山"，《尚书》曰："禹平水土，主名山川"。

范文澜先生在《中国通史》第一册中记载：《诗·大雅》说丰水东流(《文王有声》篇)、梁山巨大(《韩奕篇》)，都是禹治水的功绩。《尚书·吕刑篇》说禹平水土。春秋时人说，如果没有禹治水，我们这些地方只有鱼，那里还有人呢!铜器铭文里也说禹是平水定九州的人。足见禹治洪水是一个很悠久很普遍的神话。禹是古帝中最被崇拜的一人。许多古老民族都说远古曾有一次洪水，是不可抵抗的大天灾。独在黄炎族神话里说是洪水被禹治得"地平天成"了。这种克服自然、人定胜天的伟大精神，是禹治洪水神话的真实意义。考洪水的有无或禹是否治洪水，都是不必要的。战国时人作《禹贡篇》，系统地说明山川土壤物产贡赋，治水神话发展成为一篇珍贵的古代地理记载。孔子说禹"尽力乎沟洫"(《论语·泰伯》)，大概禹在原始灌溉工程上尽了力，大有益于农业，因之为后世所歌颂并夸大为治洪水的神人。与禹同时的伯益，《世本》说他是凿井的发明者。有了井，人可以离开河流两旁，到远处进行生产。《世本》又说禹时奚仲造车。有了车，人可以节省很多的劳力。《左传》说禹铸九鼎。《越绝书》载风胡子说，神农时用石做兵器，黄帝时用玉做兵器，禹时用铜做兵器，战国时用铁做兵器。依据这些传说，想见禹是远古生产力大跃进时代的代表人物。

生产力的提高，生产关系也将受到影响而发生变化。城是阶级社会开始的标帜，谷物造成的酒也是标帜之一。传说中的禹恰恰是开始造城的人(一说鲧作城)，旨(甜)酒也在禹时开始出现(仪狄作酒)。如果上述各种传说多少有些真实性的话，可以设想禹时阶级社会已在形成，大酋长世袭制度也就要起而代替"禅

让制度"。

大禹治水全心为民，"三过家门而不入"的精神激励千代到至今。《史记·河渠书》等记载：大禹"手执耒锸，以民为先，抑洪水十三年，三过家门而不入"，终成大业，实现"九州既疏，九州既洒，诸夏艾安"。

大禹治水功大齐天。《左传》曰："美哉禹功！明德远矣。微禹，吾其鱼乎！"《史记》云："大禹平活水土，功齐天地"。世人把他尊为神，称大禹，天大、地大、禹大。大禹彪炳千秋的精神激励万代。人们以多种形式纷纷地时常记念他。四川南江县建有禹王宫，安徽怀远、陕西韩城县、山西河津县、河南开封、武汉龟山、湖南长沙岳麓山等许多地方都建有记念大禹的碑等记念建筑。

（二）迁徙发展，传播文明

资阳人从距今5000前开始尤其到大禹时代，是资阳人第四次大迁徙扩展文明时期，余波漫延到随唐。

资阳人部分族群从丘陵等地再次进入成都平原腹地，对海盆陆地展开大规模开恳，建筑众多生息场所，逐渐形成城邑。范文澜先生在谈《山海经》中说"禹恰恰是开始造城邑的人"。禹时创造出辉煌的宝墩文化、三星堆文文等大批文明，灿烂至今。一些学者、专家误解三星文化是以色列人或外星人来建造的，这是没有任何依据的。君不知三星文化的最突出特点就是纵目，就是睁大眼睛远望世界运筹未来。而万年前后发展起来的中华文化中心资阳昆仑山文化的突出特点不就是纵目远筹吗！资阳人来到西海盆陆开拓创发，建设的城邑，当然要突出纵目远筹的文化啰。

资阳人在创发蜀国文明的同期，再到华更各地开创新貌，再次跨出国门到四面八方发展。别的暂且不论，先瞄一眼美洲吧。

（三）书《山海经》，震撼世界

美国的女探险家亨利埃特·默茨在《几近退色的记录》中告知世人，该书为两部分，"第一部分讲的是佛教徒慧深所谈的在公元五世纪前往扶桑的故事。第二部分则是关于《山海纪》的考证。"最主要的是三个方面：

一是大禹完成并推出了《山海经》这部举世佳著。她说："《山海纪》乃是公元前2250年帝舜统治时期由大禹所编纂的，于公元前2205年完成，那时大禹已经继承帝位。""《山海纪》一书原有32篇，其中有18篇流传了下来……深深为其真实性所感动……他必然身临其境。这记录其实乃是一部目击者的手记——本书并非是神话的集纳，更非是幻想中的漫游太虚幻境。"

二是按照《山海经》所指的进行考证，结论完全一致。亨利埃特·默茨说："对于中国人说是在公元前2250年编纂的《山海经》第四经，我们将原译文引录;对书上所说的每座山每条河都忠实地遵循所指的方向探索。书上让我们往南100英里，我们就往南100英里，让我们涉水前进，即使在内地，我们仍涉水。中国人所说有山的地方，每座山都找到了。至于河流，除了两处沙漠地区以外，全都找到了，而且都是循着所说的方向流去。""本书所引用的《山海经》中的描写，和美国加拿大及墨西哥的实际地理位置是对上号的，能够印证，并能绘成地图。"

三是向美洲等传播文明。默茨说：《山海经》"这是一个非常古老的，但又是新颖的传说。讲的是中国人两度到美洲探险的故事：一次在公元前五世纪；另一次在公元前二十三世纪。这两个传说都出自中国古书中的记载。"默茨在书中重点查证慧深如何发展美洲的。她说："中国人当年所涉足的地方，是北美大陆最艰险的地区，峰回路转，障碍重重。""中国人至少早在公元前2200某一时期就曾来到美洲，直到公元前五世纪，他们定期前来。他们到美洲的时期，要比伊立克森早3000多年。"慧深"除了引导人们生活得更美好之外，他向扶桑国引进先进的农业方法，纺织及制陶术；他教导天文历法、冶金及羽绒镶嵌。他的生气勃勃的人格如此突出，使人们像对待神灵一般地尊敬他……代表着人类最崇高的理想，就连意大利的马可·波罗，在他一旁也要相形见绌。"中国人开发的"扶桑"国，"是美国西部和墨西哥"，是美洲。

东汉赵晔在《越王无余外传》中曰："（禹）与益、夔共谋，行到名川大泽，召其神而问之，山川脉理，金玉所有、鸟兽昆虫之类，及八方之民俗、殊国异域、土地理数，使益疏而记之，故名之曰《山海经》"。东汉王充在《论衡·别通篇》中说："禹主行水，益主记异物，海外山川，无所不至，以所记闻作《山海经》"。

我们考察、分析认为，《山海经》是在大禹时代及其前后时期众多人士努力成就的佳作，共32卷。初始统稿人是夏代伯益，他将跟随大禹治水的人的和迁徙传播文化及考察山川人们所经的历地理、草木鸟兽、奇风异俗、人文德行、轶文趣事的见闻记录统编成书，又经多次灾难、历代传修，传留至今18卷。

《山海经》译文序言者说：西汉武帝的时候，有人给皇帝贡献了一只奇异的鸟，拿各种食物喂它，但它都不肯吃。著名文人东方朔看见这只鸟，就说出了它的名字，又说它应当吃什么。一试验，果然就像东方朔说的。皇帝问东方朔怎么知道的，他说《山海经》中有记载，看了自会知道。到了汉宣帝时，上郡某地的一个石室塌陷，有人发现里面的石壁上刻画着"反缚盗械人"的图像，传说开来，但无人知晓何意。大学者刘向却指出这是"贰负之臣"。皇帝问他怎么知道的，刘向也回答是从《山海经》上看到的。皇帝大惊，朝臣哄动，于是出现了一股阅读《山海经》的小热潮。到了东汉明帝时，有一位水土工程专家叫王景，因治理河渠有功绩，得到皇帝的赏赐，礼物中竟然有一部《山海经》。而东晋大诗人陶渊明一生不为五斗米折腰，却折服于《山海经》，曾一口气写下《读<山海经>十三首》诗，留传至今。其中的第一首诗就表达出他读《山海经》后快乐兴奋的情绪和通晓天下的效果："俯仰终宇宙，不乐复何如。"

《山海经》共18卷，31000多字，以丰富离奇的幻想、浪漫诡异的文笔，鲜活、动人的展示出远古时代人们的生息图景，深刻记录邦国40多个、山峰550多座、河流300多条、历史人物100多个、怪物400多个，等。《山海经》是集地理志、方物志、人物志、民俗志于一体的远古奇书，它记载着一个个人神共舞的传奇故事，它弹奏出一曲曲中华文化的雄浑乐章，它书画出华人向世界传文明的精彩诗画，它展现出一批批举世闻名的国宝重器，它揭开了人类根脉传承的面纱，它筑就起一座座神秘莫测的艺术殿堂。

"《五臧山经》五篇，地理范围是华夏之地，内容多记山川地理，奇异的动物、植物、矿物，祀神的典礼和祭品、祭器，有时亦写诸山山神的形貌、职司和神力；《海外经》四篇，地理范围较《山经》为广，内容多记海外各国的异人异物，也记载了一些古老的神话传说，如夸父追日、刑天断首等；《海内经》四篇，不仅杂记海内的神奇事物，如昆仑景象、建木形态、巴蛇和贰负等状况，同时兼记一些国家和民族，还写帝王的世系，器物的发明创造，如帝俊的后裔番禺发明舟，吉光发明车，晏龙发明琴瑟，又均是最早的锻工，炎帝的后代鼓延发明钟，并且作了乐曲等等"。

"《山海经》是知识的山，是知识的海，并以它广博、丰富的内容和奇特、高超的想象力为古往今来的人们所称道、所叹服，因而它不仅是广大社会科学和自然科学工作者研究的重要对象，而且也是广大读者朋友获得许多古代文化、历史、民俗等知识的宝库"。

（四）农耕发达，漆、渔升星

禹时期中华正史且不论，这儿只提及资阳地域的重点。当时资阳地域农耕业、漆业、鱼业等发达。

禹是通过大力治水发展农耕和鱼业等。蜀王鱼凫名称含有捕渔用的渔老鸹即鱼鹰的本义，因而也可是渔猎时代的象征。蜀王的先籍资阳地域渔业发达。

同期，漆业发达。史载，旧石器时代末期，四川盆地粗劣原陶早已产生，但是火候低，容易碎裂，不敢制作大型陶器，雏形时期的陶件也难以保留到考古人辨识的时候。支流龙鲤河，大片大片纯青枫林，资源极其丰富，青枫劈柴燃烧值大，温度很高，青枫麸炭是上等麸炭，叫做枫炭。枫炭回炉，不断鼓风，温度更高，适合烧制大型陶器。

滔滔濛溪，莽莽橡林，鲤鱼桥制陶业尤其发达。该地生产大型陶器，可以捧着、抬着汲水浇灌庄稼地，提高农作物产量。也可以做砂锅，一锅煮熟够很多人吃的饭菜，节约了炊事时间和精力，改善了人们的生活，增强了人们的体质，反过来有更大的生产力投入农业

写作团队成员在"资阳人"生息地考察

生产。

资阳人在陶器发展的道路上，发明了将漆涂在食器里外，以此提高陶器的耐用质量和美观度，把陶器文化又向前推进了一步。

濛溪流域支流龙鲤河上，有七个族群修了一座寺庙，久而久之这个地方就叫做七家寺。后来因七家寺种漆树发展漆业，慢慢地人们把方音七读漆，人称漆家寺。可见，漆家寺是因产漆而得名。现在漆家寺叫漆家村，这个村下辖七个队。

漆家寺人用漆固化生产工具、美化生活用具，木质炊餐饮食器皿涂了漆，美观耐用，受到大人孩子普遍热捧。开饭的时候小孩子抢着端，轮不上的还哭闹委屈。酋长大人看在眼里，记在心上。从此，组织劳动力开辟漆园，改进涂漆工艺，降低单位面积耗漆量，这样过了不久，全氏族部落大大小小炊餐饮具都油漆一新，再也不愁经常添置木具费神了，人们可以把更多的精力投入到生产领域和文化领域。人们围着碾盘、磨盘对歌，碾磨一盘唱它一轮，原生态《盘歌》从此唱开了。

漆家寺的漆来源于树上，周围山上长满不少流漆的树，把漆割下就可用。由于漆的用途大了，所以漆家寺广种漆树，大力发展漆业，使中国成为世界上最早拥有和使用漆的国家。

漆家寺民众在种漆树的同时，也扩种了部分油胶树。这种树全身自然流出淡黄、透明的油来，油中含有黏和的胶质，因此人们叫它油胶树。这种树质材很好，是建房筑屋的好材料，也是烧火烤陶器的优质燃料。所以，漆家寺民众在发展制陶业中离不开油胶树。

资阳先民在漆家寺创造了人类最先使用漆的漆文化，漆家寺的漆文化之风很快吹遍蜀都和华夏各地。远古时代，种漆树发展漆业是比较普遍的。《史记·货殖列传》说，"陈夏千亩漆……此其人皆与千户侯等"，从这儿可以看到，漆在当时的价值很高。《史记·老子韩非列传》记载，庄子曾经做过宋国的漆园吏，可见古代政府对漆多么重视。

资阳回龙乡漆家寺的树漆文化将资阳陶器文化推上新台阶，使资阳陶器文化跃进一大步。

后世产业布局不断刷新，最佳漆产地开拓出来，漆家寺的漆就不再取贵，漆树种植业退役，但在官方的地名簿上，一直沿用漆家寺之名。油胶树一直流传下来，到汉代以后，这种树叫柏树，一直传到当今。在资阳南乡焦柏山，也相继采柏制胶。

古时用于生火制漆的柏树

第二节
姬资治水功勋著　资国崛起两千三百年
前2510年－前221年

"帝喾生尧，尧封子资子于资中，以示不忘青阳故里。"
　　　　　　　　　　　　　　　　　　　　——《大戴礼》、《史记》

"'资'既为虹霓、朝云。因此，'资国'也就是'虹虹之国'或'朝云之国'。"
　　　　　　　　　　　　　　　　　　　　——诗人、史学家 闻一多

"益中资州有资水。益，古资国封地。"
　　　　　　　　　　　　　　　　　　　　——《路史·国名记》

"黄帝之子所封之国有，昌、张、资、寇、郦、瞿等，凡七十。"
　　　　　　　　　　　　　　　　　　　　——《潜夫论》

"资，郦，故国，黄帝后封。"
　　　　　　　　　　　　　　　　　　　　——南朝顾野王《玉篇》

"资，故国，黄帝后。"
　　　　　　　　　　　　　　　　　　　　——史学泰斗蒙文通所引古籍

一、资国的形成

当今的几位权威史学专家和古代的约20本史书史料都认定姬资治水建立资国。资国首府建在沱江中游的资州，当代的资阳。

著名历史学家、老一代史学泰斗蒙文通先生在《巴蜀史的问题》一文中就考证过先秦时期"巴蜀境内的小诸侯"，指出"古代巴蜀区域内既是有百多个小诸侯"，或为王，其中就有资国。

中国先秦史学会副会长、四川大学历史学专家、教授彭邦本在他专门撰写的资国历史的《悠久的历史·永恒的魅力》一文中，引用大量的史书史料和著名专家的论断，详细地论述资国的历史和资国的地域。他强调，"根据传世文献，古老的资国，正是当时林立的邦国之一，资阳则是传说中上古资国的故里。"

资国，就是朝云之国。中国最早的有文字记载的《山海经》这部杰作中也说有"朝云之国"。闻一多先生说："'资'既为虹霓、朝云。因此，'资国'也就是'虹虹之国'或'朝云之国'。"

（一）姬资治水建资国　定都资阳两千三百年

那么资国如何建立的呢？

资国是"资阳人"即燧人氏后代，尧后裔所建。《大戴礼》、《史记》载："帝喾生尧，尧封子资子于资中，以示不忘青阳故里。"

传说6000年前洪荒时代的成都平原、沱江流域一片水乡泽国，蚕丛氏族困于洪水，经常闹灾荒。为了解除民生疾苦，帝尧第九子（又传是帝尧孙子）姬资到梁州治理水患，安定人心。姬资率领民众开山、分流、筑堤，凿宽金堂峡，南下驻节资阳南郊天台山，历经艰辛，排除万难，终于制服洪魔，疏通沱江，扫除了平民百姓的灾难。

由于姬资治水有功，受封沱江流域，取地名为资邑，姬资人称资子。从此，姬资的子子孙孙会同原地资阳人繁衍生息，开拓发展。

约公元前2510年左右，帝尧第九子姬资团结资阳人在资水北岸建资州，立资国，都城设在资阳。

中国古时大多大的氏族都称为国。彭邦本教授指出：**根据传世文献，古老的资国，正是蜀地当时林立的邦国之一，资阳则是传说中上古资国的故里。**著名历史学家蒙文通先生在《巴蜀史的问题》一文中，就考证过先秦时期"巴蜀境内的小诸侯"，指出"古代巴蜀区域内既是有百多个小诸侯"，尚未形成后世建立在郡县制基础上的统一局面；"即以汉初巴郡、蜀郡疆内各地而言，也还有不少侯王"。这些所谓小诸侯或侯王，后世文献称为"邑君"、"戎伯"，其中就有资国。

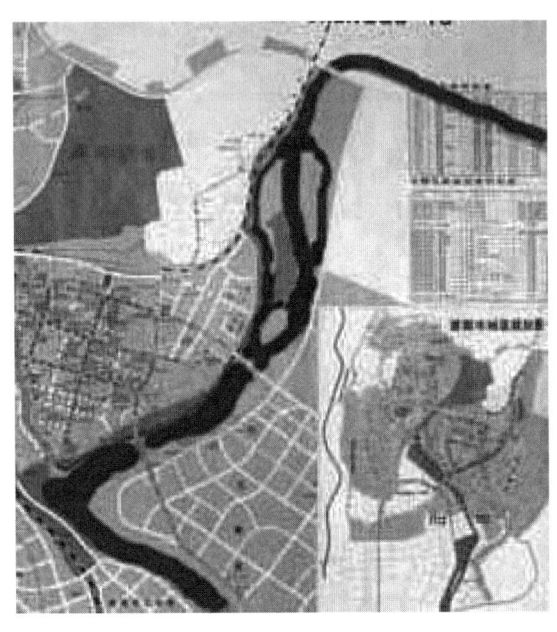

沱江资阳市区段

《陈留风俗传》、《玉篇》、《路史·国名记》、《潜夫论》等多部考古文献认为，资国建在黄帝儿子时期，约公元前2510年时际。发展繁荣了约2300年，到战国末期的公元前221年归秦。

（二）古今专家论定资国建在沱江流域

资国建立的地域在何处？多部古代史书均有记载：

《路史·国名记》47卷，为杂史，前记9卷，后记14卷，国名记8卷，发挥6卷，余论10卷。其中记载："益州资中有资水。益，古资国封地。"说益州为古资国所属，资国就在属于它的益州资中的资水。今四川资中、资阳两县

资阳人

均是资水也叫沱江，资水流域也就是资国的所在了。

《尚书·禹贡》："岷山导江，东别为沱。"今都江堰市聚源乡徐堰河，东连毗河到金堂县赵镇，大体就是沱江的古河床。这条人工溢洪道是在宝瓶口未凿时，分岷江洪水汇入沱江支流西江河下游，沱江东进赵镇。开河工程艰巨，决非一两代人的心血所能完成。战国秦时，蜀守李冰疏浚整治，总其成而已，决非父子十年之功。以资州为中心的资国人即生活在从岷江而来的岷江流域。

蒙文通在《巴蜀古史论述》中说："《陈留风俗传》：'资姓，黄帝之后，食采益州资中，因此为氏。'《玉篇》也说：'资，故国，黄帝后。'"这一段话不但说明资国的存在，而且指出资国就在益州的资中。当时资国的国都就建在当今的资阳市雁江区旧城。

蒙文通先生在中国古代史及古代学术文化研究领域中，辛勤耕耘了一生，治学严谨，造诣很深，成就甚高，是我国现代杰出的历史学家，在当今史学界名望很高，他认定的史实，众人信服。从20世纪20年代起即执教于成都大学、成都师范大学、成都国学院、中央大学、河南大学、北京大学、河北女子师范学院，四十年代即任四川省图书馆馆长兼华西大学、四川大学教授。新中国成立后，任华西大学、四川大学教授，兼任中国科学院历史研究所一所研究员、学术委员，并先后任成都市人民代表、市政协委员、中国民主同盟成都市委和四川省委委员。蒙文通先生佛学造诣也很高，据云是朱德老师能海上师的继承人之一。他的史学实践成就，使他成为当代受人尊敬的杰出史学家。

不仅蒙文通认定资国在现今的以资阳为中心的一带，而且许多著述也认定资国就在沱江中部流域。

中国先秦史学会副会长、四川大学历史学科专家、教授彭邦本在他专门撰写的资国的历史的《悠久的历史、永恒的魅力》论文中，引用大量的史书史料和著名专家的论断，详实地论述了资国的历史和资国的地域。他说：

"根据传世文献，古老的资国，正是蜀地当时林立的邦国之一，资阳则是传说中上古资国的故里。著名历史学家蒙文通先生在《巴蜀史的问题》一文中，就考证过先秦时期"巴蜀境内的小诸侯"，指出"古代巴蜀区域内既是有百多个小诸侯"，尚未形成后世建立在郡县制基础上的统一局面；"即以汉初巴郡、蜀郡疆内各地而言，也还有不少侯王"。这些所谓小诸侯或侯王，后世文献称为"邑君"、"戎伯"，其中就有资国。蒙先生并举例说：

《汉书·地理志》僰道，应劭注说："古僰侯国也。"《水经·江水注》说："县本僰人居之。"又引《地理风俗记》曰："夷中最仁，有人道，故字从人。"此其一……《陈留风俗传》："资姓，黄帝之後，食采益州资中，因此为氏。"《玉篇》也说："资，故国，黄帝后。"此其四。

《陈留风俗传》的作者是汉末圈称，《玉篇》则是南朝顾野王所作。可见资国的传说非常早。宋代罗泌的《路史·国名纪》也引东汉时期王符的《潜夫论》提到："詹、资、郙、翟，黄帝后"。罗氏又引唐代《（元和）姓纂》云：古资国在"益州资中，今资州资阳有资川江。然古资阳城在简之阳安"。所有这

- 435 -

些记载都明确指出资国即在汉代的资中。实际上，西汉武帝时期就是以资国地域设资中县，其治所故城在今资阳市区东北（北周开始在这一带设资阳县，今天的资中县则为北周磐石县），所辖地域包括今资阳市雁江区，和安岳县、乐至县部分地区，加上今内江市的资中县、市中区、东兴区、威远县。古代的这些记载本已经很早，因此也颇为零散，但是，相对于更为古远的先秦时期的资国，仍属于后世的历史记忆，带有传说性质。不过需要指出的是，它们绝不是先民酒余饭后的无事生非，向壁虚造，因而这些历代相承的传说，犹如历史的影子，包涵着珍贵的史实素地。"

《昆仑纪》说："'资国'即《山海经》中的'朝云之国'出现在九丘之一的'昆吾之丘'上，其故地就在今日四川省资阳市一带。""闻一多先生将这位'古代各民族的'共同的先妣的居住地点最终锁定在《山海经》记录的'朝云之国'，这个出'美人虹霓'的古代方国就在'都广之野'，这即是说……资国，也就是今天的四川资中、资阳一带。请读者注意，此地也正是被李济先生称为'荷谟有辩'的'资阳人'化石出土之处，这恐怕就不应仍被归为一种巧合了。""既然确定了上古的神女、简狄等等其实都是同一祖先（女娲）的不同名称；确定了她们的故居就在今天的资阳附近；确定了'虹虹（霓）'乃是对人们先妣治水业绩的象征性地再现。综上所述，笔者就可充分地宣称：四川盆地内的'资州'，在上古之世即为'朝云之国'，也就是女娲的故国。"

从以上史料可以考知，上古至春秋，在沱江流域，"资阳人"的发祥地，存在着一个不为《春秋》经传所记载的资国；他们生活在沱江流域和岷江流域，步履着祖先资阳人的足迹，以他们的勤劳、顽强和创造，越来越宽阔地行走在巴蜀天府之美丽沃饶的土地上。

根据邓少琴《巴蜀史迹探索》等史书所载的资国白虎夷王等资国首领管辖资国地域或纪念建筑物等痕迹和记载《资阳史话》论定：资国东界巴国，南抵夜郎、青阳，西望邛都、丹国，北邻蜀国，方圆五百里，地域有3万平方千米，包括现今的雁江、简阳、龙泉驿、资中、内江、威远全境及安岳、乐至大部和金堂、双流、仁寿、新津、广汉、遂宁、荣昌、隆昌、富顺、自贡、泸州等市、县的局部地区。

二、历史记载着资国

（一）史书史料记载着资国

南宋罗泌所撰之《路史·国名记》采信《潜夫论》云："黄帝之子所封之国有陈，昌，张，资，寇，郇，瞿等，凡七十。"

《潜夫论》记载："詹、资、郇、翟，黄帝后。"（四部丛刊本）

《玉篇》云："资、郇，故国，黄帝后封。"（南朝顾野王著，唐代孙强

资阳人

增字减注，宋代官方陈彭年等重修。原本《玉篇》残卷在日本发现。）

东汉《陈留风俗传》云，"资姓，黄帝后"。

还有的古籍称："黄帝十七子封于资。历代学者由这些记载认为，益州资国为'黄帝故国'。不过笔者认为，黄帝十七子只是'食采益州资中'，也就是说，资中是黄帝十七子的采邑封地。"

北京大学考古文博学院董珊《试论殷墟卜辞之"周"为金文中的妘姓之琱》一文，以甲骨文、钟鼎文为例说明琱之存在，从而旁证了"琱资"并称的"资

资国商朝初期略图

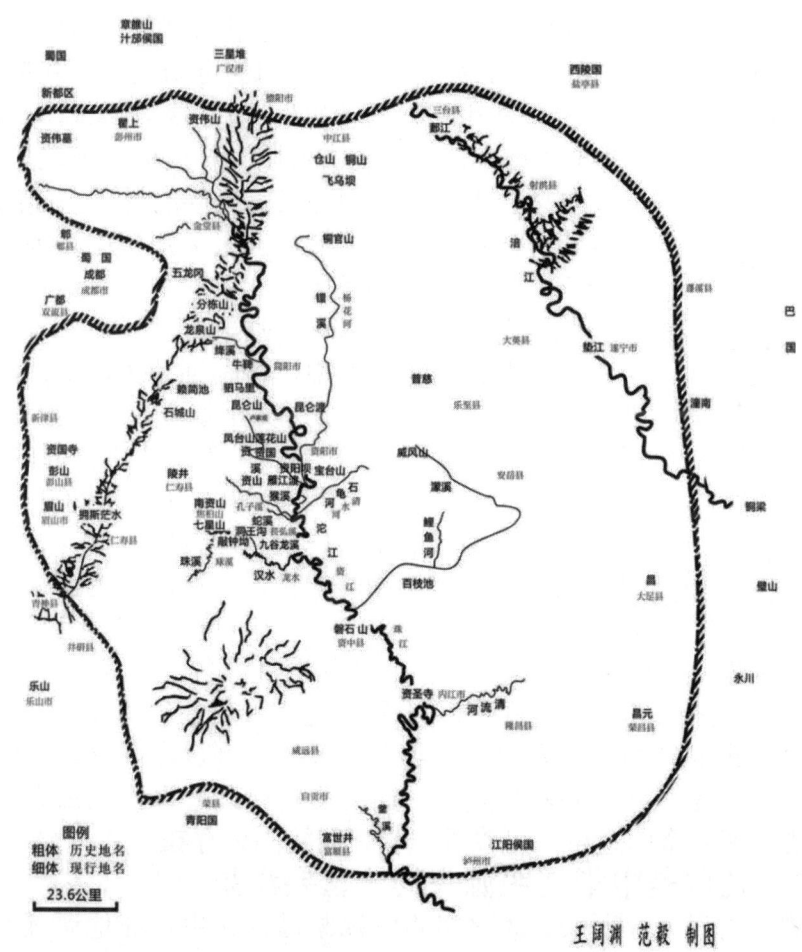

王阔渊 范毂 制图

国"的存在。史书中大多引用《路史·国名记》；陈盘所作《不见于春秋大事

表之春秋方稿》及《春秋大事表列国爵姓及存灭表譔异》为公认之史料确凿的史学专著,其中引用的古代史著最重要的一种就是《路史·国名记》。引《路史》十余处,作为史论之证,正说明《路史》的历史价值。像《路史》这样一本通史,言资国为黄帝之后,它起码肯定了历史上资国的存在。

在中国典籍中,向来把史实传说中的黄帝作为历史的一部分。"资国,黄帝后",这种"黄帝后"的表述方法在典籍中已经屡见不鲜,在中国正式的经式典籍中是作为正式的历史记载用语所普遍使用的。

应该进一步指出,"资国黄帝后"之说,是有中原文化与巴蜀、西南文化的密切交流为背景和依据的。虽然《春秋》经史以北方和中原文化为主流,但在上古至夏商,整个巴蜀、西南夷与中原文化有着密切的交流与承继关系;不少史料可以明确说明这一点.

《史记·五帝本纪》:"黄帝居轩辕之丘,而娶于西陵氏之女,是为嫘祖。嫘祖为黄帝正妃,生二子,其后皆有天下。其一曰玄嚣,是为青阳,青阳降居江水;其二曰昌意,降居若水,昌意娶蜀山氏女曰昌仆,生高阳。"《史记》也说昌意为黄帝后。

资国为黄帝后,有的还指出是"昌意后"。这里的"黄帝后",指的是黄帝派来的资国的"国君"和王及其后代,至于资国的资阳人,早就存在了。如《蜀王本纪》称"从开明以上蚕丛积三万四千岁"。虽然缘自传说,但却于40000年前的"资阳人"发现的年代相合,说明上古资阳人早就活动在这里了。

有些古书记载资国是土著民族的姓氏兴起的。《通志·氏族略》注:"黄帝之后,食采益州资中,因以为氏。"这个氏,是族名,也是国名。意思是说:黄帝族系姬资的后代生活在资中,便以资为姓。

《巴蜀古史论述》中,特别强调了,资姓,是黄帝后代,管辖益州。四川本土历史学家今人罗开玉认为《玉篇》所言"资,故国","此当是土著民族中兴起的氏"。(罗开玉《古代巴蜀土著姓氏》中华文化论坛2001年1期)就是说,以资为氏的土著民族,即资国,此与春秋各诸侯国以氏为国名的惯例相类。又,《通志》为南宋著名史学家郑樵撰于宋高宗绍兴三十一年(1161年)。全书200卷,500多万字。郑樵说:"总天下之大学术,而条其纲目,名之曰略……学者之能事,尽于此矣。"(郑樵《通志·总序》)郑樵《通志》的研究方法,在我国史学发展史上有过一定的影响。后人所著同类书,多依其例,取其材。章学诚赞《通志》史料严谨,是"别识心裁"之作。研究史料如此严谨而为后人广为承认的郑樵《通志》所言资国之事,可以进一步证明资国之存在。

(二)资国是中华文明源头的一重要源泉

四川省考古研究原所长、著名考古学家胡昌钰先生,在他评《资阳人》书的《用发展史实,证明了资阳人的灿烂文明》一文中深刻指出:

进入夏、商、周时期,独树一帜的蜀文化成为瑰丽的中华文化百花园中的一朵奇葩,因此,"长江文明"的概念产生了,黄河、长江成为中国文明的"两河"新说。试问,如果缺少了"资国文化",能构成完美无瑕的蜀文化图景吗,那是不可能的。因为"资国"是蜀的一个重要邦国,其历史悠久,自姬资随大禹治水,因功受封沱江流域立国开始,至公元前316年秦灭蜀殃及鱼池而亡,在二千余年的坎坷岁月里,姬资的后裔与土著资阳人和睦相处,繁衍生息,奋勇开拓,在四川成为"沃野千里,号为陆海"的"天府之国"漫长历程中,做出了巨大的贡献。所以"资国文化"在蜀文化这一华丽的诗篇中有着极其重要的一页。

"日穷次而月穷纪","次"是太阳运行时的止宿之所。日"至蒙谷",是指太阳止宿于岷山即昆仑山之上。太阳止宿昆仑山已为世人所共识。在明白了"次"实为"资"的关系后,再回过头来看资阳有昆仑之称或谓昆仑在资阳,就不足为奇了。昆仑山是蜀人心目中的圣山,从中我们可以清晰地看到"资国"在蜀的邦国中具有不可撼动的重要位置。如果说"'昆仑',这是沿着记忆的碎片能够寻找到的中华文明的源头",那"资国"文明则应是中华文明源头中的一股重要源泉。

胡昌钰先生讲的实在客观,其实长江文明早于黄河文明两万多年,是长江文明影响、开发黄河文明,这是史实和许多古籍、考古专家的一再定论。可秦始皇统一中国后,一元正统观念将长江文明一概抹杀、打入冷宫,就出现下文:

(三)儒家正史抹杀、遗忘资国

那么,为什么《春秋》经史没有资国等方国的记载呢?

第一,首先是诸侯及氏族方国太多,不易记全。《尧典》曰:"稽古帝尧,协和万邦"。《春秋传》:"禹会诸侯于涂山,执玉帛者国万"。《吕氏春秋》:"所治者千百八。"《今本竹书殷商成汤》:"诸侯八泽而来者,亦千八百国。"《公羊传》:"殷三千八百诸侯"。《孝经》"周千八百诸侯"。《三国·魏志·克夷传》:"大国四五千家,小国六七百家。"

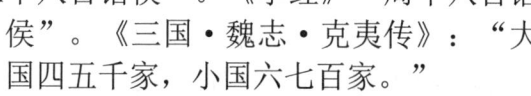

《春秋》经史未记小国,不记资国,并不奇怪。春秋前后,氏族诸侯方国上千上万,史书不可全记。但并不能说这些氏族方国和诸侯国就不存在,有的方国虽然提到了,但也只是提了一下国名。事实上,春秋(前770年~前476年)是我国历史上的第一次全国性大分裂形成的时期。史家一般以"三家分晋"作为春秋时代的结束和战国时代的开始。公元前770年平王东迁,建立了东周王朝。但此时周已日衰,统治范围方圆不足六百里,各诸侯国纷纷割据称雄,不再朝见周王,其统率诸侯的权力也是名存实亡。此间,全国共分为140多个大小诸侯国,而其中以楚国、齐

国、晋国、吴国、越国、秦国为大。史书提到的有齐、晋、秦、楚、陈、吴、越、韩、赵、魏等104国，另有义渠、大荔、孤竹、山戎等。据清儒顾栋高所撰《春秋大事表》所收春秋方国"凡二百又九"，但据历史学家陈槃统计，其中真正"可说是春秋时代方国"的，"应是百五十六事"，陈槃《不见于春秋大事表之春秋方国稿》认为"春秋时代方国，必不止于百五十六"，所遗者尚多。

第二，小国不入主流文化。春秋究竟有多少个小方国，是不可能——坐实了。其实，这些国家本来都有各自的历史记载，但是，只有孔子写的鲁国的记载保存下来了，也就是"春秋"。而中国的历史基本是儒家所写，其他"百家"所记历史，渐次全被忽略和湮没了。

第三，偏远国被忽略。春秋时代大国视为蛮夷之邦的边远邦国多被当作异族异类而忽略之。据徐中舒考证，《礼记·王制篇》云"南方曰蛮"，即中原以外的邦国，被看作蛮、夷、狄、貉、俨狁、豕等（《史记·张仪列传》；又，关于前316年蜀灭国时间各史书有矛盾（见童恩正《古代的巴蜀》106页）。直到西秦如张仪还认为"今夫蜀，西僻之国而戎翟（即狄）之伦也"。《史记》把资蜀与狄戎同列，这些氏族方国，有的比中原的一些方国还要大，可惜只有被讨伐时才提到他们的族姓。资国被春秋儒家视为蛮夷，自然就不会在史上留下他们的国名和历史了。公元前资国蜀地当时被划为西夷之地，一度被白虎夷统治，公元前316年秦司马错灭蜀时消亡。（徐中舒《论巴蜀文化》第7页，四川人民出版社出版）

第四，未入中国版图之国不入正史。历史学家吕思勉认为，"大抵长江流域的开辟是从春秋时代开始的，而其开辟又是从中游流域起，次到下游地区……至其上游流域的四川，直到战国时秦灭巴蜀，才算入中国版图"吕思勉《本国史》（下）中华民国二十六年十一月二十版）。说明巴蜀入中国版图在战国之后，资国自不能入春秋正史了。春秋的历史是以北方鲁国为中心的历史，不仅"化外之邦"如巴蜀不为所记，即使"化内"北方诸国，实在是太多，也不可能一一记述。有的即使记了，也只留下一个国名。而像被视为化外的巴被一笔带过，资蜀等被忽略，是不足为奇的。但这并不等于这些方国就不存在。资国的存在就说明了这一点。

第五，史书重中原，忽略西部。王红旗说："孔子不知三星堆，屈原不提蜀王，司马迁不记蜀王世系列传，历代古籍对蜀王语焉不详。"（王红旗《山海经·十日谈》上海辞书出版社2012年出版）。这是为什么呢？正如前面所说，古时未入中国版图的西部（老四川（含）以西）国家不入以记载中国中原文化为主体的中国正史，所以存在两千年的资国也就没在正史中出现了。

第六，政治需求，独尊儒术。正史不写资国的偏见，关键是秦始皇统一中国后实行"焚书坑儒"政策，特别是将早就比秦国文化发达的蜀国、资阳人文化废除，使得资国文化和蜀国文化被颠没。对此，考古泰斗指出：秦始皇将凡能影响秦国文化地位的文化、文物都毁灭掉，但保留医药、占卜、农作等书籍，抹杀不了的迁移至秦国原疆域内。

　　秦始皇的"焚书坑儒"政策并没给他带来好处，相反，好景不长，他的政权却被不识字的土包子推翻。正如唐朝章碣《焚书坑》诗中说的那样：
　　"竹帛烟销帝业虚，
　　关河空锁祖龙居。
　　坑灰未冷山东乱，
　　刘项原来不读书。"

　　其后，"汉武帝确立的'罢黜百家，独尊儒术'的国家意识形态，造就了以孔子为中心的儒家文化思想规范，导致长期忽略了中华文化史上最重要的一颗明珠，就是远古巴蜀文化。"形成后代学人长期忽略了中华文化史上与黄河文明相异的文明成就。这其中最重要的一颗明珠，就是远古巴蜀文化——长江文明。"

　　第六，一元史观念驱使，一统天下政策所至。如本书前面指出：秦统一中国后，为了一统天下政权的稳固，推行政统文化政策。偏执、误导了真实历史，将文明真正发源地资阳、蜀国和长江上游沱江文化中心，割据到中原，形成黄河文明中心的"正统"文化，并形成传统观念。郭静云指出："我们所能看到的早期历史故事，应当更符合于殷商青铜礼器：龙首、虎身、牛角、鹰爪合为一体的形象。秦汉统天下后，更加需要以一元历史证明其统治政权的正当性，因此，《吕氏春秋》、《史记》的一元史便蕴含着天下帝国的意识形态。传世文献虽然不是凭空而来，但它们有自己的内在意义，与史实颇有落差。……文献的历史不是表达客观的历史，而是表达编故事者的客观认同，以及国家政权等目的。"史实是"三皇五帝"都是资阳人或资阳藉，他们在长上游沱江流域开创了华夏文化中心，却把他们英形象和灿烂业绩"资冠黄戴"到黄河。在中原"正统"文化的长期排斥下，遮挡了太史公的双眼，他越不过至高皇权和险峻秦岭，看不到中华和世界文明的真正源头，他笔下生花出来的只能是黄河文明中心，禁锢、误导子孙两千多年。

第五卷

夏至战国和苌弘、孔子文化

——夏、商、周、春秋、战国时期资阳人

前2033年～前403年

(同蜀帝杜宇、开明时期)

古代历史事实说明，夏、商、周、春秋和战国七国的君王都是"资阳人"（燧人氏)后裔。

进入夏、商、周时期，独树一帜的蜀文化成为瑰丽的中华文化百花园中的一朵奇葩，因此，"长江文明"的概念产生了，黄河、长江成为中国文明的"两河"新说。试问，如果缺少了"资国文化"，能构成完美无瑕的蜀文化图景吗？那是不可能的。因为"资国"是蜀的一个重要邦国，其历史悠久，自姬资随大禹治水，因功受封沱江流域立国开始，至公元前316年秦灭蜀殃及池鱼而亡，在二千余年的坎坷岁月里，姬资的后裔与土著资阳人和睦相处，繁衍生息，奋勇开拓，在四川成为"沃野千里，号为陆海"的"天府之国"漫长历程中，做出了巨大的贡献。所以"资国文化"在蜀文化这一华丽的诗篇中有着极其重要的一页。

——胡昌钰

苌弘生活于春秋后期，与孔子大致同时而略早，传为资阳市忠义镇高岩山人，曾为东周内史大夫，博学多才，擅长天文，精通音律。据说孔子曾专程访问苌弘，向他请教音乐和天文，这对后来孔子删诗正乐应大有帮助。

——彭邦本

大圣人孔子拜苌弘为尊师，苌弘含冤救国，碧血丹心精神历代传扬。东汉辞赋家王褒、教育家董均，对华夏文化做出卓越贡献。资国发展工商重农业，忽略军事，被秦国吞并，秦辖西蜀。

苌弘"碧血丹心"彰显的忠君报国、勇于担当、自强不息、仁义礼智、全心为民的精神，是中华民族精神核心的一个重要源头。

——主编辑手记

第一章

夏、商、周、春秋时期资阳人

(同蜀帝杜宇、开明时期)

——前 2033 年～前 403 年

《史记·三代世表》记载:"黄帝生昌意,昌意生颛顼,颛顼生鲧,鲧生禹,禹后为夏"。"黄帝生玄嚣,玄嚣生蟜极,蟜极生帝估(喾),帝估生(契)是为商祖"。 "黄帝生玄嚣,玄嚣生蟜极,蟜极生帝喾,帝喾生后稷,是为周祖"。

总编撰手记:

资阳人在西周时期兴起蚕桑业和蔗糖业,资阳地域一派生机盎然景象。

西周后期商纣王朝衰败,周文王借机发展起来,在羽翼丰满之后发动讨伐武王的战争。

沱江地域的濮人等资阳人响应文王号召,不远几千里东征,英勇参战。

第一节

"资阳人"（燧人氏）子孙

建夏、商、周、春秋各朝代

（同蜀帝杜宇、开明时期）

一、夏、商、周、春秋各朝代（同蜀帝杜宇、开明时期）君王，都是"资阳人"（燧人氏）的子孙

古代历史事实说明，夏、商、周的君王都是"资阳人"（燧人氏）后裔。

《史记·三代世表》载："黄帝生昌意，昌意生颛顼，颛顼生鲧，鲧生禹，禹后为夏"。"黄帝生玄嚣，玄嚣生蟜极，蟜极生帝估（喾），帝估生（契）是为商祖"。

"帝喾生后稷是为周祖"。

《三代世系》还曰："蜀之先昌意娶蜀山氏女，生帝喾，立，封其支庶于蜀，历虞、夏、商、周，周衰，先称王者为蚕丛，国破，子孙居姚嶲等处。"《世本》："蜀无姓，相承云，黄帝后世子孙也"。

《大荒南经》记载："商朝始祖契的母亲是帝喾之妃名简狄"。

追根溯源，上述史书记载的历史人物的基因根脉哪里来？其活态传承的根柢就是"资阳人"（燧人氏）。故曰，夏、商、周的君王都是"资阳人"（燧人氏）后裔。是"资阳人"（燧人氏）的子孙在领导建设夏、商、周各朝各代。

这难道还不知"夏朝从哪里来"吗？况且，夏朝南北方向的河流山西与陕西段的黄河流不就是南北方向吗？

在"资阳人"（燧人氏）的子孙领导建设下，夏、商、周各朝各代都有其开拓创业辉煌的成就，但商纣王开起了昏魂败国的先丑。

《水经注》、《本蜀论》等古籍载"杜宇也，从天下。女子朱利自江源出，为宇妻，遂王于蜀，号曰望帝。"这里记载的只能是传说，不可能天生。从多部古籍记载和史料研判，杜宇是颛顼鲧氏后代，仍为"资阳人"（燧人氏）后裔。

开明是荆州人，曾任犍为郡治鳖县令，后治水建丰功升任蜀帝。《十三州志》载："吋巫山壅江蜀地洪水，望帝使鳖冷凿巫山，治水有功。望帝自以德薄，乃委国禅鳖冷，号曰开明。"

二、资阳地域农业和蚕桑业兴盛

近几年不时出现怪文，疑问"夏朝从哪里来？"甚至怀疑夏朝从古埃及来，其论据有"其五"：

其一文字。中国甲骨文与古埃及象形文字相似，甲骨文由古埃及象形文字进化而来。其二青铜器。没有发现商之青铜器。其三基因相似。有些特性基因只有埃及和中国相似。其四长像相似。古埃及文物上的法老人物形象跟中国人颇为相似。其五河流。很多记载夏朝有条很大的河流是南北方向，目前比较出名的河流只有尼罗河是南北方向等等。

前面引用的众多古典记载，万年前女娲伏羲及其后代就到过中东到北非、欧洲去开拓的史实，黄帝后代帝喾及其子孙步先人足迹继续开发中东和非洲、欧洲。中国人的血脉早就遗传这些广大的地方，当然有诸多相同啰。要不相似道不对了。上面的"其五"道出恰恰从另一面证实了夏朝就在中国，中国夏朝和先辈开发了古埃及等广大地域。

古史记载，夏、商、周、春秋（同期蜀国）时期农业和桑蚕业等很兴旺。看啊！桑树树干曲里拐弯，桑果红黄鲜艳，桑叶茂密伸展，遍山遍地的桑枝叶迎风招展，好一派繁茂画面。低洼地里，甘蔗成林，主干像长枪刺向天空，叶片像战刀，展向四方，壮观豪放的菲莊稼矗立河岸、溪边，好一派兴旺景象

资阳人继天鹅山蚕桑业开始萌发之后，发展迅速，沱江两岸的犍为地区，也就是当今的资阳、简阳、安岳、乐至等地域，桑树满山，蚕叶遍户，种植桑树的技术大幅提高，纺织技术也已创发。蚕桑业在沱江两岸持续发展，经久不衰。

资阳蚕桑叶发展的一个突出标志就是蚕市兴盛。一如花蕊夫人的诗《花蕊夫人宫词》中所云："明朝驾幸游蚕市，暗使车笼苑门。"

蚕桑业发展的同时，蚕桑文化相应发展，积淀丰蕴。当时盛行的儿歌和民谣就是佐证。儿歌："叉叉裤，叉萝卜；狗来了，爬桑树；桑树倒，爬茅草……"民谣："栽桑植桐，子孙不穷"。"多栽桑，多养蚕，四十多天见现钱"。

当时的蚕桑诗词也迅速发展，民间传说的一首蚕诗至今还在传说："植桑愁，采蚕苦，织后捐，流泪珠。"

资阳人的蚕桑业不仅发展迅速，而且影响极大，波及面广泛。沱江两岸蚕桑业最先兴盛起来。接着，蜀地和蜀外迅速扩展开来。

第二节
武王举兵讨伐纣

一、商纣王朝腐败势崩

商纣王朝建立后兴旺过一段时间，后来逐渐走向腐败。盘庚迁殷后，本想纠正腐化堕落的王朝陋习，可是武丁以后，衰败更甚。到纣时，达到了衰败的顶点。王朝的官贵骄奢淫逸、游猎无度、荒废耕地、残酷罚民，竭力榨取财物。《酒诰篇》说整个商朝统治阶级沉溺在酒里，腥秽上冲，激怒了上天，榨怒了民众。《微子篇》说：商民已忍无可忍，"小民方兴，相为敌仇"。

商纣王掘开了自己崩溃的堤口，统治政权日渐不稳。

二、资阳濮人勇助武王讨伐纣

在商纣王朝衰败的时候，周武王借机发展起来。

商王文丁感到威胁，承认季历是西方的霸主，号称"西伯"。季历又与商王联姻，但商王见周势力强大便借故杀了季历。由此，商周矛盾激化。季历死后其子姬昌继位为西伯，就是著名的周文王。他大力发展经济，广招人才，任用吕尚即姜子牙为军师。商纣王感到周的威胁，将文王囚禁，这就加剧了商周矛盾。文王被放后，加紧整治国都，其子姬发继位，即周武王。公元前1046年，周武王组织联军伐纣，亲率兵车300乘，甲士45000人，虎贲3000人，向东伐商。

沱江地域的濮人等资阳人响应武王号召，不远几千里东征，参加了武王伐纣的联军。是的，请看资阳人一队队人马身披干粮袋，肩扛大刀和弓箭等兵器，一只手擦着脸上和胸前的淋漓大汗，在米仓山崎岖山道上匆忙赶路，形成浩浩荡荡的大军，直奔陕西方向。

无巧不成书，正写到此处，门外电视机里响起了古人穿越米仓古道的解说词。原来是夫人想要我休息会儿，打开了电视机，恰好中央电视台九频道2013年11月下旬播放"寻踪米仓古道"的探索片。荧屏上显示出一支古人队伍穿越米仓山，赶向陕西，协助武王伐纣的情景。

鞠德源在《古蜀王国》中援引《尚书·牧誓》之说："巴蜀地域的八个诸侯参加了武王领导的讨伐殷王纣的战争，为周朝建国立下了汗马功劳。"在战争中，"巴师勇锐"，资人勇猛冲杀，屡立战功。在牧野激战中，资人浴血奋战，直抵商纣王都城。纣王阵前兵士见来势凶猛，抵挡不住，便纷纷倒戈起义，短时期内就有十七万人倒戈反攻，这就是历史上著名的"前徒倒戈"的典故。商纣王见大势已去，便登上鹿台，自焚而死，商朝灭亡。周武王建立西周。

三、春秋（同蜀帝开明）时期资阳地域农业蔗糖业发达

周平王元年(前770年)到周敬王44年(前476年)为春秋时代。因鲁国编年史《春秋》为名。

春秋时期初和中期还是举国发展的，但到后期就开始了各雄争霸局面。

春秋和开佣时期的资阳地域农耕蔗糖业发达。

资阳在蚕桑业发展的同时，蔗糖业开始发展。周宣王，姓姬，名静，华夏族，周厉王之子。在周宣王时期，即中国周朝第十一代王在位期间（前827年～前781年）始种甘蔗。资阳人一边为西周建立功勋，一边开始广种甘蔗，一片片甘蔗林迎风飘荡，甘蔗之风味甜透沱江两岸和大江南北。甘蔗业的发展，日益兴盛，蔗糖闻名华夏。新中国成立后，资阳蔗糖仍然闻名全国。

资阳蚕桑、蔗糖业兴盛的同时，工业、商业兴起，农业欣欣向荣。资阳地域一派蓬勃兴盛的景象。

第二章

孔子虔诚拜尊师　苌弘沥血精神展

——东周时期资阳人

史学专家论点综述：

苌弘是资阳人，这是史实和两任古时资州州官确认的。1815年《资州志》载：时任州官赵尊律，两次著文谈及资州本级地域（资中地域）找不到苌弘遗迹。1860年时任资州州官爱新觉罗•恒保在《资阳县志序》中说：他在资阳"访苌弘故里，犹想见输忠延祚之心"。两任古资州州官判定苌弘故土在资阳。历代的许多历史记载、史实、古建筑、纪念地名等都证实苌弘是资阳人，无可争辩。

苌弘是忠君报国的典范，他坚持科学思想、忠诚周室、绝地图存、悲天悯人、最终求仁得仁，用生命诠释了人间正道，是以生命实践"仁、义、礼、智、信"核心价值的儒文化的先驱。

苌弘精神是正在形成中的忠君报国、勇于担当、自强不息、仁义礼智、"碧血丹心"的原始出处，是中华民族精神的一个重要源头。

苌弘是中国古代正史所载先秦时期唯一有姓有名有著作记录的巴蜀人士，是春秋时期诸子百家中重要的一家；他参与了中华文化源头的形成过程，是巴蜀乃至长江流域第一个参与了中华文化形成的名人。

苌弘是先秦时期

苌弘山（又名高岩山）山上有苌弘故居遗存　唐俊高 摄

公认的通才，精通音律、阴阳、礼法、天文、兵法和治国之道，《汉书》称他为"兵阴阳家"。他执掌东周历术，是当时权威的天文学家。同时在东周有"礼""乐"权威的地位。"孔子适周"记载了孔子访苌弘问"乐""礼"的史实。《汉书·艺文志》载苌弘有《兵·阴阳家》十五篇，记载了苌弘为巴蜀地区唯一成为诸子百家一员的历史史实。

苌弘不是坐而论道，而是积极实践，有远见、有胆识、有谋略、有作为，掌管东周王室礼、乐及王位更替，代表周天子主持诸侯盟会，讨伐叛逆王公，策划、指挥修建成周都城，勤政57年，确保了周文化的核心价值在乱世中得以保存和传承，为维护周王室贡献毕生，彰显出困境中的周文明的伟大政治家。

苌弘慧眼识珠，是第一个发现孔子有"圣人之表"的英明政治家。资阳雁江古庙"赞圣祠"纪念苌弘的这一历史事迹，表彰苌弘是两千多年来华夏主流文化的推手。苌弘是当时的灿烂明星，他的学生孔子拜苌弘为师后，从苌弘那里学到了音乐、天文、历法等多种知识，丰富了阅历，理解了"天命"作为天下大势与人的主观能动性之间的关系，完善了音乐美学思想和人的价值体系，后来成为先秦文化的集大成者，成了中华儒文化的标志性人物，被中国人称为圣人，他的思想影响着全世界。苌弘、孔子双星灿烂，与日月永存。

史记所载有"苌弘建成"、"孔子适周"、"问乐访弘"等史实，充分证明苌弘的辉煌功绩和崇高的历史地位。

　　苌弘（前582年?～前492年）字叔，四川省资阳市雁江区忠义镇苌弘村高岩山人。中国南派天文学巴蜀代表人物，春秋时代音乐大师，东周阴阳家，周景王的王畿大夫和敬王时内史大夫(副宰相)。与刘文公共同执掌国政，致力于周室富强统一，终生不渝，深受后世景仰。

东周御史大夫苌弘

第一节
苌弘思想的形成

一、苌弘是先秦时期才华第一人

春秋时代形成的岁星纪年法，就是有苌弘参加的南派天文学家的研究成果。在漫长的观察实践中，他们测知木星12年围绕太阳公转1周，这与用现代科学方法测出的11.86年的实值已很接近。尽管苌弘明了天体运行规律，但不善于用以指导人事。他凭自然现象解释社会问题，依靠五行相生相克的原理，借助鬼神的威力，既有科学的方法，又利用人民心理作用对鬼神的信仰，而达到政治治理国家的目的，可见他是高明的奇才。

《史记·天官书》记载：过去传播天术的人，高辛之前，是重黎；唐虞时，是羲和；夏代时，是昆吾；殷商时，是巫咸；周代时，是史佚、苌弘……通过笔者的考证，这些古代的天文学家无一例外都来自蜀地，这说明古代帝皇多以古蜀人做王室的天文官员。

《淮南子·氾论训》："昔者苌弘，周室之执数者也。天地之气，日月之行，风雨之变，律历之数，无所不通。"

《汉书·艺文志》载苌弘《兵·阴阳家》15篇，书中记录着苌弘对天文、地理、历法、乐、仁、义、礼、智、信及军事谋略等多方面的经道理论著述，展示着苌弘的伟大思想和崇高的世界观，彰显出苌弘一身的昆仑正气。

古籍还说苌弘是周王室最有权威的人，他通晓天地之气、日月之行、风雨之变、历律之数、谶纬之学，还擅长音律，人称智多星。

苌弘是春秋时期诸子百家中重要的一家，而诸子百家是中华文化的重要源头；苌弘是正史所载蜀人参与中原政治文化第一人，更是中国先秦时期有名的政治家和文化巨人；苌弘是周朝忠君报国的典范，是中华民族忠孝仁义民族精神的重要源头；苌弘博学多才，是中国古代的文化巨人；苌弘是第一个发现孔子有圣人之表的英明政治家，客观地成为两千多年来中国主流文化的推手。"孔子适周"访弘问乐的史实，表明苌弘在东周有礼乐权威的地位。

二、苌弘精神和文化的形成

苌弘是在蜀中家乡度过自己的童年。他天资秉赋，聪颖勤苦，学有所成。

苌弘的童年，正值资阳"鲤鱼桥文化"新石器时期资阳人陶器、农耕、蚕桑、青铜等发展的兴盛期，昆仑文化已成为中华文化一个兴盛发达之地，是华夏文明的一个重要源头。所以，苌弘幼年的故乡是文明之邦。也就是说，苌弘是在资阳这片文化沃土上完成了早期教育。从资阳东山6000年前后的石刻纵目女像等史迹看出，资阳文明早于蜀都文明和中原文明。这时期的资阳文化是形成苌弘思想和才华的乳汁，奠定了苌弘精神大厦的基础。

苌弘的思想在资阳基本形成后，趁年轻，就走出资阳丘陵去到蜀国。当时蜀地文化层次最高的职业是术士，他大约也经历过在井市卖艺,做过蜀都术士，后来成了达官贵人的座上宾。

商灭夏后，中华文明得到提升。在奴隶制生产关系的基础上，完善了农历，制定了象形、指事、会意、假借、形声、转注等六种构成文字的原则，形成了刻在甲骨上的有着严密规律的文字系统。同时还完善了官僚机构，确立了国王专制制度和父死子继制，社会进入相对稳定发展时期。在这期间，雕塑、乐舞盛行。出土的青铜鼎和埙、磬、革鼓铙，甲骨上的"舞"、"乐"二字，记载了当时的审美活动。这是远胜于夏的文明。商文化和蜀都文化的相互交流与影响，使走出资阳的苌弘开阔了视野，给苌弘的基本思想增添了重要内涵，加固了基础。

第二节

苌弘对国家和人民 鞠躬尽瘁耿直忠烈

一、苌弘是怎样得到周王室重用的

周王室在兴盛中出现挫折，产生一些社会弊端，因此，民众希望诸侯和百姓克己复礼，尊崇周王室，向往中庸和平的"大同"社会。苌弘对周室的日渐衰微和礼崩乐坏的局面痛心疾首，想在复兴周室上有所作为。于是他二十多岁由沱江中段的资中（现资阳市雁江区）乘舟经泸州江阳、湖北偃师到东周都城洛邑，开始了传奇的政治生涯。

周初以德治天下。周公旦执政时，完善了礼制，首次使文明制度化。他本人也因坦荡无私品行高尚而竖起了道德标杆。神话般的"文武礼治"盛景，使周初的天空金碧辉煌，是后世士子们心目中的理想世界。

东周是新石器时代的尾声，石斧、骨铲、蚌镰仍在广泛使用，用于耕作的木制农具却包上了青铜皮，变得更坚硬而锋利，农耕文明有了长足的发展。建筑有了金属工具，木架房屋、甚至楼房宫室大量涌现。这也是个"礼崩乐坏"的时代：社会秩序和道德伦理受到了蔑视；审美活动中的崇高让位于鄙俗；礼规上僭越的事件层出不穷。称霸和生存的欲望是强国的动力——这需要资源，而最重要的资源就是人才。一个人才、一个计谋、一种理念兴邦定国的例子不胜枚举。旺盛的人才需求，看似突如其来，其实是其来有之。中原大地，封国逾百，国君们无不争先恐后地招贤纳士。

巫是商代的重要文化内容。在没有正规教育的情况下，学方术是获取知识通往精英阶层的重要途径。于是，苌弘在方术上进一步努力，更显才华，得到周室赏识。先是成为周朝贵族首领刘文公的家臣，主持祭祀问卜解梦，表演音乐杂耍。适逢周天子灵王来访，看过苌弘的"月镜"和"机妍"（木偶）表演后惊为天人奇技，更遑论著书立说（见《周史》）。他当时是诸子百家中的"兵·阴阳家"。所以，周王室遂将其带回宫廷任职。苌弘二十六岁开始，进入周的核心政治集团，成为周室位高权重的三朝元老。

二、苌弘鞠躬尽瘁周王室和人民

公元前545年12月24日周灵王崩殂，周景王继位，苌弘为王畿大夫，曾用谶纬术预言人间祸福。前531年初他与景王论时局，说12年前蔡灵侯弑父自立那年，岁星出现在豕韦，今年又在豕韦，所以必遭凶险，蔡国会被楚国灭掉。然而楚王恶贯满盈，等到两年后岁星在大梁时，蔡要复国，楚国就该遭殃了。

东周宫廷变故频仍，苌弘在动荡的局面中显露出自己的政治智慧。每有天子驾崩，他操办国殇，扶新主登位，压制叛逆，安抚百姓，稳固江山，由周室第一"术臣"逐渐成为"宠臣"。而相似于宰相的"内史大夫"之职，更让他成了握有生杀予夺大权的"权臣"。他先是观测天象，主持宗教活动，后为周天子出谋划策，从事国务活动。《左传》载景王十四年（公元前531年），"景王问于苌弘曰，今兹诸侯，何实吉，何实凶。苌弘对曰：蔡凶，此蔡侯般弑其君之岁也，岁在豕韦，弗过此也，楚将有之，然壅也，岁及大梁，蔡复楚凶，天之道也。"时年苌弘四十四岁，准确的预言当然会加强他"通神者"的权威。

《左传》又载：前525年10月13日，晋侯以治病为由，向景王借路祈福。苌弘看在眼里，仔细研究，发觉其中有诈。便告知同为实权派的刘文公：晋侯祈福是假，侵占陆浑是真，恐怕还有野心，须赶快防备。后来晋国果然灭了陆浑，见周已有防备，未敢妄动。

前524年1月24日，毛得杀周大夫毛过，自称毛伯。苌弘说："毛得一定会灭亡。当年夏伯昆吾作恶多端，跟夏桀王同时被杀。毛得在王都干了很多坏事，也免不了要垮台。"苌弘对毛得的骄侈蛮横很了解。当毛得杀毛伯时，苌弘就断定穷奢极欲的毛得没有好下场。8年后，毛得果然与乱臣一道逃亡楚国。

前520年5月13日，周景王驾崩，半月后王子猛继位，王子朝勾结百官将他赶走。这年5月，刘康公的儿子刘文公继承爵位，苌弘又同刘文公辅佐周王，振兴姬周。12月3日，苌弘协助刘文公拥立王子丐继位，为敬王。次年7月，王子朝窜入雒邑，依赖贵族尹氏为周王。10月6日雒邑地震，南宫极因房塌被压死。苌弘借此为刘文公鼓劲，要他发愤图强，去争取胜利。

前518年2月7日，甘恒公去见王子朝，刘文公很担心，苌弘说："同心同德能举大义，王子朝做不到这一点，还担心什么呢？武王在《尚书·大哲》里面讲，'纣有全国百姓，又有四方夷狄，却不能齐心协力；我的十个有治世

资阳人

雄才的良臣，团结一心。'这就是周强盛的根源。您务须修德养性，何必忧虑无能之人！"苌弘为敬王复国竭忠尽智，取得诸侯国信任。

《左传》："八月丁酉，南宫极震，苌弘谓刘文公曰，吾其勉之。"此文记载，周敬王元年（公元前519年），八月乙未，刘文公在苌弘的支持下刚把敬王扶上王位，周王南宫及泾水、渭水、洛水三川地带就发生了大地震。刘文公以为是触犯了天命所致，但年已五十六岁的苌弘认为地震乃自然现象。

公元前516年12月3日，晋终于拥戴周敬王在成周复位，并以重兵守此陪都。次年1月4日，王子朝卷起周室典籍依附楚国去了。劫后东周有如晚秋黄叶，风雨飘摇。苌弘夙夜筹划，寻思重振朝威，修整纲纪。公元前510年9月，他取得刘文公同意，决定奠都成周。晋卿魏献子很赏识他的义举，欣然召集诸侯国大夫到狄泉共商筹建大计。会后，苌弘兴高采烈，不顾他人的一切诽谤，全力筑城。次年2月1日成周城竣工。他因为对迁都兴邦、改变号令卓有贡献，荣升内史大夫，掌管爵、禄、废、置、杀、生、予、夺八大特权，负责编写著作简册，辅佐国君，策命诸侯、卿、大夫，记录和发布国王的命令，并负责收藏四方文献。

苌弘辅佐敬王，始终顾全大局，团结诸侯于周天子麾下，减少战乱，挽回危局。

《左传》载："敬王十年（公元前510年），秋八月，王使富辛，与石张如晋，请成成周。天子曰，天降祸于周，俾我兄弟，并有乱心，以为伯父忧，……不皇启处，于今十年，勤戍五年，余一人无日忘之，闵闵焉，如农夫之望岁，惧以待时，伯父若肆大惠，复二文之业，弛周室优，徼文武之福，以固盟主，宣召令之王，则余一人有大愿矣。昔成王合诸侯，城成周，以为东都，崇文德焉。今我欲徼福假灵于成王，修成周之城，俾戍人无，诸侯用宁，蛮贼远屏，晋之力也。其委诸伯父，使伯父实重图之，俾我一人，无征怨于百姓，而伯父有荣施，先王庸之……魏献子曰，善……冬，十一月，晋魏舒，韩不信，如京师，合诸侯之大夫于狄泉，寻盟。且令城成周，魏子南面，卫彪傒曰：魏子必有大咎，千位以令大事，非其位也，诗曰，敬天之怒，不敢戏豫，敬天之渝，不敢驰驱，况敢于位，以作大事乎……"

此事是说周敬王从苌弘之策，迁都成周的计划得到了魏献子的支持。在召开了狄泉会议后，下令实施迁都方案。卫国彪傒说此举有违天意，还说魏献子必有大咎。可见苌弘辅佐敬王时费尽心力，绝地图强。

公元前506年4月，刘文公联合诸侯扶弱抑强，讨伐久拘蔡侯的楚国。事后被孔子称为佞人的卫臣祝佗与苌弘密谈战前歃盟仪式，问蔡国先歃盟是假还是真，苌弘回答："真的。蔡叔是你们卫康叔的兄长，让蔡占先还不应该？"

可是祝佗执意要求卫国先歃盟。为着这次军事联合的实现,苌弘毅然应允。联军从召陵起兵,配合吴将伍子胥直攻强楚。8月,刘文公死在军中,苌弘执掌国家大权,为周室鞠躬尽瘁,历尽艰辛,为周王朝的发展,做出了杰出贡献。

三、孔子虔诚拜苌弘为尊师　佳话传千古

孔子(站立者)拜苌弘为师塑像

公元前518年,孔子前往成周访问苌弘,向他学习音乐理论和历法、天文知识,并对音乐曲式结构作深入探讨,充分估价音乐在政治、军事、文化和人类社会生活中的作用。

孔子问:"周舞《武乐》演奏前,击鼓警示众乐手,以便各有表情。可为什么准备那么久呢?"

苌弘答:"那是武王讨伐纣王,担忧战士不齐心,所以先击鼓诱发斗志,待到士气旺盛了才出征。现在表演这首战争舞曲,停顿很久才开演,就为了体现武王当年的心情。"

孔子像

再问:"长吟慢叹,表现何意?"答:"战士们企盼武王早下命令,生怕贻误了战机,所以形诸咏叹调。"

又问:"起舞时挥袖飞扬,踏地顿足,脸色威严,忽生开战模样。这种乐舞怎么理解?"

答:"那是姜太公的志趣。他辅佐武王伐纣,唯愿速胜,所以奋发勇猛来助战。"

再问:"长吟慢叹,表现何意?"答:"战士们企盼武王早下命令,别贻误战机,所以形诸咏叹调。"

又问:"舞人一会儿右膝跪地、左膝离地,为什么?"

答:"伐纣时队伍有乱列,周公召公申明法度,让士兵右膝跪地致敬,悬左膝以待纠偏。所以今天的《八佾》舞表现了战斗时乱挨相正的样式,都跪下去又站起来,排列整齐,再现周召二公的故事,并不是《武乐》舞中有跪姿啊!"又问:"乐声深沉到贪鄙的商音,怎么理解?"答:"武王为天下除暴,哪有贪商之声?乐师传承过程中,曲调走样,才让人有这

古筝

感觉吧。如果不是乐师典范失传,那就是武王年老智昏,才有了贪商的曲式。再说起舞时武王孟津阅兵,北对朝歌方向;再奏时已消灭殷商;三奏时已诛纣王凯旋南下,班师镐京,创建周朝;四奏时天下太平,南方荆蛮都来归服,为周朝疆界;五奏时东西中三队分为左右二部,体现国家太平岁月,分陕地东西而治,周召职任左右二伯;六奏颂扬国王盛德,象征回朝整顿军队,舞人归位停步,以示尊崇天子。武王和大将军在队伍中摇铃振奋士气,演奏时也两人提铃,夹列按照节拍,讨伐纣王及其四方附逆诸侯,显示中国的盛大威风。分部前进,想早成大业。久驻雄兵,等待诸侯增援。胜利后停战兴利,抚恤功臣,发展生产,振兴文教,减轻赋税,教民孝佛。于是周朝王道四方响应,礼乐交通,那《武乐》迟缓久待,不也对么?"

孔子溪上的石船,据传孔子当年在石船上请教过苌弘。

孔子最后问:"《韶乐》、《武乐》谁优谁劣?"

答:"《韶乐》是虞舜时歌谣,《武乐》为周武王曲调。如果讲论功勋,舜继尧业天下大治,武王伐纣解救万民,都是功高与日月争光,不分高下。然而就乐论乐,《韶乐》声容宏盛,字义尽美;《武乐》声容虽美,曲调却晦涩隐含,稍为逊色。所以《武乐》尽美而不尽善,唯有《韶乐》可算尽善尽美了!"(以上出自先秦《礼记·乐记》)

苌弘推崇原始社会的禅让制,认定《韶乐》无可挑剔;他维护奴隶主周天子的统治,又稍嫌暴力革命的流血,不免对《武乐》略有微词,这导致孔子"乐以发和"思想:主张温柔敦厚、和平、协调,反对狂躁激进。这种保守哲学,中和理论,影响了几千年。后来,苌弘对刘文公之子刘定公说:"仲尼言必称先王,廉洁谦让,见多识广,记忆力强,大概是圣人又产生了。"有一次,宾牟贾论述商音,孔子点头叹道:"我听苌弘讲过,和你说的一致。"孔子与苌弘的会晤,对他删《乐经》、著《春秋》帮助很大。

孔子溪

孔子少有好学之心,长怀济世之志,崇尚禹汤文武传承的中央王权文明,尊崇周公制定的周室礼乐制度,哀叹东周时期礼崩乐坏,向往先王盛世,把"克己复礼"当作理想,隐含了天下一统和社会大同的政治抱负。孔子适周并与苌弘见面,言必称先王,希望有机会在周天子身边施展抱负。时年孔子三十三岁,苌弘已五十七岁。两人见面,肯定谈了音乐,但不只谈音乐,正如后来孔子周游列国不是休闲旅游。只是这次孔子适周没能参加周王室的政治集团。

其间苌弘让乐队为孔子演奏武王伐纣时的军乐《大武》。也许苌弘认为这种杀伐之声能提振国民精神,安邦定国。孔子离开成周后去齐地听了《韶乐》,认为找到了音乐和政治结合的最高境界,遂有听《韶乐》"三月而不知肉味"的感叹。这就是"孔子访长弘"的史实。在清人所绘《孔子圣迹图》中,孔子适周的标题赫然是"访乐苌弘"。

孔子后来的删诗书，订礼乐，为上古文化进行了系统的总结，也为后来的中华文化打下了坚实的基础。孔子《礼记·乐记》指出："先王制礼作乐"、"礼以道其志，乐以合其声，政以一其行，刑以防其奸，礼乐刑政其极一也，所以同民心，而出治道也"，"唯君子为能知乐，是故审声以知音，审音以知乐，审乐以知政，而治道备也"。孔子从苌弘那里学到的音乐知识后，让孔子对诗书礼乐有了更权威的把握。孔子自谦"三人行，必有我师焉"。想来问礼乐于苌弘也是当然之事。韩愈《师说》云："古之学者必有师。"又称："圣人无常师，孔子师郯子、苌弘、师襄、老聃。"也印证了孔子适周拜苌弘为师的史实。

孔子有言："我亦好礼乐者也。"其实"礼乐"是指周文化所代表的中华文明价值体系，是一种摆脱诸侯混战、恢复社会秩序和伦理道德的政治追求。苌弘会见孔子后向刘文公称："孔仲尼有圣人之表。"这是苌弘跨越时代的政治见解，他认为孔子是中华文化的集大成者，所以众人把"圣人"的称号冠在平民身份的孔子身上。孔子对苌弘谆谆教诲了然于胸，其六艺之学深受苌弘影响；史称苌弘为孔子尊师，众人赞誉。

四、苌弘耿直忠贞烈　"碧血丹心"激励万代人

苌弘是中华民族精神的典范。《史记》、《左传》、《国语》均载有苌弘的活动事迹，《庄子》外篇和杂篇直接将苌弘举例为忠臣、贤臣代表，形成夏有龙逢、商有比干、周有苌弘的民族精神代表。但，苌弘进入了中国正史，龙逢、比干带有传说色彩，所以，中华民族精神核心的忠、勇、仁、义等的源头应是苌弘。

——主编辑手记

南宋民族英雄、伟大忠臣文天祥，在其《绿端蝉腹砚铭文》中刻道："洮河石，碧于血，千年不死苌弘骨。在又他最困难、最痛苦的日子里写的《过零丁洋》诗中写道："人生自古谁无死，留取丹心照汗青"。这"洮河石，碧于血。"和"留取丹心照汗青"不就是我们今天说的"碧血丹心"吗！我们觉得文天祥把东周苌弘对周室的赤胆忠心，后被无辜受戮，死而血碧、伟大的忠臣形象化入了他的灵魂，贯串于他伟大的一生。后来文天祥临死，作正气歌以见忠。"碧血"和"丹心"的连举，最早就是出自文天祥，应该说苌弘有碧血丹心精神渗透到了文天祥的心和他的一生。

明代朱彝尊，他是朱元璋一门后裔，他很敬佩苌弘的碧血丹心精神。当明代末期的伟大忠臣黄道周，为明朝尽忠报国后，他把苌弘的碧血丹心精神，刻

在黄道周所爱的《黄石斋断斋碑砚》上。铭曰:"身可汗,心不辱,藏三年,化碧玉"。

元·郑元祐,在他的《张御史死节歌》中写道:"孤忠既足明丹心,三年犹须化碧血。"

清·戏曲大师吴梅。戊戌政变后,为纪念死士六君子,用苌弘的史实写成《雪花霏》一剧,我们资阳文人杨晋斋,把它改成川剧高腔《苌弘血》,在资阳及邻近各县上演后,获得好评。

——张麟

公元前497年8月,范吉射跟中行寅合攻赵简子,拉开魏、韩、赵三家分晋的序幕。诸侯之间的攻伐兼并如火如荼,周室日渐衰弱,面临生存危机。苌弘报知遇之恩,挽狂澜于既倒,扶大厦之将倾。作为周室内史大夫、三朝元老,他将自己的生命融入了复兴周室的事业,明知不可为而为之。他推行"乱敌安邦"的策略,冒险与晋国叛军结盟,令晋侯怀恨在心。鉴于范氏与刘家世代结姻亲,关系密切,中行氏和范氏又是通家之好,苌弘为了宗周的前途,乃以周朝名义帮助他们,把王室田税也让出一些。

前493年9月,又让郑兵护送齐国粟子给范氏。赵简子在途中偷袭,击溃郑兵,劫走军粮,在戚誓师,大败范、中行。接着,唆使晋大夫叔向到周,多次密会苌弘,造成关系诡秘的假象,然后率师逼周。兵临城下之际,周敬王得到叔向伪造的书简,苌弘对叔向说:"你起晋师来攻周,我废刘氏另立单氏。"敬王信以为真,万分震怒,杀心顿起。

前492年7月9日,苌弘在成周被剖腹掏肠,壮烈殉国,享年约90岁。押解出宫时,老人大呼冤枉,敬王置之不理,杀了他好请晋师退兵。临刑前,先生沉痛陈词:"杀身之祸,我并不悲哀,我是痛惜宗周不统一!难道主张迁都是为了表功?唉,可怜周王清静的庙堂就要毁灭了!"历史印证了苌弘的话。周敬王在晋侯的逼迫下杀害了苌弘。乱世出忠臣,苌弘是周朝最有名的忠臣。周敬王出卖苌弘的行径,彻底摧毁了周室赖以生存的道德根基。自此,周室更加衰弱,最终走向灭亡。

《吕氏春秋》一书,系苌弘遇害二百七十多年后由吕不韦所编著。书中记载苌弘已事周王多年,他多年从事国家政务活动,对各诸侯国的情况了如指掌。《吕氏春秋》说他的判断为"圣人之所察"。

苌大夫的忠骨安葬在河南洛阳东北山上,遗著《苌弘》15篇,惜已无存。后人筑祠祭祀他,流传了他许许多多的传奇故事。乡亲们感于苌弘殉难之惨烈,把他的血藏在匣中,传说三年以后化作青绿色的美玉,璀璨夺目,光照人间。

中国历史在春秋战国时代，诸子百家的学术思想形成了延续至今的中华文化。而苌弘忠君爱国的思想和行为自然是中华文化的重要内容。曾经抱怨过他的百姓发现他是个舍身成仁的伟人。他们安葬了他的鲜血和心脏，保护了他的遗族。晚于苌弘二百年的庄周，在《庄子·外物》中写道："苌弘死于蜀，藏其血，三年而化为碧。""碧血丹心"的成语即源于此。

《左传》评论苌弘道：苌弘为"乱敌以安邦"，支持晋国反对派。晋卿赵鞅恼羞成怒，借机逼着周敬王杀掉苌弘。苌弘已是白发苍苍的耄耋老者，他是周朝灵王、景王、敬王的三朝元老，辅佐了周王室整整五十七年。苌弘死于忠君爱国。

《庄子·外篇·胠箧》："昔者龙逢斩、比干剖、苌弘胣、（伍）子晋靡，故四子之贤，而身不免乎戮"。庄子认为苌弘是夏、商、周、战国四贤臣之一。

《庄子·杂篇·外物》中还说："人主莫不欲其臣之忠，而忠未必信，故伍员流于江，苌弘死于蜀，藏其血三年而化为碧。（注：郭象曰，精诚之至。陆德明曰，吕氏春秋，藏其血三年，化为碧玉。陈寿昌曰：蜀，当是成周近邑。非蜀郡也。或曰於蜀属下为句。管子注，祭器也。）"庄子又认为苌弘是周代忠臣的代表。从此以后，苌弘成为中华民族忠君爱国的象征。

《四川通志》载："苌弘祠……祀周大夫苌弘。"有唐代柳宗元吊文，原文于下："有周之嬴兮，邦国异图。臣乘君侧兮，王易为侯，威强逆制兮，鬱命甫幽。疹蛊膠密兮，肝胆为尤。姦权蒙贷兮，忠勇以刘。伊时云幸兮，大夫之羞。呜呼危哉！河谓溃溢兮，横躯以抑。崇高圻侈兮，举手排抉。直压弱之不虑兮，坚刚以为式。知死不可挠兮，明章人极何夫。大夫之炳烈兮，王不夫寱谗贼，卒施快于僄狡兮，怛就制乎强国。松柏之斩刈兮，蓊茸欣植，盗骊折足兮，罢弩抗臆，鸷鸟之高翔兮，孽狐惴而不食，窃畏忌以群朋兮，夫孰病百而伸一。挺寡以校众兮，古圣人之所难。矧援嬴以威憿兮，兹固蹈殆而违安。杀身之匪予戚兮，闵宗周之不完。岂成城以夸功兮，哀清庙之将残。嫉彪子之肆诞兮，弥皇览以为谩，姑舍道以从世兮，焉用夫考古而登贤。指白日而致愤兮，卒颓幽而不列，版上帝而飞精兮，叹廖廓而殄绝。羯冯云以狂懃兮，终冥冥以鬱结，欲登山以号辞兮，愈洋洋以超忽。心洹固其不化兮，形凝冰而自僄。思始而虑末兮，非大夫之操。陷瑕委厄兮，固衰世之道。知不可而为兮，誓不偷以自好。陈诚以定命兮，俾贞臣以与伦。友比干之以仁义兮，缅辽绝以不群。伯夷殉洁以莫怨兮，孰恪轨其遗尘。苟诚端之内亏兮，虽耆老其谁珍。古固有一死兮，贤者乐得其所。大夫死忠兮，君子所与。呜呼哀哉，敬吊忠甫。"

曾让"洛阳纸贵"的左思《三都赋》说：蜀中有讲不完的神奇之事，"碧出苌弘之血，鸟生杜宇之魂"。将苌弘与杜宇相提并论。

唐代诗人顾况《竹鞭歌》："玉润犹沾玉垒雪，碧鲜似染苌弘血。"

唐代诗人郑谷《春草碧色诗》："苌弘血染新，含露蒲江滨。"

南宋《绿端蝉腹砚铭文》曰："洮河石，碧于血，千年不死苌弘骨。"文天祥的这条"铭文"，出自清人梁晋竹《两般秋雨盦随笔》。文天祥《过零丁洋》诗："辛苦遭逢起一经，干戈寥落四周星，山河破碎风飘絮，身世浮沉雨打萍。惶恐滩头说惶恐，零丁洋里叹零丁。人生自古谁无死，留取丹心照汗青。"可见苌弘"碧血丹心"的精神在民族危亡，国家危难之时，总有志士仁人传承并发扬光大。

元朝郑元祐，字明德，遂昌人。幼颖悟，阅读广泛，儒学教授。其《张御史死节歌》中有"孤忠既是明丹心，三年犹须化碧血。"

明黄道周，工书善画，文章风节高天下。福王时官礼部尚书。唐王时为武英殿大学士。其《黄石斋断碑砚》曰：该砚刻断碑二隶字，下刻道周二字印篆，左刻铭曰："身可汗，心不辱，藏三年，化碧玉"。可见"碧血丹心"成语在当时已是家喻户晓。黄道周赴江西招兵，与清师相遇，兵败被俘不屈被杀，践行了碧血丹心的苌弘精神。

清康熙年间进士、乾隆中博学鸿词科、翰林院检讨、河南知府张汉所书碑，上端题"题周大夫苌弘墓、去洛京三十里"，碑的正面书大草体，系一首五言诗：

式彼忠臣墓，先师访乐人。

三年消碧血，万古化青磷。

地下追彭比，天中重鬼神。

如何西亳路，□土缺明□。

落款：云南张汉

1927年，中国共产党早期领袖李大钊被捕以后，在《敬告全国父老书》中写道："万一横逆之末，则当……出其丹心碧血，染吾黄帝已降列祖列宗光荣历史之末页。"

原人大常委会副委员长、中国国民党革命委员会主席何香凝，在"艺术典藏"题款中写道："卅年革命中山孙，廖何仙俪同及门，苌弘埋碧死不朽，周愁恤纬□犹存。"

抗战英雄李家钰、饶国华、王炳章阵亡后，各界纷纷以"碧血丹心"相挽。

"碧血丹心"典故影响深远，左太冲写《蜀都赋》，关汉卿著《窦娥冤》，秋鉴湖作《对酒》诗，孙中山挽黄花岗，柳亚子悼李家钰，国人颂周恩来，都用了这个典故。

苌弘既是正史中人，又是神话中人。"性质纵已定，还将心肝掏。苌弘血化碧,哀痛总能消。"陶铸这首诗由其女录入《一封终于发出的信》,在 1978 年 12 月《人民日报》发表,国内外报刊竞相转载,连同《师说》、《窦娥冤》入选语文教材。苌弘的名字因而传到全世界的读者中,印在亿万学生的脑子里。

为了表示对苌弘的敬仰和怀念,为了承传苌弘的精神,历代众多史书、辞书如《左传》、《国语》、《礼记》、《吕氏春秋》、《大小戴礼记》、《庄子》、《孔丛子》、《淮南子》、《水经注》、《史记》、《汉书》、《华阳国志》、《韩非子》、《搜神记》、《资阳图经》、《诸道图经》、《太平寰宇记》、《四川通志》、《资州志》、《康熙字典》、《辞源》、《辞海》、《中国人名大辞典》、《蜀都赋》、《师说》、资阳《张氏族谱》、《四川地名考释》、《内江地区文化志》、《川史通讲》、《四川古代名人》、《资阳文史资料》、《四川省测绘局地图》、清、民国《资阳县志》等等都记载了苌弘的史实。

《辞源》1980 年版"碧血"词条:"《庄子》:'苌弘死于蜀,藏其血,三年而化为碧。'后常以"碧血"与"丹心"连举,称颂为国死难的人。"

第三节

史实 州官 乡亲认定苌弘是资阳人

一、苌弘精神铭刻乡心

苌大夫是那样令人敬爱，难怪他的乡人把他殉难的刑场和孔子来访的地点都说成资阳，传诵 2400 余年而不衰。据说在苌大夫为母守孝期间，孔子因急于订正《乐》遇到困难，乃不远万里入蜀拜师。孔子拾级登上高岩山，适逢苌弘外出，听说孔子来访，急溯沱江沿溪返回，正好碰上孔子乘船赶到。孔子见那忠厚长者伫立船头，便问："你不就是周大夫苌叔子？"苌弘诙谐作答："老夫正是，尼甫高见！"时值轻风拂拂，细雨濛濛，二人揖拜礼让，在溪边石洞暂避风雨，相谈甚欢。三个月后，孔子满载而归。物换星移到如今，在资阳仍有不少遗迹。孔子来访的地方得名忠义镇，舣舟晤谈的山涧得名孔子溪，还有山、寨、洞、溪、桥、村、庙，都以苌弘命名，令人闻其名而遥想不绝。

战国时，资阳坝天台山即有苌弘祠，宋朝尊称苌大夫祠，明朝改名赞圣祠，清初建东周文献苌弘故里坊、清中叶竖三贤故里坊、晚清立三贤祠，其初铁路占毁祠角，其余逐渐拆建毁完。隋唐属龙水县上乡，有东津镇，晚唐建东津寺，北宋范祖禹有《资州路东津寺》纪游诗，宋元别名望二溪，说是站在东津寺一眼可望孔子溪、苌弘溪，明清因为王家居多俗称王二溪，官称忠义场，表彰苌弘忠肝义胆，清末民初设访弘乡。1974 年批林批孔运动中，苌弘人民公社石刻被石灰刷抹保护。2004 年，高岩山下孔子溪苌弘桥畔恢复苌弘祠，1986 年资阳才士墨书《苌弘传》于壁头。2005 年 11 月，故乡人民重修苌弘祠。2007 年，南门坝城市雕塑孔子访苌弘。

徐伯荣先生有美文《孔子访苌弘》记其事：

"自雁江古渡口乘轻舟顺江而下，水声汩汩，水色湛绿，两岸麦苗青青，勃勃生机。山岭上桃花、杏花、梨花争芳斗艳，河边细柳拂扬，船行如在画图中，令人心旷神怡。约莫两小时光景，船到望二溪。这是资阳历史上杰出的第一辈古人—东周大夫、古代天文学家苌弘的故里。

船靠望二溪，我们弃舟登岸。映入眼帘的孔子溪、苌弘溪盈盈溪水，汇入沱江，清浊分明。当地人介绍说，这就是'一眼望二溪'的名胜古迹。相传这是孔子访苌弘的地方，故取名访弘乡。"这是乡亲对苌弘的敬仰和怀念的心情。

"清康熙四年（公元1665年）成都知府冀应雄前来资阳拜谒苌弘故里，书赠资阳县'东周文献苌弘故里'八字，书法流利，落墨神韵，矫若惊龙，在资阳城西建立石坊刻于其上，以资缅怀。

苌弘庙原址地　唐俊高　摄　　　农民为苌弘造的像　唐俊高　摄

我们从苌弘寨踽踽而行，寨里有一副纪念孔子访苌弘的楹联，刻工精细，书法遒劲，虽岁月流逝，风雨剥蚀，仍完好无缺。联曰：

象鼻蜿金钩岭似长虹阴虎拜

狮蛇缘玉雁溪环孔子伏龙回

我们一行来到苌弘洞，洞与一般山岩无异，却有神话般传说，因苌弘而有名，正是名胜古迹由来之依据。伫立苌弘洞侧，望着涓涓细流的孔子溪、苌弘溪曲曲弯弯，回肠百转，绕山越岭汇入沱江。苌弘像清澈山溪流水，滔滔东去，却又是在星移斗转几千年里，不废江河万古地永存人间。"

约建于1767年的苌弘岭苌弘祠楹联：**峻岭掊苌宏古刹重辉通帝讳**

清溪环孔子安澜永庆仗神庥

经初步统计，在资阳纪念苌弘的有关实物、地名有：

（1）苌弘祠：北宋《太平环宇记》载："资阳县……苌弘祠。弘无辜受戮，死而血碧，故后人立祠祀之"。祠在城南天台山上，始建于北宋，年久祠废，遗址尚在。

（2）"周大夫苌弘故里"碑：在距西门口约200米的大道旁，旧川主庙侧。

碑高 2 米多，宽 1 米余。南宋时始建，明末此碑倒仆地上。清乾隆十三年（公元 1748 年），知县代觐修整重立。

（3）苌弘亭：县城西关外，原有苌弘亭一座，亭为四方形，人字顶，建于何时年久无考。

（4）赞圣祠：明代嘉靖十一年（公元 1532 年），督学陈銮经过资阳时，见城西大道旁的"周大夫苌弘故里"碑，当即寻访其遗迹，至天台山寻得苌弘的旧祠址，遂与知县赵廷臣商议，修复苌弘祠。"见弘之仕周始终称忠烈"，"又以访乐一节，不无一得之助于孔子"，顾命名为"赞圣祠"。陈銮亲笔撰书记文，刻赞圣祠碑一方，同知县赵廷臣、主簿高升及县城诸生前往竖碑祭拜。三十五年后，即明代隆钦元年（公元 1567 年），陈銮擢升为四川布政使司左参政，再次经过资阳。因前碑字迹剥蚀，知县肖准再请陈銮书写碑文，重新刻制竖立。至清嘉庆年间祠废，屋基尚存，碑石倾扑，字迹微有磨灭。

（5）"东周文献苌弘故里"碑：清康熙四年（公元 1665 年），成都知府冀应雄来资阳时，敬仰苌弘的忠肝义胆和渊博学识，亲笔手书"东周文献苌弘故里"八个大字，每字长宽 70 厘米，用四块碑石克刻二字，立于县学（今县公安局西侧）内，使县学诸生朝夕瞻念先贤，激励勤奋学习。清雍正年间，知县赵曰睿瞻仰苌弘故里碑等遗迹后，以《苌弘故里》为题，作七言律诗一首："访乐当年文献崇，缅怀遗迹吊资中（即今资阳）。正诗早识尼山叟，好古还同柱下翁。碧血可能依晋霸，黍离久已咏王风。萧条三尺残碑在，几岁摩挲恨未终。"

（6）忠义祠：苌弘素以忠义闻名于世，人们称赞其"仁义类比干，殉洁轨伯夷"。宋代景佑（公元 1034 年）初建，明清扩建的资阳孔庙内，设有忠义祠，周大夫苌弘位居首席，新中国成立前岁岁备齐三牲酒礼祭祀。

（7）忠烈公祠：在凤台山章团内，清光绪三十年（公元 1904 年）增修，县内忠义、节孝诸木主（牌位）立于祠内，享受祭祀。苌弘位列第一。

（8）忠义场与忠义镇：距县城南 25 公里的苌弘出生地，从古到今多次命名为忠义场、忠义乡、忠义镇，或取孔子访苌弘之意，命名为访弘乡、访弘公社。并有以"忠义"二字命名的中学、小学和乡镇企业等。忠义中小学师生还多次组织登苌弘山，游苌弘桥，观苌弘洞，寻访苌弘遗迹，充分反映了家乡人民对这位先贤的怀念深情。

（9）苌弘山：又名高岩山，在忠义镇苌弘村境内，是苌弘出生地，山上早年有祭祀苌弘的旧祠，年久祠毁，仅存记载。

（10）苌弘寨：在苌弘山上，1953年四周寨墙尚完好，只有经寨门才能上山，寨内旧有庙宇，田土属庙产。寨门两侧的石崖上有菩萨雕像数尊，寨门用巨石修成，气势雄伟。七十年初代，寨门巨石和遗迹尚存。县文化馆曾国柱曾来拍照。

苌弘寨门左侧遗迹　苌弘寨门右侧遗迹

左为苌弘寨上乡民供奉的神龛，右为作者与苌弘寨村民一起。

（11）苌弘洞：在苌弘山下，相传此洞为苌弘出生地点。据现年80多岁的张相平回忆：他读小学时，在老师带领下，去看过苌弘洞。那时洞较深，现在洞浅了，经过修整住人，变了样。洞内至今留有苌弘牌，由三块石板装镶而成，牌形清晰可辨，字迹完全剥落。

（12）苌弘溪：苌弘山下右侧有一小溪环绕，蜿蜒流入沱江，名苌弘溪，与三里外的孔子溪相望并流。

（13）孔子溪：在苌弘山左侧，昔日立乡校旁祀孔子，又因孔子访苌弘而留名。溪上方的摩崖石刻，留有清代教谕鲁洙文所作五言律诗一首，其中有"溪名留孔子，人物表苌弘，执辔津须问，惊心逝者同"句。

（14）苌弘桥：苌弘溪有一座石拱桥，名苌弘桥（又名长虹桥），桥长18米，高6米，宽逾3米，清光绪十五年（公元1889年）修建。

（15）"苌弘桥"碑与诗刻：桥头立有苌弘桥碑一座，碑为四方形，高约4米，四面各宽80厘米，大头盖，亭子顶，碑正面上端刻"长虹桥"三个大字，下刻小字撰文记事，侧面刻有"溪流孔子叹途穷，野草堤花碧血烘"诗句，恰与孔子溪上所留摩崖刻诗句相互映衬。

苌弘寨千年水井

苌弘祠外千年黄桷树

我们所到之处，深深感到苌弘乡亲对他的怀念、追思之情，无论是老人还是小孩，男人还是妇女，一旦知道我们是来考察苌弘故乡的，就滔滔不绝地和我们说起苌弘的故事来。真是人人心中有苌弘，各个嘴上讲不完苌弘的故事。

千古圣人孔子参访苌弘之事，苌弘故乡人以此为傲，资阳苌弘广场把晚年的孔子和苌弘列在一起的巨大雕像，是为响应人们对孔圣人标准像认同而安排的一次时空穿越。

我们一起去看看苌弘广场吧。

资阳城南，沱江之滨，九曲河入口，曾是江边洼地，农家菜地，殇氓墓地。水涨即淹，水退人进。

40000年前，始祖"资阳人"就在此打鱼狩猎，繁衍生息，开创伟大的资阳文明。秦朝置县，资阳城有两千多年历史。千百年来，资阳城卷缩沱江边九曲河

苌弘祠门前的对联：
上联但被新修的围墙挡住，只能看到一点边。
下联为"清溪环孔子安澜庆仗"。

苌弘碑上端

新建的苌弘祠正门

苌弘碑

苌弘桥

苌弘溪　　苌弘故居这一组照片均由总编室摄于2013年4月初

冲击扇,直到 1949 年,仍属"九宫十八庙"的弹丸之地。

新世纪的曙光照进文明摇篮,城市向东西南北四方扩展,资阳城市建设日新月异。沱江大堤缚住江流,九曲河畔天上人间;世纪广场开新元,苌弘广场续华篇,大雁腾飞展雏翼,孔子访弘跃中天。

苌弘广场北起雁江古渡,南望书台春晓,遥听宝刹晨钟,远观天台夕照。南北长 800 米,占地 35000 平方米,是巧合,更是吉兆。立《孔子访苌弘》巨雕,颂巨人会晤供万世景仰;辟环状浅浮雕,群展苌弘音律成就,装点八面风光。编钟声声,排箫阵阵,箜篌袅袅。乐舞盛况,艺术再现,简约明了。

苌弘广场滨江绿色景观工程,由四川明杰建筑设计有限公司设计,资阳市第二建筑公司承建。雕塑工程由四川大学美术学院段禹农博士设计,四川兴聘达建筑发展公司制作。总投资 1500 万元,雕塑制作 220 万元。苌弘广场成为资阳市民休闲游览观光又一胜地。

漫步广场回廊,听命运交响,观碧波荡漾;棋盘对弈,小憩品茗;晨练太极,暮放风筝;其景融融,其乐陶陶,呈一片和谐之象。

《孔子访苌弘》巨型雕塑耸立苌弘广场,应市政府号召,资阳儿女齐操刀,撰写雕塑基座铭文,先后有四位作者交了答卷,从不同侧面,以不同的方式和艺术手法,或激昂高亢,或古朴典雅,展示了孔子访苌弘这一历史事件和资阳悠久的历史文化,讴歌了现代资阳儿女构建和谐社会的伟大壮举。

人们络绎不绝地前去瞻仰、拜祭。孟基林、严照宣、刘仲、秦耕等许多文人志士,出于对苌弘的敬仰和继承其意志,写了《苌弘赋》。现将孟基林所作转载于此:

沱水茫茫,莲山苍苍;资阳人文,源远流长。三万年前,始祖发祥;帝尧九子,治国资阳。东周苌弘,西汉王褒,东汉董钧,三贤名扬。沱江新城塑先贤,苌弘精神永流芳。

唐尧虞舜夏商周,春秋战国乱悠悠。周室衰败,诸侯称王,晋齐鲁宋,各霸一方。蜀中苌叔,结庐山岗,满腹经纶,初露锋芒。入仕中原匡周室,石镜机妍献君王。爵禄废置,生杀予夺,八大特权,策命诸王;编史立献,欲振朝纲。灵景悼敬,风雨飘摇。四代君王岂堪托,怎奈三晋势弥强。卫臣祝佗歃盟,叔向离间敬王,苌弘殉国,剖腹掏肠。孤忠哪顾时人谤,碧血丹心远名扬;忠骨埋洛阳,英魂归故乡。镇村河桥留美名,山寺洞寨不相忘。

苌弘通才,治学汪洋。天地之气,日月之行,风雨之变,历律之数,谶纬之学,音律之长,天文开启南派,音律成就宗纲。人称智多星,折服孔圣人。足智多谋德望重,仲尼慕名两造访。千里成周访苌弘,巨人拜会闪灵光。韶乐尽善,天下大治;武乐尽美,王道四方。乐以发和启中庸,春秋乐经耀光芒;

千秋佳话世人仰，声政相通铸辉煌。

苌弘故事，百世流芳。国语左传，封禅大戴，韩非拾遗，淮南老庄；左太冲咏蜀都赋，关汉卿著窦娥冤，秋鉴湖作对酒诗，孙中山挽黄花岗，柳亚子悼李家钰，当代人颂周翔宇；大师吴梅雪花霏，故土川剧挺高腔。世人传唱，荡气回肠。

比干剖心谏纣王．陶铸无私心宽广。"性质纵已定，还将心肝掏；苌弘血化碧，哀痛总能消"。危世忠良，盛世华章，千秋笔墨，复归纲常。

资阳八景今何在，孔子访弘千古唱；巍巍雕塑耸资阳，悠悠号子震沱江；蜀山竞秀千山绿，沱水争流百舸忙；回肠九曲忆先贤，滚滚波涛入长江。西部车城添新景，绿色资阳续华章。三贤故里，百业兴旺；社会和谐，富足安康；民心思进，德贤可光；承先启后，奋发图强。

二、史实和资州州官认定苌弘是资阳人

《华阳国志》校注说：〔资中县〕两汉旧县，蜀、晋因。故城在今资阳县城东北。（寰宇记）卷七六卷末宋人校勘记引〈资阳图经〉云："汉资中城在县北，临中江（按：今沱江）水，今坏无余址。"此县于南朝齐梁间荒废，至北周始于其地置资阳县，即今县治。今之资中县则为北周之盘石县。西汉资中县辖今资阳、资中、内江、威远等县地及安岳、乐至之一部。东汉分立汉安县。

历史脉络是：战国时秦国蜀郡始置资中县，汉置犍为郡，划辖与之。魏明帝武成二年，更名为资阳县。故城在今资阳市城东北，临中江水（今沱东），后就地重建，至今犹存。

宋《太平寰宇记》载："资阳县……苌弘祠，弘无辜受戮，死而血碧，故后人立祠以记之。"

乾隆初修资阳县志序云："资阳邑当冲衡，即古资中地也。山水秀丽，甲于全蜀。访苌弘之故里，登子渊之书台……"

《四川地名考释》载："资阳县沿沱江数百里间，只此一县，汉置犍为郡，割资中属之。"（注：古资中乃资阳之故称）。

《可爱的四川》："苌弘，四川资阳县人。"

《四川省内江地区地名辞典》：忠义镇在资阳县南部，沱江右岸。面积47.5平方公里。人口2.77万。镇人民政府驻忠义场，距城关镇15公里（公里里程28公里）。辖1居委会、22村。1909年置忠义乡，以驻地得名。1940年与碑记乡合建中记乡，1941年分置。1951年改名访弘乡。

- 472 -

资阳人

张麟 现82岁 原籍资阳忠义镇谭家沟烂古堰（现南津镇曹土村），年轻时曾在资阳王二溪小学、迎接镇余家寺小学、临江中学、丹山中学教书，后到内江工作、生活至今。几十年一直致力有关苌弘的研究和考证。

对苌弘颇有研究的在资中工作几十年的张麟老师，以自己的经历充分说明苌弘的故乡在资阳忠义镇。

张老已82岁高龄，原籍资阳忠义镇谭家沟烂古堰（现南津镇曹土村）。他说，从有记忆的时候起，就听父老说起孔子访苌弘的故事，说苌弘就在捏颈子的苌弘山，苌弘山有苌弘洞，有苌弘寨，有苌弘庙，有苌弘桥，还有一条苌弘埂，还有因孔子访苌弘的传说而被称为孔子溪的地方，当地也被命名为访弘乡（现因行政区划调整为访弘村），并且，忠义镇的"忠义"便源自苌弘尽忠之精神。张老说，他少年时去集成中学（后来叫王二溪中学）读书，天天都要从捏颈子苌弘山下路

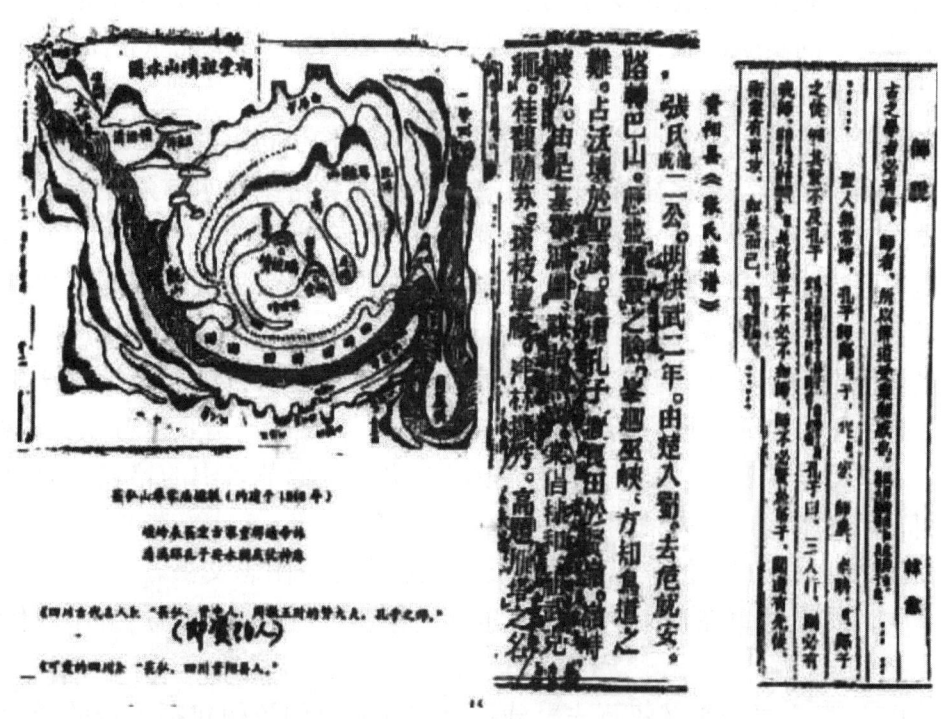

清嘉靖丁丑年《张氏族谱》地形图：
苌弘山、苌弘埂、孔子洞（张麟提供）

过，但那时年幼，对苌弘并不十分了解，后来进城在县男中(现老资阳中学)读书，校门口有几棵大黄桷树，树荫里有道牌坊，木质，上书"苌弘故里坊"。那时候想，能够上牌坊的人，绝对是了不起的人，自己是苌弘故里人，感到很自豪。再后来，书读得多了，对苌弘的相关事迹也了解得更多，知道"碧血丹心"这个成语的来历竟然是源于苌弘的事迹。纵观历史，以一个人的事迹演化品行成语而且是歌颂赞扬的人物寥寥无几，苌弘是屈指可数的人物，感到苌弘的精神确实太伟大，太了不起！作为苌弘故里人，张老后来无论是在王二溪小学、还是在迎接镇余家寺小学以及临江中学、丹山中学等教学过程中，经常给学生讲述苌弘的故事和传说。后来到内江工作至今的50年间，以自己是苌弘故里人感到荣耀。据张老介绍，张氏族谱记载："张氏(张龙、张虎)二公，洪武二年由楚入蜀，去危就安。路转巴山，历尽嚣畿之险，峰回巫峡，方知鸟道之难。占沃壤于圣溪(此处应是孔子溪——笔者注)，置良田于贤岭(此处则为苌弘埂——笔者注)。岭峙苌弘。"同时，张老祖坟图及张氏祠堂明确标注了"苌弘山、苌弘埂"。就是说，张老的祖先从湖北一带来到现在忠义镇的地方，就住在了苌弘故里的土地上。那个时候苌弘就已经是口口相传、家喻户晓的事情了，根本不需要考证。

2000年，张老在看中央电视台《走遍中国》节目时，发现《内江篇》说苌弘是资中人，说资中发轮镇龙水村有个苌弘洞就是苌弘故居。张老懵了：分明是忠义镇同乡的苌弘，怎么在中央电视台节目中变成了资中龙水村人？苌弘怎么可能"一身"诞两地？

张老爱好古籍收藏，他立即找出四川省测绘局1980年调绘、1981年出版的四川省地图中的内江地区资阳县、资中县，发现发轮镇龙水村那地方最出名的是"灌沟"，而灌沟有个"灌洞"，地图白纸黑字标明的是"灌沟、灌洞"。整个灌沟区域不见任何与苌弘沾边的地名，中央电视台拍摄的灌洞居然堂而皇之成了苌弘洞，岂不是笑话。

张老决定澄清这个谬误。经过了解，中央电视台节目中与当地说法相悖的原因，是由于资中研究地方历史文化的个别人"误导"，给苌弘办了"迁移"。

张老立即给内江有关部门写信，指出中央电视台节目中的错误，要求官方出面纠正。（节选自杜先福《我和苌弘是同乡》）

张麟老师展示出来的家谱也说明苌弘的故乡在资阳忠义镇。

其实，苌弘故里在资阳这是无可争辩的事实，两位古时的州官早就作了定论：

1815年嘉庆二十年《资州志》载：资州（古时的资州包括现今的资中、资阳、内江等地域）州官赵遵律于1801年和1802年两次著文谈及在资州本级地域（资中地域）找不到苌弘遗迹。

1860年，清咸丰十年庚申夏，资州州官爱新觉罗·恒保在他写的《资阳县志序》中说："粤稽蜀中山川形势，次及资阳，五台耸翠，二水流青，带九曲之潆洄，抗双峰之挺峙。老聃山峻，道德之崖岸谁攀；宣圣溪深，文学之渊源可溯。且也访苌弘故里，犹想见输忠延祚之心；登谏议层台，尚传闻圣主贤臣之颂。"

综上所述，州官赵遵律经考察认定苌弘故里不在资中，而爱新觉罗·恒保这任州官确认，资阳境内确有苌弘故里。所以，苌弘就是资阳人，无争议可言。

三、苌弘后人建设河南有功、寻根祭祖

苌弘后人代代怀念苌弘、追思苌弘。在苌弘壮烈死难后，他的后人隐姓埋名四处逃散，留下来的部分后人偷偷埋葬了他，为他长久守墓。苌弘被杀于邙山，山坡被血染红，所以，邙山又叫红石坡。后人尽可能地把苌弘的鲜血收藏起来，传说三年而化成碧，如《庄子·外物》所说："苌弘死于蜀，藏其血，三年而化成碧"。后常以"碧血"称为正义而流的血。郑元祐《张御史死节歌》："孤忠既足明丹心，三年犹须化碧血。"从此碧血丹心成为千古传颂的成语。

隐藏下来的苌弘后人见苌弘的鲜血化为碧玉，就将苌姓改名为"化"姓，将他们所在的村庄改为化碧村。到了20世纪初，有的化姓苌弘后人也恢复了苌姓。70年代，化碧村简化为化村。山西省苌姓宗祠中注名"苌、化"同姓、同家，所以，苌、化历代严禁通婚。

苌弘死后，留在河南的后人继续为河南建设发展做贡献。苌弘字叔，以行第为字，上有二兄，只因族小人少，显宦不多，但建设河南，苌弘后代竭尽全力。"曾祖以下，班班可考。阳翟苌村得名甚古，金时改阳翟为钧州，明朝更至禹州，有苌庄部。《禹州市地名志》说：'春秋时，周敬王大夫苌弘居此，建村后，取名苌弘街，后称苌庄街，简称苌庄，聚落位于荟萃河东岸河曲处，南北延伸。'"魏《皇览·冢墓篇》写道："苌弘冢，在河南洛阳东北山上。"

河南省禹州市苌村苌弘墓碑
王阔渊 摄

苌弘后人在建设河南中做出多大贡献，

无详细史料可查。但可从苌弘约第 48 代孙的墓志铭中了解一二。苌弘子孙始为阳翟人，苌弘后人苌高生于公元 621 年，苌高墓志成于公元 716 年 1 月 27 日。其墓志铭，译文如下：

"苌君名高，字桢干，祖先是颖川郡阳翟县人，周大夫苌弘的后代。曾祖先名则，隋开皇年间曾任河南郡康城县主簿。祖父名感，唐武德中当过蔚州飞狐县尉。苌君不求显达，英才秀逸，人品高贵，文采出众，他羡慕竹林七贤的隐居生活，乐于效法五柳先生陶渊明的为人。闲适地坐在床席上，态度大方，从容不迫，旷达之情寄托诗书。他在乡间优游，情趣追随庄子惠子。他活到五十九岁，永淳二年卧病，死在家里。送终的礼仪异乎寻常，乡里传颂他的品德，美名远扬，至大唐开元三年十二月二十八日，同夫人刘氏合葬于苌村东二里。这地方，东观茨陵，西望嵩山，南跳颖河，北依归阜。于是乡邻赞叹，行人伤感。为什么与梁鸿的故事如此的不同，只卜得贤妻在地下作伴？贵公子苌游岩，志向等同曾参闵损，孝行堪与王祥比肩。父亲过世三十三年，母亲又死亡，考虑依礼治丧，遂行移棺合葬。游岩担心山谷变迁，桑田成为大海，所以嘱撰这篇墓志。铭文说：

天体运行万古如斯，人却不能永葆阳寿，世间变化没个定准，不是没有也不是有。一旦命归黄泉，只好荒田长守。生与死连续演绎，所以人类社会能够长久大海干枯了，桑树绿油油。河流改变后，故道栽杨柳。唯有刻在墓碑上，才能相传不朽。"

苌弘后裔化凤林夫妇在苌弘桥边功德碑前祭奠先人 杜先福 摄

在周朝之后，苌弘后人开始公开祭奠苌弘了，尤其是到了 21 世纪，祭奠苌弘的活动越来越多，苌弘墓修葺复旧，并被洛阳市列为重点文物保护单位，在偃师城的文化广场雕塑起他的事迹。

苌弘研究会也在河南成立起来，开始有组织有计划成规模地纪念苌弘的活动。在这个活动中，他们寻根问祖，下了很大功夫。

他们开初在河南寻找，后来发现他们老祖根在四川沱江岸上的资阳或是资中，经过长时间研究大量资料，他们认定苌弘故乡在资阳。

苌弘后人确定祖籍后，希望到资阳寻根。

2002 年，荥阳市委党校党委书记苌松华到资阳寻根后，编《汜水苌氏文化志》，收录王阔渊文章《苌弘化碧》、《苌弘传》，认定祖籍在资阳。

偃师市原政府办副主任、旅游局局长化凤林任研究会会长。2010 年 10 月 25 日化凤林携家人专程从河南赶到四川资阳市雁江区忠义镇访弘村苌弘墓地，祭奠、瞻仰苌弘遗迹。在前往苌弘寨、苌弘溪、苌弘桥、苌弘碑等处，都听到了许多乡民热情介绍苌弘的故事。化凤林深有感慨地说：家乡人，人人熟知苌弘伟绩，张口苌弘，闭口苌弘，我们的祖先在天也欣慰了。我们寻根祖先的出生地多年，今天终于确信无疑地找到了。

（这一章参考王阔渊的《苌弘志》文稿进行编纂。）

第三章

战国时期资阳、巴蜀地域

发展工商重农业　丝绸之路要驿坚

前722年～前221年

资深专家论点综述：

《帝王世纪》说：战国七雄的国君，韩、燕、魏是帝喾的后裔，齐、楚、赵、秦是颛顼后裔，颛顼、帝喾都是黄帝后代，也和黄帝一起都是"资阳人"（燧人氏）后裔。

蒙文通在分析《山海经》中的关于发达中心的论述后指出："从以上分析来看，可知《山海经》全书三部分所说的'天下之中'，都以中原文化所说的'天下之中'迥然不同。它所指的是巴、蜀、荆楚地区或者只是巴蜀地区。"蒙文通还强调："富饶的巴蜀，未受到战争的影响，社会繁荣，依然如故。"当时资阳也是富饶繁荣，与成都不相上下。当时的蜀地称为"三蜀"，即广汉郡、犍为郡、蜀郡。资阳、简阳等地域为犍为郡。

在东方战乱中，资阳成了战国的后方，秦等诸国纷纷与资国友好，寻求资国帮助建造兵器，发展军事科技。青铜兵器建造出一件就被东方诸国抢购走一件。因此资国的兵器制造业和货币流通业比较发达。

早在张骞通西域以前，西南的先民们就已开发了一条自四川成都经资阳、宜宾、昭通、滇池、大理、保山、腾冲进入缅甸，远达印度的"蜀身毒道"（身毒是印度的古称）。由于它始于丝织业发达的成都平原，并以沿途的丝绸商贸著称，因此也被历史学家称为"南方丝绸之路"。专家认为，这是中国最早的对外陆路交通线，也是我国西南与西欧、非洲、南亚诸国交通线中最短的一条线路。资阳却是这条"南方丝绸之路"上的要驿。

第一节

发达的资阳

一、李冰重视治理沱江

李冰在治理蜀国都江堰等水利工程时,也重视治理沱江等江河流域的洪泛。

李冰是继女娲、大禹、鳖灵、姬资等治理蜀国洪泛之后的一个突出人物。《常志》说:"(李冰)穿郫江、检江,别支流双过郡下,以行舟船。岷山多梓柏大竹,颓随水流,坐致材木,功省用饶。又溉灌三郡,开稻田,于是蜀沃野千里。"

李冰重视沱江治理,蒙文通在《巴蜀古史论述》中说:"李冰导洛水经广汉郡洛县过资中,也看出洛水被重视了。其实绵水比之洛水还长,但李冰时显然没有重视洛水,更说不到涪江,也说明这些地区还没被重视"。后来,李冰特别重视沱江治理。

沱江名称另有多说:洛水、雒水、湔江、资水、雁江。蒙文通说:"《汉志》绵虒有'湔水,东南至江阳入江',是清代叫的沱江。"

李冰为什么重视沱江治理呢?多种史书上说,因为沱江是蜀地的母亲河,多少大水都要经过它流进长江。如果沱江治理不好,将后患无穷。从这里也看出,女娲、大禹、鳖灵、姬资、李冰等重视治理沱江的用意。他们都是高瞻远瞩,从宏观上把握治水的关键,关照好全局;从微观上入手,抓好每一项治水工程。这些古人在那么久远的古代就有这么宏大的胸怀、高尚的思想境界和高超的治水技术、管用的治水方法,真是今人的楷模,值得我们好好学习,值得我们把他们的精神发扬光大,值得我们把他们的志愿传承下去。

二、七国战乱时期,资阳工商、农业出现规模发展

春秋时期中国分为若干个国家,到战国时中国的大小国家有几百个,经济富裕的国家也有十几个,实力雄厚的国家有七个。资国为经济富裕国家,不在实力雄厚的七国之内。

蒙文通在《巴蜀古史论述》中说:"从近几年发现的考古资料来看,知战国时蜀已有铁器和纺织品。《常志》载司马错说:'其(蜀)国富饶,得其布帛金银,足给军用。'所以《战国策》说:'蜀既属秦,秦以益强,富厚轻诸侯'。从此可以窥见在秦灭巴蜀之前,蜀的劳动人民在生产方面是有高度的成就的。"蒙文通在分析《山海经》中的关于发达中心的论述后指出:"从以上分析来看,可知《山海经》全书三部分所说的'天下之中',都以中原文化所说的'天下之中'迥然不同。它所指的是巴、蜀、荆楚地区或者只是巴蜀地区。"蒙文通还强调:"富饶的巴蜀,未受到战争的影响,社会繁荣,依然如故。"当时资阳也是富饶繁荣,与成都不相上下。当时的蜀地称为"三蜀",即广汉

郡、犍为郡、蜀郡。资阳、简阳等地域为犍为郡。

作为犍为郡中兴旺发达一部分的资国，在东方诸国争雄战乱之际，借机发展农业、工业、商业和科技。

在东方战乱中，资国成了战国的后方，秦等诸国纷纷与资国友好，寻求资国帮助建造兵器，发展军事科技。青铜兵器建造出一件就被东方诸国抢购走一件。因此资国的兵器制造业和货币流通业比较发达。

三、资阳成为南方丝绸之路的要驿

资阳在战国时期，就是"栈道千里，通于蜀汉"（《战国策·秦策》）这条南方丝绸之路中的要驿；西汉初年，更是"栈道千里，无所不通"（《史记·货殖列传》）。巴蜀栈道分布最密集的是北边的秦蜀古道，而且使用时间特别长。

成渝古道南津驿段石桥照片

早在张骞通西域以前，西南的先民们就已开发了一条自四川成都经资阳、宜宾、昭通、滇池、大理、保山、腾冲进入缅甸，远达印度的"蜀身毒道"（身毒是印度的古称）。由于它始于丝织业发达的成都平原，并以沿途的丝绸商贸著称，因此也被历史学家称为"南方丝绸之路"。专家认为，这是中国最早的对外陆路交通线，也是我国西南与西欧、非洲、南亚诸国交通线中最短的一条线路。

浓郁的商业性。开辟古道的是商人和马帮，古道上流通的是各地的商品；围绕古道，从商者甚众；商贸已具一定规模，沿途商城兴旺，向四周扩散效应，形成相对发达的区域经济。

独特的地域性。奇险的山川是古道地域性特点之一，独特的交通工具是古道的另一地域性特点，面对西南江河横溢，山峦叠障的特点，西南各族先民创造了独具特色的交通工具笮桥、栈道、马帮，蕴藏着无穷无尽的民族文化财富和绚丽多彩民俗风情。

明显的融合性。南方丝绸之路是一条文化传播的纽带，它联结中原，沟通中印，它为中原、西南、印缅文化互相交流，互相融合创造了条件，楚文化、巴蜀文化、青铜文化、佛教文化在交流中沉淀、积存，从而形成丰富的、独特的有共融性特点的茶马古道文化。

秦始皇统一中国后，下令修建由首都咸阳通往全国各地的弛道，宽50步。在西南少数民族地区，因道路险阻，乃修仅宽5尺（约合今3市尺）的道路。"五尺道"沿沱江经宜宾通往昭通一带，是连接四川盆地与云贵高原的重要通道，有利于使节往来、商旅通行。资阳地区开始有了商贸雏形。

（"三、资阳成为南方丝绸之路的要驿"周叔勋 孟基林文）

第二节

本是同根胞血脉 分治、复统一家亲

一、胞弟纷争

"资阳人"（燧人氏）时代到伏羲女娲时期这 30000 多年，华夏大地的智慧人基本是和谐共存的。炎黄时期出现纷争，黄帝打败蚩尤后的几千年，华夏又是统一的。帝喾、颛顼之后不多年，华夏出现裂治纷争。在纷争中走向统归。

《帝王世纪》说：大禹时执玉帛者有万国，商汤时剩下了三千国，西周时剩下一千七百多国，春秋时尚有一千二百国，至战国只剩下十余国。

本来，七国君主都是"资阳人"（燧人氏）后裔，都是同根血脉。韩、燕、魏君主是帝喾的后裔，齐、楚、赵、秦君主是颛顼的后裔，全都是"资阳人"（燧人氏）的后代。同胞纷争该休息啊！

二、资国的变故

到了殷商末年，和资阳人有和睦族群渊源的鱼凫氏蜀国灭亡。西周初年，川西北氐羌高原民族以成都平原为中心建立杜宇氏蜀国，资国向南回归，面积收缩，有 15000 平方公里。

西周时，夷侯养达伯做过资邑君主，资阳地方有上万人居住。春秋时代，白虎夷王资伟把资邑改为资国，废除侯爵，自称国王。白虎夷王谢节也做过资国国王。

川西新繁县清流场附近，世传有白虎夷王资伟的陵墓，广汉市有资伟山，资阳南郊天台山又叫资山，沱江也叫资水。

在巴蜀战争中，资国日益缩小。公元前 316 年冬，资国开国已 1924 年。在这近 2000 年中，资国只注重工业、农业、商业、文化等方面的发展，忽略了国家综合发展，尤其是没有建立和发展卫国的军队，一碰到东方的强军入侵就不战自弃，终被秦国灭亡。

归秦后，设县，千里资水仅此一县，城在中游，故名资中县，归蜀侯管辖，不久改隶蜀郡。

秦以后，资阳又从资中分出自立。在 1000 多年中，资阳与资中分分合合，合合分分多次，其中还有多次变故，后形成当今的两个县。

三、归秦统辖，复原一家

在资国归秦统辖的过程中，蜀国也由秦统一了。从此，九州八方的"资阳人"（燧人氏）后裔结束了纷争，又回归到一家，又成为一大家子胞脉亲人。

秦始皇统一中国，功高盖世。虽然他有些错误，主要是焚书坑儒，抹杀资阳人等西南文化和文明的伟大成就。但秦始皇一统中国，建立起中国历史上第一个中央集权的国体，设郡、县，推行一系列先进政策，统一法律，统一度量衡、货币、文字、道路，车同轨，废封制等，惠顾万代。

。

第六卷

推动人类古文明的文化

2020年9月28日习近平指出：在历史长河中，中华民族形成了伟大民族精神和优秀传统文化，这是中华民族生生不息、长盛不衰的文化基因，也是实现中华民族伟大复兴的精神力量，要结合新的实际发扬光大。考古发现展示了中华文明起源和发展的历史脉络，展示了中华文明的灿烂成就，展示了中华文明对世界文明的重大贡献。长期以来，中华文明同世界其他文明互通有无、交流借鉴，向世界贡献了深刻的思想体系、丰富的科技文化艺术成果、独特的制度创造，深刻影响了世界文明进程，为人类命运共同体提供更深沉持久的动力。

史学专家论点综述：

远古资阳人、蜀人、华人推动世界文明，对人类古文明的影响是全方位的、深刻的、久远的。

《山海经》、《山海经今考》、司马迁《史记》、尹廷琦《东寰录》、郝懿行《尔雅义疏》、东方朔《十洲记》、张舜徽《说文解字约注》、晁载《续谈助》、《汉书》、《资治通鉴》等20多部古书，都从其考证的史实中记述或论及了资阳人、蜀人、华人全方位对人类的文明的影响，或开发，或帮助。

当代西方等世界考古专家撰写出版的《几近褪色的记录》、《中华祖先拓荒美洲》、《谁先到达美洲》、《中国古代美洲交通考》等等若干著作和中国考古专家撰写出版的《中国先民海外大探险之谜》等许多著作，以及英国、美国等多国的好些报刊都全面的深刻的论述了中华许多先民对人类文明的重大影响和杰出的卓越的贡献。

第一章

资阳人文化、精神推动中华古文明

前面已述,"资阳人就是燧人氏"、"伏羲,燧人之世"、少典"生炎帝、黄帝",都为"资阳人文化"地域人。

《山海经·海内经》等多本古籍记载:九丘,寓意是黄帝元妃嫘祖生青阳和昌意之九族:青阳生乔极,乔极生帝喾,帝喾生挚,挚生陶尧,陶尧生契是为商,生后稷是为周。昌意娶蜀山氏女生颛顼和蚕丛,颛顼生虞舜和鲧,鲧生禹是为夏,鲧又生偶,生老童,老童生重黎,蜀黎生昆吾,昆吾生陆终,是为楚。蚕丛生蜀王是为古之蜀国。黄帝另一后裔生鱼凫,建都三星堆。

《三代世系》曰:蜀之先昌意娶蜀山氏女,生帝喾,立,封其支庶于蜀,历虞、夏、商、周,周衰,先称王者为蚕丛,国破,子孙居姚寓等处。《世本》。蜀无姓,相承云,黄帝后世子孙也等。

《世本·帝系》、《史记·五帝本纪》、《山海经·海内经》、《遗拾记》、《蜀王本纪》等若干古籍记载:黄帝儿子青阳故乡资阳濮人先进文化发展形成百濮文化,接着向四面八方传播。吕思勉先生在《中国民族史》中说:濮族向"今黔江、金沙江、大渡河流域"发展而成彝族。濮与云南元谋人融合又与西南民族走廊中,南下的颛顼族余部融合,成为白族、景颇族。百濮发展到豫、鄂、湘、川、滇、黔六省,"濮族一梢能抟结之具有国家之规模者,为爨氏,至南诏则益进也。""獽本为百濮的一支。""席亦百濮也,然则微卢、彭诸国亦未必非濮也。楚封丹阳,熊绎迁荆山,武王迁逞,其所启,盖皆濮地也"。可见,资阳百濮人,与滇黔荆楚等数省民族经济文化交流、通婚融合,成为南方各族,并不断发展壮大。

上述史实告诉我们:"资阳人燧人氏"、女娲"伏羲燧人之世"、炎帝、黄帝、尧、舜、禹、虞、夏、商、周,以及古蜀国的蚕丛、柏灌、鱼凫、杜宇等皇、帝、春秋,和战国七君王等都是"资阳人文化"地域人,都是"资阳人燧人氏"后裔。他们是历代创造中华文明的精英和杰出代表,书画出一页页灿烂的诗画,奏响一曲曲壮丽的凯歌!

第一节

资阳人文化拓创、传播、互鉴的路线、重点、特点

一、资阳人文化拓创、传播、互鉴的路线

史学大师顾颉刚指出：资阳"昆仑是一个有特殊地位的神话中心。""认为'昆仑的神话'是由当时的西疆（即四川、云南诸地）流传到中原的。"

"都广之野"这个人间乐园的开辟经历了无数个世纪。从雅人的辛勤耕种到燧皇的高度发达的技术文明，四川盆地的人类祖先不断地进入与流出，将四川盆地内的文明带往四面八方。笔者这一观点与比较文化人类学家王大有先生认为的"古代文化传播是由人类的迁徙形成的"，可谓不谋而合。四川盆地内的雅人大规模地流出四川盆地主要有两次：第一次是在冰期顶峰期过后，气温逐渐转暖之际；第二次是在燧皇时代，文明大现的时候。

向四外播撒文明主要是由几条路径。一是鸟道，随候鸟迁徙路线而走。因为鸟儿知道哪儿有湖泊有水岸，有适宜的居住地，先民在多年观察中发现了这种生息的规律。所以，先民们也循着候鸟飞行的道路前行。"在距今五至七千年的燧皇时代……四川盆地的先民'雅人'中的一部分，便开始陆续走出了他们的的'伊甸园'——四川盆地……（其中一条）鸟道是从岷山之北，顺着龙门山系南下，经过峨眉山，又抵湖南衡山，再到江西九江至鄱阳湖一带……这种行为让四川盆地领先世界的文明，无意间次第传播到了周边的荒芜世界和更远的地域"（引自《昆仑纪》）。

正如李白诗云："西当太白有鸟道，可以横绝峨眉巅"。同时，还有一条鸟道，就是从岷山出去，到衡山等地。《尚书·禹贡》曰，"岷山之阳，至于衡山，过九江，至于敷浅原"，到达江西鄱阳湖。

与鸟道相关的还有一条水道，那就是雒水和洛水，也就是沱江。鸟儿顺着这些江流迁徙生息，资阳人和蜀人往外传播文明也是顺着这些道路。正如《山海经》所说：随"洛水出"。

向外播撒文明的另一条道路是"横道",就是顺着山间的断谷,溯河谷而徙。正如郭璞注:"横道,断道也。"《山海经·大荒西经》记载:有神十人,名曰女娲之肠,化为神,处栗广之野,横道而处。

三是金牛道、石牛道、南方丝绸之路、茶马古道等。《昆仑纪》说:"石牛道是最早见于史籍的、有名称、有路径记载的一条蜀国与秦国相通的官方道路。在这条'国际'高速公路之前,也就是距今三千年之前,蜀国还有无数'官道'和'天然道路'与四川盆地四周之外的地域相通。"

二、资阳人文化拓创、传播的重点

资阳人文化拓创、传播、互鉴的重点是文化文明科技技术精神等等。下面重点论述桑蚕文明对川外的传播。

说起蚕桑文明对中华文明的影响,首先要清楚资阳蚕桑文明与蜀都文明的关系。

从扬雄《蜀王本纪》等多种史书史料上可知,蜀国发展影响大的几位帝王是蚕丛、鱼凫、杜宇、开明。蚕丛教民养蚕;鱼凫教民捕鱼;杜宇即望帝,教民务农;开明(鳖灵)即丛帝,教民治水。

那么,上述四位这些本事是从哪里学来的呢?也就是说他们是继承了什么地方的文化,什么人传授的知识呢?这可以查到黄帝时代。那么,黄帝这个出生在四川的帝王,娶西陵氏嫘祖为妻,教民养蚕,是公元前 3000 多年以前的事情。而在这之前的几千年前,甚至这之前的万年前,资阳人就已经将蚕桑业发展得红红火火了。而捕鱼、务农、治水等事业比蚕桑业更早就发展起来了。

《路史后纪》记载,朝云之国是蚕桑业的起源地。朝云之国是何地?多本史书记载或论证朝云之国是指资阳,朝云之国的地域在资阳一带。

从上述事实看出,蜀国几位帝王的发展,离不开资阳人的影响,不然无从查源。这些帝王与资阳人有密切联系。可见,资阳人对蜀国的影响多么巨大。

从一些出土文物看,蚕桑文明之地是中华文明最本源的发祥地。燧人氏、伏羲氏等都是蚕桑文明的先祖。前面说过,多本史书还记载或论证:燧人氏就是"资阳人","资阳人"就是燧人氏。这证明"资阳人"也是蚕桑文明一先祖。

鞠德源在《古蜀王国》中指出:"'先帝'系指太昊,又作大皞,太暤,即伏羲氏。《汉书·古今人表》:'太昊帝伏牺氏'。颜师古注引张晏曰:'太昊,有天下号也。作罔罟田渔以备牺牲故曰宓羲氏。'《荀子·正论》:'自太暤、燧人,莫不有也。'杨倞注:'太暤,伏羲也。燧人,太暤疱牺氏,风姓,代燧人氏而王。'秦汉之际,阴阳家以五帝配四时五方,认为太暤以木德

资阳人

王天下,故配东方,为司春之神。《礼记·月令》:'孟春之月、……仲春之月、季春之月,皆有其日甲乙,其帝大皞,其神苟芒、其虫鳞'之说,惟在季春之月,乃有'天子乃荐鞠衣于先帝(太昊)'之服等重要活动。高诱注云:'太皞,伏羲氏,以木德王天下之号。死,祀于东方,为木德之帝。'《淮南子·天文训》:'东方木也,其帝太皞,其佐苟芒,执规而治春。'中华民族共同祭拜先帝太昊(太皞),在季春之月制作鞠衣奉献于先帝,这一制度一直赓续于今天,在世界文明史上唯有中华的蚕桑文明最为悠久。"其传播与影响当与资阳和古蜀王国的蚕桑文明有着最为直接而紧密的联系。

资阳先人的蚕桑文明推动蜀都蚕桑文明后,对中原的影响是十分巨大的。中国第一档案馆高级研究员鞠德源在《古蜀王国》一书中论定:蚕桑文明时期,古蜀王国"处处事事都突显出古蜀王国文明是华夏文明最本源的发祥地,与夏商周三代所形成的黄河流域中原文明,形成同根同源之亲缘关系"。鞠德源还论定:"从目前已出土的文物来看,可以证实古蜀王国与中原夏商周王朝有着直接的联系;甲骨文中曾多次记载与蜀国之关系,这些都是最重要的实体证据。"

三、资阳人文化拓创、传播的特点是互鉴、融合

《资阳人》展示了"远古资阳人向川外播撒农耕文明,资阳人文化与川外各地文化的融合及与中华民族文化的生成发展、与人类文明发展的关系等……《资阳人》是资阳人的文化航母,是资阳人的精神家园。是的,《资阳人》的文化价值并不仅限于对资阳的宣传和包装以及对资阳文化的彰显与打造;更重要的是,它体现的是人类共有的精神文明价值和生存哲学。它通过对'资阳人'这一特殊历史现象的记叙,再现和彰显的是一种历史观,一种民族性格和民族凝聚力,一种价值理念和价值导向,一种精神生活和思想道德规范;通过对'资阳人'的历史再现和通过对'资阳人'精神透视,展开的是人类创世纪的历史画卷,展示的是资阳人不可遏止的前进步伐,它将给予当代资阳人的发展谋求以伟大的原动力;它是中华文化身份认同之象征,是一种原创文化。我想,《资阳人》的文化价值即在于此。"

——李保均

(一)蚕桑文明的影响与融合

前面说了,资阳人的桑蚕事业影响了蜀都各地,也影响了华夏众多地方。"河南济源出土的陶制桑树与古蜀王国三星堆遗址出土的大青铜桑柘树,两树之设计思想与造型结构具有异曲同工之妙,都凸显出'呼鸟敦桑'的基本思想和'虞人(野虞)'护桑的共有特征,以及自古以来神话传说中的"鸟女变蚕"

的独特造型。""《淮南子·说林训》曰：'黄帝生阴阳，上骈生耳目，桑林生臂手，此女娲所以七十化也。'据此可知……这一古老传说来源于古蜀地方。"（鞠德源《古蜀王国》）

（二）地域特征的影响与融合

"伟大的长江，充满了使命感。它带着昆仑纪文明的巨大势能，义无反顾地冲出夔门。上古典籍记载，'燧人之世'的华胥在吴地怀孕，后来生下了伏羲，这表明昆仑纪文明已随鸟道传播至江浙沿海。良渚文化含有丰富的昆仑纪文明特征，玉器上的 昆仑 纹及类似'昆仑之丘'的建筑物遗存更证实了其文化同源。"一些山脉、建筑、地名从古籍记载中看出，川外许多都是与资、蜀相融的。"'天目'之名系由四川盆地沿鸟道迁出者带到江浙一带，心志心系故国。天目山其实便是吴越地区的'昆仑之丘'"。

资阳有天台山、碧华山、莲台山、凤台山等，川内川外若干地方都有类似的山名。资阳沱江岸上有座小山即名昆仑山，齐鲁也有座小山名大昆仑。洛水原出章山，齐鲁有地名为章丘。沱江有多个名字，洛水、雒水称名较早，资阳人开发中原后，也把这些名称带到中原，因而中原等地现今仍有洛水、雒水。

前面说过，"山可崩，地可裂，沧海可变桑田。大自然可以凭借着它的力量随意涂改地形地貌，却不能涂改人类给一山一水的命名。这就是文化印记的不可磨灭性。海岱与四川盆地有诸多地名相似乃至相同，考察古籍，可知昆仑文化为源而海岱文化为流。地质勘察表明，距今6500年至5500年，海岱地质活动剧烈，海岸线抵达今日太行山之下，《山海经》如实记录了那个年代齐鲁海岸线变迁的历史。大汶口——龙山文化遗址出土的文物，带着鲜明的昆仑纪文明特征，因其晚于陶器文化，因此更晚于昆仑纪文明"。"最终的结论是：早于仰韶文化的昆仑纪文明乃是海岱文明的源头"。"昆仑纪文化是大度的。随着'鸟道'与'横道'的开辟，中华大地广泛吸纳了昆仑的文明成果，仰韶、吴越、海岱，无不体现出接受了昆仑文明的特征。"（以上引自《昆仑纪》）

南宋罗泌《路史》和《中川资阳》认为，资阳人族群向东发展到河南，河南就有苌弘的后代在那里生根，为河南的发展作出贡献，并且将洛河的名字也带到了河南。所以资阳有洛河，河南也有洛河。

（三）资阳人南下湖广，湖广人回填四川和资阳

四川资阳和湖南益阳文化的影响与融合。南宋罗泌《路史》和《中川资阳》还认为，资阳人同时向湖南益阳发展，益阳市也有资水和资阳区。1994年11月《光明日报》发文称：湖南新晃县出土7000年前，新石器时代的图语，应该视

同资阳人文明资阳文化东下的一个分支。据考古研究，伴随大量稻谷出现的还有陶器炊具，制作精良的骨针、骨哨、木矛、木刀、榫卯木构件及干栏式建筑遗迹。考古学家破译："我们在江边聚居，人丁兴旺，禾苗茂盛。是太阳使万物生长，是神鸟口衔谷种撒播大地，是树神给人们花果和房屋。为了记住神的恩典，大家把这一切记在彩罐上。"资阳人与蚕丛一衣带水，经长江、沱江到成都，环原成都内湖而居的资阳人传入防洪筑城技术，共谋发展。

在四川的发展史上，有过四川人尤其是资阳人开发湖广即湖南、湖北和广东的历史，也有过在张献忠剿四川后湖广回填四川的历史。在这次回填中湖南益阳重点回填四川资阳。所以，四川资阳和湖南益阳历来关系密切。资阳市雁江区和益阳市资阳区东西遥遥相望，血肉相连，长久密切往来。当今不少四川资阳的民众还经常到益阳的资阳区走亲访友，益阳资阳区的民众也有到资阳市资阳区来寻根问主的。

四川资阳市和湖南益阳市两地亲密往来的历史，史书上是有记载的。唐朝林宝《元和姓纂》、宋朝罗泌《路史》等史料史书都有谈及湖南益阳资水是四川资国资水的派裔关系。1993年，《资阳史话》对此做了专门研究。

资阳人东下益阳是在旧石器晚期的后段。当际正逢几次特大的洪涝灾害，四川盆地中是一片汪洋，地处四川内湖边缘的资阳人也对洪涝带来的不便产生了寻求新路的想法。一部分资阳人纷纷商讨寻求对策，他们觉得南下濛溪，向东拓展是条路子。于是少部分人越过巴国，东出夔门，到达长江中游的后来取名叫资江的流域，开辟了资阳人的东边根据地。

历史到了新石器时代，资阳人又到长江中游地区的益阳开发。益阳地处湖南北部，洞庭湖之南，辖安化、桃江、赫山、资阳、沅江、南县及大通湖、千山红、茶盘洲、北洲子、金盆五大农场。资江由西往东婉延湍急穿过安化、桃江山区之后，缓缓进入赫山、资阳两区，地势逐渐开朗，为一片冲积平原。茶盘洲、大通湖与湘阴、岳阳接壤，南县与华容、安乡相邻，形成浩大的洞庭湖冲积平原，地势平坦，湖泊星罗，河港交错，土地肥沃，雨量充沛，是人类理想的繁衍生息之地。所以资阳人在益阳大展宏图并逐渐扩展遍及湖广。

历次挖掘开发的文化遗存就是对上述观点的最好佐证。单在益阳地区发现的原始文化遗存就有百余处，其中旧石器时代晚期遗址就占十处之多。新石器遗址遍布各县市，构成益阳新石器中晚期文化发展序列。

湖南道县1.5万年前稻作文明，发现世界最早的人工栽培稻标本，1万～2万年前这里进入农耕。湖南新晃大桥溪发现打击石片、石器。湘西发现田溪口、东洛、茶峒、溪口等167处新、旧石器文化点。武陵山区一度是濮人聚居地，濮人是第一支与武陵山区土著人融合聚居的人。

益阳市皂市下层文化时期（距今8000年～7000年）、汤家岗文化时期（距今7000年～6500年）、大溪文化时期（距今6500年～5300年）、屈家岭文化时期（距今5500年～4500年）、石家河文化（距今4500年以内）。

石家河文化晚于屈家岭文化，湘资沅醴四水流域广泛分布，资阳区泽群村

左为四川资阳苌弘溪西山岩上约7000年前的纵目女像，右为湖南益阳约4000年前的双耳孔玉人。

关山、赫山区笔架山新兴、邓石桥石湖、羊角乡苦竹湖为代表，相当于长江中游石家河文化，距今约4000年。资水北岸5公里关山，千年一梦，浩浩荡荡的资水停留在石家河文化时期。石家河文化从屈家岭文化脱胎而来，长江中下游包括资水和洞庭湖进入空前迅速发展的历史阶段，石家河文化以星火燎原之势在资水流域播撒。全国文物普查所至之处，不管在资水中游安化、桃江丘陵溪河旁，还是在南洞庭平原沃野上，石家河文化发现近百处。

资阳区一望无际的洞庭湖平原上，关山高出周围2～3米台地，发现石家河文化早期遗址。考古人员在调查、勘探时发掘清理了一座墓葬，出土有石斧、石锛、陶圈足杯、平底杯器座、器盖等器物。

湖南双耳孔玉人，和资阳苌弘溪、孔子溪纵目人有类似眼睛，就是竖起来。

资水流域石家河文化脉络比较清晰，早中期以㴩湖石城山为代表，晚期以石湖、新兴遗址为代表，发现近百处石家河文化遗址是一个群体，存在有机联系。

黄帝后裔帝喾、丹朱等对湖南进了广泛的、长久的开发与治理，与资阳的联系十分紧密。

益阳人回填资阳 宋末蒙古兵入川，资阳人遭受大难。活着的资阳人生存艰辛。在湖广回填四川的移民浪潮中，益阳地区资阳人一部分纷纷来到资阳，帮助老资阳人发展资阳。在资阳当地人和益阳资阳人的共同努力下，四川资阳发展顺利，一步一个脚印，逐渐走向辉煌。

益阳历史文化与湖南四次大移民不无关系。由于中国历史上几次移民大潮影响，益阳文化深深打上移民文化的烙印。每一次移民潮或多或少冲击和改变文化，移民文化与本土文化融合，催生新的文化生态。

第四次移民潮在明清，大批赣粤移民迁入，形成江西填湖广、湖广回填四川的态势。黄波拉私人收藏128种资阳家谱，有15家移民来自湖南，如：湖南邵阳永彦乡五十二都圆冲盘古庙谢一赞、谢一舜迁居资阳黑沙弯、丹山谢家拱桥；湖南邵阳黄彦楚，雍正年迁居资阳老龙潭、安县。

湖南移民有靖州腔，资阳东乡多有靖州腔，21世纪都在顽强坚持着。而且，资阳方言里有很多荆楚湖湘远古文化的孑遗词语。"老子恍兮惚兮"，就是湖广移民带入四川方言，使用到现在的一个词。屈原其他诗篇中都用兮，而独独在桃江写《招魂》用语气词"些"310多个："天地四方，多贼奸些……"。湖广回填四川，川话"嘛"，就是"些"的异体写法。所有这些，足以证明包含湖南资阳在内的新石器时代繁衍下来的前辈居民。似可断言，一部分石器时代四川资阳人东进益阳，事隔万多年的明清时代，他们的后代又回填四川资阳，这真是非常有趣的历史现象。

（四）文化和科学技术的影响与融合

前面谈到的资阳人的科学技术和文字、文化对中华各地的影响甚大，与各地的科学技术与文字、文化融合紧密。东进洞庭湖的资阳人已经创造了灿烂的文化，有澧县彭头山文化；有大溪文化；有屈家岭文化。长沙新石器遗址出土图语。

司马迁的《凡将篇》，扬雄的《训纂》和《方言》，是从巴蜀的文化底蕴中得来的。正如蒙文通先生所说，中华文明"是先出于蜀，而后才渐次影响于秦"。《昆仑纪》指出："籀书就是洛书，产生于古蜀洛水一带，盛行于夏，殷商时闭锁于四川盆地，秦灭巴蜀后，籀文作为战利品再次输入秦国，即为大篆，始皇时期修正为小篆……近年来，在四川、重庆、贵州、湖南出土的文物上发现了不少古文字，便当是与洛书（籀文）同一体系的古文字。考古学上称之为'巴蜀铜戈文'。有的铜戈文通过专家解读，已有破译。"

资阳人、蜀人的文化和科学与中原融合较为突出。蒙文通先生在《巴蜀古史论述》中说：从《说文》的"氏"字看，许慎说"巴蜀名山岸胁之旁箸欲落

堕者曰氏，氏崩声闻数百里，象形。可见氏字是巴蜀的字，是起于巴蜀而很早的字。"蒙文通在书中还说，中原和巴蜀"有共同的传说，而又有各别的传说"。巴蜀和中原很多地方是融汇的，相互影响的。

屈小强在《三星伴月》中说：在四川广汉三星堆，新繁（今属新都）水观音，成都金沙村、十二桥、商业街、羊子山，成都平原古城址群遗址中发现的大量的中原文化、荆楚文化、吴越文化、西北文化、滇濮文化以及可能有的域外文化的因子；联系到扬雄《蜀王本纪》里关于"荆人鳖令死，其尸流亡，随江水上至成都，见蜀王杜宇。杜宇立以为相……以其国禅之"的记载，《华阳国志·巴志》里关于"江州以东，滨江山险，其人半楚，精敏轻疾"的记载，宋玉《对楚王问》里关于"客有歌于郢中者，其始曰'下里巴人'，国中属而和者数千人"的记载，可以相信，自远古时代起，西自岷山—岷江，中经三星堆—成都，东至江州—巫峡的广阔的巴蜀地域就是当时各地域、各民族文化的一个聚合区与中转地。

第二节

资阳人文化拓创、传播、互鉴、相融的地域广大

一、资阳人文化开发、互鉴、相融陕、晋、中原、东北

经众多考古专家多年考研确认，陕、晋、中原、东北文明是资阳人燧人氏后代炎黄传播开发的。

《昆仑纪》等史书指出：原始人类在四川盆地经历了向现代人类的根本转变后，于第四纪冰期末期开始了向蜀国周边地区大规模的迁徙。

四川盆地由横道迁出的先民最初到达秦岭以北的河洛（伊洛）、中原地区。现今出土的仰韶文物忠实地记录了这些文化的传播，证实了古蜀天府在史前就于陕、晋、中原连为一体，同在昆仑纪文明那一片云彩下。

仰韶文化彩陶纹饰，铭刻着昆仑纪文明的鲜明印记。黄河中游的河南省、陕西省、山西省等地区一直被研究者认为是仰韶文化的主体区域，其中心区域被认为是陕西省关中地区。近年来，在四川汶川、北川等羌族聚居区均有同时期的彩陶碎片出土，证实古蜀天府之国在史前就与陕、晋、中原连为一体了。并且，彩陶上的图案纹饰，还保存在今天羌族的服饰、银饰图案中，这或许是史前文明的活化石了。

二、资阳人文化传播、互鉴、相融海岱（齐鲁）

大自然可以凭借着它的力量随意涂改地形地貌，却不能涂改人类给一山一水的命名。这就是文化印记的不可磨灭性，海岱与四川盆地有诸多地名相似乃至相同，考察古籍，可知资阳人、蜀国文化为源而海岱为流。

地质勘察表明，距今六千五百年至五千五百年，海岱地质活动剧烈，海岸线抵达今日的太行山之下，《山海经》如实记录了那个年代齐鲁海岸线变迁的历史。

大汶口——龙山文化遗址出土的文物，带着鲜明的资阳人、蜀国文明特征，因其晚于彩陶文化，因此更晚于资阳人、蜀国文明。

当初从四川盆地迁出的先民在齐鲁大地分散开来，各自给新居地的河流起了故乡的河流的名字，这才会导致一源多流现象发生。

齐鲁之地的地名与四川盆地的地名这些太多的重叠，曾引起许多学者的兴趣。

前面说过，蒙文通先生的成名之作《古史甄微》，提出了中华上古民族可分为"江汉""海岱""河洛"三系，其氏族、姓氏、居住地域皆各不同，其经济文化也各具特征的学说。蒙先生晚年又致力于民族史和地方史的研究，提出"昆仑宜为上古——文化中心"说，认为"巴蜀文化自西渐东"、"楚文化也颇受巴蜀文化影响"、"《山海经》就是巴蜀楚上古文化产品"。这等别具眼光的观点受到考古界的赞同。

专家们进一步指出，在《山海经》时代，岷山昆仑—都广之野是为"天下之中"。但究其"天下"决不只涉及巴蜀楚地区，应已囊括了"九州"以及海外的区域，并共同组成了一个辉煌的中华史前文明，江汉、海岱、河洛三个上古文明区域，已经连为一体，显现出共同的资阳人、蜀国文明的特征。

三、资阳人文化流注、互鉴、相融长江中下游

伏羲在资阳"初造工业，画卦结绳"，形成伏羲文化，再经营川北，然后上甘肃成纪，又向东发展，入淮阳，形成后伏羲文化，"以理海内"。

神圣的长江，充满了使命感。它带着资阳人、蜀国文明的巨大势能，义无反顾地冲出夔门，流到长江中下游。前面已说过，上古典籍记载，"燧人之世"的华胥在从四川到江浙考察，在吴地怀孕，后来生下了伏羲，又把伏羲带回蜀地发展。这表明资阳人、蜀国文明已随江逐波传播至江浙沿海。

经考古专家们考察研究后认定，良渚文化含有丰富的资阳人、蜀国文明特征，玉路上"纵目纹"乃类似"昆仑之丘"的建筑物遗存更证实了其文化同源。

燧人氏在与资阳人融合过程中的第四纪冰川中期，便已由"鸟道"或"横道"从四川盆地向外寻找开发地域。虽然他们离开了早年的"避难地"，亦即"母国"或"故乡"，却在新的居地保存着对"母国"的记忆，并一直与故土保持着密切地联系。近年来，各地发掘了不少史前文化遗址，通过释读其出土文物，便可辨析出与"母国"共同的文化渊源—资阳人、蜀国文明的记忆，不仅在黄河流域史前遗址出土的文物上得到了充分地体现，也体现在长江流域史前文化遗址出土的文物上。

前面已述，上古典籍中记载了中华东南的多座山丘，竟然有资阳人、蜀国文明的影子。"洛水"本来是沱江的原称，后来濮人开发互鉴中原等地域后，"洛水"就在中原等地域出现"洛"更是多见。值得注意的是，"成山，四方而三坛"。与昆仑之丘（台）的四方而三级的造型是一样的。"天目"之名系由四川沿鸟道迁出者带到江浙一带，以志心系故国。天目山其实便是吴越地区的"昆

仑之丘"。长江中下游的好些山名地名都可以从资阳人、蜀国文化找到影子，甚至是完全重名。这就是资阳人、蜀人顺江开发带去的故乡名称。

由蜀国流传到吴越的技术，其呈现的科技程度常让专家学者惊愕不已。冯其庸先生说道：我也看过距今约七千年河姆渡文化遗址，其木结构房屋的遗存，实在令人震惊！它所用的卯榫的结构，其基本原理与后来的和近代的建筑可以说是同一原理。

四、资阳人文化拓创、互鉴、相融华南和中国西部

前面叙述过：《蜀王本纪》等若干古籍记载：青阳故乡资阳濮人（《周书·王会解》：伊尹四方令，又作僰。《说文》："僰，犍为蛮夷也。" 即古时资阳所在犍为郡）先进文化发展形成百濮文化。接着，巴蜀资阳濮人向四面八方传播。论"中国民族史"的几本书说：黄帝子孙昌意、颛顼等资阳人濮族向若水（雅砻江）、青衣江、茂汶、岷江、"今黔江、金沙江、大渡河流域"等川北和甘、陕等地区开拓。后来他们踏着先人伏羲、黄帝的步履入主中原、山东、东北和东南等地域，大创文明事业；青阳、帝喾等黄帝后裔顺江而下发展，与云南元谋人和西南各地民族融合，成为彝族、白族、景颇族等。百濮发展到豫、鄂、湘、川、滇、黔、鲁、荆、楚、西藏、新疆等数省，"濮族一梢能抟结之具有国家之规模者，为爨氏，至南诏则益进也。""獽本为百濮的一支。""席亦百濮也，然则微卢、彭诸国亦未必非濮也……盖皆濮地也"，并不断发展壮大。接着，俊帝（帝喾）等带些濮人到台岛、南海、海外创发，建立伟业。可见，"资阳人"历代后裔濮人，与大江南北、长城内外数省民族和亚、欧、美、非开发与互鉴，经济、文化交流、通婚融合，资阳这块蜀国前缘之地，经共同的努力，成为古代民族大团结、世界民族大同的典范，在中华民族文化形成中、世界人文的发展中，青阳、昌意濮族人和后裔起到关键的重大的作用，建立起顶天立地亘古万世的伟大丰碑。

第三节

资阳人文化拓创、传播、互鉴、相融受到川内外专家的赞肯

资阳人文化拓创、传播、互鉴、相融影响之大,从古代的文学佳作流芳千古的名句中就可了解一二。是的,从唐代大诗人李商隐的《锦瑟》中就可知晓。诗中曰:"庄生晓梦迷蝴蝶,望帝春心托杜鹃"。这是说庄子做梦自己变成了蝴蝶,蜀帝杜宇化作了杜鹃。这两者把中原和蜀国及资阳拉得十分紧密。这就是资阳和蜀国的桑蚕文化等对中原的影响所至。

一、资阳拓创出灿烂的古文明

资阳人到这时,在前人艰难拼闯若干万年的征程上,又迈出了4万余年的征程。

资阳人经历了集体采集、驱恶造福,与兽战斗搏智商,改具观天谋心计,生息大展新风尚的智慧人绚丽多彩的伟大文化的创立阶段,初步历练出厚德仁勇、勤淳俭朴;锐智拓创、毅睿攻坚;求是创先、团结奉献的精神。这种精神是光照千秋,激励万代的光辉灿烂的伟大精神。

四万年前"资阳人"使用过的两刃刮削器

四万年前"资阳人"使用过的多刃刮削器

她们始创鲜艳夺目的石器文明、狩猎文明、捕鱼文明、骨器文明、妆饰文明、陶器文明、驯养文明、食盐文明、饮食文明、桑蚕文明、工具文明、艺术文明、青铜文明、兵器文明、科技文明、驱傩文明、雩祈文明等多方面的伟大文明。创先了上树筑巢居住文化和地面建房居住的文化。率先发展筏子、舟船等交通文化。开启把氏族推上全面发展的道路，先行简单分工各有所劳；率先发展农业，先导打造出农耕社会雏形；初创语音表意象形文字。

　　资阳人在这一时期继承并发展了这笔巨大的历史遗产，首创的农、渔、驯养和陶器等各种文明全面发展，使中华文明达到新高度，形成华夏民族的重心之一。

　　资阳人把自己竞相开辟先河的各项文明，拓展、传播到四川等广大地域，影响着华夏和世界。

　　前面已道明远古资阳人、蜀人向川外传播文明的史实，为了论清本节观点，再从大观上概括而深入的提及资阳人、燧人氏向川外播种文明的简况。

二、川内外专家学者赞肯资阳人文明对全中华的影响、开发与推进

　　前面说过，黄帝之子青阳在资阳大展才华，将资阳的文明推向新阶段，成为推动中华文明的动力源。于是青阳带领资阳濮人下长江，上黄河，入中原，进海滨，掀起中华文明大发展的热潮。

　　青阳与资阳濮人东迁后，按太皞规矩办事，团结中国南北各民族，形成大联盟整体，向"今黔江、金沙江、大渡河流域"发展而成彝族。濮与云南元谋人融合又与西南民族走廊中，南下的颛顼族余部融合，成为白族、景颇族。百濮发展到豫、鄂、湘、川、滇、黔六省，与东夷杂居，受太皞文化影响，与鲁人和谐共处，"邑于穷桑"（山东曲阜，因名从主人将西之穷桑，带到山东）。

　　范文澜《中国通史》："少昊是黄帝族向东发展的一支，与濮族杂居，接受了太皞文化，故称少皞，成为东夷文化继承者。"《大荒东经》载:s少昊之国，少昊孺帝颛顼于此"。侄儿颛顼向伯父青阳学治国共十年，才回中原继黄帝之位。颛顼去世后，少昊之孙高辛氏继颛顼为帝，是为帝喾（高辛）。《洞览》云，"帝喾女将死，自云平生好乐，至正月十五可以见迎。"荆人卜蚕事，证明青阳蚕丝文化已向长江流域下游发展。至于少昊称金天氏者，按黄帝五行，西方属金，故少昊自称金天氏。可见，少昊不忘根在蜀国资阳。

第二章

10000多年前以来

资阳人、蜀人、华人推动亚、欧、非、美洲古文明

史学专家论点综述：

远古资阳人、蜀人、华人推动亚、欧、非、美洲文明

《球阳》、《琉球国由来记》、《汉书》、《资治通鉴》等20多部古书，都从其考证的史实中记述或论及了蜀人、华人全方位对东北亚的琉球群岛、钓鱼岛、日本列岛、朝鲜半岛、库页岛、西北利亚、蒙古等地域万多年来的文明影响，或开发，或帮助。

丝绸之路文化对亚、非、欧文明影响深远，在张骞通西域以前，西南的先民们就已开发了一条自四川成都经资阳、宜宾、昭通、滇池、大理、保山、腾冲进入缅甸，远达印度的"蜀身毒道"（身毒是印度的古称）。这是中国最早的对外陆路交通线，也是我国西南与欧洲、非洲、南亚诸国交通线中重要的一条线路。资阳却是这条"南方丝绸之路"上的要驿。

龙文化对海外的影响久远。随着中国人移民海外，中国的龙文化也随之流传到世界各地。其实远在白种人接触到中国龙文化以前，中国龙已经漂洋过海到日本、东南亚、东欧以至非洲、美洲人当中。

杜钢建指出：古苏美尔和古埃及文明源于东方的中国。古希腊和罗马文明是由中国的姜戎族移民创造的。法国人和德国人主要由中国的狄和白狄演化而来。

第一节
资阳人、蜀人、华人推动亚、非、欧洲古文明

　　湖南大学教授杜钢建先生在光明出版社出版的《文明源头与大同世界》一书书前摘要中深刻指出：西方各民族来自先夏和夏朝以后华夏民族的迁徙。华夏上古白人在不同历史时期逐渐移民西方，形成后来的古希腊文明和古罗马文明。西王母文化、共工文化以及禹王开启夏朝以后的夏商周三代文化都对西方文明的形成产生了作用。

　　首先是欧洲主要民族来自中国。古希腊的希克索斯人是夏朝塞种人的一个部落集团，祖先是黄帝裔子少昊金天氏。胐尼基人移民希腊的底比斯城市以及西西里等岛屿后才有希腊文化的形成和发展。腓尼基人主要是黄帝老师封钜的后裔，其主体构成部分是华夏地区的封国人，此外还包括舟人、方人和房人。达那厄人是来自中国夏商时期的丹族人，源于尧帝后裔。达那厄斯出自埃及以色列部落的丹族，因此与希克索斯人也有一定的亲族关系。

　　古罗马的不同族群来自中国。古罗马的传统文献表明，最古老的三个部落是 Tities、Ramnes 和 Luceres。Tities 部落是属于萨宾人的。Ramnes 部落是属于拉丁人的。Luceres 部落是属于埃特鲁斯堪人或阿尔巴人的。萨宾人、拉丁人和埃特鲁斯堪人都是来自中国古代的游牧部落。萨宾人和萨莫奈人主要源于古代中国的苏毗人部落。鲁佩齐人、法比人和昆克体人主要来自古代中国的羌戎部落。古罗马埃特鲁斯堪人属于吕底亚人，吕底亚人是来自古代中国的羌人。

　　春秋战国时期的赤狄白狄构成德意志民族的主要来源。其中具有代表性的狄人是鄋瞒狄人部落和俄如人部落。其祖先在商朝是汪芒氏，在夏朝是防风氏，再往前就是轩辕黄帝的后裔帝鸿之子白民的后代。法国高卢人是炎帝参卢的后裔。英国盎格鲁人是来自中国的苏毗人。

　　其次是地中海周边各民族及影响古希腊、古罗马文化的西亚族群来自中国。

　　埃及的不同族群来自中国。在埃及早王国时期(第一王朝和第二王朝)以前，伏羲太昊后裔和少昊后裔家族的一部分先后移民埃及，带去了伏羲文化和少昊文化。公元前2000年以前少昊族和神农族的部落先后移民埃及，带去了鹰崇拜文化和牛崇拜文化。荷鲁斯是燧人弁兹氏的伊萨姆后裔。埃及第十二王朝时期皇族开始用羊崇拜取代牛崇拜。羊神阿蒙是上古羌族人崇拜的神，传到埃及后进一步传播到古希腊和古罗马。

　　赫梯人是来自中国的氐人。先夏征伐三苗和夏朝太康失国事件导致一部分氐人被迫从蜀地经陇西至甘肃青海向西方迁徙，从而将冶金技术特别是冶铁技术带到了安纳托利亚地区。胡利安人的族群来自中国。所谓胡利安人的主体是来自先夏时期的互人。其中也有一部分有扈氏人在夏朝初期与互人一起迁徙而来。互人和有扈氏都属于西羌。

　　阿吉派伊人属于秃人族。秃人族是祝融吴国后裔八姓之一大彭的支族。一目人源于大彭氏后裔中的诸稽氏族。伊塞冬斯人由四个较大的部落组成，以乌孙人部落为首，其他部落有大夏人、萨迦人和加兹亚尼人。伊塞冬斯人的这些部落基本上都是塞种人，属于黄帝的后裔。

　　最后是日本人、韩国人、东南亚人以及美洲土著人的早期族群来自中国。

一、推动东北亚古文明

《山海经》、《山海经今考》、司马迁《史记》、尹廷琦《东寰录》、郝懿行《尔雅义疏》、东方朔《十洲记》、张舜徽《说文解字约注》、晁载《续谈助》等，以及《球阳》、《琉球国由来记》、《汉书》、《资治通鉴》等20多部古书，都从其考证的史实中记述或论及了蜀人华人全方位对东北亚的琉球群岛、钓鱼岛、日本列岛、朝鲜半岛、库页岛、西伯利亚、蒙古等地域万多年来的文明影响，或开发，或帮助。尤其是今世的考古专家鞠德源先生的《中国先民海外大探险之谜》，把蜀人、华人对东北亚的上述地域的文明探索和影响，运用大量的史实和史料论述得非常清楚了。

历史告诉世界人民，在万年前，中国帮助东北亚地区，毫无保留地持久的传授中国文化与技术，给予各种恩惠。

就拿日本来说吧，在古代和远古的三个时期，中华民族无私的开发建设日本大力推进了日本的文明进程。在第四纪冰川时期的后期，资阳人蜀人华人就到达琉球群岛和日本列岛进行开发和建设。秦始皇时代再次开发和建设上述地域。汉代东方朔数千人又到上述地区进行长期的考察开发和传播文明。

日本出土的三肖角缘神兽镜、泰一镜、萤廉桂观镜等众多古文物就佐证中华先人几千年数千人探考开发建设日本的史实。近乎蒙昧时代的日本，不断接受中国远古文明和古代制造工艺、建筑美术、历法、医药、印刷等技术和典章制度等等，并仿照中文草书偏旁等造成日文，使日本开始走出原始时代，完成所谓文化革新。当时日皇告诫其使者："言语必和，礼意必笃，毋生嫌疑，毋为诡计"。对中国非常恭敬，不时派人朝贡，领取赏赐。当时东夷貌柔顺，其实是倭人的伪装。日本民族在中华人民的羽翼下，翅膀逐渐长硬。

中国开发的琉球群岛本应属中国，历史上就是隶属于明清的藩属地区。琉球岛是远离日本本土的岛屿，有深厚的中国情节和割不断的中国文化基因传承。

中国龙文化对海外影响较大。一两千年以来，日本农民和渔民就一直祭祀和崇拜龙，以求风调雨顺五谷丰登。在高松冢古坟中有一幅七世纪的壁画《青龙图》，其形态与中国龙相差无几。日本的古建筑中，中国汉唐明清时期龙的形态较多见，先秦时期的龙则少见。可见中国龙的艺术从汉代始大量传入日本。

日本在唐代时与中国频繁往来，大量学习中国文化，促进了其社会进步。如日本的传统建筑和传统服饰其实完全就是中国唐代时的样子。而在那个时候，中国的龙都是三爪，日本也就只能从中国引进三爪的龙。在中国出现四爪龙后，已经开始闭关锁国，与日本断了往来。而韩国古时候叫作高丽，一直到清末前都是中国的附属国，当中国统治者开始用五爪龙图案的时候，自然不可能让属国和自己平起平坐，於是韩国的龙就只能是四爪了。归根到底，日韩的龙反映的正是中国龙的发展演变过程。

二、推动东南亚、西亚、中东古文明

资阳人、蜀人、华人的远古文明和中国的制造工艺、建筑美术、历法、医药、印刷等技术和典章制度等等，对东南亚、西亚、中东和非洲诸国的影响大。

古雅利安人的宗教文化与古蜀文明有着直接的历史渊源。西南民族大学教授贾银忠"根脉在中华——古蜀国泛三星堆时期文化传播史研究"中指出："古雅利安人从中华分批迁徙到达身毒（印度）等地后，他们带去的宗教信仰文化也就逐步在身毒（印度）等地推广开来，最先是将长江、黄河流域传承的文化扩散至身毒（印度）各阶层，所以在他们参入身毒（印度）之后，逐渐产生了吠陀教、婆罗门教、古印度教以及后来释迦摩尼创立的佛教。吠陀教最早的经典是《梨俱吠陀》，这部经典是雅利安人最重要，影响力最大的一部，从其记载的内容来看，其原始宗教信仰和神话传说较多，与其有文化渊源关系的其他雅利安人支系（古希腊人）多神论的神话传说，有极大的相似性和相同性，均为多神崇拜时期的文化。这与仍居中华西南片区祖源地的古夷族群各支系仍然保持着相同性。"

贾银忠教授深入指出："我们从仰韶文化、马家窑文化、龙山文化以及长江流域的各种文化中都能看到一些与印欧人陶器纹饰是完全一样的信息，这不是偶然的，因为有大量的事实证明古雅利安人—白种人曾经是在中华大地生存繁衍。本人的观点是基于中华大地上的考古资料、文献资料和相关器物的发现而得出的。白种人的祖先最先是居住在金沙江流域、雅砻江流域的，他们在部落（部族）争战中一直是向外扩张的，他们除向南迁徙至印度恒河流域等区域外，还由南向北方迁徙，向大西北方向迁徙，新疆的小河遗址就是最好的证实，新疆的吐火罗人与雅利安人是同种分支，他们都是从长江流域发展起来后为了生存向外迁徙的，因为远古时期的吐火罗人已在甘青一代生活了，这是有考古资料证明的。在我国祁连山区域，敦煌等区域有许多考古资料证实是吐火罗人留下的文化遗址和遗迹。"

徐文堪先生在其《雅利安人与汉人的关系—评余太山关于塞种渊源的论文》一文中说道："印欧语各族本身就是在现今中华境内形成的，比如印度学者 A.K.Narain 先生就主张：月氏从远古时代起就住在黄河以西和以北的中国中亚地区，实际上不仅是历史上'最初的'印欧人的一支，而且也是最后迁出他们故乡的。有些'最初的'印欧人可能早在公元前……纪就已经离开家乡，他们包括像赫梯人和说 centum 语言的其他民族。"

《山海经》记载的蜀人和华人开发西域的广义域区，包含亚洲中西部地区。怪不得，伊朗等国流传的神话中也有盘古、女娲、伏羲、黄帝等类似人物，中伊两国这些人物惊人一样。伊朗神话说黄帝从土耳其到伊朗开发，在书珊即当今伊朗首都称王，后回到中国。秦始皇陵180多个陪坑开掘出的一个中有个后妃和一皇子都是伊朗人，这说明当年的中伊是相融合的。

前面说过，黄帝后代帝喾及其后裔到台湾、流球、南海开拓发展的史实，历代多本古籍都有记载。《后汉书》、《三国志》、《临海水土志》载古代称东方少数民族为"夷洲"，称高山族为"夷"，称"山夷"人为台湾人。

《隋书》称台湾为"流求"，沿用至宋代。后帝喾裔开发琉球，也为"流求"。

帝喾裔丹朱开发台海和南海是尧帝所逼。帝尧年老见儿子丹朱不顺，就把帝位传给女媳虞舜，丹朱为此反叛，在颛顼之子三苗的支持下反舜，不成，兵败南海，乘舟逃入夷洲。丹朱和三苗及其后裔大力开发台岛和海洋安居乐业。《博物志·外国》云："驩兜国，其民尽似仙人，帝尧司徒驩兜，民常鱼捕海中，去南海一万六千里"。，可见，在4000多年前，南海就成为中国开发的属地。

《岭南摭怪》将神农后裔貉龙君即雄王初建越南的历史写进《大越史记全

书》，时置中国明代，从此，雄王成为越南的起源。至今，每年农历三月初十，越南都举行隆重的祭祀。

古蜀人黄帝的正妃娘娘，嫘祖是全世界第一个创制养蚕种桑织丝的人！国内和瑞典、印度、斯里兰卡、越南、美国等国家和地区的近百名专家学者曾在成都出席"天府之国与丝绸之路学术研讨会"。一致认为四川蚕桑种植历史悠久，织锦等产品通过南北东西融通世界各地。

四川出土的4部木制织机模型和14个纺织工匠彩绘俑，是迄今发现最早的提花织机模型，填补了中国纺织科技史空白，代表了当时世界纺织织锦技术最高水平。成都因此成为公认的世界织锦之都。

《成都共识》还指出，四川自古有多条商贸通道贯通中外，能辐射丝路沿线国家。在汉代，张骞"蜀身毒道"，唐出夜郎道，都证明可从成都、西昌等地经云南、缅甸到达南亚、西亚，也可经成都、泸州等地到贵州夜郎通达岭南与海上丝绸之路相连。北上的古蜀道，如金牛道、米仓道、荔枝道则可与"北方丝绸之路"紧密相连。1995年，在新疆尼雅遗址出土东汉至魏晋时期绣有"五星出东方利中国"的蜀锦护膊，不仅证明成都很早融入北方丝路，而且表明成都很早就把中华文化大一统的思想传播到西域和海外。向西向北经关中到河套地区、蒙古高原，古四川则与"草原丝绸之路"连接。向东则与长江中下游地区有着广泛交往，汉代蜀地的丝绸、漆器、瓷器、茶叶、蒟酱等行销世界各地。

各种文献证明，家居四川江油的大诗人李白的父母在公元600多年时际，远离故土，到西亚去开创，传播中华文化期间，在碎叶城，即当今的吉尔吉斯斯坦共和国托克马克生下李白。这说明唐朝时期中华文化对西亚的影响之大。

中国龙文化传入东南亚、西亚、中东要比日本早的多，因而显得更具原始文化的特性。越南、泰国、菲律宾和印度尼西亚的龙凤艺术，明显具有中国长江文化系的特征。龙的头大，有些像狮子或牛，腹粗，尾大，足小。这种龙的形象在这一地区的建筑、服饰、雕刻，以及龙舟、龙舞和龙灯等民俗活动中，随处可见。长江以南有星罗棋布的江河湖泊。龙舟文化甚为发达。指挥龙舟竞渡的铜鼓饰有龙凤等吉祥动物图案。东南亚的铜鼓艺术源于中国。滇系和粤系铜鼓艺术的差别也见之于东南亚，成为长江龙凤文化的地方演变体。从古代文化史的角度看，东南亚龙文化是长江文化系，特别是苗蛮文化向南的伸延。

三、推动非洲古文明

郑和七下西洋对东南亚、非洲和世界影响很大。郑和所到之处每次都将中国当时的世界最先进的文化传播给所到国，很好的启蒙和推动这些地域和国家文明的开创和发展。当今的肯尼亚等国很多民风、家用器具、习俗、坟葬等几乎和中国一样。非洲国民众还兴起到中国寻根问祖的风呢。帕泰岛的谢里夫姑娘等就亲自到中国寻根问祖。她们坚称是炎黄的子孙。中国考古界2012年2月前去考察，发现帕泰岛三个村的中国古遗迹40处。帕泰岛400余人，虽然皮肤稍黑，但外貌似汉人。可见，中国文化对非洲影响多么深远。

《外金丹》、《历代通鉴辑览》等多本古籍记载：距今万年前，女娲氏炼五石以补天的巨大文化就直接传到波斯地区，后又流传到埃及。此以古籍由记载为证：《道教大辞典》曰："太阳：红铅"，"外丹用药。《外金丹》卷四《三元秘范》：'太阳红铅，乃丹中第二品丹材也。太古时，有女娲氏炼石以补天，所炼之余气结为五彩之霞光，落于波斯国内，化为倭铅，一名倭玉，为五金之领袖，八石之翠帏……以手摸之，却平而不突，化开倾成薄片，用铁敲之，严若琵琶，清亮出群，铿然可听，必令其绝命，方成白金。'"。

其间，伏羲氏、女娲氏后裔族中部分到达埃及直接传播伏羲、女娲文化。在伏羲后裔的诸多族国中，都以伏羲为号。埃及的最早开拓者应该是源于伏羲(宓牺)以后的十五个帝王氏族。据《历代通鉴辑览》卷一记载："太昊伏羲氏、女娲氏、柏皇氏、中央氏(亦曰中皇)、大庭氏(亦曰朱颜氏)、粟陆氏、骊连氏(亦曰昆连)、浑沌氏(亦曰混敦)、赫胥氏、尊卢氏、吴英氏、有巢氏、朱襄氏(亦曰子襄)、葛天氏、阴康氏、无怀氏等十六氏，皆袭伏羲氏之号。"

其后，少昊族和神农族的部分族人带着沱江、昆仑文化先后移民埃及、希腊和罗马，传播蜀国和中华文明。

先是移民到新疆地区，昆仑等文化出现在新疆地区。后随着华夏族群移民至埃及，昆仑等地名又出现在埃及。古埃及的萨姆文化是伏羲后裔带到埃及的，其源头可以追溯到燧人弁兹氏时期的伊萨姆文化。

《淮南子》等多本古书记载：伊萨姆文化是在西王母率领族人到达埃及后，在地中海地区逐渐传播开来的。由于西王母传播中华文化，大力开创文明，成为古埃及地区的女王伊萨姆神，进而成为地中海南岸的埃及和地中海北岸的欧洲地区诸多部落国家所共同尊奉的母神。正如《淮南子·地形训》、《伊尹四方令》所云：来自"在其(建木)东"昆仑国，"正西昆仑国"的女神，造福地中海南岸的埃及和地中海北岸的欧洲地区。

埃及的龙头权杖与资阳人的龙头权杖，从龙头到杖身的图案都一模一样。埃及的龙头权杖是4000多年，而资阳人的龙头权杖是6000多年。显然，这是中国龙文化传播到中东产生的。况且，龙文化是中国独特的传统文化啊。

从《山海经》等古书看出，和一些史书论证，大禹治水，主要治的是埃及尼罗河。《山海经》云：禹曰"洪水滔天，浩浩怀山……"4000多年前的中国黄河等地域都是青山绿水，不可能出现这种状况，濒临沙漠海洋的尼罗河等地域才可能出现。有史学专家考定，埃及的法老就是大禹。好几千年来，北非的祭祀、丧葬等风俗与中国何其相同。这不说明中国先人对其影响之深吗？

四、推动欧洲古文明

上古时期，蜀人通过新疆地区，将昆仑等文化传播埃及，昆仑的地名又出现在埃及。在古罗马地区，意大利的罗马城市地区，也有昆仑山之称。这里的民族每年要在当地昆仑山一带举行大规模祭祀活动，古罗马民族的名人凯撒和安东尼等都参加过此类祭祀活动。杜钢建文章说："古罗马鲁佩齐人是犬戎族人"以及"犬戎族在古罗马影响巨大，凯撒大帝也是犬戎族后裔"。

历史告诉世界，10000年前后的伏羲、女娲文化，和其传承者推进了5000年前的苏美尔和埃及文明，神农和黄帝后裔的迁徙，演化成希腊、罗马和犹太族，促进了4000年左右的希腊、罗马和犹太文明的兴起。

枕戈先生的文章指出："2015年美国学者也研究得出结论，希腊人(喜克素斯人)是从东方迁移而去的游牧民族；3000年左右，演化成现代德、法、英、美等民族的日耳曼人，由商周春秋战国时期的赤狄白狄西羌等民族移民形成；而后，更为凶悍的匈奴族、突厥族、蒙古族相继民族大迁徙，对西方历史造成了巨大的冲击，匈牙利、土耳其、俄罗斯等国家是这种移民迁徙的结果"。

从餐桌上的刀叉演化的过程史说明，好些中国传到西方的文明，却成了西方的发明。世界上有几个人知道，今天西方人餐桌上使用自如并感自豪的刀叉，是中国人使用了近万年后摒弃不用的丢进废料堆中的后来成了文物的东西。在万年前的"鲤鱼桥文化"的新石器文物中，就有近似刀叉的餐具。7000年前浙江河姆渡遗址中就有许多精美的餐具。1995年4月，中国考古专家在青海发掘一些墓葬灰坑即5000年前先人废弃的坑中，出土大量骨叉、骨刀、骨勺的华人餐饮用具。上面三处文物证明，中国人在万年前就使用刀叉餐具了。但后来觉得刀叉进步不方便，逐渐发明并习惯用筷子，这个历史大约3000年了。《史记.宗微子世家》对纣王奢侈生活载："纣为象箸"。"象箸"就是筷子。那时餐用筷子就是豪发了。筷子秦时称为"梜"，汉代时称"箸"，明代时称"筷"，沿称至今。

可见，本是中国传到西方的文明，却被西方人引以骄傲，不少中国人却盲目崇拜仿效。英语不也是如此吗？仅2019年中，就有数篇文章讲英语源起中国，这里暂且不论，希望中国一些崇洋媚外的人不要再盲目了。

2019年9月，英国《每日邮报》报道，在英伯克郡的一个村庄，考古专家挖掘出距今1600年前的遗迹文物中上面，有中国汉字。这说明在罗马帝国统治下的英国，中国人就在英国开拓发展。

贾银忠等多个考古专家经过长期研后指出：乌克兰的"特里波耶文化"中，最醒目的文化标志就是太极图，这显然是古雅利安人的先民传袭了伏羲的太极文化。在雅利安人创立的吠陀文化、吠陀教与古蜀（三星堆）的宗教信仰文化有着惊人的相同和相似。古蜀文明（泛三星堆文化）中，有成千上万的文物可以证实古蜀国人中具有土著白人（古雅利安人）的基因，古夷（彝）人的文献中也有十分清楚的记载。我们从众多的古蜀国（泛三星堆文化）文物上雕刻的人物来看，大多数人物为高鼻梁、鹰钩鼻，所以才有"三星堆是杂交文明"和"外来文化"的怪论和猜想。印欧语系的雅利安人，包括他们的分支吐火罗人，塞人等族群分支的先祖，是从金沙江流域、雅砻江流域一路北上，从中国西南地区向北途经河西走廊、阿尔泰、新疆，到达中亚等区域。另一条更早的迁徙路线是从云南经缅甸等区域，到达中亚、欧洲、北非等地区的。古夷族群、古羌族群都是游牧民族，他们中的"白民"雅利安人自然也是游牧民族，他们从祖族先辈那里继承了驯养马、牛、羊的技艺，从古巴蜀地区和云南等地传承了青铜冶炼技术，战车制造先进技术等等；所以古雅利安人在参入印度后就能创造吠陀文明，创立了吠陀教。所以3500－4600多年以前的中华古雅利安族群的大迁徙，为后来世界上各主要古典文明区域奠定了发展的基础。

1669年英国语言学家约翰·韦伯在他出版的《中华帝国的语言是原初语言》书中说："中国书面语言是上帝赐予人们的原初语言，也是亚当和夏娃在伊甸园里最初使用的语言。"德国学者基尔谢等多国西方学者持同样观点。《创世纪》书中认为，汉字是"初民语言"、"超民族语言"、"圣经语言"，汉语这种"表意文字"才真正具有语言表述的"合法性"，才是"真正的字"、"思想的符号"。

因为汉字是音、画、意结合的"三维文字",是世界上最短、最精准、超时空的最科学的文字。英国皇家协会首任主席威尔斯金在提交的《真正的字与哲学语言》报告中首先主张:用中国表意符号的汉字作为欧洲的科学和通用语言。在中西方研究汉字和英语关系的著述中好些学者认为英语来源于汉字,西方文明来源于中国。一些西方学者认为,在上帝创造世界之前,中国文明就存在了。1685年,勃兰登堡图书馆长门泽尔,在他的《中文·拉丁文小词典》中写道:《字汇》里的"娲"字,讲的就是伏羲与女娲,就是伊甸园里的亚当与夏娃。

"郑和下西洋,实现环球大航海,把世界地图送给教皇,与意大利人分享百科全书《永乐大典》,把中国的科技文化馈赠给了西方,直接刺激了西方的文艺复兴,促进了西方文明。"可见,一带一路文化对西方文明影响之大。

中华文明对欧洲"宪政"文明的兴起发生过重要作用,对于这个问题枕戈先生的文章讲得很清楚,现转录如下:

在世界历史教科书中,人们向来认为世界最早的不成文宪法诞生在英国,成文宪法诞生在美国。按照宪法来治理国家,谓之"宪政"。中国向来是皇帝一人统治的人治,与宪法之治毫无关系。这是对中国古文的诽谤。

中国古代不但有 宪法,且其历史之悠久足可让世人瞠目结舌。杜钢建老师认为,从几万年前伏羲时代的《天皇伏羲氏皇策辞》,到六七千年前神农时代的《神农政典》,再到 5千年前黄帝时代的《轩辕政典》,中国已有数万年的成文和不成文 宪法传统。至于夏商之际载入《尚书》的《洪范九畴》,已是一部条文齐 全的成文宪法,中国的宪法之治也有四千余年!能不开脑洞否?

古人云,人道源于天道。道生法。法是道的显现。宪法,作为一个国家的根本大法,从来就是从天地之大道而来。宪法之治也可以认为是"道治"。所以,中国古代的宪法,从来不是仅仅处理人与人之间的关系,而是处理天、君、民的关系。"天"在古代中国政治文化中具有至高无上的独特地位,所以为何皇帝都自称"奉天承运"、"替天行道"呢。

在神农宪法中,古人即提出"惟天生民,惟君奉天""民惟邦本, 食惟民天"的天、民、君的宪法秩序理论。惟天生民,民意民志民心就 是天意天志天心。政府君王的义务是奉天而行,即要尊奉民意民志民心。天、民、君的宪法秩序不能颠倒,否则政府君王的权力就会膨胀,形成政府行为过度的专制政权。可见,在追求目标上,几千年前"敬天 保民"的宪法宪治理论与现代的民主宪政并无多大差异,甚至比今人考虑得还周全圆满。今人不敬天亦不信奉天道,造成了一种现代人的 狂妄与私欲的膨胀,法律常常也无以救其弊。

欧洲、北非和塔吉克斯坦等中国西部的几个"斯坦"国,在近些年来都发掘出大量的塞人遗迹。这些文化都起源于上古蜀国昆仑山地区。这就佐证了上述资阳人、蜀人、华人文化对欧洲文明的兴起、发展起到的重要作用。

"欧洲崛起时候,拥有'坚船利炮'和'先进文化文明'的正是中国人。"

连续一下上面历史,就可清楚地得出一个铁的历史,那就是:从10000年时际的远古开始到现代史时期,华人从未间断过帮助欧洲开拓发展,对欧洲文明发展做出持续上万年的卓越贡献。

第二节
资阳人、蜀人、华人推动美洲古文明

美国考古学家近日在新墨西哥州、加州和亚利桑那州的多个岩壁上发现了商朝甲骨文。因为文字篆刻时间比哥伦布发现美洲早了2800多年，因此他认为有可能是商朝人最先发现了美洲大陆。

——英国《每日邮报》

十余万部队连同家眷以及奴隶共25万余人，经历九死一生到了美洲，故而，印第安人是华人后裔。

——《中华祖先拓荒美洲》

殷人亡国后，逃亡到了美洲。

——香港学者卫聚贤在《中国古代美洲交通考》中撰文说

《美洲印第安人祖籍在中国》。

——《新民晚报》

美洲文明之母"奥尔梅克文明"是源于中国的商代文明。

——美国俄克拉玛中央州立大学教授许辉

《东山经》所描述的都是北美到南美的地理山水，对于那些"四千多年前就为白雪皑皑的峻峭山峰绘制地图的刚毅无畏的中国人，我们顶礼膜拜"。

——美国亨利艾特·默兹

美洲土著人的早期族群来自中国。

——杜钢建

远古资阳人、蜀人、华人文明对世界的影响是多方面、多地域的，尤其对日本列岛影响甚大。对西方、对非洲也有重大影响。下面侧重简扼谈点对美洲的影响。

一、远古资阳人、蜀人、华人如何到达美洲？

首先，要了解远古资阳人、蜀人怎样到达美洲的，要从第四纪的冰川说起。距今50000年时际前后的这次冰川持续了几万年。生活在适宜居住在沱江地域的资阳人、蜀人，因那时科学不发达，不知道自己生活在福中，还四处寻找更宜生息的地方。他们从秦岭峡谷进入中原，再向东北方向探寻，乘坐移动的冰山，穿越白令海峡、越过阿留申群岛，到达北美洲。而另一支大队人马则顺江而下，探寻到东海、黄海一带，踏上洋中冰山，吃着洋面的冻鱼，穿越太平洋，到达中美洲。

鞠德源先生在《中国先民海外大探险之谜》书中说：大约在公元前10000年前后至前3500年前后，华夏大地上西南地域的原住民，为了寻找更理想的生存地,从长江上游川江等水系顺水漂流。有的流落在浙江、福建沿海地方,逐渐形成良渚文化。有的随中国东海北赤道洋流漂落到南美洲等地方。继而发展成为殷夏文明或称冉家文明。今泛称 安第斯"殷夏文明"。当年向海外进行漂移的方国或种姓,均属于古巴蜀原住民。这些族群 跨海漂流,越洲际大迁徙,不是某个族群的个别行为或偶发事件,而是经历了数千年的漫长年代,大约从公元前10000年前后确实地屡屡有华夏大陆川、滇地区的各族群,甘冒风涛之险,有组织地相继迁移到南美洲,散居于南美大陆的西海岸今哥伦比亚、厄瓜多尔、秘鲁、玻利维亚等地域,继续传承各自的习俗与文化。

《昆仑纪》说:"'帝俊妻羲和'奉命来到美洲,司日月之行次,从事天文观察,制定历法。这之后,他们留在美洲繁衍生息。竖亥这一批测量大地的工作人员,也随同首领留了下来,并在'墨齿'国的南面建立起了一个'竖亥国'。他们可能担负的不只是地理测量,同时还要在美洲继续着羲和、少昊的'世济穷桑'的事业。这些人或许就是玛雅人的始祖。"《昆仑纪》还说:"美洲'少昊羲和国'的两位创始人亦皆来自天府。帝俊妻羲和当出于帝俊之世的大姚赤阳之国——'鄭国'。她东渡美洲建立了羲和国(其地名羲华华,强调来自中华)。少昊青阳氏,降居江水,世济穷桑,携其精通'金、木、水、土'的四叔至美洲,与其族羲和会合,共同创立'少昊羲和国'。"

《昆仑纪》说:"20世纪留下了诸多由专家学者提出的未解之谜。其中之一,便是有专家认为:整个世界早在4000年前便被一个发达的文明科学地测量过了。经过对典籍的考证发现,这个文明也许正是昆仑纪文明。燧皇时代的少昊羲和测量世界,据称后来移居美洲,建立了少昊羲和国,创立了'十月太阳历',衍生了后来的玛雅历法。传说中的神王维拉科查很可能说正是竖亥。在美洲已发现的古代遗迹上 的纹与玛雅金字塔也证实其源头是昆仑纪文明。各种'金字塔'的建造原型,很可能源于'昆仑之丘(台)'……王大有先生认为:解读美洲土著古代文物的文化内涵,可以得出上古中华文明与古代美洲土著文明是'同一祖先同一文化根脉的异域播化',后者对前者(中华文明)是一种'承袭性发展的兄弟文化';是一种'文化基因的传承'。主要表现在:1.种族图腾微铭姓氏符号,以及种种祭祀礼仪;2.象形文字;3.开文历法。""中华史前和美洲史前文明都同样采用太阳历,其纪元起始之时相当接近,都在距今五千五百年左右。这不会是偶然的巧合,而是因为皆源于'羲和浴日、生日'。"

二、远古资阳人、蜀人、华人对美洲古文明的重大影响

鞠德源先生在《古蜀王国》中采用比较法,将古蜀都王国的各种文明和美洲同期的各种文明相比较,得出结论:美洲的文明是继承了华夏蜀人文明而产生发展的。因为篇幅太大,近十万字,图文太多,约二十余幅,仅从几十个标题中摘录几个标题出来就可以得出:"移徙南美洲的蜀国族群及其后裔全面继承了古蜀国王国的文明";"古蜀王国的蜀人与所属境内之僚人迁徙南美洲后

被称比巴罗族人的形象及其社会的制铜技艺";"古蜀人蚕丛族裔在玻利维亚蒂华纳科地方继续对大皥神伏羲氏及蚕神的崇拜";"蒂华纳科石雕巨人像是古蜀王国蚕丛族裔祭拜的蚕神"。此外,鞠德源先生还著有五十多万字的《中国先民海外大探险之谜》一书,用大量丰富的史料,全面论证中华文明对世界文明的重大影响。其中有大量的篇幅论及对美洲的影响。

当今世界的一些国家和地区的考古界、新闻界也一再认为美洲的文明来自亚洲,来自中国。2014年5月17日香港《文汇报》综合《每日邮报》、美联社、法新社、路透社的报道,题为《1.3万年前遗骸揭美洲人来自亚洲》。报道说:

科学家早年在墨西哥一个水底深洞,发现一名生于1.3万年前、年约15至16岁少女近乎完整的遗骸。科学家分析其骨骼和脱氧核糖核酸(DNA)后相信,最早的美洲人来自亚洲东北部,他们迁徙至连接西伯利亚美洲的白令陆桥,过桥后到达美洲。研究刊于新一期《科学》期刊。

研究员2007年发现该副骸骨,头颅在岩礁倒转,有一排完整牙齿及深深的眼窝。他们为这名仅5尺高的少女命名为【纳亚】(Naia),在希腊语中意指【女精灵】。研究员推断少女在12000万至13000万年前生活,并相信她因寻找水源不慎坠进洞内,从其碎裂的骨盆看,她以高速跌下迅速死亡。

事发时深洞环境干燥,但在约10000年前,全球冰川开始融化,海平面上升,令洞穴被淹没。现时深洞位于水底43米,洞内还有剑齿象、美洲狮等26具大型动物的遗骸。

纳亚是至今发现的最古老6名美洲人之一,她拥有最早美洲人的轮廓,如面形窄小、眼距宽大、前额凸出等,这些特征都跟现代美洲原居民完全不同。不过分析DNA后发现,她与现代美洲原居民拥有同样遗传基因,显示两者的祖先相同。科学家解释,双方样貌各异与随着时间进化有关。

2015年12月英国《每日邮报》又刊文说:美国发现甲骨文,佐证印第安人

Did China discover AMERICA? Ancient Chinese script carved into rocks may prove Asians lived in New World 3,300 years ago

- Author and researcher John Ruskamp claims to have found pictograms from the ancient Chinese Shang Dynasty etched into rocks in America
- The symbols are carved into rocks in New Mexico, California and Arizona
- He says the Chinese were exploring North America long before Europeans
- He claims the symbols give details of journeys and honour the Shang king

By RICHARD GRAY FOR MAILONLINE

PUBLISHED: 09:13 GMT, 9 July 2015 | UPDATED: 16:53 GMT, 10 July 2015

是中国人后裔。文章说:美国考古学家近日在新墨西哥州、加州和亚利桑那州

的多个岩壁上发现了商朝甲骨文。因为文字篆刻时间比哥伦布发现美洲早了 2800 多年，因此他认为有可能是商朝人最先发现了美洲大陆。

对于美洲印第安人是华人后裔的说法在学术界早已有之，从古代的历史文献记载中，就能捕捉到许多的踪迹。

一些学者、专家、报刊和史书认为："牧野反戈"部分"殷人"漂洋过海到美洲。

黑龙江人民出版社出版的《中华祖先拓荒美洲》一书考证，十余万部队连同家眷以及奴隶共 25 万余人，经历九死一生到了美洲，故而，印第安人是华人后裔。

中国学者陈志良早在 1939 年，就提出了殷人到达美洲的断想。20 世纪 70 年代，香港学者卫聚贤在《中国古代美洲交通考》中撰文说："殷人亡国后，逃亡到了美洲。"

《左传僖公十六年》中载"六鹢退飞过宋都"，这几只退飞的"鹢"既不是中原的特产，也不是古人的梦幻，唯一的可能就是在哥伦布发现美洲之前的 2136 年，殷人的后裔就带回了足以在中原炫耀的美洲蜂鸟。"

《新民晚报》1993 年 11 月 28 日刊文题为《美洲印第安人祖籍在中国》，文中提到："印第安人的部分 DNA 与亚洲人以及太平洋上的波利尼西亚群岛上的土著人是相同的。"

中国社会科学出版社出版的《谁先到达美洲》，海洋出版社出版的美国亨利艾特·默兹著的《几近褪色的纪录》说：依据中国成书于 4 千多年前的《山海经》进行考证后认识到，《东山经-大荒东经》所描述的都是北美到南美的地理山

水，对于那些"四千多年前就为白雪皑皑的峻峭山峰绘制地图的刚毅无畏的中国人，我们顶礼膜拜"。

史载，灭商之战渡黄河，姜太公指挥的周朝将士，一夜之间建造了 47 艘渡船，载着四万七千人渡过了黄河，这说明古代中国航运技术发达。

中国最早的编年体史书《竹书纪年》中就记载地夏代命九夷,狩猎于大海,获大鱼等证实,那时中华民族的航海技术就能到达美洲。

《诗经·商颂》记载,"相土烈烈,海外有截","相土"指殷商的第十一代君主,而这"海外有截"的"截"按照著名史学家翦伯赞的考据,是指北美大陆西部的地方,这又说明,殷商时中国就开发美洲了。

美籍华人乔治休1852年,就曾从广东偕数人驾小艇8艘,沿着黑潮漂至加利福尼亚州,他同他所乘坐的小艇照片,被保留在美国旧金山唐人街博物馆里。这说明,中国古人到达美洲的。

中国前驻智利大使欧阳庚在1922年看到使馆房后有产于中国的涕竹很为奇怪。因传说"截其二节剖为两半即可成舟"。

汉书《神异经》就曾经记载涕竹可治疗瘵病,显而易见,这是中国古中医传过来的。

更重要的是大量的出土文物有力的证明美洲大陆曾经有过许多中国物品或类似中国的文物。因为这些出土物品中刻的文字类似中国的甲骨文和金文的字符。加利福尼亚海底1975年出土的重达152千克的石锚,经考古学家和地质学家鉴定这石锚有3000年的历史,质地和中国的灰岩一样,并和中国出土的石锚造型一样。

《世界日报》1996年报道,墨西哥出土的玉圭中,有四个符号是甲骨文,大意是"统治者和首领建立了王国的基础"!据西方媒体报道,2015年美国考古专家罗斯坎普在新墨西哥州、加利福尼亚州、俄克拉何马州等多地多个岩壁上发现84象形汉字,与中国殷墟遗址甲骨文匹配,距今3300年前。这又强有力的证据证实了殷人到达并开发了墨西哥。

美国俄克拉玛中央州立大学华人教授许辉在奥尔梅克文明的遗迹中寻找到200多个玉圭,其中146个字模属于先秦古文字字体的鉴定,这证实美洲文明之母"奥尔梅克文明"是源于中国的商代文明。

秘鲁考古专家瓜基带科考队,在秘鲁北部禧玉山发堀出银质女神像,她两手各持一牌,上刻武当两个汉字,身上有龟蛇形像。据考证,这是3000多年前的文物。秘鲁专家认为,印第安人有着与中国同样的龙文化,他们认为自己的始祖是伏羲和女娲,他们跟华人一样,是黄色人种。

美洲人自己也流传着不少他们是中国后裔的传说。美国康州印第安人的酋长朱蒂贝尔就直言不讳的向中国人说,她是中国人的后裔,因为他的祖母一直就是这样告诉她的。北京大学邹衡教授1983年在美洲讲学的课堂上,一位印第安人就亲切地对他说,他们是"殷

资阳人

《几近退色的记录》英文版封面

人"，并说他们的祖上就一直传说他们的祖先是中国人。

语言是考证种族一项重要依据。印第安人的语言就有很多发音都和中国话类似。你、我、他的发音与中国古语"宁"内"伊"就十分相近。称孩子也叫"娃"，称呼人发音"银"，把"花"称为"发"，称"河流"为"河"如此繁多与中国人发音相似。

人的长相是遗传基因决定的，印第安人的长相就很接近中国人。从下面这张印第安土著人的照片中就可发现许多和中国人相似的地方。

世界众多的考古专家和学者早在400多年前以来就纷纷认为，美洲大陆的玛雅文明与中国文明有许多相似性。他们也普遍认为，早在两万年前亚洲人就通过白令海峡到达美洲了，把中国文明传到了美洲，创发出玛雅文明。所以说玛雅文明和中国文明的相似性是历史的必然。（本节部分内容参考网易新闻）

第三章

资阳人、蜀人、华人推动世界古文明

史学专家论点综述：

资阳人、蜀人、华人积极的、无私的、长久的向世界传播中华文化，推动人类古文明。

在距今一万年前后，中华远古先民就将自己创造的当时人类最先进的无数文化、文明传播给世界，而且是互鉴、开发、建设、发展了广大的地区。

古代先民将中国拓创的 30 多近 40 项全球创新发明的文化之最，热心地传播给世界，极大地推动人类文明。

资阳人、蜀人、华人对古代世界的影响是全方位的。西方探险家考证后指出：中国对世界的影响之广大，连很难达到的太平洋中南部小岛屿都深受大益。太平洋上万个岛屿都属于一个文明圈，至今都保留着万年以来的中国遗传下来的、起源于中国的语言、民俗等等。

第一节
资阳人、蜀人、华人对世界古文明影响的重点

一、蚕桑文明对人类的重大影响

资阳人是人类文明的一个源泉，蚕桑文明也是一个实证。资阳人近万年的蚕桑等文明推动了蜀都文明，继而推动了华夏文明，对世界文明产生了极大影响。鞠德源在《古蜀王国》一书中论定：蚕桑文明"从而使巴蜀地域及其周边邻国地域的蚕桑业和纺织业有序地进入了相当成熟的发展阶段，中国最早的由成都为起点的通往身毒（印度）的丝绸之路，是由古蜀国商人开辟的。因此，可以断言，在华夏古代蚕桑发展史上，堪称古蜀王国居于全国的优先地位，在世界古代文明史上，古蜀王国的蚕桑文明亦应该占居第一的地位。"

由蚕桑文明带来的丝绸之路文明对世界的影响是重大的。前面说过，通过丝绸之路，中国将自己的各种文化和文明都传播到世界若干国家。

郑和七次远航西洋，向世界全面传播中华创新文化，极大的推动世界文明。

二、科技文明对人类的重大影响

中国科学技术文明对人类文明的影响是突出的。

鞠德源先生还在书中运用大量的篇幅，引证了大量的史料，说明蜀都蚕桑文明、玉器文明、青铜文明、驱傩文明等多方面的文明对世界的重大影响。他特别运用史料对比手法论定蜀都文明对朝鲜、日本、美洲等世界多个地域的重大文化影响。他认为蜀都是世界多方面文明的源泉。

前面说过，《史记·天官书》记载："过去传播天术的人……是羲和……是昆吾……是苌弘……"。燧人、伏羲、女娲创发的科技文明影响到了整个世界。"十月太阳历"又称"伏羲历"、"颛顼历"，是以地球绕太阳一周为一年的历法。这个历法在中国、在美洲，几乎在大半个地球都采用。外国人用的"十月太阳历"是源于"伏羲历"的。

中国古代的"四大发明"，即：指南针、火药、纸、印刷术，对世界文明的影响是重大的。前面说到宋朝资阳籍科学家秦九韶在《数书九章》中创立的"大衍总数术"和"正负开方术"，世称"中国剩余定理"和"秦九韶程序"，其程序可转化为算法语言，用计算机来实现，早于西方"霍纳法"572年，被誉为中世纪数学泰斗。这说明资阳科学家对世界的科学影响和推动之大。

人类发展史说明，远古资阳人的文明对四川盆地、对中华大地的影响未曾间断过，并扩展到了全世界。从考察的历史记载和文物说明：在四五千年前中国已经开始绘制地图。《昆仑纪》中说："燧皇时代的少昊羲和测量世界，据

称后来移居美洲，建立了少昊羲和国，创立了'十月太阳历'，衍生了后来的玛雅历法。传说中的神王维拉科查很可能正是竖亥。在美洲已发现的古代遗迹上的　昆仑　纹与玛雅金字塔也证实其源头是昆仑纪文明。各种'金字塔'的建造原型，很可能源于'昆仑之丘'"须知，这个"昆仑之丘"，指的是资阳。

有人说权杖是中国学西方人的，理由是中国权杖的头部是龙的形状，莲花

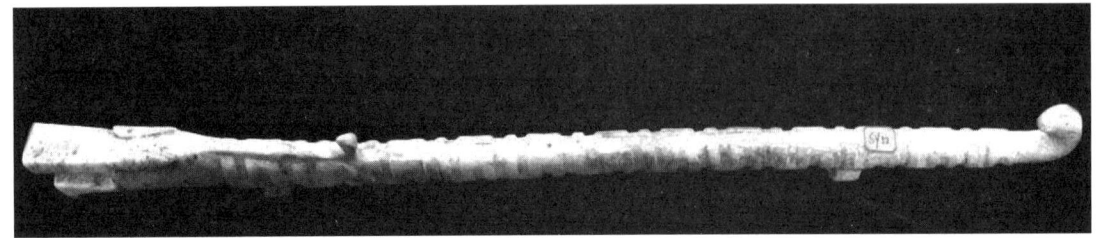

权杖　总编室摄于 2013 年 11 月 6 日

纹等好些方面与西方的相似。其实不然，人们可知道，最早出土的权杖发现于埃及，仅仅 3050 年。西方人说西方权杖的历史有 5000 余年，可没找到文物的依据。而中国甘肃出土的权杖鉴定为 5500 年前。修建成渝铁路时四川沱江岸上出土的上面这根权杖，是 7000 年～8000 年。历史文物说明，不是中国学西方人的权杖，而是西方学中国的权杖。

史实应该如此，不过中、西方的文化史告诉世人，中国是龙的故乡，传扬龙文化。龙头形权杖是中国的特产，西方没有这种文物，有也是中国的。况且西方人用的是文明棍，没有权杖文化。所以说，权杖文化是中国的，不是西方的。如果说西方有权杖文化，也是学中国的。

《史记·张骞传》和左（思）太冲的《蜀都赋》记载：中国的竹杖早就传到大夏国（今阿富汗）、身毒（今印度）等西亚和西方了。紧接着，中国金杖就传到了西方。

书前美人鱼图所显示的，它的出现也是中国早于西方若干年，《山海经·海内南经》就记载过美人鱼的状况。这条美人鱼制品出土于沱江岸上，已有 3000 多年的历史。

书前"龙凤·璧·琮"图文物是在 20 世纪 50 年代初修建成渝铁路时出土的。整组器物蕴含了古蜀早期对宇宙的认识。已经有了八卦、阴阳、五行、天干地支等思想理念。这样的科学文明对后来的人类产生了重大影响。

第二节

资阳人、蜀人、华人全面推动世界古文明

一、远古资阳人、蜀人、华人文明推出"人类文明黄金时代"

中国祖先让我们骄傲，也让世界惊奇。中华民族文明对人类影响是全方位的极其重大的，热情的将30多项世界发明之最的文化传播给世界，对世界文明产生极大的推动。哪30多项呢？就是：

种植水稻和粟文化、养蚕和丝织文化、漆文化、文字文化、干支纪日方法文化、记载日食和月食文化、铸铁柔化技术文化、记录哈雷彗星文化、确立十九年七闰历法文化、天文学文化、使用耕犁文化、最早的太阳黑子记录文化、应用数学文化、测定地震方位的地动仪文化、麻醉剂文化、造纸术文化、精确计算圆周率文化、构建运河文化、造海船文化、银行文化、印刷术文化、火药及应用文化、测量子午线长度和发现恒星移动文化、由国家颁行的药典文化、古拱桥文化、最大的艺术宝库文化、指南针和应用于航海文化、确定年周期文化、最早的远洋航行文化、记述石灰岩溶蚀地貌文化、论述脚气病文化、使用纸币文化、发现地磁偏角文化……尤其是建筑科学文化至今埋藏着未解之谜，特别是在地球中部一圈这一带上，从西方的埃及到东方的中国，再到台岛和琉球间的宜兰（在一次大地震中沉入海底），再到美洲，矗立起多座金字塔，这些塔的建造年代、造型、工艺几乎如出一辙，多本古书都说是伏羲后代建造的。

《昆仑纪》说：远古时代"长达千年的洪水肆虐中，唯有中华没有遭受'洪水灭世'，四川盆地的先民由涂山女娲氏率领治理水患，孕育了史前的昆仑纪文明。中华民族始创的这次人类文明，并不只限于中国大陆——在接下来的数千年中，苏美尔文明、古埃及文明以及美洲玛雅文明等等，都有昆仑纪文明播下的种子，人类在大自然灾害面前证明了自己的存在。现代人类没有退回原始时代，而是迈进了文明时代。"

千多年前宋代著名诗人范祖禹对上述做了注解。在《资山四首》第二首中写道："资山崖谷多神仙，鸾车凤马随飞烟。神女潇潇来暮雨，浮邱往往上云骈。"

"昆仑纪文明是慷慨的。随着持续数千年的迁徙，整个世界已遍布燧人氏的子孙。通过对数个世界最古老的文明—两河文明、克里特文明、玛雅文明的比较研究发现，它们都在不同程度上吸收、借鉴、转化了昆仑纪文明，并孕育出了有着各自风格特色的文明奇葩……昆仑纪文明非但是中华史前辉煌的文明，

亦是人类史前辉煌的文明。在岷山昆仑—都广之野这一现代人类的发祥地，中华先民所创造的史前文明，在数千年前便为人类带来过'黄金时代'。"

二、远古"资阳人"基因遗传造就智慧人类

前面论述过，基因遗传科学的铁律告诉世人：虽然人种同源，但人体基因遗传是一个复杂变异过程，时空、地理、环境、气候等因素对人的基因遗传肤色等变异有较大影响。古代始，北半球白色人居多，地球中部一带黄色人、棕色人等居多，南半球黑色人等居多，在信仰、智慧、世界观等方面也有各地域的规律。

三星堆等多个考古发现，中国远古的蜀国人等在若干万年至一万年前后就居住着土著白人族辟。西南民族大学教授贾银忠在《古蜀国泛三星堆时期中华文化传播史研究》中就佐证了这个史实。他在文中运用大量的考古信息和古文献资料，充分证实中华大地自远古以来就有土著白人族祥繁衍生息。并运用高科技手段和DNA测试得出上述结论。文中还介绍了中国土著白人迁徙国外的路经和繁衍世界的史实。

历史告诉世人，是中国人的基因，遗传全世界，开发了全球古文明，建立起人类同祖同宗共同体。

罗灵杰指出：一批源于中国西部的现代农耕人逐渐迁徙全世界，同化改造了全球人种，形成全世界人脉基因同源。

"资阳人"及其后裔进行过四次大迁徙，在迁徙中传播文化、遗传基因、发展智慧人、拓创文明。播洒智慧文明基因种子，遗传开去，构筑起人类命运共同体宝贵的基础。

潇洒如风指出：基因遗传学表明，黄种人是人类祖先。1993年，美国道格拉•华莱士根据其研究成果指出，现在的印第安人部分DNA与亚洲人是相同的。2013年1月，美国科学家通过一份DNA的研究报告指出：现今亚洲人与美洲原住民源于共同的祖先，他们来自于4万年前的中国。这项研究成果来之不易，2003年时美国科学家从北京周口店一个4万年前的原始人腿骨中提取了细胞核和线粒体DNA，经过与美洲原住民的基因对比，发现了其与美洲原住民的基因非常接近。**经过10年的研究发现，美国科学家得出了亚洲人与美洲人的共同祖先来自4万年前的中国的结论。**

从远古至最近的4万年，中国发现了成系统的古人类化石，这是世界上绝无仅有的。而目前非洲仅发现了一块超过200万年的化石，并且一直被质疑，除此之外并无其他后续化石。中国的化石是成体系、成年代递进发展的。1400万年前的开远小龙潭人到800万年的腊玛古化石，到保山清水沟的800－400万年的古猿化石，到170万年的元谋猿人，到100-50万年的蓝田猿人，到70－20万年的北京猿人，到8万年的湖南道县现代人，到4万年的人类智慧人里程碑"资阳人"，可见，东方中国人应该是地球上最先出现的人种，并传承不断，**非洲人、欧洲人、美洲人等地球人的祖先应该都是中国人。**

前面简述过，在20世纪不但出现一大批揭露西方假文的勇敢求是之士，还站出一批论定人类文明源于东方的正义之师。如美国后殖民主义理论创始人爱德华·萨依德的《东方主义》，英国谢菲尔德大学政治与国际关系学高级讲师约翰·霍布斯的《西方文明的东方起源》等。

美国的亨利在《几近退色的记录》中认定："秘鲁和墨西哥的"胎痣"及"双眼皮"也归功于中国的探险家。

资阳人、蜀人、华人对世界影响最大的远古伟人还数帝喾、颛顼、俊帝等。《山海经》中记载的第一显赫人物是帝俊。俊帝何许人也，古籍记载不统一。有籍说俊帝就是大禹，大禹身为君主，还有功夫长期在国外长久治理海外吗，只能是他的部属或后代，所以至今还是个迷。

三、世人对远古资阳人、蜀人、华人文明影响人类的高度赞赏

远古华夏文明对世界的影响得到古今世人的认可与称赞。"美国国家地理学会的学者根据《山海经》上的记载，对美洲作实地勘察，发现《山海经》上的记载竟可与北美洲西部和中美洲的诸多山系山脉相应。《山海经》所记载的中华先民在上古对整个地球作过测量及绘制地图，可能确有其事！"

《每日邮报》、美联社、法新社、路透社等世界新闻界高度赞扬中国对世界文明做出的不可替代的卓绝贡献。

美国亨利艾特·默兹，美国俄克拉玛中央州立大学教授许辉等西方学者，大加赞肯中华民族对推动世界文明的伟大贡献。

著名考古学家贾兰坡在为《几近退色的记录》作的序中说：美国亨利艾特·默兹说：依据中国成书于4千多年前的《山海经·大东荒》进行考证后认识到，《东山经-大荒东经》所描述的都是北美到南美的地理山水是真实的，对得上号的，能夠印证，并能绘成地图。对那些"四千多年前就为白雪皑皑的峻峭山峰绘制地图的刚毅无畏的中国人，我们只有顶礼膜拜"。

第七卷

保护、承传人类的起源文化

史学专家论点综述：

中华文明是华夏民族在自身的土地上发展起来的。从 800 万年云南禄丰猿，到 3 万年至 5000 年前的鲤鱼桥文化，中间有考古发现的上百处古人类化石，300 余处旧石器文化遗址。一直绵延承传，从未间断。数百史实钢铁般证明中华文明是土生自长的，这就否定了"人类起源于西方"，人类文明"西方中心论"和"西亚近东文明东渐"说。

"就像太阳从东方升起向西方落下一样，人类文明起源于东方"。黑格尔这句实话，道出了人类文明起源的真谛。"资阳人"的出现，证明了人类文明起源地之一在东方、在亚洲、在中国。佐证了中国旧石器文化与非洲和欧洲的旧石器文化同为人类起源文化。

专家们还认为远古资阳人、蜀人文明对人类产生积极的重大影响。史学著名专家鞠德源先生就中华文明对世界的重大影响，专门撰写出 57.6 万字的，北京图书出版社出版的《中国先民海外大探险之谜》的巨著，用史实佐证，并详细论述了，中华先民蚕桑文明、玉器文明、青铜文明、驱傩文明等对世界各地的重大影响。指出："在世界古代文明史上，古蜀王国的蚕桑文明亦应该占居第一的地位。"就连美国史学专家也著书立说，叙述中华文明对世界产生的重大影响。在《几近退色的记录》中，美国专家祥述了对美洲的实地考察后强调，中华民族对北美洲西部和中美洲文明起源的贡献，美洲人"只有低头顶礼"。

第一章

文明起源有东方　土生土长一条藤

　　资阳人开创人类文明源泉，是人类文明的先驱，在久远的古代就将资阳打造成文明的圣地。

——总编手记

　　随着考古工作在全国的普遍开展，包括距今 204 万年至 170 万年左右的"元谋猿人"、距今 100 万年~50 万年左右的"蓝田猿人"、距今 70 万年~20 万年左右的"北京猿人"、距今 10 万年左右的"大荔人"、以及距今约 40000 年左右的"资阳人"等一大批重要人类化石的相继面世，把中华大地上人类演进的脉络清楚地展现在了世人面前。考古学上所取得的丰硕成果，强有力地否定了人类文明西方中心论，证明了东方是人类重要的起源地之一，中国是世界文明的重要发源地之一。"资阳人"是我国晚期智慧人的重要代表，是人类智慧人的里程碑，在从古猿到人的五个发展阶段中占有重要的一席之地，是人类演进脉络链上初生思维，开始用智慧斗争、生息的重要一环。

——胡昌钰

　　"过去一般学者多认同人类起源于非洲，非洲东部"老祖母"的发现是人类的祖先。后来因考古发掘古人类化石增多，又兴起了人类起源于亚洲南部说。近些年来越来越多的学者赞同地球多地人类起源说。根据考古化石材料，不可否认的是，中国应是人类重要的发源地之一。距今 1200 万年~800 万年腊玛古猿种系的云南"禄丰人"是人类起源文化地标中一个重要的标志。巴蜀滇云地区也是东方人类一个重要的起源地。"

——谭继和

第一节
世界文化起源东方 灿烂绵延四万年

一、中华民族是在自身的土地上发展起来的

王巍所长在《以科学态度研究文明起源问题》一文中指出:"20世纪二三十年代,中国近代考古学刚刚建立,'中华文化西来说'和'本土起源说'各自为政。到20世纪五六十年代,随着更多史前遗址的发掘,基本奠定了中华文明本土起源的理论基础,学界普遍认为史前虽然有东西文明的交流,但中华文明有自己的传统和根基。"

高星指出:中国古人类从直立人、早期智慧人到晚期智慧人是连续演化的学说,不支持近来从分子生物学的角度提出的中国本土古人类在距今10~5万年间发生演化中断、现代中国人系20~10万年间从非洲诞生的新人种后裔的假说。

中国考古学家发现了上百处古人类化石地点以及300余处旧石器时代文化遗址。他们认为从800万年前云南禄丰古猿,到400万年前元谋古猿,204万年前巫山人,170万年前元谋人,到100万年前陕西蓝田人,从70万年前北京人,50万年前河南南召人,35万年前南京人,25万年前安徽和县人,19万年前湖北长阳人,5万年前丽江人,4万年前的资阳人、3万年到5千年前的"鲤鱼桥文化"、龙垭遗址等一系列发现,使中国成为世界上最有希望找到更早的古人类化石的国家,从而否定了"人类起源于西方"这一人类进化学说。

中国科学院古脊椎动物与古人类研究所、中国社会科学院历史研究所、四川巴蜀史学界等一些权威专家对中华民族是在自身土地上发展起来的,中华远古文化、文明是华夏民族自己所创的观点有许多论述。综合起来可以概括为:资阳人的发现,进一步佐证了中华民族是在自身的土地上起源、发展的。因为资阳人的发现把中国人的发现一代代地延续了下来,中间没有断代。特别是从以北京人为代表的直立人到现代中国人,中间没有间断,是呈河网状不断推进,附带少量杂交而来的,因此中国的现代人类起源于本土的智慧人。旧石器时代相当于更新世时期,时间距今约300万年至10000年,这就雄辩地说明旧石器是在本地打造的这一铁证,这就打破了中国人"西来说"的不实之论。

有人说,海贝是从印度由海上和蒙古方向传入中原和四川的,它以为中国内陆没有海就没有海贝,殊不知,中国西海存在了几万年,四川盆地周围的山岩上到处可见海贝。可见,西来说观点是站不住脚的。

有地理常识的人会明白,中国北部、西部、南部不是鸟飞不过的数座大山脉,就是猴过不了的几个大沙漠,还有滔滔险恶的数条大江。这些都是远古西方文难以或者说不可能逾越的大障碍。

应该知道，四川盆地外围各类地势险恶，不是高山就是沙漠，诸如阿尔泰山山脉、天山山脉、阿尔金山、祁连山、昆仑山山脉、唐古拉山、冈底斯山、喜马拉雅山脉、横断山脉，并且还有古人越不过的塔克拉玛干沙漠、柴达木沙漠、腾格里沙漠、内蒙沙漠等大沙漠，不但如此，还有怒江、澜沧江、金沙江等多条大江阻隔。

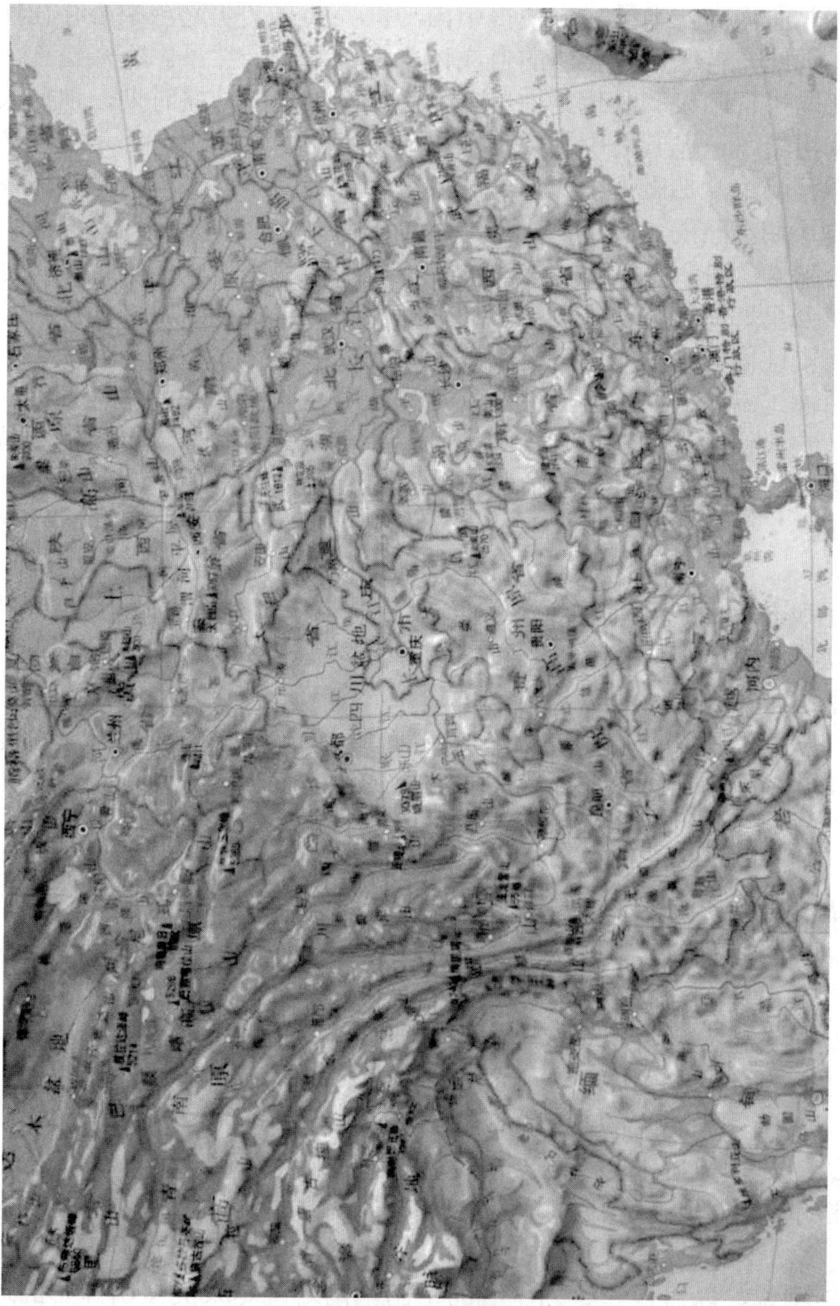

四川盆地地形

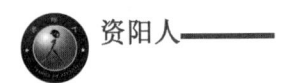

在四川盆地西部国外的印度北面、巴基斯坦、阿富汗、塔吉克斯坦、吉尔吉斯斯坦等国家都是山高峻岭，地势险峻。再往西部是中东的几个大沙漠和红海、印度洋等阻隔。这些都是古人难以逾越的天然屏障。

作者魏一平在《中华文明探源工程十年·寻找中国之始》的文中说："中国所处的大环境具有明显的内聚性。东部面临太平洋；南面和西南面同南亚地区有高山分隔；西部和北部边境有帕米尔高原、天山、阿尔泰山等山地，且多戈壁沙漠；北面为高寒地区。这使得中国与世界其它文明起源中心存在巨大的地理障碍，因此，古文化和文明的自成体系也就理所当然了。"

更何况"资阳人"时代是地球上第四世纪冰川的鼎盛时期，地球表面绝大部分被冰川覆盖，尤其是中国大地四周，特别是西海周围，都是上述高山、沙漠、海洋等隔绝。加之上千米厚的冰层覆盖了几万年，试问，外种人在这种极端险恶的长期严酷的环境下，如何影响到中国？如何遗传到四川？有人说中国人、"资阳人"是以色列等西方、非洲人种，这岂不是天方夜谭吗？他们的理论根据在哪里？如果说从基因上来研究有相似之处，那就是前面所说异地相同性理论和史证回答了这个问题。

前面说过：著名考古学家吴汝康在研究"资阳人"头颅结构期间，跟欧洲的克罗马农人头颅结构对比研究、分析后指出："'资阳人'"的地位是早期的新人类型"，"是中国至今发现的最早的新人化石"，"较一般现代人原始"，"'资阳人'的情形介于中国猿人与现代人之间"，"中国猿人经'资阳人'到现代人"。吴汝康院士在对上述人种对比研究中重点研究上述人种中的顶面观、侧面观、后面观、前面观、底面观、颅内观、上颌骨和腭骨等，其中应运文字、数字、图案、表格等多种形式进行表述，至少36次以上论述了"资阳人"比中国猿人复杂，比现代人原始等情形。

我们从吴汝康在《四川资阳人类头骨化石的研究》约20000字的论述中得出的结论是："资阳人"早于欧洲人、蒙古人、南亚人，这就彻底否定了"中国人种西来说"、"中国人种外来说"。钢铁般地证明了中华民族是在自身土地上生长、发展起来的。

世界著名的大科学家、大史学专家李四光经过研究"资阳人"后，特别指出：资阳人头骨化石显示新人黄种人的特征。这就是说资阳人、巴蜀人、中国人这些黄种人的特征早在40000年前就具备了，怎么能说中国人是外来人种呢？西方人具备黄色人种特质吗？当然不可能具备。所以中华民族是在自身的土地上土生土长发展起来的。

二、资阳人证明人类文明起源地之一在东方

黑格尔指出："就像太阳从东方升起向西方落下一样，人类文明起始于东方……"

顾颉刚说，以"昆仑"为中心的中国西南地区是人类文明开始的地方。

胡昌钰说，距今约40000年左右"资阳人"，清楚地把"从猿到人"的演化的

资阳人

轨迹展现在了世人面前。证明了中华大地也是人类重要的起源地之一。

卢继传说，从时空判断还表明，"资阳人"发现佐证了世界人类起源于亚洲，起源于中国，而不是起源于西方，从而向所谓"世界文明西方中心论"发起挑战。显然，"资阳人"的发现是对人类发展史的丰富与巨大贡献。

谭继和指出：由类人猿向人类衍化，经历了上千万年。关于人类起源于何时何地，有多种学说。最早发现的古猿化石标本是距今1200万~800万年的腊玛古猿。过去一般学者多认同人类起源于非洲，非洲东部"老祖母"的发现是人类的祖先。后来因考古发掘古人类化石增多，又兴起了人类起源于亚洲南部说。近些年来越来越多的学者赞同地球多地人类起源说。根据考古化石材料，不可否认的是，中国应是人类重要的发源地之一。距今1200万年~800万年腊玛古猿种系的云南"禄丰人"是人类起源文化地标中一个重要的标志。巴蜀滇云地区也是东方人类一个重要的起源地。发展演变到距今500万年~400万年南方古猿时期，在鄂西建始巨猿洞和巫山县庙宇镇均发现"巨猿"化石，这两地邻近，仅一山之隔，同属巫山山脉的"山原期"夷平面。这说明三峡区域也是猿、人相揖别的一个重要地区。他还指出：资阳人是我国旧石器时代晚期智慧人最早的代表，在人类发展史上占有重要的地位。

1995年《自然》杂志发表黄万波教授同美国人类学家石汉博士合作的《亚洲的早期人类及其人工制品》指出：200万年前，就出现亚洲直立人的最早祖先。

高星博士强调：从"综合行为模式"来看，东亚古人类群体与所处的生态环境有很好的耦合关系，发展出一套非常适合区域环境的行为模式。而这些应该是评判中国乃至东方远古人类技术与文化价值、比较东西方史前人类智能水平的更全面、更科学的指标。中国旧石器时代的主流人群及其文化有着强大的生命力，呈现前后承继的演化关系，并未有过外来大规模"移民"事件。高星博士告诉大家：对"资阳人"的文化特点和其在中华文明孕育与形成过程中的作用，应该放到这样一个大的文化背景与演化体系中加以分析和认识。

专家们论定，资阳人的发现，其重要意义在于证明人类文明起源地之一在东方、在亚洲、在中国的立论，佐证了中国旧石器文化与非洲和欧洲的旧石器时期文化同为人类起源文化，资阳人和法国克罗马努人就是同一时期。在川渝，13万年前后奉节人、近40000年前后的资阳人和这之后的一系列连续不断的资阳人等文化的出现，时代连续，分布广泛，决不是基因突变，决不是天外来客，更不是"西亚近东文明东渐"。

前面已经论证，自然地理的阻隔性决定了中华远古文明只能自生自长，不可能从外面传来。

前面说过，《中华文明探源工程十年·寻找中国之始》中指出：中国所处的大环境具有明显的内聚性……因此，古文化和古文明的自成体系就理所当然了。前面已经谈到，中国泰斗级的史学大师顾颉刚、蒙文通、李济经过毕生的研究，提出了同样的看法，那就是以"昆仑"为中心的中国西南地区是人类文明开始的地方。

第二节

铁的史实彻底打碎世界文明起源"西方中心论"

一、人类文明起源"西方中心论"早被打破

过去西方炒作的人类文明起源于西方的"西方中心论"不可信，应是多元起源。"就像太阳从东方升起向西方落下一样，人类文明起源于东方"。黑格尔这句实话，道出了人类文明起源的真谛。"资阳人"的出现，证明了人类文明起源地之一在东方、在亚洲、在中国。佐证了中国旧石器文化与非洲和欧洲的旧石器文化同为人类起源文化。

著名考古专家胡昌钰深刻指出："关于文明的起源问题，是现代科学有待解决的重大课题之一。在20世纪，学者论述中国古代史时，多以东西关系立说，认为是'西亚近东文明东渐'，这在历史学界有过较大的影响。随着考古工作在全国的普遍开展，包括距今170万年左右的'元谋猿人'、距今100万年～50万年左右的'蓝田猿人'、距今70万年～20万年左右的'北京猿人'、距今10万年左右的'大荔人'，以及距今约40000年左右的'资阳人'等一大批重要人类化石的相继面世，把中华大地上人类演进的脉络清楚地展现在了世人面前。考古学上所取得的丰硕成果，强有力地否定了人类文明西方中心论，证明了东方是人类重要的起源地之一，中国是世界文明的重要发源地之一。'资阳人'是我国晚期智慧人的重要代表，是人类智慧人的里程碑，在从古猿到人的五个发展阶段中占有重要的一席之地，是人类演进脉络链上初生思维，开始用智慧斗争、生息的重要一环。"

资阳人佐证世界文明起源之一在中国，否定了世界文明起源西方中心论问题，中国科学院、中国社会科院和四川省社会科学院等考古专业权威机构的高级专家们都认定世界文明起源之一在中国，资阳也是世界文明的起源之一，反对西方中心论论调。

"远古资阳人向川外播撒农耕文明。资阳人文化与川外各地文化的融合及与中华民族文化的生成发展，对人类文明发展产生重大影响。"

资阳人开创人类文明源泉，是人类文明的先驱，在久远的古代就将资阳打造成文明的圣地。

华夏和人类文明应是多元的，资阳是华夏和人类文明摇篮的一个神圣之地。

资阳的文明是连贯的、绵远的。

考古发现的铁律佐证，人类文明起源"西方中心论"已经被打破。

考古的历史，就是新发掘的文物遗存推翻旧的定论，人类文明"西方中心论"是过去历史发现的局限性，现在已成为历史。今后如果有推翻当今的历史新发现，今天的定论就自然让位于后者。

《华阳国志·蜀志》载："周失纪纲，蜀先称王。有蜀侯蚕丛，其目纵，始称王。" 众多史书告诉我们，纵目文化在蚕丛前期或初期就有了，而且是蚕丛时期人们面目的重要标志。这些史实告诉我们，纵目文化在几万年前就有了。当今资阳忠义镇西山等地就还有7000年左右的纵目文化遗留文物。那种什么三星堆纵目文化非常神秘，不知它的前身在哪里？是荒唐的，你稍微问问史籍不就知道了吗，就知道三星堆纵目文化是资阳人文化的真传，是蜀王蚕丛文化的后代。那种什么三星堆纵目文化是"西亚近东文明东渐说"者，那种什么三星堆纵目文化是以色列文化说者，不是冒牌考古专家就是汉奸卖国贼，就是为美国等西方图谋抹煞中国悠久文化的邪恶势力的走狗。

还应该强调，上述史实充分证明专家们的论点是正确的，资阳是人类文明的一个发祥地。我们谦虚点说，资阳是人类文明起源地之一。人类文明发祥地应是多元的，不仅仅西方才是文明发源地。而且，至今的世界考古发现证明，中国是世界文明发祥地的元始天尊。

无论是中国的史学专家，还是西方的一些史学专家或哲学家都认为人类起源地之一在东方，在亚洲，在中国，在昆仑。

可是，就是有那么一小撮所谓的专家、教授、评论家等，硬是睁着眼睛说瞎话，抹煞中华文化，否定中国悠久文明史。胡说八道什么中国人是非洲人种，什么夏朝就是古埃及，是埃人东渡来到中国建立了商朝，什么三星堆是以色列人来建造的，要不然纵目文化找不到前者呢，什么资阳人是中东人后裔，等等。

难道这撮专家真是白痴，不知道人类智慧人里程碑40000年的资阳人？

难道这撮专家真有健忘症，忘掉了佐证资阳、蜀国、中国文明40000年的文物从未间断？

难道这撮专家真是睁眼瞎子，看不到西方专家赞肯蜀国、中国文明拓发、影响西方文明比比皆是的文章、书籍？

难道这撮专家真是聋耳人，听不到西方专家赞肯蜀国、中国文明拓发、影响西方文明的电波传送的声音？

这撮人真是弱智吗，不知纵目文化是六七千年时际的资阳昆仑山文化吗？

这撮人是何居心？

这撮人是替洋鬼子效力的奴才，是国人的叛徒、汉奸、卖国贼，是受西方尤其是受美国的专搞颜色革命等几家庞大机构策反收买后，图一点私利，出卖国家利益，企图抹煞悠久灿烂的中华文化，为强盗当走狗，干出一系列卖国的伤天害理的勾当。

国人呀！对这撮狗汉奸要斥之以鼻，政府应将他们绳之以法，严惩不贷。为维护中国悠久灿烂的文化史，国人们要齐力狠狠打击、扫除这撮狗汉奸。

还有一伙居心不良的混混，明知故犯，有意贬低"资阳人"，更不能容忍的是，居心不良的混混们还干出污蔑"资阳人"的勾当。试问，你们对你们的先祖竟然这么黑心，你们配当中国人吗？你们连狼狗都不如。好在一些正义的老干部愤怒抵制，坚决反抗，他们的阴险居心才未得逞。

习近平深刻指出，"文化是一个国家、一个民族的灵魂。文化兴国运兴，文化强民族强。"尤其是根脉文化，更是一个民族的灵魂、一个国家的顶梁柱。我们一定要保护好我们国家的传统文化，尤其要保护好、展示好、宣传好中华民族的根脉文化。

二、十万年前中国现代人化石彻底砸碎 "源自非洲论"的文明假说

史实就是如此，2007年底，湖北省许昌县西北的灵井村挖掘出十多万年的"现代人"化石，命名为"许昌人"。之前的2005年底就挖掘出2452件石器、3000多件古生物化石。

2015年下半年，湖南省永州市道县又发现"现代人"牙齿，更雄辩地证实了中国人是在自生土地上生长起来的史实，彻底打破"人类源自非洲"的说法。

2015年10月初，中国科学院考古信息通报：在湖南省永州市道县发现8万年前的现代人化石。接着，英国广播公司网站于10月14日报道："中国境内发现8万年前的化石，打破了关于人类源自非洲的传统说法"。

英国广播公司网站报道如下：

在中国南方道县进行考古发掘的科学家发现了一批牙齿化石，它们属于至少8万年前的"现代人"。这比普遍得到认可的"走出非洲"大迁徙要早20000年。英国《自然》周刊介绍了这项研究的细节。

过去，遗传和考古方面的多项宣传表明，人是6万年前从非洲分散到世界各地的。据认为，生活在非洲之角的早期现代人在水位低时经曼德海峡越过了红海，如今非洲以外的所有人都源于这次外迁。

现在，这些假说绘佛成为历史，因为，中国又从道县福岩洞遗址的考古发掘出土了"现代人"47颗牙齿。

"我们认为，（从形态来看）这些牙齿显然属于现代人。"伦敦大学学院的玛丽亚·马蒂农—托雷斯告诉英国广播公司记者。

所有化石被封在一层犹如墓碑的方解石里面。因此，这些牙齿必定比那个地层更古老。上面一层的石笋用铀系测年法推算属于8万年前。也就是说，位于那些石笋以下的所有东西都肯定比8万年还要古老。据研究人员称，这些人牙可能已有12万年之久。

前面说过，英国广播公司网站于2015年10月14日报道：中国湖南省永州市道县发现8万年前的"现代人"化石。接着，英国人在这篇文章中指出："中国境内发现8万年前的化石，打破了关于人类源自非洲的传统说法"。英国人说了句真理，的确，这一铁的史实彻底打破了人类源自非洲六万年历史的这一长久的传统定位，也再一次证明，世界文明西方中心论不可信。

非洲现代人起源只有 60000 年,这是世界考古界历来的共识。中国 80000 年甚至是 120000 年的"现代人"化石,雄辩证明人类文明起源在东方在中国,也可以定论:人类文明源自中国。

事实胜于雄辩,"中国人种来自非洲或西方"的说法是无法再自圆其说了。

更有雄据证明中国现代人早于非洲现代人,人类起源在东方。2019 年 11 月份的中国科学院主办的《人类学学报》刊载黄石、张野《古代 DNA 的新发现支撑现代人东亚起源说》文章指出:R 是 N 的祖先,证明中国西南现代人的基因早于非洲现代人基因 5000 多年。

更有最新高技术手段研究证实人类起于东亚。中国科学院古脊椎动物与古人类研究所主办,科学出版社 2019 年 11 月出版的《人类学学报》刊载张野、黄石的《古 DNA 的新发现支持现代人东亚起源说》文中告知世人:"古 DNA 的新发现支持现代人东亚起源说"。"相比于非洲起源说,亚洲起源说的线粒体模型拥有强有力的理论和现实基础以及高度的自洽性。本研究发现目前所获得的古 DNA 数据中最早的 R* 比最早的 N* 古老大约 5000 年,而最原始的单倍群 R 和 N 产生的时间可能非常接近于这些 R* 和 N* 古人群存在的时间。这些结果肯定了亚洲起源说的正确性,并再一次否认了非洲起源说的论述。我们相信未来更多的古 DNA 数据将会进一步证实出东亚模型。"这一模型与多地区起源说基本吻合,重新把现代人类起源地定位在了东亚。……这些进一步证实了亚洲起源说的正确性,非洲起源说的依据不足。"

三、既然已出土十万年前现代人文物,为什么四万年的"资阳人"是中华和智慧人类一祖先?

问得好!这是由两大原因造成的:

一是地球自然运动、气候、地理造就。书前已述,第四纪冰川中期,地球冻成冰球,地球上的生灵几乎灭绝。此时际,地球发生大震,震出西海,西海四周矗立的高山挡住寒风,西海水未结冰吸收太阳热能温气上升,西北风将温气刮到沱江中游,形成适宜生灵生息的地域,这就是资阳一带,所以"资阳人"幸存了下来,成为火种传播中华和全球。比"资阳人"早的 60000 年的非洲人、8 万年以前的湖南道县人、河南许昌人都在第四纪冰川中消失了,要不见不着继传者呢。

二是"资阳人"有"鲤鱼桥文化"的继传,40000 年来紧密延续从未断代。"资阳人"基因活态传承脉络清晰可见,从图表上可一目了然。

四、近代以来的西方造假文明被自己粉碎

长期以来,西方政客、学者、专家,处心积虑编造谎言,千方百计制造假文明,企图欺骗全世界。看看吧!一些西方卑鄙人士都伪造了哪些假历史,不用我们指出,还是让有良知的西方学者说话,质疑、戳穿、粉碎西方旳造假文明吧!

早在16世纪，法国古文献学家、图书馆馆长让·哈尔端就指出："绝大部分的古代希腊和罗马的作者和作品、以及文物，都是在13世纪晚期以来伪造的"；19世纪德国历史学家威廉·卡梅尔在《全面伪造的历史》中写道：德国历史和全部的世界历史都是在极大程度上的杜撰，其文字和文献资料就是伪造的，全面伪造历史和文献发轫于中古后期；20世纪初瑞士语言学家罗伯特·巴利道夫在其著作《历史与批评》中讲到：不仅古代史(希腊、罗马、犹太基督教)，而且中世纪前期的历史，都是在文艺复兴时期被伪造出来的。美国康奈尔大学教授马丁·贝尔纳的《黑色雅典娜》，美国芝加哥伊利诺斯大学地理教授布劳特的《殖民者的世界模式：地理传播主义与欧洲中心主义史观》，加拿大多伦多社会学教授岗德·弗兰克的《白银资本》，等都持上述观点。

在20世纪不但出现一大批揭露西方假文史的勇敢求是之士，还站出一批论定人类文明源于东方的正义之师。如美国后殖民主义理论创始人爱德华·萨依德的《东方主义》，英国谢菲尔德大学政治与国际关系学高级讲师约翰·霍布斯的《西方文明的东方起源》等。

为什么一些西方政客、学者、专家，热衷于造假、欺世盗名。尤其近200年来，不择手段地站在历史巨人的肩上，聚敛古今世界文明成果与财富，贪天功为己有，编造黄金家谱，优异禀赋，倡导西方文咱中心和种族主义，贬低东方文明？而且，西方强盗在中国本土毁灭了所有能够找到的原始档案材料，强爆盗窃中国多少珍贵文物摆放在英美法等老牌帝国博物馆中。其罪恶目的世人皆知，就是造成精神上高尚于东方，文化上优先于东方，文明上强盛于东方的假象，通过一系列假象，抹杀中国文化，独霸世话语权，凌驾于人类之上，永远宰制世界。

为达此目的，美国等西方政客采用别动队等多种恶魔手段直接出手，同时千方百计网罗中国可利用的政客、教授、研究员、文人、名星、媒体等，对中国的文化、科技、经济、卫生、教育、国防等进行全面打压、扼杀。特别是在最核心两个方面下重锤。一是企图除尽中华传统文化，从灵魂上洗白华夏民族的精神，从而用西方的腐朽思想代替，金钱第一，个人至上，亡魂败国。二是竭力根除中华民族血脉基因，灭绝中国人，由西方人占据华夏大地，充当中国主人。他们勾结中国政客，很早就强行全面推行美国转基因技术，在种植、食品、医疗等领域最先推广，恶果早已造成。好在当今中国党政领导人早已发觉，果断采取阻断措施，否则，中国就面临人种灭绝的大灾难，这是美国等西方政客多少年来梦寐以求的啊！

资阳人

第二章

认知"资阳人"如天价 文化精髓永传承

史学专家论点综述：

"资阳人"作为人产生的原始状态，应该放在上述人类思维产生史、人类文化形成史和人类文明根系史的广阔世界历史背景下，来衡量它的人类价值和历史作用。它是人类形成史必经的突变阶段，是人之所以成为"人"的质变性的结穴处，是人类思维与智慧灵性雏形发端的标志。没有资阳人向大自然初步谋取生存与生活手段的粗浅生存思维，便不会有现代人类创造文化与文明的精致发展思维。

习近平总书记已经把保护文物、发展文化提到了历史最高地位，并一再向全党全社会发出了保护文物、推动文化建设的动员令。因为，文化已成为民族凝聚力和创造力的中华源泉，已成为综合竞争力的因素。

历史文物是一个地区和一个国家的文明标志，是一个城市和国家的名片。全国已建成2000多座博物馆、1000多座纪念馆，有着40000年历史和大批国家一、二、三级珍贵文物的资阳却没有一座博物馆，大批文物散落在资阳之外，若干文物已经散失，追寻不到踪迹。因此，抢救资阳文物，推动资阳和四川、全中国的更大发展，应该尽快建立资阳文化项目。

第一节

"资阳人"文化灿烂四万年

"资阳人"创新文化、开拓文明、攻艰克难，40000 年艰险雄途；

文化遗存博精颖厚、雄奇伟先、星罗棋布、广袤弘大，光辉灿烂。

《资阳县志》等文档和国家考古发掘报告等告知，资阳是世界绝无仅有的拥有绵延 40000 年不间断文明史的一个地域：她有着 40000 年时智慧人头骨化石的"资阳人"，和她们初创缝制文明用的骨针、装饰文明用的穿孔石珠、用火热食文明用的宽而圆薄而细似盘子的石片、组织指挥文明用的鹿角等众多文物，200 多件旧石器时期的珍贵的石器、骨器，10 多处远古文化遗迹，百余处古代文化遗迹，10 多处近、现代文化遗迹，现有可移动文物 6000 多件。

一、资阳人根源地现有可移动文物 6000 多件

资阳市现有国家文物 6000 余件，其中珍贵文物近 2000 件

资阳人珍贵文物散存在外地我们已找到的有近 400 件，其中：

一是，北京中国科学院古脊椎动物与古人类研究所标本室保存着"资阳人"的头骨化石、骨针和多件石器。

二是，四川省博物院保存着"资阳人"旧石器时期的石器十多件。

三是，重庆自然博物馆保存着资阳"资阳人"B 地点旧石器贴上标签的有 172 件。没贴标签的旧石器有 200 多件。

据四川考古研究院信息：简阳龙垭遗址出土 880 余件，其中石制品 700 余件，骨制品 180 余件。还有 6 个属、15 个种动物骨骼化石 4000 多件。

有些单位很乐意资阳把这些文物送回，因为缺乏保存条件。到时如果资阳人博物馆建成后，也可以通过行政或者经济手段将这些文物收回。

现在资阳境内的文物又有多少呢？

（一）雁江区现有文物应是 3000 多件：按《资阳县志》记载，20 世纪 80 年代前在资阳"50 处，出土文物上万件，至今保存不足三分之一。其中有古化石 17 件，石器 165 件，骨器 3 件，木器 15 件，陶器 338 件，瓷器 66 件，铜器 127 件，铁器 22 件，玉器 25 件，金银器 1 件，银器 90 件，钱币 2096 件，乌木、地层、树叶堆积标本 11 件"共 2976 件。雁江区文管所报告他们保存的文物是

资阳人

802件。两种数字并不矛盾,因为雁江区文管所是把"种类"当作件计算的。20世纪80年代后,又出汉墓等一些文物,雁江区共存文物应有3000多件。

据《资阳县志》记载原资阳县文化馆存文物"主要是中生代恐龙和鱼化石,新生代象牙、龟、硅化石,旧石器时代乌木、地层、树叶堆积标本和锤核石,新石器时代陶碗和石斧,两汉、六朝、宋、明、清陶平房、水塘、女舞俑、侍俑、扶耳听琴俑、抚琴俑、吹笙俑、持鸟俑、有孔砖、棺、罐、钵、杯、盘、碗、碟、猪、狗、鸡、烟灯、烟枪等,东汉、宋、明青花瓷杯、豆青瓷碗、白瓷碗、瓷盘、青花瓷罐及瓶等,两汉、宋、明铜鼎、瓢、剑、釜、镜、盆、勺、筷、印、六边形架等,明铁碓窝、锄、釜、铲、耙、锯镰、铡刀、水担钩等,明墨玉圈、玉珠、雕、片、烟嘴、金银发夹及银耳环、银块、银碗、盘等,秦、两汉和新、唐、宋、元、明、清、民国钱币半两钱、货泉、大泉五十铜币、五铢钱、开元通宝、崇宁通宝、铁钱、咸平通宝、元祐通宝、天圣圆宝、皇宋通宝、元丰通宝、正龙圆宝、八卦钱及顺治、康熙、雍正、乾隆、嘉庆、道光、咸丰、同治、光绪、宣统通宝圆宝和民国镍币等。以上鉴定为二级文物2件,三级文物9件。"

(二)**简阳市现有文物1042件**:据简阳市文馆所报告,简阳市现有馆藏文物1042件,其中珍贵文物234件。

《简阳县志》载:新中国成立后,县文化馆收藏文物共有500多件,其中等级文物200多件,有1级文物1件,2级文物5件,3级文物195件。

(三)**安岳县现有文物1080件**:"金石、玉器、铜器、铁器、陶器、瓷器、字画、骨器和工艺美术品九大类。相当部分馆藏文物来源于1951年"土地改革"时"没收"所得,共有556件,由县文化馆代管。1982年馆藏文物移交县文管所保管。后又陆续出土和征集,馆藏文物增至1080件。其中有恐龙2条,国家二级藏品19件,三级藏品337件。"

(四)**乐至县馆藏文物有731件**:"2005年县管理保护的馆藏文物731件,其中绘画作品157件、书法作品460件、书信12件,实物102件,经省文馆部门鉴定为国家一级文物3件、二级2件、三级11件,未确定级别的715件。"

(五)**散落域外古玉等文物约1500件**

散落资阳域外的,并且可以收回的古文物,约有近1500件。

二、资阳人根源地文化遗存遍布老县域、县城和城郊,雄奇伟先

资阳文化遗存遍布老县域,现有10多处远古文化遗迹,百余处古代文化遗迹,10多处近、现代文化遗迹。

其实,资阳人的文物远远不止此,因为,本书撰写的是距今2000年前的历

史。那时，还是资国时期，资阳的地域范围就大了。在此，只简要提及上述几个县市。

（一）"'资阳人'和燧人氏文化"遗迹遍布老县城和城郊

"资阳人文化"发掘地遗迹，在资阳市区九曲河上成渝铁路松涛桥一号桥墩旁。

"资阳人文化"B地点遗迹，在资阳市区九曲河"资阳人"发掘地的对面约100米处。

据《资阳县志》记载：从1941年至1985年，在资阳古城，九曲河,城郊莲花山、天台山、东岳山、宝台山、城关镇，和县域内的同心乡、文明乡、松涛乡等50处，出土上万件历史悠久的地下文物。这些地方尤其是资阳古城，九曲河,城郊莲花山、天台山、东岳山、宝台山、城关镇等地点发掘到古文物的地方，基本上都是"资阳人文化"遗迹地点。

（二）"鲤鱼桥文化"遗迹遍布老资阳全县域和沱江中、上游各县地区

1. 老资阳县域内的"鲤鱼桥文化"遗迹点星罗棋布

主要是：萌发蚕桑文化的天娥山等地方；

旧石器时期鲤鱼桥人制造石质工具的同心公社等地方；

鲤鱼桥人萌始弓箭、筏子、舟船等文化的回龙桥、石虾子等地方；

萌霓食盐缝纫文化的花溪村等地方；

烧瓦烤砖创新建房和树漆文化的漆家寺等地方；

萌创种植甘蔗、水稻文化的濛溪河等地方；

萌现象形文字文化的字库山等地方；

创制古玉文化的的沱江中、上游两岸等地方；

大展汉墓文化的资阳城郊等地方；

创建新石器末期文化的遍布老资阳县各地上百处的地方；

2. "鲤鱼桥文化"资阳县外播种的地方

主要是：

安岳、乐至、蓬溪等沱江中、上游两岸100多公里外的川内县域的地方。

三、资阳人根源地文明遗存地域广大，厚重绵远

（一）"'资阳人'和燧人氏文明"遗存地域

"资阳人"发掘地，即资阳市区九曲河上成渝铁路松涛桥一号桥墩旁。

"资阳人"B地点，即资阳市区九曲河"资阳人"发掘地对面约100米处。

资阳人创立的远古人类一文明源泉遗存地域，为：资阳古城，九曲河流域，

城郊莲花山、天台山、东岳山、宝台山、城关镇，和县域内的松涛乡、文明乡、同心乡等地域。

（二）"鲤鱼桥文明"遗存地域

鲤鱼桥人创建文明的地域：

一是，遍布老资阳县各地上百处的地方；

二是，安岳、乐至、简阳、蓬溪等地方；

三是，沱江中、上游两岸100多公里外的川内县域地方。

第二节

资阳人文化颠覆三十多项历史文化传统认知的文物、遗迹和史籍、史论

资阳人文化颠覆30多项历史传统文化认知的内容，在本书前面已简述，这里仅就其文物、遗迹和史籍、史论作简介。

一、资阳人文化颠覆三十多项历史文化传统认知的文物

资阳人文化颠覆30多项历史传统文化认知的文物种类多、数量大、品位高，下面简点几列：

（一）"资阳人"头骨化石和随同出土的骨器、石器

本书前面引用国家和四川省权威史学机构主持召开的"资阳人与中华文明溯源研讨会"总结暨新闻发布关键词指出：

"资阳人"是人类文化基因根脉一起始祖，资阳是中华文明多源中一个很重要的源泉。因为伴随"资阳人"出土的大批石器、骨器，特别是骨针、穿孔石珠、似盘子的薄石片、水鹿角等文物告诉我们，"资阳人"在40000年前始创出人工取火热食文化、制衣文化、妆饰文化、改进工具文化、集体采集文化、狩猎文化、组织指挥文化、结绳记事文化、观天象文化等等，开创出人类最早的一块文明乐域。这些珍稀文物还告诉我们，"资阳人"40000年前"在发展大脑由知识变为智慧方面，起了筚路蓝缕、开拓创新的作用"，是人类始用智慧生息、斗争的智慧人里程碑，是远古人类文化先驱的杰出代表，确实占有远古人类始创文化、积累和传承文明基因的关键地位，是人类文化基因根脉一起始祖，是现代人文明基因一孵化摇篮，是现代人知识、智慧和经验产生的一发端。"资阳人"奠定中华文化起源基因和文明基因根脉及活态传承的坚实基础，拓创出了远古文明摇篮较为丰富的内容，开创出远古文明的雏形。奋勇开拓的资阳人，一代又一代的坚持创新，打造出绵延灿烂40000年的辉煌文化，使资阳人成为中华民族的一个文化符号、一张文明品牌、一种伟大精神的代名词。

人民日报、新华社、人民网、新华网等国内 60 多家媒体，英、美等世界多国媒体一再评赞、宣传"资阳人"和《资阳人》一书。

"资阳人"文物颠覆了世界文明西方中心论的认知，颠覆了中华文明五千年的传统认知。中华文明远不止五千年，而是在四万年以上。

（二）资阳人"鲤鱼桥文化"中的文物
1.旧石器时代晚期的文化遗物
石制品的数量不多，比较典型的石核、石片和石器共二十件。其中

石核二件。石片六件。石器十二件。除一件砍伐器条一件雕刻器以外，其余都是用石片制成的。按加工的方法和用途可分为砍伐器、刮削器、尖状器、雕刻器等。

其尖状器八件可分为：长尖状器，呈三角形，圆形。

雕刻器一件。岩性为铁质石英岩。由一扁平的小砾石制成。一端修理成横刃的尖，另一端修理成鸟嘴形的尖。两端加工的方向相反。

上述石器加工比较粗，但雕刻器较精美。

在资阳县小院区濛溪河、石沙子、沙嘴采集到 7 件石制工具，其中石斧 5 件，石锛 1 件，石锄 1 件。

简阳市简城镇龙垭村出土有哺乳动物骨骼、牙齿、角化石标本近 180 余件，初步鉴定动物化石不少于 6 个属、15 个种，主要有东方剑齿象、中国犀、鹿、牛、羊、猪、獾、竹鼠等，东方剑齿象个体至少有 3 头，数千计的动物骨骼化石碎块。遗址出土石制品 700 余件，主要有石核、石片、砍砸器、锛形器、刮削器、尖状器和石球等。

出土三枚骨、牙钻孔坠饰是这批文物中的精品。足见祖先是何等的聪明和爱美。

2.新石器时代的文化遗物
鲤鱼桥文化新石器时代的文化遗物较多，遍布整个老资阳县。不仅如此，在川内多个县市都有鲤鱼桥文化新旧石器时期文物，而且数量多。

《报告》说：在 T1 和 T2 的第四层上部揭露出一条南北向的冲沟，沟内填充有密集的陶片、木炭和红烧土块。沟内的堆积最厚约 35 厘米。

其中陶片有夹砂灰陶，灰砂红陶，泥质灰陶，泥质红陶。可以看出的器形有碗、罐、尖底器。器物的口沿有侈口、直口、敛口三种，其中侈口最多。侈口的有方唇和圆唇；直口的只有尖唇；敛口的仅见圆唇。从中可以看到当时人

们从事生产劳作的场面,似乎已经形成先进的族群生活了。

在保和镇花溪村、资阳南门兰家坡出土新石器,为公元前18000年至前5000年的文物。

在资阳县、简阳县发现多处汉墓,出土大批文物,其中青铜汉马最为耀眼,工艺精湛,形象逼真,是中国汉代第一马。

鲤鱼桥文化新石器时代的文化遗物还有一千多件玉器其工艺十分精致,历史科技等价值甚高。

遍布沱江中上游两岸宽广地、域的各种文物众多。

鲤鱼桥文化的文物颠覆陶器、种植、舟伐、建房、树漆、蔗糖、石斧等多项认知,将这些物品的产生年代提前了若干千年。

3. "图腾柱"

2700年前,蜀国丛帝开明王朝时期雕刻的"图腾柱",这件精美珍贵的文物,颠覆中国几千年来习惯误识的历史,将资阳人燧人氏、女娲伏羲、炎黄直至蜀王开明时期的中华文化的根柢和脉络传承的历史,记载得清清楚楚,书前已论清,这里点到为止。

4. "天干地支"

"天干地支"这组文物把早期阴阳、先天八卦形象化地塑造出了"天干地支"的完整内容。是八只璧表示"天干",十二只玉琮表示"地支",是八天干十二地支。这表明古蜀国的记历方法是早于十天干十二地支,是迄今发现的更早的记历方法。用十二生肖很形象的方式从远古传承至今。每一个华夏人都能准确无误的用某种动物来表示自己的生年、生月、生日、生时。天干地支是"资阳人"后代的伟大纪年发明,其功用仍将永远传承。**这组沱江玉器充分彰显资阳人文化的创先性。**

5. "文化昆仑"

"文化昆仑"展示的是资阳昆仑山六千多年来的文化。

两千多年来中国地理学上的昆仑山脉,并不是上古典籍中的神山"昆仑"。

在"罢黜百家,独尊儒术"汉武帝的一言九鼎下,将司马迁和张骞都不敢认定名称的山脉定为"昆仑",导致后来中国及世界地图上将横亘于新疆和西藏边界,延伸至青海的无名山脉定为"昆仑山"。司马迁对汉武帝的这一误判的非昆仑为真昆仑是心知肚明的。但慑于皇权,他只好说"我不敢说什么啊!"

《禹本纪》和《山海经》所记载的是六千年前的历史,这告诉今人"汉武帝将《山海经》上的'昆仑'张冠李戴在另外一座山上,并误传至今!"

"六千年前的上古神山——昆仑,《山海经》指的是岷山山脉。其实一直存在,只是被后人淡忘了;而汉武帝所命名的昆仑山脉,却经皇权的文化传承,反而得到学术界更广泛地认可,赫然取代了原本的那一座'昆仑'。"

"必须注意的是,五六千年前古籍中的'昆仑'和两千年前汉武帝命名的'昆仑',中间存在着长达三千年的断裂。这三千年里,'昆仑'遭到淡忘,遭到误解。"

昆仑山是指岷山山脉,昆吾之丘是岷山山脉大范围中的昆仑,它在资阳,在资阳城区北。在资阳昆仑山命名前,昆仑山还有一种说法是指大地中心、创发中心、文明中心、繁荣之地、昌盛之地、神奥之区、影响甚大的地方。其实昆仑曾经叫过一段时间为 其旨意是睁大眼睛观看世界。

6 "权杖"

"权杖"颠覆权杖是中国学西方人的认识。西方说是中国权杖的头部龙的形状和花纹等与西方的相似,是学埃及的。可埃及杖仅仅 3050 年。西方人说西方权杖的历史有 5000 余年,可没文物的依据。而中国甘肃出土的权杖鉴定为 5500 年前。四川沱江岸上出土的权杖是 7000 年～8000 年。历史文物说明,决不是中国学西方人的权杖,而是西方学中国的权杖。

更何况中国是龙的故乡,龙是传统文化。西方人用的是文明棍,没有权杖文化。所以说,"权杖"这件文物颠覆了中国权权学西方的认知。

7. "太阳神鸟"

"太阳神鸟"图案两千多年前就在资阳地域的城墙上出现,可以肯定,"太阳神鸟"在这之前的若干年就已经出世了。

据考证,"太阳神鸟"一组是 12 只,目前除金少沙遗址有一只外,另外还有两只。

8 "汉碑"、"汉墓"

前面论及,资阳出土的汉碑上,刻着伏羲初造工业,画卦结绳等功绩,这足见伏羲与资阳人密不可分。

新中国资阳出土的大批汉墓及其数以千计的文物,铁一般的证明资阳和蜀国在中华文明史上的领先地位。

9. 国外的华人古文物

鞠德源在《中国先民海外大探险之谜》中说:国外华人后裔遗存在世界各

地的文物很多，下面仅列举原蜀国辖境内的族属到南美洲地方繁衍生息殷夏帝国一处文物，即：**蒂华纳科"太阳之门"大人头像即蚕丛、鱼凫所尊崇的伏羲氏。**

今玻利维亚4000米高原之上的蒂华纳科城所存之"太阳之门"，当是华夏"蚕丛"，及"鱼凫"族迁徙南美之后所建造的最为宏伟壮丽的历史遗迹。用一整块青灰色巨石雕凿而成的"太阳之门"（高3米，宽3.75米，重10吨以上），屹立在蒂华纳科古城的广场上，在门楣之上雕刻有一个人头肖像，西方学者称为"维拉科查"。

所谓"太阳之门"，当是华夏民族古老制度的原始遗迹。《礼记·月令》云："季春之月，是月也，……田猎，置罘、罗罔·（网）、毕翳、餧兽之药，毋出九门。" ……今玻利维亚地方所发现的"太阳之门"，当是华夏古制"九门"之一。除此门之外，必当另有多"门"。

综合整幅"太阳之门"浮雕之图像，可以认定，此神像当为中国古蜀王之先祖"蚕丛"的先人，即大嗥神（伏羲氏）之典型雕像。如果此说不误，那么可以断言，大约在公元前3500年左右，部分蚕丛族裔或在世界大洪水年代，……迁徙到南美洲，并且继承和发展了蚕丛族种桑养蚕的事业。西方学者依据"太阳之门"浮雕人像及"象形文字"推测为"天文历"，有"日历功能"，只此一点比较接近中华古物候历《月令》之说。

在玻利维亚蒂华纳科地方有数尊高1.5米至7米以上圆柱形巨人雕像。其中一尊雕像，头载方圆形冠帽，双眼突出，身穿华丽的织有圆形图案式短裤（与"衣裳斑斓"之说相合。）腰缠丝织宽带，双手环抱丝织状物件。这具雕像，

蒂华纳科"太阳之门"，大人头像即蚕丛、鱼凫族所尊崇的伏羲氏

很像被尊崇的蚕神，即如《月令》中所说："蚕事既登，分茧称丝，效功以共郊庙之服，毋有敢惰。"意为把养蚕收获的茧，缫成丝，织成缎匹，做成衣裳，送到供奉蚕神之庙，给蚕神穿上以此回报蚕神。对崇敬蚕神之事，大家都十分认真，不敢怠惰。这种高大的石雕神像，当与"太阳之门"及蚕神之"郊庙"有某种联系。（以上节选自北京图书馆出版社出版的鞠德源《中国先民海外大探险之谜》）

类似这些海外华人后裔的文物鞠德源在书中列举了几十处，这里仅历节选一处。

神鞠德源先生在《中国先民海外大探险之谜》书中说：今日秘鲁等地域出土的各式文物、西班牙征服者

蒂华纳科地方卡拉萨萨亚殿（京观）前穿祭服的独立石人像（蚕神）

的记录以及各种历史与人文地理的记录与报道，给我们提供了种种确凿的证据，使我们有充分理由和条件，进行相互对照与比较，做出跨洲际的溯源性的考察验证，充分揭示华夏文明与美洲"殷夏文明"的历史渊源。

二、资阳人文化颠覆历史文化传统认知的遗迹

资阳人颠覆历史文化认知的遗迹，地点多、地域广，资阳多、国内广、世界上也不少。下面仅提几点：

（一）"资阳人"根源地遗迹

40000年前，"资阳人"生息、繁衍、开创过的昆仑山、碧华山、莲台山、宝台山、天台山、书台山、凤台山、罗汉山、巍峰山、龙骨山、太阳山、罗盘山、七泉山、龙泉山、天柱山、七星山、鸬雁山等山地，和九曲河、沱江、阳

化河、龙鲤河、濛溪河、鲤鱼河、花溪、绛溪、孔子溪、白水河、岳阳河、蟠龙河等流域两岸，都可寻觅着"资阳人"的蕴迹。

（二）蚕桑文化遗迹

蚕桑发源地天鹅山虽然被烧砖厂挖去了一只翅膀，但头部、腰部和另一只翅膀还逗出起飞的神态。

（三）"鲤鱼桥文化"遗迹

"鲤鱼桥文化"遗迹在老资阳县域内外，在沱江两岸等地域，还凸显或隐约可见。

"鲤鱼桥文化"遗址还在河滩上张望着世界。蓝家坡的盐源似乎还蕴藏着。沙咀人萌制的陶器似乎还深藏着。漆家村人始制树漆的漆树虽然不见踪影，但烧漆用的柏树至今还茂密。甘蔗文化在20世纪50年代还繁荣在沱江中游两岸。布谷鸟的声音似乎还在人们耳旁缭绕。字库山还矗立在沱边上。旧石器时代资阳人一处生息地址已重现在简阳市简城镇龙垭村……

（四）女娲和伏羲遗迹

鬼头山上似乎起飞着女娲治水补天的神彩，女娲截断的巫山口正流淌着清沏的江水。资阳汉碑上铭刻的伏羲建设资阳功绩文字，好似还浮现在今人眼前。

（五）资阳昆仑山文化遗迹

矗立沱江中游岸边的昆仑山其实是资阳的小昆仑山，而资阳的大昆仑山在离沱江一公里多的临江镇上。小昆仑山旁边有昆仑汽车站，有昆仑渡等，这些都是明显遗址。四川省和资阳市的地图上都明显标示了昆仑山字样。

（六）纵目人文化遗迹

资阳忠义镇西山上满崖的纵目像已风化了，当今还呈现着一位较清晰的纵目女像。

忠义镇东山下大地震崩塌下来的崖石上的纵目男像，显得有些粗旷和破损。

资阳忠义镇西山一带地震塌下来的岩石上有许多纵目人像和象形文字

（七）苌弘文化遗址

资阳忠义镇中苌弘故里的苌弘山、苌弘寨、苌弘祠、苌弘碑、苌弘亭、苌弘桥、苌弘溪、苌弘古树、苌弘洞等数十处遗址都在闪耀着碧血丹心的光辉。

（八）川外、国外遗迹

1. 资阳人文化在川外、国内的遗迹

资阳人文化在国内的遗迹四处尚存。

湖南有资水，有资阳区，有多种资阳人遗迹。

河南省禹州市苌弘村苌弘墓今日还在，墓前还矗立着"周大夫墓"碑。河南省还存有几处苌弘遗迹。河南省成立起苌弘研究会，经常开展各种研究活动，撰写出版多种苌弘书籍。

重庆有资阳人祖孙三代等众人参与建造的大足石刻。

……

2. 资阳人文化在国外的遗迹惊人

东北亚、东南亚、西亚和非洲都有无数华人先辈的遗迹。

华夏古巴蜀地区的部族在南美洲的历史遗迹众多。整个美洲从南到北，从东到西，都遗存着中国人先辈俊帝带领族人世世代代开发建设美洲的足迹和遗迹、遗址。

俊帝是谁，据史书记载，俊帝是伏羲女娲的后代。前面论述清楚了，伏羲女娲是资阳人。距今万年前后开发美洲的先驱当然就是中国人，就是四川人，就是资阳人！

原蜀国之民到中美洲、南美洲后，几乎将古蜀文明完全仿造过去。这种历史状况绝不是笔者所能凭空设定的，完全是凭着中、南美洲现存的能够反映古蜀文明的各种文物与蜀人之后裔的形象、宗教、习俗、服饰、建筑、墓葬以及金器、青铜器与工艺造型等大量的事实和证据来诠释的。当今，中、南美洲仍保留着古蜀文明之历史遗迹，突出印证如下：

（1）古蜀王国的蜀人与所属境内之僚人迁徙南美洲后被称作比巴罗族人。

（2）古蜀人蚕丛族裔在玻利维亚蒂华纳科地方对大皞神伏羲氏及蚕神的崇拜。

（3）蒂华纳科石雕巨人如是古蜀王国蚕丛族裔祭拜的蚕神。

（4）鱼凫、杜宇后裔流移美洲之遗迹甚多，如建筑、铜器、陶器和尊崇先祖的仪式等。

秘鲁毛琴·斯达伊尔出土的哀牢族人"元隆"（或"九隆"）纵目状彩陶造型

（5）蒂华纳科地方"太阳之门"好似古蜀建筑。
（6）南美洲殷夏人墓葬制度与古蜀王国的蚕丛墓葬制度的几乎一致。
（7）南美洲殷夏人民俗与古蜀王国民俗无大差异

鞠德源先生在《中国先民海外大探险之谜》书中指出：根据华夏文献有关历史记录，我们可以举证数例，即用华族之惯俗与特征，对照并验证近世之人文记录所记南美洲秘鲁地域殷夏人的族俗与特征，从而能够进一步追踪华夏地域之族裔迁徙美洲秘鲁地域以后的生存与演化的历史足迹。

鞠德源先生说：之所以如此详细引用《华阳国志》一书中所载《蜀志》之文字，乃是为了向读者提供中华古文献的原始根据，以便于有效地确实地追踪《蜀志》所记蚕丛、鱼凫、杜宇之后裔漂移南美洲以后的历史足迹。对照中国古籍文献的记载和西班牙征服者对殷夏帝国征服的报告记录，以及近现代考古发现与研究成果，使我们有充分理由与证据能够有力地证明古蜀国蚕丛纵目人及鱼凫、杜宇之后裔确实成为建造殷夏帝国的重要族支之一。

美洲近川谷，傍山险而居的生活习俗，乃是中国四川地区等族的最本源的民居特征。他们的祖先如此聚居，其后世子孙亦必局守祖先之传统，世代相继。这种"邛笼"、"石楼"或称"碉房"建筑，自古即有，历史悠久，皆为逃避大洪水和防御外族侵扰而建造的砦垒。时至明清之际，仍然有增无已。这就是中国华夏族裔的民居之特征，却可证南美洲西部近海地区秘鲁、玻利维亚等地之族人，仍然按照华夏祖先的传统和习俗，选择了高原和高山及临大川之地域，皆依山险垒石建造居室。这种居室结构和特征：仍然具有规避洪水和防御外敌之长远战略。

这些居住地域之特征，以及"雕饰城墙，华画府寺及诸门，作神仙、海灵、穷奇、凿齿"等实状，与公元前3~1世纪中国海上方士在南美洲秘鲁南方即在塞罗·斯琴(CERRO SECHIN)地方、穷奇一(CHAN CHAN)地方及瓦卡·德鲁·德拉贡(HUACA DEL DRAGON)等地方所见之历史遗迹，建筑艺术之造型，墙面和台基上雕饰的山神、凿齿、海灵、奇禽、城堡雕饰等，几乎完全相埒。

日本学者大贯良夫编《世界大遗迹》一书载塞罗·斯琴(CERRO SECHIN)地方古代遗迹，位于秘鲁北海岸喀斯马镇东南50公里泛美大道之附近，即主神殿的外墙壁面上，有大小300块石头雕刻有人形怪状的装饰图画，分别雕刻出被切断的人头、手、足、中腹部外露的内脏、眼球、骨等各部分，表达了例如像人身献祭一样残酷恐怖的内容。雕刻石壁画用近乎高而细长的石板，和稍小方形的石板，并且交错配列。雕刻的人头有的表现闭目侧脸，有的眼睛里流出三根筋，表示流淌泪血；有的头戴帽子，身系腰带，手持短杖，似系守卫门吏，有的是死者的人头。雕画的主题似涵儆示之意，使"畏鬼者"惧怕，等等，这些几乎都与华人习俗一致。大贯良夫在《世界大遗迹》书中揭示的仅秘鲁北部沿海类似华人古代遗迹的地方就有普鲁伦、图马巴尔等十处之多。

习俗信仰也是遗迹同源的一个方面。鞠德源先生在《中国先民海外大探险之谜》书中深刻揭示：文献记录的南美洲秘鲁等地区的历史遗迹与实物证据，与华夏民族的习俗均具有绝妙的相似之处，这些绝非是历史上的某种偶合。所以，可以断言，只有同一族源，同一血统，同一祖先，才会有同样的习俗与信仰。仅以"穷奇"为例，为传说中凶悍之神。《淮南子·坠形训》："穷奇，广莫风之所生也。"高诱注："穷奇，天神也。在北方道，足桀两龙，其形如虎。"又见《山海经·西山经·西次四经》："其上有兽焉，其状如牛，蝟毛，名曰穷奇，音如蝟狗，是食人。"郭璞注："或云似虎，蝟毛有翼。"又见《海内北经》："穷奇状如虎，有翼，食人从首始，所食 被发。"此处列举三种之传说，当皆与邛人、莋人及僚人"性尤畏 鬼"有重要关系。其先祖流移南美洲秘鲁地方以后，仍然崇信"穷奇"食人说。并且在陶器制作上再现了穷奇的生动造型。（图51a）根据这宗"穷奇"器物，更可证"穷奇……足桀两龙，其形如虎"之说及"穷奇状如虎……食人从首始，所食被发"之说，是邛人、莋人或僚人在南美洲继承华夏旧说的真实表现。更可证《山海经》所记的《西次四经》"穷奇"之说是指华夏古益州地区；所记《海内北经》"穷奇"之说是古南美洲秘鲁地区。两者之传说均来自华夏西南地方同一地源与同一族源。

南美这些族支 "岁首"即为"祭盘古"之礼仪制度，实即为"祭太阳神"之全民性宗教活动。今南美洲秘鲁于六月夏至后举行祭太阳神仪式，即为中华古族迁徙美洲以后仍然继续祭盘古传统信仰的重要标志和最确凿的证据。

鞠德源先生说：原蜀国辖境内的各族属和民俗，亦皆随着漂移到南美洲的秘鲁地方而繁衍生息于殷夏帝国。南美洲殷夏人的墓葬形式与蜀王族的墓葬形式，颇多相似，应当视为中国大陆古巴蜀地区墓葬习俗的延续。据西耶萨·德·列翁著《殷夏帝国史》一书记载称："我所见到的地方，这个科亮欧最令人注目的是对死者的埋葬。我路过此地之时，关于这里的殷帝安最值得注目的事实，都一一作了记录。死者的华丽豪华之家并不哭泣，埋葬按规矩进行，而把墓地当作崇拜的大事，这实在令人感到惊奇。因为那种情景无论如何怎么也不会令人感觉幸福。于是在村镇附近的沃野和平原，四角形的小塔一样的墓由殷帝安人之手造起来。有只用石头制作的，有用石和土制作的，其形状有宽广的、有细长的，这种状况应是由于财力和制作人的身份而建造的。塔的头部覆以谷草，或覆以几块大的平板石。这些墓的入口附加在东面。"（案：所谓"四角形小塔一样的墓"，与中华蜀人"墓各一石笋，丛立如林"之状况相一致。）

三、资阳人文化颠覆历史文化传统认知的史籍、史论

本书附录一,供资阳人研究、参考的几百部重点文献、书籍,就是资阳人文化颠覆历史文化传统认知的史籍、史论。这些文献、书籍、史著、史论,直接的或间接的,全面的或单项的,专题的或引申的,深入的或浅出的,有心的或无意的提出的观点、建立的理论、引用的史料、运用的文物、进行的论证,用资阳人文化颠覆了历史文化传统认知,主要颠覆并建立起以下认知观点和理论:

(一)对"资阳人"是人类文化基因根柢一始祖

"'资阳人'是人类文化基因根脉一始祖"

"'资阳人'是人类思维、智慧根柢、发端"

"'资阳人'是人类最早现代人"

"'资阳人'代表着地球发展进化史上第二次人的进化(第一次是生命的进化)的转折点"

"'资阳人'是人类智慧人里程碑"

"中国猿人经'资阳人'到现代人"

(二)资阳是人类文明一源泉

(三)"资阳人"就是燧人氏,燧人氏就是"资阳人"

(四)中华文明不止五千年,应是四万年

(五)对"鲤鱼桥文化"对蚕丝、缝纫、食盐、弓箭、筷子、舟、制陶、雕刻、烧瓦建房、树漆、甘蔗、水稻、象形文字等十几种文化始发的年代比叶传统认知提前了几百年、几千年、甚至万年以上

(六)女娲、伏羲都是资阳人,女娲是治水补天,伏羲创发了一个文明时代

(七)资阳昆仑山文化矗立世界七千年

(八)资阳人"纵目"文化已有六七千年

(九)炎帝是资阳人"鲤鱼桥文化"范围的人

(十)黄帝是资阳人"鲤鱼桥文化"范围的人

(十一)蚕桑文化早于黄帝

(十二)资国存在两千多年

(十三)苌弘是资阳人,他碧血丹心,始创中华民族忠勇仁爱的核心精神

(十四)颠覆了资阳、蜀国与中华文明史关系认知

(十五)中华民族是在自身的土地上发展壮大起来的

（十六）资阳人和中华文化影响和推进人类文明，颠覆哥伦布发现美洲大陆

（十七）资阳人和中华文化证明人类文明起源地之一在东方，而不是非洲

（十八）资阳人文化颠覆人类文明起源"西方中心论"

（十九）资阳人文化颠覆"西亚近东文明东渐说"

资阳人

第三节

充分认识"资阳人"的如天价值

树立起中国文化的高度自信

恢复中国在世界文化、文明史上的崇高地位

在距今 40000 年时期"'资阳人'的基因进化起到由量变到质变的关键作用""在发展大脑由知识变为智慧方面,起了筚路蓝缕、开拓创新的作用","'资阳人'为代表的直立智慧人结绳而治的开创,为中国人的哲理思想的开悟和治理思想的提升,提供了最初的原始思维的养料和最初的思维模式的基础。"

习近平总书记在党的十九报告中强调:"坚定文化自信,推动社会主义文化繁荣兴盛"。他指出:"文化是一个国家、一个民族的灵魂。文化兴国运兴,文化强民族强。没有高度的文化自信,没有文化的繁荣兴盛,就没有中华民族伟大复兴。要坚持中国特色社会主义文化发展道路,激发全民族文化创新创造活力,建设社会主义文化强国。"

"坚定文化自信,推动社会主义文化繁荣兴盛",很重要的事就是要充分认识"资阳人"文化的如天价值,就可进一步树立起中国文化的高度自信。

四川省等多省、市、多所大学、国家级先秦史学、考古权威部门和权威专家一再考定和赞肯:"'资阳人'是距今 40000 年时际的人类智慧人里程碑","'资阳人'是人类文化基因根脉一始祖","'资阳人'是人类思维智慧的发端","'资阳人'是人类现代第一人","'资阳人'初创中华文明一源泉","'资阳人'开拓出创发博精,新颖隽永,雄奇伟先,厚重绵远的文化","资阳人首创忠勇求是的伟大的中华民族核心精神","资阳人不断创新继传、绵延璀璨文化40000年","'资阳人'受到毛泽东主席等党和国家领导人的

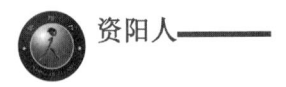

高度重视和赞扬","'资阳人'是美誉中外的文化航母、世界品牌"。

所以,国内外众多知名专家、学者赞肯:"资阳人"的文化和文明价值高如天。

<h2 style="text-align:center">"资阳人"价值高如天</h2>

人类根脉一祖先
思维智慧是发端
文化博精颖首创
源铸文明大摇篮
忠勇仁义求大同
团结攻坚睿克险
文明绵延四万年
奉献情怀高如天
毛主席赞全国颂
世界名牌璀灿烂
华夏精神永承传
中华再雄亿万年

习近平总书记指出:基因是内在成因,是根脉,是抗体。基因一旦激活,不断生长和壮大,就可以形成百病不侵的抗体,百折不挠的动力,形成社会主义市场经济的新伦理和新精神。

充分认识"'资阳人'是人类文化基因根脉一始祖,她是现代人文明基因一孵化摇篮"的珍贵价值,对于形成社会主义公益经济的新伦理和新精神是有重大意义的。

一、"'资阳人'是人类文化基因根脉一始祖"

"资阳人"是人类文化基因根脉一始祖。

资阳人的发现历史,不仅是中国发现的唯一的早期真人类型,也是旧石器时代晚期早段的真人类化石,更是南方人类的代表,而且还是中国古人类发现中的唯一的女性。《资阳人》书稿依据现有的考古资料,结合各个方面的研究成果,努力地、创造地展示了以资阳人为代表的旧石器时代晚期早段智慧人的生产和生活，这是《资阳人》书稿的第二大亮点，我们称之为复原文明。

——宫长为

四川省等多省市、全国多所大学、国家级先秦史学、考古权威部门和权威专家一再考定："资阳人"的珍贵价值在于"'资阳人'是人类文化基因根脉一始祖，她是现代人文明基因一孵化摇篮"。

为什么说，"'资阳人'是人类文化基因根脉一始祖，她是现代人文明基因一孵化摇篮"？

（一）"'资阳人'处在人类基因进化的突变阶段"

当今著名考古院士人类学权威专家87岁高龄的吴新智老先生专门为"资阳人"撰文，他在文中说："资阳人类化石顶骨后下角外表面的角圆枕。这是资阳化石头骨在维护中国古人类连续进化学说上有其贡献的一个形态特征"。

谭继和又指出："'资阳人'的基因进化，尤其是文化进化，起着极其重要的由量变到质变的关键作用。'资阳人'这个时期是原始人已经开始出现原始思维、朴素思想和初级智慧的新人时期，是今天的现代人知识、智慧和经验产生的源泉和动力。""'资阳人'是人类文化基因和文化血脉产生的关键源头，是智慧人由文化自发阶段质变过渡到现代人文明自觉阶段的关键"，"是人类始用智慧生息、斗争的智慧人里程碑，是远古人类文化先驱的杰出代表。"

"资阳人"确实占有巴蜀地区古人创造文化和积累文明基因的关键地位。这个时期是原始人已经开始出现思维。思维和初级智慧的新人时期，是我们现代人知识智慧和经验产生的源泉，也就是说"资阳人"是活动在巴蜀区域的几万年前人类文化先驱的代表。对于中华文明起源和巴蜀地方文化的根脉及活态文明基因的传承，有着重要的作用，处于关键的地位。"资阳人"在发展大脑由知识变为智慧方面，起了筚路蓝缕、开拓创新的作用。古蜀文明是中华文明的摇篮，资阳人的出现是巴蜀大地上人类知识、技能、经验和智慧生长的起点，是直立人具有现代人类大脑雏形的起点，它有力地支撑了中华文明满天星斗多地起源说。

胡昌钰指出："资阳人"是人类进化史中智慧人的里程碑，是对"资阳人"头骨化石价值的肯定，是对"资阳人"在"从猿到人"的演化过程中，特别是在中华大地上最终完整地构建了"从猿到人"演化序列所处的重要位置的肯定。

他还进一步指出："'资阳人'作为人产生的原始状态，是人类形成史必经的突变阶段，是人之所以成为'人'的质变性的结穴处，是人类思维与智慧灵性雏形发端的标志。没有'资阳人'向大自然初步谋取生存与生活手段的粗浅生存思维，便不会有现代人类创造文化与文明的精致发展思维。""'资阳人'确实占有远古人类始创文化、积累和传承文明基因的关键地位，是人类文化基因根脉的一始祖，是现代人文明基因一孵化摇篮，是现代人知识、智慧和经验产生的一发端。"

谭继和先生指出：资阳人与山顶洞人、左镇人是中国旧石器时代晚期40000年至10000年前晚期智慧人即新人遗存的典型代表。资阳人的发现和研究，有助于重新认识、探索和界定中华文明的根系、起步、发生和发展的历史。它对于中华文明探源和巴蜀地方文化的根脉及民族活态文化基因的传承，有着重要的作用。

（二）"'资阳人'具有现代人类大脑雏形的起点"

谭继和先生在他的《资阳人是现代人大脑智慧雏形的起点》一文中指出：

"资阳人"的出现，是巴蜀大地上人类知识、技能、经验和智慧生长的起点，是直立人具有现代人类大脑雏形的起点。旧石器时代晚期，人类已有两大进步：一是人类自身的"基因进化"，晚期智慧人体质形态已进化到与现代人无甚区别。"资阳人"属于旧石器时代晚期早段，距今40000年左右。二是人类的"文化进化"。旧石器时代晚期的石器文化比早中期已有更大进步。与"资阳人"伴生的距今3万年至5千年的资阳鲤鱼桥文化，进一步证实了"资阳人"已"始创熟食、妆饰、集体狩猎、采集诸文化"，"干栏式房屋雏形萌现。"。特别是资阳人已创制和使用骨锥与圆孔石珠，虽仍是打制技术，但已会磨光和钻孔，出现了缝制和佩戴装饰，表明审美艺术的萌芽，已是旧石器时代晚期出现新石器曙光的征兆了。在社会组织上，资阳人则是体现原始群状态向氏族社会过渡的开端。在生产方式上，资阳人则体现由采集渔猎经济向原始农业革命过渡的前夜，预示着资阳人三万年之后新石器时代的到来。

上述人身体的基因进化与人头脑的文化进化，二者是互相关联，互相促进，同步发展和变化着的。

"资阳人"身体的直立和双手使用打制石器工具，使得腰椎脊骨与双手进化，这是"基因进化"。这个基因变化与资阳人的文化进化是同步演变的。"伴随资阳人出土的大批石器、骨器，特别是骨针、穿孔石珠、水鹿角等文物告诉我们，资阳人在40000年前始创了取火热食文化、制衣文化、妆饰文化、改进工具文化、集体采集文化、狩猎文化、组织指挥文化、结绳记事文化、观天象文化等等，开创出人类最早的一块文明乐域。"把这些遗物和史实对比，说明人身体（尤其是双手、双脚）、工具与文化三者同步进化、互衍促变的关系。这些众多文化因素是多元性的，其中最重要的是人工取火文化、服饰文化、社会组织文化和结绳而治文化四种，在人类文化和文明进化史上起着奠基性的开拓者作用。

人与自然的关系是讲究天人合和，人与社会的关系则是讲究人与人的相偶。资阳人处在原始群向氏族社会进化的阶段，出现了父母辈与子女辈分开来的初步讲究人伦的关系。无疑地，它们在社会治理上最初最原始的朴素原则，为后代人类，特别是中国人的"天人合一"思想与"仁者二人也"的社会治理思想以及人伦思想提供了最初最原始最原生态的智慧与思想的基因。

结绳而治文化为人类的治理哲学思考乃至文字的发明、天象观测数字符号化的记忆，提供了最初的基因资阳人为代表的直立智慧人结绳而治的开创，为中国人的哲理思想的开悟和治理思想的提升，提供了最初的原始思维的养料和最初的思维模式的基础。

由上述四方面观之，在人类由文化自发阶段进步到文明自觉阶段的过渡时期，"资阳人"的基因进化，尤其是文化进化，起着极其重要的由量变到质变的关键作用。资阳人这个时

上："资阳人"左侧面观，中：右侧面观，下：上颌骨前面观X线图（图片转引自中国科学院1957年甲种专刊第一号）

期是原始人已经开始出现原始思维、朴素思想和初级智慧的新人时期，是今天的现代人知识、智慧和经验产生的源泉和动力。也就是说，"资阳人"是曾经活动在巴蜀大地上的几万年前人类文化先驱的代表，是人类文化基因和文化血脉产生的关键源头，是智慧人由文化自发阶段质变过渡到现代人文明自觉阶段的关键，"是现代人文明基因—孵化摇篮"。

（三）"'资阳人'进化成长起现代人文化基因标准结构"

从研究人体结构进化看出，"资阳人"是人类文化基因根脉一始祖。

著名考古学家吴汝康院士研究"资阳人"头颅结构七年，特别是跟欧洲的克罗马农人、欧洲和西亚的尼安德特人、南亚的爪哇猿人、北亚的蒙古人、东亚的北京人头颅结构进行对比研究、分析后指出："'资阳人'的地位是早期的新人类型"，"'资阳人'的情形介于中国猿人与现代人之间"，"中国猿人经'资阳人'到现代人"。

"资阳人"头骨结构的发育变化发展出智力基因构造，与"资阳人"制造工具使用工具的智慧是相辅相成，在同一起跑线上的。"资阳人"头骨结构在40000年前已经具备智慧基因的雏形。

"资阳人"用智慧制作骨器、石器这些物质，具备文化基因始祖标准内容。

著名考古学家裴文中在研究、分析"资阳人"遗存的地层，人脑结构，人头含氟量和比重的测定等之后指出："可确定'资阳人'是早期的新人类型，比欧洲的克罗马农人和中国的山顶洞人原始。"

吴汝康院士在对上述人种对比研究、分析中重点研究分析了上述人种中的顶面观、侧面观、后面观、前面观、底面观、颅内观、上颌骨和腭骨等，其中应运文字、数字、图案、表格等多种形式进行表述，至少36次以上论述了"资阳人"比中国猿人复杂，比现代人原始等情形。

吴汝康在研究、分析"前面观"后指出，"资阳人有相当发达的额窦"与现代人相似。

他在分析"底面观"后指出，"资阳人似较现代人为原始"。

他在分析"颅内观"后指出：

从枕鳞的枕平面和项平面两者在正中矢弧上的比例来说，由中国猿人经资阳而到现代人，枕平面相对地在增长，而项平面相对地在减小。同时随着在人类进化过程中脑的增大，大脑枕叶和小脑也随着相对地增大，但由于枕平面相对地增大，足以容纳增大的枕叶，所以现代人的枕骨大脑窝较小而浅。随着小脑的增大，枕骨小脑窝相对地减小了，因而小脑窝加大和加深，以容纳增大的小脑。

右横沟较左横沟为宽大，现代人也是如此。

枕骨大孔后缘有厚而圆的边缘，与现代人相似。

枕骨大脑窝的脑压迹和脑轭很不明显，小脑窝非常平光，与现代人无异。

枕平面部分的骨特别厚，……在现代人中，由于在进化过程中骨的厚度逐渐变薄，项肌的拉力也减小了，脑的扩大才可能对骨产生较大的影响，因而在外表反映出相当于窝的部分。

资阳人颅内观与现代人无异，比她之前的其他直立人要发达得多。

吴汝康院士的研究结论充分说明，"'资阳人'进化成长起现代人文化基因标准结构"。

（四）"资阳人"创造的物质财富和精神财富的智慧，具备文化基因标准的内容

当今一些专家认为，真正的文明鉴定标准应该是"智慧"二字。人类出现思维，开始用智慧进行斗争和生息，文明就开始了。因为智慧本身是精神文明的内容，用智慧产生的物质就是物质文明的内容。

"资阳人"石器的水平和状况中，就能清楚地看出和领略到"资阳人"制作、加工和使用这些石器的智慧程度，从而看出"资阳人"40000年前时际就孕育成人类文化基因

"资阳是中华文明多源中一个很重要的源泉。因为伴随'资阳人'出土

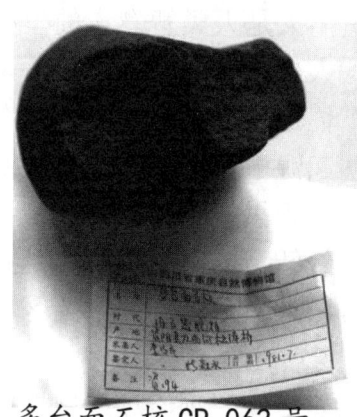
多台面石核 CP.062 号

多台面石核 CP.063 号

的大批石器、骨器，特别是骨针、穿孔石珠、似盘子的薄石片、水鹿角等文物告诉我们，'资阳人'在40000年前始创出人工取火热食文化、制衣文化、妆饰文化、改进工具文化、集体采集文化、狩猎文化、组织指挥文化、结绳记事文化、观天象文化等等，开创出人类最早的一块文明乐域。这些珍稀文物还告诉我们，'资阳人'40000年前'在发展大脑由知识变为智慧方面，起了筚路蓝缕、开拓创新的作用'，是人类始用智慧生息、斗争的智慧人里程碑，是远古人类文化先驱的杰出代表，确实占有远古人类始创文化、积累和传承文明基因的关键地位，是人类文化基因根脉一起始祖，是现代人文明基因一孵化摇篮，是现代人知识、智慧和经验产生的发端。'资阳人'奠定中华文化起源基因和文明基因根脉及活态传承的坚实基础，拓创出了远古文明摇篮较为丰富的内容，开创出远古文明的雏形。"

（五）"考古专家一项一项挖掘报告、一本一本考古论著向世界宣告：'资阳人'是人类文明基因一始祖"

国家权威史学机构和考古专家考查分析认定："资阳人"是人类文明基因一始祖。

国家文物局、四川省文物局通过国家和四川省等史学权威研究机构和几代考古院士等众多考古专家，经过半个多世纪数次运用现代考古手段、方法，科学测试、分析、研究，一再认定，"资阳人"为40000年时的智慧人。"人类从猿经'资阳人'到现代人"，"资阳人"是最早现代人"。

新中国第一代大名鼎鼎的考古学家、中国科学院院士裴文中、吴汝康和中国考古界的几代权威专家们在数次考证、研究、分析"资阳人"后一再得出结论："资阳人"是人类文化基因一始祖，是现代人文明基因一孵化摇篮。

巴蜀重点学科首席专家、四川历史学会会长、中国著名考古学家谭继和在他的多篇专论中论述道：资阳人是人类智慧人的里程碑，"为蜀国始祖"（张圣奘语），"是中国最早的现代人代表"（吴汝康语），是华夏文明一摇篮；资阳人证明人类起源之一在东方，佐证世界文明起源之一在中国，华夏文明是人类文明一源泉，否定了世界文明起源于西方的"西方文明中心论"。"资阳人"确实占有巴蜀地区古人创造文化和积累文明基因的关键地位。这个时期是原始人已经开始出现思维。思维和初级智慧的新人时期，是我们现代人知识智慧和经验产生的源泉，也就是说"资阳人"是活动在巴蜀区域的几万年前人类文化先驱的代表。

60多年来，众多的"考古专家一项一项挖掘报告、一本一本考古论著向世界宣告：'资阳人'是人类文明基因一始祖"。

二、"'资阳人'是人类思维、智慧的根柢、发端"

"资阳人"是现代人知识、智慧和经验产生的发端。

资阳人与野兽战斗，改制工具，骨锥的制作，石珠戒指的妆饰等生息新貌，充满了智慧，闪烁出智慧的光芒。这是人类智慧人丰碑的集中彰显。

史实充分说明，"资阳人"是人类进化到晚期智慧人的里程丰碑。

资阳人的出现，有力地支撑了由中华文化进化到中华文明，是如满天星斗一样由多地多元起源的学说。人的进化有三大阶段：从猿人、古人到新人。"资阳人"作为新人时期的代表，是我们现代人的知识、经验、智慧、信息等获取方式与思维方式的孵化处。

依据什么断定"'资阳人'是人类思维智慧的发端"？

第一，依据"资阳人"大脑发育进化结构判定。吴汝康在研究、分析"资阳人"头骨"侧面观"后指出，"资阳人的颞鳞为属于现代人中较低的形式……颞骨颧突与其向后延伸的乳突上嵴约与眼耳平面相平行……又经过多年多角度多侧面研究分析断定："资阳人与现代人近视"。

第二，依据众多远古文物佐证。重庆自然博物馆、中国科学院古脊椎动物与古人类研究所在20世纪70年代和80年代初，多次派出专家组到资阳深入实地考察"资阳人"。李宣民、张森水在考察、研究"资阳人"多年后，于1984年8月在《人类学学报》上发表专论，报告了"资阳人"B地点挖掘出的172件石器、骨器等状况。报告中指出：他们在用碳十四等多种手段测定后，认定"资阳人"为39399年±2500年，并对"资阳人"制作、使用石器、骨器等工具的水平进行了论述和高度评价，并指出，这是智慧人的智慧的结晶。

第三，依据众多考古专家对"资阳人"的研究结论。从1951年到2014年的63年中，几代中国权威考古学家多少次对"资阳人"艰苦、细致的考察、测定、分析后得出的结论基本一致，都认为：

"资阳人"这个阶段是人类开始发生思维，初生智慧的阶段，"资阳人"40000年前"在发展大脑由知识变为智慧方面，起了筚路蓝缕、开拓创新的作用"，是人类始用智慧生息、斗争的智慧人，是远古人类文化先驱的杰出代表，确实占有远古人类始创文化、积累和传承文明基因的关键地位，是人类文化基因根脉的起始祖，是现代人文明基因的孵化摇篮，是现代人知识、智慧和经验产生的发端。"资阳人"奠定中华文化起源基因和文明基因根脉及活态传承的坚实基础，拓创出了远古精神文明摇篮较为丰富的内容，开创出远古智慧文明的雏形。就巴蜀地域文化而论，资阳人是巴蜀地域上智慧人活动并进化到现代人，同时创造文化，并聚集和组织具有社会性质的原始群的标志。在资阳人阶段，已经出现了原始思维能力演进的文化现象。

中国考古界的几代权威专家们在数次考证、研究、分析"资阳人"后一再得出结论："资阳人"是人类智慧的发端、智慧人里程碑。

三、"从分析人类发展史看出，'资阳人'是人类智慧人里程碑"

当今最权威的人类考古专家吴新智院士强调：**资阳人类化石顶骨后下角外表面的角圆枕，这是资阳化石头骨在维护中国古人类连续进化学说上有其贡献的一个形态特征。**

（一）专家们共同肯定"资阳人"是人类智慧人的里程碑

60多年来专家们几乎共同肯定"资阳人"是人类智慧人的里程碑。

史学专家们共同认为：

"资阳人"之所以是人类智慧人的里程碑，是因为直立人发展到"资阳人"阶段开始产生思维，初始用智慧生息、斗争，是"我们现代人知识智慧和经验产生的源泉，也就是说'资阳人'是活动在巴蜀区域的几万年前人类文化先驱的代表。"

史学界权威专家们还认定"资阳人"是中国最早现代人。专家们在这里说的"现代人"是史学素语，也就是"新人"，又说是"真人"，"代表旧石器时代晚期早段智慧人生产和生活"等文明水平状况。这种结论不是凭空臆造的，而是中国科学院古脊椎动物与古人类研究所的权威专家吴汝康等用科学手段经过 6 年多专项认真测试、分析"资阳人"头骨的各部分生理结构基本特征与现代相似之后得出的。况且，资阳人在 40000 年前使用过的骨针、穿孔石珠、薄石片和鹿角证明，资阳人那时已经用智慧制作较为实用的工具，用智慧生息斗争，始创了工具文化和文明、服装文化和文明、妆饰文化和文明、取火热食文化和文明、组织指挥文化和文等等。所以专家们一再肯定"资阳人"是最早的现代人代表，是我们现代人知识智慧和经验产生的源泉……几万年前人类文化先驱的代表。"'资阳人'确实占有巴蜀地区和人类先古创造文化和积累文明基因的关键地位"，确实建立起人类智慧人的历史丰碑。

著名考古学家张圣奘在他的考古报告中一再报告说：资阳人是人类智慧人的里程碑，"为蜀国始祖"。

从 1951 年到 2014 年的 63 年中，几代中国权威考古学家多少次对"资阳人"艰苦、细致的考察、测定、分析后得出的结论基本一致，还都认为：

"资阳人"这个阶段是人类开始发生思维，初生智慧的阶段，"资阳人"40000 年前"在发展大脑由知识变为智慧方面，起了筚路蓝缕、开拓创新的作用"，是人类始用智慧生息、斗争的智慧人里程碑，是远古人类文化先驱的杰出代表，确实占有远古人类始创文化、积累和传承文明基因的关键地位，

考古专家论点几乎一致地结论："资阳人"使人类进化序列图从模糊轮廓发展到清晰完整，基本上明确了中华大地上人类进化的序列。说它是继"北京猿人"之后，"从猿到人"进化史上的又一重大发现，说它是人类进化史上的智慧人里程碑，当之无愧。直立智人在"资阳人"前有思维萌动，但没形成思维，更没进化成经验。到"资阳人"时代形成思维经验，萌发成智慧，开始用智慧进行生息。

"资阳人"的发现，轰动了神州大地，震动了世界。它不仅为"从猿到人"的伟大学说提供了强有力的证据，为人类进化史的研究高潮推波助澜，"资阳人"的发现，还为古老中华文明的形成找到了又一新的根源。

"资阳人"距今 40000 年，处于人类演化五个阶段中旧石器晚期早段，是我国最早发现的旧石器晚期早段中，时间距今最远、保存状况最完整的人类化石，是我国智慧人的里程碑，它代表了中国境内人类进化五个阶段的重要一环。

"资阳人"这些石器看似简单、粗笨、原始，但其中隐含了古人类开发利用自然资源的技术与能力信息，反映出先民适应生存的智慧和方略。

四川省文物考古研究所原所长、著名考古专家胡昌钰在他的"资阳人"挖掘报告、考古论文中和相关的著作中对"资阳人"一再做出了深刻的论断，综合起来看，他的论断是："资阳人"是人类进化史中智慧人的里程碑，是对"资阳人"头骨化石介质的肯定，是对"资阳人"在"从猿到人"的演化过程中，特别是在中华大地上最终完整地构建了"从猿到人"演化序列所处的重要位置的肯定。20世纪50年代初出土的"资阳人"则使中华大地上人类进化序列图从模糊轮廓发展到清晰完整，基本上明确了中华大地上人类进化的序列。说它是继"北京猿人"之后，"从猿到人"进化史上的又一重大发现，说它是人类进化史上的里程碑，当之无愧。"资阳人"的发现，轰动了神州大地，震动了世界。它不仅为"从猿到人"的伟大学说提供了强有力的证据，为人类进化史的研究高潮推波助澜，"资阳人"的发现，还为古老中华文明的形成找到了又一新的根源。"资阳人"距今约40000年，处于人类演化三个阶段中旧石器晚期早段，是我国最早发现的旧石器晚期早段中，时间距今最远、保存状况最完整的人类化石，是我国智慧人的重要代表，它代表了中国境内人类进化三个阶段的重要一环。"资阳人"不愧为人类文化的先驱。就人类文明起源而言，"资阳人"亦不愧称为人类历史上的一座里程碑。

专家们强调：人类在40000年前，开始了思维的智能萌发，资阳人就是最杰出的代表。"'资阳人'确实占有巴蜀地区古人创造文化和积累文明基因的关键地位。这个时期是原始人已经开始出现思维。思维和初级智慧的新人时期，是我们现代人知识智慧和经验产生的源泉。"

前面说到40000年前资阳人使用的骨针等工具，佩带的穿孔石珠等妆饰品，吹奏、挥舞的水鹿角等指挥用具，都是有相当智慧的人才能制作出来，也只有具备一定智慧的人才能使用、佩带它，这些都充分显示了物质文明的程度，同样也充分显示了精神文明的程度。

省历说，"人类发展史上第三阶段的'山顶洞人'（北京周口店出土），则是旧石器时代晚期的遗物。从'资阳人'化石所表现的特点来看，它比'山顶洞人'还为原始。"

宫长为强调：经过十多个考古、史学研究部门的几十位专家，六十多年来依据多批文物的研究、考证的6次结论和今天一天的讨论，我们可以认定"资阳人"在40000年前具备了思维特征，初始了用智慧进行生息和斗争的史实，成为人类智慧人的杰出代表，树立起了人类智慧人的里程丰碑。

（二）"中国猿人经'资阳人'到现代人"的人类发展史进程，佐证"资阳人"是人类智慧人里程碑

人类发展进程历史是"'资阳人'"的地位是早期的新人类型"，"是中国至今发现的最早的新人化石"，"较一般现代人原始"，"'资阳人'的情形介于中国猿人与现代人之间"，"中国猿人经'资阳人'到现代人"。

著名考古学家裴文中在研究、分析"资阳人"遗存的地层，人脑结构，人头含氟量和比重的测定等之后指出："可确定'资阳人'是早期的新人类型，比欧洲的克罗马农人和中国的山顶洞人原始。"

吴汝康院士在对上述人种对比研究、分析中重点研究分析了上述人种中的顶面观、侧面观、后面观、前面观、底面观、颅内观、上颌骨和腭骨等，其中应运文字、数字、图案、表格等多种形式进行表述，至少36次以上论述了"资阳人"比中国猿人复杂，比现代人原始等情形。

张圣奘在1991年10月21日的《我发现"资阳人"头骨化石始末》中指出："资阳人为蜀国始祖，她是在人类学上最接近现代人的头骨，与北京山顶洞人及云南元谋人等猿人头骨不同，即所谓'真人（JMEMAN）'，拉丁文学名（HOMOSOTWM）"。

（三）中国和世界重大媒体认定："资阳人"是人类智慧人里程碑

若干报刊、出版社等也一直在宣传资阳人久远的文明发源。

中国科学院正式向全世界宣布了资阳人头骨化石是旧石器晚期人类化石这一震撼世界的消息，引起世界的极大关注。

中国考古界的几家权威报刊在数次考证、研究、分析"资阳人"后一再发文："资阳人"是人类智慧的发端、智慧人里程碑。

翻开人类发展史，从猿到人的进化过程长达数百万年，在浩渺的时空和广袤的大地上，树起了一个又一个里程碑。

按照人类学家的划分，人类发展过程分为三个阶段，即：猿人、古人和新人。猿人又称为直立人、尼人，新人又称为晚期智慧人、克罗马农。后来又划分为直立人（猿人）阶段、早期智慧人阶段（古人）、晚期智慧人（新人）阶段。有的把晚期智慧人称为现代人。

智慧人的学名Homosapiens来自拉丁语，其中Homo的意思是"人"，sapiens的意思是"智慧"。Homosapiens的意思就是"智慧人"。

资阳人时期，树立起的是人类智慧人里程丰碑，确切地说是人类晚期智慧人也就是现代人的里程碑。"资阳人"代表了这样一个时期。在她之前的各个时期都各有代表。在距今40000年前，人类发展的一位代表就是资阳人。

四、"'资阳人'是人类现代人第一人"

新中国第一代考古院士吴汝康在用现代化手段经过六年多研究资阳人后，得出结论，后来的几代中国权威考古学家多少次对"资阳人"艰苦、细致的考察、测定、分析后得出的结论：

"'资阳人'的情形介于中国猿人与现代人之间"，"中国猿人经'资阳人'到现代人"。是现代人知识、智慧和经验产生的发端。资阳人树立起人类智慧人里程碑，造就中国最早新人。"资阳人""是最早的现代人代表。"

说"'资阳人'是人类现代第一人"，是因为考古专家的一项一项挖掘报告、考古论著向世界报告了这一点。

请看：

张圣奘报告，"资阳人"是 35000 万年前的旧石器人类。

吴汝康报告，"资阳人"是中国至今发现最早的新人化石。

李宣民、张森水考古报告，考定资阳人九曲河石器，证明资阳人为 37400±3000 年～39399±2500 年前。

李四光 1963 年在《人类的出现》一文中说资阳人头骨化石显示新人黄种人的特征。

贾兰坡 1964 年在《中国猿人及其文化》中说：资阳人距今 10000 年～40000 年之间。

童恩正 1978 年在《古代的巴蜀》中说：资阳人应属于新人类型，绝对年代距今数万年至十余万年之间。

方宗熙 1999 年在《古猿怎样变成人》书中说，资阳人属于新人类型，生活的年代距今大约 50000 年至 100000 年。

象牙专家魏光飚 2007 年在英国《第四纪科学评论》发表论文，论及到：伴随"资阳人"出土的猛犸象不确，应是亚洲象。亚洲象化石的时间显然和 40000 年"资阳人"结论一致。这说明西方权威刊物也再次确认"资阳人"为 40000 年前人类智慧人。

周叔勋 2008 年在《资史留痕》中披露 1981 年李宣民出示九曲河石珠，可见美化生活体现了人类生活环境的优裕。

陈苇 2010 年考据龙垭遗址耳坠饰品，旁证了"资阳人"修饰打扮是可能的。

权威专家强调：资阳人年代距今 40000 年左右，山顶洞人距今 18000 年。资阳人是旧石器时代晚期前半段智慧人的代表，山顶洞人是后半段智慧人的代表。在山顶洞人之后，距今 10000 年前后，人类即进入新石器时代。由此可见，

资阳人

资阳人是我国旧石器时代晚期智慧人最早的代表，在人类发展史上占有重要的地位，是现代人的先驱。

距今二、三百万年至 20 万年左右是早期人类，即直立人，也称猿人，或叫"能人"活动的时期，这是人类历史最早的阶段——旧石器时代早期，是人类的童年时代。1985 年 10 月 13 日黄万坡先生率领的长江三峡考古队在重庆巫山县庙宇镇龙坪村龙骨坡发现了女性"巫山人"臼齿化石；10 月 24 日又发现了一颗女性儿童上内侧门齿。由这两件化石可断定已变成人类，距今 204 万年，已进化到直立行走，手足分工，制造工具，成群巢居，大脑出现了初步思维能力，这是我国境内已知的最早的人类的标志，被戏称为"在龙骨坡地下度过漫长岁月的'巫山老母'"和"待字闺中的'巫山少女'"，考古学命名为"直立人巫山亚种"。比巫山人晚的是距今 170 万年的云南发现元谋人，再次是距今 71 万年～23 万年的北京人。它们的出现代表着人类的童年，是人类"黎明时期的曙光"[1]。

距今 50000～10000 年旧石器时代晚期，这是晚期智慧人，也就是"现代人"出现的时期。这一时期的人类化石和文化遗存在全国许多地方都有发现，巴蜀地区包括三峡地区也发现了不少。最有代表性的是距今 40000 年的"资阳人"头骨化石。

古巴蜀地区从旧石器时代开始就已具有文化形成和发展的多元性与多途径，这是巴蜀旧石器和新石器时代文化面貌最重要的特点。资阳人头骨化石是 50 岁以上的女性，是早期的真人类型，是继北京猿人之后重要的头盖骨发现，"比欧洲的克罗马农人和中国的山顶洞人更原始，是中国至今发现的最早的新人化石。"。

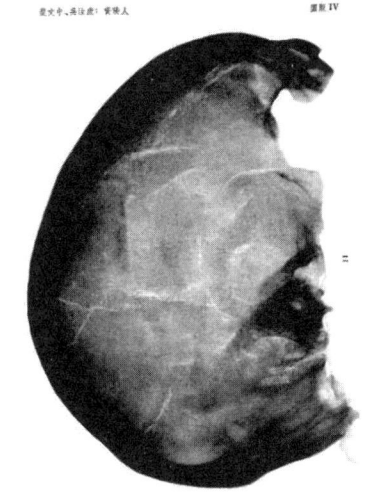

"资阳人"头骨侧面的 X 线图（图片转引自中国科学院 1957 年甲种专刊第一号）

"资阳人"是 40000 年的历史，这是几代国家、省、市权威考古机构、权威史学专家几十年研究一再确定的结果，是经多次 ^{14}C 测定的结果，是国务院文物局认定的结果。20 世纪 80 年代初，中国科学院古脊椎动物与古人类研究所和北京大学文物研究院同时分别再次测定结果的数字是：前者为 39300 年±2500 年，后者是 39399 年±2500 年。国务院文物局在中国考古 60 周年的《中国文物地图集》等出版物中敲定的"资阳人"是"^{14}C 年代为距今 40000 年"。

张圣奘在 1991 年 10 月 21 日的《我发现"资阳人"头骨化石始末》中指出："资阳人为蜀国始祖，她是在人类学上最接近现代人的头骨，与北京山顶洞人及云南元谋人等猿人头骨不同，即所谓'真人（JMEMAN）'，拉丁文学名（HOMOSOTWM）"。

国务院文物局是国家管文物的中国最高行政机构，确定"资阳人"为 40000 年，这就是说国家认定"资阳人"为距今 40000 年时期的远古人类。

五、"'资阳人'初创中华文明—源泉"

"革新判定人类文明的标准应是精神和物质。"这非常重要，"建立中国判定文明的标准，突破西方话语权的束缚，西方才能承认中国文明史"。"中华文明源泉是多元的、星罗棋布的"。

（一）"资阳人"用精神文明创造出来的物质文明，彰显"'资阳人'初创中华文明—源泉"

"资阳人"在艰险拓创的崛起中，资阳是中华文明多点源泉中一个很重要的源泉。因为"资阳人"40000 年前"在发展大脑由知识变为智慧方面，起了筚路蓝缕、开拓创新的作用"，是人类始用智慧生息、斗争的智慧人里程碑，是远古人类文化先驱的杰出代表，确实占有远古人类始创文化、积累和传承文明基因的关键地位，是人类文化基因根脉的起始祖，是现代人文明基因的孵化摇篮，是现代人知识、智慧和经验产生的发端。"资阳人"奠定中华文化起源基因和文明基因根脉及活态传承的坚实基础，拓创出了远古文明摇篮较为丰富的内容，开创出远古文明的雏形。

李学勤说："资阳人"显先民精神厚德忠勇，探文明根柢悠久繁荣。

谭继和指出：新石器时代晚期，原始人由食物采集者转变为食物生产者，由简单的植物栽培和动物饲养转变为田野农业，这是人类文化发展历程中第二件划时代的大事，标志着人类文明的起源和形成。"'资阳人'身体的直立和双手使用打制石器工具，使得腰椎脊骨与双手进化，这是'基因进化'"。"'资阳人'是人类知识、技能、经验和智慧生长的起点，是直立人具有现代人类大脑雏形的起点，它有力地支撑了由中华文化进化到中华文明。""'资阳人'在 40000 年前始创了取火热食文化、制衣文化、妆饰文化、改进工具文化、集体采集文化、狩猎文化、组织指挥文化、结绳记事文化、观天象文化等等，开创出人类最早的一块文明乐域。其中最重要的是人工取火文化、服饰文化、社

会组织文化和结绳而治文化四种,在人类文化和文明进化史上起着奠基性的开拓者作用。"

"'资阳人'奠定中华文化起源基因和文明基因根脉及活态传承的坚实基础,是现代人文明基因—孵化摇篮,拓创出了远古文明摇篮较为丰富的内容,开创出远古文明的一雏形。"

国家和省市权威的考古专家指出:资阳是中华文明多源中一个很重要的源泉。因为伴随"资阳人"出土的大批石器、骨器,特别是骨针、穿孔石珠、似盘子的石片、鹿角等文物告诉我们,"资阳人"在40000年前始创出人工取火熟食文化、制衣文化、妆饰文化、改进工具文化、集体采集文化、狩猎文化、组织指挥文化、结绳记事文化、观天象文化等等,开创出人类最早的一块文明乐域。这些珍稀文物还告诉我们,"资阳人"40000年前"在发展大脑由知识变为智慧方面,起了筚路蓝缕、开拓创新的作用",是人类始用智慧生息、斗争的智慧人里程碑,是远古人类文化先驱的杰出代表,确实占有远古人类始创文化、积累和传承文明基因的关键地位,是人类文化基因根脉一起始祖,是现代人文明基因—孵化摇篮,是现代人知识、智慧和经验产生的发端。"资阳人"奠定中华文化起源基因和文明基因根脉及活态传承的坚实基础,拓创出了远古文明摇篮较为丰富的内容,开创出远古文明的雏形。

(二)巴蜀文明的渊源和起步,揭示"资阳人"创造中华文明一源泉

谭继和先生专论《资阳人文化基因与巴蜀文化根系》一文,将巴蜀文明的渊源和起步揭示"资阳人"创造中华文明一源泉的内容从理论到史实都论述得十分透彻,现选录如下:

"资阳人"的文化基因开创了巴蜀文明的起步。"资阳人"出现在巴蜀远古人皇传说这个时期的前夜,它对巴蜀文化基因的积累和传承所做的贡献,换句话说,就是对巴蜀"人皇"文明的渊源和起步,应有不可忽视的作用。

既然巴蜀祖先所认定的"人皇"时期,相当于距今万年前的新旧石器时代的过渡期,那么,蜀王祖先蚕丛及鱼凫、杜宇的历史传说时期,又如何与之对接呢?

如果再把"资阳人"放到这个传说与考古框架里,它应该是指距今20万年到5万年的早期智慧人和50000年到10000年的晚期智慧人的过渡交结点时期,应相当于传说上属于蚕丛、柏灌世,即原始群到氏族社会形成的时期。特别是骨针缝制的发现,是早期智慧人向晚期智慧人过渡的标志,正与柏灌、鱼凫的传说时代一致。

综合历史传说与考古文化，将二者对接为一个框架，蚕丛氏或许能相当于晚期智慧人（即资阳人）阶段，也就是"人皇"时期。传说的柏灌氏和鱼凫世早期，也许相当于距今10000年前后新石器时代早期，文明因素出现。至于旧石器时代，还无法构筑起我们巴蜀地区的考古文化系列链条，考古与历史的对接还仍属于探索和猜测。这样来看刘胜俊《中华资阳人》一书努力把资阳人同史前社会直立人生活场景与原始时代传说联系起来，以文化想象力寻找其文化基因的传承，这是寻找人类智慧如何发生的根柢的有研究范式意义的有益尝试。

文明形成的标准与资阳人文明源态的萌孵。 文明形成是一个"人文"化成的长过程，有物质的要素，有精神的要素。对于悠长的文明化历程而言，精神信仰是更为长远起作用的要素。精神信仰的特征是能使特定族群凝心聚力，将物质性的基因进化和精神性的文化进化两个过程融汇为一，是能起根本作用的动力。从这个意义上说，精神信仰是灵魂，是根本，是文化进化的向心力和凝聚力的标志，是文明化历程的主导力量。刘胜俊在《中华资阳人》一书中说：

"当今通称的精神文明和物质文明这两个标准是科学的。精神文明和物质文明应是一种发展的概念，可分为初始文明、原始文明、远古文明、近代文明、现代文明、当代文明。……这些本应是文明发展的阶段而已。否则，今天的文明用什么标准来概括呢？"刘胜俊先生在这里提出的以"精神"和"物质"作为判定文明的新标准，是有道理的，也是富有创见性的。宫长为先生认为"判定文明的标准应是'精神、物质'四个字"。根据这个标准"中华文明摇篮产生的时间远不止几千年，而是几万年"。[2]正如苏秉琦先生所说，中华文明有百万年以上的根系，有万年以上的文明起步，这是符合中华文明化历程源起时的实际状态的。我们要研究的重点正是这个"文明源态"，资阳人是这个源态的萌生孵化点。由此可见，这是只有中国共识、中国话语权才能得出的结论，而根据西方标准和西方话语权是得不出这个结论的。根据西方话语权，"中国文明五千年"的结论是难于得到认同和证明的，更遑论及万年文明起步。所以，为突破西方话语权的束缚，需要中国特色的判定文明的标准。用"精神、物质"四个字作为判定人类文明的新标准，突出了精神、智慧、悟性等人脑产物的根本性作用，突出了精神凝聚力和向心力在物质文明化进程中的核心灵魂作用，突出了以精神信仰为灵魂的主导力量在人类族群集体形成社会组织和社会管理（从原始群、氏族制直到国家）中的作用，这是十分有开创性的见解。基于上述理论解读，中国人对于"文化"与"文明"两个词的含义，有自己特定的理

解。最早提出"文化"与"文明"两个词汇的是"周易"。在《易经》里面把文化和文明分得很清楚。

易经讲文化，是指"观乎人文以化成天下"，这是"文化"一词的最早来源。"文化"是指"人文"，它同"观乎天文以察时变"的"天文"是相对应的。"人文"的作用是教化天下人，"天文"的作用是观察天象时序的变化。"人文"是针对人间社会的，"天文"是针对自然世界的。二者的区分在于自然与社会两领域。用今天的语言来说，"天文"是自然科学，"人文"是社会科学。《易经》把这两个领域分得很清楚。

说到讲文明，《周易·乾卦》"九二"讲"见龙在田，天下文明"，这是中国话语中最早使用"文明"一词。《乾卦》是易经第一卦，专以"龙"为喻。其本义是"借龙以喻天之阳气"，其引申义则"借龙比君子之德"。其第一爻"初九"是"潜龙勿用"，比喻"君子韬光待时"的阶段；第二爻"九二"是"见龙在田"，"天下文明"的阶段。"田"指地之表，"地上即田，故称田也。"龙越过了"潜龙勿用"的阶段，到了地上，"见（现）龙在田"，就是"天下文明"到来的时候了。这里所谓"文明"用唐人李鼎祚《周易集解》的话来说，"百草萌芽孵甲，故曰文明"

如果说"文化"是以人文来教化人，那么，"文明"则是通过教化人人都能达到"君子之德"的那种境界，那种飞腾如龙的光明愿景。如此说来，新石器时代正是进入文明境界的时代，而资阳人恐怕还处在这个时代的前夜，即文化初始发生的阶段。以后几万年直到万年以前，在文化的很多因素积累起来以后才变成为文明的。

六、"'资阳人'开拓出博大精深，新颖隽永，互学相鉴，厚重绵远的文化"

资阳人文化和资阳人精神，有其自身的特质，独道的特点，鲜明的个性。这是在研究资阳人40000年丰厚的文化和精神萌发、拓创、发展历史长河中涌现出来的若干伟大的英杰人物创发的辉煌文化、闪耀出来的光辉精神上总结出来的特有文化和特有精神。当然，这些文化和精神影响着华夏大地，成为宏大光灿中华文化和伟大神圣中国民族精神的重要成分。

中华文明源泉和博大精深的优秀传统文化是我们屹立世界的根基、支柱和魂魄。

"见龙在田，天下文明"就是我们中国祖先话语权所理解的文明起源的标准，是中国人有关"文明"的思维定式的起点。

再用文化学的观点看，资阳人代表了旧石器时代晚期巴蜀大地上活动着创造着文化的人群，它在巴蜀文化史上占有初始文化的特殊地位。苏秉琦先生曾经提出文明起源的"三历程"和国家形态发展的"三部曲"的理论。"三历程"是指古文化（指原始文化）、古城（指城乡最初分化意义上的城和镇）、古国（指高于部落的稳定的独立的政治实体）。"三部曲"是指古国（邦国）、方国（王国）、帝国三阶段。把"三历程"、"三部曲"合起来看，中国文明化历程经历了古文化—古城—古国—方国—帝国五大发展阶段。就巴蜀地区来看，资阳人，或许就是传说的蚕丝、柏灌时期，是古文明孕育的"古文化"摇篮阶段，是文明"孵甲萌芽"的前夜阶段。继后5000年前的营盘山文化到4500年前的宝墩文化，应属于岷山与成都平原的"古城"阶段。到鱼凫时期应该是进到"古国"时代。杜宇时代（考古上的三星堆文化和十二桥文化金沙遗址）则已进入"方国（王国）"时代，开明时代则是巴蜀古方国的后期，已具备发展到"帝国"的条件，但被秦穆公与秦惠文王发展起来的秦诸侯"方国（王国）"所阻断，由秦始皇统一为"帝国"。这便是古巴蜀文明化的完整历程。在这个历程中，可以清楚地看出资阳人对于巴蜀文明化历程初始发生的奠基石的作用。它在物质和精神两方面都为巴蜀文明化的长历程提供了文明起源和形成的基因。

巴蜀文化这棵常青树，至少也有两百万年以上的"巫山人"作为巴蜀文化培育的文化根系，有40000年以上的资阳人作为开始以"文"化人，进而到培育文明因素土壤的支撑点。巴蜀人通过对"三皇"（天皇、地皇、人皇）特殊的文化解读，认定"人皇"是巴蜀人的始祖，以"人皇九囿"之一作为开启万年文明起步之行的起点，以五千年以上的黄帝作为文明形成的标志，以四千年以上黄帝的子孙颛顼与大禹一系为代表的高阳氏集团作为巴蜀初期文明的创造者，以鱼凫、杜宇作为渔猎时代过渡到辉煌青铜文明大方国的代表。巴蜀这个历程同考古学上古文化生出古城文明，古城发展为古国，古国再发展为方国和王国，最后统一为帝国的文明基本形成和发展的路径是合拍一致的。放在这个历史链条上来看，"资阳人"确实占有巴蜀地区古人创造文化和积累文明基因的关键地位。这个时期是原始人已经开始出现思维、思想和初级智慧的新人时期，是我们现代人知识、智慧和经验产生的源泉，也就是说"资阳人"是活动在巴蜀区域的几万年前人类文化先驱的代表。如果再考虑到中国龙文化的信仰，发生在7000年前红山文化的"玉猪龙"和卵石摆龙时期，龙文化作为信仰的因素早在七、八千年前已经成为中国文化信仰的精神基因，那么，4万年前的"资阳人"的初起的精神信仰（是智慧人、真人肯定就会发生信仰）和原始人的思维和知识，就是十分有趣的值得探索的问题。

卢继传说：《资阳人》"大胆探索与创新，它以独特的方式来重现40000年前的'资阳人'的风貌，歌颂古人类的优秀品德和中华民族传统文化，引领人们……触摸古人类的生活史实，历览人皇和燧人文化、鲤鱼桥文化、女娲文化、昆仑文化、苌弘'碧血丹心'忠勇效国、全心为民的中华民族核心精神渊源的动人史话。""充分证明资阳是中华文明的一个摇篮。""资阳人"是古人类的智慧人，具有中华民族文明的文化基因。因此，"资阳人"发现及其丰富的中华民族优秀文化内涵，具有稀缺性、独特性、不可取代性。

人工取火文化，促进人类的热食和熟食，使人彻底与动物的本性告别，使采集狩猎经济生活发生质的变化，脱离了茹毛饮血的动物化阶段，而成为地球上人类一切文化赖以生存、进化和发展的基础。今天，地球人类智力已进化到探索太空，仍然脱离不了用火文化这个基础，资阳人及其后的山顶洞人在钻木取火上的智慧，为今天人类做出了不可磨灭的奠基性贡献。

服饰文化应该还很粗陋，但骨针骨锥的使用，说明人已懂得衣的连缀和裳的衔接，这为人类由简单的遮衣蔽体的生存需要的经验和知识，进化到高级的爱美审美的发展需要的智慧和灵性，提供了最初最原始的动力。

社会组织文化，实即社会治理文化，资阳人阶段已进入原始群时期。人的生存离不开集体组织，也就是最初的社会，这是从原始群的阶段就开始了的。人的发展离不开社会治理，这是由原始群进化到母系氏族，族内婚进化到族外对偶婚，形成彭那鲁亚亚血族，直至父系家族的各个阶段所证实了的。

人的形成和旧石器文化的出现，是人类文化，当然也是巴蜀地域文化发展历程中第一件划时代的大事。它是人类文化，当然也是巴蜀文化生长之根，为以后万年文明起步奠定了基础。其根系的开端可以追溯到旧石器时代早期"巫山人"创造原始文化的先史时期。

人类创造文化是从旧石器时代人区别于动物的时候就开始了。文化因素积累到一定程度就产生文明。国际上很多学者主张文明是从旧石器时代晚期开始，或者是从新石器时代早、中、晚三期某个阶段开始。例如汤因比的《历史研究》，认为"文明的降生，从文化以及编年上来看，都是通过一系列文化的过渡，在旧石器时代晚期结束时脱颖而出的。"显然，他主张文明是从旧石器时代晚期结束的时候开始。按这个观点，"资阳人"处于旧石器时代晚期的早段，应该属于文明产生的前夜，或者叫作文明产生的孕育期。

智慧人运用新工具、发展新思想、践行新的社会生活，由此形成一定的社会关系，这就产生了文化。文化又使人由自然选择进入基因突变，由经验和技能生出了对客观事物的概念和想象。在这个过程中，人由对客观事物的观察而得到经验和技能，仰观天时，俯察地理，中看万象万物，由此生发出抽象思维和原始想象，智识和智慧就在此时产生了。这个过程证明猿变成人，人自身基因的变化，不是取决于蛮力，而是取决于智力的发展。文化元素和文明因素就是在智力适应环境的变化中积累起来的。原始人肉体和精神的演化过程，就是物质文化与精神文化两种生产进步的过程，二者是紧密不可分割的。

七、"'资阳人'首创忠勇仁爱的伟大的中华民族核心精神"

资阳人精神特质：忠勇仁爱（忠勇仁爱，勤俭求是，睿智开拓，团结承传）

奋勇开拓的资阳人，一代又一代的坚持创新，打造出绵延灿烂40000年的辉煌文化，资阳人在漫长而艰巨的征程中，资阳人逐渐拓创，初步形成了自己独有的文化特质和精神特质，团结承传的精神特质已基本形成雏形。资阳人文化和精神特质是：**博大包容（博大精深，新颖隽永，互学相鉴，厚重绵远）、忠勇仁爱（忠勇仁爱，勤俭求是，睿智开拓，团结承传）**。资阳人文化和资阳人精神，有其自身的特质，独到的特点，鲜明的个性。这是在研究资阳人40000年丰厚的文化和精神萌发、拓创、发展历史长河中涌现出来的若干伟大的英杰人物创发的辉煌文化、闪耀出来的光辉精神上总结出来的特有文化和特有精神。当然，这些文化和精神影响着华夏大地，成为宏大光灿中华文化和伟大神圣中国民族精神的重要成分。这些灿烂的历史文化和伟大的精神文明，逐渐发扬光大，至今仍在传承着、发扬着。

"'资阳人'丰富的中华民族优秀文化内涵，具有稀缺性、独特性、不可取代性"，她"是一个文化符号、一张文明品牌，一种伟大精神的代名词。"

挖掘到中华民族精神核心源自资阳人苌弘的"碧血丹心"。

苌弘（前582年?～前492年）字叔，四川省资阳市雁江区忠义镇苌弘村高岩山人。中国南派天文学巴蜀代表人物，春秋时代音乐大师，东周阴阳家，周景王的王畿大夫和敬王时内史大夫（副宰相）。与刘文公共同执掌国政，致力于周室富强统一，终生不渝，深受后世景仰。

苌弘"碧血丹心"，为了国家和人民英勇献身，是忠君报国的典范。他坚持科学思想、忠诚周室、绝地图存、悲天悯人、最终求仁得仁，用生命诠释了人间正道，是以生命实践"仁、义、礼、智、信"核心价值的儒文化的先驱。苌弘精神是正在形成中的忠君报国、勇于担当、自强不息、仁义礼智、"碧血丹心"的原始出处，是中华民族精神核心的一个重要源头。

苌弘生活于春秋后期，与孔子大致同时而略早，博学多才，擅长天文，精通音律。孔子曾专程访问苌弘，拜苌弘为师，向他请教音乐和天文。

苌弘是中国古代正史所载先秦时期唯一有姓有名有著作记录的巴蜀人士，是春秋时期诸子百家中重要的一家；他参与了中华文化源头的形成过程，是巴蜀乃至长江流域第一个参与了中华文化形成的名人。

八、"资阳人"不断创新、继传、绵延璀璨文化四万年

（一）历代专家的考定

"资阳人"是四川省考古第一元老专家张圣奘，中国第一代考古院士、中国科学院古脊椎动物与古人类研究所的考古大家裴文中、吴汝康和考古专家张森水，重庆自然博物馆的李宣民，吉林大学历史系的陈全家，北京大学考古系历史研究室、四川省博物馆组织吕遵谔、黄蕴萍、范桂杰、胡昌钰等众多考古权威机构和权威专家经过数年多次发堀复查考察测试分析研究后，得出基本一致结沦："资阳人"为39300年±2500年。他们在结论中指出："资阳人"头骨化石的"时代为更新世晚期是难以否定的"。

在中华人民共和国成立60周年前夕，国家文物局、四川省文物局又都把"资阳人"确定为旧石器晚期40000年时际的智慧人。

著名考古专家秦学圣、吕遵谔、刘兴诗、陈显双、胡昌钰、范桂杰、黄蕴萍、刘恒一、徐宜保、曾国柱等十余人，在北京大学历史系考古考研室、四川省文物管理委员会、四川省博物馆、四川省地理研究所、成都地质学院勘察教研室、资阳县文化馆等单位共同组成的先后参加的专题研究"资阳人"考古团队，他们从1973年至1980年，经过近8年的实地考察时间，围绕"资阳人"，在资阳、资中、简阳、乐至、遂宁、蓬溪、安岳等县，以沱江、涪江的支流为重点进行了多次考察，共调查七县三十八处，在资阳沱江支流的濛溪河的石虾子、丁家堰、沙嘴、迴龙桥、鲤鱼桥等地方发现了多批旧石器和新石器的石器、骨器、土坯、种子等珍贵文物，对这些石器进行了详细的论证，写出了《四川资阳等县石器时代文化》的报告。专家们认为这批石器、骨器等文物囊括了3万年至几千年的资阳人的发展史迹，这种连绵不断的新旧石器文物都具备的地区还绝无仅有，所以北京大学考古研究院的专家提出将这些文物地点命名为"鲤鱼桥文化"，这个提议得到了中国考古界的共同赞赏和认同。

这样，"鲤鱼桥文化"就将资阳人文化继承传传递40000年，从未间断，成为全世界绝无仅有的，厚重的光辉灿烂的文化和文明绵延40000年之久的伟大圣地。

（二）历代资阳人基根遗留的文化分布点和绵延四万年（主要是本源地域）的时节简介

1. "'资阳人'文化"

"资阳人"是距今40000年时际的人类文化基因根脉一始祖,是人类思智

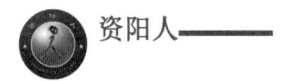

资阳人

慧的发端，是人类智慧人里程碑，是第一现代人。资阳是中华文明一源泉。（祥见前述）。

2."'资阳人'和燧人氏相触文化"

"资阳人"就是燧人氏，燧人氏就是"资阳人"。"资阳人"和燧人氏齐创灿烂文明。（详见前述）。

3. 资阳人"鲤鱼桥文化"

40000～200000 年时期天娥山，萌发蚕桑文化。

35000 年时花溪谷兰家坡，元始石斧文化。

30000～25000 年时期同心公社附近，彰显旧石器时期的石质工具文化。

20000～15000 年时期回龙桥、石虾子，萌始弓箭、筏子、舟船等文化。

15000～10000 年时期花溪村，萌霓缝纫文化。

13000 前后兰家坡，初始食盐文化。

12000 年前后沙咀，萌烁制陶、雕刻文化。

11000 年前后漆家寺，新现烧瓦烤砖建房和树漆文化。

10000 年前后濛溪河域，萌创种植甘蔗、水稻文化。

9000 年前后字库山，萌现象形文字文化。

8000 年～2500 年时期沱江中、上游，展现"鲤鱼桥文化"中的古玉文化。

7000 年时际时期沱江中、上游生发太阳神鸟文化。

6000～7000 年时期沱江中、上游金权杖文化。

新石器末期遍布资阳县各地，上百处辉煌文化。

4. 龙垭遗址文化

简阳龙垭遗址文化震撼辉煌，已有 25000 年的历史（详情见前还）。

5. 女娲、伏羲文化

考古专家考定："女娲故国在资阳"，在前 8000 年～前 6000 年间，女娲氏率众族资阳人等蜀人，凿通巫峡，泄掉西海的洪水，补住天漏，建立了"治水补天"文化。

《诗含神雾》、《补史记三皇本纪》等古史书记载："燧人之世，大迹出雷泽，华胥履之生宓牺。"就是说，怀孕后的华胥从四川旅游到雷泽（即江苏太湖），踩在突现的巨大脚印上面，生下伏羲后回到四川。

综合多本古书的论定，"燧人之世"指燧人的后代。"资阳人就是燧人氏"，"燧人之世"就是"资阳人之世"。所以，伏羲是"资阳人"之子孙。

华胥在伏羲"鲤鱼桥文化"范围内的地域养大伏羲，伏羲与女娲结婚，共同开创了"文明时代"的灿烂的文化。

2600年前蜀帝开明时代打造的记载华夏文化基因根脉世系传承脉络的"图腾柱"这件稀世珍贵文物，就告知世人，伏羲是"燧人之世"，当然也是"资阳人"之世。

伏羲女娲还将文化传播到中东、非洲、欧洲。

6. 资阳昆仑山文化

资阳人在前5000多年创建起神秘朦胧、山独瑰奇、文化灿烂，仙翁之多的圣地名声赫赫，影响甚远，辉煌7000年。

《山海经》最早记载"昆仑"指岷山山脉，昆仑还有九丘。资阳昆仑山就是《山海经》中所指的幽远朦胧的小昆仑山。

《四川通志》记载：昆仑山在（资阳）县北十五里，中江所经，高耸特出。它不仅雄伟，还是人们向往的最伟大的地方。

资阳昆仑山文明的突出特点就是纵目文化，即睁大眼睛看世界。资阳昆仑山人，总是睁大眼睛观看大观和中观世界，就是微观观世界的细小事物也睁大眼睛观看。就是要睁大眼睛观看眼前，瞭望全时空，展望长远的未来。所以，资阳昆仑山文化发展很快，成为古书说的大地中心、创发中心、文明中心、繁荣之地、昌盛之地、神奥之区、影响甚大的地方。。在三星堆、金沙遗址古人"纵目而视"之前一万至两三万年前的蜀地资阳，便是古籍中所称的"盛世"，一个崇尚探索、创新的盛世圣地。

7. 炎黄文化

炎帝文化　《帝王世纪》载：炎帝母亲在资阳人"鲤鱼桥文化"范围内的华阳怀上炎帝，在姜水生下后，又叫炎帝回四川创业发展，建立举世共睹的文化。《史记·补三皇本纪》载："炎帝神农氏，姜姓，母曰女登，有娲氏之女，为少典纪，感神龙而生炎帝。人身牛首"，因以火德王，以火名官，故曰炎帝。

炎帝世系都出生在"江水"之沱江，在沱江流域大造业绩后入主中原，建立华夏伟业。炎帝因其善用火造福先民的首先要功绩表现在教民农耕，其次是制作耒耜，**盐业大发展，蚕桑业兴盛，**饰陶文化绘新图。

黄帝文化　黄帝是四川沱江源头人，属于国家、四川、重庆等考古界考定的资阳人"鲤鱼桥文化"范围内。

《路史·国名记》、《史记·六国年表集解》、《史记·王代世表·正义》、《太平御览·皇王部》、《蜀王本纪》等十余剖史书都记载黄帝与资阳的紧密关系，甚至论定黄帝故国是资国。上述史书都有黄帝和后人与资国本地人同建资国和蜀国，然后建立中原文化。

如前所述，2600年前蜀帝开明时代打造的记载华夏文化基因根脉世系传承脉络的"图腾柱"这件稀世珍贵文物，就告知世人，黄帝是"资阳人"之后。

资阳人

公元前4000年~前2600年的黄帝时期，是黄河流域等华夏民族文明的奠基期，经历了暖湿期的优美环境和小冰期的严酷锻炼。在克服生产和生活众多难题中，激发了族群的凝聚力和创造力。农业区域分布的格局，至此基本形成。

黄帝长子青阳文化

《史记·五帝本纪》："嫘祖为黄帝正妃，生二子，其后皆有天下：一曰玄嚣，是为青阳，青阳降居江水；其二曰昌意，降居若水…昌意娶蜀山氏女…生高阳…黄帝崩…其孙昌意之子高阳立，是为帝颛……颛顼崩而玄嚣（即青阳）之孙高辛立，是为帝喾。"

江水泛指长江和沱江，沱水是长江重要支流。资和青音相通，故青阳就是资阳。资阳的阳不是方位之阳，是青阳之阳。资阳东北有青水河和阳化河，统称青阳河，两河间是青阳所居之地。资阳之真实名称就是青阳。
青阳在资阳大展才华，将资阳的文明推向新阶段，成为推动华夏文明的动力源。于是青阳带领资阳人下长江，上黄河，入中原，进海滨，掀起中华文明大发展的热潮。

资阳人，史称濮人。濮族向"今黔江、金沙江、大渡河流域"发展而成彝族。濮与云南元谋人融合又与西南民族走廊中，南下的颛顼族余部融合，成为白族、景颇族。百濮发展到豫、鄂、湘、川、滇、黔至南诏则益进也。"席亦百濮也，然则微卢、彭诸国亦未必非濮也。楚封丹阳，熊绎迁荆山，武王迁郢，其所启，盖皆濮地也"。

青阳带领具有泛龙文化的资阳百濮，与数省原居民经济文化交流，通婚融合，形成南方各族。青阳以资阳为基点，通过泛龙族文化融合了南方各族。少昊离开资阳与泛龙族东迁与东夷杂居，受太皞文化影响，"邑于穷桑"，今山东曲阜。范文澜《中国通史》："少昊是黄帝族向东发展的一支，与濮族杂居，接受了太皞文化，故称少皞，成为东夷文化继承者。"同时，青阳将蚕丝文化向长江流下游发展。少昊仍称金天氏，按黄帝五行，西方属金，故少昊自称金天氏，不忘根在蜀国资阳故地。

黄帝长重孙喾顺江而下大绘南国和海外彩图文化

黄帝长子青阳的孙子帝喾（高辛），神灵抚万民，大书南国彩图，大建海外功勋，是一位古代治理中国和开发美洲等海外显赫功绩的帝君。《史记·三代世表》记载："黄帝生玄嚣，玄嚣生蟜极，蟜极生帝喾，帝喾生后稷，是为周祖"。《三代世系》还曰："蜀之先昌意娶蜀山氏女，生帝喾，立，封其支庶于蜀，历虞、夏、商、周，周衰，先称王者为蚕丛，国破，子孙居姚巂等处。"

的确，史实告知世人，帝喾是一位古代治理中国显赫功绩的帝君。要不然历代众多古籍都将帝喾列为"三皇五帝"之中呢。《尚书大传》、《史记·五帝本纪》载：三皇：燧人、伏羲、神农，五帝：黄帝、颛顼、帝喾、尧、舜。

帝喾的显赫功绩在发展中华多民族和世界民族大同方面。《蜀王本纪》等若干古籍记载：青阳故乡资阳濮人先进文化发展形成百濮文化，向四面八方传播。在甘、陕、中原、山东、东北和东南等地域开创的同期；青阳、帝喾等黄帝后裔云南元谋人和西南各地民族融合，成为彝族、白族、景颇族等。濮族发展到豫、鄂、湘、川、滇、黔、鲁、荆、楚、西藏、新疆等数省，"濮族——梢能抟结之具有国家之规模者，为爨氏，至南诏则益进也。"接着，俊帝（帝喾）等带些濮人到台岛、南海、海外创发，建立伟业。"资阳人"历代后裔濮人，与大江南北、长城内外数省民族和亚、欧、美、非开发与互鉴，经济、文化交流、通婚融合。资阳这块蜀国前缘之地，经共同的努力，成为古代民族大团结、世界民族大同的典范。在中华民族形成中、世界人文的发展中，青阳、昌意濮族人和后裔起到关键的重大的作用，建立起顶天立地亘古万世的伟大丰碑。

黄帝次重孙颛顼创建彪炳万古的业绩文化

黄帝重孙颛顼，是位文治武攻的帅才。《史记·五帝本纪》曰："静渊以有谋，疏通而知事，养材以任地。载时以象天，依鬼神以制义，治气以教化，竭诚以祭祀……动静之物．大小之神(大小头领)，日月所照，莫不砥属"。

继承并创新发展黄帝开创的事业。推进母系社会向父系社会的转化。创立九州建制，达到真正统一。开辟南丝之路、茶马古道。创作《承云》之曲，以音乐团结人民。建立中华民族大家族和大同的古代世界。文治武攻治国理政。教子有方，育民有节，家规、国风美名远扬。《史记·三代世表》记载："黄帝生昌意，昌意生颛顼，颛顼生穷蝉，穷蝉生敬康，敬康生句望，句望生蟜牛、蟜牛生瞽叟、瞽叟生舜"。"黄帝生昌意，昌意生颛顼，颛顼生鲧，鲧生禹"。《帝王世纪》说：大禹时执玉帛者有万国，商汤时剩下了3000国，西周时剩下1700多国，春秋时尚有1200国，至战国只剩下十余国。战国七雄的国君，韩、燕、魏是帝喾的后裔，齐、楚、赵、秦是颛顼后裔。

黄帝长重孙女资阳真人嫦娥"奔月"文化

大羿的妻子嫦娥，原名:姮娥，又称蟾蜍，而为月精，是个美丽善良的女子。她经常接济生活贫苦的乡亲，乡亲们都非常喜欢她。

大羿徒弟中有个叫逄蒙的人，为人奸诈贪婪，欲盗窃大羿射下九日有功得到西王母奖给的仙丹。嫦娥与逄蒙争斗危急时一口吞了仙丹。突然飘飘悠悠地飞了起来，飞向了月亮。从此长居广寒宫。后羿回家后心痛不止，摆下宴席对着月亮与嫦娥团聚。乡亲们很想念好心的嫦娥，在院子里摆上嫦娥平日爱吃的食品，遥遥地为她祝福。

其实，嫦娥是一个历史人物，她是黄帝的后代。《淮南子·览冥训》记载：嫦娥是帝喾的女儿，也称姬娥，乃后羿的妻子。

尧舜禹、夏商周和蜀国皇、帝文化

尧舜禹、夏商周和蜀国皇、帝时期，文化发达，文明兴盛。影响中华，传播世界，亚非欧美都留有难以抹去的记忆。

8. 中华龙文化

龙，是吉祥瑞福的象征，显贵的装饰，图腾的形象，中国传统文化之一。

中国等古代神话传说中的龙是神异动物，为鳞虫之长，能幽能明，能细能巨，能短能长，春分而登天，秋分而潜渊，呼风唤雨。

龙在中国传统的十二生肖中排第五。在《礼记·礼运第九》中与凤、龟、麟一起并称"四灵"。它的作用祛邪、避灾、祈福。

龙的起源很久远，距今至少有一万多年。从有文字记载的史料看，最早起始于伏羲、女娲时代。《竹书纪年》载：伏羲氏各氏族中有飞龙氏、潜龙氏、居龙氏、降龙氏、土龙氏、水龙氏、青龙氏、赤龙氏、白龙氏、黑龙氏、黄龙氏。有一种传说，女娲补天是骑在龙脖上，飞腾九万里，到达天漏水的口子处，把天补好了。

还有记载，龙图腾形成于黄帝的釜山合符。《史记·五帝本纪》记载：黄帝在打败炎帝和蚩尤后，巡阅四方，"合符釜山"。这次"合符"，不仅统一了各部军令的符信，确立了政治上的结盟，还从原来各部落的图腾身上各取一部分元素组合起来，创造了新的龙形象。从此，"龙的传人"的文化发扬光大开来。

龙凤呈祥，吉祥如意，是中国龙文化人文性的核心。在传统理念里，龙和凤代表着吉祥如意，这是龙文化的人文性。龙文化人文性的人文精神是龙文化人文性的关键。多姿多彩的龙文化中彰显出古代中国人文精神。

龙是正义化身，民众赋予龙诸多美好善良之心性。崇拜龙，记念龙的活动逐渐形成风俗。元宵节舞龙，二月二，龙抬头，端午节赛龙舟。历史上宗教性和政治性的龙崇拜，如祭龙求雨、祭龙求子、祭龙求平安和"真龙天子"等观念，应予以抛弃。但艺术性和民间性的龙文化具有很强的生命力，作为非物质

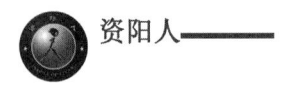

文化遗产予以保护。

西方龙常与邪恶画上等号，东方龙却是正义的象征。

与龙近似的是恐龙，它是实实在在生活在侏罗纪晚期的大型动物。恐龙在资阳四处可挖掘到，安岳马门溪龙（Mamenchisaurus）是蜥脚类恐龙大家族中的著名成员，有"亚洲第一龙"之称。老资阳县碑记镇有恐龙化石储量且居世界之首。

9. 太阳神鸟文化

沱江岸上出土的"太阳神鸟"金箔（四鸟绕日金饰），已有两千多年。历史上资阳一些地方把太阳神鸟的图像张贴出来，或者雕刻塑造出来。1976年通车的资阳沱江一桥两边护栏上，全是太阳神鸟的雕刻图像。

据老资阳中学几位老教师说，老资阳中学围墙边的资阳老城墙上，刻满了太阳神鸟的图案。这些图案是何时刻上的呢？那是建筑城墙时际刻上的。汉武帝建元六年(公元前135年)，初置资中县，治所现今资阳市雁江区雁江镇，隶犍为郡。建县后就开始建筑城墙，至今已有两千一百多年历史。

10. 三星堆文化（见前述）

11. 资国文化

诗人、史学家 闻一多等和古代的约20本史书史料和当今的几位权威史学专家都认定姬资治水在资阳建立资国。

著名历史学家、老一代史学泰斗蒙文通先生在《巴蜀史的问题》一文中就指出古代巴蜀区域内就有资国。"资，故国，黄帝后。"

在五千年前洪荒时代的帝尧第九子姬资，到梁州协助治理水患，扫除平民百姓的灾难有功，受封沱江流域，取地名为资邑，姬资人称资子。公元前2510年，在资水北岸建立资国，都城设在资阳。

12. "南方丝绸之路"上的要驿文化

在张骞通西域以前，西南的先民们就已开发了一条自四川成都经资阳、宜宾、昭通、滇池、大理、保山、腾冲进入缅甸，远达印度的"蜀身毒道"（身毒是印度的古称）。由于它始于丝织业发达的成都平原，并以沿途的丝绸商贸著称，因此也被历史学家称为"南方丝绸之路"。专家认为，这是中国最早的对外陆路交通线，也是我国西南与西欧、非洲、南亚诸国交通线中重要的一条线路。资阳却是这条"南方丝绸之路"上的要驿。

13. 苌弘文化

苌弘，（前582年？～前492年）是资阳忠义镇人。中国南派天文学巴蜀代表人物，春秋时代音乐大师，东周阴阳家，周景王的王畿大夫和敬王时内史大夫(副宰相)。"碧血丹心"忠于国家酷爱人民，深受后世敬仰。

苌弘是先秦时期公认的通才，创建忠勇仁孝、音律、阴阳、礼法、天文、兵法和治国之道文化。《汉书》称他为"兵阴阳家"。他执掌东周历术，是当时权威的天文学家。同时在东周有"礼""乐"权威的地位。"孔子适周"记载了孔子奉苌弘为师，孔子访苌弘问"乐""礼"的史实。《汉书·艺文志》载苌弘有《兵·阴阳家》十五篇，记载了苌弘为诸子百家一员的历史史实。

14. 秦汉时期资阳地域人文化

涌现大批享誉巴蜀，名震华夏的人物。

王褒文化 王褒，（约前90年～约前51年），字子渊，资阳市北墨池村墨池坝人。西汉辞赋家、骈文大家、音乐剧编导、地方志大师，官至谏大夫，是汉宣帝时文坛领袖。王褒生卒年失载，只知他文学创作活动主要在汉宣帝（公元前73年～前49年在位）时期。他是我国历史上著名的辞赋家，写有《洞箫赋》等赋十六篇，与扬雄并称"渊云"。

董钧文化 董钧，字文伯（前12年～63年），资阳市雁江区桐梓坝人，中国汉朝经学家、教育家。尊崇教化，供奉三老，开创尊师重教之先气；他"通儒"第一，博学多才，致力改革，五典立范，为东汉制定五种典章制度，成为蜀中名将。墨池韵九怀，金山诵五减，就是对两地贤人的经典概括。

东汉教育家杜抚文化 杜抚（约1年～77年），资阳侯家坪杜家桥人，教育家、经学家，潜心诗书，博通五经，著有《韩诗章句》，致力于教育事业。

治河功臣王延世文化 字和叔，西汉资阳人。是我国著名的治黄水利专家。公元前29年秋黄河洪峰骤起，恣肆暴戾，致使4郡32县被淹，受灾面积达1万多平方公里，10多万人流离失所。御史大夫尹忠因不尽职畏罪自杀，王延世于危难之间担此治理黄患的重任。他带领军民昼夜操劳，奋战36天，堵住了决口，又修复河堤，恢复了正常的生产，使两岸百姓安居乐业。

汉墓星罗棋布文化 在资阳城郊四周究竟有多少汉墓？难以查考；埋藏在地下尚未发现的，无法估算。仅新中国成立后几十年内陆续出土的，就有44处之多，汉墓总数达200多座。坟墓方式多种，棺材多样，规格大小不一。砖艺神奇，陶器、铜器、铁器、石雕、木雕等器物制作精巧，珍品颇多。

中国汉代第一马文化 "中国汉代第一车",是继贵州兴义、甘肃武威之后发现的第三辆汉代青铜车马。也是考古界有史以来发现的最大的汉代青铜车马,考古专家认为,汉代青铜车马是国家一级文物。

15. 三国时期资阳地域人文化

阿斗与简阳文化 三国时期蜀人留在资阳地域多项文化古迹。阿斗长期住简州地域,离世后墓地建葬在简州。

关羽建桥文化 三国时蜀将关羽征战南诏国途中,在回龙乡漆家修建寺庙、建立拱桥。

孔明拜神灵文化 传说诸葛亮收复南诏国回成都途中到漆家寺关羽拱桥时,一道烟柱升天,诸葛亮立马下马拜祭神灵,后命令三军掉头绕道回成都。

蜀汉昭德将军简雍文化 蜀汉时刘备任命简雍为昭德将军,派往牛鞞(今简阳)县驻防。简雍本姓耿,而幽州人将耿说成简,便改为姓简。年少时追随刘备四出奔走。221年刘备入益州帮助刘璋,简雍同行,刘璋十分喜欢简雍,意欲留用,但简雍不为所动。刘备于224年将刘璋围于成都,简雍游说刘璋投降。简雍在牛鞞县做了很多好事,人民群众十分拥护并依赖他。将简雍屯兵驻扎的一座山改名为"赖简山",将山下的盐池命名为"赖简池"。唐代《元和志》说:"简州,隋置,简州因赖简池为名",是简阳历史上"简州"开山第一官。

1956年毛泽东路过简阳,曾对前来接他的时任内江地委书记的张励说:三国蜀汉简雍镇守于此,死后葬于简山之阳,故名简阳。可见毛主席记着简雍。

在现简城镇石笋井街西口成渝公路上,原有简雍墓,墓地方圆数十丈,高约二丈,墓前有一石碑,碑上刻有"汉简雍墓"字,后因扩修成渝公路而夷。

姜维城与王嗣将军文化 汶川县城北的"姜维城"由当年出身于资阳被后主刘禅封赠为汶山太守的安远将军王嗣所筑。王嗣年幼时,攻读诗文,对《诗经》、《楚辞》、《史记》、《春秋》等融会贯通,又"习弓马、练骑射"和十八般武艺文武全才。20岁的时候,就以文韬武略、智勇双全、年少英勇,机敏过人入朝做官。一次,由刘禅主持制订蜀中政策的辩论时,姜维主北伐曹魏,王嗣当着文武百官金殿答对,受到刘禅的赞赏。"言之凿凿、鞭辟入里"。后来,在姜维推荐之下．刘禅封赠王嗣为汶山太守、安远将军。

16.隋唐时期资阳地域人文化

吴道子文化 685~759年。在资阳县李家沟，沉睡着中国文化史上的"画圣"吴道子。在安史之乱时，他追随皇帝李隆基逃亡政府来到这里。老人的身体此时极度虚弱，就在这个儿生活、作画几年离世。相传在资阳县北15里瓦砖沟，里中缙绅王播求他画鹿。画成，白鹿逸去。吴道子逐鹿入穴不返，乡民砌石封穴，人称真人墓，又称神仙洞。明洪武二年(1369)湖广新化移民来瓦砖沟定居，更名李家沟。万历进士李庭甲碑称："左有吴道子之墓，百步足于焉。"县志载吴道子绘至圣画像刻于鹿洞，画存学宫。1969年夷为菜园，尚余石棺一副，传为吴道子棺材，又说是装灯油的。

贾岛文化 贾岛，唐代著名苦吟诗人（779~843年），河北人。为僧作诗发牢骚，受教于韩愈，贬做长江主簿、普州司仓参军，墓在安岳县。其诗精于雕琢、推敲，喜写荒凉、枯寂之境，多凄苦情味，自谓"两句三年得，一吟双泪流"。他死后被人事之如佛。

程咬金文化 程咬金，(589~665年)，更名知节，山东人。唐朝开国名将，封卢国公。小说中惯称程咬金，十八条好汉聚义瓦岗寨，反抗暴隋。在普州（安岳）任刺史时，为民办事，深得民心。

17.宋元时期资阳地域人文化

秦九韶文化 秦九韶，1242年出生资阳安岳县，是一位既重视理论又重视实践，既善于继承又勇于创新，中世纪数学泰斗。他所提出的大衍求一术和正负开方术及其名著《数书九章》，是中国数学史、乃至世界数学史上光彩夺目的一页，对后世数学发展产生了广泛的影响。《数书九章序》集中体现了秦九韶关心国计民生，体察民间疾苦，反对豪强的横征暴敛，主张施仁政。秦九韶恪守传统道德，将自心比人心，认为下层受欺压、盘剥的民众需要仁政，就像自己溺水需要救援，自己饥饿需要吃东西一样紧迫。同时，秦九韶不甘寂寞，在国难当头与乱世之中，在政治腐败、黑暗之时，不去避世免祸，而是企图通过"嗜进谋身"，以自己的知识为社会服务。为抗金、抗蒙战争效力。

秦九韶的高次方程数值解法，可以毫无困难地转化为计算机程序。秦九韶的成就要比鲁菲尼和霍纳早五六百年。

秦九韶对于一次同余组解法的理论概括,是他在数学史上的另一杰出贡献。

佛都经典,一院三洞文化 卧佛院,盛唐时期的杰作,全国重点文物保护单位。有大小摩崖石刻造像1613尊,石刻佛经15窟,碑刻、题记等数十余处。卧佛像长22米,慈祥端庄,头东脚西,左肋侧卧,双手平放,双目微闭的卧佛造像,雕工精美,线条洗练,形象突出,是世界唐代左侧全身卧佛之最。20余种70余部计27余万石刻佛经,字迹工整、质朴,清晰可见,镌刻精细,规模宏大,是我国古代石刻佛经珍品。

圆觉洞,盛唐时期的杰作,全国重点文物保护单位。圆觉洞,因洞内刻有十二圆觉而得名。有唐、宋时期摩崖石刻造像103龛,1933尊,碑刻题记25处,唐代浮图塔1座。内容丰富,规模宏大,雕工精细,造型布局独具一格,形态各异,栩栩如生。其中7米高的释迦牟尼佛、净瓶观音菩萨、莲花手观音最为壮观。圆觉洞景点内还有宋代理学鼻祖陈抟墓,气势宏伟雄浑的秦九韶纪念馆,古建筑真相寺和教中寺等。

毗卢洞,华严洞,宋明时期杰作,全国重点文物保护单位。还有玄妙观、千佛寨、孔雀洞、木门寺等。

寇准文化 寇准(961~1023年),北宋政治家、诗人,陕西人。官至宰相,有《寇莱公集》。宋太宗雍熙一年(公元981年)9月,朝廷放寇准为乐至县知县。寇准在乐至执政时期,体恤民情,为民办事,凿乐至池,兴水利农,率民造湖治旱,深得民心,深受百姓拥戴。朝廷见寇准走一方,亮一方。便对他十分地关注。宋真宗景德四年(公元1004年)8月,寇准一步登天当了宰相。

18.明清时期资阳地域人文化

廉洁奉公正义为民县令杨周冕文化 公元1773年,杨周冕到资阳任3年县令。政绩卓著,微服民间察访,解决了老百姓疾苦。同时,他还为资阳留下了珍贵的墨宝。他为了激励后人,亲自在资阳县城上西街南华宫左侧(今城关二小学校前)督工建造"三贤故里"牌坊一座。

他尊老爱幼,听说县西20里昆仑乡谢家大院出了两个百岁寿星,敬老之风应在世人中多多倡导。他说:"我们应该倡导敬老之风啊!"请二老收下他为子,杨县令当场叩拜,这个故事被写入了县志,成为民间佳话。

留名绍兴的安岳名人汤绍恩文化 汤绍恩(1499～596？)，安岳人城北陶昰(qian 千)坝(今安岳县城北乡陶海村)，水利专家，治钱塘江。历任户部郎中、德安、绍兴府守，官终山东布政使。享年九十七岁。呕心沥血建三江闸后，根除了绍兴、萧山、山阴三县的水灾和旱灾交替害民的危害。

浙江之绍兴、萧山、山阴三县民众纷纷为纪念汤绍恩而建立"汤公祠"，蔚然成风，每年农历三月二十五日(即汤公生日)，都要举行大型纪念活动。

康熙四十一年(1702)总督郭世隆等几十名官员纷纷上书，请求表彰前朝山东布政使汤绍恩在浙江三江口的治水功绩。康熙皇帝亲临绍兴府实地视察。在当年六月二十四日，敕封汤绍恩为"灵济"，后雍正又敕封汤公为"宁江伯"，即为使江海安宁、万民受益的神。康熙还亲为绍兴府"汤公祠"题写匾额："钦定灵济"。接着，朝廷于七月三十日撰订《敕封汤神灵济徽谥记》，文中概括汤绍恩的治水功绩说。程鸣九在《三江口地郡守汤公新建塘闸实迹》末尾赞道："大功既建，万世永赖。公之恩泽，洵不在禹下矣！"毛奇龄的《汤公传》亦高度赞扬三江口治水功绩，说："阅一年工成，共得良田一百万亩，渔盐斥卤、桑竹场辍，亦不下二十八万亩。而绍兴于是称天府，沃野千里，绍恩之力也！"

汤绍恩抓住解决浙江三江口(钱塘江、曹娥江、钱清江三江汇合处)之千年遗存的水涝、旱灾循环害民的难题。这是最大的民生工程，在中国水利史上是继夏之大禹治水、秦之李冰治都江堰等水利工程之后的又一个伟大治水工程。

官之品质，德才兼备为上，博学多才，一切奉献人民，受后人爱戴。1982年新建新三江闸，为了纪念汤绍恩，又命名为"汤公大桥"。

鲍金花文化 明朝崇祯三年 1626 年 8 月 15 日生。鲍太公本名鲍天成，官居二品，天天上朝面君。鲍金花七岁习武，九岁封侯，十四岁的镇国将军，十五岁被封安宁候。

清顺治元年(公元1645年)皇帝诏曰："鲍金花冒险以二万民兵，抗拒十万逆兵。终以不屠乐、安、遂三城为条件，让逆遁道。保住了万众生灵。查鲍金花不为残明张逆的高官所诱，毅然弃权散勇，为稳住大清江山一方平安，功勋卓著。特赐封鲍金花为安宁侯，皇赐四品诰命"成了千古仅有的三朝女候。

启民智倡科学的急先锋傅樵村文化(1875～1917年)，简阳石盘人。他是四川自然科学报的"开山祖师"，四川最早创办彩票及造黄包车的人，最早的彩色印刷业创办者，最早写宣传报刊文章的人，成都早期的红十字会会长，清末成都社会"百科全书"《成都通览》的作者。

19.近代时期资阳地域人文化

反英鸦片战争的资阳英雄文化 在1840～1842年英国对中国发动的侵略战争的抗英战斗中的上千资阳勇士,在险恶的战场上冒着敌人的枪林弹雨,视死如归,勇猛冲杀,浴血奋战,涌现出了可歌可泣,精忠报国,为捍卫神圣的祖国英勇献身的英雄,谢继超、谢朝恩两叔侄就是川军中抗英的民族英雄,是资阳籍抗英壮士中的杰出代表。

镇海浴血抗英英雄谢朝恩文化 (?～1841):清朝将领,四川资阳人。行伍出身。历任都司、副将。道光十四年(1834年),升任江苏狼山镇总兵,后从两江总督伊里布驻守镇海。谢朝恩受令守卫金鸡岭后,决心死守。战前,他一再视察阵地,运筹帷幄。

1841年10月10日黎明,英舰"威利斯里"、"伯兰汉"、"布郎底"、"摩底士底"号驶向甬江口北岸,猛轰招宝山。面对强大的外国军队,谢朝恩毫不畏怯,与将士们一同向敌厮杀。为保卫祖国,战至最后一人。

1997年10月正式落成镇海口海防历史纪念馆,馆中,专设浙江宁波镇海口海防历史纪念馆抗英展厅。展厅中庄严地展出了谢朝恩等英雄的佳绩。

抗英鸦片战争的英雄谢继超文化 随总兵张青云带领的兵士在西宁炮台设伏,英军见炮台守御空虚,便急忙下船数百人,欲登上岸。谢继超他们一同埋伏的川军瞬时冲出,短兵力战英军,不几回合,英军招架不住撤退,拼命逃向军舰。谢继超他们穷追不舍,挥刀砍杀,使英军尸横遍野。

在石门守卫战中,谢继超和他的部队在上司张必禄率领下配合广东义勇作战,战中,川军和广东军见英军在唐夏乡(今广州白云区棠下村)等处焚掠,很是义愤填膺,他们发现一个英军头领手拿红旗,挂着护心铜镜。大家都说,这是英军的先锋霞毕,于是谢继超率其部与义勇一同喊杀冲上去,激战中将其击倒并枭首,同时还斩了一名手执红旗的英军头领和其他英军十余名。

在历次作战中,谢继超都英勇率部冲杀血战。由于他智谋双全,武艺高强,英勇顽强,卫国立功。战后,提拔到广西做官。在此后的多次作战中表现出色,为资阳军人书写出可歌可泣的英雄史篇。

洞王沟农民石刻文化 沱江西岸孔子溪、苌弘溪流域洞王沟,是一座万年历史的博物馆,创造81个中国之最。记载着宋、元、明、清、民国的生态、洪灾、旱灾、地震、兵灾、水利、生产与生活习俗。从1008年北宋村民开吉宅石犀牛镇压水怪起，题记代代接力，连续千年了，没有一个时代中断过。这里刻有赤县最袖珍岩画，华夏首批纵目人像，中国天灾题记第一库，生命共同体最浅显的见证，中国字码最早刻石处，中国最早的山泉自来水石刻，中国石刻最长久的平民作者群，华夏民风最朴素的载体，是国内第一"洪痕点"，南宋抗蒙最早刻石处，中华民族自强最早的民间注脚，中国山溪小桥动员民力之最，白话文第一丰碑，汉语新词最密集的村落，记账字码比苏州字码早百余年等真是丰富多彩。

川剧"资阳河"文化 在资阳历史上，以"资阳"之名写进了全国性词典的名词有两条，一是"资阳人"，二是川剧"资阳河"。形成于清朝乾隆年间的川剧，革新剧目，培育人才，严格管理，发展流派艺术，群星闪耀，成为历史上一群璀璨的星星，以其高雅的艺术魅力和强大的生命力、影响力辐射至西南数省，使其成为没有影视文艺的时代里人民大众的精神食粮。

资阳城隍庙就是川剧"资阳河"一个展示的舞台。乾隆皇帝为嘉奖资阳城隍"护国佑民"之功绩，亲笔御书"显忠大王"四字金匾，知县杨周冕书写了苍劲潇洒的"可以观"三个大字。皇帝封王赐匾，知县即席题字，成了川剧"资阳河"最早的两块最有价值的广告。

20.现代时期资阳地域人文化

1937年起，资阳10多万青年奋勇奔赴战场抗击日军。同时，1942年、1945年，资阳人民纷纷捐资抗战，奉献出大批抗战物品，为抗战做出了积极贡献。

饶国华上将挥洒热血抗击日寇文化 饶国华（1894年12月7日～1937年12月1日）名厥卿，字弼臣，四川省资阳县东乡张家坝（今资阳市雁江区宝台镇张家坝）人，国军一四五师师长，严治军，深爱民，拱卫南京泣血杀敌，弹尽被围自杀，追赠上将，国共盛赞楷模。

1937年12月1日与日军浴血奋战于安徽广德前线，孤军作战，寡不敌众，弹尽援绝，以身殉国，终年43岁。国民政府在武汉举行隆重的追悼大会，12月12日，重庆国民政府举行公祭仪式，蒋介石亲自撰写挽联两副：

其一：虏骑正披猖，闻鼓鼙而思良将；上都资捍卫，昌锋镝以建奇勋。

其二：秉节之来，捍国卫民方倚畀；存仁而达，喑生吊死倍哀思。

并追授饶国华将军为陆军二级上将。当时举国悲痛，同仇敌忾，极大地激励了全国军民抗日杀敌斗志；1938年1月23日以国葬之礼遇归葬于今雁江区宝台镇甘溪沟；1938年3月12日延安举行各界"纪念孙中山逝世十三周年及追悼抗日阵亡将士大会"上，毛泽东主席褒扬说："我们真诚地追悼这些死者，表示永远纪念他们，从郝梦麟、佟麟阁、赵登禹、饶国华……诸将领到每一个战士，无不给了全中国人以崇高的模范"；1940年在成都中山公园内铸造铜像一座，并竖立由国民政府主席林森题字的"饶上将国华纪念碑"；家乡资阳宝台镇建"饶公祠"。1983年9月10日，四川省人民政府追认饶国华将军为革命烈士，并拨款修葺"饶国华将军陵墓。"家乡资阳雁江人民把饶国华将军列为乡贤名人"三贤"、"四杰"之一，给予永远的纪念。

抗倭名将陈春霖文化 （1901年～1951年），四川省资阳县迎接乡合春沟人，抗倭报国展鹏程沥血铸勋奉丹心。国民党军政部人事处处长，清廉，掩护共产党，抗战中149师师长、44军军长，后带领15兵团起义。

他任师长后统领149师奉命奔赴湘南山塘驿一线，阻击日军发起进攻。官兵子弹打光了，就用石头砸；石头砸完了，就拼刺刀冲杀。由此，阵地得而复失，失而复得；双方死伤惨重，尸横遍野，血流成河。经过三个昼夜的激烈鏖战，陈春霖率部圆满完成了阻击任务，彻底打乱了日寇西侵云贵的战略部署。此战计划周详，措施具体，阻击坚强有力，凯歌频传，打出了威风。为了激励斗志，国民党中央及战区长官部分别进行了通令嘉奖，陈春霖及所率的149师名扬天下！1949年12月25日，陈春霖宣布起义，投入人民的怀抱。

曾烈驰骋疆场抗倭寇文化 （1901年～1945年），出生于贫苦农民家庭，因列强侵略，倭寇猖獗，毅然投笔从戎，报考军校誓为报效国家。毕业于"成都讲武堂"，后在国民党将领杨森所部第27集团军任职，历任20军（军长王瓒绪）某旅参谋长、军副官长、集团军情报处长、集团军军需处长等职，国民党军少将。参加安庆会战、随枣会战，指挥常德会战，八年数十战，毙敌十余万人，火线累得吐血，一病不起。2005年其遗属获中国人民抗日战争胜利六十周年纪念章。

凶悍川军将领廖震文化 （1890年～1949年），字雨辰，简阳三岔坝人。川军44军军长、第29集团军副总司令。1938年，廖任44军军长，出川抗日，守备湖北。先后在宿松、黄梅、广济一线与日军对峙。10月，率一旅在毛山湖一线伏击，打死日军七八百人，活捉14人。10月中旬，第5战区撤退，未通知29集团军，造成各自突围。廖等人辗转到达当时29集团军办事处时，形如乞丐。

1944年初44军在大洪山与日寇一战，歼敌万余人。后日军增兵以大武器疯狂进攻，44军武器不足，官兵死伤，其残余部队奉令退伍遣散。

抗战川军功臣陈良基文化 （1890年－1952年），出生在简阳云龙平息乡。热心家乡建设，私德很好，以国军师长出川抗日，因功升陆军中将。三子陈之梯读重庆大学，抗美援朝牺牲。

1940年上半年，陈良基率14师固守江西，横下一条心，誓死与日军酷战，作好一决雌雄的战斗准备，在当地选择一风水地作为自己的阳宅墓地。6月初，对窜犯日军以沉重打击。

毕生追随共产党的抗日名将陈离文化 四川省安岳县人，（1892年5月18日生），抗日战争中，陈离奔赴前线，先后参加了武汉保卫战、随枣会战、豫南会战，直到1941年被蒋介石解除军职。

中华人民共和国成立后，中央政府正副部长中有九人为爱国将领。其中一位很是特别：他，"是国民党军官中亲共的典型"（周恩来语），"共产党的好朋友，真朋友，是可以患难与共的。"他"同我是好朋友，对我们的帮助是不小的"（李先念语），他"不是红色，却接近赤色，是桃色将军"（李宗仁语）。他，就是毕生追随共产党的抗日名将陈离将军。

英勇殉国的抗日将领黄永淮文化（1902年～1943年），安岳人。抗战时期国民军阵亡将领206人，黄永淮名列第72名。在"一•二八"淞沪抗战中与敌浴血奋战，战功卓著。1944年在河南许昌保卫战中拼杀日魔，战至最后，被日军杀害。1944年10月2日，国民政府发布命令，追赠已故副师长黄永淮为陆军少将军衔。1986年，四川省人民政府批准黄永淮为革命烈士。

21. 当代资阳地域人文化

陈毅元帅文化 陈毅（1901年～1972年），乐至人，无产阶级革命家、政治家、军事家、外交家、诗人，中国人民解放军创建者和领导者，元帅，党和国家领导人。

1936年冬天，陈毅在梅岭被国民党四十六师围困了二十多天，陈毅困在丛莽间，苦虑不得脱身，写下了壮气山河的"绝笔"《梅岭三章》：

断头今日意如何？
创业艰难百战多。
此去泉台招旧部，
旌旗十万斩阎罗。

南国烽烟正十年,
此头须向国门悬。
后死诺君多努力,
捷报飞来当纸钱。
投身革命即为家,
血雨腥风应有涯。
取义成仁今日事,
人间遍种自由花。

八宝山休息室里,毛泽东流了眼泪,他握着张茜的手,语气格外缓重、沉痛:"我也来悼念陈毅同志,陈毅同志是一个好同志!"

毛泽东对陈毅的孩子们说:"要努力奋斗哟!陈毅为中国革命、世界革命作出贡献,立了大功劳的,这已经作了结论嘛!"

张茜搀扶着毛泽东走进会场。在鲜红党旗覆盖下的陈毅骨灰盒前,毛泽东深深地三鞠躬。

卫国英雄罗光燮文化　　罗光燮是自卫反击战以身滚雷战斗英雄(1941年～1962年),乐至县宝林镇人。土改儿童团押回地主,中印边境自卫反击战以身滚雷,追认中共党员、一级战斗英雄、特等战斗功臣。

1962年10月中印自卫反击战的地区每天气温都在零下40度。罗光燮因长时间手握爆破筒,双手被冻肿,近乎溃脓。连长命令他住院治疗。战地医院决定他转移到后方医院,可他死也坚守第一线。

西段入侵印军布置了地雷区,数十辆坦克、各种美式火炮排列侧翼。形成完整的坚强阵地。要拔掉这个据点,首先得排除地雷。冲在最前面的副排长触雷倒下了。罗光燮一步跃到连长面前,三下两下撕掉手上的纱布绷带,抄起爆破筒,直扑雷场而去。敌人的炮火打断了罗光燮的左腿。但他仍然顽强地撑着负伤的身躯,猛地向雷场纵深地段急滚过去。随着一声声巨响,罗光燮用身躯引雷炸开了一条6米宽的通道。我军从罗光燮用身躯滚开的雷区冲进敌人阵地,拔掉了这个印军据点。新疆军区党委追认他为中国共产党党员。国防部授予罗光燮为特等功臣、战斗英雄光荣称号,共青团中央将罗光燮和董存瑞、黄继光等并列为十大青年英雄。罗光燮的墓在新疆叶城县东郊喀茫公路北侧,距县城6公里的叶城烈士陵园内。

曹荻秋文化　　曹荻秋(1909年～1976年),资阳人,曾任中共四川省委书记、重庆市委第一书记兼重庆市市长,上海市市长。中共八大代表、第一至三届全

国人大代表。学子革命彰显德才,重庆治乱一身肝胆,建设上海成就丰碑,高风亮节忠贞于党,严律自己亲友情深

潜心为《高玉宝》卓著作嫁衣的郭永江文化 1916年1月21日,出生在资阳城正东街一户民居。1993年驾鹤归西。郭永江是松柏情操莲花品性,骋文坛勋业,潜心为《高玉宝》卓著作嫁衣,是不图各牧文坛巨擘,尘世奎星,文艺楷范。

1938年加入中国共产党,创办了抗日救亡刊物《救亡壁报》、《资阳县抗敌半月刊》和《资阳留省同学会会刊》, 1940年10月冲过敌人的烽火线,转道抵达延安,创作颇丰,很受欢迎。尤其是他创作了第一部反映军队大生产运动的秧歌剧《张治国》,受到毛泽东的接见及赞扬。1946年起,他参加了《解放》等大型多幕话剧的创作,发表参加三下江南,解放四平及辽沈战役、平津战役和渡江战役的几十篇佳作。1951年1月在抗美援朝激烈的炮火声中,郭永江作为志愿军战地记者在炮火硝烟中,他深入坑道、战壕与战士攀谈,了解官兵的英勇事迹、英雄壮举及思想、生活状况,搜集到许多感人至深的第一手素材。于是他及时创作了战地通讯《朝鲜行》等十多篇作品,先后在报刊发表,倍受关注,好评如潮。不幸两次中枪弹负伤,部队只得派他回国治疗。回国后,为战士高玉宝修改自传体小说《高玉宝》。因其原文无法修改,组织授意他代笔操刀,完成了前13章共12万字的创作。为弘扬文盲战士自强不息的精神,他撰写了《伟大的文化战士高玉宝》一文,1951年12月16日在《人民日报》发表。因工作出色,业绩突出,1952年他被调军委总政治部《解放军文艺》社任文艺评论组组长,后与大作家魏巍同任副总编辑。他充分利用杂志这个文化高地,指导部队文艺创作,开展文艺评论,举办创作大赛,培养文艺精英。他撰写的《如何看〈万水千山〉》及《谈〈告诉我,来自祖国的风〉的歌词及其有关的批评》等,在绿色军营引起较大反响。1955年受命到八一电影制片厂任副厂长。

号角诗人邵子南文化 邵子南(1916年5月14日~1955年12月24日),资阳县东北凉风坳鸡鸣山斗笠湾人,革命文学家、文艺理论家、艺术教育家。

1936年春,白天卖苦力,夜晚勤读写。同租地铺,合办刊物。小说《青生》经茅盾推荐,1937年3月5日发表,奠定文学地位。八一三抗战,奔走火线采访。他与欧阳山、草明、于逢创作中篇小说《给予者》,次年出版。10月到西安,经胡乔木介绍,邵子南转太原十八集团军总部随营学校,11月27日加入中国共产党。1938年初到延安,随丁玲受到毛主席亲切接见。4月,西北战地服务团下西安,他担任团党支部书记兼政治干事,和团长丁玲并肩作战,诗歌小说涌流,刊登《国风日报》,7月回延安,他醉心文艺大众化。

1938年12月，邵子南到达晋察冀军区司令部，提倡提高边区军民文化水平、欣赏能力，。期间，邵子南下乡抗日采风积极，诗歌、小说、戏剧、散文、评论创作持续井喷，出版多部诗集、歌剧、散文、评论军等作品，仅1943年秋冬反扫荡，他就为阜平写了文艺宣传材料20多件，写出68篇稿件记录反扫荡战绩。

1944年5月，西战团返回延安。10月，邵子南任鲁迅艺术学院文学系教员。

这年9月21日，《解放日报》开始连载邵子南代表作短篇《地雷阵》，赢得中外声誉。南下征途不歇的长诗《白毛女》，此间出版，多部大作陆续问世。

邵子南17岁流浪起，身在下层，一直和白毛有缘。捧着白毛男《青生》问鼎中国文坛，托起《白毛女》登陆世界文苑。他奔赴晋察冀，最早留心阜平、唐县民间盛传的白毛仙姑的故事，多方采录，积累十万字素材，作有小说、报告和长诗。1940年秋，他在阜平给文艺队员绘声绘色地转述这个传奇，叹道："旧社会把人逼成鬼，共产党来了，把鬼变成人。这个故事既有神话色彩，又有现实意义，适合写长诗、歌剧。"1944年8月7日，他接受周扬提议，9月写出歌剧《白毛女》初稿，彩排，暂停。1945年1月，着手修改，以邵子南为主，吸收鲁艺戏音系参加，组成加工修改组。不久发生争议，子南退出，由贺敬之等修改完成，成为世界名著。

农民作家周克芹文化　周克芹（1936年～1990年），四川省作家协会副主席，中国作协理事，长篇小说《许茂和他的女儿们》获首届茅盾文学奖，茅盾文学第一人。

1958年务农起的20多年，先后当过农民、民校教师、生产队长、大队会计、农业技术员、公社和区干部。他在农村一边劳动，一边刻苦地创作。60年代初，他正式在《四川文学》上发表了《秀云与支书》等多部清新朴素的作品。

周克芹深深了解农民，四十年不吃皇粮，二十年犁田打耙，使他无须再去体验生活，收集素材，《许茂和他的女儿们》的性格和命运，早已在他的心中聚结而成，一旦提笔，便只求一吐为快了。这部20多万字作品的写作虽然只用了四个月，然而它却是与周克芹20年的农民历程一同孕育和成长的。

《许茂和他的女儿们》被《红岩》杂志看中，立即决定增加印张，一次刊完这部23万字的小说，老作家沙汀读后，立即给周扬去信，大加赞赏。天津百花文艺出版社一星期通过三审，创纪录地快速出书！1980年4月的《文艺报》同时登载了周扬与沙汀关于《许茂》的通信及殷白的评论《题材选择作家》。周扬说："的确是一部引人入胜的书"。沙汀说："它不只是三年来反映……四川农村生活的佳作，就从三十年来反映农村生活的长篇小说，也相当难得。"它确实"有所突破"。全国一片叫好声，八一电影制片厂和北京电影制片厂同时决定改编和拍摄；两厂竞拍，结果很快便在全国上映，这在我国电影发展史上是极为罕见的。放映后，更引起了人们对《许茂和他的女儿们》的广泛注意和研究。这时，周克芹以一位农民作家的身份，先后因《勿忘草》和《山月不知心里事》在1980年和1981年连续获得全国优秀短篇小说奖。1982年11月，又以《许茂和他的女儿们》成为首届茅盾文学奖六部长篇小说的榜首。

周克芹是一位以自己的情感和灵魂拥抱社会生活的优秀作家，他一生创作了许多成功的作品，其中《勿忘草》和《山月不知心里事》获1980年和1981年的全国优秀短篇小说奖，长篇小说《许茂和他的女儿们》获全国首届茅盾文学奖，载入了中国当代文学史册。

上面简介的仅仅是人文历史，其神秘的传说、灿烂的风情、旅游的圣地、美味的佳肴、乡巴的特产、独特的民俗、动情的民歌、夺目的农舞等等文化，还举不胜举，因篇幅所限不作介绍了。

人类文明史雄辩证明，资阳就是中华文明的一源泉、一发祥地和一摇篮！使资阳人成为中华民族的一个文化符号、一张文明品牌、美誉中外的文化航母、一种伟大精神的代名词。资阳人精神的光辉展现，是华夏民族文化、精神的集中体现，是中华人民共和国国家综合国力的重要组成部分。博古通今，开拓进取，激励当代，奋勇前进，实现中国梦，屹立世界强国之巅。

九、"'资阳人'受到各界的高度重视和赞扬"

（一）各界高度赞肯"资阳人"

《人民日报》理论部原副主编卢继传撰文记载，1953年，重庆大学张圣奘教授出席中国科学院在北京召开的"资阳人"头骨化石学术讨论会上，认定"资阳人"是人类早期智慧人。会后，中国国务院原总理周恩来向毛泽东主席汇报"资阳人"头骨化石情况，毛主席兴奋又郑重地说："资阳人"是国宝啊！晚上，周恩来陪同张圣奘受毛泽东主席接见和宴请。

1971年5月初的一天，刘胜俊参加"两报一刊"（《人民日报》、《解放军报》、《红旗》杂志）编辑部文章《中国共产党的50年》的第三次审稿会议。由于"两报一刊"是代表毛主席声音的，重要文章都要经过周恩来总理等党和国家领导审查。周总理走进会议室坐下后，看到身着军装的刘胜俊就问：你是《解放军报》的？

是！总理好。刘胜俊立即向总理敬了个标准的军礼。

你是哪儿人啦？

四川资阳人。

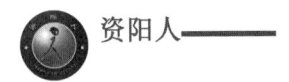

是资阳人？

那你知道35000多40000年的"资阳人"头骨化石吗？

不知道。刘胜俊不好意思满脸通红的回答。

那你应该了解了解，研究研究"资阳人"。总理深情的补充说道：伟大领袖毛主席都很重视"资阳人"。

周总理说：1957年"资阳人"等文物展览开展时，我请主席参观指导"资阳人"等文物展览，并向毛主席汇报：经过中国科学院六年多的研究，认定"资阳人"是最早的人类智慧人之一，也是最早的人类新人之一。主席打断我的话高兴地说：哈哈！那"资阳人"为中华民族文化屹立世界之巅立下了大功啊！

停了片刻，周总理兴致勃勃的继续说：毛主席亲自参观"资阳人"文物展览时，逐字逐句阅读展览文物、图片说明，有时几乎念出声来，还自言自语地赞叹道：原来，"资阳人"是人类智慧人的先驱，真了不起啊！

从此，刘胜俊牢牢记住毛主席和周总理的话，挤时间搜集有关"资阳人"的资料和古籍史书，研究"资阳人"已达半个世纪。

"资阳人"刚一发掘，文物送到北京周恩来就亲自指定时任人大常委会副委员长、中国科学院院长、世界著名考古专家的郭沫若组织复核。

郭沫若立刻亲自点将、组织考察"资阳人"的专家组，复查、考证"资阳人"的史迹。

当专家组认定"资阳人"是35000年以上至40000年的智慧人时，周总理立即报告了毛泽东主席。毛主席得知消息后，喜出望外盛赞"资阳人"。可见毛主席、周总理对"资阳人"多么重视。

1958年3月27日，毛泽东主席视察资阳中赞叹道："资阳是个好地方啊！"

（二）全国各省市专家、学者十分看好和热爱"资阳人"

在研究"资阳人"文化的过程中，我们发现一条现象，那就是党和国家的领导人，国家和省市文化、考古职能部门，国家、省市史学权威专家，资阳籍外的四川学者、全国各省市专家、学者十分看好"资阳人"，十分重视研究"资阳人"。他们中间有些专家几十年来无数次深入到资阳人文化遗存的地方考查、研究，有的专家在几十年中先后写出数篇研究"资阳人"的报告、学术论文，有的专家亲自组织几次"资阳人"学术研讨会。许多专家、作家、诗人、教授写出多首深有感触"资阳人"的诗、词，对"资阳人"作了很好的概括和说明。

选录几首给大家看看吧：

"资人苏醒世界惊，

九曲雁城扬美名。
文化辉煌四万年，
精神灿烂九州兴。
永世传承亘天地，
利政当代益子孙。"

"勤艰德仁勇奉献资人精神尚齐天
源泉文化亘日月 伟大精神万代传"

"九曲河堙新人骨，旧石器显文明。火炬延烧四万岁，三贤九杰龙腾。"

"九曲河边修炼苦，风吹雨打群氓。手磨工具赖营生。图腾千万世，膜拜最天真。"

"爡火薪传春万紫，濛溪花水文明。旧新时器月光凝。骨锥陶炭冷，唯尔最关情。"

"资人沉睡几万年，成铁修桥喜见天。人类惊添新始祖，骨针石器细探研"。

"文物宝藏，开发深埋。博物馆兴，巨细兼赅。女头化石，40000年推。蜀人始祖，象齿依偎。天然规律，地质安排。五台浅丘，内海梯阶。天府海岸，莫须惊猜。陵谷变迁，水陆潆洄。文明进化，造福避灾。新思络绎，换骨脱胎。挺风骨之峥嵘，征特色于崔嵬"。

诗人胸怀资阳人，诗词精神贯虹霓，资人文化千秋扬，资人精神万代传。
上述这些酷爱"资阳人"，潜心研究"资阳人"的专家、学者和领导有：湖南籍的毛泽东，浙江籍的周恩来、张森水，四川乐山籍的郭沫若、彭邦本，湖北籍的张圣奘，河北籍的裴文中、娄玉山、赵一农，江苏籍的吴汝康、宋镇豪，北京籍的李学勤、鞠德源，安徽籍的吴新智，吉林籍的宫长为，河南籍的李伯谦，山东籍的王巍，福建籍的卢继传，重庆籍的黄万坡、谭继和、魏光飚，四川成都籍的黄振富，四川德阳籍的刘兴诗、刘锐等等，还有60多位没查到籍贯的研究"资阳人"的专家、学者，诸如：李宣民、宋新潮、陈新灿、任朝凤、吕遵谔、贾兰坡、童正恩、晏学、蔡佑芬、徐伯皋、徐鹏章、何九思、秦学圣、范桂杰，等等。

（三）全国各省市专家、学者心系"资阳人"

近期最使我们感动的几件事是：

中国社会科学院历史研究所的著名考古专家、院士全国政协委员宋镇豪亲自提出和组织召开"资阳人与中华文明溯源研讨会"。会议间歇跑遍资阳城寻找"资阳人"古迹，会后，大力宣传"资阳人"。在2014年两会期间，向全国政协委员会提交了建立"资阳人"出土地标志和"资阳人"博物馆等内容的提案。

中国科学院先秦史研究室副主任、考古专家、中国社会科学院先秦史研究学会副会长兼秘书长宫长为博士先后多次审查修改几十万字的《资阳人》书稿，十余次修改他在"资阳人与中华文明溯源研讨会"上的总结暨新闻发布稿。

中国科学院古脊椎动物与古人类研究所89岁高龄的老院士，著名古人类学专家吴新智，研究多年"资阳人"，我们从未与他见过面，只是在电话上向他请教"资阳人"的情况，他就主动利用2014年国庆休假期间的时间为我们撰写了《资阳人类头骨化石在人类进化中的意义》的专论，并主动为《资阳人》题词。

巴蜀文化学首席专家、四川省历史学会会长谭继和多次亲自组织研究"资阳人与中华文明溯源研讨会"的筹备工作，多次审查修改几十万字的《资阳人》书稿，撰写了多篇研究"资阳人"的论文。在溯源会上，他三次发言，讲述"资阳人"在中华民族文化基因形成的历史地位和文明传承，他还在会上即兴咏诗，赞颂和表达他对"资阳人"的感情。溯源会后，他又加紧研究资阳人，每年写出一篇深入研究资阳人的文章。2017年又提出立项研究"人类思维与智慧的根柢——话说资阳人"的课题。

……

他们为什么这样热爱"资阳人"？为什么这样潜心研究"资阳人"？

因为，"资阳人"是人类智慧人里程碑，是人类文化基因始祖，是中华文明孵化摇篮。她不仅关系到四川文明等各方面的发展，也关系到中华民族的文化、文明在世界的崇尚地位。

十、"'资阳人'是美誉中外的文化航母、世界品牌"

奋勇开拓的资阳人，一代又一代的坚持创新，打造出绵延灿烂40000年的辉煌文化，使资阳人成为中华民族的一个文化符号、一张文明品牌、一种伟大精神的代名词。

《人民日报》等国内各报刊纷纷刊登消息，震动了全世界。中国科学院古脊椎动物研究所特别推出裴文中、吴汝康、周明镇、黄为龙等国家级权威专家们研究撰写的《资阳人》甲种第一号专刊，科学技术出版社等出版《资阳人》

专著，历史界泰斗、著名历史学家范文澜在人民出版社出版的《中国通史》第一册中就说到了资阳人。《辞海》将"资阳人"列入词条，国家大型权威辞书《汉语大辞典》将"资阳人"列入词条，并配刮削器图片。之后，专家们相继撰文、著书进行研究、论证和宣传。

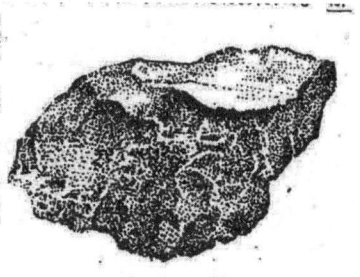

《汉语大词典》1988年3月出版
第2卷669页鲤鱼桥时期遗址刮削器

美国、德国等世界各国的专家和专业报刊等新闻媒体对"资阳人"的发现纷纷宣传、介绍、评价、赞肯。英国《大英百科全书》将资阳人列入词条。

还有在《人类学学报》上发表《资阳人B地点发现的旧石器》，考定资阳人为39399年±2500年前的新人的李宣民、张森水。

《人民日报》、新华社、《解放军报》、科学技术出版社、《中国科学院古脊椎动物研究所甲种专刊》、《人类学学报》、《光明日报》、《四川日报》、《成都晚报》等传媒一直关注、宣传资阳人。

多年来，许多专家前来"资阳人"发掘地和鲤鱼桥做考古调查。

多年来，有大量的"资阳人"研究文章见诸报刊和出版书籍。诸如中国社会科学院考古研究所编著、文物出版社1984年6月出版的《新中国的考古发现和研究》；吴汝康、吴兴智主编，上海科技出版社1999年10月出版的《中国古人类遗址》；湖北省文物考古研究所李天元著，武汉大学出版社1990年7月出版的《古人类研究》等等，这些著作都介绍或重点推出了"'资阳人'及其相关文化"。

人民网、新华网等国内40多家媒体，英、美等世界多国媒体一再发文评赞、宣传"资阳人"和《资阳人》一书。

> **第四节**
>
> 从民族、国家、世界的高度认识保护资阳人文化的重要性，巩固"人类命运共同体"根基，为实现"世界大同""允执厥中"

一、深刻领会党中央加强文化根脉溯流穷源研究和保护文物的意义，永远承传中华民族的文化精髓和伟大精神

习近平总书记在党的十九报告中强调："坚定文化自信，推动社会主义文化繁荣兴盛"。他指出："文化是一个国家、一个民族的灵魂。文化兴国运兴，文化强民族强。没有高度的文化自信，没有文化的繁荣兴盛，就没有中华民族伟大复兴。要坚持中国特色社会主义文化发展道路，激发全民族文化创新创造活力，建设社会主义文化强国。"

"中国特色社会主义文化，源自于中华民族五千多年文明历史所孕育的中华优秀传统文化，熔铸于党领导人民在革命、建设、改革中创造的革命文化和社会主义先进文化，植根于中国特色社会主义伟大实践。发展中国特色社会主义文化，就是以马克思主义为指导，坚守中华文化立场，立足当代中国现实，结合当今时代条件，发展面向现代化、面向世界、面向未来的，民族的科学的大众的社会主义文化，推动社会主义精神文明和物质文明协调发展。要坚持为人民服务、为社会主义服务，坚持百花齐放、百家争鸣，坚持创造性转化、创新性发展，不断铸就中华文化新辉煌。"

保护资阳人文物是为了实践党中央和习总书记一再强调保护历史文物，加强文化战略建设，留住历史根脉，传承中国华文明，发扬中华民族伟大传统精神实现强国梦的战略决策。

党中央和习总书记一再强调保护历史文物，加强文化战略建设，留住历史根脉，传承中华文明。一再要求各级党委政府和广大文物工作者应本着对历史负责、对人民负责的精神，像爱惜自己的生命一样保护好历史文化遗产，处理好传统与现代、继承与发展、建设与保护的关系，切实做到在保护中发展、在发展中保护，擦亮历史文化遗产这张金名片。党的十九大报告中又特别强调"加强文物保护利用和文化遗产保护传承"，"深入实施文化惠民工程，丰富群众性文化活动，加强文物保护利用和文化遗产保护传承，"提高国家文化软实力，推动经济和社会等全面强盛步伐，实现中国梦。

二、中华四万年拓创艰险雄途，先秦资阳人文化功勋卓著

长期固守资阳的人，占有大半个沱江流域及嘉陵江一级支流涪江、二级支流琼江上游河段。这片地域，既是政治版图雏形，又是经济区域，他们是百濮民族里面先进的民系，居住在四川盆地腹部富庶之地。

资阳人在人类的征途上跋涉近 40000 年到秦，已经走完了史前文化和先秦文化的征程。

史前文化是指没有文字记录之前的人类社会所产生的文化。考古学上的中国史前社会从发现古人类开始，下限为发现甲骨文的殷墟年代，也就是商代盘庚迁殷之前的历史时期。历史学所指的中国史前社会是有了文献记载之前的历史时期，即西周有了共和纪年之前的阶段。中国的早期猿人、晚期猿人、母系氏族，以及有关三皇五帝的传说史，直到最后建立夏朝。这时期时间跨度大，从约 170 万年前到公元前 21 世纪。

先秦文化是指秦朝以前的历史文化。从远古起，直到公元前 221 年秦始皇统一中国为止的这一长时期的文化。

从前 40000 年前的"资阳人"、燧人时期起，又历经羲娲时期，神农时期，黄帝时期，尧、舜、禹时期，终结于夏王朝的建立（前 2033 年），历时约 48000 年，经历多次民族融合凝聚，形成了华夏民族及其相应的农业文化。

资阳人在 4 万年时际开发智慧，创发远古文明，3 万年前后母系氏族达到鼎盛，2 万年前开始集群地面建房居住。这时期人们生活仍是以狩猎、渔业为主，出现多个大型氏族，从而，新的氏族社会形成。这时期，发明弓箭、渔矛、渔网等打猎工具，发明房屋建筑技术，发明独木舟，开始驯养鸡、羊和猪。前 9000 多年开始种植水稻，继而种植业发展迅速，展开大宗水稻、柑橘、桑树种植。水稻、甘蔗、桑蚕等影响四川，逐渐影响全国甚至世界，这是资阳人对人类农业的重大贡献。

田野种植农业的出现，资阳等巴蜀地域是最早的，古巴蜀是中国古代三大农业起源地之一。蒙文通先生说，"中国农业在古代是从三个地区独立发展起来的，一个是关中，一个是黄河下游，在长江流域则是从蜀开始的"。

资阳人在发展上述农业的同时，竭力创发手工业、商业、交通业等文明。

资阳人跋涉过的 40000 年的这个征程，是艰难坎坷的征程，是大挥彩笔、描绘灿烂雄图的征程，是创新和传扬人类文化、创新和播撒人类文明的征程，是为人类文明建立卓越功勋的征程。

要知道，至今西方世界都不承认中国 5000 年文明史，保护好"资阳人"文物，修建好资阳人 40000 年的历史文物，宣传好资阳人厚重、深蕴、辉煌的 40000 年文化，就能建立起中华文化在人类史上的崇高地位，使中国灿烂文明屹立于世界强国之巅。

三、抢救资阳历史文物，落实党中央加强文化战略建设决议迫

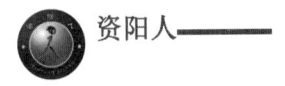

在眉睫

（一）党中央和习总书记一再强调保护历史文物加强文化战略建设

这两年党中央、习近平总书记已经把保护文物、发展文化提到了历史最高地位，并一再向全党全社会发出了保护文物、推动文化建设的动员令。因为，文化已成为民族凝聚力和创造力的中华源泉，已成为综合竞争力的因素。

新华社 2015 年 1 月 9 日，关于习近平总书记关心历史文物保护工作纪实的《留住历史根脉传承中华文明》告诉我们，习近平总书记几十年来，一再强调要保护历史文物，加强文化战略建设。

《人民日报》2015 年 1 月 10 日的评论员文章《守护文化遗产才能开创未来》中指出：习近平总书记对文物保护工作的高度重视，对推动保护和抢救文化遗产的身体力行，展现了共产党人的历史情怀和文化自觉，对全党全社会更是一种示范和倡导。珍视文化遗产，传承中华文明我们才能把根留住、赢得未来。

2011 年 10 月 18 日，中共十七届中央委员会第六次全体会议通过的《中共中央关于深化文化体制改革推动社会主义文化大发展大繁荣若干重大问题的决定》指出：当今世界正处在大发展大变革大调整时期，文化在综合国力竞争中的地位和作用更加凸显。当代中国进入了全面建设小康社会的关键时期和深化改革开放、加快转变经济发展方式的攻坚时期，文化越来越成为民族凝聚力和创造力的重要源泉，越来越成为综合国力竞争的重要因素，越来越成为经济社会发展的重要支撑，丰富文化生活越来越成为我国人民的殷切愿望，提升文化对经济社会发展的推动力极为重要。

2012 年 11 月，党的十八大强调：要扎实推进社会主义文化强国建设，加强社会主义核心价值体系建设，全面提高公民道德素质，丰富人民精神文化生活，增强文化整体实力和竞争力。

党的总书记习近平在 2013 年 8 月 19 日全国宣传思想工作会议的讲话中明确阐明历史传统文化建设的战略意义，他强调："宣传阐释中国特色，要讲清楚每个国家和民族的历史传统、文化积淀。基本国情不同，其发展道路必然有着自己的特色；讲清楚中华文化积淀着中华民族最深沉的精神追求，是中华民族生生不息、发展壮大的丰厚滋养；讲清楚中华优秀传统文化是中华民族的突出优势，是我们最深厚的文化软实力；讲清楚中国特色社会主义植根于中华文化沃土、反映中国人民意愿、适应中国和时代发展进步要求，有着深厚历史渊源和广泛现实基础。中华民族创造了源远流长的中华文化，中华民族也一定能够创造出中华文化新的辉煌。独特的文化传统，独特的历史命运，独特的基本国情，注定了我们必然要走适合自己特点的发展道路。"

党的十八届三中全会提出了全面深入改革的方针，强调深化文化体制改革，紧紧围绕建设社会主义核心价值体系、社会主义文化强国，加强文化建设，繁荣中华文化。

2014年下半年和2015年伊始，习近平总书记又多次强调上述有关指示，基本精神是：各级党委政府和广大文物工作者应本着对历史负责、对人民负责的精神，像爱惜自己的生命一样保护好历史文化遗产，处理好传统与现代、继承与发展、建设与保护的关系，切实做到在保护中发展、在发展中保护，擦亮历史文化遗产这张金名片。

2015年1月14日，李克强总理主持召开的国务院常务会议强调加强文物保护。会议指出：博物馆是社会文明程度的标志，在传承历史文化、促进社会进步、加强公共文化服务、提高公众科学文化素养等方面发挥着重要作用。会议审议通过《博物馆条例（草案）》。

党的十八届四中全会又把文化建设作为重要战略建设进行要求和部署。

2017年10月，党的十九大又特别强调"坚定文化自信"，"加强文物保护利用和文化遗产保护传承"，"提高国家文化软实力"。

历史文物是一个地区和一个国家的文明标志，是一个城市和国家的名片。全国已建成2000多座博物馆、1000多座纪念馆，有着40000年历史和大批国家一、二、三级珍贵文物的资阳却没有一座博物馆，大批文物散落在资阳之外，若干文物已经散失，追寻不到踪迹。因此，抢救资阳文物，推动资阳发展，应该尽快建立资阳文化项目。

（二）资阳过去散失国家文物7000余件，其中珍贵文物近2000件

我们在研究"资阳人"过程中，一到吉林，二去湖南，三下重庆，四上北京，多次到省内外有关地方相关部门去寻找，也找不到散落的"资阳人"文物踪影。找不到的文物有：

张圣奘、裴文中、吴汝康等考古专家20世纪50年代初期在资阳挖掘出来的国家珍贵文物中旧石器中期的动物化石有：剑齿象、中国犀牛、水鹿；旧石器晚期的麂鹿右角、麂鹿骨、亚洲象骨和獾、鬣狗、虎、箭猪、竹鼠、牛、马、猪等几十件我们不知去向。

"资阳人"B地点出土的大批旧石器时期的石器、骨器我们追寻不到踪影。其中最为珍稀的文物是穿孔石珠等。

张圣奘文物考察小组发掘出来的新石器后期到清朝前期的"化石、石器、铜器、陶瓷、玉器、兵器、饰物、钱币"，其中"剑齿象、中国犀牛、猛犸象、箭猪、獠牛、竹鼠、鹿、龟、鱼等动物化石和旧石器时代各类石器，东汉陶楼房、水渠、喂奶俑、扶耳听琴俑、铜印、瓦棺、铭文砖等，六朝陶女俑、男俑、虎头、持铲人、屋、灶、鼎、钵、罐、猪、狗、鸡、鸽、三脚水盏、三乳脚盘、瓷无脚香炉、铜钱、唐开元通宝和宋陶碗"、汉砖等几百件我们追寻不到踪影。

考古专家20世纪70年代和80年代在资阳鲤鱼桥发现的旧石器石核、石片、

砍伐器、刮削器、尖壮器、雕刻器等 41 件和动物化石若干件已追寻不到踪影。这些大批"出土的陶器有碗、罐、尖底器"，"以夹沙陶为主，其次为灰沙红陶，泥质灰陶，泥质红陶。""这些陶片似素面为主，有少量绳纹和篮纹，饰于器物的肩部和腹部。"；这次出土的文物中还有新石器时期"植物标本中大量的树叶、种子、果壳"和土丕、第四层"一条南北向的冲沟内，填充有密集明陶片、木炭、和烧红土块。沟内的堆积最厚约 35 厘米"等我们找不到踪影。

据《资阳县志》记载；"资阳古城历史悠久，地下文物极丰。从 1941 年至 1985 年，在九曲河铁路桥、同心乡鲤鱼桥、城郊莲花山、天台山、东岳山、宝台山、城关镇、文明乡崖墓、松涛乡黄泥巴山等 50 处，出土文物上万件，至今保存不足三分之一"，也就是说仅老资阳县已散失文物 6000 多件，加之 50 年代伊始出土散失在外地的珍贵文物共计散失近 7000 余件国家文物。

1950 年简阳三溪口沱江边、城厢北面出土的新石器石斧各一把我们找不到踪影。

（三）无数热爱"资阳人"文化的政府、部门领导、专家和群众，一直在为保护"资阳人"文化奔走呼吁，尽心尽力

前面说过：党和国家的领导人，国家和省市文化、考古职能部门，国家、省市史学权威专家，资阳籍外的四川学者、全国各省市学者十分看好"资阳人"，十分重视研究"资阳人"。他们中间有些专家几十年来无数次深入到资阳人文化遗存的地方考查、研究，有的专家在几十年中先后写出数篇研究"资阳人"的报告、学术论文，有的专家亲自组织几次"资阳人"学术研讨会。有的专家写出多首深有感触的"资阳人"诗词。他们是在为"资阳人"等历史文物应该尽快得到抢救、保护尽心出力。

党中央和习近平总书记等国家领导人一再发出了保护历史文物、加强文化战略建设的号令，这是我们落实党中央和习近平总书记战略决心的大好时机。

在 20 世纪 50 年代初到 21 世纪初，发掘出"资阳人"的著名考古专家张圣奘和众多的人士，就多次提出过建立资阳人博物馆和碑的建议。政府曾经规划并上报批准后，正在破土动工建资阳人博物馆时，可惜被认为资阳只有一件头骨文物的领导人叫停了。

2012 年～2013 年，多人向资阳市委和政府领导提出建议或提交申请建资阳人碑和博物馆。

2014 年 1 月"资阳人与中华文明溯源研讨会"的会上会下，会前会后，中共四川省委、四川省政府的几位老领导，国家级和四川省的史学界的几十位专家和参会的众多人士，一再提出建议，建立资阳人碑和博物馆等文化项目。

前面提到，2014 年 3 月，中国社会科学院考古专家宋镇豪在国家政协会议上提出关于"资阳人"立碑建馆等提案的呼吁。

资阳人

由于资阳出土的大批国家级珍稀文物散落在资阳外和川外，面临散失的危险，有些已追踪不到踪迹。国务院文物局领导得知这些情况后，准备到资阳考察，并先派国务院文物局下属的"中国文物保护基金会"的部门领导，在刘胜俊的陪同下，于2014年11月24日，与新任市长谈资阳人文化项目立项事，市领导很支持。

在这之前的半年中，刘胜俊与原意投资资阳人文化项目的投资公司领导一起三次同雁江区领导商谈申请资阳人文化项目立项事，并提交了申请立项报告。

2012年4月1日，《资阳人》编辑部编辑出版方案经费预算中就制定出了"在资阳人化石发现遗址立碑的经费约10万元"。接着，就向市委领导当面提出了出资10万元建碑的申请。

这几年，党中央一再发出抢救历史文物，保护文化遗产，加强文化战略发展的号令。

这几年，国务院和文化部等相关部门也一再出台抢救历史文物，保护文化遗产，加强文化战略建设的优惠政策。

四、要切实抢救、保护、修复、建设资阳人历史文化遗产

近几年来，习近平总书记强调指出：中华文明源泉文化和优秀传统文化是我们在世界文化激荡中站稳脚根的根基。要找回道德的约束和慎终追远的定力——基因。文化基因、文明基因、精神基因是我们屹立世界强国之林的民族的支撑、命脉、魂魄、根基。

基因，是内在成因，是根脉，是命脉，是抗体。正如人长得像自己的父母是有遗传基因，一个国家、一个民族也有自己独特的精神基因，从而形成不同于他国、他民族的人文性格和文化习惯。中华民族的精神基因，文化根在哪里？

从文明源泉来，在传统文化里。几万年来，中华文明中凝聚、沉淀、总结出了很多思想精华，融汇到中华民族血脉之中，为一代代中华儿女所敬仰、认知、学习、传承，成为中华民族生生不息、发展壮大的丰富滋养。

文化是民族的根，文明是民族的血液，精神是民族的魂。中华传统文化能星火相传，就因为活在我们的基因里，流淌在我们的血液中，激荡在我们的魂魄里。

习近平总书记的深刻论述告诉我们，保护和修复文化遗产就是保护和修复我们现代人的优秀传统文化基因，就是保护和修复我们的文明灵魂基因，就是保护和修复我们伟大的民族精神基因。因此我们要着力保护和修复文化遗产。

（一）要切实抢救、保护、修复资阳人历史文化遗产

我们这一代，好些人不认识历史文化遗产，不懂得历史文化遗产的重要性。有些重要的文化遗产因为太久远了，传扬断代，后人没听说过，造成历史文

被遗忘。尽心的人们肩负着伟大的历史使命历尽千辛万苦，把她找回来，经多次大小研讨会研讨，经省级、国家级史学权威机构的几十位权威专家一再检测、考究、认定，一再得出结论，把"资阳人"是人类文化基因一始祖，资阳是中华文明一源泉等历史文化送到他们面前，还不敢认可，还疑虑重重，甚至冷漠、反对。这样下去，老祖宗的灿烂的文化遗产不就真的被遗忘，被失传吗？所以，保护和修复文化遗产必须着力，尤其是政府要着力啊？

周光荣政委指出：立"资阳人"碑，建"资阳人"博物馆这是宣传资阳人文化和精神的需要，是产生资阳人更大影响力的需要，是发展资阳经济建设的需要，是资阳文化旅游业发展的需要。"资阳人"在世界上很有影响，立碑、建馆对提高资阳文化，对资阳经济建设产生的推动力度都会有重大影响。我们相信立碑建馆的事情，只要宣传出去，资阳的企业家们会大力支持。

周光荣政委还指出：对资阳历史文化遗产，对资阳历史文化、文物、遗迹的保护，宣传部长要高度重视。资阳还没有集中一处展示资阳文化的地方，资阳需要建一个博物馆。众人都希望把资阳博物馆建设、建立起来，要把"资阳人"的碑立起来。到会的国家级、省级专家、学者在会上都一再提出要立"资阳人"的碑，要建资阳博物馆，这些意见资阳政府应高度重视。

著名史学专家谭继和在"资阳人与中华文明溯源研讨会"上强调：现在的工作是要努力保留和保护好"资阳人"这样的历史遗产。老实说，我们今天对于"资阳人"究竟保存了当时原始人多少的历史信息、历史记忆和历史思维，我们这一代人是还认识不了的，有些研究认识工作还得留给我们后代来做，这就需要我们做好石器时代遗产的保护工作，这些遗物对于后代是取之不竭、用之不尽的创意智慧资源。

总起来说，资阳人研究，给我们很多启示：

第一，促进文明起源理论的提升；

第二，促进文化分地域研究趋势进一步发展。巴蜀地域的研究要进一步发展为分市、分县的研究。每个市、每个县都有自己几千年的历史渊源和几千年的文明发展、演变、转型的历程，都有自己有特色的文化体系，各个地区的多元多彩文化加在一起，才能共同组成为巴蜀文明广地域的共同体。

刘胜俊先生《资阳人》为巴蜀文明分地域发展的研究做出了有益的范例。资阳市历史资源丰厚，文化传统悠久，其中蕴含着丰富的发展资源和创意资源。"资阳人"既是资阳市的文化品牌，更是祖先留下的原始创意的珍珠，是现代人思维力和想象力的根源，绝不可轻易将其刨去。所以，这里引出第三点：

第三，对于今天的文化产业来说，"资阳人"应该是资阳市文化最古老最大的创意资源。这也是我们资阳市为什么今天发展文化产业必须要研究"资阳人"的道理所在。因此，希望对"资阳人"遗址加强保护。例如20世纪50年代发现的九曲河的遗址，可以把它作为文化地标，用文化标志把它保护好。鲤鱼桥等遗址,同样应该很好地保护起来。这些都是我们资阳文化最重要的地标,是我们资阳文化标志识别体系建设的一个重要方面,希望特别加以保护和利用,好好地把"资阳人"的资源保护起来,把它的创意资源开发出来。《资阳人》为此作出了示范,该书本身也包含不少创意,对推动地方文化软实力的发展,必将起到它重要的作用。

宫长为老师在谭老师讲话后评说道:这次"资阳人与中华文明溯源研讨会"就"资阳人"本身来说是区域化的研究,但我们探讨的层面还要达到一个新的高度。这不仅是资阳人本身的研究问题,而且更是牵涉到中华民族溯源的问题。所以刚才谭先生讲的三点很重要:

第一点,他提出的一些关于文明起源的理论问题,不仅是国家文明起源模式的问题,而且是对于文明探源的认识问题,同样非常重要。

第二点,他根据四川巴蜀大地的实际情况,从考古学与历史学角度进行梳理,看到巴蜀文明的根系起步和文明积累的因素,包括巴蜀地区"资阳人"本身作为晚期智慧人的一个代表,对其特点做了深入浅出的分析。

第三点,对于"资阳人"遗址的保护和复原,建议将其地标做出来,让来到资阳的人都看到"资阳人"发现的地方。这应当引起重视。这次会议我们就应该呼吁加强保护"资阳人"这个重要的文化遗产。

翻开人类发展史,从猿到人的进化过程长达数百万年,在这浩渺的时空和广袤的大地上,留给后人有据可考的信息实在太少,所幸的是我们脚下的土地就珍藏着比黄金更为珍贵的人类始祖信息。

半个世纪过去了,关心、研究过"资阳人"的新中国首任领导者、专家学者都相继离我们而去,但"资阳人"在人类史学上的价值并没有因此而改变,更没有因此而削弱。相反,随着时代的进步和社会的发展,人类的寻根意识,研究意识不断增强,特别是在全球一体化的今天,民族历史、民族精神作为民族之林的一面鲜艳的旗帜;特色文化、特色品牌作为特色城市的一张王牌,任何领导者、任何有识之士没有理由对他自己身边的文化宝藏熟视无睹。

成就可圈可点,功德泽被后世。今后对资阳历史的研究还须加强。让资阳的文化文明建设成为推动经济和社会发展的强大动力。

谭继和再次强调:建立起巴蜀历史与考古文化对接的框架和文化体系十分重要。今天这个会,对促进资阳和四川的五个文明建设,特别是人文化成的软实力建设,将会起到一定的作用。下一步我们要努力为建构四川的文明体系和四川精神而努力。

著名教授李保均指出:《资阳人》为资阳的文化建设,为加强资阳的文化宣传,做出了自己贡献。《资阳人》是建设本土文化、中国文化的有功之臣。也应该加以好好保护和宣传。

要着力保护和修复历史文化遗产,就要修复和建设遍布资阳的无数处"资阳人文化"的文物和遗迹；加强对现有文物安全措施和严格管理；加强文物专业人才建设；政府和有关职能部门要把研究和挖掘资阳人文化当做应尽的本职责任，要加强对现有的资阳文化遗存的保护；要大力宣传资阳历史文化，使资阳人都能认知资阳人；要形成传承资阳人文化和精神的风尚，以资惠当代，益效子孙万代，使资阳人的文化和精神再火燎 40000 年。

（二）建立资阳人文化园

习近平总书记一再强调加强文化战略建设的特殊意义，"坚定文化自信"，追溯、保护、传承中华根脉文化。"文化是一个国家、一个民族的灵魂。文化兴国运兴，文化强民族强。"

建立"资阳人文化综合产业园"，即"智慧人类文化根脉园"，是为了实践党中央和习总书记一再强调保护历史文物加强文化战略建设，强调留住历史根脉传承中华文明的伟大决策，为了建立中国在国际史学上的话语权，为了让至今都不承认中华文明五千年历史的西方国家看清中华文明四万年厚重、丰蕴、辉煌的文化史，建立起中国在世界文明史上的崇高地位，同时为践行习近平总书记倡导的构建和谐相鉴，互助共赢的人类命运共同体作出贡献。

为此，资阳人写作团队与国家多个部门、中国文物保护基金会、中国科学院、中国社会科学院等有关部门、中直小康三农服务中心、四川省多个部门、北京大学、清华大学、四川大学等育关单位领导或专家、热心文化的众多企业家及两家海外华人社团取得共识，达成帮助建"资阳人文化产业园"意向协议。接着，刘胜俊和他的团队又带领着资阳市委、市政府领导到成都、上北京、下重庆、访河北约见国家有关政府部门、权威考古机构领导商请有关事宜，考察文物、学习他人建文化园经验等等。

资阳人写作团队的热心和执着，感动了很多人，得到多方面热情支持。他们决心协助政府，把"资阳人文化综合产业园"，建成人类文化基因一始祖园、世界文化中心园、人类原乡园、中华文明一源泉园、华人原乡园、"一带一路"亮点蚕丝摇篮园、56个民族文化风情园，三农经济多种特色合作社园，养老、休闲、医院、旅游园等；建成世界文化史上动人心灵、耀眼夺目、惊险穿越、激情跌岩、震撼世人、超级享受、留恋忘返的四万年文明史时空隧道乐园；铸就中国文化屹立世界文明史巅峰的钢铁脊梁；建成为推动经济、文化、旅游和社会发展的巨大动力；建成世界文化史上的大明星、文明史上的大品牌，强国之林的巍峨雄伟、恢宏磅礴、气象万千、神秘奇特的大昆仑。为实现国家富强，民族振兴，人民幸福的"政治、经济、文化、社会和生态文明"五位一体、公益经济、统筹城乡发展一体化的中华民族伟大复兴中国梦，竭尽全力。

我们全力协助政府将"智慧人类根脉文化园"建成世界文化中心，筑就"资阳人"和中华文化屹立世界的巅峰，让至今都不承认中国五千年文明史的西方人士，认清中国四万年绵延、厚重、灿烂、辉煌的文明史。让资阳的文化、康养、乡村产业成为世界的名牌，使中华民族文明屹立世界文化巅峰，让中华龙和太阳神鸟驰骋全球。

"智慧人类根脉文化园"建设，以为中国和世界人民服务为宗旨，以弘扬中华传统文化构建和谐、互鉴、相助、共赢的人类命运共同体为目的，以历史文化为引领进一步振兴"三农"、发展文化旅游、创新康养等全面发展初衷，分两步进行。第一步建好中心园区，第二步建设中心园区外的星罗棋布的遗迹文化园。老资阳县域历史文化遗迹繁多，遍布每个乡镇，甚至大多数村都藏有璀璨的历史文化遗珍。

"智慧人类根脉文化园"整体概貌，应规划成从高空俯视的巨大图像是：

龙飞凤舞，龙凤逞祥。即：世界最雄风、最巨大的象征伟大中华民族的中华神龙、太阳神鸟，从四川资阳雁江的中和镇、保和镇、保台镇的沱江、阳化河、梦幻花溪群丘网状河流等地域腾空跃起，比翼齐飞，翱翔东方！展示出中华民族文化的独有特色，即：

人类和中国民族的血脉遗传基因、文化基因、文明基因、精神基因根基和脉络文化，中华民族伟大精神核心忠勇仁义的"碧血丹心"文化，四万年时空隧道文化，世界历史名典文化，当代世界文明中心文化，中华民族传统优秀文化，山水融合相映文化，农耕民俗文化，长寿康健文化，宗教文化，水下水上戏水、乐水文化，休闲、观光、赏玩、乐趣、体验、互动文化，旅游受教世界天堂乐园文化。

龙凤逞祥气象万千。中华龙和太阳神鸟在自己诞生的资阳，将在广大人民群众积极实践党和政府振兴中国文化战略建设精神的感召下，激情焕发，豪气冲天，中华龙昂首腾飞，太阳神鸟展翅翱翔，腾飞出一个更加辉煌的新雁江、腾飞出一个更加辉煌的新资阳、腾飞出一个更加辉煌的新天府，腾飞出一个更加辉煌的新中华，腾飞出一个全世界人想往迷人的新天堂！为构建和谐相鉴，互助共赢的世界大同的人类命运共同体而允执厥中！殊勋贡献！

五、加强对"资阳人"的研究，真正认知"资阳人"的天价

"资阳人"作为人产生的原始状态，应该放在上述人类思维产生史、人类文化形成史和人类文明根系史的广阔世界历史背景下，来衡量它的人类价值和历史作用。它是人类形成史必经的突变阶段，是人之所以成为"人"的质变性的结穴处，是人类思维与智慧灵性雏形发端的标志。没有资阳人向大自然初步谋取生存与生活手段的粗浅生存思维，便不会有现代人类创造文化与文明的精致发展思维。

——谭继和

（一）真正认知"资阳人"的如天价值，就要着力研究资阳人文化遗产，弄懂资阳人文明精神

要保护好文物，就要加强对"资阳人"的研究，真正认知"资阳人"。

要恢复中国文化、文明在世界史上的崇高地位，就要加强对"资阳人"的研究，真正认知"资阳人"的如天价值。

研究"资阳人"的现实意义在哪里呢？

谭继和先生对此写出多篇专论，一再进行深入阐述。谭继和先生原为四川大学历史系先秦史专业副博士研究生，现为四川省政府文史研究馆馆员、四川省社科院二级研究员、博士后导师、四川省历史学会会长、《巴蜀全书》学术委员会副主任、四川省志审核委员会委员、四川省巴蜀文化研究中心学术委员会主任、四川省社科院重点学科巴蜀文化学首席专家、四川史学界权威专家。下面就选摘他的几段论述来告知人们。

他指出："资阳人"作为人产生的原始状态，应该放在上述人类思维产生史、人类文化形成史和人类文明根系史的广阔世界历史背景下，来衡量它的人类价值和历史作用。它是人类形成史必经的突变阶段，是人之所以成为"人"的质变性的结穴处，是人类思维与智慧灵性雏形发端的标志。没有资阳人向大自然初步谋取生存与生活手段的粗浅生存思维，便不会有现代人类创造文化与文明的精致发展思维。

"资阳人"的研究，对于上述中华文明起源和巴蜀地方文化根脉与基因的形成，有着下列三方面重要的现实作用：

一是"资阳人"研究，有助于重新认识和探索中华文明的起源和文明标准问题，建立起中国文明自己的话语权，摆脱西方话语权的束缚。特别是用恩格斯的"两种生产"（物质生产和人口生产）理论来探讨文明起源；用"基因进化"与"文化进化"两个进化的理论来探讨人类进化和文明进化的关系，有助于我们思考中华文明起源如何向前上溯数万年。

二是"资阳人"研究，有助于进一步推动地域文化，特别是巴蜀地域文化的根系和来源的研究。巴蜀文化有40000年以上的以"资阳人"为代表的文明孕孵摇篮，有万年以上的文明起步和四千五百年以上的文明形成和发展历史，对多源一脉的中华文明起源，做出了"文明的摇篮"之一的重要贡献。

三是"资阳人"研究，有利于促进对人类知识、智慧的来源方式、获取模式的研究，有利于促进对今人智慧的启迪作用，以及对今天人类文化精神活态基因的传承作用。人之所以成为人，除了直立行走外，主要是靠大脑的发育。"资阳人"在发展大脑由知识变为智慧方面，起了筚路蓝缕、开拓创新的作用。他们努力改造自己，成为大写的直立的"人"，为我们留下了丰厚的历史遗产。对比今天信息时代，知识和信息多于人脑的智慧，"人"正在迷失创造性的思维，过于依赖电脑储存记忆，"人"反而趋向怠惰的发展趋势，难道我们不感到愧对祖先，值得以资阳人为镜，汲取教训吗？又如，旧石器时代到新石器时代社会组织由族内婚到族外婚，对偶婚以及彭那努亚血缘家庭，直到部落、部族，其中最重要的关系是社会的协作与管理经验的积累与发展，其实质是协作，这对今天社会和谐发展与国家治理模式的改革，都是有益的启示。

当今文化软实力的竞争，考验着中国人对中国历史和世界历史的解读能力和阐释能力。"资阳人"在资阳发现，是资阳市人的幸运，是资阳市最早最大的文化创意资源。刘胜俊先生的《资阳人》一书为"资阳人"的历史解读和文化解读，为"资阳人"文化的创意源泉和内涵的探索，做出了可贵的探索和重要的贡献。以本书为契机，需要把资阳市文化资源体系的梳理研究工作深入进行下去，通经致用，促进资阳市地方经济与文化的进一步发展。"资阳人"既是资阳市的文化品牌，更是祖先留下的原始创意的珍珠，是现代人思维力和想象力的根源，绝不可轻忽过去。

今天的文化产业，"资阳人"应该是资阳市最古老最大的创意资源。这也是我们资阳市为什么今天发展文化产业必须要研究和宣传"资阳人"的道理所在。

要使广大资阳民众和各级干部心知肚明"资阳人"是40000年时际的人类智慧人里程碑，"资阳人"是人类文化基因一始祖，"资阳人"是中华文明一孵化摇篮，"资阳人"是燧人氏，女娲故国在资阳，资阳昆仑山耸立沱江岸上已6000多年，"鲤鱼桥文化"是世界少有的旧、新石器共存的绵延不断几万年的文化圣地，等等。上述这些资阳的历史经典文化，是经四川省和国家权威考古、史学机构及其权威专家一再研究、测定、确定的。切不可否定历史文化事实、曲解历史文化真相、解构历史文化主流。

向前发展就要懂得过去。认知多久的历史，方可创发多远的未来。习近平主席在致第二十届国际历史科学大会的贺信中，指出"历史是人类最好的老师"重视历史文化、认知历史文化、借鉴历史文化，就能给我们许多了解昨天、把握今天、开创明天的聪慧才智，建设好资阳、实现中国梦。

谭继和先生在专论中说：现代人类的智慧虽然大大超过了原始时代，但我们也逐步在失去很多人类最初的本真的东西，例如：上善若水的自然原真环境，新人智慧人生活原真的活力，以及原生态的文明。现在的问题是要努力保留和保护好如"资阳人"这样的历史遗产。老实说，我们今天对于"资阳人"究竟保存了当时原始人多少的历史信息、历史记忆和历史思维，是我们这一代人还认识不透的。对资阳人留给我们的历史信息，要索解其奥秘，恐怕还不是我们这一代人能完全认识和解决的，有些研究与认识工作，因为现在的我们文化解读的智慧不够，还得留给我们后代去做。这就需要我们做好石器时代遗产的保护工作，对这些遗物的文化解读，应是我们以及后代取之不竭、用之不尽的创意智慧资源。

人类文明起源到形成"有三件大变革事件，是文明时代到来的起点和标志：一是距今一万多年前农业的起源。二是由洞穴、巢居走向定居。三是祭祀礼仪信仰中心的出现。

"资阳人"作为人产生的原始状态，应该放在上述人类思维产生史、人类文化形成史和人类文明根系史的广阔世界历史背景下，来衡量它的人类价值和历史作用。它是人类形成史必经的突变阶段，是人之所以成为"人"的质变性的结穴处，是人类思维与智慧灵性雏形发端的标志。没有资阳人向大自然初步谋取生存与生活手段的粗浅生存思维，便不会有现代人类创造文化与文明的精致发展思维。

"'资阳人'还有一重要意义，它代表着我们地球发展进化史上第二次重大的转折点。第一次是生命的进化，第二次是人的进化。人的进化从猿人、古人到新人。特别是"资阳人"作为新人时期的代表，是我们现代人的知识、经验、智慧、信息等获取方式和思维方式的孵化处。对于"资阳人"的研究越深入，则对于我们今天的帮助也就越大。"

（二）大力运用好文化遗产

保护、修护、新建文化遗产的目的是为了运用文化遗产。

《人民日报》理论部原主编、著名生物进化论专家卢继传指出：《资阳人》文化品牌是中华民族的文化财富和遗产，更是资阳人民的文化财富和遗产，用好这个财富和遗产首先应是资阳人民的历史责任。这亟须做好"顶层设计"，即把"中华资阳人"作为一项文化建设工程做目标规划战略设计，除了时下课题研究、撰著之外，还应建立宣传、传播平台，诸如建立中华资阳人文化的传播培训基地、博物馆、宣传、普及生物进化论、人类发展史教育基地等、使"资阳人"文化品牌持之以恒传承，流传久远，发扬光大，为推动资阳文化立市，实现国家富强、民族振兴、人民幸福的中华民族伟大复兴的中国梦做出贡献。

中国管理科学院发展战略研究所领导赵一农说：文化溯源是一个国家、一个民族精神的根基和血脉。文化作为一个国家、一个地区、一座城市的灵魂，是一个民族的心灵家园和精神追求。一个国家的强盛首先是文化的昌盛，一个民族的觉醒首先是文化的觉醒。

现代社会，文化是衡量一个国家或地区综合实力、综合竞争力的重要因素，成为民族凝聚力和创造力的源泉，谁占据了文化发展的制高点，谁就拥有了强大的文化软实力，谁就能够在激烈的竞争中赢得主动。文化与文化产业同时也成为理解全球化的一个基本维度。

一个城市文化发展水平已经成为城市发展、竞争力提高的重要指标。一个地方独特的历史人文资源对于发展城市文化产业，提升文化竞争力，打造城市文化品牌，尤为重要。

《资阳人》的出版及其续集的编撰，将向世人展示出一幅至珍的人类文化历史画卷。"资阳人"是资阳的文化大品牌，是提升资阳经济建设的强大动力。要提高资阳的综合实力，就必须高高举起"资阳人"这面大旗，充分发掘"资阳人"这一优势并使其成为城市化发展的战略规划理念，来塑造城市的品牌。

中国先秦史学会副会长、四川大学教授彭邦本说：一个区域的发展条件中最具特色、最为珍贵的资源，往往就是自身源远流长的历史文化资源。

当前和今后一个时期，应集中力量深入挖掘梳理资源，为资阳地区的发展提供特色资源的支撑。要在梳理资源的基础上提炼文化亮点，作为经济文化发展的直接生长点，使资源成功转化为资本。

专家们的这些话是值得我们深思和重视的，资阳的文化遗产太多了、太珍贵了。痛心的是过去已遗失文物7000余件，其中珍贵文物2000余件；我们现在要做好的是一定要抢救和保护好现有文物。资阳现有馆藏文物6000多件，其中珍贵文物2000多件，不可移动文物有142处，这些是我们建设资阳、发展资阳的强大动力，应该好好应用啊！可是知道资阳有如此之多珍贵文物的资阳人太少了。市委的一位领导说，在前不久的一次提到建博物馆会议上，一位领导就说，资阳只有一个头骨，建博物馆装什么？可笑吗，不可笑，作者在资阳经常听到市级机关的领导和干部向我们发出如此这般的疑问。

六、坚持承传资阳人和中华民族精神，努力实践我们伟大的历史使命

（一）大力宣传"资阳人"品牌，广泛弘扬资阳人文明

1. 大力宣传"资阳人"品牌，

"'资阳人'是人类智慧的发端"！

"'资阳人'是人类文化基因根脉一始祖"！

"'资阳人'始创中华远古文明一源泉"！

"'资阳人'是美誉中外的文化航母、世界品牌"！

上述是本书前面深刻阐明过的。

谭继和等专家指出："当今文化软实力的竞争，考验着中国人对中国历史和世界历史的解读能力和阐释能力。'资阳人'在资阳发现，是资阳市人的幸运，是资阳市最早最大的文化创意资源。刘胜俊先生的《中华资阳人》一书为'资阳人'的历史解读和文化解读，为'资阳人'文化的创意源泉和内涵的探索，做出了可贵的探索和重要的贡献。以本书为契机，需要把资阳市文化资源体系的梳理研究工作深入进行下去，通经致用，促进资阳市地方经济与文化的进一步发展。'资阳人'既是资阳市的文化品牌，更是祖先留下的原始创意的珍珠，是现代人思维力和想象力的根源，绝不可轻忽过去。"

"对于今天的文化产业来说,'资阳人'应该是资阳市最古老最大的创意资源。这也是我们资阳市为什么今天发展文化产业必须要研究'资阳人'的道理所在。因此,希望对'资阳人'遗址加强保护。例如20世纪50年代发现的九曲河的遗址,可以把它作为文化地标,用文化标志把它保护好。鲤鱼桥等遗址,同样应该很好地保护起来。这些都是我们资阳文化最重要的地标,是我们资阳文化地理保护标志与识别体系建设的一个重要方面,希望特别加以保护和利用,好好地把'资阳人'的资源保护起来,把它的创意资源开发出来。"

浩瀚宇宙,神秘万端,庞然地球,奇迹彰显。40000年前"资阳人"冉冉成为人类的新星。

《资阳人》考史深刻、溯古精道、构思宏大、气势磅礴、结构奇妙、观点稳妥、描写精彩、论述科学,是一部史诗般的典藏杰作。

《资阳人》书集考古文化、史传文化、方志文化、地域文化、现代文化、现代经济史及广告文化等于一体,是全面认知古今资阳的大百科全书式的巨著,其本身就是资阳文明和资阳人精神的体现。是向全球弘扬史前资阳人独特风貌、厚重的历史文化内涵、丰富多彩的传统文化、地域文化、人文景观、餐饮文化、旅游文化、知名土特产等的大广告。

是叫响资阳,向全世界展示资阳高速发展的大活剧。

是鼓舞人心、凝聚力量、资政当代、惠益万世、提升资阳、四川和中国经济社会发展的文化大动力。"

"我们党和政府强调加强各地的文化建设,这部书是资阳地区文化建设的又一成果。"

"大力弘扬'资阳人'品牌,坚持承传资阳人和中华民族精神,就既要加强宣传'资阳人',又要大力推《资阳人》。因为《资阳人》是资阳人的百科全书,是资阳人的文化航母。在当今,只有推广好《资阳人》,才能宣传好资阳人,才能承继传扬好资阳人精神,才能把党中央和习近平主席一再强调加强文化战略建设的精神,为实现中国梦尽到自己的神圣使命。"

2. 举办趣味文化节

举办各种趣味文化节是宣扬好资阳人精神和发展文旅业的极好方式。

2015年夏天九寨沟每日五万多游客涌去却限制万人进入、黄龙溪萤火虫露营节盛况空前、兴文石海爱之旅跑起、全国最大水舞声光打造宜宾新名片、南充博物馆即将建成、李庄古镇揭开神秘面纱和550亿打造"世界超级旅游目的地"的都江堰万达城,年旅游人口将达5000万人次等。又看到2015年8月17日,《华西都市报》报道《百万支火把助推凉山经济大发展》,我们看到此时,更觉得党中央一再号召大抓文化和旅游业建设的重大意义,感触很深,苦涩与希望交加,心里久久不能平静。

凉山火把节仅西昌主会场就举行了30余项大的活动:选美比赛、战略资源创新开发试验区投资推介会、院士专家凉山行 2015 四川凉山科技成果转化对接会、中国舞蹈"荷花奖"评奖活动、邛海开海节、中国传统与现代彝族服饰设计大赛与展演、"格莎罗"风情歌舞等等。《七月火把节》这首歌移动手机用户达 50 多万户,每项活动都吸引看着全国各界人士涌入。仅游客就达 302.28 万人次,收入 88487.63 万元。仅 2015 年 8 月 8 日晚就有 60 多万人冒雨参加,一夜收入 1.54 亿元。

宜宾水舞声光表演运用先进的声、光、电、水、装置手段,展示"天生水、地载物、城聚人、宜天下"四个篇章。打造全国最大的水舞声光旅游名片,将迎来大批游客,拉动经济发展。

都江堰万达城将建成"世界一流、独创的、唯一性"的"旅游王国",将增就业岗位 15000 个、常住人口增 10 万、年旅游客流 5000 万,仅 2015 年 8 月 14 日晚上的烟花秀就涌入游客 20 万人,它将大力拉动成都市等地区的经济等发展。

绵阳市人民政府、盐亭县人民政府和四川省人民政府台湾事务为公室、四川省文学艺术界联合会等一起,于 2016 年 3 月 16 日举办了"(丙申)年华夏母亲嫘祖故里祭祖大典暨盐亭嫘祖文化旅游活动周"。引来了全国各有关部门、商界、文化界和台湾、东南亚等地区的众多文化界、商界、文史界等名流参会。热闹非常,招商引资效果令人振奋。

凉山火把节才举行七届,宜宾水舞表演初始,盐亭嫘祖活动才一届,都江堰万达城才拉开序幕。凉山、宜宾、都江堰等各地都在年年举办文化节活动,资阳人也有资阳人的独特的、独有的、久远的、绵延的、丰厚的、多彩的、别人不可替代的灿烂文化啊!

资阳四周各地都掀起实践党中央文化战略建设热潮,一张张闪光的新名片林立高挂。平静的资阳也应建立、修护历史文化景观,举办多种趣味文化节日活动,诸如:火炬节(资阳人 40000 年前发明了用火热食、暖身,举起了人类的火炬,照耀着人类发展)、智慧人节(资阳人初生人类思维,始用智慧生息,发展到后来人们用智慧创新)、"智源祖"祭奠节(智源祖是华夏远古真正的祖母,是寻根问祖的原尊祖先,可以引来全球华人甚至热爱资阳人的其他国家众多名人的追捧和寻祖问根)、女权节(资阳人时代是母系社会,从女权表现现在)、情爱节(资阳人时期或之后,开始族与族之间通婚,寻求真正的爱情)、碧血丹心节、高台舞狮节、大型秧鼓节、石刻泥塑节、九莲灯节、柠檬节、风情美食节,等等。每个节日又互相穿插多种多样活动。

文化园建立起来了,趣味文化节一个季度举办一种。给人们厚重丰蕴的历史知识,情趣盎然的特别滋味,男女老少皆欢乐的趣味平台。有看头、有玩头、有想头、有追索头,愉悦快乐忘自我,人间仅有天上无,走后眷恋总重返,全球热点世人入。这样的人们梦寐以求的文化娱乐圣地真能大大吸引广大人群,成为经济和社会等各方面大发展的巨大马力的动力机。

资阳人的文化精髓经国家和四川省相关政府部门和权威考古机构、权威专家在半个多世纪中已经过数次认定。资阳地理位置如此之好，交通这么便利，文化内涵十分丰美独特，基础条件厚实，谁也比不了。资阳用独特丰蕴的资阳人文化作龙头，可强劲的拉动资阳的经济、旅游、社会等全面大发展，这又是实践党中央一再号召加强文化战略建设的伟大壮举，这种天大的一举多得的好事，该下决心做得了，该是加快步伐实践党中央关于文化复兴决议，满足500万资阳民众夙愿的时侯了！

（二）坚持承传资阳人和中华民族精神，努力实践我们伟大的历史使命

习近平总书记在党的十九大报告中又特别强调指出："**文化是一个国家、一个民族的灵魂。文化兴国运兴，文化强民族强。没有高度的文化自信，没有文化的繁荣兴盛，就没有中华民族伟大复兴。要坚持中国特色社会主义文化发展道路，激发全民族文化创新创造活力，建设社会主义文化强国。**"

西南财经学院图书馆原馆长、教授李天行说：南怀瑾先生曾说，一个国家亡了，可以复国。如果一个民族的文化亡了，这个民族就亡了。我们国家在党和人民的共同努力下，几十年经济建设起来了，几十年军事建设也起来了，现在如果文化建设不大力发展跟上，那我们中华民族就真的将走向衰亡！世界上最高级别的较量是文化和思想的较量！尊德性而道问学，致广大而尽精微，极高明而道中庸。

所以，我们一定要努力传承民族优秀传统文化，大力弘扬资阳人和中华民族精神，努力发展文化，搞好文明建设，才会有经济的大发展和国家的强盛。

资阳文化遗产是中国文化遗产的重要组成部分之一，资阳人精神是中华民族精神的重要组成部分。所以我们既要着力保护和修复文化遗产，同时，又要大力弘扬伟大的资阳人和中华民族精神，把万代流传的文化基因、文明基因、精神基因，使这些基因永远是我们战胜各种艰难困苦，求胜前进的抗体、根脉、支撑、魂魄、根基，发展壮大，成为我们仅对外来侵略的强大抗体，屹立世界强国之林的撼山动地的力量。

历史是一面镜子，感悟历史，鼓舞人心，凝聚力量，资政当代，惠益万世。

当今是一波波激流勇进，继承先人精神，领略今日风采，激励斗志，启迪未来，推波助澜，滚滚向前。

古风古貌传盛世，新姿新态展华章。资阳人的过去和现在都是全中华民族的财富。博古通今，开拓进取，激励当代，奋勇前进，这是本书作者孜孜以求的不二使命。《资阳人》是提升资阳、四川、全中华民族的文化动力，将推动当今社会和激励子孙万代，励精图治，卓绝拓创，高唱出一首首实现中国梦的优美动人、震撼心灵的辉煌赞歌。

资阳人

七、捍卫中华悠久文化，让西方认清中国四万年绵延、厚重、灿烂的文明史

从几家西方报刊看，西方某些人士至今都不承认中国五千年文明史。

而且，有些人士大谈什么中国人是非洲人种，什么西方文明对中国文明有永久的优势，诬蔑中国人种愚昧落后，有些西方考古专家还借机讽刺、挖苦、抹杀中国五千年文明史。竭尽抹杀、贬低、歪曲悠久的中国文明史之能事。

我们搞不懂的是有那么几个中国专家、教授、评论家等，硬是帮着西方抹杀中华文化，否定中国悠久文明史：什么中国人是非洲人种，什么资阳人是中东人后裔，等等。

我们就不明白，难道这几个专家就看不到近些年的考古新发现？谭继和深刻指出："过去一般学者多认同人类起源于非洲，非洲东部"老祖母"的发现是人类的祖先。后来因考古发掘古人类化石增多，又兴起了人类起源于亚洲南部说。近些年来越来越多的学者赞同地球多地人类起源说。根据考古化石材料，不可否认的是，中国应是人类重要的发源地之一。距今1200万年～800万年腊玛古猿种系的云南'禄丰人'是人类起源文化地标中一个重要的标志。巴蜀滇云地区也是东方人类一个重要的起源地。"可是，2019年8月某"权威"'专家还在对媒体宣说什么：700万年的非洲图迈是迄今已知最早古人类的"全球总冠军"等。难道你就看不到眼前的比图迈还早500万年的中国云南"禄丰人"吗？

难道这几个专家忘掉了204万年前的巴蜀巫山猿人就建立起人类猿人摇篮？云贵高原元谋人等继传之后，绵延到智慧人的出现从未断代。

难道这几个专家不知道世界共认非洲现代人是60000年，而中国河南"许昌人"和湖南永州人不都是80000年以上的现代人吗？难道80000年以上的中国人还是60000年非洲人的后代吗？

难道这几个专家真不知"资阳人是人类智慧人里程碑"吗？须知资阳人"鲤鱼桥文化"从旧石器时期中的距今30000多年至40000年以上时际绵延到新石器时期末期后一两千年的中华文明史从未间断。

我们纳闷的是，有的专家故弄玄虚，发文，著书立说什么："最新发现"，解密什么：三星堆的迷底、悬念解开，撩开了三星堆的神秘面纱。什么："资阳人有尼安德特人的彭子"，什么"三星堆是以色列人来建造的"，什么"要不然三星堆文化找不到前者呢"。

请问，50000年的尼安德特人在第四纪冰川中不就早就被冻灭绝了吗，离其万年的在几千里重重高山、遍遍浩瀚大沙冰漠隔绝下的"资阳阳人"，哪来尼安德特人的影子？须知，50000年前后正是第四纪冰川最严冻的时候，又不是万年前后已消冻一段时期。

你们也竟然不知道三星堆文化的特征是纵目文化，而资阳昆仑山纵目文化已有七千年的历史吗？

- 609 -

千古奇籍《山海经》记载的及三星堆遗址文物与"资阳人"出土地文物，中华远古文明中心资阳昆仑山文物，"鲤鱼桥文化"，龙垭遗址文物，沱江中上游蜀玉、青铜文物等有惊人的神似，都同在沱江流域，都相貌、特征相同。主要有：纵目文物、建木（神树）文物、大立人像、蜀字图表、烧制土坯、稻谷、玉璋、玉琮、权杖、簋、尊、鼓形器、C形龙、卧虎、觯、龟负神人尊、神首、钻孔骨坠、蚕虫、柏灌、鱼、杜宇、开明等头象。还有多类文物：黄金制品类文物，鸟类文物、青铜人像类文物、陶制品类文物、蜀玉类制品文物，鼎类文物等。此外，还有更精美、价值更高的"资阳人"文物是三星堆至今没发现有的：文化昆仑、美人鱼、伏羲头像、圆雕双凤等。这难道不能佐证三星堆文明是"资阳人"文明沿沱江岸一路传播到三星堆的吗！

更疑惑的是有的国内新闻大单位发通稿："东亚现代人起源出非洲假说"等大报刊，出版物，在2018年11月6日还拾着西方人的牙慧，大版大版的登载："东亚现代人起源有两大假说"等，其顶天立地的大标题竟然是："东亚现代人祖先出自非洲"。

前面说过，难道你们真不知道世界共认的非洲现代人只有60000年的历史，而中国考古界2007年在河南许昌出土100000年以上的现代人文物，2015年下半年在湖南省永州市道县泼现80000年以上现代人文物。难道你们真不知道"世界文明西方中心论"早就被打得粉碎了吗？

国人呀！对这些现象应该深思啊！

还有个川外考古老专家迷信西方，他说：你知道龙头权杖吗？这也是中国学到西方的，因为龙头龙身上的莲花纹都一样。

我一听就有些不高兴的反问：西方权杖有多久历史？

埃及出土的权杖3050年，西方的有5000余年。

可西方5000年的权杖只是说说而已，至今未见出土文物。

我真有点纳闷，反问他：西方宣传龙不是凶魔吗？中国把龙称为吉祥的神物，所以，高贵的权杖就以龙为象征，西方能这么做吗？

他没吱声。

我继续向：您知道我国甘肃已出土5500年的权杖，沱江岸上早就出土7000多年的龙头权杖吗？

他无语。

我再问：请教老师，人类现代人祖先多少万年，是哪里人？

世界公认的人类现代人祖先60000万年，是非洲老祖母。

多少万年？

60000年。

请再说一遍多少万年？

60000年。

这是世界过去公认的吧，请问老师，前些年《人民日报》登载的 10 万年左右的现代人"许昌人"和 80000 年的道县人您知道吧？

知道。

可能您在考古内部材料上比报纸还早几个月就看到这些消息了吧。

是的。

这几年西方报刊、电视、网络一再宣传中国这些考古情况。英国广播网站专门撰文指出："中国境内发现 8 万年前的化石，打破了关于人类源自非洲的传统说法"。怎么川外这个专家在西方都改变传统认知十几年后，还坚持人类源自非洲的说法呢？难道 80000 年以上的中国人还是 60000 年的非洲人所生吗？

过了 20 天，这位老专家发给我们一篇：《重视研究"资阳人"在人类进化中的里程碑作用》的文章，承认刘胜俊观点正确。

中外考古专家一再研究后定论：资阳是人类文明的一个发祥地。资阳是人类文明起源地之一。人类文明发祥地应是多元的，不仅仅西方才是文明发源地。而且，至今的世界考古发现证明，中国是世界文明发祥地的元始天尊。

无论是中国的史学专家，还是西方的一些史学专家或哲学家都认为人类起源地之一在东方，在亚洲，在中国，在资阳昆仑。

习近平强调要把加强文化建设提高到国家战略建设和民族的灵魂高度来对待。尤其是根脉文化，更是一个民族的灵魂、一个国家的顶梁柱。

我们一定要保护好我们国家的传统文化，尤其要保护好、展示好、宣传好中华民族的根脉文化。

我们应在人类智慧发端的地方，在人类文化基因一根柢的资阳人发掘地，建好"人类智慧根脉文化园"，把这块乐土建成人类文明圣地、世界文化中心，让至今都不承认中国五千年文明史的西方人认清中国四万年绵延、厚重、灿烂的文明史，确保中华文化屹立世界顶峰，就是必须的，就有着特殊的重大意义。

八、党政相关领导和部门要切实恪职尽责，忠诚勇敢担当使命

2020 年 9 月 28 日习近平要求：各级党委和政府要牢固树立保护历史文化遗产责任重大的观念，关心爱护考古工作者，积极提供人力、物力、财力等方面的支持，为考古事业、文物保护、历史研究创造良好条件，做好 4 项工作：一是要继续探索文化根脉未知、揭示本源、理清脉络。二是要做好考古成果的挖掘、整理、阐释工作。三是要搞好历史文化遗产保护工作。考古遗迹和历史文物是历史的见证，必须保护好、利用好。要建立健全历史文化遗产资源资产管理制度，健全不可移动文物保护机制，增强历史文化遗产防护能力，严厉打击文物犯罪。四是要加强考古能力建设和学科建设。要深知，"民族的凝聚力首先是文化凝聚力，文化的认同是最深层的认同"。"做好考古工作的重要目的就是要增强民族凝聚力、民族自豪感，增强文化自信。让考古全面走向社会公众，

使考古成果惠及民众，服务社会。从而更好地讲述源远流长和辉煌灿烂的中国故事，为中华大地注入更为强大的自信心"。

我们要勇敢正视资阳人40000年来从未间断的厚重辉煌的文明史实，要组织力量认真研究"资阳人文化"，要大力保护"资阳人文化"遗产，要敢于为"资阳人文化"地位去争取，要努力建设"资阳人文化"。

资阳资阳市委一个原常委曾说："……有的地方把无变成了有，没有古文化也得硬造一个出来。"我们有丰厚的古文化，要运用古文化引领各项建设。

近地区领导大都很重视用古代文化，推动全面建设。

资阳和资中几千年中是一家人，后来分开后为争取苌弘的祖籍地位，两个县争论了几十年以上。更何况从史上两任州官都确认苌弘的祖籍在资阳，历史和现实都明摆着苌弘的祖籍就在资阳。可资中花了大价钱坚持年年研究苌弘，年年大张齐鼓建设苌弘文化。

遂宁市委书记与浙江舟山市和新疆昌吉市委书记在报纸电台争观音故里，结果，遂宁市委书记动员组织强势力量进行舆论战，所以遂宁争过来了，推动了遂宁全发展。

从科学角度说，观音，本来就是虚拟的，观音故里就虚无了。可是为了得到文化这个灵魂，拼出一命，去争，去抢，去夺，这是什么精神，是为地区发展为地区人民谋福利的尽职尽责的职业精神。

蚕桑文化也是个争焦点。双流县胜利镇建有蚕丛故里的建筑群，双流县政府和人民每年都在以不同形式进行祭祀。

盐亭县近几年每年都在绵阳市政府的大力公开支持、组织下，召开高规格大规模的祭奠嫘祖的大型活动。政府还出面组织当地有关部门和人员，邀请北京的国家和四川省的考古专家参与的研究嫘祖文化课题组，撰写并正规出版了一整套十来本丛书。

资阳是人类蚕桑文化真正的发源地，历史悠久达两万多年以上。可资阳从未有人提过蚕桑文化。

在2019年4月29日的四川省文化和旅游发展大会上，省委领导指出：四川文化是伟大中华文明的重要组成部分，是嫘祖、大禹、华胥、女娲、望帝等历史和传说人文始祖诞生地，创造了神秘灿烂的丝绸文化、古蜀文明，孕育了茶文化、竹文化、道教文化等东方文明符号性文化。

这一段文字，难道不值得资阳人等深思吗？

"'资阳人'是人类40000年的智慧人类里程碑"、"'资阳人'是智慧人类文化基因根柢、发端"、"'资阳人'是智慧人类文明基因一始祖"、"'资阳人'是智慧人类血脉基因、文化基因、文明基因、精神基因的元尊"、"资阳是40000年的远古文明一源泉"。

"资阳人"在60多年前，就被毛泽东主席和周恩来总理等党和国家领导人

资阳人

及中国科学院领导和国家权威考古机构视为极其珍贵的国宝。"资阳人文化"是国家最权威的考古机构认定的,资阳人"鲤鱼桥文化"是国家考古界命名的。"资阳人文化"和资阳人"鲤鱼桥文化"是全中国、全世界至今发掘出来的最早、最厚实、最光辉灿烂的智慧人类根脉文化,为什么当今却没上大雅之堂?

难道"资阳人"不应该大张旗鼓旳年年宣传吗?这是我们的神圣使命和职责啊!

重视"资阳人"文化与否,不仅关系资阳和四川,而更重要的是关系"资阳人"和中华文化屹立世界之巅的大事,也是关系建立人类命运共同体的大事。

党中央和国务院一再把加强文化建设列为战略国策。习近平总书记还强调加强中华民族血脉基因、文化基因、文明基因、精神基因根脉的溯源和建设。好多省、市把寻根文化作为支柱产业进行大抓特建,河南就是如此。有的省、市没有根脉文化就组织力量千方百计追寻。资阳市是最有根脉文化独特优势的地域啊!

九、地球村人民团结起来,"允执厥中",共建人类命运共同体

"山川异域,风月同天",在地球上无论你生息在哪里,无论你多么了不起,都不可能独善其身,都离不开人类命运共同体。世界各国都只有把自己当作地球村大家庭的同胞成员,树立起胞脉一家的和谐、平等、互助、为民、奉献、共赢的人生观、世界观,共同仇视霸权,消除纷争,冲出困境,才能建立起祥和、共富、共荣、共灿烂的人类命运共同体,迈进世界大同地球村!

怎样才能实现这个世人的美好宿愿呢?

那就要"允执厥中",大力的、长期的、坚持不懈地通过各种努力让世界人民认知中华民族在几万年中,为人类命运共同体世界大同地球村筑就的八大基石,并共同努力维护、融入一体,团结奋进。

"山川异族,脉根同天"。多年来世人认定现代人类祖先是 60000 年时际非洲东部的"老祖母"。前几年发掘出 80000 年的湖南"道县人"、100000 年左右的湖北"许昌人"等又佐证现代人类发源于中国。特别是据史载:距今约 50000 年时际地球第四纪冰川中期冻成冰球,人类几乎濒临灭绝,由于在大震荡中造就西海等特殊地理气候条件,未结冰的西海水吸收太阳热能温暖气上升被西北风刮向沱江中游,形成生灵可生存的环境,保护"资阳人"幸存并延传。所以,中国"资阳人"和资阳人"鲤鱼桥文化"40000 年来绵延紧密从未间断。而且,"资阳人"的基因血脉传播全中国和全世界。中外许多史著和文物一再考证的世界远古历史是:"资阳人"后代伏羲、女娲、黄帝、帝喾、颛顼等开创中国,发现、互鉴、相融、开拓亚、欧、非、美洲。可见,地球上的现代智慧人本是同根生,胞兄亲弟不应该对立,千万要携手前进才是啊。史实告知,**人类智慧现代人基因根抵在东方、在中国,这是智慧现代人类建立世界大同地球村的血**

- 613 -

脉基石。

中华民族的宇宙观、世界观、国际观、自然观、生命观、伦理观、运筹观、政策观、发展观、人生观、道德观、价值观等，忠孝诚仁等**中华民族传统文化，是智慧现代人类建立世界大同地球村的文化基石**。

中国共产党和政府把为中国人民谋幸福、为人类进步事业而奋斗作为自己的使命。秉持共商、共建、共享的全球治理观，倡导国际关系民主化，坚持国家不分大小、强弱、贫富一律平等，积极参与全球治理体系改革和建设，不断贡献中国智慧和力量。同各国人民一道，推动人类命运共同体建设，共同创造人类的美好未来！**中国这种为人民谋幸福、为人类进步事业而奋斗的传统世界观，是智慧现代人类建立世界大同地球村的处世观基石**。

考古专家们认定，资阳人40000年前就初始了集体采集、淳厚德仁等的团结精神。资阳人和中华民族锻造出完美的精神特质，那就是忠勇厚德、勤俭自强、求是创新、团结承传。几万年来，集体共进、团结奋斗、无私奉献等优良传统持续承传、发扬光大；同时，资阳人等中国人注重把忠、勤、创、传的精神和创新的文化、技术等，及时传播到世界，为人类大同，为世界的发展做出了积极贡献。这种伟大的奉献精神光照千秋。**中国的传统精神，是智慧现代人类建立世界大同地球村的精神基石**。

"道"，是指理想的美好人格和美丽的社会图景，是万物的本体，是事务运动变化所必须遵守的普遍规律。"德"，为立身根据、行为准则，是事务从"道"中所得的特殊规律、性质。中华民族拥有光照全人类的灿烂辉煌的道德品质，有闪光的理论体系，同时，中华民族有践行几万年的照耀人类的伟大道德历史，是全人类的文明准则，是人的世界观准星。**中华民族道德的同一性的传统美好道德，是智慧现代人类建立世界大同地球村的道德基石**。

毛泽东建立、完善的一整套社会主义制度，无比优越。因为中国社会制度有强大的号召力、巨大的动员力、坚毅的干预力、强有力的执行力、14亿人齐心的响应力和服从率。党和政府一声令下，就能集中统一组织、调动一切力量，汇集成撼天动地的强大合力。抗美援朝战争、唐山抗震、1998年抗洪、汶川抗震、抗击境外传入的广东非典病毒、抗击境外传入的武汉新冠肺炎病毒，等等，都是共产党一声号令，大江南北、长城内外闻风而起，农乡村社、城市小区雷厉风行，井然有序，全国一盘棋，万众一条心，拧成一股绳，团结协作，劲往一处使，"军民团结如一人，试看天下谁能敌"，形成磅礴的撼天动地的巨大合力，所向披靡、摧枯拉朽、战必大胜。不论地震、水灾，还是疫情、战争，哪个资本主义国家有如此巨的力量？美国、欧盟、澳洲，谁有？资本主义国家为什么都不行？因为资本主义国家制度不是为劳苦大众服务的，是为少数上层达官贵人服务的，因而是腐朽的、没落的。中国为什么神奇般的行，因为中国社会主义制度的最大优势在全心全意为广大人民服务，在于得民心，广聚力。在血与火中锻练出的中国共产党是为人民服务的政党，在灾难废墟上建立的中国政府是为人民服务的政府，在熔炉中铸就的中国人民解放军是为人民服务的军队，在历经万难中制定的中国的社会主义制度是为人民服务的制度。所以中国执政的党、政、军、制度，都得民心。得民心者得天下、合力巨大、排山倒海、攻无不克、战无不胜、惊天地泣鬼神！**中国这种社会主义制度，是智慧现代人类建立世界大同地球村的制度基石。**

习近平一再倡导"坚持和平发展道路，推动构建人类命运共同体"，高举和平、发展、合作、共赢的旗帜，恪守维护世界和平、促进共同发展的外交政策宗旨，坚定不移在和平共处五项原则基础上发展同各国的友好合作，推动建设相互尊重、公平正义、合作共赢的新型国际关系。呼吁，各国人民同心协力，构建人类命运共同体，建设持久和平、普遍安全、共同繁荣、开放包容、清洁美丽的世界。要相互尊重、平等协商，坚决摒弃冷战思维和强权政治，走对话而不对抗、结伴而不结盟的国与国交往新路。坚持坚定奉行独立自主的和平外交政策，尊重各国人民自主选择发展道路的权利，维护国际公平正义，反对把自己的意志强加于人，反对干涉别国内政，反对以强凌弱。这是中国传统的对外政策，几千年开辟的丝绸之路，当今推行的一带一路政策都是一脉相承的为世界谋幸福的伟大政策。**中国的和平共处、互鉴共赢的外交政策，是智慧现代人类建立世界大同地球村的政策基石。**

共生、共同、共鸣、共振，是人类和自然界万物在外力影响下的哲学共相。人类共生在地球，有共同的愿望，有共鸣的声音，有共振的力量，这就是人类现代智慧人共建人类命运共同体大同地球村的基础。当然，前面的四个"共"，都有它的两面性，即都有它好的一面，也有它坏的一面。好的一面是世界大同的坚固基础，坏的一面是世界大同的破坏者。世界正义人们的任务就是"允执厥中"，把坏的一面转度成好的。

2500多年前，舜禅位给禹时传授16字诀："人心惟危，道心惟微，惟精惟一，允执厥中"。"允执厥中"是说处世治国要真诚的、永恒的、奋勇的、专注守一的去为目标努力。当今，我们就是要大力的、长期的、坚持不懈的宣传中华民族传统文化的美德，逐渐影响西方政客处世哲学，让西方政客慢慢领悟欺世为已思想的危害，摒弃利己优先的豺狼哲学，树立人类命运共同的世界观，推行包容和谐、相鉴互助的共赢政策。全世界人民团结起来，"允执厥中"，齐心共建天下大同地球村，共同创造人类命运共同体的美好未来！

世界"允执厥中"，齐心共建大同地球村，必须对比清楚中国人民的信仰和美国等帝国政界信仰的本质区别，否则，很难和谐相处，更无法共建人类命运共同体天下大同地球村。

人类渐进共同信仰"为人民服务"的人生观、世界观，迈向为他人、为人民、为人类的和平、幸福以诚相待，消除一切对立，奉献自己，齐心协力，共

建平等、和谐、共赢、共享、同乐的人类命运共同体!

习近平总书记多次强调指出:中华文明源泉文化和优秀传统文化是我们在世界文化宝库中站稳脚根的基石。要找回道德的约束和慎终追远的定力——基因。血脉遗传基因、文化基因、文明基因、精神基因是我们屹立世界强国之林的民族的支撑、命脉、魂魄、根基。

因此我们要着力探索、修复和保护文化遗产。在新时代,更需要深刻把握人类发展历史规律,在对历史的深入思考中汲取智慧,保扩资阳人和中国文物,宣传资阳人和中华文化,传承资阳人和中华民族伟大精神。"对于'资阳人'和中国的文物保护越好,文化研究越深入,精神传承得越铭刻民众心灵,世界了解越多,则对于我们今天建立世界大同'地球村'的的帮助就越大",就能建立起消除对立,和谐共赢的人类命运共同体大同世界。

十、资阳人是全球大福星 资阳人精神再火燎四万万年

2013年11月末,《资阳人》(上)第二版快结稿的时际,我们再上北京再次征求国家顶尖级史学专家们对书稿的意见。由于我们一直怀着对智源祖的崇敬心情,我们特地挤出时间再次到中国科学院瞻仰"资阳人"。当我们怀着崇敬的目光看着她,似乎穿过时空隧道,望到了40000年前先人们始创人类文明的情景。当我双手托举起"资阳人"头骨化石,目不转睛地望着她,我们的心海啊,有千言万语要倾说给智源祖和全世界人听:

2012年9月25日,总编撰刘胜俊在中国科学院文物收藏室双手捧着1951年3月资阳出土的"资阳人"头盖骨化石真品。

我们崇敬地瞻仰"资阳人",
心海千般激荡,热血万般沸腾。
啊!"资阳人",
您们就是我们远古的神圣祖先,
您们就是大同地球村的星月太阳
您们就是人类命运共同体的伟大神灵。

是您们初始人类的思维,
是您们初生人类智慧柢根
是您们元显人类认知观的发端,
是您们萌发人类文化基因,

资阳人

是您们初创现代人文明基因孵化摇篮，
是您们初用智慧始创人类一源泉文明：

您们初始发明用火的技能，
您们创发热食文明，
您们用骨针始创服装文化，
您们用穿孔石珠始创妆饰文明，
您们用鹿角始创组织指挥文化，
您们始创集体采摘、捕猎的文明，
您们始创结绳记事文化，
您们始创音节语言文明，
您们始创虫鸟名称，
您们始创观天察象文明，
您们萌发互爱情谊，
您们奠基中华民族的忠勇仁爱精神。
您们高举起人类火炬，火燎四万年，
您们的神灵已火燎一千四百六十万个日晨。

我们崇敬地瞻仰"资阳人"，
心海千般激荡，热血万里飞腾，
您们在发展大脑、将知识变为智慧上是人类杰出先驱，
您们是现代人知识、智慧、经验集累产生的发端先人，
啊！你们是人类智慧人的里程丰碑啊！
您们是聪慧的一代杰出新人。
中华文明一摇篮是你们创造，
人类文明四万年大树是您们扎的根。

我们崇敬地瞻仰"资阳人"，
心海千般激荡，热血万里飞腾。
您们就是燧人氏啊！
"燧人氏就是资阳人"，
您们相融成一家人啊！
燧人氏和"资阳人"同是一根藤。
您们始拓的灿烂文化
子孙万代奋力传承：

资阳人——

"鲤鱼桥文化"人继传奋进，
开创新、旧石器共存的多项文明
女娲治水补天精神"上际九天，下契黄垆"，
伏羲创立世界"文明时代"的功勋。
炎黄接力扩展，
共同奠基中华基形。

黄帝后代帝喾、颛顼带领子孙创新大中华，
东海、台海、南海自今还响起他们拨击风浪的歌声。
帝喾、颛顼后裔的脚步痕印全世界，
亚、非、欧、美洲文明的前生是他们的身影。
嫦娥的仁爱之心激励中华和全球，
太阳神鸟史前 7000 年从资阳跃起、飞腾。
资阳昆仑山纵目文化屹世界 7000 年，
三星堆、金沙是后孙。
资国秦前雄起两千年，
南方丝路资阳要驿是名星。

尧、舜、禹啊夏、商、周，
"三皇五帝"都是资阳人。
蜀国皇、帝始创华夏、人类文明源泉王国、
在都广建起人类第一农业文明伊甸园耕耘。
资阳人基因传世界啊！
代代创新中华、贡献世界文明。
秦始皇统辖一时纷争的国度，
复原胞脉永世同根亲的大家庭。

孔子访弘拜尊师，
苌弘"碧血丹心"忠魂首铸中华民族精神核心。
汉墓飞出中国第一铜车马，
王褒、董钧汉贤臣，
吴道子资阳永作画，
贾岛不停推敲门，
程咬金刺史办民事，
冠准乐至得人心，
《数学九章》灿烂世界，

佛都石刻经典几千尊，
抗英两谢名将美名传，
国华抗日热血尽，
陈毅元帅举红旗，
狄秋市长建功上海和山城，
光燮滚雷开通道，
千万英雄奋勇前进。

我们崇敬地瞻仰"资阳人"，
心海千般激荡，热血万里飞腾。
您们的辉煌告诉我们，
中国人自身崛起始雄资阳昆仑。
什么西亚近东文明东渐说
什么世界文明西方中心
什么中国人是西方人的遗传，
史实证明这全是谬论。
其实啊！西方文明早有华人的重大影响，
全球几乎皆留有华人建立的文明遗存
"资阳人"和中华文化屹立世界巅峰四万个春秋啊！
"资阳人"和华夏文明之光已照燿地球万亿个星辰
中华民族屹立于世界四万年啊！
"资阳人"燧人的火炬燎原世界强国之林。

啊！"资阳人"
啊！，"资阳人"！
您们举起的火炬我们千代接递啊
您们树立的伟大旗帜我们万代传承。
您们的子孙定能实现伟大的中华强国梦啊！
您们的子孙们"允执厥中"！
定能建立起祥和、美好、灿烂的"人类命运共同体"！
定能铸成和谐、文明、辉煌四万万年的"大同地球村"！

附录一：

《资阳人》研究参考的重点文献、书籍

裴文中，吴汝康：《资阳人》，《中国科学院古脊椎动物研究所甲种专刊第一号》，科学出版社，1957年12月出版。

《资阳人》，《古脊椎动物与人类》，1962年3月，第六卷第1期。

西南文教部文物调查征集工作小组：《成渝铁路当中出土文物调查报告》全集（张圣奘执笔）。西南文教部文物调查征集工作小组：《第二次在成渝铁路资阳段工作小结》（张圣奘执笔）。

张圣奘：《资阳考古工作记录》。

张圣奘：《资阳考古》。

张圣奘：《我发现"资阳人"头骨化石始末》。

李宣民，张森水：《资阳人B地点发现的旧石器》，载于《人类学学报》，1984年8月第3卷第3期。

李宣民：《资阳九曲河地点旧石器研究简报》。

李洪云、黎兴国、刘光联、许国英、王福林：《资阳人化石产地地层时代新资料》，载于1984年科学出版社《第一次全国 ^{14}C 学术会议文集》。

范桂杰、胡昌钰：《关于资阳人的时代问题》。

范桂杰、胡昌钰：《资阳等县旧石器时代文化调研简报》。

周明镇：《资阳龟化石》。

北京大学考古系历史研究室、四川省博物院：吕遵谔、黄蕴萍、范桂杰、胡昌钰：《四川资阳鲤鱼桥旧石器地点挖掘报告》，《考古学报》，1983年第3期。

范桂杰、胡昌钰：《鲤鱼桥与观音洞文化关系初探》。

国家文物局：《中国文物地图集·四川分册》，文物出版社，2009年。

国家文物局：《中国考古60年》，文物出版社，2009年。

四川省地方志编撰委员会编纂：《四川省志·文物志》，四川人民出版社，1999年。

四川文物管理局：《四川文物志》，四川出版集团·巴蜀书社，2005年。

《中国考古60年》。

《文物西南专号》，1951年第2卷第11期。

《重博历史资料0853号》。

四川省文物管理委员会：《四川资阳等县石器时代文化》。

《山海经》古装本。

《山海经》译本。

《山海经地理今译》。

向灵：《最早的四川人——资阳人》。

子德主编：《昆仑纪——中华文明起源另说》，四川文艺出版社2007年出版。

中国科学院古脊椎动物与古人类研究所主编，科学出版社出版的《人类学学报》1957年至2020年中的近40卷。

李学勤：《显先民精神厚德忠勇，探文明根柢悠久繁荣》。

李学勤：《禹生石纽说的历史背景》，原载《大禹及夏文化研究》。

吴新智：《探索资阳化石人在人类进化中的意义》。

高星：《"资阳人"伴生的石器、骨器彰显中华文明一源泉雏形》。

谭继和：《"资阳人"的文化解读》。

谭继和：《资阳人文化基因与巴蜀文化根系》。

谭继和：《"资阳人"探讨的学术价值和现实价值》。

谭继和：《"资阳人"与中华文明探源》。

谭继和：《资阳人是现代人大脑雏形的起点》。

谭继和：《禹文化西兴东渐简论》。

宫长为：《跨越时空的对话》。

胡昌钰：《用发展史实，证明了资阳人的灿烂文明》。

胡昌钰：《"资阳人"是智慧人的里程碑》。

彭邦本：《悠久的历史、永恒的魅力—从古代资国的历史传说谈起》

彭邦本：《文化是城市最具特色的资源》。

何如：古蜀玉器陶瓷文化研究院院长、古蜀玉文化研究中心常务副主任：《远古气候环境造就资阳人与蜀人的文明传承关系》、《发现古蜀玉雕—黄帝》。

李伯谦：《让世界上更多的人认识资阳人》。

李伯谦：北京大学《考古学对中国上古史建设的重大贡献》。

刘建中：文化史专家：《用判定文明的新标准复原"资阳人"远古文明》。

李保均：四川大学教授：《科学精神与"资阳人"的文化定位》。

李保均：《用科学态度为资阳人文化树碑立传》——评《资阳人》

鞠德源：《古蜀王国—中华文明的摇篮》，中国文化发展出版社2011年出版。

鞠德源：《中国先民海外大探险之谜》，北京图书馆出版社2003年出版。

陈显丹：《寻找古蜀王国》，载于《华夏人文地理》，2005年12月号。

杜预：《春秋经传集解》（预元凯原本）。

张曙东：《碧血千秋》，民国34年出版。

东汉王符：《潜夫论》。
清代汪继培：《潜夫论笺》，1979年中华书局赵铎校正新刊标点本。
郭沫若：《中国古代社会研究》，人民出版社，1954年，全集本。
郭沫若：《青铜时代》，重庆文治出版社，1945年，人民出版社，1954年。
蒙文通：《巴蜀古史论述》。
蒙文通：《蒙文通文集》，巴蜀书社，1993年。
顾颉刚：《论巴蜀与中原的关系》。
顾颉刚：《中国上古史研究讲义》，中华书局，2002年。
徐中舒：《论巴蜀文化》，四川人出版社，1982年。
任乃强：《川上古史新探》。
童恩正：《古代的巴蜀》。
罗开玉：《古代巴蜀土著姓氏》 中华文化论坛2001年1期。
李绍：巴蜀历史·民族·考古》 巴蜀书社 1986。
吕思勉：《本国史》（下）中华民国二十六年十一月二十版。
郑德坤：《四川古代文化史》，华西大学博物馆，1946年。
贾大泉：《四川历史辞典》，四川教育出版社，1993年。
董其祥：《巴史新考》，重庆出版社，1983年。
董其祥：《巴史新考续编》，重庆出版社，1993年。
李绍明：《巴蜀历史·民族·考古》，巴蜀书社。
周集云：《巴族史探微》，四川省社会科学院出版
徐才安：《四川古代史话》，重庆出版社，1992年。
蒙默等：《四川古代史稿》，四川人民出版社，1988年。
陈世松等：《四川通史》（1~7），四川大学出版社，1993~1994年。
《四川历史研究文集》，四川省社会科学院出版社，1987年。
贾大泉：《四川历史辞典》，四川教育出版社，1993年。
四川省文物考古研究所：《四川盆地的青铜时代》，国家文物出版社。
陈槃：《春秋大事表列国爵姓及存灭表撰异》，上、中、下三订本，1506页。
陈槃：《不见于春秋大事表之春秋方国稿》。
李济：《中国文明的开始》，江苏教育出版社，2005年。
王国维：《王国维学术经典集》，江西人民出版社，1997年。
李四光：《穿过地平线》，百花文艺出版社，1998年。
李四光：《中国地势变迁小史》，商务印书馆，1947年。
冯其庸：《落叶集》，中国社会科学出版社，1997年。
闻一多：《闻一多全集，》三联书店，1948年。
徐朝华：《尔雅今注》，南开大学出版社，1987年。

杨任之：《尚书今注今译》，北京广播学院出版社，1993年。

冷德熊：《超越神话》，东方出版社，1996年。

翦伯赞、郑天挺：《中国通史参考资料》，中华书局，1982年。

章炳麟：《訄书·序种娃》。

北京大学考古文博学院：《考古学与中国历史的重构》。

司马迁：《史记》：《史记·王代世表·正义》、《史记·武帝本纪》、《史记·货殖列传》、《史记-五帝本纪》、《史记.王代世表.正义》、《史记·六国年表）、《史记·张仪列传》、《凡将篇》。

《蜀化外编》。

《唐左岩龛铭》。

《宋何倪题名记》。

秦国丞相·吕不韦：《吕氏春秋》。

范晔和司马彪：《后汉书》。

王夫之（明）：《船山全书》。

郝懿行：《山海经笺疏》。

西汉，刘歆统校正：《山海经》原本。

王红旗：《山海经十日谈》，上海辞书出版社2012年出版。

常璩（晋）：《华阳国志》。

刘琳：《华阳国志校注》。

任乃强：《华阳国志校补图注》。

南宋 郑樵：《通志》。

郭允蹈（宋）：《蜀鉴》。

万斯同（清）：《蜀将相大臣年表》。

姜国伊（清）：《蜀记》。

张澍（清）：《蜀典》。

扬雄（西汉）：《蜀王本纪》、《训纂》、《方言》。

左思：《蜀都赋》。

韩非：《韩非子·五蠹》。

周文王（商）：《易·系辞下传》。

《三坟》。

《易·乾卦》。

《五经文学》。

《玉海》。

《吴越春秋》。

《五藏山径》。

《考工记》。

《尬书·序种娃》。

《六国表》。

徐整：《三五历纪》。

师旷：《禽径》。

《考德》。

《正义》。

《淮南子坠形训》。

《汉书地理志》。

《广韵》。

《楚策》。

皇甫谧：《帝王世纪》。

《秦始皇本纪》。

《荣氏遁甲开山图》。

《汉唐地理书抄》。

项峻：《始学编》。

《卜辞》

《邛竹杖铭》。

《蜀王本纪》。

南宋罗泌撰，《路史·国名记》。

《谱记》。

《太平寰宇记》。

《太平广记》。

《太平御览·皇王部》。

《蚕女》。

《原化传拾遗》）。

《永乐大典》。

《通典·州郡》。

清人张澍：《蜀典》。

《尚书·尧典》。

张玉书、陈敬廷：《康熙字典》。

《中国人名大辞典》。

洪迈：《容斋随笔》。

《尚书·禹贡》。

《尚书大传》。

《尚书序正义》。

王大为：《三皇五帝时代》。

《学斋占毕》。

《女娲考》。

李元斌先生《伏羲在阆中创造八卦》。

《黄帝·本行纪》

《炎帝与火》

《炎帝与中华文化》

景明：《神农氏·炎帝》

《列子·黄帝》

《蜀西初祖岷山——寻访华夏之根》

《世本》。

《古史考》。

陈盘；《春秋》、《不见于春秋大事表之春秋方国稿》、《春秋大事表列国爵姓及存灭表譔异》、《春秋左传》、《左氏春秋义例辨》、《春秋大事表列国爵姓及存灭表研究》、《古谶纬书录解题》、《汉晋遗简偶述》、《汉晋遗简偶述续稿》、《周召二南与文王之化》。

《吕氏春秋》。

《春秋传》。

《后汉书·王符传》。

东汉圈称：《陈留风俗传》（3卷）。

《三国·魏志·克夷传》。

《路史》。

《路史后记》。

任乃强：《蚕丛考》。

《僮约》。

《王褒集考译》。

《易讳·通卦验》。

《论语·子罕》。

《管子·小匡》。

《诗传》。

《白虎通义》。

《彖下传家人》。

《大戴札》。
《三代世系》。
《论衡·祭意》。
《世本·帝系篇》。
《汉书律历志下》。
《帝王世纪》。
《管子·轻重戊》。
西晋张华《博物志》。
南朝梁元帝萧绎《金楼子》。
《国语·晋语》。
《诗传》。
《汉书律历志》。
《绝越书·记宝剑》。
《水经注·瓠子河》。
《文选·鲁灵光殿赋》。
《古代帝王追踪奶》。
《古神话选释》。
《皇图要览》。
《易系辞》。
《人类简史》。
《周颂》。
《绎史》。
《辞》。
《古蜀史说》。
《蜀记》。
《路史后记》。
《隶续》。
《帝王世纪》。
《古本竹书记年》。
《礼记.王制篇》。
《大戴礼记一帝系篇》。
谶纬（汉）：《河图括地象》。
尸佼：《尸子》。
《学斋咕哔》。
先秦史官修撰：《世本》。
左思：《蜀都赋》。
周去非（宋）：《岭外代答》。
王褒（汉）：《僮约》。

谯周（魏晋之际史学家）：《古史考》。
公羊高（战国）：《公羊传》。
乾隆间纂修：《四库全书》。
司马贞（唐）：《补史记·三皇本纪》。
清朝光绪刻本：《诗含神雾》。
毛渐（宋）：《古三坟》。
《礼记》。
周公旦（西周）：《周礼》。
宋玉：《高唐赋》。
刘安（西汉）：《淮南子·览冥篇》。
阚骃（北魏）：《十三州志》。
马国翰（清）：《玉函山房辑佚书·春秋神契》。
屈原：《楚辞·天问》。
舒宪：《中华文源的神学研究》。
《列子·黄帝篇》。
《周礼·秋宫·司烜氏》。
《山海经·大荒西经》。
刘安：《淮南子·览冥训》
赵晔（东汉）：《吴越春秋·勾践阴谋外传》。
邓康成：《易讳·通卦验》。
孔国安：《古论语·子罕》。
管仲（春秋时期）：《管子·小匡》。
《帝王世纪》王廙（yì）。
傅毅：《洛都赋》。
刘桢：《鲁都赋》。
《大戴礼·帝系姓·五帝德》。
《索隐》。
《竹书纪年》。
章碣（唐）：《焚书坑》。
《本蜀论》。
《诅楚文》。
《水经·河水注》。
李吉甫：《元和郡县志》。
刘昫：《唐书》。
乐史《太平寰宇记》。
欧阳修：《新唐书》。
王存：《元丰九域志》和天启《成都府志》。
元明清《一统志》。

董珊：《试论殷墟卜辞之"周"为金文中的妌姓之琱》。

《大戴礼记·帝系篇》。

《太平御览·皇王部》。

《今本竹书殷商成汤》。

李隆基：《孝经》。

《三国·魏志·克夷传》。

童恩正：《古代的巴蜀》，106页。

吕思勉：《本国史》（下）。

孔子（鲁国编年史）：《春秋》。

左秋明：《左传》。

《三皇五帝追踪》。

《国语》。

《汲冢竹书》。

《史通·疑古》。

《韩奕篇》。

庄周：《庄子》。

王钧林注释：《孔丛子》。

刘安：《淮南子》。

郦道元：《水经注》。

班固（东汉）：《汉书》。

韩非：《韩非子》。

干宝（东晋）：《搜神记》。

《诸道图经》。

《孟子》。

老子：《道德经》。

韩愈：《师说》。

清、民国《资阳县志》。

《庄子·盗跖》。

裴铏：《题文翁石宝》。

《三国志》，吉林出版集团有限责任公司2010年出版。

林耀华：《原始社会史》，中华书局，1984年。

李德书：《从东汉景云碑看巴蜀古史新证》。

古方：《天地之灵》，四川教育出版社，2000年。

王大有：《三皇五帝时代》，中国时代经济出版社，2005年。

王大有：《寻找同一个祖先》，《科学时报》2006年6月11日B4版。

韶华宝忠双、欧阳如水明：《中华祖先拓荒美洲》。

《中华文史论丛》第二辑，上海古籍出版社，1979年。

《史记》。

《二十四史》。
《四库全书》。
范文澜、蔡美彪：《中国通史》（12 册）。
曹金洪：《中国通史》页。
师晓晖：《中国通史》。
邵士梅：《中国通史》。
朱绍候：《中国古代史》，上下册。
张岱年：《中国文化概论》。
卢定兴、王良绘制《图说中国通史（远古卷）》，京华出版社，2009 年。
赵德润：《炎黄文化研究》。
宋衍申：《中国史学纲要》。
倪宗新：《文献名都》（上、下卷）。
杜富山：《华夏上古志—五千年演义》（15 卷本）。
寇云龙：《千古圣地黄帝陵》。
杨荣国：《中国古代思想史》。
曹础基：《中国古代文学史问答》。
赵德润：《炎黄文化研究（第十四辑）》，大象出版社，2012 年。
张岱年、方克立：《中国文化概论》，北京师范大学出版社，2004 年。
林宝修撰：《元和姓纂》唐宪宗元和七年。
宋邓名世：《古今姓氏书辨证》。
樊一：《三星堆寻梦》，四川民族出版社 1998 年。
陈德安：《三星堆——古蜀王国的圣地》，四川人民出版社，2000 年。
屈小强：《三星伴月》，四川美术出版社 2008 年。
张肖马：《三星堆方国的巫——青铜立人像与跪坐人像研究》，《四川文物》
孙华：《三星堆祭祀坑》，科学出版社，2000 年。
段渝：《三星堆文化与夏文化》。
程世华：《良渚文化的余辉在三星堆文化中闪烁》。
成都金沙遗址博物馆：《金沙遗址》，五洲传播出版社 2006 年。
中共中央党史研究室科研管理：《日军侵华罪行纪实》。
中国硅酸盐学会：《中国陶瓷史》，文物出版社，1982 年。
王幼平：《旧石器时代考古》，文物出版社，2000 年。
张江凯、魏峻：《新石器时代考古》，文物出版社，2004 年。
盛建武：《四川博物院》，文物出版社，2010 年。
唐承义、王平中：《普州览胜》，中央文献出版社，2007 年。
徐联兴：《风骨》，重庆出版社，2011 年。
李文凯：《铁笔春秋》，中国文献出版社 2006 年。
《中华文明探源工程十年•寻找中国之始》魏一平：《文明起源的环境因素》。
何如：《远古气候环境造就资阳人与蜀人的文明传承关系》、《古蜀文化》。

倪宗新：《文化名都》（上、下册），四川人民出版社 2001 年。

陈星灿：《中国史前考古学史研究》，生活·读书·新知三联书店，1997 年。

葛维樱：《沱江沿线 荒野中的国宝》，三联生活周刊

任继周：《中国史前时代历史分期及其农业特征》，兰州大学草地农业科技学院甘肃草原生态研究所，《中国农史》2011 年第 2 期

刘联群：《陈抟传奇》，四川人民出版社，2011 年 6 月出版。

曹格元：《恐龙天地》，四川人民出版社，2007 年 3 月出版，12 万字。

蒙默等：《四川古代史稿》，四川人民出版社，1988 年。

邓少琴：《巴蜀史迹探索》，四川人民出版社，1983 年。

隗瀛涛：《四川近代史稿》，四川人民出版社，1990 年。

四川省资阳县志编撰委员会：《资阳县志》，巴蜀书社出版发行，1993 年。

巴蜀书社等出版，王洪林著：《资阳史话》等 30 多本书籍。

《中国历史秘闻轶事》。

刘波：《源—人类文明中华源流考》。

《中国历史大系表》。

《中国上古史》。

《峨眉图跋》。

《登峨眉山道理记》。

《中国历史代帝王》。

《尔雅·释丛》。

《十三州志》。

《巴蜀文化遗讯》。

《四川古代史话》。

《巴蜀考古论文集》。

《资阳文史资料》。

四川人民出版社出版，徐伯荣著：《三贤古城风情录》。

四川日报 2004 年 12 月 31 日，徐伯荣著：《万能教授——张圣奘》。

四川日报 2010 年 9 月 3 日：《资阳人、富林遗址、龙垭遗址：三处"旧石器"揭秘 3 万年前的四川》。

黄廷桂（清）：《四川通志》。

《资州志》。

资阳《张氏族谱》。

《四川地名考释》。

《内江地区文化志》。

《川史通讲》。

《四川古代名人》。

《四川省测绘局地图》。

刘尧汉：《彝夏太阳历在世界文化史上的地位和展望》，《西南民族研究》第

三辑，四川民族出版社，1987年。

《从三星堆遗址看南方丝绸之路的开通》。

《郝懿行笺疏》。

《支那文明史》。

周叔勋：《资阳人漫谈八题》。

安岳县地方志编委会：《安岳县志》，电子科技大学出版社出版，2011年。

安岳县老区建设促进会：《革命老区安岳》，中共安岳县委党史研究室。

《乐至县志》乾隆版。

《乐至县志》道光版。

《乐至县志》光绪版。

《乐至县志》编撰委员会：《乐至县志》，方志出版社，2011年。

《乐至县志》编撰委员会：《乐至县志》，四川人民出版社，1995年。

《简阳县志》编撰委员会：《简阳县志》，巴蜀书社，1995年。

简阳市政协学习文史委：《简州岁华纪丽》，中国文联出版社，2008年。

简阳市政协学习文史委：《两湖一山》，中国戏剧出版社，2010年。

中共简阳市委宣传部：《简阳名胜》，大众文艺出版社，2009年。

《资中旧治》，（卷之六艺文上）。

冯广宏著《郫县蜀丛帝新庙碑记》，《都江堰文献集成》。

《巫山县志》。

《荣县志》。

郭相颖：《大足石刻铭文录》。

黎方银：《大足石刻》，三秦出版社，2004年。

杜钢建：《文明源头与大同世界》。

吕思勉：《中国民族史》。

戴圣·戴德：《礼记》、《大小戴理论》。

美国，亨利艾特·默兹：《几近褪色的记录》。

美国《国家地理》1991年10月180卷第4号刊登的《土生土长美洲人图》。

西耶萨·德·列翁：《殷夏帝国史》。

《中国古代美洲交通考》。

《圣经》。

葛瑞姆·汉卡克：《上帝的指纹》，民族出版社，1999年。

詹姆斯·库克：《上帝之城》，郭力宣编译中译本，陕西师范大学出版社。

《共济会宪章·历史篇》

日，大贯良夫：《世界大遗迹》，增田义郎译。

恩格斯：《家庭、私有制和国家的起源》。

恩格斯：《劳动在从猿到人转变过程中的作用》，见《马克思恩格斯选集》第三卷，第508页。人民出版社1972年5月出版。

附录二：
《资阳人》专家题词、书评目录

国家级和省、市院校高级专家、领导为《资阳人》作序、写书评。现将他们文章的题目载于此，其文章附于书前与书后。

显先民精神厚德忠勇，探文明根柢悠久繁荣
　　——题《资阳人》一书
李学勤：著名历史学家
　　　　中国社会科学院学部委员（院士）
　　　　国务院学位委员会委员
　　　　国家文物鉴定委员会委员
　　　　中国社会科学院历史研究所原所长
　　　　中国先秦史学会理事长
　　　　国际欧亚科学院院士

探索资阳化石人在人类进化中的意义
吴新智：古人类学家
　　　　中国科学院院士
　　　　曾任中国科学院古脊柱动物与古人类研究所原副所长
　　　　人类学专业委员会主任
　　　　中国解剖学会副理事长等职

高举人类"火炬"
　　——读《资阳人》感悟
鞠德源：中国国家第一档案馆研究员

"资阳人"伴生的石器、骨器彰显中华文明一源泉雏形
高　星：中国科学院古脊椎动物与古人类研究所原副所长，现古人类研究室主任
　　　　亚洲旧石器考古联合会主席
　　　　中国旧石器考古专业委员会主任
　　　　《人类学学报》副主编
　　　　《第四纪研究》副主编
　　　　博士、研究员

跨越时空的对话
　　——写在刘胜俊先生《资阳人》一书出版之际

宫长为：中国社会科学院历史研究所先秦史研究室副主任、研究员、博士后
中国先秦史学会常务副会长兼秘书长

"资阳人"的文化解读
谭继和：四川省社会科学院研究员
重点学科《巴蜀文化学》首席专家
四川省历史学会会长

"惟有民魂是值得宝贵的"
——《资阳人》序
卢继传：中国管理科学研究院常务副院长兼学术委员会常务副主任
《人民日报》理论部原主任、高级编辑、高级记者
著名生物进化论专家、知识经济学家、中国科普作家

用发展史实，证明了资阳人的灿烂文明
——评《资阳人》
胡昌钰：原四川省文物管理委员会办公室副主任
四川省文物考古研究所原所长

用科学态度为资阳人文化树碑立传
——评《资阳人》
李保均：四川大学教授、享受国务院特殊津贴的专家
四川省写作学会会长
中国写作学会原副会长

"六性"融会贯通 完美统一的史著
——评《资阳人》
刘建中：《四川日报》原编辑、记者
《四川党史》杂志社原总编辑、编审
《当代电大》原主编

文化考古的溯源心与民族魂
孙建军：国家一级作家
四川省作家协会主席团委员、创作研究室主任
《作家文汇报》主编

资阳人文化基因与巴蜀文化根系
——谭继和

悠久的历史、永恒的魅力
　　——从古代资国的历史传说谈起
彭邦本：中国先秦史学会副会长
　　　　四川大学历史文化学院教授
　　　　著名史学家

远古气候环境造就资阳人与蜀人的文明传承关系
何　如：古蜀玉器陶瓷文化研究院院长
　　　　成都古蜀玉文化传播有限公司常务副主任
　　　　古蜀玉文化研究中心常务副主任

"资阳人与中华文明溯源研讨会"有着特殊的重要意义
宋镇豪：全国政协委员
　　　　中国社会科学院学部委员（院士）
　　　　中国先秦史学会会长

欢迎词
曹家贵：中共资阳市委原宣传部部长

"资阳人"探讨的学术价值和现实价值
谭继和

祝贺"资阳与中华文明溯源研讨会"顺利召开
李学勤

让世界上更多的人认识资阳人
李伯谦：北京大学文博学院院长、教授
　　　　"国家夏商周断代工程"首席科学家
　　　　"中华文明探源工程"负责人之一
　　　　著名考古学家

《资阳人》是普及公共考古的典范
王　巍：全国人大代表
　　　　中国社会科学院学部委员（院士）
　　　　中国社科院考古研究所所长
　　　　中国考古研究会会长
　　　　"中华文明探源工程"主要负责人

著名考古学家

加强中华文化建设的重要推力 擂响文明溯源的进军战鼓
曾清华：四川省政协原副主席

史学界给予《资阳人》很高评价
宋娜：人民日报出版社第三编辑中心主任

"资阳人"与中华文明探源
谭继和

一个资阳人的"资阳人"情结
孟基林：资阳市雁江区文联主席
　　　　长期从事地方文化研究
　　　　研究"资阳人"专家

资阳人是现代人大脑雏形的起点
谭继和

用判定文明的新标准复原"资阳人"远古文明
刘建中

"资阳人"是智慧人的里程碑
胡昌钰

科学精神与"资阳人"的文化定位
李保均

文化是城市最具特色的资源
彭邦本

划时代的文化品牌
卢继传

东周苌弘碧血丹心
张麟：内江市文化艺术学校原校长
　　　内江市文化干部进修学院原党支部书记
　　　坚持研究资阳文化

  研究"苌弘"的资深专家

文化溯源的战略价值
——品析刘胜俊、李治列先生编著的《资阳人》
赵一农：国家文化部中国管理科学研究院发展战略研究所所长

我们都要为文明建设贡献热血
李天行：西南财经大学图书馆原馆长、教授、
    国学文化传播者
    国家社科基金评审专家
    书法家

"资阳人与中华文明溯源研讨会"总结暨新闻发布
宫长为：中国先秦史学会常务副会长兼秘书长
    中国社会科学院先秦史研究室副主任
    著名史学家

序：跨越时空的对话

——写在刘胜俊先生主编的《资阳人》一书出版之际

中国社会科学院历史研究所先秦史研究室副主任、研究员、博士后
中国先秦史学会常务副会长兼秘书长

不久前，刘胜俊先生寄来了大作《资阳人》书稿。手捧着这三十多万字的厚厚书稿，早已被"资阳人"三个大字所吸引，恰似历史的瞬间，一下子把我们的思绪拉回到六十多年前资阳人发现的那一天；拉回到四万多年前中华先祖资阳人艰苦奋斗、奋发向上的那个年代。

公元1951年春天，正在修建的成渝铁路传来了振奋人心的消息，在四川省资阳县九曲河桥基旁发现了古人类化石。随后，裴文中先生来到四川，组成包括张圣奘教授在内的九人考察组，在当地政府和有关部门的大力支持和积极配合下，围绕着出土地周围展开了大规模的考察和发掘工作，最终确定"资阳人"为距今3.5万年至四万年前的晚期智慧人，并于1957年正式出版《资阳人》考古报告。

资阳人的发现，可以说是新中国成立之初重大的考古发现，也是继北京猿人之后重要的头盖骨发现。《资阳人》书稿全面地、生动地描述了这一发现过程，并且，进一步着墨论证了"资阳人"为距今四万年前的晚期早段智慧人，这是《资阳人》书稿的第一大亮点，我们称之为发现历史。

资阳人的发现历史，不仅是中国发现的唯一的早期真人类型，也是旧石器时代晚期早段的真人类化石，更是南方人类的代表，而且还是中国古人类发现中的唯一的女性。《资阳人》书稿依据现有的考古资料，结合各个方面的研究成果，努力地、创造性地展示了以资阳人为代表的旧石器时代晚期早段智慧人的生产和生活，这是《资阳人》书稿的第二大亮点，我们称之为复原文明。

资阳人的复原文明，实际上远远没有停留在四万年前，而是以四万年前的资阳人为起点，追寻中华远古文明的足迹，从旧石器时代晚期走进新石器时代，从新石器时代晚期走进夏商周三代。《资阳人》书稿以这样的大手笔、大气派回眸中华远古文明的历程，这是《资阳人》书稿的第三大亮点，我们称之为探讨文化。

资阳人的探讨文化，正是在这样大的历史背景之下，以资阳人为主线，上下考索四万年，探讨文化的真谛所在。《资阳人》书稿以这样的独特视角、独特眼界归纳和提升了资阳人的历史地位和深远影响，这是《资阳人》书稿的第四大亮点，我们称之为传承精神。

从发现历史到复原文明，再到探讨文化，再到传承精神，它们构成了《资阳人》书稿的四大亮点，也可以说是《资阳人》书稿的全部精华所在。《资阳人》厚重地展示出资阳人是一个文化符号，是一个文明品牌，是一种伟大精神的代名词。这是《资阳人》四大亮点的集中体现。

大家知道，自上个世纪九十年代中、后期以来，随着国家夏商周断代工程的成功实施，极大地推动中国早期文明的探源工作，重建中华上古文明已经摆在我们面前。

现在，我们大家从夏商周三代社会研究，上溯到五帝时代研究，再由五帝时代研究，上溯到三皇时代研究，已经改变或正在改变中华上古文明的历史。《资阳人》上溯到燧人和人皇，也正是承续这样的工作，并且已经取得了积极的、可喜的成果。

近些年来，我们有着这样一种看法。按照恩格斯两种生产，即：人口生产、物质生产理论，重新界定人类文明的发生和发展的历史，是十分必要的，也是切实可行的。

我们认为，距今一万年前后，伴随着农业革命的出现，人类自身生产由族内婚向族外婚过渡，标志着人类文明的形成，而国家只是人类文明进程中的一定阶段的产物，其后到来工业革命，以及后工业革命，包括早些时候的前农业革命在内，大体上构成了人类文明历史的四个不同发展时期。从这一意义上讲，我们要对中国历史有一个全新的、明晰的理解和认识。

具体来说，其中前五千年可以作为第一个阶段，也就是从公元前80世纪到公元前30世纪，约略处于中华文明的奠基阶段；相对而言，后五千年之中的前三千年，可以作为第二个阶段，也就是从公元前30世纪到公元前221年，约略处于中华文明的开创阶段，而后的两千年，可以作为第三个阶段，也就是从公元前221年到公元1911年，约略处于中华文明的发展阶段；余者一百年，可以作为第四个阶段，也就是从公元1911年到公元2013年的今天，约略处于中华文明的转折阶段。

显然，我们所要讨论的问题，正处在前农业革命晚期到农业革命早期之间的问题，换句话说，也就是从前农业革命晚期过渡到农业革命早期的历史问题。

从这一意义上来讲，资阳人的发现与研究，给我们提供了这样一个很好的契机，也给我们提供了这样一个全新的课题，它已经超越中国早期文化和文明的探源范围。相反，正在走进或者说接近真正意义上的中国早期文明的探源工作，这是一个浩大的工程，是一个繁重的工作，需要我们从一点一滴做起，从一个或几个案例做起。今后的路还很漫长，还有很长的路要走，真可谓路漫漫兮，吾将上下以求索。

《资阳人》这部书从选择题材到内容到结构都是一种创新，为文史写作开辟了新路。

刘胜俊先生是我国著名军事理论家、发展战略家、作家，长期在部队从事科研和管理工作，著作等身，影响深远。作为四川资阳人，他把全部的爱、全部的情，都奉献给家乡、奉献给父老乡亲。这部《资阳人》书稿，不仅体现了刘先生科研精神和执着追求，而且字里行间也包含着对资阳、对资阳人和对中华民族的一片深情。

我们借此机会，再次感谢刘胜俊先生大作《资阳人》书稿惠赐，也祝愿资阳的明天更加美好！

序:"中华资阳人"的文化解读

四川省社会科学院研究员、博士后导师
四川省社会科学院重点学科《巴蜀文化学》首席专家
四川省巴蜀文化研究中心学术委员会主任
四川省历史学会会长

谭继和

"资阳人"本是个考古名词,60多年前因资阳古遗址发现了距今四万年左右的智慧人头骨而得名。不过,由于后来巴蜀地区包括资阳地区的考古发现越来越多,巴蜀考古文化发展体系逐步清晰起来,包括"资阳人"所昭示的旧石器时代晚期古蜀区域人类的文化,其面目和发展体系的构筑也出现了曙光。考虑到巴蜀考古发现和历史研究的深入发展,"资阳人"就不仅仅是个"考古名词",而是出现了向"文化名词"转化的趋势。近年来,对"资阳人"的文化解读也多样化起来,如果考虑到把"资阳人"作为地方文化精神之根来探索,那么,"资阳人"更是一个文化符号,由兹扩展开来,可以做多种多样当代的文化解读,这是当前地方文化研究的一种新趋势。地域文化出现分区、分市、分县研究的新趋势,这是上世纪80年代考古学家苏秉琦先生提出来的预示,现在则已经开始出现了蓬勃发展的势头。一个地域,从发现几千年前,甚至几万年前的文化信息和历史记忆,一直连接到今天还想解读的活着的文化精神,这个若隐若现的、活态性的、持续性的地方文化基因发展的传统,始终吸引着地方知识精英关注的目光和探索的兴味。本书以"中华资阳人"命名,大概也是着眼于地方文化基因和文化传统如何解读的缘故吧。刘胜俊先生以辛勤的劳动写作这样百万字的大作,应该是当前地方文化研究新趋势发展出的一个重要成果和结晶,是对地方文化的新解读作出的一种新尝试。

我们知道,克罗齐说过:"一切历史都是当代史。"历史事实既已发生,它就是不可改变的客观存在。但那个历史事实时期一过,后来各代人的解读总会是不一样的,因为都是"同一历史"的当代人的理解和解读,都加进了解读者时代的思维和情感。古巴蜀历史,我们可以从两条线看到对它的历史面目的当代解读:一条线是考古文化,现在对古蜀考古已经能够构筑起一个发展的系列,这是几十年来的新收获。尤其是新石器时代晚期文明起源至文明的形成和发展,我们已经能够比较清晰地构筑起古蜀考古文化发展的系列,当然,其中也还有些阙环。至于说到旧石器时代,由于考古发现的限制和阙环还很多,我们至今还不能完整构筑起它的发展系列。从巫山人到资阳人上百万年距离的历史，还无法清晰地铸成一个合理的发展链条。这种情况虽然给我们历史研究工作者带来不利，但带来了解读的机遇，留下了巨大的文化空间、历史空间和想象空间。另一条线是历史文化，本来古巴蜀文献记载就少，加上散佚很多，难怪"蚕丛及鱼凫，开国何茫然"了。如果再追溯到蚕丛以上的"原史时代"，例如旧石器时代，那么，更是迷茫不清了。所以，对古蜀上古的"原史"，《蜀王本纪》首先对古蜀历史作出了扬雄那个时代关于巴蜀所谓"开国"的文化解读，继此之后，《华阳国志》总结出当时那个时代蜀人对蜀史的特殊文化解读是："蜀之为国，肇于人皇，与巴同囿。"人皇分九囿，巴蜀是其中一囿。这个"人皇"时代，就同旧石器文化向新石器文化转型时代联系起来了。所谓"人皇之一囿"，这就是古人对巴蜀古史的文化解读。虽然这不一定是真实的历史，但它确是古人对古巴蜀文化基因的一种认识。发展到后来的历史时代，对巴蜀进行特殊文化解读的人也越来越多。所以这些文化解读，都是他那个当代的解读。今天的今人解读，不过是这个历史的"当代解读"的进一步发展吧。今天比古人好的优势是能够把考古文化与历史文化两种解读逐步合笼在一起，尽管这是很困难的工作，但确是古人无法具备的优势。《资阳人》一书是这个当代文化解读的产物，它又采取了文学的样式，自成妙撼，加以想象，不管读者印象如何，这应该是百花园中一朵有想象力的奇葩吧？

　　考古上命名的"资阳人"是以首先发现地命名的，代表着旧石器时代晚期早段在巴蜀大地上活动着创造着文化的人群，如果用文化学观点看，它在巴蜀文化史上应该占有特殊重要的地位。苏秉琦先生曾经说过，中华文化这棵常青树有百万年以上的文化根系，有万年以上文明的起步，有五千年文明古国的起源和发展，有两千年中华帝国一统实体的发展。仿照苏秉琦先生的说法，我们也可以说：巴蜀文化这棵常青树，至少也有百万年以上的"巫山人"文化之根，有四万年以上的"资阳人"的文化根系，有远至"人皇一囿"的万年以上的文明起步，有四、五千年巴蜀古城古国古方国的文明起源和发展，同中华大文化一样，也有着五千年以上从不间断的文明起源和发展史。放在这个历史链条上来看，"资阳人"确实占有巴蜀地区古人创造文化和积累文明基因的关键地位。这个时期是原始人已经开始出现思维、思想和初级智慧的新人时期，是我们现代人知识智慧和经验产生的源泉，也就是说"资阳人"是活动在巴蜀区域的几万年前人类文化先驱的代表。如果再考虑到中国龙文化的信仰，发生在7000年前红山文化的"玉猪龙"和卵石摆龙时期，龙文化作为信仰的因素早在七、八千年前已经成为中国文化信仰的精神基因，那么，四万年前的"资阳人"初起的精神信仰（是智慧人、真人肯定就会发生信仰）和野蛮时期的思维知识，就是十分有趣的值得探索的问题。不过，这已经属于精神考古的范围，不是该书能完成的任务了。但该书这种尝试还是可贵的，要求对古史加以"理解的同情"，这种心绪还是可以理解的。

顺便说一下，关于"昆仑"的问题。资阳县有个"昆仑山"，不过，这是明清时代的传说，因为宋代以前的文献没有这一条，仅见于嘉庆《四川通志》。该"通志"说：昆仑山"中江所经，高耸特出，土人比之昆仑"。由此可见，昆仑山是当地土人比较山势得出来的结果，发生时代在明清，比较晚。但这不妨碍资阳的昆仑山具有深蕴的文化意义。

首先，它说明古昆仑不仅是指岷山的西北区域，也包括它东南的余脉。蒙师文通先生曾论证古昆仑指岷山。而由资阳"昆仑山"的记载，我们可以知道这个传说透露出古昆仑指岷山，还会有更大的范围，甚至古人概念里包括都广之野，也殊未可知。

其次，"昆仑"的本义是混沌、囫囵、迷蒙之意。岷山又称汶山，又称昆仑，从字源看，都是迷蒙未开的面貌的代称。这种迷蒙、迷离的"九天"一样的山林环境正是以神仙生活为特征的文化想象力培育之地。所以神仙说最早起源于岷山，即"昆仑仙宗"，它比齐鲁的"蓬莱仙宗"神仙说起源还早。而资阳历史上就是个"山独瑰奇，释子、仙翁之多占"（宋·祝穆《方舆胜览》"资州"条）的地方，资阳的仙气就是受昆仑神仙说的熏染发展起来的。

第三，"昆仑"一名有个文化次第开发，名称逐步西北移的过程。当岷山被蜀人进行了文化开发，不再迷蒙囫囵，岷山作为"昆仑"的称呼就北移了。随着山林文化的逐步开发，此处山林迷蒙神秘的面貌就逐步清晰化，而彼处又还未被开发，仍然迷蒙不清，于是"昆仑"一名就向不清晰仍迷蒙的西北山区转移了。直到今天的昆仑山，名称才固定下来。虽然"昆仑"一名有个北移的过程，但历史的印记还会在当地沉淀下来，这就是岷山为何会留下"小昆仑"之称，而资州又会自比为"昆仑山"的文化原因。我们甚至可以认为，从岷山到成都平原到资水、中江水，这都是昆仑仙源发生发展的区域，是仙源文化的故乡。而仙源资州则为今天资阳人精神充满浪漫、理想与梦想那一面的文化创造力，提供了基因渊源。有关这方面的猜想，还是看看面前这本书吧。

序:"惟有民魂是值得宝贵的"

——为刘胜俊主编的《资阳人》作序

卢继传　中国管理科学研究院常务副院长兼学术委员会常务副主任
　　　　《人民日报》理论部原主任、高级编辑、高级记者
　　　　著名生物进化论专家、知识经济学家、中国科普作家

《资阳人》这本著作,把报告文学应用于科学考古的描绘,这是大胆探索与创新,它以独特的方式来重现四万年前的"资阳人"的风貌,歌颂古人类的优秀品德和中华民族传统文化,引领人们回到四万年前的时空,来触摸古人类的生活史实,历览人皇和燧人文化、鲤鱼桥文化、女娲文化、昆仑文化、苌弘"碧血丹心"忠勇效国、全心为民的中华民族核心精神渊源的动人史话,生趣盎然。这是作者的一番苦心。他们以此弘扬我们这个时代最需要的中华民族文化,其意义是很深远的。

一、"资阳人"在中华文明史中的地位与作用

笔者欣然捧读《资阳人》这部著作,《人民日报》熠熠生辉的显著报道,1951年3月,在修建成渝铁路中发现旧石器晚期资阳人类头骨化石,引起国内外轰动,映入眼帘之中。

中国科学院正式向全世界宣布"资阳人"头骨化石是旧石器时代晚期人类化石这一震撼世界的消息,引起了世界极大关注。国内外各报刊纷纷以"号外"特刊方式发布这一重大发现。"资阳人"头骨化石是几万年前的宝贵遗存物,是新中国出土的第一块人类化石。

这一人类发展史的重大发现成为中国历史学界、考古学界头等大事。1951年9月,由著名文学家、诗人、历史学家、中国科学院院长郭沫若(1892年—1978年)组织,在当时的中国地质工作委员会协调下,中国科学院古脊椎动物研究所著名的古脊椎动物与古人类专家裴文中研究员配合,紧急召集重庆大学张圣奘、任朝凤教授,西南文教部晏学、蔡佑芬,西南地质调查所李柏皋,西南博物院徐鹏章,重庆市文化局何九思等专家和考古人员,组成9人考察组奔赴考察地。他们历经33天的艰辛对"资阳人"再次考察、在"资阳人"原出土地旁挖掘出大量石器骨器之后,又经细微研究和土层等技术鉴定,认定"资阳人"为3.5万年至四万年的古人类智慧人。

 资阳人

中国科学院古脊椎动物研究所的著名古脊椎动物与古人类专家吴汝康研究员在1957年中国科学院古脊椎动物研究所甲种专刊第一号《资阳人》报告中明确指出：根据挖掘资料发现的哺乳动物化石的研究，地层上的观察以及"资阳人"头骨化石本身的性质，可以确定，"资阳人"头骨化石的时代是属于旧石器时代。

裴文中、吴汝康于1957年12月由科学出版社出版的中英文对照版《资阳人》，确认"资阳人"生存于旧石器时代。经我国权威科研机构鉴定，"资阳人"生存于四万年前。这个发现享誉世界，美国、德国等世界各国高度称赞"资阳人"的问世，英国《大英百科全书》将"资阳人"列入词条。

"资阳人"头骨化石这一重大发现，对我国人类发展史和古人类考古工作起到不可估量的作用：

（一）从猿到人的进化过程长达近千万年。在浩渺的时空和辽阔的五洲大地上，古人类的足迹留给后人有据可考的资料非常稀少，而"资阳人"头骨化石的发现，为我国乃至世界人类发展史智库增加了珍贵的古人类遗存物，提供了古人类的丰富信息。专家们以确凿丰富的史料揭示了"资阳人"发现所具有的重大历史文化价值。至此，"资阳人"头骨化石与"北京人"、"山顶洞人"头骨化石并列为我国古人类三大发现。

"资阳人"头骨化石的发现是一个罕见的稀缺的机遇。难怪，中国历史学界、考古学界万分兴奋，喜出望外，以高度的重视，立即组织专家队伍挖掘。这也能解释为什么引起了国内外的轰动，予以高度评价。与此同时，这一发现不仅引起中国科学院专家和领导的高度关注，也引起我国党和国家领导人的高度关注。

（二）对中国旧石器时代古人类分布有了新发现，即我国旧石器时代古人类遗存物，主要在四川省中、东部地区。据《中国考古60年》在四川省考古60年的"一、旧石器时代"中说："旧石器时代遗存主要发现在四川中部地区和东部地区，既发现了人类头骨化石如资阳人的发现，也发现有旧石器时代遗址如资阳鲤鱼桥遗址……这些遗址都属旧石器时代晚期。"

考古资料表明，早在四万年前，"资阳人"就在四川省资阳地区的昆仑山、碧华山、莲台山、宝台山、天台山、书台山、凤台山、威风山、罗盘山、七泉山、龙泉山、天柱山等山地和九曲河、沱江、资水、濛溪河、花溪、绛溪、白水河、岳阳河、蟠龙河等九河流域繁衍生息。这为我国古人类研究与考古挖掘工作作出了重大贡献。

（三）"资阳人"在中华文明史发展中的地位和作用不容低估。中华文明是世界上最古老的文明之一，具有5000年到10000多年的文明史。原先说，其发

源地在黄河流域一带，但现今有几本史著说：古蜀王国是中华文明的摇篮。据传说和古史记载，自公元前三千年至前二十一世纪，是中国文明初起的时代，有三皇五帝之说，说法也不一。一般认为，三皇为天皇、地皇、人皇；五帝为黄帝、颛顼、帝喾、唐尧、虞舜。

根据中国的古史传说，人皇及其一部族喜爱沱江。传说人皇有九个弟弟，都神通广大，法术高强。人皇的使命是把天下分为九个州，命他的弟弟们各当一州的州长。他自己则住在九州的中央，时常出巡。史书上如此说，他们兄弟九人"驾六羽，乘云车，出谷口，依山川大地之势……传一百五十世，立国四万五千六百年"。

长兄人皇在生活和斗争巡游中华九州大地过程中，发现沱江两岸气候宜人、山丘绿幽、江水青淙、风光秀丽、环境怡人。因此，爱上了沱江两岸，与管理沱江等地域的九弟人皇共同长住沱江中游地域。经过三皇的辛勤努力，中华大地有了很大的进步，但人们的生活依然艰难。此时，时代造英雄，伟大的各种神祇人物应运而生。

就在三皇之后，又经过漫长的若干年代，出现了下列五氏：有巢氏、燧人氏、伏羲氏、女娲氏、神农氏。五氏承担起带领日益增多的人们如何生存繁衍的重任。

燧皇继承人皇遗志，繁衍后代，将氏族派往九州各地。燧皇在管理各氏族过程中像人皇一样爱上了美丽宜居的沱江中游地域。在管辖沱江流域的这部分燧人氏族也十分喜爱沱江流域，就在沱江流域或沱江中游地域常住下来，为开发沱江流域和后来的资阳地域献出了心血，令人对其功德永志不忘。所以，后人广泛传颂：

人皇、燧人氏一部是资阳人的祖先；

人皇、燧人氏一部是开创四川文明的始祖；

人皇、燧人氏是拓展世界人类文明的元老。

"资阳人"是生存于四万年时的智慧人，是人类萌生思维，用智慧创发文明的杰出的先驱，创造了生产活动与独特生存方式，开创了中国远古人类文明。有人撰著"古蜀王国"是中华民族文明之摇篮，认为"资阳人"文化是中华民族优秀传统文化的组成部分。"华夏文明只有黄河流域这一个摇篮吗？近年来，一些学者、专家提出了异议，他们著书说，用出土文物史料论证古蜀王国同样是华夏文明的一个摇篮。"资阳人又是蜀人的祖先。史实是最好的佐证。资阳人萌生人类思维，率先用智慧与大自然斗争和生息，用骨针缝制皮衣，用穿孔石珠等妆饰，拓创发展人皇、燧人、鲤鱼桥、女娲、资国、昆吾、苌弘等四万年来一系列的灿烂文明史实，充分证明资阳是中华文明的一个摇篮。这些见解对重新审议我国古人类研究结论提供了重要史实。

出于这个历史事实,伟大的马克思主义者、中国无产阶级革命家、战略家、理论家、中国共产党创始人、新中国第一任国家主席毛泽东(1893年12月26日—1976年9月9日)对"资阳人"头骨化石出土给予高度评价。据记载,1953年,重庆大学张圣奘教授出席了中国科学院在北京召开的人头骨化石学术讨论会。他是中国无产阶级革命家、政治家、军事家、外交家、中国共产党创始人、中华人民共和国第一任总理周恩来(1898年—1976年)在天津南开中学的同学,北京大学时毛泽东好友。会后,他在周恩来的陪同下拜访毛泽东。在毛泽东详细询问了"资阳人"头骨化石情况后,郑重地对张圣奘教授说,这是国宝啊,你发现了迄今为止中国第三颗人头骨化石,对中国、世界都有很大贡献。

二、弘扬"资阳人"精神 打造文化强市

中国著名的文学家、思想家、革命家鲁迅先生(1881年9月25日—1936年10月19日)曾说,惟有民魂是值得宝贵的,惟有它发扬起来,中国人才有真进步。民魂可理解为民族精神或中国精神。的确,这样的民魂,就是一个国家和民族的精气神,它关乎国家成败、民族兴衰。五千年来,中华民族之所以能够创造出辉煌灿烂的文明,是我国56个民族同心共筑的奋斗成果与目标,是我们共同的民族精神,是我们共同坚守的理想信念。没有振奋精神、没有高尚品格、没有坚定志向,一个民族不可能自立于世界之林。

正是《资阳人》这部著作的作者以发扬老祖宗民魂为动力,对"资阳人"的挚爱之情,才能够在浩瀚的考古史实和历史资料中全面搜集、攀爬刀削陡壁实地考察,历经多年的不懈努力,进行研究、辨正史料、综合分析、开拓进取,撰写了这部著作。其奋斗、执着精神体现了现代"中国精神"及其历史责任感,令人感佩。

对于科学或考古考察、挖掘,科研调查人员的一般写法是科学考察报告,但作者把报告文学应用于科学考察报告,使其妙笔生花。笔者读了这部著作之后,感受到作者是认真思考过的。文字是作者与读者心灵沟通的桥梁,若以科学考察报告写作体裁,史实加数字等,只能作为历史资料,供研究部门或领导审视,难以在大众中普及、传播。作者选择以古人类考古史料为基础,传记性报告文学的写作体裁,那就必须以典型形象、故事情节、真实性的通俗生动叙说,进而增强趣味性与可读性,引人入胜地把四万年前的"资阳人"生存活动的整体风貌活生生的展现在今天现代社会的面前,把人们带入四万年前"资阳人"的生存奋斗状况,触摸古资阳人历史脉搏,浮想联翩,得到启示与教育。不过,体裁服从于内容。看得出,作者不只让人神奇,而是以弘扬古资阳人的

民魂为红线来撰写"资阳人",使历史资料、文学创作、知识普及、学术理论融成一体,收到雅俗共赏的好效果。

事实上,这部《资阳人》著作的内容体系如同古"资阳人"的博物馆,这个博物馆是展示、宣传"资阳人"的历史文化品牌。笔者可以预见,这个历史文化品牌将诏告天下,会有越来越多的人前来体察资阳、认识资阳。这无疑是作者对现在资阳人民建设社会主义文化的重大贡献。

文化作为民族的血脉、人民精神家园,其灵魂是思想,即民族价值观和民族智慧的结晶。对此,党的十八大报告提出了"建设优秀传统文化传承体系,弘扬中华优秀文化"的重大任务。要完成这一重大任务,一项十分重要的也是基础性的工作就是加强对优秀文化传统思想价值的挖掘和阐发,维护民族文化基本元素。

今天,我们弘扬"资阳人"精神,就要宣传"资阳人"文化,就要阐明"资阳人"的民族文化基本元素。事实上,《资阳人》作者已对其文化基本元素做了归纳揭示,其论断摘录如下:

人皇燧氏惠沱岸
骨针缝叶制皮衫
龙垭始建杆栏房
"鲤鱼"破浪创新篇
女娲补天治洪泛
蚕桑出壳天鹅山
漆树生辉始创发
十三大文明耀斑斓
三溪石斧辟荆棘
资国崛起大西南
"猴蛇""纵目"滋世界
中华文明昆仑起,
苌弘孔子双星灿
……

这些论断告诉了我们什么?作者根据古史记载和神话传说,写下让世人感叹的古"资阳人"的奋斗史。这个历史概括如下,4万余年"燧人"(资阳的祖先或始祖)活动于沱江流域一带,逐步开创了以钻木取火、用火,结绳记事,使用石斧生产劳动或猎杀动物等人类文明的起点,建起村落(即杆栏房),发展蚕桑业、漆业等,创建十三大人类灿烂文明:工具(兵器)文明、采集文明、妆饰文明、饮食文明、艺术文明、科技文明、祭祀文明等。女娲是伏羲妻子,

为天下共主，始作笙簧，是音乐的开始，传说她治洪泛炼石以补天，聚芦灰以止滔水。女娲是古时代神女、古人类的先祖，传说中的"女娲补天"就是对她的赞誉，女娲是"资阳人"，由于"蜀国"和蜀地遭遇洪水灭顶之灾，女娲率众治洪，凿石开山，凿通巫峡山脉，终于泄去洪水，把天的"缺口"堵住了、补好了，保住了"蜀国"。女娲还带领资阳等蜀人制乐、发展农耕，创造了初始婚姻制度等。后人在神话传说中形象写下"女娲补天"感人的故事，广泛流传。

"资阳人"奋斗史令人感叹不已。他们是在与天斗、与地斗、与禽兽斗中得以生存，建立自己的家园，开创人类历史。上古之时的大地，正如韩非所说的，"上古之世，人民少而禽兽众，人民不胜禽兽虫蛇"。他们"日与禽兽居，族与万物并"，每时每刻都面临一场生死搏斗，但他们英勇献身、前仆后继。他们在经过无数血的教训中得到生存教育。个体采集果子、食物活动是难以生存的，必须团结起来，由资源祖领导群聚采集，形成有组织、集体的力量，才能安全采集和繁衍生存。从此，"资源祖"成为他们的领袖，带领他们战胜艰险，克服困难，团结战斗，不断推进了人类文明的进程。在上古时代惊险的特殊环境中，"资阳人"历练了刚强的性格和坚毅的意志，培育了感人的心灵、高尚的品德和伟大情操。

经过几万年的沧桑岁月，"资阳人"这些优良品格慢慢生根，逐步铸成了"资阳人"优秀传统文化的基本元素：博大精深、新颖隽永、雄奇伟先、厚重绵远，及其民族精神的基本元素：忠勇厚德、勤俭求是、睿智创新、团结承传。他们自强互救、集体意识、众志成城、勇往直前、敢为天下先、艰辛创业、百折不挠、迎难而上、尊老爱幼、扶弱救危、舍身救人、团结奉献、锐智拓创等。这就是"资阳人"的高尚心灵、绵远的文化、悠久的文明、伟大的精神，是一种感人心灵和激励人们奋发向上的兴国之魂、强国之魄。这些厚德忠勇、仁爱为民的伟大民族文化和民族精神是后人的魂与根，是中华文明的源泉，是最值得传承的中华民族文化财富，是中华民族文明精神的基本元素，是改革创新时代的精神核心，把它发扬光大，与社会发展有机结合，将产生巨大的无穷尽的社会效益和经济效益，是现代资阳人建设社会主义的精神动力和文化支撑，它将成为资阳这座城市综合实力和竞争力的最重要战略资源与重要因素，是弘扬资阳人精神，打造文化强市，实现中国梦的难得契机。

这是笔者读《资阳人》这部著作的坦然感悟。笔者深信，"资阳人"民族文化基本元素是一个能在大多数人们心中激起共鸣的目标追求，广大读者也同样会从中得到感人的有益启示。

是为序。

用发展史实，证明了资阳人的灿烂文明

——评《资阳人》

原四川省文物管理委员会办公室主任
四川省文物考古研究所原所长

在距"资阳人"四万多年后 21 世纪的今天，我们生活在现代高科技信息时代，当我们在新时代享受现代精神文明和物质文明的同时，应饮水思源，勿忘"资阳人"；更勿忘资阳人文化在当今社会中不可替代的文化地位。继续弘扬资阳人文化，继续发扬资阳人敢于拼搏，敢于创新，不断进取的创业精神和优良传统，为推动资阳的高速发展，为振兴中华民族而做出更大的贡献。

弘扬资阳人文化，首先要弄清"资阳人"及资阳人文化在我国历史进程中所处的地位。

关于文明的起源问题，是现代科学有待解决的重大课题之一。在 20 世纪，学者论述中国古代史时，多以东西关系立说，认为是"西亚近东文明东渐"，这在历史学界有过较大的影响。随着考古工作在全国的普遍开展，包括距今 170 万年左右的"元谋猿人"、距今 100～50 万年左右的"蓝田猿人"、距今 70～20 万年左右的"北京猿人"、距今 10 万年左右的"大荔人"，以及距今约 4 万年左右的"资阳人"等一大批重要人类化石的相继面世，把中华大地上人类演进的脉络清楚地展现在了世人面前。考古学上所取得的丰硕成果，强有力地否定了人类文明西方中心论，证明了东方是人类重要的起源地之一，中国是世界文明的重要发源地之一。"资阳人"是我国晚期智慧人的重要代表，是人类智慧人的里程碑，在从古猿到人的五个发展阶段中占有重要的一席之地，是人类演进脉络链上初生思维，开始用智慧斗争、生息的重要一环。

"资阳人"处于旧石器时代晚期的早段，距今约 4 万年左右。"资阳人"是迄今为止在四川境内发现最早的新人化石，给"资阳人"戴上"四川人的始祖"桂冠，应该当之无愧。"资阳人"早已名闻天下，被列入了历史学和考古学的史册，"资阳人"魅力永恒。作为今天的资阳人，应该感到无上荣耀。

资阳西接川西平原，浅丘间沱江蜿蜒流过，河谷两岸分布着串珠般的冲积平原。在旧石器时代，这里气候"温暖而潮湿"。这些河谷阶地及其周围的方山坡地是以采集、渔猎为生的古人类理想的生活地点。1980 年，北京大学与四川省博物馆在资阳县孙家坝鲤鱼桥进行的发掘；1981 年，四川大学在资阳县九曲河铁路大桥附近的发掘和 2010 年四川省文物考古研究院在简阳市龙垭村的发掘，共出土旧石器时代石制品近千件。这些众多旧石器时代石器采集点，充分证明资阳地区是旧石器时代晚期古人类赖以生存的重要家园。他们使用极其简陋的工具在原始的生态环境中，依靠集体的智慧和力量，战胜重重艰辛，顽强地生存并不断的进取，为今天的资阳发展铺垫了最初的基石。没有他们的付出，也就没有资阳的今天。

1980 年，资阳县孙家坝鲤鱼桥出土的新石器时代陶片遗存；1985 年，资阳县花溪村和城南兰家坡出土的新石器时代石制工具，加上资阳县小院区石虾子、沙嘴等一大批新石器时代石器采集点，充分说明"资阳人"生生不息，代代相传。

进入夏、商、周时期，独树一帜的蜀文化成为瑰丽的中华文化百花园中的一朵奇葩，因此，"长江文明"的概念产生了，黄河、长江成为中国文明的"两河"新说。试问，如果缺少了"资国文化"，能构成完美无瑕的蜀文化图景吗，那是不可能的。因为"资国"是蜀的一个重要邦国，其历史悠久，自姬资随大禹治水，因功受封沱江流域立国开始，至公元前 316 年秦灭蜀殃及鱼池而亡，在二千余年的坎坷岁月里，姬资的后裔与土著资阳人和睦相处，繁衍生息，奋勇开拓，在四川成为"沃野千里，号为陆海"的"天府之国"漫长历程中，做出了巨大的贡献。所以"资国文化"在蜀文化这一华丽的诗篇中有着极其重要的一页。

"日穷次而月穷纪"，"次"是太阳运行时的止宿之所。日"至蒙谷"，是指太阳止宿于岷山即昆仑山之上。太阳止宿于昆仑山已为世人所共识。在明白了"次"实为"资"的关系后，再回过头来看资阳有昆仑之称或谓昆仑在资阳，就不足为奇了。昆仑山是蜀人心目中的圣山，从中我们可以清晰地看到"资国"在蜀的邦国中具有不可撼动的重要位置。如果说"'昆仑'，这是沿着记忆的碎片能够寻找到的中华文明的源头"，那"资国"文明则应是中华文明源头中的一股重要源泉。

"资国"的重要一支来源于居住在岷山地区的黄帝系—蚕丛系部落联盟，这个部落联盟的首领—黄帝的正妃西陵氏被人们普遍认为是养蚕的始祖，被后人供为蚕神。"西陵氏"是对这个联盟族群的泛称之一，可见养蚕最早始于该族群。"资"作为这个部落联盟中的重要一员，在驯养野蚕到家蚕的过程中不可避免的会被重重地打上"资"的烙印。因此，说是"资"人发明了养蚕，是有一定道理的。养蚕织帛最早由蜀地传播到中原，进而推广到中华大地，并传遍世界。因此，资阳人的贡献不可磨灭。

黄帝系—蚕丛系部落联盟在岷山区域活动时，最初以洞穴为室，这一以木骨泥墙为壁，以茅苇盖顶成冬暖夏凉居室的功绩应归功于"资"人。"资"人是用草苇盖房的始作者，是他们开启了这一建筑形制的先河。这一建筑形制从根本上改善了人们的生存条件，对人类的发展起到了举足轻重的作用。这一形制沿袭几千年不衰，影响范围之广，足以说明这项创举的重要价值。

俗话说，一方水土养一方人。资阳地区可谓人杰地灵，在历史的长河中涌现出的杰出人物数不胜数，盛名四扬，对四川的开发和发展影响极大。其中有孔子的老师苌弘、大文学家王褒、大经学家教育家董钧、大科学家秦九韶等。就拿春秋时期的苌弘来说，其博学多才，不仅是中国天文学南派代表人物，春秋时期的音乐大师、阴阳家，还在置身政务期间，始终致力于国家富强统一，深受世人景仰，就连一代宗师、儒家创始人孔子在审定孔学派尊奉的经典《礼》、《乐》等书之前，也要向他虚心请教。这些经典之著，对中华文明有着极其深远的影响。苌弘可谓中国历史上一颗耀眼的明星。正是这些精英人物带领资阳人民艰苦卓绝地创造出了一代又一代辉煌伟业，谱写出一部又一部宏伟壮丽的诗篇。

《资阳人》一书是在党的'十七届六中全会'精神指引下应运而生，在党的十八大精神指导下深入进行。该书是一本史传体报告文学性书籍，同时也是对"资阳人"的一曲颂歌。书中讲述的虽然是"燧人氏是资阳人的祖先"、"女娲治洪补天"等一些古老的事情，但其中不乏引经据典，利用历史记载、神话故事和民间传说，并接合考古学所取得的成果。深入浅出地对历史进行追述和探索，不仅生动地描绘了"资阳人"战天斗地、顽强拼搏的生存情景，还对中华文明的起源提出了新的见解。这一段历史，是我们祖先战胜大自然，开发资阳、开发四川、开发中华的恢宏历史。对研究历史学、民族学和考古学的人来说，有一定的参考价值，对从事其他工作的人来说，扩大知识面，打开思路，无疑大有裨益。更重要的是从《资阳人》一书中我们可以学到祖先的优良传统和创业精神，这种精神财富将教育和激励一代又一代的炎黄子孙，驱动后人以更加饱满的热情投身于经济建设中。

关于"资阳人"的资料虽多，但过去疏于系统的收集和整理，实为一大憾事。《资阳人》一书，首次汇齐了相关资料，并回顾了"资阳人"的发现始末，在对"资阳人"作系统介绍的过程中，全面而翔实地分析了这批资料，以不争的发展史实证明了"资阳人"的历史价值和资阳人的灿烂文明。

《资阳人》一书是宣传资阳历史，推介资阳，鼓励人心，凝聚力量，促使资阳快速发展的强力推手。资阳人文化是中华文化的重要组成部分，我们不能忘记历史，更应弘扬资阳人文化，发扬资阳人创发的以"碧血丹心"、忠勇效国、全心为民为核心的中华民族精神，自强不息，坚信明天的资阳一定会更美好，我们的祖国一定会更加繁荣富强。

该书是作者辛勤耕耘的结晶，该书的出版，可歌可贺。

用科学态度为资阳人文化树碑立传

——评《资阳人》

四川大学教授，享受国务院特殊津贴的专家
四川省写作学会会长
中国写作学会原副会长

有这样一座碑石：它镌刻着远古史前时期资阳人出没前行的脚印，彰显着东方智慧人勇毅、锐智、奋进的身影，张扬着远古人类和资阳人万古不息一至于今的共生文明和创造精神，承载着人类文明的苦难和光明，记录着资阳文化的千古变迁，抒发着新时代资阳的赞歌，展示着资阳美好的未来。

它，就是《资阳人》———一本宣传资阳文化的历史教科书，一本宏扬资阳文化的历史记录，一本评析资阳文明的通鉴。

那么这部书究竟有什么吸引人的特点呢？人们关注的是这部书的特点、质量和价值。

一、本书的学术价值

首先是它的史论结合所产生的的学术价值。如果一部史传著作缺乏学术性，也就无须对它进行形式上的分析评价了。

本书的学术性的第一个鲜明特点是它对考古发现学术价值的有力揭示和论列。郭沫若说："靠着殷墟的发现，我们得到一大批研究殷代的第一手资料，是我们现代考古者的最幸福的一件事。就靠着这一发现，中国古代的真面目才强半表露了出来。"（《十批判书》：《古代研究的自我批判》）同样，六十年前"资阳人"头骨的发现，资阳4万年的历史才"表露了出来"。这是震动中国历史学界和考古学界的一件大事。郭沫若就此发给致张圣奘的电报中说："这是吾川有史以来的重要发现"；翦伯赞说："资阳人的发现，不仅对中国旧石器时代人类分佈提出了新问题，对旧石器时代人类体质的研究也提出了新的问题。"（引自冯汉冀《关于资阳人的几个问题》，1955年）"资阳人"的发现受到了史学界和考古学界的广泛重视。本书作者对"资阳人"这一考古发现的时间、地点、现场作了严谨科学的考订，对当年现场的考古专家作了跟踪报告，记述了郭沫若、张圣奘、翦伯赞、李四光、贾兰坡等学者对这一发现的意义的评估和肯定，还原了这一考古发现的真貌面实，有力反驳了对这一考古发现的"否定论"；而且作者还进行了大量的史学分析，作到了史论结合，以确凿丰富的史料揭示了"资阳人"考古发现所具有的重大历史文化价值。

本书的学术性还表现在对史前文化和传说历史的准确阐述和史学论据的运

用等方面。但要做到这一点，并不容易。这首先就要面对传统的史学叙述惯例和成法。"资阳人"经历了自旧石器晚期至原始社会解体，见证了中国远古文化的存在和发展。但史前史只有传说历史和考古历史，而为"通史"所轻略。中华文明具有的悠久历史，然而真正有文献记载的年代开始于西周共和元年（前841年，见于《史记·十二诸侯年表》），此前的历史年代皆不明确，而在《史记·三代世表》中仅记录了夏商周各王的世系而无具体在位年代。现当代大部分著名"主流"通史和大学教材也皆从春秋战国起始，对于中国史前文化和传说历史皆予忽略。本书作者对"资阳人"的远古史、史前史、先秦史进行了透彻的研究，从4万年以来的人类文明，直写到三皇五帝以后，认为上古史中的对于三皇五帝的文献记录和神话传说记载，对于建构一个国家和民族历史是不容忽视的，突破了认为史前文化和传说历史不是历史、不能入正史的成法和成见。这完全是科学的，在史学上也是站得住脚的，是有史学依据的。事实上，国内外许多著名史学家都认可这一点。郭沫若在《卜辞中的古代社会》中说："中国有史以前之传说，其可信者如帝王诞生之知有母而不知有父，而且均系野合，这是表明社会的初期是男女杂交或血族群婚。"认为有的史前传说历史是可信的，而且作了社会学的分析。范文澜说："古书籍里记载着不少有关远古的神话和传说……是值得珍重的。"（范文澜《中国通史》，人民出版社，1978年第01册）袁珂也说过："我认为相当一部分神话并不都是凭空虚构的，从神话五光十色的三棱镜中，总或多或少会曲折地反映出一些历史的面影来的。"（《中国神话通论》，第23页）任继周院士据考古资料和历史传说，更是把中国史前时代凝集为"三皇"史系，并分为四个时期：燧巢时期、羲娲时期、神农时期和黄帝时期（见《农业草地农业生态学》，中国农业出版社，1995年），本书部分采用了这个观点。翦伯赞在《中国史论集》（国际文化服务社，1988年再版）之《略论中国文献学上的史料－导论》中有更前沿的判断，他说："就史料的价值而论，正史不如正史以外的诸史；正史以外的诸史，又不如史部以外的群书。"这里所说的"群书"，主要指的就是传说和神话。徐中舒称扬雄所作《蜀王本纪》广泛采集了传说历史而成书。（徐中舒《论〈蜀王本纪〉成书年代及其作者》《社会科学研究》1979年01期）徐中舒认为《史记》据记载传说的史料，判断"古代的帝王黄帝、尧舜、禹等及尚周的先世契、稷都是一族"。认为"司马迁整理的系统是有相当根据的。他所据的'古文'是战国时代六国流传下来的资料，是保存了古代人民对于过去酋长各据一方及其互相次第代位的史传"。《史记》认可了"这些传说的次第。"（徐中舒《先秦史论稿》巴蜀书社 1992年）

徐中舒、蒙文通、缪钺等人对巴人来源各有自见，但他们同样采用了传说历史材料。对于传说时期的历史，徐中舒提出了"箭垛式人物堆积"的历史观，

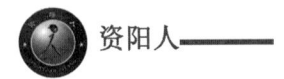

认为传说一般都以某个名人为箭垛中心,有关各种典章文物制度皆附会之,如夏禹和黄帝;各族由分散到统一和凝聚的融合趋势,各地区各民族本来平行发展的有关本族始祖的各种传说,必然要转化为直系一线相承的统一世系。(见徐中舒《论巴蜀文化》,四川人民出版社,1992年。《先秦史十讲》,中华书局2009年7月)这些中国著名历史学家都认可历史传说对于历史的重要性,并把它们作为自己论证历史的论据。这一点,中西历史学家多有相合者,西方著名的历史学家柯林伍德说:神话"是已知事实的一种陈述"。(柯林伍德《历史的观念》)J.基－泽博编著的《非洲通史》第一卷中说:"口头传说在很大程度上是最直接、最丰富和最真实的历史资料来源。"他们明确指认神话和传说是已发生之事,这已近乎说神话也是历史,与著名中国神话研究专家袁珂的观点相似。本书作者在研究"资阳人"生存发展的年代文化时,不可避免地要与神话传说中的人物作出有机的联系和说明。凭据资阳人系列考古发现和其他考古成果及传说历史资料,研究资阳人在史前这段时期的生存生产活动,不仅是必需的,而且也是可能的和科学的,合世界史和中国史的一般研究方法。本书在这方面,谨慎而大胆地使用了史前文化的大量材料,并用文学笔法加以铺写和描绘,开拓了"资阳人"研究的学术视野,丰富了"资阳人"研究的历史内容;这从而使本书具有无可置疑的科学性、建设性和学术性。

　　本书的学术性还表现在注重史料的确凿性和严谨的论证上。我们知道,中国史前文化按照考古年代主要分为不同的石器时代。史前考古学着重从史前文化遗址的地质、器物、古人类、古生物遗存来研究,历史考古学则通过文字、铭刻、古建筑等方面考察古人类的历史。这是一个浩瀚的资料库、博物馆。本书的一个了不起的工作就是对这几方面的资料,尽可能多地搜集和掌握。历史研究的最重要的工作是资料的搜集和采用。恩格斯说:"即使只是在一个单独的历史事例上发展唯物主义观点,也是一项要求多年冷静钻研的科学工作,因为很明显,在这里只说空话是无济于事的,只有靠大量的、批判地审查过的、充分地掌握了的历史资料,才能解决这样的任务。"(《马克思恩格斯选集》第2版第2卷,第39页。)本书作者深知学术研究的结论必须建立在占有大量材料的基础上。郭沫若之所以能成为公认的考古学家、文字学家和历史学家,就是因为他有大量的知识和学术储备,如他所说:"就我所能运用的材料和方法上看来,我的看法在自己是比较心安理得的。秦、汉以前的材料,差不多被我彻底剿翻了。考古学上的、文献学上的、文字学、音韵学、因明学,就我所能涉猎的范围内,我都作了尽我可能的准备和耕耘。"(《郭沫若全集<历史编>》第2卷,第468页。)所以他才能写出《甲骨文字研究》、《卜辞通纂》、《殷契粹编》、《两周金文辞大系考释》、《金文丛考》、《古代铭刻汇考》等著作,为文字学家唐兰所称赞："夫甲骨之学，前有罗（振玉）、王（国维），后有郭（沫若）、董（作宾）。"据我所知，《资阳人》作者也具有这种勤恳的精神，始终把搜集第一手资料放在第一位，作了大量调查和阅读，可以说是竭泽而渔，称得上是"用了文籍考订的工具冲进了圣道王功的秘密窟里"。（顾颉刚《古史辩》第二册，《自序》）作者始终可贵地遵循着这样一种史学态度："以纯粹的客观的态度，由地面或地底取出古人所遗下的物证来，实事求是地系统地考察出人类的文化从古以来所历进着的过程。这种学问是正确史观之母体或其褓母。"（郭沫若《我与考古学》）为了作到这一点，作者还不遗余力地调研本地区和四川其他地区的同期考古发现，以便更充分地了解和说明"资阳人"。如"龙垭旧石器时代遗址"是四川新发现（2010年4月）的一处旧石器时代晚期的遗址，距"资阳人"仅40公里。遗址出土石制品700余件，包括动物骨骼化石标本87件、牙齿化石标本86件、角3件，动物骨骼碎块化石数千块，其中经过钻孔的骨质妆饰品是四川地区发现年代最早的妆饰品。出土石制品337件，以砍砸器为主，另有刮削器、尖状器、石球以及石核、石片等。龙垭遗址的发掘对研究古人类在该地区生存、演化的历史和探讨四川盆地的环境变迁具有重大的科学研究价值。《资阳人》采信了龙垭遗址的发现，并使用了它的材料，与"资阳人"遗址发现相比较、相对应、相观照，这就对作者真实地反映史前资阳人在燧巢时代的生存状况，对作者记述此阶段史前资阳人起了直撑作用。

对于不同的见解，如对"资阳人"考古发现的否定意见，对"资国"是否存在的不同看法，对神话传说材料的使用的不同见解，本书作者也本着争鸣的态度，抱着对学术研究的敬畏心理，尊重不同意见，又能以史料发言，进行辩正，鲜明地阐述了自己的观点，表现出了一种可嘉的学术勇气和科学态度。

由于《资阳人》有这种严肃、认真、客观、科学的作学问的态度，不仅史料丰富了内容，阐发了新的学术观点，增强了它的知识性，也使这本书的学术质量得到了保证。

二、本书的文学价值

本书的第二个特点是它的文学性和可读性。

作者对这部书的体裁定位是"史传体报告文学"。这样，它就包含了真实历史的记述和文学的想象与描绘两个方面的内容，事实上，它是文学的史学记述，史学的文学报告，二者紧密地联系在一起。本书称为"史传体"，而不称为"纪传体"，显然是有意与《史记》的"纪传体"相区别。《史记》是我国一部纪传体史书，是中国历史上第一部纪传体通史，被列为二十四史之首。记载了上自上古传说中的黄帝时代，下至汉武帝元狩元年间共3000多年的历史。《史记》

全书包括十二本纪（记历代帝王政绩）、三十世家（记诸侯国和汉代诸侯、勋贵兴亡）、七十列传（记重要人物的言行事迹，主要叙人臣，其中最后一篇为自序）、十表（大事年表）、八书（记各种典章制度，记礼、乐、音律、历法、天文、封禅、水利、财用），共一百三十篇，五十二万六千五百余字。《史记》其首创的纪传体编史方法为后来历代"正史"所传承，对后世史学和文学的发展都产生了深远影响。

综观《史记》的写作特点，可以看出它的重点和纵线是以"本纪"、"世家"和"列传"为主，主要记叙帝王将相的历史。后世封建时代的历史也大抵如此写法。而本书写法大为不同，它一改以帝王将相为主的封建时代的"纪传体"，把几万年的历史以历史事件为主要内容加以铺记，强调了人民创造历史的史传性，当然也不排除"纪"和"传"，对历史人物仍给予重要地位。这就是本书"史传体"的不同内涵和特点。

本书又是"史传体报告文学"，这倒是与《史记》以来的通史和断代史的文学性相一致的。应该指出，《史记》的"纪传体"有很强的文学性，这种文学性并未在体裁特点中特别标明出来。《史记》向被认为是一部优秀的文学著作，在中国文学史上有重要地位，被鲁迅誉为"史家之绝唱，无韵之离骚"，有很高的文学价值。它的文学性就包涵在"纪传体"之内，就是说，它是以文学笔法写的历史。同样，本书体裁的文学性，一方面体现"史传"写作之中，同时它又有着报告文学的特点，即真实性、想象性和形象性的统一。这就从史传写作和报告文学写作两个方面和二者的结合上加强了本书的文学性。本书的"史传体报告文学"体裁是历史文化写作方面的一种全新的体裁形式。

历史史实的科学表述与文学创作的丰富想象、生动描绘相结合，是本书的一个特色。如果对这二者分而论之的话，在历史的真实性方面，作者是以对历史学者的要求自律的，严谨地使用已有田野考古、特别是资阳本地区田野考古的发现和各类出土文物，也使用了丰富的记录史前文化的历史学资料；在以文学的笔法复员"资阳人"发现以后几万年前资阳古人类的真实的生存状况和生活面貌时，作者严谨地处理这些史学材料，并慎重地提出和阐发自己的学术见解。在这方面，如果我们把有些部分独立出来，可以把它视为学术论文；在本书的文学性方面，作者充分使用史学资料，展开大胆的艺术想象，但并没有天马行空式地虚构(这也是为报告文学本身所排斥的)，而是处处以田野考古出土文物和历史学资料为依据，还印出了许多珍贵的图片，与文字描述相配合。如本书以"合理想象"的文学笔法，具体描写和记述4万年前古人类资阳人的生产活动时，使用了旧石器时代晚期资阳出土的水鹿角、资阳出土的锛形砍砸石器，在描绘上古时代资阳妇女的日常生活时，使用了当时资阳人用过的出土骨锥和佩饰品石珠；在记叙和描述"羲娲时期的资阳人"时，作者使用了包含史前传说和神话在内的多种资料，如《山海经》、《易.系辞传》、《楚辞》、《礼记史》、《记》、《华阳国志》及今人任乃强的《蚕丛考》等材料，配合以出土实物如石锄、石锛、箭簇等，以生动的描绘，再现了古人类的生存状况，复员了"资阳人"的生活面貌。因为有史料的配合，这些想象和描写，真实而生动，大大增强了这本书的文学性和可读性。一方面是文学的想象与描写，一方面又处处辅以具体考古材料和文献材料，使二者相辅相成，作到了文史结合，这就使本书的文学描写呈现出的是以真实性为核心的报告文学形式，而不是以虚构为核心的小说形式。这种史传体报告文学---文学性的史学报告，或许会成为一种新的体裁形式。

这部书的文学性还表现在它为读者描绘了资阳人的典型形象。作者把这个人物置身于不同的历史时代，不同的生存环境，生动地描写了他们的生存形式和具体的生产活动、生活方式。从远古智慧人、史前资阳人到古代资阳人、近代资阳人及至现当代资阳人，在不同的历史阶段，他们以一以贯之的艰苦卓绝、不屈不挠、勇于开拓、锐智创新、奋斗进取的精神，改变着资阳，发展着资阳，这是资阳人的共同性格。这个人物在书中自始至终倍伴着我们，鼓舞着我们。

三、彰显"资阳人"的文化品牌价值和精神价值

子曰："必也正名乎。"读了这本书的第一印象，说直白点，感到它的主旨就是为宣传资阳搭台唱戏，说正能量点，就是为资阳的文化建设烧柴加火。本书是把《资阳人》作为资阳文化的精髓进行建构的，资阳文化本身就是千百年来社会历史生活长期积淀的产物，它集中地反映了资阳人、资阳地区的人文性格和地域特色，体现着现代人的价值观。"资阳人"已经是一个文化品牌，一个文化符号，显示着文化的共生和共有观念；可以相信，浸透着这种资阳文化精髓的具有现代文化观念的"文化产品"《资阳人》，一定可以让更多的人了解资阳，认识资阳。

本书的主旨是挖掘"资阳人"文化、弘扬资阳人精神。因为文化精神最终体现为人的精神。本书从"较一般现代人为原始'资阳人'"（吴汝康《四川资阳人类头骨化石的研究》，科学出版社，1957年）写起，描绘了旧石器晚期资阳人逐渐进行的生存创造，如石器文明、狩猎、用火、熟食、结绳记事、观察天象等；描写了燧人、女娲时期的畜牧、治水、造筏、治陶等初民的原始生存创造性生产活动；描绘了黄帝时期的农耕文化、蚕桑文明、祭祀拜神活动、生产食盐等自觉发展生产的锐智农业文明，以及后世争伐、兴邦、兴农等。本书把"资阳人"文明置于整个中华人类文明的观照之下，写了远古资阳人所处的地

域优势，远古资阳人向川外播撒农耕文明，资阳人文化与川外各地文化的融合及与中华民族文化的生成发展、与人类文明发展的关系等。这些记述的中心是资阳人。这些史实充分说明资阳是中华文明一摇篮。作者自始至终，以它的宏构巨制、科学论证和生动描述所含纳、所展示出的资阳人的勤淳仁勇、毅睿攻坚、贵中尚和、厚德载物、求是创先、团结奉献的精神品格，是资阳文化的精粹概括，铸就碧血丹心、忠勇仁爱的中华民族精神，是资阳和中华文化的宝贵财富和精神遗产。作为一种文化精神和文化符号，它是可以拷贝和复制的，它将流传久远，发扬光大。

给《资阳人》的一个文化定位应该是：《资阳人》是资阳人的文化航母，是资阳人的精神家园。是的，《资阳人》的文化价值并不仅限于对资阳的宣传和包装以及对资阳文化的彰现与打造；更重要的是，它体现的是人类共有的精神文明价值和生存哲学。它通过对"资阳人"这一特殊历史现象的记叙，再现和彰显的是一种历史观，一种民族性格和民族凝聚力，一种价值理念和价值导向，一种精神生活和思想道德规范；通过对"资阳人"的历史再现和通过对"资阳人"精神透视，展开的是人类创世纪的历史画卷，展示的是资阳人不可遏止的前进步伐，它将给予当代资阳人的发展谋求以伟大的原动力；它是中华文化身份认同之象征，是一种原创文化。我想，《资阳人》的文化价值即在于此。党的总书记习近平在 2013 年 8 月全国宣传思想工作会议的讲话中明确阐明历史传统文化建设的战略意义，他强调："宣传阐释中国特色，要讲清楚每个国家和民族的历史传统、文化积淀、基本国情不同，其发展道路必然有着自己的特色；讲清楚中华文化积淀着中华民族最深沉的精神追求，是中华民族生生不息、发展壮大的丰厚滋养；讲清楚中华优秀传统文化是中华民族的突出优势，是我们最深厚的文化软实力；讲清楚中国特色社会主义植根于中华文化沃土、反映中国人民意愿、适应中国和时代发展进步要求，有着深厚历史渊源和广泛现实基础。中华民族创造了源远流长的中华文化，中华民族也一定能够创造出中华文化新的辉煌。独特的文化传统，独特的历史命运，独特的基本国情，注定了我们必然要走适合自己特点的发展道路。"《资阳人》这本书从历史文化层面上具体地体现了习近平讲话中所阐明的"坚持巩固壮大主流思想舆论，弘扬主旋律，传播正能量，激发全社会团结奋进的"的精神。

由于《资阳人》这部书的史料性和真实性、文学性和可读性，对读者特别是青少年读者普及祖国历史文化有重要意义；它同时又是一部爱国主义的教材，因为爱国主义思想是在祖国历史文化和家乡历史文化中生根发芽的；它感召着读者承继和发扬"资阳人"万古不息的人文精神，不畏艰难、勇于开拓、顽强拼搏、锐智创新，为了更美好的未来，继续奋斗，永不止步。

"六性"融会贯通 完美统一的史著

——评《资阳人》

刘建中

《四川日报》原编辑、记者；
《四川党史》杂志社原总编辑、编审；
《当代电大》原主编

这部"史传体报告文学"是华夏写作体裁的一大创新，开启了史传体写作"六性"合一的先河。将史实性、探索牲、报告文学性、思想（启迪）性、知识趣味性、科学性融会贯通全书。这是一项难得的创造工程，是中华文学界、历史界、写作界的一座丰碑，是集体智慧的结晶，是一腔腔热血和一串串汗珠浇铸而成的。由于篇幅有限，本文只对"六性"提及一二。

绕日球飞万亿圈，
四万年前慧辰冉。
资阳智慧人树丰碑，
地球开起新纪元。
……

这是《资阳人》的开篇卷诗。我拿起书翻开一读，它就深深地把我吸引住了。这首短短而优美的诗篇，把资阳燧人氏亿万年前创造的灿烂文明历史，勾画得栩栩如生，生动活泼，令人深入其境，给读者精神带来不少愉悦与震撼。我偃卧沉思，爱不释手。

为何《资阳人》这部史传体报告文学长卷，能使我们读后收获匪浅，"爱不释手"呢？其主要内涵是，这部著作突出体现了它的史实性、探索性、报告文学性、思想性、知识趣味性、科学性，并把这"六性"做到了有机、完美统一，融会贯通，达到"爱不释手"的流动欣赏的美学价值。

一、探讨意境未穷尽

这部史传体报告文学的可贵之处就是她的探索牲。作者对资阳人的历史尤其是远古历史竭尽了研究、分析、探讨之能事。他们搜集了三千份有关资料，考察了有关古迹，探索了资阳人有关文物，走访了有关专家，请教了有关学者，召开了多次有关的小型研究座谈会，多次专题讨论了有关问题。对远古资阳人的生活、狩猎、捕鱼、农耕等生活斗争状况进行了深入的研究和探索，对资阳人的创造发明如象形文字、蚕桑和科技等进行了更深入的研究和探索，对"资阳人"头骨化石的年代进行了争鸣和论证探索。大量地旁征博引，深入地分析论证，得出了"资阳人"为4万年前的中国最早的现代人的科学结论。

对燧人、女娲等远古先人与资阳人是不是有特殊关系，作者专门组织专家力量进行长时间地探索、研究，得出了燧人一部热爱并常驻资阳的结论。女娲的古迹在资阳有多处，好些史料记述女娲率领资阳人凿通巫峡，泄洪补天，这

足以说明女娲惠益资阳。

对资国的历史进行了访谈、座谈和专题讨论。不但确立了资国存在两千年的观点和论据,而且探索出了资国为什么没有进入中国正史的原因。使人看后,更加可信。

孟浩然说:"探讨意未穷,回舻夕阳晚"(《登鹿门山古》诗)。本书作者在求索、搜索、探索方面的力度是很大的,达到的程度是很高的,所以说他的探索性很强。

二、报告文学性思想性特质显耀

任何一部著作(或一篇文章),都是由思想内容、组织结构、语言表达等三方面的因素构成的。任何一部好著作,或一篇好文章则是这三者的完美统一体。思想就如灵魂,结构有似骨架,语言好似血肉。灵魂纯洁高尚,骨架端正完整,血肉坚实丰满,这若是个人,才算是一个健康完美的人;这若是作品,才算是一部优秀动人的作品(或一篇文章)。

著作及文章的报告文学性、思想性,不是像"天马行空"那样无所凭依,而是产生于作者对所反映的客观历史事物的观察、认识和理解,它是以客观历史事物为基础的。离开了客观历史事物,文章和著作的思想就成为无源之水,无本之木。因此一切作品的思想,总是同作品的内容紧密依存着,如影随形,如响依声。

《资阳人》这部作品也不例外,它的主题思想,每页,每篇,字里行间都能体现出来。如"昆仑山腰,一个头戴冠帽,身披过膝虎皮衣的壮硕妇女在眺望远方,看上去彪悍、健美。手臂和脚腿上长有稀疏的短毛,飘逸的头发披到腰间,厚德淳朴、善仁的神情布满脸庞,恰似天上的神女下凡,威严而慈祥。睿智毅睿的眼睛目光炯炯,刚毅英勇的光辉满身闪耀。拔山托天气贯长虹,雷霆之势力挽狂澜。她斜肩挎水鹿角,左手拿着牛角飞舞着,时而吹响牛角号,指挥着,率领三队身着五花八门衣服的人群,随着她指挥的号令往山上冲去,好一派王者风范。这位指挥者就是人类智慧人资阳人族人头领,叫什么名字呢,无从考证,我们暂且称她资源祖吧"。这段优美动情的文字,表达了著作者对人类祖先勤劳勇敢,艰苦卓绝,英勇无畏,开天辟地,创造人类物质文明与精神文明的精神的高度颂扬和赞美。

本书的报告文学性、思想(启迪)性在"资源祖罹难"、"女娲治洪补天"等节中把资阳人的高尚精神推到了一个高峰。资阳人新颖隽永、睿智拓先、博大精深、厚重绵远的文化特质和厚德忠勇、求是创新、勤俭自强、团结奉献的精神特质,在通篇中都有深刻地蕴藏和突出的展示。

这部书著的思想内容丰富,报告文学性彰显,始终贴近古人的生活,展现远古的生息斗争状况。其思想性强,以古讽今:"资人文化万世芳,伟大精神世代传。众志克难齐攻坚,灿烂资阳永向前。"这就充分体现了这个主题思想所在,给思想殿堂留下可口的粮食。她将启迪当代、指导当今、引导未来、激励万世。

三、知识性趣味性浓厚

这部优秀的文史著作，概括了广阔的社会生活图景，运用了丰富精彩的文学语言，同时也还有丰富的各种各样知识在闪光。像《红楼梦》这样的伟大著作，书里蕴藏的知识那该有多少啊。唯其如此这样，《红楼梦》才成其为封建社会"生活的百科全书"。如果《红楼梦》这部书缺乏广泛的知识，那它在再现社会生活上就要大为逊色了。何况在文史著作的功能中，除了思想性教育，概括表现历史生活，树造形象，陶冶性情，给人以美的享受之外，也还有要满足读者对知识的需求愿望。这不仅仅是知识小品、科学文艺一类才必须注意它，我们不要忘记，任何有影响的著作同时也兼具这样的功能。今天知识对于发展社会文化太重要了，马克思说"世界的一切在我都不生疏"，英国哲学家培根说"知识就是力量"，苏联作家高尔基说"知识要尽可能的渊博"，著名散文家秦牧强调"时代特别向我们的文艺家提出了成为博识者的要求"！

《资阳人》这部书在写作中，作者运用了大量的文史知识，为这部书稿增色不少。如第一章第一节"'昆吾'创发四万载，昆仑原本在资阳"写到："没错，昆仑山原本就在资阳。"《四川通志》记载，"昆仑山在（资阳）县北十五里，中江所经，高耸特出"。"中国山有两戒，珉为北戒之宗，峨为南戒之宗，其脉皆发自昆仑"。由先秦史学家子德主编、四川出版集团·四川文艺出版社出版的《昆仑纪—中华文明起源另说》称："尽管'九丘'实指现今何处，已杳远不可寻，但笔者却发现了一条重要的线索，就在现代人类'资阳人'的发祥地资阳市，有一与'昆仑'同名的山丘，极有可能乃是'九丘'之一的'昆吾之丘'。"九丘是哪九丘呢？《山海经·海内经》记载："有九丘，以水络之，名曰：陶唐之丘、有叔得之丘、孟盈之丘、昆吾之丘、黑白之丘、赤望之丘、参卫之丘、武夫之丘、神民之丘。""《山海经》所记载的'昆吾之丘'就是资阳的昆仑山。"

为什么当有人一提到"昆仑山"，就会在大家的记忆中即刻出现的总是新疆、青海、西藏间的帕米尔高原、西藏高原、塔里木盆地—布格达板峰？"笔者断言，今天地理学上指的昆仑山山脉必然不是上古典籍中的神山'昆仑'。""排云拨雾，蒙文通先生率先指出，'都广之野'，即成都平原，'昆仑'即岷山，岷山即'海内昆仑'。'昆仑'并非实指，而是'昆仑三山'的统称，'三山'即现在的峨眉山、青城山、鎏华山"。中国最早的权威典籍《山海经》所一再推崇的昆仑山，也是指上述三山。昆仑山名为何张冠李戴呢？《史记·大宛列传》指出，"天子案古图书，名河所出山曰昆仑云"。文中所载"天子"即为汉武帝，汉武帝见其山巍峨壮丽，为滔滔黄河之源，却无一名字，便遂将其命名为"昆仑山"，这个误判长久，已流传至今。

为给资阳"昆仑山"正名，作者打开文化宝库，引证了多少经史子集，涉及到多少天文、地理、人物、事件，给我们传输了多少文明知识？如果没有这林林总总的知识，资阳"昆仑山"这个名是正不了的，而且这部洋洋洒洒几十万字的书，要撰写出来，那是不大可能的，也令人难以想象的。

  这部书的知识性强，充分展示"资阳人"化石为什么就是在九曲河挖掘出来的，女娲治水的办法，食盐对人类不可或缺的健康作用，气候、环境造就资阳人与蜀人文明传承关系等等诸多方面。这部优秀史著是一部百科知识的汇集，是天文、历史、地理、社会、政治、经济、哲学、考古、建筑、交通等等万象知识的经典宝库。作者"博学切问，所以广知"，写出了这部充满知识的书，以飨广大读者。

  这部书在突出知识性的同时，还突出"良多趣味"性。这在许多章节中，都可以见到。我们来看第三章"智慧人化石艰难发现"。1951年初，国家修建成渝铁路，施工人员在资阳九曲河挖掘桥基，意外发现了一些古人类和动植物化石。当时西南文教部决定，派张圣奘等专家学者再去实地进行考查、征集文物。3月21日，张圣奘等专家学者乘军车抵达资阳，马不停蹄，连夜走访，搜集九曲河桥基掘出的龙骨化石。得知九曲河又发现了剑齿象、马、鱼、龟等化石，从地质土层仔细观察，张圣奘觉得有继续探挖的必要。可是十几天过去，未见一点文物出土。阴雨绵绵，天气寒冷，水难抽尽，泥浆很厚，继续挖掘，困难重重。还继续挖或不挖，地下有没有文物？张圣奘等人内心斗争激烈，矛盾重重。"挖！找！"他斩钉截铁轻叫一声，坚持不懈地干下去。3月29日，见砂土小砾石层横卧乌木古树，还有少量骨化石。张圣奘喜出望外，脱掉鞋袜下泥坑。在泥浆中，他的脚触及到了一硬东西，弯腰伸手下去摸，摸起一块破裂的头骨、几块碎片、顶盖骨。他顿然凝眸沉思——这不是人类化石又是什么呢？他用手轻轻拂拭头顶骨泥浆，头盖骨呈土黄色，眼眶下缘已破裂，右侧颅底荡然无存，面骨大部缺损。他为了国宝安全，控制内心喜悦，一点没有表露和声张。资阳人化石，是中华人民共和国出土的第一块人类化石。这样重大的出土发现，平生能有几多回？

  老教授胸怀大计，精心敬业，一丝不苟，妥保国宝，艰苦卓绝，以及他的严肃沉着风貌——耀然纸上，读来多有情趣意味。

  这部书在第一卷第一章中的"狩猎采集"、"与兽战斗"，第二卷第一章中的"农耕蚕桑初始现"、"大种蔗桑水稻农耕初具规模化"，第三卷中的天鹅山的传说、资阳人助文王伐纣、女娲率众凿巫峡、姬资建资国，第四卷中的远古资阳人所处的地域气候优势等卷、章、节中，把知识性、趣味性展示得津津乐道，历历在目，淋漓尽致。这正如叶适《冰心题跋·跋刘克逊》中所云意境："怪伟伏平易之中，趣味在言语之外。"

四、史实性科学性强烈

  这是一部"史传体报告文学"，因为是"史传"，所以它还特有其自身的"人文性"、"科学性"。从前面讲到的"报告文学性"、"思想性"、"知识性"、"趣味性"中也可以看出，作者撰写有理有据，客观严谨，一丝不苟，认认真真地做学问和写作。从本书后记中得知："这部书在"2012年4月7日写出大纲初稿"，"2012年12月21日第31次修改"。2013年5月31日编撰出初稿后，经过与专家、顾问多次商讨和数次专题研究、修改，又召开编委会听取大家意见后再修改。2013年8月1日装订成样书后，又专门将样书送到四川省社科院、四川省历史学会、四川省考古研究院、四川大学、四川文物局、四川省作家协会、四川省写作协会和中国科学院古人类与古脊椎动物研究所、中国社会科学院考古研究所、中国社会科学院先秦史研究室、中国先秦史学会、国家第一档案馆、人民日报、新华社、解放军报等单位，征询专家的意见，然后再认真修改。修改后又把样书送给上述部门和专家，再征求意见，对一些重要专题再开小型座谈会、研讨会，再修改。在装订成样书后反复九次征求意见，九次进行修改。真是做到了精雕细琢、千锤百炼，力保史实性、科学性，还原历史的真实面目。这数十次的修改，也是充分说明作者为了使作品史实真实，日臻完善，揭示事物发展的客观规律，探求客观真理，为认识与改造世界作贡献"。

  本书史实性、科学性极强的可贵之处从字里行间看出，作者力求字字准确，句句符合史实。作者在写"鲤鱼桥文化"时，对究竟是绳纹陶器还是络纹陶器进行了认真的研究，专门访问了考古专家，最后才确定是络纹陶器。作者开初对资国在历史上是否存在，应不应该写进《资阳人》这部书等问题还拿不准。为了准确，为了保证这部书的科学性、史实性，专门聘请几个高级历史学专家，花了五个月功夫，研究了几十本有关的史书史料，开了几次小型座谈会，最后听了专家们的意见，认定资国的历史存在，这才把资国写进《资阳人》。同时，作者对"资阳人"的时代问题、"昆仑原本在资阳"、"燧人就是资阳人祖先"、"女娲治洪补天"等等专题也是采取同样的办法，分别约请相关高级专家，组成专项课题小组，分别利用几个月时间研究大量史料，进行深入考证、分析，得出结论认定后，再编撰进《资阳人》。可见，作者编撰《资阳人》的认真、严谨、科学的可贵态度和求实精神。

  掩卷难寐，浮想联翩，忽有小诗一首，起床命笔补后：

    巍峨昆仑亘古今，
    宛流九曲资阳人。
    揭冥历史咸六性，
    伯牙抚琴有知音。

文化考古的溯源心与民族魂

国家一级作家
四川省作家协会主席团委员、创作研究室主任
《作家文汇报》主编

  刘胜俊先生是一位极有心的作家、学问家，他与李治列先生共同精心编撰的《资阳人》付梓之前便旨得了诸多重量级的专家、学者关注。除以本人主编之《作家文汇》给予大力介绍之外，应二位编撰者邀，将读后感悟随笔如下，以期更加广泛之交流。

  1962 年前成渝铁路的修建，因此有了"资阳人"的化石发现。重庆大学张圣奘教授受于 1951 年 3 月在资阳九曲河发现了一块旧石器晚期早段的人类头顶骨化石，这是继北京周口店"北京人"和"山顶洞人"化石发现之后的又一重大考古发现。这一发现冲破了巴蜀神话传说的历史界定，表明早在 4 万年前，古人类"巴蜀新人"——"资阳人"就已在这片土地上聚居、劳作、繁衍、生息，把四川和资阳地区早期人类文明的历史提早了数万年，让国际学术界对人类早期的活动范围有了新的认识。

  然而，"资阳人"头骨化石出土已经半个多世纪了，在历史教科书和大小百科全书上，仅有文字记载，没有像"北京人"、"山顶洞人"那样的概念形象，成了一大遗憾。

  历史的问题留到了今天，其间不乏各路专家多方奔走，共同提出了加大对"资阳人"文化内涵的开发问题。刘胜俊和李治列先生捧出的这一部厚重的《资阳人》，便是这诸多努力中的一种，又因其独到的视角与手法，别具光彩。本人初阅后，便以为，编撰者不仅身体力行地进行了一次文化考古的历险，更是一次文明史的心灵溯源和民族魂的文化皈依。从文化溯源上看，《资阳人》的可贵之处在于，它不同于以往既成典范的考古报告、论文，二位编撰者以报告文学的笔法深入田野考古证据，又以田野考古实物佐证了文化学的历史猜想，给冰冷的文物赋予了人性的体温，因而遥远的历史变得更加鲜活，更加触手可及。从心灵皈依上看，两位编撰者于字里行间，融入对于"资阳人"的无比敬仰，甚至是信仰、崇拜的强烈情感，他们通过这次文化考古历险，希望唤起的，正是中华民族生生不息的民族魂魄。党的十八大报告和十八届三中全会都提出了"建设中华优秀传统文化传承体系，弘扬中华优秀传统文化"的战略目标，从这个意义上看，《资阳人》作为一项文化工程，于持之以恒地弘扬中华优秀传统文化，通过专题研究学习践行，从而推动社会和谐，实现中国梦，是具有强烈的现实意义和深入远的历史意义的。

　　作家编撰考古著作，是人文学科交叉互动的写作探索，也是专家学者砥砺切磋的交流平台。作家们一般都喜欢在天地间行走，若云似雾更像风，所以勇猛而奔放，敏捷而执拗。从这一点上看，我可能更加能领会两位作家要倾力编撰中华资阳人的心灵动力。

　　作家不论细统地学习过哲学没有，都会较常人更容易敏感地向自己提问：我是谁？我从哪里来？我到哪里去？因此他们不断将笔触伸向可供探险的各个领域，《资阳人》的问世，是一个很典型的例证。

　　如果说仅仅在"文字比生命长寿"，我并不完全赞成，因为在这个权力与物化纠结的环境里，我们出版的那些称为"书"的物品，可能往往真不如自己的生命长寿。况且信息爆炸之后，似乎再没有藏于深山，三百年重见天日再惊世骇俗那一说了，别人也许不信，反正我信。我倒是赞赏"生命比文字鲜活"这一说，而作家只是喜欢用文字表达或表现自己的生命而已。"资阳人"的生命就是两位编撰者的生命，正是这部著作因而鲜活之奥秘。所以，我更想说，不是文字长寿，而是生命绵延不绝，不是生命鲜活，而是思想绵延不绝。此时联想到一部很短的经典《般若波罗蜜多心经》："……色不异空，空不异色，色即是空，空即是色，受想行识，亦复如是……不生不灭，不垢不净，不增不减。是故空中无色，无受想行识，无眼耳鼻舌身意，无色声香味触法，无眼界，乃至无意识界。无无明，亦无无明尽，乃至无老死，亦无老死尽……"

　　所以，读刘胜俊和李治剡先生的《资阳人》我更有了如下一些感悟：创造的目的不是获取功利。真正有创造力的人与创造融为一体；没有创造力的人才站在创造的一旁，炫耀创造投射在他身上的浮光。如远古的故事一样，人生开始于对美丽的争夺，然而人生将终结在另一种美丽中——当我们进入天堂之门时，上帝会有一个问题：你是谁？正确的答案只能是这样：我是你！

　　最后我想《资阳人》出版的名义，用如下话语结束这短短随笔，并赠与两位作家，以为印心取暖——

　　思想的尽头就是家园，于是我祷告上苍，请别让我流浪得离家太远，在这个地方，我将历经孤独、苦难和思想的三重之门，最终奉献安宁。人们，请对我耐心些，一如既往，我将为你们奉献一切。

附录三 学术论文

资阳人文化基因与巴蜀文化根系

谭继和

作者介绍：四川大学历史系先秦史专业副博士研究生1965年毕业。现为四川省政府文史研究馆馆员、四川省社科院二级研究员、博士后导师、四川省历史学会会长、《巴蜀全书》学术委员会副主任、四川省志审核委员会委员、四川省巴蜀文化研究中心学术委员会主任、四川省社科院重点学科巴蜀文化学首席专家。

巴蜀地域文化何时开端？文明又是何时形成？这是我们叙述先秦时期古巴蜀地域文化状况时首先需要回答的问题。

人的形成和旧石器文化的出现，是人类文化，当然也是巴蜀地域文化发展历程中第一件划时代的大事。它是人类文化，当然也是巴蜀文化生长之根，为以后万年文明起步奠定了基础。其根系的开端可以追溯到旧石器时代早期"巫山人"创造原始文化的先史时期。巫山人是到目前为止发掘出的我国最早的人类化石，生活在距今204万—201万年，属于旧石器时代早期的直立人，是在重庆市巫山县龙坪村龙骨坡发现的。同属直立人时期的元谋人与北京人化石，其时代都晚于巫山人。因此，巫山人是我国境内人类童年时代直立人最早的代表，也是中国原始社会旧石器时代开端的标志。大约在距今20万—5万年左右，旧石器时代由早期进入中期，这时出现了早期智慧人，以大荔人、丁村人化石为代表。从距今5万年—1万年左右，旧石器时代进入晚期，这时的人类体质已与现代人无多大差别，称为晚期智慧人，其代表是资阳人和山顶洞人。资阳人年代距今4万年左右，山顶洞人距今1.8万年。资阳人是旧石器时代晚期前半段智慧人的代表，山顶洞人是后半段智慧人的代表。在山顶洞人之后，距今1万年前后，人类即进入新石器时代。由此可见，**资阳人是我国旧石器时代晚期智慧人最早的代表，在人类发展史上占有重要的地位，是现代人的先驱**。就巴蜀地域文化而论，资阳人是巴蜀地域上智慧人活动并进化到现代人，同时创造文化，并聚集和组织具有社会性质的原始群的标志。在资阳人阶段，已经出现了原始思维能力演进的文化现象。整个旧石器时代，巴蜀地域已发现多处不同年代的原始人类遗迹和打制石器工具遗址，说明巴蜀地区也是人类旧石器文化多元起源和进化的地区之一。

新石器时代晚期，原始人由食物采集者转变为食物生产者，由简单的植物栽培和动物饲养转变为田野农业，这是人类文化，当然也是巴蜀地域文化发展历程中第二件划时代的大事，标志着人类文明的起源和形成。所谓"文明"是指在人类文化所积累的基础上出现了更高程度的文明因素，特别是出现了能体现人脑智力能力突变的因素，出现了人类知识、信息、经验和智慧获取方式突变的文明要素，从而实现人自身的质变，转变为文明。这种转变一般是在新石器时代晚期，它的首要标志是农业和城市聚落的出现。

根据考古发现，我们确知的是，巴蜀地域文明的形成是在成都平原宝墩文化时期，相当于距今4500年前至3800年前。其文明标志是以"古城时代"为标志的中心聚落和田野农业的出现，是大型农业中心聚落，也就是原始田园城市雏形的出现。

田野种植农业的出现，巴蜀地域是最早的，古巴蜀是中国古代三大农业起源地之一。"中国农业在古代是从三个地区独立发展起来的，一个是关中，一个是黄河下游，在长江流域则是从蜀开始的"（蒙交通先生说）。宝墩文化证明"都广之野"是古蜀最早出现田野农业的区域。"都广之野"指的是成都、临邛和青衣江下游的三角形地带，是古蜀农业经济最繁荣的地区。就整个巴蜀地域看，农业起源时期就出现了粟作物与稻作物，因而具有稻作农业与粟作农业兼容的特色。就巴和蜀两个区域分开来看，蜀的田野种植农业早于巴区域，因巴人早期主要是渔猎经济生活，到蜀王杜宇时代，传说杜宇在巴地"教民务农"，巴地才转化为种植农业为主。

旧石器时代晚期"资阳人"的发现，就是在上述巴蜀历史文化发生和发展的背景下展开的。本文也就从这个文化背景与文化环境的视角，对"资阳人"作如下探讨。

一、直立人"巫山人"的基因与巴蜀文化根系

由类人猿向人类衍化，经历了上千万年。关于人类起源于何时何地，有多种学说。最早发现的古猿化石标本是距今1200万—800万年的腊马古猿。过去一般学者多认同人类起源于非洲，非洲东部"老祖母"的发现是人类的祖先。后来因考古发掘古人类化石增多，又兴起了人类起源于亚洲南部说。近些年来越来越多的学者赞同地球多地人类起源说。根据考古化石材料，不可否认的是，**中国应是人类重要的发源地之一。**距今1200—800万年腊玛古猿种系的云南"禄丰人"是人类起源文化地标中一个重要的标志。巴蜀滇云地区也是东方人类一

个重要的起源地。发展演变到距今 500—400 万年南方古猿时期，在鄂西建始巨猿洞和巫山县庙宇镇均发现"巨猿"化石[1]，这两地邻近，仅一山之隔，同属巫山山脉的"山原期"夷平面[2]。这说明三峡区域也是猿、人相揖别的一个重要地区。

距今二、三百万年至 20 万年左右是早期人类，即直立人，也称猿人，或叫"能人"活动的时期，这是人类历史最早的阶段——旧石器时代早期，是人类的童年时代。1985 年 10 月 13 日黄万坡先生率领的长江三峡考古队在重庆巫山县庙宇镇龙坪村龙骨坡发现了女性"巫山人"臼齿化石；10 月 24 日又发现了一颗女性儿童上内侧门齿。由这两件化石可断定已变成人类，距今 204 万年，已进化到直立行走，手足分工，制造工具，成群巢居，大脑出现了初步思维能力，这是我国境内已知的最早的人类的标志，被戏称为"在龙骨坡地下度过漫长岁月的'巫山老母'"和"待字闺中的'巫山少女'"[3]，考古学命名为"直立人巫山亚种"。比巫山人晚的是距今 170 万年的云南发现元谋人，再次是距今 71 万—23 万年的北京人。它们的出现代表着人类的童年，是人类"黎明时期的曙光"[4]。

与巫山人化石一起出土的还有打制石器及各种动物的伴生物，这正是人类旧石器时代早期的特点。"巫山人"的发现有着重大意义，它标志着三峡区域是中国，也是亚洲乃至世界最古老的人类诞生地，是中华远古文化孕育发胎的摇篮。远寻中华远古文化的踪迹，虽然我们还不能说明巫山人的来程和去向以及它的清晰的发展链条，但从"巫山人"已可以触扪到巴蜀远古文化的萌生和律动，说明巴蜀大地上发生发展着的文化之树至少有 200 万年以上的根系。

到距今 20 万—5 万年人类进入旧石器时代中期的早期智慧人发展进化阶段，其化石及其遗迹、遗存在巴蜀地区亦陆续有所发现。特别是近年来的三峡工程考古，已发现有 50 多处旧石器时代人类活动的遗址和遗迹。在重庆丰都县旧石器时代中期遗址的发掘中，发现了极为罕见的露天石器手工加工场，以鹅卵石为打制石器的原料，以石片和砍砸石器数量最多，与中国南方发现的大型石器传统有迥然区别，表明三峡地区旧石器时代特殊的文化价值："三峡旧石器汇集了我国华南、华北的特点，这是三峡自古以来就是我国南方文化和北方文化

---

[1] 黄万坡等著：《200 万年前的山寨》，中华书局 2006 年版，第 64 页。
[2] 黄中模、管维良主编：《中国三峡文化史》，西南师范大学出版社 2003 年出版，第 26 页。
[3] 黄万坡等著：《200 万年前的山寨》，中华书局 2006 年版，第 68、71 页。
[4] 黄万坡等著：《200 万年前的山寨》，中华书局 2006 年版，第 68 页。

交流通道的有力证据,也是我国旧石器中期文化向晚期文化过渡的重要证明。"[5]。

二、"资阳人"的文化基因与巴蜀文明万年起步

距今5万—1万年旧石器时代晚期,这是晚期智慧人,也就是"现代人"出现的时期。这一时期的人类化石和文化遗存在全国许多地方都有发现,巴蜀地区包括三峡地区也发现了不少。最有代表性的是距今4万年的"资阳人"头骨化石与距今1.8万年的山顶洞人以及左镇人化石。

1951年张圣奘先生率领考古工作组在资阳县九曲河成渝铁路大桥基坑内发现距今3.5年至4万年的更新世晚期人类的头盖骨化石[6]。同时出土的还有骨锥和剑齿象、马、鱼的化石。后来在相距九曲河不远的鲤鱼桥发现同一时期的旧石器时代晚期遗址,出土了大量石器[7]。其相邻地区也发现与资阳人同时的一些旧石器时代遗址。如:沱江西侧支流黄鳝溪两岸遗址,沱江东侧支流蒙溪河岸石虾子遗址、沙嘴遗址,均出土有垂击法打制的石器,包括刮削器、砍砸器、尖状器、石片、石核等器类,其特点是具有粗大厚重的石片石器传统。[8]与资阳人遗址文化类似的还有汉源富林镇遗址的属于细小石器传统的富林文化,它们同属于巴蜀旧石器时代晚期文化的江河台地类型。除江河台地遗址类型外,还存在着洞穴遗址类型,如攀枝花市回龙湾遗址、北川县烟云洞遗址。[9]这些遗址类型和石器工具的多样性,说明了**古巴蜀地区从旧石器时代开始就已具有文化形成和发展的多元性与多途径,这是巴蜀旧石器和新石器时代文化面貌最重要的特点**。资阳人头骨化石是50岁以上的女性,是早期的真人类型,是继北京猿人之后重要的头盖骨发现,"**比欧洲的克罗马农人和中国的山顶洞人更原始,是中国至今发现的最早的新人化石。**"[10]。

"资阳人"为中国旧石器时代人类分布提供了新资料。正如吴汝康先生所说:"资阳人头骨化石是在解放后7年多来发现的比较完整的人类头骨化石,更重要的是过去在中国发现的人类化石如中国猿人、河套人和山顶洞人等都在北方,而资阳人则发现于南方的四川,然而资阳人头骨与山顶洞人和中国猿人都有某些相似的性质,三者可能具有一定的关系。因此,**资阳人头骨化石的发

---

[5] 王川平:《人文三峡》,该文为白九江著《巴人寻根》一书的"代绪论"第2页,重庆出版社2007年版。
[6] 关于"资阳人"发现地点。过去一直认定是资阳黄鳝溪,后经发现人张圣奘先生纠正为"九曲河",见刘胜俊:《中华资阳人》第30页,人民日报出版社2013年版。
[7] 1957年中国社会科学院古脊椎动物研究所甲种专刊第1号《资阳人》。
[8] 国家文物局主编:《中国地图集·四川分册(上)》,文物出版社2009年出版,第4页。
[9] 国家文物局主编:《中国地图集·中册(上)》,文物出版社2009年出版,第477页。
[10] 吴汝康:《四川资阳人类头骨化石的研究》,科学出版社1957年12月出版。

现与研究对于中国人类的起源和中国旧石器时代人类的分布都提供了新的资料。"[11]

资阳人与山顶洞人、左镇人是中国旧石器时代晚期4万年至1万年前晚期智慧人即新人遗存的典型代表。**资阳人的发现和研究，有助于重新认识、探索和界定中华文明的根系、起步、发生和发展的历史。它对于中华文明探源和巴蜀地方文化的根脉及民族活态文化基因的传承，有着重要的作用。**

旧石器时代晚期，人类已有两大进步：一是人类自身的"基因进化"，晚期智慧人体质形态已进化到与现代人无甚区别。资阳人属于旧石器时代晚期早段，距今4万年左右。再向前进化即到一两万年左右的人类。在北方，距今1.8万年的山顶洞人是典型代表。在巴蜀区域则有重庆铜梁文化遗址出土一段人的肱骨化石，距今2万年左右。在巫山河梁文化遗址则发掘出人类头顶骨化石，距今1.5万年左右[12]。它们体现了旧石器时代晚期四、五万年早段的人类与一两万年晚段的人类在体质基因上的历史延续和进化。二是人类的"文化进化"。旧石器时代晚期的石器文化比早中期已有更大进步。与资阳人伴生的距今3万年至5千年的资阳鲤鱼桥文化，进一步证实了资阳人已"始创熟食、妆饰、集体狩猎、采集诸文化"，"干栏式房屋雏形萌现。"[13]。特别是资阳人已创制和使用骨锥与圆孔石珠，虽仍是打制技术，但已会磨光和钻孔，出现了缝制和佩戴装饰，表明审美艺术的萌芽，已是旧石器时代晚期出现新石器曙光的征兆了[14]。在社会组织上，资阳人则是体现原始群状态向氏族社会过渡的开端。在生产方式上，资阳人则体现由采集渔猎经济向原始农业革命过渡的前夜，预示着资阳人三万年之后新石器时代的到来。

上述人身体的基因进化与人头脑的文化进化，二者是互相关联，互相促进，同步发展和变化着的。

资阳人身体的直立和双手使用打制石器工具，使得腰椎脊骨与双手进化，这是"基因进化"。这个基因变化与资阳人的文化进化是同步演变的。"伴随资阳人出土的大批石器、骨器，特别是骨针、穿孔石珠、水鹿角等文物告诉我们，资阳人在四万年前始创了取火热食文化、制衣文化、妆饰文化、改进工具文化、集体采集文化、狩猎文化、组织指挥文化、结绳记事文化、观天象文化等等，开创出人类最早的一块文明乐域。"[15]把这些遗物和史实对比，说明身体

---

[11]中国科学院古脊椎动物研究所甲种专刊第1号：《中华资阳人》。
[12]黄中模、管维良主编：《中国三峡文化史》，西南师范大学出版社2003年出版，第30-37页。
[13]吴汝康：《中华资阳人》，《考古学报》1983年第3期。
[14]刘胜俊：《中华资阳人》第23-24页，人民日报出版社2013年版。
[15]宫长为：《"资阳人"是人类文化基因根脉—始祖资阳是中华远古文明一源泉》（代序）

（尤其是双手、双脚）、工具与文化三者同步进化、互衍促变的关系。这些众多文化因素是多元性的，其中最重要的是人工取火文化、服饰文化、社会组织文化和结绳而治文化四种，在人类文化和文明进化史上起着奠基性的开拓者作用。

人工取火文化，促进人类的热食和熟食，使人彻底与动物的本性告别，使采集狩猎经济生活发生质的变化，脱离了茹毛饮血的动物化阶段，而成为地球上人类一切文化赖以生存、进化和发展的基础。今天，地球人类智力已进化到探索太空，仍然脱离不了用火文化这个基础，资阳人及其后的山顶洞人在钻木取火上的智慧，为今天人类作出了不可磨灭的奠基性贡献。

服饰文化应该还很粗陋，但骨针骨锥的使用，说明人已懂得衣的连缀和裳的衔接，这为人类由简单的遮衣蔽体的生存需要的经验和知识，进化到高级的爱美审美的发展需要的智慧和灵性，提供了最初最原始的动力。

社会组织文化，实即社会治理文化，资阳人阶段已进入原始群时期。人的生存离不开集体组织，也就是最初的社会，这是从原始群的阶段就开始了的。人的发展离不开社会治理，这是由原始群进化到母系氏族，族内婚进化到族外对偶婚，形成彭那鲁亚亚血族，直至父系家族的各个阶段所证实了的。人与自然的关系是讲究天人合和，人与社会的关系则是讲究人与人的相偶。**资阳人处在原始群向氏族社会进化的阶段，出现了父母辈与子女辈分开来的初步讲究人伦的关系。**无疑地，它们在社会治理上最初最原始的朴素原则，为后代人类，特别是中国人的"天人合一"思想与"仁者二人也"的社会治理思想以及人伦思想，提供了最初最原始最原生态的智慧与思想的基因。

结绳而治文化为人类的治理哲学思考乃至文字的发明、天象观测数字符号化的记忆，提供了最初的基因。8000年前伏羲氏仰观天象，俯察地理，创制八卦，就是从结绳而治受到的启发与惠赐。资阳人时代还说不清楚是否学会了结绳记事，但后来距今万多年前的山顶洞人及更后的仰韶人肯定是用结绳记事的。结绳的大小结，从记大小事，发展为数字思维和符号思维。数字符号思维经过进一步整理归纳综合，发展为观察事物的阴阳对立与合一思维，再进而成为人的宇宙观和世界观。伏羲制八卦就是这个结绳数字思维发展的结果。六爻符号和数字符号是八卦演化的基础。甲骨文中有数字卦，证明八卦是从结绳记数发展而来的。六爻的天、人、地顺序，说明人是天与地之间的中心，故孔子说："天地之性人为贵"（《孝经》），正是这个阴阳八卦思维的核心。它是从原始人的思维中经过长期的积累和传承而得到思想养料的。**资阳人为代表的直立智慧人结绳而治的开创，为中国人的哲理思想的开悟和治理思想的提升，提供了最初的原始思维的养料和最初的思维模式的基础。**

由上述四方面观之，在人类由文化自发阶段进步到文明自觉阶段的过渡时期，**资阳人的基因进化，尤其是文化进化，起着极其重要的由量变到质变的关键作用。**资阳人这个时期是原始人已经开始出现原始思维、朴素思想和初级智慧的新人时期，是今天的现代人知识、智慧和经验产生的源泉和动力。也就是说，"资阳人"是曾经活动在巴蜀大地上的几万年前人类文化先驱的代表，是人类文化基因和文化血脉产生的关键源头，是智慧人由文化自发阶段质变过渡到现代人文明自觉阶段的关键，"是现代人文明基因—孵化摇篮"。[16]

关于文化和文明的关系问题，文化与文明二者的定义范畴和内涵的区别问题，关于文化过渡或者说转型为文明的时间问题，文明形成的标准问题等等，学界一直聚讼纷纭，没有一致的说法。这里仅就个人的见解，对文明起源的时间和标准谈一些看法。

这里先谈文明起源的时间问题，有关文明起源的标准，放在下一节里说。

人类创造文化是从旧石器时代人区别于动物的时候就开始了。文化因素积累到一定程度就产生文明。国际上很多学者主张文明是从旧石器时代晚期开始，或者是从新石器时代早、中、晚三期某个阶段开始。例如汤因比的《历史研究》，认为"文明的降生，从文化以及编年上来看，都是通过一系列文化的过渡，在旧石器时代晚期结束时脱颖而出的。"显然，他主张文明是从旧石器时代晚期结束的时候开始。按这个观点，**"资阳人"处于旧石器时代晚期的早段，应该属于文明产生的前夜，或者叫做文明产生的孕育期。**我们国内学者比较多数人的意见，认为是新石器时代晚期形成文明。现在看来，起源的时代和起源的标准都值得研究。宫长为先生提出用恩格斯两种生产理论（物质的生产和人类自身的生产）来探索人的进化与文明进化的关系，以便"重新界定人类文明的发生和发展的历史。"他认为"距今一万年前后，伴随着农业革命的出现，人类自身生产由族内婚向族外婚过渡，标志着人类文明的形成，而国家只是人类文明进程中的一定阶段的产物。"从文明进程的萌动和发生看，资阳人提出了由采集经济发展到原始种植和家畜饲养，过渡到原始农业革命，又由"前农业革命时期过渡到农业革命早期的历史问题"，这是"一个全新的课题，它已经超越中国早期文化和文明的探源范围。相反，正在走进或者说接近真正意义上的中国早期文明的探源工作，这是一个浩大的工程，是一个繁重的工作。"[17]显然他是主张距今一万年前后新石器时代早期农业革命开始是文明的起源。这个观

---

[16] 宫长为：《资阳人是人类文化基因根脉—始祖，资阳是中华远古文明—源泉》（《中华资阳人》代序）

[17] 宫长为：《序：跨越时空的对论》，载刘用胜俊《中华资阳人》，人民日报出版社2013年版，第25页。

点是有原创性的。他把恩格斯的"两个生产"的理论，即"人口的生产"与"物质的生产"。运用到考古学上来，提出了人的身体机能基因进化与人脑意识的文化进化的关系问题，实质上也就是提出了精神考古的新问题，这是比物质考古还更为接近真正意义上的中国早期文明探源的问题。但现在的研究状况是，考古学界一般注意多的是物质考古的进化，而较少注意人自身的精神基因考古的进化，特别是大脑和智力的进化的研究。须知由灵长类变成智慧人的长过程，同时也是人类文化进化的过程。**智慧人运用新工具、发展新思想、践行新的社会生活，由此形成一定的社会关系，这就产生了文化。文化又使人由自然选择进入基因突变，由经验和技能生出了对客观事物的概念和想象。在这个过程中，人由对客观事物的观察而得到经验和技能，仰观天时，俯察地理，中看万象万物，由此生发出抽象思维和原始想象，智识和智慧就在此时产生了。这个过程证明猿变成人，人自身基因的变化，不是取决于蛮力，而是取决于智力的发展。**文化元素和文明因素就是在智力适应环境的变化中积累起来的。原始人肉体和精神的演化过程，就是物质文化与精神文化两种生产进步的过程，二者是紧密不可分割的。它说明人的进化同文明起源的关系的长期性、复杂性和不便明晰、不易划分的性质。资阳人所昭示的晚期智慧人过渡到现代人时代所展现出的原色自然、原色生活和原色文明等因素是如何萌芽的，留下了许多复杂的值得研究的问题。

三、资阳人是现代人大脑智慧雏形的起点

资阳人的出现，是巴蜀大地上人类知识、技能、经验和智慧生长的起点，是直立人具有现代人类大脑雏形的起点，它有力地支撑了由中华文化进化到中华文明，是如满天星斗一样由多地多元起源的学说。人的进化有三大阶段：从猿人、古人到新人。"资阳人"作为新人时期的代表，是我们现代人的知识、经验、智慧、信息等获取方式与思维方式的孵化处。对于"资阳人"的研究越深入，则对于我们今天人类智力的进一步发展的帮助也就越大。举例来说，如果我们就"资阳人"在旧石器时代的食谱进行研究，会发现他们善于不断地利用食物来使人的基因得到改造，以便适应大自然的环境，争取人自身的生存和进化。这些原始人是当时体质与思维最有活力的人。而我们当今的现代人的体质确实是大大的弱化。我们设想，如果能研究出"资阳人"的食谱，那么，我们也就可以借鉴史前人类增强体质与活化智力的方法来增添我们生活的活力，有利于促进我们今天人类的健康和人类的养生，这是十分有益的。再往深处说开去，人是大自然的产物，因此人必须创造条件适应大自然的环境并善于利用大自然赐予的优越秀冠的条件。在享受和利用大自然的同时，也要感恩于和服

务于大自然，二者是互相调适互促互进的关系。这就是人类不同于动物的最初"天人合一"智慧与意识产生的源泉，体现了人与自然互相依存的基本原则。违背这个原则，人的思想与智慧就会走向与大自然对立的反面，带来灾难和不幸。这是早在人类产生时期就已出现了的人与自然关系确定下来的规律。因此，无论是原始人，还是现代人都有顺天道之自然，应人心之待望的良好意识形态如何形成和发展的问题，需要人们在人类起源和发展过程中不断去解决。总之，**现代人类的智慧虽然大大超过了原始时代，但我们也逐步在失去很多人类最初的本真的东西**，例如：上善若水的自然原真环境，新人智慧人生活原真的活力，以及原生态的文明。现在的问题是要努力保留和保护好如"资阳人"这样的历史遗产。老实说，我们今天对于"资阳人"究竟保存了当时原始人多少的历史信息、历史记忆和历史思维，是我们这一代人还认识不透的。对资阳人留给我们的历史信息，要索解其奥秘，恐怕还不是我们这一代人能完全认识和解决的，有些研究与认识工作，因为现在的我们文化解读的智慧不够，还得留给我们后代去做。这就需要我们做好石器时代遗产的保护工作，对这些遗物的文化解读，应是我们以及后代取之不竭、用之不尽的创意智慧资源。

四、资阳人与巴蜀远古人皇传说

克罗齐说过："一切历史都是当代史。"历史事实既已发生，它就是不可改变的客观存在。但那个历史事实时期一过，后来各代人的解读总会不一样的，因为对"同一历史"的理解和解读，当代人必然会加进当代的思维和情感。汉唐以来对巴蜀进行特殊文化解读的人越来越多。这些文化解读，都是解读人自己那个当代的解读。它构成一部巴蜀历史的文化解读史。今天的今人解读，不过是这部巴蜀解读史的"当代继续"。今天比古人好的优势是能够把考古文化与历史文化两种解读逐步合笼在一起，尽管这是很困难的工作，但也确是古人无法具备的优势。古巴蜀历史，我们可以从两条线看到对它的历史面目的当代解读：一条线是考古文化。现在对古巴蜀新石器时代文明的起源与形成，由于考古发现众多，我们已经能够比较清晰地构筑起成都平原古蜀考古文化发展的系列。但说到巴蜀旧石器时代，由于考古发现的限制和阙环很多，我们至今还不能完整构筑起它的发展系列。从巫山人到资阳人上两百万年距离的历史，还无法清晰地铸成一个合理的发展链条。另一条线是历史文献记载的巴蜀历史文化。对于巴蜀古史，巴蜀有关文献记载很少，又很迷茫不清，这种情况显然给历史文化研究带来不利，但也为历代巴蜀人对巴蜀本土历史的解读留下了解谜的机遇，留下了巨大的文化空间、历史空间和想象空间。对古蜀上古的"原史"，《蜀王本纪》八家作者都作过解读，特别是西汉作者扬雄首先做出了扬雄那个时代关于巴蜀所谓"开国"的文化解读。继此之后,《华阳国志》根据汉晋时期从司马相如开头的八家"蜀王本纪"的记载,总结出当时那个时代蜀人对蜀史的特殊文化解读,是有关"蜀之为国,肇于人皇,与巴同囿"的口述传说。人皇分九囿,巴蜀是其中一囿。这个"人皇"时代,就把"人皇"同旧石器文化向新石器文化转型的时代联系起来了。所谓"人皇之一囿",这是巴蜀地区的远古口述传说,通过古文献记录下来的对巴蜀文明起步的特殊解读。虽然这不一定是真实的历史,但它确是古人对古巴蜀文化基因的一种认识。巴蜀人秦宓、谯周关于三皇、五帝,有自己特殊的不同于中原文化的解读。在中原文化中,"五帝"之前的"三皇"是指燧人氏、伏羲氏、神农氏,相当于旧石器时代巢居、用火、采集、鱼猎、原始农业种植,到新石器时代末耜农业出现的时代,其后则为"五帝"文明产生的时代。在巴蜀地域文化中,巴蜀人看法不同,认为五帝之前的"三皇"是指天皇、地皇和人皇。天皇、地皇则被推到天地开辟的时代。唯独人皇有九囿九兄弟的传说,这应该说已是万年以上旧石器时代到新石器时代众多邦族、邦国等部族联盟状况的反映和体现,是巴蜀人对"人皇"作为巴蜀文明起源和起步标志的特殊解读、特殊历史记忆。"人皇"时代就是巴蜀人眼中的巴蜀文明的源头。李学勤先生说,从宝墩文化上溯到巴蜀文明的起源 5000 年前,"甚至肇于人皇,殊未可知",这指的正是万年前旧石器时代过渡到新石器时代文明起步的时期。**资阳人出现在这个时期的前夜,它对巴蜀文化基因的积累和传承所作的贡献,换句话说,就是对巴蜀"人皇"文明的渊源和起步,应有不可忽视的作用。**

既然巴蜀祖先所认定的"人皇"时期,相当于距今万年前的新旧石器时代的过渡期,那么,蜀王祖先蚕丛及鱼凫、杜宇的历史传说时期,又如何与之对接呢?

我们古蜀历史上关于蚕丛、柏灌、鱼凫三王和杜宇、开明二帝这些传说是很茫昧的,它还不是真实的古蜀历史,但它包含着真实历史进程的内核,所以,我们称它为古蜀传说时代。这个时代同考古文化的框架对接,还有很多困难。但应该说已经出现了新的曙光。有关巴蜀新石器时代,我们四川的考古学者已经能够构筑起完整的发展阶段和系列,已经能将这个考古系列与鱼凫、杜宇、开明的历史时期试着作一些框架对接的工作。但是,有关巴蜀旧石器时代发展的系列,还无法构筑起来,研究还很薄弱,阙环很多,因而要将旧石器时代与蚕丛、柏灌、鱼凫等历史传说时期对接,还非常困难。

也许可以说旧石器时代同我们蚕丛、柏灌传说时代有一定的关系。因为从这些蜀王名称的含义可以看出,蚕丛之义为野蚕,最初是食虫部族的食物,后来发现它的丝织作用。"蚕丛"一名,应该是初级采集渔猎经济生活,相当于打制石器时期，也就是旧石器时代食虫部族的标志。至于是旧石器时代早期、中期还是晚期？这说不清楚。也许这不过是整个旧石器时代蜀地人群一种朦胧的记忆。历史学家一般喜欢把蚕丛放到新石器时代晚期以后来说，其实它更多地反映了人类童年旧石器采集经济时代。从有关蚕丛、柏灌的传说的内容来看，其社会组织似乎又已经是原始氏族制的邦国、邦君时期。柏灌王我们还说不清楚，可能就是采集经济向渔猎经济过渡的时期。到鱼凫世，应该说是新石器时代晚期，甚至更后。其社会组织也许是邦国联盟的氏族社会向文明过渡的时期。不过，鱼凫名称含有捕渔用的渔老鸹即鱼鹰的本义，因而也可以是渔猎时代的象征。像这样一些传说与考古的对接方法，我们还只能作初步的嗜试。**如果再把"资阳人"放到这个传说与考古框架里，它应该是指距今20万年到5万年的早期智慧人和5万年到1万年的晚期智慧人的过渡交结点时期，应相当于传说上属于蚕丛、柏灌世，即原始群到氏族社会形成的时期。特别是骨针缝制的发现，是早期智慧人向晚期智慧人过渡的标志，正与柏灌、鱼凫的传说时代一致。**

综合历史传说与考古文化，将二者对接为一个框架，**蚕丛氏或许能相当于晚期智慧人（即资阳人）阶段，也就是"人皇"时期。**传说的柏灌氏和鱼凫世早期，也许相当于距今1万年前后新石器时代早期，文明因素出现。到新石器时代晚期，由古文化发展到古城、再由古城发展到古国和古方国时代，，则相当于杜宇帝时期。杜宇和开明，从名称的含义看，已是以杜鹃和开明兽为特征的文明古国时期，应该是同三星堆文化、金沙遗址相联系起来了。甚至晚到战国早期的商业街船棺葬时期，已经可能确定其为开明王早期时代。总之，古蜀三王二帝的称号，只是指示经济时代进步的代名词，是人格化、具象化的某种文化标志符号而已，故我们只能作出些悬揣。

至于旧石器时代，还无法构筑起我们巴蜀地区的考古文化系列链条，考古与历史的对接还仍属于探索和猜测。这样来看**刘胜俊《中华资阳人》一书努力把资阳人同史前社会直立人生活场景与原史时代传说联系起来，以文化想象力寻找其文化基因的传承，这是寻找人类智慧如何发生的根柢的有研究范式意义的有益尝试。**

五、文明形成的标准与资阳人文明源态的萌孵

同文明起源的时期的争论一样，文明起源和形成的标准向来也是众说纷纭，众口难调共识。这里有历史观、价值观东西方不同差异的缘故。在一般西方学者眼中，文明起源和形成的标准有城市的出现、文字的使用和青铜冶金术等三大文明要术。但这个标准有很大的弊端：一是这三大标准，只是文明成熟时期的要素和特征，是成熟文明的结果，而不是文明起源和生成时文明始源的状态，

我暂把它称为"文明源态"。二是文明不一定要上述三大要素齐全，才能叫做文明。游牧文明就没有城市聚落，更没有固定城垣，巴人进入文明时就是这种状态。文字使用也不是文明初始发端的标准，中华文明最早作为记录汉语的工具仍然只有殷商时代的甲骨文，但它不是最原始的汉字，汉字起源可以追溯到5000年前，有它自己发生、发展的长远历史，而且是每个字几乎都有自己独立的和孳乳发展的历史。而中华文明早在汉语始源时期就已经出现了，不能说中华文明晚至殷商才起源。青铜冶金术更只是青铜时代的产物，而在青铜文明之前，早在新石器时代晚期就出现了精神聚合力强的并有表达族群信仰的礼仪中心的大型文明中心聚落。这就使西方话语的文明三要素说，陷于尴尬的解读语境。

为解决这个困境，世界城市史学家（美）刘易斯·芒福德提出了城市聚落出现信仰和祭祀的威仪性礼仪中心，是文明起源的标志的主张。这个主张的优点是已经把注意力从只注重文明的物质要件标准，转向注重文明的精神要件标准，是走出三要素说困境的有意义的尝试。

其实文明和国家的起源，在不同地区会受到不同特点的地理自然环境的制约，受到不同社会不同特定文化格局的影响。**文明形成是一个"人文"化成的长过程，有物质的要素，有精神的要素。**对于悠长的文明化历程而言，精神信仰是更为长远起作用的要素。精神信仰的特征是能使特定族群凝心聚力，将物质性的基因进化和精神性的文化进化两个过程融会为一，是能起根本作用的动力。从这个意义上说，精神信仰是灵魂，是根本，是文化进化的向心力和凝聚力的标志，是文明化历程的主导力量。刘胜俊在《中华资阳人》一书中说："当今通称的精神文明和物质文明这两个标准是科学的。精神文明和物质文明应是一种发展的概念，可分为初始文明、原始文明、远古文明、近代文明、现代文明、当代文明。……这些本应是文明发展的阶段而已。否则，今天的文明用什么标准来概括呢？"刘胜俊先生在这里提出的以"精神"和"物质"作为判定文明的新标准，是有道理的，也是富有创见性的。宫长伟先生认为"判定文明的标准应是'精神、物质'四个字"。根据这个标准"中华文明摇篮产生的时间远不止几千年，而是几万年"。[18]正如苏秉琦先生所说，中华文明有百万年以上的根系，有万年以上的文明起步，这是符合中华文明化历程源起时的实际状态的。我们要研究的重点正是这个"文明源态"，资阳人是这个源态的萌生孵化点。由此可见，**这是只有中国共识、中国话语权才能得出的结论，而根据西方标准和西方话语权是得不出这个结论的。**根据西方话语权，"中国文明五千年"的结论是难以得到认同和证明的，更遑论及万年文明起步。所以，**为突破**

---

[18]宫长为：《判定文明的标准应是"精神、物质"四个字》

西方话语权的束缚，需要中国特色的判定文明的标准。用"精神、物质"四个字作为判定人类文明的新标准，突出了精神、智慧、悟性等人脑产物的根本性作用，突出了精神凝聚力和向心力在物质文明化进程中的核心灵魂作用，突出了以精神信仰为灵魂的主导力量在人类族群集体形成社会组织和社会管理（从原始群、氏族制直到国家）中的作用，这是十分有开创性的见解。须知国家不仅是阶级统治的工具，更是维持社会运转、统一社群意志的必须的社会管理机构。国家的本质，既具有阶级暴力性质的专政职能，更具有以民生、民彝、民用为重的社会管理职能，这是起源更早而将来也更为长远的职能。文明的起源和形成以及整个社会文明化历程，是同这两个职能的出现和形成紧密同步相连的。从人类阶级出现到阶级消灭的大历史来看，社会管理的职能甚至早于阶级统治职能的出现，是文明产生和形成的一个主要内容，而族群社会共识性的信仰则是社会管理职能的精神核心和文化灵魂，是文明出现于原始中心聚落的根本推动力量。即使在阶级消失的将来，以精神凝聚为核心的社会管理职能还会作为文明形态未来进化的力量和标准长期存在。

基于上述理论解读，中国人对于"文化"与"文明"两个词的含义，有自己特定的理解。这个理解适合上述社会管理的理论。最早提出"文化"与"文明"两个词汇的是"周易"。在《易经》里面把文化和文明分得很清楚。

易经讲文化，是指"观乎人文以化成天下"，这是"文化"一词的最早来源。"文化"是指"人文"，它同"观乎天文以察时变"的"天文"是相对应的。"人文"的作用是教化天下人，"天文"的作用是观察天象时序的变化。"人文"是针对人间社会的，"天文"是针对自然世界的。二者的区分在于自然与社会两领域。用今天的语言来说，"天文"是自然科学，"人文"是社会科学。《易经》把这两个领域分得很清楚。

至于说到讲文明，《周易·乾卦》"九二"讲"见龙在田，天下文明"，这是中国话语中最早使用"文明"一词。《乾卦》是易经第一卦，专以"龙"为喻。其本义是"借龙以喻天之阳气"，其引申义则"借龙比君子之德"。其第一爻"初九"是"潜龙勿用"，比喻"君子韬光待时"的阶段；第二爻"九二"是"见龙在田"，"天下文明"的阶段。"田"指地之表，"地上即田，故称田也。"龙越过了"潜龙勿用"的阶段，到了地上，"见（现）龙在田"，就是"天下文明"到来的时候了。这里所谓"文明"用唐人李鼎祚《周易集解》的话来说，"百草萌芽孵甲，故曰文明"，借指天下万物萌芽孵甲的初始状态。用考古学术语讲，就是指人类由发现食物、采集食物阶段发展到田地上种植食物的农业阶段，这就是天下的文明时代了。红山文化出土有玉猪龙，陶器上有龙鳞纹，陶市遗址有陶器上彩绘龙纹图，都是6千年前的遗物。这是"见龙在田"的天下文明出现的时代。再往下发展，接着是"九四"："或跃在渊"和"九五"："飞龙在天"的阶段，也就是由石器时代进入青铜文明时代。以上所述就是中华祖先对"文化"与"文明"的见解。"文明"是以龙的信仰为标志的，是以君子修德立仁为标准的。如果说"文化"是以人文来教化人，那么，"文明"则是通过教化人人都能达到"君子之德"的那种境界，那种飞腾如龙的光明愿景。如此说来，新石器时代正是进入文明境界的时代，而资阳人恐怕还处在这个时代的前夜，即文化初始发生的阶段。以后几万年直到万年以前，在文化的很多因素积累起来以后才变成为文明的。

"见龙在田，天下文明"就是我们中国祖先话语权所理解的文明起源的标准，是中国人有关"文明"的思维定势的起点。

再用文化学的观点看，资阳人代表了旧石器时代晚期巴蜀大地上活动着创造着文化的人群，它在巴蜀文化史上占有初始文化的特殊地位。苏秉琦先生曾经提出文明起源的"三历程"和国家形态发展的"三部曲"的理论。"三历程"是指古文化（指原始文化）、古城（指城乡最初分化意义上的城和镇）、古国（指高于部落的稳定的独立的政治实体）。"三部曲"是指古国（邦国）、方国（王国）、帝国三阶段。把"三历程"、"三部曲"合起来看，中国文明化历程经历了古文化—古城—古国—方国—帝国五大发展阶段。就巴蜀地区来看，资阳人，或许就是传说的蚕丝、柏灌时期，是古文明孕育的"古文化"摇篮阶段，是文明"孵甲萌芽"的前夜阶段。继后5000年前的营盘山文化到4500年前的宝墩文化，应属于岷山与成都平原的"古城"阶段。到鱼凫时期应该是进到"古国"时代。杜宇时代（考古上的三星堆文化和十二桥文化金沙遗址）则已进入"方国（王国）"时代，开明时代则是巴蜀古方国的后期，已具备发展到"帝国"的条件，但被秦穆公与秦惠文王发展起来的秦诸侯"方国（王国）"所阻断，由秦始皇统一为"帝国"。这便是古巴蜀文明化的完整历程。在这个历程中，可以清楚地看出资阳人对于巴蜀文明化历程初始发生的奠基石的作用。它在物质和精神两方面都为巴蜀文明化的长历程提供了文明起源和形成的基因。苏秉琦先生在总结中国文明化历程时候，也是从远古文明发展的全局视野来看待这个问题的。他曾说过，中华文明这棵常青树有百万年以上的文化根系，有万年以上文明的起步，有五千年文明古国的起源和发展，有两千年中华帝国一统实体的发展。由这个说法可以看出中华文明起源5万年以上是一点也不错的。仿照苏秉琦先生的说法，我们也可以说：巴蜀文化这棵常青树，至少也有两百万年以上的"巫山人"作为巴蜀文化培育的文化根系，有四万年以上的资阳人作为开始以"文"化人，进而到培育文明因素土壤的支撑点。巴蜀人通过对"三皇"（天皇、地皇、人皇）特殊的文化解读，认定"人皇"是巴蜀人的

始祖，以"人皇九圉"之一作为开启万年文明起步之行的起点，以五千年以上的黄帝作为文明形成的标志，以四千年以上黄帝的子孙颛顼与大禹一系为代表的高阳氏集团作为巴蜀初期文明的创造者，以鱼凫、杜宇作为渔猎时代过渡到辉煌青铜文明大方国的代表。巴蜀这个历程同考古学上古文化生出古城文明，古城发展为古国，古国再发展为方国和王国，最后统一为帝国的文明基本形成和发展的路径是合拍一致的。**放在这个历史链条上来看，"资阳人"确实占有巴蜀地区古人创造文化和积累文明基因的关键地位。这个时期是原始人已经开始出现思维、思想和初级智慧的新人时期，是我们现代人知识、智慧和经验产生的源泉，也就是说"资阳人"是活动在巴蜀区域的几万年前人类文化先驱的代表。** 如果再考虑到中国龙文化的信仰，发生在 7000 年前红山文化的"玉猪龙"和卵石摆龙时期，龙文化作为信仰的因素早在七、八千年前已经成为中国文化信仰的精神基因，那么，4 万年前的"资阳人"的初起的精神信仰（是智慧人、真人肯定就会发生信仰）和原始人的思维和知识，就是十分有趣的值得探索的问题。

六、"资阳人"研究的现实意义

在人类的童年时期，巴蜀大地上的旧石器时代文化与文明因素的积累、过渡与酝酿转型情况，已如上述。人类由兹向前发展到旧石器时代末期，随着氏族社会的社会组织开始出现，生产方式也由攫取性质的采集渔猎经济逐步转型为生产性质的原始种植与家畜饲养经济，其间聚落形态、社会形态和意识形态也开始出现大变革，人类迎来了新石器时代的全新时期。新石器时代开始于距今一万年以前，这一时期，华夏部族文化的特征已经开始显现出来，华夏部族邦国文化是中国文明的起源和发端。到新石时代晚期，距今四、五千年，中国不少地域普遍出现文明形成的繁盛状况，学术界把这种状况形容为"中华文明满天星斗在起源"。这期间有三件大变革事件，是文明时代到来的起点和标志：一是距今一万多年前农业的起源。浙江余姚河姆渡遗址发现新石器时代早期窖穴，可储存 20 万斤稻谷，可以想象当时农业的规模。二是由洞穴、巢居走向定居，到距今六七千年仰韶文化时期出现姜寨、半坡等早期农耕聚落社会。直到距今五六千年大汶口文化时期出现等级式的中心聚落与普通聚落相结合的结构，这是古文化普遍发展到古城的时期。再向前发展到距今四五千年龙山文化时期，聚落由古城进一步发展到古国阶段，出现了"邦国"为特征的初期城邑国家形态，所以，龙山时期被称为"早期文明时代"。古国阶段的"邦国"形态再向前发展，这就是三四千年前青铜文明兴起的"古方国"阶段。以上是初期文明萌生与发展演进的基本轨迹。三是祭祀礼仪信仰中心的出现。辽西与内蒙东部地区的红山文化所发现的大型女神庙、积石冢、原始天坛等遗迹以及女神像和众多精美玉器，代表着已是部落群、部族或族邦性质的神圣祭祀地的形成，是族邦社会已产生向心凝力信仰的中心区域的标志，也是城市文明的信仰凝聚和精神聚合的精神家园形成的起点。中国早期文明的完整生动图景便是以这三方面为中心和特征而显示出来的。

"资阳人"作为人产生的原始状态，应该放在上述人类思维产生史、人类文化形成史和人类文明根系史的广阔世界历史背景下，来衡量它的人类价值和历史作用。它是人类形成史必经的突变阶段，是人之所以成为"人"的质变性的结穴处，是人类思维与智慧灵性雏形发端的标志。没有资阳人向大自然初步谋取生存与生活手段的粗浅生存思维，便不会有现代人类创造文化与文明的精致发展思维。

"资阳人"的研究，对于上述中华文明起源和巴蜀地方文化根脉与基因的形成，有着下列三方面重要的现实作用：

一是"资阳人"研究，有助于重新认识和探索中华文明的起源和文明标准问题，建立起中国文明自己的话语权，摆脱西方话语权的束缚。特别是用恩格斯的"两种生产"（物质生产和人口生产）理论来探讨文明起源；用"基因进化"与"文化进化"两个进化的理论来探讨人类进化和文明进化的关系，有助于我们思考中华文明起源如何向前上溯数万年。

二是"资阳人"研究，有助于进一步推动地域文化，特别是巴蜀地域文化的根系和来源的研究。巴蜀文化有四万年以上的以"资阳人"为代表的文明孕孵摇篮，有万年以上的文明起步和四千五百年以上的文明形成和发展历史，对多源一脉的中华文明起源，作出了"文明的摇篮"之一的重要贡献。

三是"资阳人"研究，有利于促进对人类知识、智慧的来源方式、获取模式的研究，有利于促进对今人智慧的启迪作用，以及对今天人类文化精神活态基因的传承作用。人之所以成为人，除了直立行走外，主要是靠大脑的发育。"资阳人"在发展大脑由知识变为智慧方面，起了筚路蓝缕、开拓创新的作用。他们努力改造自己，成为大写的直立的"人"，为我们留下了丰厚的历史遗产。对比今天信息时代，知识和信息多于人脑的智慧，"人"正在迷失创造性的思维，过于依赖电脑储存记忆，"人"反而趋向怠惰的发展趋势，难道我们不感到愧对祖先，值得以资阳人为镜，汲取教训吗？又如，旧石器时代到新石器时代社会组织由族内婚到族外婚，对偶婚以及彭那努亚血缘家庭，直到部落、部族，其中最重要的关系是社会的协作与管理经验的积累与发展，其实质是协作，这对今天社会和谐发展与国家治理模式的改革，都是有益的启示。

当今文化软实力的竞争，考验着中国人对中国历史和世界历史的解读能力和阐释能力。"资阳人"在资阳发现，是资阳市人的幸运，是资阳市最早最大的文化创意资源。刘胜俊先生的《中华资阳人》一书为"资阳人"的历史解读和文化解读，为"资阳人"文化的创意源泉和内涵的探索，作出了可贵的探索和重要的贡献。以本书为契机，需要把资阳市文化资源体系的梳理研究工作深入进行下去，通经致用，促进资阳市地方经济与文化的进一步发展。"资阳人"既是资阳市的文化品牌，更是祖先留下的原始创意的珍珠，是现代人思维力和想象力的根源，绝不可轻忽过去。

对于今天的文化产业来说，"资阳人"应该是资阳市最古老最大的创意资源。这也是我们资阳市为什么今天发展文化产业必须要研究"资阳人"的道理所在。因此，希望对"资阳人"遗址加强保护。例如50年代发现的九曲河的遗址，可以把它作为文化地标，用文化标志把它保护好。鲤鱼桥等遗址，同样应该很好地保护起来。这些都是我们资阳文化最重要的地标，是我们资阳文化地理保护标志与识别体系建设的一个重要方面，希望特别加以保护和利用，好好地把"资阳人"的资源保护起来，把它的创意资源开发出来。（撰写于2015年—2016年5月）

悠久的历史、永恒的魅力
——从古代资国的历史传说谈起

彭邦本　中国先秦史学会副会长
　　　　四川大学历史文化学院教授

　　沱江之滨的资阳市，自古即是巴蜀名邑，历史悠久，人杰地灵，文化底蕴甚为丰厚。

　　去年岁末，承蒙李保均教授的引荐，我与资阳籍著名军旅作家刘胜俊先生在川大幸会相识，得知他决心以史传体报告文学的形式，挥写家乡悠久辉煌的历史文化，以为资阳市的发展尽绵薄之力。他感恩和效力家乡的赤子心愿甚笃而颇切，并且较快就拿出了初稿。刘先生潇洒豪迈的书写固然是文学的，但其依据的基础，则是资阳市极其悠久丰富的历史文化资源。

　　说到资阳市的历史文化，我脑海中油然而生的就是"悠久灿烂"、"底蕴丰厚"、"魅力永恒"等毫不夸张的辞语。当然，资阳地区的历史文化，也绝非是这篇小文所能说清道明的，因而拙稿主要想谈谈其"悠久"。

　　四川上古的历史，尚无较为系统的早期文献记录。按一代学术文化宗师、西汉郫县人扬雄的《蜀王本纪》，和东晋成都本土著名历史学家常璩的《华阳国志》记载，蜀地在先秦时期先后经历了"蚕丛、柏灌、鱼凫、杜宇（蒲泽）、开明"五个王朝。[①] 当时的巴蜀地区，邦国林立，其中从现在残存的古代文献中可考者，战国晚期还有苴、鄨、资、僰、鱼、汁方（什邡）、丹犁、邛、苏祈、旄牛、青衣、筰、冉駹等若干小国。因此，蚕丛等五个王朝实际只是五个区域性共主，既有雄长蜀地的相继关系，复有在共主状态下长期并存之史实。

　　根据传世文献，古老的资国，正是蜀地当时林立的邦国之一，资阳则是传说中上古资国的故里。著名历史学家蒙文通先生在《巴蜀史的问题》一文中，就考证过先秦时期"巴蜀境内的小诸侯"，指出"古代巴蜀区域内既是有百多个小诸侯"，尚未形成后世建立在郡县制基础上的统一局面；"即以汉初巴郡、蜀郡疆内各地而言，也还有不少侯王。"[②] 这些所谓小诸侯或侯王，后世文献称为"邑君"、"戎伯"，其中就有资国。蒙先生并举例说：

---

① 《文选·蜀都赋》注引《蜀王本纪》。
② 蒙文通：《巴蜀史的问题》，《蒙文通文集》第二卷《古族甄微》，巴蜀书社，1993年，页197。

《汉书·地理志》僰道，应劭注说："古僰侯国也。"《水经·江水注》说："县本僰人居之"；又引《地理风俗记》曰："夷中最仁，有人道，故字从人。"此其一。……《陈留风俗传》："资姓，黄帝之后，食采益州资中，因此为氏。"《玉篇》也说："资，故国，黄帝後。"此其四。①

　　《陈留风俗传》的作者是汉末圈称，《玉篇》则是南朝顾野王所作。可见资国的传说非常早。宋代罗泌的《路史·国名纪》也引东汉时期王符的《潜夫论》提到："詹、资、郳、翟，黄帝后"。② 罗氏又引唐代《（元和）姓纂》云：古资国在"益州资中，今资州资阳有资川江。然古资阳城在简之阳安"。③ 所有这些记载都明确指出资国即在汉代的资中。实际上，西汉武帝时期就是以资国地域设资中县，其治所故城在今资阳市区东北（北周开始在这一带设资阳县，今天的资中县则为北周磐石县），所辖地域包括今资阳市雁江区，和安岳县、乐至县部分地区，加上今内江市的资中县、市中区、东兴区、威远县。古代的这些记载本已经很早，因此也颇为零散，但是，相对于更为古远的先秦时期的资国，仍属于后世的历史记忆，带有传说性质。不过需要指出的是，它们绝不是先民酒余饭后的无事生非，向壁虚造，因而这些历代相承的传说，犹如历史的影子，包涵着珍贵的史实素地。

　　至于说资国为黄帝后裔所封，过去人们限于史料，确实很难凭信。但近年来出土的大量考古学新资料，为我们以之印证传说，从中紬绎出真实的历史信息，提供了一些可能的历史线索。黄帝是生活在黄河流域黄土高原的古老族群的著名首领，史载其5000年前的聚居之地位于黄土高原上，即《史记·五帝本纪》所说的"轩辕之丘"。其具体地望，刘宋裴骃的《史记集解》引皇甫谧称："《山海经》曰'在穷山之际，西射之南'。"仍然不是很清楚，需要考证。《国语·晋语四》载春秋时期晋国大臣司空季子追述云：

　　昔少典娶于有蟜氏，生黄帝、炎帝。黄帝以姬水成，炎帝以姜水成。成而异德，故黄帝为姬，炎帝为姜。

　　根据这条先秦时期的记载，炎黄二帝及其族群同出一源，④ 黄帝为姬姓，炎帝为姜姓，互为异姓，司空季子称他们"异姓则异德，异德则异类。异类虽

---

① 蒙文通：《巴蜀史的问题》，《蒙文通文集》第二卷《古族甄微》，巴蜀书社，1993年，页197。
② （宋）罗泌《路史》卷二十四《国名纪》，文渊阁《四库全书·史部·别史类》，台湾商务印书馆影印本，1986年。
③ （宋）罗泌《路史》卷二十四《国名纪》，文渊阁《四库全书·史部·别史类》，台湾商务印书馆影印本，1986年。
④ 贾谊《新书·制不定》亦云："炎帝者，黄帝之同父母弟也。"同书《益壤》："黄帝者，炎帝之兄也。"可见炎黄同出一系是战国秦汉以来的传说。

近，男女相及，以生民也。"① 可见从黄帝与炎帝族群不仅同出一源，而且长期相互通婚，可知二者所居，当依例相近。文献反映炎帝族群居地就在今陕西省宝鸡市境内姜水流域，则黄帝族群所居的姬水当距其不远。《山海经》多次提到"轩辕之丘"、"轩辕之国"，其中《西次三经》记轩辕之丘，多丹粟青雄黄。郭璞注："黄帝居此丘，娶西陵氏女，因号轩辕丘。"② 从上引皇甫谧称《山海经》曰在"西射之南"，反映应在今宝鸡市西南方向。根据《山海经·西次三经》的区位和诸山特征，亦可知轩辕之丘应位于今川陕甘交界区附近。

《史记·五帝本纪》又说：

> 黄帝居轩辕之丘，而娶于西陵之女，是为嫘祖。嫘祖为黄帝正妃，生二子，其后皆有天下：其一曰玄嚣，是为青阳，青阳降居江水；其二曰昌意，降居若水。昌意娶蜀山氏女，曰昌仆，生高阳，高阳有圣德焉。黄帝崩，葬桥山。其孙昌意之子高阳立，是为帝颛顼也。③

西陵之名，屡见于文献，结合上述轩辕之丘的地望，当在今川西北岷江上游的茂县一带，这里离轩辕之丘并不远，正好便于当地土著与黄帝族群的通婚。至于江水、若水，汉晋以来学者亦多归诸今川西地区。对此，前引《五帝本纪》青阳、昌意降居二水条下，唐代司马贞的《史记索隐》注文有明确的答案：

> 降，下也。言帝子为诸侯，降居江水、〔若水〕。江水、若水皆在蜀，即所封国也。《水经》曰："水出旄牛徼外，东南至故关为若水，南过邛都，又东北至朱提县为卢江水"。是蜀有此二水也。

由《索隐》所引《水经》之文可知，若水即今雅砻江，在今攀枝花市境内汇入金沙江。而玄嚣亦即青阳所降居之江水，则直指今岷江上游。在晚明徐霞客赴西南实地考察确定金沙江为长江上游正流之前，传世文献中之"江水"或单称"江"，均指长江或曰"大江"，其上游指的就是岷江。正因为如此，《索隐》才径谓"蜀有此二水也"。

黄帝二子降居川西的传说，近年来已经得到考古学资料的印证。如在岷江上游地区，就已经发现或发掘出80余处新石器时代遗址，其中以面积约10万平方米的茂县营盘山遗址④及其附近的波西遗址⑤、沙乌都遗址⑥最令人瞩目。在

---

① 《国语·晋语四》，上海古籍出版社，1978年。
② 《山海经·西次三经》，袁珂《山海经校注》本，上海古籍出版社，1980年。
③ （汉）司马迁：《史记·五帝本纪》，中华书局，1959年。
④ 成都市文物考古研究所等：《四川茂县营盘山遗址试掘简报》，载成都市文物考古研究所编：《成都考古发现（2000）》，科学出版社，2002年。
⑤ 成都市文物考古研究所等：《四川茂县波西遗址2002年的试掘》，载成都市文物考古研究所编：《成都考古发现（2004）》，科学出版社，2006年。
⑥ 成都市文物考古研究所等：《四川茂县沙乌都遗址调查简报》，载成都市文物考古研究所编：《成都考古发现（2004）》，科学出版社，2006年。

这些距今 5000 年左右的遗址中，既出土了明显为当地土著的文化器物，也出土了黄河流域马家窑文化和仰韶文化的彩陶，后者正是黄帝族群文化的特征。很显然，此期岷江上游以营盘山大型遗址为中心的遗址群，实为一个族群来源多元多样、由若干不同规模或曰等级的聚落组合成的大型社会共同体，这与上述黄帝族支系南下川西北地区，并且与土著联姻的文献传说若合符契。这就为四川盆地内的资国为黄帝后裔的传说，也提供了非常有说服力的佐证，说明四川地区早在新石器时代晚期，就与黄河流域和中原发生了悠久深刻的族群文化联系，多元一体的中华文明可谓源远流长、由来已久。

根据前引文献传说，资国的统治集团当来自黄河流域的中原，但与其联合建国的其它族群，则主要应为当地土著。资阳历来山清水秀，宜人宜居，所以早在旧石器时代晚期，考古学、人类学上著名的资阳人就已经生息繁衍于这里。上个世纪 50 年代初，伴随着成渝铁路大型工程建设的启动实施，考古学家在资阳雁江镇西 1.2 公里的黄鳝溪，发现了旧石器时代晚期具有重要学术价值的古人类化石及其相关材料，包括人头骨化石 1 个，骨锥 1 件，时代距今约 3.5 万年，这就是举世闻名的"资阳人"及其遗址。在其附近同期的九曲河遗址，考古学家发现了打制石器 170 多件。类似的旧石器时代遗址，还有雁江区小院镇的鲤鱼桥遗址、石虾子遗址和沙嘴遗址，构成了一个遗址群，这么多的旧石器时代遗址被发现于同一个县域范围内是很少有的。在这些遗址中发现的石器，器形种类有砍砸器、尖状器、刮削器、雕刻器、石片、石核等，以及乌木、树叶和种子、果壳等标本。上述种类多样的石器反映，生息繁衍于这里的旧石器时代先民，已经有富有特色的较高文化，揭示了资阳地区历史文化的极为悠久。

不仅如此，进入文明时代以后，古资国的文化亦相当辉煌灿烂。相传这里是上古华夏文化的集大成者孔子之师苌弘的故里。苌弘生活于春秋后期，与孔子大致同时而略早，传为资阳市忠义镇高岩山人，曾为东周内史大夫，博学多才，擅长天文，精通音律。据说孔子曾专程访问苌弘，向他请教音乐和天文，这对后来孔子删诗正乐应大有帮助。公元前 492 年，东周小王朝的周敬王偏听偏信，杀害了年高德劭、丹心可鉴的苌弘。战国时期庄子记其事云："苌弘死于蜀，藏其血，三年而化为碧"。[1]其《疏》云："碧玉也……苌弘遭谮，被放归蜀，自恨忠而遭谮，遂刳肠而死。蜀人感之，以匮盛其血，三年而化为碧玉，乃精诚之至也。"[2]《蜀都赋》也有"碧出苌弘之血"之说，此即成语"碧血丹心"

---

[1] （战国）庄周：《庄子·外物》，（清）郭庆藩《庄子集释》卷九上，中华书局，1961 年，页 920。
[2] （战国）庄周：《庄子·外物》，（清）郭庆藩《庄子集释》卷九上，中华书局，1961 年，页 921。

的典故由来。千百年来,"碧血丹心"一词被人们反复用以讴歌为正义事业竭诚尽忠、舍生取义者,足见其文化影响的深沉广辽。

除了前述历史悠久的先秦资国外,秦汉时期这里继续非常昌盛。秦并巴蜀以后,原资国一带属于蜀郡。西汉武帝建元六年分割蜀郡和巴郡之地设犍为郡,以资国地域设资中县,所辖包括今资阳市域大部和内江市的资中等县、区,资中属于犍为郡。① 秦汉时期,这一带经济发展,文化繁荣,至今留下了许多考古文物遗址、遗迹。其中单是在资阳市雁江区一带,就有著名的王褒墓、董钧墓,和马鞍村、河口、吴家山、吴家嘴、莲花山、松树坪、半山村、天台山等多处汉代崖墓群,以及青杠嘴和爱国村汉墓群。这些沿着沱江流域广泛分布的数量众多的汉代墓群,充分反映了当时这一带人口的繁庶,经济的发达。王褒和董钧,更都是汉代出生于资中,声震天下的人物。董钧是西汉末东汉初人,经学大师,尤其精于礼学,曾历任县令、博士、五官中郎将、骑都尉;平生以授徒讲学为乐,"当世称为通儒……常教授门生百余人"。② 同期还有资中的另一名经学大师杜抚,亦"治五经,教授门生千人"。至于王褒,更是西汉时代海内闻名的五大辞赋家之一,在中国古代文学史上地位甚为显赫。其所撰著名的《僮约》,有"武阳买茶"和"烹茶尽具"之名句,是世界上贩茶、饮茶的现存最早明确记载,证明四川是人类茶业和茶文化的发祥地。茶叶和咖啡并称人类文明饮料的两大系统,或以为茶饮更健康而价廉绕给。此两条记载反映,西汉时期蜀中已经广泛饮茶,并形成了以茶待客的普遍风俗,而在"武阳"亦即今彭山、新津一带,也形成了天下著名的茶叶贸易集散中心;包括王褒故里(今资阳、资中一带)的广大巴蜀地区与之必已形成密切的经济联系,反过来也揭示了当时这一带经济文化的繁荣昌盛。此种情况,可由文献记载昔日资国范围内秦汉年间农田水利的发达得到进一步证明。

众所周知,秦举巴蜀后,在今成都平原西北端着手兴建了大型水利工程都江堰,并因而造就了蜚声中外的天府之国。今人多习惯性地以为两千多年来永葆青春的都江堰,指的就是今都江堰市区近旁的鱼嘴、飞沙堰、宝瓶口三大工程。其实此三者仅仅是都江堰大型水利系统的渠首工程,真正的都江堰大型综合水利工程体系,整体上由树谱状伸展于几乎整个成都平原及附近一些丘陵地区的无坝引水渠网构成,否则怎么能将蜀地打造成为天府之国呢。如果说都江堰水利工程集通航、防洪、灌溉等多种功能于一体,那么同时或之后蜀地在其基础上增修的水利工程中似乎更突出了农业灌溉的功用。如《华阳国志·蜀志》

---

① (汉)班固:《汉书·地理志》,中华书局,1962年。
② (刘宋)范晔:《后汉书·董钧传》,中华书局,1965年。

就记载李冰建造都江堰之后，又进一步在蜀地广泛开展避水患、兴水利的系列工程：

（李）冰又通笮道文井江，经临邛，与蒙溪分水白木江会武阳天社山下，合江。又导洛通山洛水，或出瀑口，经什邡，与郫别江会新都大渡。又有绵水，出紫岩山，经绵竹入洛，东流过资中，会江江阳。皆溉灌稻田，膏润稼穑。

这些可视为都江堰大型水利工程体系扩展组成部分的"溉灌稻田，膏润稼穑"的水利设施，在李冰以来逐步实施，分布颇广，不仅遍及成都平原，而且已延及部分丘陵地带。《华阳国志·蜀志》"绵水（又曰资水，即今沱江）……东流过资中，会江江阳"之句，即是蜀中水利工程已经扩及沱江流域的反映。北魏郦道元《水经注》卷33《江水》亦载该河"又东经资中县，又经汉安县……自上诸县，咸以灌溉。故语曰：绵洛为没沃野"。[①] 这些地方约当今资阳市、内江市一带，已属于四川盆地中部丘陵地区，此"诸县咸以灌溉"云云，足证其水利工程与灌溉农业的发展，显然也是从秦人治蜀以后、尤其李冰治水以后肇其端的，它有力地反映了资阳、资中等沱江流域地区在秦汉以降农业和水利的发达，经济社会的繁荣，成为举世周知的天府之国的重要组成部分。不仅如此，这一带发达的水利和文化，还哺育了名扬青史的杰出水利专家王延世。史载西汉成帝建始四年，黄河决堤泛滥，淹没兖州、豫州（今山东、河南二省境内）四郡三十二县，"御史大夫尹忠对方略疏阔，上切责之，忠自杀"。成帝召"河堤使者王延世使塞，以竹落长四丈，大九围，盛以小石，两船夹载而下之。三十六日，河堤成"。黄河决堤水灾历来以难治著称，乃汉王朝长期的心腹之患，这次竟然如此顺利地成功，可谓奇迹。成帝为庆祝成功，特意改年号为"河平"，下令"卒治河者为著外徭六月。惟延世长于计策，工费约省，用力日寡，朕甚嘉之。其以延世为光禄大夫，秩二千石，赐爵关内侯，黄金百斤"。[②] 唐代经学大师颜师古注曰："《华阳国志》云，延世，字长叔，犍为资中人也。"其实王延世创造治黄奇迹之法，正是蜀中自开明氏、李冰以来竹笼络石的传统技术，却在中原地区治黄实践中充分显示了它的简易约省而卓有成效。

总之，资阳历史文化悠久，底蕴积淀极为深厚。不仅可以由传说中诞生了先秦文化名人苌弘的资国时期，上溯到3.5万年前古老的"资阳人"时代，而且下自秦汉时期置县以来，持续发展繁荣，诞生了西汉时期著名的水利专家王延世、辞赋家王褒、东汉经学家董钧、杜抚等历史文化名人。降至近现代，更有伟大的无产阶级革命家、军事家、外交家陈毅元帅，杰出的革命家曹荻秋，

---

① （北魏）郦道元著，陈桥驿校正：《水经注校正》，中华书局，2007年，页772。
② 《汉书·沟洫志》。

著名川军抗战爱国将领饶国华、著名作家邵子南、周克芹、刘心武等现代英杰。当然，资阳的历史文化远非仅只这些，而是异常丰富，本文只是讨论和涉及到其中的一些重要资源或亮点。然而仅就这些，就足以令我们刮目相待，心向往之。

  当今时代，文化已经成为举世关注的焦点领域，是一个民族、国家综合发展的核心竞争力。而对于一个区域而言，其本土历史文化，尤可谓其最具特色的珍贵资源。文化就社会领域的划分来讲，虽然属于精神领域，但又绝不仅仅只是停留在精神领域。换句话说，文化资源又具有经济属性，可以在一定条件下从资源变成资本，甚至可从亮点直接转化为经济生长点，通过创意形成特色产业、产品，由此它就成了经济本身，所以文化绝不是一个孤立的东西，文化本身就意味着经济。我们应该清楚地认识到，文化一旦和我们经济社会发展有机结合起来，就可以产生非常好的社会效益和经济效益。资阳的历史文化，正是这样的优势资源，不仅悠久丰厚，而且充满永恒魅力，需要我们认真发掘、梳理，从中提取精华，寻觅亮点，以为资阳市的经济社会发展，尤其是文化事业和文化产业的健康发展做出贡献。

判定文明的标准应是"精神、物质"四个字

中国社会科学院历史研究所先秦史研究室副主任、
研究员、博士后
中国先秦史学会常务副会长兼秘书长

什么叫文明？文明的标准是什么？

文明是当今通指的人类所创造财富的总和称呼，特指精神文明和物质文明。

精神文明是人类在改造客观世界和主观世界的过程中所取得的精神成果的总和。

物质文明是人类改造自然的物质成果，物质生产的进步和物质生活的改善与提高的表现。

判定文明的标准是人类在认识世界和改造世界的过程中所逐步形成的思想观念和不断进化的尺度。

西方人把城市出现，文字产生，国家制度的建立作为判定文明的标准。

中华文明探源工程负责人之一、北京大学考古文博学院院长赵辉撰写的《中国文明的形成：从满天星斗到多元一体》的文章说："关于文明的标准首先是由西方学术界提出的……，当我们套用这些标准对一些有关的考古发现进行是否是文明的性质判断时，就会发现这些文明的标准有的是不那么能对上号的。"

既然西方定的那些判定文明标准不能包含和解释文明的内容，我们在考古中又对不上号、很不适用，那就应该对这个不科学的判定文明的标准进行修正。

刘胜俊在《中华资阳人》书中说："当今通称的精神文明和物质文明这两个标准是科学的。精神文明和物质文明应是一种发展的概念，可分为初始文明、原始文明、远古文明、古代文明、近代文明、现代文明、当代文明。否则，工业文明出现不就否定前面的文明了吗？电子出现不就又否定工业文明了吗？信息化时代不就又否定了电子文明吗？这些本应是文明发展的阶段而已。否则，今天的文明用什么标准来概括呢？"

众多史学专家经过反复讨论研究认为：把精神和物质作为判定文明的标准是合理、科学的。人类初始思维，形成智慧，用智慧进行生活和生息斗争时际为原始文明的萌始。

考古发现告诉我们，距今7000年前的河姆渡古文化遗址中已经有了丝织工具与蚕的图像，万年前资阳鲤鱼桥就有陶器，四万年前后的资阳九曲河就出现制衣、装饰等文化和文明雏形，等等。

中华文明探源工程负责人、中国社科院考古所所长王巍在《以科学态度研究文明起源问题》文中强调"考古学是一项充满未知的学问，这也正是它的魅力所在，新发现的考古资料很可能推翻原有的认识。所以，我们所有的研究结论，都强调一点，都是根据目前已经掌握的资料得出的，将来如果有新的发现，难免会有进一步的修正。"

可见，中华文明摇篮产生的时间远不止几千年，而是几万年。

考古界认为，人类文明源泉和中华文明摇篮星罗棋布，多源始出。用"精神、物质"四个字作为判定文明的标准文明溯源考古工作就能顺利进行。

对研究史学有造诣的刘建中指出：为什么刘胜俊提出来的判定人类文明的新标准，即精神和物质，有很大的影响力呢？是因为世界上所有人都生存在精神和物质这两个范畴之中，离开了精神单有物质就不成其为人。刘建中深刻指出："要把溯源文明工程搞好，首先就要把判定文明源泉的标准制定好，没有这个标准溯源就没有依据，就不知道如何溯源。所以探索新的判定文明的标准十分重要。在没有人提出比刘胜俊提出的探索人类文明源泉的标准更适合、更科学之前，我认为就用刘胜俊提出的精神、物质，这两个词作为判定人类文明的新标准，最是适宜的。"

远古气候环境造就资阳人与蜀人的文明传承关系

古蜀玉器陶瓷文化研究院院长
成都古蜀玉文化传播有限公司常务副主任
古蜀玉文化研究中心常务副主任

成都商报2013年10月28日报道:"藏猪基因里找到攻克人类疾病线索。"报道称这一研究成果,可"减缓皮肤衰老,对抗糖尿病,降低化学残留。""野生藏猪由于长期处于食物缺乏的高原自然环境,其能量代谢(特别是糖尿病易感基因)进化速度减缓甚至没有进化。这一发现不仅印证了为什么家猪和肉牛再胖也不患糖尿病。而且,这些基因的研究方法也可运用到人类的糖尿病研究上"。

报道接着说:"在距今2万年前的末次冰盛期。(末次冰期中气候最为寒冷,冰川规模达到最大的时期),欧洲及中国东南地区的野猪群体急剧下降,而中国西南的四川盆地由于地质活动频繁,四面环山,相对'胶囊'状的地理隔绝,成了冰期时代野猪和藏猪的'诺亚方舟',其群体大小不降反升"。从哺乳动物基因组水平证明中国西南,特别是四川盆地作为冰期生物避难所,是世界范围内生物多样性最为丰富区域之一的有力证据,印证四川盆地曾是动植物的"诺亚方舟"。

四川盆地,被世人认为是荒蛮之地而又极其神秘神奇之域,竟然又一次被科学证明了其历史文化的久远深厚。

很早以前,就有文章指出,在四川盆地有很多在别处都已灭绝的物种存在,如大熊猫、桫椤、银杏、珙桐。这些被世界誉为活化石的物种,我们只认识到了他们的珍稀性,把他们作为大千世界稀有物种来进行观赏。但对他们在亿万年前一直传承至今天的自然、地理、历史等现象,少有研究。而且更为主要的是,与他们共存至今的人类,经受住了同样的灾害,繁衍传承至今。对人类文明是如何肇始,怎样传承,却少有真知灼见。

5万年时际前后,地球发生了第四纪冰川震动,地球上的生灵几乎灭绝。在这次冰川中,四川周围高山峻岭隆起,中部形成盆地海洋,古时称西海。西海吸收太阳热能,热气上升,盆海周围山崖、岸上较温暖。西北风一吹,将盆地上空的温空气吹向东南,通过盆地最低处的龙泉驿山脉流向沱江中游,形成较为适宜生灵生息的地域。但西海的水气在上空容易凝结成水,像天破了一样下大雨,造成四处洪灾。

伟大的女娲为了保护生灵，发展文化，勇敢的率众奔赴夔门等山梁，艰苦挖凿巫峡三道山岭不止。女娲氏经过上千年的持续挖通巫峡，四川盆地的海洋慢慢干了，形成内陆，有了生灵生息。后因巫峡常堵，四川盆地又成湖沼，而下游的两湖平原渐渐由湖变成沼泽再变成陆地。这样的周而复始的过程发生过上百次，造就了"天府之国"，两湖平原丰沃富饶的冲积土壤厚达上千米就是远古的明证。

　　当巫峡形成壅江，四川盆地即是一个大湖，当壅江达到800米时，连壅水都将改道通过背面的汉水东出。古代四川盆地是一个内陆古海大泽是明确无误的，《易经》里的八卦兑泽(方位西)，指的就是西方四川盆地这个大泽。这个大泽千百年的沧海桑田变化，成就了四川盆地的富饶和璀璨文化。

　　在这种周而复始的过程里，四川盆地这块土地上，资阳燧人氏后代、女娲氏后人随这种反复的过程从山上至河谷平原间反复迁徙，从而在这块土地孕育了成都平原万年以上的悠久古蜀文明史和厚重的华夏文明史。

　　中华人民共和国初期，由于成渝铁路的修建，在四川资阳出土发现旧石器时代"资阳人头盖骨化石"，经相关专家研究确定，"资阳人"是4万年前后的旧石器时代晚期早段的智慧人。

　　"资阳人头盖骨化石"的发现，让我们必须正视这一史实，"三皇五帝"的传说有一定的依据。而我们对这些史实的研究不够。有幸的是本土的企业家李治冽先生，文化名人刘胜俊先生以及一群有识之士，投入资金和精力，于2013年撰写《资阳人》一书，重申一些证据及研究的观点，把中华文明史上推至4万年前，功德莫大也！

附录四：
资阳是中华文明一摇篮
——"资阳人与中华文明溯源研讨会"纪实

研讨会总结暨新闻发布关键词语：

研讨会一致认为："资阳人"是人类文化基因根脉一始祖，资阳是中华远古文明一源泉。因为"资阳人"40000年前"在发展大脑由知识变为智慧方面，起了筚路蓝缕、开拓创新的作用"，是人类始用智慧生息、斗争的智慧人里程碑，是远古人类文化先驱的杰出代表，确实占有远古人类始创文化、积累和传承文明基因的关键地位，是人类文化基因根脉的起始祖，是现代人文明基因的孵化摇篮，是现代人知识、智慧和经验产生的发端。"资阳人"奠定中华文化起源基因和文明基因根脉及活态传承的坚实基础，拓创出了远古文明摇篮较为丰富的内容，开创出远古文明的雏形。奋勇开拓的资阳人，一代又一代的坚持创新，打造出绵延灿烂四万年的辉煌文化，使资阳人成为中华民族的一个文化符号、一张文明品牌、一种伟大精神的代名词。

昆仑山耸云端上，沱江水尽情欢歌。

九曲河翩翩起舞，雁江城喜气洋洋。

热烈祝贺"资阳人与中华文明溯源研讨会"在资阳隆重召开！

热烈祝贺《资阳人》首发式在资阳隆重举行！

"'资阳人'确实占有远古人类创造文化和积累文明基因的关键地位"！

"'资阳人'是人类始用智慧生息、斗争的智慧人类里程碑"！

"'资阳人'是远古人类文化先驱的杰出代表"！

"资阳人"是人类文化基因根脉一始祖，资阳是中华远古文明一源泉。

热烈祝贺资阳为中华文明的源泉、摇篮！

……

近三十条彩飘从格林大酒店四周的顶部飘舞起来。2014年1月18日晨我们踏上红地毯，穿过林立的宣传牌，跨进"资阳人与中华文明溯源研讨会"会场。

哟！偌大的会场，座无虚席，挤满了人。台下300多人都在目光炯炯地注视着主席台，启动仪在音乐声中旋转起来了，"中华资阳人"几个大红字在启动仪内慢慢转动，放射出耀眼、灿烂的光彩。大屏幕上滚动播出了"资阳人"的宣传片，展示了40000年前"资阳人"创造灿烂文明的动人情景。

第一阶段 开幕式

时针转动到上午 9 时，中国先秦史学会常务副会长兼秘书长**宫长为**主持会议，宣布"资阳人与中华文明溯源研讨会"胜利开幕。

"资阳人与中华文明溯源研讨会"开幕式会场

全国政协委员、中国社会科学院学部委员（院士）、中国先秦史学会会长**宋镇豪**致开幕词：

"资阳人与中华文明溯源研讨会"有着特殊的重要意义

各位领导，各位专家，各位记者，各位朋友大家好！

新年伊始，"资阳人与中华文明溯源研讨会"现在开幕了！大家不辞劳苦前来资阳参加本次会议，我谨代表会议的主办方，表示热烈的欢迎，祝大家在资阳收获多多！

在人类的进化系统中，"资阳人"化石的发现对于人类文明溯源与中华人的深层次的研究有着不可低估的重要价值。大家知道，据现有人类化石的材料，最早的人类大约起出现在 300 万年以前。从最早的人到现代的人，期间大致经历了 3 个发展阶段。经南非和东非发现的南猿阶段；欧亚美旧大陆发现的直立人阶段，距今大约在 172 年到 4 万年前；接下来就是智慧人阶段，距今有 4 万年到 1 万年。这是我们过去的认识。

智慧人的化石，在旧大陆以及新大陆和澳大利亚发现，均有。至距今 4 万年以下，智慧人的进化晚期，其体制结构已经与现代人基本相同。这个阶段出现了黄种人、白种人、黑种人等不同的人种。中国近代的智慧人化石的发现是比较多的。**1951 年资阳发现的女性智慧人头骨化石经鉴定，她实际上是介于晚期智慧人和新人阶段之间，距今已经有 4 万年左右。**她与内蒙古的"河套人"及广西的"柳江人"时期大约相先后，但是她稍晚于山西的"丁村人"和陕西"大荔人"、湖北"长阳人"。这就为了解中国远古先人的进化和人类文明起源提供了难能可贵的史证。

"资阳人"是中国中华几大人类化石的发现地之一。资阳人的发现在国内外有着重大的影响。**"资阳人"是人类智慧人进化到新人阶段的一个里程碑。从某种意义上来说，也是川人的始祖，树立起川人的自信心和自豪感。**更大范围来讲，她对于中华民族的生成也是有很重要的意义的。

本次会议呈现给大家的《资阳人》是一部卓有成效的著作。该书是在党的十七届六中全会加强文化战略建设精神的感召之下立项的。在党的十八大"增强文化实力和竞争力"的精神指引下而有所为。是在习总书记 8.19 讲话提出的

"搞好文明溯源,坚持巩固壮大主流思想舆论,弘扬主旋律,传播正能量,激发全社会团结奋进精神"的号召下编撰的内容,得到加强。

《资阳人》一书,展示了资阳先民数万年以来生生不息,攻坚克难,拓展探索,奋进奉献的绚丽画卷。"资阳人"的讨论,实际上已经超出了一般意义的文明起源的探索。它作为一个大文化的意涵的课题,摆到了我们的面前。

今天,我们在资阳召开"资阳人与中华文明溯源研讨会",有着特殊的文化意义,重要的现实意义和深远的未来意义。《资阳人》的拓创和"资阳人与中华文明溯源研讨会"在资阳召开,我们都是为了贯彻、落实党中央关于加强文化建设的决定,发掘"资阳人"与中华民族文化,探索"资阳人"与中华民族精神,加强文明建设,重视中华文化软实力,推动地区经济发展相适应的。

我们希望本次会议就"资阳人"和四川远古人类的活动印迹,以及在世界人类进化中所具的重要地位问题,以及中华文明起源的重要相关方面的课题展开充分讨论,各抒己见,共同切磋,互相交流。我预祝大会圆满成功!祝大家新年嘉盛,心情舒愉!谢谢大家!

"资阳人与中华文明溯源研讨会"大会会场

中共资阳市委原常委、宣传部部长**曹家贵**致辞：

欢 迎 词

曹家贵

尊敬的光荣、清华老领导，各位专家、学者，各位商会会长、企业家，记者朋友们：

大家上午好！在2014年春节即将到来之际，各位领导、专家、学者，各位商会会长、企业家、记者朋友们带着对资阳的深切关怀，专程莅临资阳，参加由中国先秦史学会、四川省历史学会、资阳人书社共同举办的"资阳人与中华文明溯源研讨会"，溯源中华文明源泉，探讨资阳文化，让我们深受鼓舞、倍受感动！借此机会，我谨代表中共资阳市委、资阳市人民政府向光荣、志文、清华老领导，各位专家、学者，各位商会会长、企业家，记者朋友们的到来表示热烈的欢迎！向大家长期以来给予资阳的关心帮助表示衷心的感谢！

资阳地处"成渝之心"，是四川省唯一同时连接成都、重庆"双核"的区域性中心城市。资阳历史悠久，公元前135年（西汉时期）置县，后设州、郡，至今已有2100多年的建制史，1998年设立地区，2000年建市，辖雁江区、简阳市、安岳县和乐至县，幅员面积7962平方公里，总人口503万；资阳人杰地灵，哺育了孔子音律之师苌弘、西汉辞赋家王褒、东汉经学家董钧古代"三贤"，涌现出唐代诗人贾岛、北宋理学鼻祖陈抟、南宋数学家秦九韶和近代军事家、外交家陈毅元帅，著名作家邵子南、刘心武、周克芹等名人志士；资阳生态良好，全市森林覆盖率达37.1%，是西部最适宜人类居住的地区之一；资阳资源丰富，是国家级商品粮基地、生猪基地和全国唯一的柠檬基地，是世界罕见的保存有十万尊唐宋摩崖石刻造像的"中国石刻之乡"，也是四川省重点开发的"两湖一山"精品旅游区所在地。

近年来，我市紧紧扭住加快发展不放松，全力打造"西部车城、节能之都、绿色资阳"城市名片，着力发展造车和食品、医药、纺织、建材及节能、天然气"1+4+2"主导产业，实现了有速度、有质量、有效益的发展！2012年，我市经济总量由2009年全省第12位上升至第10位，规模工业增加值、固定资产投资、地方公共财政收入、社会消费品零售总额4年翻了一番多。2013年，我市抢抓省委实施"三大发展战略"机遇，着力次级突破，围绕"五年总量翻番、再造一个资阳"发展目标，正视挑战，奋勇攻坚，一座宜居宜业宜商、绿色生态、特色鲜明的新兴工业城市正在"成渝之心"加速崛起。全年经济总量预计超过 1100 亿元，迈入了全省"千亿俱乐部"。特别是随着天府新区资阳片区、成都新机场、毗河供水工程、四川现代商用车、百威英博啤酒、弘信电子、万达广场、九曲河综合整治等一批打基础、利长远的重点项目和工作取得突破，资阳正发生格局性、革命性、历史性变化！目前，成渝、内资遂、遂资眉 3 条高速公路和成渝铁路穿境而过，成安渝、成都第二绕城高速和成渝铁路客运专线加快建设，成都经新机场至资阳的高速公路和轨道交通正加紧规划，成都新机场高速公路有望今年启动建设。我市立体综合交通网络正在加速形成，"成都区位、资阳成本"综合优势日益凸显，人流、物流、资金流正加速向资阳流动，"西部车城、节能之都、绿色资阳"城市名片更加闪亮。

在经济社会发展的同时，市委、市政府坚持以人民为中心的工作导向，推动文化发展与经济工作同步驶入快车道。近年来，我市各类公共文化基础设施逐步建成投用，覆盖城乡的公共文化服务体系日益完善，文化保障服务能力不断增强，群众文化活动广泛开展，展现资阳特色的文化精品力作层出不穷，文化承载幸福、播洒幸福的作用得到了充分发挥，老百姓的幸福指数不断上升。资阳本土作家们带着对资阳的热爱，饱含深情写着资阳的人文、历史和故事，传播着资阳文化。简阳作家陈新的长篇报告文学《爱，与你同在》由人民出版社 2013 年 5 月出版、《探海蛟龙》由浙江儿童出版社 2013 年 10 月出版、散文《江凡》已收入全国义务教育标准实验教科书语文二年级下册教材。陈新已成为新中国成立后四川仅有的除郭沫若、巴金、流沙河、魏明伦四位作家之后唯一一位作品收入全国语文教科书的青年作家。简阳民警刘丽的长篇报告文学《刑警荣誉》出版后，天音传媒有限公司主动与其商谈拍摄电视连续剧，现正在商谈中。此外还有易图敏的《走进资阳》、唐承义和王平中的《普州揽胜》、陈水章的《阳安旧闻》、刘玉伦的《秋水长天》、曾春扬的《柠都飞歌》、简阳作协的《简阳歌谣》、《简阳名胜》等有一定影响的著作 200 余部，因时间关系今天不一一介绍。今天会上研讨的军旅作家刘胜俊先生编著的《资阳人》以探索文明起源为主题，凝聚了作者多年的心血，请大家多提宝贵意见。

各位领导、专家、学者，各位商会会长、企业家，记者朋友们，资阳有良好的区位优势，有良好的产业基础，有良好的发展环境，有广阔的发展空间，开放合作是资阳加快发展的必由之路。我们真诚希望这次研讨会议能成为我们以后合作的契机，请各位领导、专家、学者、各位商会会长、企业家，记者朋友们一如既往地关心、关注、支持资阳发展，共同推动幸福资阳建设。

最后，祝"资阳人与中华文明溯源研讨会"圆满成功！祝各位领导、专家、学者，各位商会会长、企业家及记者朋友们吉祥如意、幸福安康、马年吉祥！

四川省历史学会会长、重点学科《巴蜀文化学》首席专家**谭继和**致辞：

"资阳人"探讨的学术价值和现实价值

谭继和（签名）

"资阳人与中华文明溯源学术研讨会"在资阳召开，这是四川学术界的一件大事，一个盛举。北京的学者和四川的学者、企业界和有关政府领导能够有机会济济一堂，互相切磋，不仅能推动中华文明的溯源研究，而且将有助于促进地方文化软实力和创意文化资源的利用和发展。这次会议请来了中国先秦史学会作为倡议和主办单位，这是可喜可贺的。中国先秦史学会是有威望，学术水平高的基础性学会，同时又是通经致用，善于与地方经济文化发展相结合，为地方文化服务的应用性学会，其中不少著名的专家学者。我们四川省历史学会作为主办单位之一忝列其间，与有荣焉。我谨代表四川史学界同仁对中国先秦史学会同行们表示深切的谢意和热忱的欢迎。

"资阳人"与山顶洞人、左镇人是中国旧石器时代晚期4万年前至1万年前新人（晚期智慧人）遗存的典型代表，**对于中华文明起源和巴蜀地方文化的根脉及活态文明基因的传承，有着重要的作用，处于关键的地位**。

一是"资阳人"研究，有助于重新认识和探索中华文明的起源和文明标准问题，建立起中国文明自己的话语权，不再受西方文明话语权的束缚。用恩格斯的"两种生产"（物质生产和人口生产）理论来探讨文明起源；用"基因进化"与"文化进化"两个进化的理论来探讨人的进化和文明进化的关系，都是这次研讨会上出现的理论亮点，具有原创性和创新性。还有母系社会同父系社会一样可以产生文明的新观点，有助于我们思考中华文明起源可以上溯万年以上。

二是"资阳人"研究，进一步推动了地域文化，特别是巴蜀地域文化的根系和来源的研究。巴蜀文化有四万年以上的以"资阳人"为代表的文明孕孵根系，有万年以上的文明起步和五千年以上的文明形成和发展史。对多源一脉的中华文明起源，巴蜀文明作出了"文明的一个摇篮"的重要贡献。

三是"资阳人"研究，有利于促进对人类知识、智慧的来源方式、获取模式的研究，有利于促进对今人智慧的启迪作用，对今天人类文化精神活态基因的传承作用。人之所以成为人，除了直立行走外，主要是靠大脑的发育。"资阳人"在发展大脑由知识变为智慧方面，起了筚路蓝缕、开拓创新的作用。他们努力改造自己，成为大写的直立的"人"上，为我们留下了丰厚的历史遗产。对比今天信息时代，知识和信息多于人脑的智慧，"人"正在丧失创造性的思维，过于依赖电脑储存记忆，"人"反而趋向怠惰的发展趋势，难道我们不感到愧对祖先，值得以资阳人为镜，汲取教训吗？又如，旧石器时代晚期社会组织的彭那努亚氏族和母系氏族，其实质是协作，这对今天社会和谐发展与国家治理模式的改革，都是有益的启示。

当今文化软实力的竞争，考验着中国人对中国历史和世界历史的解读能力和阐释能力。"资阳人"在资阳发现，是资阳市人的幸运，是资阳市最早最大的文化创意资源。刘胜俊先生的《资阳人》一书为"资阳人"的历史解读和文化解读，为"资阳人"文化的创意源泉和内涵的探索，作出了可贵的探索和重要的贡献。此书文笔优美，又是讲好中国故事，有利于海内外宣传的一本大中型文学性的史传著作性质的好书。这对当今资阳市文化软实力的建设是重要贡献，希望这本书接着写下去，并在经世致用上发挥它的重要作用。建议资阳市重视这套书的价值和现实意义，对它加以扶持和宣传。我来资阳前几天，参加了四川省委宣传部正在召集学者梳理四川文化体系和四川精神的会议，表明四川省委对宣传四川文化和巴蜀文明的高度重视。我希望这本书是梳理资阳市地方文化资源和文化体系的开端，建议以本书为契机把资阳市文化体系的梳理和建立工作深入作下去，促进资阳市地方经济与文化的进一步发展。谢谢大家！

 资阳人——

中国先秦史学会常务副会长兼秘书长**宫长为**宣读中国科学院学部委员（院士）、国务院历史学科评议组组长、中国史学会副会长**李学勤**给"资阳人与中华文明溯源研讨会"的贺信：

贺 信

资阳人与中华文明溯源研讨会组委会：

欣闻由中国先秦史学会、四川省历史学会、资阳人书社联合主办，资阳人书社等单位承办的资阳人与中华文明溯源研讨会，在久负盛名的资阳人故乡——资阳市隆重召开。在这里，请允许我以中国先秦史学会名誉理事长、清华大学出土文献研究与保护中心的名义，谨向您们并通过您们谨向与会的各位领导、各位专家学者、以及社会各界的朋友们，致以最热烈的祝贺！并借此机会，谨向勤劳朴实、厚德忠勇的五百万资阳人民致以最美好的祝福！

大家知道，资阳地处天府之国的腹心地带，风光旖旎的沱江之滨，历史悠久，文化底蕴深厚，特别是上个世纪五十年代初期资阳人的重大考古发现，引起了学术界的广泛关注和高度重视。半个世纪以来，有关资阳人研究日渐深入，成果颇丰。**由刘胜俊先生、李治刿先生主编的《资阳人》一书的出版，可以说是资阳人研究的集大成之作，对于我们追索中华先祖足迹，探讨中华上古文明发展，都具有重大的历史意义和积极的现实意义。**

近些年来，中共资阳市委、市人民政府认真贯彻落实党的十八大精神，在积极推进社会主义文化的大发展、大繁荣的过程中，深入开展资阳人研究，努力打造资阳人品牌，为伟大的中华民族复兴，实现我们的中国梦，再续新章。

因此，我们有理由相信，通过本次资阳人与中华文明溯源研讨会，必将进一步探求资阳人与中华文明溯源，开创中华远古文明研究的新局面。

最后，我们预祝大会圆满成功，遥祝各位身体健康！

清华大学　李学勤
2014 年 1 月 18 日

《资阳人》总编撰，《人民日报》、《解放军报》原高级评论员，中国写作学会原副会长，中国军事未来研究会理事长，军事理论家、发展战略家、作家、教授**刘胜俊**作"资阳人与中华文明溯源研讨会"主题报告：

灿烂的资阳文化 悠久的中华文明

刘胜俊

各位领导，各位专家，各位记者，女士们、先生们、朋友们，您们好，热烈欢迎大家的光临，衷心感谢各位的支持和帮助，我将中华文明溯源的情况作简要的报告。

开初我们写《资阳人》这部书的时候并没有站在中国文明溯源这个高度来思考主题，只是想把资阳人的历史原原本本地探索、撰写出来。初稿出来后，我们送给四川省社科院、四川省历史研究会、四川大学、四川考古研究院、四川省写作学会、四川省作家协会、中国社会科学院先秦史研究室、中国先秦史学会、中国社会科学院历史研究所、中国科学院古人类与古脊椎动物研究所、北京大学、国家第一档案馆、人民日报史学编辑部、文化部直属的中国管理科学院发展战略研究所等十多个单位的几十名专家审查，提修改意见。

一两个月后，上述单位的专家纷纷给我们反馈审查意见，一部分专家还写出了评论书稿，给予了很高的评价，鼓励我们说："《资阳人》构思宏大、气势磅礴、结构奇妙、观点稳妥、描写精彩、论述科学，是一部史诗般的典藏杰作。"更值得我们惊喜的是专家们肯定的指出，《资阳人》"发现了文明、复原了文明、探讨了文化、传承了精神"，史实"充分证明，资阳是中华文明的一个摇篮"，"资阳是中华文明的源泉"。

我们读到专家们上述的评论心中有些忐忑不安，自己问自己："资阳果真是中国文明的源泉和摇篮吗？如果不是，专家们为什么这么肯定地指出来？"这时，我们调整思路，把视野放在中华文明的高度来看待溯源问题，也就是说，资阳是不是中华文明的源泉不仅关系到资阳，也不仅只关系到四川，而更重要的是关系到全中国，关系到中华民族在世界文明史上的地位。党的十七大、十

八大都一再强调加强文化战略建设的重要性,特别是**习总书记一年来一再强调的"根"、"魂"、"神、""梦"四个字。团结统一的中华民族文明源泉是海内外中华儿女共同的"根",博大精深的的中华文化是海内外中华儿女共同的"魂",忠、勇、仁、爱,攻艰克难精神是中华民族的"神",实现中华民族伟大复兴是海内外中华儿女共同的"梦"。习总书记在 2014 年"8.19"讲话中还一再强调文化溯源的意义。为了实践习总书记和党中央的号召,我们迎难而上,决定把重点转到溯源文明、复原文明、探讨文化、承传精神上来。**

一、溯源并发现资阳是中华文明一源泉

1. 考察、探索、研究确定"资阳人"4 万年的史实

确定"资阳人"的历史年代,是溯源文明的第一步,为此进行了艰苦的、长久的深入考察、研究。我们访问了省内省外 20 余家史料机构、博物馆和相关部门,翻遍有关史料档案,考察过 3 万多份文物,搜集到 1000 多份文史资料、1000 多幅图片和 300 多本史书,拍摄到有关资阳人的上千张照片。同时,探访了上千个民众和老人,综合借用老专家们的研究、测试成果,站在老专家们的肩上来研究,最终得出"资阳人"确实有 4 万年历史的结论。

公元 1951 年三月,著名考古学家张圣奘教授率领考察组在四川省资阳县九曲河一号桥基旁挖掘出古人类头骨化石和一枚精致的骨针,初定为距今三万五千年至四万年的人类智慧人。

时任中国科学院院长的郭沫若派中国著名考古学家裴文中教授和张圣奘教授一起组成九人小组,再次到资阳,经过几十天的复察,在原"资阳人"头骨出土旁又挖掘出大批动、植物化石和大批石器。远古资阳人使用过的石器有石核、石片、刮削器、砍砸器等中,特别引人瞩目的是麋鹿右角。经过分析鉴定,再次确定该人头化石为距今三万五千年到四万年前的晚期早段智慧人,并命名为"资阳人"。中外各大媒体先后进行报道,引起中外惊讶。毛泽东、周恩来等国家领导人亲自接见并宴请张圣奘。

接着,裴文中教授等对"资阳人"进行长期研究后,于 1957 年正式出版中国科学院古脊椎动物研究所甲种专刊第一号,第三次宣布"资阳人"是距今三万五千年至四万年的人类智慧人头骨化石。

1971 年至 1981 年,一批批四川省、重庆、北京等多地的十几位国家级、省市级考古机构的权威专家先后多次到资阳实地考察和研究,又在距离"资阳人"出土一百米远处挖掘出大批动、植物化石和石器、骨器等工具。尤其惊讶的是挖掘出用于妆饰的穿孔石珠和麋鹿左角,这只左角与原麋鹿右角相对,恰好是一头麋鹿的两只角。上述十几位考古专家经过十年的艰辛努力,事实求是的科

学的考古挖掘、分析、研究，再经北京大学等 ^{14}C 测定，最终（第四次）将"资阳人"论定为 39300 年±2500 年的智慧人。

在1984年召开的中国第一届全国 ^{14}C 会议上，肯定了四川省地质局李洪云和中国科学院古脊椎与古人类研究所黎兴国、刘光联、许国英、王福林五位考古专家提交的《资阳人化石产地地层时代新资料》中论定的"资阳人"为 39300±2500 年的史实。

国家文物局在其主编的《考古60年》将"资阳人"（也就是考古界第五次）确定为旧石器时期晚期智慧人。

国家文物局在其主编的中国《中国文物地图集》（也就是考古界第六次）宣布"资阳人"为距今4万年的旧石器晚期早段智慧人。

国家文物局和国家考古界、史学界顶尖级的权威机构和顶尖级的权威专家以及北京大学、四川大学、四川省相关的权威部门和专家都一而再再而三的六次肯定，"资阳人"是4万年前后的人类智慧人，是现代人的杰出代表。

2. 探明文明的含义和判定文明的科学标准

资阳是不是文明源泉，最关键的是要把什么是文明和判定文明的标准弄明白。

过去西方人判定文明的标准是：城市的出现，文字的产生，国家制度的建立。所以西方人认为最早的文明大概是在公元前3500年左右美索不达米亚的苏美尔人那里开始的。后来又把两河流称为文明的发源地，再后来又把巫师作为文明的一个标准，还有的把音乐出现也作为文明标准。英国考古学家柴尔德提出了文明的10个标准，比如一定规模的遗址，人口要达到5000以上，有权力机构等等。

中华文明探源工程负责人之一、北京大学文博学院院长赵辉在指出"关于文明的标准首先是由西方学术界提出的，……当我们套用这些标准对一些有关的考古发现进行是否是文明的性质判断时，就会发现这些文明的标准有的是不那么能对上号的。"

对不上号就是不科学，所以我们研究认为应当将这些西方判定文明的不科学标准进行革新，重新提出可行的、科学的标准来。

革新判定文明的标准，是文明溯源工程发展的必要一步。中国文明溯源工程主要负责人的中国社会科学院考古研究所的王巍所长在《以科学态度研究文明起源问题》文中强调："考古学是一项充满未知的学问，这也正是它的魅力所在，新发现的考古资料很可能推翻原有的认识。所以，我们所有的研究结论，都强调一点，都是根据目前已经掌握的资料得出的，将来如果有新的发现，难免会有进一步的修正。"既然过去判定文明的标准已经不适用了，修正和改革原

来判定文明的标准就成了理所当然，就成了文明探源发展的必然。

当今通称的文明是指人类所创造财富的总和，特指精神文明和物质文明。

精神文明是人类在改造客观世界和主观世界的过程中所取得的精神成果的总和，是人类智慧、道德的进步状态，也是人类审美观念、文化现象的传承、发展、糅合和分化过程中所产生的生活方式、思维方式的总称。

物质文明是人类改造自然的物质成果，表现为人们物质生产的进步和物质生活的改善，是精神文明的物质基础，对精神文明特别是其中文化建设起决定性作用。物质文明的性质由生产方式所决定。

经过研究确认，当今通称的精神文明和物质文明是判定文明的科学标准。因为这两个标准可以把文明的内容概括全，无论是几万年前还是几万年后的文明用这两个标准都可以概括全。除此以外，无论用任何尺度的标准都不可能把文明概括清楚。

须知，精神文明和物质文明应是一种发展的概念，可分为原始文明、远古文明、古代文明、现代文明、当代文明。否则，工业文明出现不就否定前面的文明了吗？电子出现不就又否定工业文明了吗？信息化时代不就又否定了电子文明吗？这些本应是文明发展的阶段而已。要不然，今天的文明用什么标准来概括呢？

判定文明的标准在不断变化发展，是人类在认识世界和改造世界的过程中所逐步形成的思想观念以及不断进化的人类木性的具体体现，应找到精神文明和物质文明这两个科学的标准。

3. 文明源泉应是多元的

我们习惯讲黄河是中华文明的摇篮，如果再说资阳是文明摇篮，那不就否定黄河文明摇篮了吗？经翻阅大量资料和研究后知道文明可以多元化。

传统的中华文明古史是"上下五千年"，以黄帝为始祖。所以我们历来自称"黄帝子孙"或是"炎黄子孙"；以黄河流域为发祥地，故称黄河为"母亲河"。从近些年来发现的大量古代遗址看，中华民族文明的发祥地是多源的，绝不止黄河流域一处，即可归纳为六七个不同的区系类型。过去，中华文明一直被误认为单纯的农业文明，起源于西北黄土高原，是一种封闭保守、安土重迁、缺少进取精神的大陆文明。

台湾省黄大受教授认为："至于历代相传的'黄帝是我们的人文初祖'、'黄河是中华文明的母亲'等等说法，不必否定，可视之为民情风俗，长期保留。只不过应将真实的历史与民情风俗分清而已。"2001年，中宣部发出通知，以后不宜笼统称"炎黄子孙"。

北京大学考古支持学院院长赵辉论述中华文明探源工程的文章题目就叫《中国文明的形成：从满天星斗到多元一体》，他在文中多次提到中国文明是多元的，是满天星斗的，多元中的一体化趋势。他指出"上世纪80年代初，苏秉琦提出了文化演进不是一条线进行的，是多元的，或者是满天星斗式的"。

4."资阳人"具备文明源泉的标准

中国先秦史学会副会长宫长为强调："资阳人的发现与研究，给我们提供了这样一个很好的契机，也给我们提供了这样一个全新的课题，它已经超越中国早期文化和文明的探源范围，相反，正在走进或者说接近真正意义上的中国早期文明的探源工作。这是一个浩大的工程，是一个繁重的工作，需要我们从一点一滴做起，从一个或几个案例做起。今后的路还很漫长，还有很长的路要走，真可谓路漫漫兮，吾将上下以求索。"

是的，中国史学界早就酝酿和筹备追溯中华远古文明渊源的这项伟大工程。追溯中国古史的任务正式提到全国史学、考古学者面前，条件已经基本成熟。重建中国古史的构思、脉络已基本清楚。从宏观的角度、从世界的角度、从理论与实践结合的高度，可将中国古史的框架、脉络可概括为："超百万年的文化根系，上万年的文明启步，五千年的古国，两千年的中华一统实体，这就是我国历史的基本国情。"

从1990年至现在，国家都在研究文明探源，正式的"文明探源工程"这项浩大而艰巨的工程已进行了10年有余，成就初显。

2012年9月25日，总编刘胜俊在中国科学院文物收藏室右手举着1951年3月随"资阳人"头盖骨化石一起出土的骨针真品。

史学界的知情者们认为，《资阳人》探索中华文明源泉这项浩大而艰巨的工程启动一年多来初见成效，是中国考古界追根溯源中华远古文明的契机。乘借这股东风，把追根溯源中华远古文明的工作进一步展开，找到中国最古远的文明发祥地。

那么资阳是不是远古文明的发祥地呢？我们又回到文明标准来分析她、研究她、认识她。我们认为：资阳具备远古文明的标准，主要有三件文物为佐证。骨针、穿孔石珠、水鹿角这三件文物在"资阳人"同一地点、同一地层挖掘出来，经鉴定又是同一年代。

有的专家和媒体说："研究发现，人类现代文明在4.4万年前就已出现。"我们和一些史学专家经过反复讨论研究认为：人类初始思维，开始形成智慧，用智慧进行生活和生息斗争时际为原始文明的开始，在"资阳人"时际人类开始了原始文明，孕孵出了中华文明摇篮，较为符合人类历史发展的史实。

专家们认为，40000年前的资阳人用思维观察世界，用智慧打造工具，用骨针缝制出服装文明，用穿孔石珠妆扮出妆饰文明，用水鹿角组织群体生产和斗争创造出组织指挥文明，用火创立热食文明，用互敬、互爱、互帮、互救拓创出精神文明。简阳龙垭遗址出土的旧石器中的精致的三枚吊坠，说明旧石器一代资阳人的妆饰文化已经发展到相当高的程度。可见资阳人在40000年前靠大脑发育产生思维，最初生成人类文化基因，拓创出现代人文明的孵化摇篮，从而，"资阳人"由思维和知识上升为智慧，筚路蓝缕，开拓创新，既创立了物质文明也创立了精神文明，这些内容完全符合判定文明的标准，真正的文明鉴定标准应该是"智慧"二字。人类出现思维，开始用智慧进行斗争和生息，文明就开始了。因为智慧本身是精神文明的内容，用智慧产生的物质就是物质文明的内容。用智慧进行活动，就与野蛮和蛮干大不一样了，它就从野蛮上升到了文明层次，从野蛮阶段迈进了文明阶段。资阳人在4万年前物质文明和精神文明就具有这样的高度。难怪一些权威专家论定资阳人是人类文明的先驱。这就是说资阳是地地道道的文明圣地和文明源泉。

5. "资阳人"是人类智慧人里程丰碑

"资阳人"之所以是人类智慧人的里程碑，是因为智慧人发展到"资阳人"阶段开始产生思维，初始用智慧生息、斗争，是"我们现代人知识智慧和经验产生的源泉，也就是说'资阳人'是活动在巴蜀区域的几万年前人类文化先驱的代表"。

史学界权威专家们还认定"资阳人"是中国最早现代人。专家们在这里说的"现代人"是史学素语，也就是"真人"，"代表旧石器时代晚期早段智慧人生产和生活"等文明水平状况。这种结论不是凭空臆造的，而是中国科学院古脊椎动物研究所的权威专家吴汝康等用科学手段经过认真测试、分析"资阳人"头骨的各部分生理结构基本特征与现代相似之后得出的。况且，资阳人在4万年前使用过的骨针和穿孔石珠证明，资阳人那时已经用智慧制作较为实用的工具，用智慧生息斗争，始创了工具文化和文明、服装文化和文明、妆饰文化和文明等等。专家们一再肯定"资阳人"是最早的现代人代表，是我们现代人知识智慧和经验产生的源泉……几万年前人类文化先驱的代表。"'资阳人'确实占有巴蜀地区和人类先古创造文化和积累文明基因的关键地位。"确实建立起人类智慧人的历史丰碑。

6. 远古资阳人所处的地域气候优势造就资阳成为中华文明源泉

魏一平在《文明起源的环境因素》一文中说："地球自诞生以来，一直是冷暖交替。尤其是人类出现以来的这段历史（第四纪）由若干个冰期与间冰期组成，大概每隔70000-100000年就会经历一次大的冷暖变化。最后一次冰期发生在距今70000年至10000年前。"

5万年时际前后，地球发生了第四纪冰川震动，地球上的生灵几乎灭绝。在这次冰川中，四川周围高山峻岭隆起，中部形成盆地海洋，古时称西海。西海吸收太阳热能，热气上升，盆海周围山崖、岸上较温暖。西北风一吹，将盆地上空的温空气吹向东南，通过盆地周围高山峻岭最低处的龙泉驿山脉流向沱江中游，形成较为适宜生灵生息的地域。因此燧人氏从岷山山脉北部的高寒地集体南迁到沱江中游，这一原始部族幸免逃过寒劫，保存了人类生灵的火种。资阳燧人氏艰苦开拓，创发了人类文明的源泉，继而向四川盆地和川外发展、传播文明。

从大量发掘的考古材料中，我们可以了解到，早在旧石器时代，这一地区的气候温暖湿润，就有人类狩猎采集，劳动生息，至今留下了许多丰富的文化遗存说明，为沱江中游成为文明起源的核心地区提供了可能。

7. 从资阳、蜀国与中华大地远古文明史关系略图看出，资阳是中华文明一源泉

从前面"资阳、蜀国与中原（中华大地）远古文明史关系略图"看出，资阳的文化文明的久远性和源泉性，**直到女娲氏后期蜀国文化才开始。女娲之后的神农氏时期，中国正史文化才开始。史实说明，资阳是中华文明的源泉**，正如考古专家指出的那样："资阳是中华文明的源泉是当之无愧的。"

8. 从考古中看文物的演化、发展，证明资阳文明的源泉性

文物的演化、发展很能说明资阳是文明源泉。仅就啄木鸟的演化、发展就能证明这个历史。

燧人发现取火用火的方法之一就是从啄木鸟啄木起火开始的。从此燧人十分崇拜鸟，把鸟奉为神，其图像在多种工艺品中出现。鸟崇拜经过长时间的演化，"太阳神鸟"的金饰品集中反映了中华民族对鸟的崇拜程度和深蕴的哲理意境。

从沱江出土的蜀国开明时期铸造的这根图腾柱看出，人类文明的发展是从崇拜鸟开始的。资阳是文明源泉，是因为图腾柱将鸟做为发源的始者。接着历代掌权者都把燧人、女娲推崇为祖先，都用玉璋祭祀先祖，都用纵目看世界，都推崇阴阳理念，这都说明从燧人氏下来都是一脉相承的。只能是一个先祖才可能这么一脉相承，所以说文明的发源来自"资阳人"和燧人氏。

"燧人氏就是资阳人"，"女娲故土在资阳"，史学、考古权威专家的这些论断和这些史实说明，资阳人就是文明始祖。图腾柱就是锻造这个历史的极好古代物证。

9. 史学专家权威专家认证，资阳是华夏文明一摇篮

悠悠苍天，一直是远古人类探索奥秘的主题。天象瞬息万变、扑朔迷离，天所体现出的无所不在的主宰力量和神威，尤其是天地的开辟、形成和发展历史，是人类从未间断过的追索，产生无数大胆和丰富的遐思，一直没有结论。2300年前，楚国大诗人屈原唱出一首代表人们的震烁千古的《天问》曰：

"遂古之初，谁传道之？

上下未形，何由考之？

……

圜则九重，孰营度之？

惟兹何功，孰初作之？"

原文是说：请问，关于远古的开头，谁个能够讲授？

那时天地未分，凭什么来考究？

……

穹窿的天盖共有九层，谁来动手经营？

这样一个工程，何等伟大，谁个是最初的工人？

（引自郭沫若：《屈原赋今译》）

其实，现在无需天问，因为中华民族的文化和文明源泉已经找到，请看下面吧：

著名的权威的考古学家们指出："资阳人有40000年的文化根系"，"资阳是中华文明的源泉"，"资阳是中华文明的摇篮"。

考古界的权威专家们认定，资阳是华夏文明摇篮，这是因为：

第一，资阳人是中国智慧人的第一代表、最杰出代表。按常理说，人类只有智慧人出现，并发展到一定阶段，人类大脑思维的产生和智力的发展，才能创造文化和文明。前面说到，文明是人类创造的物质财富和精神财富的总和。

资阳人在4万年前智慧用火、狩猎等生息实践中就开始拓展了人类文化，创造了人类文明；

第二，"资阳人"是40000年前后创造了人类文明摇篮的标志内容。"资阳人"创发用火进行热身和热食，初始用智慧进行斗争、用骨锥缝制皮衣、用穿孔石珠进行妆饰等等。这就创造出了用火文明、智慧狩猎文明、服装文明、妆饰文明等等。这些都是人类文明摇篮的重要标志性内容；

第三，"远古资阳人向川外播撒农耕文明。资阳人文化与川外各地文化的融合及与中华民族文化的生成发展，对人类文明发展产生重大影响"；

第四，资阳人开创人类文明源泉，是人类文明的先驱，在久远的古代就将资阳打造成文明的圣地。

"资阳人"是中华人民共和国出土的第一块40000年以前的人类化石，是地地道道第一次完全由中国工人、中国学者自主发现、自行研究的旧石器时代人类及其文化，郭沫若拍电报给张圣奘："这是吾川有史以来的重要发现。"

1954年5月，毛主席参观北京中国基本建设出土文物展览，逐字逐句念过资阳人解说词。

发现资阳人的价值何在呢？她不仅是智慧人的里程碑，巴人蜀人一祖先，还是华夏文明的一个重要源泉。

说资阳人是华夏文明一源泉，是因为四川人发展史上40000年时期的人头化石、石器、骨器证明了她是四川发现最早的文物，她彰显出中国西南和四川早期的文化、文明的光芒。

说资阳人是华夏文明一源泉，是因为从一系列考古挖掘出的文物看，资阳人是西南特别是四川文明发展的中心。40000年前，资阳人的文化、文明向北发展极大地影响着成都平原，尤其是成都、德阳、绵阳以及更远地区的文明发展；向南发展影响到内江、自贡、宜宾、泸州以及更远地区的文明发展；向西发展影响到眉山、乐山、雅安、康定以及更远地区的文明发展；向东发展影响到遂宁、南充、广安、大足、达州以及更远地区的文明发展。

说资阳人是华夏文明一源泉，是因为考古专家的一项一项挖掘、考古报告，向世界报告了这一点。

二、复原资阳远古文明并展示给世人

把资阳远古文明复原展示给世人，这是一个大难题。经反复思考、分析和研究，并与有关专家多次讨论，采取了现在的写法，即：依据出土的40000年前的人头化石、骨针、石珠、水鹿角等文物合理的形象描写，撰写成为"文学的史学记述"、"史学的文学报告"，受到各方面权威专家的高度赞肯。尤其是"资

阳人"萌发人类最初思维、初始用智慧打猎等斗争活动，与权威专家们的认识是一致的。

资阳人鲤鱼桥文化的发现，可以把蜀人的时间隧道拉近到今天。吕遵谔、胡昌钰等专家在《四川资阳鲤鱼桥旧石器地点发掘报告》中生动地描写道："根据动、植物化石和地层剖面，可以恢复更新世晚期鲤鱼桥一带的自然景观。当时的地貌和今天相似，但气候稍偏温凉湿润。……总之，当时鲤鱼桥周围森林繁茂，气候温暖而潮湿，适合各类动植物以及人类的生存。"

原来中国考古界早就在追溯中华远古文明的发祥地，资阳人萌发人类思维，开始用智慧进行斗争和生息，用骨针缝织皮衣，用石珠进行妆饰，用水鹿角组织指挥活动，这就产生了精神文明和物质文明。这就彰显出资阳人 40000 年前就拓创出了人类文明的一块发祥地。这正是中国史学部门追溯的一项重大工程的工作内容，所以得到了他们的青睐。

正如专家们说的，《资阳人》作者在书中将 40000 年前"资阳人"创造的文明用文字和图片进行复制，展现给了当今世人。那时，远古的资阳人萌发智慧，开始制造和使用骨针、水鹿角、穿孔石珠等石器和骨器进行生息斗争，始创了制衣文化、妆饰文化、改进工具文化、集体采集文化、狩猎文化、结绳记事文化和观天象文化等，使人类逐渐摆脱野蛮，走上文明道路，开创人类文明的最早纪元。

《资阳人》用史传体报告文学体裁的史实性、探索性、报告文学性、思想启迪性、知识趣味性、科学性融会贯通，将中华文明 40000 年前的发祥地形象生动、生龙活现地复原出来，展示给我们当今的世人。并用"文化考古学"复原了文明摇篮"资阳人"的生活、生产、捕猎斗争等场景和精神风貌。《资阳人》依据现有的考古资料，结合各个方面的研究成果，努力地、创造性地展示了以资阳人为代表的旧石器时代晚期早段智慧人的生产和生活，复原了文明情景。

三、探讨历史文化

我们以 40000 年前的"资阳人"为起点，追寻中华远古文明的足迹，从旧石器时代前期走进新石器时代，从新石器时代晚期走进夏商周三代。专家们说，《资阳人》以这样的大手笔、大气派回眸中华远古文明的历程。

1.燧人氏一部族在资阳始创中华文明一源泉文化

传说燧人氏是资阳人祖先，有的史书斩钉截铁地说"燧人就是资阳人的祖先"。怎么把这个观点写得叫人信服，立得住脚，让他人推不倒这种定论？为此，我们请教专家，专家也认同前面观点，他们说："要使这个观点站得住脚，就应该从人皇写起。"人皇有九弟兄，他把中国分为九州，一个兄弟管理一个地方。人皇和他管理沱江等地域的九弟喜爱沱江，长期居住沱江，为沱江地域的建设做出了重大贡献。人皇的后代燧人氏等氏族在中华各地都有部族，管理和长住沱江流域的部族爱上沱江流域，这是自然的事情。我们按照专家们的这个思路，找到《资治通鉴·外记》、《尚书大传》、《山海经》、《世本》、《汉唐地理书》、《三皇五帝时代》、《河图括地象》、《尸子》、《韩非子》等十多本古书以及清代才子钟云舫的燧人氏与资阳关系的长对联等史料中都谈到了燧人氏在资阳一带生息的史实，编撰出燧人氏这一章，送给各位专家审视，大家都认同。

第四纪冰川造就资阳人与蜀人文明传承关系，这次气候和环境条件使资阳人真正成为世人的始祖。

被视作人类文明开端的"火"，在人皇、燧巢时期，其实也是"资阳人"时期发现和发明用火的方法。一些史书和考古专家认定燧人就是"资阳人"。也就是说，燧人和"资阳人"发现了"火"的作用，初始人工取火热食、取暖，始创出热食文化、制衣文化、妆饰文化、改进工具文化、集体采集文化、狩猎文化、组织指挥文化、结绳记事文化、观天象文化等等，开创出人类最早的一块文明乐域。

2. 女娲氏一部族在资阳创造"补天"文化

"女娲故国在资阳"，这个说法能站住脚吗？因为女娲在全国各地都有遗迹。在资阳也有多处女娲的遗迹。这一章怎么写得令人信服？四川大学的几位历史学教授经过几个月的研究后，认为多种史书、史料谈到或涉及到女娲的确曾在资阳长期活动的史实，而女娲补天实为女娲治洪补天。在专家组研究女娲的同时，我们也找到《补史记三皇本纪》、《诗含神务》、《古三坟》、《礼记》、《高唐赋》、《水经注》、《十三州志》等三十多本史书研究，这些史书中直接或间接的记载了女娲与资阳人的关系，弄清了女娲氏一部族带领资阳人和蜀国人打通巫峡，这才补了天。那时西海即四川盆海汪洋涛涛，水汽上升凝结成繁多的水珠，下雨不停，就像天破了一样，雨水倾泻没完。女娲受令补天，她率领资阳等多个族群从长江夔门山开始凿山辟石，经过上千年的艰苦努力，女娲氏族凿通了巫峡，放出了四川盆海的水，形成了四川盆地内陆。女娲氏把破漏的天补好了，四川盆地水汽减少，下雨正常。从此，"女娲补天"的神话广泛流传至今。

女娲治水补天的同时还努力创发农耕文明、象形文字、发展婚姻制度、在制乐等方面开启新的篇章，表明了人类文明进入了自己的创世纪阶段，展示了众多值得关注的文化、文明特征。

3. 昆仑文化光辉在沱江岸上闪耀六千年

资阳昆仑山的史实在多本史书中都有直接记载、描写，这是不可争辩的史实，稍为读点史书了解点历史的人都信服资阳昆仑山6000的史实和神奇。

《山海经》说，昆仑山在沱江岸上。《四川通志》记载，昆仑山在资阳县北15里，中江所经，高耸突出。古史讲昆仑是指神秘、朦胧、伟大，特别富有文化文明美景的地方。

关于昆仑的问题，四川省巴蜀史权威专家谭继和老师说：他的老师蒙文通（中国老一代最权威的史学大家）和他都认为《山海经》说得对，昆仑原指岷山山脉，昆仑的九个小丘分布较广，范围涉及到沱江流域的资阳。谭继和老师在评论中说：

"昆仑"的本义是混沌、囫囵、迷离的"九天"一样的山林环境正是以神仙生活为特征的文化想象力培育之地。所以神仙说最早起源于岷山，即"昆仑仙宗"，它比齐鲁的"蓬莱仙宗"神仙说起源还早。而资阳历史上就是个"山独瑰奇，释子、仙翁之多占"（宋·祝穆《方舆胜览》"资州"条）的地方，资阳的仙气就是受昆仑神仙说的熏染发展起来的。

顾颉刚先生认为"昆仑是一个有特殊地位的神话中心"。蒙文通先生说："昆仑宜为上古一文化中心。"李济先生讲到："中国西南及西部为人类文明开始的地方。"这三位史学泰斗认定的文化中心是昆仑。

我们根据专家们的思路写出这一章后，各位专家都认为这样写就是历史。

4. 资国文化光灿两千年

中国先秦史学会副会长、四川大学教授彭邦本老师说："古资国的文化亦相当辉煌灿烂"。

开初对资国在历史上是否存在，应不应该写进《资阳人》这部书，还拿不准。为了保证这部书的科学性、史实性，我们专门聘请几位高级历史学专家，花了五个月功夫，研究了几十本有关的史书史料，开了几次小型座谈会，最后专家们一致认定资国的历史存在，这才把资国写进《资阳人》。

历代的许多史学专家在他们的著作中都明确认定"资国"的存在。

资国，就是朝云之国。中国最早的有文字记载的《山海经》这部杰作中也说有"朝云之国"。闻一多先生说："'资'既为虹霓、朝云。因此，'资国'也就是'虹虹之国'或'朝云之国'。"

《路史·国名记》书中说："益中资州有资水。益，古资国封地。"

《潜夫论》说："黄帝之子所封之国有，昌、张、资、寇、郦、瞿等，凡七十。"

南朝顾野王《玉篇》说："资，郺，故国，黄帝后封。"

当今的几位权威史学专家和古代的约20本史书史料都认定姬资治水建立资国。资国首府建在沱江中游的资州，当代的资阳。

著名历史学家、老一代史学泰斗蒙文通先生在《巴蜀史的问题》一文中就考证过先秦时期"巴蜀境内的小诸候"，指出"古代巴蜀区域内既是有百多个小诸候"，或为王，其中就有资国。

中国先秦史学会副会长、四川大学历史学专家、教授彭邦本在他专门撰写的资国历史的《悠久的历史·永恒的魅力》一文中，引用大量的史书史料和著名专家的论断，详细地论述资国的历史和资国的地域。他强调，"根据传世文献，古老的资国，正是当时林立的邦国之一，资阳则是传说中上古资国的故里。"

资国时期，是鲤鱼桥文化的后期。那时制陶技术已相当发达，兵器制造技术先进，火烧砖坯房早已出现，农耕、养殖、蚕桑等文化达到盛期。

5. 资阳的文明是连贯的、绵远的

简阳旧石器晚期龙垭遗址已经显露出村落的特征，散发着远古文化的光辉。资阳"鲤鱼桥文化"是国家史学界正式命名的深蕴文化根底的远古文化宝地。考古界在鲤鱼桥及其周围的石虾子、沙嘴、濛溪河等地区挖掘出了旧石器晚期的大批文物，同时也挖掘出了新时期的大批文物。就"鲤鱼桥"这一个文化圣地来说，它就将资阳文化绵延了35000年以上，从没间断。它既有35000年前的石器、骨器等多类遗陈，也有10000多年前的陶纹瓷器，还有10000年前的谷类遗陈和砖坯房屋遗迹。万年后的陶器遗物等就更显光彩了。

在公元前6000多年到公元前4000年的神农时期资阳人，正在经历着农业发展的高潮期，农耕社会现雏形，陶麻文明也有很大发展。这一时期的发展又促进了人类生活、生产文明的发展。在这个时期，《山海经》记载的昆仑山，即岷山山脉中的九个小丘，第九丘即昆吾之丘就是资阳的昆仑山。昆仑文化是资阳文明的辉煌发达时期。

黄帝时期的资阳人继承并发展了巨大的历史遗产，发展的农、渔、驯养和陶器等各种文明，使中华文明达到新高度，成为华夏民族的奠基期，将文化传播到四川等广大地域，影响着华夏和世界。

尧舜禹时期的资阳人更是在此基础上发展各类文化，祭祀之风开始发展起来。

独树一帜的蜀文化成为夏商周时期中华文化百花园中的一朵奇葩，夏王朝尧的第九子治水有功，在资阳建立资国。资国文化闪耀了两千年。而"资国文化"在蜀文化这一华丽的诗篇中有着极其重要的一页。

资阳天鹅山的古人始创蚕桑文化，它的光彩灿烂至今。

资阳人睁大眼睛看世界的文化光辉照耀大地六七千年，资阳忠义镇苌弘溪西山的"纵目女像"和孔子溪上游山上的的"纵目男像"等就是最好的佐证。

资阳人在历史的发展中逐渐创立和形成了博大精深、新颖隽永、雄奇伟先、厚重绵延的文化特征，是资阳人乃以传承的文化。古代资阳人确实占有巴蜀地区古人创造文化和积累文明基因的关键地位，也为人类文明发展做出了巨大贡献，在人类文明发展史上有着不可磨灭的意义！

四、承传伟大精神

1. 资阳人精神：忠勇求是（忠勇厚德、勤俭求是、睿智开创、团结承传）

四川省和国家级的史学专家认定，资阳人4万年前就初始了集体采集、淳厚德仁等的团结精神，人皇、燧人氏的厚德、自强、创新、团结奋斗精神，光辉千秋。女娲率众团结奋战的治洪补天精神，"其功烈，上际九天，下契黄垆"。

在距今2500多年前，周大夫苌弘为了国家，为了人民，忠勇献身，"碧血丹心"，这是中国正史所载之中华民族忠勇报国、无私为民精神的源头，是铸就伟大的中华民族精神的核心。受到举国历代广泛的、热切的赞颂。上千政要、著名文人著诗、作词、撰文、立著赞颂苌弘，应用"碧血丹心"典故的人何止千万。1964年12月毛泽东主席在修改胡乔木《沁园春·杭州感事》词时，将其中的"算繁华千载，长埋泪血；工农此际，初试锋芒"句中的"泪血"改为"碧血"。在这之前毛泽东就一贯重视苌弘的忠孝仁义思想和精神。

经过进一步锻造，资阳人将中华民族的忠勇卫国、无私为民的精神铸造得更加辉煌伟大，锻造出完美的资阳人自己的精神特质，那就是忠勇厚德、勤俭求是、睿智创新、团结承传，这是资阳人永恒不变的伟大精神。

资阳人精神，是史前资阳人、古代资阳人、近代资阳人、现代资阳人和当代资阳人所体现出的一种共生的资阳文明和资阳人文精神。

资阳人精神是华夏民族文化精神的集中体现。作为世界四大文明古国之一的中国，其文化在世界享有崇高的声誉，极大地影响和引领、推动着全世界数千年的发展。资阳人和各民族同胞一道在艰辛历程中，形成了以爱国主义为核心的团结统一、爱好和平、勤劳勇敢、自强不息的民族精神。中华民族凭借自己英勇顽强、不屈不挠、团结爱国、战艰险克万难的民族精神，夺取了无数个伟大的胜利。历史和现实都告诉我们，中华民族精神是中华人民共和国国家综合国力的重要组成部分。中国之所以能够迅速发展，中华民族能自立于世界民族之林，不单是靠我们强大的物质力量，更重要的是靠我们强大的民族精神力量。

几万年来，集体战斗、团结奋斗、无私奉献等优良传统持续承传、发扬光大；同时，资阳人注重把忠勤创传的精神和创新的文化、技术等，及时传播到川内川外甚至国外，为人类的发展做出了积极贡献。这种伟大的奉献精神光照人间。

2. 中国人是本土自身的，不可能是外来人

关于人种问题，中国四川省一两个人提出中国人、蜀人、资阳人是外来人种的后裔，是非洲人、西方人、以色列人的后裔等等。对这种意见，我们走访了四川省社科院，请教了中国科学院古脊椎动物与古人类研究所和中国社会科学院历史研究所，这些权威单位的专家对中国人是外来人种的说法都是一片反对声。

权威部门的意见是，中华文明是华夏民族在自身的土地上发展起来的。从800万年云南禄丰猿，到3万年至5000年的鲤鱼桥文化，中间有考古发现的上百处古人类化石，300余处旧石器文化遗址，一直绵远承传，从未间断，数百史实钢铁般证明中华文明是土生土长的，这就否定了"人类起源于西方"，人类文明"西方中心论"和"西亚近东文明东渐"说。

世界著名的大科学家、大史学专家李四光经过研究"资阳人"后，撰写了《人类的出现》一文，特别指出：资阳人头骨化石显示新人黄种人的特征。这就是说资阳人、巴蜀人、中国人这些黄种人的特征早在4万年前就具备了，怎么能说中国人是外来人种呢？西方人具备黄色人种特质吗？当然不可能具备。所以中华民族是在自身的土地上土生土长发展起来的，根本不是什么外来人种。

无论从人种血缘，还是周边地形，在几万年甚至几十万年前，都不可能有外来人越过险峻的高山峻岭到达四川。资阳人、蜀人都是土生土长的人，中国人就是东方人自生起来的人。所以说，资阳智慧人的出现，否定了中国人"西来说"。

中国科学院高星博士在《"资阳人"伴生的石器骨器彰显中华文明源泉雏形》一文中三次用段落文字论证了中国人在自身土地上始发、生长的理论。

《中华文明探源工程十年·寻找中国之始》的文章就说："中国所处的大环境具有明显的内聚性。东部面临太平洋；南面和西南面同南亚地区有高山分隔；西部和北部边境有帕米尔高原、天山、阿尔泰山等山地，且多戈壁沙漠；北面为高寒地区。这使得中国与世界其它文明起源中心存在巨大的地理障碍，因此，古文化和文明的自成体系也就理所当然了。"

四川盆地四周为成都正东 2000 多米的大巴山脉，东北 2500 多米的光雾山，东北 2000 多米的大巴山，东北面 2500 多米的秦岭山脉，北面 5580 多米的雪宝顶山，北面 5000 多米的岷山，西北 6000 多米的四姑娘山，西部 5000 米左右的横断山脉，西部 5300 多米的西岭雪山，西南 7500 多米的贡嘎山，西南邛崃山脉 5551 米的霸王山、5072 米的巴朗山、5338 米的夹金山，南面 3800 多米的峨嵋山等等，这些高山险地，峻岭山脉环绕，重峦叠嶂，把四川盆地一层又一层的包围得像是一个笼子，鸟飞不过，猴爬不进，成都平原周围的猿人是难以进入成都平原的。

李白《蜀道难》有云："连峰去天不盈尺，枯枝倒挂倚绝壁。飞湍瀑流争喧豗，砯崖转石万壑雷。"

阻拦其他民族进入成都平原的不仅是高山峻岭，还有滔滔的江水。成都平原的西部、北部、东部、南部的高山峻岭中，穿流着岷江、嘉陵江、沱江、涪江、金沙江、渠江和安宁河等上千条汹涌的河流，像网状一样将四川盆地层层隔离开来，成为飞不过的天然障碍。

在人类和中国的远古历史上，都出现过几次特大的冰川、水灾、旱灾，给人类造成毁灭性的打击。成都平原在几次特大的洪灾中几乎被淹没。因此从历史考古发现看，出现了几次断代的现象。盆地中部在若干亿年前是海洋，后来在地球大变动中，演变为内陆。内陆边缘的资阳地区，由于地理和气候条件十分优越，因此在人类的几次特大的自然灾害中，资阳地区受灾较小，原始人类发展较快。资阳人几万年来，一直延续不断地发展，从未断代。而成都平原中部就出现了断代。可信的分析应是大洪灾将成都平原全部淹没。上述天然的地理条件便于资阳人几次从水路顺沱江而上或从陆路翻越龙泉山进入盆地，建设四川盆地等地方；资阳人还便于顺沱江入长江沿岸开发、发展。这种天然的优沃的地理条件，造就了资阳人成为川人始祖和华夏文明的发祥者。

3. 人类文明起源"西方中心论"不可信

"就像太阳从东方升起向西方落下一样，人类文明起源于东方"。黑格尔这句实话，道出了人类文明起源的真谛。"资阳人"的出现，证明了人类文明起源地之一在东方、在亚洲、在中国。佐证了中国旧石器文化与非洲和欧洲的旧石器文化同为人类起源文化。

高星博士指出：中国旧石器时代文化在近 200 年间从早到晚发展与演变的脉络是清晰的……未出现大的断层和飞跃。对石料和其他生存资源开发利用的方式也一脉相承……形成稳定、渐变的文化传统……不支持（中国人）是外来人种后裔的假说。

著名考古专家胡昌钰指出:"关于文明的起源问题,是现代科学有待解决的重大课题之一。在20世纪,学者论述中国古代史时,多以东西关系立说,认为是'西亚近东文明东渐'",这在历史学界有过较大的影响。随着考古工作在全国的普遍开展,包括距今170万年左右的'元谋猿人'、距今100~50万年左右的'蓝田猿人'、距今70~20万年左右的'北京猿人'、距今10万年左右的'大荔人',以及**距今约4万年左右的'资阳人'等一大批重要人类化石的相继面世,把中华大地上人类演进的脉络清楚地展现在了世人面前。考古学上所取得的丰硕成果,强有力地否定了人类文明西方中心论和西亚近东文明东渐说,证明了东方是人类重要的起源地之一,中国是世界文明的重要发源地之一。**"

英国广播公司网站于10月14日报道:在湖南省永州市道县发现8万年前的现代人化石。"打破了关于人类源自非洲的传统说法"。这比普遍得到认可的"走出非洲"大迁徙要早2万年。据认为,那次大迁徙最终导致了人类遍布全球。

可见,历史事实一再说明,人类源自非洲的假设是错误的。中国人是在自身的土地上发展起来的,这是历史史实,是真理。

4. 资阳文明对蜀内川外甚至世界一些地方产生过重要影响

前面说过,中国泰斗级的大考古学家顾颉刚用毕生精力研究昆仑后指出:昆仑神话就是当时的四川一带流传到中原的。

史学专家们指出:"**远古资阳人向川外播撒农耕文明。资阳人文化与川外各地文化的融合及与中华民族文化的生成发展,对人类文明发展产生重大影响。**"

远的不说,就说大足石刻吧。重庆大足石刻艺术博物馆编撰的《大足石刻铭文录》就记载着资阳市安岳县的安岳石刻的匠工们打造好安岳石刻群之后,奔赴大足去播撒石刻文化、传授石刻技艺,有的祖孙三代都把青春和心血全部献给了大足石刻。

再说苌弘及其后人吧,他们几千年为河南建设呕心沥血付出了一代又一代的生命。

湖南益阳过去有资阳县,现在叫资阳区,这儿也有资水等等,这些都与远古的资阳人到湖广传播文化有密切的关系。

考古、史学专家们认为,远古资阳人、蜀人文明对人类产生了积极的重大影响。史学著名专家鞠德源先生就中华文明对世界的重大影响专门撰写出50万字的巨著,用史实佐证,并详细论述了,中华先民蚕桑文明、玉器文明、青铜文明、驱傩文明等对世界各地的重大影响。指出:"在世界古代文明史上,古蜀王国的蚕桑文明亦应该占居第一的地位。"就连美国史学专家也著书立说,说中华文明对世界产生了重大影响。在《几近褪色的汉录》中，美国专家亨利艾特.默兹详述了对美洲的实地考察后强调，对中华民族对北美洲西部和中美洲文明起源的贡献，世人"只有低头顶礼"。

英国《每日邮报》报道：美国考古学家近日在新墨西哥州、加州和亚利桑那州的多个岩壁上发现了商朝甲骨文。因为文字篆刻时间比哥伦布发现美洲早了2800多年，因此他认为有可能是商朝人最先发现了美洲大陆。

香港学者卫聚贤在《中国古代美洲交通考》中撰文说：殷人亡国后，逃亡到了美洲。

《中华祖先拓荒美洲》一书指出：十余万部队连同家眷以及奴隶共25万余人，经历九死一生到了美洲，故而，印第安人是华人后裔。

《新民晚报》撰文指出：美洲印第安人祖籍在中国。

美国俄克拉玛中央州立大学教授许辉美洲文明之母"奥尔梅克文明"是源于中国的商代文明。

上述史实说明，中国对世界尤其对美洲的文明影响是最早的、重大的。

《资阳人》总策划**李治判**介绍编纂《资阳人》的初衷：

编撰《资阳人》的初衷

李治判

各位领导、各位专家、各位来宾、港台同胞、媒体记者、女士们、先生们，大家好！

感谢你们在百忙之中来到四川资阳，共同研讨"资阳人"的历史，**探索"资阳人"文化，溯源中华文明的一个源泉，弘扬资阳人文明和中华文明，传承资阳人精神和中华民族精神，发展资阳，实现中国梦，也是实现我少年时的一个梦想。**

我在资阳丹山读书时，在我的记忆中，历史教科书中记载有四大猿人，不仅有元谋人、蓝田猿人、北京猿人，而且还有资阳猿人及那么多的文物，怎么样才能将资阳人的历史和中华文明结合起来，宏扬资阳文明呢？这些问题一直困绕着我多年。直到在一次偶然的机遇中，我遇到了刘胜俊总编，和他谈起了这一话题，不曾想，这也是他四十多年的愿望，而且是他四十多年来不断收集资料并研究的一个课题。我的梦想和刘总编的愿望在此碰出了思想的火花，我们挖掘资阳人的历史，探索资阳人的文明，得到了资阳市政府，资阳市宣传部的大力支持。有了强有力的后盾，刘总编不分昼夜，不怕辛苦，到全国各地找寻文物，收集资料，遍访全国考古、文物、历史等知名专家，将所有的能收集到的证据都收集齐全，在书中一一地展现给了大家，一切都以文物和史实说话。《资阳人》一书经过两年多时间的编撰，终于与世人见面了，请各位读者在书中去了解资阳人的历史、资阳人的文明、中华民族的文明。

将资阳猿人的史实再次列入历史的教科书，这已不是我个人的梦想，而是资阳人的梦想，溯源中华文明，找到中华文明的远古摇篮，是全中国人的梦想。这是符合党的十八大"要扎实推进社会主义文化强国建设"的精神，也是对习近平总书记从历史文化层面上"弘扬主旋律，传播正能量"号召的实践。

我们资阳人都希望能够为"资阳人"立碑，建"资阳人"博物馆，建成并再现资阳重要历史文物圣地的景观。弘扬资阳人和中华民族文化，传承资阳人和中华民族精神，作为从资阳走出去的人，特别作为成都资阳商会会长的我，更要推介资阳，宣传资阳，为提升资阳知名度，加速资阳精神文明和物质文明进程服务。为了发展幸福资阳，达到实现伟大的中国梦不懈努力！谢谢大家！

北京大学文博学院院长、教授,"国家夏商周断代工程"首席科学家,"中华文明探源工程"负责人之一,著名考古学家**李伯谦先生发言:**

让世界上更多的人认识资阳人

主持人好!各位代表好!今天应邀参加由中国先秦史学会、四川省历史研究所和资阳人书社联合举办的"资阳人与中华文明溯源研讨会",非常高兴。资阳人头盖骨化石是1951年修成渝铁路时发现的一具属于新人的古人类遗骸,非常珍贵,非常重要,距今已有60多年了。今天在这里以资阳人为主题开讨论会,是对这一重要发现的纪念,更重要的是对这一发现重要意义的宏扬。我来开会之前,有幸看到了刘胜俊、李治钊两位先生的大作《资阳人》,现在我就利用这个机会谈谈我初步读过的感想。

一、这部书对资阳人头盖骨发现、研究的过程和结论,重新进行了调查和梳理,在充分肯定资阳人发现的重要意义、年代推断的科学性和重要价值基础上,以资阳人为起点,突破旧、新石器时代的界限,将本地其他地点例如简阳龙垭、资阳鲤鱼桥等旧、新石器时代遗址串联起来,初步搭建起了该地区古文化发展演变的框架;

二、这部书以上面搭建的古文化发展框架为基础,联系《山海经》、《蜀王本纪》、《华阳国志》等文献有关记载,初步勾划出了该地区的古史系统;

三、这部书不是通常认为的科学著作,甚至不是一般意义上的科普著作,而是用文学笔法写出的、作者自己称为史传体的一种新型著作,增加了趣味性、可读性;

四、这部书,到资阳我才知道是作为企业家的李治钊先生和理论家、军旅作家刘胜俊先生两位精心合作的成果,是企业家和学者共同的创造。

从我的四点感想或者说是四点看法,使我对这部书有了这样一个判断,我认为这部书充满了新意,有创造性,有开拓性,可以说,许多方面都是过去没有这么做过的。尽管还存在这样那样的不足,但它努力的方向是对的。讲资阳人头盖骨化石,当然是旧石器时代考古的范围,但旧石器时代和新石器时代是连续发展下来的,将资阳人的发现和相关的旧、新石器时代的发现连系起来搭建起一个古文化发展框架，我觉得无可厚非。同样，想把考古发现和文献有关记载对应起来，勾划出当地的古史系统，也没有什么错。一个人，一个地区，一个民族，一个国家，对自己的历史有兴趣，是完全可以理解的。

回顾对人类古史的认识，可分为三个认知表述系统：最早出现的，是从口耳相传的传说到用文字记载的史学系统；十九世纪中叶考古学兴起以后出现了旧石器时代、新石器时代、青铜时代、早期铁器时代的考古学系统；与考古学系统出现大体同时，出现了从莫尔根蒙昧、野蛮、文明到马克思的原始社会、奴隶社会、封建主义主义社会……的社会学系统。三个系统出现的时间有早有晚，着眼的角度不一样，考察的重点也不同。三个系统各有自己的特点和优点，也各有自己的不足，三者的关系是互补的关系，不是一个否定一个的关系。当然，史学系统尤其是传说史学，杂有神话成分，这需要通过可信性研究予以剔除，但不可一概否定。

资阳人化石是古人类学家专门研究的问题，一般很少人问津，书的作者用浅显易懂的文学手法写出来，想让普通群众看懂，难道不值得提倡吗？昨天晚上饭桌上和刚才开幕式上李治刿董事长的讲话，令我们与会者都很感动，他说他出资资助资阳人研究，资助出书，是出于一份朴素的感情，他说他上初中时课本上有资阳人，作为在自己的家乡有这么一项轰动国内、外的大发现，他很自豪，但现在中学课本上不写资阳人了，他感到纳闷，是有什么问题了，还是不那么重要了，他就想一定要为资阳人的重新研究、为资阳人重要意义的普及，贡献自己的一份力量。多么真挚的感情，多么朴实的语言！李先生、刘先生这样合作难道不值得提倡吗？

对资阳人的研究，还有许多课题可做。现在国际古人类学界对现代人的研究非常重视，占主流的一种观点，是运用DNA技术对古人类化石分析，认为大约距今二、三百万年以前起源于非洲，然后逐渐分迁各地，我国发现的元谋人、兰田人、北京人等都是这支古人类分迁繁衍的结果，但约在距今二十万年时侯，因为气侯巨变，纷纷消亡了。这时又有一批人即所谓现代人在非洲出现，又向各地分迁出去，我国发现的柳江人、大荔人、山顶洞人等就是这样发展来的。但中国学者大都不同意这种观点，以中国科学院古脊椎动物与古人类研究所研究员吴新智院士为代表，认为包括中国在内的东亚现代人的起源，是东亚直立人自身发展为主，附带与域外迁来者杂交的结果。资阳人根据测年研究，大约距今三万多年至四万年，属于现代人。如果把它放在古人类发展演变研究的大背景下，从东亚现代人起源发展的角度切入开展新的研究，也是很有意义的。

前面提到的，在资阳地区，在四川省内，除发现资阳人化石的地点，还有简阳龙垭、资阳鲤鱼桥等旧石器遗址，如果四川省考古单位能以此为主题开展

调查，也许会有新的发现。我是郑州人，郑州市下辖几个区和新郑、荥阳、巩义、登封、新密等几个县级市和县，过去只知道几个旧石器遗址，前些年市文物考古研究院组织了旧石器遗址调查，经过几年的工作，迄今已发现旧石器时代遗址近 40 处。资阳市也是一个地区市，我相信只要工作做够，就不会只有这几个旧石器遗址。能否以这次会议为契机，把当地的旧石器时代考古铺开来，提高到一个新阶段，是需要主管部门和业务部门认真考虑的。

现在再回到《资阳人》这部书。书是出来了，会前和这次会上，大家也给予了很高的评价，但是我觉得还不够，还不能以此为满足，**还应该站在更高的高度，把它推向世界，让世界上有更多的人认识资阳人，了解资阳人。为此，要下功夫把书中涉及的各方面研究好，论述的更好。就资阳人来说，建议虚心向古脊椎动物与古人类研究所的专家请教，涉及新石器考古的、涉及古代文献的，要分别向搞考古的和搞先秦史研究及文献学研究的专家请教，省社科院、川大就有这方面的专家。请他们严格把关，不出原则上的错误。**

这次会议开得很好，但还有很多事要做，我们期待你们的研究更上一层楼，取得更多、更新的成果。

谢谢大家！谢谢李治烈、刘胜俊先生！

全国人大代表，中国社会科学院学部委员（院士），中国社科院考古研究所所长，中国考古研究会会长，"中华文明探源工程"主要负责人，著名考古学家**王巍**发言：

《资阳人》是普及公共考古的典范

王巍

一、"资阳人"我在大学学习中国旧石器时代考古时就学过。中国古人类经历了近两百万年的发展历程。**我看了《资阳人》后，产生一种应对刘胜俊总编和李治剡策划表示敬意的心情。刘胜俊总编用精彩的文采和科学态度研究、描述历史，我非常钦佩。《资阳人》这本书很有意义，像这样有文采、有文化、有历史的论述古代历史是很好的公共考古的作品。**

二、《资阳人》是一条历史发展的线，从四万年前延续到上古时代。下功夫研究历史、研究文献，把资阳扩展到成都平原，我认为值得称道。**《资阳人》这本书是宣传、普及考古成果的一个作品，具有示范意义。**

三、"资阳人"文化已经达到相当水准，用骨锥缝制皮衣，骨针为磨制而成，加工较为锋利。骨制磨制技术可能是时期磨制技术的先驱。资阳人骨针的制作有巨大的进步。资阳人的穿孔石珠制作的比较精致，其穿孔和磨光技术在人类生产工艺发展历程中具有划时代的意义。

四、应当把追溯史前文化的渊源和溯源文明区别开来。及至上个世纪末，中华五千年文明还没有得到充分证明，没得到国际上的认可。我领导的国家重大研究工程——中华文明探源工程有了重大进展。

《资阳人》这本书在中华史前文化研究以及成都平原方面有重要价值。文明是由社会和文化两个层面构成，两者都应当进行研究，不可偏废。

《资阳人》提出追溯文明源流的思路。要解决这个难题，要开创一个从文化研究向文明研究过渡的方法。

《资阳人》一书对研究中华远古文化源流有重要作用，应高度评价和从中得到启示。

要重视对"资阳人"的继续研究，要把资阳文化、资阳人精神很好地解读，承前启后、继往开来。

四川省军区原政委、将军、中共四川省委原常委**周光荣**代表四川省政协原副主席**曾清华**讲话：

加强中华文化建设的重要推力 擂响文明溯源的进军战鼓

曾清华

周光荣

曾清华

各位领导、各位专家、学者，新闻界的朋友们，大家上午好！

嘉宾云集三贤故里，高朋满座话资阳人。

在这蛇归山谷祥云绕，马到人间紫气来的新春时节，热情好客的资阳人，迎来了全国和四川省尊贵的客人，共同参与并见证"资阳人与中华文明溯源研讨会"的隆重举行。

4万年前"资阳人"就诞生了。1951年3月她的出土问世震惊了中外。作为资阳人感到自豪骄傲。《资阳人》的问世，实现了几百万资阳人希望把老祖宗的历史书写出来的愿望。我相信用好她的这个辉煌、巨大的软实力成果来推动资阳，乃至川内外的经济和精神文明建设都将起到积极的作用。

在党中央加强文化战略建设的号召下，多年来全国不少地方掀起了古代文化建设的热潮，千方百计寻找文化古迹的由头大造声势，以此达到借用历史资源、古人力量提高其知名度，从而加快推动地方经济社会的发展。

众所周知，资阳不仅有4万年前的"资阳人"文化，还有燧人文化，女娲文化，鲤鱼桥新、旧石器时期文化，资安乐三县交界的濛溪河新、旧石器时期文化，简阳龙垭遗址旧石器时期文化，简阳三溪口新石器时期文化，昆仑文化，苌弘文化等等十几处古代遗址，哪一处都是辉煌的古代文化遗址，可以说这是推动资阳文化和经济建设的源动力，也是实现伟大中国梦和美丽繁荣和谐四川的助推力。

　　资阳籍优秀科技工作者、企业家、社会活动家李治冽很有胆识和远见，毅然出资300万元打造《资阳人》。资阳籍军事理论家、战略家、作家刘胜俊在自己研究"资阳人"四十年的基础上，又花了近两年功夫日以继夜、呕心沥血、攻坚克难和李治冽等《资阳人编辑组》一起撰写出了《资阳人》这部巨著。弘扬了资阳人和中华民族四万年文化，承传了资阳人和中华民族40000年精神，使资阳人成为一个文化符号，一个文明品牌，一种伟大精神的代名词，把中华民族的文明史上推了35000年。刘胜俊和李治冽实现了资阳几百万人半个多世纪的夙愿，这是一项资利当代、惠及万世的浩大工程，实践了党中央的伟大号召，圆了资阳人的梦想。让我们为他们取得的成功，所付出的辛劳表示祝贺、致以问候，表示感谢、致以敬意！

　　四川省和中国考古界权威机构和著名专家，四川大学和北京大学考古机构和著名专家，尤其是中国先秦史研究部门和著名专家，从《资阳人》得到启示，认定"资阳人"是人类用智慧创造发展文化的杰出先驱，是人类智慧人的里程丰碑，认定资阳是中华文明的源泉和摇篮。你们独到的眼光、渊博的知识、精深的专业，为中国文化发展繁荣又增添了一份宝贵财富。让我们很感动、更让我们尊佩，在此向你们表示由衷的敬意！

　　国家先秦史学会、四川省历史研究会，看好《资阳人》，并在资阳召开"资阳人与中华文明溯源研讨会"，这是对资阳历史的认可，是对资阳发展的高度关心支持。我提议四川的老乡们以热烈的掌声对中国考古界权威机构和著名专家，北京大学考古机构和著名专家表示诚挚的欢迎、衷心的感谢！资阳的老乡们以热烈的掌声对四川大学等四川的专家们朋友们表示欢迎和感谢！

　　这次研讨会，是进一步实践党中央和习近平总书记加强文化建设的重要指示，是探讨中华文化溯源中华文明的重要研讨会，是加强中华文化建设，擂响文明溯源进军战鼓的重要推动，对弘扬中华文化，承传中华民族精神，加速实现中国梦都具有重要的现实意义。

　　这次研讨会，是中国文明建设的一件大事，是树立中华民族在国际文明史地位上的一件大事，是使中华民族在世界强国之林崛起的一件大事。

　　我们要借用这个契机，加强资阳、四川的精神文明和经济建设，通过开展"资阳人"的系列活动宣传资阳人，提高知名度和社会影响力，以期达到促进资阳、四川文化的大发展、大繁荣，在奋力推动美丽资阳的各项建设的实践进程中实现中国梦的资阳篇章。

　　祝大会圆满成功，恭祝大家马年吉祥、万事如意、
　　合家幸福！谢谢大家！

 资阳人————

第二阶段《资阳人》首发式

《人民日报》出版社第三编辑中心主任**宋娜**在《资阳人》首发式上发言，宣布首发式开始。

史学界给予《资阳人》很高评价

国家和四川省的史学、考古研究权威机构和权威专家看重《资阳人》这部巨著，认定这部书溯源并复原了中华文明的一个源泉，探讨并弘扬了资阳人和中华民族4万年的文化，传承了资阳人和中华民族精神，给予很高的评价。我们人民日报出版社正式出版这部著作，今天在"资阳人与中华文明溯源研讨会"上举行首发式，正式出版发行这部宏大的史传体报告文学著作。

《中华资阳人》隆重首发

昆仑耸入云端上，
沱江水尽情欢唱。
九曲河翩翩起舞。
雁江城喜气洋洋。

热烈祝贺《中华资阳人》首发式在资阳隆重举行！
"'资阳人'确实占有远古人类创造文化和积累文明基因的关键地位"！
"'资阳人'是人类始用智慧生息、斗争的智人类里程碑"！
"'资阳人'是远古人类文化先驱的杰出代表"！
热烈祝贺资阳为中华文明的源泉、摇篮！
……
近三十条彩飘从格林大酒店四周的顶部飘舞起来。我们踏上红地毯，穿过林立的宣传牌，跨进大会场。

资阳人

2014年1月18日,"资阳人与中华文明溯源"研讨会会场外景　孟基林　摄

主席台上就坐的四川省、资阳市等几位领导和中国社会科学院历史研究部门、中国先秦史学会、中国考古研究所、北京大学、四川省社会科学院、四川省历史学会、四川省考古研究院、四川大学等单位的领导和十多位中国顶尖级的考古、史学专家,走上前去,伸出手来触摸"中华资阳人"首发式启动仪。不一会儿,《中华资阳人》总编撰刘胜俊,副总编撰李治冽走到前边触摸着启动仪。此刻,偌大的中华资阳人模型书缓缓打开,呈现出首发式上的《中华资阳人》这部书,这部神秘而壮观的巨著。就在此时,《人民日报》出版社第三编辑中心主任宋娜女士宣布:《中华资阳人》首发式开始!

人民日报出版社第三编室主任宋娜作了隆重讲话……

顿时,欢声雷动,掌声彻天,照相机、摄像机的灯光不停闪烁,人们沉浸在欢乐的海洋里。

为什么《中华资阳人》首发式这么隆重?

为什么《中华资阳人》首发式这么激荡着每个人的心胸?

为什么《中华资阳人》有这么无限的巨大力量?

难道《中华资阳人》有着震撼人们、吸引人们心灵的神秘力量吗?

是的!

因为《中华资阳人》发现了中华文明的4万年前的摇篮,穿过资阳昆仑山40000年来的时空隧道,探讨了资阳人和中华民族的历史文化,复原了资阳人和中华文明40000年前的景观,承传了资阳人和中华民族的伟大精神。

 资阳人

《中华资阳人》啊！你给中华民族带来了文明史的耀眼光芒，你树立起中华民族在全人类文明史上的伟大丰碑，你让中华民族在世界强国之林更加挺立起钢骨铁梁。**请看史学专家评价《中华资阳人》的贡献吧！**

四川省、国家级先秦史学权威部门和部分史学专家、政府领导赞肯《中华资阳人》一书对中华民族文明新源泉的探索精神和所做出的杰出贡献：

发现资阳是中华文化新渊源并复原其文明
论证中华文明摇篮应是多元的
探究中华文明远超五千年，应上推三万五千年，实为四万年
追根究底到"资阳人"是川人和中华民族一始祖
溯源到"资阳人就是燧人氏"
探明燧人氏、人皇氏、女娲氏部族是资阳人
阐明"资阳人"是人类智慧人里程碑
阐清"资阳人"是中国几万年前文化先驱的杰出代表
挖掘到中华民族精神核心是源自资阳人的"碧血丹心"
探清资阳昆仑山矗立沱江岸上六千多年，是华复远古文明中心
论清革新判定人类文明的标准是精神、物质
佐证人类文明起源之一在东方、在中国
否定世界文明起源西方中心论
创立"六性"融会贯通的史传体报告文学写作新体裁

是的，《中华资阳人》构思宏大、气势磅礴、结构奇妙、观点稳妥、描写精彩、论述科学，是一部史诗般的典藏杰作。

这部"史传体报告文学是中华写作体裁的一个创新，开启了史传体写作"六性"合一的先河。将史实性、探索性、报告文学性、思想（启迪）性、知识趣味性、科学性融会贯通全书。这是一项难得的创造工程，是中华文学界、历史界、写作界的一座丰碑，是集体智慧的结晶，是一腔腔热血和一串串汗珠浇铸而成的。"

这是一部展示资阳人繁荣悠久的文化，厚德忠勇精神的典藏之作。

资阳人文化历史悠久，在人皇、燧人氏、女娲的慧益下，书写出一部又一部辉煌的文化篇章。40000年前"资阳人"始创骨针缝制皮衫、穿孔石珠美妆饰、捕猎采集萌智斗、吹奏麂鹿角指挥战斗、用火热食创新法等文化和文明。接着，资阳人文化承传绵延发展，持续开拓创新几万年，突出的文化史迹是：龙垭始建杆栏房、旧新石器共存的"鲤鱼"桥文化、远古蚕桑文化、漆业始出天鹅山和漆家村、"十三大文明"耀斑斓、"昆仑"幽远聚神明、纵目人像几千年、狮子山出土中国汉代第一铜车马、洞王沟石刻等几万年至近千年。东灌水利宏伟工程功在千秋、九曲河古城换新颜。

浩瀚宇宙，神秘万端，庞然地球，奇迹彰显。古今资阳人在40000年的悠长岁月中，涌现出许多彪炳历史的人物，远古有几位举世传诵之伟杰，周朝以后有孔子的老师苌弘、大文学家王褒、大经学家董钧、大教育家杜抚、天文学

家李淳风、大科学家秦九韶、抗金状元张孝祥、水利专家汤绍恩等资阳人杰；对资阳作出重要贡献的"资阳人"远籍杰出人物有贾岛、吴道子、程咬金、陈抟、寇准等；在当代文化建设中涌现出了《白毛女》的作者邵子南、《许茂和他的女儿们》的作者周克芹、攻克当今科研尖端的"四院士"等人物；在政界中有曹狄秋、陈毅等杰出领导人。

资阳人有着**博大精深、新颖隽永、雄奇伟先、厚重绵远的文化特质和忠勇厚德、勤俭求是、睿智创新、团结承传的精神特性**。在距今 2500 多年前的东周副宰相苌弘为国家忠勇献身，铸就"碧血丹心"的精神，成为中华民族忠勇报国、无私为民精神的源头。之后，又有一批批精忠报国的英雄出现，他们是率众抗暴的贾龙、烈女赵媛姜；誓死抗击英国入侵的谢朝恩、谢继超；抗日卫国浴血奋战的徐鹤轩、廖震、曾德威、饶国华等；解放战争中英勇为国的英雄许岳、余国祯、邓俊、李公度等；抗美援朝战争中的英雄陈良基等；中越自卫反击战中的滚雷英雄罗光燮等。这些英雄是资阳人精神的光辉展现，是华夏民族文化精神的集中体现。中华民族精神是中华人民共和国国家综合国力的重要组成部分。博古通今，开拓进取，激励当代，奋勇前进。

2014 年 1 月 18 日，《资阳人》首发式。

借助成功 乘胜前进

——四川省老领导和资阳市委领导会见刘胜俊、李治刿的重要谈话纪要

（根据录音和记录整理）

2014年1月18日中午，四川省资阳市领导会见刘胜俊、李治刿

时　　间：2014年1月18日 13:00—15:00
地　　点：资阳市格林博雅大酒店会议大厅休息室
参加人：
周光荣　四川省军区原政委、将军、中共四川省委原常委
曾清华　四川省政协原副主席
黄　俊　四川省工商管理局原局长
郝凯宁　四川省新闻出版局党组成员、纪检组长
吴勇钢　四川省委宣传部主任科员
曹家贵　中共资阳市委常委、宣传部部长
魏　华　资阳市文学艺术界联合会主席
彭登怀　著名川剧变脸大师

刘胜俊《资阳人》总编撰、"资阳人与中华文明溯源研讨会"组委会主任
李治捌《资阳人》总策划、"资阳人与中华文明溯源研讨会"组委会副主任

周光荣：这次"资阳人与中华文明溯源研讨会"开得很圆满很成功。省政协曾清华副主席一行赶来参加会议，因雾大堵车没有赶上上午的会议，下午省市领导因都有急事不能参会，有几件事在这给刘总编、李总当面交代一下。请曹家贵部长先讲。

曹家贵：我代表市委、市政府感谢省上的老领导对这次"资阳人与中华文明溯源研讨会"的重视与支持。

这次会议开得非常不错，今天的活动很成功。感谢军旅作家刘老潜心对先秦时期资阳人的文化研究，弘扬了资阳人文化，传承了资阳人精神，这很不容易。感谢李治捌老总和刘胜俊总编为发展资阳文化组织了这么一个高规格的研讨会，会议开得很成功，做到这一点非常不容易。

感谢省里两位老领导为资阳文化品牌冒雾霾、迎寒风赶来支持这次会议，我非常激动。

"资阳人与中华文明溯源研讨会"确实有成绩、有效果，《资阳人》一书确实有影响。下一步要把《资阳人》中和下继续写好，要为中华文明和四川、资阳的文化文明建设多做贡献。

建议多听专家、学者的建议，多方面考虑把资阳文化研究得更好，多为宣传资阳发挥更大作用，减少负面效应，发挥更大的正面作用。要认真贯彻"双百方针"，要"百家齐放，百家争鸣"，要多听批评意见，多听不同意见，把资阳人文化和文明研究透彻，把《资阳人》这部书完成好，为推动资阳的文明和经济发展做出更大贡献。

黄俊：曹家贵部长的讲话我很赞同。作为资阳人我很骄傲，刘胜俊总编和李治捌老总为资阳文化建设呕心沥血，经过多年努力《资阳人》出版了，我很高兴。

今天能有这么多国家级高级专家出席这个会议，可见中央对"资阳人"的研究多么重视，我感受到中央专家对"资阳人"研究很关注很重视。对下一步"资阳人"研究寄予了很大希望。作为"资阳人"这样一个品牌，一个文化符号需要在下一步继续把他做好，任重道远。现在刚起步，专家们寄予厚望，要按照专家的希望去做。

这次研讨会开得很好，全国的、四川的、资阳的专家汇集一堂展开讨论，

他们提出了很好的建议和意见，这是指导我们下一步，搞好资阳人研究的建设性、方向性意见，很重要。他们的知识对于我们有很大的意义。

下一步，我作为家乡人，愿为家乡资阳建设做出我应该做出的贡献。

彭登怀：今天我很受震撼，很激动。刘总编和李总做了一件功德千秋、功德无量的大好事情，为今后研究资阳打下了一个坚实基础，我们非常钦佩二位。刘总和李总对研究"资阳人"付出了多少艰辛，一般人难以想象。

资阳人研究的定位是史传体报告文学，这就对历史的科学性和真实性引起高度重视。当然定位不要定的太死，就是要宣传好资阳人。我是资阳人，我感到非常骄傲。

我非常钦佩和感谢二位，特别是研究资阳人没有企业家，没有经济支持，就没有研究基础。我建议《资阳人》上、中、下三部曲是一个静态的书，要使她增光彩，达到艺术化，静态的书要动态起来，把书中的有些重要内容抽出来、动起来、活起来、舞起来，要结合资阳的旅游文化、旅游艺术产生直观性的感受和宣传效果。

建议建立资阳文化艺术博物馆，手笔要大。《资阳人》这部书出版太好了，为今后资阳的文化建设打下了坚实的基础。我感谢二位为资阳的文化和经济建设实实在在的在做贡献。

曾清华："资阳人与中华文明溯源研讨会"开得很圆满很成功，效果很好。这是刘胜俊总编和李治别老总结合的结果。刘总编有知识、有水平、不辞劳苦下功夫研究资阳人，没有刘总30年的心血是不行的。李总有远见、有胆识，用经费支持研究资阳人。二者结合，充分体现了资阳人的强强结合，不仅对资阳文化的传承，而是对中华文化的传承起到功不可没的作用，值得庆贺，值得骄傲。

专家们谈了很好的建设性意见，下一步要好好研究，认真考虑。有价值的意见认真研究、认真修改，把《资阳人》更完善，发挥更大的作用，为促进资阳文化大繁荣和经济大发展作出更大贡献。

建议曹部长对资阳文化建设进一步高度重视，要把资阳文化打造成为资阳全方位建设的根和魂。资阳人是资阳的绝版，由政府领导、宣传部领导打造、捆绑起来。刘总编是研究、挖掘历史文化，彭大师是"和"文化。市委要牵头，政府支持，宣传部实施，把历史文化和"和"文化捆绑一起进行发展，达到共同愿望。为家乡文化的繁荣，为家乡人的幸福，为资阳的旅游文化做贡献。在周将军的旗帜下，我们共同努力，全力支持。

周光荣：今天的会开得很成功、很圆满。这次会议邀请了全国的著名权威专家和省市的专家学者共同讨论"资阳人"。这次会议的方方面面都把握得很好。既把会议开得很成功，又贯彻了中央文化建设的精神，这很好。

学术会议不谈政治很好。专家们做了对四个创新的肯定，又讲了对史传体报告文学"六性"的肯定，对《资阳人》这本书一再肯定，对这次会议肯定，对"资阳人"文化肯定，这就对提高资阳知名度产生了大影响。

《资阳人》书面世是李总策划、出资做出大量贡献的功劳。是刘总30年的研究心血又加近2年多呕心沥血研究、撰写的功劳。专家、学者给予了《资阳人》很多的肯定，很高的评价。《资阳人》这本书撰写的好，体现了刘总情系资阳、情系家乡，为家乡建设做出了很大贡献，这应该充分肯定。要撰写4万年的历史，加上是用史传体报告文学形式来写，刘总下了很大功夫。刘总的文采很好，史传体报告文学彰显出来的"六性"极好地宣传了资阳人的文化和精神，这对世人是一个很大的启迪。

《资阳人》这部书刚刚面世，还要进一步完善。专家、学者既肯定了成绩，又指明了方向。要发挥撰写上卷的优点，虚心接受专家的好建议，把中、下卷写好，把《资阳人》历史文化传承好。为宣传资阳，发展资阳产生更好的效果。

对资阳历史文化遗产，对资阳历史文化、文物、遗迹的保护，曹家贵部长要高度重视。资阳还没有集中一处展示资阳文化的地方，资阳需要建一个博物馆。众人都希望把资阳博物馆建设、建立起来，要把"资阳人"的碑立起来。到会的国家级、省级专家、学者在会上都一再提出要立"资阳人"的碑，要建资阳博物馆，这些意见资阳政府应高度重视。

立"资阳人"碑，建"资阳人"博物馆这是宣传资阳人文化和精神的需要，是产生资阳人更大影响力的需要，是发展资阳经济建设的需要，是资阳文化旅游业发展的需要。"资阳人"在世界上很有影响，立碑、建馆对提高资阳文化，对资阳经济建设产生的推动力度都会有重大影响。我们相信立碑、建馆的事情，只要宣传出去，资阳的企业家们会大力支持。

刘总、李总你们一定要把下午的活动进一步组织好，把晚上的活动安排好，把前来参会的专家、学者、记者等等接待好、欢送好，善始善终地把这个会议开好，把各项事情做圆满，把会议最终开得圆满成功。

刘胜俊：我代表李总我们两人表个态，十分感谢省市领导对我们的鼓励、信任、关心、支持、帮助。我们一定按照省市领导的嘱托，把这次会议善始善终地开圆满、开成功。会议之后，我们将坐下来好好研究专家、学者们的指导意见，一定虚心接受大家的建议和指点，一定花大力气把《资阳人》上卷修改好，把《资阳人》中、下撰写好。还请各位领导继续地、进一步地关心和支持我们的工作，把我们捆绑一起，共同努力，齐心完成《资阳人》这部书的撰写工作。为宣传资阳人文化，弘扬资阳人精神，建设幸福资阳做出我们应有的贡献。

2014年1月18日中午，省市领导会见刘胜俊、李治钊合影

第三阶段 研讨会
第一专题：发现文明

四川省历史学会会长、重点学科《巴蜀文化学》首席专家**谭继和**第一次发言：

"资阳人"与中华文明探源

谭继和

这次研讨会有不少专家、学者与会，又得到作为主办单位之一的中国先秦史学会的指导。中国先秦史学会是我们中国学会当中有威望的学会，既注重学术的深入、研究和探讨，在学术基础研究上有重要的贡献，同时又很注重通经致用，在很多地区帮助召开了有关历史文化资源的利用、开发和保护的各种会议，取得了光彩夺目的成绩，有利于推动地方社会经济与学术文化的发展。所以今天能在中国先秦史学会会长和各位专家的帮助之下，同我们四川史学界、考古界的专家一起来开这样一个中华资阳人的高水平学术研讨会，这是很荣幸的。我个人能有这样一个虚心学习交流的机会，值得很好珍视。

这次会上，我提供了一篇粗浅的论文，不再赘述，只简要地说明三个问题：

一、有关文化和文明的关系、文明起源和形成的标准的问题

人类创造文化是从旧石器时代人区别于动物的时候就开始了。文化因素积累到一定程度就产生文明。那么，文明形成究竟用什么标准，究竟什么时代产生，这个问题在国际上也是争论不休的。例如汤因比的《历史研究》，认为"文明的降生，从文化以及编年上来看，都是通过一系列文化的过渡，在旧石器时代晚期结束时脱颖而出的。"显然，他主张文明是从旧石器时代晚期结束的时候开始。按这个观点，"资阳人"处于旧石器时代晚期早段，应该属于文明的前夜，或者叫做文明的孕育期，这个观点对我们有很大的启迪。它要求我们必须注意扩大对"资阳人"研究的视角，注意研究资阳人的时代，也就是晚期智慧人过渡到新人的时代所展现出的原色自然、原色生活和原色文明等因素是如何萌芽的问题。当然，也有很多学者主张文明是从新石器时代的某个时期开始。我们

国内学者多数人的意见，认为新石器时代晚期是文明形成的开始。现在看来，文明起源的时代和文明形成的标准都值得研究。这次宫长为先生提供了一篇有原创性的论文。他运用恩格斯的"两个生产"的理论，一个是人口的生产，一个是物质的生产。考古学界一般注意多的是考古遗物的进化，即物质生产的进化。较少注意人自身的基因进化，特别是大脑和智力的进化。由灵长类变成智慧人新人是个长过程，同时也是个文化进化的长过程。智慧人引进新工具、形成新思想、开始新的社会生活，形成一定的社会组织，这就产生了文化。文化的作用是使人由自然选择过程进入基因突变过程。在这个过程中，人由对客观事物的观察而得到经验和技能，由此生发出抽象概念和原始想象，知识和智慧就在此时产生了。这个过程证明猿变成人不是取决于蛮力，而是取决于智力的发展。所以，宫先生用人自身的肉体和精神的演变，来说明原始人的进步和人的进化问题，这是运用恩格斯关于人类自身生产的理论的一种创新性的探索。用人口的生产来解释人之所以从猿变成人，变成人的知识和智慧，说明人的进化同文明起源的关系，这是"资阳人"研究的一个新方向，值得我们注意。结合巴蜀地区原始社会的历史来看，有三点值得重视：

第一，文明的形成，应该突破恩格斯的"起源论"。恩格斯是根据摩尔根的《古代社会》提供的有关中美洲、南美洲和澳洲原始土人的情况，认为父系制是国家和文明的起源。而根据我们巴蜀古代社会的情况看，母系氏族制同样能过渡到文明。这是我的导师徐中舒先生的观点，有古文献可以证明。现在发现的资阳人化石正好是在4万年前的一位女性，这似乎可以把她作为祖母氏族开始出现的一个象征来加以解释。

第二，我们巴蜀地区的古文献对巴蜀文明起步的看法，有自己特殊的解释，特殊的解读。这就是巴蜀人秦宓谯周等关于三皇五帝，特别是对"人皇"的特殊解释。"蜀之为国，肇于人皇，与巴同囿。"巴蜀是人皇九囿区域之一，是万年前"人皇"时期巴蜀文明的起步处。**李学勤先生认为探讨中华文明的起源，一定要联系到巴蜀，而巴蜀文明起源甚至肇于人皇时代，也殊未可知。我们根据他这个观点，正在研究巴蜀人皇时期文化与文明的关系。也就是说，旧石器时代晚期到新石器时代早期，正是万年前"人皇"文明起步的时期。这同苏秉琦先生的观点也是一致的。**他认为中华文化有万年以上的文明起步。资阳人处在这个时期的前夜，它对研究巴蜀"人皇"文明的渊源和起步，应有不可忽视的作用。

第三，文明形成的标准一般公认有城市、文字、青铜冶金术等等，但这是西方文明概念定的标准，现在已引起不少争论。刘易斯·芒福德主张一定人群聚集的中心聚落，有威仪性信仰和祭祀中心，这是文明起源的标志，是城市起

源的胚胎。根据我们中国人自己关于文明的理解,我想用《易经》的一句话来说明。在《易经》里面把文化和文明这两个概念是分得很清楚的。《易经》讲文化,认为是"以人文化成天下",这是"文化"一词的最早来源。讲文明则是讲:"见龙在田,天下文明。"它是以"龙"为标志,认为越过了萌芽孵甲的"潜龙勿用"和水润渊潜的"龙潜于渊"这两个阶段,到了种植收获的"见(现)龙在田"阶段,就是"天下文明"到来了。换句话说,人类由发现食物、采集食物阶段,发展到现龙在田的种植食物的农业阶段,文明就大现于天下了。**文明就是这样起源的**。再往下发展,到了"飞龙在天"阶段,那就是文明繁盛耀眼夺目的阶段了,例如青铜文明阶段。这是我们中华祖先对从文化发生到文明形成的认识,这种认识又以龙形象的位置变换来作为文化文明发展的地标。中华龙的观念恐怕起源很早,虽然龙形象只出现在七、八千年前。人类是自然选择到智力进化的产物,其智力进化的标志是"龙"的观念的变化,这恐怕是我们中国文化特殊的地方,所以我们中国人自古以来就是龙的传人。**用这个标准来看"资阳人,"恐怕还处在"潜龙勿用"的"萌芽孵甲"(这是"文明"一词最早的含义)的营养材料积累的前夜准备阶段吧**?总之,文明是在文化的很多因素积累以后突变成为文明的。《易经》对文明主张的标准就是龙的信仰为标准,"见龙在田,天下文明"就是我们中国古人所理解的文明起源的标准,是中国人有关"文明"发生的思维趋势的起点。这个问题还值得深入的探讨和研究。

二、古蜀历史很渺茫,但包含着真实历史的内核

我们古蜀历史上关于蚕丛、柏灌、鱼凫三王和杜宇、开明二帝这些传说是很茫昧的,这不是真实的古蜀历史,但却包含着真实历史进程的内核,所以,我们称它为古蜀传说时代。这个时代同考古文化的框架对接,还有很多困难。但应该说从资阳人到宝墩文化的发现,这种框架对接已经出现了新的曙光。现在,有关巴蜀新石器时代,我们四川的考古学者已经能够较清晰地构筑起它完整发展的系列。但是,有关巴蜀旧石器时代发展的系列,由于发现少,我们还构筑不出来,阙环还很多。今天来参会的胡昌钰先生是我们四川研究旧石器时代的专家,但是这样的专家确实太少。

如果勉强对接,旧石器时代也许可以说同我们蚕丛、柏灌传说时代有一定的关系。因为从这些名称的含义可以看出,**蚕丛之义为野蚕,是标志着初级采集渔猎和打制石器时期,也就是旧石器时代**,但到底是旧石器时代的早期、中期还是晚期?说不准了。也许就是指对整个旧石器时代一种朦胧的记忆,历史学家一般喜欢把蚕丛放到新石器晚期以后来说,其实它更多地反映了人类童年采集经济时代。从传说的蚕丛的内容来看,其社会组织似乎又已经是原始氏族

制的邦国、邦君时期。柏灌王我们还说不清楚，可能就是采集经济向渔猎经济过渡的时期。到鱼凫世，高大伦同志主张这是古蜀文明的第一世。这样说来可以把它放到新石器时代晚期，或以后，其社会组织也许是邦国联盟的氏族社会向文明过渡的时期。不过，**鱼凫一名含义是渔老鸹，捕鱼用的，象征着渔猎时代**。像这样一些传说与考古的对接方法，我们还只能作初步的尝试。如果再把"资阳人"放到这个传说与考古对接的框架里去，它应该是指距今 20 万年到 5 万年的早期智慧人向 5 万年到 1 万年的晚期智慧人新人也就是现代人过渡的交结点时期，传说上属于蚕丛、柏灌的祖先有巢氏燧人氏伏羲氏的时期，即原始群到氏族社会出现的初期。特别是发掘到骨针，说明缝制衣服已经开始，这是晚期智慧人大脑出现智力，知道防寒和美觉的标志。

至于杜宇和开明帝时期，从其名称含义看，杜宇指杜鹃，又叫土主，开明指开明兽，已是古蜀人以羽化飞仙的神仙道为特征的文化想象力发达时期，已是文明古国时期，应该是同三星堆、金沙联系起来了，直到战国早期开明时代的商业街船棺葬遗址时期。总之，古蜀三王二帝的称号表明，这些首领可能只是指从新石器时代的古文化发展到文明形成的古城、古国和古方国时代，表示从采集渔猎发展到种植经济生活阶梯发展进步的代名词，是人格化、具象化的某种文化阶段的标志符号而已，故我们只能作这些悬揣。至于说到旧石器时代我们连这些悬揣都还没有，**这样来看《资阳人》一书把资阳人同史前传说时代联系起来，寻找其文脉基因，这是寻找人类智慧发生脉络的有价值有想象力的工作**。

再举一个有关巴蜀居住文化的特征，确实还可以进一步追溯。例如**巴蜀是巢居文化的起源地，是有巢氏传说的故乡**。虽然这是传说，但是有史料证明巴蜀是南方巢居氏族的起源地之一。我们知道北方黄河流域是穴居文化的起源地，与南方是不同的居住文化。从刘胜俊先生的《资阳人》一书可以看出，有巢氏的传说同"资阳人"树上居是很有关系的。

三、关于口述史学在史前研究中的价值问题

用口述史学，用老百姓口中传说的历史，来补充"资阳人"生活所处的时代，这能把旧石器时代晚期人类生活给活鲜鲜地表现出来，这是饶有兴味的历史学的原生态工作。未来历史学发展的趋势是：重点转向口述史学、转向社会生活史和文化史。《资阳人》一书注意记述民间传说，来作为物质考古的补充和补证，这是十分有价值的亮点，是新研究法的尝试。

"资阳人"还有一重意义，它代表着我们地球发展进化史上第二次重大的转折点。第一次是生命的进化，第二次是人的进化。人的进化从猿人、古人到

新人。特别是"资阳人"作为新人时期的代表，是我们现代人的知识、经验、智慧、信息等获取方式和思维方式的孵化处。对于"资阳人"的研究越深入，则对于我们今天的帮助也就越大。举例来说，如果我们就"资阳人"在旧石器时代的食谱进行研究，会发现他们善于不断地利用食物来使人的基因得到改造，以便适应大自然的环境。这些原始人是当时最有活力的人。而我们当今的现代人的体质确实是大大的弱化。我们设想，如果能研究出"资阳人"的食谱，那么，我们也就可以按史前人类增强体质的方法来增添我们生活的活力，有利于促进我们今天人类的健康和人类的养生，这是十分有益的。总之，现代人类的智慧虽然大大超过了原始时代，但我们也失去了很多人类最初的本真的东西，失去了原色自然（上善若水的自然原真环境），失去了原色生活（新人智慧人生活原真的活力），失去了原色文明（原史时代文明的原生态）。**现在的工作是要努力保留和保护好如"资阳人"这样的历史遗产。**老实说，我们今天对于"资阳人"究竟保存了当时原人多少的历史信息、历史记忆和历史思维，我们这一代人是还认识不了的，有些研究认识工作还得留给我们后代来作，这就需要我们作好石器时代遗产的保护工作，这些遗物对于后代是取之不竭、用之不尽的创意智慧资源。

总起来说，资阳人研究，给我们有很多启示：

第一是促进文明起源理论的提升；

第二是促进文化分地域研究趋势进一步发展。巴蜀地域的研究要进一步发展为分市、分县的研究。每个市、每个县都有自己几千年的历史渊源和几千年的文明发展、演变、转型的历程，都有自己有特色的文化体系，各个地区的多元多彩文化加在一起，才能共同组成为巴蜀文明广地域的共同体。

刘胜俊先生《资阳人》为巴蜀文明分地域发展的研究做出了有益的范例。资阳市历史资源丰厚，文化传统悠久，其中蕴含着丰富的发展资源和创意资源。"资阳人"既是资阳市的文化品牌，更是祖先留下的原始创意的珍珠，是现代人思维力和想象力的根源，绝不可轻易将其刨去。所以，这里引出第三点：

第三，对于今天的文化产业来说，"资阳人"应该是资阳市文化最古老最大的创意资源。这也是我们资阳市为什么今天发展文化产业必须要研究"资阳人"的道理所在。因此，希望对"资阳人"遗址加强保护。例如50年代发现的九曲河的遗址，可以把它作为文化地标，用文化标志把它保护好。鲤鱼桥等遗址，同样应该很好地保护起来。这些都是我们资阳文化最重要的地标，是我们资阳文化标志识别体系建设的一个重要方面，希望特别加以保护和利用，好好地把"资阳人"的资源保护起来，把它的创意资源开发出来。《资阳人》为此作出了示范，该书本身也包含不少创意，对推动地方文化软实力的发展，必将起到它重要的作用。

以上是个人粗浅看法，请予批评指正。

附：宫长为老师在谭老师讲话后的评说

这次会议就"资阳人"本身来说是区域化的研究，但我们探讨的层面还要达到一个新的高度。这不仅是资阳人本身的研究问题，而且更是牵涉到中华民族溯源的问题。所以刚才谭先生讲的三点很重要：

第一点，他提出的一些关于文明起源的理论问题，不仅是国家文明起源模式的问题，而且是对于文明探源的认识问题，同样非常重要。

第二点，他根据四川巴蜀大地的实际情况，从考古学与历史学角度进行梳理，看到巴蜀文明的根系起步和文明积累的因素，包括巴蜀地区"资阳人"本身作为晚期智慧人的一个代表，对其特点做了深入浅出的分析。

第三点，对于"资阳人"遗址的保护和复原，建议将其地标做出来，让来到资阳的人都看到"资阳人"发现的地方。这应当引起重视。这次会议我们就应该呼吁加强保护"资阳人"这个重要的文化遗产。

"资阳人与中华文明溯源研讨会"分组讨论会一会场

资阳市雁江区文联主席,长期从事地方文化研究,研究"资阳人"专家**孟基林**发言:

一个资阳人的"资阳人"情结

孟基林

一、"资阳人"头骨化石发现过程

1951年,刚刚解放的四川人民,以满腔热情投入到成渝铁路建设。在铁路建设沿线,不断有古生物化石出现,特别是在资阳城边莲花山段,就有65件之多。

消息传开,川西行署和博物馆报告到西南军政委员会。为了宣传文物保护法令,加强对成渝铁路建设沿线的文物保护,西南军政委文化部找到重庆商学院教授张圣奘,要他出任团长,对成渝铁路沿线文物进行一次普查。并亲自送他一幅滑杆。

张圣奘教授一行十多人来到资阳,其独特的地表结构和丰富的出土化石引起他的高度重视。张教授决定对资阳进行重点考察。通过近一个月艰苦细致的工作,1951年3月,终于在成渝铁路资阳九曲河一号桥墩十几米深处发掘出一俱古人类头骨化石和同一处独一无二的骨锥。

抑止不住激动,张圣奘教授马上报告上级。当中国科学院院长郭沫若得知老朋友张圣奘有重大发现时,非常激动。要求西南军政委员会派专人将古人类头骨化石送北京。

其间,川西博物馆馆长谢无量,四川大学徐中舒,冯汉骥教授电贺张圣奘。

古人类头骨化石送北京后,郭沫若院长将鉴定和研究工作交给了世界级专家,古脊椎动物研究所长裴文中教授主持。

同年9月,裴文中教授亲自来川,对头骨化石发掘原址进行全面考察,并在两旁挖掘两坑,进行补充发掘,历时33天,发现了东方剑齿象,犀牛,猪獾,箭猪,水鹿,马,鱼,龟及乌木等,还有两件世界独一无二的穿孔石珠,对研究头骨化石提供了极为丰富的旁证资料。

参加考察队的有张圣奘,任朝凤,晏学,蔡佑芬,李伯皋,徐鹏彰,何九恩等8位同志。

二、"资阳人"头骨化石的历史地位

"资阳人"的发现,在普通人眼里只是一俱头骨,远不及古墓中的金银财宝引人注目。而她在中国乃至世界的考古界、人类史学界是何等的重要。时任中科院院长郭沫若极为重视,明示头骨化石送北京。由"北京人"的发现者,著名专家裴文中、吴汝康等教授经过长达6年的研究,认定头骨化石为35000年至40000多年的女性化石,年龄在50岁左右,命名为"资阳人"。并于1957年由科学出版社出版了中英文专著《资阳人》,为"资阳人"定了性,引起了全世界轰动。

"蚕丛及鱼凫,开国何茫茫"。北方"北京猿人"的发现把中华民族的历史从黄帝炎帝年代向前推进了几十万年;南方"资阳人"的发现,冲破了巴蜀神话传说的历史定界。

令华夏儿女悲喜交加的是,1929年发掘,巨今70-20万年"北京人"、巨今1.8万年的"山顶洞人"化石,直今也不知是在外国古董店老板的底柜里,还是在列强们的博物馆里,而刚刚解放就发现的巨今35000年至40000年前的"资阳人"头骨化石,可以放心地安放在中国国土上的馆里,永远也不用担心被人夺了去。

"资阳人"头骨化石的出土,是由新中国的专家独立完成的,是我国发现的唯一早期真人类型,是旧石器晚期的真人类化石,是南方人类的代表,是古人类发掘中唯一的女性。

三、打造"资阳人"品牌文化的慢慢路程

享誉中外的"资阳人"头骨化石出土半个多世纪了,在历史教科书和大小百科全书上,仅有文字记载,没有象"北京人"、"山顶洞人"那样的概念性形象,没有对"资阳人"文化进行深度挖掘,没有很好地利用和打造这一文化品牌,这无疑是一大缺陷和遗憾。

令人难以理解的是,前段时间,考古界在四川茂县云盘山发现了一俱距今5000年的完整人骨,被有的媒体认定为四川境内目前发现最早的人类,非要认作成都人的祖先,并不厌其烦地炒得沸沸扬扬。漠视被世界考古界公认,距今35000年至40000前年的"资阳人",舍本逐末乱认祖先,实在让人难以理喻。

资阳缺自然景观,少人文景点,可圈可点的安岳石刻、半月山大佛、丹山白塔等又相对分散,难以形成黄金旅游线而吸引游客;古三贤、今四杰仅作为圈内人士的口碑,难以给老百姓产生视觉冲击和精神动力。

翻开人类发展史,从猿到人的进化过程长达数百万年,在这浩淼的时空和广袤的大地上,留给后人有据可考的信息实在太少,所幸的是我们脚下的土地

就珍藏着比黄金更为珍贵的人类始祖信息。

半个世纪过去了，关心、研究过"资阳人"的新中国首任领导者、专家学者都相继离我们而去，但"资阳人"在人类史学上的价值并没有因此而改变，更没有因此而削弱。相反，随着时代的进步和社会的发展，人类的寻根意识，研究意识不断增强，特别是在全球一体化的今天，民族历史、民族精神作为民族之林的一面鲜艳的旗帜，特色文化、特色品牌作为特色城市的一张王牌，任何领导者、任何有识之士没有理由对他自己身边的文化宝藏熟视无睹。

认识四川、热爱四川、建设四川，打造品牌四川，让资阳走出四川，走向全国，这是我们的共同心愿。

几十年来，关心、研究"资阳人"的有志之士从来都没停止过。

1951年9月，裴文中教授亲自在资阳万寿宫县文化馆举办"资阳人"学术报告会，800个坐位座无虚席。

1953年，中国科学院举办"资阳人"学术研讨会，郭沫若邀请张圣奘教授参会，并作了精彩发言。

1981年1月，北京大学历史系考古研究室吕尊锷教授在资阳举办"资阳人"学术报告会，150多人参会。

2001年12月，省文史馆、省政协文史委、省社科联、省文物局等单位共同发起召开了纪念"资阳人"化石发现50周年座谈会，何郝炬，徐尚志，隗瀛涛等40多位老领导，专家们参加了会议。

多年来，许多专家前来"资阳人"发掘地和鲤鱼桥做考古发掘，其中1981年重庆自然博物馆李宣民同志，在成渝公路九曲河桥边的发掘颇有收获，一只犀牛角与"资阳人"A发掘品成对，一件有孔石珠填补了世界考古史上的空白，大量的打制石器弥补了裴文中教授在"资阳人"A发掘点的遗憾，极大地丰富"资阳人"的物证。

多年来，有大量的"资阳人"研究文章见诸报刊和成书。2003年，爱好雕塑的孟基林，廖飞平试图以艺术的形式再现"资阳人"，展现远古人类"资阳人"的艺术魅力。我们创作了"资阳人"半身复原像，以填补教科书上无"资阳人"具像的空白；创作了"资阳人"母子雕像，表现了"资阳人"战洪荒，斗猛兽的情景。没想到的是，这一草根文化行动被全球各大媒体广泛关注，对宣传资阳和"资阳人"产生了很大影响。

四、《资阳人》史传巨著的期待

民间研究"资阳人"热情不减，但功底不够，视野不开阔，难以形成气候。可喜的是，两年前，我们资阳出生的刘胜俊老师占据德望优势，利用赋闲退休

时机,毅然举起"资阳人"研究大旗,在宣传、文化部门的支持下,团结了一大批地方文化工作者,开始了"资阳人"史传巨著的编撰工作,得到了资阳籍优秀实业家李志冽先生的坚强支持。短短两年时间,通过先期策划、大纲撰写、分工合作,已经完成了大部分文稿编写任务。特别值得一提的是,刘胜俊老师带领团队广泛网络各学界朋友,提供可靠学术支撑;深入田间地头,开展实地调研;跑遍图书馆、博物馆获取实物图文资料,夜以继日的工作态度,深深的感染着我们地方文艺工作者。今天呈现在大家面前的先秦以上部分书稿大样,可谓博大精深,资料详实,文笔优美,任意驰骋,图文并茂,可喜可贺。特别是文稿能得到到会的各位国家级专家的肯定,我感到,刘老师的功夫没有白费,"资阳人"文化深度挖掘有了希望。

　　成就可圈可点,功德泽被后世。今后对资阳历史的研究还须加强。让资阳的文化文明建设成为推动经济和社会发展的强大动力。

"资阳人与中华文明溯源研讨会"参会的省市领导、专家和嘉宾等合影

四川省历史学会会长、重点学科《巴蜀文化学》首席专家谭继和第二次发言：

资阳人是现代人大脑雏形的起点

谭继和

古蜀文明是中华文明的摇篮，资阳人的出现是巴蜀大地上人类知识、技能、经验和智慧生长的起点，是直立人具有现代人类大脑雏形的起点，它有力地支撑了中华文明满天星斗多地起源说。

中华文明多元源头中，四川最为神秘。它有200多万年前的"巫山人"作为巴蜀文化培育的根系，有4万年前的"资阳人"为代表作为旧石器时代晚期文明孕育的支撑点。它把人皇作为巴蜀人的始祖，对天、地、人三皇作了巴蜀人的特殊解读，以人皇九囿之一作为开启万年以上的文明起步，以五千年以上的黄帝作为文明形成的起点，以四千年以上的颛顼和大禹的高阳氏集团作为巴蜀初期文明的创造者，以鱼凫、杜宇作为渔猎时代过渡到辉煌青铜文明大方国的代表。这同考古学上古文化生出古城文明，发展到古国时代，例如资国等小邦国时代，再发展到方国时代的发展规律和轨迹，是合拍一致的。总之，**建立起巴蜀历史与考古文化对接的框架和文化体系十分重要**。今天这个会，对促进资阳和四川的五个文明建设，特别是人文化成的软实力建设，将会起到一定的作用。下一步我们要努力为建构四川的文明体系和四川精神而努力。

今天在会场上有感而发，即席赋诗一首，以表心意，为"资阳人与中华文明溯源研讨会"成功召开和《资阳人》一书出版誌庆：

春花学术秋结实，　　精神考古费索解，
长随新叶起新思。　　事业"三立"无懈迟。
天道酬勤不负汝，　　资水文脉四万载，
地坤维势厚载之。　　润泽笔端湧真知。

（注："三立"，指"立德、立功、立言"）

第二专题：复原文明

《资阳人》书生动形象的活现了四万年前"资阳人"文明的场景

中国先秦史学会常务副会长兼秘书长，中国社会科学院先秦史研究室副主任，著名史学家**宫长为**组织"资阳人与中华文明溯源研讨会"小会学术讨论会

"资阳人与中华文明溯源研讨会"会场一角

《四川日报》原编辑、记者，《四川党史》杂志社原总编辑、编审，《当代电大》原主编**刘建中**发言：

用判定文明的新标准复原"资阳人"远古文明

刘建中

"资阳人与中华文明溯源研讨会"开得很成功，对与会者震动很大，产生了广泛的影响。这是践行党中央加强文化战略建设精神的示范性活动。会上首发的《资阳人》这部书，构思宏大，气势磅礴，结构奇妙，观点稳妥，描写精彩，论述科学，是一部史诗般的典藏杰作。全书将史实性、文学性、思想性、知识趣味性、科学探索性融会贯通，开启了"史传体报告文学""六性"的先河，创造出独具特色的写作体裁，是文史与写作界的一项新创举。

这部长卷，把4万年前创造的灿烂文明历史，勾画得栩栩如生，令人深入其境，能使我们读后收获匪浅。其原因主要是，这部著作突出体现了史实性、报告文学性、思想性、知识趣味性、科学探索性，并把这"六性"融会贯通，有机统一，达到了"爱不释手"的流动欣赏美学价值。

这部书的创作，为什么能达到这么高的造诣？是因为作者紧紧围绕着要以判定人类文明源泉的新标准，即精神文明和物质文明。所以书从开头到通篇至结尾，都丰腴地反映出资阳人的厚重、绵远的精神文化和灿烂的物质文明。

为什么作者提出来的判定人类文明的新标准有如此大的魅力呢？是因为世界上所有人都生存在精神和物质这两个范畴之中，离开了精神和物质就不成其为人。因为低等动物可以不要精神，只要有物质就行了，而人不但离不开物质，也离不开精神，离开其中任何一样都不可能生存下去，更说不上人类社会的发展了。

而西方过去提出的判定文明的多种多样的标准，都不能把文明的内涵概括全，因此我国考古界、文明溯源工程中的史学专家，在文明溯源工程中觉得一些工作与西方的标准对不上号。对不上号就是不管用，不管用就应该革旧更新找到管用的。**刘胜俊提出的判定人类文明的新标准是一个大胆的创新，是值得考古界重视和研究的课题。要把溯源文明工程搞好，首先就要把判定文明源泉的标准制定好**，没有这个标准溯源就没有依据，就不知道如何溯源。所以探索

新的判定文明的标准十分重要。在没有人提出比刘胜俊提出的探索人类文明源泉的标准更适合、更科学之前，我认为就用刘胜俊提出的精神、物质，这两个词作为判定人类文明的新标准，最是适宜的。

正因为《资阳人》作者，紧紧围绕着精神和物质这个探索文明源泉的新标准，艰苦的探索资阳人和中华文明的源泉，所以才取得了今天的可喜成就，彰显了资阳人和中华民族的精神文明和物质文明的灿烂辉煌的史诗。

作者对资阳人的历史，尤其是它的远古史，不知辛苦地考察有关古迹，费尽心机地进行研究、探索文化，他们搜集了3000份有关资料的基础上，他们焚膏继晷，深入地分析论证，得出了"资阳人"为四万年前中国最早的现代人的科学结论。同时用形象生动的文字和图片，对远古资阳人的生活、狩猎、捕鱼、农耕等生活、斗争中的精神状态和物质创造状况，进行复原。既使学术探索性极其深刻，又将远古的文明面貌复原了出来。

对资阳人的创造发明，如象形文字、蚕桑和科技等的学术探索也是在深入研究的基础上，得出科学结论，然后精心复原当时资阳人的精神和创造物质的情景。

对有争议的问题，如对"资阳人"头骨化石的年代，认真依据"双百方针"，召开专题座谈会和小型研讨会展开讨论，专门进行争鸣和论证，最终得出"资阳人"是4万年前时期智慧人的结论，对燧人、女娲等远古先人与资阳人是不是有特殊关系，也专门组织专家力量，进行了长时间地探索、得出令人信服的结论。并依据当时的情景，复原了燧人、女娲率领资阳人战天斗地的状况。

由于本书作者在求索、搜索、探索方面的力度很大，科学天平准，所以达到的探索程度很高，学术性极其深刻。又由于作者始终依据判定文明新标准，在资阳人发展过程中的精神文明和物质文明用可视的、动人的、趣味的、流动感的文学手法，复原其各个时期的文明情景，所以《资阳人》文学与思想性特质显著，知识与趣味性极其浓厚，史实与科学性非常强实。

四川省文物考古研究院考古研究所原所长，著名考古专家**胡昌钰**发言：

"资阳人"是智慧人的里程碑

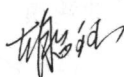

说"资阳人"是人类进化史中智慧人的里程碑，是对"资阳人"头骨化石价质的肯定，是对"资阳人"在"从猿到人"的演化过程中，特别是在中华大地上最终完整地构建了"从猿到人"演化序列所处的重要位置的肯定。

过去，对于人类的起源问题，众说纷纭，主要有"进化论"和"创世论"之争。随胚胎学演化序列的建立，说明，不同种类的动物有共同的祖先，人类是由低等的脊椎动物逐步演化而来的。同时还发现人与猿的胚胎在发育的过程中，相似的时间最长，说明人和猿的关系最近。加上现代人偶尔出现的返祖现象和经过上百年对出土化石的研究，人们普遍认为，人是由古猿进化而来的。从距今1400万年的第三纪中新世晚期开始，从古猿到人经过了五个发展阶段，其进化序列为：生活在距今约1400～1000万年以前的腊玛古猿，距今约1000～300万年间的南方古猿，距今约300～15万年的直立人，距今约15～4、5万年的早期智慧人以及距今约4、5万年以后的晚期智慧人。前两个发展阶段是古猿到社会的人类过渡阶段，他们属过渡期间的生物。在这极其漫长的过渡阶段中，使用天然工具的古猿在劳动、语言、抽象思维活动等因素的作用和发展中逐渐学会了制造工具，从而完成了"从猿到人"的过渡，并最终进化成社会旳人类，后三个发展阶段均属于社会人类的范畴。

人类发源地是多源的还是一源的，也是现代科学有待解决的重大课题之一。随考古学取得硕果的涌现，包括开远市小龙潭出土的距今约1400万年的腊玛古猿化石、元谋县豹子洞出土的距今约800～600万年的腊玛古猿化石、保山市清水沟出土的距今约800～400万年的古猿化石，以及距今约170万年的"元谋猿人"、距今约100～50万年的"蓝田猿人"、距今约70～20万年的"北京猿人"、距今约10万年的"大荔人"、以及距今约4万年左右"资阳人"，这一系列重要化石的相继问世，清楚地把"从猿到人"的演化的轨迹展现在了世人面前。证明了人类发源地是多源的，证明了中华大地也是人类重要的起源地之一。

"资阳人"距今约4万年，处于人类演化五个阶段中旧石器晚期早段，是我国最早发现的旧石器晚期早段中，时间距今最远、保存状况最完整的人类化石，是我国智慧人的重要代表，它代表了中国境内人类进化五个阶段的重要一环。如果说上世纪二十年代发现的"北京猿人"和"山顶洞人"仅仅为中国早期的人类进化史勾画出了一个大致的轮廓，那五十年代初出土的"资阳人"则使中华大地上人类进化序列图从模糊轮廓发展到清晰完整，基本上明确了中华大地上人类进化的序列。说它是继"北京猿人"之后，"从猿到人"进化史上的又一重大发现，说它是人类进化史上的里程碑，当之无愧。

"资阳人"的发现，轰动了神州大地，震动了世界。它不仅为"从猿到人"的伟大学说提供了强有力的证据，为人类进化史的研究高潮推波助澜，"资阳人"的发现，还为古老中华文明的形成找到了又一新的根源。

中华文明源远流长，中华民族具有5000～10000年以上的文明史，过去，世人普遍认为黄河流域是中华文明的摇篮。当独树一帜的"蜀文明"在祖国的大西南展露时，"长江文明"的概念诞生了，长江流域也是中华文明的摇篮，中华文明是由多源汇集而成的。

瑰丽的"蜀文明"是巴蜀地区人民长期同大自然艰苦奋斗的文化结晶。追根索源，距今已有4万年的"资阳人"，已处于旧石器时代晚期的早段，是我国最早发现的新人，即最早发现的解剖学上称的现代人，他们用新的思维在劳动中所创造的文化，正是在这些生生不息的资阳人手中不断地沉淀并世代相传。"资阳人"文化应该是汇成"蜀文化"极其重要的一源，"资阳人"文明为3万多年以后"蜀文明"的形成，为中华文明的形成做出了卓越的贡献。"资阳人"不愧为人类文化的先驱。就人类文明起源而言，"资阳人"亦不愧称为人类历史上的一座里程碑。

"资阳人"早已被列入历史学和考古学的史册，"资阳人"早已闻名天下。

第三专题：探讨文化

中国写作协会原副会长，四川省写作学会会长，四川大学教授**李保均**发言：

科学精神与"资阳人"的文化定位

研究"资阳人"，评论《资阳人》，人们首先要思考的，是它们的文化内涵：《资阳人》和它所写的"资阳人"，究竟表现了一种什么人文精神，它呈现给读者的是一种什么文化精神。**我认为这是这本书的文化价值表现在对"资阳人"的准确的文化定位上。本书是把"资阳人"作为资阳文化的精髓进行建构的，资阳文化本身就是千百年来社会历史生活长期积淀的产物，它集中地反映了资阳人、资阳地区的人文性格和地域特色，体现着现代人的价值观。**"资阳人"已经是一个文化品牌，一个文化符号，显示着文化的共生和共有观念；可以相信，浸透着这种资阳文化精髓的具有现代文化观念的"文化产品""资阳人"，一定可以让更多的人了解资阳，认识资阳。作者自始至终，以它的科学论证所展示出的"资阳人"的精神品格，是资阳文化的宝贵财富和精神遗产。

怎样给《资阳人》一个文化定位呢？可以说："资阳人"是资阳人的文化航母，是资阳人的精神家园。"资阳人"的文化价值并不仅限于对资阳的宣传和包装以及对资阳文化的彰现与打造；更重要的是，它体现的是人类共有的精神文明价值和生存哲学。它通过对"资阳人"这一特殊历史现象的记叙，再现和彰显的是一种历史观，一种民族性格和民族凝聚力；通过对"资阳人"的历史再现和通过对"资阳人"精神透视，展开的是人类创世纪的历史画卷，展示的是人类不可遏止的前进步伐，它将给予当代资阳人的发展谋求，以敦厚的原动力。

"资阳人"宣传地方文化，这无疑是《资阳人》的主题的重要组成部分；但要作到这一点，须有一个前提，那就是著书立说的科学的研究精神和科学的治学态度；而这一点，正是本书的一个重要特点。

这首先表现在对"资阳人"史论结合的学术研究上。本书对"资阳人"的考古发现及其学术价值作了有力的揭示和论列。六十年前"资阳人"头骨的发的定位现，是震动中国历史学界和考古学界的一件大事。本书对"资阳人"这

一考古发现的时间、地点、现场作了严谨科学的考订，对当年现场的考古专家作了跟踪报告，记述了郭沫若、张圣奘、翦伯赞、李四光、贾兰坡等学者对这一发现的意义的评估和肯定，还原了这一考古发现的真貌面实；而且作者还进行了大量的科学的史学分析，**做到了史论结合，以确凿丰富的史料揭示了"资阳人"考古发现所具有的重大历史文化价值。**

本书的研究无可回避的一个问题是怎样论列史前文化和传说历史。这首先就要面对传统的史学叙述惯例和成法。据我所翻查，目前在大学、中学使用的主流教材，现当代著名"主流"通史等皆从春秋战国计始。"资阳人"经历了自旧石器晚期至原始社会解体，见证了中国远古文化的存在和发展。但史前史只有传说历史和考古历史，而为"通史"所轻略。**本书作者对"资阳人"的远古史、史前史、先秦史进行了研究，认为从四万年以来的人类文明，直到三皇五帝以后的考古文献和神话传说记载，对于建构一个国家和民族历史是不容忽视的，突破了认为史前文化和传说历史不是历史、不能入史的成法和成见。这是科学的，在史学上也是站得住脚的，是有史学依据的。**事实上，国内外许多著名史学家都认可这一点。像郭沫若、范文澜、翦伯赞、徐中舒、蒙文通、袁轲、缪钺等这些中国著名历史学家都认可历史传说对于历史的重要性，并把它们作为自己论证历史的论据。任继周院士据考古资料和历史传说，更是把中国史前时代凝集为"三皇"史系，并分为四个时期：燧巢时期、羲娲时期、神农时期和黄帝时期。**本书作者在研究"资阳人"生存发展的年代文化时，不可避免地要与神话传说中的人物作出有机的联系和说明。凭据资阳人系列考古发现和其他考古成果及传说历史资料，研究资阳人在史前这段时期的生存生产活动，是科学的，符合世界史和中国史的一般研究方法。试想，如果我们不承认"资阳人"以来的考古史和传说史是历史，甚至不承认黄帝文明，那么"炎黄子孙"从何而来？现在中科院断代史研究对此已有了初步的结论。**

这种科学精神，还表现在对待不同学术观点的态度上。对于不同的见解，如：

1、对"资阳人"考古发现的否定意见(认为只有7000年的历史等)；

2、对"资国"是否存在的不同看法；

3、对神话传说材料的使用的不同见解，等。

本书作者本着争鸣的态度，抱着对学术研究的敬畏心理，尊重不同意见，又能以史料发言，进行辩正，鲜明地阐述了自己的观点，表现出了一种可嘉的学术勇气和科学态度。这是一种正确的学风。

《资阳人》为资阳的文化建设，为加强资阳的文化宣传，作出了自己贡献。《资阳人》是建设本土文化、中国文化的有功之臣。

中国先秦史学会副会长，四川大学历史文化学院教授，著名史学家**彭邦本**发言：

文化是城市最具特色的资源

——深入发掘资阳悠久灿烂的历史文化资源

彭邦本

这次由中国先秦史学会、四川省历史学会、资阳人书社联合主办的"资阳人与中华文明溯源研讨会"，在著名的"资阳人"故里隆重举行，确如宫长为先生所言，是一次高规格、高水平的学术聚会。会议不仅对"资阳人"化石材料珍贵的学术价值形成了共识，而且引起我们对文明起源问题的更为纵深的思考和研究。

这次会议上首发的《资阳人》一书，不仅首创史传体报告文学的体裁，而且妙笔生花，对旧石器时代晚期的"资阳人"及其代表的资阳历史文化，起到了很好的宣传推广作用。

一个城市或区域的发展，须要走适合自身条件的路径，而在一个历史悠久的城市或区域，发展条件中最具特色、最为珍贵的资源，往往就是自身源远流长的历史文化资源。

资阳地区的历史，至少可以追溯到闻名中外的"资阳人"时代，"资阳人"的学术文化价值甚高，既是中国的，也是世界的，是人类珍贵的历史文化遗产，因而是具有世界性意义的独特资源，对资阳市的知名度和发展，具有特别重要的意义和价值。不仅如此，资阳悠久的历史进程中诞生和创造的文化遗产极为丰富灿烂，单就历史文化人物而言，如数学家秦九韶，就是同样具有世界影响历史人物，可谓人类历史上成就最为杰出的数学家之一。而像传说中的苌弘，古代有确切记载的王褒、董钧、杜抚、王延世、贾岛、陈抟，近现代伟大的无产阶级革命家陈毅等，都是知名度极高的历史人物，可谓灿若群星，应带加以认真的研究。

这次会上宣布成立了中华资阳人协会，非常好。我建议，还应成立资阳历史文化研究会，或者把对资阳历史文化的研究宣传作为中华资阳人协会的基本任务，整合本地和省内外的学术力量，认真持续地开展研究工作，以支持地方经济社会，尤其是文化事业和文化产业的发展。为此，**当前和今后一个时期，应集中力量深入挖掘梳理资源，为资阳地区的发展提供特色资源的支撑。要在梳理资源的基础上提炼文化亮点，作为经济文化发展的直接生长点，使资源成功转化为资本。**

文化资源的挖掘梳理需要持续努力，也需要一定的投入。比如"资阳人"作为旧石器时代晚期人类的重要代表，堪称世所罕有，先秦资国传说和秦汉以来的前述历史人物等也名满天下，但资阳地区新石器时代的资料则非常少，无疑是个空白，需要做考古发掘和研究工作来填补。只要我们做好这些工作，资阳历史文化资源宝库的建立就指日可待，资阳的明天一定会非常美好。

"资阳人与中华文明溯源研讨会"专题研讨会会场

《人民日报》理论部原主任、高级编辑、高级记者，著名生物进化论专家，中国科普学家**卢继传**发言：《资阳人》探讨了资阳人与中华民族的文化和文明，这是非常重要的。因为"惟有民魂是值得保贵的"。

划时代的文化品牌

卢继传

一

时空回转到1951年3月，在四川资阳，是很不平凡的日子。

这一时刻，中国科学院郑重向全世界宣布，新中国发现了资阳人头骨，生存于35000万年至40000年前的"资阳人"，属于古人类智慧人。人民日报在头版做了显著报道，全国人民精神焕发，世界震撼。

美国、德国等世界各国高度称赞"资阳人"的发现，英国《大英百科全书》特将"资阳人"列入词条。

"资阳人"发现不仅引起著名历史学家、中科院院长郭沫若、著名古人类研究大家吴汝康、裴文中的高度重视，而且引起了党和国家领导的高度关注。

中国人民伟大领袖毛泽东得悉资阳人发现，无比感慨地对科学家说，这是国宝啊！你们发现了迄今为止的中国第三颗人头骨化石，对中国、世界都有很大贡献。

"资阳人"发掘工作为我国乃至世界人类发展史取得划时代的丰硕成果。

除了对中国旧石器古人类分布有了新发现之外，更惊人发现是"资阳人"生存于"古蜀王国"，是"蜀人"之祖先。今天，从中国古人类时空判断，资阳人将中华文明史上推三万五千年，资阳人岂不是中华文明的摇篮吗？这是颠覆性的挑战，是对中华文明起源于黄河流域的质疑。也由此激起了在座的著名考古学家、历史学家等专家热烈讨论，最后达成共识，得出中华文明发源地的多元的创新理论。

从时空判断还表明，"资阳人"发现佐证了世界人类起源于亚洲，起源于中国，而不是起源于西方，从而向所谓"世界文明西方中心论"发起挑战。显然，"资阳人"的发现是对人类发展史的丰富与巨大贡献。

不言而喻,"资阳人"的发现具有国家乃至世界的意义。那么,研究、撰著"中华资阳人"的著作,追溯四万年前中华文明源泉,传播资阳人的文化文明,也应是具有国家乃至世界意义的,刘胜俊等撰著者们从事了一项伟大的事业。我们应当在这个高度上来审视"中华资阳人"这本著作的人类发展历史的理论与现实意义。

二

《资阳人》这部著作是一项了不起的艰辛的系统工程。根据中科院专家考证,"资阳人"是生存于4万年前的智慧人,在大地过着群居生活,繁衍后代,创造了独特的劳动与生存方式,开创了中国远古人类文明。这已是"资阳人"科学学术价值的立论内涵。

"古为今用"是发掘传播中华传统文化的一个重要原则。那么,"资阳人"怎样古为今用?这就必须重现4万年前资阳人的风貌与文化,让现在人类认识自己的祖先。仅就从《人民日报》发布考古成果这个路径,是远远达不到在大众传播效用的。

事实上,这正是《资阳人》刘胜俊等撰著者们面临的复杂问题。现在他们以科学普及、文学艺术的写作路径,以文字语言的驾驭能力,来活生生地重现4万年前"资阳人"的劳动方式、生活方式和团队奋斗精神、防洪补天的英勇献身气概等等。这部著作雅俗共赏,吸引人的眼球,不仅使"资阳人"的精神和优秀文化得到传承,中华民族文明永远闪烁光芒,而且将会教育后人、激发后人、带动后人,给人无穷的毅力和智慧。这种传承与教育影响将是长期的、不断发扬光大的。

著名的世界科学家、中国航天之父、中国导弹之父钱学森生前一再倡导,科学家应当是科普作家,要撰写科普著作,传播科学、普及科学,让科学理论产生社会效益和经济效益。

一位哲人也说过,一篇优秀的科普文章,其价值超过一篇学术论文的影响力,因而具有更大的价值。

刘胜俊等撰著者们走了一条考古学家们没有走过的路,把研究与传播结合起来,把研究成果传播社会,深入人心;把历史考察资料、文学创作、知识普及、学术理论融为一体,收到科学性、思想性融于生动形象叙述之中的好效果,有效地提升和体现了资阳人研究的科学价值和社会价值。

换言之,没有撰著者们的创举与艰辛,也就不可能有"资阳人"的传承。研究成果予以传播,这才是知识就是力量、科学就是财富的真正含义。

这应当是我们思考《资阳人》这部著作意义的出发点。

三

　　《资阳人》以确凿丰富的考古史料揭示了"资阳人"发现所具有的历史文化价值：一方面，古人类的足迹给后人有据可考的资料非常稀少，而"资阳人"头骨化石的发现，为我国乃至世界发展史智库增添了珍贵的古人类遗存物；另一方面，"资阳人"是古人类的智慧人，具有中华民族文明的文化基因。因此，"资阳人"发现及其丰富的中华民族优秀文化内涵，具有稀缺性、独特性、不可取代性。

　　上述事实表明，"资阳人"的发现给人类发展史取得划时代的丰硕成果，从而《资阳人》科学研究"资阳人"和中华文明，又成为研究人类历史划时代的著作。

　　在此意义上说，我们有充分理由认为，《资阳人》是划时代的文化品牌。说它是划时代的文化品牌，还在于它宣传了时代精神。党的十八大号召建设中华民族优秀传统文化传承体系，弘扬中华民族文化。"资阳人"的丰富的文化内涵包含了中华民族文化基本元素。因而成为弘扬我们这时代最重要的中华民族文化教材。这正是刘胜俊等撰著者们刻意撰著内容的出发点，而传承和弘扬"资阳人"文化内涵成为他们的历史责任。

　　中华资阳人》文化品牌是中华民族的文化财富和遗产，更是资阳人民的文化财富和遗产，用好这个财富和遗产首先应是资阳人民的历史责任。这亟须做好"顶层设计"，即把"中华资阳人"作为一项文化建设工程做目标规划战略设计，除了时下课题研究、撰著之外，还应建立宣传、传播平台，诸如建立中华资阳人文化的传播培训基地、博物馆、宣传、普及生物进化论、人类发展史教育基地等、使"中华资阳人"文化品牌持之以恒传承，流传久远，发扬光大，为推动资阳文化立市，实现国家富强、民族振兴、人民幸福的中华民族伟大复兴的中国梦做出贡献。

　　以此抛砖引玉，谢谢！

第四专题：传承精神

内江市文化艺术学校原校长，内江市文化干部进修学院原党支部书记，坚持研究资阳文化，是研究"苌弘"的资深专家**张麟**发言：苌弘"碧血丹心"精神铸就中华文明忠勇的核心精神

东周苌弘碧血丹心

张麟

苌弘，又称苌叔。约生于东周简王夷十一年（公元前575年）。四川省委资阳市雁江区忠义镇苌弘村人。我是他2422年后的同乡人。

苌弘的历史业绩有《左传》、《史记》等五十多种史志、史料书籍记载。我收的《苌弘史料、资料剪集》有125条。

《史记》记：昔之传天数者，西周275年最著名是史佚；东周549年最著名的是苌弘。《淮南子》说："昔者苌弘，风雨之变，周室之执数者也。天地之气，日月之行，风雨之变，律历之数，无所不通。"苌弘他著有周史十五篇。所以后世称苌弘是著名的学者、天文学家、阴阳家、思想家、政治家。他是东周灵王、景王、敬王57年的三朝元老。是东周王朝伟大的贤德忠臣。他是四川省最早有史志记载、并有传奇色彩的历史人物，是资阳三贤的首贤。他的殚精竭虑于周王的碧血丹心精神，是华夏民族宝贵的精神源泉的组成部分和财富，是中华民族精神的核心的重要组成部分。

西周盛世衰毁后，宜臼即位是为东周平王。历史进入春秋战国时期。平王东迁以后，周室衰微，周天子这个名义上的"天下共主"有名无实。周辙东，王纲坠。又过221年后的周灵王23年，苌弘入周，辅佐灵王，工作是艰难的。可是，年约26岁苌弘，毕竟年轻有为。他深受华夏历史文化的熏陶，学得先王和周公制礼作乐的丰富知识，以仁德于天下，已成为著名的社会活动家。正如《史记》所记："是时，苌弘以方事周灵王，永无诸侯莫朝周，周力少，苌弘乃明鬼神事，设射俚首。俚首者，诸侯之不来者。依物怪欲，以致诸侯。诸侯不从……有的诸侯对苌权心怀不满，晋国更是死记在心。但是，恢复了朝供灵王

的制度。使灵王江山得以安定。公元前545年，灵王安然寿终正寝，得天下二十七年。

王子贵即位，是为景王。苌弘继位大夫之职，从事内政和王室与诸侯之间的工作。

按东周王朝制度规定，天子之下设卿、大夫和士三级，分级负责。苌弘在王卿部下工作。在他的工作范围内的事务，当然情况熟悉。

景王十四年，召苌弘研究诸侯国情况。景王问于苌弘曰，今兹诸侯，何实吉，何实凶？苌弘立即对曰：蔡凶。并将蔡国等诸侯国情况讲得清清楚楚。

景王十八年八月，晋侯使屠蒯如周，称晋侯有病，要借路到？马三塗求佛。苌弘看清了晋国野心，马上对刘子说，容容猛，非蔡也，实有野心，君其备之。刘子向景王报后作了准备。后来，晋国果然灭了陆浑。见周王有军事准备，未敢妄动。

景王得苌弘辅佐，王室稳固，得天下二十五年而寿终。

景王驾崩，王室一遍混乱。周室贵族拥立王子猛即位，是为悼王。可是，景王长庶子王子朝，起兵政变，赶走悼王，妄想称王，晋国出出兵赶走王子朝，送悼王复位。但不久，悼王死去。在周室极其紊乱无主之际，苌弘协助刘文公，拥立悼王好同胞兄弟王子匄即位，是为敬王。这周敬王登上天子宝座，可以说苌弘的支持起了重大作用。但是王子朝虽被晋侯赶走，并未死心。初涉朝政的敬王及其卿刘文公，还处于高度紧张状态。就在敬王二年，刘文公见王子朝后，便对苌弘说王子朝还在活动，苌弘见刘文公吓到了，便镇静地对他说，别怕。我们同德度义，王室的活动是正确的。王子朝人再多，如殷朝的纣王，有亿兆夷人，心不齐，离心离德，有何用？我们虽是零零星星，人数不多，但同心同德，无患无人，我们是会兴旺的。这样，才使敬王安心。

为晋周室的安稳，修筑王城是相当重要的。苌弘想敬王之所想，急敬王之所急。在城成周这个问题，花了很大功夫。他找王卿刘文公研究，周密地考虑方案和可行措施。《国语》以《刘文公与苌弘欲城周》为题，专文作有记载。至于敬王想修王城，更是心急如焚。敬王派人到晋国，请筑城于成周，说道：我进王室，于今十年，派兵把守五年，余一人无日忘之，闵闵焉如农夫之望岁，惧以待时。这里讲出了，他时时刻刻，都提心掉胆的心思，渴望修筑王城。王城筑于成周，经苌弘费尽心思，艰苦努力，"城三旬而毕"。

王城完毕，苌弘的功劳是很大的，苌弘对敬王的忠，敬王是知道的，苌弘奔走活动，见机行事，协助刘文公，扶他王子匄为周天子，敬王该不会忘记罢，苌弘辅佐灵王、景王、及他周敬王又是二十八年，共历时五十七年的三朝元老该清楚罢。苌弘入周，受命于危难之际，身居王室政务及与诸侯的风口浪尖，成就是王室的，积矛盾和怨恨是苌弘在受，苌弘竭忠尽智于周王，敬王匄是明白的。可是，当晋卿赵简子，抱着对苌弘不满的褐心，借晋卿内讧之机对苌弘栽赃陷害，威逼周敬王杀害苌弘，周敬王匄，这位忘恩负义的软骨昏君，竟无视劳苦功高、忠心耿耿的苌弘及其伟大的业绩，屈服于威力，亲口下令杀害苌弘。这真是永恒的奇冤啊，情理难容！万民痛心呀！苌弘在所谓的圣法之下，他这位八十三岁年高有德的老忠臣不能不认死啊。苌弘在临死之前，怀念的不是妻儿老小，还念念不忘周王朝的"宗周之不完，悲哀周王的清庙之将残，和周王的江山社稷，苌弘的丹心光照日月。苌弘就这样含恨气极，被施剖腹破肚，喷血而去。还是苍天有眼，大地有恩，人民有情。苌弘之血三年化为碧玉，苌弘虽死犹生，永远活在人民心里。苌弘之墓与世长存。苌弘的碧血丹心精神，永远光照后人。

苌弘被害于公元前492年，即周敬王二十八年，岁次已酉六月癸卯（二十九日）。今年癸已六月二十九日，是苌弘殉难2505周年，我这发言亦作对苌弘殉难的悼念。

苌弘死后123年诞生的庄周，他在《庄子》一书中把苌弘与夏朝的关逢龙、商朝的比干、和苌弘同时的伍员字子胥，同样看为中华古代的四大贤人，称"四子之贤，而身不免乎戮"。又说"人主莫不欲其臣之忠，而忠未必信，故伍员流于江，苌弘死于蜀，藏其血三年而化为碧。这就是苌弘碧血丹心首次为《庄子》题记。

郭象在注疏《庄子》时赞苌弘"精诚之至。"

陆德明曰：《吕氏春秋》赞苌弘，"藏其血三年，化为碧玉。"可见庄周、郭象、陆德明他们对苌弘是何等崇敬啊！

唐·柳宗元对苌弘的吊念，写有600多字的赋文，感情深厚的写道：大夫之炳烈兮，王不寤乎谗贼。……杀身之匪子戚兮，闵宗周之不完。岂成城以夸功兮，衷清庙之将残。……古固有一死兮，贤者死得其所。大夫之死忠兮，君子所与。这柳宗元对苌弘多么敬佩啊！

南宋民族英雄、伟大忠臣文天祥，在其《绿端蝉腹砚铭文》中刻道："洮河石，碧于血，千年不死苌弘骨。在又他最困难、最痛苦的日子里写的《过零丁洋》诗中写道："人生自古谁无死，留取丹心照汗青"。这"洮河石，碧于血。"和"留取丹心照汗青"不就是我们今天说的"碧血丹心"吗！我们觉得文天祥把东周苌弘对周室的赤胆忠心，后被无辜受戮，死而血碧、伟大的忠臣形象化入了他的灵魂，贯串于他伟大的一生。后来文天祥临死，作正气歌以见忠。"碧血"和"丹心"的连举，最早就是出自文天祥，应该说苌弘有碧血丹心精神渗透到了文天祥的心和他的一生。

明代朱彝尊，他是朱元璋一门后裔，他很敬佩苌弘的碧血丹心精神。当明代末期的伟大忠臣黄道周，为明朝尽忠报国后，他把苌弘的碧血丹心精神，刻在黄道周所爱的《黄石斋断斋碑砚》上。铭曰："身可汗，心不辱，藏三年，化碧玉"。

元·郑元祐，在他的《张御史死节歌》中写道："孤忠既足明丹心，三年犹须化碧血。"

清·戏曲大师吴梅。戊戌政变后，为纪念死士六君子，用苌弘的史实写成《雪花霏》一剧，我们资阳文人杨晋斋，把它改成川剧高腔《苌弘血》，在资阳及邻近各县上演后，获得好评。这要称我们的非物质文化遗产川剧著名流派"资阳河"的优秀剧目。

另外，还有不少著名人士，以碧血丹心一词鞭策自己或称颂为国、为民族捐躯的人，这里就不再讲了。下面把《辞海》对"碧血"的注释记在这里，作本文结束语。《庄子·外物》："苌弘死于蜀，藏其血，三年而化为碧。"后常以"碧血"与"丹心"连举，称颂为国死难的人。

今天我们集合

要学习东周苌弘碧血丹心精神；

为实现民族复兴筑中国梦献身。

国家文化部中国管理科学研究院发展战略研究所所长**赵一农**发言：溯源文明的战略价值意义在于传承中华文明精神

文化溯源的战略价值

——品析刘胜俊先生编著的《资阳人》

赵一农

过去，人们探索长江流域的古代文明，历来认为长江的中游和下游是中国文明起源和发展的核心地区，而对于长江上游文明的研究，则未引起重视。50年代初期，"资阳人"的出现在中国和世界都引起了轰动，但没有继续研究下去。80年代中期以来，随着长江上游地区考古工作的不断开展，特别是近年来，四川成都平原一系列事关文明起源的重大考古发现和发掘，证明长江上游同样有着悠久灿烂的历史文化，也是中国古代文明的发源地之一。目前，在以四川成都平原为中心的长江上游地区，已从考古学角度建立起了该区域先秦文化的发展序列，即从宝墩文化，到三星堆文化，再到十二桥文化，最后到晚期巴蜀文化。其时间从新石器时代晚期，经夏商周，到春秋战国，历时二千余年。与之考古文化同样发达的长江上游文明，正是循着这个文化序列，经历了从起源，到形成，再到发展的漫长而艰辛的演进过程。迄今成都平原考古发现的一批批规模空前的中心聚落和城址，以及许多为世人所瞩目的珍贵历史文物，无不显示其作为中国古代文明区域中心的特殊地位。

中华文明起源的问题，现在已成为国内国际学术界共同感兴趣的话题。原因一是中华文明具有独立起源，即原创性。二是中华文明具有继承性和连续性，一脉相承。世界其他的古代文明都先后中断了，唯独中华文明一直绵延传流至今。如古代的埃及与现代的埃及差别就很大，也就是说今天的埃及人不是古代埃及人的直接后裔，两者没有必然的关系。著名学者李学勤曾说："中国文明是如何起源的，这不仅对于中国历史，而且对整个人类的历史都是一个十分重要的课题。"。现在随着年代学研究的深入，尤其是大量地下考古资料的出土，学术界开始认识到，**中华文明实际上远非五千年，对资阳人史迹的发现和研究再次佐证了这一结论。这对人类文明史的研究有重要意义。**

刘胜俊、李治别先生编著的《资阳人》，是探索中华文明起源的一项具有重要价值的工作，他们历经艰辛，收集和挖掘了大量有关资阳人历史资料并探寻其历史文化脉胳，从某种程度上说也是文化溯源的具体践行。

文化溯源是一个国家、一个民族精神的根基和血脉。文化作为一个国家、一个地区、一座城市的灵魂，是一个民族的心灵家园和精神追求。一个国家的强盛首先是文化的昌盛，一个民族的觉醒首先是文化的觉醒。 从历史上看，社会进步总是伴随着文化的繁荣。

现代社会，文化是衡量一个国家或地区综合实力、综合竞争力的重要因素，成为民族凝聚力和创造力的源泉，谁占据了文化发展的制高点，谁就拥有了强大的文化软实力，谁就能够在激烈的竞争中赢得主动。文化与文化产业同时也成为理解全球化的一个基本维度。 一些发达国家如美国更是率先提出"文化走向国家发展政策的中心"，发展应放在人类整个文明／文化框架内来考虑，发展最终可以以文化来解释或以文化概念来界定，文化的繁荣是发展的最高目标，文化的创造性是人类进步的标志等观点。切合整个世界性的文化转向及其政治、经济、文化的一体化潮流，发展文化产业具有多维意义。当下正在进行的文化体制改革就是要解放和发展文化生产力，文化力作为一种"软实力"越来越为许多国家(包括发展中国家)所看重，文化力包括文化产业的竞争力。在文化体制改革全面展开和深入，以及制定国家"文化发展纲要"的语境下，如何来认识和领会文化产业发展战略？成为当前人们普遍关注的话题。

当前的时代，经济与文化日益融为一体，相互渗透，文化为经济社会发展注入新动力，经济为文化的繁荣提供了必要的条件。**一个城市文化发展水平已经成为城市发展、竞争力提高的重要指标。一个地方独特的历史人文资源对于发展城市文化产业，提升文化竞争力，打造城市文化品牌，尤为重要。** 以文化力提升经济力，以无形资产增值有形资产，形成一座城市独特的个性品位，形成文化内涵，这是一座城市区别于其他城市的独特的魅力所在，也是构筑一座城市核心竞争力的重要组成部分。

越来越多的城市认识到发展文化产业的重要性，结合自身的人文历史资源，通过制定战略规划、政策措施来大力推动地方文化产业的发展，建设相应的文化创意产业园，继而形成自己独居个性的城市文化品牌。城市文化品牌是一个城市文化风貌最生动、最直观、最形象的呈现，文化品牌不仅是城市的灵魂，也是城市发展和竞争的重要资源。

《资阳人》向世人展示出一幅至珍的人类文化历史画卷。"资阳人"是资阳的文化大品牌，是提升资阳经济建设的强大动力。要提高资阳的综合实力，就必须高高举起"资阳人"这面大旗。资阳市应该充分发掘"资阳人"这一优势并使其成为城市化发展的战略规划理念，来塑造城市的品牌。

西南财经大学图书馆原馆长、教授、国学文化传播者、国家社科基金评审专家、书法家**李天行**在小组会上的发言：

我们都要为文明建设贡献热血

刘胜俊总编作为军人对文化的追求，令人钦佩。他为资阳、为国家呕心沥血撰写出这么经典的著作，为资阳和中华民族的文化建设立下了汗马功劳，我很钦佩、很感动、很感谢、很感恩。我们都要向他们学习，为资阳和中国的文明建设和经济发展贡献自己的热血。

南怀瑾先生曾说，一个国家亡了，可以复国。如果一个民族的文化亡了，这个民族就亡了。我们国家在党和人民的共同努力下，几十年经济建设起来了，几十年军事建设也起来了，现在如果文化建设不大力发展跟上，那我们中华民族就真的将走向衰亡！世界上最高级别的较量是文化和思想的较量！尊德性而道问学，致广大而尽精微，极高明而道中庸。

所以，**我们一定要努力传承民族优秀传统文化，发展文化，搞好文明建设，才会有经济的大发展和国家的强盛。**

今天的会议开得很好，专家和大家齐聚一堂，共同研讨资阳和中华文明的溯源事宜，是文化建设的一个号召会、奠基会，也为文化建设振兴中华树立起一座丰碑。

我即兴赋诗一首：

厚德忠勇资阳人，
碧血丹心华夏魂，
悠远文明四万年，
文化史考尚归真。

《资阳人》总编撰**刘胜俊**发言：领导对这次会议的重视，要求继续在大家的共同努力下把《资阳人》的中部和下部搞好

要把《资阳人》中和下继续写好

刘胜俊

领导对这次"资阳人与中华文明溯源研讨会"很重视，会前多次指导，又亲临会议并发言，对会议作出高度评价。领导和专家们都深有感触地说，这次会议是一个盛举，开得很成功。会议不仅推动中华文明溯源研究，而且将有助于促进地方文化软实力和创意文化资源的发展，是推动地方经济发展的巨大动力。

经过热烈的深入研讨，四川省和国家的顶尖史学、考古机构及其权威的众多专家一致认为，"资阳人"是智慧人的里程丰碑，40000年前靠大脑发育，产生思维，由思维和知识变为智慧，筚路蓝缕，开拓创新，打造出中华文明源泉，成为始创人类文明的杰出先驱。

领导和专家们一致指出：《资阳人》这部书为"资阳人"的历史解读和文化解读，为"资阳人"文化的创意源泉和内涵的追寻，作出了可贵的探索和重要的贡献。此书文笔优美，又是讲好中国故事，有利于海内外宣传的一本大中型文学性的史传著作性质的好书。这对当今资阳市建设是重要贡献，希望这部书接着写下去，并在经世致用上发挥它的重要作用。

所以领导和专家们要求继续把《资阳人》的中部和下部写好。怎样才能写好，那就是请大家继续帮助和支持我们，团结一心，在大家的共同努力下，再出色完成任务。谢谢大家！

第四阶段 研讨会总结暨新闻发布会

中国先秦史学会常务副会长兼秘书长,中国社会科学院先秦史研究室副主任,著名史学家**宫长为**发言:

"资阳人与中华文明溯源研讨会"
总结暨新闻发布
(见 P52)

研讨会总结暨新闻发布关键词语:

研讨会一致认为:"资阳人"是人类文化基因根脉一始祖,资阳是中华远古文明一源泉。

"资阳人与中华文明溯源研讨会"总结暨新闻发布会会场

研讨会总结暨新闻发布标题是:

"资阳人"是人类文化基因根脉一始祖,
　　资阳是中华远古文明一源泉。

附录五：
"六性"融会贯通 文化、精神特质彰显
——《资阳人》编撰后记

《资阳人》总编室

国家级和省、市考古研究机构、院校高级专家为《资阳人》作序、写书评，充分地、高度地评价了《资阳人》的重大价值和意义。专家们指出，**《资阳人》考史深刻、溯古精道、构思宏大、气势磅礴、结构奇妙、观点稳妥、描写精彩、论述科学，是一部史诗般的典藏杰作**。其功绩主要是：

追索到"'资阳人'是距今四万年时际的人类智慧人里程碑"，探寻到"'资阳人'是人类思维、智慧一发端"，寻根问祖到"'资阳人'是人类文化基因根脉一始祖"，追溯到并理清"'资阳人'是中华文化一起源基因和文明基因一根脉及活态传承的发展脉络"，溯源到"资阳是中华文明一源泉"，是"一带一路"上的灿烂明珠。

探究出人类始祖是多个，人类文化起始基因是在多地的各自生存环境中发展起来的。

中华文明源泉是多元的、星罗棋布的。

革新判定人类文明的标准应是精神文明和物质文明。

深究出中华文明远超五千年，实为四万年。

发现资阳是中华文明渊源并复原其文明。

探明燧人氏、女娲伏羲、炎黄是资阳人或资阳"鲤鱼桥文化"范围人。

论清"资阳人"是川人始祖。

阐明"资阳人""在发展大脑由知识变为智慧方面，起了筚路蓝缕、开拓创新的作用"，是人类始用智慧生息、斗争的智慧人里程碑，是远古人类文化先驱的杰出代表。

揭示出"资阳人"确实占有远古人类始创文化、积累和传承文明基因的关键地位，是人类文化基因根脉的一始祖，是现代人文明基因一孵化摇篮，是现代人知识、智慧和经验产生的一发端。

阐清"资阳人"奠定中华文化起源基因和文明基因根脉及活态传承的坚实基础，拓创出了远古文明摇篮较为丰富的内容，开创出远古文明的雏形。

彰显出资阳人是中华民族的一个文化符号、一张文明品牌，一种伟大精神的代名词。

探清资阳昆仑山矗立沱江岸上七千年。

挖掘到中华民族精神核心源自资阳人的"碧血丹心"。

深掘出中华文明源泉和博大精深的优秀传统文化是我们屹立世界的根基、支柱和魂魄。

追溯四万年时际的中华文明，具有国家和世界意义。远古资阳人、蜀人、华人对人类文明影响重大，为世界开创出"人类文明黄金时代"。

佐证人类文明起源之一在东方、在中国。

否定世界文明起源"西方中心论"。

创立"六性"融会贯通的史传体报告文学写作新体裁。

这是一部展示资阳人繁荣悠久的文化，厚德忠勇精神的典藏之作。

专家们在书评中说：《资阳人》"六性"融会贯通，突出展示了资阳人的文化和精神特质。专家们认为中华资阳人构思宏大、气势磅礴、结构奇妙、观点稳妥、描写精彩、叙述科学。

这个成绩的取得应该归功于资阳市委、市政府、市人大、市政协，市委宣传部、市文化和新闻出版局、市民政局、市工商局、市工商联、市志办等领导和机关同志们，以及资阳市地区各级党委、政府，驻军领导和机关同志们的热情支持帮助。

《资阳人》的编撰工作是在资阳市委有关部门的领导下、在专家团队和顾问团队的指导下进行的。各位领导对编撰《资阳人》这部大型著作的热情都很高，一直积极支持，大力帮助。资阳市委宣传部、市文广新局、市文联、市志办热心帮助、积极支持。资阳市军分区、雁江区、简阳市、安岳县、乐至县的领导和宣传部、文化局、文联、文管所的领导和机关同志给予了《资阳人》编撰的大力帮助。对上述领导及机关同志们的支持帮助表示衷心感谢。还应该感谢唐通达同志，他为《资阳人》的编撰做了很多工作。

《资阳人》的编撰工作得到了四川省政府、四川省政协、四川省社会科学院、四川省历史研究会、四川省文物局、四川省考古研究院等和中国科学院古人类与古脊椎动物研究所、中国社会科学院历史研究所、国家民政部、中国先秦史学会、中国对外友协、人民日报理论部、中国第一历史档案馆、中国国家博物馆、解放军报、成都军区机关、四川省军区、重庆自然博物馆、重庆三峡博物馆等国家有关部门和省市机关、军队的热情帮助积极支持。各位专家、顾问，给予《资阳人》热情的指导，深入的指点，不厌其烦地回答我们的提问，积极主动地提供办法、奉献资料，真是做到了无私的帮助，并一再拒收谢意，还真诚地表示：你们编撰《资阳人》是在进行探索中华民、族文明新源泉的伟大工程，是我们共同的事业，是我们份内的责任，不能收谢礼。有几位德高望重的老专家亲自进行十分有见地、卓有成效的指导六七次，亲自审修我们先后送去的几十万字稿件三五次，还给我们写了好几千字的序言，甚至好几篇理论文章或学术交流研讨文章。中国科学院古人类与古脊椎动物研究所87岁高龄的著名的古人类学家吴新智院士，专门为我们撰写了《"资阳人"头骨化石在人类进化中的意义》的专论。前述这些理应得到一定的劳动报酬，可他们都一再拒绝谢意，至今执意不收一分钱，不收一份礼，**真使我们感激不尽**。为此，我们表示衷心感谢，尤其应该感谢的是：李学勤、吴新智、高星、宋镇豪、宋新潮、宫长为、王巍、陈星灿、李伯谦、孙华、刘武、吴秀杰、娄玉山、卢继传、董伟、邓中好、宋娜、宋辰辰、沈光倩、张慧、赵一农、林郁郁、鞠德源、谭继和、胡昌钰、罗平飞、周光荣、苏泽林、杨志文、曾清华、刘真学、刘建中、彭邦本、李保均、张志烈、孙建军、赵智、刘洪浩、李天行、欧阳辉、赵俊瑛、黄万波、魏光飚等。我们还衷心感谢给予我们积极帮助、热情支持的李和平、龚泓铭、陈刚、陈昌琼、刘楷成、杨克信、刘颖、蒋涛、刘富明、刘松、袁家容、曾刚、刘锐、段玉清、田雪皎、李文岳、杨世明、刘洪浩、陈先义、袁学军、陈苇、段炳刚、罗传孝、郭骥、宋良斌、陈纯义、童吉兴、丁登华、李良彦、况璃、李映福、张麟、洪威雷、胡锦贤、张宗银、邓仰全、王北生、胡耀武、李凤春、李春利、张国宝、赵学华、刘振起、郭永新、陈军、魏华、孟基林、唐俊高、周叔勋、周永东、杜先福、汪古翔、蒋向东、陈水章、姚永明、王同云、戴庆楼、胡奎、陈星谕、陈祥书、周兴国、张礼全、赖志臣、张庭阔、唐黛琴、胡卫东、谭明中、杨明忠、刘玉芳、肖满生、陶继光等。

特别感谢聂淑丽，她始终如一的支持研究"资阳人"工作，还主动负担一些审视纲目、编写、校对文章的工作。她还长期将她的工资拿出来资助开展"资阳人"研究。

一、用资阳人精神编撰《资阳人》

正是《资阳人》这部著作的作者以发扬老祖宗民魂为动力，对"资阳人"的挚爱之情，才能够在浩瀚的考古史实和历史资料中，全面搜集、攀爬刀削陡壁实地考察，历经多年的不懈努力，进行研究、辨正史料，综合分析、开拓进取，撰写了这部著作。其奋斗、执着精神体现了现代"中国精神"及其历史责任感，令人感佩。

——卢继传

撰写史传体报告文学的作者必须具备多方面的、综合的知识和水平。尤其应该具备丰富的写作知识和较高的写作水平，深广的历史知识和较高的学术水平，丰富的科研知识和撰写论著的较高水平，丰蕴的文学创作知识和较高的水平，长期在国家、军委总部机关、大报等高级部门工作过养成的高度的政治敏感性和政策水平，具备联络、沟通国家级、省部级机关、院校领导、专家、学者的社交和人际关系能力，等等。为保证《资阳人》的高质量，经过相当一段时间寻找和聘请，都未聘请到这样优秀全面的人才。只有总编辑刘胜俊的阅历丰富、成果颇丰、综合素质高、关系网广而密切，具备前述条件、水平和能力。他在这些方面都有其长期实践，出了许多高水平的成果。

刘胜俊在国家级和军委总部机关长达40多年的工作实践养成了全面把住政治关、政策关、史实关、保密关、严谨关、科学关等各种关口的综合素质。具备从宏观上构架《资阳人》，从中观上组织好各专项论证，从微观上把住每一自然段和每一句话。也就是说把《资阳人》置于人类的高度、中华民族的高度构思、分析、思考问题，同时把《资阳人》置身四川人发展的历史过程中去研究、去考证，并且把脉好资阳地区的历史发展状况。

刘胜俊研究资阳人已50年。周总理告诉他要了解了解，研究研究资阳人之后，他就铭记在心里。20世纪70年代伊始，他二哥告诉他"资阳人"的发现史，听后很受感动，从此开始关注资阳人。后来，他在一次偶尔机会中相识了老资阳县作协主席徐伯荣，从徐老那里进一步知道一些关于"资阳人"等方面的资阳历史。刘胜俊进一步收集、研究资阳人的资料和历史，并发表了一些研究性文章。这次编撰《资阳人》就用了一些他在40年中积累的资料和文章中的内容。

刘胜俊承担编撰《资阳人》任务后，由于很难找到理想的编撰人选，在只有原计划三分之一人手的情况下，总编室人员为了完成计划任务，只好加班加点，把节假日甚至连大年三十和初一的时间都用上了，每天工作十小时以上。有的时候常常是晚上工作到深夜，半夜里还琢磨思路，早晨六七点就进入工作状态。特别令人感动的是他在几次病重中都坚持研究、撰写《资阳人》。

《资阳人》编撰的难度很大，尤其是先秦《资阳人》部分难度就更大了。由于秦统一中国后，为突出当权者的文化，淹没蜀地文化，所以秦以后的中国古代正史中几乎不谈先秦时期的本来先于中原的蜀文化，更不谈发达的资阳人文化，造成了蜀地先秦史料极缺的状况。这就使得编撰《资阳人》的难度加大，每写一个字没有一千多字的史料支撑都是不行的。因而，每写一个专题都需要爬梳卷帙浩繁的史书典籍，大量地搜集和阅读、学习、分析、研究相关史料、史书和文物才能下笔，仅《山海经》我们就进行了不少于20几遍的反复琢磨。

我们资阳人有着**博深绵远**的文化，即：**创发博精、新颖隽永、雄奇伟先、厚重绵远**的文化特质；有着**忠勇仁爱**的精神，即：**忠勇厚德、勤俭求是、睿智**

创新、团结承传的精神特质。上述文化和精神中的每个字都有资阳人的特点，不是随意概括的。我们在《资阳人》最后一卷中分两个专章专题论述资阳人的文化特质和精神特质。如：厚重绵远的文化是资阳人的文化特色，因为4万年的"资阳人"前有人皇、燧人等古人，后有女娲、鲤鱼桥、龙垭、汉墓文化等，直到今天的绵延不断的来者，从未间断过。这种文化的绵延承接在中国还是少有的；又如：厚德忠勇精神在"资阳人"时期就开始萌芽，在东周时期正式产生于"碧血丹心"的苌弘，这是中华民族这种精神的源头，是资阳人的首创。

资阳人的团结奉献精神是很突出的，历史上涌现出了许多这样的团队和人物，今天也不少。资阳市各单位宣传部、文联的领导和编撰组人员都对编撰《资阳人》很热情，付出了艰辛地努力，取得了一定的成绩。

雁江区宣传部和文联的领导热心《资阳人》的编撰工作，付出了艰辛的努力。文联孟基林主席在任务繁忙的情况下，亲自带领我们到苌弘故地、昆仑山、王褒墓等地进行古史遗迹的实地考察，给总编室提供了大量有价值的各种史料，还挤出时间编写稿子，为《资阳人》的编撰做出了贡献。

简阳市宣传部和文联的领导十分重视和积极支持《资阳人》的编撰工作。简阳市宣传部唐副部长亲自组织、督促该市的《资阳人》编撰工作，把简阳市人大主任蒋向东这样的领导都动员起来亲自撰写，快速高质量地编撰出稿子。

乐至县的宣传部和文联领导很支持《资阳人》的编撰工作。乐至县的王同云老同志十分热爱资阳人，敢于担当编撰《资阳人》的任务，一个人完成了10多万字的乐至县名人的撰写任务。他不顾年高体弱，勤勤恳恳，呕心沥血地撰写，不但任务完成很快，而且质量比较好。

安岳县宣传部、文联领导积极支持《资阳人》的编撰工作，姚永明老同志积极组织写作班子，努力调动编写人员的积极性，自己也写了一部分内容。他还自筹资金到浙江绍兴去调查了解汤绍恩的情况，搜集了很多资料，使这篇稿子写得更扎实。

简阳市的同志提出，要站在大资阳的角度来写《资阳人》，这个提法很好。他们指出，因为编撰《资阳人》是一件千秋大业的事情，所以要胸怀远大，把历史文化和现实结合起来，要用历史的眼光从文化的角度来看发展问题。

资阳人，不单单是资阳市的事情，它关系到中华民族，它是人类发展的一块高耸的丰碑。人民日报、人民网、新华网等大陆和港台各种媒体一再宣传"资阳人"，表现出对"资阳人"的热情关怀和高度重视。不仅中国人重视"资阳人"，全世界都重视"资阳人"。各国报刊等媒体为"资阳人"刊登消息，发表评论。西方考古专家热心研究"资阳人"。因为资阳人是蜀人一祖先，"资阳人"是证明人类起源之一在东方、在中国。

用资阳人精神编撰《资阳人》,除上述简介外,以下各项中都有体现。

二、下功夫搜集《资阳人》资料

搜集、积累材料,是写好《资阳人》的一个重要环节,意义重大。正如李保均所说:"本书的学术性还表现在注重史料的确凿性和严谨的论证上。我们知道,中国史前文化按照考古年代主要分为不同的石器时代。史前考古学着重从史前文化遗址的地质、器物、古人类、古生物遗存来研究,历史考古学则通过文字、铭刻、古建筑等方面考察古人类的历史。这是一个浩瀚的资料库、博物馆。本书的一个了不起的工作就是对这几方面的资料,尽可能多地搜集和掌握。历史研究的最重要的工作是资料的搜集和采用。恩格斯说:'即使只是在一个单独的历史事例上发展唯物主义观点,也是一项要求多年冷静钻研的科学工作,因为很明显,在这里只说空话是无济于事的,只有靠大量的、批判地审查过的、充分地掌握了的历史资料,才能解决这样的任务。'(《马克思恩格斯选集》第2版第2卷,第39页。)本书作者深知学术研究的结论必须建立在占

作者在资阳市雁江区文联主席孟基林陪同下考察昆仑山

作者在纵目人男像山上考查

作者在苌弘溪、苌弘桥下考查

作者在漆业发祥地考查,手扶着后人立的镇业的吞口

资阳人

总编团队在资阳市机关听取市和各区市县对《资阳人》的编写和修改意见

编纂团队在资阳雁江区收集资料和征求意见　编纂团队在资阳简阳市收集资料和征求意见

编纂团队在资阳安岳县收集资料和征求意见　编纂团队在资阳乐至县收集资料和征求意见

2013年4月4日,总编团队在当地乡亲陪同下,考察鲤鱼桥文化遗址。

作者在天鹅山考察

作者在原苌弘乡孔子溪上游考察纵目文化

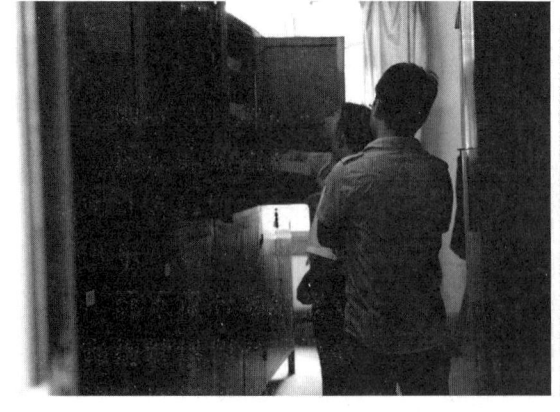

作者在重庆自然博物馆考察资阳人旧石器

作者在原苌弘乡考察苌弘故居遗址

今大量材料的基础上。"

　　研究"资阳人"、撰写《资阳人》的半个世纪中，是在依靠专家、依赖群众的基础上进行的。1970年伊始，刘胜俊利用工之便就与经常接触的《人民日报》、新华社、《解放军报》、中国科学院、中国社会科学院、北京大学、清华大学等资深学者、专家请教、商讨"资阳人"、先秦史等相关专题，并随时搜索集垒有关资料。在20多年中就搜索到上300多件有关资阳人的古籍和200份文献资料。在此基础上，刘胜俊进一步在北京聘请中国国科学院古脊椎动物与古人类研所、中国社会科学院历史研究所、北京大学、清华大学、北京图书馆各聘一位在职的资深专家，在成都聘请四川省考古界等3位专家、教授，兼顾在其单位图书馆查寻有关资阳人文化的古籍和文献资料，收效很大。又查寻到500多部有关资阳人与智慧人类相关的古典、书籍和上千份挖掘报告、论文、报刊报道等。

　　接着，请老教授从找到的古籍中选译有关资阳人古文化的论述。这项工作很艰巨。还是请上述中的4位老专家从古书中选择译出有关资阳人古史的论述、记载。他们不辞劳苦，从古书中选择译出约30万字的有关资阳人古史的论述、记载。尤其是有关燧人氏、伏羲、女娲、神农、黄帝、青阳、昌意、帝喾、颛顼、尧舜禹、夏商周、蜀国三皇两帝等与资阳人古史有千絲万缕关系的论述、记载。

　　2011年1月2日，刘胜俊在把几十年来搜寻到的资阳人资料汇集起来，整理分类中，眼前不时浮现出第一次见到周恩来总理的情景，真是，顿时激动，心潮澎湃。耳边又响起40年前周恩来总理讲述毛泽东主席十分重视"资阳人"，"资阳人为中华民族文化屹立世界之巅立下大功啊！"要求我要了解"资阳人"，研究"资阳人"的声音。他想，现在我退休了，该集中精力研究"资阳人"了。

　　于是，2012年2月2日，《资阳人》写作团队正式成立，"资阳人"资料工作进一步展开。

　　《资阳人》的内容所涉时间跨越4万年，空间辽阔，涉及的领域众多，搜集好资料是完成《资阳人》编撰工作关键的一环。只有掌握了丰富的、充分的相关资料，才谈得上编写事宜。尤其是远古部分，离我们时间久远，要搜集到相关的资料，非下苦功夫、出大力气不可。我们力求搜遍资阳人相关史迹，为此，访问了资阳市文化局、资阳市各区、县、市的宣传、文化部门和文物管理所、四川省社会科学院、四川省历史学会、四川省博物院、四川省考古研究所、四川省考古研究院、四川大学图书馆、新都博物馆、三星堆博物馆、金沙遗址博物馆、重庆三峡博物馆、重庆自然博物馆、北京国家博物院、中国科学院古脊椎动物与古人类研究所、中国社会科学院历史研究所、中国先秦史学会、中国第一历史档案馆、中国国家博物馆、《人民日报》理论部等单位、部门、领导和专家。我们认真、细致地访问、查询、复印、摘录、翻拍、搜集资料，并力争做到"四囊括"。

　　第一、囊括《资阳人》相关的博物馆、文史馆、文史研究所的资料。
　　第二、囊括《资阳人》化石、石器、骨器等史料。

第三、囊括重点景区、重点寺庙、重点建筑的相关资料。

第四、囊括古今资阳人重大事件、明星人物的资料。

在搜集资料的过程中，我们亲临"资阳人"故地、感受资阳人生活，还考察了"资阳人"的相关遗迹，其中有"资阳人"头骨化石出土地点、"鲤鱼桥文化"遗迹的几个地点、昆仑山、天鹅山、半月山大佛、创发漆文化的漆家寺村、苌弘等三贤相关遗迹、洞王沟石刻遗迹、西山纵目人像遗迹和安岳、乐至、简阳的相关古迹。

为了真正能体察到资阳人故地的状况，考察组人员不辞辛劳、翻山越岭，涉沟跨河，走乡串村，几乎跑遍了已知资阳古迹的所有地方，访问了一千多位村民，收寻到上百起传说故事。为了《资阳人》，考察组真是历尽艰辛，越过许多难和险。尤其是考察洞王沟石刻群中，有的同志不顾险情，一马当先攀上树去，越过20多米高的悬崖，又跳进深沟，再攀上耸立天空中的巨石，真是不顾生命安危地去详查实情。在考察西山纵目人像过程中，途中荆棘丛生、沟壑纵横、险象环生，很难通过。为了达到考察目的，我们雇了当地一位40开外的农民带路，跋涉三次都未越过险境。我们一位老同志刚穿上的新裤子挂了几个口子，已是满身大汗，精疲力竭，但不达目的誓不罢休。他几经周折，终于发现了纵目人像，这是一次难得的大收获。

收集文物的工作是十分艰难的。1951年3月张圣奘发掘"资阳人"时，同期出土的一批动物化石和1951年10月裴文中复查"资阳人"时，在离"资阳人"十米远出土的一批骨器化石，我们到成都、北京等地的有关研究所、博物馆寻找多次，除骨针外，至今没有追寻到。"资阳人"B地点出土的一批石器、骨器，我们前三次去重庆自然博物馆都没有找到骨器，第四次去时才追寻到8件。这批出土石器中的穿孔石珠至今没追寻到下落。上述没有找到的文物，我们将继续寻找。

我们访遍了有关史料机构、博物馆和相关部门，翻遍有关史料档案，考察过3万多份文物，搜集到关于资阳人和与资阳人有关系的1000多份文史资料、1000多幅图片和800多本古籍和史书、上千份报、刊文章，拍摄到有关资阳人的上千张照片。同时，探访了上千个民众和老人，收集到了若干民间故事和传说。

反复地认真阅读、研究、分析半个多世纪来几代考古、历史老专家关于资阳人和人类发展历史的有关著作和文章，十分尊重老专家们的观点和理论，综合借用老专家们的成果，站在老专家们的肩上来研究和编撰《资阳人》。

我们就是凭借上述3000多份史料和历尽艰难的亲身感受，借用新老专家们和群众的力量，认真研究、分析、挖掘出当时资阳人劳动、生息、战斗等精神风貌，进行《资阳人》的编撰工作。

三、研究确定《资阳人》体裁为"六性合一"史传体报告文学

我们一边搜集资料一边请权威史学家、写作学家座谈商议《资阳人》的体裁,最后确定为"六性合一"的史传体报告文学,即:史实性、探索性、报告文学性、思想(启迪)性、知识趣味性、科学性的结合并融会贯通。

史传体报告文学有别于通史,不全方位贯穿,只突出重点;有别于志,不面面俱到,不能干瘪无味;有别于演义,要求真实不虚夸,符合历史真相。

总编团队与中国写作学会原副会长、四川写作学会会长、四川大学教授李保均,国家一级作家、四川省作家协会主席团委员、创作研究室主任、《作家文汇报》主编孙建军,四川省作家协会秘书长赵智等专家一起研究"六性"合一的史传体报告文学体裁等有关专题。

报告文学是文艺性的通讯、速写、特写、采访报告等的总称,属于散文题材。以生活中的真人真事为表现对象,经适当的艺术加工,使人与事更具典型意义,但不虚构。

史传体报告文学就是以历史事实为准绳,经过适当艺术加工的通讯报告。

(一)"六性" 如何融会贯通

卢继传说:刘胜俊等撰著者们走了一条考古学家们没有走过的路,把研究与传播结合起来,把研究成果传播社会,深入人心;把历史考察资料、文学创作、知识普及、学术理论融为一体,收到科学性、思想性融于生动形象叙述之中的好效果,有效地提升和体现了资阳人研究的科学价值和社会价值。

换言之,没有撰著者们的创举与艰辛,也就不可能有"资阳人"的传承。研究成果予以传播,这才是知识就是力量、科学就是财富的真正含义。

宫长为说:《资阳人》用史传体报告文学体裁的史实性、探索性、报告文学性、思想启迪性、知识趣味性、科学性融会贯通,将中华文明 4 万年前的发祥地形象生动、生龙活现的复原出来,展示给我们当今的世人。用"文化考古学"

复原了文明摇篮"资阳人"的生活、捕猎斗争等场景和精神风貌。《资阳人》依据现有的考古资料,结合各个方面的研究成果,撰写成为"文学的史学记述"、"史学的文学报告",努力地、创造性地展示了以资阳人为代表的旧石器时代晚期早段智慧人的生产和生活,复原了文明情景。

六性融会贯通,就是按照各时代、各人物、各事件的独到特点进行撰写,不是把历史人物、历史事件罗列起来就了之。

六性融会贯通,就是在"贯穿"二字上作文章,使4万年的历史代代紧扣,形成一个严密的时空整体。《资阳人》中的贯穿人就是资阳人。《资阳人》中的贯穿物就是资阳人头骨、石器、骨器等。多数朝代中都可以写资阳人头脑多么富有智慧、多么富有创造精神、多么富有刚毅的思想等等。《资阳人》中贯穿一个中心就是资阳人文化,贯穿一个思想就是资阳人精神,贯穿一条主线就是弘扬正气、高唱赞歌,就像卢继传评论的那样,"是以弘扬古资阳人的民魂为红线来撰写'资阳人'"。《资阳人》贯穿一个地域,就是九河流域(即长江北岸支流的沱江及其支流资溪、濛溪、花溪、绛溪并涪江的支流琼江及其细支白水河、岳阳溪、蟠龙河)。写出九河流域养息生灵、滋润万物的伟大所在,也要写出它发洪难、振旱威的凶猛之处。总之,每个时代都有它不同的特点。

六性融会贯通,是用气势恢宏的语言气魄,光彩夺目的厚重笔墨,流连忘返的迷人文字,荡气回肠的人物事件,愉悦享受的华丽篇章,真实求是的科学文风,高度精粹地概括浓缩资阳人几万年的精髓,托展出资阳人光彩夺目的灿烂光点,勾画出资阳人美丽的风貌,编撰出叫响资阳,向全世界展示资阳高速发展的大活剧,打造一部专家喜阅、百姓爱读,馆藏珍宝、赠客厚礼的宏大精品。让世界热爱资阳、向往资阳、发展资阳,恢弘资阳人的伟大精神,永创绚丽动人的灿烂辉煌!

(二)用纲目突出"六性",融会贯通《资阳人》文化和精神特质

提纲是著作的骨架、雏形、基本轮廓、蓝图。它的作用是疏通思路,恰当配备材料,有逻辑性,层次条理,厚薄均衡,形成周密科学的结构。

为了拟制出《资阳人》纲目,总编室人员查阅了3000多份史料,浏览了几百本史书,并利用自己四十年来准备撰写《资阳人》的成果,在较短时间内拟制出了《资阳人》编撰大纲。之后,我们又对编撰大纲修改了30多次。

为了用纲目来突出资阳人的文化和精神特质,我们采取了几种手法:

一是"蒙太奇"结构法,这是讲"蒙太奇"思维法,侧重于讲它的视觉画面趣味构思法。蒙太奇思维法是一种将许多视觉画面按照一定跳跃式的逻辑意图连接起来,构成一个完整的艺术整体的技巧和方法。为了增添史传体的美感,将电影艺术惯用的蒙太奇手法借用到《资阳人》写作中来,使《资阳人》的年代层次同电影画面一样,一个画面又一个画面跳跃地连接起来,这样既可以节省笔墨,又可以深化理论,而更重要的是增加了《资阳人》的美感和趣味性。

这种"断想"式的体裁避免了赘述,可跳跃式地前进。

二是从提纲的题目、主题句、内容提要三大方面来突出。本书所有大小题目都突出了"六性",融会贯通《资阳人》的文化和精神的特质。比如第四卷,"资阳人发现价如天,文化丰碑永世传"中的第二章"人类智慧人里程碑,文化基因始祖人"中的十个题目,都突出了"六性",融会贯通《资阳人》的文化和精神特质。

用主题句突出"六性",融会贯通《资阳人》的文化和精神特质贯穿全书,总编撰手记就起到了这个作用。

用内容提要突出"六性",融会贯通《资阳人》文化和精神特质,是用专家语录形式来体现的。每卷、每章中引用专家们的语录,权威、深刻的指明本卷或本章的《资阳人》文化和精神的特质。

三是从时代性上来突出。《资阳人》的时代性很强,任何一个朝代都有时代的烙印。资阳人在远古时代打上的是那时的烙印。远古时代的每一个具体时代,如人皇和燧人氏时代、女娲氏时代、神农氏时代、黄帝时代、资国时代等都打上了不同的时代烙印。正像《长征》反映的是 20 世纪 30 年代中国的伟大革命,《谁是最可爱的人》反映的是 20 世纪 50 年代初期中国人民志愿军抗美援朝英勇壮举的写照一样,都是有时代烙印的。

四是突出战鼓性。我们历来都强调文化作品的精神性,主张提倡弘扬民族精神、革命精神、艰苦创业精神、团结协作精神、独立自主精神、尊老爱幼精神等等。我们的《资阳人》从头至尾都在力图弘扬革命精神,彰显战鼓性。

四、按照"史传体报告文学"的要求编撰《资阳人》

前面说了,史传体报告文学有它特别严格的要求,只有严格遵照其要求进行写作才能编撰好《资阳人》。

(一)史实性

强调所写人物、事件的真实性。史传体的突出特点是"论史",从头到尾讲的都是过去的政治、经济、哲学、文化、文艺、军事等等方面的事情,也就是人类社会的发展过程。斯大林曾经说过:"社会发展史首先是生产力的发展史,是许多世纪以来依次更迭的生产方式的发展史,是生产力和人们生产关系的发展史。"《资阳人》研究的对象就是社会发展史。社会发展史就是一部人类生息中的政治、经济、军事发展史。

大量占有材料,是写好《资阳人》的基础。我们不可能都亲临历史上的事件,对过去的事情,尤其是较远的事情,没有亲眼所见,没有直接感受,完全凭借材料来了解过去,确立研究题目,决定理论阐述。资国一章之所以能撰写出来,除了请专家帮助论证外,我们还找到史书 30 多本,史料 20 多万字,凭着这些材料才把资国写出来。

不带家乡观念,杜绝个人色彩,坚持"七条依据",是实事求是撰写好《资

阳人》的关键。一是依据文物，二是依据考古挖掘报告，三是依据有关古史书的记载，四是依据史志，五是依据"传说就是历史"的传说，六是依据我们组织的专题考研专家小组的考察、研究结论，七是依据相关省市、国家考古界权威机构和权威专家运用现代科学手段的检测结论、研究定论。这七条依据做到综合考虑，坚持始终。

（二）探索性

探索性是史传体报告文学的一大特点。《资阳人》的探索性在大纲中是从近往远，从易向难。也就是说，从当代探索到现代，再探索到近代，再探索到古代，再探索到远古，是这样形成的纲目。而在撰写中，把它颠倒过来，按照时代发展顺序来探索，也就是说从4万年前探索到当今。为了搞好这个探索，我们竭尽了各种能事，费尽了各种心血，正如刘建中所说："这部史传体报告文学的可贵之处就是她的探索性。作者对资阳人的历史尤其是远古历史竭尽了研究、分析、探讨之能事。他们搜集了三千份有关资料，考察了有关古迹，探索了资阳人有关文物，走访了有关专家，请教了有关学者，召开了多次有关的小型研究座谈会。多次专题讨论了有关问题。对远古资阳人的生活、狩猎、捕鱼、农耕等生活斗争状况进行了深入的研究和探索，对资阳人的创造发明如象形文字、蚕桑和科技等进行了更深入的研究和探索，对'资阳人'头骨化石的年代进行了争鸣和论证探索，大量地旁证博引，深入地分析论证，得出了'资阳人'为4万年前的中国最早的现代人的科学结论。"

由于探索力度大，探索到"资阳人"是人类文化基因根脉一始祖，资阳是中华文明一源泉，判定文明的标准应是"精神、物质"四个字等多项创新成果。

刘建中说：由于本书作者在求索、搜索、探索方面的力度很大，科学天平准，所以达到的探索程度很高，学术性极其深刻。又由于作者始终依据判定文明新标准，在资阳人发展过程中的精神文明和物质文明用可视的、动人的、趣味的、流动感的文学手法，复原其各个时期的文明情景，所以《资阳人》文学与思想性特质显著，知识与趣味性极其浓厚，史实与科学性非常强实。

李保均说：对"资阳人"史论结合的学术研究上。本书对"资阳人"的考古发现及其学术价值作了有力的揭示和论列。

《资阳人》做到了史论结合，以确凿丰富的史料揭示了"资阳人"考古发现所具有的重大历史文化价值。

（三）报告文学性

《资阳人》一个极重要的特点就是直接的人民性、直接的报告性。《资阳人》所主张的、阐述的，多数都关系人民大众直接生息斗争的实情。它的字字句句都彰显着人民的智慧，表达出人民的愿景。

波光潋滟的文学长河，凝聚着几千年来人们的智慧和心血；美轮美奂的艺术殿堂，蕴藏着上万个巨匠的奇技与巧思。中国，乃至世界文学写作的艺术奇葩四处绽放，八方斗艳，无处不显示出它的艺术特色。无论何种写作，都闪耀着浓烈的艺术之花的芳香。《资阳人》写作也有它强烈的艺术特色。

《资阳人》是通过重塑社会生活的斗争场面来反映人们的意识形态，艺术形象地反映人们在历史和现实生活的精神世界，满足人们的审美需求。《资阳人》写作的艺术性通过构建资阳人文哲理，有力地展示出资阳人达到的高度境界。

专家们指出，对于科学或考古考察、挖掘，科研调查人员的一般写法是科学考察报告，但本书作者把报告文学应用于科学考察报告，使其妙笔生花。专家读了这部著作之后，感受到作者是认真思考过的。文字是作者与读者心灵沟通的桥梁，若以科学考察报告写作体裁，史实加数字等，只能作为历史资料，供研究部门或领导审视，难以在大众中普及、传播。作者选择以古人类考古史料为基础，传记性报告文学的写作体裁，那就必须以典型形象、故事情节、真实性的通俗生动叙说，进而增强趣味性与可读性，也就是报告文学的文学性，引人入胜地把40000年前的"资阳人"生存活动的整体风貌鲜活生动地展现在今天现代社会的面前，把人们带入40000年前"资阳人"的生存奋斗状况，触摸古资阳人历史脉搏，浮想联翩，得到启示与教育。不过，体裁服从于内容。看得出，作者不只让人神奇，而是以弘扬古资阳人的民魂为红线来撰写"资阳人"，使历史资料、文学创作、知识普及、学术理论融成一体，收到雅俗共赏的好效果。

（四）思想（启迪）性

在编撰中，我们力争做到远见性、启迪性、古为今用性三者并出。

远见性，是指史传体必须具备未来性，发展战略性。启迪性是指开导、启发性。古为今用性是指以史为镜，用历史经验指导当今和未来。

《资阳人》既要对历史活动进行总结，更要对未来发展进行预测；既要对过去的活动过程进行回顾、归纳和总结，又要重视根据活动发展的客观规律，对未来的发展趋势进行分析和预测，为今后的工作指明方向和选择正确的发展道路。我们认为在未来的发展中，无论何时，都需要传扬资阳人的文化，都需要承传资阳人的精神，因此，在这些方面，我们十分重视。《资阳人》写作的宗旨就是为实践服务，目的就是指导实践。要指导实践，能引导人们的正确行动，就对未来需要的文化和精神浓墨重彩，做到古为今用、启发当代、指导当今、引导未来、激励万世。

正因为如此，李保均教授在评论中说："《资阳人》是资阳人的文化航母，并是资阳人的精神家园。是的，《资阳人》的文化价值并不仅限于对资阳的宣传和包装以及对资阳文化的彰显与打造；更重要的是，它体现的是人类共有的精神文明价值和生存哲学。它通过对'资阳人'这一特殊历史现象的记叙，再现和彰显的是一种历史观，一种民族性格和民族凝聚力，一种价值理念和价值导向，一种精神生活和思想道德规范；通过对'资阳人'的历史再现和通过对'资阳人'精神透视，展开的是人类创世纪的历史画卷，展示的是资阳人不可遏止

的前进步伐，它将给予当代资阳人的发展谋求以伟大的原动力；它是中华文化身份认同之象征，是一种原创文化。我想，《资阳人》的文化价值即在于此。"

（五）知识趣味性

史传体的知识性就是介绍、阐述自然科学或社会科学所达到的程度。《资阳人》的知识性充分表述理论知识、技术知识、社会知识、历史知识等等，使《资阳人》很富有知识味道。有了知识性就能吸引读者，使人爱看。鲁迅曾经说过：应竭力来做浅显易解的作品，使大家能懂、爱看。只有爱看的人越多，看得懂的人越多，宣传作用和教育作用才能越大。有了知识性就能给人们脑子里打下长久的烙印，使《资阳人》发生深远的作用，从而达到宣传效果，以便吸引人教育人。这个目的是达到了，校对过和审读过《资阳人》的先生、女士都一致感叹地说：《资阳人》的知识性很强，可以说是一个知识宝库，一座知识博物馆。

1. 在增强知识性上，《资阳人》主要是从以下几个方面努力。

第一，通过对历史时代和历史事件的知识介绍，达到宣传效果，以吸引人。比如讲女娲是介绍女娲这个历史时期的简况和女娲通过治洪，减少四川盆地的水和水蒸气，从而减少雨量，达到补天的目的。又如第世纪冰川形成等知识的介绍，给读者以有关的丰富知识。

第二，通过对建筑设施的介绍来达到知识宣传的目的。如龙垭遗址的房屋是杆栏式建筑等。

第三，在论证客观事物时，是以丰富的、富有特征的知识材料为基础，以概括性、抽象性、一般性的方法进行论述的，使概括出来的东西让大家都似乎看得见、摸得着，有身临其境之感，教育作用才会大。如介绍昆仑时，就是采用这种手法。

2. 在增强《资阳人》趣味性上，我们努力做到下面几点：

趣味者，"情趣与意味"也；"性"者，指事物所具有的特征程度，也就是说，引起人们爱看、爱想，读之不厌的特性程度。其实，论文史传体写作早就强调趣味性了。我国当今的写作教科书，也规定了史传体要有趣味性。上海教育出版社 1964 年出版的《写作基础知识》第六章第三节"论说文的写法"，其第二种方法就是"利用故事来说明"。书中写道："就是在绪论里先讲一个最能说明论题的生动故事，以引起读者的兴趣和注意。"

3. 故事、传说兼容法　我们在写智慧祖率领资阳族人进行采集、捕猎等斗争时，就是运用故事手法，在写布谷鸟时是运用传说手法，在写天鹅山时是运用一半传说一半寓言来写的。

4. "三维立体"法　这种构思法给人们一种如仙似幻、变幻莫测、发人深思的喜悦。"立体画在平面看来，是一花布似的图案，若用三维方法看，则可以看出隐藏在其中的立体图形，使观者大出意料，进入奇境。这也是三维立体画风靡世界的重要原因。"运用这种思维法可以更真实地看到资阳人远古的情景。

5. "三墨兼染"法　即：起笔点墨，放笔铺墨，收笔品墨。兼染，意即开头、中间、结尾都注意运用趣味笔法。运用"三墨兼染"法,我们做到了几点:第一,起笔点墨,染好开拓点。一开头,就给人一种画面感、声音感,《资阳人》的趣味儿就会跃然纸上,给你美的享受,启发你的思路,使神韵贯身。当你看到"与兽战斗搏智商"这节开头时,就会给你这种感觉。第二,放笔铺墨,竭力制造活跃气氛,从多方创造趣味氛围。在你看到"与兽战斗搏智商"中间时,这种气氛就浓烈了。第三,收笔品墨,深含意味,使读者尽情地想象发展的美味。当你看到"与兽战斗搏智商"结尾时,你脑海里余味、思索会产生无穷尽感。这样"三墨兼染",《资阳人》趣味自然浓厚。

6. 象趣法 是指运用形象情趣展示或阐述其观点、理论,使读者从形象情趣中获得知识、领略哲理和快慰的手法。运用事物的内在意义来表述作者阐述的观点、理论的内在意义的一种引申方法。毛主席运用自然界的某些事物由小到大、由弱到强的内在含义提出"星星之火,可以燎原"这一著名的象征语,以此说明中国革命必然从弱到强最后夺取全国革命胜利的这个伟大的革命观点、理论问题。我们在《资阳人》中写"昆仑幽远朦胧"和"抟泥为陶"等多处象征的引申手法,使深奥的理论通俗化、简明化、深刻化、生动化,显得非常有说服力,其宣传效果、教育效果好。我们运用此法时注意象征对象与被象征对象间的外在特点、内在联系。两者间的外在特点越相似,内在联系越紧密,越生动活泼有趣味,越能产生良好的效应。

7. 淡描法 即进行适当的描写。严肃的史传体可不可以描写呢?当然可以,但不是细细描写,而是进行适当的、简要的描写,使死板的史传体显现生机、活起来。有趣味,就能更好地教育人,更好地发挥史传体的作用。《资阳人》主要做到以下几点:

《资阳人》在多种情况下都注重了环境描写。有自然环境描写、社会环境描写、地区环境描写、场面环境描写、时代环境描写、时节环境描写等。

《资阳人》很重视情景描写。作家碧野说:"写景是为了抒发感情,所谓'情景交融',归根到底主要是为了抒发感情的。情由景所生,景为情所注。"在史传体中,写景是为了烘托文化,衬托人的精神,写情是为了深化精神实质,"情景交融"归根到底是为了探索文化和精神。

《资阳人》很重视声味描写。这里主要指重点描写声音、味道。人的视觉、听觉、味觉、嗅觉、触觉等各种感官是相通的,读者通过视觉看到我们的描写,通过大脑产生多种联想,就似乎听到声音、闻到气味、尝到味道,从而使《资阳人》产生趣味性。

在《资阳人》中不间断地运用清淡描写。"文到高处,只是朴淡意多……文贵……疏则生"([清]刘大魁:《史传体偶记》。)人们在宴会桌上吃山珍海味,

最后来一道泡菜，倒让人清爽可口。因此，《资阳人》在写作中，随时都采用了清淡式的描写法，一句两言的勾勒使其增添了不少身临其境的生动感觉。

（六）科学性

李保均说："资阳人"宣传地方文化，这无疑是《资阳人》的主题的重要组成部分；但要做到这一点，须有一个前提，那就是著书立说的科学的研究精神和科学的治学态度；而这一点，正是本书的一个重要特点。

科学性就是所写内容全部经得起推敲、检查，所写的方方面面都有科学依据，不是臆想编造。

史传体的科学性是它所担负的目的和任务所决定的。它在于揭示事物发展的客观规律，探索客观真理，指导人们认识世界和改造世界。所以史传体必须具备科学性。《资阳人》的科学性主要表现在客观性、精确性和逻辑性等：

第一，借助权威考古专家力量，帮助把住科学性关

由于编撰团队缺乏考古专业科班人才，怎样才能把住科学性关呢？主编撰决定聘请考古专家帮助把关。为此，在确定资阳文化历史重大事件是否入书上，先组织专家组对重大事件进行考证、研究、分析后，根据专家组意见确定。为了把住这部著作的科学性，作者分别聘请有关权威考古专家组成多个专家组，对燧人氏就是"资阳人"、"资阳人"是中华文化基因始祖、资阳是中华文明源泉、女娲故国在资阳、昆仑山矗立资阳7000年和资国等分别进行了考证、研究、研讨、分析，最终，根据各专家组的一致意见决定取舍。

第二，客观实际，依据真切，严谨科学，事推不倒

我们在研究、撰写《资阳人》的一切活动中，都实事求是，一切从客观实际出发，一切以客观实际为准绳，不追风逐浪，不好恶偏见，不主观臆造，不拔高攀上。我们论证"资阳人"是从九曲河挖掘出来的旧石器晚期早段的头骨化石，绝不是"漂移"来的问题时，做到：一是立论符合客观实际，符合事物内在运动规律，不带偏见色彩。二是论据充分、翔实、有力，具有典型性，是经过周密地观察、翔实地调查、认真地验证，真实可靠。三是论证经过周密思考，采取科学的过程和手法，具有严谨的、无可辩驳的逻辑力量。四是结论是建立在可靠的论据基础上，经过严格证明能够成立的，符合客观实际，经得住历史的检验。

事推不倒就要把史例搞准确，防止引用的片面性，不能断章取义。我们在编写《资阳人》第一卷中，每写一件事情，都要查找它的依据。依据是什么呢？

最主要的是人头骨化石的鉴定，出土文物的鉴定，出土石器的种类。"资阳人"20世纪50年代出土的石器简单数量少，准备写石斧，一查没有，就不写了。后来发现新的挖掘报告中有石斧，就又加上石斧。写动物要有史料依据，稿中写了猪，猪的驯化是八千多年前的事情，这个不能要，就删掉了。写了野狼和狗，野狼是五百万年前就很有养成性，狗的驯化是四万多年的事情，这两者都保留了。写花写草也要有史料依据。有的初稿中写了4万年前有小麦，我们一查，七八千多年前才开始种植小麦，只能把它去掉。初稿中写了莲花，我们一查，莲花是一亿三千五百万年前的，当然就保留了。

事推不倒，最重要的是严谨。这是写史的特殊要求。法国作家莫泊桑说过："不论人家所要说的事情是什么，只有一个字可以表现它，一个动词可以使它生动，一个形容词可以限定它的性质。因此我们得寻求着，直到发现这个字、这个词和这个形容词为止，决不能安于大致可以。"这种严谨的作风是写历史最需要的作风。否则，讲A事重要时就把B事否掉了；讲B事重要时，又把C的作用否定了。把某一项的作用抬到不适当的高度，就会弄巧成拙，不但教育不了人，反而起负面作用。因此，用词准确是十分重要的。我们的依据是什么呢？一是头骨、石器、工具、武器、建筑等，二是史料、各种志，三是各种正规出版物等，四是当事人，五是实事求是。总的讲是坚持前面"史实性"一节中立的"七条依据"。

在严谨科学上还十分注重把住政治关、政策关、保密关。

第三，紧扣住中心、彰显特性

紧扣中心，就是紧扣博大精深、新颖隽永、雄奇伟先、厚重绵远这个资阳文化中心；严密围绕主题，就是严密围绕厚德忠勇、勤俭求是、睿智创新、团结承传这个资阳人精神主题。突出特别重点，就是突出主旋律、突出正气歌。

归根结底一句话，就是突出正气，高唱赞歌，彰显资阳人世世代代艰苦卓绝绘新图，攻坚克难永创新的伟大精神。

彰显独有特性，就是彰显各时期、各地区独有的闪光的特别文化和特别精神。古代资阳人生息奋斗、狩猎抗暴、抗灾救灾等等都有各朝代、各时期、各地域的特点，不能雷同。

第四，突出重点，兼顾一般

《资阳人》按照历史发展的时代，逐一梳理纷繁复杂的社会更替，突出各时期的显赫特点，以杰出人物、显赫事件、卓著科技、灿烂文化为脉络，突出重点，兼顾一般。真实生动、客观求是、较全面地反应人文、经济、科技、军事、政治、宗教、艺术、民俗、交通、旅游等方面的历史和今天。

对朝代的更替、经济成就、一般事件只需进行高度概括，不展开论述，不

像写志那样罗列数据，也没像写论著一样旁征博引，而是直来直去，真实地有针对性地叙述所应叙述的事情。

《资阳人》独到的体裁形式和简洁的文字整合历史，展示当代，带领世人跨越几万年的时空隧道，观赏多姿多彩的万千时貌，悦读灿烂辉煌的当代，欣赏绚丽恢宏的今天，领悟源远流长的资阳人文化真谛。

着墨粗淡得当是突出重点兼顾一般的关键。对古代历史缺少依据的，淡写，没细述；对重大事件、人物有足够依据的，浓墨重彩。

重彩，是直接对这个事或人非常高度概括十分精炼的叙述，需要多少笔墨就给他多少笔墨。如果给多了，就显得冗长，就会显得反胃，所以《资阳人》的重彩力争做到一个字不多为好。

在第五卷第三章第二节的"三、归秦统辖，复原一家"这样一个题目下的内容一段得几百千字以上才写得清楚，但因书开头有所论及，这儿仅用下面两行50几个字就讲好了：

在资国归秦统辖的过程中，蜀国也由秦统一了。从此，九州八方的"资阳人"（燧人氏）后裔结束了纷争，又回归到一家，又成为一大家子胞脉亲人。

可见，《资阳人》的淡，就是淡墨，少写。但不能不将事情讲清楚，要少到缺一字不行方可。

第五，逻辑性强，哲理形象

《资阳人》的条理性，就是一条是一条，不东拉西扯。

《资阳人》的层次性，就是一层一层，纵深地往下写，层次分明。写4万年前的事，不把两万年、八千年的历史事迹放到一块写。

说理文章都有它的逻辑性，历史文章是以史论理，逻辑性就更重要了。因为它的逻辑性不像一般说理文章那样暴露、那样明显。《资阳人》的逻辑性是潜藏在历史事实之中的，看起来是在讲史，实质上每讲一层历史都有它内涵的文化和精神。历史文章在写历史过程时要讲一些道理。这道理怎么讲法，是板着面孔严肃训人，还是形象生动使人喜闻乐见？《资阳人》采取的是在叙述历史事实时，用形象的笔法进行叙史、说理。这种写法，好像电影镜头一样，把你带到了当时的情景中，比较吸引人。比如，在论述"女娲治洪补天"这一小段时，几乎全采用形象笔法进行叙史、论理。

五、借用专家力量解决编撰《资阳人》中二十一大难题

专家是编撰《资阳人》的智囊团。

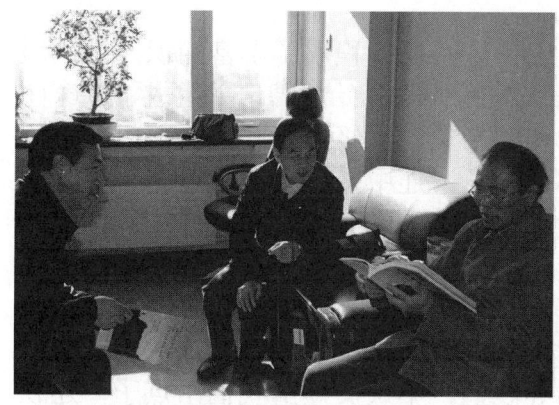

作者在中国社会科学院先秦史研究室与先秦史专家、院士宋镇豪，副主任宫长为博士等商讨"资阳人"是中华文明源泉等专题。

作者与中国科学院古人类与古脊椎动物研究所研究古人类的高级专家吴秀杰、篓玉山商讨"资阳人"与征求对《资阳人》的意见。

作者与国家第一档案馆高级研究员、著名史学家鞠德源商讨与资阳人有关的远古文化。

作者在中国科学院古人类与古脊椎动物研究所与所领导、专家商谈资阳人远古文化后，怀着崇敬的心情在新中国第一代权威著名考古专家裴文中塑像旁留影。

作者与四川历史学会会长、巴蜀文化研究中心主任谭继和，中国先秦史学会副会长、四川大学历史文化学院教授彭邦本，四川省社会科学院历史研究所所长张彦研究资阳人昆仑文化等专题。

作者与四川省考古研究院领导、专家商谈龙垭遗址等事宜。

研究人类发展史的专家们费尽了他们毕生心血，积累了丰富知识，是撰写好《资阳人》的宝贵财富。因此，《资阳人》写作一开始就聘请并组成了专家团队。我们把院校的历史学科成就卓著的相关专家、省级的权威机构部门的相关专家、国家级的顶尖部门的相关专家都请到了，连中国当今年事最高、研究人类史最长、成果最丰、职务最高、威望最大的李学勤老先生都聘请成我们的专家团队成员。我们还请了中国科学院古人类与古脊椎动物研究所85岁高龄的中国当今研究古人类最权威专家吴新智院士为审稿专家。我们在起草纲目和写作过程中，都得到了各位专家的精心指点、热心帮助、大力支持。

专家们不仅热心、诚恳、积极地指导我们，不厌其烦给我们出点子，还积极帮我们收集史料、提供史料。中国科学院古人类与古脊椎动物研究所的高星副所长给我们提供了近十本有关的书籍和相关图片史料。国家第一档案馆的鞠德源老师多次给我们提供厚重的历史书籍。四川省考古研究所原所长胡昌钰老师给我们提供了多本关键的史料和书籍。重庆自然博物馆馆长欧阳辉博士给我们介绍了300多件"资阳人"石器等文物，并免费让我们拍摄。古蜀玉器陶瓷文化研究院院长何如先生在宝藏地多次给我们详细介绍几百件与资阳人有关的历史文物，免费让我们拍摄，还主动送给我们有关文字资料和图片资料，并主动给我们表示将他们抢救到的与资阳有关的价值连城的和震撼人心的文物赠送、归还给资阳。四川大学李保均教授等多位专家给我们提供了不少的史料。四川省社科联的巴蜀文化学的首席专家、四川省历史学会会长谭继和老师，四川大学的李保均教授还多次写出专题文章，为我们提供可靠的论证依据和史料。这些不是资阳人籍贯的专家对我们研究资阳人这么热情、积极支持，又不计回报，真使我们感激不已！

如前所说，我们还认真借用老专家的力量来工作，反复地认真阅读、研究、分析半个多世纪来几代考古、历史老专家关于资阳人和人类发展历史的有关著作和文章，十分尊重老专家们的观点和理论，综合借用老专家们的成果，站在老专家们的肩上来研究和编撰《资阳人》。

写出《资阳人》大纲和书稿后，我们都继续借用专家的力量进行研究和修改。这部书在"2012年4月7日写出大纲初稿"，"2012年12月21日第31次修改"。2013年5月31日编撰出初稿后，经过与专家、顾问多次商讨和数次专题研究、修改，又召开编委会听取大家意见后再修改。2013年8月1日装订成样书后，又专门将样书送到四川省社科院、四川省历史学会、四川省考古研究院、四川大学、四川文物局、四川省作家协会、四川省写作协会和中国科学院古人类与古脊椎动物研究所、中国社会科学院考古研究所、中国社会科学院先秦史研究室、中国先秦史学会、国家第一档案馆、人民日报、新华社、解放军报等单位，征询专家的意见，然后再认真修改。修改后又把样书送给上述部门和专家，再征求意见，对一些重要专题再开小型座谈会、研讨会，再修改。在装订成样书后反复20次征求意见，20次进行修改。2014年1月，"资阳人与中华文明溯源研讨会"后的一年半多的时间中，我们又多次走访北京、四川等地相关的几十位专家，请专家审查修改处，同时又进一步收集新发现的资料，进一步统改，这样反复锤炼，又进行了 9 次修改。真是做到了精雕细琢、千锤百炼，力保史实性、科学性，还原历史的真实面目。这数十次的修改，也是充分说明作者为了使作品史实真实，日臻完善，揭示事物发展的客观规律，探求客观真理，为认识与改造世界作贡献。

当然，尊重专家，不一定百分之百照专家意见办。也要研究、甄别后，认定专家意见符合史事，再编入书中。尤其是在专家们意见不统一时，我们更加注重细致的收集资料，深入地进行再研究，把我们的意见提供给专家，得到专家们统一认识后，我们再写进书中。得不到统一认识的，就搁置不写。中国科学院两位院士专家对"资阳人"头骨结构一处发育的智力构成因素意见不统一，我们也进行了深入研究，与他们探讨多次，他们都专门为本书写了重要文章，但因观点不一致，我们没有放进书中。关于中国人是自身土地上发展起来的，有位省的专家有假说异议。经过我们研究提供的资料，达成了统一意见，我们才把这个观点写进书中。

由于我们充分借用专家力量，解决了《资阳人》编撰中的 21 大难题

（一）什么叫文明？文明标准是什么？肯定回答：应是精神、物质这四个字！

前说过，过去西方人判定文明的标准不科学，应当革新。我们提出当今通称的精神文明和物质文明这两个标准为判定文明的标准是科学的。精神文明和物质文明应是一种发展的概念，可分为原始文明、远古文明、古代文明、现代文明、当代文明。否则，工业文明出现不就否定前面的文明了吗？电子出现不就又否定工业文明了吗？信息化时代不就又否定了电子文明吗？这些本应是文明发展的阶段而已。

有的专家和媒体说："研究发现，人类现代文明在4.4万年前就已出现。"我们和一些史学专家经过反复讨论研究认为：人类初始思维，开始形成智慧，用智慧进行生活和生息斗争时际为原始文明的开始，也就是说在"资阳人"时际人类智慧人用智慧制造出骨针、穿孔石珠等大批石器，多种工具和妆饰品，并用智慧使用这些工具，佩戴这些装饰品，创造出了初始的精神和物质。这时，就开始了原始文明，较为复合人类历史发展的史实。

这个观点得到众多权威考古专家的认可，我们编撰《资阳人》的文明就有依据了。

（二）"资阳人"到底距今多少万年？应是 4 万年

"资阳人"头骨化石到底距今多少年，这是某两个人提出异议后产生争论的一个问题。为了把这个问题搞清楚，我们不但查阅了若干史料，考察了相关史迹，访问了相关专家，还专门组织一个考证小组经过长时间的考察论证，最后才基本搜集全国家级权威机构和半个多世纪中前后 30 多个高级史学专家关于

得出"资阳人"头骨是距今4万年的定论的史书史料。并运用了国家级和省级相关的权威部门、多个权威专家、多种权威史料、多件权威文物进行论证和佐证。

1971年至1981年，一批批四川省、重庆、北京等多地的国家级、省市级考古机构的专家，针对上述不同观点，带着问题，先后多次到资阳进行实地考察和考古研究。经过10年多的艰辛努力，这些考古专家实事求是地科学地考古挖掘、分析、研究，再两次经中国科学院古人类与古脊椎动物研究所等单位进行^{14}C测定，最终将"资阳人"论定为39300年±2500年、39399年±2500年的智慧人。1984年初，中国举行第一次全国^{14}C会议，四川省地质局航空地质队的李洪云和中国科学院古脊柱动物与古人类研究所的黎兴国、刘光联、许国英、王福林等5位专家向大会提交了他们合写的文章《资阳人化石产地地层时代新资料》。文中介绍了"资阳人"所处的地层位置，详细论述了各地层^{14}C测定的数据所确定的年代。会上，根据一系列的、系统的^{14}C测定数据，研究讨论，认定"资阳人"头骨化石为39300年±2500年。

后来，省级和国家级管理文史的最高权威的政府机构国家文物局，在其主编的《中国文物地图册·四川分册》中明确将"资阳人"定论为"距今4万年"，这就是大锤定音了，没有争辩的余地了。这一章写出后，好些专家都在书稿上批示，"此章写得很扎实"，有的批注"论证很有力"。

（三）为什么"资阳人"是人类文化基因根脉一始祖？

从研究人体结构进化看出，"资阳人"是人类文化基因根脉一始祖。因为国家权威考古专家认定："资阳人"头骨结构生成了人类文化基因，中国猿人经"资阳人"到现代人。

"资阳人"具备文化基因始祖标准的内容，因为"资阳人"用智慧制作和使用骨器、石器这些物质，具备文物基因始祖的标准内容。古人类学权威专家指出：真正的文明鉴定标准应该是"智慧"二字。也就是说，人类出现思维，开始用智慧进行斗争和生息，文明就开始了。因为智慧本身是精神文明的内容，用智慧产生的物质就是物质文明的内容。用智慧进行活动，就与野蛮和蛮干大不一样了，它就从野蛮上升到了文明层次，从野蛮阶段迈进了文明阶段。

"资阳人"创造的物质财富和精神财富的智慧具备文化基因标准的内容。

"资阳人"生成的文化智慧基因，孵化出了人类文明基因摇篮。

考古专家一项一项挖掘报告、考古论著向世界报告资阳是华夏文明基因一始祖。

（四）为何"资阳人"是人类智慧人里程碑？

"资阳人"之所以是人类智慧人的里程碑，是因为智慧人发展到"资阳人"阶段开始产生思维，初始用智慧生息、斗争，是"我们现代人知识智慧和经验产生的源泉，也就是说'资阳人'是活动在巴蜀区域的几万年前人类文化先驱的代表"。

胡昌钰指出："资阳人"是人类进化史中智慧人的里程碑，是对"资阳人"头骨化石价质的肯定，是对"资阳人"在"从猿到人"的演化过程中，特别是在中华大地上最终完整地构建了"从猿到人"演化序列所处的重要位置的肯定。

史学界权威专家们还认定"资阳人"是中国最早现代人。专家们在这里说的"现代人"是史学素语，也就是"真人"，"代表旧石器时代晚期早段智慧人生产和生活"等文明水平状况。这种结论不是凭空臆造的，而是中国科学院古脊椎动物与古人类研究所的权威专家吴汝康等用科学手段经过认真测试、分析"资阳人"头骨的各部分生理结构基本特征与现代相似之后得出的。况且，资阳人在4万年前使用过的骨针和穿孔石珠证明，资阳人那时已经用智慧制作较为实用的工具，用智慧生息斗争，始创了工具文化和文明、服装文化和文明、妆饰文化、人工取火热食和取暖文化等等。所以专家们一再肯定"资阳人"是最早的现代人代表，是我们现代人知识智慧和经验产生的源泉……几万年前人类文化先驱的代表。"'资阳人'确实占有巴蜀地区和人类先古创造文化和积累文明基因的关键地位。""资阳人"初始人类文化基因和文明基因确实建立起人类智慧人的历史丰碑。

（五）资阳是人类文明摇篮吗？是！

专家们认为，文明摇篮是多元的，资阳是中华文明一处摇篮。

中国几十家考古、史学研究机构的几十位史学考古专家，经过长期研究之后写出、出版的文章、著作中一再肯定，"资阳是中华文明的摇篮"、"资阳在远古时期就是蜀国的文明发祥地"、"资阳人（是）久远的文明发源"等等，为什么呢？专家们一致认为：

因为"资阳人"是中国智慧人的第一代表；

因为"资阳人"是人类始发思维，最早用智慧生息、斗争；

因为"资阳人"在40000年前首先创造了人类物质财富和精神财富；

因为"资阳人"有40000年的文化和文明根系。

因为"资阳人"始创出人类文明摇篮。

所以专家们结论道："资阳人"40000年前创发人工取火进行热身和热食，初始用水鹿角组织指挥活动，用智慧进行斗争、用骨锥缝制皮衣、用穿孔石珠进行妆饰等等。这就创造出了用火文明、智慧狩猎文明、服装文明、妆饰文明等等。这些都是人类文明摇篮的重要标志性内容。

进一步说：资阳是华夏文明一摇篮，有十大佐证做定论：

资阳人用智慧开创人类远古文明源泉的雏形。

"资阳人"用智慧制作、使用骨器、石器的精神和创造出的这些物质财富具备文明源泉的标准内容。

文明的连贯性、绵远性的史实进一步证实资阳是中华文明源泉。

从资阳、蜀国与中华远古文明史关系略图看出，资阳是中华文明源泉。

远古资阳人所处的地域气候优势造就了资阳成为人类文明源泉。

远古资阳人、蜀人走向川外播撒文明的史实证明资阳是中华文明一源泉。

蚕桑文明的重大影响证明资阳是中华文明一源泉。

远古资阳人、蜀人文化和川外各地文化的影响与融合证明资阳是中华文明一源泉。

若干古书、史著论证资阳是华夏文明一源泉。

国家和政府史学机构、权威专家认定资阳是华夏文明一摇篮。

前面已经谈到中华文明源泉应是多元的。从新中国成立后考古发现的大量古代遗址看出,中华民族文明的摇篮是多元的,至少有六七个不同的区系类型,不止黄河流域一处。过去,对中华文明起源的判定是保守的、封闭的,缺少探索和进取精神,所以,一直被误认为单纯的农业文明,只起源于西北黄土高原。

考古发现,中华大地和海上有多处文明摇篮,超过 5000 年的文化遗址就有仰韶文化、红山文化等多处。距今 7000 年前的河姆渡古文化遗址中已经有了丝织工具与蚕的图像。资阳人的"鲤鱼桥文化"已有 2.5 万年以上。资阳的"龙垭遗址"也有 2.5 万多年。这足证过去所写的古史不准确。考古发现与民俗调查的许多研究成果说明,中华大地上的农耕文明与海洋文明均先兴起于南方。台湾省黄大受教授认为:**"至于历代相传的'黄帝是我们的人文初祖'、'黄河是中华文明的母亲'等等说法,不必否定,可视之为民情风俗,长期保留。只不过应将真实的历史与民情风俗分清而已。"**2001 年,中宣部发出通知,以后不宜笼统称"炎黄子孙",因为不能涵盖中华民族大家庭中许多少数民族。

中华文明远超 5000 年。前面已阐明过去提中华文明 5000 年是司马迁的创举,这已很不错了,因为那时科学不发达,挖掘出的遗址不多。20 世纪下半叶后,尤其是历史进入到 21 世纪,历史学、考古学、民俗学等诸多有关研究历史发展的科学大量涌现,把考古工作推向新的阶段。中华文明源泉的面纱不断揭开,中华文明源泉的本来面貌逐渐显露。现在已探明中华文明史应从原来的 5000 年提前 3.5 万年以上,当今考古探明的应是 4 万多年。这才是中华文明历史渊源的真谛。

(六)四万年前资阳人的生息、斗争怎么写?

"资阳人"序幕和第一卷第一章怎么写,这是一个大难题。经反复思考、分析和研究,并与有关专家多次讨论,采取了现在的写法,即:依据出土的 4 万年前的人头骨化石、骨针、穿孔石珠、水鹿角等文物合理的形象描写,撰写成为"文学的史学记述"、"史学的文学报告",受到各方面权威专家的高度赞扬。尤其是"资阳人"萌发人类最初思维、初始用智慧打猎等斗争活动,与权威专家们的认识是一致的。

原来中国考古界早就在追溯中华远古文明的发祥地,资阳人萌发人类思维,开始用智慧进行斗争和生息,用骨针缝织皮衣,用穿孔石珠进行妆饰,用水鹿角组织指挥活动,这就产生了精神文明和物质文明。这就彰显出资阳人 4 万年前就拓创出了人类文明的一块发祥地。这正是中国史学部门追溯的一项重大工程的工作内容，所以得到了他们的青睐。

更重要的是，《资阳人》非常符合党的总书记习近平在 2013 年 8 月 19 日全国宣传思想工作会议讲话的精神。他在讲话中阐明了历史传统文化建设的战略意义，强调和要求我们要搞清楚中华文化和中华文明的历史渊源和最深沉的精神追求，创造出中华文化新的辉煌，从而运用文化软实力推动经济发展，建设屹立于世界之林的强大国家。

（七）资阳人的远古史把中华文明史前推三万五千年，改写为四万年

考古、史学界的众多专家认为资阳人的文明史把中华文明史前推了 35000 年，推进到了 40000 年的时期。请看专家们的观点：

"资阳人在 40000 年前就为中华民族创造了文明"。

"大概远在五万年以前，'资阳人'就已在富饶的沱江流域，用粗糙的工具与大自然斗争，繁衍着人类的生命和文化"。

资阳智慧人生活的"绝对年代距今数万年至 10 万余年之间"。

"资阳人"创立文化文明"生活的年代距今大约 50000 年至 10 万年"。

"资阳人"的发现，"把中华民族的历史从炎帝黄帝的年代向前推进了几万年；冲破了巴蜀神话传说的历史界定"。

上述专家的观点来源于他们对"资阳人"的考证研究，对伴随"资阳人"出土的骨针、穿孔石珠、石器等文物的考证与研究。

前面已经论述到，"40000 年前的资阳人用思维观察世界，用智慧打造工具，用骨针缝制出服装文明，用穿孔石珠装扮出服饰文明，用火创立热食文明，用互敬、互爱、互帮、互救，拓创出精神文明。可见资阳人在 40000 年前既创立了物质文明也创立了精神文明，这是地地道道的文明源泉。所以，资阳人把中华文明前推了 35000 年，推到了 40000 年前的时期"。

（八）燧人氏是不是资阳人？是！"燧人氏就是资阳人"！

传说燧人氏是资阳人，有的史书斩钉截铁地说"燧人就是资阳人的祖先"。怎么把这个观点写得叫人信服，立得住脚，让他人推不倒这种定论？为此，我们请教了重点学科《巴蜀文化学》首席专家、四川省历史学会会长谭继和老师。他也认同前面观点，但他说："要使这个观点站得住脚，就应该从人皇写起。"人皇有九弟兄，他把中国分为九州，一个兄弟管理一个地方。人皇和他管理沱江等地域的九弟喜爱沱江，长期居住沱江，为沱江地域的建设做出了重大贡献。人皇之前的燧人氏等氏族在中华各地都有部族，管理和长驻沱江流域的部族爱上沱江流域，这是自然的事情。我们按照谭继和老师的这个思路，编撰出燧人氏这一章，送给各位专家审视，大家都认同。

后来找到多本史书和写史的书，诸如：《史记·秦始皇本纪》、《三五历纪》、《帝王世纪》《资治通鉴·外纪》、《补史记·三皇本纪》、《汉唐地理书钞》、《路

史·后记》、《三皇五帝时代》、《河图括地象》、《山海经》、《尸子》、《昆仑纪》等等。这些史书都直接或间接，或多或少谈到了燧人氏就是资阳人的内容。

第四纪冰川是造就燧人氏就是资阳人的关键因素。前面说过，约50000年时际，第四世纪冰川中发生大震荡，震荡出一个西海来，全球大部分被冰层覆盖，西海四周都是高山，挡住了寒冷的空气，海中微波荡漾的海水吸收太阳热能，热气上升，被西北风刮向东南方向的沱江中游，形成适应生灵生存的温和气候地域。在岷山北部居住的燧人，抗不住寒冷，向南寻找生存地域，到了资阳一带居住了下来，这就是燧人氏为什么就是资阳人的远古气候、地理造就的原因。

有的史书斩钉截铁地说："燧人氏就是'资阳人'"。从研究史书、史料和气候地理资料得出一个结论，那就是：燧人氏和"资阳人"同时期居住沱江中游，"资阳人"中有燧人氏，燧人氏中有"资阳人"，或者是"资阳人"是燧人氏一部族。

（九）女娲故国在不在资阳？在！女娲故国在资阳。伏羲是资阳人吗？是！

女娲故国在资阳，这个说法能站住脚吗？因为女娲在全国各地都有遗迹。在资阳也有多处女娲的遗迹。这一章怎么写得令人信服？四川大学的几位历史学教授经过几个月的研究后，发现多种史书、史料记载女娲的确曾在资阳长期活动的史实。

专家们的意见不管女娲在其他地方的遗迹如何，但在资阳确有女娲遗迹和古书确实记载过女娲率资阳人等凿通巫峡补天的事实，因此，照实写就可以了。

女娲补天实为女娲治雨水补天。前面说过，第四纪冰川中发生的大震荡震出的西海四周都是高山，西海水不直接受冷风袭击，而在太阳的照射下，水汽上升，从而形成水雾，所以下雨不断，就像天漏了一样。女娲为了补天，带领资阳人和蜀国人打通巫峡，放出了西海的水，使西海变为陆地，盆地上空水汽减少，天不再漏了，这就补了天。

国家、省级史学权威专家的论述和史书、史料中记载：女娲与伏羲是兄妹，同是燧人氏的后裔。"'资阳人'的发现地，很可能是帝俊女娲时代的古国——资国"。著名诗人、考古学家闻一多先生经过长期艰苦的考证之后得出结论：上古之世的"朝云之国"就是蜀国的资州，就是女娲的故国。

女娲率众凿通巫峡，泄掉四川盆地的洪水，补住天漏。

女娲在治洪中整治沱江，使沱江成为蜀地的母亲河，惠益两岸民生。

女娲还推行农耕文明、发展婚姻制度、制乐、制地图等功绩很多、很大，"上际九天，下契黄垆，名声扬后世，光辉熏万物"。女娲文化源远流长、博大精深，是中华文明的传统文化。

《诗含神雾》等多本古书记载:伏羲是"燧人之世"。《学斋咕哗》又记载：汉碑刻有伏羲在资阳"画卦结绳"等史迹，伏羲当然就是资阳人了。

我们按照专家们的建议写出这一章，无论是省和院校的专家还是国家级的专家都认同这种写法。

（十）"资阳人"是不是蜀人始祖？是！

资阳人是蜀人始祖，这是中国社会科学院历史研究所、中国科学院古脊椎动物与古人类研究所、中国国家文物局、中国第一档案馆、《人民日报》、中国文物出版社、四川省、重庆市、北京大学、四川大学等等有关考古、史学研究机构、新闻出版几十家机构及其有关几十位考古、史学专家，在经过几个月、几年、十几年甚至半个世纪的研究资阳人之后得出的结论。他们撰写出版的文章、书籍，一再斩钉截铁地说："资阳人为蜀人始祖"、"资阳人是蜀人祖先"、"'资阳人'为蜀国始祖"、"最早的四川人当推'资阳人'、"给'资阳人'带上'四川人的始祖'桂冠，应该当之无愧"。

历史的事实也充分证明上述观点。

因为，"'资阳人'处于旧石器时代晚期的早段，距今约4万年左右。'资阳人'是迄今为止在四川境内最早的新人化石"，还没发现第二处有这么久远的历史。

因为，"资阳人""代表着旧石器时代晚期早段在蜀土地上活动着创造着文化的人群"，还没发现第二处创造这么悠久文化的人群。

因为，资阳人创发的"十三大文明"光辉灿烂，至今在川内还没发现在新石器早期及其之前就创发了这么多项、这么光耀世界的文明的人群。

因为，资阳人精英走出资阳多方发展，造就资阳成为铜文化、富林文化、羊子山文化等川内文化的中心地域。而且，鲤鱼桥等资阳文化都早于川内这几大与资阳文化有密切联系的文化区域的文化。

因为，资阳人文化从40000年前至今始终绵远持续，逐步发展，从未断代，而其他地区基本上是前无古人后无来者。所以，"资阳人是蜀人始祖"，是有文化、文明连续性的。

因为，远古"成都不是州中"，而犍为郡中的沱江中游的资阳地区才是蜀国文明的发祥地。

因为，四川及其周边的自然地理告诉人们，川人文化不可能是外来人种创发的，古远时代外人无法入川，只有资阳人才可能传递、发展蜀人文化。

……

（十一）资阳有昆仑山吗？有！已有7000余年

关于昆仑的问题，我们组成专家小组，经过认真的多次研究，取得一致意见后才确认的。四川省巴蜀史权威专家谭继和老师说：他的老师蒙文通（中国老一代最权威的史学大家）和他都认为《山海经》说得对，昆仑原指岷山山脉，昆仑的九个小丘分布较广，其范围涉及到沱江流域的资阳。

《山海经》所说古昆仑不仅指岷山西北区域，也包括它的东南余脉的九丘中的"昆吾之丘"的资阳昆仑山。资阳历来是神秘朦胧、山独瑰奇、仙翁之多占的圣地。资阳的仙气就是受昆仑神山学说的熏染发展起来的。

《山海经》不仅说"昆吾之丘"就是资阳的昆仑山，还重点记载着"昆吾之丘"在洛水岸上。《山海经·中次九经》说："岷山之首，曰女几之山……洛水出焉，东注于江。""洛水"，亦记作"雒水"、"湔水"、"资水"，即沱江，也就是说"昆吾之丘"在沱江岸上。

事实上，历来就有史书记载过资阳昆仑山。1860 年《资阳县志·山川考》中介绍昆仑山：山自简州龙泉分来，在县西北境曰鸭红岩，濒中江，崖半为大道，下为临江寺，向于此开厂取石，知县鲁逵泐碑封禁，盖谓县脉所系也。折南而东十余里曰大高山……县北十五里曰昆仑山。《四川通志》云：中江所经，高耸特出，土人谓之昆仑。山后中江西来，三石当之，触舟辄损，俗名三牛滚澡石，下有吴道子墓。1940 年资阳中学由城区迁昆仑渡，校歌改唱为："三贤故里水清清，月照昆仑分外明。"

为什么中国最早存文的权威典籍《山海经》等多种史书记载的昆仑山就是资阳的昆仑山却误传为大西北的昆仑山呢？《史记·大宛列传》："而汉使穷河源，河源出于寘，其山多玉石，采来，天子案古图书，名河所出山曰昆仑云。"用现代的白话文来说就是："汉朝使者追溯黄河的源头，发现其源头在于寘的一座山中。这座山彩色玉石丰富，天子按照古书对'昆仑'方位的描述，将'河'的源头的那座山命名为'昆仑'。"文中所载"天子"即为汉武帝。

在"罢黜百家，独尊儒术"汉武帝的一言九鼎之下，将司马迁和张骞都不敢认定名称的山脉定为"昆仑"，导致后来中国及世界地图上将横亘于新疆和西藏边界，延伸至青海的无名山脉定为"昆仑山"。司马迁对汉武帝的这一误判的非昆仑为真昆仑是心知肚明的。但慑于皇权，他只好说"我不敢说什么啊！"

"这即是说，今天地理图册中的昆仑山脉的得名是汉武帝的御赐，是距今两千多年前的事。《禹本纪》和《山海经》所记载的却是 6000 年前的历史，这即是说汉武帝将《山海经》上的'昆仑'张冠李戴在另外一座山上，并误传至今！"

五六千年前的上古神山——昆仑，《山海经》指的是岷山山脉。其实一直存在。1989 年 1 月资阳一位县志专家专访李家沟吴道子墓、李家坝、昆仑渡、昆仑山后作《七律·吊真人墓》："真人墓冢接昆仑，流誉千秋画圣尊。"7 月 16 日原四川省文物管理委员会主任、四川省政府参事张圣奘博士作《七律·吊吴道子墓》："钟灵石冢溯昆仑，画圣传流百代尊。"12 月 20 日学者刘克生《七律·吊真人墓七律》："地名高雅袭昆仑，古墓依稀艺苑尊。"

这些诗文皆是资阳昆仑文化的记载。

其实现实中的昆仑山一直存在。新中国成立后有昆仑乡，现在还有昆仑渡，地图上也有资阳昆仑山的标记，6000 年来资阳昆仑山一直存在哦。

谭继和老师在评论中说："首先，它说明古昆仑不仅是指岷山的西北区域，也包括它东南的余脉。蒙师文通先生曾论证古昆仑指岷山。而由资阳"昆仑山"的记载，我们可以知道这个传说透露出古昆仑指岷山，还会有更大的范围，甚至古人概念里包括都广之野，也殊未可知。

其次，"昆仑"的本义是混沌、囵囫、迷蒙之意。岷山又称汶山，又称昆仑，从字源看，都是迷蒙未开的面貌的代称。这种迷蒙、迷离的"九天"一样的山林环境正是以神仙生活为特征的文化想象力培育之地。所以神仙说最早起源于岷山，即"昆仑仙宗"，它比齐鲁的"蓬莱仙宗"神仙说起源还早。而资阳历史上就是个"山独瑰奇，释子、仙翁之多占"（宋·祝穆《方舆胜览》"资州"条）的地方，资阳的仙气就是受昆仑神仙说的熏染发展起来的。

第三，"昆仑"一名有个文化次第开发，名称逐步西北移的过程。当岷山被蜀人进行了文化开发，不再迷蒙囵囫，岷山作为"昆仑"的称呼就北移了。随着山林文化的逐步开发……但历史的印记还会在当地沉淀下来，这就是岷山为何会留下"小昆仑"之称，而资州又会自比为"昆仑山"的文化原因。我们甚至可以认为，从岷山到成都平原到资水、中江水，这都是昆仑仙源发生发展的区域，是仙源文化的故乡。而仙源资州则为今天资阳人精神充满浪漫、理想与梦想那一面的文化创造力提供了基因渊源。"

我们根据谭继和老师的思路写出这一章后，各位专家都认为这样写就是历史，是站得住脚的。

（十二）炎帝、黄帝是蜀国人吗？是！

《帝王世纪》载：炎帝母亲在资阳人"鲤鱼桥文化"范围内的华阳怀上炎帝，在姜水生下后，又叫炎帝回四川创业发展，建立举世共睹的文化。

黄帝是四川沱江源头人，属于国家、四川、重庆等考古界考定的资阳人"鲤鱼桥文化" 范围内。

《路史·国名记》等10余部史书都记载炎帝、黄帝是伏羲后代，与资阳的血缘关系紧密，甚至论定黄帝故国是资国。上述史书都有黄帝和后人与资国本地人同建资国和蜀国，然后建立中原文化。所以，炎黄文化也属于资阳人文化，应该写出来。

祖籍为资阳沱江流域等地域的黄帝后裔青阳、昌意、帝喾、颛顼、嫦娥及尧、舜、禹、夏、商、周、春秋、战国七君等该不该写？该！因为众多古籍清楚地记载他们是黄帝的活态传承的血脉，他们都是资阳人后代，都应该写！

（十三）历史上有资国吗？有！首府在资阳

彭邦本说："古资国的文化亦相当辉煌灿烂"。

当初对古资国在历史上是否存在，应不应该写进《资阳人》这部书，还拿不准。为了保证这部书的科学性、史实性，我们专门聘请几位高级历史学专家，花了五个月功夫，研究了几十本有关的史书史料，开了几次小型座谈会，最后专家们一致认定资国的历史存在，这才把资国写进《资阳人》。

《山海经》、《路史·国名记》、《潜夫论》、《玉篇》、《史记·五帝本纪》、《大戴礼记——帝系篇》、《巴蜀古史论述》等二十多本史书都论述了资国的相关问题。

中国先秦史学会副会长、四川大学历史学科教授、博导彭邦本老师专门为我们写了《悠久的历史、永恒的魅力——从古代资国的历史传说谈起》一文，这就更说明资国的历史存在。

（十四）苌弘思想怎么形成的？他的故土在资阳吗？在资阳

有人说苌弘青少年时期的思想是受殷商文化成长起来的，这怎么可能呢。我们认真研究以后，请来了多位研究苌弘的专家，他们都认为苌弘青少年时期的思想是受人皇、燧人文化、女娲文化、昆仑文化、鲤鱼桥文化等等的影响而成长起来的。因为，资阳离殷商几千里远，当时的信息不通，苌弘距殷商五百年左右的时间跨度，怎么可能受到殷商文化的教育呢。只能说苌弘成熟后到了河南，进入周王室，这才受到传承下来的殷商文化的影响。

苌弘是资中人还是资阳人争论了几十年，其实这是早有定论的事情不必争论。我们从研究苌弘的专家手中索取到两份权威资料，都断定苌弘是资阳人。一是 1815 年《资州志》载文：资州州官赵遵律认定苌弘故里不在资中；二是 1860 年资州州官爱新觉罗·恒保在给《资阳志》作的序中说：资阳境内确有苌弘故里。可见，苌弘就是资阳人还争论什么。

况且，苌弘在资阳确有若干古迹，这也证明苌弘是资阳人。

当代一些史学专家经过考证后认定，苌弘的故里就在资阳。中国先秦史学会副会长彭邦本在他的文章中说：资阳**"是上古华夏文化的集大成者孔子之师苌弘的故里"**。

（十五）孔子是不是拜苌弘为师？是！

有人说孔子不是拜苌弘为师，而是进行学术交流。对这个问题，我们研究了有关史料。大家认为，无学术交流可言。其一，《左传》中记载的"孔子问乐于苌弘"中的谈话内容完全是孔子请教苌弘的提问，完全是苌弘告之孔子的有关知识，没有一句是学术交流的对答。其二，当时苌弘 50 多岁，身居周室副宰相，而孔子 30 多岁，是一个丧家的游民，他怎么能有资格和条件与苌弘进行学术交流呢。韩愈《师说》云："古之学者必有师"称，**"圣人无常师，孔子师郯子，访乐于苌弘，学琴于师襄，问礼于老聃"**。史学专家彭邦本指出："苌弘生活于春秋后期，与孔子大致同时而略早，传为资阳市忠义镇高岩山人，曾为东周内史大夫，博学多才，擅长天文，精通音律。据说孔子曾专程访问苌弘，向他请教音乐和天文，这对后来孔子删诗正乐应大有帮助。"难道，孔子拜师苌弘还有疑问？

（十六）中国人不是本土人种吗？是！中国人是土生土长起来的

关于人种问题，中国四川省两三个人提出，中国人、蜀人、资阳人是外来人种的后裔，是非洲人、西方人、以色列人的后裔等等。对这种意见，我们走访了四川省社科院，请教了中国科学院古脊椎动物与古人类研究所和中国社会科学院历史研究所，这些权威单位的专家对中国人是外来人种的说法都是一片反对声，都非常反感，说这些人是故意通过玄乎的炒作来出名。

权威部门的意见是，中华文明是华夏民族在自身的土地上发展起来的。从800万年云南禄丰猿，到30000年至2000年的鲤鱼桥文化，中间有考古发现的上百处古人类化石，300余处旧石器文化遗址，一直绵远承传，从未间断，数百史实钢铁般证明中华文明是土生土长的，这就否定了"人类起源于西方"，人类文明"西方中心论"和"西亚近东文明东渐"说。

书前说道，著名考古学家吴汝康在考察、分析了欧洲的克罗马农人、欧洲和西亚的尼安德特人、南亚的爪哇猿人、北亚的蒙古人、东亚的北京人、"资阳人"头颅之后在1957年《科学出版社》出版的《四川资阳人类头骨化石的研究》书中指出："资阳人"早于欧洲人、蒙古人、南亚人。他在分析人脑结构发展对比后得出的这些著名结论，彻底否定了"中国人种西来说"、"中国人种外来说"。钢铁般的证明了中华民族是在自身土地上生长、发展起来的。

前面说过，世界著名的大科学家、大史学专家李四光经过研究"资阳人"后，撰写了《人类的出现》一文，特别指出：资阳人头骨化石显示新人黄种人的特征。这就是说资阳人、巴蜀人、中国人这些黄种人的特征早在4万年前就具备了，怎么能说中国人是外来人种呢？西方人具备黄色人种特质吗？当然不可能具备。所以中华民族是在自身的土地上土生土长发展起来的，根本不是什么外来人种。

无论从人种血缘，还是周边地形，在几万年甚至几十万年前，都不可能有外来人越过险峻的高山峻岭到达四川。资阳人、蜀人都是土生土长的人，中国人就是东方人自生起来的人。所以说，资阳智慧人的出现，否定了中国人"西来说"。

前面说过，《三联生活周刊》2012年第40期刊登的《中华文明探源工程十年·寻找中国之始》的文章就说："中国所处的大环境具有明显的内聚性。东部面临太平洋；南面和西南面同南亚地区有高山分隔；西部和北部边境有帕米尔高原、天山、阿尔泰山等山地，且多戈壁沙漠；北面为高寒地区。这使得中国

与世界其他文明起源中心存在巨大的地理障碍，因此，古文化和文明的自成体系也就理所当然了。"

（十七）人类文明起源于西方的"西方中心论"可信吗？不可信，应是多元起源

"就像太阳从东方升起向西方落下一样，人类文明起源于东方"。黑格尔这句实话，道出了人类文明起源的真谛。"资阳人"的出现，证明了人类文明起源地之一在东方、在亚洲、在中国。佐证了中国旧石器文化与非洲和欧洲的旧石器文化同为人类起源文化。

"关于文明的起源问题，是现代科学有待解决的重大课题之一。在20世纪，学者论述中国古代史时，多以东西关系立说，认为是'西亚近东文明东渐'"，这在历史学界有过较大的影响。随着考古工作在全国的普遍开展，包括距今170万年左右的'元谋猿人'、距今100~50万年左右的'蓝田猿人'、距今70~20万年左右的'北京猿人'、距今10万年左右的'大荔人'，以及距今约4万年左右的'资阳人'等一大批重要人类化石的相继面世，把中华大地上人类演进的脉络清楚地展现在了世人面前。考古学上所取得的丰硕成果，强有力地否定了人类文明西方中心论，证明了东方是人类重要的起源地之一，中国是世界文明的重要发源地之一。"

关于资阳人佐证世界文明起源之一在中国，否定了世界文明起源西方中心论问题，中国科学院、中国社会科院和四川省社会科学院等考古专业权威机构的高级专家们都认定世界文明起源之一在中国，资阳也是世界文明的起源之一，反对西方中心论论调。

"**远古资阳人向川外播撒农耕文明。资阳人文化与川外各地文化的融合及与中华民族文化的生成发展，对人类文明发展产生重大影响。**"

资阳人开创人类文明源泉，是人类文明的先驱，在久远的古代就将资阳打造成文明的圣地。

华夏和人类文明应是多元的，资阳是华夏和人类文明摇篮的一个神圣之地。

资阳的文明是连贯的、绵远的。

前面说过，英国广播公司网站于2015年10月14日报道：中国湖南省永州市道县发现8万年前的现代人化石。接着，英国人在这篇文章中指出："中国境内发现8万年前的化石，打破了关于人类源自非洲的传统说法"。英国人说了句真理，的确，这一铁的史实彻底打破了人类源自非洲六万年历史的这一长久的传统定位，也再一次证明，世界文明中心论不可信。

上述史实充分证明专家们的论点是正确的，资阳是人类文明的一个发祥地。

我们谦虚点说，资阳是人类文明起源地之一。人类文明发祥地也应是多元的，不仅仅西方才是文明发源地。

其他重要专题也是采取同样的办法撰写出来的。可见，编撰《资阳人》态度是认真、严谨、科学、求实的。

（十八）资阳人对外播撒文明吗？是！

资阳人向川内川外播撒文明当然是事实。远的不说，就说大足石刻吧。重庆大足石刻艺术博物馆编撰的《大足石刻铭文录》就记载着资阳市安岳县的安岳石刻的匠工们打造好安岳石刻群之后，奔赴大足去播撒石刻文化、传授石刻技艺，有的祖孙三代都把青春和心血全部献给了大足石刻。

再说苌弘及其后人吧，他们几千年为河南建设呕心沥血付出了一代又一代的生命。

湖南益阳过去有资阳县，现在叫资阳区，这儿也有资水等等，这些都与远古的资阳人到湖广传播文化有密切的关系。

前面谈到，从岷江上游发展起来的氐羌体系文明，处于高原系蜀地域范围之内，资阳人文明早于氐羌体系文明。资阳人沿沱江而上，进入成都平原，同时资阳人翻越龙泉山也进入成都平原，创建成都平原的人类文化，发展成都平原的人类文明。

前面说过，考古、史学专家们认为，远古资阳人、蜀人文明对人类产生了积极的重大影响。史学著名专家鞠德源先生就中华文明对世界的重大影响专门撰写出50万字的巨著，用史实佐证，并详细论述了，中华先民蚕桑文明、玉器文明、青铜文明、驱傩文明等对世界各地的重大影响。指出："在世界古代文明史上，古蜀王国的蚕桑文明亦应该占据第一的地位。"

中国香港和大陆学者在《中华祖先拓荒美洲》、《中国古代美洲交通考》、《美洲印第安人祖籍在中国》等等考古专著中和多种报刊上一再撰文用大量史实佐证，蜀国人、华人发现、建设、发展美洲。

一些国际上的史学界的机构和专家纷纷论证蜀人、华人对亚、非、欧、美洲和世界的重大文化影响、文明开发、互鉴相融、共同发展的史实。

英国《每日邮报》报道：美国考古学家近日在新墨西哥州、加州和亚利桑那州的多个岩壁上发现了商朝甲骨文。因为文字篆刻时间比哥伦布发现美洲早了2800多年，因此他认为有可能是商朝人最先发现了美洲大陆。

美国俄克拉玛中央州立大学教授许辉指出：美洲文明之母"奥尔梅克文明"是源于中国的商代文明。

在《几近褪色的记录》中，美国专家详述了对美洲的实地考察后强调，对中

华民族在北美洲西部和中美洲文明起源的贡献"只有低头顶礼"。

(十九)如何对待历史传说？

谭继和说：我们古蜀历史上关于蚕丛、柏灌、鱼凫三王和杜宇、开明二帝这些传说是很迷茫的，这不是真实的古蜀历史，但却包含着真实历史进程的内核，所以，我们称它为古蜀传说时代。这个时代同考古文化的框架对接，还有很多困难。但应该说从资阳人到宝墩文化的发现，这种框架对接已经出现了新的曙光。鱼凫一名含义是渔老鸹，捕鱼用的，象征着渔猎时代。像这样一些传说与考古的对接方法，我们还只能做初步的嗜试。如果再把"资阳人"放到这个传说与考古对接的框架里去，它应该是指距今20万年到5万年的早期智慧人向5万年到1万年的晚期智慧人新人也就是现代人过渡的交结点时期，传说上属于蚕丛、柏灌的祖先有巢氏燧人氏伏羲氏的时期，即原始群到氏族社会出现的初期。特别是发掘到骨针、穿孔石珠，说明缝制衣服已经开始，这是晚期智慧人大脑出现智力，知道防寒和美感的标志。

《资阳人》一书把资阳人同史前传说时代联系起来，寻找其文脉基因，这是寻找人类智慧发生脉络的有价值有想象力的工作。

巴蜀是巢居文化的起源地，是有巢氏传说的故乡。虽然这是传说，但是有史料证明巴蜀是南方巢居氏族的起源地之一。我们知道北方黄河流域是穴居文化的起源地，与南方是不同的居住文化。从刘胜俊先生的《资阳人》一书可以看出，有巢氏的传说同"资阳人"树上居是很有关系的。

专家们认为：口述史学在史前研究中的价值是很高的。用口述史学，用老百姓口中传说的历史，来补充"资阳人"生活所处的时代，这能把旧石器时代晚期人类生活给活鲜鲜地表现出来，这是饶有兴味的历史学的原生态工作。未来历史学发展的趋势是：重点转向口述史学、转向社会生活史和文化史。谭继和指出：《资阳人》一书注意记述民间传说，来作为物质考古的补充和补证，这是十分有价值的亮点，是新研究法的尝试。

李保均说：本书作者对"资阳人"的远古史、史前史、先秦史进行了研究，认为从四万年以来的人类文明，直到三皇五帝以后的考古文献和神话传说记载，对于建构一个国家民族历史是不容忽视的，突破了认为史前文化和传说历史不是历史、不能入史的成法和成见。这是科学的，在史学上也是站得住脚的，是有史学依据的。事实上，国内外许多著名史学家都认可这一点。象郭沫若、范文澜、翦伯赞、徐中舒、蒙文通、袁轲、缪钺等这些中国著名历史学家都认可历史传说对于历史的重要性，并把它们作为论证历史的依据。任继周院士据考古资料和历史传说，更是把中国史前时代凝集为"三皇"史系，并分为四个时期：燧巢时期、羲娲时期、神农时期和黄帝时期。本书作者在研究"资阳人"生存发展的年代文化时，不可避免地要与神话传说中的人物作出有机的联系和说明。凭据资阳人系列考古发现和其他考古成果及传说历史资料，研究资阳人在史前这段时期的生存生产活动，是科学的，符合世界史和中国史的一般研究方法。试想，如果我们不承认"资阳人"以来的考古史和传说史是历史，甚至不承认黄帝文明，那么"炎黄子孙"从何而来？现在中科院断代史研究对此已有了初步的结论。

（二十）老祖宗的历史要不要写？敢不敢写？要写！应该敢写

卢继传指出："古为今用"是发掘传播中华传统文化的一个重要原则。那么，"资阳人"怎样古为今用？**这就必须重现4万年前资阳人的风貌与文化，让现在人类认识自己的祖先。**

本书先秦部分有很多难点和重点，我们对书中写不写昆仑、写不写燧人、写不写女娲治洪补天等等这些很棘手的专题很头痛。如果为了省事、避开矛盾不写，觉得又对不起资阳人，对不起中国的文化历史。很多史书和专著作者不是资阳人都斩钉截铁地说"燧人就是资阳人"，"女娲故土在资阳"，"伏羲燧人之世"，"昆仑原本在资阳"，炎黄伏羲之后资阳人也，等等。我们这些作为查证资阳籍贯的真正的资阳籍贯的人倒不敢写了。这是无法交待的事情。

我们多次分析，为什么一些史书、史料上明明记载了上述事实，历史上和当今的考古、史学专家们都认定上述事实，有的资阳人倒不敢触及此事？为什么呢？在几个问号下，我们悟出了一点道理，那就是不知道自己祖先的发展史，也不追寻祖宗的发展遗迹，而满足于资阳拥有苌弘等三贤的现状。所以，不认识自己的祖先，不熟悉自己的祖宗。一旦老祖宗真的出现在自己的面前，倒觉得十分陌生，甚至不信任，还莫名其妙地产生恐惧感、排斥她。

这里我想起了一个寓言故事，很能说明上述道理。

一天，美丽的小蝴蝶在院子里飞来飞去，累了，落在一片树叶上。它刚定下神来，就发现树干上有一只苍老的毛毛虫，小蝴蝶惊讶地问:你是哪个？为什么跑到我们院子来？

毛毛虫说：我是你老老爷呀，你怎么不认识我。

我怎么没听我爷爷说起呀，你不是，你赶快出去。

小蝴蝶非常恐慌，似乎大盗临门。

情有可原，没听说过自己的祖先，不认识自己的祖先，祖先来了，害怕了。

我们是当今时代有知识、有文化的人呀，不知道自己的祖先不要紧，祖先来了，知道了就应该欢迎，就应该热情接待，就应该把老祖先的辉煌历史展示在世人面前，所以要写老祖宗的历史。

要写老祖宗的历史必须敢于解放思想，敢于冲破长期养成的思维定式禁区，敢于颠覆历史。尤其是一些好心人告诫我们：你们这是在颠覆几千年形成的传统历史，很难改变过来。

是呀，难、难，这是个天大的难题。但是，为了复原历史，恢复历史真面目，再大的难题也要碰，再艰的险关也要闯。不能因为秦始皇焚书坑儒埋没了蜀国文化，颠倒了中国文化史，不能因为长期没发现老祖宗的遗迹，也不能因为发现老祖宗的遗迹后又消沉了半个多世纪无人问津就不敢再碰及了，越是这样越应该探索老祖宗的历史，把秦始皇颠覆了的中国历史在颠覆过来，还原中国历史的本来原貌。当然，这是需要勇气和担当精神的。因为，中华民族的历史特别是文化文明史已经形成几千年的传统认识了，你要把这个历史颠覆过来，是很难让世人接受的。越是这样，为历史负责任的我们就越应该把这项神圣的历史使命自愿的、勇敢的担当起来。否则，中国的文化史就很难恢复她的久远的、灿烂的、辉煌的原来的面目了，更不能把中国文化史梳理清楚。也就不能真正铸造起中国文化的脊梁，就不能使中华文化硬邦邦的屹立世界文化的巅峰。所以要勇敢地排除一切障碍，硬顶各种压力，强冒多种风险，下定决心，不畏险阻，排除万难，攻克危难。干一番权威部门、职能部门都没做、都难做到的惊天动地的大事业。对那些"自不量力"、"自讨苦吃"、"多管闲事"等闲话不屑一顾。把老祖宗的历史展示给世人，颠覆几千年来的误区，还原中华文明史的庐山真面目。

（二十一）发动群众，依靠专家，研究撰写《资阳人》，恢复华文明史的本来面目

在现在社会，文化、经济、政治等相互交融，文化在综合国力竞争中的地位日益上升，作用日趋突出。文化已经成为时代风气之先，国家强盛之脊梁，民族进步之精神。当今时代加强文化建设的重要性已经超过了人们对经济发展的需求。发现民族之文化，历数数万载之演进，起源于四万年前之资阳，发展于燧人氏、女娲氏和昆仑时代，造极于神龙、黄帝和唐宋之世，衰败于清代末期。终必复振。必须加强文化战略建设，实现文化强国之梦，立于世界强国之林。

要实现这个伟大的强国梦就必须解放思想，脚踏实地地加强文化战略建设，扎扎实实地探讨文化，溯源文明，承传精神。如果说，一些人知道一些老祖宗的历史，但不主张写，是好意，他们的心情我们很理解。因为当今社会说实话、办实事、做奉献就容易招来非议，人家会毫不负责任地说你是在杜撰历史。相

反，那些真正说假话，颠倒黑白的人和事，倒觉得正常。这种社会弊端一定要扫出，所以党中央一再强调要树正气，强调提倡大立正能量。我们是资阳人，是中华民族优秀一员，因此，我们要高高举起实事求是，尊重历史，树立正气的大红旗，理直气壮地大写资阳人的辉煌历史。

写史，就要尊重历史，尊重事实。燧人、伏羲女娲、资阳昆仑、资国等这些历史不仅是传说而是史实，你不写那就是不尊重历史，那就是不尊重事实，那就对不起500万资阳人，那就对不起中华民族。

要写，要怎么写，才能说服人，才能在世上立得住脚？唯一的办法，还是分别组成专家小组，组织专家们各自进行认真的搜集资料、考察、分析、研究。同时，我们也千方百计收集史料和文物，分专题请教专家，进行艰苦深入的研究。几个专家小组各自经过三五个月甚至半年以上的艰辛努力，都提出应该将上述观点写进《资阳人》的建设性意见。各专家小组的意见跟我们研究的基本一致。在这种比较有把握的情况下，我们才将前述棘手的专题写进《资阳人》。

六、精心修改

文章是改出来的。对于一件事，并不是一次认识就正确，需要反复地观察、研究。对于一个理论观点，需要认真地反复分析、研究。一篇文章，既有理论、观点，又有史实，不可能一次论述就全部确切，更需要反复修改才能使文章的事理准确、深刻、系统、完善。所以说，文章是改出来的。正如毛泽东同志所说的："现在的事情，问题很复杂，有些事情甚至想三四回还不够。鲁迅说'至少看两遍'，至多呢？他没有说，我看重要的文章不妨看它十多遍，认真地加以删改，然后发表。文章是客观事物的反映，而事物是曲折复杂的，必须反复研究，才能反映恰当；在这里粗心大意，就是不懂得做文章的起码知识"。

（一）对《资阳人》通篇进行精心修改

第一，在纲目的修改上做到了精心。我们对纲目改了一遍又一遍，收集到一部分新资料就改一次，花费九年功夫改了40次。

第二，对重大事件的修改做到了精心。对资阳人的年代久远问题我们精心修改了33次，直到把有关资料收集全了，直到把国家有关权威的论断收集到手了，最后才终止修改。

第三，对重要人物的修改做到了精心。对苌弘一章的修改不下17次，主要是对苌弘的故地，对苌弘与孔子的关系，对苌弘思想的形成等问题直到修改到不可驳倒的程度才罢休。

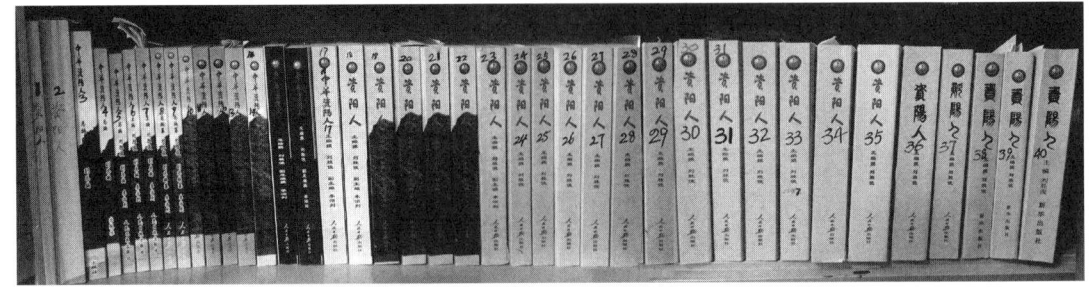

《资阳人》成书后，又进行40次修改，打了40次样书。

第四，对重要观点的修改做到了精心。对"资阳人"的发现证明中华民族是在自身的土地上发展起来的，打破了"西来说"的偏见这个观点，我们反复进行了若干次的修改、考证。我们请教了四川省社科院一些老专家，他们认为中国人是在自己土地上土生土长的。我们还请教了中国科学院古人类和古脊椎动物研究所和中国社会科学院历史研究所的专家们，他们都同斥"西来说"。所以，最后还是确定了现在书中的观点。

第五，对某些重要章节的修改做到了精心。采取发动群众修改、聘请权威专家修改、组织编撰团队讨论修改等方法进行修改，对《资阳人》进行认真的改。对开卷诗的修改，对燧人氏的修改，对女娲一节的修改，对昆仑一节的修改都是这么做的。

第六，对某些表述进行推敲、修改。在2016年5月16日修改第22次成书样稿中，仍注重逐字逐句推敲。当看到第四卷第五章中"考古专家们论定，判定人类文明的科学标准应是：出现精神文明和物质文明时，就是文明的开始"。这其中的精神文明和物质文明表述模糊，已经是精神文明和物质文明，当然就是文明了，但说明不了开创的意思。经过再三推敲，改成"人类初孕始显精神、萌创元用物质就是人类文明的发端。"这就把文明发端的意思阐述准确明白了。

第七，对某些关键字的修改做到了精心。在写鲤鱼桥文化这一节中，对鲤鱼桥文化中的绳文陶器还是络纹陶器的问题，为了搞准确是"绳"还是"络"这个字，进行了认真的研究，专门访问了考古专家，最后才确定是络纹陶器。对引用文的字，我们也进行了认真的研究。《淮南子·汜论训》中的"汜"字，有两种记载：泛、汜。我们经过认真研究，不唯书，不唯权威，最后确定是汜。

有的校对专家提出扬雄的"扬"对不对？我们查阅有关史料，认为书上写的是对的。为了严谨，我们又请有关专家考证。在给我的来信中说："胜俊：有关"扬雄"，我已查阅。《现代汉语词典》、《中华大辞典》、《辞海》、《康熙辞典》、《文心雕龙》等，均云："扬，姓也"。《辞海》条目介绍扬雄并提到《后汉书.扬雄传赞》；《康熙辞典》提到"杨雄自序"；《文心雕龙》赞许"雄向以后，颇引书助文。"（注："雄向"，即杨雄、刘向）因此，看得出来了：杨，姓者也。若把"扬雄"写成"杨雄"，就错了。"

第八，对通篇进行修改。如前所说，装订成样书后还反复修改40次。书正规出版后，特别是"资阳人与中华文明溯源研讨会"后又修改了23遍。

本书原版书名为《中华资阳人》，33万余字。后经作者又再深入、广泛地多次搜寻资阳人相关资料。修改后重新出二版，书名为《资阳人》，66万余字。在此基础上，作者还再反复深入、广泛地多次搜寻资阳人相关资料。根据专家和领导的指导意见，依据新的资料，作者在调整、新增编撰等力量的基础上，又经过九次大的修改，调整了本书结构，探索了新的观点，充实了佐证史料，完善了有关理论，特别是追寻到智慧人类基因根柢发端，理清了智慧人类血脉传承脉络，新增39万余字，共达上百万字，但考虑篇幅太大，删节了附录中的书评和"资阳人与中华文明溯源研讨会"等内容，还有82万多字。故，又更名为《资阳人与智慧人类根脉》，出第三版。

第九，对资阳人和中华文化发展的脉络一再深入研究，修改，直到理顺。如上上所述，《资阳人》再版之后，作者请专家们结合已知文物再度对《资阳人》书进行审定。同时，作者又再三对资阳人文物进行深入发掘、寻找、研究。功夫不负有心人，作者又获得专家们新的更深入的指导意见，同时又获得一些新的文物资料和挖掘报告文献，尤其是丰富的"鲤鱼桥文化"发掘报告资料，大大充实了"鲤鱼桥文化"内容，对成书后的全书进行了第40次大修改，对通篇内容和观点、理论进一步充实、深入论证，对原书结构进行大调整，进一步理清楚了人类智慧人文化根脉，进一步揭示出了资阳人文化发展根络，进一步探明了人类文明的多源和发展根系，使《资阳人》理论体系得到完善，使《资阳人》更加完美、经典，故再出第三版。

第十，在编撰中，我们还精心把住政治关、政策关、事实关、时宜关等。

（二）撰写和修改《资阳人》过程中严格执行新的七项方针、原则

"资阳人与中华文明溯源研讨会"后，为了更好地修改、撰写《资阳人》，我们又制定了新的修改、撰写的七项方针、原则：

（1）虚心听取政府宣传、文化、文联、作协等部门领导和机关指导意见，在决定写作专题、内容、论点时采取下级服从上级相关部门、机构的意见，最终采用国家机关部门、机构意见做定论。

（2）严格按照历史史实、史料、文物、史据，实事求是的原则进行撰写。

（3）尊重专家定论，初级职称服从高级职称，最终由正高职专家意见作定论。

（4）依据学术资格、社会职务级别高的意见作定论。

（5）坚决贯彻"百花齐放、百家争鸣"的方针，不许一言堂，必须广泛争鸣，

绝不能以个人的爱好只准一花独放。

（6）坚决贯彻少数服从多数，民主集中制原则。

（7）站在中华民族和人类的高度对待"资阳人"写作，不能当井底之蛙，更不能夜郎自大，须知天外有天楼外有楼，一定要走出资阳，冲出四川，爬上国家高度，看到大世界。

正如北大的著名史学专家**李伯谦**说："还应该站在更高的高度，把它推向世界，让世界上有更多的人认识资阳人，了解资阳人。为此，要下功夫把书中涉及的各方面研究好，论述的更好。"

（三）按照专家、顾问的意见进行精心修改

《资阳人》先秦部分初稿编撰好后，我们分送给资阳市、四川省社科院、四川省历史研究会、四川大学历史系、四川省考古研究院、中国科学院古人类与古脊椎动物研究所、中国社会科学院历史研究所、中国先秦史学会、《人民日报》理论部历史宣传组和国家档案馆等十多位考古专家，请他们审查、提出修改意见或帮我们修改。同时送给顾问和部分热心群众审阅，请提出修改意见。

这些很有修养的高级专家十分认真地看我们的稿件，其中中国先秦史学会和中国历史研究所先秦史研究室的领导都说，他们反复看了我们的稿件六七遍，提出了非常中肯的、具体的修改意见。四川省考古研究院的专家一边看我们的书稿，一边查证相关史料，曾经多次审查我们的书稿，不但给我们做了非常有价值的修改，还给我们提供了十分宝贵的四份史料。四川省历史研究会的领导反复看了我们的书稿后，给我们提出了十分中肯的、高明的修改意见。

我们每当得到这些专家的意见后，就立即进行一次认真地修改。我们在这个过程中也在不断地搜集新的资料，思考新的修改办法，进行深入地修改。

我们对专家的意见是不折不扣地照办的。**李伯谦老师说：建议虚心向古脊椎动物与古人类研究所的专家请教，请他们严格把关，不出原则上的错误。**

根据李老顺的指导，我们及时向中国科学院古人类与古脊椎动物研究所的专家和有关专家请教，的确收到很好效果。

（四）坚决执行双百方针，重视群众的荐言

贯彻"双百方针"十分重要。我们编撰《资阳人》一开始就坚决执行"双百方针"，"对有争议的问题，如对"资阳人"头骨化石的年代，认真依据"双百方针"，召开专题座谈会和小型研讨会展开讨论，专门进行争鸣和论证，最终得出"资阳人"是4万年前时期智慧人的结论。对燧人、女娲等远古先人与资阳人是不是有特殊关系，也专门组织专家力量，进行长时间探索、得出令人信服的结论。并依据当时的情景，复原了燧人、女娲率领资阳人战天斗地的状况。

就是在"资阳人与中华文明溯源研讨会"上，我们也认真贯彻"双百方针"。

正如大会主持人宫长为老师在研讨会总结暨新闻发布会中说的："研讨会上，研讨形式活泼，大会与小会相融合，国家级、省市级、地方级与院校等各类专家相结合，专题采访与答记者问相结合，研讨多角度和多方面结合，发言热烈，百家争鸣，赞颂诗词与学术讨论的结合将研讨会推向一波又一波高潮。经过十余篇文章和《资阳人》这本书的较长时间的书面发言和会上一天的二十多位专家发言，大家各抒己见、热烈研讨，穿越了4万年的时空隧道，溯源了中华文明源泉，探讨了资阳和中华民族文化，研究了传承资阳和中华民族精神。"

"资阳人与中华文明溯源研讨会"后，我们认真按照领导们和专家们的要求广泛拜访各界人士，深入征求各种人的意见，又召开几次挑刺会。然后依据新创立的"史传体报告文学"体例的要求，严格按照国家和世界文、史工程中决定作品内容取舍和评定作品质量的惯例及遵循的常用的原则、方针等取舍《资阳人》中的专题、观点、内容，决策定论，对书进行7次大修改。

对专家和群众的意见采取的是兼听则明的态度，不但重视高级专家的意见，也重视群众的意见。对的意见我们虚心接受，认真修改，对那些反对意见我们加以认真地分析、研究、思考，该改的必改，不应该改的，甚至确实是错误的意见，我们当然不接受，但采取商讨的办法逐个与意见大的或反对者进行沟通。其实，他们并没有解决不了的意见，因为各人站的角度不同，掌握了解的历史情况有差别，经过沟通后，那些原来有意见的，尤其是个别反对者基本认同我们所写的，或者根本没什么意见。有的反过来热情、诚恳地支持我们，还真心称赞："对研究和宣传资阳人文化做出了功在当代，利在千秋的卓越贡献。"

所以，著名教授李保均说：**本书作者本着争鸣的态度，抱着对学术研究的敬畏心理，尊重不同意见，同时以史料为依据，进行了辨证分析，鲜明地阐述自己的观点，表现出了一种可嘉的学术勇气和科学态度。这是一种正确的学风。**

（五）严格进行校对

校对工作来不得半点马虎。我们自己校对两遍后，先后请了四川、北京四个校对专家校对书稿。到十九次样书稿时，我们又请了一位北京的校对专家进行校对，他又校出若干处错误，特别是把"根基"的"根"写成"跟"、"野兽"的"兽"写成"曾"等几个关键字校对出来了。

▲原中央政治局委员、军委副主席、国务委员、国防部长迟浩田上将指导作者刘胜俊修改《资阳人》，并为本书提词。

▲《人民日报》原社长兼总编辑、中国记者协会主席邵华泽中将为本书提出宝贵修改意见，并为本书提字。

▲原南京军事学院副校长李平老红军热心与作者一起研究《资阳人》。

▲作者在重庆中国三峡博物馆考查古人类活动史迹后留影（总编室摄于2014年12月19日）

（六）再修改再研究，再研究再修改

谭继和老师说："'资阳人'还有一重要意义，它代表着我们地球发展进化

▲清华大学著名考古专家、院士李学勤先生和中国社会科学院考古专家宫长为先生多次指导作者修改《资阳人》。2015年5月1日，作者听取两位老师指导后合影。

▲2015年4月26日，作者和国家文物局原副局长、党组书记、考古专家，时任中国文物保护基金会理事长张柏，专项基金主任吴发荣商讨修改《资阳人》。

▲作者与中国社会科学院学部委员（院士）、考古研究所所长，中国文明溯源工程负责人王巍畅谈《资阳人》后合影。

▲作者第二次与中国科学院古脊椎动物与古人类研究所原副所长，现为该所古人类研究室主任高星研究《资阳人》后合影。

▲作者与重庆自然博物馆欧阳辉馆长研究修改《资阳人》后留影（总编室摄于2014年12月17日）

▲作者征求重庆中国三峡博物馆三峡古人类研究所所长魏光飚对《资阳人》的意见（总编室摄于2014年12月18日）

史上第二次重大的转折点。第一次是生命的进化,第二次是人的进化。人的进化从猿人、古人到新人。特别是"资阳人"作为新人时期的代表,是我们现代人的知识、经验、智慧、信息等获取方式和思维方式的孵化处。对于"资阳人"的研究越深入,则对于我们今天的帮助也就越大。"

我们在修改《资阳人》上和撰写后续部分中都坚持做到"再修改,再研究,再研究之后再修改,再研究之后再续写"。为此,我们每修改一个专题,每续写一个专题都做到了事先再研究。对重要专题,都请有关专家进行小型座谈研讨后,再遵照会上取得的一致意见进行修改或撰写。这样,保证书中观点、历史事实的准确性,提高了书的质量。所以,本书2013年9月样书第一版后,尤其是"溯源会"后,再下重庆又上北京,请专家审查,提意见,根据专家指点再修改。还到文物遗址地进一步考查,可以说,作者对此书每时每刻都在思考,没有一天不修改,6年多来,成书后修改了39版样书,真是千锤百炼了。

在溯源会后的再修改再研究,再研究再修改的过程中,得到了众多专家、学者、领导的大力支持和热情帮助。借此机会,向他们表示衷心的感谢。特别要感谢的是原中央政治局委员、中央军委副主席、国务委员、国防部长迟浩田上将。他非常热

作者第三次考查鲤鱼桥文化中的濛溪河文化遗址(总编室摄于2015年4月)

心地给我们提出了把住历史关、史实关、政治关的重要批示。他在认真阅读《资阳人》之后,还挥毫给《资阳人》提词。

感谢曾任《解放军报》社副社长、解放军总政治部宣传部部长、《人民日报》社社长兼总编辑,现任中华全国新闻工作者协会主席,北京大学新闻与传播学院院长,博士生导师,著名书法家,中将军衔的邵华泽。感谢原南京高级陆军学院(兵团级)副政委李平。

感谢国家文物局原副局长、党组书记、考古专家,中国文物保护基金会原理事长张柏,他热情为我们书提出了修改的指导意见。

感谢清华大学著名考古专家、院士李学勤先生和中国社会科学院考古专家宫长为先生。他们多次指导《资阳人》的修改。2015年5月，他们又再次对书提出了重要的修改意见。

感谢重庆自然博物馆馆长欧阳辉、中国三峡博物馆三峡古人类研究所所长魏光飚先生。

还要特别感谢的是本文前面感谢过的，对本书写作和修改多次进行帮助、提出指导意见的几十位专家、学者、领导。溯源会后，他们都一一对本书再次提出指导修改意见，有的还提供新的资料。对此，再次表示衷心感谢，不再一一提名。

七、专家们、领导们为什么对《资阳人》高度赞肯

为什么这么多高级专家和高级领导对《资阳人》高度赞肯呢？主要有两个原因：一是我们集中了有关的热心人士的智慧，这些成果是大家的智慧结晶；二是虚心采纳了众多高级专家和领导们的指导意见。我们对每个专家、每个领导的审修意见都认真研究，基本照改，改后再送给他们看。他们觉得达到了要求，符合事实，写得精到，立得住脚，所以就给了高度的评价。

（一）国家考古机构专家高度赞肯《资阳人》

中国社会科学院历史研究所领导和专家及先秦研究室领导和专家、中国先秦史学会等领导和专家对《资阳人》书给予了高度的评价，总括起来讲，他们认为：《资阳人》这部书从体裁、框架结构、重大事件、重要观点和内容写得都非常好，观点准确、论据充分、论证合理、理论深刻，并且为文史写作创新了写作体裁和路子。使文史、文章和书籍有创新性、知识性，有趣味性，有可读性，是中华文学界、史学界、写作界的一座丰碑。

作者编撰者刘胜俊和刘耿第三次考查鲤鱼桥文化中的濛溪河文化遗址

几个专家在同总编室同志交谈中，还深有感触地说：还是刘总编创新的"六性合一"这种史传体写作体裁好。现在看来《资阳人》

这部著作考史深刻、溯古精道、构思宏大、气势磅礴、结构奇妙、观点稳妥、描写精彩、论述科学，真是一部精彩的史诗般的典藏精品。

国家级的权威专家对《资阳人》开头序幕和第一卷第一章采用史学记述与文学报告相结合的形式撰写，觉得形象生动、真实地描写出了资阳人萌发人类最初思维活动、利用智慧力量与兽战斗的情景，尤其是对人皇、燧人、女娲、昆吾写法给予高度赞肯，特别是赞肯"资阳人是一个文化符号，是一个文明品牌，是一种伟大精神的代名词"的评语，意义是十分重大的。

中国当代泰斗级的史学权威专家李学勤老师给《资阳人》的题词是："显先民精神厚德忠勇，探文明根柢悠久繁荣"。李学勤先生在给"资阳人与中华文明溯源研讨会"贺信中说：由刘胜俊先生、李治冽先生主编的《资阳人》一书的出版，可以说是资阳人研究的集大成之作，对于我们追索中华先祖足迹，探讨中华上古文明发展，都具有重大的历史意义和积极的现实意义。这是对本书的高度评价。

北京大学著名教授考古权威专家，李伯谦先生说："这部书对资阳人头盖骨发现、研究的过程和结论，重新进行了调查和梳理，在充分肯定资阳人发现的重要意义、年代推断的科学性和重要价值基础上，以资阳人为起点，突破旧、新石器时代的界限，将本地其他地点例如简阳龙垭、资阳鲤鱼桥等旧、新石器时代遗址串联起来，初步搭建起了该地区古文化发展演变的框架；

这部书以上面搭建的古文化发展框架为基础，联系《山海经》、《蜀王本纪》、《华阳国志》等文献有关记载，初步勾画出了该地区的古史系统；

这部书不是通常的科学著作，甚至不是一般意义上的科普著作，而是用文学笔法写出的、作者自己称为史传体的一种新型著作，增加了趣味性、可读性；

到资阳我才知道《中华资阳人》是作为企业家的李治冽先生和理论家、军旅作家刘胜俊先生两位精心合作的成果，是企业家和学者共同的创造。

从我的四点感想或者说是四点看法，使我对这部书有了这样一个判断，我认为这部书充满了新意，有创造性，有开拓性，可以说，许多方面都是过去没有这么做过的。

资阳人化石是古人类学家专门研究的问题，一般很少人问津，书的作者用浅显易懂的文学手法写出来，想让普通群众看懂，难道不值得提倡吗？"

国家考古研究所所长王巍院士说：我看了《资阳人》后，产生一种应对刘胜俊总编和李治冽策划表示敬意的心情。刘胜俊总编用精彩的文采和科学态度研究、描述历史，我非常钦佩。《资阳人》这本书很有意义，像这样有文采、有文化、有历史的论述古代历史是很好的公共考古的作品。

中国先秦史学会常务副会长兼秘书长宫长为先生说："《资阳人》这部书从

选择题材到内容到结构都是一种创新，为文史写作开辟了新路。"

（二）国家媒体高度赞肯《资阳人》

《人民日报》理论部主编评价《资阳人》的标题是《唯有民魂是值得宝贵的》，他在文中高度评价"资阳人在中华文明史发展中的地位和作用不容低估"。"文化作为民族的血脉、人民精神家园，其灵魂是思想，即民族价值和民族智慧的结晶。对此，党的十八大报告提出了'建设优秀传统文化传承体系，弘扬中华优秀文化'的重大任务。要完成这一重大任务，一项十分重要的也是基础性的工作就是加强对优秀文化传统思想的挖掘和阐发，维护民族文化基本元素"，这一点《资阳人》这本书的作者做得很好。

人民日报出版社第三编辑中心主任宋娜说：国家和四川省的史学、考古研究权威机构和权威专家看重《资阳人》这部巨著，认定这部书溯源并复原了中华文明的一个源泉，探讨并弘扬了资阳人和中华民族4万年的文化，传承了资阳人和中华民族精神，给予很高的评价。

《人民日报》理论部原主编卢继传说：不言而喻，"资阳人"的发现具有国家乃至世界的意义。那么，研究、撰著"中华资阳人"的著作，追溯四万年前中华文明源泉，传播资阳人的文化文明，也应是具有国家乃至世界意义的，刘胜俊等撰著者们从事了一项伟大的事业。我们应当在这个高度上来审视"中华资阳人"这本著作的人类发展历史的理论与现实意义。

（三）四川省等专家、学者高度赞肯《资阳人》

四川省历史研究会会长谭继和在他的几篇研究资阳人的文章中，都肯定《资阳人》这部著作就是一部文化解读的著作。他指出：

刘胜俊先生的《资阳人》一书为"资阳人"的历史解读和文化解读，为"资阳人"文化的创意源泉和内涵的探索，做出了可贵的探索和重要的贡献。

刘胜俊先生在这里提出的以"精神"和"物质"作为判定文明的新标准，是有道理的，也是富有创见性的……根据西方话语权，"中国文明五千年"的结论是难于得到认同和证明的，为突破西方话语权的束缚，需要中国特色的判定文明的标准。用"精神、物质"四个字作为判定人类文明的新标准，突出了精神、智慧、悟性等人脑产物的根本性作用，突出了精神凝聚力和向心力在物质文明化进程中的核心灵魂作用，突出了以精神信仰为灵魂的主导力量在人类族群集体形成社会组织和社会管理（从原始群、氏族制直到国家）中的作用，这是十分有开创性的见解。

"资阳人"的研究，对于上述中华文明起源和巴蜀地方文化根脉与基因的形成，有着下列三方面重要的现实作用：一是"资阳人"研究，有助于重新认识和探索中华文明的起源和文明标准问题，建立起中国文明自己的话语权，摆脱西方话语权的束缚。二是"资阳人"研究，有助于进一步推动地域文化，特别是巴蜀地域文化的根系和来源的研究。三是"资阳人"研究，有利于促进对人类知识、智慧的来源方式、获取模式的研究，有利于促进对今人智慧的启迪作用，以及对今天人类文化精神活态基因的传承作用。其实质是协作，这对今天社会和谐发展与国家治理模式的改革，都是有益的启示。

《资阳人》书为"资阳人"的历史解读和文化解读，为"资阳人"文化的创意源泉和内涵的探索，做出了可贵的探索和重要的贡献……"资阳人"既是资阳市的文化品牌，更是祖先留下的原始创意的珍珠，是现代人思维力和想象力的根源。

四川省文物研究所原所长胡昌钰在以《用发展史实，证明了资阳人的灿烂文明》的文章中，高度评价《资阳人》用科学的态度展示了资阳人的灿烂文明。

四川大学教授、考古专家彭邦本先生说：《资阳人》一书，不仅首创史传体报告文学的体裁，而且妙笔生花，对旧石器时代晚期的"资阳人"及其代表的资阳历史文化，起到了很好的宣传推广作用。

四川大学教授、中国写作协会原副会长李保均以《用科学态度为资阳人文化树碑立传》为题，高度评价《资阳人》这部书。他在文中强调，这部书的学术价值高。它对考古发现学术价值的有力提示和论列；对史前文化和传说历史的准确阐述和史学论据的运用恰到好处；在注重史实的确凿性和严谨的论证上科学准确。"由于《资阳人》有这种严肃、认真、客观、科学的做学问的态度，不仅史料丰富了内容，阐发了新的学术观点，增强了它的知识性，也使这本书的学术质量得到了保证。""它是文学的史学记述，史学的文学报告，二者紧密地联系在一起。"他还强调本书的文学性价值高，做到了历史史实的科学表述与文学创新的丰富想象、生动描写相结合，彰显了资阳人的文化品牌和精神价值，挖掘资阳人文化、弘扬资阳人精神的主旨突出，达到了目的。

资阳人研究专家孟基林：今天呈现在大家面前的先秦以上部分书稿大样，可谓博大精深，资料翔实，文笔优美、任意驰骋，图文并茂，可喜可贺。特别是文稿能得到到会的各位国家级专家的肯定，我感到，刘老师的功夫没有白费，"资阳人"文化深度挖掘有了希望。

成就可圈可点，功德泽被后世。今后对资阳历史的研究还须加强。让资阳的文化文明建设成为推动经济和社会发展的强大动力。

刘建中说："资阳人与中华文明溯源研讨会"开得很成功，对与会者震动很大，产生了广泛的影响。这是践行党中央加强文化战略建设精神的示范性活动。会上首发的《资阳人》这部书,构思宏大,气势磅礴,结构奇妙,观点稳妥,描写精彩,论述科学,是一部史诗般的典藏杰作。全书将史实性、文学性、思想性、知识趣味性、科学探索性融会贯通,开启了"史传体报告文学""六性"的先河,创造出独具特色的写作体裁,是文史与写作界的一项新创举。

这部长卷,把4万年前创造的灿烂文明历史,勾画得栩栩如生,令人深入其境,能使我们读后收获匪浅。其原因主要是,这部著作突出体现了史实性、报告文学性、思想性、知识趣味性、科学探索性,并把这"六性"融会贯通,有机统一,达到了"爱不释手"的流动欣赏美学价值。

还有的专家评论说,《资阳人》是"六性融会贯通,完美统一"的史著。评价文章还有好几篇,就不一一列举了。

(四)专家、学者还即兴写诗作词高度赞肯《资阳人》

谭继和先生在溯源研讨会上说:今天在会场上有感而发,即兴赋诗一首,以表心意,为"资阳人与中华文明溯源研讨会"成功召开和《资阳人》一书出版致庆:

　　　　春花学术秋结实,
　　　　长随新叶起新思。
　　　　天道酬勤不负汝,
　　　　地坤维势厚载之。
　　　　精神考古费索解,
　　　　事业"三立"无懈迟。
　　　　资水文脉四万载,
　　　　润泽笔端湧真知。
　　　　(注:"三立",指"立德、立功、立言")

西南财经大学图书馆原馆长、教授、国学文化传播者、国家社科基金评审专家、书法家李天行在溯源研讨会小组会上的发言后说:今天的会议开得很好,专家和大家齐聚一堂,共同研讨资阳和中华文明的溯源事宜,是文化建设的一个号召会、奠基会,也为文化建设振兴中华树立起一座丰碑。

我即兴赋诗一首:

　　　　厚德忠勇资阳人,
　　　　碧血丹心华夏魂,
　　　　悠远文明四万年,
　　　　文化史考尚归真。

《四川日报》原编辑、记者；《四川党史》杂志社原总编辑、编审；《当代电大》原主编刘建中在审改《资阳人》后说：作者编撰《资阳人》的认真、严谨、科学的可贵态度和求实精神很受感动。掩卷难寐，浮想联翩，忽有小诗一首，起床命笔补后：

巍峨昆仑亘古今，
宛流九曲资阳人。
揭冥历史咸六性，
伯牙抚琴有知音。

（五）领导们一再赞肯《资阳人》

原中央政治局委员、军委副主席、国务委员、国防部长迟浩田上将，他非常热心的给我们提出了把住历史关、史实关、政治关的重要批示。他在认真阅读《资阳人》之后，还挥毫给我们提写了为《资阳人》点赞：追溯人类文化根脉，弘扬中华民族精神"的题词。

曾任《解放军报》社副社长、解放军总政治部宣传部部长、《人民日报》社社长兼总编辑，现任中华全国新闻工作者协会主席，北京大学新闻与传播学院院长，博士生导师，著名书法家邵华泽中将专门为《资阳人》书题词和提写了封面书名。

四川省委原常委、四川省军区原政委周光荣将军指出：《资阳人》书面世是李治列策划、出资做出大量贡献的功劳。是刘胜俊总编30年的研究心血又加近两年多呕心沥血研究、撰写的功劳。专家、学者给予了《资阳人》很多的肯定，很高的评价。《资阳人》这本书撰写的好，体现了刘总编情系资阳、情系家乡，为家乡建设做出了很大贡献，这应该充分肯定。要撰写4万年的历史，加上是用史传体报告文学形式来写，刘胜俊总编下了很大功夫。刘总编的文采很好，史传体报告文学彰显出来的"六性"极好的宣传了资阳人的文化和精神。这对世人是一个很大的启迪。

四川省政协原副主席曾清华指出：会议开得很圆满很成功，效果很好。这是刘胜俊总编和李治列老总结合的结果。刘总编有知识、有水平、不辞劳苦下功夫研究资阳人，没有刘总40多年的心血是不行的。李总有远见、有胆识，用经费支持研究资阳人。二者结合，充分体现了资阳人的强强结合，不仅对资阳文化的传承，而是对中华文化的传承起到功不可没的作用，值得庆贺值得骄傲。

八、以国家一级典藏精品的标准打造《资阳人》

历史是一面镜子，感悟历史，鼓舞人心，凝聚力量，资政当代，惠益万世。

当今是一波激流，领略今日风采，激励斗志，启迪未来，推波助澜，滚滚向前。

古风古貌传盛世，新姿新态展华章。资阳人的历史和当今都是全中华民族的财富。博古通今，开拓进取，激励时代，奋勇前进。《资阳人》是提升资阳、四川、全中华民族的文化动力，将推动当今社会和激励子孙万代，励精图治，卓绝拓创，高唱出一首首优美动人、愉悦心弦的辉煌赞歌。

《资阳人》的编撰是所有资阳人共有的强烈愿望。我们作为资阳人，多年来一直在收集资料，思考谋划编撰《资阳人》。作为《资阳人》编撰团队的每个成员来说，编撰出版《资阳人》就是一项义不容辞的神圣的政治任务，编撰出版《资阳人》就是为宣传资阳尽职责，为叫响资阳出力量，为促进资阳发展尽义务，为推进四川、全中华民族的文化、经济发展做贡献。为了挖掘资阳人文化、承传资阳人精神，我们尽心尽力，把《资阳人》的编撰标准立在国家一级典藏精品的档次上。我们的成果标准必须是国家级的，达到国家一级出版物的水平。不可放在没有名声的出版社去出版，放到没有国家出版刊号的报刊上去发表。如果这样，那档次就太低了。那也成不了精品，成不了名著。

把《资阳人》打造成国家一流典藏精品，就不能自喜现状，不能做井底之蛙，不可夜郎自大，要提高对自己的要求标准。必须立足资阳，走出资阳，冲出四川，登上国家级平台，站在全中国、全世界的高度，看到文化发展前沿的巅峰。这就需请各区、市、县的有关专家和省级、国家顶尖级相关专家参与编撰的研究和稿子的审查修改。只有得到省级和国家权威机关、顶尖级史学专家对书稿的评价，只有在国家顶尖级出版社出版，只有在国家顶尖级报刊上发表省级和国家顶尖级人物的评论，只有达到大众老少皆喜爱阅读的程度，这才是国家一级典藏精品。我们的主旨就是推出国家一级典藏精品的史传体报告文学。

我们团队决心，更坚决执行习总书记和党中央的号召，尽我们的全力，协助政府研究、撰写、修改，完善好《资阳人》。因为"资阳人"文化是伟大的中华民族精神的核心精髓一起源，我们一定要站在中华民族的高度，为树立起至今都不承认中华五千年文化的西方人，真正信服中华4万年的厚重、丰蕴、灿烂、辉煌的文化，协助国家建立起中国在世界文化史上的崇高地位。

为此，我们还要协助政府建设"资阳人文化世界产业园"，把"资阳人是智慧人类文化基因根脉一始祖"之圣地，和"资阳是中华文明一源泉"之圣地，建设成世界文化的灿烂明星。

附录六：
《资阳人》主编撰刘胜俊简介

刘胜俊半个多世纪以来，一直梦寐以求的为振兴中华尽心尽力。在 20 世纪 80 年代就将自己积蓄的 30 几万元钱捐献给家乡修路、造桥和文教事业。在 1971 年初的一次偶然机会见到周恩来总理时，周总理对刘胜俊说：毛主席听我报告中科院经过六年多研究"资阳人"后确认"资阳人"是人类最早现代人时，高兴的称赞："哈哈！那'资阳人'为中华民族文化屹立世界之巅立下大功啊！"。毛主席都很重视"资阳人"，你要了解"资阳人"，要研究"资阳人"啊。

出生资阳籍的刘胜俊知道周总理讲的"资阳人"后，经过认真琢磨思考，懂得毛主席、周总理都很重视"资阳人"的用意，就是要追溯中华文明根脉文化，要让中华文化屹立世界之巅，他深感责任重大。从此，抓时间研究"资阳人"和相关的中国古代史、人类远古史已 49 年，退休后的 10 多年坚持每天研究"资阳人"相关书籍 10 小时以上，他和他的家人把大多数退休金、工资都用在研究"资阳人"开销上。他带领资阳人研究团队，在极度艰辛的情况下，攻坚克难，在考古专家等各界朋友的热心帮助下撰写出版《资阳人》（上）第三版，彰显出四万年绵延不断的中国灿烂辉煌的盖世文明，理清了资阳人与智慧人类根脉关系，展示了中国考古界权威机构和权威专家一再考定的结论：寻根问祖到"'资阳人'是人类文化基因根脉一始祖"，探寻到"'资阳人'是人类思维、智慧一发端、根柢"，探明"'资阳人'是距今四万年时际的人类智慧人里程碑"，理清"'资阳人'是中华文化一起源基因和活态传承的发展脉络"，溯源到"资阳是中华文明一源泉"，是"一带一路"上的灿烂明珠，为中华文化屹立世界之巅做出了重要贡献，尤其是为建立和谐共赢的人类命运共同体奠定了血脉基因根基，铸就了文化脊梁，输入了文明血液，树起了精神魂魄。刘胜俊还带领团队编撰出了《资阳人》中（古代、近代、现代）和《资阳人》下（当代）。

这两年又开始为建立"智慧人类根脉文化综合产业园"而操心尽力。

刘胜俊在职业上是模范、是标杆。他，大学本科，中共党员。当过农民、工人、战士，曾任《解放军报》、《人民日报》、《红旗》杂志编辑和评论员多年，《后勤学术》杂志执行主编，原解放军后勤学院学术研究部发展战略研究室领导、研究员，原《军事展望》杂志社社长兼总编辑，中国写作学会原副会长，原中国军事史研究会常务副会长，原中国军事未来研究会理事长。现任中国管理科学院学术委员、教授。学科带头人、博导，军事理论家、军事史专家、文化史专家、发展战略家、作家、诗人。

刘胜俊多次立功、受奖，多次被评为学习雷锋积极分子等。1991年出席全国自学成才优秀人物表彰大会。1993年中央电视台为他拍摄20分钟专题片《拥抱"空白"人生》。1997年9月刘胜俊作为中国科协代表团团长身份，率团赴澳大利亚参加世界第十五届世界未来科技大会。该年10月中国未来研究会和后勤指挥学院联合向中国科协推举刘胜俊为全国先进科技工作者。获科普作家协会2000年颁发的"十年来成绩突出的国防科普作家金质奖牌"，获美英等国主办的2000年度世界千年历史研究个人金奖。

刘胜俊科研道路的可贵之处是他开创了军事理论发展通道。他1984年1月出版的《战争初期的后勤保障》一书是我军第一部军事学术理论专著，为军事理论出版界树立起一座发展的里程碑，开创了我军除领袖外一般人出版军事学术专著的先河，打响全军学术专著出版的头一炮，拓开普通人撰写军事学术著作的通道，吹响发展全军军事理论的进军号，擂响了学术研究向新高峰进军的战鼓。军委副主席徐向前元帅亲笔为他题词，时任总后勤部部长、军委副秘书长的洪学智上将为他的书写赞评文章，在《解放军报》、《后勤杂志》上发表。解放军出版社、中央电视台、《解放军报》等媒体先后在20世纪80年代和21世纪初多次宣传这本书的重要作用和刘胜俊的特殊贡献。

接着，刘胜俊率领一批批战将登上了一座座高峰，军事理论科研成果如雨后春天百花盛艳，仅他自己出版论著、报告文学、传记文学等96部，其中49部获奖。创立《发展战略学》、《军事后勤学》、《论文写作学》等六门学科，创立论文"六性"写作体裁。《20世纪中国写作理论史》力推80余人中，刘胜俊上了节的标题，并用一千多字介绍他。

刘胜俊的科研成果填补了二十多项理论空白，19项对策建议、报告等被军委采纳，9部著作曾列为国防大学等军队和地方大学研究生教材，11部书被解放军总政治部列进全军喜爱的《士兵书库》，1部被国家住房和城乡建设部选为行业教材。徐向前元帅和李德生、洪学智、迟浩田等七位军委首长为其著作题词，发表赞肯评论。他的《发展战略概论》曾受到军委领导的高度赞赏。时任军委委员后勤部部长的赵南起上将就曾在一次会议上，右手举起他的《发展战略概论》感概的说，我们搞后勤战略规划就是参照刘主任这本杰作的观点、理论、方略进行的。

刘胜俊刊登报刊文章1200多篇，760多篇获奖，其中获全国、全军级特等奖3篇，一等奖82篇，一篇曾编入北京市中学语文课本。

20世纪90年年代，他到南沙、中沙和西沙考察，创立大陆观和大海洋观并重理论，提出中国应树立近海和远洋并重的海防观、建立起远洋防卫武力才能保卫祖国的近海、近岛、近礁、近沙、近空，中国的领土面积应是一千三百万平方公里等理论，撰写出版了受到广泛喜爱的《南汐沙在呼唤》等力作，并向军委和国家上报大力建设南海的对策建议，得到国家和军委采纳。

刘胜俊在20世纪70年代就筹到几部抽水机等物资无偿支援资阳家乡农业建设，80年代又为家乡振兴"三农"献策出力，90年代至今一直力所能及地支持贫困大学生。在21世纪初"5.12"等大地震期间，舍生忘死，奋力抗震救灾。

本文开头就讲刘胜俊研究"资阳人"50年，退休后专项研究10多年。2014年前后创立中华文明史应是四万年、判定人类文明标准应是精神文明和物质文明等理论，探究出人类始祖多个、人类文化起始基因是在多地的各自环境中萌发起来的。揭示"资阳人"是人类文化基因根脉一始祖、是现代人文明基因一孵化摇篮、是现代人智慧一发端。追溯到中华文明四万年，资阳是中国文明一源泉。佐证人类文明起源之一在东方、在中国。

近几年，刘胜俊和他的团队在深入研究"资阳人"的同时，致力协助政府打造"资阳人文化综合产业园"，主要是：振兴三农建"公益经济合作社"、创新康养、"智慧人类文化根脉园"。为此，广泛宣传其重要意义：

宣传习近平总书记强调的："中国要强农业必须强，中国要美农业必须美，中国要富农业必须富。"加快补齐农村发展和民生短板，让亿万农民有更多实实在在的获得感、幸福感、安全感，同时要形成可持续发展的长效机制，坚持尽力而为、量力而行，不能提脱离实际的目标。"始终把解决好'三农'问题作为全党工作重中之重，明确思路，深化认识，切实把工作做好，促进农业全面升级、农村全面进步、农民全面发展。"

宣传习总书记上述在中央会议上、在调研考察中，多次就加强康养建设发表的重要意义，我们尽力协助政府振兴乡村康养事业。

宣传习近平总书记一再强调加强文化战略建设的特殊意义："坚定文化自信"，追溯、保护、传承中华根脉文化。"文化是一个国家、一个民族的灵魂。文化兴国运兴，文化强民族强。"还一再倡导：人类命运共同体。

建立"资阳人文化国家综合产业园"是为了实践党中央和习总书记一再强调保护历史文物加强文化战略建设，强调留住历史根脉传承中华文明的伟大决策，为了建立中国在国际史学上的话语权，为了让至今都不承认中华文明五千年历史的西方国家看清中华文明四万年厚重、丰蕴、辉煌的文化史，建立起中国在世界文明史上的崇高地位，为人类命运共同体建立大同地球村作出贡献。

为此，他们与国家文化部、国家农业部、国家文物局、中国文物保护基金会、中国科学院、中国社会科学院、中央电视台、中直小康三农服务中心、四川省社会科学院、四川省文物局、北京大学、清华大学、四川大学等单位领导或专家、热心文化的众多企业家及两家海外华人社团取得共识，达成帮助建"资阳人文化产业园"意向协议。接着，刘胜俊和他的团队又带领着资阳市委、市政府领导到成都、上北京、下重庆、访河北约见国家有关政府部门、权威考古机构领导商请有关事宜，考察文物、学习他人建文化园经验等等。

刘胜俊的热心和执着，感动了很多人，得到多方面热情支持。他和他的团队决心协助政府，把"资阳人文化世界产业园" 建成人类文化基因一始祖园、中华文明一源泉园、世界文化中心园、"一带一路"亮点蚕丝摇篮园、56个民族文化风情园，三农经济多种特色合作社园，养老、休闲、医院、文化旅游园等；建成世界文化史上动人心灵、耀眼夺目、惊险穿越、激情跌荡、震撼世人、超级享受、流连忘返的四万年文明史时空隧道乐园；铸就中国文化屹立世界文明史巅峰的钢铁脊梁；建成为推动经济、文化、旅游和社会发展的巨大动力；建成世界文化史上的大明星、文明史上的大品牌，强国之林的巍峨雄挺、恢宏磅礴、气象万千、神秘奇特的大昆仑。为实现国家富强，民族振兴，人民幸福的"政治、经济、文化、社会和生态文明"公益经济、统筹城乡发展一体化的中华民族伟大复兴中国梦，推进人类命运共同体化解矛盾、迈进大同世界竭尽全力，做出贡献。

"人生易老天难老"，

"不似春光，

胜似春光"，

在红旗下成长的刘胜俊，虽然年高，仍"志在千里"，志在为"资阳人"和中华民族文化屹立世界之巅，为祖国的发展强盛，为早日实现中国梦，为建立和平美好的"大同地球村"、为铸成和谐共赢的"人类命运共同体"，殚精竭虑，壮志弛骋，奋斗不止。

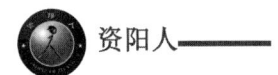

封面故事和 LOGO 简介

LOGO 简介 封面左上角的 LOGO 是由 1951 年 3 月出土的 4 万年前"资阳人"头骨化石、骨针、穿孔石珠、水鹿角组成。外形圆环既寓意穿孔石珠，又象征地球，还深蕴中华民族大团结；图案中间由"资阳人"头骨化石、水鹿角、骨针组成"人"字形，整个图案的圆形象征热食盘子，更象征地球，蕴含中华民族文明 4 万年的渊源。

"资阳人"头骨化石、骨针、穿孔石珠、水鹿角、薄石片是中华文明源泉物质文明的佐证，也是中华民族文明源泉精神文明的彰显。"资阳人"是 4 万年前后的人类智慧人的杰出代表，先人们创发用火进行热身和热食，初始用智慧进行斗争、用骨针缝制皮衣、用穿孔石珠进行妆饰、用水鹿角进行组织指挥捕猎和集体采摘、用薄石片装烧熟的肉食等。这就创发了用火文明、智慧捕猎和采摘文明、服装文明、妆饰文明等。这些是人类文明摇篮中精神文明和物质文明的重要标志性内容。

这些史实，铁一般地证明了：资阳是中华文明多点源泉中一个很重要的源泉。因为"资阳人"40000 年前"在发展大脑由知识变为智慧方面，起了筚路蓝缕、开拓创新的作用"，是人类始用智慧生息、斗争的智慧人里程碑，是远古人类文化先驱的杰出代表，确实占有远古人类始创文化、积累和传承文明基因的关键地位，是人类文化基因根脉的起始祖，是现代人文明基因的孵化摇篮，是现代人知识、智慧和经验产生的发端。"资阳人"奠定中华文化起源基因和文明基因根脉及活态传承的坚实基础，拓创出了远古文明摇篮较为丰富的内容，开创出远古文明的雏形。奋勇开拓的资阳人，一代又一代的坚持创新，打造出绵延灿烂四万年的辉煌文化，使资阳人成为中华民族的一个文化符号、一张文明品牌、一种伟大精神的代名词。

《资阳人》内容提要

这是一部展示资阳人和中国繁荣悠久的文化，厚德忠勇精神的典藏之作。

《资阳人》考史深刻、溯古精道、构思宏大、气势磅礴、结构奇妙、观点稳妥、描写精彩、论述科学、文笔精泄湛优美，展示中华四万年优秀文化，彰显中国四万年灿烂文明，是一部史诗般的典藏杰作。

《资阳人》书综合展示了中国考古界权威机构和权威专家一再考定的结论。《资阳人》的功绩主要是求是率先：

一是率先追索到 "'资阳人'是距今四万年时际的人类智慧人里程碑"，探寻到 "'资阳人'是人类思维、智慧一发端"，寻根问祖到 "'资阳人'是人类血液遗传基因根脉一始祖"，追溯到并理清 "'资阳人'是中华文化一起源基因、文明基因、精神基因一根脉及活态传承的发展脉络"，溯源到"资阳是中华文明一源泉"，是"一带一路"上的灿烂明珠。

二是率先探究出人类始祖多个，人类文化起始基因是在多地的各自生存环境中发展起来的。"资阳人"是人类文化基因根脉一起始祖。人类文明起源在东方，打破了人类现代人起始非洲论，打破了人类文明西方中心论。

三是率先革新判定人类文明的标准应是精神和物质四个字。

四是率先探究出中华文明远超五千年，实为四万年。

五是率先溯源到中华文明源泉是多元的、星罗棋布的。资阳是中华文明一渊源并复原其文明，追寻到资阳是中华文明多点源泉中一个很重要的源泉。因为伴随"资阳人"出土的大批石器、骨器，特别是骨针、穿孔石珠、水鹿角、薄石片等文物告诉我们，"资阳人"在四万年前始创了人工取火热食文化、制衣文化、妆饰文化、改进工具文化、集体采集文化、狩猎文化、组织指挥文化、结绳记事文化、观天象文化等等，开创出人类最早的一块文明乐域。这些珍稀文物还告诉我们，"资阳人"四万年前"在发展大脑由知识变为智慧方面，起了筚路蓝缕、开拓创新的作用"，是人类始用智慧生息、斗争的智慧人里程碑，是远古人类文化先驱的杰出代表，确实占有远古人类始创文化、积累和传承文明基因的关键地位，是人类文化基因根脉一起始祖，是现代人文明基因一孵化摇篮，是现代人知识、智慧和经验产生的一发端。"资阳人"奠定中华文化起源基因和文明基因根脉及活态传承的坚实基础，拓创出了远古文明摇篮较为丰富的内容，开创出远古文明的雏形。奋勇开拓的资阳人，一代又一代的坚持创新，打造出绵延灿烂四万年的辉煌文化，使资阳人成为中华民族的一个文化符号、一张文明品牌、一种伟大精神的代名词。

六是率先 理清了中华民族的血脉遗传基因、精神基因、文化基因、文明基因及其远古智慧人主体基因根柢、活态传承发展脉络。这个活态传承发展脉络告知："资阳人"是中华民族一祖先，是中华民族的遗传基因、精神基因、文化基因、文明基因主体的根柢、发端。史载，距今约 5 万年时际前后，地球发生第四纪冰川，地球成为冰球，全球生灵几乎灭绝。在这次冰川中发生大震荡，形成西海，西海四周矗立高山挡住寒流，西海水吸收太阳热能，温气上升，从盆海四周最低处的东南龙泉驿方向推向沱江中游，形成适宜生灵生存的较为温暖的地域。原住昆仑山即岷山上游的燧人氏，集群迁移到沱江中游，与原住的"资阳人"，同生息、相融，成为一体。正如《昆仑纪》等史书记载的："'资阳人'就是燧人氏，燧人氏就是'资阳人'"，使中华大地和地球生灵得以保存和延续

《三坟》、《开辟衍绎》、《春秋世谱》、《符瑞上》等多本古籍记载：太昊"伏羲氏，燧人子也，""其母乃燧人氏之女也"，"伏羲，燧人之世，……母曰华胥"，"生男子为伏羲，女子为女娲。"

燧人即"资阳人"族的后代伏羲，在资阳拓创工农业，创制太扳八卦，建立功勋后带领部分资阳濮人向西海四周拓展，形成羌人、雅人等多个部族，北上甘肃成纪一带开创，完善太极八卦。顺黄河而下拓创出"人类一代文明"。正如《学斋占毕》云："资州地(在蜀)掘得汉碑，有伏羲仓精，初造工业，画卦结绳，以理海内"。"故国在资阳"的女娲率众打通巫峡治水补天，西海变为陆地，文明大发展。伏羲、女娲及其后代在发展中国的同时，还派一部分资阳濮人过新疆、穿西亚开拓、互鉴、相融、共建中东、北非、欧洲。

《国语·晋语》记载："昔少典娶于有蟜氏，生黄帝、炎帝。" 司马贞说："按《国语》炎帝、黄帝皆少典之子，其母又皆有娲氏之女。"《吕氏春秋》等史籍曰：祖籍在江水岸上的炎帝，因善用火而得名，创农耕又号神农氏，全面推进中华文明。多本古书论定：出生、成长、创业、建都、立国都在沱江中上游的黄帝，"自蜀入帝中国"，建立华夏基业，开创中华文明新时代。

黄帝儿孙青阳、昌意、帝喾、颛顼，直至秦始皇创建华夏一代又一代伟业。

史实告诉世人：中华远古民族智慧人主体基因根柢、活态传承发展脉络是："资阳人"燧人氏、伏羲女娲、炎帝、黄帝、尧、舜、禹、(虞)、夏、商、周、战国七国君皇等和古蜀国的蚕丛、柏灌、鱼凫、杜宇等皇、帝，都是"资阳人文化" 地域人，是"'资阳人'即燧人氏"的后裔。我们这些先祖在不断创发中华文明过程中，坚持开发海外文明，穿山涉洋到亚、欧、非、美洲开创、互鉴、相融、领创文明。称资阳人是中华民族的一祖先、世界大同一始祖，当之无愧，非资阳人莫属。

"资阳人"证明人类文明起源之一在东方、在中国。

资阳地域人文化历史悠久，书写出一部又一部辉煌的文化篇章。四万年前"资阳人"始创骨针缝制皮衫、穿孔石珠美妆饰、捕猎采集萌智斗、吹奏水鹿角指挥战斗、人工取火热食创新法等文化和文明。接着，资阳人文化承传绵延发展，持续开拓创新几万年，突出的文化史迹是：旧新石器共存的"鲤鱼桥文

化"、远古蚕桑文化、漆业文化始出天鹅山和漆家村、"十三大文明"耀斑斓、龙垭始建杆栏房、沱江岸上"昆仑"幽远聚神明、纵目人像几千年、狮子山出土中国汉代第一铜车马、洞王沟石刻和安岳石刻文化等几万年至近千年。东灌水利宏伟工程功在千秋、九曲河古城换新颜。

浩瀚宇宙，神秘万端，庞然地球，奇迹彰显。古今资阳人在四万年的悠长岁月中，涌现出许多彪炳历史的人物：远古有上述中华远古民族智慧人主体基因根柢和活态传承发展脉络等举世传诵之伟杰"资阳人"、伏羲女娲、炎黄、青和昌意、帝喾和颛顼、尧舜禹、夏商周、春秋战国君主等外，周朝以后资阳地域人有孔子的老师苌弘、大文学家王褒、大经学家董钧、大教育家杜抚、天文学家李淳风、大科学家秦九韶、抗金状元张孝祥、水利专家汤绍恩等资阳人杰；对资阳做出重要贡献的外籍杰出人物有贾岛、吴道子、程咬金、陈抟、寇准等；在当代文化建设中涌现出了《白毛女》的作者邵子南、《许茂和他的女儿们》的作者周克芹、攻克当今科研尖端的"六院士"等人物；在政界中有曹狄秋市长、陈毅元帅等杰出领导人。

资阳人有着**博大精深、新颖隽永、雄奇伟先、厚重绵远的文化特质和忠勇仁爱、勤俭求是、睿智创新、团结承传的精神特性**。在距今2500多年前的东周副宰相苌弘为国家忠勇献身，铸就"碧血丹心"的精神，成为中华民族忠勇报国、无私为民精神的源头。之后，又有一批批精忠报国的英雄出现，他们是率众抗暴的贾龙、烈女赵媛姜；誓死抗击英国入侵的谢朝恩、谢继超；抗日卫国、浴血奋战的徐鹤轩、廖震、曾德威、饶国华上将等；解放战争中英勇为国的英雄许岳、余国祯、邓俊、李公度等；抗美援朝战争中的英雄陈良基等；中印自卫反击战中的滚雷英雄罗光燮等。这些英雄是资阳人精神的光辉展现，是华夏民族文化精神的集中体现。中华民族精神是中华人民共和国国家综合国力的重要组成部分。

这部"史传体报告文学是中华写作体裁的一个创新，开启史传体写作'六性'合一的先河。将史实性、探索性、报告文学性、思想（启迪）性、知识趣味性、科学性融会贯通全书。是一项难得的创造工程，是中华文学界、历史界、写作界的一部典范，是集体智慧的结晶，是一腔腔热血和一串串汗珠浇铸而成的丰碑。"

《资阳人》作者为了中国文化屹立世界之巅，为了让部分不承认中国五千年文明史的西方人和汉奸看清中华四万年厚重灿烂的文明史，以天大的胆识正本清源，以大无畏的实事求是勇气覆复三十几项历史文化传统认知，以敢于对历史负责的气魄追溯到中华民族文化基因根柢、发端，以艰苦卓绝的执着毅力梳理清楚中华民族文化基因传承发展主干脉络，以攻坚克难的精神破险除障复原中国文化历史的本来面目，以顶黑风、战恶浪的大无畏英雄气概排除干扰，坚忍不拔的归真中国历史文化的理论和实践体系，以为民族爱国家的忘我允公

情怀研撰出这部史诗般的典藏杰作。这是一部覆复几千年历史认知、正本清源的辉煌佳作，是一弘丰蕴珍贵的文物宝海，是一座浩瀚的知识博物院，是一部崭新的中国文化史记，是一部独具特色的中国文明的弘篇通鉴，是一部光灿横溢的气势恢宏的难得的真实历史画卷，值得中国人和世界有识之士庆贺。

通过《资阳人》这部展示"资阳人"的历史通典，使世界知晓，"'资阳人'为40000年时际的智慧人。""'资阳人'是人类血脉基因一发端、智慧人里程碑、文化基因根脉一始祖、现代人文明基因一孵化摇篮、精神基因一起源。"

"'资阳人'是人类知识、技能、经验和智慧生长的发端，是直立人具有现代人类大脑雏形的起点。""'资阳人'代表着我们地球发展进化史上第二次重大的转折点。第一次是生命的进化，第二次是人的进化。人的进化从猿人、古人到新人。特别是'资阳人'作为新人时期的代表，是我们现代人的知识、经验、智慧、信息等获取方式和思维方式的孵化处，文化基因、文明基因、精神基因的根柢。""是当今人类命运共同体化解对立，建立平等和谐、开放互鉴、合作共赢、世界大同的'地球村'的基础。"

"对于'资阳人'的研究越深入，世界了解'资阳人'越多，则对于我们今天建立世界大同'地球村'的'人类命运共同体'的帮助就越大。"

"资阳人"是人类智慧人里程碑
"资阳人"是现代人基因一始祖
资阳是中华文明一摇篮
"三皇五帝"祖藉都是资阳人
资阳人是一个文化符号
资阳人是一张文明品牌
资阳人是一种伟大精神的代名词
资阳人"碧血丹心"铸就中华民族精神核心

"资阳人"是世界大同的根柢
"资阳人"是人类命运共同体的基源
资阳是智慧人类发源圣地
资阳是智慧人类文明圣地
资阳是智慧人类智慧圣地
资阳是智慧人类归宗圣地

这部史传体的典范杰作，是中华文明史写作史上的丰碑，博古通今，将激励当代，开拓进取，奋勇前进，屹立世界文化巅峰，再造四万万年光辉灿烂的文明。

封面题字周开惠书法家简介

周开惠，艺名一弘，1942年出生，汉族，四川省安岳县人，中共党员，艺专毕业，现为中南海诗书画院名誉院长、中国石油书法家协会会员，中国书法家协会会员，亚洲书法家联合会会员，联合国美术家协会会员，中国五体书法研究会副会长，中国传统文艺学会副主席，世界华人书法艺术家联合会副主席，中南海诗书画院家协会副主席，中国文化学会艺委会名誉主席、名誉院长。自幼酷爱书法，勤于笔耕，节假无暇，数十年如一日，从部队院校到国企机关工作与翰墨结下了不解之缘，对祖国的传统文化执着追求，永不满足。师从刘海粟、林散之、吴炳伟先生，对古人名作反复研习，勇于探索、不断创新；擅长毛笔、硬笔书法、篆刻和榜书、底书。多次参加国内外书画大展赛，殊荣不少。个人传略和作品已载入《世界文化名人录》、《中国文化名人大写真》、《中国书法家选集》、《国际书法精品集》、《世界年鉴》、《中国传统美学大师》、《中国当代艺魂》（范曾、开惠双人集）、《民族国粹》（二十名顶级艺术大师）、《中国书法名家》（专集）、《中国国学名家》（专集）、《中国艺术大家》（国礼版）、《中国书画三大家》台历（范曾、开惠、沈鹏）、《中国艺术百年》、《中国艺圣》（启功、开惠双人集）、《国学经典》、《当代诗书画名家》（启功、范曾、开惠三人集）、《传世孤本》（千家诗书画选）、《世界华人著作家辞海》、《中华国学文库》、《中国大百科全书》、《中国作家档案》《古今中外名家语录精编》、《中外格言大典》、《共和国艺术家辞海》、《共和国人物传世大典》、《中国诗书画形象大使》、《世界大百科全书》、《中南海特聘艺术家》国礼珍藏册、《全国优秀格言集》等数十部国家级专业书刊中。近年来，作品已在韩国、日本、加拿大、巴西、比利时、新加坡等国家和地区以及国内（含港、澳、台）巡回展出，均被收藏，深受海内外各界人士好评。现已获得国际国内多家权威机构、媒体及国内外书画大展赛组评委会授予的"中华老人艺术家"、"国际知名书画艺术家"、"共和国杰出艺术家""全国德艺双馨艺术家"、"中国功勋书画家"、"中国当代杰出书画家"、"国际和平艺术家"、"人民艺术家"、"国学传播大使"、"联合国中华文化传播大使"、"中国文艺终身成就艺术家"、"中国传统美学大师"、"中国艺术创意大师""中国当代杰出的书法大师"、"国家六大艺术泰斗"之一、"国家非物质文化艺术传承人"、"世界非物质文化遗产传承人物"等荣誉称号。

 资阳人——

图书在版编目（CIP）数据

资阳人与智慧人类根脉 / 刘胜俊主编. -- 北京：新华出版社，2021.4
ISBN 978-7-5166-5675-4

Ⅰ. ①资… Ⅱ. ①刘… Ⅲ. ①文化史－资阳 Ⅳ. ①K297.13

中国版本图书馆CIP数据核字(2021)第035358号

资阳人与智慧人类根脉

作　　者：刘胜俊

责任编辑：林郁郁　　　封面设计：唐　群

出版发行：新华出版社
社　　址：北京石景山区京原路8号　　邮　　编：100040
网　　址：http://www.xinhuapub.com
经　　销：新华书店、新华出版社天猫旗舰店、京东旗舰店各大网店
购书热线：010-63077122　　中国新闻书店购书热线：010-63072012

照　　排：成都市新都华兴印务有限公司
印　　刷：成都市新都华兴印务有限公司

成品尺寸：186mm × 260mm
印　　张：52　　　　　　　　　字　　数：98万字
版　　次：2021年3月第一版　　印　　次：2021年3月 第一次印刷

书　　号：ISBN 978-7-5166-5675-4
定　　价：198.00元

版权专有，侵权专究。如有质量问题，请与出版社联系调换：010-63077101